Peter Seewald

Benedikt XVI.

Ein Leben

Besuchen Sie uns im Internet:
www.droemer.de

Aus Verantwortung für die Umwelt hat sich die Verlagsgruppe Droemer Knaur zu einer nachhaltigen Buchproduktion verpflichtet. Der bewusste Umgang mit unseren Ressourcen, der Schutz unseres Klimas und der Natur gehören zu unseren obersten Unternehmenszielen. Gemeinsam mit unseren Partnern und Lieferanten setzen wir uns für eine klimaneutrale Buchproduktion ein, die den Erwerb von Klimazertifikaten zur Kompensation des CO_2-Ausstoßes einschließt.
Weitere Informationen finden Sie unter: www.klimaneutralerverlag.de

© 2020 Droemer Verlag
Ein Imprint der Verlagsgruppe
Droemer Knaur GmbH & Co. KG, München
Alle Rechte vorbehalten. Das Werk darf – auch teilweise – nur mit
Genehmigung des Verlags wiedergegeben werden.
Redaktion: Johann Lankes, München
Covergestaltung: ZERO Werbeagentur, München
Coverabbildung: Alessandra Benedetti – Corbis / Kontributor
Satz: Adobe InDesign im Verlag
Druck und Bindung: C. H. Beck, Nördlingen
Printed in Germany
ISBN 978-3-426-27692-1

Inhalt

Vorwort 9

Teil I
Der Junge

1 Karsamstag 15
2 Das Hindernis 22
3 Das Traumland 29
4 1933, »Heiliges Jahr« 40
5 Die »Deutschen Christen« 48
6 Mit brennender Sorge 58
7 Die Ruhe vor dem Sturm 73
8 Das Seminar 84
9 Krieg 101
10 Widerstand 113
11 Das Ende 126

Teil II
Der Meisterschüler

12 Die Stunde null 143
13 Der Berg der Gelehrten 155
14 Schuld und Sühne 167
15 Umbruch des Denkens 176
16 Das Glasperlenspiel 192
17 Augustinus 205
18 Sturm und Drang 220
19 Die Schlüssellektüre 241
20 Die höheren Weihen 258
21 Der Kaplan 268
22 Die Prüfung 282
23 Am Abgrund 297
24 Die neuen Heiden und die Kirche 313

Teil III
Konzil

25	Ein Star wird geboren	329
26	Das Netzwerk	342
27	Konzil	354
28	Der Kampf beginnt	365
29	Die Rede von Genua	378
30	Der Spindoktor	392
31	Welt auf der Kippe	404
32	Sieben Tage, die die katholische Kirche für immer verändern	415
33	Deutsche Welle	430
34	Kraftquellen	446
35	In der Schule des Heiligen Geistes	459
36	Das Erbe	471

Teil IV
Der Lehrer

37	Tübingen	489
38	Tief erschrocken	499
39	1968 und die Legende von der Wende	510
40	Die katholische Krise	522
41	Neustart	535
42	Spannungen	545
43	Die Vision von der Kirche der Zukunft	555
44	Reconquista	567
45	Die Lehre vom ewigen Leben	579
46	Das Amt	592
47	Das Jahr der drei Päpste	605
48	Der Fall Küng	616
49	Das Vermächtnis von München	627

Teil V
Rom

50	Der Präfekt	643
51	Ratzingers Report	655
52	Kampf um die Befreiungstheologie	669

53	Teamarbeit	681
54	Der Zusammenbruch	693
55	Das lange Leiden des Karol Wojtyla	710
56	Millennium	724
57	Agonie	740
58	Konklave	758
59	Habemus Papam	774

Teil VI
Pontifex

60	Der erste Papst des dritten Jahrtausends	791
61	In den Schuhen des Fischers	805
62	Das Benedetto-Fieber	821
63	Die Rede von Regensburg	835
64	Deus caritas est	853
65	Salz der Erde, Licht der Welt	865
66	Der Bruch	884
67	Die »Kondom-Krise«	912
68	Der Skandal des Missbrauchs	929
69	Der Hirte	949
70	Die Ökologie des Menschen	962
71	Entweltlichung	975
72	Der Verrat	991
73	Der Rücktritt	1009
74	Der Beginn einer neuen Ära	1027

Epilog – Papa emeritus 1059
Letzte Fragen an Benedikt XVI. 1073

Anhang

Anmerkungen 1083
Bildnachweis 1133
Register 1135

*»Mein Grundimpuls war, unter den Verkrustungen
den eigentlichen Glaubenskern freizulegen
und diesem Kern Kraft und Dynamik zu geben.
Dieser Impuls ist die Konstante meines Lebens.«*

Joseph Ratzinger

Vorwort

Es war ein nasskalter Tag im November 1992, als ich meinen ersten »Termin« bei Joseph Ratzinger hatte. Es ging um ein Porträt für das *Magazin der Süddeutschen Zeitung*, und ich war überrascht, mit welcher Offenheit der »Großinquisitor« auf seinen Besucher einging.

Im Laufe der folgenden Jahre habe ich dem Kardinal, dem Papst, dem Emeritus wohl an die zweitausend Fragen gestellt, vielleicht auch mehr. Bei den allerletzten zögerte er. Eine Beantwortung, so sein Kommentar, würde »unweigerlich eine Einmischung in das Wirken des jetzigen Papstes darstellen. Alles, was in diese Richtung ginge, musste ich und will ich vermeiden«.

Nein, ein Schatten-, Neben- oder gar Gegenpapst ist der emeritierte Benedikt XVI. nie geworden. Er war im Gegenteil peinlich darauf bedacht, seinem Nachfolger nirgendwo in die Quere zu kommen. Ein Schweige-Gelöbnis hat er im Übrigen nie abgelegt. Seine letzten Worte als amtierender Pontifex in Castel Gandolfo unterstrichen: »Ab 20 Uhr bin ich nicht mehr Papst, nicht mehr oberster Hirte der katholischen Kirche ... Aber ich möchte weiterhin, mit meinem Herzen, mit meiner Liebe, mit meinem Gebet, mit meinem Denken, mit allen meinen geistigen Kräften für das allgemeine Wohl, für das Wohl der Kirche und der Menschheit weiterarbeiten.«

Was für ein Weg: Ein Bub aus einem bayerischen Dorf am Rande der Alpen wird das Oberhaupt der ältesten, größten und geheimnisvollsten Institution der Welt, der katholischen Kirche mit ihren 1,3 Milliarden Mitgliedern! Mit ihm nahm nach 500 Jahren erstmals wieder ein Deutscher auf dem Stuhl Petri Platz, ein Theologe, dessen kirchliches und wissenschaftliches Werk bereits groß und bedeutend war. Joseph Ratzinger hat Geschichte geschrieben. Als »Greenhorn« des Konzils, als Erneuerer der Theologie, als Präfekt, der an der Seite Karol Wojtylas im Sturm der Zeit das Schiff Kirche auf Kurs hielt. Und noch einmal als der erste regierende Papst überhaupt, der aus Altersgründen von seinem Amt zurücktrat. Niemals zuvor gab es einen »Papa emeritus«.

Niemals zuvor hat ein einzelner Mensch das Papsttum von einem Tag auf den anderen so verändert wie dieser.

Die Welt ist zutiefst gespalten, wenn es darum geht, Benedikt XVI. zu verstehen und einzuordnen. Er gilt als einer der klügsten Denker unserer Zeit, gleichzeitig blieb er eine Reizfigur. Ein Unbequemer, der seine Gegner auf die Palme bringt. Sobald die Rede auf Ratzinger komme, merkte der französische Philosoph Bernard-Henri Lévy an, beherrschten »Vorurteile, Unaufrichtigkeit und sogar die glatte Desinformation jede Diskussion«. Die österreichische Medienexpertin Dr. Friederike Glavanovics analysierte in einer wissenschaftlichen Untersuchung, im Umgang mit Joseph Ratzinger sei die Tendenz mancher Journalisten auffällig, negative Nachrichten geradezu zwanghaft in einen noch negativeren Kontext einzubetten. Es sei ein Image konstruiert worden, »das nicht auf Wirklichkeit, sondern nur auf Viabilität verpflichtet ist«, auf ein fiktives Bild, das einem bestimmten Zweck dienen sollte.

Wer ist dieser Mann wirklich? Was ist seine Botschaft? Gab es tatsächlich ein »Trauma von 1968«, das ihn vom progressiven Theologen zum reaktionären Bremser wandelte? War er der »Panzerkardinal«, als der er hingestellt wurde? Hat er im Missbrauchsskandal vertuscht und geschwiegen? War sein Pontifikat ein einziges Scheitern, wie seine Gegner nicht müde werden zu behaupten? *Benedikt XVI. Ein Leben* geht auf Spurensuche nach der Herkunft, der Persönlichkeit, den dramatischen Wechselfällen im Leben des deutschen Papstes und kommt nicht zuletzt durch die Rekonstruktion von Brüchen wie der Williamson- und der Vatileaks-Affäre zu überraschenden Ergebnissen. Für Fehler, die auch bei gewissenhaftester Prüfung nicht ganz auszuschließen sind, bitte ich um Entschuldigung. Verständnis erhoffe ich für den so nicht geplanten Umfang dieses Werks, der dem Stoff und der Bedeutung des Protagonisten geschuldet ist. Gegebenenfalls empfiehlt sich ein großzügiges Umblättern. Wichtig war, kritische Distanz zu wahren – und dennoch mit jener Unvoreingenommenheit an die Betrachtung zu gehen, ohne die ein echtes Verständnis nicht möglich ist.

Kein Buch kann ohne Mithilfe entstehen, erst recht keine Biografie über ein Jahrhundertleben, das vom Ende der Weimarer Republik bis ins digitale Zeitalter reicht. Mein Dank gilt den rund einhundert Zeitzeugen, die sich für Interviews zur Verfügung stellten. Dazu all den Kollegen und Freunden, die mit Rat und Tat und nicht zuletzt mit ihren Gebeten diese Arbeit begleitet haben. Großes Verdienst haben der

Papstbruder Georg Ratzinger für Details aus der Familiengeschichte und der Theologe Dr. Manuel Schlögl, der Gespräche mit Wegbegleitern übernahm und bereit war, das Manuskript durchzusehen. Tanja Pilger hat mit Bravour Berge von Büchern und anderen Materialien exzerpiert. Martina Wendl und meinem Sohn Jakob danke ich für die Transkription der Tonbandaufzeichnungen. Mein Lektor, »Adlerauge« Johannes Lankes, war ein gewissenhafter Korrektor und brachte nicht nur sein katholisches Fachwissen, sondern auch mentale Unterstützung ein. Jürgen Bolz, der Lektor beim Verlag, hat über Jahre hinweg meine Bücher betreut und auch bei diesem Werk mit Gelassenheit Regie geführt. Der frühere Droemer-Verleger Hans-Peter Übleis hat das Buch angestoßen, Margit Ketterle hat trotz diverser Unterbrechungen daran festgehalten, Kerstin Schuster hat dafür gesorgt, dass es in den Sprachen der Welt erscheinen kann. Meiner Frau und meiner Familie danke ich für den beruhigenden Rückhalt, der sich gerade auch in jenen Stunden bewies, in denen der Autor über der Menge an Stoff und die eigene Ungenügsamkeit schier verzweifelte.

Erzbischof Georg Gänswein schulde ich Dank dafür, das Projekt von Anfang an unterstützt und mit beeindruckendem Freimut Zusammenhänge beleuchtet zu haben. Mein besonderer Dank gilt, wem sonst, Papst Benedikt. Er hat mir mit Engelsgeduld über die Jahre hinweg selbst die abwegigsten Fragen beantwortet. Mit Sicherheit war er der einzige regierende Pontifex, der sogar Ansagen für einen Anrufbeantworter auf Band sprach, wie er es für meine Söhne machte. Besonders in Erinnerung ist mir der Sommer 2012. Ich besuchte den Pontifex in Castel Gandolfo. Der Papst war in einem fürchterlichen Zustand. Er schien nicht nur erschöpft, sondern auch auf eine seltsame Art niedergeschlagen. Erst im Nachhinein wurde mir klar, dass er in diesen Wochen um die Entscheidung rang, die das Papsttum für immer verändern sollte.

Als Papst der Zeitenwende ist Benedikt XVI. sowohl das Ende des Alten als auch der Beginn von etwas Neuem, ein Brückenbauer zwischen den Welten. Er hat gezeigt, dass Religion und Vernunft keine Gegensätze sind. Dass gerade die Vernunft der Garant dafür ist, die Religion vor dem Abgleiten in irre Fantasien und Fanatismus zu schützen. Er bestach durch seine noble Art, seinen hohen Geist, die Redlichkeit der Analyse und die Tiefe und Schönheit seiner Worte. Bei ihm wusste jeder, dass das, was er verkündet, vielleicht unbequem sein mag, aber verlässlich der Lehre des Evangeliums, der Kontinuität mit den

Kirchenvätern und den Reformen des Zweiten Vatikanischen Konzils entspricht – verbunden mit dem Rat, nicht nur an Äußerlichkeiten herumzubasteln, sondern sich den tiefer gehenden Blick auf das Wesen der Dinge zu gönnen, auf das Eigentliche von Leben und Glauben.

Man muss nicht alle seine Positionen teilen, aber zweifellos kann man Joseph Ratzinger nicht nur einen bedeutenden Gelehrten nennen, den vermutlich größten Theologen, der jemals auf dem Stuhl Petri saß, sondern auch einen spirituellen Meister, der durch Geradlinigkeit und Authentizität überzeugte. Seine Wegweisung hat nichts an Aktualität verloren, ganz im Gegenteil. »Ein großer Papst«, so würdigt ihn sein Nachfolger, »groß ob der Kraft und des Durchdringungsvermögens seiner Intelligenz; groß ob seines bedeutenden Beitrags zur Theologie; groß ob seiner Liebe gegenüber der Kirche und den Menschen.« Und nicht zuletzt »groß ob seiner Tugenden und seines Glaubens«.

München, am 11. Februar 2020   *Peter Seewald*

Teil I
Der Junge

Kapitel 1

Karsamstag

Die wenigen Gestalten, die über das Pflaster huschten, hatten ihre Mantelkrägen hochgezogen. Die Luft war kalt, nasskalt. Über den spärlich beleuchteten Straßen lag ein leichter Nebel, aber oben am nachtgrauen Himmel, zwischen den Hausgiebeln, sah man einsam Sterne funkeln.

Es ist Karfreitag, der 15. April 1927. In der Kirche St. Oswald werden letzte Vorbereitungen für die Osterfeiertage getroffen. Gemäß der amtlichen Ordnung vor der durch Pius XI. vorgenommenen Reform wird die Liturgie der Osternacht am Karsamstag-Vormittag gefeiert. Jesus ist tot. Gekreuzigt, gestorben und begraben. Hinabgestiegen »in die unterste Tiefe«, wie es im griechischen Text des apostolischen Glaubensbekenntnisses heißt, in die Unterwelt, jene Gottverlassenheit, die längst auch in der Oberwelt ihre Kreise zog.

Auf seinem Dienstgang inspiziert Gendarm Joseph Ratzinger den westlichen Teil des Ortes; mit der Dampfsäge der Familie Brühl, der Limonadenfabrik und der von Nonnen geleiteten »Kinderbewahranstalt«. Er gilt als geradliniger, tüchtiger, bis auf die Knochen akkurater Mann. Seitlich kurz geschorene Haare, der »deutsche Schnitt«. Würde und Anstand, das ist seine Haltung, die ausbalancierte Mitte das Ziel. Nirgendwo ein Zuwenig, nirgendwo ein Zuviel. Mit einer Körpergröße von 1,64 Metern hat er nicht eben Gardemaß, dafür aber eine kerzengerade Haltung. Heuchelei, Eitelkeit und Opportunismus sind ihm zuwider. Das hieß auch, Mut aufzubringen, die Wahrheit zu verteidigen. Sein Vater habe zwar nur die Volksschule absolviert, wird Benedikt XVI. später sagen, »aber er war ein Mensch mit Verstand. Er dachte anders, als man damals denken sollte, und das mit einer souveränen Überlegenheit, die überzeugte.«[1]

Seit zwei Jahren wacht er nun über den Ort. Inzwischen als Stationskommandant und Chef eines Mitarbeiters, den sie den »nassen Sepp« nennen. Die Kirche, das Wirtshaus, das Rathaus bilden das Zentrum. Es gibt sogar ein Kaufhaus. Das Schaufenster zeigt Werkzeuge, Schürzen für Hausfrauen und Spielsachen, wobei ein kleiner Teddybär noch eine gewisse Rolle spielen sollte. Dass er sich als Gendarm nicht mit jedermann gemeinmacht, verstand sich von selbst. Sonntags singt er im Kirchenchor. Zu Hause spielte er leidenschaftlich Zither, ein Erbe seiner böhmischen Mutter. Andererseits neigte er zu Temperamentsausbrüchen.

Ein Zeugnis der Landes-Gendarmariedirektion vom 29. Oktober 1920 bescheinigte: »Im Dienst fleißig, verlässlich, verwendbar, ausreichend befähigt.« Aber eben auch: »leicht erregt«. Immerhin, so der Vermerk, sei seine Führung »nunmehr ohne Klage«[2]. Die Lokalzeitung bestätigte, der Polizeichef habe »in der verhältnismäßig kurzen Zeit seines Hierseins durch Gerechtigkeitssinn sowie durch Entgegenkommen und Freundlichkeit im Umgang die Achtung der Einwohnerschaft von Marktl erworben«[3].

Der Wind hatte zugenommen, die Kälte gefror einem die Nase ins Gesicht. In einem letzten Aufbäumen schien sich der Winter gegen den hereinbrechenden Frühling zu wehren, aber die Stille der Heiligen Woche gab dem Ort so etwas wie Frieden nach einer verlorenen Schlacht. Vor zehn Tagen feierte er seinen 50. Geburtstag. War er inzwischen nicht eher ein Großvater als ein Vater? Und Maria, seine Frau? Mit 43 war sie kaum das, was man eine junge Mutter nennen konnte. Einige im Ort lästerten darüber, »dass so ein altes Weib noch ein Kind kriegt«. Jetzt liegt Maria oben im ersten Stock ihrer Wohnung im Polizeigebäude und erwartet unter Schmerzen ihr drittes Kind.

1927 ist ein unruhiges Jahr. Der Sprung vom Kaiserreich in die Demokratie, vom monarchistischen Obrigkeitsstaat zu Mitbestimmung und Emanzipation, hatte Deutschland verändert. Frauen durften wählen, Arbeiter bekamen Rechte. Die gesellschaftlichen Veränderungen provozierten nicht nur ein neues Lebens*gefühl*, sondern verlangten auch nach neuen Lebens*modellen*. »Wir sind in der sonderbaren Lage«, so der damals 20-jährige Klaus Mann, »ständig alles für möglich zu halten.«

Es liegt etwas in der Luft. Der Hereinbruch von etwas Neuem, einer Welle von Veränderungen, die die kulturellen Flussläufe in eine andere Richtung bringen können. In den Metropolen entwickelte sich eine moderne Massenkultur um Film, Modemagazine und Sportevents. Das Theater will nicht mehr nur aufführen, sondern interpretieren. Architekten und Designer entwickeln eine neue Formensprache. Mies van der Rohe wird mit seinen spektakulären Wohnbauten bekannt. Freuds

Psychoanalyse verspricht weitreichende Erkenntnisse über die Seele des Menschen und verändert das Verhältnis zur Sexualität.

Insbesondere Berlin verfällt für ein paar Jahre in einen kulturellen Rausch, der alle Tabus der Kaiserzeit zu sprengen sucht. Die entfesselte Hauptstadt will die Welt spüren lassen, dass sie so intensiv und verrückt lebt wie London, Paris und New York zusammen. Dreißig Schauspielbühnen buhlen jeden Abend um die Gunst des Publikums. Im Vergnügungspalast »Haus Vaterland« am Potsdamer Platz feiern jede Nacht bis zu 8000 Partygänger. Es gibt mehr als 100 Kabaretts, Nachtclubs, Kleinkunstbretter, Revuetheater, Schwulen- und Lesbentreffs. Eine der berühmtesten Künstlerinnen ihrer Zeit ist Anita Berber, die am Kurfürstendamm mit Zobelpelz und Monokel aus dem Auto steigt, rote Haare, grell geschminkt. Bekannt wird sie mit expressiven Nacktdarbietungen wie den »Tänzen des Lasters, des Grauens und der Ekstase«. Der französische Schriftsteller Jean Cassou ist entzückt. Berlin, so schreibt er, sei die »jüngste, die systematisch verrückteste, die am unschuldigsten perverse Stadt der Welt«[4].

Literarisch gesehen zeigt sich das Geburtsjahr des späteren Papstes von einer schöpferischen Dichte, wie sie selten so geballt in die Welt kommt. Da ist Hermann Hesses aufwühlender *Steppenwolf*, Franz Kafkas *Amerika* und der letzte Band von Marcel Prousts *A la recherche du temps perdu (Auf der Suche nach der verlorenen Zeit)*. Ernest Hemingway veröffentlicht 1927 *Men without Women (Männer ohne Frauen)*, Arthur Schnitzler sein *Spiel im Morgengrauen*, Carl Zuckmayer den *Schinderhannes*. Und der junge Bert Brecht, Schöpfer der *Dreigroschenoper* mit der weltberühmten Moritat von Mackie Messer, seine *Hauspostille*. In der Philosophie ist es der deutsche Gelehrte Martin Heidegger, der mit seinem Werk *Sein und Zeit*, das die Existenzphilosophie begründen sollte, die Formel für das Welträtsel sucht. Einen Kontrapunkt setzt Cecil B. DeMille, Mitbegründer der Filmmetropole Hollywood. Er dreht 1927 den ersten Jesus-Blockbuster der Filmgeschichte. Sein Titel: *The King of Kings (Der König der Könige)*.[5]

Schien nicht irgendwie plötzlich gar der ganze Globus im Umbruch? Die Sowjetunion beginnt mit der Kollektivierung der Landwirtschaft (der vier Millionen Menschen in der nachfolgenden Hungersnot zum Opfer fallen sollten). Im Oktober hält Mustafa Kemal Pascha, der sich später Kemal Atatürk nannte, in Angora (heute Ankara) vor Abgeordneten und Vertretern der Republikanischen Volkspartei seine programmatische Rede über »Die neue Türkei«. In Italien macht Benito Mussolini, der *Duce*, den Faschismus hoffähig. In Deutschland prägen zunehmend Inflation, Massenarbeitslosigkeit und der Streit unzähliger politischer Gruppen das öffentliche Klima. Gerade einmal 8 Monate halten im Schnitt die insgesamt 19 Kabinette der Weimarer Republik durch. Geblieben war andererseits die Sehnsucht nach dem neuen Menschen, die Hoffnung auf eine bessere Zukunft, die Erwartung einer Zeitenwende.

Und irgendwo an diesem Rand rieb sich längst schon der allergrößte der Verführer die Hände, ahnend, dass seine Zeit bald gekommen sein würde. Ein gewisser Adolf Hitler gründete im Februar 1925 eine Partei neu, die nach ihrem Verbot 1923 schon abgewirtschaftet zu haben schien, die Nationalsozialistische Deutsche Arbeiterpartei, NSDAP. Nach dem Marsch auf die Feldherrnhalle 1923 in München war er mit fünf Jahren Festungshaft davongekommen. Winifred Wagner, die Schwiegertochter Richard Wagners, schickte Wolldecken ins Gefängnis, eine Jacke, Strümpfe, »Futterzeug« und Bücher. Helene Bechstein, Ehefrau des Pianofabrikanten Edwin Bechstein, ließ ihm ein Grammofon mit Marschmusik zukommen.[6] 1927 wird *Mein Kampf*, Hitlers wirre ideologisch-politische und antisemitische Hassschrift, zum offiziellen Programm der Bewegung erklärt. Sie zählt im Moment 27 000 Mitglieder. In drei Jahren wird sie auf 400 000 Parteigenossen angewachsen sein.

Marktl am Inn ist die zwölfte Station der nicht unbedingt steil verlaufenen Karriere Ratzingers. Politisch gesehen, gehört der 600-Einwohner-Flecken zu Oberbayern, geistlich zum niederbayerischen Bistum Passau. Ganz in der Nähe, im Dorf Pildenau, 20 Kilometer entfernt, kam ein Papst auf die Welt, Damasus II.[7] Als Bischof Poppo von Brixen war er am 16. Juli 1048 mit einer toskanischen Streitmacht in Rom eingezogen. Gleich am nächsten Tag stieß er den amtierenden Papst Benedikt IX. vom Thron. Sein Pontifikat dauerte freilich gerade einmal 24 Tage, dann starb er an der Malaria. Womöglich auch, wie einige Historiker vermuten, an einer Giftampulle.

Die Einsatzorte Ratzingers waren quer über Bayern verstreut gewesen. Auf Station Nummer elf, in Pleiskirchen bei Altötting, kam am 7. Dezember 1921 Tochter Maria auf die Welt, Zweitname Theogona, die Gottgeweihte (nach dem Ordensnamen ihrer Tante). Am 15. Januar 1924 folgte Georg, benannt nach dem Lieblingsbruder der Mutter, der in die USA ausgewandert war. Woran lag es, dass er nirgendwo so richtig heimisch wurde? An seinem Dickschädel? Weil er im Grunde diesen Dienst, den er so gewissenhaft ausführt, gar nicht mag? Wenn es so etwas wie Wiedergeburt gäbe, verriet er einem Nachbarn, würde er mit Sicherheit nicht mehr Gendarm werden, sondern Bauer.

Ratzinger studiert geistliche und politische Literatur und sitzt, eine Virginia im Mund, stundenlang über der Tageszeitung. Sein politisches Idol ist der österreichische Bundeskanzler Ignaz Seipel von der Christlichsozialen Partei, ein Prälat und Theologe, von dem er mehrere Bücher im Schrank hat. Seipel war umstritten, aber selbst die sozialdemokratische *Arbeiterzeitung* in Wien rühmte, er sei der »einzige Staatsmann europäischen Formats, den die bürgerlichen Parteien hervorgebracht haben«.

Die eigentliche Liebe seines Lebens, seine ganze Leidenschaft, war freilich die Religion, der christkatholische Glaube. Schon als Volksschüler war er als besonders inspiriert aufgefallen, gefördert von einem engagierten Kaplan. Ein anderer Lehrer erkannte die musische Begabung des Kindes und holte ihn in den Kirchenchor. Wie sein religiöses Vorbild, der gütige Klosterpförtner Bruder Konrad von Altötting, trieb auch ihn als junger Mann die Sehnsucht, in den geistlichen Dienst zu treten. Seine Aufnahme im Passauer Kapuzinerkloster Maria-Hilf aber wurde abgelehnt, weil er keine Einverständniserklärung der Eltern vorweisen konnte. »Seine Grundthematik war das Religiöse«, sollte der Sohn bestätigen, und zwar »in einer sehr tiefen, intensiven und männlichen Frömmigkeit.«[8]

Gendarm Ratzinger hatte seinen Dienstgang beendet. Klirrende Kälte war aufgezogen, und der Schneefall ging in einen leichten Sturm über. Seit Gründonnerstag war in Marktl die Passion Christi in allen Häusern gegenwärtig. Nach der Feier des Letzten Abendmahls waren die Glocken verstummt. Stunde um Stunde führte das *Triduum Sacrum*, der Zeitraum der drei heiligen Tage von Gründonnerstag bis Karsamstag, auf einen Höhepunkt zu. Am Karfreitag waren die Bewohner aus den umliegenden Dörfern herbeigezogen, um mit dem Priester die 14 Stationen des Kreuzweges zu beten. Alkohol und Fleischspeisen waren tabu. Karfreitag ist der strengste Abstinenztag der katholischen Kirche. Erlaubt ist nur eine einzige Sättigung am Tag. Um 15.00 Uhr, der Todesstunde, versammeln sich die Gläubigen zum Gedenken des Leidens und Sterbens Jesu Christi. In einer Nische des Gotteshauses ist das Grab von Golgatha aufgebaut, vor dem die Menschen andächtig knien.

In der Kirche St. Oswald würde bald der blutjunge Kaplan Joseph Stangl mit den letzten Vorbereitungen für die Auferstehung beginnen. Im Polizeigebäude nebenan, dem ehemaligen kurfürstlich-bayerischen Amtshaus am Marktplatz, brennt im ersten Stock noch immer Licht. Inzwischen war die Hebamme Emilie Wallinger eingetroffen. Das Kind hatte sich Zeit gelassen – und es kam keine Minute zu früh.

Es ist die Nacht zum Karsamstag, als um 4.15 Uhr gesund und lebensfähig der jüngste Spross des Gendarmen das Licht der Welt erblickt, Joseph Aloisius Ratzinger. Die Mutter ist zu schwach, um aufzustehen, aber der Vater zögert nicht lange. Etwas ungelenk trägt er das Kind in das Haus Gottes. Die Liturgie hatte schon begonnen, alle Fenster der Kirche sind mit schwarzen Stoffbahnen verhüllt, nur Kerzen beleuchten spärlich den düsteren Raum. Bald wird, in die Stille der Dunkelheit hinein, ein Ruf ertönen. Zunächst verhalten, dann immer deutlicher: »*Lumen Christi*«, Licht Christi. Eine rauschhafte Zeremonie bricht sich Bahn. Die Glocken setzen ein, so heftig, als hätten sie in den Tagen ihrer Stille neuen Atem geholt. Die Orgel hebt an zum *Gloria*. »Christus ist auferstanden«, stimmt der Priester an. Und mit einem Schlag fallen alle Vorhänge – und eine Flut von Licht bricht sich Bahn, die die Menge förmlich blendet.

Es ist 8.30 Uhr, genau 4 Stunden und 15 Minuten nach der Geburt, als der Gendarm sein Kind in die Arme der Ordensfrau Adelma Rohrhirsch legt. Sie vertritt seine Schwester Anna, die eigentliche Taufpatin, die nicht mehr anreisen konnte. Während der Priester die Segensworte spricht und das soeben geweihte, allerfrischeste heilige Wasser über den Täufling fließen lässt, wird das Kind buchstäblich mit Leib und Seele eingetaucht in das Geheimnis von Ostern. Vielleicht ist es der glücklichste Moment im Leben des Vaters. Sein Kind ist gesund. Es heißt Joseph, wie er selbst. Und wie auch sein Vater. »Gott fügt hinzu«, ist die hebräische Bedeutung des Namens. Im hohen Alter hatte es dem Herrn gefallen, ihm diesen Jungen zu schenken, und es war unmöglich, in all den Umständen und Zeichen dieses Ereignisses nicht auch einen besonderen Segen zu sehen, womöglich eine Verheißung, die auf diesem Kinde liegen würde.

Wenn es um Persönliches geht, blieb der spätere Kardinal stets zurückhaltend. Die Umstände seiner Geburt allerdings deutete er selbst als Zeichen eines besonderen Lichtes. Der »Erste des neuen Osterwassers« zu sein, sei gerade auch in der Familie »immer als eine Art Privileg betrachtet worden – als ein Privileg, in dem eine besondere Hoffnung, auch eine besondere Weisung liegt, die sich im Laufe der Zeit enthüllen muss«[9]. Seine Eltern hätten diese Konstellation »als sehr bedeutungsvoll empfunden und mir das von Anfang an auch gesagt«, erklärte er in unserem Gespräch. Dieses »Bewusstsein« habe ihn stets »begleitet« und sei »immer stärker in mich eingedrungen«. Er habe diese Dinge als »eine Anrede« für sich verstanden und versucht, »sie immer tiefer zu verstehen«. Seine Texte über die Karsamstagssituation Christi seien deshalb auch »nicht etwas Erdachtes, sondern etwas mit meinem Grund, mit dem Beginn meiner Existenz Verwobenes, in das ich nicht nur hineindachte, sondern auch hineinlebte«.[10]

In der Aussage des Karsamstags liege dabei etwas »von der Situation der menschlichen Geschichte überhaupt, von der Situation unseres Jahrhunderts«, ergänzte er – aber auch »meines Lebens«. Da seien »einerseits die Dunkelheit, das Ungewisse, das Fragende, die Gefährdungen, das Drohende, aber auch die Gewissheit, dass es Licht gibt, dass es sich lohnt, zu leben und weiterzugehen«. Insofern sei dieser Tag, »über dem dann Christus steht – geheimnisvoll verborgen und zugleich anwesend –, ein Programm für mein Leben geworden«.

Den Marktlern freilich blieb das Jahr 1927 zunächst wegen einer ganz anderen Geschichte in Erinnerung. Nach langer Bauzeit war endlich die neue Brücke über den Inn fertig geworden. Sie wurde mit einem feierlichen Umzug eingeweiht. Voran das Kreuz mit Ministranten, Pfarrer und viel Weihrauch. Im Anschluss an die Zeremonie folgte ein Festgelage mit Bier und Blasmusik. Kommandant Ratzinger war zur Stelle und wachte darüber, dass alles seine Ordnung hat. Dass das Kind, das seine Maria in diesem Jahr auf die Welt brachte, ebenfalls ein »Brückenbauer« werden sollte – ein *Pontifex*, wie das auf Latein heißt –, konnte er nicht ahnen.

Kapitel 2

Das Hindernis

Es war nicht seine Schuld, dass er und Maria so spät heiraten konnten. Erst nach der Beförderung zum Wachtmeister mit einem monatlichen Gehalt von 150 Mark durfte Ratzinger es wagen, die Gründung einer Familie zu planen. Und mochten die beiden auf den ersten Blick auch sehr unterschiedlich wirken, waren die Gemeinsamkeiten doch unübersehbar.

Beide waren intelligent, tüchtig und gut aussehend. Beide stammten aus geachteten und kinderreichen Familien. Beide hatten früh den Vater verloren (Maria mit 28, Joseph mit 26 Jahren). Beide pflegten eine grundanständige katholische Frömmigkeit. Aber vor allem: Beide waren noch zu haben. Nicht zuletzt auch deshalb, weil Bäckermeister Schwarzmeier, ein Witwer aus München mit zwei Kindern, dem Maria einmal vorgestellt wurde, sich für ihre Schwester Sabine entschied. Sie war neun Jahre jünger.

Ausgangspunkt ihrer Liaison war der *Altöttinger Liebfrauenbote*, ein Wochenblatt, das in der Region nahezu jeden katholischen Haushalt erreichte. In der Ausgabe vom 11. Juli 1920 konnte Maria folgenden Text lesen: »Mittl. Staatsbeamter, led., kath., 43 J. a., tadellose Vergangenheit, aus dem Lande, sucht sich m. e. gut kath. reinl. Mädchen, das gut kochen u. alle Hausarb. kann, auch im Nähen bewandert ist und Einrichtung besitzt, baldm. zu verehelichen.« Der Inserent, der offenbar durch möglichst viele Abkürzungen möglichst viel Geld sparen wollte, erwartete »Angebote wenn mögl. m. Bild«[1]. Die Annonce war nicht der erste Anwerbeversuch des Gendarmen. Vier Monate zuvor hatte er mit ähnlichen Textbausteinen nach einer Frau »mit Aussteuer u. etwas Vermögen« gesucht, jetzt schraubte er die Formulierung auf »Vermögen erwünscht, jedoch nicht Bedingung« herunter. Allerdings war er in der Zwischenzeit befördert worden, was aus dem vormaligen »Niederen Staatsbeamten« den attraktiveren »Mittleren Staatsbeamten« machte.

Nach einer Tochter war der Vater des späteren Papstes der erstgeborene Sohn einer Bauernfamilie mit neun Kindern. Geboren wurde er am 6. März 1877 in Rickering in Niederbayern, einem Weiler mit 6 Wohnhäusern und etwa 40 Einwohnern. Nach der Schulzeit musste er sich auf fremden Höfen als Knecht verdingen. Mit 20 wurde er zum Militär eingezogen. Den zweijährigen Wehrdienst leistet er vom 14. Oktober 1897 an beim Königlich Bayerischen 16. Infanterieregiment in Passau ab, der 2000 Jahre alten Römerstadt an der Donau. Er bringt es zum Gefreiten und wird gar zum Unteroffizier befördert. Ein schneidiger, fescher Kerl mit modischem Schnurrbart, ausgezeichnet mit der Goldenen Schützenschnur für besondere Zielsicherheit.

Nach seiner Entlassung aus dem aktiven Dienst am 19. September 1899 bleibt er noch weitere drei Jahre beim Militär. Sein Vater ist inzwischen alt und krank, und auf dem Hof in Rickering, dessen Erbe ihm eigentlich zusteht, hat sich nicht nur die ältere Schwester, sondern auch sein Bruder Anton eingerichtet. Am 22. August 1902 wechselt er als Unteroffizier der Reserve in das Königlich Bayerische Gendarmariekorps. Als im April 1919 in München der Revolutionäre Arbeiterrat um die Anarcho-Literaten Erich Mühsam und Ernst Toller die erste sozialistische Räterepublik auf deutschem Boden ausruft, legt er sein Amt nieder. »Ich habe auf den König geschworen«, beharrt er, »ich kann jetzt nicht der Republik dienen.«[2] Erst als der resignierte König Ludwig III. seine Staatsdiener explizit vom Eid befreit, nimmt er den Dienst wieder auf.

Die Ratzingers waren kein Stamm wie andere auch. Fast könnte man von einer Priesterfamilie sprechen. Jedenfalls waren sie seit Urzeiten im kirchlichen Dienst. Die ersten Spuren lassen sich im 14. Jahrhundert finden. Sie liegen im Fürstbistum Passau, einer von dem irischen Missionsmönch Bonifatius gegründeten Diözese, die einmal bis nach Ungarn reichte. In einer Urkunde des Domkapitels aus dem Jahre 1304 taucht ein Hof zu *Recing* auf, angesiedelt in Freinberg. Aus *Recing* wurde das Gut von *Ratzing*, aus den *Recingers* die *Räzingers*, dann die *Ratzingers*. Frühester Namensnachweis ist um 1600 ein Georg Räzinger, gefolgt von Jakob Räzinger, der mit seiner ersten Frau Maria und nach deren Tod mit seiner zweiten Gattin, Katharina, die beachtliche Schar von insgesamt 17 Kindern zeugte.[3]

Die Ratzingers zogen weiter, übernahmen ein Anwesen des Passauer Domkapitels im Bayerischen Wald und 1801 schließlich einen Hof des Klosters Niederaltaich an der Donau, eben jenes Rickering Nr. 1 in der Pfarrei Schwanenkirchen, in dem Joseph geboren wurde. Der Hof musste einiges leisten für die Ausbildung seiner begabtesten Söhne und Töchter. Direkt und indirekt brachte das Waldhausergut nicht weniger als zwei Ordensfrauen und fünf Priester hervor. Darunter den streitbaren Dr. Georg Ratzinger, der als bedeutender katholischer Sozialpolitiker und Reichstagsabgeordneter in die bayerische Geschichte einging, und dessen begabten Bruder Thomas, der allerdings sein Theologiestudium abbrach, um Jurist zu werden. Nicht zuletzt die Brüder Joseph und Georg, die dem Stammhaus ewig die Treue hielten und den Hof Jahr für Jahr besuchten, immer am letzten Sonntag im August.

Josephs Maria, am Tag ihrer Hochzeit 36 Jahre alt, ist eine lebenslustige Natur, spontan, herzensgut und gesellig. Eine Frau mit Gefühl, die sich fürs Theater interessiert. Mit Fleiß und Geschick hatten es ihre Eltern vor Beginn des Ersten Weltkrieges zu beträchtlichem Wohlstand gebracht. Der Vater, Isidor Rieger, war ursprünglich ein Handwerksbursche aus dem Schwäbischen, die Mutter, Maria Peintner, verdingte sich als Haushaltshilfe. Im österreichischen Ort Hopfgarten hatten die beiden eine Bäckerei gepachtet, bevor sie in einem Leiterwagen mit ihren erstgeborenen Kindern – Maria und Benno – nach Bayern zogen, um am Chiemsee eine eigene Bäckerei und eine kleine Landwirtschaft zu betreiben. Das dritte Kind, Georg, musste zunächst bei Pflegeeltern zurückbleiben. Es sollten noch sieben weitere Kinder geboren werden, zwei davon konnten nicht überleben. Als »arbeitsame brave Leutchen«, die »auch den Segen Gottes« haben, beschrieb eine Tante namens Rosl den Alltag der Rieger-Familie. »Vor und nach Tisch wurde immer gebetet, auch abends meistens Rosenkranz.«[4] Der Vater stand in der Backstube; von Mitternacht an bis meist um 16 Uhr. Die Mutter versorgte frühmorgens um 4 Uhr im Stall drei Kühe, ein Schwein und ein Pferd.

Auch für die kleine Maria begann der Tag in der Nacht. Vor Schulbeginn mussten Brot, Brezen und Semmeln ausgetragen werden. Zur Arbeit in der Bäckerei kam bald auch die Sorge um die sieben jüngeren Geschwister, während die Mutter mit Pferd und Wagen Großkunden belieferte. Neben der Volksschule besucht Maria jeden Sonntag von 12.30 bis 15 Uhr den religiösen Unterricht in der »Sonn- und Feiertagsschule«. Immerhin hatten zwei ihrer Onkel die Altäre von St. Andreas in Salzburg sowie der Klosterkirche der Ewigen Anbetung in Innsbruck gestaltet. Vater Isidor wiederum gründete in Rimsting nicht nur einen Dorfverschönerungsverein, sondern auch einen »Seelsorge-Verein«.

Ihm war es zu verdanken, dass die Gemeinde zur ordentlichen Pfarrei aufstieg und jeden Sonntag Gottesdienst gefeiert werden konnte.

Mit 15 wird die Mutter des späteren Papstes nach Kufstein in fremde Dienste »überwiesen«, wie es in ihrem Schulzeugnis hieß. Anschließend ist sie laut einem »Meld-Schein« der Stadt Salzburg vom 1. Oktober 1900 bis 19. April 1901 als Hausmädchen bei »Concertmeistersgattin« Maria Zinke beschäftigt. Die Adresse lautet: Priesterhausgasse 20, II. Stock. Danach arbeitet sie bei einem General Zech in der Nähe von Frankfurt. Als ihre Brüder im Ersten Weltkrieg Militärdienst leisten, führt sie mit der Mutter und ihrer Schwester Ida die Bäckerei in Rimsting und landet, kurz bevor sie Joseph Ratzinger kennenlernt, im Hotel Neuwittelsbach im Münchner Nobelviertel Nymphenburg, als Süßspeisenköchin.[5]

Über das erste Rendezvous der Papst-Eltern ist nichts bekannt. Man scheint sich jedenfalls schnell einig gewesen zu sein. Die Zeit drängte. Denn irgendwie war 1920 im Hause Rieger das Hochzeitsfieber ausgebrochen. Schwester Ida heiratete am 6. Januar, Benno am 3. Februar, Bruder Isidor am 16. Oktober. Joseph und Maria ergriffen die Gelegenheit und planten für den 9. November. Zu dieser Zeit lag der Erste Weltkrieg, jene »Urkatastrophe«, die dem 20. Jahrhundert ihren Stempel aufdrückte, gerade einmal zwei Jahre zurück. Mehr als zwei Millionen deutsche Soldaten hatten auf den Schlachtfeldern ihr Leben verloren. 720 000 Männer waren schwer verwundet von der Front zurückgekehrt. »Das alte Morsche ist zusammengebrochen«, rief der SPD-Politiker Philipp Scheidemann am Nachmittag des 9. November 1918 vom Balkon des Berliner Reichstags einer aufgewühlten Menge zu. »Die Hohenzollern haben abgedankt! Es lebe die deutsche Republik!«[6]

Schreckliche Jahre hatte diese junge Republik überstanden, Jahre voller Straßenkämpfe, bewaffneter Streiks, Arbeiteraufstände, Putschversuche und politischer Morde, durch die etwa 5000 Menschen gewaltsam ums Leben gekommen waren. Als am 11. Februar 1919 erstmals die Nationalversammlung zusammengetreten war, geschah das nicht in Berlin, sondern in Weimar, um dem in der Hauptstadt befürchteten »Druck der Straße« zu entkommen. Als schwerste aller Hypotheken erwies sich jedoch der Versailler Vertrag vom 28. Juni 1919, der Deutschland und seinen Verbündeten die alleinige Schuld am Ersten Weltkrieg zusprach – und damit auch die Kosten für alle dadurch entstandenen Schäden.

Elsass-Lothringen fiel an Frankreich, weite Teile von Posen an Polen;

insgesamt 70 000 Quadratkilometer Landesfläche, ein Gebiet von der Größe Bayerns. Anders ausgedrückt: drei Viertel des Eisenerzes und ein Viertel der Steinkohle. Ende Januar 1921 legten die Alliierten weitere Forderungen vor: 226 Milliarden Goldmark, zahlbar in 42 Jahresraten (später wurde die Summe auf 132 Milliarden reduziert) sowie die Übernahme der Renten alliierter Kriegsversehrter und deren Familien. Deutschland soll ökonomisch radikal geschwächt werden, gleichzeitig aber wollen die Siegermächte von der Wirtschaftskraft des ehemaligen Feindes profitieren. Ein Ding der Unmöglichkeit.

Bald rutscht die Mark in den freien Fall. Kostete Anfang des Jahres 1923 ein Fernbrief noch 15 Pfennig, muss man im Juni dafür schon 100 Mark, im August 1000, Anfang Oktober 2 Millionen und im November 100 Millionen dafür auf den Tisch legen. Ein Dollar kostet auf dem Höhepunkt der Inflation im November 1923 4,2 Billionen Reichsmark. Das Land glich, so der britische Historiker Frederick Taylor, »einem außer Kontrolle geratenen Eisenbahnzug, der mit zunehmender Geschwindigkeit einem unbekannten Ziel« entgegenrast.[7]

Zehn Tage vor dem geplanten Hochzeitstermin ersuchte »Wachtmeister Joseph Ratzinger I« – die »I« wurde amtlich zugeteilt, um Verwechslungen mit einem Namensvetter zu vermeiden – in einem handgeschriebenen Brief »An die Gendarmerie Hauptstation Altötting« um die »erforderliche Genehmigung«, sich »mit der ledigen Köchin Maria Peintner zu verehelichen«. Der Brief war gerade zur Post gebracht, marschierten Joseph und Maria auch schon ins Pfarramt von Pleiskirchen, dem aktuellen Einsatzort Ratzingers, um vor dem Pfarrer und den Zeugen Franz Hingerl und Josef Mitternmeier einen »Verlobungsvertrag« zu schließen.[8]

Alles war vorbereitet. Doch unmittelbar vor der Vermählung tauchte urplötzlich ein riesiges Problem auf, ein »Ehehindernis«, wie es amtlich hieß. Was war passiert? Das »Hindernis« hatte fünf Buchstaben, und es tauchte in einem Beiblatt zum Verlobungsvertrag auf. »Maria Peintner, kath. Köchin, Rimsting am Chiemsee«, stand da unter den Angaben zur Braut. Aber dann kam noch dieses verfängliche Kürzel hinzu: »illeg.« – illegitim. Im Klartext: Maria war nicht nur unehelich geboren, sie war auch nicht »legitimiert«, also nachträglich als leibliches Kind anerkannt worden. Und damit ohne die notwendigen Papiere.

Auch aus dem Taufbuch der Pfarrei ging zwar der Name von Marias Mutter hervor, einer »Maria Peintner aus Mühlbach bei Brixen, Dienstmagd in Kufstein«, aber ein Vater ist nicht genannt. War der Bäcker Isidor Rieger folglich nur ihr Ziehvater? Und wo war sie überhaupt geboren? Auf dem »Polizeimeldebogen«, der am 6. Mai 1920 in München anlässlich ihres Arbeitsbeginns im Hotel Neuwittelsbach angelegt wurde, gab sie selbst als Geburtsort »Mühlbach bei Brixen, Österreich« an. Aber stimmte das auch? Und warum kannte man Maria in der Schule in Rimsting einerseits nur als »die Rieger-Tochter« – in ihren Zeugnissen aber war sie stets als »Maria Peintner« geführt worden?

Bis in unsere Zeit hinein herrschte Unklarheit über die Herkunft der Papst-Mutter. Selbst als Erwachsene nahmen Joseph, Georg und Maria noch an, ihre Mutter sei in Südtirol auf die Welt gekommen. Um die Sache aufzuklären: Maria war ein uneheliches Kind. Und nicht nur sie. Auch ihre Mutter und selbst ihr Vater – die Großeltern des späteren Papstes – waren unehelich geboren worden. Was gemeinhin als Schande galt, war so ungewöhnlich auch wieder nicht. Gemäß den Taufbüchern waren in der Gemeinde Mühlbach in Südtirol, dem heutigen Rio de Pusteria, im 19. Jahrhundert rund ein Drittel der Frauen, die bereits Kinder hatten, nicht verheiratet. Eine Ehe zu schließen konnte sich nur erlauben, wer dafür auch die nötigen finanziellen Mittel hatte; und ganz viele hatten sie eben nicht.

Marias Vater Isidor Rieger wiederum war der uneheliche Sohn eines Johann Reiss aus Günzburg, eines Handwerkers, der sich sein Geld mit der Reparatur von Mühlen verdiente, und einer Maria Anna Rieger, Tochter eines Taglöhners. Er wurde am 22. März 1860 um 8 Uhr früh in Welden bei Augsburg geboren und mittags »eilig«, wie es wörtlich im Geburtsregister heißt, in der Pfarrkirche Mariä Verkündigung getauft. Er war ebenfalls nie von seinem Vater »legitimiert« worden.[9]

Die zusätzliche Verwirrung erklärte sich dadurch, dass die Großmutter und die Mutter des späteren Papstes nicht nur denselben Vor- und Nachnamen trugen, sie hatten auch den gleichen Geburtsort: Mühlbach. Nur lag das eine Mühlbach, das der Großmutter, eben wirklich in Südtirol (in der alten Mühle eines Dorfes namens Raas), das andere Mühlbach, das der Tochter, bei Kiefersfelden im Landkreis Rosenheim. Ohne dass sie von ihrer Mutter je darüber aufgeklärt wurde, kam Maria am 8. Januar um 16 Uhr im Haus einer Familie zur Welt, wie der Heimatforscher Johann Nußbaum recherchierte, die sich darauf spezialisiert hatte, ledigen Schwangeren Geburtshilfe zu leisten. Dass die Tochter später nicht legitimiert wurde, erklärt sich aus der Sparsamkeit der Mutter. Mädchen würden durch eine Heirat, argumentierte sie, später ohnehin einen anderen Namen bekommen.

Nach all der Aufregung konnte die Hochzeit dann doch noch stattfinden. Wie geplant, gaben sich Maria und Joseph am 9. November 1920 im Standesamt Pleiskirchen das Jawort. Bei der kirchlichen Hochzeit in St. Nikolaus am selben Tag assistierten der Landwirt Anton Ratzinger und der Kassenassistent Johann Ratzinger als Trauzeugen. Das Altarbild zeigte eine Darstellung der Empfängnis Mariens, über dem Tabernakel thronte das Lamm Gottes auf dem Buch mit den sieben Siegeln.

Die »Ehehindernisse« aus dem Weg geräumt hatte der Bürgermeister von Rimsting, der amtlich erklärte, Maria Peintner sei »die eheliche Tochter der Bäckersleute Isidor und Maria Rieger, geborene Peintner«. Punktum. »Rieger Maria führt den Namen Peintner«, hieß es im Schreiben des Bürgermeisters, »da bis jetzt die Vaterschaftsanerkennung unterblieb und die notwendigen Nachweise aus Tirol wegen der Besetzung durch die Italiener nicht erholt [beigeholt] werden können.« Dass Isidor Rieger auch wirklich sein Großvater und der Vater seiner Mutter ist, davon war Benedikt XVI. fest überzeugt. Die fehlende Legitimation sei ein »juristisches Versäumnis« gewesen. Seine Großeltern hätten sich früh das Eheversprechen gegeben, aber ohne festen Wohnsitz zunächst einfach noch nicht geheiratet.[10] Isidor habe seine Tochter Maria »sehr geliebt – und sie ihn auch«.

Kapitel 3

Das Traumland

In seinem Geburtsort sah Joseph Ratzinger elementare Dinge seines Lebens grundgelegt: Es ist »der Ort, an dem mir meine Eltern das Leben geschenkt haben; der Ort, an dem ich meine ersten Schritte auf dieser Erde getan habe; der Ort, da ich sprechen gelernt habe«. Und, dies vor allem: Es ist »der Ort, an dem ich getauft worden bin am Karsamstagmorgen und so Glied der Kirche Jesu Christi wurde«[1].

Die Symbolik des Karsamstags ließ ihn nicht mehr los. Dieses »dunkelste Geheimnis des Glaubens«, das zugleich »das hellste Zeichen einer Hoffnung« ist. Zeit seines Lebens sollte er darüber nachdenken. In der Nacht des Abstieges Christi sei »das Undenkbare« geschehen: »Die Liebe ist eingedrungen in das Reich des Todes: Auch in der extremsten Dunkelheit können wir eine Stimme hören, die uns ruft, eine Hand suchen, die uns ergreift und uns nach draußen führt.«[2]

An konkreter Erinnerung an Marktl nahm er nur mit, was ihm Eltern und Geschwister überlieferten. Die Geschichte von der Zahnärztin zum Beispiel, die mit dem Motorrad in ihre Praxis kam. Geblieben war ihm der Teddy aus dem kleinen Kaufhaus von gegenüber, den er sich so sehr gewünscht hatte. Zuletzt landete er in Rom. Auf einem Stuhl im Schlafzimmer des päpstlichen Appartamentos.

Geblieben war ihm auch die Sorge um seine Gesundheit. Denn der Spätgeborene war nicht nur ein besonders zartes, sondern auch ein besonders schwächliches Kind. Als er an Diphtherie erkrankte, stand sein Leben auf der Kippe. Die verzweifelte Mutter hatte den jüngsten Bruder ihres Mannes vor Augen, der nach einer Diphtherie-Erkrankung halbseitig gelähmt blieb. Der kleine Joseph konnte kein Essen aufnehmen und weinte Tag und Nacht. Gerettet hatte ihn letztlich Schwester Adelma, seine Taufpatin, die ihn mit Haferschleim fütterte. Dass ein Arzt wenige Jahre später einen Herzfehler diagnostizierte und die Mutter ihn hütete wie ihren eigenen Augapfel, hatte sicher dazu beigetragen, dass sich der spätere Professor und Kardinal stets als gesundheitlich wenig robust empfand.

Nur noch zwei Jahre blieb die Familie in Marktl. Am 11. Juli 1929 machte sich der Gendarm mit Kind und Kegel auf den Weg in die 20 Kilometer entfernte Barockstadt Tittmoning. Der inzwischen zum Sicherheitskommissär beförderte Beamte versprach sich hier bessere Bildungschancen für seine Kinder. Für Joseph ist es ein Volltreffer. Denn wenn es eine Epoche gibt, in der er vollkommen glücklich ist, dann waren dies die Jahre seiner Kindheit in einer Umgebung, für die er später nur einen Begriff kannte: »Traumland«.

Schon die Ankunft war berauschend. In Marktl war ihr Wohnhaus imposant gewesen, in Tittmoning jedoch bezogen die Ratzingers das schönste Gebäude der ganzen Stadt, das sogenannte Stubenrauchhaus am Stadtplatz Nr. 39. Die herrschaftliche Toreinfahrt, die barocke Schmuckfassade, und dann auch noch eine Wohnung mit Erker! Vom zweiten Stock aus hatte man einen Blick auf die malerische Piazza der Stadt, mit den mächtigen Toren, den noblen Brunnen, den Türmen der alles überragenden Stiftskirche. Hie und da sah man eine Pferdedroschke, gelegentlich auch ein Automobil. Wenn Viehmarkt war, feilschten die Bauern um die besten Preise, Festumzüge wurden angeführt von prächtig geschmückten Rössern. Nur vor dem Nachtwächter erschraken die Kinder anfangs, der mit monotoner Stimme zur vollen Stunde die Zeit ansagte: »Hört ihr Leut' und lasst euch sagen, unsre Uhr hat zwölf geschlagen.«

Links vom Haus gab es eine Eisenwarenhandlung, rechts davon ein Textilgeschäft. Im Rückgebäude war die Polizeistation untergebracht. Die Mannschaft bestand aus je einem von der Stadt und einem vom Staat gestellten Gendarmen (der eine in blauer, der andere in grüner Uniform) sowie dem Sicherheitskommissär. Die Aufklärungsquote wird bald bei 100 Prozent liegen. Einmal sollte der Kommissar sogar gegen den eigenen Hausbesitzer vorgehen, nachdem sich dessen Dienstmagd Rosa über brutale Behandlung beklagt hatte.

Das Nachbarhaus war Sitz der Verlagsbuchhandlung Anton Pustet. Das Schaufenster zeigte die aktuellen Buchererscheinungen. Etwa Erich Maria Remarques *Im Westen nichts Neues* oder Alfred Döblins *Berlin Alexanderplatz*. Später wird auch Lion Feuchtwangers Schlüsselroman *Erfolg* dort zu finden sein, ein facettenreiches Gesellschaftspanorama der frühen Zwanzigerjahre. Unverkennbar waren in einer Figur namens Rupert Kutzner und seiner Bewegung der »Wahrhaft Deutschen« Adolf Hitler und die NSDAP gezeichnet.[3]

Für die Mutter ist es eine Plackerei, wenn sie im Stubenrauchhaus ihre Einkäufe, Holz und Kohlen hochschleppt. Die Treppen sind eng, die Pflaster brüchig, die Zimmer verwinkelt. Für die Kinder aber ist das Refugium ein Abenteuerspielplatz. Das Gebäude gehörte einst katholischen Stiftsherren. Dass sie sich nach den Wirren des Dreißigjährigen Krieges zu einer Wohngemeinschaft zusammentaten – dem »Institut der in Gemeinschaft lebenden Weltpriester« – und die Regel des heiligen Augustinus reaktivierten, machte sie zu einem Modell, das in ganz Europa Aufsehen erregte. Bartholomäus Holzhauser, der Gründer, beriet Fürsten und Herzöge und fand gar Unterstützung bei Papst Innozenz X. Just das Zimmer, in dem die Ratzinger-Kinder schliefen und spielten, war der frühere Kapitelsaal, in dem die Stiftsherren über gemeinschaftliche Angelegenheiten berieten und sich aus den Schriften Augustinus' vorlasen. Holzhauser starb im Ruf der Heiligkeit. Im Stubenrauchhaus schrieb er nicht nur eigene »geheime Visionen« auf, sondern hinterließ auch eine Auslegung der *Geheimen Offenbarung des Johannes*.[4] In seinen Erinnerungen wies Ratzinger ausdrücklich auf die »apokalyptischen Gesichte« Holzhausers hin, mit denen er sich offenbar früh beschäftigte.

Tittmoning ist mit viereinhalbtausend Einwohnern eine Handels- und Künstlerstadt, einst Zentrum bedeutender Baumeister, Bildhauer, Maler und Goldschmiede. Straßen und Plätze sind von malerischer Schönheit, geziert von prächtigen Fassaden, Brunnen, Skulpturen. Die Klosterkirche der Augustiner-Eremiten ist ein barockes Juwel in Schwarz, Weiß und Gold. Auf einer Anhöhe thront eine imposante Burganlage. In den Zwanzigerjahren beherbergt sie eine Gruppe der von Romano Guardini unterstützten katholischen Jugendbewegung Quickborn. Und wäre es der Idylle nicht schon genug, wird das städtebauliche Kleinod gesegnet von einem Panorama aus Alpengipfeln, sanften Bergrücken, Mischwäldern und fetten grünen Hügeln, als wäre der gesamte Rupertiwinkel (benannt nach dem heiligen Rupert) direkt vom weißblauen Himmel gefallen.

Vor allem ist Tittmoning eine geistliche Stadt, in der die Bewohner offenbar gar nicht genug kriegen konnten von Kirchen, Kapellen und Klöstern, Marien- und Nepomuksäulen, von Prozessionen und Kirchweihfesten. Mit Sakralbauten und Wegkreuzen füllte die Religion den Raum, mit der Liturgie des Kirchenjahres die Zeit.

Mit der Mutter spazieren die Ratzinger-Kinder zur Zollstation an der Brücke – und staunen darüber, mit nur wenigen Schritten in Österreich zu sein. Im »Bienenheim«, einem kleinen Park, in dem die Bürger

Bienen halten, dürfen sie spielen. Dann gibt es den Auer Maxl, der in der Nähe des Friedhofs wohnt. Sein großes Plus: Maxl besitzt ein Harmonium, und er hat kein Problem damit, wenn Georg darauf herumklimpert. Georgs »innere Affinität zur Musik«, schrieb Ratzinger in einer Würdigung seines älteren Bruders, sei schon in Marktl erkennbar gewesen, wo alles, »was mit Musik zu tun hatte, sein innerstes Interesse« erweckte.

Zu den schönsten Erinnerungen an Tittmoning gehörten für den späteren Kardinal die Spaziergänge hinauf zur Wallfahrtskirche Maria Brunn. Das barocke Heiligtum liegt mitten im Wald, am Rande eines rauschenden Bergbaches. Eines der Deckengemälde zeigt Jesus als lehrenden Knaben im Tempel von Jerusalem. Höhepunkte im Alltag der Familie sind Aufführungen im Freilichttheater und Ausflüge nach Oberndorf an der Salzach, in dem 1818 *Stille Nacht, heilige Nacht* entstand, das berühmteste Weihnachtslied aller Zeiten.

In St. Radegund, ebenfalls in Österreich, besucht die Familie die Passionsspiele. Ratzinger weist in der Rückschau darauf hin, dass hier Franz Jägerstätter gelebt hat. Der Landwirt und Familienvater, Mitglied des Dritten Ordens des heiligen Franziskus, wurde als Kriegsdienstverweigerer am 9. August 1943 von den Nazis hingerichtet. Vierundsechzig Jahre später, am 26. Oktober 2007, wurde in Rom seine Seligsprechung gefeiert – zelebriert von genau jenem Joseph Ratzinger, der schon als Kind von seinem Vater von dem mutigen Bauern gehört haben mag.

Was Tittmoning für den Drei- bis Fünfjährigen im Eigentlichen zu einem »Traumland« macht, ist die geistliche Identität des Ortes. Besonders fasziniert ihn »der geheimnisvolle Glanz der Klosterkirche mit ihrer barock gestalteten Liturgie«. Da ist »der aufsteigende Weihrauch«, der psychedelische Klang der gregorianischen Choräle, die feierliche Kirchenmusik, das Ewige Licht in einem roten Glasgefäß, das, obwohl es ewig währen soll, scheinbar nur an einem seidenen Faden hängt. Oder aber auch »die Verwunderung, wie jemand der Säule zur Kanzel entsteigen konnte«, ohne vorher gesehen zu werden.

Immer wieder schreiten die beiden Buben in dem historischen Kirchenjuwel vor einem Bild des leidenden Christus auf und ab, voller Staunen darüber, dass Jesus sie mit den Augen verfolgt, als wär er eben wieder lebendig geworden. Georg ist in einer weißen Kutte bald Stabträger, wenn eine der Bruderschaften Tittmonings hier im Gotteshaus ihre monatliche Prozession exerziert. Seinen staunenden kleinen Bruder sieht man förmlich mit weit aufgerissenen Augen, wenn er die merkwürdig-mystischen Wandbilder betrachtet, mit seiner Mutter eine Litanei mitbetet und mit traumwandlerischer Leichtigkeit eintaucht in die für ihn so phantastische wie aufregende Welt des Glaubens, voller Zärtlichkeit, Schönheit und Geheimnis. An diesem Ort, so Ratzinger in einer Predigt am 28. August 1983, habe er »die ersten persönlichen Erfahrungen mit einem Gotteshaus« gemacht. Und »wie alles Erste«, das jemand erfährt, habe all das auf ihn »einen lang anhaltenden Eindruck« gemacht. Es sei dabei nicht nur um die »vordergründigen und naiven Bilder« gegangen, die ein kindliches Gemüt naturgemäß leicht beeindrucken können, sondern dahinter hätten sich früh schon »tiefgründige Gedanken festgesetzt«.[5]

Gerade einmal 3 Monate und 13 Tage leben die Ratzingers in ihrer neuen Heimat, als an der New Yorker Börse am 24. Oktober 1929 die Kurse einbrechen. Die Nachricht erreichte die alte Welt durch die Zeitverschiebung erst nach Schließung der Aktienmärkte. In Europa kam es deshalb erst am Freitag, dem 25. Oktober, zu einer Panik an den Börsen – dem Black Friday. Der größte Börsencrash aller Zeiten löst in den USA die »Great Depression« aus. Banken brechen zusammen, Firmen gehen bankrott. Es ist der Auftakt einer Wirtschaftskrise, die Millionen von Menschen in Arbeitslosigkeit und Armut stürzt. Mit einem Schlag glich der Tanz auf dem Vulkan, der den Golden Twenties Glanz und Glamour gab, einem Totentanz.

Auf die politische Auseinandersetzung in Deutschland wirkte der Blackout der Börsen wie ein Brandbeschleuniger. NSDAP und Kommunistische Partei verzeichneten einen Mitgliederzustrom wie noch nie. Insbesondere von jungen Menschen, die sich von den bürgerlichen Parteien nicht mehr vertreten fühlen. Geschickt hatten sich die Nazis als die wahre Volkspartei in Szene gesetzt. Den Bauern gegenüber betonten sie »die Erhaltung des Ackers«, der die »Grundlage unseres Daseins« werden müsse. Verschuldeten Mittelschichtlern und verarmten Angestellten präsentieren sie sich als Retter gegen soziale Not, den Arbeitern als sozialistische Alternative, der jungen Generation als »Aufbruch der Jugend« und Bewegung gegen das verkalkte und reaktionäre »System« der »Bonzen«.

Das Programm der NSDAP fordert ein »Selbstbestimmungsrecht der Völker« und eine »Gewinnbeteiligung an Großbetrieben«. »Wir haben die sinkende Fahne des Sozialismus aufgegriffen«, versichert

NS-Propagandaleiter Joseph Goebbels enttäuschten Anhängern der Linken. Seine Partei werde »im Herzen Europas einen sozialistischen Staat aufbauen«. Gregor Strasser, als Reichsorganisationsleiter einer der mächtigsten Männer der Partei, sekundierte: »Das Volk protestiert gegen eine Wirtschaftsordnung, die nur in Geld, Profit, Dividende denkt. Diese große antikapitalistische Sehnsucht ist ein Beweis dafür, dass wir vor einer ganz großen, vor einer grandiosen Zeitenwende stehen.«[6] Vor allem positionierte sich die NSDAP als Partei, die den Versailler Vertrag rückgängig machen werde. »Zehn Jahre Schmach« hätten das Deutsche Reich entehrt und geschändet. Es sei an der Zeit, die Dinge zu ändern.

Massenaufmärsche der Braunhemden boten einen Vorgeschmack auf das Gemeinschaftserlebnis einer zukünftigen Welt von germanischen Helden. In die »Sturmabteilung« (SA) der NSDAP drängten bald 455 000 neue Parteigenossen. Ihr harter Kern versammelte sich in »Sturmlokalen« und richtete Volksküchen für arbeitslose Mitglieder ein. Es gab sogar eine eigene SA-Versicherung für »Schadensfälle«. Gemeint waren die Hinterlassenschaften jener »Kämpfer«, die bei Straßenschlachten fremdes Eigentum kurz und klein schlugen.

Am frühen Abend des 10. September 1930 versammelten sich vor dem Sportpalast an der Potsdamer Straße in Berlin Zehntausende Arbeiter und Angestellte, Unternehmer, Studenten und Arbeitslose, um einen der radikalsten Gegner des politischen Systems zu hören: Adolf Hitler. Und Hitler ist in seinem Element. Propaganda müsse ihr geistiges Niveau auf die geringe Aufnahmefähigkeit der Masse einstellen, hatte er in *Mein Kampf* erklärt. Es gehe nicht um die »Befriedigung einiger Gelehrter oder ästhetischer Jünglinge«. Mit seiner Rede wolle er vielmehr auf Emotionen setzen: »Je bescheidener dann ihr wissenschaftlicher Ballast ist und je mehr sie ausschließlich auf das Fühlen der Masse Rücksicht nimmt, umso durchschlagender der Erfolg.«[7] In der Sportpalast-Rede geißelt er die »politischen, wirtschaftlichen und moralischen Bankrotteure«. Es gelte, den »Willen des Volkes« durchzusetzen gegen »Kapitalismus und Hochfinanz«. »Das Publikum rast«, notierte Goebbels in seinem Tagebuch.

Hitlers Konzept ging auf. Als vier Tage später die Wahllokale schließen, erschüttert ein politisches Beben, was von den Fundamenten der Republik noch vorhanden war. Zwei Jahre zuvor galt die NSDAP mit nur 2,6 Prozent der erhaltenen Stimmen noch als Splitterpartei. Bei der Wahl am 14. September 1930 jedoch wird sie mit einem Ergebnis von

18,3 Prozent und damit 6,4 Millionen Wählerstimmen die zweitstärkste politische Kraft des Deutschen Reiches, nach der SPD mit 24,5 Prozent und 8,6 Millionen Stimmen. Sie zieht mit 107 Abgeordneten in den Reichstag ein, die SPD mit 143. Auch die Kommunisten verzeichnen Zuwächse. Rund 4,6 Millionen Wähler hatten für die KPD gestimmt, die damit 77 Parlamentssitze erobert.

Die Weimarer Republik hatte die wirtschaftliche Notlage der Menschen nicht verbessern können. Die Reparationsforderungen der Siegermächte erstickten den Finanzhaushalt der jungen Demokratie wie eine Schlinge, die sich immer fester um den Hals zieht. Besonders empfänglich für Hitlers Botschaften zeigten sich nach Erkenntnissen des Parteienforschers Jürgen Falter selbstständige Landwirte in protestantischen Gegenden. Ihre besten Ergebnisse erzielte die NSDAP in Wiefelstede im Wahlkreis Weser-Ems mit 67,8 Prozent und im schleswig-holsteinischen Schwesing mit 61,7 Prozent der Wählerstimmen.[8] In den Städten wanderten Protestanten in Scharen zu den den Nazis nahestehenden Deutschen Christen ab, deren Ziel die Errichtung einer überkonfessionellen deutschen Nationalkirche war.

Die katholische Kirche reagierte auf das Erstarken der Hitler-Partei zunächst mit Abgrenzung. Die Mitgliedschaft in der NSDAP, verkündete der *L'Osservatore Romano* als Amtsblatt des Papstes im Oktober 1930, sei »mit dem katholischen Gewissen nicht zu vereinbaren«. Der Münchner Erzbischof Michael von Faulhaber bezeichnete die NS-Ideologie als »Häresie«, als gottloses Ketzertum. Geistlichen sei »streng verboten«, die Nazis auf irgendeine Weise zu unterstützen. Die Deutsche Bischofskonferenz brandmarkte im August 1932 das Parteiprogramm der NSDAP als »Irrlehre« und »glaubensfeindlich«. Katholiken sei die »Zugehörigkeit zu der Partei« untersagt, Zuwiderhandelnde würden von den Sakramenten ausgeschlossen.[9]

Auch die Ratzingers blieben vom Börsenkrach und seinen dramatischen Folgen nicht verschont. Die Gehälter der Staatsbeamten waren oft erst mit Verspätung ausbezahlt worden. Aber was noch schlimmer war: Die Inflation hatte ihre Ersparnisse aufgefressen. »Wir waren arm«, wird Joseph später die Situation beschreiben. Man habe »eisern sparen« müssen, berichtete Bruder Georg. Mutter Maria macht alles selbst. Sie strickt. Sie putzt das Dienstzimmer. Sie hält einen Gemüsegarten. Sie stellt sogar Seife selbst her. Vater Joseph schneidet noch dünner als früher Scheibe um Scheibe von einer Wurst ab, um mit exakter Einteilung über die Runden zu kommen. Genügsamkeit wird zum Lehrmeister – und zu einer Tugend, die das Leben prägt.

Nicht verzichten aber wollte die Mutter auf einen gewissen Stil. Dass sie ihre Kinder in der Öffentlichkeit tipptopp kleidete, war auch auf ihre Herkunft aus einer wohlhabenden Bäckersfamilie und jene Formen zurückzuführen, die sie in den vornehmen Haushalten kennengelernt hatte, in denen sie beschäftigt war. Zu Hause aber trugen Maria, Georg und Joseph blaue Schürzen, ihren »Fetzen«, um das gute Gewand zu schonen. »Die Mutter war herzlich, liebevoll, gemütvoll und nicht so rational geprägt«, berichtete Joseph, »sie mochte es, aus dem Einfall, dem Augenblick heraus zu leben.« Insofern seien die Lebensstile seiner Eltern »sehr verschieden« gewesen. Die Strenge des Vaters habe sich darin geäußert, »dass er Pünktlichkeit und Genauigkeit verlangte, dass er bei Übertretungen von dem, was man nicht machen durfte, schon auch kräftig schimpfen und auch mal eine Watsche verabreichen konnte. Das galt damals als ganz normales Erziehungsmittel.«[10]

Georg sah es anders: »Er achtete eben sehr auf Genauigkeit und Ordnung. Aber er hat einem nie eine Watsch'n verpasst, sondern nur mal auf den Hintern.«[11] Die Mutter sei hingegen, wenn es die Balgen allzu bunt trieben, schon mal mit dem Bettklopfer unterwegs gewesen. »Wir waren schon ganz normale Menschen«, kommentierte der spätere Papst. »Es ist nicht so, dass immer alles harmonisch gewesen wäre.« Auch zwischen den Eheleuten habe es »gelegentlich Krach« gegeben, »aber das Gefühl des Beieinanderseins und des Glücklichseins miteinander hat weit überwogen«. Letztlich habe »eine tiefe innere Einheit« bestanden, die diese Ehe zu einer glücklichen Partnerschaft gemacht habe.

Joseph spielt am liebsten zu Hause, in der Nähe der Mutter. Mit einem Holzpferd oder mit einem seiner Stofftiere. »Ein besonderer Bastler war er nicht«, berichtete Georg, »aber mit dem Baukasten sich was ausdenken, das mochte er gerne.« Gelegentlich kommt der fidele Benno aus Rimsting zu Besuch, der Lieblingsonkel. Benno liebt das Theater, fährt mit seiner Frau regelmäßig in einem luxuriösen offenen Sechssitzer-Automobil nach München in die Oper. Er besitzt einen Sportwagen der englischen Edelmarke MG, ein Rennruderboot, sammelt alte Motorräder und leistet sich eine Waffensammlung, die den ganzen Speicher einnimmt. Der Onkel gilt als Weiberheld und Glücksspieler, der das Geld in vollen Zügen aus dem Fenster wirft, aber er überrascht seine Neffen auch mit einem kleinen Altar mit drehbarem Tabernakel, den er gebastelt hatte. Ein anderes Mal packt er eine selbst bemalte Kulisse für die sorgsam gehütete Weihnachtskrippe der Familie aus.

Von Onkel Georg aus Buffalo in Amerika kommt gelegentlich ein Paket mit Lebensmitteln. Väterlicherseits ist Tante Theogona, die Klosterfrau, diejenige, die Kontakt hält. Onkel Alois, der Bruder des Vaters, als Priester ein leidenschaftlicher Anhänger der Volksliturgie, schickt Briefe, gibt ungebetene Ratschläge und mahnt, die Kinder sollten ihn doch häufiger in seiner Pfarrei in Niederbayern besuchen. In der Familie gilt Alois mit seinen oft absonderlichen Einfällen als kuriose Gestalt. »Er war gescheit«, wusste sein Neffe, »aber sehr eigenwillig.«

Für Georg beginnt ein neues Kapitel. Er kann nun gemeinsam mit Schwester Maria die Schulbank drücken und ist mächtig stolz darauf. Auch für Joseph ändert sich einiges. Er ist drei Jahre alt, als ihn der Vater im Kindergarten der Englischen Fräulein im ehemaligen Augustiner-Eremiten-Kloster anmeldet. Die Eltern versprechen sich davon einen anregenden Umgang mit Gleichaltrigen und insgeheim wohl auch religiöse Bildung, auch wenn damit zusätzliche Kosten verbunden sind. Die 1855 gegründete »Kinderbewahranstalt« betreut rund 90 Mädchen und Knaben in getrennten Räumen. »Mittags mussten wir mit den aufgelegten Armen auf dem Tisch schlafen«, berichtete ein ehemaliges Kindergartenkind. Die strengen Kommandos, die ganze Zucht, und überhaupt: die Menge an Menschen – besonders anziehend findet »Beppi«, wie die anderen den Neuzugang rufen, die »Anstalt« nicht. Er wäre lieber zu Hause geblieben, bei der Mutter. Immerhin kommt es im Frühling 1931 zu einer Begegnung, die sich tief in sein Gedächtnis eingräbt.

Marktl gehörte zum Bistum Passau, Tittmoning aber ist Territorium des Erzbistums München-Freising, und es ist Michael Kardinal von Faulhaber, der sich für den 19. Juni 1931 zu einem Besuch angesagt hat. Faulhaber sollte eigentlich eine Firmung vornehmen, aber weil er schon mal in der Stadt ist, besucht er auch den Kindergarten. Sicherheitskommissär Ratzinger trägt Festuniform und einen goldglänzenden Helm, aber auch der kleine Joseph steht in Reih und Glied. Als der Fahrer des Kardinals mit dem gewaltigen Auto anhält, ist es mucksmäuschenstill. Erst als sich die Wagentür öffnet und der Kirchenfürst würdevoll aussteigt, beginnt sich die Erstarrung zu lösen. Beeindruckt von so viel Pracht und Ehre ist Joseph sich plötzlich ganz sicher: »Ich werd mal Kardinal.« Ein wenig mag der Ausruf freilich auch eine Replik auf den älteren Bruder gewesen sein. Der hatte, nachdem er den Vater fragte, wie denn die Menschen hießen, die die Musik in der Kirche machten, sofort erklärt: »Ich werde auch einmal Domkapellmeister.« Faulhaber allerdings schien den kleinen Joseph dann doch nicht so beeindruckt zu haben, dass sich das Berufsziel nicht auch wieder korrigieren ließe: »Ich werd mal Maler«, verkündet er wenige Tage später, nachdem ein Anstreicher die Wohnung der Familie in neuem Glanz erscheinen ließ.[12]

Die Sorgen werden nicht weniger. Maria, die Älteste, hat Probleme mit den Mandeln. Georg zieht sich eine Lungenentzündung zu, und das »Josepherl«, wie sie das Nesthäkchen zu Hause nennen, gilt ohnehin als Sorgenkind. Auf einem Bild aus jener Zeit sieht man die Mutter völlig abgekämpft. Aus der einst attraktiven, fast damenhaften Erscheinung ist eine erschöpfte Frau geworden. Aber auch ihr Ehemann wirkt gebückt und kraftlos. Immer häufiger, berichtete Sohn Joseph, habe sich sein Vater »mit der Brutalität der SA-Männer in den Versammlungen auseinandersetzen« und »gegen die Gewalttätigkeit der Nazis einschreiten« müssen. »Kinder betet«, flehte die Mutter, »dass der Vater gut heimkommt.« Alle in der Familie, heißt es in Ratzingers Erinnerungen, »spürten sehr deutlich die ungeheure Sorge, die auf ihm lastete und die er auch im Alltag nicht abzuschütteln vermochte«.

Dass Hitler bei dem Versuch scheiterte, sich zum Reichspräsidenten wählen zu lassen, hatte den Kommissar aufatmen lassen. Für ihn ist der Österreicher ein übler Verbrecher, der hinter Schloss und Riegel sollte, seine Bewegung die Ausgeburt des Bösen. Ratzinger ist Abonnent des *Münchener Tagblattes*. Die Zeitung steht der Bayerischen Volkspartei (BVP) nahe, mit der er sympathisiert. Ein weiteres Abo im Haushalt ist der *Gerade Weg*, eine antifaschistische Wochenzeitung, die in der Münchner Schellingstraße gedruckt wird, im selben Betrieb, in dem auch Hitlers *Völkischer Beobachter* erscheint. Der »Führer« schäumte jedes Mal, wenn er von einem Setzer ein druckfrisches Exemplar davon auf den Tisch gelegt bekam. Gründer und Hauptschriftleiter des *Geraden Wegs* ist Fritz Gerlich, der frühere Chefredakteur der *Münchner Neuesten Nachrichten* (des Vorläufers der *Süddeutschen Zeitung*). Unterstützt wird das Blatt von Fürst Erich von Waldburg-Zeil. Mit der Titelzeile der Ausgabe vom 31. Juli 1932 will Gerlich, ein zum Katholizismus konvertierter norddeutscher Protestant, noch einmal ein Fanal setzen: »Der Nationalsozialismus ist eine Pest«, heißt es in großen Lettern.[13]

Der Artikel selbst warnt, wie man deutlicher nicht warnen konnte: »Nationalsozialismus aber bedeutet: Feindschaft gegen die benachbarten Nationen, Gewaltherrschaft im Innern, Bürgerkrieg, Völkerkrieg. Nationalsozialismus heißt Lüge, Hass, Brudermord und grenzenlose Not. Adolf Hitler verkündigt das Recht der Lüge. Ihr, die ihr diesem Betrug eines von der Gewaltherrschaft Besessenen verfallen seid, erwacht! Es geht um Deutschland, um euer, um eurer Kinder Schicksal!«

Das Schicksal der Kinder! Als Vater Ratzinger die Zeitung aus der Hand legt, kann er nicht anders, als dabei an Maria, Georg und Joseph zu denken. Die Auseinandersetzungen mit SA- und SS-Schergen waren von Monat zu Monat heftiger geworden. Schon länger hatten ihm Freunde und Kollegen empfohlen, sich aus der Schusslinie zurückzuziehen. Man könne ja nie wissen! Gerade bei seinem aufschäumenden Temperament, das er so schlecht zügeln konnte.

Um die Wohnung im Stubenrauchhaus tat es ihm leid. Ebenso um das schöne Tittmoning ganz allgemein, das er so »bildsam« für die Kinder fand. Aber war es nicht längst an der Zeit, die Familie in Sicherheit zu bringen? Hatte er im *Geraden Weg* nicht eben auch die Spalte überflogen, mit der jede Ausgabe des Blattes über »Hitlers Kampf gegen die katholische Kirche« informierte? Eine der Kurzmeldungen darin las sich so: »Der Nationalsozialist Dr. v. Leers erklärte in einer SA-Versammlung im Juli 1931 zu Dresden: ›Die Nacht nach der Machtergreifung gehört euch, SA-Leute, und wir wissen alle, dass es eine Nacht der langen Messer sein wird.‹«

Kapitel 4

1933, »Heiliges Jahr«

Für den 1. und 2. Oktober 1932 hatte die Hitlerjugend zu einem »Reichsjugendtag« in die preußische Traditionsstadt Potsdam geladen. Das Motto: »Gegen die Reaktion – für die sozialistische Revolution«. In Zügen und auf Lastkraftwagen strömten aus ganz Deutschland rund 70 000 Jungen und Mädchen in die Stadt, um mit Fackeln und rot-weiß-roten HJ-Fahnen durch die Straßen zu ziehen – der bis dahin größte politische Jugendaufmarsch der Welt. Hitler nahm die Parade in Schaftstiefeln und mit Schirmmütze ab. Mit leuchtenden Augen blickten die Jugendlichen zu ihm auf. Sie sehen in ihm, so eine Teilnehmerin, »in ergreifender Gläubigkeit den Helfer, Erretter, den Erlöser aus übergroßer Not«[1].

Die Arbeitslosigkeit nahm weiter zu. Waren Anfang 1931 fast fünf Millionen Menschen als erwerbslos gemeldet, sind es ein Jahr später rund sieben Millionen. Parallel hierzu stiegen die Aufnahmeanträge in die Hitler-Partei. In nur sieben Monaten hatte sich die Zahl der Mitglieder nahezu verdoppelt, auf mehr als eine Million. Bei den Reichstagswahlen im Juli 1932 zog die NSDAP mit 37,4 Prozent der Stimmen – mit größtem Zuspruch bei den Erstwählern – als stärkste Fraktion in den Reichstag ein. Hitler forderte die Kanzlerschaft. Doch noch lehnte Reichspräsident Hindenburg ab. Stattdessen ließ er erneut den Reichstag auflösen und setzte Neuwahlen an. Gleichzeitig glitt Deutschland immer mehr in einen schleichenden Bürgerkrieg ab. Von Mitte Juni bis zum 20. Juli 1932 wurden allein in Preußen nach Straßenkämpfen 99 Tote und 1125 Verletzte gezählt.

Wie sich die Stimmung im Lande verändert hatte, zeigte die Mitgliederzeitschrift des evangelischen Neulandbundes. Eine junge Redakteurin formulierte die Sehnsucht ihrer Generation so: »Wie haben wir Frauen immer dagestanden und um uns geschaut, ob sich denn die Männer diese Schlammflut von Ehrlosigkeit, Niedrigkeit, Gier, Selbstsucht und Klassenhass gefallen ließen. Und dann haben wir es mit Erschaudern gefühlt, dass das Gotteswunder geschah und dass wirklich ein Retter aufstand, der es vermochte, die Seele des Volkes zu wecken. Da haben wir uns jubelnd dem großen ›Deutschland erwache‹ angeschlossen und haben gewusst: Hier schreitet Gott durch die Weltgeschichte, hier erweckt er sich selbst das Werkzeug.«[2]

Für Vater Ratzinger war der Zeitpunkt gekommen, seine Familie in Sicherheit zu bringen. Dreizehnmal war der Gendarm in seiner Laufbahn von Ort zu Ort gezogen, aber der letzte Wechsel ist nichts anderes als eine Flucht. Am 5. Dezember 1932, dem Tag ihrer Ankunft in Aschau am Inn, einem Sonntag, war es trübe und windig, mit kalten Schauern aus Regen und Schnee. Eine Nachbarin hatte zur Begrüßung Tee vorbereitet. Bald stellte sich der Bürgermeister ein, dann der Pfarrer. Immerhin handelte es sich bei dem Neuankömmling und seiner Familie um den neuen Chef der Polizeistation. Und dem eilte ein gewisser Ruf voraus, seit er sich in dem rund 35 Kilometer entfernten Tittmoning mit der SA angelegt, deren Versammlungen aufgelöst und sich dadurch als entschiedener Nazigegner zu erkennen gegeben hatte.

Maria war elf, Georg acht und Joseph fünf Jahre alt – alle machten ein betrübtes Gesicht. Nur Mutter Maria freute sich, als sie das neue Heim sah: »Eine richtige Villa«, meinte sie, mit einer echten Wohnküche. Die weite Landschaft mit den ebenen Weideflächen wirkte gemütvoll, dazu der Bach, der dem Dorf eine romantische Note gab. Aber was war das für ein Tausch gegenüber dem Zauber »der kleinen Stadt, auf die wir so stolz gewesen waren«. Nichts konnte sich in Josephs Erinnerung mit dem messen, »was wir von Tittmoning her gewohnt waren«. Und dann auch noch der »raue Dialekt« der Dörfler, »sodass wir anfangs manche Worte gar nicht verstanden«[3].

Aschau am Inn ist Anfang der Dreißigerjahre das Paradebeispiel für jenes urwüchsige Bayern, wie man es von nostalgischen Kalendern kennt. Die großen Bauernhöfe gruppierten sich um die Kirche, die anderen links und rechts die lang gezogene Dorfstraße entlang. Einen Apotheker oder einen Arzt gab es nicht, dafür hatten die rund sechshundert Einwohner mehrere Kramerläden zur Auswahl, zwei Gasthäuser – einer mit Brauerei –, zwei Bäcker und eine Metzgerei. Schmied, Schreiner, Fahrradgeschäft und der unermüdliche Herr Brand mit seinem Friseur-, Elektro- und Fotogeschäft komplettierten die Infrastruktur. Der Schneider kam von außerhalb, um in den Gehöften die Kleidung der Besitzer und ihrer Dienstboten auszubessern.

Wenn in Aschau die Kirchenglocken lauter läuteten als gewöhnlich, war entweder Sonntag oder Feiertag, Pfingsten oder Fronleichnam –

oder es würde gleich eine Prozession um die Ecke biegen, Kreuz und Fahne voran, um am Ende eines arbeitsreichen Lebens einen Bürger der Gemeinde zur ewigen Ruhe zu betten. Die Frauen des Ortes teilten sich einen Besuchsdienst für die bettlägerige Kifinger Fanny und ihre Schwester Wally. Fanny litt an Knochen-Tbc und anderen Krankheiten. Besonders schmerzhaft waren die Geschwüre um den Mund. Die junge Schneiderin hatte ihr Leiden demütig angenommen, »aufgeopfert« für Jesus, wie man sagte. Klagen jedenfalls waren von ihr nicht zu hören. Umso mehr nahm sie sich der Anliegen des Dorfes an und versprach Hilfesuchenden ihre Gebetsbegleitung. Als Ministranten werden auch Georg und Joseph bald dabei sein, wenn der Priester im Morgengrauen mit Stola und Ziborium, dem Hostiengefäß, jeden Tag von der Kirche über das Brücklein zu Fanny wandelt, um ihr die heilige Eucharistie zu bringen.

Die »Villa« der Ratzingers in der Hauptstraße Nr. 29, Mietshaus eines reichen Bauern, beherbergt im Erdgeschoss die Polizeistation und eine Wohnung für den Hilfsgendarmen. Eine dunkle Kammer im Anbau dient als Gefängnis für kurzfristig eingebuchtete Arrestanten. Im ersten Stock verfügen die Neuankömmlinge über Wohnküche, Wohnzimmer und zwei Schlafzimmer. Eines davon für Mutter und Tochter (da es kein eigenes Mädchenzimmer gibt), das andere teilten sich der Vater und die Buben. Gegenüber den alteingesessenen Großbauern und Geschäftsleuten sei man als Familie eines kleinen Beamten zunächst »eine etwas geringere Kategorie gewesen«, erinnerte sich Joseph. Und ein eher zugeknöpfter Charakter wie Gendarm Ratzinger machte die Annäherung nicht leichter. »Er war immer ernst«, so eine Zeitzeugin, »ein strenger Mann, eine Respektsperson.«[4]

Umso umgänglicher zeigt sich seine »seelengute Frau«, die durch ihre Herzlichkeit und Wärme die Strenge des Gendarmen etwas ausgleichen kann. Dass sie armen Schulkindern ein Mittagessen spendiert, spricht sich herum. »Wir waren eigentlich schnell integriert«, erinnerte sich Georg. Und auch der Jüngste hatte »sehr bald unser Dorf lieb gewonnen und seine eigenen Schönheiten schätzen gelernt«. Er sei im Nachhinein sehr froh, hielt er als Kardinal fest, »dass ich doch ein Stück meines Lebens so richtig auf dem Dorf aufgewachsen bin, den Geruch der Erde und der Landwirtschaft und das Leben mit der Natur kennengelernt habe«.

In den Wintermonaten ist es auf dem Land, als befänden sich die Bewohner in einer Art Agonie. Eine tiefe Schneedecke brachte alles öffentliche Leben zum Erliegen. Die Bauern wärmten sich an ihren Holzöfen die Füße, und nur selten sah man ein Pferde- oder Ochsengespann die Dorfstraße entlangruckeln, ganz langsam, als habe jemand die Zeit angehalten. Weihnachten stand vor der Tür, und im frühen 20. Jahrhundert erbaten sich die Kinder auf ihren Wunschzetteln zuallererst religiöse Dinge und Gottes Segen, den sie mit einem Dank an die »Theuren Eltern« verbanden. Ein Brief ans Christkind aus dem Jahr 1934 ist dann auch das früheste schriftliche Dokument des späteren Papstes. »Liebes Christkind!«, heißt es darin in altdeutscher Schönschrift. »Du schwebst bald auf die Erde hernieder. Du willst den Kindern Freude bereiten. Auch mir willst Du Freude bereiten. Ich wünsche mir den Volks-Schott, ein grünes Messkleid und ein Herz JESU. Ich will immer brav sein. Schönen Gruß von Joseph Ratzinger.«[5] Den Brief malte der Junge mit einem Tannenzweig mit Kerze und Kugel aus, und um Papier zu sparen, nutzten die Geschwister die Rückseite für die eigene Post. Maria wünschte sich *Das Wunderstündlein*, ein damals beliebtes Weihnachtsbuch, Georg Noten für Kirchenmusik und, parallel zu seinem Bruder, ein weißes Messgewand, um gemeinsam Pfarrer spielen zu können.

Noch ahnen die wenigsten Christen in Deutschland, dass sie am 24. Dezember 1932 den letzten Heiligen Abend feiern würden, an dem Weihnachten nicht vom Lärm der Propagandasender übertönt wird. Schon die Beigaben für die Krippe zu suchen, so Ratzinger rückblickend, »den Wacholder, die Tannenzapfen und dann das Moos, das war etwas ganz Besonderes mit einem eigenen Gefühl, wenn man die Natur gleichsam in das eigene Leben und in die Heilsgeschichte hereinholt und das so Vergangene zur Gegenwart und Wirklichkeit im eigenen Leben wird«.

Dem Nachmittagskaffee um 16 Uhr folgte der gemeinsame Rosenkranz – am Boden kniend, die Ellbogen auf die Sitzfläche eines Stuhles gestützt –, bis endlich das Christkind mit einem zarten Glockenläuten dem Warten ein Ende setzte: »Dann sind wir ins Wohnzimmer hinein, wo schon ein Fichtenbäumerl auf dem Tisch stand, mit brennenden Wachskerzen«, erzählte Georg. »Der Baum war mit Kugeln, Engelshaar und Lametta geschmückt, außerdem mit Sternen, Herzen und Kometen, die unsere Mutter aus Quittenmarmelade ausgeschnitten hatte.« Vor dem Geschenkeauspacken – selbst gestrickte Socken und Pullover – ertönen Weihnachtslieder. Danach werden die Kinder den Abend mit Hausmusik gestalten, erstmals auch mit einer Eigenkomposition: »Die Mutter war zu Tränen gerührt«, erzählte Georg über sein

Debüt, »und auch der Vater, obwohl etwas nüchterner veranlagt, war beeindruckt.«[6]

Das Kalkül war aufgegangen. Alle Mitglieder der Familie fühlten sich sicher und geborgen. Der Dienst des Vaters war gemächlicher geworden. Es gibt keinen Wahlkampf wie in Tittmoning, nicht die aggressiven Versammlungen in den Hinterzimmern von Wirtshäusern. In der Schule fiel Georg durch seine musikalische Begabung auf, seine Schwester durch außergewöhnliche Intelligenz und ihr phänomenales Gedächtnis, dank dessen sie im Theaterstück einen Text von 30 Minuten Länge ohne Mühe über die Bühne bringt. Der kleine Joseph freundet sich mit der gleichaltrigen Tochter des Brauereibesitzers an, der »Bräu-Bärbel« von nebenan, und wartet ungeduldig darauf, bald wie seine Geschwister die Schulbank drücken zu dürfen.

Und dann ist da noch das Heilige Jahr, das Papst Pius XI. für 1933 ausgerufen hatte. Geplant war ein demütiges Gedenken der Leiden Christi vor 1900 Jahren. Viele Katholiken hatten sich dabei ein Jahr der Gnade erhofft, tatsächlich aber sollte das Jubiläum Christi ein Jahr furchtbarer Prüfungen werden. Ähnlich der Katharsis, wie sie das Evangelium über die Krise von Kafarnaum berichtet, als sich viele der Anhänger von Christus trennten, weil sie eine andere Vorstellung von einem Messias und dem Weg des Heils hatten. »Für wen halten mich die Menschen«, hatte Jesus seine Jünger gefragt, »und für wen haltet ihr mich?« Zur Entscheidung stand das Bekenntnis zu Christus – oder zu einer Heilsbewegung, die sich an politisch-weltlichen Vorstellungen orientierte.

Anfang Dezember waren die Ratzingers in ihrer neuen Heimat angekommen, genau acht Wochen später, am Montag, dem 30. Januar 1933, wird in Aschau die Hakenkreuzfahne gehisst. Es ist der Tag der Machtergreifung Hitlers, der das Geschick Deutschlands, Europas, der ganzen Welt zwölf Jahre in Bann halten wird. Das Todesjahr Jesu wird das Todesjahr für Recht und Freiheit, für Glaube, Hoffnung, Liebe; ein Hinabstieg in den Karsamstag, in die Dunkelheit von Tod und Terror, in ein apokalyptisches Wüten, das in der Geschichte der Menschheit ohne Beispiel ist.

Hitlers Ernennung zum Kanzler des Deutschen Reiches erfolgte nicht über eine Wahl, sondern durch die Entscheidung von Paul von Hindenburg. Der Reichspräsident hatte sich durch die Einbindung der nationalsozialistischen Bewegung eine innere Befriedung des Landes versprochen. Wie naiv die Überlegung war, sollte er schnell erfahren. »Es ist so weit«, schrieb NS-Propagandaleiter Joseph Goebbels noch am Abend des 30. Januar in sein Tagebuch: »Wir sitzen in der Wilhelmstraße. Hitler ist Reichskanzler. Wie im Märchen. Gestern Mittag Kaiserhof: wir warten alle. Endlich kommt er. Ergebnis: Er Reichskanzler. Der Alte [Reichspräsident Hindenburg] hat nachgegeben. Er war zum Schluss ganz gerührt. So ist's recht. Jetzt müssen wir ihn ganz gewinnen. Uns allen stehen die Tränen in den Augen. Wir drücken Hitler die Hand. Er hat's verdient. Großer Jubel. Unten randaliert das Volk. Gleich an die Arbeit. Reichstag wird aufgelöst.«[7]

Und nun geht es Schlag auf Schlag, nach längst vorbereiteten Plänen:

1. Februar: Auflösung des Reichstages durch Reichspräsident von Hindenburg.

3. Februar: Der »Führer« verkündet vor Generälen der Reichswehr die Wiedereinführung der Wehrpflicht und die »Eroberung neuen Lebensraumes im Osten und dessen rücksichtslose Germanisierung« als Ziel seiner Politik.

4. Februar: Erlass der »Verordnung des Reichspräsidenten zum Schutze des Deutschen Volkes« mit Eingriffen in die Presse- und Versammlungsfreiheit. Gleichzeitig werden Gemeindeorgane (Räte und Bürgermeister) in ganz Deutschland unter Gewaltandrohung aufgelöst und Mandatsträger inhaftiert.

20. Februar: 25 Industrielle stellen der NSDAP auf deren »Einladung« hin einen Wahlfonds von drei Millionen Reichsmark zur Verfügung. Vertreten ist die Crème de la Crème der deutschen Industrie: Allianz, Hoesch, Vereinigte Stahlwerke, Siemens, IG Farben, Opel, Wintershall. Von den »Eingeladenen« wies einzig Robert Bosch den Spendenaufruf zurück. Hitler stellt vor den Großindustriellen klar: »Wir müssen erst die ganzen Machtmittel in die Hand bekommen, wenn wir die andere Seite ganz zu Boden werfen wollen.« Über die Bedeutung der Spende notierte Goebbels: »Wir treiben für die Wahl eine ganz große Summe auf, die uns mit einem Schlage aller Geldsorgen enthebt. Ich alarmiere gleich den ganzen Propagandaapparat, und eine Stunde später schon knattern die Rotationsmaschinen.«

22. Februar: 50 000 SS- und SA-Mitglieder werden zu bewaffneten »Hilfspolizisten« ernannt.

27. Februar: Den Brandanschlag des Niederländers Marinus van der Lubbe auf das Reichstagsgebäude in Berlin nehmen SA und SS zum

Vorwand, Deutschland mit einer Terrorwelle zu überziehen; politische Gegner werden inhaftiert, gefoltert oder liquidiert.

28. Februar: Die »Verordnung des Reichspräsidenten zum Schutz von Volk und Staat«, die sogenannte Reichstagsbrandverordnung, setzt die wesentlichen Grundrechte außer Kraft. Am selben Tag folgt die »Verordnung des Reichspräsidenten gegen den Verrat am Deutschen Volke und hochverräterische Umtriebe«, die jeden Widerstand im Keim ersticken soll.

In Aschau verfolgt Kommissar Ratzinger entsetzt die Flut von Nachrichten, die wie ein Bombenhagel auf das Land niedergehen. Die Wahl am 5. März 1933 sollte der Machtübernahme der Nazis eine Legitimation geben, aber die NSDAP erreichte gemeinsam mit der Deutschnationalen Volkspartei (DNVP) nur eine knappe Mehrheit. Was folgt, ist ein gnadenloser terroristischer Umsturz.

8. März: Drei Tage nach der Wahl werden der Kommunistischen Partei Deutschlands (KPD) alle Reichstagsmandate entzogen, um der NSDAP die Zweidrittelmehrheit zu sichern.

22. März: Errichtung des KZ Dachau zur Inhaftierung politischer Gegner und widerständiger Priester.

21. März: »Verordnung des Reichspräsidenten zur Abwehr heimtückischer Angriffe gegen die Regierung der nationalen Erhebung«, das sogenannte Heimtückegesetz, das alle kritischen Äußerungen gegen die Regierung unter Strafe stellt.

23. März: Umringt von bewaffneten SA- und SS-Einheiten stimmen die verbliebenen Abgeordneten im Reichstag dem »Gesetz zur Behebung der Not von Volk und Reich« zu, dem »Ermächtigungsgesetz«, das die legislative Gewalt in die Hände der Reichsregierung legt. Die Mandatsträger der KPD sind eingekerkert oder untergetaucht. Die noch nicht inhaftierten Abgeordneten der SPD stimmen gegen das Gesetz, die Abgeordneten aller anderen Parteien stimmen dafür.

31. März: Das »Gesetz zur Gleichschaltung der Länder mit dem Reich« löst die Landesparlamente auf und bestimmt deren Neubesetzung.

Anfang April: Besetzung von Gewerkschaftshäusern und »spontane« Boykottmaßnahmen gegen jüdische Geschäfte.

7. April: Einsetzung von Reichsstatthaltern in den Ländern, die für die Durchführung der »vom Reichskanzler aufgestellten Richtlinien der Politik« sorgen sollen. Zahlreiche Verhaftungsaktionen durch SA und SS folgen. Das »Gesetz zur Wiederherstellung des Berufsbeamtentums« vom selben Tag regelt die Entlassung politisch missliebiger und »nichtarischer« Beamter.

Mai 1933: Bücherverbrennungen in Berlin, Bremen, Dresden, Frankfurt, Hannover, München, Nürnberg und anderen Städten. Ins Feuer geworfen werden Werke von Bertolt Brecht, Alfred Döblin, Lion Feuchtwanger, Sigmund Freud, Erich Kästner, Heinrich Mann, Erich Maria Remarque, Kurt Tucholsky, Franz Werfel, Stefan Zweig und vieler anderer »subversiver Elemente«.

Juni 1933: Verbot der SPD wegen angeblichen Landes- und Hochverrats und »Selbstauflösung« von DNVP und Zentrumspartei.

Juli 1933: Per Verordnung des Reichsministers des Innern zur Sicherung der Staatsführung sind alle Parteien außer der NSDAP verboten. Das »Gesetz gegen die Neubildung von Parteien« begründet den Einparteienstaat.

Eine der Nachrichten in den dramatischen Wochen der Machtübernahme der Nazis musste Kommissar Ratzinger besonders treffen. Mit ganzer Leidenschaft hatte sich die Wochenzeitung *Der gerade Weg* Hitler entgegengestellt. »Hetzer, Verbrecher und Geistesverwirrte« war eine ihrer Schlagzeilen. Die kompromisslose Haltung gegen den Faschismus wurde von den Lesern honoriert. Die Auflage war auf 100 000 Exemplare gestiegen. Am 30. Januar 1933 schrieb Chefredakteur Dr. Fritz Gerlich über Hitlers Rede im Reichstag: »Das deutsche Volk wird wieder ein Volk christlicher Moral und aller Kulturtradition werden, und es wird sich des Tages schämen, und zwar fortdauernd schämen, wie es möglich war, dass ein deutscher Reichskanzler … einen Regierungsaufruf verlesen konnte, der so der objektiven Wahrheit Gewalt antut wie der gegenwärtige.«

Gut einen Monat später, am 9. März 1933, stürmen SA-Leute unter dem Ruf »Wo ist Gerlich, die Sau?« die Redaktionsräume des *Geraden Wegs* im Münchner Färbergraben, misshandeln den Journalisten mit Faustschlägen und Fußtritten und transportieren ihn ins KZ Dachau. Nach 15 Monaten Haft wird er am 30. Juni 1934 kurz vor Mitternacht aus seiner Zelle geholt und ermordet. Seiner Frau lassen die Nazis in einem Karton Fritz Gerlichs einzigen »Nachlass« zukommen: seine blutverschmierte Brille.[8]

Vater Ratzinger musste kein Prophet sein, um in die Zukunft blicken zu können, ihm genügte ein nüchterner Verstand: »Jetzt kommt der Krieg«, sprach er zu seiner Familie, »jetzt brauchen wir ein Haus.«

Kapitel 5

Die »Deutschen Christen«

Eines Morgens sieht man das jüngste Kind des Gendarmen mit seiner Freundin, der Bräu-Bärbel, die Dorfstraße entlangschlendern, Hand in Hand. Stolz trägt er ein Halstuch, das ihm die Mutter zur Feier des Tages umgebunden hat.

Es ist der 2. Mai 1933, Josephs erster Schultag. In der dreigliedrigen Volksschule werden die erste und die zweite Jahrgangsstufe zusammen von einer Lehrerin in einem gemeinsamen Klassenzimmer unterrichtet; die eine mit 17, die andere mit 25 Schülern. Die Buben vorne, die Mädchen hinten. Gearbeitet wird mit Schiefertafel und Griffel. Unterricht ist an sechs Tagen in der Woche, auch nachmittags, von 13.00 bis 15.00 Uhr. Einmal pro Woche ist Pflicht-Schulmesse bei Pfarrer Ilg, das können auch die Nazis nicht verhindern. Allerdings hängt nun ein Porträt jenes Mannes an der Wand, den Joseph von zu Hause als »Stromer« und »Verbrecher« kennt. Fräulein Anna Fahmüller, die Lehrerin, hat Großbuchstaben an die Tafel gemalt. Die ersten Worte, die der spätere Papst zu schreiben lernt, lauten »AU MEINE NASE«. Sie wird in seinem späteren Leben kräftig was abbekommen.

Joseph ist ein hübscher Junge geworden. Die feinen Gesichtszüge verraten einen sensiblen Charakter. In seinem Zeugnis heißt es: »Aufmerksam, schwätzt nicht, rauft nicht, ist pünktlich und verträglich«. Bruder Georg ergänzt: »Joseph war in der Volksschule in Aschau mit Abstand der beste Schüler.«[1] Dass er sich an einer Rauferei oder einer Schneeballschlacht beteiligt hätte, ist nicht überliefert. Auch nicht an den Rangeleien, wenn die anderen in der Pause zum Bach laufen, um bäuchlings auf dem Steg die Fische zu beobachten. Tief beeindruckt aber sind seine Mitschüler, als sie bei dem Kameraden ein Accessoire entdeckten, das sie noch nirgendwo gesehen hatten: Harmonisch in der Mitte des Stofftuches, das an der Schiefertafel baumelt, ist ein Kreuz eingestickt. Ganz klein, aber groß genug, um nicht vergessen zu werden.

Ruhig, zurückhaltend und beherrscht sei Joseph gewesen, berichtete der ehemalige Mitschüler Georg Haas, »nicht einer, der gleich schreit: ›Ich weiß was, ich weiß was‹«. »Wenn er aber gefragt worden ist«, so Barbara Ametsbichler, habe er »alles gewusst.« Man habe ihm »blind vertraut«, ergänzte Franziska Salzeder: »Weil was der Ratzinger sagt, muss stimmen.« Mitschüler Alois Steinbeißer hatte gar »den Eindruck, dass er den Lehrkräften voraus war«[2]. Als schüchtern jedenfalls habe man den Schulkameraden, der von der Lehrerin häufig zur Klassenaufsicht bestimmt wurde, nicht erlebt. »Er war schon irgendwie selbstbewusst«, so Ametsbichler. Nicht einmal jener Lehrer, der für gewöhnlich von seinem Stock regen Gebrauch machte, habe sich an Joseph herangewagt. Von sich selbst sagt Ratzinger: »Ich war kein besonders fantasievoller Lausbub«, spezielle Streiche habe er aus früherer Zeit nicht in Erinnerung. Allerdings habe er in der Schule Lehrer gelegentlich »etwas entmutigt«, und zwar »durch meine Dreistigkeit«. In Tittmoning und Aschau, so der spätere Papst, sei er wirklich ein »lustiges und fröhliches Kind gewesen, später hat sich das geändert«[3].

Zwei Dinge waren den Mitschülern besonders aufgefallen: Joseph lief nie barfuß herum wie fast die meisten der Bauernbuben im Sommer, sondern trug stets hohe Schnürstiefel. Ab der dritten Klasse, mit acht Jahren, hatte er auch den üblichen Schulranzen abgelegt. »Er ging jetzt«, hält eine Schulchronik fest, »als Einziger mit einer Aktentasche zur Schule.« Vielleicht lag das auch an einem gewichtigen Entschluss, den er getroffen hatte. Bisher wurde der Jüngste von Eltern und Geschwistern zumeist »Josepherl« gerufen. Nun aber erklärt er vor versammelter Familie: »Das geht nicht mehr so weiter. Sonst bleibe ich ein Leben lang ein Josepherl. Ich heiße von jetzt an Joseph.« Noch 80 Jahre später wunderte er sich: »Diese Weisung ist dann auch tatsächlich eingehalten worden.«

Bruder Georg beginnt eine hoffnungsvolle Musikerkarriere. Zunächst unterrichtet ihn eine Schülerin des Lyzeums aus dem Kloster Au zu Hause am Harmonium. Als der Vater spürt, dass Dilettantismus den Sohn nicht weiterbringt, bekommt er gemeinsam mit Maria Klavierstunden. Zu Weihnachten wünscht sich Georg ein *Liber Usualis*, ein rund 1950 Seiten starkes lateinisches Choralbuch mit sämtlichen Gesängen für das *Oratorium* und die *Proprien* der heiligen Messe an den Sonn- und Feiertagen. Dem kleinen Bruder bleibt der Mund offen stehen, als er sieht, dass »kein einziges Wort darin deutsch war«. Am 20. Dezember 1934 vermerkte die Aschauer Pfarrchronik: »Ein Schüler der 5. Klasse begleitet prächtig die deutschen Singmessen und die lateinische Choralmesse.«⁴ Georg ist stolz. »Meine Mutter hat sich sehr gefreut, während mein Vater nichts sagte, was aber ganz seinem Wesen entsprach.«

Auch der Benjamin wird in die Musik eingeführt. Ein Jahr lang, von 1936 bis 1937, marschiert er jede Woche ins Kloster Au am Inn, um eine Stunde lang bei Schwester Berchmana Fischbacher Harmonium zu lernen. Später bekommt er auch Geigenunterricht. Im Gegensatz zu seinem Bruder, dem die Musiklehrerin »bald nichts mehr zu sagen hatte«, hält der Jüngere fest, er habe es zwar »bis zu Beethoven-Sonaten gebracht, aber sie nie richtig zu spielen vermocht«⁵.

In streng katholischen Gebieten auf dem Lande hatten die Nazis lange Zeit Mühe, eine nennenswerte Anhängerschaft zu finden. Insbesondere wenn die Wähler, wie die Ratzingers, einer bewusst bayerisch-patriotischen und antipreußischen Linie nahestanden, der von jeher Deutschtümelei zuwider war. »Das bäuerliche Leben war noch in einer festen Symbiose mit dem Glauben der Kirche zusammengefügt«, schrieb Ratzinger in seinen Erinnerungen, »Geburt und Tod, Hochzeit und Krankheit, Saat und Ernte – alles war vom Glauben umschlossen.« Doch mit der Machtübernahme der NSDAP entstand auch in Aschau eine neue Lage.

Noch am 30. Januar 1933 wurde für die Volksschule ein Demonstrationszug für den »Führer« angeordnet, einmal Dorfstraße rauf und runter, und das bei strömendem Regen. »Wir sind tapfer durch die Pfützen marschiert«, berichtete Georg, »was schon ziemlich lächerlich war.« Allerdings sahen offene und versteckte Nazis nun »ihre Stunde gekommen« und holten »plötzlich zum Erschrecken vieler ihre braune Uniform aus den Truhen«, wie sich Joseph erinnerte. Der Hilfsgendarm im Parterre der Polizeistation zum Beispiel rückt jetzt jeden Morgen mit seiner Frau zum »Wehrsport« aus. Noch bildet die Kirche nicht nur baulich, sondern »vom ganzen Lebensgefühl her« die Mitte des Dorfes. Es wäre »nicht geschickt gewesen, sich allzu heftig gegen sie zu engagieren«, merkte Ratzinger an. Beim traditionellen Aufstellen des Maibaums aber trägt einer der Lehrer bereits ein »Gebet an den Maibaum« vor, nunmehr Symbol des neuen Germanenkultes. Was angesichts der nüchternen Bauern freilich kläglich endete, wie Joseph beobachtete: »Die Burschen interessierten sich mehr für die Würste, die am Maibaum hingen, als für die hochgestochenen Reden des Schulmeisters.«⁶

Für niemanden im Ort war die Lage so prekär wie für den Kommissar. Für ihn waren die Nazis einfach Verbrecher. Hitler nannte er den Kindern gegenüber einen Taugenichts und Gauner der übelsten Sorte. Doch plötzlich sollte er als Ordnungshüter einem Staat dienen, dessen Führung ihm zutiefst verhasst war. »Ich war noch ganz klein«, berichtete sein Sohn, »aber ich kann mich erinnern, wie er gelitten hat.« Sooft er eine Zeitung in die Hand nahm und von den Maßnahmen der neuen Herren las, habe er »fast einen Wutanfall bekommen«. Der Gendarm ist ein Mann der Tat. Noch im Jahr der Machtergreifung Hitlers kauft er für 5500 Reichsmark ein altes Bauernhaus in der Nähe der Schulstadt Traunstein. Viel Geld für einen kleinen Beamten. Viel Geld zumal für eine 200 Jahre alte Hütte in einem kleinen Weiler, die der frühere Besitzer abgewirtschaftet hatte.

Nach der Auflösung der Parteien werden in Deutschland auch sämtliche unabhängigen Jugendverbände verboten, Hitlerjugend (HJ) und Bund Deutscher Mädel (BDM) dagegen zur Staatsjugend erklärt. In den Kindergärten wird das Kreuz durch das Hakenkreuz ersetzt, die Klosterschwestern durch NS-Schwestern. Priester werden als potenzielle Reichsfeinde denunziert, bespitzelt und bedrängt. Weihnachten wird gegen das nordisch-germanische »Jul-Fest« ausgetauscht, Ostern gegen ein »Hasen-Fest«. Sukzessive soll das Christentum durch eine Art NS-Glauben ersetzt werden, einer »Religion für alle«. Aus dem *Heil* Christi wird das *Sieg-Heil* des »Führers«, des neuen und wahren Erlösers. »Den Befehl gab uns kein irdischer Vorgesetzter« dröhnt die knatternde Stimme Hitlers auf dem Reichsparteitag der NSDAP 1934, »den Befehl gab uns der Gott, der unser Volk geschaffen hat.«

Die Nazis waren nicht über Nacht groß geworden. Auch in anderen europäischen Ländern strebten faschistische Bewegungen nach einer gesellschaftlichen und politischen Wende. Tatsächlich dauerte es ein ganzes Jahrzehnt, um die NSDAP an die Schalthebel der Macht zu bringen. Der ideologische Boden hierfür wurde jedoch weit früher aufbereitet, insbesondere was Theorien betraf, die geeignet waren, durch völkisches, nationalistisches und rassistisches Gedankengut das konfessionelle Christentum zu einer »arteigenen« Volksreligion umzuformen.

Besondere Bedeutung hatte dabei der Begriff vom »positiven Christentum«, das mit pseudoreligiösen Motiven eine fortschrittliche, der Zeit gemäße Religion zu entwickeln versprach. Die Alternative zum überlieferten Evangelium war ein selbst fabrizierter religiöser Mix mit dem Ziel einer neuen Nationalkirche unter der Herrschaft eines weltlichen Diktators. Das »positive Christentum«, beteuerte Hitler, sei Grundlage seines politischen Handelns. Intern machte er 1941, auf dem Höhepunkt seiner Macht, deutlich: »Der Krieg wird sein Ende nehmen, und ich werde meine letzte Lebensaufgabe darin sehen, das Kirchenproblem noch zu klären. Erst dann wird die deutsche Nation ganz gesichert sein.«[7]

Einer der Wegbereiter der nationalreligiösen Bewegung war der evangelische Pfarrer Arthur Bonus, der bereits 1896 eine »Germanisierung des Christentums« propagierte. Ein anderer der Flensburger Pastor Friedrich Andersen, der seit 1904 die Abschaffung des Alten Testaments und »aller jüdischen Trübungen der reinen Jesuslehre« forderte. Zum 400-jährigen Jubiläum der Reformation 1917 veröffentlichte Andersen zusammen mit Adolf Bartels, Ernst Katzer und Hans von Wolzogen »auf rein-evangelischer Grundlage« 95 Leitsätze, die sie als Programm zur »Verdeutschung und Entjudung des Christentums« verstanden. Darin hieß es: »Die neuere Rassenforschung endlich hat uns die Augen geöffnet für die verderblichen Wirkungen der Blutsmischung zwischen germanischen und nicht germanischen Volksangehörigen und mahnt uns, mit allen Kräften dahin zu streben, unser Volkstum möglichst rein und in sich geschlossen zu halten.«[8]

Als wichtigster Vorläufer für eine »gereinigte Religion« sollte sich die 1927 gegründete »Kirchenbewegung Deutsche Christen« (DC) erweisen, die die christliche Trinitätslehre zugunsten einer neuen Dreieinigkeit von Gott, »Führer« und Volk uminterpretierte. Alfred Rosenbergs Buch *Der Mythus des 20. Jahrhunderts*, von der katholischen Kirche am 7. Februar 1934 auf den Index gesetzt, fand in diesen Kreisen große Zustimmung. Hitlers Chef-Ideologe wetterte darin gegen marxistischen und katholischen Internationalismus, den er als zwei Facetten desselben jüdischen Geistes darstellte. Im Gegensatz hierzu sei eine erneuerte Nationalreligion nichts anderes als die Vollendung der Reformation. In den »Richtlinien« der neuen Glaubensbewegung hieß es: »Wir sehen in Rasse, Volkstum und Nation uns von Gott geschenkte und anvertraute Lebensordnungen ... Insbesondere ist die Eheschließung zwischen Deutschen und Juden zu verbieten.«[9] Zu diesen Vorsätzen gehörte ferner der Ausschluss der »Judenchristen«, die »Entjudung« der kirchlichen Botschaft durch Abkehr vom Alten Testament, die Umdeutung des Neuen Testaments sowie die »Reinhaltung der germanischen Rasse« durch »Schutz vor Untüchtigen« und »Minderwertigen«.

Das Programm der Deutschen Christen unterschied sich kaum noch von dem der NSDAP. Auch hier war vom »positiven Christentum« und einem »bejahenden artgemäßen Christus-Glauben« die Rede. Die Propagandisten beriefen sich dabei auf einen berühmten Ahnherrn. Auch der »Reformator« Martin Luther hatte ein »Entjudungs«-Programm verkündet. Eines seiner antisemitischen Pamphlete aus dem Jahr 1543 begann so: »Erstlich, dass man ihre Synagogen und Schulen mit Feuer anstecke und, was nicht verbrennen will, mit Erde überhäufe und beschütte, dass kein Mensch einen Stein oder Schlacke davon sehe ewiglich.«[10] Weiter hieß es: »Und solches soll man tun, unserm Herrn und der Christenheit zu Ehren, damit Gott sehe, dass wir Christen seien … Zum anderen, dass man auch ihre Häuser desgleichen zerbreche und zerstöre.«[11] Die Praxis der »Judentaufe« war Luther ein Gräuel: »Den nächsten Juden will ich in der Elbe taufen, aber mit einem Stein um den Hals.«[12]

Längst waren die Deutschen Christen keine Splittergruppe mehr. Die Bewegung dominierte mit einer Million Mitgliedern – darunter ein Drittel der protestantischen Pfarrerschaft – bald alle Teile des in lutherische, unierte und reformierte Kirchen zersplitterten Protestantismus. Anlässlich Hitlers Ernennung zum Reichskanzler veranstalteten etliche Landeskirchen Fest- und Dankgottesdienste, DC-nahe Pastoren ließen in Kirchen Hakenkreuzflaggen als »Symbol der deutschen Hoffnung« aufhängen. Auf einer Kundgebung im Berliner Sportpalast sprach Gau-Obmann Reinhold Krause am 13. November 1933 vor 20 000 begeisterten Gleichgesinnten das Anliegen der DC deutlich aus: »Wenn wir Nationalsozialisten uns schämen, eine Krawatte vom Juden zu kaufen, dann müssten wir uns erst recht schämen, irgendetwas, das zu unserer Seele spricht, das innerste Religiöse, vom Juden anzunehmen.« Die »Seele des deutschen Volkes« gehöre »restlos dem neuen Staat«. Dessen Totalitätsanspruch könne folgerichtig auch vor der Kirche »nicht haltmachen«. Das Gebot der Stunde sei die Vereinigung aller Religionen und Konfessionen zu einer »völkischen Nationalkirche«[13].

Bei den Reichstagswahlen im Juli 1932 hatte die NSDAP in Gebieten mit einem protestantischen Bevölkerungsanteil von 80 Prozent laut einer Untersuchung des Politikwissenschaftlers Jürgen W. Falter[14] durchschnittlich 42,1 Prozent der Stimmen erhalten. In katholischen Gebieten mit einem entsprechend hohen Bevölkerungsanteil aber waren es 24,1 Prozent. Gab es im Reichstag von 1924 noch einen Katholikenanteil von 25 Prozent, so saßen im Großdeutschen Reichstag von 1943 noch 7 Prozent Katholiken. Das Wahlverhalten eines Großteils der Protestanten ließ den evangelischen Soziologen Gerhard Schmidtchen gar die Frage stellen, »ob der Nationalsozialismus in einem katholischen Deutschland überhaupt an die Macht gekommen wäre«. Der Historiker Winfried Becker, bis 2007 Professor für Neuere und Neueste Geschichte an der Universität Passau, konstatierte: »Während die rund 1500 evangelischen Zeitschriften mit einer Gesamtauflage von 12 Millionen Exemplaren den ›nationalen Aufbruch‹ der Hitler-Bewegung fast einhellig begrüßt hatten, war die Gegnerschaft der katholischen Zeitschriftenpresse gegenüber dem NS-Regime trotz anfänglicher Zugeständnisse unübersehbar.«[15]

Zu einer Gegenbewegung im protestantischen Lager kam es, als die Generalsynode der Evangelischen Kirche der altpreußischen Union im September 1933 in Berlin den sogenannten Arierparagrafen einführte. Verbunden war damit die Versetzung all jener Pfarrer und Kirchenbeamten in den Ruhestand, die einen jüdischen Eltern- oder Großelternteil in der Familie aufwiesen. Auf den unerhörten Vorgang reagierten Gläubige mit Protesten und Massenaustritten. Noch im selben Monat entstand der Pfarrernotbund, aus dem im Mai 1934 wiederum die Bekennende Kirche hervorging.

Zu den führenden Persönlichkeiten der protestantischen Gegenbewegung zählten die Theologen Martin Niemöller und Dietrich Bonhoeffer. Bonhoeffer wurde am 5. April 1943 verhaftet und am 9. April 1945 im KZ Flossenbürg auf ausdrücklichen Befehl Hitlers als einer der letzten NS-Gegner, die mit dem Attentat vom 20. Juli 1944 in Verbindung gebracht wurden, hingerichtet. Als ein Grundpfeiler der bekenntnisorientierten Kräfte erwies sich eine von dem in Bonn lehrenden Karl Barth vertretene Theologie, die sich grundsätzlich gegen jede Art von zeitgemäßer Inanspruchnahme des Evangeliums aussprach und die evangelische Theologie durch eine konsequente Rückbesinnung auf die biblische Offenbarung zu erneuern suchte. Der beste Dienst an den Menschen sei die treue Verkündigung des anvertrauten Wortes Gottes, so Barth. Ratzinger stand als Professor mit dem Schweizer Protestanten in regem Kontakt. Barth umgekehrt hielt große Stücke auf den Katholiken und empfahl seinen eigenen Studenten: »Lest Ratzinger!«

Trotz der Initiativen der Bekennenden Kirche sollten bald drei Viertel aller evangelischen Landeskirchen in Eisenach das »Institut zur Erforschung und Beseitigung des jüdischen Einflusses auf das deutsche kirchliche Leben« gründen, das sogenannte Entjudungsinstitut. Rund 200 Bischöfe, Landesbischöfe, Oberkirchenräte, Professoren und Kunstschaffende waren daran beteiligt, im Entjudungsinstitut auf der Wartburg, wo Luther einst die Bibel übersetzte, ein »entjudetes neues Testament« und einen »judenreinen« Katechismus herauszubringen (unter dem Titel *Deutsche mit Gott*). In einer Festschrift des Instituts führte dessen wissenschaftlicher Leiter Walter Grundmann, Professor für Neues Testament an der Uni Jena, programmatisch aus: »Ein gesundes Volk muss und wird das Judentum in jeder Form ablehnen … Der Jude muss als feindlicher und schädlicher Fremder betrachtet werden und von jeder Einflussnahme ausgeschaltet werden.«[16]

Geschickt hatte Hitler seine Parolen mit religiösem Beiwerk verbrämt, um Kritiker zu beschwichtigen und sich die Ergebenheit der Kirchenführungen zu sichern. Die Verordnung »Zum Schutze des Deutschen Volkes« vom 4. Februar 1933 bedrohte die Verächtlichmachung religiöser Einrichtungen und Gebräuche mit Strafverfolgung. Am 23. März 1933 sicherte Hitler in seiner Regierungserklärung den christlichen Kirchen nicht nur ganz allgemein den Schutz und die Förderung des Staates zu, sondern garantierte zudem ihre rechtliche Unantastbarkeit. Bereits im »Aufruf der Reichsregierung an das Deutsche Volk« vom 1. Februar 1933 versprach er, die nationale Regierung werde »das Christentum als Basis unserer gesamten Moral, die Familie als Keimzelle unseres Volks- und Staatskörpers in ihren festen Schutz nehmen«. Hitler schloss mit einer liturgisch formulierten Bitte: »Möge der allmächtige Gott unsere Arbeit in seine Gnade nehmen, unseren Willen recht gestalten, unsere Einsicht segnen und uns mit dem Vertrauen unseres Volkes beglücken.«[17]

Die Täuschungsmanöver zeigten Wirkung. »Ein Reich, ein Volk, ein Gott«, titelte im März 1933 die Wochenzeitschrift *Das evangelische Deutschland*. Auch im katholischen Episkopat kam es zu einer verhängnisvollen Neubewertung. Noch am 25. März 1928 hatte das Heilige Offizium, die spätere Glaubenskongregation, mit Blick auf die anwachsenden völkischen Bewegungen in Europa im Namen des Papstes den Rassismus als widergöttliche Lehre gebrandmarkt. Da der Heilige Vater »allen Neid und die Eifersucht zwischen den Völkern verurteilt«, hieß es in der Erklärung, »so verdammt er auch aufs Schärfste den

Hass gegen das einst von Gott auserwählte Volk, jenen Hass nämlich, den man heute allgemein mit dem Namen Antisemitismus zu bezeichnen pflegt«[18].

1931 warnte die katholische Zeitschrift *Junges Zentrum*: »Wenn wir Katholiken zur Rettung uns aufmachen, dann darf es ein Paktieren mit diesen Mächten für uns niemals geben.« Im September 1930 erklärte das Bischöfliche Ordinariat Mainz, ein Katholik könne nicht »eingeschriebenes Mitglied der Hitlerpartei« sein. Am 10. Februar 1931 postulierte die Bayerische Bischofskonferenz, der Nationalsozialismus sei abzulehnen. Ähnliche Erklärungen folgten am 5. März 1931 von den Bischöfen der Kölner Kirchenprovinz und im August 1931 von der Fuldaer Bischofskonferenz. Katholischen Geistlichen, hieß es darin, sei die Mitarbeit in der NS-Bewegung »streng verboten«, die katholischen Laien seien darauf hinzuweisen, dass die Zugehörigkeit zur Partei unzulässig und sowohl die Zustimmung zu ihrem Programm als auch eine Stimmabgabe für die Nazis gegebenenfalls Sünde seien.

Doch nun kam es zu einer dramatischen Kehrtwendung. Am 28. März 1933, fünf Tage nach Hitlers Regierungserklärung, veröffentlichten die Fuldaer und die Freisinger Bischofskonferenz einen gemeinsamen Hirtenbrief. Der entscheidende Satz darin lautete: »Ohne die in unseren früheren Maßnahmen liegende Verurteilung bestimmter religiös-sittlicher Irrtümer aufzuheben, glaubt daher der Episkopat das Vertrauen hegen zu können, dass die vorbezeichneten allgemeinen Verbote und Warnungen nicht mehr als notwendig betrachtet zu werden brauchen.« Zwei Monate später, am 8. Juni 1933, ging ein Hirtenwort der deutschen Bischöfe noch einen Schritt weiter. Die Bischöfe begrüßten das »nationale Erwachen«. Eine einfache Mitgliedschaft bei der NSDAP oder einer ihrer Gliederungen bedeutete ab sofort keinen Verstoß mehr gegen ein Kirchengebot.

Ein furchtbarer Tag und eine schallende Ohrfeige für Vater Ratzinger, der kritisiert hatte, viele der Bischöfe hätten sich einlullen und täuschen lassen. »Er war einerseits ein unglaublich frommer Mann, der viel gebetet hat, der ganz tief im Glauben der Kirche verwurzelt war«, so Sohn Joseph im Rückblick, »und zugleich ein sehr nüchterner, kritischer Mann, der auch Papst und Bischöfen gegenüber durchaus kritisch sein konnte.« Ratzinger junior fügte hinzu: »Gerade die nüchterne Frömmigkeit, mit der er den Glauben lebte und von ihm wirklich durchdrungen war, all das war sehr bedeutend für mich.«[19]

Auch die Protestanten lieferten Ergebenheitsadressen. Die Osterbotschaft der größten Landeskirche Deutschlands, der altpreußischen Union, wandte sich im April 1933 an ein Volk, zu dem Gott »durch eine große Wende« gesprochen habe. Man wisse sich »mit der Führung des neuen Deutschlands dankbar verbunden«. Es gehe um die freudige »Mitarbeit an der nationalen und sittlichen Erneuerung unseres Volkes«[20].

Einen Tag zuvor hatten die Nazis zum Boykott jüdischer Geschäfte aufgerufen.

Kapitel 6

Mit brennender Sorge

Die Familie Ratzinger rückt zusammen, und der Glaube ist das Band, das sie hält. Kein Aufwachen ohne Morgengebet, keine Mahlzeit ohne Tischgebet. Kirchgang ist Pflicht. Dazu der Rosenkranz. Aber das ist auf dem Lande in Bayern ohnehin so selbstverständlich wie Essen und Trinken. Wallfahrten, Beichten, Novenen beten, Leiden aufopfern, Fastenregeln einhalten gehörten zum Allgemeingut wie Volksweisheiten und Bauernregeln.

»Wenn es sich fügte«, erzählte Joseph, holte der Vater am Samstag seine alte Evangelienerklärung hervor, »um uns in das Evangelium des Sonntags einzuführen.« Es habe zu Hause, berichtet Georg, »eine ganz normale, gesunde, kernige Religiosität« gegeben, man habe halt »versucht, einfach gläubig, katholisch zu sein«. Und so verschieden die Temperamente der Eltern auch sein mochten, fügte sein Bruder an, »in dem Punkt waren sich beide in ihrer unterschiedlichen Art einig. Religion war ganz zentral«.

Zufall oder nicht: Alle bisherigen Standorte der Familie gruppierten sich um Altötting herum, das »Herz Bayerns«, wie man den Wallfahrtsort nannte. Der Kommissar ist ein leidenschaftlicher Marienverehrer. Als Mitglied der Marianischen Männerkongregation von Altötting, einer 400 Jahre alten Bruderschaft, hat er eine »Lebensweihe« abgelegt. Ziel ist es, als verantwortlicher christlicher und papsttreuer Mann mit Gleichgesinnten dem Anspruch Gottes in Familie und Beruf, Kirche und öffentlichem Leben gerecht zu werden und die Bildung des Gewissens zu pflegen. Verbunden war damit eine altbayerische Frömmigkeit, die das Herz anspricht, ein Glaube, der charismatisch, emotional, lebensnah und heilend ist.

Das Zentrum Altöttings, die Gnadenkapelle, schmückte seit Mitte des 14. Jahrhunderts eine Muttergottes mit Jesuskind. Seit sich ab 1489 Berichte von Heilungswundern herumsprachen, galt der Platz als besonderer Segensort. Im Außenbereich der Kapelle hingen bald Tausende von Votivtafeln. Auf jeder stand: »Maria hat geholfen!« Immer mehr Kirchen, Klöster, Kapellen, Kreuzgänge, Devotionalienläden, Kerzenstände, Versammlungsräume und seit 1912 eine päpstliche Basilika für 8000 Besucher ließen eine Art heilige Stadt entstehen, die Millionen von Pilgern anzog. Nicht zuletzt Gottsucher wie den 31-jährigen Bauern Johann Birndorfer, der als Bruder Konrad und Pförtner des Kapuzinerklosters durch seine Frömmigkeit (»das Kreuz ist mein Buch«), seine Demut und Menschenliebe zum Vorbild wurde.

Altötting, so bekannte Ratzinger, hätte auch ihn immer beeindruckt. Es sei ein »Glück« gewesen, in der Nähe des Marienwallfahrtsortes geboren worden zu sein. »Die Gnadenkapelle, ihr geheimnisvolles Dunkel, die kostbar gekleidete schwarze Madonna, umgeben von Weihegeschenken, das stille Beten vieler Menschen … das alles rührt mir heute noch genauso ans Herz wie in jenen versunkenen Jahren. Die Gegenwart einer heiligen und heilenden Güte, die Güte der Mutter, in der sich uns die Güte Gottes selbst mitteilt.«[1] Als Papst legte er am 11. September 2006 in der Gnadenkapelle den Ring mit einem Phönix zu Füßen der Madonna nieder, den ihm seine Geschwister zur Bischofsweihe geschenkt hatten. Er wurde später in das Zepter der Muttergottesstatue eingearbeitet.

Ein wenig erinnerte Vater Ratzinger an einen jüdischen Rabbi, der über heiligen Büchern brütet, biblische Geschichten auslegt und der Familie auch als Lehrer religiöser Grundwahrheiten vorsteht. Gegenüber Bigotterie ist er distanziert, zu Wunder-Süchtigkeit hält er Abstand. Skeptisch ist er auch gegenüber Phänomenen, wie sie von der Resl von Konnersreuth berichtet wurden, die als Stigmatisierte an Karfreitagen die blutenden Wundmale Christi zeigte. Den Kindern gibt er je nach Alter und Entwicklungsstufe weiterführende Lektüre zur Hand. Für Joseph ist das zunächst ein Kindergebetbuch, dann ein Kinder-*Missale* mit kurzen Texten und Zeichnungen, mit denen der Aufbau eines Gottesdienstes erklärt wird, danach den *Schott* für Kinder, dann den *Sonntags-Schott* und schließlich das vollständige Messbuch für alle Tage des Jahres. Die Messbücher gehen auf den Benediktiner Anselm Schott zurück, der 1884 erstmals das »Messbuch für Laien« herausgab, um die Gläubigen in ihrer Muttersprache besser am katholischen Ritus teilhaben zu lassen.

Musische Bildung ist Teil der Erziehung. »Er legte großen Wert darauf, dass wir Kinder musizieren«, so Joseph. Die gemeinsame Freude an der Musik schafft Familienbindung und gibt den Familienfesten einen feierlichen Rahmen. Dass auch Tochter Maria eine höhere Schulbildung erhält, ist keine Frage. Eines Tages verkündete der Vater gar: »Alle drei Kinder müssen mir den Führerschein machen« – gemacht hat ihn keines. Einen übermäßigen Druck hatten sie von zu Hause nicht gespürt, erklärte Georg, andererseits habe einen »die ganze Atmosphäre schon in die Richtung gewiesen. Anständig sein war dabei das Grundthema.« »Man wusste«, sagte sein Bruder, »man muss sich an die Ordnung halten: an die Gläubigenordnung, die Familienordnung und an das Recht im Allgemeinen.« Der Vater sei »ein sehr rechtlicher und redlicher Mann« gewesen, der darauf geachtet habe, »dass man auf dieser Spur weitergeht. Und, ja, man spürte schon, dass es nicht leichtgenommen wurde, wenn man da danebensteigt«. Dass die Haltung des Vaters nicht abschreckend oder gar zerstörend wirkt, sondern anziehend und lebensbildend, ist nicht zuletzt einem liebevollen Herzen zuzuschreiben. »Wir haben immer gespürt, dass er streng war aus Güte. Und deshalb konnten wir seine Strenge wirklich annehmen.« Joseph fügte hinzu: »Ich muss sagen, er ist immer milder geworden. Mit mir war er lange nicht mehr so streng wie mit den Vorangegangenen.«[2]

Über die politische Lage wird zu Hause nicht gesprochen. Die Eltern wollen die Kinder nicht belasten. Zudem haben sie Sorge, sie könnten irgendwo ein verhängnisvolles Wort ausplaudern. Joseph bekommt mit, dass der Hilfsgendarm versuchte, die Predigt eines Priesters zu dokumentieren, der für seine antifaschistische Haltung bekannt war. Sein Vater konnte allerdings rechtzeitig warnen, sodass statt der Predigt ein »Kreuzweg« im Gotteshaus angesagt wurde. Die Bauern zwinkerten sich zu, weil der Spitzel nun bei jedem einzelnen der Bilder, die zeigten, wie Christus von seinen Verfolgern gemartert wird, gemeinsam mit den Gläubigen tief in die Knie gehen musste.

Der Druck auf den Gendarmen wurde größer. Es könne nicht länger geduldet werden, dass er als Staatsdiener und Chef einer Polizeistation nicht Mitglied der Staatspartei sei. Noch hielt er stand, gemeinsam mit seinen Geschwistern. Theogona, die Ordensfrau, zeigte bei den Familientreffen auf dem Ratzinger-Hof in Rickering ungebändigtes Temperament, wenn es um Schimpfkanonaden gegen die Nazis ging. Auch Schwester Theres blieb Joseph als »eine besonders wilde Nazigegnerin« im Gedächtnis. Der jüngere Bruder des Vaters, Alois, sollte später in dem Sammelband *Priester unter Hitlers Terror* als einer jener katholischen Geistlichen genannt werden, die dem Regime offen Widerstand leisteten. Er wurde unter anderem angezeigt, weil er seinen Pfarrangehörigen nach der Messe einen Treueeid auf die Kirche abverlangte. 1938 hielt es der Bischof von Passau für ratsam, Alois Ratzinger in Frühpension zu schicken, um ihn auf diese Weise vor dem KZ zu schützen.³

Die Welt des Glaubens, die Joseph in Tittmoning noch traumwandlerisch und ohne jede Bedrückung erfahren konnte, bekam in Aschau einen tiefernsten Realismus. Immer häufiger begegnete man Nachbarn, die braune Uniformen trugen. Lehrer, die sich der Rhetorik von Kampf und Hass, Vergeltung und Vernichtung anschlossen. Schüler, die begeistert von der HJ erzählten. Widerstand hieß, das sah er an seinem Vater, zur Kirche zu stehen, sie zu schützen – und umgekehrt durch die Kirche geschützt zu werden. Und zwar im Innersten des eigenen Seins, da, wo die Seele ihren Sitz hat. Es war kein Exil, in das sich der sensible Junge zurückzog, es war nur so, dass ihm das Heilige noch heiliger erschien.

Noch lachen die Aschauer, wenn sie den Sohn des Gendarmen auf der Straße nach seinem Berufswunsch fragen. »Na, Joseph, was willst du denn einmal werden?«, kitzelt ihn sogar Pfarrer Ilg. Aber Josephs Antwort ist zu witzig, um sie sich entgehen zu lassen, vor allem, weil der Knirps dabei das »a« mit so tiefer Stimme ausspricht, als gäbe es nichts Ehrfürchtigeres auf diesem Planeten. Und was will er werden? »Ich werde ein K*a*rdin*a*l.«

Der Bruder, dem sich der Jüngere »an Eifer und Tüchtigkeit unterlegen« fühlt, geht voran. Als Ministrant. Bald auch als Gymnasiast, und nicht zuletzt in der Entscheidung für das Priestertum. Schon als Kind, erzählte Georg, hab er »zu Gott gebetet, mir eine Aufgabe zu geben, wo ich das priesterliche mit dem Musischen verbinden kann«. Keine Sekunde habe er daran gezweifelt, »dass ich diesen Weg gehen muss«. Die Frage war lediglich, wo genau er diesen Weg finden könnte. »Mein Vater wollte aus mir einen Missionar machen, und meine Mutter einen Ordensgeistlichen.«⁴ Und während der Vater die Mariannhiller Missionare im bayerischen Schwaben favorisiert, preist die Mutter das Studienhaus der Redemptoristen im zehn Kilometer entfernten Gars am Inn.

Beide Vorschläge werden verworfen. Der Junge hat seinen eigenen Kopf und entscheidet sich für das Humanistische Gymnasium in Traunstein und das 1929 gegründete »Erzbischöfliche Studienseminar St. Michael«, dessen Direktor – Johannes Evangelist Mair, genannt »Rex« – als fanatischer Musikliebhaber gilt. In Begleitung der Mutter und der Geschwister zieht Georg irgendwann mit einem kleinen Leiterwagen zur nächsten Bahnstation. Obenauf der kleine Koffer mit den Habseligkeiten, die er fürs Internat braucht. Es werden lange Wochen bis zum Wiedersehen. Der Vater kürzt sie ab, indem er fleißig Briefe mit den neuesten Nachrichten von zu Hause schickt.

Auch Maria macht sich Gedanken darüber, einen geistlichen Beruf zu ergreifen. »Ich werde Negerschwesterlein«, verkündet sie zu Hause. Sie wolle in Afrika den armen Kindern helfen. Im Sommer fährt sie nun täglich mit dem Fahrrad in die Mittelschule für Mädchen im Kloster Au, das von Franziskanerinnen geführt wird. Den Winter über bleibt sie in dem der Schule angegliederten Internat. Die höhere Schulbildung hat ihren Preis. »Wir konnten uns satt essen«, berichtete Georg, »aber wir mussten ja auch noch für das Haus sparen«, die alte Hütte in Hufschlag. Es liegt an der existenziellen Bedrohung der Familie, dass die Frau des Kommissars nun doch in die Ortsgruppe der NS-Frauenschaft eintritt. Ihr Mann hofft damit den Druck zu lockern, als Polizist Mitglied der NSDAP werden zu müssen. Was auch gelingt. Wenigstens ist der NS-Frauenclub in Aschau keine Kampforganisation. Auf den Versammlungen werden Kochrezepte ausgetauscht und Rosenkränze gebetet. Gleichzeitig meldet sich der Vater immer häufiger krank, um in seinem letzten Arbeitsjahr dem Regime so wenig wie nur möglich dienen zu müssen.

Für Joseph entsteht durch den Weggang der Geschwister eine neue Situation. Dadurch, dass er jetzt allein war, bekannte Ratzinger, habe sich »gleichsam für mich ein eigenes Königreich entwickelt« – auch wenn er in dem Karpfenweiher, der zum Gendarmeriehaus gehört, fast einmal ertrunken wäre. Spielkameraden hat er kaum. Die Bauernkinder sind nach der Schule meist mit Hof- und Feldarbeit beschäftigt. Aber Joseph genießt es, sich ungestört seiner romantischen Ader hinzugeben. Mit Vorliebe pflückt er Blumen, schreibt Natur- und Weihnachtsgedichte, freut sich an Tieren, träumt davon, »in schönen Kirchen oder Schlössern« zu sein, und liest romantische Schriftsteller, weil ihn »dieses Lebensgefühl der Romantik tief berührt«.

Gemeinsam sieht man Joseph und Joseph über Stock und Stein wandern, auf Radtouren und beim Bergwandern erkunden sie die nähere Heimat. »Es waren einmal ein Mann und eine Frau …«, so beginnen die spannenden Geschichten, die der Vater dabei erzählt. »Er war eigentlich ein Romancier«, erinnerte sich der spätere Papst. »Richtige Heimatromane« in Fortsetzungsfolgen seien bei den gemeinsamen

Ausflügen entstanden, »und ich glaube, es war für ihn selbst spannend, wie es jeweils weitergehen wird.«

Spazierend und erzählend seien sich beide »sehr nahegekommen«. Ideal auch, dass die Eltern sich in ihrer Gegensätzlichkeit so ergänzen. Seine Mutter habe er als »sehr warmherzig und innerlich sehr stark« empfunden, seinen Vater als »rational und willentlich betont, von reflektierender Glaubensüberzeugung«. Er habe stets »ein ganz erstaunlich treffendes Urteil gehabt« und ihm schon als Bub Anerkennung und Liebe entgegengebracht. »Letztendlich habe ich den Vater«, fügte er hinzu, »mit den Jahren mehr gemocht.«

Es ist das väterliche Vorbild, das dem Jungen hilft, sich selbst zu finden, seinen Charakter zu bilden, in seiner Persönlichkeit zu reifen – wobei die Dominanz des Alten parallel zur Entwicklung des Jungen Stück für Stück geringer wurde, um sich am Ende in der Rolle eines Begleiters einzufinden. Eine besondere Erwartungshaltung der Eltern, betonen beide Söhne, habe es nicht gegeben. Schon in frühen Phasen hätten sie die Entscheidungen über die berufliche Zukunft ganz den Kindern überlassen. Dennoch spielt der Vater durch sein Beispiel eine wichtige Rolle. »Wenn ich mich in den kommenden Jahren mit dem Priesterberuf vertraut machte«, erläuterte der spätere Papst, »dann war dafür – neben der mehr gemütsbetonten Gläubigkeit meiner Mutter – die kraftvolle, entschieden religiös ausgerichtete Persönlichkeit unseres Vaters ausschlaggebend. Er dachte anders, als man damals denken sollte, und das mit einer souveränen Überlegenheit, die überzeugte. Er hat viel gelesen und war politisch sehr interessiert, aber das Religiöse war auf eine sehr männliche und totale Art die Grundthematik seines Lebens.«

Georg Ratzinger sprach einmal pathetisch davon, Aschau sei für seinen Bruder so etwas wie sein »Nazareth« gewesen. In den viereinhalb Jahren »des Aufbruchs und des Heranwachsens« habe Joseph hier »die Symphonie des Lebens« erlernt und sei »herangereift zu einer Rebe am Weinstock des Herrn«. Tatsächlich scheinen die Wurzeln für die ausgeprägte Kirchlichkeit von Ratzingers Theologie in seiner Kindheit angelegt: »Es war ein fesselndes Abenteuer, langsam in die geheimnisvolle Welt der Liturgie einzudringen, die sich da am Altar vor und für uns abspielte«, hielt er in seinen Aufzeichnungen fest. »Immer klarer wurde mir, dass ich da einer Wirklichkeit begegnete, die nicht irgendjemand erdacht hatte, die weder eine Behörde noch ein großer Einzelner geschaffen hatte. Dieses geheimnisvolle Gewebe von Text und Handlungen war in den Jahrhunderten aus dem Glauben der Kirche gewachsen. Es trug die Fracht der ganzen Geschichte in sich und war doch zugleich viel mehr als ein Produkt menschlicher Geschichte.«

In Aschau faszinieren den Schüler die »Engelämter in den schneereichen und kalten Wintertagen, die Ölbergandacht und die Feier der Auferstehung«, mit all den Bildern und Gesten, der Musik und der so speziellen Dramaturgie und Sinnlichkeit katholischer Gottesdienste, die den Gläubigen immer auch ein wenig der irdischen Schwere entheben. Im Erfahrungs- und Bildungsraum, in dem die Persönlichkeit des späteren Papstes heranreift, korrespondieren die Freude an der Musik und die Entdeckung der Poesie mit den Fortschritten in der Entzifferung der Schrift – und das Lesen mit dem Denken. Denn sosehr ihn die Liturgie als Fest bezauberte – »mit der Musik und mit allem, was an Schmuck und Bildern da war« –, so unersetzlich blieb es, »herauszubringen, was da eigentlich geschieht, was es bedeutet, was da gesagt wird«.[5]

Die Sinnlichkeit sei »der eine Strang« gewesen, der andere war, »dass mich von Anfang an alles, was in der Religion gesagt wurde, eben auch rational interessiert hat«. Auf diese Weise sei er im »eigenen Denken Schritt für Schritt weitergeführt worden«. Dass der geistig frühreife Schüler in dieser Phase eine weitere Seite seiner Begabung entdeckt, nämlich »das Lehren, das Weitergeben von Erkanntem, und auch das Schreiben«, verstärkt eine Linie, die er zu ahnen beginnt: Denn »der Wunsch hat sich Gott sei Dank auch mit dem Gedanken an das Priestertum sehr gut verbinden lassen«.

Aber noch fehlte etwas. Lesen und Denken stehen für das intellektuelle Begreifen dessen, wie Liturgie gewissermaßen »funktioniert«. Der andere Teil war jene seelische Öffnung, die Christus als den zentralen Punkt der Geheimnisse des Glaubens formuliert hat, gewissermaßen als den Code, der die Türen aufschließt. Ohne ihn ist der Kontakt mit der jenseitigen Realität nicht möglich. Und genau jene Stufe von Berührung und Beteiligung, die für den priesterlichen Dienst unerlässlich sind, sieht Ratzinger in der Rückschau als erreicht an, als er in Aschau Ministrant werden und am 15. März 1936 in der Pfarrkirche Mariä Himmelfahrt die erste heilige Kommunion empfangen darf. »Das war von innen her für mich notwendig«, erklärte er später. Wobei die Formulierung »von innen her« neben Begriffen wie »Geheimnis«, »Abenteuer« und »Erlebnis« eine weitere Seins-Formel für Ratzingers Verständnis der Gottsuche angibt. »Nicht selbst dabei zu sein«, hielt er fest, damit hätte er sich »vom Wichtigsten ausgeschlossen gefühlt«.[6]

Das Momentum, das sich in die Seele einbrennt, ist für Joseph die tägliche Begegnung mit der Präsenz Christi, den eine unverfälschte Liturgie möglich macht. Die Erfahrungen aus dem Altardienst, den er jeden Morgen vor Schulbeginn absolviert, werden dabei zu Hause gleich noch vertieft. Priester und Gottesdienste nachzubilden war in christlichen Familien eine beliebte Inszenierung, bei den Ratzingers jedoch nahm das Spiel semiprofessionelle Züge an. Den kleinen Altar mit dem drehbaren Tabernakel hatte Onkel Benno beigesteuert. Alben, Stola und Paramente schneiderten liebe Tanten. Für den Messwein und das Wasser zur Gabenbereitung gab es in den Devotionalienläden von Altötting Miniaturgefäße aus Zinn. Sogar ein kleines Rauchfass kommt zum Einsatz. In Prozessionen ziehen Maria, Georg und Joseph vor ihren kerzenbestückten Altar, der im Türrahmen aufgebaut ist. Und weil eine Predigt nicht fehlen darf, halten abwechselnd der große und der kleine Bruder die Homilie (die feinsäuberlich in ein eigenes Heft eingetragen wird). Nachdem die Geschwister ins Internat wechselten, kam die Bräu-Bärbel zum Einsatz, die dem kleinen Joseph assistiert. »Wir waren mit großer Andacht dabei«, erinnerte sich Barbara Ametsbichler. Feierlich hielt Joseph bei der Konsekration den Kelch in die Höhe, das Mädchen achtete bei der Kommunionausteilung mit einer Patene darauf, dass kein Teilchen der imaginären Hostie auf den Boden fiel.

In einem Fernsehinterview erläuterte Ratzinger 60 Jahre später, was diese erste, noch spielerische priesterliche Handlung für ihn bedeutete: »Plötzlich selbst in dieser Rolle zu sein, die man nur verehrend von Ferne schaute, gab einem das Gefühl einer großen Steigerung – und einer geheimnisvollen Antizipation der Zukunft«, eine Vorab-Teilnahme also an einer künftigen Lebensaufgabe. Dazu gehörte, dass er auch als Kardinal wie in seinen Kindheitstagen selbst dann eine Predigt hielt, wenn nur ein einziger Teilnehmer in der Kirchenbank saß, wie der TV-Journalist Siegfried Rappl beobachtete, der in der Krypta einer Kirche in Neapel einmal Nutznießer dieser Gepflogenheit wurde. Oder dass es ihm auch später nie eingefallen wäre, eine Predigt ohne sorgfältige Vorbereitung zu halten.

Als Papst öffnete Ratzinger sein Herz, als er am 5. April 2006 auf dem Petersplatz vor 50 000 Jugendlichen nach den Beweggründen seiner Berufung gefragt wurde. Er sprach wie ein »nono el mondo«, ein Großvater der Welt, wie ihn die Italiener längst nannten. »Ich bin in einer Welt groß geworden, die ganz anders war als die von heute«, begann Benedikt, um dann fortzufahren:

»Da war auf der einen Seite die Lage des Christentums, wo es normal war, in die Kirche zu gehen, den Glauben als Offenbarung Gottes anzunehmen und zu versuchen danach zu leben; auf der anderen Seite gab es das Naziregime, das mit lauter Stimme verkündete: ›Im neuen Deutschland wird es keine Priester mehr geben, kein geweihtes Leben, wir brauchen diese Leute nicht mehr; sucht euch einen anderen Beruf … In dieser Situation ist die Berufung ganz natürlich in mir gewachsen, ohne großartige Bekehrungserlebnisse. Vor allem zwei Dinge haben mir auf diesem Weg geholfen: Schon als Kind habe ich mithilfe meiner Eltern und jener des Pfarrers die Schönheit der Liturgie entdeckt; ich habe sie immer mehr geliebt, weil ich spürte, dass in ihr die göttliche Schönheit erscheint und sich hier der Himmel öffnet. Das zweite Element war dann, als ich die Schönheit des Erkennens entdeckte, das Erkennen Gottes, der heiligen Schrift, dank derer es möglich ist, sich in dieses große Abenteuer des Dialoges mit Gott zu begeben, das die Theologie darstellt.«[7]

Der romantisch veranlagte, träumerische Junge wollte sehen, spüren, staunen, berührt werden. Gleichzeitig dürstete es ihn nach Erkenntnis. Instinktiv konnte er erfassen, dass es im Gegensatz zum billigen Tand und den tönernen Versprechungen der Nazis nicht nur wahre Schönheit, sondern in Schönheit auch Wahrheit gab. Und dass die Wahrheit, wie sie in der Liturgie zum Ausdruck kam, sich nicht gegen eine Überprüfung sperrte, sondern die Fülle ihrer Gaben erst öffnete, wenn sie auch nachgefragt wurden. Die innere Welt war eine andere wie die äußere. Aber wenn beide in der richtigen Beziehung zueinander standen, ließe es sich ganz eintauchen in dieses virtuelle Universum, das nicht weniger real war als die scheinbare Realität, die ohnehin immer irrealer und irrer wurde.

Eine von Ratzingers schönsten Formulierungen ist das Wort von der »Heimat des Herzens«. Und in wohl keinem anderen Begriff kommt der Grundimpuls seiner frühen Jahre fühlbarer zum Ausdruck als in einer Passage über seine Kindheitserfahrung in Aschau: »Ich habe so viele schöne Erinnerungen an diesen Ort, in dem ich ja nicht nur Lesen, Schreiben und Rechnen gelernt habe, sondern in dem ich mich einleben dufte in den Glauben, sodass er Heimat des Herzens geworden ist.« Im Übrigen, so Ratzinger in der Rückschau, sei es unter den gegebenen

Umständen geradezu eine Notwendigkeit gewesen, seinen Glauben nicht nur in frommen Messen zu feiern, sondern auch vernunftmäßig zu begründen: »Die Öffentlichkeit wusste ja: der ist katholisch, der geht in die Kirche oder will sogar Priester werden. So wurde man in Streitgespräche hineingezogen – und musste sich dafür wappnen lernen.«[8]

Als Gendarm Ratzinger am 6. März 1937 seinen 60. Geburtstag beging, konnte er mit der Pensionierung auch die Entlassung aus dem Dienst eines Regimes feiern, das er zutiefst verabscheute. Der Umzug in das eigene Haus, den alle herbeisehnten, war nur noch eine Frage von Tagen. Es schien fast wie eine Bestätigung für die Richtigkeit des Entschlusses, als Papst Pius XI. eine Woche später die erste und einzige Enzyklika unterzeichnete, die auf Deutsch geschrieben und am 21. März 1937 veröffentlicht wurde. Ihr Titel: *Mit brennender Sorge – Über die Lage der katholischen Kirche im Deutschen Reich*.

Gleichzeitig mit dem deutschen Hirtenbrief erschien am 19. März die Enzyklika *Divini redemptoris* über den »gottesleugnerischen Kommunismus«. 1935 hatte Sowjetdiktator Josef Stalin eine Kampagne gegen »konterrevolutionäre Terrorbanden« begonnen. Bauern und Arbeiter, Parteimitglieder, Funktionäre – niemand konnte sicher sein vor Deportation oder Erschießung. Zwischen August 1937 und November 1938 wurden etwa anderthalb Millionen Sowjetbürger Opfer von Verfolgung, rund 700 000 kamen dabei ums Leben. Seit 1937 gab es in Russland keinen amtierenden katholischen Bischof mehr. Neuere Schätzungen gehen davon aus, dass bis 1941 etwa 350 000 orthodoxe Christen wegen ihres Glaubens verfolgt wurden, darunter 140 000 Geistliche. Allein 1937, im Jahr des Erscheinens der Enzykliken *Divini redemptoris* und *Mit brennender Sorge*, wurden 150 000 Gläubige verhaftet, 80 000 von ihnen ermordet. Im Kerngebiet der Sowjetunion waren 1941 im Vergleich zu den Zwanzigerjahren 95 Prozent aller Gotteshäuser geschlossen oder zerstört worden.[9]

Immer wieder hatte Hitler versprochen, er werde die Kirche schützen, sofern sie sich auf Geistliches beschränke und keine politischen Ziele verfolge. Am 20. Juli 1933 wurde im Vatikan ein Reichskonkordat unterzeichnet, das der Heilige Stuhl bereits in der Weimarer Zeit mit dem Deutschen Reich verhandelt hatte, das bisher aufgrund der häufig wechselnden Regierungen aber nicht zum Abschluss kam. Immerhin verbürgte sich der deutsche Staat mit dem Konkordat, für die Sicherung der kirchlichen Einrichtungen zu sorgen sowie den Religionsunterricht in katholischen Bekenntnisschulen zu gewährleisten. Kardinal von Faulhaber lobte Hitler vier Tage später in einem persönlichen Schreiben: »Vor aller Welt ist nun bewiesen, dass Reichskanzler Hitler nicht bloß große Reden halten kann wie seine Friedensrede, sondern dass er auch Taten wirken kann von weltgeschichtlicher Größe wie das Reichskonkordat ... Uns kommt es aufrichtig aus der Seele: Gott erhalte unserem Volk unseren Reichskanzler.«[10]

Vermutlich wollte der Kardinal einen politischen Coup landen. Sein anbiederndes Schreiben hatte einen Zweck: »Erlauben Sie mir eine Bitte: Krönen Sie die große Stunde mit einer großmütigen Amnestie für jene, die ohne Verbrechen, nur wegen einer politischen Gesinnung in Schutzhaft sind und mitsamt ihren Familien seelisch furchtbar leiden.« Der vermeintliche Schachzug des Kardinals blieb natürlich wirkungslos. Dass Hitler »nicht bloß große Reden« halten konnte, sollte indes nachhaltig unter Beweis gestellt werden. Laut der Untersuchung *Priester unter Hitlers Terror* wurden im Dritten Reich 8021 katholische Welt- und Ordensgeistliche gefoltert und getötet. In den bayerischen Diözesen waren rund 50 Prozent des Klerus unmittelbar von Verfolgung betroffen, durch Bußgelder, Haft, KZ und Hinrichtung. Allein in Dachau wurden etwa 2720 Geistliche inhaftiert.[11] 1034 von ihnen überlebten das KZ nicht, 136 Priester wurden in der Tötungsanstalt Hartheim bei Linz vergast.

Auf ihrer Vollversammlung im Januar 1937 beriet die deutsche Bischofskonferenz über die künftige Haltung gegenüber dem NS-Regime, wobei sich zwei Lager abbildeten. Eines, das für einen weiteren behutsamen Umgang mit den Machthabern stand, und eines, das für einen deutlichen Widerstand plädierte. Letztere Position vertraten insbesondere der Bischof von Münster, Graf von Galen, und der Bischof von Berlin, Graf von Preysing, die sich als Cousins gut kannten und auf einer Linie lagen. Im gleichen Monat informierten die Kardinäle Adolf Bertram, Karl Joseph Schulte, Michael Faulhaber, Konrad Graf von Preysing und Clemens August Graf von Galen in einem als *Ad Limina*-Besuch getarnten Rom-Aufenthalt Pius XI. und Kardinalstaatssekretär Eugenio Pacelli (den späteren Pius XII.) über die Lage der Kirche in ihrer Heimat (*ad limina*, verkürzt für *visitatio ad limina Apostolorum*, wörtlich »Besuch der Schwelle der Apostel«). Pacelli beauftragte daraufhin Faulhaber mit dem Entwurf einer Enzyklika. Das Ergebnis war nicht sonderlich gelungen. Faulhaber selbst bezeichnete seine

Vorlage als »unvollkommen und auch wohl ganz unbrauchbar«[12]. Erst die Überarbeitung durch Pacelli, der den Text erheblich verschärfte, machte aus dem Schreiben jenes Dokument, das als das deutlichste Protestschreiben gegen die Nazis in die Geschichte eingehen sollte. »Mit *großer* Sorge«, so hatte Pius XI. formuliert, »Mit *brennender* Sorge« überschrieb Pacelli den Text.

Die deutsche Enzyklika war ein Novum und ist es bis heute geblieben. Erstmals wurde eine Enzyklika in ihrem Original in der Landessprache des angesprochenen Volkes veröffentlicht. Schon in der Symbolik, die im Datum der Bekanntgabe lag, dem Passionssonntag, war eine eigene Botschaft zu lesen. Mit dem Gang an die Öffentlichkeit machte der Vatikan deutlich: Die Beschwichtigungspolitik der deutschen Bischöfe ist gescheitert. Die Kurskorrektur, die die Bischöfe beim Machtantritt vorgenommen hatten, war ein ungeheurer Fehler. Und mit Sicherheit wäre Eugenio Pacellis redaktionelle Bearbeitung noch deutlicher ausgefallen, wäre er nicht von den deutschen Amtsbrüdern gedrängt worden, in der Enzyklika auf Begriffe wie »Nationalsozialismus« oder »Führer« zu verzichten.

Unter strengster Geheimhaltung wurde das Dokument bereits am 12. März 1937 nach Deutschland gebracht. Hier war es Aufgabe des Nuntius Cesare Orsenigo, den Text an die Bischöfe weiterzuleiten, die wiederum für die Verbreitung in ihren Diözesen verantwortlich waren. Ausgewählte Druckereien stellten nachts in abgedunkelten Betrieben Sonderdrucke in einer geschätzten Auflage von 300 000 Exemplaren her. Die Druckerei Höfling etwa erhielt vom Erzbischöflichen Ordinariat in München einen Druckauftrag über 45 300 Exemplare. Zudem wurden Bistumsblätter genutzt. So bestand zum Beispiel der *Kirchliche Amtsanzeiger für die Diözese Trier* vom 25. März 1937 ausschließlich aus dem päpstlichen Rundschreiben.

Als am 21. März 1937 in rund 11 500 katholischen Kirchen Deutschlands die wesentlichen Teile der Enzyklika verlesen wurden, saß in Aschau auch Familie Ratzinger in der Kirchenbank. »Mit brennender Sorge und steigendem Befremden«, begann der Priester das Hirtenwort des Papstes vorzutragen, »beobachten Wir seit geraumer Zeit den Leidensweg der Kirche, die wachsende Bedrängnis der ihr in Gesinnung und Tat treu bleibenden Bekenner und Bekennerinnen inmitten des Landes und des Volkes, dem St. Bonifatius einst die Licht- und Frohbotschaft von Christus und dem Reiche Gottes gebracht hat.«[13]

Der erste Teil des Schreibens wandte sich gegen die Verwendung des

Begriffs »gottgläubig«, wie ihn die NS-Machthaber auslegten. Wer in pantheistischer Verschwommenheit Gott mit dem Weltall gleichsetze, wer das düstere Schicksal an die Stelle des persönlichen Gottes rücke oder wer Rasse oder das Volk oder den Staat oder die Staatsform, die Träger der Staatsgewalt oder andere Grundwerte menschlicher Gemeinschaftsgestaltung zur höchsten Norm mache, gehöre nicht zu den Gottgläubigen. Denjenigen, die ihre Christenpflicht gegen ein angriffslüsternes Neuheidentum erfüllten, sprach der Papst hingegen Anerkennung aus.

Deutlich verurteilte der Text die nationalsozialistische Rassenlehre: Gott habe »in souveräner Fassung Seine Gebote gegeben. Sie gelten unabhängig von Zeit und Raum, von Land und Rasse. So wie Gottes Sonne über allem leuchtet, was Menschenantlitz trägt, so kennt auch Sein Gesetz keine Vorrechte und Ausnahmen.« Wer zudem »die biblische Geschichte und die Lehrweisheit des Alten Bundes« aus Kirche und Schule verbannt sehen wolle, lästere das Wort Gottes. Der Satz »Recht ist, was dem Volke nützt«, sei zu verwerfen. Nicht weil es nützlich sei, sei es sittlich gut, sondern weil es dem Sittengesetz entspreche, sei das positive Recht nützlich. Wer in Verkennung des Unterschieds zwischen Gott und Geschöpf irgendeinen Sterblichen neben oder über Christus zu stellen wage, sei nichts weiter als ein »Wahnprophet« – eine deutliche Anspielung auf den Führerkult.

Die Kirche sei Heimat und Zuflucht für Völker aller Zeiten und Nationen, hieß es weiter. Es genüge aber nicht, einfach nur zur Kirche zu gehören, die Gläubigen müssten auch lebendige Glieder in ihr sein. Nur eine sich auf sich selbst besinnende, jede Verweltlichung abstreifende und in Gottes- und tätiger Nächstenliebe sich bewährende Christenheit werde der im tiefsten Grunde kranken Welt nicht nur Vorbild sein können, sondern auch müssen, »wenn nicht unsagbares Unglück und ein alle Vorstellung hinter sich lassender Niedergang hereinbrechen« solle. Wer denke, einen äußerlichen Kirchenaustritt mit dem innerlichen Festhalten an der Treue zur Kirche verbinden zu können, dem sei Jesu Schriftwort eine Warnung: »Wer mich vor den Menschen verleugnet, den werde ich auch vor meinem Vater verleugnen.«

Im vierten Teil der Enzyklika verurteilte der Papst die Vorstellung von einer deutschen Nationalkirche: »So wisset: Sie ist nichts als eine Verneinung der einen Kirche Christi.« Der geschichtliche Weg anderer Nationalkirchen, »ihre geistige Erstarrung, ihre Umklammerung oder Knechtung durch irdische Gewalten« zeigten die »hoffnungslose Unfruchtbarkeit, der jeder vom lebendigen Weinstock der Kirche sich abtrennende Rebzweig mit unentrinnbarer Sicherheit anheimfällt«. Besonders an die von der Hitlerjugend umworbene junge Generation richtete sich die Warnung: »Wenn jemand euch ein anderes Evangelium verkünden wollte als jenes, das ihr empfangen habt auf den Knien einer frommen Mutter, von den Lippen eines gläubigen Vaters, aus dem Unterricht eines seinem Gotte und seiner Kirche treuen Erziehers – der sei ausgeschlossen.«

Abschließend versichert der Pontifex, jedes Wort der Enzyklika abgewogen zu haben, »auf der Waage der Wahrheit und zugleich der Liebe. Weder wollten Wir durch unzeitgemäßes Schweigen mitschuldig werden an der mangelnden Aufklärung noch durch unnötige Strenge an der Herzensverhärtung irgendeines von denen, die Unserer Hirtenverantwortung unterstehen und denen Unsere Hirtenliebe deshalb nicht weniger gilt, weil sie zurzeit Wege des Irrtums und des Fremdseins wandeln.« Er rufe Gott zum Zeugen an, dass ihn kein innigerer Wunsch leite als die Wiederherstellung eines wahren Friedens zwischen Kirche und Staat in Deutschland. Wenn aber der Friede nicht sein solle, dann werde die Kirche ihre Rechte und Freiheiten verteidigen.

Die Nazis reagierten umgehend. Innenminister Wilhelm Frick erklärte den Abdruck der Enzyklika zum staats- und volksfeindlichen Akt. Die Verbreitung des Textes werde als Hochverrat eingestuft. Die Bischöfe wurden der schweren Illoyalität gegenüber ihrem Vaterland bezichtigt. Sie paktierten, wie so oft, mit feindseligen Staaten gegen Deutschland. An den Heiligen Stuhl als Vertragspartner des Deutschen Reiches ging die Protestnote, mit dem Hirtenwort einen schweren Vertrauensbruch begangen zu haben. Gleichzeitig wurde der Presse verboten, über die Enzyklika und deren Verlesung auch nur in Andeutungen zu berichten.

Noch vor Karfreitag kam es zu ersten Hausdurchsuchungen und Verhaftungen. Eine Reihe von Klöstern und Bekenntnisschulen werden sofort geschlossen, zwölf Druckereien, die an der Verbreitung der Enzyklika beteiligt waren, entschädigungslos enteignet. Zudem verhängt Reinhard Heydrich, Leiter des Sicherheitsdienstes (SD) und der Geheimen Staatspolizei (Gestapo), über alle bischöflichen Amtsblätter, die die Enzyklika aufgenommen hatten, ein dreimonatiges Erscheinungsverbot.

Aber das ist erst der Anfang. Es kommt zu Tausenden Hausdurchsuchungen, Hunderten Festnahmen, Enteignungen. Im April 1937 kommt es auf Befehl Hitlers zu einer neuerlichen Welle der sogenannten Sittlichkeitsverfahren gegen Priester und Ordensleute. Goebbels persönlich inszeniert eine Kampagne gegen die »Sexualpest« von Priestern, die mit »Stumpf und Stiel auszurotten« seien. In der Folge werden die privaten katholischen Schulen aufgelöst oder vom Staat übernommen. Priester und Ordensleute dürfen in Volks- und Berufsschulen keinen Religionsunterricht mehr erteilen, so gut wie alle katholischen Organisationen und Jugendverbände werden aufgelöst, ihre Publikationen verboten und ihr Vermögen konfisziert.

Karfreitag und Ostern hatten die Ratzingers noch in Aschau verbracht. Eine Woche später sitzt die Familie im Umzugswagen. Eben erst war in nächster Nähe des Dorfes, auf dem Winterberg, ein Leuchtturm errichtet worden. Angeblich, um feindliche Flugzeuge zu sichten. Nur: Über dem Aschauer Himmel gab es keine Flugzeuge, erst recht keine feindlichen. Wenn dann jedoch der Scheinwerfer des Leuchtturms »nachts mit seinem grellen Licht den Himmel abfuhr, erschien es uns wie das Wetterleuchten einer Gefahr, für die es noch keinen Namen gab«. Das Bild, das sich damit aufdrängte, wurde für den späteren Theologen zu einer eindringlichen Metapher: »Dass hier etwas vorbereitet wurde, was nur tief beunruhigen konnte, wurde dumpf wahrgenommen. Aber niemand konnte dem Unheimlichen in der scheinbar immer noch ganz friedlichen Welt glauben.«[14]

Kapitel 7

Die Ruhe vor dem Sturm

Der Möbelwagen war vorausgefahren, die Auswanderer kamen im Auto von Frau Pichlmeier, der Inhaberin der Metzgerei in Aschau, hinterher. Es geht über Wald und Wiesen, auf und ab, voller Erwartung. Wobei der kleine Joseph bei der Ankunft »als Erstes die Wiese« sieht, »die von Schlüsselblumen übersät war«.

Die neue Heimat mit dem seltsamen Namen Hufschlag lag gerade einmal 40 Kilometer von Aschau entfernt. Aber endlich konnte Vater Joseph dem verhassten Regime den Rücken kehren; endlich ein eigenes Haus bewohnen; endlich wieder in einer richtigen Stadt leben, und gleichwohl versteckt am Rande, fernab vom Geschehen dieser mörderischen Zeit. In der Erinnerung des späteren Papstes schwang denn auch ein Gefühl von Rettung mit, wenn er über den »größten und wichtigsten und schönsten Teil meiner Jugend« sprach. »Unbegreiflich schön« sei für ihn hier alles gewesen, ein »richtiges Paradies«.

Benedikt XVI. zitierte einmal ein Wort Goethes, in dem es hieß, »wer einen Dichter verstehen will, muss sich in dessen Heimat begeben«. Die Empfehlung gilt nicht nur für Dichter. Ratzinger selbst maß der Prägung durch die Orte seines Heranwachsens enorme Bedeutung zu. Da geht es um die Sprache, das Temperament und die Lebensart der Menschen, ja sogar um die Eigenart der Landschaft, die nicht ohne Wirkung bleibt, speziell in einem Landstrich, der »sehr salzburgisch geprägt ist«: Denn »da ist Mozart sozusagen von Grund auf in unsere Seele eingedrungen, und immer noch rührt er mich zutiefst an, weil das so leuchtend ist und doch zugleich so tief«. Hier, in der »Vaterstadt«, wie er die neue Zuflucht nannte, hätte die Familie, »nach vielem Wandern«, endlich ihre »wahre Heimat gefunden«.

Der Ort Hufschlag nahe der oberbayerischen Kleinstadt Traunstein bestand aus gerade einmal einem Dutzend Häuser, zumeist Bauernhöfen. Es gibt aber auch eine Krämerei, eine Postniederlassung mit öffentlichem Telefon und eine Bahnstation. Die Gleise liegen auf der Trasse einer ehemaligen Römerstraße. Und das »Paradies«, von dem Ratzinger in seinen Erinnerungen erzählt, ist in Wahrheit ein 200 Jahre altes Haus mit weniger als 100 Quadratmetern Wohnfläche, in das niemand einziehen würde, wäre er nicht durch die Umstände dazu gezwungen worden.

Das Dach ist undicht, die Wände sind feucht. Statt moderner Toiletten gibt es nur ein Plumpsklo. Das Wasser kommt vom Brunnen im Vorgarten, was im Winter kein Vergnügen ist und im Sommer oft vergebens, wenn die Quelle ausgetrocknet ist. Die Rückseite des Gebäudes besteht aus einem stillgelegten Stall und einer maroden Scheune. Und vielleicht das Schlimmste von allem: Der neue Eigentümer, der pensionierte Gendarm, ist nicht unbedingt ein Heimwerker. Er kann als Bauernsohn Gras mähen und Kühe melken, er macht im Sommer Heu, aber Risse verputzen oder Schindeln ausbessern sind nicht sein Metier. Immerhin: Es gibt hier keine Mitbewohner, die Nazis sind.

Das Haus »Hufschlag Nr. 11« liegt unmittelbar an einem Eichenwald. Unten rechts ist die Stube mit einem Holzofen als Küchenherd, links davon das Wohnzimmer, in dem bald ein billig erworbenes Klavier stehen wird. Joseph und Georg teilen sich ein Zimmer im ersten Stock. Es hat eine Spiegelkommode mit zwei Waschschüsseln obenauf und zwei Betten mit riesigen Zudecken: »Wenn wir die Augen aufmachten, konnten wir als Erstes die Berge sehen.« Der Blick sei »unbegreiflich schön« gewesen.

Die Mutter versteht es, mit einfachsten Mitteln Behaglichkeit herzustellen, »eine Art von heiler guter Welt, in der wir glücklich und daheim waren«, berichtete Georg. Neben den alten Apfel-, Birn-, Kirsch- und Zwetschgenbäumen legt sie einen Garten für Gemüse und Kräuter an – und für ihr Liebstes: Blumen. Blumen in Fülle. Die Familie wird zum Selbstversorger. Einen Teil ihrer Ernte kann die Mutter bei der Krämerin sogar noch gegen Lebensmittel eintauschen. Von den Nachbarn wird sie schnell akzeptiert und übernimmt in einigen Haushalten das Kochen, wenn eine Kuh kalbt oder das Getreide eingebracht werden muss.

Mutter Maria ist absolut unpolitisch. Die Zeitung liest sie von ihrem Ende her, den Sterbeanzeigen. Zu ihrer Buchlektüre gehören vorwiegend katholische Volksautoren mit historischen Themen. *Ben Hur*, *Quo Vadis*, aber auch der Roman *Der Mann, den die Welt nicht sah*. Da geht es nicht um Jesus von Nazareth, sondern um einen Artisten, der sich unsichtbar machen konnte. Zum Geburtstag hatte sie für ihren Mann den *Kleinen Herder* bestellt, ein Volkslexikon, das die drei Kinder stolz von der Postagentur heimgetragen hatten. Wenn sie abends frische Milch vom Nachbarn holt, macht sie schon mal Witze über Hitler, ansonsten kennt man sie als mütterlich und zutiefst fromm, aber nicht frömmelnd. »Sie war einfach eine herzensgute Frau«, fasst Xaver Zeiser vom Nachbarhof zusammen, »bescheidener geht es nicht mehr.«

Der kleine Joseph geht auf Entdeckungstouren in der alten Scheune, in der man »die herrlichsten Träume erleben und wunderbar spielen« kann. Mit dem Bruder kommt er schon mal ins Raufen, entweder beim Ballspiel, »oder wenn es darum ging, wer recht hat«. Die frechen Bauernkatzen der Nachbarn, die Webkammer des früheren Besitzers, die Exkursionen in den Eichenwald – diese ganze »unerforschte und eigentlich ganz unerforschbare Welt« sei unendlich vielfältig gewesen. Den Mangel an Komfort habe man »überhaupt nicht empfunden«, umso mehr dieses »Abenteuerliche, Freie und Schöne eines alten Hauses mit seiner inneren Wärme«.

Von den Söhnen des pensionierten Gendarmen wird bald erzählt, dass sie in einem Buch lesend im Eichenwald auf und ab schreiten, lateinische Ausdrücke verwenden und dabei salbungsvolle Gesten machen. Georg liest in den Ferien aus seinen Abenteuerbüchern vor. *Sydia, der treue Sohn aus Indien* und *In den Zelten des Mahdi* lauten die Titel. Im Regal stehen auch die kleinen Reclam-Büchlein für 35 Pfennige das Stück, mit den Klassikern Schiller, Goethe, Storm. Gelegentlich gibt es Hausmusik. Georg am Klavier, der Vater an der Zither, Joseph mit Geige. Oder die drei spielen Karten, am liebsten Schafkopf. »Richtig gut spielen konnten wir nicht«, erinnert sich Georg, »das war mehr dilettantisch.« Wobei sein Bruder stets als Sieger hervorging: »Der hat sich besser eingeprägt, was für ein Blatt dalag und was noch kommen könnte.«[1]

Vater Joseph kann auf dem rund 3500 Quadratmeter großen Grundstück endlich Bauer sein. Mit einem Leiterwagen holt er im Wald Holz und legt sich Hühner, einen Gockel und sogar einen Schafbock zu, der gerne ausbüxt, sodass ihn die Buben im Wald wieder einfangen müssen. Sonntags leistet er sich gelegentlich einen Schoppen Wein in einem Nachbardorf. Vor allem liest er Zeitung, jede Zeile. Und neben seinem Platz in der Stube steht bald ein Saba-Radio, um ausländische Sender zu hören und nicht auf den gleichgeschalteten deutschen Rundfunk angewiesen zu sein. Wenn er mit dem Leiterwagen nach einem

Wochenende Georgs Koffer ins Internat bringt, bedrängt er den Direktor, mit Hitler würde alles »hundertprozentig schiefgehen«, man müsse dem Naziregime gegenüber eine weit entschiedenere Haltung annehmen.

Die 16-jährige Maria lebt seit dem Umzug im Internat bei den Klosterschwestern in Au am Inn, um ihren Mittelschulabschluss zu machen. Das Erziehungsinstitut nennt sich »Haus der göttlichen Vorsehung«. Sie lernt Stenografie, Englisch, Hauswirtschaft, aber auch Maschine schreiben – ohne zu ahnen, dass sie all diese Fähigkeiten, vorsehungsgemäß, einmal ganz ihrem Bruder zur Verfügung stellen wird. Maria gilt als hochintelligent und introvertiert, aber auch selbstlos. »Ja nicht aufdrängen, das war so ihre Art«, berichtete ein Verwandter, auch wenn sie durchaus resolut sein konnte. »Es musste immer alles genau da und da liegen«, erzählt Georg, »sie hat bei mir immer Ordnung in meinem Chaos geschaffen, sodass ich dann nichts mehr gefunden habe.«

Internatsschüler Georg geht ganz in seinem künstlerischen Naturell auf. Sobald Ferien sind, sitzt er zu Hause am Klavier, auch wenn das Wohnzimmer aus Kostengründen nicht beheizt wird. Sein kleiner Bruder macht sich dann aus dem Staub. »Wenn ich da war«, so der Ältere, »hat er sich nicht zu spielen getraut«, obwohl er »eine gute mittlere Begabung gehabt hätte.«[2]

Mit dem 12. April 1937, vier Tage vor seinem zehnten Geburtstag, beginnt für Joseph »ein neuer Ernst«. Es ist sein erster Tag am Humanistischen Gymnasium in Traunstein. Das Schuljahr ist in Trimester eingeteilt. Das erste geht von Ostern bis Sommer, das zweite von September bis Weihnachten, das dritte von Neujahr bis Ostern. Weil ihn die Eltern nach dem Umzug nicht noch für ein weiteres Jahr auf die Volksschule schicken wollten, wird er nicht wie die anderen Kinder nach der fünften, sondern bereits nach der vierten Klasse eingeschult. Damit ist er von den 32 Buben und 3 Mädchen unter den Schulanfängern nicht nur der Jüngste, sondern auch mit der Kleinste. Nur sein Banknachbar in der ersten Reihe – neben den 3 Mädchen der einzige Protestant in der Klasse – ist noch kleiner als er.

Es fängt schon nicht gut an. Zu jedem Trimesterbeginn findet im Hof des Schulhauses ein Fahnenappell statt, zu dem sich alle Gymnasiasten aufzustellen haben. Auch Bruder Georg und die Zöglinge aus dem bischöflichen Seminar – die »Semi-Christen« oder »schwarzen Schweine«, wie sie jetzt von manchen Mitschülern beschimpft werden – stehen in Reih und Glied. Der Akt begann mit einer »zündenden Nazi-Rede« des Direktors »auf unseren viel geliebten, heiß geliebten, innig geliebten Führer«, erinnerte sich Georg. Während ein Junge die Flagge des Deutschen Reiches hochzog und der Schulleiter stramm den Arm zum »deutschen Gruß« ausstreckte, den Taktstock in der Hand, folgte das Deutschlandlied. Den kleinen Joseph jedenfalls scheint die Geschichte arg mitzunehmen. Er erkrankt, sodass der Vater ihn zu Paul Keller bringt, dem Arzt des bischöflichen Seminars. Der Doktor bescheinigt dem Jungen Unterernährung. Dann blickt er in das Gesicht des hageren Gendarmen mit dem eisgrauen Schnurrbart, den man auch für den Großvater des Kindes halten könnte. Für einen Schüler aus so einfachen Verhältnissen, meint er kalt, sei ein Gymnasium ohnehin nicht der richtige Ort. Er hätte besser in der Volksschule bleiben sollen.

Vom Elternhaus in Hufschlag bis zum Gymnasium in der Mitte der Stadt ist es eine Strecke von einer halben Stunde, und der Schulweg entschädigt Joseph für die Startprobleme. Hier kann er nachsinnen, schauen, träumen. Vor ihm auf dem Weg die Kulisse der Chiemgauer Alpen mit den Hausbergen Hochfelln und Hochgern, rechts oben auf einem sattgrünen, von gelben Löwenzahn-Blumen leuchtenden Hügel, das Ettendorfer Kircherl mit seinem Zwiebelturm und der ganzen Anmut bayrisch-barocker Herrlichkeit. Das seit tausend Jahren bezeugte Gotteshaus ist beim Georgi-Ritt jährlich am Ostermontag Schauplatz für Hunderte von Rössern, voran die schweren Kaltblüter mit ihren wilden Mähnen und monströsen Hinterteilen. Und wenn Josephs Blick ins Tal geht, überblickt er die malerische Stadt an der Traun mit ihren idyllischen Plätzen und Brunnen, putzigen Kirchtürmen und kunstvoll bemalten Bürgerhäusern, aus deren Schornsteinen auch im April noch Fahnen von transparentem Rauch in den weißblauen Himmel emporsteigen.

Traunstein hat in den Dreißigerjahren gut 10 000 Einwohner. Die mittelalterliche Handels-, Verwaltungs- und Schulstadt wurde reich durch Salz, das »weiße Gold«, das mittels einer Pipeline (der ersten der Welt) aus Bad Reichenhall hergepumpt und hier verarbeitet wurde. Josephs Schulweg führt über den historischen Stadtplatz. In der Mitte steht die barocke Pfarrkirche St. Oswald, benannt nach einem schottischen König und Heiligen aus dem 7. Jahrhundert. Das Gymnasium selbst, ein 1901 errichtetes imposantes Gebäude, erreicht er am Ende des Stadtparks, in dem ein Obelisk an die Opfer der Kriege Napoleons von 1799 bis 1815 erinnert, in dessen Folge Europa neu gegliedert wurde.

Der kleine »Hufschlagler«, wie man die Kinder aus dem armen, nicht unbedingt angesehenen Dorf am Rande der Stadt nennt, fällt unter den Rabauken der ersten Klassen nicht auf. Von seinem Bruder übernimmt er den Spitznamen »Hacki« (abgeleitet von einem dürren Zeichenlehrer namens Hicke), wobei Georg der »große Hacki« und Joseph der »kleine Hacki« ist. Anfangs wird er noch gehänselt, aber das gibt sich schnell. »Er war ganz schmächtig«, berichtete Mitschüler Ludwig Wihr, »immer sehr still, ein sehr ruhiger Schüler.« »Ratzinger war nicht kontaktscheu«, erinnerte sich Josef Strehhuber, »aber er hat den Kontakt auch nicht gesucht.«[3] Bilder aus jener Zeit zeigen wache Augen, einen Blick, der Distanz ausdrückt, ein verschmitztes Lächeln, das mehr nach innen als nach außen geht. Der Körper wie aus Glas, zerbrechlich. Das Gesicht weich und fein geschnitten. Klein und schmächtig, wie er ist, duckt er sich auf Gruppenfotos häufig zusammen, weil er sich in einer Menge eingezwängt fühlt wie in einem Schraubstock.

Joseph ist nicht der typische Klassenprimus, der Überflieger, der sich überall hervortut. Dass er kein rauflustiger oder sportlicher Haudrauf ist, sondern der kleine Schmächtige, wie es ihn in jeder Klasse gibt, heißt bei ihm nicht auch, opportunistisch um Anerkennung zu buhlen. Sympathie gewinnt er durch seine lässige Hilfsbereitschaft. Er lässt andere abschreiben, ohne davon Aufhebens zu machen. Andererseits zeigt er Züge, die ein wenig autistisch wirken, ihn zumindst als Eigenbrötler erscheinen lassen. Tatsächlich gab es in Hufschlag mangels gleichaltriger Nachbarskinder »wenig Gemeinschaft«, sodass er sich »dann wirklich meine eigene poetische Traumwelt gebaut« habe, erklärte Ratzinger[4]. »Mit Leuten, die er nicht gekannt hat, war er zurückhaltend«, ergänzte Georg. Sein Bruder sei natürlich schon auch »irgendwie ein bisschen ein Romantiker; ein sensibler Mensch«. Für »schöne Stimmungen« sei er jedoch »aufgeschlossen; er zeigt es nur nicht so richtig. Er schließt viele Sachen in sich ein«.

Ein Duckmäuser jedenfalls ist er nicht. »In seiner Klasse bekam er Respekt, durch seine geistige Überlegenheit«, so der Mitschüler Wihr, »er war clever und schlagfertig«. Ratzinger selbst berichtete, es habe bei ihm eine Phase mit »Tendenzen zur Frechheit« gegeben. Seine »frechen Antworten« hätten manchen Lehrer sogar in Wut gebracht. »Übermütig«, so lautet denn auch ein Eintrag in seinem Schülerbogen.

Joseph beginnt Tritt zu fassen. Das ganzheitliche humanistische deutsche Bildungsideal des 19. Jahrhunderts, das in Traunstein von alten Lehrern gepflegt wird, orientiert sich noch immer an griechischen Denkern und klassischen Sprachen, nach dem Wahren, Schönen und Guten, und nicht nach Größenwahn und Ariertum. Latein und Griechisch sind Fächer, die er geradezu »liebt« – neben Hebräisch, das in seinen ersten Schuljahren noch angeboten wird, bevor es die Nazis vom Stundenplan streichen. Latein sei »als Basis des ganzen Unterrichts in alter Strenge und Gründlichkeit gelehrt« worden, erinnerte er sich, »wofür ich ein Leben lang dankbar geblieben bin«.[5] Nicht ohne Stolz sagte er rückblickend: »Ich hatte als Theologe keine Schwierigkeit, die Quellen in Latein und Griechisch zu studieren, und konnte mich in Rom beim Konzil, obwohl ich nie lateinische Vorlesungen gehört hatte, schnell in das damals gesprochene Theologen-Latein einfügen.« Eine Zeit lang sieht er »in der Altphilologie die verheißungsvolle Piste« und träumt davon, ein Professor für Sprach- und Literaturwissenschaft zu werden.[6]

Das Kind Joseph wächst heran, und der Schüler, den der Arzt in die Volksschule zurückschicken wollte, gibt bald Nachhilfeunterricht. Etwa dem Klassenkameraden Anton Tradler, dessen Noten in der Folge steil nach oben gehen. »Wir anderen haben halt die Dinge einfach so hingenommen«, weiß ein Zeitzeuge, »er aber hat sich Gedanken gemacht.« Joseph zählt zu den drei besten Schülern der Schule. Einmal wird er gar zum Klassensprecher ernannt. Begründung des Lehrers: »Der Kleinste soll der König sein.« Und er wäre mit Abstand der Beste von allen gewesen, hätten ihm nicht seine Noten in Sport und Zeichnen jedes Mal den Schnitt vermasselt.

Stolz erzählt die Mutter den Verwandten, wie begabt ihr kleiner Joseph ist. Ein Hätschelkind wird er dadurch nicht. Es entsteht auch kein besonderer Druck: »Vater hat schon sehr darauf geachtet, dass wir gelernt haben und ordentlich waren. Aber er hat nicht gewollt und hat es schon gar nicht darauf angelegt, dass wir irgendetwas ›Großes‹ werden. Er hat sich allerdings gefreut, dass wir Priester werden wollen.«[7] Die Erfolge fallen Joseph freilich nicht in den Schoß. »Ich war einer, der sich diesen Dingen halt besonders hingegeben hat«, meinte er rückblickend. »Vieles ist ihm zugeflogen«, wusste sein Bruder, »aber es steckt überall auch eine gewissenhafte Arbeit dahinter.«

Bereits mit elf Jahren schafft sich Joseph eine feste Struktur für sein Tagespensum. Den Weg nach Hause nutzt er »zum Wiederholen des in der Schule Gelernten«. Nach dem Mittagessen ruht er sich kurz auf dem Kanapee in der Wohnstube aus, anschließend macht er mit Akkuratesse seine Hausaufgaben. »Er kann sehr intensiv arbeiten; alles sehr exakt, immer mit großer Systematik«, erinnerte sich Georg, »nach dem Motto: Erst kommt die Pflicht, dann das Vergnügen.« »Bitte nicht stören« steht auf einem kleinen Plakat an seiner Zimmertür in Hufschlag. »Jedenfalls war klar«, räumte der spätere Papst in unserem Gespräch ein, »dass ich meine Zeit einteile und dass ich die Zeit, die für die Arbeit gehört, auch wirklich dafür nutze.«

Das *Semper idem*, immer derselbe, mit dem Cicero den Gleichmut des griechischen Philosophen Sokrates beschrieb, trifft auch auf Ratzinger zu. Der geregelte Tagesablauf, die disziplinierte Arbeitsweise, das Bemühen, immer im Takt zu bleiben, einen festgelegten Rhythmus zu haben, was wiederum (bei niedriger, gleichbleibender Frequenz) zu einer enormen Effizienz führt – all diese Muster finden sich sowohl beim frühen, als auch beim späten Ratzinger. Die Abläufe werden regelrecht ritualisiert, und was einmal gefunden war, dabei bleibt es. Selbst die Gewohnheit aus den Kindertagen, mit dem Bleistift zu schreiben. Auch als Papst verfasste Ratzinger seine Bücher nie anders: »Das hat den Vorteil, dass man radieren kann. Wenn ich mit Tinte schreibe, ist es geschrieben.«

Geblieben war auch die »Lust am Lehren«. Lehren und Schreiben sei bereits in der Volksschule »etwas gewesen, was mich angeregt hat«. So introvertiert er auch von seinem Wesen her erscheinen mochte, so extrovertiert zeigte sich der spätere Professor, wenn es galt, das, was er als wahr und wichtig erkannt hatte, anderen mitzuteilen. Er habe zwar als Junge auch gerne Gedichte verfasst, wirklich berufen gefühlt aber habe er sich, so Ratzingers Selbsteinschätzung, zum »Weitergeben von Erkanntem«. Diese »Berufung« korrespondierte mit Ratzingers Glaubensweg, als Kind Schritt für Schritt »eine geheimnisvolle Welt« zu betreten, »in die man weiter eindringen will«. Er tat dies emotional über das seelisch-geistliche Erlebnis und rational, indem er die Aussagen des Glaubens auch als intellektuelle Herausforderung begriff.

Auf religiösem Gebiet waren Taufe und Erstkommunion die eine, das Sakrament der Firmung die andere Initiation, um ein erwachsenes und vollwertiges Mitglied der katholischen Kirche zu werden. Gespendet wird sie Joseph am 9. Juni 1937 in der Stadtpfarrkirche St. Oswald – von genau jenem Kardinal Faulhaber, der ihn schon als Kindergartenkind so beeindruckt hatte. Würdevoll breitete der Kirchenfürst die

Hände über dem Jungen aus und betete um die Herabkunft des Heiligen Geistes und seiner Gaben. Dann legte er die rechte Hand auf den Kopf des Firmlings und zeichnete ihm mit Chrisam (dem Salböl) ein Kreuz auf die Stirn: »Sei besiegelt durch die Gabe Gottes, den Heiligen Geist.« Die Handauflegung des Bischofs ist Zeichen des Beschirmtseins von Gott und der Gegenwart seines Geistes. Der Heilige Geist soll, wie es nach katholischer Lehre heißt, das Wachstum im »übernatürlichen Leben« fördern, um dem Reich Gottes, das unabhängig von Zeit und Raum und dennoch in der Zeit existiert, immer näher zu kommen.

Während seine großen Geschwister außerhalb der Ferien im Internat wohnen, genießt Joseph die Zeit mit dem pensionierten Vater. Sie gehen zum Bergwandern an die Kampenwand, fahren gemeinsam Rad. Gleichzeitig entwickelt sich der Vater zu einem Hausmann. Die Schuhe für die Familie geputzt hatte er schon zuvor. »Das war sein Ressort«, so sein Sohn. Nun steht er mit der Küchenschürze am Herd, um Kaiserschmarrn und Apfelstrudel zu bereiten. Es sei jedenfalls immer »gemütlich wie in der guten alten Zeit« gewesen, empfand Franz Niegel, ein Jugendfreund Josephs, wenn man in Hufschlag zu Besuch war.

Zwei Kinder auf höheren Schulen, die Ratenzahlungen für das Haus, ständig irgendwelche Reparaturen, und all das bei einem mageren Pensionsgehalt von monatlich 242 Reichsmark – die Haushaltskasse der Ratzingers ist mit den Ausgaben inzwischen völlig überfordert. Auch Joseph sollte eigentlich ins bischöfliche Seminar übertreten, aber es fehlt das Geld dazu. Der Kleine nimmt es nicht krumm: »So waren mir zwei Jahre zu Hause vergönnt, das hat mir sehr gutgetan.« Allerdings muss sich nun die Mutter im Sommer als Saisonköchin in der Pension Glück im Winkl im 40 Kilometer entfernten Kurort Reit im Winkl verdingen, später auch in Kufstein.

Dass der Vater die Familie nicht allein ernähren kann, mag wie ein Schatten über seiner Haushaltung gelegen haben. Andererseits schuf die permanente finanzielle Geldknappheit am Rande des Existenzminimums eine außergewöhnliche Symbiose der Familienmitglieder – und nicht zuletzt eine Kultur der Bescheidenheit und Achtsamkeit, die für das Leben prägen sollte. Durch »diese sehr bescheidene, finanziell auch angespannte Situation«, hielt Ratzinger fest, sei eine »innere Solidarität entstanden, die uns tief aneinandergebunden hat«. Dass die Eltern für die Kinder »ungeheure Verzichte auf sich nahmen«, habe man natürlich »auch gespürt und versucht, darauf zu antworten«. Und gerade dadurch sei in einem Klima großer Einfachheit »auch viel Freude gewachsen – und eben Liebe zueinander«. Letztendlich habe die Situation den Vorteil gehabt, »dass wir uns über die kleinsten Dinge freuen konnten«. Und das sei eben etwas, was man »im Reichtum nicht haben kann«.

Je mehr der Druck der Diktatur und die allgemeine Not zunahmen, umso intensiver wurde das Frömmigkeitsleben in der Familie. Gemeinsam beten die Eltern auf Knien täglich den Rosenkranz. Dass das Gebot des Sabbats eingehalten wird, ist ohnehin selbstverständlich. Nun aber geht der Vater nicht nur am Sonntag in die Messe, sondern täglich, und oft sogar mehrmals am Tag. In einem alten Gebetbuch, seinem *Vademecum*, dem unentbehrlichen Begleiter, sammelt er Heftchen, Bilder und Gebetsandenken, die er als Förderer von verschiedenen Missionsorden zugeschickt bekommt, um daraus vorzulesen. »Er war einfach ein Mann, der wirklich ganz in der Frömmigkeit der Kirche gelebt hat«, erinnerte sich Joseph. Auch das Gebet nach dem Abendessen, so Georg, wurde jetzt »sehr lang«. Es habe viele Vaterunser gegeben. Dazu Gebete zum heiligen Judas Thaddäus (um die göttliche Vorsehung und eine gute Sterbestunde) und zum heiligen Dismas (um Schutz vor Räubern und jedwelchen Untaten). »Ich muss gestehen«, so Georg, »für uns Kinder war es ein bisschen zu viel.«

Sorgsam mit den Ressourcen umgehen. Das Leben in Einklang bringen mit dem, was möglich ist. Und aus dem wenigen, das man hat, Geist und Freude schöpfen, das war im Grunde das *ora et labora* aus der Regel des heiligen Benedikt. Davon leitete sich auch eine bestimmte Haltung ab, die mit Würde und Anstand verbunden war, einer austarierten Mitte, wo nichts zu wenig und nichts zu viel ist, nichts zu eng, und nichts zu locker – sowie eine Stilsicherheit, die keiner aristokratischen Herkunft entspringt, sondern dem Adel einer Glaubensüberzeugung, die sich an die biblische Überlieferung hält. Ratzinger lebte auch später in der Bescheidenheit eines Mönches, dem Luxus fremd und ein Ambiente, das über das Nötigste an Komfort hinausgeht, völlig gleichgültig ist. Als Präfekt der Glaubenskongregation bot ihm die Lufthansa einmal einen neuen Koffer an, sein schäbiger alter sei geschäftsschädigend. Einen neuen Schreibtisch lehnte er im päpstlichen Appartamento entschieden ab. »Er hat von seinem Gehalt immer viel weggegeben«, berichtete Peter Kuhn, Ratzingers wissenschaftlicher Assistent in Tübingen. Erfuhr er von der finanziellen Notlage eines Studenten oder jungen Priesters, war die Reaktion: »Schreiben Sie mir Ihre Kontonummer auf den Zettel.« Danach, so Kuhn, »kam jeden Monat eine Überweisung«[8].

Maria macht nach dem Abschluss der Mittleren Reife ein »Landjahr« bei Pfarrer Weber in der Nähe von Scheyern, zu dessen Pfarrhaushalt auch eine Landwirtschaft gehört. Sie weicht damit dem NS-Arbeitsdienst aus, zu dem sich junge Frauen als »Arbeitsmaiden« zu verpflichten hatten. Georg darf im Studienseminar vorzeitig am Unterricht in Harmonielehre teilnehmen, dem Fundament zur Erfassung der Akkordgestalten und des tonalen Klangraumes, was eigentlich den Schülern der Oberstufen vorbehalten war. Joseph ist ein fröhlicher Junge, der es genießt, in Ruhe zu lernen, und der begonnen hatte, das griechische Original der Evangelien ins Deutsche zu übertragen, um sich den Stoff auf eigene Art einzuverleiben. Bald jedoch sollte ihn ein radikaler Schnitt aus seinem Idyll, in dem er sich so geborgen fühlte, herauskatapultieren.

Und auch ein anderes Ereignis zeigte das Ende einer Entwicklungsstufe an. Im selben Jahr, in dem die Familie nach Hufschlag umgesiedelt war, begann Hitler sein Feriendomizil bei Berchtesgaden zur »Kleinen Reichskanzlei« auszubauen. Der Obersalzberg – gerade einmal 40 Kilometer Luftlinie vom Haus der Ratzingers entfernt – sollte sich als zweiter Regierungssitz zu einem zentralen Ort der nationalsozialistischen Macht entwickeln. Der Name *Hufschlag* hatte für den Vater dadurch einen neuen Klang bekommen. Und er meinte ihn förmlich schon hören zu können, den Hufschlag der apokalyptischen Reiter, die sich am Horizont aufreihten, um in nicht ferner Zukunft aus fruchtbarer Erde eine verbrannte Steppe zu machen.

Kapitel 8

Das Seminar

Wenn perlgraue, schwere Wolken über den Dächern hingen, die sich innerhalb von Minuten entladen konnten, war der neue Schulweg eine Pein. Zwei Jahre lang war er »mit großer Freude Tag um Tag von zu Hause in die Schule gegangen«. Nun aber marschierte er in Zweierreihen unter Aufsicht, wie beim Militär.

Joseph fühlte sich wie ein aus dem Nest geworfener Vogel, der Mühe hat, auf die Beine zu kommen. Frühzeitig eingeschult, war er auch im Internat der Jüngste von allen. Und fast der Kleinste. Wenn sie morgens vom Seminar aus ins Gymnasium aufbrachen, gab der geschlossene Trupp Sicherheit und ein Wir-Gefühl. Vielleicht sogar das Bewusstsein, einer Elite anzugehören. Aber welche Zukunftsaussichten hat eine Elite, der die baldige Vernichtung droht?

Was es heißt, Priester zu werden, erfahren die Zöglinge des bischöflichen Seminars jeden Tag auf dem Weg zur Schule. Schlösser und Eingangstore des Internats wurden immer wieder mit Gips unbrauchbar gemacht. Das Straßenschild »Kardinal-Faulhaber-Straße« hatte man überschmiert, etwa mit »Warme Bruderstraße« oder mit »Kardinal Faulhaber ... ist ein Hochverräter«. »Abgerechnet wird zum Schluss«, rufen Hitlerjungen den »Pfarrerlehrlingen« hinterher, die sie wegen ihres einheitlichen Aufzuges verspotten, der nur bis zu den Knöcheln reichenden »Hochwasserhosen« und der etwas ärmlich wirkenden dunklen Joppen. Erinnerten sie nicht auch, wenn sie so dahintrotteten, an die Lämmer, die auf die Schlachtbank müssen?

Sieg um Sieg hatte dieses Regime errungen. Niemand schien sich ihm in den Weg zu stellen. Nur wenige Kilometer von Traunstein entfernt war Hitler 1938 nach Österreich einmarschiert. Man hatte den Jubel der Massen fast bis hierher gehört: »Ein Reich, ein Volk, ein Führer«. Bereits um 7 Uhr früh war der Platz vor dem Festspielhaus in Salzburg völlig überfüllt. Ab 8 Uhr tönten über Lautsprecher die Standmeldungen: »Der Führer verlässt den Obersalzberg ... Der Führer nähert sich der Heimat ... Der Führer wird in wenigen Minuten eintreffen …« Eine riesige Wagenkolonne war dem Österreicher vorausgefahren. Schon wurden Kinder hochgehoben, um sie dem »Führer« entgegenzustrecken. »Die Durchsagen signalisierten einen immer näher kommenden Heiland aus dem heiligen Reich deutscher Nation«, erinnerte sich Walter Brugger, damals zehn Jahre alt. »Seine einfache Kleidung, sein angelegter Arm, Hitler hatte eine ungeheure Faszination. Ich wollte ›Heil‹ schreien, aber ich konnte nicht, vor Aufregung.«[1]

Hitlers Berghof auf dem Obersalzberg war in den vergangenen Monaten zur Schaltzentrale des Diktators geworden, großräumig abgeriegelt durch ein »Führer-Sperrgebiet«. In Bad Reichenhall entstand ein Regierungsflughafen, in Berchtesgaden eine »Dienststelle Reichskanzlei«.[2] Auf dem Berghof wurde nicht nur das »Berchtesgadener Abkommen« unterzeichnet, das das Ende des österreichischen Staates besiegelte. Am 15. September 1938 war der britische Premier Neville Chamberlain zu Gast gewesen, um über die Sudetenkrise zu verhandeln. Fünfzehn Tage später unterzeichnete der Brite gemeinsam mit den Regierungschefs Frankreichs und Italiens im »Führerbau« am Münchner Königsplatz das »Münchner Abkommen«, das die Eingliederung des Sudetenlandes vorsah und faktisch die Auflösung der Tschechoslowakei zum Ziel hatte. In Hufschlag empörte sich Pensionist Ratzinger, wie sich sein Sohn erinnerte, »dass die Franzosen, auf die er große Stücke hielt, einen Rechtsbruch Hitlers nach dem anderen fast wie etwas Normales hinzunehmen schienen«.

Es war der Gemeindepfarrer gewesen, Stefan Blum, der darauf gedrängt hatte, Joseph ins bischöfliche Seminar zu geben. In Zeiten wie diesen sei dies unerlässlich, um systematisch ins geistliche Leben eingeführt zu werden. Bislang war der Schritt aus finanziellen Gründen unmöglich gewesen. Jetzt aber hatte Maria eine Anstellung als Kontoristin im Eisenwarengeschäft Kreiler gefunden und war bereit, einen Großteil ihres Gehaltes abzuliefern. Den Traum, Lehrerin zu werden, gab sie auf, seit sie vom Schulreferat auf ihre Anfrage hin keine Antwort bekam.

Für den Vater mag es wie ein Zeichen gewesen sein, als am 10. Februar 1939 der Tod Papst Pius' XI. gemeldet wurde. »Es war das erste Mal in unserem Leben«, berichtete Georg, »dass ein Pontifikat endete und ein neues begann.« Sein Bruder fügte hinzu: »Wir haben den Papst verehrt und geliebt – und ihn zugleich als endlos entfernt angesehen, unendlich weit oben.«[3] Nachfolger Pius' XI. wird Kardinalstaatssekretär Eugenio Pacelli, der frühere Nuntius in München, der bereits 1924, als viele die Partei Hitlers noch für einen Haufen verlotterter Gestalten hielten, den Nationalsozialismus als die »vielleicht gefährlichste Häresie unserer Zeit« brandmarkte.⁴

Die Enzyklika *Mit brennender Sorge* war von seinem Vorgänger auf den Weg gebracht worden, aber Pacelli hatte Text und Ton erheblich verschärft. Unmittelbar nach Pacellis Wahl ließ der bayerische Kultusminister Adolf Wagner die theologische Fakultät der Münchner Universität schließen. Zwei Jahre zuvor hatte er die Schließung des Spätberufenenseminars in München und des Knabenseminars in Scheyern verfügt. Für Vater Ratzinger stand nun der Entschluss fest. Zwei Tage nach der Amtseinführung Pius' XII. hatte er in einem Brief an Direktor Johann Evangelist Mair darum gebeten, auch seinen jüngsten Sohn in das bischöfliche Seminar aufzunehmen.

Ordnungsgemäß legte er ein Zeugnis des Gymnasiums bei, das den Jungen als brav, fleißig und zuverlässig beschrieb. Außerdem fügte er ein Attest von Dr. Keller hinzu. Der Arzt bescheinigte, dass sich der Ernährungs- und Kräftezustand des Buben gebessert habe. Bei mäßigem Untergewicht sei er bei guter Gesundheit. Um die Aufnahmeprüfung freilich kam Joseph nicht herum. Dass er sie mit Bravour bestand, war keine Überraschung. Religion: 1, Sprachlehre: 1, Aufsatz: 1, Lesen: 1-2, Rechtschreibung: 2. Gleichzeitig bat der Vater um eine Reduzierung des Kostgeldes von monatlich 40 Reichsmark. Bei einer Pension von 242 Reichsmark könne er für seine beiden Söhne jährlich nicht mehr als 700 Mark aufbringen.

Am Sonntag, 16. April 1939, hatte Joseph seinen zwölften Geburtstag gefeiert. Am selben Tag begann für ihn ein neuer Lebensabschnitt. Die Mutter weinte, als sich ihre Buben auf den Weg machten. »Pass gut auf den Joseph auf«, hatte sie dem Ältesten hinterhergerufen. Georg, der zwei Klassen über ihm war, sprach seinem Bruder Mut zu. Na ja, Sport möge auch er nicht, »weil man sich da verletzen und nicht mehr Klavier spielen kann«. Aber es gäbe alle möglichen Musikinstrumente, Spiele und nette Kameraden. »Ich hatte kein Problem mit dem Internat«, berichtete Georg, »mein Bruder hat sich da schwerer getan, er ist etwas empfindlicher wie ich.« Mehr noch: Die Ankunft war für den Schüler Joseph Ratzinger regelrecht ein Schock. »Ich gehöre zu den Menschen«, sagte er trocken in der Rückschau, »die nicht fürs Internat geschaffen sind.«⁵

Das bischöfliche Studienseminar in Traunstein ist Ende der Dreißigerjahre eines der modernsten und fortschrittlichsten Institute seiner Zeit und zählt zu den renommiertesten Bildungseinrichtungen Bayerns. Schon die Außenanlagen für Sport und Freizeit, die Gewächshäuser, Gemüsebeete und parkähnlichen Grünflächen wirkten beeindruckend. Das Haus verfügte neben den drei Studier- und drei Schlafsälen und dem riesigen Speisesaal – mit dem »Feldherrnhügel«, auf dem »Rex« Mair thronte – über Musiksaal, Theatersaal, Bibliothek, Hauskirche, Konferenzzimmer und Krankenstation. Es gab sogar eine eigene Kegelbahn. Fuß-, Brause- und Wannenbäder entsprachen modernstem Standard. Um Wäsche, Küche und Bewirtschaftung – inklusive des eigenen Geflügelstalles – kümmerten sich neben 3 Hausdienern und 6 Hausmädchen über 20 Ordensfrauen von den Barmherzigen Schwestern aus Bad Adelholzen.

Was den Schlafsaal anbetraf, hatte Kardinal von Faulhaber persönlich angeordnet, die weißen eisernen Bettgestelle ausschließlich mit Rosshaarmatratzen zu bestücken, »wie die Studenten sie später auch als Kapläne vom Pfarrer bekommen«. Außerdem dürfe es im Sinne der Abhärtung in den Waschbecken im Schlafsaal nur kaltes Wasser geben. Bei der feierlichen Eröffnung des Gebäudes hatte der Kardinal mit seinem Füllfederhalter folgende Worte in das Goldene Buch des Hauses geschrieben: »Heute, am 1. Sept. 1929, an einem sommerreichen Sonntag, habe ich in der Consecration den Namen des Herrn über das neue Studienseminar in Traunstein angerufen. Es wird ein großer Segen auf diesem Hause ruhen, weil es in wirtschaftlich schweren Zeiten mit den Opfergeldern des Volkes und mit Witwenhellern erbaut wurde. Möge das neue Seminar das werden, was sein Name sagt, ein ›Pflanzgarten‹, eine Pflanzung Gottes.«

Doch schon der bis in die letzte Minute festgelegte Tagesablauf musste auf einen Freigeist wie Joseph den Eindruck machen, er sei nicht in einem »Pflanzgarten«, sondern in einen lebendigen Albtraum geraten. Zeit zum Aufstehen und Waschen ist um 5.20 Uhr früh. Genau 25 Minuten später folgt das persönliche Morgengebet, danach die heilige Messe in der Hauskirche. Um 6.30 Uhr beginnt die Studierzeit mit der Wiederholung der Aufgaben vom Vortag, um 7 Uhr das Frühstück. Um 7.20 Uhr stehen die rund 170 Zöglinge in Reih und Glied für den Abmarsch zum Gymnasium parat. Mittagessen gibt es von 12.05 bis 12.45 Uhr. Nach einer kurzen Freizeit folgt der Nachmittagsunterricht, danach gibt es eine Stunde Spiel, Sport oder Freizeit. Um 16.30 Uhr wird Kaffee oder Kakao gereicht, von 17 bis 19 Uhr ist erneut Studium angesagt. Von 19 bis 19.30 Uhr sind alle beim Abendessen, um danach für

35 Minuten nochmals Freizeit zu genießen, bevor man sich ab 20.05 Uhr zu einer viertelstündigen Andacht, einer geistlichen Lesung oder einem Vortrag einzufinden hat. Es folgt das Abendgebet um 20.20 Uhr in der Kapelle. Ab 20.30 Uhr gilt im Schlafsaal absolute Nachtruhe.[6]

Nach den Statuten des Seminars waren die Schüler zu gegenseitigem Respekt angehalten. Besondere Freundschaften untereinander waren verboten, allzu große Vertraulichkeit mit den Stadtschülern zu vermeiden. Die Maxime sind Ehrfurcht, Gehorsam, Höflichkeit, Pünktlichkeit, Ordnungsliebe, Pflichtgefühl, Wahrhaftigkeit. Innerhalb des Hauses war bei »bösen« und »unanständigen« Gesprächen Meldung zu erstatten. Individuelle Ausflüge bedurften der Genehmigung. Auf den Gängen, insbesondere auf dem Weg zur Kapelle, waren alle zum Stillschweigen verpflichtet. Vergehen gegen die Internatsordnung konnten mit umgehender Entlassung bestraft werden. Unter der Rubrik »Pflichten gegen Gott« waren die Seminaristen angehalten, »mit allem Ernste und allen Kräften nach tiefinnerlicher Religiosität und wahrer Frömmigkeit und nach der Vollkommenheit des christlichen Lebens zu ringen«[7].

Was für ein Tausch! Genoss Joseph eben noch die ganze unbeschwerte Freiheit von Hufschlag, wo ihn niemand gängelte – »ich war eben gewohnt, ganz für mich zu sein« –, fand er sich plötzlich eingepfercht: in einem Studiersaal mit 50 weiteren Buben, beaufsichtigt von einem strengen Präfekten; in einem Schlafsaal mit 40 Betten, in dem bis zum Morgen *silentium sacratum*, heiliges Schweigen, zu herrschen hatte. Allein das frühe Aufstehen konnte einen notorischen Langschläfer wie ihn wenig begeistern. Die »ungekannte Einengung, in der ich mich plötzlich in ein Schema einfügen musste«, bekannte Ratzinger, sei ihm »außerordentlich schwergefallen«.

Der Abschied aus dem elterlichen Heim war das eine, aber dass sein Eintritt ins Internat auch noch mit der Fusion seines Gymnasiums mit der Realschule zusammenfiel, machte die Lage für Joseph noch schwieriger. Mit einem Schlag veränderte sich damit auch die Zusammensetzung des Lehrerkollegiums. Statt der Altphilologen rücken nun jüngere, regimetreue Pauker nach, die dem Nationalsozialistischen Lehrer-Bund (NSLB) angehören. Einer kommt nur noch in Uniform zur Schule, andere reißen, sobald sie in die Klasse eintreten, »den Arm schon fast von der Tür weg bis zum Lehrerpult hoch«. Klassenlehrer Dr. Josef Kopp liest im Unterricht den *Völkischen Beobachter*. Aber es gibt auch andere. Der Musiklehrer, »ein aufrechter Katholik«, weist die Schüler an, im Liederheft das Wort »Juda den Tod« durchzustreichen und zu ersetzen mit »Wende die Not«.

Wegen seiner engen Verbindung zum bischöflichen Seminar war das Gymnasium den NS-Oberen von Anfang an ein Dorn im Auge. Im Ministerium in München beschwerten sich Nazi-Mütter, man würde in Traunstein noch immer viel zu viel Rücksicht auf die Seminaristen nehmen, worunter die guten »Hitler-Buben« und ihre »treuen nationalsozialistischen Eltern« sehr zu leiden hätten. Die Schule sei »dadurch, dass das erzbischöfliche Studienseminar die Mehrzahl der Schüler stellt«, hielt NS-Kreisleiter Anton Endrös 1937 in einem Bericht an das Kultusministerium fest, »weltanschaulich sehr gefährdet. Die Erziehung in diesem Seminar ist ausgesprochen staatsfeindlich. Unter den Schülern befinden sich fanatische Hasser des Führers und des Nationalsozialismus«[8].

Der politischen Säuberung am Gymnasium fiel zunächst Direktor Dr. Maximilian Leitschuh zum Opfer, der aus seiner Distanz zu den Nazis keinen Hehl machte. Andere missliebige Lehrer wurden in den Ruhestand versetzt oder gezielt aufs Korn genommen, etwa Oberstudienrat Dr. Peter Parzinger, der im Unterricht Verse des deutschen Dichters und Freiheitskämpfers Ernst Moritz Arndt (»Was ist des Deutschen Vaterland?«) nicht im Sinne der Nazis interpretiert hatte. Der »Landesverräter« habe dadurch das Recht verwirkt, ein deutscher Beamter zu sein, hetzte der NS-nahe *Chiemgau-Bote*, »und außerdem wird sich sicher ein SA-Mann finden, der einen recht kräftig gebauten Stiefelabsatz hat«.

Traunstein ist ein anschauliches Beispiel dafür, wie der NS-Terror funktionierte. Erst spät, 1929, war es der NSDAP gelungen, einen Sitz im Stadtrat zu gewinnen. Bei den Reichstagswahlen vom 31. Juli 1932 erzielten die Nazis nur 23,3 Prozent der Stimmen. 90 Prozent der Einwohner waren katholisch, kirchliche Einrichtungen allgegenwärtig. Die Englischen Fräulein beispielsweise führten ein Mädchenlyzeum, einen Kindergarten und eine Mädchenvolksschule, die Franziskanerinnen ein Kinderheim sowie eine ambulante Krankenversorgung. Barmherzige Schwestern leiteten die Pflege im Städtischen Krankenhaus und im städtischen Bürgerheim, die Schwestern vom Allerheiligsten Heiland die Pflege im Kurhaus der Stadt. Insgesamt 23 katholische Standesvereine – darunter die Corpus-Christi- und die Allerseelenbruderschaft, die Marianische Jungfrauen- und die Studentenkongregation – trugen zum Leben der Stadtgesellschaft bei. Allein die Katholische Elternvereinigung zählte 1350 Mitglieder. Umso aggressiver reagierten die Nazis nach der Machtübernahme. »Nur eines möge sich der Gegner gesagt sein lassen«, dröhnte der *Chiemgau-Bote* am 4. Februar 1933, »die Zeiten sind vorbei, wo man die nationalsozialistische Bewegung, ihren Führer und seine Regierung ungesühnt beschimpft, verleumdet und verdächtigt.«[9]

Im März 1933 besetzte die SA mit 150 Mann Rathaus, Bezirksamt und Gewerkschaftshaus. Zuerst wurden SPD- und KPD-Abgeordnete verhaftet, am 24. Juni kamen auch die Vertreter der Bayerischen Volkspartei in »Schutzhaft«. Bürgermeister Rupert Berger war unmittelbar nach der »Machtergreifung« abgesetzt und ins KZ Dachau eingeliefert worden. SA-Schergen demolierten nachts das Lebensmittelgeschäft der Familie.

Zum Abschuss freigegeben war der streitbare Traunsteiner Stadtpfarrer Joseph Stelzle. Dass in seiner Stadtpfarrkirche jeden Sonntag noch immer alle fünf Messen gut besucht waren, konnte nicht ungestraft bleiben. Stelzles Kurat wurde verhaftet, weil er in der Schule den Hitlergruß untersagte, sein Kaplan und der Kooperator erhielten Unterrichtsverbot und wurden mit Hausdurchsuchungen und Gestapo-Verhören traktiert. Es folgte ein Bombenanschlag auf den Pfarrhof. Über die Predigt Stelzles an Heiligdreikönig 1934 notierte ein Spitzel:

»Er sagte u. a., die hl. drei Könige zogen aus Judenländern in das Judenland zum neugeborenen König der Juden, zu unserem Herrn und Heiland etc. Nach weiteren Ausführungen sagte er: Christus ist für alle geboren und gestorben, für die Weißen, Gelben und Schwarzen. Heute, sagte er, gibt es aber Bewegungen, die dies nicht wahrhaben wollen, die Christus in einen Arier umfälschen wollen. Diese völkische Bewegung, führte er aus, predigt das sogenannte positive Christentum, ein Scheinchristentum, ein Germanenchristentum, das wieder den Herrenmenschen zur Geltung bringen soll, der immer nur Unheil über das Volk gebracht hat. Hütet euch vor diesen falschen Propheten!«

Gleich am nächsten Tag erließ SA-Sonderkommissar Otto Mantler Schutzhaftbefehl gegen den Geistlichen, das hieß: 15 Tage Gefängnis. Nachdem ein zweiter Bombenanschlag einen Teil des Innenhofes im Pfarrgebäude zerstörte, wurde Stelzle angewiesen, die Stadt sofort zu verlassen. Umgehend forderte Kardinal Faulhaber nicht nur die Aufhebung des Stadtverweises, er ordnete gleichzeitig an, dass bis zur Rückkehr seines Priesters weder Glocken geläutet noch die Orgel gespielt werden dürfe. Die feierlichen Hochämter seien abgesetzt. Als Stelzle nachts trotz Aufenthaltsverbots in die Stadt zurückkehrte, wurde er von mehreren Hundert Traunsteinern empfangen. Sie verhinderten, dass ihr Pfarrer erneut festgenommen wird.

Erklärtes Ziel des Regimes ist, die katholische Kirche komplett aus dem öffentlichen Leben zu verbannen. 1936 begannen die Sittlichkeitsprozesse gegen Ordensangehörige und Priester, um Geistliche allgemein als Verderber der Jugend darzustellen. Zwischen 1934 und 1939 wurden die katholischen Jugendorganisationen verboten. In den Jahren 1935 bis 1937 folgte der Ausschluss des Klerus aus dem Religionsunterricht, zwischen 1935 und 1941 die Aufhebung der Bekenntnisschulen. »Praktisch wurde katholisches Leben auf ein Sakristei-Christentum zurückgedrängt«, so der Historiker Klaus-Rüdiger Mai, »es durfte nur noch in den Kirchen selbst, nicht mehr im öffentlichen Raum stattfinden.«[10] 1937 waren in Oberbayern alle Volksschullehrerinnen entlassen worden, die einer Schwesterngemeinschaft angehörten. In einem weiteren Schlag ging es um die »Vernichtung der Ordensschulen«, wie ein Papier des Kultusministeriums formulierte, weil es unzumutbar sei, »dass auch heute noch ein großer Teil (der) künftigen Hausfrauen und Mütter seine Ausbildung und Erziehung in Klöstern empfängt«.

Auch das gehörte zu den Erfahrungen des Schülers Joseph: Trotz der Einschüchterungen gingen in Traunstein weder die Anmeldungen zu Taufen, Kommunion und kirchlichen Eheschließungen zurück, noch sank die Zahl der Kirchenmitglieder. Die Bedrohung des Glaubens führte bei vielen Katholiken im Grunde zu einer Intensivierung ihres religiösen Lebens. Demonstrationen der Frauen und Unterschriftenaktionen zwangen die Nazis gar dazu, die Anordnung über die Entfernung der Kruzifixe aus den Klassenzimmern wieder zurückzunehmen. Als SA-Sonderkommissar Mantler in Traunstein ein Versammlungs- und Betätigungsverbot für alle katholischen Gruppierungen erwirkt, reagieren Gruppen wie der Katholische Frauenbund damit, dass sie ihre Treffen als Teenachmittage deklarieren, im Untergrund tagen oder sich unter einem anderen Namen neu gründen.

Mit dem Umbau von Josephs Gymnasium fielen Latein, Griechisch und Religion den Zusatzstunden für Deutsch, Geschichte und Erdkunde zum Opfer. Glück für Joseph: Seine »Helios«-Klasse, wie sie die Schüler nennen, ist die letzte, die noch in den Genuss einer klassischen Bildung gelangt. Sie wird im Jahresbericht unter der Rubrik »Humanistisches Gymnasium im Abbau« geführt. »Es gab keinen aktiven Widerstand gegen die Diktatur«, hielt Ratzinger 1997 in einem Grußwort zum 125-jährigen Jubiläum der Schule fest, »aber im christlichen Humanismus der alten Lehrergeneration gab es doch einen Widerstand der Seelen, der uns vor großen Vergiftungen schützte.«

Aus dem humanistischen Bildungsideal mit seiner Verbindung von griechischer Philosophie und christlicher Offenbarung entwickelte sich Ratzingers Bewusstsein um die Grundlagen Europas. Ihr hat er später in unzähligen Reden, Essays und programmatischen Büchern Ausdruck gegeben. Das Christentum sei das Erbe, aber auch die Seele und das Gewissen des Kontinents. Würde dies verloren gehen, so seine beständige Warnung als Professor und Präfekt, hätte dies entscheidende Auswirkungen auf die Werteordnung und den kulturellen Zustand Europas. Als Papst fand er am 22. September 2011 im Deutschen Bundestag in einer Rede über die Grundlagen des Rechts Formulierungen, die sicher auch seinen alten Gymnasiallehrern gefallen hätten:

»Die Kultur Europas ist aus der Begegnung von Jerusalem, Athen und Rom, aus der Begegnung zwischen dem Gottesglauben Israels, der philosophischen Vernunft der Griechen und dem Rechtsdenken Roms entstanden. Diese dreifache Begegnung bildet die innere Identität Europas. Sie hat im Bewusstsein der Verantwortung des Menschen vor Gott und in der Anerkenntnis der unantastbaren Würde des Menschen, eines jeden Menschen, Maßstäbe des Rechts gesetzt, die zu verteidigen uns in unserer historischen Stunde aufgegeben ist.«[11]

Fast schien, als stünden sich mit Nazis und Kirche nicht nur zwei weltanschauliche Gegner, sondern zwei Religionen gegenüber. Die Aufmärsche der Partei, mit weit in den Himmel hinaufleuchtenden »Lichtorgeln«, wurden zelebriert wie Liturgien. Parteiideologe Alfred Rosenberg bemühte die »Religion des Blutes« und das »kommende Reich«. Der »Führer« selbst mischte Riten und Zeichen aus der Religion zu einem Gebräu von Allmachtsfantasien. Er sprach vom »Allmächtigen«, beschwor in einer Blut-und-Boden-Rhetorik die »Auferstehung des deutschen Volkes« und gab den »Märtyrern« der Bewegung eine Gloriole von Heiligkeit: »Das Blut, das sie vergossen haben, ist Taufwasser geworden für das Dritte Reich.«

Nicht selten endeten die Reden Hitlers mit »Amen«. Begriffe, Symbole, Metaphern wurden in ihr Gegenteil gedreht und pervertiert: das *Kreuz* zum Hakenkreuz, das *Heil* zum »Sieg Heil«, die *Auserwählung* zur Herrschaft über andere Völker, die *Erlösung* durch Christus zur Erlösung vom jüdischen Volk. Christus sei für ihn, erklärte der »Führer« bei einem seiner kruden Tischgespräche im Führerhauptquartier, ein Volksführer gewesen: »Der Galiläer hatte die Absicht, sein galiläisches Land von den Juden zu befreien, er wandte sich mit seiner Lehre gegen den jüdischen Kapitalismus, und deshalb haben die Juden ihn getötet.« Auf der Weihnachtsfeier der Münchner NSDAP verglich er 1926 die Lage der Partei mit der Situation der Urchristen. Der *Völkische Beobachter* notierte in seiner darauffolgenden Ausgabe: »Das Werk, welches Christus angefangen hatte, aber nicht beenden konnte, werde er [Hitler] zu Ende führen.«[12]

Bis jetzt hatte Direktor Mair verhindern können, dass auch nur ein Einziger seiner Zöglinge der Hitlerjugend beitreten musste. Das Seminar schützte wie eine Burg. Aber jede Burg ist auch ein Gefängnis. Und was die Mitschüler betrifft: So angenehm und wertvoll eine gute Kameradschaft ist, so ist sie halt immer auch mit einer Menge an Kameraden verbunden, die einen am Alleinsein hindern. »Ich hatte in großer Freiheit zu Hause gelebt, studiert, wie ich wollte, und meine eigene kindliche Welt gebaut.« Jetzt ist alles anders.

Das Problem ist, dass Joseph seine so geliebte Freiheit gegen ein »Eingefügt-Sein« eintauschen muss, durch das ihm »das Lernen, das mir vorher so leicht gewesen war, fast unmöglich erschien«. Wenn er im Studiersaal in den Pausen auf seinem Platz sitzen bleibt und in einem Buch liest, während die anderen zu den Gesellschaftsspielen rennen, fällt das nicht weiter auf. »Die größte Belastung aber war es für mich, dass – einer fortschrittlichen Idee von Erziehung folgend – jeden Tag zwei Stunden Sport auf dem großen Spielplatz des Hauses vorgesehen waren.«[13] Fußball ist für die unteren Klassen noch verboten. Zu gefährlich. Aber auch alles andere ist für den Jungen, der sich »fast allen an Kräften weit unterlegen« sieht, der weder Hüftaufschwung, Speerwurf oder Kugelstoßen kann und wie verloren abseitssteht, wenn die Mannschaften für Ballspiele ausgewählt werden, die »wahre Folter«. Mit charmantem Sarkasmus fügte Ratzinger in der Rückschau hinzu: »Ich muss eigens sagen, dass meine Kameraden sehr tolerant waren, aber es ist auf die Dauer nicht schön, von der Toleranz der anderen leben zu müssen und zu wissen, dass man für die Mannschaft, der man zugeteilt wird, nur eine Belastung darstellt.«[14]

Im Sommer müssen die Seminaristen als Erntehelfer zum Kartoffelklauben auf die Felder, sie dürfen beim Freigang aber auch ins städtische Schwimmbad. Älteren Semestern ist sogar erlaubt, Bier zu trinken und in der halbstündigen Freizeit zu rauchen. Im Winter gibt es Eislauf, Schlittenfahren oder ein Skilager auf der Winklmoosalm. Als Einziger kann Joseph bei der Skitour nicht mitmachen – es ist Sport und damit für ihn ein Ding der Unmöglichkeit.

Die Noten wurden schlechter, die zarte Kinderseele begann sich zu verhärten. Bis hierhin sei er »ein ausgesprochen lustiger Bub« gewesen, reflektierte Ratzinger, »aber irgendwie bin ich später dann etwas nachdenklicher und nicht mehr so fröhlich gewesen«[15]. Fest steht: Er kann das nicht, was hier verlangt wird. Er schafft es nicht. Aber es geht noch um etwas anderes. Denn mit seinem Handicap im Sport ist der in seinem Denken so selbstbewusste Junge letztlich mit der Infragestellung seiner Autonomie konfrontiert. So souverän er andere Situationen meistert, auf dem Sportplatz lässt sich seine Schwäche nicht kompensieren. Hier ist der Punkt, an dem ihm etwas aus der Hand genommen ist. Seine frühe Erkenntnis: »Jedenfalls war mir das sozusagen als Demütigung heilsam auferlegt, da überhaupt nichts leisten zu können.«[16]

Heilsam erwies sich die Situation auch für seine Beziehungsfähigkeit. Sie erforderte soziale Kompetenz und damit ein Maß an Anpassung – um sich letztendlich auch in schwierigen Situationen auf eine adäquate Art behaupten zu können: »Ich musste lernen, mich ins Ganze einzufügen, aus meiner Eigenbrötelei herauszutreten und im Geben und Empfangen eine Gemeinschaft mit den anderen zu bilden.«

Mitschüler erinnerten sich an »Hacki« als einen besonders stillen und ernsten Kameraden. »Ratzinger war zurückhaltend, äußerst ruhig, bescheiden, dafür hochintelligent. Aufgefallen ist er durch sein anderes und scheues Wesen, aber auch durch seine exakten, kurzen und, wenn passend, humorvollen Äußerungen«, so der ein Jahr ältere Peter Freiwang. »Er war immer schon ein ganz besonderer Mensch und ließ sich absolut nichts gefallen.« Freiwang hielt Joseph für einen »ausgesprochen intellektuellen Typ, der natürlich zum Professor, zum Gelehrten prädestiniert war«. Joseph habe dabei »in keiner Weise den Eindruck erweckt, dass er besonders herausragen würde, auch nicht im Religiösen«. »Er war mit den Aufgaben allerdings immer als einer der Ersten fertig«, wusste Kamerad Strehhuber. Franz Weiß ergänzte: »Er hat schnell geschrieben, hat das Blatt hingelegt und die Arme verschränkt und hat sich das dann noch einmal angeschaut.«[17]

Die Mitschüler kennen Joseph weder als Angsthasen noch als jemanden, der sich bei Lehrern lieb Kind gemacht hätte. Tauchte ein griechischer Spottvers an der Tafel auf, konnte man sicher sein, wer der Urheber war. Der spätere Papst bestätigte, es habe bei ihm durchaus »ein Moment der Aufmüpfigkeit« gegeben, eine »Lust am Widerspruch«. Wobei sich diese Lust, wie man noch sehen wird, alles andere als nur auf den »Moment« beschränkte. Nach Aussagen der Kameraden war der Zwölfjährige jedenfalls weder ein Streber noch einer jener ewigen Opfer, die von anderen gehänselt werden, sondern ein durchweg hilfsbereiter Zeitgenosse, vielleicht ein wenig eigen, aber auch nicht verschlossen; jemand, der weiß, was er ist und was er kann. »Man hat ihn genommen, wie er war, und er war bei allen angesehen«, erläuterte Freiwang, »er war ja gescheit und ein guter Kerl, und hat sich damit natürlich auch den Respekt anderer Mitschüler verdient.«[18]

Viele der Verhaltensweisen Ratzingers formten sich im Seminar und unter den Umständen der Zeit zu Merkmalen aus, die ihn auch als Professor, Bischof und Papst kennzeichneten. Da ist etwa seine Gewissenhaftigkeit, der unermüdliche Arbeitseinsatz, aber auch die skeptische Distanz zur Umwelt und eine Souveränität, die scheinbar von den äußeren, bedrängenden Umständen nicht beeinträchtigt werden kann. Geradezu auffallend ist seine Unauffälligkeit. Man kennt ihn als jemanden, der sich nirgendwo nach vorne drängt, um dann, gewissermaßen aus der zweiten Reihe heraus, umso eindrücklicher zu überzeugen.

Das Psychogramm des Schülers wird von späteren Wegbegleitern bis ins Detail bestätigt. Etwa wenn es um Ratzingers Bescheidenheit und Demut geht oder um den Verzicht, Dominanz auszuüben. »Er übt keine Macht aus, auch nicht da, wo er sie vielleicht ausüben sollte«, befand sein Uni-Assistent Peter Kuhn. »Er hat nie jemanden zurechtgewiesen. Er hat noch nicht einmal angewiesen, das oder das müssen Sie machen.« Pater Stephan Horn, ebenfalls ein Student des späteren Professors, bestätigte: »Man hat gespürt, dass er ein genialer Theologe ist. Aber er hat seine Besonderheit nie herausgekehrt. Er hat auch nie den ›Chef‹ spüren lassen.«[19]

Auch Ratzingers Distanziertheit, sein zwar herzlicher, aber dann immer auch von Abstand geprägter Umgang blieb, wie er war. Laut Kuhn war sein Professor »immer so eine Art Einzelkämpfer. Er hat immer alles alleine gemacht. Vielleicht hatte er es nicht anders gelernt. Aber es entsprach auch seinem Charakter. Er ist zwar kein Geheimniskrämer, aber er war eher der Nichtkommunikator. Er spricht wenig«. Nüchtern bekannte auch Ratzinger in der Rückschau, es sei ihm in der Tat im Seminar schwergefallen, »mich in die Mentalität der Gruppe und in den Lebensrhythmus des Seminars einzugewöhnen«. Womöglich liegt die Zurückhaltung aber auch an dem Bemühen, zunächst »den eigenen Standpunkt zu finden«, um dann eine möglichst unabhängige, nüchterne und damit zutreffende Analyse geben zu können. So gesehen ist die Distanz die unverzichtbare Voraussetzung, sich durch Wahrung der eigenen Integrität nirgendwo gängeln oder gar verängstigen zu lassen.

Was Ratzingers Schüchternheit betrifft, so hatte sie nichts mit Blasiertheit oder Koketterie zu tun. Sie ist zum einen Ausdruck einer religiösen Erziehung, in der es galt, sich einen Sinn für Reinheit zu bewahren, Körper und Seele zu schützen vor moralischem Unrat und Verdummung. Als Tempel Gottes sollte der Mensch nicht nach dem Trüben, sondern nach dem Höheren streben, um zu wirklicher Erfüllung zu kommen. Andererseits ist die Scheu Teil jener Temperamente, die einem bleibend in die Wiege gelegt werden. Sie entsprach nicht zuletzt einer natürlichen Scham und einer Erziehung zur Diskretion als Bestandteil der Achtung vor der Persönlichkeit des anderen.

Wie ein Schwamm saugte der hochbegabte, hochsensible Junge umgekehrt Wissen auf, um in der Welt des Geistes vorwärtszukommen. Wirklich ehrgeizig sei sein Bruder dabei nicht gewesen, berichtete Georg. Er habe halt nur eine »genaue Vorstellung, was zu tun ist«, und das mache er dann »mit Hingabe«. Ein Gedicht seiner Klassenkameraden brachte es auf den Punkt: »Als Mensch von krassem Gegensatze / Steht nun der Hacki auf dem Platze / So wenig er im Sporte kann / Ist er der Wissenschaften Mann.« Als »Joseph der Allwissende« wird er in der Rubrik »Anekdoten und lustige Erinnerungen aus unserer Schulzeit« in der Abiturzeitung der »Helios«-Klasse gewürdigt: »Joseph der Allwissende wird etwas gefragt. Er erhebt sich langsam und meint: ›Das kann ich in Worten nicht ausdrücken.‹« Notabene: »Diesmal hat sogar auch er versagt.«[20]

Der Zangengriff des Regimes wurde immer drückender. Im Sommer 1938 hatte Kultusminister Adolf Wagner mit Blick auf das Seminar in Traunstein angeordnet, Schulgeldermäßigung dürfe nur noch Schülern gewährt werden, die der »Staatsjugend« angehörten. Das erzbischöfliche Ordinariat reagierte prompt. Eine Mitgliedschaft in der HJ schloss man weiterhin kategorisch aus, umgekehrt wurde der Beitrag der

Eltern für die Pensionskosten um exakt die Höhe der Schulgeldermäßigung gesenkt.

Die Lage änderte sich, als am 25. März 1939 ein Erlass zum »Gesetz über die Hitlerjugend« verfügte, ab sofort hätten alle Knaben zwischen 10 und 14 Jahren dem »Deutschen Jungvolk« beizutreten, alle 14- bis 18-Jährigen der Hitlerjugend. Gleichzeitig wurde eine Unterscheidung zwischen Pflicht-HJ und Stamm-HJ eingeführt. Letztere war Jugendlichen vorbehalten, die bereits vor April 1938 Mitglieder geworden waren. Nichtbeachtung würde mit Geld- und Haftstrafen für die Erziehungsberechtigten geahndet. Damit schoss die Zahl der HJ- und BDM-Mitglieder von bisher 7 auf 8,7 Millionen Jugendlicher. Am Widerstand des Seminars änderte das nichts. Erst ab Oktober 1939 wurden alle Seminaristen ab 14 Jahre bei der HJ angemeldet, Anmeldungen zum Jungvolk unterbleiben weiterhin. Noch drei Jahre später, im Dezember 1942, notierte der Traunsteiner NS-Schuldirektor resigniert: »Bezeichnend ist, dass heute noch die ganzen Erziehungskosten (Unterkunft, Schulgeld usw.) vonseiten des Erzbischofs bezahlt werden, ein Beweis dafür, dass die Aufhebung dieser schwarzen Erziehungsstätte illusorisch ist.«[21]

In Hitlers Vision eines arischen nationalsozialistischen Reiches nahm die Manipulation der Jugend einen zentralen Platz ein. »In unseren Augen, da muss der deutsche Junge der Zukunft schlank und rank sein«, schrie Hitler den auf Parteiaufmärschen aufgeputschten Jugendlichen zu, »flink wie Windhunde, zäh wie Leder und hart wie Kruppstahl.« In Traunstein sollten Schulungen, Wehrübungen und Appelle so gelegt werden, dass sie den vom Seminar vorgegebenen Rhythmus störten. Im Gegensatz zur Stamm-HJ bekamen die Pflicht-HJler keine Uniform und galten damit als lebendes Beispiel für den »verhassten reaktionären Geist«. »Wir Seminaristen mussten uns am Ende des Zwangs-HJ-Zuges einordnen«, so der Seminarist Hans Altinger. »Inoffiziell hatte man uns wissen lassen, dass wir nicht würdig sind, die Uniform des Führers zu tragen.« »Wenn es irgendeine Festivität gab, sind wir natürlich aufgefallen«, berichtete Peter Freiwang. »Man hat uns so ein bisschen bemitleidet und hat gesagt, mein Gott, diese armen Würstchen.«[22]

Pflichtaufmärsche in der Nazizeit waren langwierig und erschöpfend. »Erst Aufstellung zum Marsch, dann Abmarsch zum Aufmarschplatz, dort im Glied stehend entweder im ›Stillgestanden‹- oder im ›Rührt euch‹-Stand«, berichtete Altinger. »Danach das Ritual: Fahnenhissung, Nationalhymne, Begrüßungsreden, schließlich Fest- oder Propagandareden. Die Fanatiker liebten es, wir Seminaristen schauten zu.«[23] Wenn sie in Dreierreihen durch die Stadt marschieren und Nazilieder singen sollten, berichtete Georg Ratzinger, habe der HJ-Führer absichtlich einen falschen Ton angestimmt, »sodass unser Singen nicht klappte. Wir mussten uns auf die Straße hinlegen, auf, hinlegen, auf, wieder hinlegen«[24]. Auch Joseph wurde mit seinem 14. Geburtstag in die HJ eingegliedert. Er weigerte sich allerdings, zum »Dienst« zu erscheinen.

Von der Internatsleitung waren die Zöglinge angewiesen, Provokationen zu vermeiden und sich nicht auf politische Auseinandersetzungen einzulassen. Auch die deutschen Bischofskonferenzen pflegten einen Kurs des Stillhaltens und pochten gleichzeitig auf die Einhaltung des Konkordats. »Die entsprechenden Hirtenbriefe, die der Pfarrer verlas«, berichtete Ratzinger, »haben sich mir eingeprägt.« Der Junge zog seine Schlüsse daraus: »Schon damals dämmerte mir, dass sie [die Bischöfe] mit dem Kampf um die Institutionen die Realität zum Teil verkannten. Denn die bloße institutionelle Garantie nützt nichts, wenn nicht die Menschen da sind, die sie aus innerer Überzeugung heraus tragen.« Ansonsten stoße »das Pochen auf die institutionell verbürgte Christlichkeit ins Leere«.

Je stärker der Druck von außen wuchs, umso mehr intensivierte die Seminarleitung die Katechese hinter den Mauern des Internats. Eine solide schulische Ausbildung war das eine, die religiöse Unterweisung das andere Element, das die künftigen Priester auf ihre Aufgabe unter den Bedingungen einer atheistischen Gesellschaft und eines kirchenfeindlichen Regimes vorbereiten sollte. Für »Rex« Mair, der in seiner Zeit in Rom als Chordirektor an der Deutschen Nationalkirche Santa Maria dell'Anima wirkte, begann die geistliche Erziehung mit der Heranführung zur Musik. Das Internat verfügte über einen Chor sowie ein Orchester für Fest- und Feiertage und Konzerte im eigenen Theatersaal. Die Einführung in die Spiritualität wurde von drei Präfekten geleitet, unterstützt durch einen Spiritual, der Vorträge über Aszese hielt.

Die Ausbildung war streng genug, um auch einen Zen-Meister in einem tibetischen Kloster in Erstaunen versetzen zu können. Schon vor dem Morgengebet erhielten die Jungen den Text des Gebetsanliegens für den Tag und kurze Impulse für eine »innere Betrachtung«. In der Seminarkirche bekamen sie Anleitungen zur asketischen Mitfeier des

Kirchenjahres, zum Empfang der heiligen Sakramente oder zu den Pflichten des Priesterstandes. Sie wurden vertraut mit den kleinen und großen Festen, ihren jeweiligen Übungen und Botschaften, aber auch mit Ressourcen wie dem Herz-Jesu-Freitag, den Priestersamstagen oder den nächtlichen Meditationen vor der hochheiligen Eucharistie, die in einer edlen Monstranz auf dem Altar der Hauskirche ausgestellt wurde.

Hinzu kamen die unterschiedlichen Formen der Marienverehrung, Advent-, Krippen- und andere Feiern. Jeweils zu Schuljahresbeginn begaben sich alle Zöglinge in Exerzitien, die älteren für jeweils vier, die jüngeren für zwei Tage. Zweimal im Jahr stand eine Wallfahrt nach Maria Eck auf dem Plan. Seit der Machtübernahme Hitlers wurde zudem der »lebendige Rosenkranz« praktiziert, bei dem jedem Schüler aufgegeben war, täglich ein Gesätz des Kranzes zu beten, zusätzlich zum üblichen Rosenkranz und zum Kreuzweg in der Fastenzeit. Zur Regel gehörte die tägliche Kommunion, die wöchentliche Beichte sowie eine Andacht oder ein geistlicher Vortrag, mit dem der Tag abgeschlossen wurde.[25]

»Wenn der Mensch in seiner Ordnung bleibt«, hörten die Seminaristen aus der Lehre von Wüstenvater Antonius, »wird er nicht verwirrt werden.« Es ginge um das richtige Schweigen, das richtige Reden, das richtige Hören. Um den Umgang mit der Zeit, mit der Arbeit, dem Vermeiden von Unmäßigkeit, Zügellosigkeit sowie Rast- und Ruhelosigkeiten durch das Finden von Maß und Mitte. Die Schüler lernten, ein Instrument zu spielen. Sie lernten, einen Choral anzustimmen. Sie lernten, den Bogen niemals zu überspannen. Die Erlangung der Tugenden diene der Selbstkontrolle und der Festigung des Charakters. Ehe jemand etwas ausspreche, so hieß es in den Hinweisen, sollte er doch zunächst einmal überlegen, was er sagen will. Nie soll er durch Wissen zu gefallen suchen, sondern sich der Ruhe und Milde befleißigen und die Ich-Bezogenheit mehr und mehr abbauen. Es bedürfe nicht zuletzt einer richtigen Haltung, durch Beugen, Stehen, Sitzen, Knien, um in Würde überhaupt in die Nähe des Mysteriums zu kommen – um Gott letztendlich zu spüren, von ihm berührt zu werden.

War die Welt der Nazimachthaber mit ihrem Wahn von Nation und Rasse nicht in Wahrheit völlig irreal? Und war nicht umgekehrt die scheinbar so irreale Welt des Glaubens nicht in Wahrheit die eigentlich reale, weil sie in ihren Gesetzen einer Ordnung entsprach, die mit jener größeren Ordnung im Einklang war, die der gesamten Schöpfung zugrunde gelegt ist? Mochten die Nazis alles umwerten, die Zeichen verändern und allem eine andere Handschrift geben, mochten sie noch so sehr die Zukunft für sich reklamieren – über eines konnten sich die Seminaristen sicher sein: Aus jeder Schlacht würde am Ende stets Christus als der immer auferstehende Sieger hervorgehen, und wenn dieses Ende das Ende der Welt wäre.

Kapitel 9

Krieg

Die Einwohner Berlins genossen an diesem Wochenende das prächtige Sommerwetter. An den Ufern des Wannsees wimmelte es von Badelustigen und jungen Verliebten, die in der Sonne Händchen hielten. In der Stadt selbst war allerdings die wachsende Zahl von Soldaten in nagelneuen Knobelbechern aufgefallen, die den Kurfürstendamm entlangschlenderten.

Wenige Tage später, in den frühen Morgenstunden des 1. September 1939, beginnt die Invasion Polens, die Hitler seit fünf Monaten hatte vorbereiten lassen. Um 4.37 Uhr werfen deutsche Stuka-Flieger Bomben über der westpolnischen Kreisstadt Wielun ab und machen die Innenstadt dem Erdboden gleich. Acht Minuten später, um 4.45 Uhr, feuert das zu einem »Freundschaftsbesuch« im Danziger Hafen liegende Panzerschiff *Schleswig-Holstein* auf die polnische Kaserne nahe der Weichselmündung.

Bis zum Tag des Überfalls hatte die deutsche Wehrmacht aufgerüstet auf fast drei Millionen Soldaten, 400 000 Pferde und 200 000 Fahrzeuge. Anderthalb Millionen Soldaten waren bis zur polnischen Grenze vorgerückt, viele mit Platzpatronen, berichtet der britische Militärhistoriker Antony Beevor, »um vorzutäuschen, sie zögen ins Manöver«[1]. Schon Monate zuvor war in den NS-Medien Stimmung gemacht worden. Die rund 800 000 Landsleute, die in Polen lebten, würden von der Regierung unterdrückt und gegängelt, es drohe schlimme Verfolgung. Aufgeschreckt hatten sich tatsächlich 70 000 Deutsche auf die Flucht ins Reichsgebiet gemacht, scheinbar in den sicheren Hafen.

Begründet werden sollte die Invasion mit einem fingierten Überfall auf eine deutsche Zollstation und den Rundfunksender nahe der Grenzstadt Gleiwitz. Die SS hatte Häftlinge aus dem KZ Sachsenhausen in polnische Uniformen gesteckt und erschießen lassen, um die Leichen als »Beweisstücke« für die polnische Aggression zurückzulassen. Eine ausgeklügelte Operation, für die SS-Obergruppenführer Reinhard Tristan Eugen Heydrich aus Halle verantwortlich zeichnete, der spätere

Leiter des Reichssicherheitshauptamts (RSHA). Das Stichwort, mit dem er am Nachmittag des 31. August das Startzeichen für den Überfall gab, lautete: »Großmutter gestorben«.

Heydrich wird 1941 mit der »Endlösung der Judenfrage« beauftragt werden und der maßgebliche Organisator des Holocausts sein. Just in dem Augenblick, als die Bomben der Deutschen auch auf Krakau fallen, befindet sich ein Student hoch über der Stadt in der Kathedrale der polnischen Könige, um zu beichten und die Kommunion zu empfangen. »Wir müssen die Messe lesen, trotz allem«, ruft ein Priester, der den jungen Mann auffordert, als Ministrant einzuspringen. *Kyrie eleison, Christe eleison* – »Herr, erbarme dich, Christus erbarme dich«, rezitiert der angehende Theaterwissenschaftler, der vor dem Altar des gekreuzigten Christus kniet, während die Glasfenster der Kathedrale unter dem Druck der Explosionen zu bersten drohten. Sein Name: Karol Józef Wojtyla.

Niemand konnte ahnen, dass dieser Student das Kreuz, vor dem er kniete, einmal für die gesamte Weltkirche wird tragen müssen – und dass ihm dabei jemand helfen wird, der ausgerechnet dem Volk angehört, das soeben im Begriff ist, die ganze Welt in Brand zu stecken.

Es ist Krieg. Die Ratzingers erfahren davon zu Hause aus ihrem Saba-Radio. Auch Georg und Joseph hängen in der Wohnstube am Apparat. Ihre Schulsachen sind längst gepackt. Es sind die letzten Tage ihrer Sommerferien. »Seit 5.45 Uhr wird jetzt zurückgeschossen!«, knarrt die Stimme des »Führers« in seiner Rundfunkansprache, »und von jetzt ab wird Bombe mit Bombe vergolten!«

Hitler war einer wankelmütigen Strategie gefolgt. Zunächst hatte er gehofft, Großbritannien als Verbündeten zu gewinnen, um dann sein eigentliches Ziel, den Krieg gegen die Sowjetunion, beginnen zu können. Später plante er, einen Präventivschlag gegen Frankreich zu führen. Da hierfür die östliche Flanke zu sichern war, ließ er Außenminister Joachim von Ribbentrop Polen ein Bündnis anbieten. Marschall Józef Piłsudski wiederum, Polens autokratischer Regierungschef, hatte nach Hitlers Machtergreifung die Westmächte mehrfach vergeblich gedrängt, einen Präventivschlag gegen das Deutsche Reich zu führen. Im Januar 1934 handelte sein Außenminister Józef Beck mit Berlin schließlich eine Erklärung über einen gegenseitigen Gewaltverzicht aus. Das Abkommen sollte für zehn Jahre gültig sein. Vier Jahre später, als Deutschland ins Sudetenland einmarschierte, besetzten polnische

Truppen die tschechoslowakische Provinz Teschen, die Polen seit den Zwanzigerjahren für sich beansprucht, und verschoben die Grenze des Landes nach Osten, Richtung Karpaten.

Genau in die andere Richtung gingen die territorialen Gelüste der Sowjetunion. Nach den Plänen Stalins sollte das kommunistische Imperium weiter nach Westen ausgedehnt werden. Im Visier hatte der rote Diktator das rumänische Bessarabien, Finnland, die baltischen Staaten, Ostpolen sowie Teile Weißrusslands und der Ukraine, die Russland nach der Niederlage im Polnisch-Sowjetischen Krieg 1921 an Polen hatte abtreten müssen. Am 18. April 1939 bot Stalin der britischen wie der französischen Regierung einen Bündnispakt an. Die Briten lehnten dankend ab. Sie vermuteten hinter der Demarche »hinterhältige« Absichten. Zugleich fürchtete die Regierung Chamberlain Hitlers Reich zu provozieren, ein Land, in dem man noch immer ein Bollwerk gegen den Bolschewismus sah.

Wieder war der Obersalzberg im Spiel, 40 Kilometer Luftlinie vom Haus der Ratzingers entfernt. Nirgendwo anders wurde die Entfesselung des Zweiten Weltkrieges so früh detailliert geplant. Die Anlage war zu einer gewaltigen Festung ausgebaut worden. Insgesamt sollte Hitler nahezu ein Viertel seiner gesamten Regierungszeit von seinem Berg aus regieren. Am 23. Mai 1939 legte er hier den Oberbefehlshabern der Wehrmacht seine Pläne zur Zerschlagung Polens offen. Es gehe nicht nur darum, die Freie Stadt Danzig »heim ins Reich« zu holen, dozierte der »Führer«, sondern den südlichen Teil Mitteleuropas zu dominieren. Englands Garantien für Polen nahm er nicht ernst. »Ich bin jetzt fünfzig«, hatte Hitler im Frühjahr 1939 dem rumänischen Außenminister erklärt, »ich will den Krieg lieber jetzt haben, als wenn ich fünfundfünfzig bin oder sechzig.«[2]

Gerade acht Tage vor Kriegsbeginn, am 23. August 1939, hatten die Außenminister Deutschlands und der Sowjetunion – von Ribbentrop und Molotow – in Moskau einen Nichtangriffsvertrag unterzeichnet, der als »Hitler-Stalin-Pakt« in die Geschichte eingehen sollte. In einem geheimen Zusatzprotokoll waren dabei weite Gebiete Osteuropas untereinander aufgeteilt worden. Als die Nachricht von Stalins Einverständnis auf dem Obersalzberg eingegangen war, sprang Hitler nach Erinnerung von Rüstungsminister Albert Speer von der Essenstafel auf und jubelte erregt: »Ich hab's! Ich hab's!« Der Pakt gab Hitler die Möglichkeiten, seinen Krieg zuerst gegen Polen und danach gegen Frankreich und Großbritannien zu führen. Stalin wiederum hoffte auf eine Schwächung Deutschlands durch dessen Feldzug im Westen und sah endlich die Möglichkeit, seinem Reich große Gebiete Osteuropas einzuverleiben.

Die meisten ausländischen Regierungen reagierten auf den Einmarsch der deutschen Armee in Polen hilflos. In England arbeiteten Kabinett und Foreign Office den ganzen 1. September über daran, ein Ultimatum an Hitler zu verfassen, seine Truppen sofort zurückziehen. Als die Forderung in Schriftform gebracht war, »klang es nicht einmal wie ein richtiges Ultimatum«, bemerkte Antony Beevor, »denn es fehlte das Datum, wann es ablaufen sollte«. Bereits am 17. September brach der polnische Staat zusammen. Am selben Tag besetzte die Rote Armee ohne Gegenwehr Teile Ostpolens. Die Regierung floh nach Rumänien, 700 000 polnische Soldaten wurden in deutsche, 200 000 in sowjetische Kriegsgefangenschaft überführt. Was Polen betrifft, so Hitler auf seiner Bergfestung gegenüber der versammelten Heeresleitung, gelte es, »unbarmherzig und mitleidlos Mann, Weib und Kind polnischer Abstammung und Sprache in den Tod zu schicken. Nur so gewinnen wir den Lebensraum, den wir brauchen.«[3]

Tatsächlich machte die SS bald Jagd auf polnische Adelige, auf Lehrer und Professoren, Ärzte und Juristen, Ingenieure und Priester. Zehntausende wurden ermordet oder in Konzentrationslager interniert, darunter die komplette Professorenschaft der Universität Krakau. Die »slawischen Untermenschen« sollten »eingedeutscht« und als Arbeitskräfte verwendet werden. In den neugeschaffenen »Reichsgauen« und im »Generalgouvernement« zwischen Lemberg und Warschau, Krakau und Lublin durften Polen weder Gaststätten noch Kinos und Theater besuchen, nicht den ersten Wagen der Straßenbahn benutzen und nur zu bestimmten Zeiten einkaufen. Sie hatten deutschen Uniformträgern auf den Bürgersteigen Platz zu machen, auf »deutschfeindliche Äußerungen« stand die Todesstrafe.

Vater Ratzinger war von den Ereignissen nicht überrascht. Mit dem Überfall auf Polen war eingetreten, was er vor sechs Jahren vorausgesehen hatte. Es war der Grund, warum er das alte Haus im verborgenen Hufschlag kaufte. Noch im September 1939 wird er als ehemaliger Gendarm reaktiviert. Mit nächtlichen Patrouillengängen muss er die Einhaltung der Verdunkelungen überprüfen. In seiner Exaktheit, erinnerten sich Nachbarn, habe er jeweils an die Fenster geklopft, wenn etwa ein Vorhang nicht genau zugezogen war. Nach wenigen Monaten fand er einen Arzt, der ihm Überforderung attestierte, um vom Kriegsdienst für Hitler wieder freizukommen.

Der Ausbruch des Zweiten Weltkrieges veränderte Josephs Leben auf eine bemerkenswerte Weise. Noch ist er Gymnasiast. Und das große Problem, das ihn beschäftigt, ist, dass die Nazis Sport zum Abiturfach machten. »Das war für mich eine fatale Perspektive.« Denn die Aussicht, damit durchzufallen, war nicht von der Hand zu weisen. Bald jedoch fuhren am bischöflichen Seminar schwere Militärfahrzeuge vor, und was die Nazis in Friedenszeiten nicht schafften, machte der Krieg möglich: Das bischöfliche Internat mit seiner »internationalen Vergiftungslehre« wurde aufgelöst. Bis zuletzt hatte sich Direktor Mair gegen die Schließung gewehrt. Er selbst verharrte im Haus wie der Kapitän auf dem sinkenden Schiff. Mit ihm blieben zwei Schwestern und zwei Hausmädchen, abgetrennt durch eine dicke Wand, mit der die Nazis sie isolierten.

Ab September 1939 richtete die Wehrmacht in den Räumen des Internats zunächst ein Lazarett für verwundete Soldaten ein. Ein geregeltes Seminarleben sollte von nun an so wenig möglich sein wie ein ordentlicher Unterricht, sodass Ratzingers reguläre Internatszeit im Grunde nicht länger als zwei Jahre währte. Seine gesamte Ausbildung an der höheren Schule betrug sechs Jahre, nicht einberechnet der gymnasiale Unterricht neben dem Flak-Einsatz. Allerdings zog er bald das große Los. Nach der Requirierung seines Hauses hatte »Rex« Mair die Zöglinge angewiesen, zunächst einmal zu Hause zu bleiben. Danach ließ er einen Teil der Seminaristen im städtischen Kurhaus einquartieren. Schließlich wurden die Schüler auf drei verschiedene Einrichtungen rund um Traunstein verteilt. Joseph zählte zu jenen Glücklichen, die dem Konvent der Englischen Fräulein in Sparz hoch über Traunstein zugewiesen wurden. Es ist eine Art Einsiedelei, umgeben von Bächen, Bäumen und Wiesen. Aber vermutlich ist für einen der neuen Gäste gar nicht so wichtig, *was* alles vorhanden ist, sondern vielmehr was *nicht* vorhanden ist. Fast triumphierend vermerkte er in der Rückschau: »Es gab keinen Sportplatz.«

Die Verlegung in die ehemalige, von den Nazis längst geschlossene Mädchenschule der Maria-Ward-Schwestern empfindet Joseph wie eine himmlische Tröstung. Nachmittags wird gewandert, man spielt in den weiten Wäldern der Umgebung und am nahen Gebirgsbach. Er habe sich hier »mit dem Seminar versöhnt«, bekannte Ratzinger, »und eine schöne Zeit verlebt«. Dass Bruder Georg auch zur Belegschaft gehört, verstärkt das Wohlbefinden. In dieser neuen Situation habe er nun gelernt, »mich ins Ganze einzufügen, aus meiner Eigenbrötelei herauszutreten und im Geben und Empfangen eine Gemeinschaft mit den anderen zu bilden … Für diese Erfahrung bin ich dankbar. Sie war wichtig für mein Leben.«[4]

Innerhalb des Gymnasiums hatten die »Pfarrerlehrlinge« eine Sonderstellung. Dass sie ihren Mitschülern schulisch überlegen waren, machte sie bei den Gefolgsleuten des »Führers« nicht gerade sympathischer. Untereinander indes wuchs der Geist einer Freundschaft, der die Gemeinschaft ein Leben lang eng verbinden sollte. Auch als Papst blieb Ratzinger in Kontakt zu seinen ehemaligen Kameraden, nahm Anteil an ihrem Schicksal und erkundigte sich nach Angehörigen und Bekannten. Die Mitschüler bildeten umgekehrt einen Kreis, der ihm rückhaltlos wohlgesinnt und zugetan war, ohne die geringste Skepsis – ganz einfach, weil sie ihn kannten.

Wie stark Ratzingers Anhänglichkeit an das Seminar werden sollte, zeigt sich schon darin, dass er auch als Kurienkardinal kein Jahr vergehen ließ, ohne nicht einige Tage in seinem früheren Studienhaus zu verbringen. Sein letzter Besuch datiert vom Januar 2005, wenige Monate vor seiner Wahl zum 265. Nachfolger Petri. Er war in Begleitung seines inzwischen erblindeten Bruders gekommen. »Sie haben im Präfektenzimmer gefrühstückt«, berichtete der Direktor des Hauses, »und der Kardinal hat seinem Bruder die Zeitung vorgelesen.«[5]

Die glückliche Episode von Sparz sollte freilich von kurzer Dauer sein. Schon bald wurde auch das ehemalige Kloster requiriert, die Seminaristen werden davongejagt. Weitere Ausweichquartiere kann Direktor Mair nicht finden. Bald spielt sich Josephs »Internatsleben« deshalb wieder in der heimischen Stube ab. Morgens geht er jetzt mit seinem Bruder gemeinsam zur Schule, teils begleitet von ihrer Schwester, die inzwischen als Kanzlistin bei Anwalt Pankratz Schnappinger arbeitet und sich zu Hause über die skurrilen Rechtsstreitigkeiten amüsiert, die von der Kanzlei vertreten werden.

Georg und Joseph sind unzertrennlich. »Wir standen uns von Anfang an nahe«, erklärte der spätere Papst, »wir gehörten halt einfach zusammen.« Während des Pontifikats telefonierte Benedikt XVI. meist mehrmals in der Woche mit dem ehemaligen Domkapellmeister in Regensburg. Als *Papa emeritus* organisierte er für den erblindeten Bruder eine Haushälterin, die er persönlich bei einem Vorstellungsgespräch in den Vatikanischen Gärten kennenlernen wollte.

Vom Krieg wollten sich die Ratzinger-Buben so wenig okkupieren lassen wie von den unseligen Fahnenappellen der Hitlerjugend und den Wehrübungen. Eine HJ-Uniform trug Joseph ohnehin nie. Nach Aussage des Mitschülers Peter Freiwang löste sich die »Schar zwei« der Traunsteiner HJ, die fast ausschließlich aus Seminaristen bestand, »mangels Masse« bald wieder auf. Gemeinsam mit Schwester Maria unternehmen sie für jeweils eine Woche Radtouren. In Salzburg logieren Georg und Joseph einmal im Hotel Tiger. Die Übernachtung inklusive Frühstück gibt es für 3,50 Reichsmark. Günstig genug, um am nächsten Morgen möglichst früh im für seine Klangschönheit berühmten Salzburger Dom zu sein, gute Plätze zu erheischen und Mozarts Große Messe in c-Moll in ihrer ganzen Erhabenheit genießen zu können.

Schon von frühester Kindheit stand Salzburg für Georg und Joseph für Heiterkeit, für Schönheit und irgendwie für eine Art von himmlischem Frieden. Mit großem Aufwand wird 1941 anlässlich des 150. Todesjahres des größten Sohnes der Stadt das Mozart-Jahr begangen. Und während das internationale Publikum Salzburg den Rücken kehrt, freut sich das einheimische über die Verbilligung der Konzertkarten. Georg hatte die Initiative ergriffen und Tickets besorgt. Neben Mozart hören sie Beethovens Neunte Symphonie unter dem Dirigenten Hans Knappertsbusch. Vor allem eines elektrisiert Georg: die Nachricht von einem Gastspiel der Regensburger Domspatzen mit einer Bearbeitung aus *Der Schauspieldirektor*. »Ich konnte die ganze Nacht nicht schlafen.« Sein Bruder ist überzeugt: »Die Liebe zu den Domspatzen, von denen wir vorher schon manches gehört hatten, war geboren.« Begeistert besucht Georg Lichtbildervorträge, hört Schallplatten, saugt alle erreichbaren Informationen über die »geheimnisvolle Innenwelt einer Musikhochschule« wie des Salzburger Mozarteums ein. Vor allem wurde »seine Weise, Klavier zu üben, nun noch zielbewusster, konzentrierter«, so Joseph, aber auch »zeitlich ausgedehnter«, was für den kleinen Bruder nicht unbedingt ein Vergnügen bedeuten muss.

Zu Hause hocken die beiden jeden Sonntagmittag am Radio. Penibel führt Georg bei den Konzertübertragungen aus Salzburg Buch über Orchester, Chor, Solisten, Dirigenten und die einzelnen Stücke mit exakter Angabe der Nummern im Köchel-Verzeichnis. Besonders angetan ist er von der Krönungsmesse und den drei kleineren Messen in F-,

D- und B-Dur mit Streicherbesetzung. Über Mozarts Musik sollte er später sagen: »Sie ist eine Botin des Glücks der Seligkeit, die die himmlische Realität abbildet. Und sie kündet von der Einheit der Schöpfung mit ihrem Schöpfer.«[6] Auch Joseph wird begeisterter Mozartianer. Zu seinen Lieblingsstücken gehören das Klarinettenkonzert und das Klarinettenquintett.

Von einer Kriegsbegeisterung wie beim Ausbruch des Ersten Weltkrieges konnte 1939 in Deutschland keine Rede sein. Noch zu deutlich hatten die Überlebenden die furchtbaren Folgen der Katastrophe vor Augen. Der rasche Erfolg des Polenfeldzugs aber schien Hitler recht zu geben. Auch wenn England und Frankreich den Überfall mit einer Kriegserklärung an Deutschland beantworteten – wen kümmerte es, ihr Angriff fand nicht statt. Stattdessen marschierten die deutschen Truppen durch Europa, als trügen sie Siebenmeilenstiefel. Norwegen, Dänemark, Luxemburg, die Niederlande, Belgien – alle Länder wurden ohne große Gegenwehr überrollt und okkupiert. Der Feldzug gegen Frankreich war geradezu lächerlich kurz. Wie im Vorbeigehen werden auch der Balkan, Griechenland und Teile Nordafrikas erobert.

Hitler war auf dem Höhepunkt seiner Macht – und seines Prestiges. Der Sieg über Frankreich verschaffte dem Regime ein enormes Renommee. Endlich fand der Versailler Vertrag, so die Stimmung, mit seiner Demütigung und Ausplünderung Deutschlands seine gerechte Antwort. In den Augen seiner Anhänger hatte der »Führer« Wort gehalten. Vater Ratzinger war verzweifelt. Mit Kriegsbeginn hatte er sich von den Alliierten eine stärkere Gegenwehr erwartet. Er war überzeugt, die Macht Frankreichs und Englands würde den »Größten Feldherrn aller Zeiten«, wie sich Hitler feiern ließ, schnell in die Schranken weisen und damit der NS-Herrschaft ein Ende bereiten. Stattdessen schien der Erfolg die Nazis zu legitimieren. Seinem Vater sei klar gewesen, so Sohn Joseph, »dass ein Sieg Hitlers nicht ein Sieg Deutschlands sein würde, sondern ein Sieg des Antichristen, der apokalyptische Zeiten für alle Gläubigen, und nicht nur für sie, heraufführen musste«[7].

Josephs Klasse IV zählt in diesem Jahr 36 Schüler. Zehn davon stammen aus Bauernfamilien. Einer der Väter gibt als Berufsbezeichnung »Rottenführer« an. Andere zeichnen als Landgerichtsrat, Schuhmacher, Zimmermann, Arzt, Schmied, Oberpostinspektor oder Flottenarzt. Es gibt zwei Mädchen in der Klasse. Von den Buben heißen sieben »Josef«. Dass der Krieg zunehmend auch den schulischen Alltag überlagerte, zeigte sich im Lehrplan. Im Verzeichnis der Haus- und Schulaufgaben für das Schuljahr 1940/41 lauten die Themen: »Was berechtigt den Führer, vom Jahre 1941 ›die Vollendung des größten Sieges der deutschen Geschichte‹ zu erwarten?« Oder auch: »Welche Bedeutung haben Kolonien für das Reich?« Ein anderes Thema lautet: »Warum treiben wir Rassenforschung?« Vermutlich war Joseph auf die wenigen unverfänglichen Arbeiten ausgewichen, etwa mit den »Gedanken zum Muttertag« oder der Aufgabenstellung »Warum gehe ich so gerne in die Berge?«. Womöglich entschied er sich auch für einen Aufsatz über »Das Wesen der Germanen im Spiegel ihres Götterglaubens«.[8]

Es ist ein sonniger Sonntag im Frühsommer des Jahres 1941. Josephs Klasse hatte für diesen Tag eine Bootsfahrt auf dem nahe gelegenen Waginger See geplant, als sich wie ein Lauffeuer die Nachricht verbreitet, das Deutsche Reich habe mit seinen Verbündeten auf einer Front vom Nordkap bis zum Schwarzen Meer den Angriff auf die Sowjetunion begonnen. Knapp zwei Jahre zuvor, am 30. November 1939, hatte Stalins Rote Armee mit 1500 Panzern und 3000 Flugzeugen Finnland angegriffen und sich einen großen Teil seines Gebietes einverleibt. Die schweren Verluste der Sowjets mit mehr als 200 000 gefallenen Soldaten hatten Hitlers Angriffslust enorm gesteigert. Über der kleinen Bootsfahrt auf dem See liegt die Nachricht »von der neuen Ausweitung des Krieges wie ein Albtraum«, so Ratzinger. »Wir dachten an Napoleon; wir dachten an die unermesslichen Weiten Russlands, in denen sich irgendwo der deutsche Angriff verlieren musste.« Alle sind sich einig: »Dies konnte nicht gut gehen.« Tatsächlich sollte das »Unternehmen Barbarossa«, mit dem am 22. Juni der neue »Blitzkrieg« gegen die Sowjets anrollte, einen Wendepunkt des Weltkrieges markieren.

Gleichzeitig mit der Zwangsverpflichtung zur HJ war Joseph von der Internatsleitung als Vollmitglied in der Marianischen Männerkongregation angemeldet worden. Schwester Maria war am 12. Januar 1941 mit 19 Jahren in den Dritten Orden des heiligen Franziskus eingetreten, einer geistlichen Gemeinschaft von Laien, die außerhalb eines Klosters den Idealen des Heiligen von Assisi nachstreben und die Spiritualität des Ordens im weltlichen Bereich leben wollten. Die Einkleidung fand im Kloster Maria Eck statt. Als Ordensnamen erhielt sie den Namen Klara, nach der Gefährtin von Franziskus und Gründerin des Klarissenordens. Mit der »Profess«, dem ewigen Gelübde, schon ein Jahr später verspricht sie feierlich lebenslange Treue zum Orden, die Einhaltung besonderer täglicher Gebete, den caritativen Dienst in Kirche und Welt und die Verpflichtung, die Eucharistie in den Mittelpunkt ihres Lebens zu stellen.

In Hufschlag geht Joseph jetzt seiner Neigung zur Literatur nach. Er liest schneller als andere und verschlingt die Großen der deutschen Dichtkunst nachgerade im Wochentakt: Eichendorff, Mörike, Adalbert Stifter. Mit besonderer Vorliebe studiert er Goethe, aber auch Theodor Storm, dessen *Schimmelreiter* ihn stark beeindruckt. Kleist bleibt ihm fremd. Schiller mag er nicht. Er sei ihm, bekannte er, »zu moralisch gewesen«. Er habe diese Literatur als »etwas konstruiert« empfunden, »so irgendwie gewollt und auch mit einem ganz bestimmten moralischen Ausgang, den man schon vorher wissen konnte«[9]. Hinzu kam, dass sein Deutschlehrer die Schüler mit Schiller-Dramen wie *Wilhelm Tell*, die *Jungfrau von Orleans* oder *Maria Stuart* geradezu gepeinigt habe, »so lange, bis man sie wirklich nicht mehr anhören konnte«.

In der Welt des Grauens ist die Literatur eine Zuflucht. Bücher sind es, die zu Ratzingers wahren Freunden werden. Der Junge ist fasziniert von der »hochgemuten Zeit«, die er hier entdeckt, »voll Hoffnung auf das Große, das sich in der unermesslichen Welt des Geistes immer mehr erschloss«[10]. Ein ganz eigenes Feld sind dabei die Werke Hermann Hesses. Eines seiner Lieblingsbücher des Dichters ist *Peter Camenzind*, ein Drama um einen schwermütigen Schweizer Bauernsohn aus ärmlichen Verhältnissen, der von seinen Eltern vernachlässigt wird und die Elemente der Natur als seine Erzieher und treuen Begleiter erkennt. Sein absoluter Favorit ist der *Steppenwolf*, ein Roman Hesses, der die seelische Zerrissenheit der Zeit mit einer radikalen Gesellschaftskritik verbindet. Später steigt er auch in Hesses *Glasperlenspiel* ein, das, wie sich noch zeigen sollte, einen Teil seiner eigenen studentischen Phase auf verblüffende Weise vorwegnimmt.

»Natürlich begann ich auch selber eifrig zu dichten«, berichtete Ratzinger. Erhalten sind die frühen Stücke nicht, aber nachlesbar ist seine Liebe zur Poesie, zur feinen Formulierung, die den Jüngling faszinierte, in seinem gesamten theologischen Werk. Kaum jemand hat im vergangenen Jahrhundert als Gelehrter das enge Verhältnis zwischen Poesie und Religion besser verstanden als er. Die literarische Kraft selbst von hoch wissenschaftlichen Texten ist geradezu Ratzingers Markenzeichen geworden. Auch wenn der Inhalt nicht immer gleich verstanden wird, so bleibt doch das Erlebnis eines Klanges und einer Stimmung, das Bewusstsein verändern kann.

Für das Ausleben künstlerischer Träume bleibt in den furchtbaren

Jahren von Krieg und Terror freilich so wenig Raum wie für eine ausgelebte Pubertät. Joseph ist in einem Alter, in dem das Verhältnis zu sich selbst, zu den Eltern, zur ganzen Außenwelt für gewöhnlich schwierig ist. Die entwicklungsbedingten Konflikte jedoch, etwa auch mit der väterlichen Autorität, finden nicht statt. Während eine nachfolgende Generation antiautoritäres Aufbegehren geradezu zur Kulturform erhebt, werden Ratzingers Jahrgänge in die Pflicht genommen. Eine harte Konfrontation mit den Eltern verbietet sich allein schon deshalb, weil man als gemeinsame Verfolgte des Regimes auf Gedeih und Verderb aufeinander angewiesen ist.

In ihren Planungen kalkulierte die NS-Führung gnadenlos mit Millionen von Opfern. In einem sogenannten Generalplan Ost rechneten die Buchhalter des Terrors für Osteuropa die Vernichtung von 30 Millionen Menschen hoch, als zwangsweise Folge von Vertreibung, Versklavung und Ermordung. »Der Krieg ist nur weiterzuführen«, hielt eine Runde von Staatssekretären bei einer Besprechung mit dem Leiter des Wehrwirtschafts- und Rüstungsamtes General Georg Thomas im Mai 1941 fest, »wenn die gesamte Wehrmacht im 3. Kriegsjahr aus Russland ernährt wird. Hierbei werden zweifellos zig Millionen Menschen verhungern, wenn von uns das für uns Notwendige aus dem Lande herausgeholt wird.«[11] Von den insgesamt drei Millionen sowjetischen Kriegsgefangenen in deutschem Gewahrsam starben bis Anfang 1942 zwei Millionen an Hunger, Krankheiten, Erschöpfung. Bis Ende des Jahres 1941 erschossen die Einsatzgruppen von SS und Polizei in den besetzten sowjetischen Gebieten über eine halbe Million Juden; zunächst die Männer im wehrfähigen Alter, dann auch Frauen, Kinder, Greise, bis der systematische Massenmord auch Roma, Polen, Ukrainer, Weißrussen, Litauer, psychiatrisch Kranke traf.

In Traunstein beobachten die Seminaristen Transporter »mit zum Teil schrecklich verwundeten Soldaten«, die unaufhörlich in der Stadt eintreffen. Weitere Lazarette werden eingerichtet. Täglich vermeldet die Lokalzeitung Namen junger Männer, die an der Front blieben. »Es waren immer mehr Mitschüler aus dem Gymnasium dabei, die wir vor Kurzem noch als Kameraden voll Lebensfreude und Zuversicht gekannt hatten«, erinnerte sich Joseph. Vater Ratzinger muss bei Bauern im Umland, die er von Kirchgängen kennt, um Kartoffeln, Fleisch und andere Nahrungsmittel für seine Familie betteln. Niemand rechnet mehr mit einem baldigen Ende des Krieges, ganz im Gegenteil.

Umso stärker treiben die Nazis die Kriegsertüchtigung der Jugend voran. Georg erreicht am 8. Juni 1942 die Einberufung zum Wehrertüchtigungslager der SS nach Königsdorf bei Bad Tölz. Seine schulische Laufbahn ist damit beendet. Es folgt die Abkommandierung zum paramilitärischen Reichsarbeitsdienst (RAD) nach Deutsch-Gabel im Sudetengau. Im Dezember bekommt er die Order, sich bei einer Infanteriedivision der Wehrmacht einzufinden, die noch vor Weihnachten nach Frankreich geschickt wird. Die nächsten Stationen sind eine MG-Kompanie in Holland und anschließend Südfrankreich, wo er als Funker und Fernsprecher Dienst tut.

Kapitel 10

Widerstand

In ihren grauen Uniformen aus schwerem Wollstoff und dem Luftwaffenadler auf der Brust sahen die Seminaristen aus wie echte Soldaten. Und das waren sie auch. Kindersoldaten. Unter dem Adler prangte das Hakenkreuz. Das aufgestickte »LH« stand für »Luftwaffenhelfer«. Die Gymnasiasten übersetzten LH mit »Letzte Hoffnung«.

Die Luftangriffe auf Deutschland begannen 1941. Zunächst traf es nur die Küstenstädte und das Ruhrgebiet, seit dem Sommer 1943 wird auch Süddeutschland bombardiert. Schon 15 bis 20 Minuten bevor sie in Sichtweite kommen, ist das gewaltige Dröhnen der alliierten Flieger zu hören. Oft sind es Geschwader mit 500 und mehr Maschinen, mit denen die Royal Air Force auf München zusteuert. Noch finden die Angriffe nur nachts statt. Dann leuchten gewaltige Lichtorgeln die zerschossene Silhouette der Stadt ab. Sirenen heulen auf. Detonationen und gewaltige Flammenberge geben dem Zentrum um Frauenkirche und Hofbräuhaus eine gespenstische Kulisse. Draußen vor der Stadt arbeiten 16-jährige Schüler an Messgeräten und Flugabwehrkanonen (Flak) daran, das Bombardement zu verhindern, ein aussichtsloses Unterfangen.

Die Flakbatterie im Vorort Ludwigsfeld verfügt immerhin über 18 8,8-cm-Geschütze. Die Flugabwehrkanonen werden jeweils von einem Geschützführer und einem Ladekanonier geleitet, drei Schüler bedienen als Flakhelfer Höhenrichtmaschine, Seitenrichtmaschine und Zündereinstellung. Die kiloschweren Granaten werden von vier russischen Kriegsgefangenen aus dem Munitionslager herangeschleppt, der Genfer Konvention zum Trotz. Sobald das Codewort »Edelweiß« ertönt, gilt Voralarm. »Aufstehen, anziehen, fertig machen«, brüllt ein Leutnant. Beim Codewort »Alpenrose« heißt es: Ran an die Geschütze!

Es wird hektisch gekurbelt und geschraubt, um die Kanonen auf die Richtwerte einzustellen und die Zünder an den Granaten scharf zu machen. Sie können Ziele in bis zu zehn Kilometer Entfernung treffen, vorausgesetzt, sie explodieren in der richtigen Zeit in der richtigen

Höhe, eingerechnet die Fluggeschwindigkeit der angreifenden Tommy-Bomber. Die nächtlichen Großangriffe dauern in der Regel vier bis sechs Stunden. Bei Fliegeralarm wird das Lager künstlich vernebelt, sodass die Flaksoldaten kaum ihre Hand vor Augen sehen. Mit dem Befehl »Batterie feuerbereit!« setzt ein infernalischer Lärm durch das Sperrfeuer der 18 8,8-cm-Geschütze ein, die aus allen Rohren feuern. »Die Nerven haben geflattert«, erinnerte sich Hans Uhl, »das langsame Heranbrausen, dieses Gebrumme war grausam. Jeder hatte Angst, aber keiner wollte sich was anmerken lassen.«[1]

Ratzinger ist der Messbatterie zugeteilt, der Zielerfassung. Seine Funkmessstaffel ist von der Schießstaffel etwa 500 Meter entfernt. Sie verfügt über das modernste Waffensystem der deutschen Wehrmacht, das Funkmessgerät »Freya«, ein Vorläufer des Radars. Entwickelt wurde es von Konrad Zuse, dem Erfinder des Computers. Josephs Aufgabe ist, »die anfliegenden Maschinen auszumachen und die Messdaten an die Geschütze weiterzugeben«[2]. Wenn die Bombergeschwader in ihrer typischen Dreiecksformation in 90 Kilometer Entfernung auftauchen, wird die Peilung auf die Spitze der Staffel gelegt und weiterverfolgt. Die ermittelten Daten werden elektronisch per Kabel an die Flak-Batterien geleitet. Ratzinger liefert Daten für gleich drei Geschütze, an denen nun Flakhelfer heftig kurbeln, um die Einstellung der Kanonen in Höhe und Seite manuell auszurichten. Es ist ein ungeheurer Konflikt. Denn je genauer Joseph misst, umso höher die Trefferquote. Was den Krieg weiter verlängern würde. Misst er falsch, können die Geschwader die Stadt ungehindert in Schutt und Asche legen.

Die Flakhelfer waren gewohnt, dass ihre Batterien von den englischen Bomberpiloten ignoriert wurden. Zu harmlos waren ihre Versuche, einen der Flieger zu treffen. Dieses Mal jedoch fliegen die »Tommys« nicht einfach über ihre Stellung hinweg. Die Bomben, die mit infernalischem Donner und grellen Explosionen unmittelbar neben dem Geschützstand einschlagen, hinterlassen riesige Krater und zerstörte Anlagen. Ein Kamerad überlebt den Angriff nicht, zahlreiche andere werden schwer verletzt. Joseph kommt mit dem Schrecken davon.

Die Personalstärke der deutschen Luftverteidigung betrug im Dezember 1940 rund 500 000 Mann, die der fliegenden Luftwaffe 520 000. Mit der Verordnung vom 26. Januar 1943 über den Kriegshilfseinsatz der deutschen Jugend in der Luftwaffe wurde der Einsatz von Schülern der

Ober- und Mittelschulen ab dem vollendeten 15. Lebensjahr als Luftwaffenhelfer in den Flak-Batterien verfügt. Betroffen waren zunächst 60 000 Jugendliche, insgesamt sollten es etwa 200 000 werden, das Gros davon Oberschüler der Jahrgänge 1926 bis 1928. Am 2. August 1943 traf es auch die noch nicht zur Armee eingezogenen Seminaristen vom Chiemgau-Gymnasium in Traunstein. Zum ersten Mal verließ Joseph seine Heimatregion, zum ersten Mal wird er hautnah mit dem Grauen konfrontiert.

Ratzinger machte nicht viel Aufsehens darüber. In seinen Erinnerungen werden seine knapp zwei Jahre im Kriegseinsatz als eine eher flüchtige Episode beschrieben. In einem früheren biografischen Aufsatz sprach er gar vom »Intermezzo des Krieges«, als sei hier jemand, der physisch wie psychisch eigentlich gar nicht anwesend war. Und doch hinterließ es Spuren, wenn »Rauch und Brandgeruch die Luft« erfüllten und er mit ansehen musste, wie München »Stück um Stück in Trümmern versank«. Noch Jahre später, bekannte er in einem Nebensatz, sei er schweißgebadet »manchmal nachts aufgewacht«. Der Grund: »Ich dachte mir, wieder bei der Flak zu sein.«

Die erste Station der zwölf Seminaristen aus Traunstein war Untermenzing bei München. Die Nacht verbringen sie in einem heruntergekommenen Gebäude auf Strohmatten, mit Ratten als Zimmergenossen. Nach einem Gesundheits-Check und einer Einschwörung auf ihre Pflichten gegenüber dem Vaterland werden sie zur großen Flakbatterie in Ludwigsfeld beordert, die auch das kriegswichtige Werk der Bayerischen Motorenwerke in unmittelbarer Nähe schützen soll. Für die Flakhelfer stehen fünf Baracken zur Verfügung, aufgeteilt in »Stuben« für jeweils 15 Jugendliche. »Unerlaubtes Entfernen von der Truppe« kann mit dem Tode bestraft werden. Zweimal im Jahr wird ein 14-tägiger Urlaub gewährt, der Sold beträgt eine Reichsmark pro Tag. Die Ausbildung umfasst Unterricht in Ballistik, praktische Übungen im Planfeuerraum, Zielhöhenbestimmung, Ausrichtung der Scheinwerferlineale bei Alarm und die Flugzeugerkennung für ein-, zwei-, drei- und viermotorige Maschinen mit einfachem und doppeltem Leitwerk. Teil der Aufgabe sind auch Wachdienst, Waffenpflege, Geschosspflege und Schanzarbeiten. Kommandant ist ein Leutnant Stolker, »ein unangenehmer Typ«, wie sich Ratzinger erinnerte: »Er hatte eine persönliche Wut auf mich und hielt mich für geistig unterbegabt.«

Im Unterschied zu den regulären Soldaten fahren die Flakhelfer nach dem Wecken in die Stadt, um am Maximiliansgymnasium Deutsch,

Mathematik, Physik und andere Fächer zu büffeln. Wenn die Fahrt nicht möglich ist, kommen die alten, kriegsuntauglichen Studienräte ins Lager und unterrichten in der Baracke. »Wir Traunsteiner waren zwar in Latein und Griechisch besser, aber wir merkten doch, dass wir eben in der Provinz gelebt hatten«, berichtete Joseph. »Reibungen« bleiben nicht aus. Zumal die Seminaristen den Münchner Gymnasiasten nicht nur schulisch überlegen sind, sondern sich auch als eingeschworene Gemeinschaft zeigen, die ausschließlich aus Nazigegnern besteht.

Joseph ist ein völlig unmilitärischer Mensch. Beim Exerzieren marschiert er linke Hand zu linkem Fuß, rechte Hand zu rechtem Fuß anstatt über Kreuz. »Ratzinger, du bist der Schrecken aller Unteroffiziere«, rufen ihm die Kameraden kopfschüttelnd zu. Joseph zieht sich zurück, liest in seinen Büchern. »Er wusste schon, dass er Priester werden würde, und alles andere hat ihn nicht interessiert«, so der Flakhelfer Wilhelm Geiselbrecht, »man hat ihn akzeptiert und in Ruhe gelassen.« Aufmerksam auf ihn wird allerdings der Altphilologe Anton Fingerle, der am Maxgymnasium unterrichtete. Nach dem Krieg gründete der Pädagoge die erste »Gesellschaft für christlich-jüdische Zusammenarbeit« mit und erwarb sich als Stadtschulrat einen legendären Ruf. Fingerle sei geradezu »entzückt gewesen von den Kenntnissen seines Schülers Ratzinger«, so Geiselbrecht: »Er hat ja sehr viel gelesen und gelernt und war uns da natürlich voraus.«[3]

Sosehr sich der noch sehr bubenhaft wirkende Junge vom Lande zurückzog, wenn die anderen lärmten, ein Feigling ist er nicht. Als in einer frostigen Winternacht ein Unteroffizier mitbekommt, dass sich einige der Flakhelfer vor ihrem Wachdienst an den Geschützen drückten, brüllt er in die Stube: »Wer hat Wache?« Tiefes Schweigen. In der Kälte der Nacht werden daraufhin die Flakhelfer in einer Pseudoübung herumgehetzt, bis sie fast kaputt am Boden liegen. Der Unteroffizier guckt sich den Kleinsten aus, von dem er annimmt, dass er durch die Strapazen mehr tot als lebendig ist. »Wer hält es länger durch«, brüllt er ihn an, »ich oder ihr?« Joseph bleibt völlig unbeeindruckt und antwortet im tiefsten Bairisch: »Mir.« Wortlos drehte der Schinder ab. »Danach«, berichtete Peter Freiwang, »hatten wir Ruhe.«

Die Gruppe von aktiven Katholiken setzt im Lager durch, dass sie Religionsunterricht erhalten und die Maiandacht besuchen dürfen. An manchen Sonntagen gelingt es gar, sich in den Münchner Liebfrauendom davonzustehlen. In Ratzingers Stube wird ein Philips-Empfänger installiert, um Sendungen der BBC zu hören. Zum Schutz vor Entdeckung werden die Spinde vor die Tür gerückt, denn das Abhören von »Feindsendern« wird als Widerstand geahndet. »Wir sind da plötzlich erwachsen geworden und haben uns auch Dinge getraut, die man sich vorher nicht getraut hat«, so Josef Strehhuber. Die Seminaristen sind keine Vaterlandsverräter, aber sie stehen in einem furchtbaren Zwiespalt. »Wir wussten, Hitler ist gegen die Kirche, er ist gegen uns«, erklärte Strehhuber, »und wir wollten, dass der Krieg verloren geht.«[4]

In Ludwigsfeld trennt die Schülersoldaten ein Elektrozaun von einem mit Wachttürmen umsäumten KZ-Zweiglager. Sie sehen mit an, wie die Häftlinge tagtäglich von schwer bewaffneten SS-Männern über einen tiefen, mit einem Wall aufgeschütteten Graben zur Arbeit geführt werden. »Wir durften und konnten mit den Zwangsarbeitern keinen Kontakt aufnehmen«, berichtete Strehhuber. »Wir wussten, dass Dachau ein KZ für Nazigegner war. Für uns waren das politische Gefangene. Man sah sie fast als eine Art Verbündete an.«[5]

Auch für Joseph war Dachau ein Begriff. »Mach's nicht so laut, du kommst nach Dachau«, hatte zu Hause die Mutter gewarnt, wenn Vater am Radio die »Feindsender« hörte. In einem frühen Aufsatz schrieb er über die KZ-Zwangsarbeiter neben den Baracken der Flakbatterie: »Mochten sie hier auch besser behandelt werden als ihre Leidensgefährten in den eigentlichen Konzentrationslagern – die Abgründigkeit des Hitlerismus ließ sich nicht übersehen.« »Diese Gefangenen trugen entweder ein rotes, grünes oder blaues Dreieck«, führte er in unserem Gespräch aus, je nachdem, ob sie aus politischen, religiösen oder strafrechtlichen Gründen inhaftiert waren. »Wir haben dann Brot über den Zaun geworfen. Das Ganze hat uns sehr abgestoßen. Aber wir wussten nichts von Juden, ich glaube auch nicht, dass Juden dabei waren.«

Was Ratzinger und die anderen Flakhelfer nicht ahnen: Das BMW-Werk Allach ist Teil eines umfangreichen Systems der Sklavenarbeit in KZs. Während des Krieges hatte sich die Region München zu einem der wichtigsten Standorte für die deutsche Rüstungsindustrie entwickelt. Die KZ-Häftlinge produzieren in Allach Raketentriebwerke. Einer der Gefangenen ist der Jude Max Mannheimer aus Nordmähren. Er wird sich später in Schulen und Veranstaltungen unermüdlich dafür einsetzen, dass die Erinnerung an das furchtbare Verbrechen wachgehalten wird. Die Zumessung einer Kollektivschuld lehnte Mannheimer kategorisch ab. In einem Interview zu Ratzinger befragt, erklärte er, der Junge sei, wie andere Sechzehn- und Siebzehnjährige auch, von der

Schulbank weg zum Einsatz gezwungen worden. Wie sollte er dafür Verantwortung tragen? »Auch für ihn galt: ›Befehl und Gehorsam‹.«

Den Terror und den Mord in den Konzentrationslagern hatten die Nazis zu verschleiern versucht. Über das KZ Theresienstadt wurde gar ein Werbefilm gedreht, der mit Bildern von fröhlichen Menschen in netter Umgebung zeigen sollte, wie fürsorglich die Abgesonderten behandelt würden. Nicht geheim halten konnte die SS trotz Nachrichtensperre den Widerstand gegen Hitler durch die Mitglieder der »Weißen Rose«. Die ersten Flugblätter der antifaschistischen Untergrundbewegung waren Ende Juni bis Mitte Juli 1942 aufgetaucht. Sie wurden anonym per Post verschickt und richteten sich an Intellektuelle in und um München, um die allgemeine Unterdrückung und die Behandlung der Juden anzuprangern und zum passiven Widerstand aufzurufen. Auch die Seminaristen in Traunstein hatten davon Wind bekommen. »Wir haben darüber gesprochen«, berichtete Ratzinger, »und unsere ganze Klasse zeigte Sympathie. Alle sagten: ›Die san schneidig.‹«[6]

Zum Kern der »Weißen Rose« gehörten neben den Geschwistern Hans und Sophie Scholl die Studenten Christoph Probst, Alexander Schmorell und Willi Graf sowie der Philosophie-Professor Kurt Huber. Der als drittes von vier Kindern deutscher Eltern in der Schweiz geborene und in Stuttgart aufgewachsene Huber studierte Musikwissenschaft, Psychologie und Philosophie und war ab 1926 außerordentlicher Professor in München – mit Lehraufträgen für experimentelle und angewandte Psychologie, später auch für Ton- und Musikpsychologie, Psychologische Volksliedkunde und Methodenlehre. Er sympathisierte zunächst, ähnlich wie andere Intellektuelle, etwa Martin Heidegger, mit verschiedenen Ideen des Nationalsozialismus. Als er von den Verbrechen des Regimes erfährt, wendet er sich ab. Mit den Mitgliedern der Widerstandsgruppe trifft er sich ab Sommer 1942 auch privat und beschließt, sie aktiv zu unterstützen.

Zu einem Netzwerk um die »Weiße Rose« zählten Kunstmaler, Architekten, ein Regisseur, ein Buchhändler, dessen Keller als Versteck für die Flugblätter diente, sowie der Schriftsteller Werner Bergengruen und der Kinderarzt Hubert Furtwängler. In Berlin wurden die Protestschriften von der Widerstandsgruppe »Onkel Emil« verbreitet, an der Elbe von Studenten, die als »Weiße Rose Hamburg« firmierten.

In München war es am 13. Januar 1943 bei der 470-Jahr-Feier der Universität nach der Rede des NSDAP-Gauleiters Paul Giesler zu Tumulten gekommen. Giesler beschimpfte Studentinnen, sich herumzutreiben. Sie sollten stattdessen »dem Führer ein Kind schenken«, er werde auch seine Adjutanten zu dem Zweck vorbeischicken. Am 8. und am 15. Februar brachten Hans Scholl, Graf und Schmorell an insgesamt 70 Stellen der Stadt Mauerinschriften in schwarzer Teer- und grüner Ölfarbe an. Sie lauten: »Hitler, der Massenmörder!«, »Nieder mit Hitler!« und – neben einem durchgestrichenen Hakenkreuz – »Freiheit!«. Im selben Monat veröffentlichte die »Weiße Rose« einen »Aufruf an alle Deutsche!«. Das Flugblatt wurde zwischen dem 27. und 29. Januar 1943 in mehreren Städten Süddeutschlands und Österreichs in einer Auflage zwischen 6000 und 9000 Exemplaren verteilt. »Hitler kann den Krieg nicht gewinnen, nur noch verlängern«, hieß es darin, die Deutschen sollten sich vom »nationalsozialistischen Untermenschentum« und preußischen Militarismus »für alle Zeit« trennen.

In der Nacht vom 15. auf den 16. Februar hatten Hans und Sophie Scholl und einige Mitstreiter in der »Hauptstadt der Bewegung« fast 1200 Flugblätter verteilen können, ohne entdeckt zu werden. Es war Flugblatt Nr. 6, entstanden unter dem Eindruck der verlorenen Schlacht von Stalingrad Ende Januar, bei der 230 000 Soldaten auf deutscher und eine Million auf russischer Seite gefallen waren:

»Kommilitoninnen! Kommilitonen! ... Wollen wir den niedrigsten Machtinstinkten einer Parteiclique den Rest unserer deutschen Jugend opfern? Nimmermehr! Der Tag der Abrechnung ist gekommen, der Abrechnung der deutschen Jugend mit der verabscheuungswürdigsten Tyrannis, die unser Volk je erduldet hat ... In einem Staat rücksichtsloser Knebelung jeder freien Meinungsäußerung sind wir aufgewachsen. HJ, SA und SS haben uns in den fruchtbarsten Bildungsjahren unseres Lebens zu uniformieren, zu revolutionieren, zu narkotisieren versucht. Eine Führerauslese, wie sie teuflischer und zugleich borniertrer nicht gedacht werden kann, zieht ihre künftigen Parteibonzen auf Ordensburgen zu gottlosen, schamlosen und gewissenlosen Ausbeutern und Mordbuben heran, zur blinden, stupiden Führergefolgschaft ... Es gibt für uns nur eine Parole: Kampf gegen die Partei! ... Heraus aus den Hörsälen der SS-Unter- und -Oberführer und Parteikriecher! ... Der deutsche Name bleibt für immer geschändet, wenn nicht die deutsche Jugend endlich aufsteht, rächt und sühnt zugleich, ihre Peiniger zerschmettert und ein neues geistiges Europa aufrichtet.«[7]

Niemand war zu sehen, als Hans und Sophie am 18. Februar 1943 um 10.45 Uhr auch in den Gängen der Münchner Uni ihre Blätter auslegten. Die Geschwister sind bereits am rückwärtigen Ausgang in der Amalienstraße angelangt, als sie noch einmal umkehren. In hohem Bogen wirft Sophie ihre letzten Blätter vom zweiten Stock in den Lichthof. Wie Papierflieger landen einige auf dem Haupt der Meduse und dem sie umgebenden Sternenkreis, die als Mosaik den Boden des Vestibüls zieren. Vielleicht war es diese eine Minute, die über ihr Leben entschied. Es ist der pflichteifrige Hörsaaldiener Jakob Schmid, der die beiden entdeckt und sie festhält, bis die Männer der Gestapo das Gebäude stürmen.

Unter dem Druck eines veränderten Zeitgeistes verlosch nicht nur das Wissen um die religiöse Motivation der »Weißen Rose«, plötzlich wurde ihr Widerstand in der Öffentlichkeit vorwiegend als politisch inspiriert gedeutet. Unmittelbar nach dem Krieg hingegen waren die Ereignisse zu präsent, um sie nicht als das sehen zu können, was sie waren. Romano Guardini etwa sprach in seiner Rede am 4. November 1945 bei der ersten Gedächtnisfeier für die Freiheitskämpfer von einem Opfer, »das der Glaubende im Mitvollzug der Gesinnung Christi bringt«. Die Mitglieder der »Weißen Rose« seien bemüht gewesen, »die grenzenlose Verworrenheit der Begriffe, die furchtbare Entstellung und Verschmutzung der geistigen Werte, wie sie überall eingerissen war, zu überwinden, die Wesenheiten in ihrer blanken Wahrheit herauszuheben und die Ordnungen des Daseins so aufzurichten, wie sie wirklich sind«. Es sei dabei um eine Ordnung gegangen, »die nicht in Welt und Leben begründet ist. Ihr Ursprung liegt im Herzen Gottes«.[8]

Die katholische Kirche nahm den orthodoxen Christen Alexander Schmorell, die Katholiken Christoph Probst, Kurt Huber und Willi Graf und die evangelischen Christen Hans und Sophie Scholl in das »deutsche Martyrologium« auf. Die Märtyrer des 20. Jahrhunderts seien »als Zeugen für Christus«, so Papst Johannes Paul II. in seinem Schreiben *Tertio Millennio Adveniente*, »bis hin zum Blutvergießen zum gemeinsamen Erbe von Katholiken, Orthodoxen, Anglikanern und Protestanten geworden«. Schmorell wurde von der russisch-orthodoxen Kirche im Ausland nach einer fünfjährigen Untersuchung im Februar 2012 als »Heiliger Michael von München« anerkannt.

Um nur einige der Protagonisten etwas näher zu betrachten: Christoph Probst etwa, 1919 im oberbayerischen Murnau geboren, ein Medizinstudent und junger Familienvater, hatte sich als Ungetaufter Schritt für Schritt dem katholischen Glauben angenähert. Im Vorfeld seiner Taufe schrieb er an seinen Halbbruder: »Es soll ein Freudenfest sein, an dem man voll Dankbarkeit der Güte des Schöpfers dankt, dass er uns Christus gesandt hat, durch den wir wissen, dass unser Leiden, unser Leben einen Sinn hat, der uns ein Leben vorgelitten hat aus reinster Güte, der das Leid verständlich gemacht hat und geheilt hat, der uns auf das Leben nach dem Tod gewiesen hat, der die Liebe predigte, die wahre Verbrüderung der Menschen, der uns das Brot des Lebens gebracht hat und an dem es keinen Zweifel gibt …« In seinem letzten Brief, den man nach seiner Hinrichtung seiner Mutter überbrachte, stand: »Liebes Mütterchen, ich danke Dir, dass Du mir das Leben geschenkt hast. Wenn ich es recht überblicke, war es ein einziger Weg zu Gott. … Eben erfahre ich, dass ich nur noch eine Stunde Zeit habe. Ich werde jetzt die heilige Taufe und die heilige Kommunion empfangen.«[9]

Hans und Sophie Scholl waren zunächst begeisterte Anhänger der Hitlerjugend und des Bundes deutscher Mädel (BDM), wo sie Führungsaufgaben übernahmen. Ein erster Gesinnungswandel setzte bei Sophie ein, als ihrer jüdischen Mitschülerin Luise Nathan der Zutritt zum BDM verwehrt wurde. Zunehmend bedrückte sie die Einschränkung der geistigen Freiheit. Um die Jahreswende 1937/38 schloss sie sich einem Kreis um Otl Aicher an. Der junge Katholik, später mit Inge Scholl verheiratet, der Schwester von Hans und Sophie, sollte nach dem Krieg als Designer weltweiten Ruhm erlangen. Aicher machte Sophie mit den *Bekenntnissen* des heiligen Augustinus vertraut. Auf einer Skihütte im Lechtal lasen sie gemeinsam Georges Bernanos' *Tagebuch eines Landpfarrers*. Ihrem Freund, dem Berufsoffizier Fritz Hartnagel, schrieb Sophie: »Wenn Du Zeit hast, so suche einmal die Stelle, wo der Psalm vorkommt: ›Gib Licht meinen Augen oder ich entschlafe des Todes.‹«

Das geistliche Ringen des Mädchens ist existenziell, voller Fragen, voller Sehnsucht und Zweifel: »Ich bin Gott noch so ferne, dass ich ihn nicht einmal beim Gebet spüre.« Im Stil einer Teresa von Ávila notiert sie: »Manchmal, wenn ich den Namen Gott ausspreche, will ich in ein Nichts versinken.« Dann heißt es wieder: »Und wenn noch so viele Teufel rasen, ich will mich an das Seil klammern, das mir Gott in Jesus Christus zugeworfen hat.« Womöglich ist es ein tiefes Erlebnis am Karfreitag des Jahres 1941, vermutet der Theologe Jakob Knab, das Sophie einen wichtigen Impuls für ihre Glaubensgewissheit gibt. In einem Brief zitiert sie Augustinus: »Da steht geschrieben: Du hast uns geschaffen hin zu Dir, und unruhig ist unser Herz, bis es ruht in Dir.«

Sophie geht in die Kirche. »Ich kniete hin und versuchte zu beten.« Es ist wie ein Aufschrei: »Manchmal meine ich, den Weg zu Gott durch meine Sehnsucht allein, durch eine ganze Hingabe meiner Seele in einem Augenblick erzwingen zu können.« Zwei Bände mit Predigten des englischen Konvertiten und Kardinals John Henry Newman, die sie in einem kleinen Buchladen entdeckt, begeistern sie. Nach einem katholischen Gottesdienst am Ostersonntag 1942 in der Kirche Maria Himmelfahrt in Ulm-Söflingen ist es wie ein Durchbruch, als sie bekennt: »Dieses Schauspiel wird ja ein tiefes inneres Erlebnis, wenn man den Glauben hat.« Carl Muth, der Gründer der katholischen Monatszeitung *Hochland*, berichtete, wie Sophie während eines Besuches bei ihm über das berühmte Bild Christi auf dem Grabtuch von Turin in eine tiefe Meditation verfiel, als habe sie das Antlitz ihres gesuchten Gottes gefunden: »Noch nie hat sich ein Betrachter so vertieft, wie heute Sophie Scholl«, schrieb er auf.[10] »Oh, diese faulen Denker!«, mokierte sich die Studentin über ihre Zeitgenossen. »Sie wissen nichts von einer Welt des Geistes, in der das Gesetz der Sünde und des Todes überwunden wird.«

Bereits 1941 hatten Hans und Sophie den Kulturkritiker, Religionsphilosophen und *Hochland*-Autor Theodor Haecker kennengelernt. Der amerikanische Literaturnobelpreisträger T. S. Eliot schrieb über ihn: »Theodor Haecker war ein wahrhaft großer Mensch, Gelehrter, Denker und Dichter zugleich.« Haecker konvertierte im April 1921 zur katholischen Kirche und sah sich als katholischer Existenzialist und christlicher Erneuerer. Sophie ist hingerissen. »Er hat ein sehr stilles Gesicht, einen Blick, als sähe er nach innen. Es hat mich noch niemand so mit seinem Antlitz überzeugt wie er.« Im Kriegsjahr 1940 hatte Haecker geklagt: »Die prophetische Stimme der Kirche ist verstummt.« Der 62-Jährige erhielt von den Nazis Publikationsverbot und hält sich und seine Familie mit Übersetzungen am Leben, darunter die Schriften von Newman. An gemeinsamen Abenden liest er den Geschwistern Scholl aus seinem Werk *Schöpfer und Schöpfung* oder den Notaten zu seinen *Tag- und Nachtbüchern* vor. Er schrieb darin: »Das Wesen der modernen Diktatur ist die Verbindung des eindimensionalen, flachen Denkens mit der Gewalt und dem Terror.«[11]

Bei den regelmäßigen Treffen mit den jungen Leuten sprach Haecker über Newmans Bild vom Gewissen als eines sicheren Schutzschildes gegen atheistische Ideologien. Diese »Stimme Gottes« sei eine Laterne in der dunklen Verwirrung des Geistes. Jakob Knab wies darauf hin, dass viele Passagen in den Flugblättern der »Weißen Rose« den Duktus Haeckers erkennen lassen. Etwa wenn Begriffe wie »Rachen des unersättlichen Dämons« fallen oder vom »Kampf wider den Dämon, wider den Boten des Antichrists« gesprochen wird. Schon im ersten Flugblatt vom 27. Juni 1942 heißt es richtungsweisend, es gehe darum, »das Weiterlaufen dieser atheistischen Kriegsmaschine« zu verhindern, »ehe es zu spät ist«. Im dritten Flugblatt steht: »Unser heutiger ›Staat‹ aber ist die Diktatur des Bösen … Denn mit jedem Tag, da ihr noch zögert, da ihr dieser Ausgeburt der Hölle nicht widersteht, wächst eure Schuld gleich einer parabolischen Kurve höher und höher.« Im vierten Flugblatt wird aufgeklärt: »Wer aber heute noch an der realen Existenz der dämonischen Mächte zweifelt, hat den metaphysischen Hintergrund dieses Krieges bei Weitem nicht begriffen.«[12]

Hans Scholl hatte nach einem Treffen bei Haecker, bei dem über den zweiten Brief des Apostels Paulus an die Thessalonicher diskutiert wurde, in dem vom »Abfall von Gott« die Rede ist, laut Aussage seines Freundes Eugen Thurnher erklärt: »Der Antichrist kommt nicht erst, er ist schon da!« Der »Dämon« Adolf Hitler sei die perverse, apokalyptische Bestie.[13]

Nach ihrer Enttarnung wurden die Geschwister Scholl am 22. Februar 1943 in München durch den »Blutrichter« Roland Freisler wegen »Wehrkraftzersetzung«, »Feindbegünstigung« und »Vorbereitung zum Hochverrat« zum Tode verurteilt und noch am selben Tag hingerichtet, 24 und 21 Jahre alt. Karl Alt, ihr protestantischer Gefängnisgeistlicher, berichtete später, Hans und Sophie hätten sich für ihre Sterbestunde gewünscht, katholisch getauft zu werden. Auf sein Zureden hin verzichteten sie darauf, um ihrer Mutter willen.

Am selben Tag und zur selben Stunde wurde in Innsbruck Christoph Probst, 24, ermordet. Seine Frau lag nach der Geburt ihres dritten Kindes im Kindbettfieber und hatte weder von der Verhaftung noch von der Hinrichtung etwas mitbekommen. Kurt Huber, 49, und Alexander Schmorell, 25, wurden am 13. Juli 1943 im Gefängnis München-Stadelheim enthauptet. Huber verfasste das Flugblatt, das Sophie und Hans Scholl in den Lichthof der Uni hatten schweben lassen. Seine Verteidigungsrede vor dem Volksgerichtshof schloss er mit einem Zitat des Philosophen Johann Gottlieb Fichte: »Und handeln sollst du, als hinge von dir und deinem Tun allein das Schicksal ab der deutschen Dinge, und die Verantwortung wär' dein.«

Die Hinrichtung Willi Grafs, 25 Jahre alt, erfolgte am 12. Oktober 1943 ebenfalls durch das Fallbeil. Vergeblich hatte die Gestapo versucht, aus ihm Namen von Beteiligten im Umfeld der »Weißen Rose« herauszuprügeln. Graf schrieb wenige Tage vor seiner Hinrichtung: »Jedes Erleben im Menschenleben hat ja seinen bestimmten Sinn, ob es nun Glück oder Leid genannt wird. Wir sind dankbar für beides. Es kommt eben nur darauf an, dass wir uns bewähren und die Zeit zu nutzen verstehen im Vertrauen auf Gottes Fürsorge.«

Romano Guardini schloss seine oben zitierte Rede mit den Worten, die Toten der »Weißen Rose« seien Menschen gewesen, »die ihr Leben kräftig lebten; sich des Schönen freuten, das es ihnen schenkte, und das Schwere trugen, das es ihnen auferlegte. Sie schauten gerade in die Zukunft, zu tüchtigem Werk bereit und auf die Verheißungen hoffend, die in der Jugend liegen. Aber sie waren Christen aus Überzeugung. So standen sie im Raum des Glaubens, und die Wurzeln ihrer Seele reichten in jene Tiefen hinab, von denen gesprochen worden ist.«

Am 22. Februar 1945, auf den Tag genau zwei Jahre nach der Enthauptung ihrer Geschwister, wurde Inge Scholl in der St.-Gallus-Kirche in Ewattingen katholisch getauft.

Augustinus, Newman, die Zeitschrift *Hochland* – all das waren Bezugsgrößen Sophie Scholls auf ihrem Weg zu einem vertieften Glauben. Gerade das Werk Newmans sollte auch für Ratzinger maßgebliche Bedeutung bekommen. Ihm verdankte er die Entdeckung des Gewissens als die wesentliche Entscheidungsgrundlage des verantwortlich handelnden Menschen. Als Papst ließ er es sich nicht nehmen, persönlich in England Newmans Seligsprechungsfeier zu leiten. Ein bisher unbekannter Bezugspunkt Ratzingers zur »Weißen Rose« ist Dora Huber, die Schwester des Naziopfers und Märtyrers Kurt Huber. Als Erzbischof von München und als Präfekt pflegte er eine enge Verbindung zu der promovierten Philologin. Zudem auch zur Tochter Kurt Hubers, Birgit Weiß, sowie Hubers Enkelin Esther Sepp, der er das Sakrament der Firmung spendete. In einem umfangreichen Briefverkehr gab er Dora Huber Lebenshilfe, empfahl ihr Lektüre und beriet sie in Lebens- oder auch theologischen Fragen, die sie bedrängten. In einem Brief vom 22. Juni 1977 hielt er über Doras »von mir so sehr geschätzten Bruder« fest: »Schon als Schüler habe ich sein tragisches Geschick mit größter

Anteilnahme verfolgt. Die hohe Verehrung, die ich ihm damals bereits entgegenbrachte, ist bis heute die gleiche geblieben.«¹⁴

Dora umgekehrt besuchte Ratzinger in seinen Ferien in Bad Hofgastein, sammelte seine Predigten und Rundfunkansprachen. »Ich empfange Ihr Forschen, Ihre Gedanken, Ihr Christsein als ein Geschenk der Gnade«, heißt es in einem ihrer Briefe. Ratzingers Abschied als Bischof von München hatte sie »tieftraurig« zurückgelassen. Gerade er sei doch in der schwierigen Situation der späten Siebzigerjahre, schrieb sie zum 1. Advent 1981, »als bedeutender Wissenschaftler, als tiefgläubiger Priester, als eine Persönlichkeit von so starker Ausstrahlung dem Ansturm der inneren Feinde gewachsen« gewesen. »Es ist nicht auszusprechen, was die Menschen in dieser Diözese verlieren, Gläubige und Ungläubige, alle, die einmal irgendwo Ihre Kraft und Ihr Wesen erspürt haben.«¹⁵ Als die Schwester Professor Hubers im Juli 1996 in hohem Alter verstarb, beteuerte Ratzinger in seinem Kondolenzschreiben an die Familie, man dürfe Dora Huber, deren tiefen Glauben, Bildung und Demut er so sehr schätzen gelernt habe, jetzt bei Gott »geborgen wissen«. Und fügte hinzu: »Dort wird sie nach langer Trennung ihren von den Nazis hingerichteten tapferen Bruder wieder getroffen haben.«

In der Zeit ihrer Gewaltherrschaft inhaftierten die Nazis 180000 Oppositionelle in Konzentrationslagern und Gefängnissen. 130000 von ihnen wurden ermordet, über eine Million Menschen zu Gestapoverhören gezwungen. In einer Würdigung der »Weißen Rose« sagte der britische Premier Winston Churchill: »In Deutschland lebte eine Opposition, die zum Edelsten und Größten gehört, was in der politischen Geschichte aller Völker hervorgebracht wurde ... Ihre Taten und Opfer sind das unzerstörbare Fundament des neuen Aufbaus.«

Kapitel 11

Das Ende

Nach einer kurzen Stationierung in Unterföhring bei München geht es für die Flakhelfer aus Traunstein nach Natters bei Innsbruck zu einer 10,5-Batterie, das größte und treffsicherste aller Flak-Kaliber. Innsbruck ist für die Wehrmacht als Knotenpunkt ihres gesamten Italienverkehrs von strategischer Bedeutung. Mühsam schaufeln die Schüler die Geschütze von Schnee frei, nehmen Quartier in Pensionen des Stubaitals. Zum Kampfeinsatz kommt es nicht mehr. Nachdem alliierte Bomber den Bahnhof zerstörten, werden die Telefonleitungen wieder eingerollt, die Geschütze abgebaut und zum Abtransport fertig gemacht.

Im Februar 1944 lautet der Auftrag, in Gilching nördlich des Ammersees den Luftraum über den Dornier-Werken zu sichern. Dornier stellt die ersten Strahlenflugzeuge her, die letzte »Geheimwaffe« des NS-Regimes. Der Zugverkehr ist nahezu eingestellt, der Münchner Hauptbahnhof und das Bahnhofsviertel werden im April 1944 zerstört. Viele der Münchner Flakhelfer haben kein Zuhause mehr. Ihre Familien wurden ausgebombt.

Joseph kann sein Glück kaum fassen, dass er nun als Telefonist eingesetzt wird und sogar über ein eigenes Dienstzimmer verfügt. »Außerhalb meiner Dienststunden konnte ich nun tun und lassen, was ich wollte, und mich ungehindert meinen Interessen hingeben.« Er habe dann eben »viel gelesen und geschrieben«. Stubenkamerad Wilhelm Volkert sieht Joseph häufig über ein Brevier gebeugt. »Ratzinger, was lesen S' denn da wieder mit ihren frommen Büchern«, schnaubte der vorgesetzte Vermittlungsoffizier, ein überzeugter Nazi. Das habe Joseph freilich nicht daran gehindert, so Volkert, weiterzulesen oder scharf zu antworten. Protestant Volkert, später Professor für Bayerische Landesgeschichte, entgeht nicht, dass der Vater, von dessen Haltung der Sohn mit Stolz berichtete, für Ratzinger eine »sehr bestimmende Person« gewesen sein müsse. Joseph in Fragen der Religion Paroli zu bieten, versucht er erst gar nicht: »Ich merkte instinktiv, dass ich mich nicht mit ihm auf theologische Diskussionen einlassen sollte, denn da wäre ich hoffnungslos unterlegen gewesen.«¹

Am 10. September 1944 wird Ratzinger als Flakhelfer entlassen. Einige der Kameraden kommen zur Fliegertruppe, andere zu den Panzern nach Italien, wieder andere nach Russland, ohne je die Heimat wiederzusehen. Für ihn liegt zu Hause in Hufschlag die Einberufung zum Reichsarbeitsdienst auf dem Tisch. Der Einsatz wird, wie er festhielt, »für mich eine bedrückende Erinnerung«. Und das lag nicht nur an den Vorgesetzten, die als ehemalige Angehörige der Österreichischen Legion Nazis der frühen Stunde waren und »fanatische Ideologen, die uns kräftig tyrannisierten«.

Die 500 Kilometer lange Fahrt in den ratternden und engen Waggons der Reichsbahn scheint endlos. Der Stellungsbefehl für den Reichsarbeitsdienst (RAD), ausgestellt am 20. September 1944, beinhaltet, den »Südostwall« zu verstärken, als letzte Bastion gegen die siegreich vorrückende Rote Armee. Das Ziel ist Deutsch Jahrndorf, ein 1400-Einwohner-Ort im Dreiländereck Österreich-Ungarn-Tschechoslowakei.

Als der Truppentransporter am 21. September nach einer Nachtfahrt und einem Stopp in Wien im winzigen Bahnhof der östlichsten Gemeinde Österreichs hält, sind es noch sieben Kilometer Fußmarsch auf staubigen Straßen. Von Deutsch Jahrndorf aus sieht man in der Ferne die Zitadelle von Pressburg. Das Land ist flach, die Häuschen niedrig, die Fauna öde. Strohhaufen, die sich über die ungarische Tiefebene verteilen. Scharen von Gänsen, die in Tümpeln schnattern. Ansonsten Äcker und Steppe, so weit man sehen kann. Grenzland.

Die Schüler werden zu je 15 Mann auf primitive Holzbaracken verteilt. Die Großen in Baracke eins, die Kleinen in Baracke fünf. Joseph gilt mit seinen 1,70 Metern als normal mittelgroß und kommt in die zweite Baracke des Mittelteils. Geschlafen wird auf Strohsäcken. Und dann wird exerziert. Drei Wochen lang. Auf dem Exerzierplatz lässt das Kommandogebrüll die in Reih und Glied aufgestellten Jugendlichen die Schikane doppelt spüren. Spaten auf, Spaten nieder, Spaten über die Schulter. Die Alt-Nazis der Österreichischen Legion, vielfach frühere Gefängnisinsassen, sind ganz in ihrem Element. Den paramilitärischen Kult mit dem Spaten hatten die Nazis in den Dreißigerjahren eingeführt. Feierlich wurde das blank polierte Eisen abgelegt, feierlich wurde es wieder aufgenommen. Im »Kult des Spatens« sah Ratzinger »die ganze Absurdität des Regimes«. Es sei eine »Pseudo-Liturgie«, eine »Schein-Welt« gewesen, die alsbald zusammenbrechen musste, weil sie ohne Inhalt war.

Eine neue Bedrohung stellt das plötzliche Auftauchen eines SS-Offiziers mit Gefolge dar. Mitten in der Nacht lässt der Nazischerge jeden der übermüdeten Arbeitsjungen vortreten, um sie vor versammelter Truppe zu einem »freiwilligen« Eintritt in die Waffen-SS zu nötigen. »Eine ganze Reihe von gutmütigen Kameraden ist so in diese verbrecherische Gruppe hineingepresst worden«, erinnerte sich Ratzinger. Als die Reihe an Joseph ist, bekennt er offen, er wolle katholischer Priester werden. Der SS-Mann ist bekannt dafür, dass er bei jedem Wegkreuz, an dem er vorbeikommt, mit ganzer Verachtung auf den Boden spuckt. Für Joseph hat er nur »Verhöhnungen und Beschimpfungen« übrig: »Aber diese Beschimpfungen schmeckten großartig, denn sie befreien uns von der Drohung dieser verlogenen ›Freiwilligkeit‹ und von all ihren Folgen.«[2]

Früh am Morgen rücken die Schüler bei empfindlicher Kälte mit alten Fahrrädern zu ihren Einsatzorten aus. »Manchmal hatte man Pech, und man erwischte ein schlechtes«, um dann abends ohne Licht irgendwo im Morast mühsam wieder zurück zum Lager zu gelangen. Im »Endkampf« wird noch ein riesiges Heer an Zwangsarbeitern zusammengetrieben, die Elendsten der Elenden, um zusätzlich zum Wall kilometerlange Schützengräben und 10 Meter tiefe Panzergräben auszuheben. Joseph ist eingeteilt, eine Gruppe von etwa 40 Gefangenen zu bewachen, die sich mit Schaufeln und Spaten durch die Lehmböden der burgenländischen Weinberge wühlen. Er trägt einen Karabiner um die Schulter, eine Munition für das Gewehr hat er nicht.

In einem Brief an die Mitschüler, der als Beitrag für die Schülerzeitung *Helios* gedacht ist, gibt der 17-Jährige eine Schilderung seiner Situation. Es ist das erste gedruckte Dokument des späteren Papstes:

»Liebe Kameraden! Ihr wundert Euch vielleicht schon lange, warum von mir gar keine Post kommen will. Daran bin aber nur zum Teil ich selber schuld, zum andern die Verhältnisse, die sich jeweils so überraschend umstellten, dass ich anderen Geschäften den Vorzug geben musste … Um vier Uhr morgens hieß es aufstehen, im Eiltempo fertig machen und dann 14 km per Rad, teilweise durch ganz unwegsames Gelände, zum Arbeitsplatz fahren. Leider etwas zu spät kamen wir nun in die bekannten Weinberge des Burgenlandes, die, bereits abgeerntet, nur selten noch an ihren süßen Früchten uns kosten ließen … Bald wurden uns ausländische Arbeitskräfte zugeteilt, deren mangelnden Eifer wir durch Drohungen zu ersetzen hatten, keineswegs eine angenehme Beschäftigung.«[3]

Hautnah erleben die Jungen aus Oberbayern eines Tages, wie in einer endlos wirkenden Schar ausgemergelte Menschen von SS-Männern vorangetrieben werden, als seien sie Schlachtvieh. »Der Leidensweg der ungarischen Juden«, so Ratzinger, sei ein »bedrückendes Erlebnis« gewesen. Zu Hause in Traunstein habe es bis auf einen Holzhändler keine Juden gegeben, berichtete er in unserem Gespräch. Der Kaufmann habe die Stadt verlassen, als seine Fenster eingeworfen wurden. Bei einer Stoff-Firma in Augsburg habe sein Vater nie mehr wieder eingekauft, nachdem er von der Enteignung des früheren jüdischen Besitzers erfuhr. »Wir waren ja Hörer ausländischer Nachrichten, eifrige Hörer«, so Ratzinger, »aber von Vergasungen haben wir nichts gehört. Wir wussten wohl, dass es den Juden schlecht geht; dass sie abtransportiert worden waren; dass man das Schlimmste befürchten musste, aber konkret habe ich es erst nach dem Krieg erfahren. Das war eine neue, unvorstellbare Dimension, die alles noch viel schrecklicher erscheinen ließ.«[4]

Der Zug jener halb verhungerten Menschen, den Joseph aus der Ferne beobachten konnte, bestand aus ungarischen Juden, für die sich die Kirche vergebens eingesetzt hatte. Bis dahin war es Angelo Rotta, dem Nuntius in Budapest, mithilfe unzähliger Priester und Ordensleute gelungen, etwa 150 000 päpstliche Schutzbriefe und 20 000 Pässe des Vatikans auszugeben. Schon auf dem Balkan hatte Rotta durch Taufzertifikate und Reisegenehmigungen nach Palästina bulgarischen Juden zur Flucht verhelfen können. Auf Drängen von Pius XII. ließ der ungarische Reichsverweser Miklós Horthy die Transporte in die Lager einstellen, bis SS-Obersturmbannführer Adolf Eichmann, zuständig für die Vertreibung und die Deportation der Juden, befahl, die »Lieferungen« nach Auschwitz umgehend wieder aufzunehmen. Als die 22 000 Juden am 20. Oktober 1944 an die österreichische Grenze getrieben wurden, organisierte der Nuntius einen Lastwagenkonvoi, um dem Treck mit kirchlichen Schutzbriefen hinterherzufahren. Auf diese Weise gelang es, zumindest 2000 Juden vor dem Krematorium zu retten.[5]

Es geschieht buchstäblich über Nacht, dass die Arbeiten an den Panzersperren und Schützengräben im Burgenland eingestellt werden. Die Gymnasiasten rechnen damit, unmittelbar in die Wehrmacht übernommen zu werden. Stattdessen aber erhalten sie am 16. November ihre Koffer mit den Zivilgewändern in die Hand gedrückt, dazu ein Bahnticket. Auf dem Weg in die Heimat muss der Zug auf offener Strecke immer wieder anhalten. Fliegeralarm. Konnte Joseph bei der Hinfahrt noch ein vom Kriegsgeschehen völlig unberührtes Wien bestaunen, sieht er die Stadt nun in großen Teilen zerstört. Fassungslos hängen die Jungen an den Waggonfenstern, als sich ihr Zug Salzburg nähert. Schon von ferne ist zu erkennen, dass das Glanzstück der Stadt, der große Renaissancedom, nicht mehr existiert. Der Bahnhof liegt in Trümmern. Teile der einzigartigen Altstadt wurden ein Raub der Flammen. Bei 15 Luftangriffen der US-Airforce wurde durch rund 9300 Bomben nahezu die Hälfte der Wohnhäuser vernichtet, 547 Menschen verloren ihr Leben.

In Traunstein bekommt die Reichsbahn aufgrund eines Fliegeralarms keinen Aufenthalt, Joseph muss aus dem fahrenden Waggon abspringen. Es ist Nachmittag geworden, als er Hufschlag erreicht, und er kann sein Glück kaum fassen. Für die Schülerzeitung notiert er, wie froh er gewesen sei, »wieder einige Tage dem Zwang entronnen zu sein«, eine gewagte Bemerkung, die Folgen hätte haben können. In seinen Erinnerungen hielt er fest: »Selten habe ich die Schönheit der Heimat so stark empfunden wie bei dieser Heimkehr aus einer von Ideologie und Hass entstellten Welt.«[6]

Niemand weiß, wie es weitergehen soll. »Der Krieg tobte, wir aber waren drei Wochen wie vergessen.« Die kuriose Situation endet, als am 11. Dezember ein Sofort-Stellungsbefehl Joseph in die Verteilungsstelle der Wehrmacht nach München beordert. Die Frage war, wo sein nächster Einsatzort sein würde. »Aber der Offizier, der uns einzuteilen hatte, war sehr menschlich und offenbar auch sehr kriegsmüde oder vielleicht auch kriegsgegnerisch und sagte: ›Was machen wir denn mit Ihnen, wo sind Sie denn zu Hause?‹ ›In Traunstein‹, sagte ich. Da sagte er: ›Da haben wir eine Kaserne. Da gehen Sie nach Traunstein und fangen lieber nicht sofort an, sondern gönnen sich ein paar schöne Tage.‹«

Joseph ist nun Soldat, Infanterist. Nummer der Erkennungsmarke: 759. Seine Einheit: 1. Schützenausbildungskompanie des Grenadier-Ersatz-und-Ausbildungsbataillons 179. Eingekleidet wird der letzte Rest vom Rest der deutschen Wehrmacht mit Drillich und Uniform. Es gibt sogar eine Ausgehuniform, nagelneu geschneidert. Die Vereidigung auf den »Führer« findet an Silvester statt. Die Grundausbildung für seine Truppe, der auch 35- und 40-jährige Auslandsdeutsche aus Bessarabien und Russland angehören, erfolgt in der Badenweiler-Kaserne in Traunstein. Am 7. Januar 1945 werden die Rekruten in einer »Geländeunterkunft« stationiert, fünf Kilometer vom Stadtkern entfernt. Schlafplatz für jeweils zwölf Mann ist ein eingegrabener Holzbunker am Waldrand, der zur Tarnung mit Erde zugeschüttet ist. Die »Feldküche« besorgt ein nahe gelegenes Wirtshaus, meist sind es nur Butterbrote. Wecken ist um sechs Uhr früh, um halb sieben Uhr wird angetreten. Es folgt der von Ratzinger wenig geliebte Frühsport mit Hindernislauf und Stellwänden, die kaum zu überwinden sind.

Alle wissen, der Krieg kann nicht mehr gewonnen werden. »Doch keiner muckte auf oder sagte: Ich hau ab«, erinnerte sich Ratzingers Kamerad Martin Tradler. »Jeder hatte Angst vor der SS. Man wusste, dass die kurzen Prozess machen und immer wieder Männer aufgehängt hatten.«[7] Hitlers letztes Aufgebot lernt nicht nur den Umgang mit Karabiner, Panzerfaust, Maschinengewehr und Bajonett (für den Nahkampf), sondern auch das richtige Grüßen und den Paradenmarsch im Gleichschritt. »Es zittern die morschen Knochen«, singen sie. Besonders grotesk wirkt es, wenn Joseph mit dem verwegenen Haufen durch Traunstein marschiert. Zum Zeugnis ihres Durchhaltewillens sollen sie einen alten Soldaten-Gassenhauer schmettern: »Wir fahren nach Engeland«.

»Ratzinger war kein besonders guter Schütze«, berichtete Tradler. Andererseits konnte er sich noch die abwegigsten Anordnungen merken und damit den anderen auf die Sprünge helfen. Herausgestochen war er durch den hohen Klang seiner Stimme. Ansonsten sei er »ein ruhiger Kerl« gewesen, »ein guter Kamerad und kein Einzelgänger«. Trotz seiner körperlichen Schwäche habe er 40 Kilometer lange Nachtmärsche durchgestanden, eine Gasmaske über dem Gesicht, um dann mit dem mitgeschleppten Maschinengewehr Angriffe auf eine Brücke zu simulieren. Martin Tradler sollte bald den Befehl zum Kampfeinsatz erhalten. »ZBV«, zur besonderen Verwendung, lautete der Eintrag in seinem Dienstausweis. Aus der Kriegsgefangenschaft in Frankreich wird er, ausgehungert und traumatisiert, erst Anfang 1947 wieder zurückkehren.

Es beginnen die letzten Tage eines Reiches, das tausend Jahre währen sollte. Mitte Januar wird Joseph zunächst an verschiedene Standorte im Umkreis von Traunstein verlegt. Im Februar zieht er sich ein Panaritium zu, eine Infektion am Daumen. Keine große Sache eigentlich, aber der Arzt, »der mehr ein Viehdoktor war«, schneidet die vereiterte Stelle nicht nur ohne Narkose auf, er macht es auch besonders schlecht. Noch 70 Jahre später sollte Besuchern im Vatikan der wie gespalten wirkende Daumen an der linken Hand des Papstes ins Auge stechen. Aber im Grunde ist die missglückte OP ein Glücksfall. Dienstunfähig geschrieben, darf er nach Hause, um sich von der Mutter in Hufschlag pflegen zu lassen.

Den 16. April, seinen 18. Geburtstag, verbringt er wieder in der Kaserne. Deutschland liegt längst in Trümmern. Über 400 Millionen Kubikmeter Schutt bedecken das Land. 3,1 Millionen Menschen sind ausgebombt und evakuiert worden. Unzählige vegetieren in Kellern, Baracken, unter zerstörten Eisenbahnbrücken. Am 1. Mai meldet der Großdeutsche Rundfunk um 22.26 Uhr den Tod Adolf Hitlers und die Regierungsübernahme durch Großadmiral Karl Dönitz, Oberbefehlshaber der deutschen Kriegsmarine. Juden und Sklavenarbeiter aus den aufgelösten Konzentrationslagern werden in das noch nicht besetzte Landesinnere getrieben. Ein Zug mit 66 halb verhungerten Gestalten, vorwiegend ungarischen und polnischen Juden, erreicht am 2. Mai 1945 auch Traunstein. Im Schweinestall einer Brauerei werden sie über Nacht eingesperrt, um am nächsten Tag an einem Waldrand in der Nähe der Gemeinde Surberg von SS-Männern erschossen zu werden, während fünf Kilometer westlich die US-Truppen einmarschierten.[8]

Josephs Kompanie ist in der Mädchenschule im Stadtzentrum Traunsteins einquartiert. In diesen Tagen, heißt es lapidar in seinen Erinnerungen, »entschloss ich mich, nach Hause zu gehen«. Was so locker dahingesprochen klingt, war im Grunde ein Himmelfahrtskommando. Auf Desertation stand die Todesstrafe. Tatsächlich hatten SS-Leute bereits mehrere Fahnenflüchtige an Bäumen aufgehängt. »Ich wundere mich nachträglich darüber«, so Ratzinger über sein Verhalten, »ich wusste, dass da Posten stehen, dass man sofort erschossen wurde und dass so etwas eigentlich nur schlecht ausgehen kann. Warum ich trotzdem so ungeniert nach Hause gegangen bin, also welcher Grad an Naivität mir da zu eigen war, kann ich mir eigentlich nicht mehr erklären.«

Der entscheidende Moment ist, als zwei Sanitätsunteroffiziere das Gebäude verlassen. Kurzerhand schließt sich Joseph wie dazugehörig an. Wohl selten war eine Schlinge um den Arm, die er aufgrund der

Infektion des Daumens trägt, so wertvoll.« »Sonst wäre ich gar nicht herausgekommen.« Noch ist der Ausbruch nicht geglückt. Als er sich durch eine Bahnunterführung schleicht, »standen da zwei Soldaten auf Posten, und für einen Augenblick war die Lage äußerst kritisch für mich«. Die Männer sehen den Jungen mit der verbundenen Hand und geben den Weg frei: »Es waren gottlob solche, die auch den Krieg satthatten und nicht zu Mördern werden wollten.«[9]

Josephs Desertation ist keine Flucht oder ein Zurückweichen aus Angst, sondern eine Entscheidung aus Einsicht. Er entzieht sich aus rationalen Erwägungen einer Situation, die er selbst nicht mehr aktiv gestalten kann. Er hat gewissermaßen das Seine getan, mehr ist nicht zu machen. Als er in Hufschlag durch die Tür tritt und von seiner Schwester und den Eltern freudig empfangen wird, sitzen zwei Klosterschwestern am Küchentisch, Freundinnen von Maria. Sie studieren die Landkarte, um sich auf den Einmarsch der Amerikaner vorzubereiten. Was für eine groteske Situation: »Gott sei Dank ist ein Soldat da, jetzt sind wir beschützt«, hört der Fahnenflüchtige, der froh ist, eben selbst noch mit heiler Haut seinen Häschern entkommen zu sein. Wie um die Dramatik der Situation zu verstärken, tauchen anstatt der erhofften GIs zwei SS-Leute auf, wobei es Vater Ratzinger »nicht lassen konnte, sofort seine ganze Wut über Hitler ihnen ins Gesicht zu sagen, was normalerweise für ihn hätte tödlich enden müssen. Aber ein besonderer Engel schien uns zu schützen. Die zwei verschwanden am nächsten Tag, ohne Unheil angerichtet zu haben.«[10]

Endlich sind die Amerikaner in Hufschlag. Es ist der 7. Mai, ein Tag vor dem offiziellen Kriegsende. Voran fährt ein Panzer, der seine Kanone auf das Ratzinger-Anwesen richtet. Aus nachfolgenden Jeeps springen Soldaten, um nach versteckten Landsern zu suchen. Im Haus finden sie ausgerechnet eine Kiste mit SA-Uniformen. Nachbarn hatten gebeten, sie einstellen zu dürfen, ohne zu sagen, worin der Inhalt bestand. Auch Josephs Uniform taucht auf, die der Junge wieder anziehen muss, um sich auf der Wiese vor dem Haus mit anderen Kriegsgefangenen aufzustellen, die Hände über dem Kopf. Es gelingt ihm gerade noch, ein großes leeres Heft und einen Bleistift einzustecken, dann ist auch er Teil eines großen Trecks, eines Zuges, der in die Gefangenschaft führt.

Am 7. Mai 1945 unterzeichnet Generaloberst Alfred Jodl im Namen des Oberkommandos der Deutschen Wehrmacht in Reims im Hauptquartier von General Dwight D. Eisenhower, Oberbefehlshaber der alliierten Streitkräfte in Europa, die bedingungslose Kapitulation des Deutschen Reichs. Sie tritt am 8. Mai 1945 um 23 Uhr in Kraft. Stalin hatte zuvor deutlich gemacht, dass er die Gültigkeit der Gesamtkapitulation nur bei Unterzeichnung durch den Oberkommandierenden der Roten Armee, Marschall Georgij K. Schukow, anerkennen werde, die kurz nach null Uhr des 9. Mai im Sowjetischen Hauptquartier in Berlin-Karlshorst erfolgt (und auf den 8. Mai zurückdatiert wird). Der 8. Mai ist ein Dienstag. Die Sonne scheint über Deutschland, der Krieg ist zu Ende. Doch im Licht des Frühlings sehen die Städte noch trostloser aus. Hamburg und Berlin, Dresden, Würzburg, München sind kokelnde Trümmerlandschaften, in denen die Bewohner herumirren wie Gespenster. Die Toten liegen am Straßenrand, in Parkanlagen, auf den Bürgersteigen. Zehn Millionen Menschen bevölkern die Landstraßen, um irgendwo Unterschlupf zu finden. Flüchtlinge aus dem Osten, Zwangsarbeiter aus Frankreich oder Italien, KZ-Häftlinge in gestreiften Sträflingsanzügen.

Auf den Champs-Élysées in Paris hingegen feiern Hunderttausende den Sieg über Hitlerdeutschland. In New York singen und tanzen am »VE-day«, dem »Victory in Europe Day«, eine halbe Million Menschen in den Straßen der Stadt. In London versammeln sich 200 000 vor dem Buckingham Palace. »In unserer langen Geschichte«, ruft Premierminister Winston Churchill aus, »haben wir niemals einen großartigeren Tag erlebt«.[11]

Die Raserei war an ein Ende gekommen, das Toben böser Mächte mit einem Schlag verstummt. Hitlers Reich, in dem der Mensch »zertreten, gebraucht und missbraucht wurde für den Wahn einer Macht, die eine neue Welt schaffen wollte« – so Ratzinger 2004 bei den Feierlichkeiten zum 60. Jahrestag der Landung der Alliierten in der Normandie –, dieses Reich war ein Un-Ort, an dem »Gott absolut abwesend« war und der wie ein jeder solcher Un-Orte dem Prinzip der Fremd- und Selbstzerstörung huldigte.[12] Jeder dritte männliche Deutsche der Geburtsjahrgänge zwischen 1910 und 1925 hat den Krieg nicht überlebt. Weit über 12 Millionen Soldaten der Wehrmacht gerieten in Kriegsgefangenschaft oder wurden als vermisst nie wieder aufgefunden. Etwa 3,6 Millionen befanden sich in britischen, knapp 1 Million in französischen und rund 3,1 Millionen in amerikanischen Lagern.[13]

In sowjetische Gefangenschaft gerieten 3,2 bis 3,6 Millionen Deutsche.[14] Unzählige der Überlebenden konnten erst nach zehn Jahren in ihre Heimat zurückkehren. Ungeklärt blieb nach Angaben des Suchdienstes des Deutschen Roten Kreuzes das Schicksal von weiteren 1,3 Millionen deutschen Militärangehörigen. In deutsche Kriegsgefangenschaft gerieten umgekehrt – neben Franzosen, Engländern, Griechen, Italienern und Angehörigen anderer Nationen – 5 Millionen Soldaten der Roten Armee, 3,3 Millionen kamen dabei ums Leben.[15]

Über den gesamten Kontinent zog ein nie da gewesener Flüchtlingsstrom. Allein aus dem deutschen Osten kamen in riesigen Trecks 9,5 Millionen Menschen in die Westzonen. Vertrieben wurden insgesamt 14 Millionen Deutsche, mehr als 2 Millionen von ihnen blieben verschollen. Bereits von 1937 bis 1945 waren 1,3 Millionen Menschen nach Deutschland verbracht worden, 4,3 Millionen flohen vor den Russen. 4,25 Millionen Menschen wiederum wurden aus Polen nach Russland umgesiedelt. Am Ende werden in ganz Europa 19,75 Millionen Heimatlose gezählt, die größte Völkerwanderung aller Zeiten.

Das Elend wurde konkret in den Schicksalen der Familien, der Frauen, der Kinder, der seelisch Zerstörten. Mehr als die Hälfte der 5,3 Millionen gefallenen deutschen Wehrmachtssoldaten starben in den letzten 10 Kriegsmonaten. Mehr als eine weitere Million kamen nach Kriegsende um, in den Gefangenenlagern der Alliierten. Die Zahl der Toten war am Ende eines beispiellosen Völkerschlachtens auf über 50 Millionen gestiegen, fast die Hälfte davon Zivilpersonen. Darunter 20 Millionen Russen, 7,35 Millionen Deutsche, 6 Millionen Polen, 537 000 Franzosen, 390 000 Engländer, 320 000 Amerikaner. Etwa 10 Millionen Menschen kamen seit 1933 in die nationalsozialistischen Konzentrationslager. Von den 9,6 Millionen europäischen Juden hatten die Schergen des Regimes rund 6 Millionen ermordet.

Mit Zigtausenden anderen Überlebenden eines vernichteten Heeres zieht Joseph zu einem Sammellager für Kriegsgefangene in Bad Aibling. Der Zug ist so groß, dass er die ganze Breite der Autobahn einnimmt – ein beliebtes Fotomotiv für US-Soldaten, »um sich Erinnerungen an die geschlagene Armee und ihren desolat gewordenen Personalstand mit nach Hause zu nehmen«, wie Ratzinger beobachtete. Endpunkt des Gefangenentrecks ist ein riesiges Ackergelände bei Ulm. Bis zum Ende der Haft leben hier 50 000 Mann bei Wind und Wetter im Freien. Geschlafen wird zunächst sogar ohne Zudecke. »Es ging die ersten 14 Tage gut, weil schönes Wetter war.« Doch als der Regen kam, »war es ganz schrecklich«.

Einige der Kriegshäftlinge waren klug genug, sich bei der Gefangennahme ein Zelt mitzunehmen, und bildeten Zeltgemeinschaften mit zwei bis sechs Mann. Joseph fand einen Unteroffizier mit einem Einmannzelt: »In seiner Gutmütigkeit hat er mich aufgenommen. Wir gruben uns eine Art Bett und haben auf der Seite Platz zum Ablegen von Brot geschaffen.« Man habe »ohne Uhr, ohne Kalender, ohne Zeitung« gelebt, berichtete Ratzinger, »nur durch oft wunderlich verzerrte und verworrene Gerüchte drang etwas von dem Weltgeschehen in unsere vom Stacheldraht abgeschirmte Sonderwelt herein.« Am schlimmsten sei der Hunger gewesen. In Bad Aibling hatte es die ersten beiden Tage weder zu essen noch zu trinken gegeben. In Ulm besteht die Verpflegung »aus einem Schöpflöffel Suppe und ein wenig Brot am Tag«[16].

Besser wird es, als sich erste Gemeinschaften bilden, die Vorträge organisieren. Kriegsgefangene Professoren und Studenten der höheren Semester bieten bald ein komplettes Vorlesungsprogramm an, Priester zelebrieren täglich im Freien die heilige Messe.

Als Trost und »wunderbarer Begleiter« erweist sich nun das mitgenommene Notizheft, das zur »Spiegelung meiner Tage« wird. Ratzinger notiert »Meditationen über mich selbst, über die Geschichte und meine Lage« – sowie »Überlegungen aller Art«[17]. Er arbeitet auch an Abiturthemen, an die er sich erinnern kann, verfasst griechische Hexameter und beginnt sogar »eine Art griechischer Grammatik zu fabrizieren«. Bücher sind nicht zur Verfügung, und so entstehen frühe »philologische Versuche«.

Es ist eine Zeit der Entbehrung, des Fastens, eine Erfahrung der Wüste. Als »geistige Nahrung und Hilfe, um diese dürre Zeit zu überstehen«, sei ihm sein Notizbuch, das leider verloren ging, »etwas Großartiges« gewesen: »Weil ich so meinem Geist Arbeit geben konnte und auf diese Weise die leere Zeit Inhalt bekommen hat.« Erstaunlicherweise »reichte es genau für die Zeit bis zum 19. Juni, dann war es vollgeschrieben«.

Es ist das Datum, an dem Joseph entlassen wird. Nach 40 Tagen einer physischen wie psychischen Not- und Reifezeit. »Irgendwie hatte der Zustand der Gefangenschaft für mich etwas Symbolisches an sich«, reflektierte Ratzinger. »Wir waren unbehaust, noch unfrei, die Nächte waren kalt, aber die Tage hell, das Jahr steigend. Wir gingen einer besseren Zukunft entgegen.«[18]

Josephs erstes Ziel nach der Haftentlassung ist München, wohin ihn ein amerikanisches Militärfahrzeug bringt. Mit einem Kameraden macht er sich zu Fuß auf den Weg nach Hause. Das Zelt in seinem Rucksack soll auf der 120 Kilometer langen Strecke als Behausung dienen. Doch kaum haben die beiden die Stadtgrenze hinter sich gelassen, stoppt der Fahrer eines mit Holzgas betriebenen Milchtransporters. »Wir waren beide zu schüchtern, um ihn anzuhalten.« Der Laster fährt ausgerechnet für eine Traunsteiner Molkerei. Es ist der Tag des Herz-Jesu-Festes, als Joseph kurz vor Sonnenuntergang den Stadtplatz erreicht. Aus der Kirche hört er beten und singen. »Das himmlische Jerusalem«, freut er sich über die wiedergewonnene Freiheit, »hätte mir in diesem Augenblick nicht schöner erscheinen können.« Zu Hause kann es der Vater »kaum fassen, als ich plötzlich wieder lebendig vor ihm stand«. Es gibt nur wenige Lebensmittel, aber die Mutter hat frischen Salat, ein Ei von den eigenen Hühnern und ein Stück Brot bereit: »In meinem Leben habe ich keine Mahlzeit mehr so köstlich gefunden wie das einfache Mahl, das die Mutter mir aus den Früchten des eigenen Gartens bereitete.«[19]

Wenige Wochen später, an einem heißen Tag im Juli, kommt auch Bruder Georg mit dem ersten Entlassungszug deutscher Kriegsgefangener aus Italien nach Hause. Viele Familien haben Väter und Söhne verloren. Allein von Georgs Seminarklasse sind 10 Mitschüler im Krieg gefallen. Insgesamt starben 45 ehemalige Zöglinge des Seminars. »Wir hatten seit März nichts mehr von ihm gehört«, berichtete Ratzinger, »und die Sorge, er könne in den letzten Kriegswochen gefallen sein, fiel uns immer schwerer aufs Herz.« Aber plötzlich steht da jemand in der Tür, »braun gebrannt von der italienischen Sonne, mit kahl geschorenem Kopf und mit großem Aufdruck PW [Prisoner of War] auf der abgetragenen Uniform«. Es ist der Sohn und Bruder. Noch bevor ein einziges Wort fällt, setzt sich Georg ans Klavier und spielt »Großer Gott, wir loben dich«: »Niemand von uns schämte sich der Tränen, die nun flossen.«

Der Soziologe Heinz Bude zeichnete die 16- und 17-jährigen deutschen Flakhelfer als Menschen, die sich nicht zu »größensüchtigen Ellbogentypen«, sondern zu »eher vorsichtigen und erwartungssensiblen, aber mit verbissenem Willen ausgestatteten Machern« entwickelt hätten. Sie würden sich »nicht in den Vordergrund« stellen, »sondern Deckung suchen«. Sein Wissenschaftskollege Helmut Schelsky fand für diese

Jahrgangsstufen früh den Begriff von der »skeptischen Generation«. Zu ihr gehörten neben Ratzinger Schriftsteller wie Günter Grass, Martin Walser und Siegfried Lenz oder auch der Gesellschaftstheoretiker Niklas Luhmann und Hans-Dietrich Genscher, der deutsche Außenminister.

Von einer »normalen« Jugend, wie Nachgeborene sie kannten, so Schelsky, sei diese Generation weit entfernt gewesen. Sie waren als Teenager in das Untergangsinferno des Dritten Reiches geworfen worden, traumatisiert aus dem Krieg zurückgekehrt und mussten damit zurechtkommen, dass in ihrem, dem deutschen Namen, die größten Verbrechen der Menschheitsgeschichte begangen wurden. Die »skeptische Generation«, so Schelskys Untersuchungsergebnis, sei in ihrem sozialen Bewusstsein und Selbstbewusstsein kritischer, skeptischer, misstrauischer und illusionsloser als alle Jugendgenerationen vorher. Sie trage kein Bedürfnis in sich, elitäre Gemeinschaften zu stiften oder Ordnungsprinzipien zu verwirklichen, geschweige denn, dass sie in flammende Leidenschaft ausbrechen könnte.[20] Schelsky selbst, Jahrgang 1912, hegte später »eine abgrundtiefe Abneigung gegenüber allen ideologischen Aufwallungen«. Und somit konsequenterweise, wie das nicht zuletzt bei Joseph Ratzinger zu sehen sein wird, auch gegen die 68er-Bewegung und ihren Impetus aus moralischer Entrüstung.

Die Erfahrungen als Flakhelfer und Soldat mögen für den jungen Joseph Ratzinger einschneidend gewesen sein, wirklich prägend war das Vorbild des Elternhauses und die Verwurzelung in die einfache Frömmigkeit des liberalen bayerischen Katholizismus. In der Verknüpfung mit literarischer und wissenschaftlicher Begabung entstand auf diese Weise die ungewöhnliche Mischung aus erdschwerer Bodenhaftung und einer intellektuellen Genialität, die es erlaubt, in höchsten Sphären zu schweben, ohne dabei elitär abzuheben. Der zweite Schlüssel zum Verständnis der Biografie Ratzingers ist die persönliche, mit der Gefahr für Leib und Leben erlebte Konfrontation mit einem totalitären, gottlosen Regime, das in der Logik seines Systems und seiner Weltanschauung zwangsweise zu Krieg und Völkermord führen musste. Der Terror der Nazis, bekannte Benedikt XVI., habe seine Entscheidung über seinen weiteren Werdegang nachhaltig beeinflusst. Zusammenfassend hielt er fest: »Im Glauben meiner Eltern hatte ich die Bestätigung für den Katholizismus als einem Bollwerk der Wahrheit und der Gerechtigkeit gegen jenes Reich des Atheismus und der Lüge, das der Nationalsozialismus darstellte.«

Die Zeit der Jugend ist nahezu abgeschlossen, die erste Häutung beendet. Nach dem Hineinwachsen in das Geheimnis der Liturgie, einer ersten Auseinandersetzung mit der Wahrheit des Glaubens und der hautnahen Erfahrung des Atheismus ist der nunmehr 18-Jährige bereit für die radikale Hingabe seiner Existenz an ein Leben für Gott. Denn die Grundentscheidung ist mit dem Ende des Krieges gefallen: »An meinem Berufsziel gab es jetzt keine Zweifel mehr, ich wusste, wo ich hingehörte.«

Teil II

Der Meisterschüler

Kapitel 12

Die Stunde null

Es ist bitterkalt in diesem Winter. Nur notdürftig sind die Straßen von Schnee geräumt. Pferdefuhrwerke haben Mühe, die Spur zu halten. Die drei blutjungen Männer, die am 3. Januar 1946 mit ihren Koffern schwer atmend den Stadtberg von Freising hinaufsteigen, wirken schüchtern und ernst. Bedächtig setzen sie ihren Weg fort, als wagten sie kaum, mit ihren klobigen Schuhen heiligen Boden zu betreten.

Vor der Statue der Muttergottes, der *Patrona Bavariae*, hatten sie das Kreuzzeichen gemacht. Zu ihren Füßen sehen sie die wilde Isar und das weite Erdinger Moos, auf dem Hügel gegenüber die prächtige Abtei Weihenstephan mit der ältesten Brauerei der Welt. Je höher sie steigen, desto deutlicher zeigt sich am Horizont die Silhouette Münchens, gerade einmal 30 Kilometer Luftlinie entfernt. 73 Luftangriffe britischer und amerikanischer Bomber hatten über 60 Prozent aller Gebäude zerstört und 6000 Todesopfer gekostet. Die Türme der Frauenkirche mit ihren markanten welschen Hauben sind so ziemlich das Einzige, was von den Wahrzeichen der einstigen »Hauptstadt der Bewegung« stehen geblieben ist.

Durch den Krieg sind Georg und Joseph in der gleichen Ausgangssituation. Beide beginnen in Freising mit dem ersten Semester, und vor allem: Beide haben kein Abitur, zumindest kein reguläres. In Josephs letztem Zeugnis stand der Hinweis, an den Schüler sei, sollte er zum Abiturtermin im April 1945 noch immer der Wehrmacht angehören, der »Reifevermerk« auszuhändigen, die Zulassung zum Studium. Eine fiese Note im Sport würde dann jedenfalls seiner Zukunft nicht mehr im Wege stehen. »In dieser Hinsicht«, bemerkte Ratzinger, »hatte der Krieg für mich gerade lang genug gedauert, um diesen Status herbeizuführen.«[1]

Ihren Begleiter Rupert Berger hatten sie in Traunstein beim großen Adventssingen kennengelernt, dem ersten wieder nach dem Krieg. Georg und Joseph sangen im Chor, Rupert spielte Geige. »Wir haben sofort gemerkt«, so Berger, »dass wir denselben Weg ansteuern.« Bergers Vater war von den Nazis als Bürgermeister abgesetzt und im KZ Dachau interniert worden. Mitschüler hänselten Rupert: »Dein Vater ist in Dach…« – und dann zwickten sie ihn, dass er laut »au« schrie. Die Verhaftung des Vaters hatte in ihm den Entschluss geweckt, Priester zu werden: »Ich war sieben Jahre alt. Aber ich hatte gesehen und gespürt, dass die katholische Kirche dezidiert der einzige feste Halt war, den man gegen die Nazis hatte.«[2]

Der Krieg hatte Joseph verändert. Georg bemerkte, dass sein Bruder, der zuvor »eigentlich noch ein rechtes Büberl ohne richtige Männerstimme« war, inzwischen »richtig erwachsen«[3] wirkte. Noch lange werden er und seine Kameraden in ihren Albträumen den Nachhall der Flakkanonen hören, das jähe Aufblitzen von Bombeneinschlägen vernehmen, die Bilder von Leichenteilen sehen, die aus einem Lazarett in Holzkisten herausgeschleppt wurden. »Die Jahre, die wir in der Unfreiheit des Militärdienstes verbracht haben«, schrieben die beiden Brüder kurz vor Weihnachten in einem Brief an »Rex« Mair, »haben uns Gelegenheit gegeben, die Schönheit und Größe unseres Berufes tiefer zu fassen, als es uns vielleicht unter normalen Umständen möglich gewesen wäre.«[4] Nun freuen sie sich darauf, den Geheimnissen Gottes auf die Spur zu kommen. Frei und offen. Mit den Mitteln der Wissenschaft. Zur Prüfung stand, ob »der Glaube wahr ist. Dass er also den Zugang zum richtigen Verstehen des eigenen Lebens, der Welt und der Menschen eröffnet«.

Schon die Anfahrt war ein Abenteuer. Der Bahnhof in Traunstein war zerbombt, die Gleise notdürftig geflickt. Nur mit Mühe konnten sie sich in einen der wenigen Züge nach München zwängen, um einen Stehplatz zu ergattern. Um sie herum Bäuerinnen mit Obst und Geflügel für den Markt, Kriegsheimkehrer in zerrissenen Uniformjacken, müde Flüchtlinge. Aber wirkten nicht auch sie selbst ein wenig wie Vertriebene? Mit ihren abgewetzten Koffern und den abgetragenen Anzügen? Zu Hause hatten sie noch Möbel geschleppt und Bücherkisten sortiert, um den Wiederaufbau im Seminar voranzubringen. Sie kümmerten sich um Lebensmittelkarten und Personalausweise, besuchten verletzte Kriegskameraden. Fassungslos hatte Joseph beobachten müssen, wie sich »die Alt-Nazis plötzlich zur Kirche buckeln«. Ein früherer Französischlehrer, »der ein fürchterlicher Nazi war und ein fürchterlicher Katholikenhasser«, stand plötzlich mit einem Blumenstrauß vor ihrem Heimatpfarrer Stefan Blum, um einen »Persilschein«

für einen Job im Staatsdienst zu erbetteln. Der Priester hatte entrüstet abgelehnt. Irgendwann komme es wohl noch so weit, ironisierte er in der Predigt unter dem Gelächter der Gemeinde, »dass man sagt, die einzigen Nazis waren die Pfarrer«.

Es war derselbe Blum, der den Ratzingers geraten hatte, auch ihren hochbegabten Jüngsten ins bischöfliche Studienseminar zu geben. Jetzt hatte er Joseph einen Stapel von Büchern über Theologie und Philosophie in die Hand gedrückt. Zum Einlesen. Kurze Hosen seien im Priesterseminar verboten, gab er ihm mit auf den Weg. Und auch wenn die modernen Theologen an den Unis inzwischen auf Krawatte umstiegen: angehende Kleriker hätten das Kollar zu tragen, den römischen Priesterkragen.

Das Schlimmste war das Abschiednehmen. Die Mutter hatte ihnen die Koffer gepackt. Einen zweiten Anzug, zwei Hemden, Unterwäsche. In den Augen des Vaters lag dann doch auch ein Glanz von Stolz und Freude, »dass wir Priester werden wollen«[5]. Maria war traurig, ihre Brüder zu verlieren, auch wenn es nur auf Zeit war. Es ist mit das Geld aus ihrem Lohn, das den beiden das Studium ermöglicht. »Wenn's nicht das Eure ist«, hatte sich die Mutter noch ein Herz gefasst, »dann ist es besser, ihr geht weg.« Ähnliches hatte auch die Mutter des heiligen Don Bosco ihrem Sohn geraten: »Solltest du eines Tages an deiner Berufung zweifeln, dann zieh die Soutane aus. Besser ein armer Bauer als ein schlechter Priester.«

Acht Monate nach Kriegsende ist Deutschland noch immer ein Trümmerfeld. In den Großstädten suchen Bergungskommandos weiterhin nach Leichen und Kadavern. Seuchengefahr! Mit bloßen Händen werden aus den riesigen Schuttmassen Millionen von Ziegelsteinen geborgen. Dann weitergereicht, gesäubert und gestapelt – Material für den Wiederaufbau. Für Brennholz werden ganze Wälder kahl geschlagen. Kleidung entsteht aus alten Uniformen und Fallschirmseide. In Parks gesammelte Eicheln werden zu Mehl verarbeitet. Aus Löwenzahn macht man Salat, aus Kartoffeln Schnaps.

Am 20. September 1945 schreibt Erika Mann aus München ihren im amerikanischen Exil in Pacific Palisades lebenden Eltern Thomas und Katja: »Erwägt auch nicht eine Minute lang, in dieses verlorene Land zurückzukehren. Es ist einfach nicht menschenerkennbar.«[6]

Mit Vermisstenanzeigen an Hauswänden und Bäumen suchen Angehörige nach ihren Ehepartnern, Eltern oder Geschwistern. In der

Diözese Bamberg wird mangels Kerzen die »Zelebration ohne Licht« erlaubt. Die Kirchenleitung ermahnt die Priester, extrem sparsam mit geweihtem Öl umzugehen, es stehe kein Nachschub zur Verfügung. Von 60 000 Kilometern Reichsbahnnetz ist ein Drittel unpassierbar, von 22 400 Lokomotiven und 578 000 Güterwaggons die Hälfte schrottreif. Auf Essensmarken gibt es nur noch knapp 1000 Kalorien pro Person und Tag, falls überhaupt Lebensmittel vorhanden sind. Im Hungerwinter 1946/47 sollte die Fettration auf 75 Gramm gekürzt werden – pro Monat. Auf dem Schwarzmarkt kosten 20 Zigaretten 150 Reichsmark, 1 Kilogramm Kaffee 1100 Reichsmark und 1 Ei 12 Reichsmark. »Menschen essen Gras und Rinde von den Bäumen«, berichtet Anastas Mikojan, der Sowjet-Kommissar für Außenhandel, aus Berlin. Konrad Adenauer spricht von einem »Absturz ins Bodenlose«. Wenn nicht ein Wunder geschehe, so der von den Nazis ab- und von den Briten wieder eingesetzte Oberbürgermeister von Köln, »geht das deutsche Volk zugrunde, langsam, aber sicher«.

Stunde null. Der Moloch, das Ungeheuer, die schreckliche Schlange des NS-Terror-Regimes, das sich für unbezwingbar hielt und ein tausendjähriges Reich ausgerufen hatte, ist bezwungen. »Schwerlich hat es in der Geschichte ein ereignisreicheres Jahr gegeben«, notierte Thomas Mann. Es sei ein »Gedränge von Schocks und erbitternden Geschehnissen«, ohne jedes historische Vorbild. Aber eben auch von neuen Möglichkeiten eines aus den Trümmern erblühenden Neuanfangs, der Auferstehung aus Ruinen. Einer jener unvergleichlichen Momente, die die Geschichte gewährt, um innezuhalten, um nicht länger fortzufahren wie bisher, sondern die Chance der Umkehr zu nutzen, ein Licht der Hoffnung anzuzünden.

Nachgeborene können die Empfindungen dieser Stunde kaum nachvollziehen. Wie es ist, auf nackter Haut zu spüren, was Freiheit bedeutet. Als Verfolgte oder gar dem Tod Geweihte wieder Zukunft zu haben. In einer freien Welt. Nicht alle fühlten sich bereit dazu. Der besiegte Volkssturmmann, der braune Parteigenosse, die fanatische Hitleranhängerin ballten insgeheim die Fäuste. »Im Grunde genommen«, so der spätere Bundespräsident Theodor Heuss, sei der Tag des Kriegsendes »die tragischste und fragwürdigste Paradoxie der Geschichte für jeden von uns« geblieben – »weil wir erlöst und vernichtet in einem gewesen sind.« »Vernichtet« im Sinne einer moralischen und politisch-militärischen Niederlage und allumfassender Not. Aber eben auch »erlöst« von der Tyrannei des Nationalsozialismus. »Der Fluch ist zu Ende, der Schwindel ist entlarvt«, rief der Bürgermeister der Donaustadt Passau aus, »die Zukunft ist offen für freie, für gläubige, für liebevolle Menschen.«[7]

Die Erschütterungen des Krieges hatten eine gespenstische, apathische Stille über das Land gelegt. Zerstörte Dörfer und Landschaften, Ruinen als Überreste verheerender Brandbomben, das ganze Inferno aus Angst und Vernichtung, Hunger und Tod. Die überfüllten Lazarette, die Frauen ohne Männer, die Kinder ohne Väter, die gigantischen Flüchtlingsströme, die sich gen Westen wälzen – dies alles war nicht Gottes Werk. Aber dies alles schrie nach Gottes Hilfe. War es nicht auch ein Zeichen der Vorsehung, dass die blutjungen Männer, die sich in Freising auf ihr Studium freuten, dem ersten Jahrgang einer neuen Priestergeneration angehörten? Neuen geistlichen Lehrern, Hirten eines geschlagenen Volkes, eben echten »Führern«, die das kranke Land wieder segnen konnten? War die *geistliche* Erneuerung nicht auch unerlässliche Bedingung für eine *weltliche* Erneuerung; in der Politik, in der Wirtschaft, in Kultur und Lebensstil?

Als sich am 3. Juni 1945 in München bei strahlendem Sonnenschein wieder eine Fronleichnamsprozession in Bewegung gesetzt hatte – die erste Großveranstaltung in Deutschland nach dem Krieg überhaupt –, folgten 25 000 Menschen über vier Stunden lang durch meterhohe Schuttberge hindurch der heiligen Eucharistie, dem Leib des Herrn, als Zeichen des Lebens über den Tod, das der 76-jährige Kardinal von Faulhaber in seiner Monstranz unter einem Baldachin erstmals wieder durch die Straßen trug. »Die Freude über den sonnigen Tag war den Münchnern von den Gesichtern abzulesen«, schrieb Faulhaber in sein Tagebuch, »es kam ihnen aus dem Herzen, vor aller Welt ein Bekenntnis zu Christus abzulegen, dem Herrn der neuen Zeit.«[8]

»Am Anfang waren die Kirchen – und kein Staat«[9], beschrieb der Kirchenhistoriker Martin Greschat die ersten Überlebens- und Gehversuche einer Nation, die materielle Not, Desorientierung und einen ungeheuren Zivilisationsbruch zu bewältigen hatte. Speziell die katholische Kirche, befand der Historiker Thomas Großbölting, sei dabei als Institution »hervorgestochen«. Sie habe, zumindest in den Anfangsjahren der Bundesrepublik, sowohl vom eigenen Selbstverständnis her wie auch in der Außenwahrnehmung »als vom Nationalsozialismus nicht korrumpiert« gegolten. Als nicht nazifizierte Institution sei der katholischen Kirche dabei »nicht nur in der deutschen Bevölkerung besondere Autorität«[10] zugekommen, ihre Vertreter wurden auch von den alliierten Besatzungsoffizieren als legitime Sprecher des deutschen Volkes und Gesprächs- und Verhandlungspartner akzeptiert. Dem Münsteraner Bischof Clemens August Graf von Galen hatte man gar angeboten, an die Spitze der Zivilregierung in der britischen Besatzungszone zu treten.

Als am 23. August 1945 die katholischen Bischöfe in Deutschland erstmals nach Kriegsende ein gemeinsames Hirtenwort veröffentlichten, nahmen sie auch zur Frage von Schuld und Sühne Stellung. »Viele Deutsche, auch aus unseren Reihen, haben sich von den falschen Lehren des Nationalsozialismus betören lassen, sind bei den Verbrechen gegen menschliche Freiheit und menschliche Würde gleichgültig geblieben«, hieß es darin, »viele leisteten durch ihre Haltung den Verbrechen Vorschub, viele sind selber Verbrecher geworden.« Gleichzeitig forderte das Episkopat eine »Umkehr durch Verchristlichung«. Zum Neuanfang gehöre aber auch eine umfassende Befriedung der Gesellschaft im Geiste christlicher Versöhnung. »Rächet nicht selbst!«, hieß es in der Ermahnung, »ertraget einander!«[11]

Zwei Monate später, am 18./19. Oktober 1945, unterzeichneten auch die führenden Vertreter der protestantischen Kirchen eine Erklärung zur Rolle ihrer Kirche in der jüngsten Vergangenheit. »Wir klagen uns an«, so der Text, »dass wir nicht mutiger bekannt, nicht treuer gebetet, nicht fröhlicher geglaubt und nicht brennender geliebt haben.« Im Dokument von Stuttgart stand allerdings nicht das uneingeschränkte Schuldbekenntnis im Vordergrund, so Großbölting, vielmehr sei das von der neu gegründeten Evangelischen Kirche in Deutschland (EKD) verabschiedete Papier »durch und durch von Kompromissen geprägt« gewesen. Ein dem Bekenntnis vorhergehender Satz habe die protestantischen Kirchen deshalb in die Riege derjenigen eingeordnet, die sich gegen den Nationalsozialismus gestellt hatten: »Wohl haben wir lange Jahre hindurch im Namen Jesu Christi gegen den Geist gekämpft, der im nationalsozialistischen Gewaltregiment seinen furchtbaren Ausdruck gefunden hat.«

Die Rollen der beiden Volkskirchen in Deutschland waren unterschiedlich verteilt. Während die Katholiken seit dem Kulturkampf im 19. Jahrhundert staatlicherseits als »Reichsfeinde« gebrandmarkt und verfolgt wurden, bildeten die Erben Luthers spätestens mit dem Kaiserreich eine eherne Allianz mit dem Staat, ausgedrückt in der Verbindung »evangelisch und deutsch; Thron und Altar; Kaisertum, Deutsches Reich und Protestantismus«[12]. Parallel zu den Wahlerfolgen der Nationalsozialisten erfolgte in vielen Landeskirchen der Aufstieg der NSDAP-nahen »Deutschen Christen«. Bei den Synodalwahlen der neu geschaffenen Evangelischen Reichskirche am 23. Juli 1933 errangen sie die Zweidrittelmehrheit und besetzten die wichtigsten Kirchenämter. Die »Bekennende Kirche« (BK) als protestantische Gegenbewegung war ohne nennenswerten Einfluss geblieben.

Theologisch gründete die obrigkeitsstaatliche Haltung auf Luthers Lehre von den »Zwei Reichen«, die sowohl die Kirche wie auch den Staat als von Gott beherrscht definierte. Der Reformator hatte 1523 in seiner Schrift *Von weltlicher Obrigkeit* den unbedingten Gehorsam gegenüber den herrschenden weltlichen Mächten gefordert. Erst in der Auseinandersetzung mit dem Nationalsozialismus gelang es Dietrich Bonhoeffer, mit dieser Denkrichtung zu brechen. Auf ihn konnte sich Thomas Mann stützen, der im Mai 1945 in Washington einen Vortrag mit dem Titel *Germany and the Germans* hielt. »Ich liebe ihn nicht, das gestehe ich offen«, bekannte der Protestant Mann seine Haltung gegenüber Luther, dieses »Deutsche in Reinkultur, das Separatistisch-Antirömische, Antieuropäische befremdet und ängstigt mich, auch wenn es als evangelische Freiheit und geistliche Emanzipation erscheint, und das spezifisch Lutherische, das Cholerisch-Grobianische, das Schimpfen, Speien und Wüten, das fürchterlich Robuste, verbunden mit zarter Gemütstiefe und dem massivsten Aberglauben an Dämonen, Incubi und Kielkröpfe, erregt meine instinktive Abneigung.«[13]

Thomas Mann fällte über »Germany and the Germans« ein bitteres Urteil: Durch Kriege entstanden, habe das unheilige Deutsche Reich preußischer Nation daran festgehalten, ein Kriegsreich zu sein. Als solches habe es, ein Pfahl im Fleische der Welt, gewirkt, und als solches sei es zugrunde gegangen.[14]

Mit der »Erklärung in Anbetracht der Niederlage Deutschlands« vom 5. Juni 1945, unterschrieben von den vier Oberbefehlshabern der Alliierten, war Deutschland in vier Besatzungszonen aufgeteilt worden. Adäquat hierzu viertelten die Sieger die ehemalige Reichshauptstadt Berlin. Ein von den vier Oberkommandierenden gebildeter »Alliierter Kontrollrat« übernahm die Aufgaben der Regierungsgewalt. Amtssprache in den Zonen war die Sprache der jeweiligen Besatzungsmacht. Wer von dem einen in einen anderen Landesteil reisen wollte, benötigte einen Interzonenpass. Die Direktive JCS 1067 der US-Regierung an den Oberbefehlshaber der amerikanischen Besatzungstruppen stellte klar, Deutschland würde nicht »zum Zwecke der Befreiung« besetzt, sondern um es als »besiegten Feindstaat« zu behandeln. Nichts dürfte unternommen werden, was »zur wirtschaftlichen Wiederaufrichtung Deutschlands führen« könnte oder geeignet sei, »die deutsche Wirtschaft zu stärken«. Es gehe ja auch nicht an, kommentierte die Soldatenzeitung *Stars and Stripes*, »Kindermördern Komplimente zu machen oder SS-Schurken mit Corned Beef zu füttern«.

Stalin sah es ähnlich. »Dieser Krieg ist nicht wie in der Vergangenheit«, erklärte der Sowjetführer noch vor Kriegsende im April 1945, »wer immer ein Gebiet erobert, erlegt ihm auch sein eigenes gesellschaftliches System auf.« Der von der Roten Armee besetzte Teil Europas sollte dabei zu einem »Schutzschild« der Sowjetunion ausgebaut werden. Es ging um einen mitteleuropäischen Gürtel von der Ostsee bis Albanien. Für die östlichen Landesteile des früheren Deutschen Reiches – nunmehr die »SBZ«, die »Sowjetische Besatzungszone« – schwebte der russischen Nomenklatura eine »Revolutionäre demokratische Diktatur des Proletariats und der Bauernschaft« vor. »Es muss demokratisch aussehen«, erklärte Walter Ulbricht, der mit seiner »Gruppe Ulbricht« im April 1945 aus Moskau angereist kam, um den Umbau zu gestalten, »aber wir müssen alles in der Hand haben.«

Wer nicht bereit war, sich den neuen Machthabern zu unterwerfen, sollte tatsächlich bald in »Speziallager« interniert werden. Darunter »missliebige bürgerliche Demokraten und Sozialdemokraten, ja sogar oppositionelle Kommunisten«, wie der Historiker Heinrich August Winkler festhielt. Von den etwa 120 000 Insassen dieser zum Teil auf dem Gelände ehemaliger KZs gebauten und bis 1950 bestehenden Lager kamen rund 40 000 ums Leben. In der Sowjetunion wurden die über 600 000 Soldaten der Roten Armee, die sich den Deutschen ergeben hatten, als Verräter in eine »Arbeitsarmee« eingegliedert oder gleich in das Lagersystem der Gulags verbracht.

Die Aufteilung Deutschlands und der Interessensgebiete in Europa war bereits Gegenstand der Konferenz von Jalta vom 4. bis 11. Februar 1945 auf der Krim gewesen. Franklin D. Roosevelt, Winston Churchill und Josef Stalin posierten zufrieden auf einem Gruppenfoto. Eineinhalb Monate später, vom 17. Juli bis 2. August 1945, wird im Potsdamer Schloss Cecilienhof weiterverhandelt. Teilnehmer sind erneut die »Großen Drei«, mit dem Unterschied, dass die USA nach dem Tod Roosevelts von Präsident Harry S. Truman repräsentiert werden. Die Verschiebung Polens um 200 Kilometer nach Westen ist zu diesem Zeitpunkt bereits Fakt. Polen wird auf diese Weise für den Verlust der

Ostgebiete entschädigt, die von der Sowjetunion aufgrund des 1939 geschlossenen Hitler-Stalin-Pakts annektiert worden waren.

Noch während der Konferenz gibt Truman im Haus Erlenkamp, dem Quartier der amerikanischen Delegation, den Befehl zum Abwurf von Atombomben auf Hiroshima und Nagasaki. Die erstmals eingesetzten Mega-Waffen töten am 6. und 9. August 1945 etwa 100 000 Menschen sofort. Es sind fast ausschließlich Zivilisten und von der japanischen Armee verschleppte Zwangsarbeiter. An den unmittelbaren Folgeschäden sollten bis Jahresende 1945 weitere 130 000 Menschen sterben. Einen Tag vor der Zerstörung Nagasakis war mit dem Londoner Viermächteabkommen vom 8. August 1945 die Einsetzung eines internationalen Militärtribunals in Nürnberg beschlossen worden, um zunächst gegen 22 deutsche Hauptkriegsverbrecher zu verhandeln, denen unter anderem Bruch von Verträgen, Verbrechen gegen die Kriegsführung und Massentötungen vorgeworfen werden.

Auf der Konferenz von Potsdam vom 17. Juli bis 2. August 1945 hatten die Alliierten fünf politische Grundsätze für die Umgestaltung Deutschlands festgelegt: Entmilitarisierung, Entnazifizierung, Demokratisierung, Dezentralisierung und Dekartellisierung. Die Maßgaben entsprachen den Lehren, die sie aus einem aggressiven, militaristischen, rassistischen, diktatorischen und gleichgeschalteten Staatswesen gezogen hatten. Auch in den Kirchen begann die Reflexion über die Ursachen einer in der Geschichte beispiellosen Verheerung. Die Wurzel der totalitären Systeme, so ein breiter Konsens, sei vor allem in der Abkehr von Gott zu sehen. Viele der evangelischen und katholischen Geistlichen in den überfüllten Gotteshäusern und Notkirchen sprachen gar von einem »Strafgericht«, das über eine gottlose Gesellschaft gekommen sei. Terror und Zusammenbruch, erklärte etwa der evangelische Theologe Walter Künneth, während des Naziwahns engagiertes Mitglied der Bekennenden Kirche, könnten nur als »ein apokalyptisches Geschehen und Gottesgericht« gedeutet werden.

Der Wind hatte sich gedreht. Nach den Verheerungen des Zweiten Weltkrieges mit der versuchten Auslöschung des jüdischen Volkes galten die totalitären Ideologien als gescheitert, zumindest im Großteil der westlichen Gesellschaften. Die Vision für die Entwicklung einer humanen Zukunft, so die Überzeugung führender Kirchenvertreter, liege einzig in einer religiösen Erneuerung. Nach dem Zerbrechen der Nation und der reinigenden Katharsis sei eine allgemeine Neubesinnung erforderlich. Im deutschen Volk gebe es »hoffentlich niemanden mehr, der die überragende und entscheidende Bedeutung der Religion, des christlichen Glaubens für das gesellschaftliche Leben leugnet«, formulierten im Februar 1946 Kardinal von Galen und der Jesuitenpater Gustav Gundlach in ihrem Entwurf zu *Katholischen Grundsätzen für das öffentliche Leben*.[15] Man spürte Oberwasser. Die ungeheure Vernichtungsmacht der jüngsten Vergangenheit habe vor Augen geführt, dass nur das Christentum die Kraft habe, Lüge, Machtsucht, Hass, Gier, Gewalt und Ich-Sucht zu bändigen und den Menschen wieder Hoffnung zu geben.

Heinrich Krone, Mitbegründer der CDU und enger Vertrauter Konrad Adenauers, notierte am 1. September 1945 in seinem Tagebuch: »Die Geschichte lehrt, dass alle Versuche, dem deutschen Volke eine politische Form zu geben, ohne dass die Kirchen bei diesem Bau mitgewirkt haben, gescheitert sind ... Wir haben nur die Wahl, uns als Volk zum Christentum zu bekennen.«[16] Eine Mahnung, die 1949 auch Eingang in die Bayerische Verfassung fand, in deren Präambel es bis heute heißt, die »Segnungen des Friedens, der Menschlichkeit und des Rechtes« seien »dauernd zu sichern« – und zwar im Gedenken »des Trümmerfeldes, zu dem eine Staats- und Gesellschaftsordnung ohne Gott« geführt habe.

Dass die Entchristlichung der Gesellschaft notgedrungen in die Barbarei führen würde, hatten kritische Christen nicht erst nach dem Kriegsende angemahnt. Der Jesuit Alfred Delp beispielsweise beklagte auf einer Tagung für Männerseelsorge in Fulda am 22. Oktober 1941, die Bindekraft des Christlichen habe entsetzlich nachgelassen, Religion und Kultur seien auseinandergetriftet. Die Gegenwart sei »für den wesentlichen Teil unserer Botschaft und unserer Wirklichkeit«, so Delp, »blind und unansprechbar« geworden. In einer »unchristlichen Zeit«, in der immer mehr Menschen immer weniger von der Kirche wüssten, ziele die Ablösung traditioneller Werte auf einen wirtschaftlich-technischen Rationalismus in reiner Diesseitigkeit. Es sei jedoch auch zu fragen, »warum in der Kirche die kantigen Menschen so selten« seien, Christen, die den fragwürdigen neuen Idealen widersprächen.

Delp gehörte seit 1942 dem »Kreisauer Kreis« von Widerstandskämpfern an, die an der Vorbereitung des Attentates auf Hitler vom 20. Juli mitwirkten. Der Pater wurde am 28. Juli 1944 nach der Frühmesse im Münchner Stadtteil Bogenhausen verhaftet und am 2. Februar 1945 in Berlin-Plötzensee hingerichtet. Kurz vor seiner Exekution entwarf er das Programm einer »Heilung des gegenwärtigen Lebens und Menschen« samt der »Erziehung des Menschen zu Gott«; wobei die Sendung der Kirche abhängig sei »vom Ernst ihrer transzendenten Hingabe und Anbetung«. Delp war als Kaplan ein Vorgänger Ratzingers, der in Bogenhausen seinen ersten Einsatz als Priester haben sollte. Und fast klingt es so, als habe der Nachfolger später mit seinem Hinweis auf eine Kirche, die klein werden würde, ein Vermächtnis aufgegriffen. Denn in seinem letzten Schreiben, verfasst zum Jahreswechsel 1944/45, appellierte Delp, es müsse für die Zeit nach Hitler »alles versucht werden, den christlichen gebildeten Menschen zu erhalten und zu gestalten«. Die Erneuerung der Kirche sei unabdinglich, »selbst unter Verzicht auf die große Zahl« von Mitgliedern.[17]

An ihrem Ziel angekommen, sehen die drei Studienanfänger aus Traunstein, dass der letzte Luftangriff der Alliierten auch das Gebäude der Hochschule und den Dom von Freising schwer beschädigt hatte. Gottesdienste können deshalb nur in der Krypta abgehalten werden. Und auch hier sind, wie in der Oberkirche, die zerborstenen Fenster notdürftig mit Strohsäcken abgedichtet. Joseph ist benommen – und angerührt zugleich. Was für ein Schatz an geistlicher Hochkultur! Da ist die großmächtige Kathedrale. Die Benediktuskirche. Die Johanneskirche. Da sind das ehemalige Kloster der Prämonstratenser, der gotische Kreuzgang, der Domhof, die Hochschule – alles schien mit- und ineinander abgestimmt und verwoben zu sein, alles hatte Sinn und Verstand in der Erkenntnis jener Gesetze, die sich im Einklang mit einer höheren Ordnung verstanden.

Die Eindrücke jedenfalls, die Joseph begierig aufnimmt wie ein Entdecker neuer Welten, sind »überwältigend«. Geradezu »hinreißend« und »umwerfend schön« empfindet er vor allem den Dom. In der Vorhalle grüßen ihn die Figuren von Kaiser Friedrich Barbarossa und seiner Gattin Beatrix. Das Deckengemälde gibt einen Blick in den Himmel frei, wo in farbenfrohen Fresken Christus dem heiligen Korbinian, dem ersten Bischof Freisings, die Krone ewigen Lebens überreicht. Am Hochaltar zeigt die Kopie eines riesigen Bildes von Peter Paul Rubens in dramatischer Inszenierung das »Apokalyptische Weib«. Die Szene bezieht sich auf die Geheime Offenbarung des Johannes (Offb 12), in der eine Frau, umkleidet von der Sonne und zwölf Sternen, einen Sohn zur Welt bringt. Und während ein Drache die Mutter bedroht, wird das Kind von den Engeln in den Himmel geführt.

Auch auf einer Säule in der Krypta des Domes sind Drachen zu sehen. Ritter mit Kettenpanzer, Schwert und Schild kämpfen gegen die fauchenden Bestien. Ein Kämpfer ist mit dem Fuß im Gebiss eines Drachens hängen geblieben. *Ecclesia*, die Mutter Kirche, blickt in der Darstellung nach Osten, siegessicher, während sie mit beiden Händen eine Lilie umfasst. In der Tat. Hatte diese *Ecclesia* nicht eben erst auch einer großen Bestie getrotzt? Dem Drachen, der ganze Völker in den Abgrund zu reißen drohte?

Die Würfel sind gefallen. »Wieder in der Freiheit zu leben, ein Äon, in dem die Kirche neu aufbrechen kann und sie gefragt und auch gesucht ist«, berichtete Ratzinger, habe ganz neue Energien geweckt. Alles Bisherige war Prolog. Nun galt es, das Fundament zu schaffen. Der *Mons doctus* sollte dabei geistige Heimat und Prägestempel für das Lebenswerk des Joseph Aloisius Ratzinger werden. Außer in Rom wird er nirgendwo länger verbleiben als auf dem Domberg. In Freising entdeckt und entwickelt er theologische Begabung und schriftstellerisches Talent. In der geistlichen Atmosphäre des Domberges ist seine Doktorarbeit entstanden. Hier verfasst er seine Habilitationsschrift. Hier steht er als blutjunger Professor erstmals am Katheder einer Hochschule. Und nicht zuletzt: In Freising erhält er die Weihen, die ihn zum Priester und Bischof machen.

Zunächst aber galt es, erst einmal Fuß zu fassen, was nicht sonderlich schwierig war. In jener aufgewühlten Sphäre der Nachkriegszeit, so Ratzinger, sei die »Hoffnung stärker gewesen als die Sorge«. Bei der Ankunft auf dem heiligen Berg habe er eine »allgemeine Dankbarkeit« gespürt. Und ein Bewusstsein, »nun sei doch auch eine neue Stunde des Christentums möglich«. Überschwänglich hielt er in seinen Erinnerungen fest: »Diese Dankbarkeit schuf einen alle beherrschenden Willen, nun endlich das Versäumte nachzuholen und Christus in seiner Kirche zu dienen für eine neue, bessere Zeit; für ein besseres Deutschland, für eine bessere Welt.«[18]

Kapitel 13

Der Berg der Gelehrten

Es gab da diese kleine Geschichte, die man sich Anfang 1946 auf dem Domberg in Freising erzählte, nichts Dramatisches, aber sie warf ein Streiflicht auf die Dürftigkeit der ersten Jahre nach dem Krieg – aber auch auf ihren der Not der Zeit geschuldeten Charme.

Es ging um die Bischöfe Josef Frings, Konrad Graf von Preysing und August Graf von Galen, den »Löwen von Münster«, der im Kampf gegen das Euthanasieprogramm der Nazis Statur bewiesen hatte. Papst Pius XII. hatte die Würdenträger aus Köln, Berlin und Münster nach Rom gebeten, um mit der Verleihung der Kardinalswürde auch ihre unbeugsame Haltung gegenüber dem NS-Regime zu würdigen. In Köln stellten die britischen Besatzer für Frings und Galen eine Armeemaschine bereit, in die einer der künftigen Purpurträger allerdings nicht hineinpasste. »Die ist gerade groß genug für einen Sarg für mich«, rief der 2,04 Meter große »Löwe von Münster« aus.

Als eine Schlechtwetterfront gemeldet wurde, sollte ein Brigadegeneral namens Sedgwick mit kurzfristig requirierten Autos das Duo sicher nach Italien geleiten. Doch im Dauerregen gab eines der Fahrzeuge bald den Dienst auf, der angekündigte Zug kam wegen der Wetterkapriolen nicht an. Frings, ohne einen Pfennig Geld in der Tasche, platzte der Kragen: »Herr General«, flehte er Sedgwick an, »bitte kehren Sie um – ich kann auch leben, ohne Kardinal zu sein.«

Irgendwann, nach einer neuntägigen Irrfahrt über Paris und Mailand, waren Frings und von Galen in Rom am Bahnhof Termini eingetroffen. Im Zug wurde der Kölner Erzbischof von Mitreisenden mit Tee und Keksen versorgt. Bischof Preysing war schon vor Ort, aber auch er hatte sich von Berlin aus über Paris durchschlagen müssen. »Ein Bild der Armut« hätten sie abgegeben, notierte Frings in seinem Tagebuch, »ich kam mit einem Koffer an, der von einer Schnur umschlungen war, Galen mit einer großen Hutschachtel, in der der rote Samthut war.«

Als am 18. Februar 1946 die insgesamt 32 neu ernannten Kardinäle in den Petersdom einzogen, erhielt von Galen als mutiger Nazigegner den größten Beifall von allen. »Mich kannte kein Mensch«, schrieb Frings lakonisch auf. Die Rückreise gelang gottlob problemlos. Der New Yorker Kardinal Francis Spellman hatte sich der deutschen Kollegen erbarmt und spendierte die Tickets für den Rückflug.[1] Für von Galen sollte es freilich ein sehr kurzes Kardinalat werden. Wenige Tage nach seiner Ernennung erkrankte der 68-Jährige am Blinddarm, zwei Tage darauf, am 22. März 1946, gab er seine Seele dem Schöpfer zurück, wie es in den Nachrufen hieß. Frings hingegen wird noch eine bedeutende Rolle spielen. Für die Weltkirche, aber auch als Mentor eines jener jungen Männer, die sich gerade anschickten, auf dem Domberg mit dem Studium der Philosophie ihre theologische Karriere zu starten.

Das Fürstbistum Freising war einst Kulturmittelpunkt Bayerns und übertraf im Rang sogar die Haupt- und Residenzstadt München. Erst als in den Nachwehen der Französischen Revolution das Heilige Römische Reich Deutscher Nation 1802/03 zusammenbrach, kam auch das Ende des alten Bistums Freising. Der Bischofssitz wanderte nach München, und das neue Erzbistum München und Freising trat die Nachfolge der alten Freisinger Diözese an. Gleichzeitig erfuhr das Bistumsgebiet einen beachtlichen Zuwachs durch fast alle in Bayern gelegenen Gebiete des alten Erzbistums Salzburg, des Bistums Chiemsee und die ehemalige Fürstpropstei Berchtesgaden. Der *Mons doctus* aber, der gelehrte Berg, blieb als geistliche Hochburg des Bistums das Zentrum klassischer Catholica, in dem sich das Erbe der Antike mit den Erkenntnissen der Neuzeit bestens verbinden konnte.

»Die Stadt lebte vom Klerus«, beschrieb der Heimatforscher Benno Hubensteiner den *Genius Loci* des Ortes, sie »war alles durch ihre Geistigkeit, ihre Kirchen und Klöster.« Galt Altötting als das fromme Herz Bayerns, so war Freising gewissermaßen das spirituell-intellektuelle Juwel des Landes. Mit der Kathedrale, der Hochschule, den Bibliotheken und Arkaden ist die Siedlung auf dem Berg, in der seit 1000 Jahren die geistliche Elite des Bistums ausgebildet wurde, fast so etwas wie eine Priesterrepublik, in der es eigene Regeln gibt, einen eigenen Geist von Glauben, Wissenschaft und Gottesdienst. »Endlich war es so weit«, jubelte Ratzinger über seine Ankunft. Alles an ihm, erklärte er in der Rückschau, sei ein Gefühl von »Hoffnung und Erwartung« gewesen. Er habe es regelrecht als »Erfüllung« erlebt, »endlich anzufangen und in die Welt der Wissenschaft, der Theologie und in die Weggemeinschaft der künftigen Priester einzutreten«[2].

Der Innenhof der ehemaligen fürstbischöflichen Residenz, mit seinem hell plätschernden Brunnen und den luftigen Arkaden, hat in diesen Tagen allerdings nichts von der heiteren Bellevue früherer Jahrhunderte. In einer der Ecken des Hofes werden Schuhe ausgepackt. Die Hilfslieferung eines Komitees in Neuseeland. In einer anderen ziehen Flüchtlinge einen voll mit Hausrat beladenen Leiterwagen hinter sich her. Der größere Teil des Gevierts ist jetzt Lazarett. Schwestern versorgen verwundete Soldaten und Opfer von Bombenangriffen. Ein Glück, dass die Hochschule über einen eigenen Bauernhof verfügt, auch wenn in diesen Monaten fast immer nur Pellkartoffeln auf den Speiseplan kommen.

Als die 120 Gestalten, die als Priesterstudenten in Freising aufgenommen wurden, zum ersten Mal zusammenkamen, erinnerten sie eher an einen Haufen von Desperados als an eine neue geistliche Elite. Die Auswahl war streng. Einige der Anwärter wurden mit Hinweis auf die nervlichen Belastungen, denen sie im Priesterberuf nicht standhalten könnten, wieder nach Hause geschickt. Unter den Anfängern sind dafür auch ehemalige Wehrmachtsoffiziere im Majorsrang, vierzigjährige »alte Krieger«, wie Ratzinger sich erinnerte, »die auf uns Junge wie auf unreife Kinder herabschauten, denen die zum priesterlichen Dienst nötigen Leiden fehlten und die nicht jene dunklen Nächte durchschritten hatten, in denen erst das Ja zum Priestertum seine volle Gestalt finden kann«[3].

Mit seiner strengen Ordnung und der klerikalen Atmosphäre ist der Berg der Gelehrten eine eigene, ganz und gar katholische Welt. »Es gab eine Einheit: Dom, Dozenten, Professoren, liturgisches Seminarleben«, so der damalige Student Walter Brugger, »hier entstand ein spezielles Bewusstsein. Und es gab ein bestimmtes Ideal. Das hat Generationen von Priestern geprägt.«[4] Geschlossen katholisch hieß dabei nicht auch geschlossen von gestern. Im Gegenteil, »wir fühlten uns alle fortschrittlich«, berichtete Ratzinger: »Wir wollten die Theologie von Grund auf erneuern und damit auch die Kirche neu und lebendiger gestalten.«[5] Man sei glücklich gewesen, in einer Zeit zu leben, »in der sich neue Horizonte, neue Wege öffneten«. Bei aller Beklemmung, weil »noch irgendwie Kriegsatmosphäre in der Luft gelegen hat«, sei es »eine Freude gewesen, dass wir jetzt miteinander sind«. Dankbarkeit und der Wille zum Aufbruch seien die Gefühle gewesen, die Studenten wie Lehrpersonal in der neuen »Weggemeinschaft« prägten. Sofort habe sich eine »sehr lebendige Atmosphäre« und »ein großer geistiger Schwung« gezeigt, »in den man richtig mit hineingerissen wurde«[6].

Der Großteil der Studenten kam aus katholischen Knabenseminaren. An strenges Reglement gewöhnt, empfanden sie die Ordnung auf dem Domberg als fast schon liberal. Geweckt wurde um 5.30 Uhr. Um 6 Uhr traf man sich im Studiersaal zu Morgengebet und Betrachtung. Um 6.30 Uhr folgte die heilige Messe in der Hauskapelle, selbstverständlich nüchtern, wie das beim Empfang der heiligen Kommunion vorausgesetzt wurde. Zum anschließenden Frühstück gab es Schwarzbrot, Kaffee und Marmelade, wobei die »Marmelade« in der Anfangszeit aus gekochten Rüben bestand.

Für Joseph tut sich eine neue Welt auf. Da waren die Hörsäle, die Seminarbibliothek, der Kapitelsaal, in dem musiziert wurde. Die ellenlangen Gänge, die Fakultätsräume, das Pflaster des Bodens, die hohen Räume und nicht zuletzt der spezielle Geruch, den klerikale Institutionen an sich haben, vermittelten eine klosterähnliche Atmosphäre und gleichzeitig das Fluidum einer altehrwürdigen katholischen Universität mit einer in Stille und Gebet vereinten Gemeinschaft. Als Studiersaal diente das mit roter Seidentapete bespannte frühere fürstbischöfliche Festgemach. Ausgestattet war der »Rote Saal« mit dachförmigen Stehpulten, an denen jeweils vier Studenten arbeiten konnten, zwei an jeder Seite. Im Speisesaal gab es neben den Tischen der Studenten an der Stirnseite den Vorstandstisch für Regens, Subregens und Dozenten. Für die familiäre Atmosphäre im Haus sorgte »Papa Höck«, der Regens des Seminars, ein besonders humorvoller, musischer und fürsorglicher Mensch, der »für uns alle ein wirklicher Vater war«, wie Ratzinger sich erinnerte. Seine Fürsorge galt auch den Flüchtlingen, für die er Behördenkram erledigte, Wohnungen und Lehrstellen vermittelte.

Höck stammte wie die drei Traunsteiner aus den bayerischen Bergen, aus Inzell. »Meine lieben Landsleute«, rief er den dreien schon von Weitem entgegen. Womöglich stand er Joseph und Georg schon deshalb besonders nahe, weil auch er einen Bruder als Priester hatte. Nach dem Abitur in Freising und seinem Studium an der päpstlichen Hochschule *Germanicum* in Rom kam Höck als zweifacher Doktor auf den Domberg zurück, promoviert in Philosophie und Theologie. Berühmt waren seine »Postzoenale«, wie er die kurzen Ansprachen nach dem Abendessen nannte, versehen mit fürsorglichen Ratschlägen wie: »Sie müssen langsam daran denken, lange Unterhosen anzuziehen.«

Im Stockwerk über dem Speisesaal befanden sich die Schlafsäle, groß genug für jeweils 40 Studenten. Niemand war davon ausgegangen, dass sie beheizt wären. Immerhin war jedes Bettlager rundum mit einem bodenlangen weißen Vorhang abgegrenzt, der es wie ein Beduinenzelt oder einen Wigwam aussehen ließ. An den Waschbecken seitlich sollte es jeden Morgen ein heftiges Gedrängel um die wenigen Plätze geben. Die Duschen befanden sich im Keller. Duschtag ist alle 14 Tage, wobei auf einem Aushang mit Uhrzeit einzutragen war, wer wann unter die Brause wollte.

Die Fächer in Josephs Philosophiestudium sind Allgemeine Philosophie, Geschichte der Philosophie, Profangeschichte, Biologie, Pädagogik und Psychologie. Dazu kamen Kirchenrecht, Dogmatik, Moral, Altes Testament und Neues Testament. Für Anfänger wie die Ratzingers, die nur über einen »Reifevermerk« verfügten, waren noch Kurse in Latein, Griechisch, Geschichte und Biologie nachzuholen. Zusätzlich gab es eine Vorlesung in Hebräisch. Spaziergang ist Vorschrift. Täglich eine halbe bis eine Stunde. Nicht um sich zu entspannen, sondern um die eben gehörten Vorträge noch einmal »durchzudenken«. Die Studenten bevorzugen hierfür den Garten an der Sonnenseite des Seminars, ein »Paradies«, wie viele empfinden, das bei Föhnlage einen herrlichen Blick auf die bayerischen Alpen bietet. Am Abend gibt der Spiritual noch eine sogenannte Punkta, einen Impuls für eine Meditation. Ab 20.15 Uhr gilt Nachtruhe. Nach einem Aufstand der älteren Kriegsteilnehmer ist an zwei Abenden der Woche immerhin ein Spätstudium im Studiersaal erlaubt. Maximal bis 22.00 Uhr.

Gewaltige Aufregung herrscht, sobald der greise, aber mit seiner stattlichen Figur und dem machtvollen Auftritt noch immer würdevoll wirkende Kardinal zu Besuch kommt, um am »Herrentisch« im Speisesaal zu dinieren. Bei liturgischen Anlässen trägt Faulhaber eine sieben Meter lange Schleppe, die sogenannte *cappa magna*. Vom Präfekten auserwählt, wird dann jeweils einer der Studenten für den Dienst *ad caudam* eingeteilt, auch Joseph, um die schwere Schleppe zu tragen. Wenn denn der Kardinal überhaupt mit einem der Priesteranwärter sprechen sollte, dann »ganz langsam und betont akzentuiert«, erinnerte sich Georg. »Für uns aber war das, als seien wir dem lieben Gott höchstpersönlich begegnet.«

Erneut ist Joseph der Jüngste und mit der Schmächtigste in der bunten Schar. Ein spindeldürrer Junge vom Land, mit einer etwas bäuerlichen Sprache und einem akkuraten Scheitel. Unter den 120 Studenanfängern fällt Joseph den wenigsten auf. Es gäbe aus jener Zeit allein schon deshalb kaum Anekdoten über Ratzinger, so der Kommilitone Josef Finkenzeller, »weil er ein äußerst zurückhaltender Student war. Das war einfach seine Bescheidenheit«[7]. Der Präfekt des Lesesaales allerdings, sein späterer Freund und Mentor Alfred Läpple, spürt sofort, dass in dem Jungen eine besondere Begabung heranreift. »Ich bin der Joseph, ich habe da ein paar Fragen«, so sei Ratzinger auf ihn zugekommen, berichtete Läpple. Regelrecht »wie ein trockener Schwamm« sei ihm der Junge erschienen, »der Wasser aufsaugt. Seine wissenschaftliche Neugier war grenzenlos. Wenn er etwas Neues hörte, sich korrigieren oder weiterbilden konnte, machte ihn das über alle Maßen glücklich.«[8]

Bruder Georg nimmt in der Hauskapelle bald von der Orgel Besitz und versteht es auch sonst, sich Platz zu verschaffen. »Mein Bruder war ein sehr eifriger Student«, vermerkte Joseph. Er habe gelernt, »seine Zeit bis an den Rand des Möglichen auszuschöpfen. Männerchor, Domchor, Vertiefung in Harmonielehre und Kontrapunkt gehörten in sein Pensum ebenso hinein wie die mit äußerster Hingebung betriebene Arbeit am Instrument, Klavier und Orgel«[9].

Zur Unterscheidung der Brüder bürgert sich für Georg der Spitzname »Orgel-Ratz« ein. Joseph ist der »Bücher-Ratz«, und das nicht ohne Grund. Stundenlang kann er mit vornübergebeugtem Oberkörper über seinem Arbeitsplatz hängen, in der rechten Hand den Bleistift, links die Schreibunterlage und das aufgeschlagene Buch. »Immer wenn man in die Bibliothek kam«, so Mitstudent Willibald Glas, »saß dort schon der Joseph.«[10] »Er hat nur studiert«, erinnert sich ein Gefährte, »Bücher, Bücher, Bücher.« War Ratzinger schon vor dem Krieg ein begeisterter Leser großer Literatur, so kommt jetzt eine gewaltige Liste neu zu entdeckender Schriftsteller hinzu: Dostojewski, Thomas Mann, Kafka, Gertrud von Le Fort, Elisabeth Langgässer, Ernst Wiechert oder auch Annette Kolb. Dazu die großen Franzosen Claudel, Bernanos, Mauriac.

In Josephs Gepäck von zu Hause befindet sich aber auch Science-Fiction-Literatur wie *Welt wohin?*, der 1932 erschienene Roman Aldous Huxleys, der 1953 unter dem Titel *Schöne neue Welt* neu übersetzt wurde und der eine anonymisierte, entmenschlichte Gesellschaft im Jahre 2540 beschreibt. Von seinen Eltern bekam er *Der Herr der Welt* geschenkt, den Apokalypse-Roman des englischen Schriftstellers und Priesters Robert Hugh Benson. In der deutschen Übersetzung erzielte das Buch, angepriesen als »Katholischer Zukunftsroman« und »Roman des Weltuntergangs«, zwischen 1923 und 1939 eine Auflage von 40 000 Exemplaren. Es ist die Vision eines modernen Antichristen, der unter dem Deckmantel von Fortschritt und Menschlichkeit zum Herrscher der Erde aufsteigt. Nach Beseitigung des Christentums, einer allgemeinen Gleichschaltung und der Installation einer neuen Humanitätsreligion wird er als ein neuer Gott verehrt. *Der Herr der Welt* sollte 70 Jahre später auch von Papst Franziskus gewürdigt werden. Benson habe mit dem Buch, so Bergoglio in einer seiner Morgenandachten, früh »das Drama der ideologischen Kolonisierung erkannt; ich empfehle Ihnen, es zu lesen«[11].

In den Vorlesungen schreibt Joseph fleißig mit. Einmal fragte ihn Regens Höck: »Wissen Sie zufällig, was Thomas von Aquin zu diesem Punkt noch gesagt hat?« Antwort: »Ja, da gibt's acht Stellen. Welche wollen S' denn wissen?« Zeit nutzlos zu vergeuden ist keine Option für ihn. Während die anderen das Wochenende vorschriftsmäßig damit verbringen, sich bei einem Spaziergang zu erholen, einen Ausflug zu machen oder zum Baden zu gehen, winkt er ab. »Joseph konnte schon auch fröhlich sein«, berichtete Freund Berger, »er ist kein Typ, der sich absonderte oder nur in sich gekehrt wäre, aber eben auch kein Luftikus.« Was nicht hieß, dass er bei Festen nicht auch einmal Gedichte vortrug, eines auf Latein, eines auf Griechisch, in denen er im Stil der Antike eine kleine Hommage auf das Geburtstagskind ausbrachte. Oder zustimmendes Lachen erregte, wenn er mit schnellem Blick auf das Speiseangebot ausrief: »Habemus Apfelmus!«

Man sollte den Kleinen aus Hufschlag bald als jemanden kennen, der mit Freunden stundenlang diskutierend am Ufer der Isar entlangschlendert, ohne zu bemerken, dass ein Fluss in der Nähe ist. Als jemanden, der in seinem »geistigen und literarischen Hunger«, dem »Hunger nach Erkenntnis«[12], wie er sich selbst sah, geradezu brennt. Kommilitonen wie Georg Lohmeier beeindruckte »sein scharfer Verstand und seine Formulierungsgabe. Er war ernst und verschwiegen und ein Muster an Gelehrsamkeit und Eifrigkeit«. Erstaunt ist auch Bruder Georg: »Nach dem Krieg habe ich gelernt, dass mein Bruder in vielen Dingen einfach begabter ist als ich.« Es habe aber nie »so was wie Konkurrenz gegeben«, jeder habe eben seine eigenen Talente besessen. Rupert Berger imponierte »die scharfe Intelligenz und die ungeheure sprachliche Begabung« seines Freundes. »Er spricht druckreif. Manchmal fast manieriert, aber immer faszinierend, vor allem für Frauen.« Berger fasste den damaligen Eindruck so zusammen: »Aussehen: unverbraucht, frisch, interessiert, begeistert, unerfahren, unschuldig. Sein Wesen: sehr gescheit, aber auch sehr sensibel. Und zu allen Menschen freundlich.«

Ein Zimmergenosse Josephs ist der ein Jahr ältere Pavlo Kohut, ein griechisch-katholischer Ukrainer, der vor den Russen nach Deutschland geflohen war und jetzt Priester werden wollte. »Ich wusste sofort«, so Kohut, »das ist ein Mensch, dem bist du nicht gleich, der ist etwas ganz Besonderes.« Kohut hatte Probleme mit der deutschen Sprache, Ratzinger half ihm, Briefe zu schreiben, Aufgaben zu lösen, seine Arbeit zu verbessern. Dabei habe er sich nie aufgedrängt, sondern sei stets zurückhaltend gewesen. »Bei allem, was er tat«, fiel dem Ukrainer auf, »war er äußerst konzentriert – ob er nun lernte, arbeitete oder mit mir redete. Er ließ sich nie von etwas anderem ablenken.« Auch Kohut bestätigte: »Ständig hat er gelernt, ständig war er hungrig nach neuem Wissen. Wann immer ich ihn sah, las er, nutzte jede Minute. Dabei war er immer sehr geordnet, sehr organisiert.«[13]

Ein wenig erinnerte dieser Studienanfänger freilich auch an den »kleinen Prinzen« aus der Erzählung des französischen Autors Antoine de Saint-Exupéry, die 1950 erstmals auf Deutsch erschien. War nicht auch er einer dieser kleinen Prinzen, die auf ihrer Reise durch das All den Geheimnissen von Freundschaft, Sorge, Verantwortung und Liebe auf die Spur kommen wollten? Ratzinger war jedenfalls sehr bewegt von Saint-Exupéry. Aus dem *Kleinen Prinzen* zitierte er später besonders häufig den zentralen Satz der Parabel: »Man sieht nur mit dem Herzen gut. Das Wesentliche ist für die Augen unsichtbar.«

Ratzingers eigene Erinnerungen an die Anfänge auf dem *Mons doctus* sollten eher nüchtern ausfallen. Nur Georg bekam mit, dass seinen kleinen Bruder ein fast ununterbrochener Kopfschmerz peinigte, unter dem auch ihre Mutter litt. Tabletten sind wirkungslos. Später wird Physiotherapie das Leiden ein wenig lindern, aber die Plage sollte bleiben. Tatsächlich war dem Jungen der Einstieg in Freising nicht ganz leichtgefallen. Es sei auf dem Domberg »ein großer«, aber auch ein »gefährlicher Anfang« gewesen, wird er später sagen. Der Ausdruck deutet an, welche Kämpfe damit verbunden waren. Das betraf zum einen die Anstrengung des Studiums selbst. Möglicherweise spielte auch das Heimweh eine Rolle, das er mit dem Arbeitseifer besänftigen wollte. Läpple erinnerte sich, Joseph immer wieder auch »ein bisschen einsam« gesehen zu haben: »Er hat immer nachgedacht.« Er bemerkte bei seinem Protegé zudem einen Wesenszug, der nicht unbedingt karriereförderlich ist: »Er kann nichts spielen, nichts vormachen. Es tut ihm weh, wenn jemand nicht ehrlich ist, Theater spielt.«[14]

Auf dem Lebensweg Joseph Ratzingers sollten immer wieder Begleiter auftauchen, väterliche Freunde zumeist, die die außergewöhnliche Begabung des hochmotivierten Jungen erkennen und fördern. In Freising ist dies vor allem der bereits erwähnte Alfred Läpple, der sich auf dem Domberg auf seinen Studienabschluss und die Priesterweihe vorbereitet und als Präfekt den Frischlingen Hilfestellung geben soll, wenn sie sich an ihren Stehpulten mit Begriffen wie »Existenzkrisis« und »sakramental-ontische Gegenwärtigsetzung« plagten.

Läpple, der aus Garmisch-Partenkirchen stammte, hatte in der Kriegsgefangenschaft in Foucarville südlich von Le Havre, einem der größten amerikanischen Lager mit fast einer halben Million gefangener Soldaten der Wehrmacht, katholische und evangelische Geistliche und Theologiestudenten versammelt, um eine »Lager-Universität« mit einem viel besuchten Vorlesungsbetrieb und einer kleinen Bibliothek einzurichten. Er war geprägt von seinem Lehrer Theodor Steinbüchel und dessen Hinführung zum Denken von Heidegger, Jaspers, Nietzsche, Bergson und Husserls neuer Phänomenologie. Auf dem *Mons doctus* sollte über Läpple hinaus ein Netzwerk künftiger Mitarbeiter und Begleiter entstehen, auf die Ratzinger fest bauen konnte. Dazu zählte neben dem treuen Rupert Berger und den Freunden Franz Niegel und Franz Mußner und anderen sein »Urschüler« Vinzenz Pfnür, wie Ratzinger ihn nannte, der seinem Meister von Freising nach Bonn folgte und später, selbst Professor geworden, ein wichtiger Förderer des ökumenischen Prozesses wurde. Oder auch Leo Scheffczyk, ein 1920 geborener Priesterseminarist aus Breslau. Scheffczyk wurde in der Bischofszeit Ratzingers als Lehrstuhlinhaber an der Münchner Uni »eine Garantie, dass die Dogmatik in meiner Diözese richtig gelehrt wird«. Als Glaubenspräfekt bat Ratzinger den Freisinger Kompagnon gelegentlich um Gutachten, sogenannte *Vota*: »Dabei wussten wir immer, dass er, wenn man ihn um etwas bittet, erstens die Arbeit wirklich machte und die zweitens gut erfüllt.«

Die Münchner und Freisinger Bekanntschaften Ludwig Hödl und Johann Baptist Auer wiederum sollten Ratzinger später als Professoren in Bonn und Regensburg zur Seite stehen. Über den 17 Jahre älteren Brauersohn Johann Auer sagte Ratzinger: »Der Reichtum der geistesgeschichtlichen Durchblicke, den er bot, die tiefe Frömmigkeit, die seine Vorlesungen prägte, und die herzliche Menschlichkeit, die von ihm ausging, haben mich vom ersten Augenblick angezogen.« Auer galt als Konservativer mit sprichwörtlicher *Liberalitas Bavariae.* »Ich muss leider zugeben«, pflegte er zu sagen, »dass der liebe Herrgott auch die sogenannten Progressiven erschaffen hat. Und vermutlich hat er sich dabei sogar etwas gedacht.«[15]

Dass Joseph höchste Ansprüche an sich selbst stellte, machte sein Erstsemester nicht gerade zu einem Spaziergang. Da ist die brennende Neugierde auf die Erkenntnisse der Wissenschaft, aber auch ein Ehrgeiz, der nach vorne drängt. »Man hat gespürt, dass er Professor werden möchte«, wusste Rupert Berger: »Während ich und die meisten anderen in die Seelsorge wollten, hat er Theologie als Wissenschaft betrieben.« Aber da ist noch etwas anderes.

»Als ich anfing, Theologie zu studieren«, bekannte Ratzinger einmal, »begann ich mich auch für die intellektuellen Probleme zu interessieren.« Und dies, führte er aus, »weil sie das Drama meines Lebens und vor allem das Geheimnis der Wahrheit enthüllten«. Was darunter zu verstehen war, erläuterte der spätere Papst damit, es sei für ihn tatsächlich um die Auseinandersetzung gegangen, »was ich mit dem Leben anfangen kann. Soll ich Priester werden oder nicht? Werde ich dazu geeignet sein oder nicht? Und überhaupt: Wozu bin ich da? Was ist mit mir los? Wer bin ich?«

Freimütig gestand Ratzinger, dass er lange Zeit Probleme damit hatte, sich selbst als einen Priester in der Gemeinde zu sehen: »da ich eher schüchtern und recht unpraktisch war«. Obendrein habe er sich »weder sportlich noch organisatorisch oder administrativ begabt« empfunden. Hinzu kam für den schüchtern und einzelgängerisch Veranlagten der Zweifel, ob er überhaupt »Zugang zu den Menschen finden würde«. Es seien Fragen gewesen, bekannte Ratzinger, »mit denen fertig zu werden nicht immer einfach gewesen ist«. Auch »an Krisen hat es nicht gefehlt«[16].

In der Kriegsgefangenschaft hatte er eine Entscheidung getroffen: »Ich wusste, wo ich hingehörte.« Dass sein Platz in der Kirche sein würde, stand fest. Aber wo genau, darüber hatte er noch keine Klarheit bekommen. Der Grundkonflikt ist dramatischer, als man es erwarten würde: »Ich konnte ja nicht Theologie studieren, um Professor zu werden«, räumte er in dem Interviewbuch *Salz der Erde* ein. Und ergänzte in schonungsloser Offenheit: »Auch wenn dies mein stiller Wunsch war.«[17]

Ob dem nun 19-Jährigen auch Autoritätskonflikte zu schaffen machten, muss offenbleiben. »Irgendwo hat es die sicher immer gegeben«, äußerte er in unserem Gespräch[18]. Näher ließ sich Ratzinger darüber nicht aus. Er habe aber, betonte er, zu seinem Vater »ein sehr enges Verhältnis« gehabt. Tatsächlich lud die vom Vater gepflegte Frömmigkeit geradezu ein, etwas Neues wagen zu können, ohne dabei an einen Absturz denken zu müssen. In der festen Anbindung an die Tradition war die Eroberung neuer Horizonte nicht mit einer Auflehnung verbunden, sondern einfach Herausforderung, aus dem Erkannten und Erprobten heraus in weiterführenden Formen das Erbe in die neuen Zeitläufte hinüberzuführen und erweitern zu können. Um eine Metapher zu verwenden: Der Gletscher mochte alt sein, aber genau so musste er erhalten bleiben. Würde er wegbrechen, entstünde jene Art von Aufweichung, die eine gewaltige Überflutung auslösen konnte.

Tatsächlich waren sich Vater und Sohn mit dem Erwachsenwerden Josephs in ihrem Denken, ihrem Charakter, ihrer Rationalität – auch in der gewissen Strenge und Sturköpfigkeit – immer ähnlicher geworden. Man verstand sich instinktiv. »Mein Vater war ein Mann von nüchterner Frömmigkeit«, betonte der Sohn, »und da gehöre ich auch hin.« Die Ratzingers seien eben »nicht so emotional«. Gesprochen wurde mit dem Vater über die Begeisterung des Sohnes, in Freising Neues kennenzulernen, aufzubrechen, jedenfalls nicht. »Das war nicht seine Sache, darüber zu diskutieren. Aber er wusste, dass wir da in einer guten Führung sind und dass wir den spirituellen Grund, das Gebet und die Sakramente nicht verlieren. Das war für ihn entscheidend.«[19]

Musste seine Bewusstseinslage nicht auch Frucht eines ganz besonderen Lehrers sein, des eigenen Vaters, dessen Unterricht aus dem Leben heraus mehr Überzeugungskraft besaß, als sie der beste Professor je hätte bieten können?

Wie ähnlich sich Vater und Sohn geworden waren, zeigt ein handschriftlicher Eintrag von Ratzinger senior im Wallfahrtsbuch der kleinen Pilgerkirche von Handlab in Niederbayern, die vom Papst-Vater häufig besucht wurde. Der in den Nachkriegsjahren entstandene Text des schriftstellerisch talentierten Gendarmen lässt einen Stil erkennen, dessen Nüchternheit und deskriptiver Ansatz auch für seinen Sohn typisch werden sollte:

»Heute nun wurde mir das Glück zuteil, hierher zu pilgern. Das Innere des Wallfahrtskirchleins bot mir einen Anblick dar, der geradezu überwältigend war … Den Händen des Künstlers ist es möglich geworden, die alten Deckengemälde, soweit sie erhalten waren, freizulegen und in ihrer ursprünglichen Form neu zu renovieren. Die vielen alten Votivtafeln wurden in sinnvoller, schön harmonisch abgestimmter Weise neu geordnet und an neuen passenden Plätzen angebracht. Dadurch wurde viel Raum für neue, künstlerische und religiös gehaltene Tafeln gewonnen ... die uns immer nach oben ziehen. Es würde zu weit führen, wollte ich diese Renovierung im Einzelnen besprechen, das eine muss ich noch bemerken, dass das Gesamte in ihrer Vielfalt eine Einheit in einer tief religiösen Weise darstellt, zu einem ›Sursum corda‹.«[20]

Kapitel 14

Schuld und Sühne

Endlich konnten in München und anderen Großstädten wieder Theateraufführungen stattfinden. Gespielt wurden Dramen ausländischer Autoren wie Jean Anouilh, T. S. Eliot und Thornton Wilder, die unter den Nazis nicht stattfinden durften. Ministerpräsident ist der Sozialdemokrat Wilhelm Hoegner, ein aus dem Schweizer Exil zurückgekehrter Jurist. »Unser Verstand sagt aus vielerlei Gründen Deutschland«, rief Hoegner in seiner ersten Rede in München aus, »aber unser Herz gehört Bayern, unserem engeren Vaterland.«[1]

Seinem abgesetzten Vorgänger Fritz Schäffer, der auf Vorschlag Kardinal Faulhabers das erste bayerische Nachkriegskabinett führte, wurde vom amerikanischen Hauptquartier mangelnde Umsetzung der Entnazifizierung vorgehalten. Der frühere Vorsitzende der von den Nazis aufgelösten Bayerischen Volkspartei argumentierte, er könne nicht sofort und komplett die Überprüfung und Entlassung von etwa 470 000 Beamten durchführen, ansonsten würde das gesamte System zusammenbrechen.

Fast täglich berichten die Zeitungen jetzt vom Nürnberger Kriegsverbrecherprozess; mit Fotos von Leichenbergen aus den Konzentrationslagern, die den ganzen Abgrund des atheistischen Systems zeigten. »Natürlich wussten wir, dass es Konzentrationslager gab, in denen gemordet wurde«, so Georg Ratzinger. Auch einer ihrer Cousins mütterlicherseits, ein lustiger, aber geistig behinderter Junge, sei eines Tages von den Nazis abgeholt und später als »lebensunwertes Leben« ermordet worden: »Trotzdem übertraf vieles, was wir nach dem Krieg erfuhren, selbst unsere finstersten Ahnungen.«

Die Auseinandersetzung mit der jüngsten Vergangenheit begann zaghaft und verhalten, aber sie begann. Im Jahr des Studienbeginns Ratzingers erscheint Eugen Kogons Standardwerk *Der SS-Staat. Das System der deutschen Konzentrationslager*. Der Psychoanalytiker Erich Fromm veröffentlichte *Die Furcht vor der Freiheit. Über die Antriebe zur Aufgabe der Freiheit in totalitären Staaten*. Für Furore sollte bald der Philosoph Karl Jaspers mit seinem Buch *Die Schuldfrage* sorgen, das sich der Diskussion über die deutsche »Kollektivschuld« widmete.

In Freising wurden die Gräuel des NS-Regimes und des Krieges und die Verquickung mit der eigenen Verantwortung nicht dezidiert behandelt. Vorherrschend gewesen sei das Gefühl, etwas schuldig zu sein, berichtete Läpple, eine Art Gegenleistung dafür, den Schlachtfeldern entkommen zu sein. Vielen der Überlebenden sei es dabei unmöglich gewesen, »ihr Schicksal auszusprechen«. »Es gab nichts zu diskutieren«, so Läpple, »keine unserer Antworten hätte erklären können, wie es geschehen konnte, dass Christen Konzentrationslager gebaut haben.« Gleichwohl hätten die Priesterseminaristen gespürt, dass ihr seelsorgliches Wirken eine neue Dimension bekommen hatte: »Wir wussten, dass zu uns in den Beichtstuhl Leute kommen werden, die uns erzählen, dass sie im Konzentrationslager waren, im Krieg Menschen erschossen hatten; dass sie Partisanen erschossen hatten.« Neben den Opfern und den Tätern habe es aber auch jenen gegeben, der im Beichtstuhl kniete, weil er nicht davon loskam, beim Rückzug in Russland den schwerstverwundeten Kameraden getötet zu haben, der um den Gnadenschuss gebettelt hatte.

In der Rückschau auf die NS-Zeit betont Ratzinger, er und seine Familie hätten die Kirche erlebt »als bedrängt und als Orte des Widerstands«. »Es war ganz klar, dass die Nazis nach dem Krieg die katholische Kirche als Erstes ausschalten würden und sie nur noch duldeten, weil sie im Krieg alle Kräfte brauchten.« Auf dem Domberg hatten die Priesteramtsstudenten in der Person des Regens Michael Höck das lebende Beispiel für diese Erfahrung. Gegen den Priester, Mitarbeiter der *Münchner Katholischen Kirchenzeitung*, die durch Gestapo und Reichspressekammer immer wieder beschlagnahmt wurde, hatten die Nazis früh ein Verfahren eingeleitet. Grund war eine kritische Predigt. 1940 wurde Höck wegen regimekritischer Äußerungen zu acht Monaten Gefängnis verurteilt. Nach einer weiteren Verhaftung am 23. Mai 1941 kam er über das KZ Oranienburg bei Sachsenhausen am 11. Juli 1941 ins KZ Dachau.[2] Am 29. April 1945, neun Tage vor dem offiziellen Kriegsende, konnte der Häftling Nr. 266788 durch US-Soldaten aus dem KZ befreit werden.[3] In Dachau fanden Geistliche aus ganz Europa den Märtyrertod. Die meisten der 1034 im Lager umgekommenen katholischen Priester waren Polen, die mit rund 40 000 Inhaftierten die größte Gruppe der Gefangenen stellten.[4]

Dem Regens ging es wie vielen KZ-Überlebenden, die nach ihrer Befreiung regelrecht verstummten. Ratzinger erinnerte sich, Höck habe an einem einzigen Nachmittag das Terrorsystem der Nazis thematisiert: »Er hat da eine Skizze an die Wand gemacht und dann das im Detail erklärt.« Höcks Mithäftling in Dachau hingegen, der spätere Münchner Weihbischof Johannes Neuhäusler, veröffentlichte bereits im März 1946 eine umfangreiche Dokumentation über den Kampf der Nazis gegen den Katholizismus und den kirchlichen Widerstand. Der Titel: *Kreuz und Hakenkreuz*. Der Nazigegner definierte darin die unterschiedlichen Maßnahmen zur Demontage des katholischen Glaubens. Er nannte sie: »Kampf gegen das Papsttum, Kampf gegen die Bischöfe, Kampf gegen den gesamten Klerus, Kampf gegen den Religionsunterricht, Kampf gegen Schulgebet und Schulkreuz, Kampf gegen alle katholischen Vereine, Fesseln für den Gottesdienst, Fesseln für die Seelsorge, Fesseln für katholische Orden, tendenziöse Darstellungen und Entstellungen, Wüten gegen das Christentum, Abschied dem alten Gott.« Weitere Mechanismen im Vernichtungskampf gegen die Kirche bezeichnet er mit »Antichrists Wüten gegen Heiliges. Antichrists Wüten gegen das ›unwerte Leben‹, Antichrists Wüten gegen das Judentum.«

In seiner Einführung schrieb Neuhäusler, er habe nach Kriegsende aus Gesprächen mit Laien erkannt, »dass die meisten keine Ahnung hatten von der Schwere, dem Umfang, der Hinterlist, der Systematik und Zielstrebigkeit des Kampfes vom Anfang bis zum Ende: Tarnung und Terror hatten ja die Wahrheit hierüber wie so vieles andere während der ganzen zwölf Jahre unterdrückt.« Auch Kardinal Faulhaber nahm in dem Buch Stellung: »Es ist etwas Unheimliches um das kurze Gedächtnis der Menschen«, verwunderte er sich in seinem Vorwort, »nach kaum drei Jahren können sie sich ›nicht mehr erinnern‹. Solchen Menschen ... mag dieses Buch die Wirklichkeit der vergangenen Jahre wieder ins Gedächtnis rufen.«[5]

Faulhaber war nach dem Krieg in Verruf geraten. Man erinnerte an den deutschen Katholikentag von 1922 in München, auf dem er sich mit dem Kölner Oberbürgermeister Konrad Adenauer heftige Wortfechte über die Bewertung der Weimarer Republik lieferte. Unter den 100 000 Teilnehmern auf dem Königsplatz gab es damals einen ganz besonders interessierten Zuhörer: den Gendarmen Joseph Ratzinger, der sich eigens dienstfrei genommen hatte. »Die Revolution war Meineid und Hochverrat und bleibt in der Geschichte erheblich belastet und mit dem Kainsmal gezeichnet«⁶, beharrte der Kardinal. Als Gegner der Weimarer Republik, so argumentierten nun die Kritiker, sei Faulhabers Gegnerschaft zu den Nazis genauso fragwürdig wie seine demokratische Gesinnung.

In Wahrheit hatte der Sohn eines unterfränkischen Bauern und Bäckers – von Prinzregent Ludwig III. 1913 in den Adelsstand erhoben – den Nationalsozialismus früh als eine Irrlehre bezeichnet, die »mit der christlichen Lehre nicht in Einklang zu bringen« sei. Erstmals war Faulhaber beim Hitlerputsch vom 9. November 1923 mit den Nazis aneinandergeraten. »Das besondere Ziel der Angriffe war der gelehrte und gewissenhafte Kardinalerzbischof, der in einer Predigt im Dom am 4. dieses Monats ... die Verfolgungen der Juden angeprangert hatte«, telegrafierte am 14. November 1923 der damalige Apostolische Nuntius in München nach Rom, Erzbischof Eugenio Pacelli, der spätere Papst Pius XII. »So geschah es, dass während der Tumulte am vergangenen Samstagnachmittag eine große Gruppe von Demonstranten vor dem erzbischöflichen Palais aufmarschierte und schrie: ›Nieder mit dem Kardinal!‹«⁷

1926 schloss sich Faulhaber den *Amici Israel* an, einer Gruppe ranghoher katholischer Kleriker und Theologen, die sich um eine christlich-jüdische Aussöhnung bemühten. Für den Journalisten Fritz Gerlich, Herausgeber des *Geraden Wegs*, dessen unmissverständliche Tonart gegenüber der Hitler-Partei von einigen Kirchenleuten als zu hart kritisiert wurde, warf er sich in die Bresche: »Der hiesige Klerus ist begeistert, dass endlich auf katholischer Seite ein Mann aufgetreten ist, der den Gegnern die Stange hält, wenn er nicht, wie ihm angedroht wurde, durch Meuchelmord stumm gemacht wird.«⁸ Die Unterstützung für Gerlich verziehen die Nazis dem Kardinal genauso wenig wie seine Predigten, in denen er die Verwurzelung des christlichen Glaubens im Judentum hervorhob. 1934 reagierten sie mit einem Anschlag auf Faulhaber. 1938 folgte ein Sturm auf das erzbischöfliche Palais, nachdem bekannt geworden war, dass Faulhaber dem Münchner Oberrabbiner in der Nacht des November-Pogroms Zuflucht gewährt und ihm erlaubt hatte, in seiner Residenz die Thorarollen aus der Synagoge zu verstecken.

Als am 5. April 1946 im völlig überfüllten Dom zu Freising der Kardinal das Pontifikalrequiem zum Gedenken an die 108 im Zweiten Weltkrieg gefallenen Priester, Theologiestudenten und Knabenseminaristen aus dem Bistum hält, sitzt auch der Student Joseph Ratzinger in einer der Kirchenbänke. Joseph fühlt sich tief angesprochen von der »großen Gestalt des greisen Kardinals« und der »Ehrfurcht gebietenden Größe seines Auftrags, mit dem er ganz eins geworden war«[9]. »Es sind in unser Volk Gedanken und Lebensgrundsätze geworfen worden«, rief Faulhaber von der Kanzel, »die nicht mehr menschlich sind, die entweder aus dem Irrenhaus oder aus der Hölle stammen.« Mit tiefer Stimme sprach er vom »teuflischen Hass, der die Ausrottung zuerst der Nichtarier und dann des Christentums forderte«. Die Überlebenden müssten dem Herrn und der Mutter des Herrn »danken und immer wieder danken. Jede Kommunion muss eine Feier der ›Eucharistie‹, das heißt eine Danksagung sein«. Sie, die künftigen Priester, hätten daran mitzuarbeiten, »unser Volk umzuschulen«. »Lernt das Umdenken, das geistige Sich-Umstellen«, rief er aus. »Sagt der Jugend: Der Militarismus ist abgeschafft, die Rückkehr zum Soldatspielen ist verboten. Aber nicht verboten ist es, ein guter Christ zu sein. Nicht verboten ist es, mit den Waffen des Geistes die Schlachten des Herrn zu schlagen und in moralischer Hinsicht im Kampf um die Reinheit ein Held zu sein.«[10]

Ratzinger hat die finsterste Periode Deutschlands in seinen Aufsätzen und Büchern selten zum Thema gemacht. Beobachter hielten ihm vor, sich einer Aufarbeitung von Schuld und Mitschuld entzogen zu haben. Ratzinger erläuterte, er selbst habe die düsterste Stunde der deutschen Geschichte als eine Zeit erfahren, »in der das ›neue Reich‹, der deutsche Mythos, das Germanentum das Große war, und das Christentum etwas Verächtliches, insbesondere das Katholische, weil es römisch und jüdisch sei … Man wusste, dass man jeden Tag gefährdet ist. Solange man fürchten musste, dass das Dritte Reich siegen könnte, war klar, dass alles, das ganze Leben, zerstört sein würde.«[11]

Selbstkritisch räumte Ratzinger ein, auch »der christliche Antisemitismus« habe für das Hochkommen der Nazis »bis zu einem gewissen Grad den Boden bereitet«. Niemand in seiner Umgebung habe in jenen Tagen jedoch daran gezweifelt, dass die Kirche trotz aller Schwächen und Verfehlungen »der Gegenpol zu der zerstörerischen Ideologie der braunen Machthaber gewesen« sei. In einem unserer Interviews ergänzte er: »Nun darüber historisch oder philosophisch zu reflektieren, habe ich nicht als meine Aufgabe angesehen. Wichtig war mir, die Perspektive für morgen zu entwerfen. Wie wird es mit der Kirche weitergehen? Wie wird es mit der Gesellschaft weitergehen?«[12]

Der Tonlage, mit der Ratzinger über die Schrecken der NS-Vergangenheit sprach, liegt eine persönliche Erfahrungswelt zugrunde, die auch von dem KZ-Überlebenden Elie Wiesel beschrieben wurde. Am 27. Januar 2000 erklärte Wiesel in einer Rede vor dem Deutschen Bundestag, seit seiner Befreiung im April 1945 habe er »alles gelesen«, was er über den Holocaust »in die Hand bekommen konnte«. Historische Abhandlungen, psychologische Analysen, Zeugenaussagen und Vermächtnisse, Gedichte, Tagebücher von Mördern und Betrachtungen von Opfern. Aber noch immer könne er das, was unter Hitler geschehen sei, »nicht fassen«. Wie »soll man den Kult von Hass und Tod begreifen«, fragte der Überlebende des Holocaust die Abgeordneten, »der in Ihrem Land herrschte?«[13]

Der Friedensnobelpreisträger ließ auch andere Nationen nicht aus der Verantwortung. »Natürlich wurde uns Juden im besetzten Europa bald klar, dass die freie Welt wusste, was mit uns geschah, und sie deshalb, wenngleich in ganz anderem Maße, mitverantwortlich war. Die Alliierten schien es nicht besonders zu kümmern; sie machten ihre Grenzen für uns nicht auf, als noch Zeit war.« Zugleich forderte Wiesel zur Differenzierung auf: »Ich weiß, dass nicht alle Deutschen mitmachten, und auch an sie müssen wir denken. Auch jene, die den Mut hatten, sich gegen die amtliche Rassenideologie zu stellen. Jene, die dem totalitären Naziregime widerstanden. Jene, die es zu stürzen versuchten und mit ihrem Leben dafür bezahlten.«

Für den Schüler Joseph gab es eben keine »ungetrübte, heile Welt im katholischen Milieu«, wie der Frankfurter Soziologe Tilmann Allert einmal vermutete, sondern eine Kindheit voller Gefahr und Angst – mit der Perspektive, dass es nach dem »Endsieg« den Katholiken vollends an den Kragen gehen würde: »Man wusste, auf die Dauer sollte die Kirche verschwinden«, so Ratzinger in unserem Interview. »Es sollte kein Priestertum mehr geben. Für uns war klar: In dieser Gesellschaft habe ich keine Zukunft.« Als antifaschistisch gesinnte und treu katholische Familie fühlten sich die Ratzingers nicht als Täter, sondern als partiell Verfolgte. Nicht zuletzt, als Georg und Joseph als bischöfliche Seminaristen hören mussten, sie würden im NS-Staat keine Zukunft mehr haben. »Erst die Juden«, grölten ihnen die Nazis entgegen, »dann der Juden Freund.«

Die persönliche Erfahrung des atheistischen Terrorsystems und der Abwesenheit Gottes in dunkler Nacht ist für Ratzingers Werden und Wirken von kaum zu überschätzender Bedeutung. In seinen Erinnerungen spricht er von den »Jahren der Dürftigkeit, der Ausgesetztheit an den geistfernen Moloch der Macht«. Für ihn zeigte sich der Nationalsozialismus als Gestalt gewordener Dämon einer von Gott getrennten, rein ideologisch auf Macht und Gewalt ausgerichteten Gesellschaft; als ein Absturz in das Böse, der sich im Grunde jederzeit wiederholen kann.

Ratzinger sieht die Geschichte als einen ewig währenden Kampf zwischen Glaube und Unglaube, einen Kampf zwischen der Gottesliebe bis zum Selbstverzicht – und der Selbstliebe bis zur Gottesleugnung. Letztlich zwischen Gut und Böse. Alles Irdische sei unvollkommen, hält er in seinem eschatologischen Realismus fest, und letztlich mit einer apokalyptischen Perspektive versehen. Jeder menschliche Versuch, sich zur Vollkommenheit zu erheben, müsse notwendigerweise im Desaster enden. »Wenn es nicht das Maß des wahren Gottes gibt«, wird er auch als oberster Hirte der Kirche nicht müde werden zu mahnen, »zerstört sich der Mensch selbst.«

Die Vor-Sicht, die Ratzinger später kennzeichnete, der wache Blick für Entwicklungen, die eine Gesellschaft in eine kritische Zone bringen könnten, gründet so gesehen auf eine Vorsicht aus eigener Erfahrung. Sie wurde prägend für Ratzingers Denken, seine Theologie, seine Arbeit als Kardinal und Glaubenshüter. Abzuleiten davon sind seine ersten Mahnungen zur gesellschaftlichen Veränderung in den Fünfzigerjahren wie auch viele seiner Beiträge zum Konzil, zur Auseinandersetzung mit der Studentenrebellion von 1968 oder auch seine Argumentation in der Debatte um die Befreiungstheologie. Der engagierte Katholizismus, den er einforderte, galt der Gestaltung einer Gesellschaft, die sich wappnen sollte gegen Massenmanipulation, Massendenken und jedweder Hybris, in der sich der Mensch in Selbstherrlichkeit anmaßt, zum autonomen Gestalter eines irdischen Paradieses zu werden. »Die totalitären Ideologien des 20. Jahrhunderts haben uns die Errichtung der befreiten und gerechten Welt versprochen«, erklärte er im Juni 2004 in der Normandie bei den Feierlichkeiten zum 60. Jahrestag der Landung der Alliierten, »und dafür Hekatomben von Opfern gefordert.«[14] Hitlers Reich sei ein Reich gewesen, in der der Mensch »zertreten, gebraucht und missbraucht wurde für den Wahn einer Macht, die eine neue Welt schaffen wollte«.

Einen Einblick, wie einschneidend die Erfahrungen jener Jahre waren, gab Ratzinger einmal in einer Laudatio für seinen Bruder, der »Nazismus und Krieg zuinnerst verabscheut« habe. Der Terror des

NS-Regimes und die Notwendigkeit eines Neubeginns hätten bei Georg wie auch bei ihm die Bereitschaft verstärkt, ihre Existenz einem Leben mit und für Gott zu widmen. »Im Gegenwind der Geschichte, in der Erfahrung einer amusischen und einer antichristlichen Ideologie, ihrer Brutalität und ihrer seelischen Leere, bildete sich eine innere Festigkeit und Entschiedenheit, die ihm Kraft für den künftigen Weg gab.«[15]

Auch als Papst erklärte er 2005 bei einem Jugendtreffen im Vatikan, dass seine Entscheidung für den kirchlichen Dienst explizit auch eine Gegenreaktion gegen die Grausamkeiten des NS-Regimes gewesen sei. Im Kontrast zu dieser Kultur der Unmenschlichkeit habe er begriffen, dass Gott und der Glaube den richtigen Weg weisen. Über die Bedeutung der katholischen Kirche in jener Zeit hielt er in seinen Erinnerungen mit einem für ihn nicht untypischen Pathos fest:

»Sie war in dem Inferno, das die Mächtigen verschlungen hatte, stehen geblieben mit ihrer aus der Ewigkeit kommenden Kraft. Es hatte sich bewährt: Die Pforten der Hölle werden sie nicht überwältigen. Wir wussten nun aus eigener Anschauung, was das ist – ›die Pforten der Hölle‹ –, und wir konnten auch mit unseren Augen sehen, dass das Haus auf dem Felsengrund gehalten hatte.«[16]

Nicht nur das. Der zwangsverpflichtete ehemalige Hitlerjunge wusste auch, welchen Leitbildern er folgen wollte. Bereits als Schüler in Traunstein reagierte er mit Bewunderung auf die Aktionen der »Weißen Rose«. Als Professor war er befreundet mit dem Politologen und Philosophen Eric Voegelin, dem Begründer des Geschwister-Scholl-Instituts für Politikwissenschaft. »Die großen Verfolgten des Naziregimes«, bekannte Ratzinger, »zum Beispiel Dietrich Bonhoeffer, sind für mich große Vorbilder.«[17] Seinen persönlichen Bekanntenkreis wie auch die Literatur, die er schätzte, kennzeichnen unzählige Nazigegner und Naziopfer, neben dem erwähnten Dietrich Bonhoeffer sind es Menschen wie Edith Stein, die Patres Rupert Mayer und Alfred Delp, die Philosophen und Theologen Josef Pieper, Henri de Lubac und Heinrich Schlier.

Zu seinen jüdischen Freunden wird der Halbjude Hubert Jedin gehören, der im Vatikan während des Dritten Reiches Exil gefunden hatte, genauso wie ein Teddy Kollek, ehedem Bürgermeister von Jerusalem, der israelische Ministerpräsident Schimon Peres und der amerikanische Religionswissenschaftler und Rabbi Jacob Neusner. Und wenn Ratzinger angab, er habe es eher als seine spezifische Aufgabe gesehen, aus den Erfahrungen der Nazidiktatur für die Gestaltung der Zukunft zu arbeiten, war damit gemeint, dass er als Professor und Kardinal die theologischen Grundlagen für ein neues Verständnis zwischen Christentum und Judentum legte, die er als Papst auszubauen gedachte.

Kapitel 15

Umbruch des Denkens

Die Tage wurden länger, die Kraft der Sonne nahm zu, und allmählich wich der Winterhimmel, der über dem Domberg hing, der lauen Luft des Frühlings. Selbst die Glocken der Domtürme schienen nun heller und freundlicher zu klingen.

Es ist die Zeit, in der auch Karol Wojtyla in Krakau an die Universität zurückkehrt. Von April 1945 bis August 1945 arbeitet er als Hilfsdozent an der Uni Krakau. Die 26 Examina, die er ablegt, weisen 19-mal »hervorragend« und 6-mal »sehr gut« auf. Eine schlechtere Note erzielte er in Psychologie. Schlecht hieß in diesem Falle: »gut«.

»Karol Wojtyla, zukünftiger Heiliger«, necken ihn seine Freunde vom Rhapsodischen Theater, mit denen er gemeinsam Bühnenstücke inszeniert hatte.[1] Immer wieder bewarb er sich um die Aufnahme in ein Karmeliterkloster, immer wieder lehnte sein Bischof ab. Adam Sapieha, Fürstmetropolit von Krakau, hatte Größeres mit ihm vor. Am 1. November 1946, Allerheiligen, weihte er ihn persönlich in der Kapelle des erzbischöflichen Palais zum Priester, sechs Monate früher als die anderen Seminaristen. Seine ehemaligen Arbeitskollegen aus dem Steinbruch, in den ihn die Nazis gesteckt hatten, überreichten ihm eine Soutane. Auf Wojtylas Gedenkkarte zur Priesterweihe stand ein Vers aus dem *Magnificat*, dem Gebet der Mutter Jesu: »Der Mächtige hat Großes an mir getan / und sein Name ist heilig.«[2]

In Freising legt Joseph eine brennende Neugierde an den Tag. Es ist wie bei Wojtyla gar nicht so sehr die Theologie, die ihn fesselt. Ihn beschäftigen viel mehr die neuen, spannenden Denker, um, wie er meinte, »in die moderne Philosophie einzutreten«. Wie der Pole hat er eine Vorliebe für den deutschen Philosophen und Anthropologen Max Scheler, Sohn einer orthodoxen jüdischen Mutter, dessen Buch *Vom Ewigen im Menschen* in den Zwanzigerjahren eine geistig-religiöse Erneuerungsbewegung ausgelöst hatte. Scheler, genial begabt, hochexzentrisch, mehrfach verheiratet und immer wieder in Affären verwickelt, die dem Professor sogar einen Prozess »über die Würde eines Hochschullehrers« einbrachten, sah mit der Gottesferne des modernen Menschen eine Entpersönlichung einhergehen. Der Mensch der Zeit würde sich vor Gott flüchten, so der zum Katholizismus konvertierte Philosoph, weil er vor sich selbst flüchtet. Dabei habe die Beschäftigung mit Religion weder mit Selbstaufgabe noch mit einem anderen Verlust zu tun, ganz im Gegenteil: »Die Person gewinnt sich, indem sie sich in Gott verliert.«

Scheler war überzeugt, dass nur ein christlicher Sozialismus geeignet sei, einen Weg zwischen dem kapitalistischen Westen und dem kommunistischen Osten zu finden. In seiner philosophischen Anthropologie stellte er die Besonderheit des Menschen als »Mitwirker Gottes« heraus. Angeregt durch Edmund Husserls Ideen, sich nach den philosophischen Trends der Vergangenheit nun endlich wieder mit dem »Objektiven« und dem »Wesen« der Dinge zu beschäftigen, entwickelte Scheler eine eigene Werte-Ethik. Er zeigte auf, dass die intuitiv erfahrbaren Werte objektive geistige Gegenstände sind, klare fühlbare Phänomene. Und ob ein Wert richtig sei, entscheide nicht – wie etwa in Kants Ethik formuliert – der vernünftige Wille, sondern die innerlich gefühlte Werte-Evidenz. Das heißt: Werte stehen für sich selbst. In Schelers Konzept ist der Mensch ein Mikrokosmos, der den Makrokosmos in sich abbildet, eingeteilt in Körper, Geist und Seele, die letztlich eine Einheit darstellten. Durch Bildung könne der Mensch über sich hinauswachsen und sein ihm eigenes Wesen, seine göttliche Natur verwirklichen. Allerdings dürfe diese Bildung nicht einseitig auf das »Leistungswissen« ausgerichtet sein, sondern müsse auch »Erlösungswissen« umfassen, wie das etwa auch in asiatischen Kulturen der Fall sei.

Seit den Zwanzigerjahren hatten sich in Westeuropa neue Strömungen in der Theologie gezeigt: die Ökumene, die Abwendung von der steifen Neoscholastik (zugunsten eines lebendigen Zugangs zur Heiligen Schrift), die Wiederentdeckung der Kirchenväter. Starke Impulse kamen vor allem aus der liturgischen Bewegung, der Joseph anfangs eher skeptisch gegenüberstand: »Studenten, die wie ich aus einem Knabenseminar kamen, waren gewissermaßen in den Formen des 19. Jahrhunderts geschult worden«, erklärte er. Jetzt aber setzte sich eine andere Denkrichtung durch: »Also diese etwas kitschigen Heiligenfiguren, die enge Frömmigkeit und Übersentimentalität – das wollte man alles überwinden. Und zwar mit einer neuen Phase der Frömmigkeit, die sich gerade aus der Liturgie und ihrer Nüchternheit und ihrer Größe gestaltet, indem sie auf das Ursprüngliche zurückgriff – und gerade dadurch auch wieder neu und modern war.«[3] Man habe nach »neuen Tiefen gesucht. Das Bewusstsein war: Wir müssen vorangehen. Das fing in Freising an.«[4]

Wenn Joseph Ratzinger über Persönliches sprach, so bemerkte der italienische Journalist Gianni Valente, ging er fast immer zurück in die Zeit als Student und Professor. Die Universität, sagte er dann, »war meine geistige Heimat«. Er dachte an Hörsäle, Katheder, Vorlesungen. An eine Welt, in der es um eine einfache und klare Sprache ging. Um Genauigkeit und feste Regeln in Forschung und Lehre. Oder um die Selbstverständlichkeit, zum Beweis der eigenen Aussagen immer auch Belege vorlegen zu müssen.

Es sind die Themen seiner Universitätszeit, die ihn auch nach dem Ende der akademischen Karriere beschäftigen sollten: die Bedeutung der Liturgie, die Lehre der Kirchenväter, und, an vorderster Stelle, das Verhältnis zwischen Glaube und Vernunft. War es überhaupt möglich, von der Wahrheit zu sprechen, oder gibt es in Wirklichkeit viele Wahrheiten, jede nach Fasson? Kann man als intelligenter, kritischer Mensch nach Auschwitz noch an Gott glauben? Würde er in seinem Studium wirklich der *doxa theou*, der überweltlichen Herrlichkeit Gottes, begegnen? Alle diese Dinge, so Valente, wirkten »wie unterirdische Flüsse, die aus seiner Vergangenheit als Student und Professor wieder auftauchten«[5]. Die Offenheit des philosophischen Denkens verlieh dann auch seiner Amtsführung jene Tiefe, die Ratzingers Pontifikat »sophisticated« machen sollte, niveauvoll und gebildet.

Nach den geistigen Dürrejahren der Diktatur und der Erfahrung des Infernos vibrierte die Zeit in einer Erwartung des Neuen. Für den aufgeweckten Jungen aus Hufschlag erschien es, als sei da ein unbekanntes Licht, zwar in der Ferne noch, aber wie schon auch zum Greifen nahe. »Das war für mich sozusagen ein Durchbruch, eine neue Stimmung, die zu hören war«, bekannte Ratzinger: »Ich wollte das Neue kennenlernen, nicht einfach irgendwie in einer abgestandenen und fertig abgefüllten Philosophie mich bewegen, sondern Philosophie als Frage – Was ist man wirklich? – verstehen und insofern auch in die moderne Philosophie eintreten.«

Es hatte auch ganz gut begonnen: »Wir hatten als Erstes gleich Exerzitien, die der Professor Angermair gehalten hat, der Moralist der

Hochschule, und die waren sehr gut. Er war ein frischer, neuer Denker, der uns speziell aus der verklemmten Frömmigkeit des 19. Jahrhunderts herausführen wollte, ins Offene.« Für Joseph tut sich eine neue Welt auf. Da sind Heidegger und Jaspers, Edmund Husserls neue Phänomenologie und die Schriften von Jean Anouilh und Jean-Paul Sartre. »Sartre war natürlich jemand, den man lesen musste. Er hat ja den gescheiten Existenzialismus von Heidegger ins Konkrete übersetzt.«[6] Wobei Ratzinger fand, dass dadurch, dass der Franzose »seine Philosophie hauptsächlich im Café geschrieben hat«, sein Denken »weniger tief, aber eindringlicher, realistischer« sei.

Von Heidegger hingegen ist der junge Student »nicht begeistert«. Nach Hitlers Machtergreifung war Heidegger für ein Jahr in die NSDAP eingetreten. In seiner »Rektoratsrede« vom 27. Mai 1933 erklärte er gegenüber seinen Studenten: »Nicht Lehrsätze und ›Ideen‹ seien die Regeln eures Seins. Der Führer selbst und allein ist die heutige und künftige deutsche Wirklichkeit und ihr Gesetz.« Gleichzeitig war Heidegger auf Distanz zur katholischen Kirche gegangen: »Dieser öffentliche Sieg des Katholizismus gerade hier darf auf keinen Fall bleiben.«[7]

Einen gewaltigen Denkanstoß bekommt Ratzinger durch den Philosophen Peter Wust, einen jener Autoren, »deren Stimme uns am unmittelbarsten berührten«. Wust, der sich am Widerstand gegen Hitler beteiligte, entwarf wie Heidegger eine existenzialistische Philosophie, allerdings auf christlicher Basis. Bereits 1920 legte er seine *Auferstehung der Metaphysik* vor und rollte darin die Frage nach dem Sein und der Beziehung des Menschen zu ihm neu auf. Es bedürfe, so Wust, einer Rückkehr zu einer schauenden, demütig verehrenden Vernunft. Sein Ziel ist es, das menschliche Denken wieder an höhere Werte zurückzubinden, um damit auch das zerstörerische Potenzial zu bändigen, das der Vernunft inhärent ist. Im Abschiedswort des 1940 verstorbenen Philosophen stand der Rat: »Und wenn Sie mich nun noch fragen sollten, bevor ich gehe und endgültig gehe, ob ich nicht einen Zauberschlüssel kenne, der einem das letzte Tor zur Weisheit des Lebens erschließen könnte, dann würde ich Ihnen antworten: ›Jawohl‹ – Und zwar ist dieser Zauberschlüssel nicht die Reflexion, wie Sie es von einem Philosophen vielleicht erwarten möchten, sondern das Gebet … Die großen Dinge des Daseins werden nur den betenden Geistern geschenkt.«[8]

Es muss im Frühjahr 1946 gewesen sein, als Läpple seinen 12 Jahre jüngeren Schützling eines Tages beiseitenahm und ihn mit einem Sonderauftrag überraschte, einer Übersetzung. Es ging um Thomas von Aquins Aufsatz *Quaestio disputata de caritate*, der bislang nur in der lateinischen Originalfassung vorlag. Aber ausgerechnet Thomas! Der Mann mit der »kristallenen Logik«. Allerdings auch mit einem Denken, das Joseph »zu fest in sich geschlossen«, »zu unpersönlich« und letztlich irgendwie unlebendig, statisch und »zu fertig« erschienen war, ohne Dynamik.

Auf einem langen Tisch lag das lateinische Original, daneben die herangezogene Literatur, deren Stapel immer größer wurde. Zunächst hatte sich Ratzinger in das Latein des Aquinaten einzulesen, um die von Thomas gebrauchte Begriffswelt überhaupt verstehen zu können. Dann ging es daran, Wort für Wort ins Deutsche zu bringen. Joseph übersetzte, sein Lehrer korrigierte. »Es war eine kühne Pionierarbeit, bereits auf höchstem Niveau«, erinnerte sich Läpple. Das Problem neben der Übersetzung war, die unzähligen Zitate in den Originalstellen der Heiligen Schrift aufzufinden sowie die zitierten Texte der Philosophen und Theologen – Platon, Aristoteles, Augustinus – zu recherchieren, diese nachzuprüfen und dabei jeweils Kapitel und Vers zu identifizieren und festzuhalten. Eine Sisyphusarbeit. Noch dazu in der ohnehin knapp bemessenen Freizeit.

Den Job konnte nur jemand machen, der über die Geduld der Engel, die Ausdauer eines Langstreckenläufers und das Sitzfleisch eines Buddhas verfügte. Immerhin war die Aufgabe mit einer Begegnung mit Edith Stein verbunden, die sowohl Joseph als auch Läpple bis dahin völlig unbekannt war. Die in Breslau geborene Jüdin war Schülerin des Philosophen Edmund Husserl, Frauenrechtlerin und erste deutsche weibliche Doktorandin der Philosophie. Nach ihrer Konversion zur katholischen Kirche und der Aufnahme in den Karmeliterorden nahm sie in Anlehnung an die heilige Teresa von Ávila den Namen *Teresia Benedicta a Cruce* an, Teresia Benedicta (gesegnet) vom Kreuz. In der Zeit des Nationalsozialismus wurde sie »als Jüdin und Christin«, wie sie definierte, zum Opfer des Holocaust und gemeinsam mit ihrer Schwester Rosa im August 1942 im KZ Auschwitz-Birkenau ermordet.

Edith Stein hatte einen anderen Beitrag von Thomas von Aquin erstmals ins Deutsche übersetzt, die zwei Bände umfassenden *Quaestiones disputata de veritate* (»Über die Wahrheit«), zwei dicke Wälzer, sehr philosophisch, sehr anstrengend, über all die Fragen, über die man sich den Kopf zerbrechen kann: die Frage nach dem Sein, nach der Erkenntnisfähigkeit des Menschen, nach dem dreieinigen Gott, nach Gnade,

Glaube, Vorsehung. Josephs Arbeit, die sich über ein ganzes Jahr hinzog, wurde freilich nicht 1500 Seiten lang, wie die von Edith Stein, sondern leidliche 100 Seiten, aber er lernte dabei zu sehen, wie Thomas seine Schriften aufbaute, wie er formulierte und wie er argumentierte. Fünf Jahrzehnte später schrieb er an Läpple: »Durch den Auftrag, die *Quaestio disputata* des heiligen Thomas über die Liebe zu übersetzen, hast du mich … in die Welt der Quellen hineingeführt und mich gelehrt, aus erster Hand zu schöpfen und bei den Meistern selbst in die Schule zu gehen.«[9]

Liebe und Wahrheit sollten mit die zentralen Themen werden, die Ratzingers gesamtes Werk durchwirken. Wobei es für ihn keine Liebe ohne Wahrheit und keine Wahrheit ohne Liebe geben kann. Merkwürdiger Zufall: Die *Liebe* war nicht nur sein erstes Thema als angehender Theologe, sondern auch das seiner ersten Enzyklika als Papst. Sein Opus Nr. 1 an der Hochschule mit dem Titel *Eröffnung über die Liebe* erschien in einer Auflage von zwei Exemplaren (zunächst per Hand geschrieben, dann mit Schreibmaschine getippt), sein Opus Nr. 1 als Papst, *Deus caritas est*, »Gott ist Liebe«, in einer Auflage von mehr als drei Millionen. Edith Stein wurde im Beisein Ratzingers am 11. Oktober 1998 von Johannes Paul II. auf dem Petersplatz in Rom heiliggesprochen. Gleichzeitig ernannte der polnische Papst die deutsche Märtyrerin zur Mitpatronin Europas. »Wer die Wahrheit sucht, der sucht Gott«, wusste die heilige Karmelitin, »ob es ihm klar ist oder nicht.«[10]

Neben seinem Studium betrieb Joseph philologische Versuche und begann »Meditationen über mich selbst«, über »meine Lage zum damaligen Zeitpunkt«. Dabei gehörte der Studienanfänger nach eigener Einschätzung nicht zu jenen Zeitgenossen, die »einen Komplex« hatten. Das heißt, zur Sorte jener Wissenschaftler, die sich allein schon deshalb scheuen, über gewichtige Themen zu arbeiten, weil darüber »große Gelehrte geschrieben« haben. Seine Forschheit tat das Übrige: »Wenn man jung ist, hält man etwas auf sich, dann glaubt man, dass man was schaffen kann.« Was sollte ihn aufhalten? »Aus dieser Gewissheit, dass wir die Welt neu bauen können, war ich ohne Furcht vor großen Dingen.«[11] Der damit verbundene Gleichmut hat Begleiter und Beobachter Ratzingers oft verstört, weil sie darin eine mangelnde Empathie zu erkennen glaubten. Für Ratzinger war er die Gewähr dafür, ruhig seine Arbeit tun zu können, unaufgeregt und gleichmäßig hämmernd wie die Kolben eines Dieselmotors.

Inspiration sind ihm in den Anfangsjahren die Vorlesungen des jungen Dozenten Jakob Fellermeier über die Geschichte der Philosophie. Sie gewährten ihm, so Ratzinger ganz unbescheiden, einen »umfassenden Durchblick durch das geistige Ringen von Sokrates und den Vorsokratikern bis zur Gegenwart«[12]. Gleich spannend erfährt er Denker wie Josef Pieper, die die Katastrophe der jüngsten Vergangenheit als Folge menschlicher Hybris deuten und als logische Konsequenz daraus die erneute und tiefere Hinwendung zu Gott fordern. Auch der Kulturkritiker Theodor Haecker hatte eine Besinnung auf christlich-abendländische Tradition angemahnt und die Freiheit und Würde des Menschen darin begründet, dass jedes einzelne Individuum eine »Idee Gottes« sei. Für Joseph ist Haecker »nach dem Krieg die große Figur, eine der großen Gestalten. Seinen *Vergil* habe ich mit Begeisterung gelesen.«[13]

Zwei weitere Inspiratoren sind für Ratzinger der Münchner Philosoph und Physiker Aloys Wenzl und der Moraltheologe Theodor Steinbüchel. Beide sind vom Zuschnitt jener Gelehrten, für die er geradezu schwärmte: provozierend, aufwühlend, querdenkend – und immer auch existenzielle Geister, die mutig in den Abgrund des eigenen Ichs blicken, aus dessen Fragen dann der Antrieb ihres Denkens entsteht. Wenzl hatte zu zeigen versucht, dass das deterministische Weltbild der klassischen Physik, das Gott keinen Raum mehr ließ, abgelöst sei. Steinbüchel wiederum, merkte Ratzinger an, habe »einen sehr umfassenden Einblick in die moderne Philosophie gegeben, den ich versucht habe zu verstehen, mitzuvollziehen«. Schon die Buchtitel der beiden Autoren hatten auf den Studienanfänger eine elektrisierende Wirkung. Wenzl versprach darin eine *Philosophie der Freiheit*, Steinbüchel einen *Umbruch des Denkens*. Für Joseph lasen sie sich wie Namen von Sehnsuchts-Orten, deren Umrisse geheimnisvoll wie hinter einer Wand aus weißem Nebel vor dem Bug seines Schiffes auftauchten.

Es war der Aufbruchsstimmung der Stunde null geschuldet, dass in Freising nun gerade auch »die neuen Entwicklungen der Naturwissenschaften mit Interesse verfolgt« wurden, wie Ratzinger berichtete, nicht zuletzt vom Naturwissenschaftler der Hochschule, Professor Karl Andersen. Klangen die Bekenntnisse führender Forscher nicht ganz anders als die Losungen der Aufklärung, die verkündet hatte, der Fortschritt der Wissenschaften bedeute zugleich das Ende des alten Gottglaubens? Physiker wie der Deutsche Pascual Jordan, der Mitbegründer der Quantenmechanik, sprachen plötzlich von einem »Schöpfergott«. »Die moderne Entwicklung«, so Jordan, »hat die früheren Hindernisse einer Harmonie von Naturwissenschaft und religiöser Weltauffassung beseitigt.« Der britische Astrophysiker Sir Arthur Stanley Eddington rief aus: »Die moderne Physik führt uns notwendig zu Gott hin, nicht von ihm fort.« Nobelpreisträger Werner Heisenberg, einer der bedeutendsten Physiker des 20. Jahrhunderts, formulierte: »Der erste Trunk aus dem Becher der Naturwissenschaft macht atheistisch, aber auf dem Grund des Bechers wartet Gott.« Und John Ambrose Fleming, britischer Physiker und Radiotechniker, war überzeugt: »Das Universum zeigt sich heute unseren Augen als Gedanke. Ein Gedanke aber setzt das Vorhandensein eines Denkers voraus.«

Aufsehenerregend auch Albert Einstein. Der deutsche Physiker erklärte 1930 in einem Beitrag für die *New York Times*, »Naturwissenschaft ohne Religion ist lahm, Religion ohne Naturwissenschaft ist blind«. Ohnehin beruhe »die gängige Vorstellung, ich sei ein Atheist«, so der Begründer der Relativitätstheorie, »auf einem großen Irrtum. Wer sie aus meinen wissenschaftlichen Theorien herausliest, hat sie kaum begriffen«. Im »unbegreiflichen Weltall«, befand Einstein, »offenbart sich eine grenzenlos überlegene Vernunft«. Nicht Gott sei relativ, und nicht das Sein, sondern das Denken des Menschen: »Gott würfelt nicht. Vielmehr hat Er die Welt nach einem ordentlichen Plan geschaffen, den zu finden Aufgabe der Wissenschaftler ist.«[14]

Elementarteilchen, Lichtwellen, Gravitation, kosmische Strahlung – das Universum, folgerten Naturwissenschaftler, könne nur durch eine Kraft ins Dasein gerufen worden sein, die weder »innerweltlich« aus Atomen oder Molekülen bestehe, noch den Phänomenen Raum und Zeit unterworfen sei. Die Interpretation entsprach einem Ur-Wissen der Menschheit, nach dem die Schöpfung eine nichtstoffliche Komponente besitze. »Wohin und wie weit wir also blicken mögen«, folgerte Max Planck, »zwischen Religion und Naturwissenschaft finden wir nirgends einen Widerspruch, wohl aber gerade in den entscheidenden Punkten volle Übereinstimmung.« Der Begründer der Quantentheorie und Nobelpreisträger schob nach: »Religion und Naturwissenschaft schließen sich nicht aus, wie heutzutage manche glauben und fürchten, sondern sie ergänzen und bedingen einander. Gott steht für den Gläubigen am Anfang, für den Physiker am Ende allen Denkens.« Der französische Chemiker und Nobelpreisträger Paul Sabatier pflichtete ihm bei: »Naturwissenschaft und Religion in Gegensatz zu stellen ist Sache von Leuten, die schlecht unterrichtet sind in der einen wie in der anderen Wissenschaft.«

Besonders angetan zeigte sich Joseph von dem Wissenschaftler Aloys Wenzl. Der 1887 in München geborene Denker hatte zunächst Mathematik und Physik studiert, danach Philosophie und Psychologie. Er lehrte am Philosophischen Institut der Ludwig-Maximilians-Universität, dessen Dekan und Rektor er wurde. Obwohl SPD-Mitglied, Vorsitzender der Münchner Friedensvereinigung und Mitglied der »Zwanglosen Gesellschaft München«, trat er 1936 dem Nationalsozialistischen Lehrerbund bei. Nachdem sein Hintergrund bekannt wurde, erhielt er Lehrverbot. Er stehe im Verdacht, so die Begründung, »in unerbittlicher Gegnerschaft zum heutigen Staat« zu stehen, »den er still und unauffällig, aber zähe bekämpft«[15]. Wenzls *Philosophie der Freiheit* zeigte, dass das klassische Weltbild der Physik, in dem Gott keine Rolle mehr spielte, nun ausgerechnet durch die Naturwissenschaften abgelöst wurde – eben durch ein Weltbild, das wieder offen war. Die Überzeugung in Freising war, erinnerte sich Ratzinger, die Wissenschaftler »seien mit dem Umbruch, den Planck, Heisenberg, Einstein gebracht hatten, wieder auf dem Weg zu Gott«. Es sei an der Zeit, forderte Wenzl, dass die Metaphysik – die Lehre davon, was hinter der bekannten und berechneten Welt lag – endlich wieder als gemeinsame Basis *aller* Wissenschaften gesehen werde.

Wenzl war der Typ des schrulligen, aber auch besonders genialen Professors, der universal denkt. Er kaprizierte sich auf Grenzprobleme zwischen Naturwissenschaft und Religion, verfasste Werke wie *Das Leib-Seele-Problem, Wissenschaft und Weltanschauung,* aber auch die Schrift *Unsterblichkeit,* in der er die »metaphysische und anthropologische Bedeutung« des ewigen Lebens untersuchte. Im Vorwort der *Philosophie der Freiheit,* die er seinem im Zweiten Weltkrieg gefallenen Sohn widmete, schrieb er: »Es ist so unsagbar viel Leid durch Hybris und Perversion, Dämonie und Wahn über uns, unsere Heimat und unsere Kinder gekommen.« Man habe »wahrhaft existenziell das Dasein am Abgrund des Nichtseins erlebt«. Die Zukunft könne deshalb nur »auf geistiger Grundlage wieder aufgebaut werden«, gemäß der »Idee des Lebens«, die im freiheitlichen und versöhnlichen christlichen Menschenbild vorgezeichnet sei.

War Wenzls Schrift für Joseph Denkanstoß und Inspiration, so wird ihm Theodor Steinbüchels *Umbruch des Denkens*[16] regelrecht zur »Schlüssellektüre«; eine Gewalt, die einschlägt wie ein Meteorit von einem anderen Stern. »Das Neue« war es, das er kennenlernen wollte. Und nicht irgendwie eine »abgestandene« und »fertig abgefüllte« Philosophie. Der Studienanfänger fühlte sich regelrecht enttäuscht von Lehrern, die aufgegeben hatten, fragende Menschen zu sein, sondern sich in ihrer denkerischen Enge damit begnügten, »das Gefundene gegen alle Fragen zu verteidigen«[17] oder lediglich zu verwalten. »Schade um die Zeit«, raunte er am Ende solcher Vorlesungen seinen Nachbarn zu. Plötzlich schien er gefunden zu haben, wonach er suchte.

Steinbüchel, bei dem Alfred Läpple gerade promovierte, lehrte ursprünglich an der Ludwig-Maximilians-Universität in München. Als die Nazis 1939 die Katholisch-Theologische Fakultät schlossen, wich er nach Tübingen aus und wirkte bis zu seinem frühen Tod 1949 als Professor für Moraltheologie. Zu seinen Arbeiten gehörten Werke wie *Europa als Idee und geistige Verwirklichung* oder *Christliche Lebenshaltungen in der Krisis der Zeit und des Menschen* – Themen, die später auch bei Ratzinger zu finden sind. Etwa in dem Band *Wahrheit, Werte, Macht* oder in *Werte in Zeiten des Umbruchs*. Joseph las Sätze, die ihn tief berührten: »Nur vor Gott und nur in Freiheit gibt es den Menschen, nur in beidem ist er Person«, hatte Steinbüchel formuliert. Das »Werde, was du bist« habe ja nur Sinn, wenn wirklich gewusst wird, was der Mensch ist: nämlich das Sein zu Gott. Und das Werden zum Selbst, wie es Heidegger verlangte, sei erst dann wirkliches Selbstwerden, wenn es in die Beziehung zu Gott aufgenommen wird, in der sich erfüllt, was »Mensch« und »Selbst« wirklich ist. Gott sei darum nicht, wie Nietzsche gemeint hatte, der Tod des Menschen und sein Untergang, sondern sein Leben: »Der Garant seiner Freiheit ist Gott, weil er ihn schuf als das zum Du hin transzendierende Sein und weil diese Transzendenz seines Wesens nur im Leben der persönlichen Freiheit sich erfüllt.«

Im Grunde beruhte Steinbüchels Lehre auf der Welt- und Menschendeutung Ferdinand Ebners, dessen Erkenntnisse er besser zum Ausdruck bringen konnte als der Urheber selbst. Der österreichische Volksschullehrer und Sprachphilosoph hatte sich zunächst der »Pneumatologie« gewidmet, der »Lehre vom Geist«, präziser: vom Geist des Wortes. Sein erstes Werk von 1913/14 blieb freilich unveröffentlicht. Vielleicht lag es an dem exzentrischen Titel: *Ethik und Leben: Fragmente einer Metaphysik der individuellen Existenz*. Sein Hauptwerk, *Das Wort und die geistigen Realitäten: Pneumatologische Fragmente*, wurde von der Kritik vernichtend verrissen. Steinbüchel hingegen wies nach, dass Ebner nicht nur eine religiös fundierte Sprachphilosophie entwickelt und den christlichen Existenzialismus eines Gabriel Marcel vorbereitet hatte, sondern als einer der Ersten eine »neue Wirklichkeit« erkannte und mit seiner Philosophie der Ich-Du-Beziehung zwischen Geschöpf und Schöpfer der Mit-Begründer des »dialogischen Denkens« war.

Für den Studenten aus Traunstein war es, als habe jemand, um ein Sprachbild des Schriftstellers Karl Krolow zu benutzen, Licht aus dem Fenster geschüttet. Wie konnte man sich nicht für die Aufbrüche begeistern, die nun möglich waren? Musste es ihn nicht auch persönlich berühren, was Steinbüchel über die prekäre Situation des Christenmenschen schrieb? War er nicht auch selbst hin- und hergerissen in der Frage nach dem Sinn seiner Existenz? Kein Verirrter, aber ein Suchender, der sich neu justieren musste. Der Glaube zerschlage und verdamme ja nicht das Denken, konnte er lesen. Im Gegenteil. Im Glauben erscheine diese Fähigkeit nichts weniger als die hohe Gabe des göttlichen Logos, durch den alles, auch es selbst, gemacht worden ist. Die Zeit schreie danach, neu zu denken. Dadurch müssten dann auch »die alten Antworten überkommenen Glaubens neu geprüft« werden. Würden sie aber bejaht, könnten sie das Leben neu befruchten.

In *Umbruch des Denkens* skizzierte Steinbüchel die Entwicklung der Philosophie von der Antike bis zu Hegel, Schelling und Feuerbach. Hegel hatte sich selbst als Vollender der Philosophie gesehen und seine Erkenntnisse als »Fülle der Wahrheit« verkündet. Seine idealistische Philosophie beinhaltet das Sich-selbst-Begreifen der Idee als des allgestaltenden, alltragenden, allseienden Denkgeistes. Bereits zwei Jahrhunderte vor ihm hatte sich mit dem Philosophen und Mathematiker René Descartes die von Gott getragene Seinsordnung des Spätmittelalters aufgelöst. Wurde bis dahin die Wirklichkeit aus dem lebendigen Mensch-Gott-Verhältnis verstanden, brachte der Franzose das in sich selbst eingeschlossene Subjekt ins Spiel. Doch Descartes' *Cogito, ergo sum*, »Ich denke, also bin ich«, hatte kein Gegenüber. Es war der auf sich selbst bezogene, einsame Mensch, der sich in das Ich-Gefängnis der Selbstbespiegelung einschloss. Mit Hegel wurde endgültig alle Transzendenz, die über eine immanente Welt-Gott-Wirklichkeit hinausreichte, aufgehoben. Sein Begriff der Vernunft, in der er das allein Wirkliche sah, wurde zur Grundlage der Aufklärung und eroberte die intellektuelle Welt. Gott war nur noch, fasste Steinbüchel zusammen, »der innerweltliche, der zum Bewusstsein seiner selbst in der von ihm selbst gezeugten und getragenen einen Wirklichkeit aufsteigende Denkgeist«.

Ferdinand Ebner nun erkannte die Wirklichkeit wieder da, wo die idealistische Philosophie sie weder suchen noch finden wollte. Der Idealismus, kritisierte er, sehe nicht nur an der Wirklichkeit des persönlichen Menschen vorbei, sondern auch an der Wirklichkeit des persönlichen Gottes. Er sei nicht zuletzt gescheitert an den neu erwachten leidenschaftlichen Fragen der Menschen nach dem Sinn ihres persönlichen Lebens. Ebner wurde klar, dass dem Wort der Offenbarung gegenüber das Denken nicht mehr Konstruktion, sondern Finden und Empfangen ist; ein Sinnverstehen dessen, was das Denken nicht aus eigener Macht erdacht hat. Und dieses erkannte Sein ist dann auch »nicht mehr das Absolute als die Totalität der Vernunft-Wirklichkeit«, so Steinbüchel, »sondern die Wirklichkeit des persönlichen Gottes, der in seinem Wort sich an den vernehmenden Menschen richtet«. Und erst in dieser lebendigen und entscheidungsvollen Dynamik konstituierte sich die menschliche Existenz in ihrer tiefsten, geheimnis- und verantwortungsvollsten Seinseigenheit.

Joseph hatte auf Antwort gehofft, und er hatte sie bekommen. Überall zeige sich die weltwirkende Dimension des christlichen Glaubens, den viele noch immer mit einer bloßen Überzeugung verwechselten. Der Gott der Bibel war keine ethische »Idee« wie der Gott der Philosophen, wurde ihm klar, sondern eine überweltliche, eine das reale und personale Ich anrufende Person, die zum konkreten Menschen in der wirklichen Zeit und in seiner eigenen und persönlichen Situation sich hinneigt. »Die im Glauben ergriffene Wirklichkeit des persönlichen Gottes«, hob Steinbüchel hervor, »ist der tiefste, der religiöse Grund des Umbruchs des Systemdenkens, der Wendung des Denkens zur Existenz des Menschen.« Und zwar »als des Ichs, das von seinem persönlichen Gott angesprochen und in Anspruch genommen ist – und von dem Gott die Antwort, die innerste personale Wendung zu ihm, diesem Gott, hin erwartet«.

Mit der im Glauben erfahrenen Realität des persönlichen Gottes und der damit verbundenen Schau des »wirklichen« Menschen entstand nun auch der Begriff des kritischen beziehungsweise existenziellen Realismus. Mit ihm konnte man die Wirklichkeit des Menschen wieder ganzheitlich verstehen. Das heißt, nicht nur mit der Perspektive vom Menschen selbst her, sondern von seinem Ursprung und seinen potenziellen Anlagen, also von seinem Schöpfer her. Der *kritische Realismus* ging davon aus, dass parallel zur unmittelbaren Wahrnehmung eine weitere Welt als Simulation real existiert, die unserer sinnlichen Wahrnehmung entspricht, auch wenn sie nicht unmittelbar erkennbar ist und »gesehen« werden kann. So wie sich auch bestimmte Tonfrequenzen dem menschlichen Hören entziehen. Dieser *Realismus der Existenz* stellte den Menschen in die lebendige Wirkbeziehung zwischen Ich und Du. Und erst in dieser Beziehung, so Ebners Grundthese, hat der Mensch als Mensch Wirklichkeit.

Dem Studenten Joseph wird klar, dass das personale Gottverhältnis des konkreten Menschen etwas ganz anderes ist als ein nur äußerliches Religionsbekenntnis. Im Realismus Ebners ist dieses Verhältnis auch nicht mehr an irgendeine »Außenwelt« gebunden, sondern an die individuelle Existenz des eigenen Menschseins. Eine bahnbrechende Einsicht. Denn damit wurde dieser oft so ferne Gott – Schöpfer des Himmels und der Erde, Herr aller Mächte und Gewalten, Herrscher des Weltalls – plötzlich nah und greifbar. Nicht als ein Angst einflößender Weltenrichter, sondern als ein personales, persönliches Gegenüber. Ich und *Du*. Ich und Gott. Es ist eine Beziehung mit jemandem, der nicht vornehmlich straft, sondern dessen Güte einen berührt und dessen Wesen nichts anderes ist als Liebe. Diese Liebe ist dann auch auf geheimnisvolle Weise Kern und Wirkkraft dieser Schöpfung, gewissermaßen ihr Betriebssystem.

Dem Mysterium der Sein schaffenden, frei sich verschenkenden Liebe entsprach auf der anderen Seite der im Sein des Menschen wurzelnde Urakt des Gebetes. Echtes Gebet, so Ebner, sei so gesehen nichts anderes als ein »Dialog mit Gott«. Verständlich würde das Wesen des Betens erst aus der Ich-Du-Beziehung Gottes zum Menschen und des Menschen zu Gott. Im Gebet »kehrt das Wort dorthin zurück, woher es gekommen ist«. Im Gebet fände der Mensch, was er ist: nicht ein einsames Ich, sondern eine Existenz in der dialogisch-lebendigen Zweisamkeit von Ich und Du.

Die Entdeckung des dualen Systems ist ein früher Durchbruch im Denken Ratzingers. Das Ich-Du-Prinzip gab seiner Theologie die Richtung. Es gebe so viele Wege zu Gott, »wie es Menschen gibt«, hatte er später postuliert.[18] »Ich« und »Du« – das heißt eben auch, Gott hat für jeden Menschen einen eigenen Weg. Er bietet ihn zumindest an. Wie anders könnte er sonst mitfühlend in Beziehung treten? Wie anders könnte er einen gefallenen Menschen stärken? Wie anders könnte Christus sagen: »Wer mich sieht, sieht den Vater«? Der Durchbruch des Studenten Joseph geschieht im Kopf. Aber nicht als Kopfgeburt, sondern aus dem Logos heraus, der offenbarenden Vernunft, wie sie im

»Wort«, im »Logos« des Johannesevangeliums zum Ausdruck kommt, der vielleicht schönsten und leuchtendsten Stelle der Bibel:

»Im Anfang war das Wort,
und das Wort war bei Gott,
und Gott war das Wort.
Alles ist durch es geworden,
und ohne es ist nichts geworden, was geworden ist.
In ihm war das Leben,
und das Leben war das Licht der Menschen.«

Nie dürfe man dabei, so hatte Ferdinand Ebner gewarnt, den Begriff »Wort« – im griechischen Original der »Logos« – nur mit »Vernunft« übersetzen. Worte trügen Sinn von Sein in sich. Durch eine Verkürzung werde die tiefe Dimension übersehen. Die geheimnisvollen Wirkmächte, die im biblischen Wort lägen, hätten dabei nichts mit Zauberkünsten zu tun, sondern mit dem realen geistigen Prinzip, dem die Innovationskraft des Schöpfergedankens inne liegt. Ratzinger hat dies 20 Jahre später in einem etwas komplizierten Satz in seinem Klassiker *Einführung in das Christentum* ausgedrückt. Er zeigt, wie sehr die Früchte aus seinem philosophischen Erstsemester nachhallten:

»Wenn christlicher Glaube an Gott zunächst einmal Option für den Primat des Logos, Glaube an die vorausgehende und die Welt tragende Realität des schöpferischen Sinnes ist, so ist er als Glaube an die Personhaftigkeit jenes Sinnes zugleich Glaube daran, dass der Urgedanke, dessen Gedachtsein die Welt darstellt, nicht ein anonymes, neutrales Bewusstsein, sondern Freiheit, schöpferische Liebe, Person ist.«[19]

Zu einem weiteren wichtigen Stichwort- und Ideengeber für den jungen Ratzinger wird in Freising die Lektüre der Werke Martin Bubers. Der jüdische Religionsphilosoph ist neben Ferdinand Ebner der herausragende Vertreter des dialogischen Denkens. Seine Erzählungen über die Meister des Chassidismus gehören zur Weltliteratur. Die Schriften des Philosophen konnten erst nach 1945 wieder veröffentlicht werden. Für Joseph sind sie die erste Begegnung mit dem Judentum überhaupt. Das Werk des jüdischen Denkers und Mystikers sei für ihn, schreibt er in seinen Erinnerungen, »zu einem wesentlich prägenden geistigen Erlebnis geworden«[20]. Weit mehr noch: »Die ganze Figur fasziniert mich«, bekannte er in einem unserer Gespräche, insbesondere »seine Art, in dieser Welt von heute zu glauben«. Ratzinger hob Bubers »personalistische Sicht« hervor, und »eine Philosophie, die aus der Bibel genährt ist«: »Diese jüdische Frömmigkeit, in der dann der Glaube ganz unbefangen und doch wieder ganz aktuell mitten in der Zeit da ist.«[21] Für Freund Läpple und den jugendlichen Philosophiestudenten sei es damals geradezu »ein Halleluja-Jubilieren« gewesen, »wenn Buber-Worte die Saiten unserer Lebensharfe berührten und zum Erklingen brachten«.

Der Schweizer Theologe Hans Urs von Balthasar warf Buber in einer 1958 veröffentlichten Schrift vor, die Folgerichtigkeit des heilsgeschichtlichen Weges von den Propheten zu Christus nicht zu verstehen. Doch während Balthasar die gegenseitige Anerkennung von Judentum und Christentum fernlag, bekannte Ratzinger: »Martin Buber habe ich hoch verehrt.« »Er lehrte uns den Menschen sehen als dialogische Existenz«, erläuterte Läpple. Mit dem dialogischen Personalismus habe Buber »zum Dialog mit dem Du des Mitmenschen, letztlich zum Dialog mit Gott befähigt«. Ratzinger teilte den Ansatz des jüdischen Religionsphilosophen, indem er stets daran erinnerte, Gott komme den Menschen nicht als abstrakte Definition entgegen, Gott sei ein »Du«. Er nehme den Menschen an, er kommuniziere mit ihm, ob im Gebet oder in der Liturgie. Auch hier mag ihm das Postulat des jüdischen Mystikers gefallen haben, der sagte: »Die beste Rede über Gott ist der Lobpreis Gottes.«

Auf ihren langen Spaziergängen in den Isarauen bei Freising verband Ratzinger und Läpple eine Freundschaft, »die ganz um die großen Probleme der Philosophie und Theologie kreiste«[22]. Es geht um »die geistige Bedeutung der Sprache«, in die Ferdinand Ebner einführte, um Karl Jaspers' Wort: »Friede ist nur durch Freiheit, Freiheit nur durch Wahrheit möglich.« Manchmal hob Läpple den Finger: »Theologie ist nicht Flucht in die Geborgenheiten rationaler und religiöser Gesichertheiten«, dozierte er gegenüber dem jüngeren Kollegen, »Theologie ist im Gegenteil ein Wagnis in Christo, ein Plus an Gefährdungen und Spannungen!«[23] Der Freund brachte den Begriff Existenztheologie ins Spiel. Er erinnerte an das Wort des dänischen Philosophen Kierkegaard: »Das Christentum ist keine Lehre, sondern eine Existenz-Mitteilung.« Christus habe keine Dozenten eingesetzt, sondern Nachfolger. Joseph und Alfred waren sich einig: Den Wirklichkeiten der Offenbarung könne man nicht neutral und voraussetzungslos, nicht bloß wissenschaftlich abstrakt gegenübertreten. Diese Wirklichkeiten reißen die ganze Existenz in ihren Bann. Und sie fordern eine Entscheidung.

Vielleicht hatte sich Läpple ein wenig überschätzt, was seinen Einfluss auf den jungen Kommilitonen betraf. Dennoch hatte der Dialog mit ihm bleibende Bedeutung. »Lieber Alfred!«, schrieb Ratzinger als Präfekt der römischen Glaubenskongregation am 23. Juni 1995 seinem früheren Begleiter. »Du hast mir den Blick für die Philosophie geöffnet, mehr, als es unseren akademischen Lehrern gelungen ist. Durch Dich habe ich die großen Gestalten des abendländischen Denkens in ihrer bleibenden Gegenwärtigkeit verstehen gelernt und so anfangen können, in das Mitdenken mit ihnen einzutreten.«[24]

Theologe ist nicht derjenige, der über ein examensreifes Wissen verfügt, übernahm Ratzinger eines der Lieblingsworte John Henry Newmans, sondern derjenige, der Theologie in sich realisiert; in dem Offenbarung und Dogma zu einer existenziell-effektiven Lebensform werden.

Kapitel 16

Das Glasperlenspiel

Das Wintersemester in Freising dauerte vier, das Sommersemester drei Monate. Die vorlesungsfreie Zeit verbringen Joseph und Georg zu Hause in Hufschlag. Gemeinsam mit Studienkollege Rupert Berger feiern sie täglich um 8 Uhr die Messe in St. Oswald. Zelebrant ist Geistlicher Rat Georg Elst, den seine Ministranten nur »Raketen-Schorsch« nennen, weil er die heiligen Messen im Rekordtempo über die Bühne bringt. Bei der Kommunionausteilung vernehmen die Messbesucher statt des feierlichen »*Corpus Domini nostri Jesu Christi custodiat animam tuam in vitam aeternam*« dann meist nur ein »*Corps tam tam, Corps tam, tam ...*«

Als musikalische Begleitung gibt Rupert Berger den Tenor, Georg den Bass oder die Orgel, während Joseph ministriert. Dafür erhalten die Studenten vom Stadtpfarrer die für Freising erforderliche Bestätigung, dass sie in den Semesterferien eifrig die Messe besuchten und keine Mädchenfreundschaften unterhielten. Mit im Kirchenchor singt häufig auch Ratzinger senior, der überdies jeden Donnerstag im 7-Uhr-Amt in einer kleinen Prozession innerhalb des Kirchenschiffes einen Baldachin schleppt, wobei »Raketen-Schorsch« meist hektisch mit seiner Monstranz vorauseilt, sodass die vier »Himmelsträger« erhebliche Mühe haben, mit ihrem auf Stangen aufgespannten »Himmel« hinterherzukommen.

Im Elternhaus übt Georg ununterbrochen am Klavier, sein Bruder hört geduldig zu. Gelegentlich trifft man sich mit ehemaligen Schulkameraden zu einem Bier oder zu einem Ausflug in die Bergwelt. Für Studierarbeit bleibt Joseph das Schlafzimmer im ersten Stock. Der Raum ist winzig, aber er liebt den Blick auf die Chiemgauer Alpen und fühlt sich geborgen und behaglich.

Sein Interesse gilt nicht nur philosophischen und theologischen Themen. Da ist eben auch der Schöngeist, der Gedichte schreibt, ein romantischer, sensibler Jüngling, der sich für die Konflikte der menschlichen Seele interessiert, und dessen Lieblingsfiguren in der Literatur häufig die etwas einsamen, in die existenziellen Fragen des Lebens verstrickten Menschen sind.

Die deutschen Klassiker hatte er bereits als Schüler durchexerziert. Aber auch das *Stundenbuch* von Rilke, über den er mit seinem Freisinger Mentor diskutierte. »Wir waren beide romantisch«, berichtete Läpple, »bei Rilke ist es auch dieses Weiche, fast zu Weiche, das Emotionale, das ihn anzog.«[1] Goethe war ohnehin ein Muss. Aber immer wieder stellte sich tiefe Ergriffenheit ein, wenn im *Faust* das deutscheste aller Themen, die Frage nach der Religion, abgehandelt wurde. Und der Protagonist muss sich sagen: »Habe nun, ach! Philosophie, / Juristerei und Medizin, / Und leider auch Theologie / Durchaus studiert, mit heißem Bemühn. / Da steh ich nun, ich armer Tor! / Und bin so klug als wie zuvor.«

Mit Beginn des Studiums wandte sich Joseph neuerer Literatur zu. Er entdeckte die zeitgenössischen französischen Autoren Paul Claudel, Georges Bernanos und den Romancier Françoise Mauriac, allesamt Vertreter der Reformbewegung *Renouveau catholique*, die sich eine durch den Katholizismus erneuerte Kultur auf die Fahnen schrieb. Nicht zuletzt den 1846 im südwestfranzösischen Périgueux geborenen Léon Bloy, einen außergewöhnlichen Menschen, der als junger Mann in Paris seinen Glauben verloren hatte. Bloy wurde zwischenzeitlich glaubensferner Sozialist, kehrte aber zum Katholizismus zurück. Fünf Jahre teilte er sein Leben mit Anne-Marie Roulé, einer Prostituierten, die unter seinem Einfluss fromme Christin wurde. Gemeinsam lasen sie die Heilige Schrift nach der symbolistischen Methode des Abbé Tardif de Moidrey.

Und doch fühlte sich Bloy immer wieder von Gott verlassen. Erst ein Aufenthalt bei den Kartäusern in der Grande Chartreuse gab ihm neue Stabilität, als Schriftsteller für Gott und Kirche Zeugnis ablegen zu können. »Bloy schreit an gegen die Modernen, die das Glaubensbekenntnis, ja alles absolut Gültige relativieren und verharmlosen«, beschreibt der Münchner Dominikanerpater Wolfgang Spindler Bloys Einstellung, er kämpfte »gegen die Verbürgerlichung des Christentums, die aus Dogmen Gemeinplätze macht, mit deren Hilfe es sich gemütlich und vergnügt leben lässt.« Katholiken, für die der Glaube nur eine Verzierung, aber nicht der Lebensmittelpunkt ist, hielt Bloy für Abtrünnige. Die größten Verräter aber waren für ihn Priester, die durch Exegese die Heilige Schrift so lange verdrehen, bis sie alles Anstößige verloren hat und sich Schönheit und Heiligkeit in Alltäglichkeiten vewandelten.

Die Affinität zur Grande Nation hatte Joseph von seinem Vater geerbt. Beim Sohn kam die Begeisterung für die französische Geisteswelt hinzu, die er als besonders vital und intellektuell reizvoll empfand. Die Kühnheit eines Georges Bernanos etwa, der in einem seiner Aphorismen bemerkte: »Das große Unglück dieser Welt ist nicht, dass es Gottlose gibt, sondern dass wir so mittelmäßige Christen sind!« Besonders Claudel interessierte ihn. Der französische Diplomat – ehedem Botschafter in den Vereinigten Staaten – hatte während einer Vesper am Weihnachtstag in Notre-Dame de Paris, die er zufällig besuchte, ein bewegendes Erweckungserlebnis. Umfassend gebildet, konnte er als Publizist kräftige Späne hobeln. So focht er mit Salon-Sozialisten wie Émile Zola und legte die Leere frei, die er hinter den Fassaden gefeierter atheistischer Star-Autoren zu finden glaubte. »Bevor man die Welt verändert«, merkte er an, »wäre es vielleicht wichtiger, sie nicht zugrunde zu richten.«

Von den jüngeren deutschen Autoren griff Joseph zu Büchern von Gertrud von Le Fort, der Deutsch-Französin und Pazifistin Annette Kolb oder auch Elisabeth Langgässer, die er hoch schätzte. Die Tochter eines zum Katholizismus konvertierten Juden erhielt unter Hitler Publikationsverbot. Die Nazis verschleppten ihr Kind zunächst nach Theresienstadt, später nach Auschwitz, wo es wie durch ein Wunder überlebte. »Sehr bewegt« war er von Franz Werfels Roman *Das Lied von Bernadette* über die Ereignisse von Lourdes, mit dem der jüdische Autor ein Gelöbnis erfüllte, falls er vor den Nazis gerettet werden sollte.

Die Lektüre des Studienanfängers ist aufschlussreich. Sie gibt einen kleinen Eindruck vom Wesen, vom Gemüt des Studenten, von seiner Gefühls-, aber auch seiner Interessenslage. Auffällig häufig finden sich unter seinen literarischen und theologischen Favoriten Konvertiten, auch in späteren Jahren. Gertrud von Le Fort etwa, Tochter eines protestantischen preußischen Offiziers, hatte in ihrem zweiteiligen Roman *Das Schweißtuch der Veronika* ihre Konversion zum Katholizismus verarbeitet. Ihr Buch ist eine Abrechnung mit der liberalen Geisteswelt in der Gestalt des protestantisch-preußischen Fortschrittsoptimismus und des Glaubens an den Menschen als Herrn über die eigenen Geschicke.

Ernst Wiechert wiederum, ein weiterer von Ratzinger gelesener Autor, wurde nach seiner Parteinahme für Pastor Martin Niemöller für zwei Monate im KZ Buchenwald inhaftiert. Wie viele andere KZs war auch Buchenwald zunächst für politisch und religiös motivierte NS-Gegner eingerichtet worden. Dass der Widerstand gegen das Regime nicht verebbte, zeigten die insgesamt 42 Attentate, die in den Jahren der NS-Diktatur allein auf Hitler geplant waren beziehungsweise verübt wurden. Wiechert stand im Fadenkreuz, seit er am 6. Juli 1933 in einer Rede an die deutsche Jugend im Auditorium maximum der Münchner Universität erklärte: »Ja, es kann wohl sein, dass ein Volk aufhört, Recht und Unrecht zu unterscheiden, und dass jeder Kampf im ›Recht‹ ist, aber dieses Volk steht schon auf einer jäh sich neigenden Ebene, und das Gesetz seines Unterganges ist ihm schon geschrieben.«

Über Wiecherts Werk *Das einfache Leben* urteilte die zuständige Behörde – sie trug die Bezeichnung »Reichsstelle zur Förderung des deutschen Schrifttums bei dem Beauftragten des Führers für die gesamte geistige und weltanschauliche Erziehung der NSDAP« – 1939 in einem Gutachten: »Die Überbetonung gewisser christlicher Momente ist ein deutliches Zeichen für die ganz andere Welt, in der diese Menschen leben ... Der Roman kann nicht empfohlen werden.« Nach Kriegsende sollte sich der Dichter am 11. November 1945 erneut mit einer Rede an die Jugend wenden: »Wir waren kein Volk von Analphabeten«, kritisierte er im Münchner Schauspielhaus die These von der Kollektivschuld, »die Geschichte unseres Geistes war eine stolze Geschichte, und sie war ehrenvoll eingeschrieben in die Bücher der Menschheit.« Schonungslos aber hielt er seinen Landsleuten den Spiegel vor. Denn weit früher hätte man das teuflische System erkennen können, ja, erkennen müssen: »Sie sahen ein neues Kreuz, und in seine Balken war nicht die alte Botschaft eingegraben: ›Kommt her zu mir alle, die ihr mühselig und beladen seid.‹ Sondern die neue Botschaft: ›Juda verrecke!‹«

Dass die praktische Eingewöhnung in die Ordnung des Seminars in Freising nicht ohne Reibungen verlief, mag an dem Gruppenzwang gelegen haben, der Ratzinger widerstrebte. Auch wenn der geordnete Takt der täglichen Abläufe seinem Wesen durchaus entgegenkam. Uneingeschränkte Sympathie empfand er jedoch für die liturgische Welt auf dem *Mons doctus*. Das stille Beten täglich in der Hauskapelle zum Beispiel, die »von dem Altarbild her und von ihrer inneren Atmosphäre eine Kraft hatte, die einen berührte«[2]. Da waren die großen Feste, wenn 100 Seminaristen in ihren schwarzen Soutanen von der Empore über die Treppe kommend feierlich in Zweierreihen in die Kathedrale einzogen. Oder die mystische Andacht in der Krypta, mit ihren Schreinen und Heiligenfiguren, wenn ihm im Schein der Opferkerzen bewusst wurde, »in dieser großen Prozession aller Zeiten mitgehen zu dürfen und sie fortzuführen in die Zukunft hinein«[3].

Fast gleichzeitig mit Ratzingers Studienbeginn erschien Hermann Hesses *Glasperlenspiel*. Zu Hause in Hufschlag hatte Joseph bereits den *Peter Camenzind* von Hesse verschlungen. Das neue Werk des kulturpessimistischen, nach Weisheit suchenden Schriftstellers aber musste ihn förmlich elektrisieren. Das lag allein schon daran, dass die im *Glasperlenspiel* gezeigte Welt atmosphärisch wie inhaltlich so sehr Ratzingers Berg der Gelehrten glich, als habe der Autor nirgendwo anders Maß genommen als am *Mons doctus* von Freising.

Mit der Arbeit an seinem Opus magnum hatte Hesse bereits 1930 begonnen. Zwölf Jahre danach, am 29. April 1942, schloss er das Werk ab. Wenige Monate später erhielt sein Verlag S. Fischer in Frankfurt vom deutschen »Reichsministerium für Volksaufklärung und Propaganda« Druckverbot. Auf diese Weise konnte die Erstausgabe erst im November 1943 erscheinen, und zwar in Zürich. In Deutschland kam die Ausgabe im Dezember 1946 in die Buchhandlungen, kurz nachdem Hesse den Literaturnobelpreis erhielt.

Joseph las, als habe er mit dem Buch eine Art doppelter Realität vor sich. Immer am Tisch sitzend übrigens, »wie es sich für einen Christenmenschen gehört«. Auch wenn im *Glasperlenspiel* die Ähnlichkeiten mit der Sphäre auf dem Domberg verblüffend sind, zufällig waren sie nicht. Schon deshalb, weil die innere Logik gleichgearteter Welten nicht nur identische Muster, sondern auch ähnliche Charaktere hervorbringen und formen musste. Sie sind überdies Ausdruck einer Grundsehnsucht sensitiver, spirituell begabter Menschen, die sich bei dem aus einem pietistischen Elternhaus stammenden Hesse eine Art von Mönchs- und Gelehrtenburg in einem Fantasieland namens Kastalien schuf.

In diesem Kastalien sollte der Protagonist Stufe für Stufe in das Geheimnis einer Lehre eingeweiht werden, einer nahezu heiligen Kunstübung, die jenseits aller oberflächlich-materiellen Welt liegt. Ähnlich wie der Junge aus dem Eichenweg in Hufschlag war auch der Held des Buches, ein Zögling namens Josef Knecht, früh durch seine besondere Begabung aufgefallen und als Zwölfjähriger in die Ordenseinrichtung »Eschholz« aufgenommen worden. »Mächtig spürte er den Zauber dieser Atmosphäre«, heißt es im *Glasperlenspiel*, »alles schien hier alt, ehrwürdig, geheiligt, von Tradition beladen.«[4] Aber auch sonst nimmt dieser Josef Knecht ein Temperament und ein Schicksal vorweg, in dem sich Ratzinger, der sich später immer wieder auch als »Knecht«, »Diener«, als »Lastenträger Gottes« beschreiben sollte, betrachten konnte wie in einem Spiegel.

Den Ursprung Kastaliens bildete im Roman ein von einer Gruppe von Gelehrten gegründeter Orden, der sich angesichts eines »feuilletonistischen Zeitalters«, in dem »der Geist eine unerhörte und ihm selbst nicht mehr erträgliche Freiheit genoss«, als asketische Gegenbewegung verstand. Die durch den »Bund der Morgenlandfahrer« verstärkte Gemeinschaft strebte nach seelischer Regeneration und Frömmigkeit, um in Alternative zu einer nur an oberflächlicher Unterhaltung und Zerstreuung interessierten Öffentlichkeit die Werte abendländischer Kultur zu einer neuen Blüte zu bringen.

Es ist eine heile, abgeschottete Welt der Universalität und Harmonie, aufgebaut auf der Pflege von Meditation und Musik. Altehrwürdige Gelehrte des straff geführten Ordens erkennen Josefs Talent und nehmen den Schützling unter ihre Fittiche. In der Begegnung mit dem »älteren Bruder«, einem in chinesischer Weisheit geübten Außenseiter, werden ihm dabei die eigene Besonderheit und die damit verbundenen Aufgaben bewusst. Bei einem Historiker wiederum lernt er, das eigene Leben als etwas zu sehen, das Wirklichkeit prägt – und damit Achtsamkeit und Verantwortung erfordert.

Einer seiner früheren Freunde, der zunehmend scharfe Kritik am Orden übt, wird ihm umgekehrt ein dauerhafter Gegenspieler: »Beide waren sie Hochbegabte und Berufene, das machte sie zu Brüdern, während sie in allem anderen Gegensätze waren.« Muss es nicht auch an einen bestimmten Gegenpart des späteren Kardinals erinnern, wenn Hesse über »seinen« Josef und dessen Antipoden räsoniert: »Mit Erstaunen und Bangigkeit hatte er von diesem Redner Sätze sprechen hören, in welchen alles vernichtend kritisiert wurde, was in Kastalien Autorität und heilig war, in welchen alles bezweifelt, ins Fragwürdige gezogen oder lächerlich gemacht wurde, woran er selbst glaubte.«

Josef Knecht schärft seinen Blick für die Gefahren, die die kastalische – man könnte fast sagen: katholische – Ordnung bedrohen: elitäre Selbstgenügsamkeit, sinnentleerte Virtuosität und Abgeschlossenheit von den Zeitläuften. Der in Wissenschaft, Musik und Meditation meisterhafte Schüler steigt in der Hierarchie des Ordens immer höher, bis hin zur Krönung im höchsten Amt, das des Großmeisters, des *Magister Ludi*. Der Titel ist ein Wortspiel aus dem lateinischen Begriff *ludus* und bedeutet einerseits »Schule«, aber auch »Spiel«. Der *Magister Ludi* ist als Schulmeister und Meister des Spiels »Führer und Vorbild der geistig Kultivierten und geistig Strebenden« mit dem Auftrag, »das überkommene geistige Erbe« zu verwalten und zu mehren. »Er hat aber den Bezirk eines Meisters«, so Hesse, »nicht bloß erreicht und innegehabt; er hat ihn durchschritten, er ist ihm entwachsen in eine Dimension, welche wir nur ehrerbietig zu ahnen vermögen.«

Erinnern wir uns an die Begeisterung, mit der Ratzinger über die feierlichen Messen seiner Kindheit sprach: »Wenn in unserer Traunsteiner Pfarrkirche an Festtagen eine Messe von Mozart erklang, dann war mir vom Land gekommenem, kleinem Buben, als stünde der Himmel offen. Vorne im Presbyterium hatten sich Weihrauchsäulen gebildet, in denen sich die Sonne brach. Am Altar vollzog sich die heilige Handlung, von der wir wussten, dass sie den Himmel für uns auftat. Und vom Chor erklang Musik, die nur aus dem Himmel stammen konnte. Musik, in der der Jubel der Engel über die Schönheit Gottes für uns offenbar wurde. Es war etwas von dieser Schönheit mitten unter uns.«[5] Parallel hierzu heißt es im *Glasperlenspiel*: »Des Knaben Herz wallte von Verehrung, von Liebe für den Meister, und sein Ohr vernahm die Fuge, ihm schien, er höre heute zum ersten Mal Musik, er ahnte hinter dem vor ihm entstehenden Tonwerk den Geist, die beglückende Harmonie von Gesetz und Freiheit ... er sah sich und sein Leben und sah die ganze Welt in diesen Minuten vom Geist der Musik geleitet, geordnet und gedeutet.«[6]

Zu der oben zitierten Passage merkte Ratzinger als Papst Benedikt an: »Ich muss sagen, dass es mir beim Hören von Mozart irgendwie immer noch so geht. Mozart ist reine Inspiration – so berührt er mich jedenfalls. Jeder Ton ist richtig und könnte nicht anders sein ... Das Dasein ist nicht verkleinert, nicht falsch harmonisiert. Nichts von seiner Schwere und Größe ist ausgelassen, aber alles zu einer Ganzheit geworden, in der wir die Erlösung auch des Dunklen unseres Daseins spüren und das Schönsein der Wahrheit vernehmen, an dem wir so oft zweifeln möchten.«

Vom Zeitpunkt seiner Entstehung aus betrachtet, ist Hesses *Glasperlenspiel* eine kühne Vision, aus der Retrospektive jedoch ist der Plot des Buches allein schon deshalb aufschlussreich, weil er tatsächlich jene

Welt veranschaulicht, in der Joseph Ratzinger reifen sollte: »Er hatte den Vorgang der Berufung erlebt, den man recht wohl ein Sakrament nennen darf«, schrieb Hesse. »Diese Welt existierte nicht nur irgendwo in der Ferne, in der Vergangenheit oder Zukunft, nein, sie war da und war aktiv, sie strahlte aus, sie schickte Sendboten, Apostel, Gesandte aus.« Dem magischen Vorgang jener geweihten Stunde gemäß verwandelten sich die »Träume und Ahnungen« durch den »Anruf« in der realen Welt zu einem wahren Auftrag und wurden plötzlich zu einem »Stück Wirklichkeit«.

Nicht immer sind Ähnlichkeiten mit lebenden Personen rein zufällig. Der Josef des Romans hatte die innere Begabung »zur Ehrfurcht, zum Dienst am Kultus«. Er ist, wie ihn Hesse skizzierte, »ohne Zweifel stets ein guter Kommilitone und niemals liebedienerisch nach oben«. Er gilt als »recht schüchtern«, habe sich gleichzeitig aber von niemandem einschüchtern lassen. Gelesen habe er »viel und besonders deutsche Philosophen«. Auch darin, dass dem jungen Josef Knecht heftige Neigungen oder auch Abneigungen fremd sind, zeigt sich eine Wesensverwandtschaft mit dem Joseph der Realität. »In den großen Seelen und überlegenen Geistern gibt es diese Leidenschaften nicht«, weiß Hesse. Denn »wer die höchste Kraft des Begehrens ins Zentrum richtet, gegen das wahre Sein hin, gegen das Vollkommene, der scheint ruhiger als der Leidenschaftliche, weil man die Flamme seiner Glut nicht immer sieht.«

Auf die Frage, ob es »denn keine Wahrheit« und »echte und gültige Lehre« gäbe, erfährt Knecht: »Du sollst dich gar nicht nach einer vollkommenen Lehre sehnen, Freund, sondern nach Vervollkommnung deiner selbst.« Josef kann erkennen: »Die Gottheit ist in dir, nicht in den Begriffen und Büchern. Die Wahrheit wird gelebt, nicht doziert«, gelebt »durch die Person, durch das Beispiel des Meisters«.

Als *Magister Ludi* muss Knecht freilich auch sehen, dass in der veränderten Welt die Existenz Kastaliens auf tönernen Füßen steht. Es hatte sich ein Status quo verfestigt, in dem nichts Neues mehr entdeckt und geschaffen, sondern nur noch mit dem vorhandenen Bestand »gespielt« wurde. Der Isolation musste die Öffnung folgen, um überleben zu können. Aber dabei sollte es nicht bleiben. »Die Rolle, welche Knecht nun zugefallen war«, bestimmte sein Leben. Die ihm »gestellte Aufgabe war, Kastalien gegen seine Kritiker zu verteidigen und die Auseinandersetzung auf das höchste Niveau zu bringen. In »seiner Rolle als Apologet« war er »genötigt, mithilfe von Studium, Meditation und

Selbstzucht sich das, was zu verteidigen er dastand, immer deutlicher und inniger zu eigen und bewusst zu machen. ... Kraft des hohen Maßes von Vertrauen und Verantwortlichkeit, die ihm damit auferlegt waren, bewältigte er die Aufgabe, und es ist ein Beweis für die Kraft und Wohlbeschaffenheit seiner Natur, dass er sie ohne sichtbare Schädigung durchgeführt hat.«

Aber Hesse weiß über seinen einsamen Helden auch dies: »Im Stillen hatte er viel zu leiden.«

Die Regeln und Geheimnisse des Glasperlenspiels in Hesses Kastalien können in Sprache nicht ausgedrückt werden. Sie erklären sich nur dem Eingeweihten. In Andeutungen, in Umschreibungen und vor allem in der Teilnahme. Sie sind nicht ganz unähnlich Ratzingers eigenem »Spiel«, der über viele Jahrzehnte hinweg in Tausenden von Katechesen, Vorträgen, Predigten, Büchern seine Botschaft immer wieder anders und neu darlegte, ähnlich einem Kaleidoskop, dessen Steine sich in scheinbar unendlichen Figuren zeigen, ohne dabei den Inhalt zu verändern. Bei Hesse ist das »Spiel« letztlich der Versuch, Wissenschaft und Kunst in eine Synthese zu bringen, die in einer Art Universalsprache alle Gebiete zu einem großen Ganzen vereint, um den »Spieler« letztlich dem in sich einigen Geist des Universums anzunähern.

Ganz bewusst griff Hesse dabei auf den Katholizismus zurück: »Übrigens waren die Ausdrücke der christlichen Theologie, soweit sie klassisch formuliert und damit allgemeines Kulturgut zu sein schienen, natürlich mit in die Zeichensprache des Spieles aufgenommen, und es konnte etwa einer der Hauptbegriffe des Glaubens oder der Wortlaut einer Bibelstelle, ein Satz aus einem Kirchenvater oder aus dem lateinischen Messetext ebenso leicht und exakt ausgedrückt und in das Spiel mit aufgenommen werden wie ein Axiom der Geometrie oder eine Mozartmelodie. Es ist kaum übertrieben, wenn wir zu sagen wagen: Für den engen Kreis der echten Glasperlenspieler war das Spiel nahezu gleichbedeutend mit Gottesdienst, während es sich jeder eigenen Theologie enthielt.«

»Nicht in den Zweigen steckt die Kraft«, lautete Hesses Motto, »sondern in den Wurzeln. Nur wer tief verwurzelt ist, der wird Stürme überstehen und Unwettern trotzen.« Was Ratzinger betrifft, so führte er seine Wurzeln sowohl auf seine Familie als auch auf die Tradition seiner bayerischen Heimat und seinen Glauben zurück. Aber etwas änderte sich mit dem Beginn seines Studiums. Hatte er als Kind den katholischen Kult als tiefe emotionale Erfahrung wahrgenommen, war er jetzt gewissermaßen im Gespräch mit den Großen der Kirchengeschichte.

Das *Magnum mysterium* war nicht mehr nur ein Geschehen, das sinnlich und seelisch wahrgenommen, sondern verstandesmäßig geprüft und auf diese Weise noch einmal vertieft werden konnte. Richtig verstanden, war das kein Abgleiten in eine professorale Religiosität, sondern der Aufstieg in einen »Raum der Erhörung«, wie Ratzinger später schrieb. Hier wurde das Mysterium Christi nicht zerlegt und zerschunden, sondern weiter ausgeleuchtet, um über das bloß Vordergründige hinaus dem Wesen der Botschaften innerlicher – von einer Innensicht heraus – und damit noch näher zu kommen.

In der Entwicklung seines Denkens und seiner Theologie, so Hansjürgen Verweyen, emeritierter Professor für Fundamentaltheologie in Freiburg, gab es bei Ratzinger den »kontinuierlichen Prozess eines Hineinwachsens« in eine alles »übersteigende große Realität«, nämlich die Wirklichkeit der Liturgie und Eucharistie. Was als Kind mit der täglichen Feier des Messopfers begann, wird mit Beginn des Studiums theoretisch-theologisch fundiert und in der Fruchtblase des *Mons doctus* gewissermaßen genährt mit den Elementen aus Kult, Lehre und Gebet. Ähnlich der Terminologie im *Glasperlenspiel* spricht Ratzinger später von Räumen »des Hörens und des Erinnerns«. »Der Glaubensakt ist Öffnung ins Weite hinein, Aufbrechen der Tür meiner Subjektivität, das gelöste Ich findet sich in einem größeren, neuen Ich wieder.«[7] In diesem neuen Subjekt sei man »gleichzeitig mit Jesus. Und alle Erfahrungen der Kirche gehören auch mir, sind mir zu eigen geworden«. Er verweist auf das Verhältnis von Liturgie und Kontemplation als eines seiner zentralen Anliegen: »Die Wurzel der Kontemplation ist der Kult; aber der Kult braucht die Kontemplation, wenn er nicht im Ritualismus erstarren soll.«[8]

»Zuinnerst« wurde eine seiner Lieblingsvokabeln. Immer wieder wird er vom »Weg nach innen« sprechen: »Der Weg nach innen ist auch der einzige Weg nach außen, ins Freie.« Die Suche sei nie abgeschlossen. Auch wenn man überzeugt sei, »die letzte Gewissheit gefunden zu haben«, müsse Gott »immer neu gefunden werden«. Und »dieses Finden ist ja ein Finden in einen unendlichen Abgrund hinein«[9]. Im Inneren des Menschen entscheide sich schließlich, ob aus Versuchung und Schuld Läuterung und Gnade werden könne. Selbst in seiner Inaugurationspredigt nach der Papstwahl kommt er darauf zu sprechen:

»Die äußeren Wüsten wachsen in der Welt, weil die inneren Wüsten so groß geworden sind.«

Dass Joseph gleich zu Beginn seines Studiums Anfang 1946 auch Romano Guardinis Erstlingswerk *Vom Geist der Liturgie* in die Hand bekam, sollte die im *Glasperlenspiel* angedeutete Welt der Liturgie theologisch vertiefen. Mit Guardini lernt Joseph, dass das, was er als Kind nur fühlte, keine Imagination ist, sondern eine Realität, die die Zuverlässigkeit weltlicher Maßstäbe bei Weitem übertrifft.

Anfangs war Ratzinger der »Liturgischen Bewegung« eher skeptisch gegenübergestanden, später befand er, diese habe »ganz wesentlich dazu beigetragen, dass die Liturgie in ihrer Schönheit, ihrem verborgenen Reichtum und ihrer die Zeiten überschreitenden Größe neu als beseelende Mitte der Kirche und als Mitte des christlichen Lebens entdeckt wurde«. Man habe sie verstehen gelernt »als das vom Heiligen Geist selbst gewirkte und gelenkte Beten der Kirche, in dem Christus immerfort neu gleichzeitig wird mit uns, in unser Leben hereintritt«[10].

In der Tradition der griechischen wie der lateinischen Kirche wird in liturgischem und theologischem Zusammenhang alles, was zum Mysterium des Altares Bezug hat, als »mystisch« bezeichnet. Den »mystischen Sinn« der Heiligen Schriften zu erfassen hieß wiederum, sie auf das Mysterium Christi hin zu verstehen, dem *Magnum mysterium* schlechthin, das Christus selbst ist. Die Erkenntnis des Mysteriums sei, die Liebe Christi zu verstehen, die alle Erkenntnis übersteigt. So gilt das Altarsakrament nach katholischer Lehre als der herausragende Ort der mystischen Erfahrung, welche die feinste Spitze des Geistes in Anspruch nehme. Die »eucharistische Gegenwart« Jesu überschreite dabei die Kraft des menschlichen Verstandes, sie reiße aber in der Betrachtung ihrer Geheimnisse den menschlichen Geist »über sich hinaus«.

Von Guardini lernte der Student, dass sich die scheinbare Widersprüchlichkeit von Wissenschaft und Vernunft im Christentum aufhebt. In der Eucharistie ginge es letztlich um eine geheimnisvolle Transformation, ein Verwandeltwerden durch den sich schenkenden Gott, durch das der Christ in das Leben Christi hineingenommen werden kann. Ein unvergleichlicher Schatz des katholischen Glaubens, für dessen Reinhaltung man in allen Epochen neu kämpfen müsse. »Wenn wir die Messe betend feiern«, erklärte Ratzinger 60 Jahre später als

Benedikt XVI. gegenüber Priestern im Dom zu Freising (im Rahmen seines Bayern-Besuches 2006), »wenn wir dieses ›Dies ist mein Leib‹ wirklich aus der Gemeinschaft mit Jesus Christus heraus sprechen, der uns die Hände aufgelegt hat und uns ermächtigt hat, mit diesem seinem Ich zu sprechen, wenn wir glaubend und betend von innen her Eucharistie begehen, dann ist … die ›ars celebrandi‹ von selbst da, die eben darin besteht, es vom Herrn her und mit ihm und so recht für die Menschen zu tun. Dann werden wir dabei selbst immer neu beschenkt und bereichert und geben zugleich das, was mehr ist als unser Eigenes, nämlich die Gegenwart des Herrn, an die Menschen weiter.«

Kehren wir noch einmal zurück zum *Glasperlenspiel*. Liest es sich nicht auch ein wenig wie eine Passage aus dem Hesse-Buch, wenn Ratzinger sich poetisch über den Ort seiner Sehnsucht auslässt? Die Sentenz stammt aus einem Beitrag über seinen Bruder, den »Orgel-Ratz« von Freising. Und inspiriert ist sie ganz offensichtlich im Gedenken an die frühen Jahre auf dem Domberg:

»Gott wohnt, wo Liebe auf ihn zugeht. Gott wohnt, wo Glaube und Liebe Gesang werden: Das gemeinsame singende und betende Zugehen der gläubigen Menschen auf ihn baut sozusagen den Thron, der Gott angemessen ist. Wer große Liturgie erlebt hat, in der alles übereinstimmt, Herz und Sinn und Verstand, in der zugleich mit der Bitte und der Not unseres Daseins die Freude an Gott hörbar und schaubar wird, der begreift dies. Wenn die Töne leuchtend im Raum verschweben, sich ineinanderfügen und sich auch die Mauern in Gebet, in Lobgesang verwandeln, dann spürt man es: Ja, in diesem Gewebe aus Geist und Sinnen, in dieser Öffnung der Herzen und des Alls – da ist der Ort für Gottes Wohnen. Nein, er wohnt nicht im Nirgends. Er ist da, und damit ist zugleich der Mensch zu seiner höchsten Möglichkeit gelangt: Gott einen Ort der Nähe anzubieten, des Wohnens unter uns.«[11]

Wie eine junge Pflanze, die plötzlich nachhaltig zu wachsen beginne, sei dem jungen Josef Knecht, so heißt es im *Glasperlenspiel*, seine Gestalt bewusst geworden. Er habe neue Harmonien zwischen sich und der Welt entdeckt, konnte Aufgaben bewältigen, die seinem Alter noch fernlagen, und gleichzeitig mit der ihm eigenen Hingabe träumen, dem Wind oder Regen zuhören, »nichts begreifend, alles ahnend, hingenommen von Sympathie, von Neugierde, von Verstehen-Wollen, fortgezogen vom eigenen Ich zum anderen, zur Welt, zum Geheimnis und Sakrament, zum schmerzlich-schönen Spiel der Erscheinungen«.

So von innen beginnend und wachsend, »vollzog sich die Berufung bei Josef Knecht in vollkommener Reinheit«: »Das unerträglich alt und eng gewordene Kleid durfte abgelegt werden, es lag ein neues für ihn bereit.«

Kapitel 17

Augustinus

Im Winter 1946/47 stand Deutschland vor einer neuen humanitären Katastrophe. Wie als Fluch der bösen Tat legte sich einer der strengsten Fröste des 20. Jahrhunderts über das Land. Eis und arktische Kälte bis zu minus 20 Grad machten die ohnehin gespenstischen Ruinenstädte zu bizarren, schockgefrorenen Bildern der Hölle.

Der Krieg hatte die Felder verwüstet. Nach dem heißen Sommer war die Ernte mager wie in den biblischen Dürrejahren im alten Ägypten. Der Industrie fehlten durch die Demontage der Siegermächte Maschinen. Mehr als die Hälfte des Wohnraums war zerbombt, die Verkehrsverbindungen zu rund 40 Prozent zerstört. Es mangelte an Kohle und Rohstoffen. Sämtliche Kriegsvorräte waren aufgebraucht. Weiterhin drückten Millionen von Flüchtlingen aus dem Osten in die einzelnen Besatzungszonen, vor allem nach Bayern.

Abfall essen, betteln, sterben, so schilderten Überlebende ihre Lage. Trotz Nahrungsimporten durch die Besatzungsmächte, Schulspeisung und CARE-Paketen aus den USA sank die zugemessene Kalorienmenge weiter ab. »Die Jagd auf Essbares dominierte unser ganzes Leben«, erinnerte sich ein Zeitzeuge, »wir bekamen einen Tunnelblick, waren permanent müde und apathisch.«

Der Kölner Schriftsteller Heinrich Böll, gerade 29 Jahre alt geworden, notierte: »Kohlen, Holz, Baumaterialien. Jeder hätte mit Recht jeden des Diebstahls bezichtigen können. Wer in einer zerstörten Großstadt nicht erfror, musste sein Holz oder seine Kohlen gestohlen haben, und wer nicht verhungerte, musste auf irgendeine gesetzwidrige Weise sich Nahrung verschafft oder verschafft haben lassen.«[1] Ein Wort des Kölner Kardinals Josef Frings aus der Silvesterpredigt 1946 verbreitete sich wie ein Lauffeuer: »Wir leben in Zeiten, da in der Not auch der Einzelne das wird nehmen dürfen, was er zur Erhaltung seines Lebens und seiner Gesundheit notwendig hat, wenn er es auf andere Weise durch seine Arbeit oder durch Bitten nicht erlangen kann.« Von nun an wird »fringsen« zum geflügelten Ausdruck für das unerlaubte »Organisieren« von Kohle oder das Stibitzen von Kartoffeln von fremden Feldern.

Was Ernährung, Heizung und Wohnung anbelangt, so befand der ehemalige US-Präsident Herbert C. Hoover, sei »die große Masse des deutschen Volkes auf den niedrigsten Stand gekommen, den man seit hundert Jahren in der westlichen Zivilisation kennt«[2]. Eine Denkschrift der deutschen Ärzteschaft konstatierte im Sommer 1947, regional seien bis zu 80 Prozent der Bevölkerung unterernährt. Insgesamt fielen dem Hungerwinter, so Historiker Wolfgang Benz, mehrere Hunderttausend Menschen zum Opfer.

Gemeinsam mit anderen Seminaristen sägte auch Joseph im Umfeld des Dombergs Bäume und grub Wurzeln aus, um irgendwie Brennbares herbeizuschleppen. Kommilitonen, die aus Bauernfamilien stammten, konnten immerhin mit Speck von zu Hause die Notrationen aufbessern. »Jedes Mal, wenn für einen Besucher ein ›Festessen‹ angesetzt werden musste«, berichtete Ratzinger, »hungerten wir, bei ohnehin kärglichsten Rationen, vier Wochen lang die Zutaten zusammen.«[3] In jeder freien Stunde jedoch saß er über Büchern. Am *Glasperlenspiel* habe ihn besonders berührt, erklärte er in unserem Gespräch, dass der Protagonist Josef Knecht »am Schluss noch mal aufbrechen muss und weggeht. Er ist der große Meister des Glasperlenspiels, aber es gibt nichts Endgültiges. Er muss wieder neu anfangen«.

Ein weiteres »Lieblingsbuch« von Hesse ist für den jungen Ratzinger der zivilisationskritische Roman *Der Steppenwolf*. Das Werk war 1927 erschienen und sollte 50 Jahre später gar zu einem Kultbuch der Woodstock-Generation werden. Sittenwächter verbannten es aus den Bibliotheken. Es propagiere Drogenmissbrauch und sexuelle Perversionen. Aber bei den Beatniks in Kalifornien dröhnte »Born to be wild« aus allen Kanälen, der zeitlose Song einer Rockgruppe, die sich schlicht nach der Fibel des Dichters aus Calw benannte: »Steppenwolf«.

Im *Steppenwolf* geht es um die Aufzeichnungen eines übersensiblen, seelisch vereinsamten Protagonisten namens Harry Haller, der die »Krankheit unserer Zeit« diagnostizieren will. Haller, ein Gedanken- und Büchermensch, ein Kenner Mozarts und Goethes, von »liebevollen, aber strengen und sehr frommen Eltern und Lehrern« erzogen, lebt als Melancholiker im Spannungsfeld zwischen einer versinkenden alten europäischen Kultur und einer wuchernden modernen Technokratie.

In seinem Weltschmerz blickt er sehnsuchtsvoll zurück, auf »die vom Volk vergessenen Bücher der deutschen Dichter«. Aber wer sollte noch »ihre geistvollen, ihre schelmischen und sehnsüchtigen Stimmen« weiterführen? »Wer trug ein Herz voll von ihrem Geist und ihrem Zauber durch eine andere, ihnen entfremdete Zeit?« Harry Hallers Seufzer klang nach unerfüllter Liebe: »Ach, es ist schwer, diese Gottesspur zu finden inmitten dieses Lebens, das wir führen, inmitten dieser so sehr zufriedenen, so sehr bürgerlichen, so sehr geistlosen Zeit, im Anblick dieser Architekturen, dieser Geschäfte, dieser Politik, dieser Menschen! Wie sollte ich nicht ein Steppenwolf und ruppiger Eremit sein inmitten einer Welt, von deren Zielen ich keines teile?«

Musste dem Zögling Joseph, Schöngeist und Poet, nicht auch das Herz höherschlagen, wenn Haller inmitten seiner Schwermut einen lichten Augenblick erlebt, um der Gewöhnlichkeit des Alltags durch »dem Außerordentlichen, dem Wunder, der Gnade Platz zu machen«? Fragte er nicht auch wie der *Steppenwolf*: »War das, was wir ›Kultur‹, was wir Geist, was wir Seele, was wir schön, was wir heilig nannten, war das bloß ein Gespenst, schon lange tot und nur von uns paar Narren noch für echt und lebendig gehalten?« Seien die »Kenner und Verehrer des einstigen Europa, der einstigen echten Musik, der ehemaligen echten Dichtung« bloß noch eine »kleine dumme Minorität von komplizierten Neurotikern, die morgen vergessen und verlacht würden?«

Haller leidet an der Zerrissenheit seiner Person, in der sich eine bürgerlich-angepasste und eine steppenwölfische, einsame, sozial- und kulturkritische Seele bekämpfen, eingekeilt zwischen zwei Zeiten und zwei Kulturen, von denen die bürgerliche ihn mit ihrer Langeweile und Korruption nicht minder erstickt wie die Einsamkeit und Verzweiflung als »Steppenwolf«. Als *Mensch* ist er Bildungsbürger, an schönen Gedanken, Musik und Philosophie interessiert. Als *Wolf* ist er missachteter Kritiker von Gesellschaft und Kultur.

Joseph Ratzinger ist nicht der Harry Haller aus dem *Steppenwolf*, diesem »einzigen großen Schrei nach Sinn und Liebe und Erlösung« (Matthias Matussek), aber man muss um sein Fundament wissen, auch sein literarisches, um seine spätere Haltung zu unzivilisatorischen Entwicklungen besser verstehen zu können. Gut vorstellbar, dass ein Hermann Hesse auf die Moral einer nach der »sexuellen Revolution« entstandenen hypersexualisierten Gesellschaft ähnlich geantwortet hätte, wie es ein emeritierter Papst Benedikt tat (und dafür heftig kritisiert wurde). »Der Mensch hat die Möglichkeit, sich ganz und gar dem Geistigen, dem Annäherungsversuch ans Göttliche, hinzugeben, dem Ideal des Heiligen«, lässt Hesse seinen »Steppenwolf« sagen. »Er hat umgekehrt auch die Möglichkeit, sich ganz und gar dem Triebleben, dem Verlangen seiner Sinne hinzugeben und sein ganzes Streben auf den Gewinn von augenblicklicher Lust zu richten. Der eine Weg führt zum Heiligen, zum Märtyrer des Geistes, zur Selbstaufgabe an Gott. Der andere Weg führt zum Wüstling, zum Märtyrer der Triebe, zur Selbstaufgabe an die Verwesung.«

Noch im hohen Alter erinnerte sich Ratzinger daran, was ihn an Hesses Buch besonders fesselte: »Dass da eigentlich eine schonungslose Analyse des zerfallenden Menschen da ist. Es ist ein Erscheinungsbild dessen, was mit dem Menschen heute geschieht.«[4]

In seinem Lesehunger hatte Joseph Romano Guardini und John Henry Newman studiert. Er las Sartre, Camus und Claudel. Er war, wie schon gesagt, auf Aldous Huxleys Zukunftsvision *Schöne neue Welt* und George Orwells düstere Prophezeiung einer genormten, entseelten und gleichgeschalteten Welt in *1984* gestoßen, Literatur, aus der er später häufig zitieren sollte. Natürlich verschlang er Georges Bernanos' unvergleichliches *Tagebuch eines Landpfarrers* (*Journal d'un Curé de Campagne*) aus dem Jahr 1936, wobei Bernanos' Priestergestalt aus der Kritik an kirchlichen und zivilen Verhältnissen eine heroische und in ihrer Einfachheit geradezu kristallene Frömmigkeit entwickelte. Das Buch jedoch, das ihn mehr beeindruckte als jedes andere, ist nicht das Werk eines Zeitgenossen.

Die Rede ist von den *Confessiones*, den Bekenntnissen des heiligen Augustinus, die dem 19-Jährigen im Frühjahr 1946 in die Hände fielen. Der Begriff *Confessiones* bedeutet im christlichen Latein einerseits das Bekenntnis der eigenen Schwächen, des Elends eines Sünders, gleichzeitig aber auch ein Lob Gottes. Die eigene Armseligkeit im Licht Gottes zu sehen wird zum Dank, dass Gott einen annimmt und durch Verwandlung zu sich selbst erhebt. Der Verfasser dieser *Confessiones*, ein Herumtreiber und Draufgänger, Frauenheld und leidenschaftlicher Streiter, ist ein intellektueller und spiritueller Gigant, wie ihn die Menschheit nur alle tausend Jahre geschenkt bekommt. Joseph war längst nicht so weit, in dem Buch alles verstehen zu können. Es fiel ihm schwer, zu begreifen, was es bedeutet, wenn Augustinus die Bekehrung als einen lebenslangen Prozess beschrieb. Einen echten Zugang zu Thomas von Aquin hatte er in Freising nicht finden können. Wir erinnern uns: »Zu unpersönlich und zu fertig« empfand er den Dominikaner. Bei Aurelius Augustinus hingegen, so entdeckt er jetzt, »ist immer der leidenschaftliche, leidende, fragende Mensch direkt da«, einer, »mit dem man sich identifizieren kann«[5]. Der Funke sprang über: »Ich spüre ihn wie einen Freund«, bekannte Ratzinger, »einen Zeitgenossen, der zu mir spricht.«[6]

Mit Hesses Figuren teilte Joseph den Kulturpessimismus und den Mut, sich kritisch dem Zeitgeist zu stellen. Aber hier ist eine echte Biografie, ein realer, geschichtswirkender Mensch, jemand, »der selber kämpfte«, umwerfend offen und ehrlich: »Ein Mensch, der beseelt war vom unermüdlichen Wunsch, die Wahrheit zu finden, herauszufinden, was das Leben ist, zu wissen, wie man leben soll«, wie Ratzinger befand. Einer, der sich »trotz all seiner Demut« auch »gewiss seines intellektuellen Formats bewusst« gewesen war. Jemand, der Glauben dachte und Glauben lebte – und dabei ganz im Leben stand. Für den der Mensch »ein großes Rätsel« *(magna quaestio)* und »ein tiefer Abgrund« *(grande profundum)* war. »Viel und schwer sind die Schwachheiten, viel und schwer«, lässt Augustinus in den *Bekenntnissen* wissen.

Und da war noch dazu jemand, der mit unerhörter Sprachkompetenz wunderschöne Sätze schrieb: »So spät habe ich dich geliebt, o Schönheit, so alt und doch immer neu, spät habe ich dich geliebt. Und siehe, du warst in meinem Innern und ich draußen; und draußen suchte ich dich … Du warst bei mir, aber ich nicht bei dir.«

Sobald er über Augustinus sprach, geriet Ratzinger ins Schwärmen. »Aufgrund seiner Leidenschaft für den Menschen hat er notwendigerweise Gott gesucht, weil nur im Licht Gottes auch die Größe des Menschen, die Schönheit des Abenteuers, Mensch zu sein, vollends aufscheinen kann.« Für ihn ist er der »größte Vater der lateinischen Kirche«, dazu »eine der größten Gestalten in der Geschichte des Denkens«. Seine Schriften seien, schrieb er später, »von grundlegender Bedeutung, und dies nicht nur für die Geschichte des Christentums, sondern für die Entwicklung der gesamten abendländischen Kultur«. Denn: »Selten konnte eine Zivilisation einen Menschen von solcher Geistesgröße vorweisen, der es verstand, ihre Werte aufzunehmen und ihren inneren Reichtum zu erhöhen.«[7]

Der Mann aus Hippo hatte all das, was Ratzinger selbst vermeintlich fehlte. Leidenschaft, Empathie, Emotionalität. Dazu die Offenheit, das eigene Seelenleben auszubreiten. Aber darum ging es nicht. Als angehender Theologe ist es insbesondere Augustinus' »leidenschaftliche Suche nach der Wahrheit«, die ihn fesselt. »Gott und die Seele will ich kennen, sonst nichts«, hatte Augustinus bekannt. »Wirklich nichts? Nein, gar nichts!«[8]

Der spätere Papst fasste zusammen: »So hat der Glaube an Christus seiner Philosophie, seinem intellektuellen Mut kein Ende gesetzt, sondern er hat ihn im Gegenteil gedrängt, weiter nach den Tiefen des Menschseins zu suchen und anderen zu helfen, gut zu leben und das Leben, die Kunst zu leben, zu finden. Das war für ihn die Philosophie: zu leben wissen mit der ganzen Vernunft, mit der ganzen Tiefe unseres Denkens und unseres Wollens und sich führen lassen auf dem Weg der Wahrheit, der ein Weg des Mutes, der Demut, der ständigen Läuterung ist.« Auf diese Weise habe Augustinus Gott finden können: »Als gründende Vernunft, aber auch als die Liebe, die uns umarmt, die uns führt und die der Geschichte und unserem persönlichen Leben Sinn verleiht.«[9]

Könnte er auf eine Insel lediglich zwei Bücher mitnehmen, bekannte Ratzinger, wären das die *Bibel* und die *Confessiones*. Er verspüre Dankbarkeit gegenüber einer Gestalt, »der ich mich sehr verbunden fühle wegen der Rolle, die sie in meinem Leben als Theologe, Priester und Hirte gespielt hat«. Ratzinger nennt den Bischof einen »Mann voll Leidenschaft und Glauben, von höchster Intelligenz«. Aber eben auch seinen »Freund« und: »meinen großen Meister Augustinus«.

Tatsächlich hat Ratzinger in keines seiner vielen Porträts über Heilige so viel »Beschaulichkeit« investiert als in jene Abhandlungen, in denen er über seinen »Meister« schrieb. So, als wollte er damit kenntlich machen: Ich sehe mich in Augustinus – und Augustinus wie mich selbst; es ist ein Selbstporträt. Die wenigsten Zuhörer ahnten freilich, dass Papst Benedikt, wenn er in seinen Katechesen auf dem Petersplatz den Bischof von Hippo vorstellte, aus der Retrospektive gesprochen immer auch über den Studenten Joseph berichtete: »Augustinus war zum einen ein Mensch seiner Zeit, ganz von ihren Gewohnheiten und Leidenschaften, von allen Fragen und Problemen eines jungen Mannes gezeichnet. Er hat gelebt wie alle anderen auch, und doch war da etwas anders: Er ist immer ein Suchender geblieben. Er war nie einfach zufrieden mit dem Leben, wie es nun einmal ist und wie alle anderen es auch leben. Er war immer von der Frage nach der Wahrheit getrieben. Er wollte die Wahrheit finden. Herausbringen, was der Mensch ist; woher die Welt kommt; woher wir selber kommen, wohin wir gehen und wie wir das wirkliche Leben finden. Er wollte das rechte Leben finden, nicht einfach dahinleben … Und da ist noch etwas Besonderes. Alles, was den Namen Christi nicht trug, reichte ihm nicht aus. Die Liebe zu diesem Namen, so sagt er uns, hatte er mit der Muttermilch getrunken. Und immer glaubte er, einmal schwächer, einmal stärker, dass es Gott gibt, und dass er sich unser annimmt. Aber diesen Gott wirklich zu erkennen und diesen Jesus Christus wirklich kennenzulernen und mit allen Konsequenzen zu ihm Ja zu sagen, das war das große Ringen seiner frühen Jahre.«

Keine andere Gestalt der Kirchengeschichte hat Ratzinger ähnlich beeindruckt und beeinflusst wie Augustinus, das »Genie des Herzens«, wie ihn seine Biografen nannten. Josephs Begeisterung ist dabei weder Heldenverehrung noch Starkult. Man muss ähnlich empfinden, um sich in dieser Weise identifizieren zu können. Es ist das Ringen mit der Gottesfrage, die ihn bewegt, die Fülle von Erkenntnissen, die kein bloßes Buchwissen hervorbringen kann, sondern nur eine tiefe Bewegung der Seele. Hier ist jemand, in dem er sich gespiegelt sieht wie in keinem Zweiten, ein Alter Ego, ein zweites Selbst. Die Identifikation mit ihm ging so weit, befand der Augustinusforscher Cornelius Mayer, dass man von Ratzinger vielleicht sogar als einem zweiten, wiedergeborenen Augustinus sprechen müsse, einem *Augstinus redivivus*. Nie habe er den Eindruck gehabt, so Ratzinger 1998, dass es sich bei Augustinus »um einen Mann handelt, der vor mehr oder weniger 1600 Jahren gestorben ist«. Schon nach der Lektüre der ersten Seiten »erkannte ich ihn praktisch sofort als meinen Zeitgenossen, als eine Persönlichkeit, die nicht aus der Ferne und nicht von einem Kontext sprach, der sich von dem unseren völlig unterscheidet«[10].

Aurelius Augustinus, geboren am 13. November 354 in Tagaste in der römischen Provinz Numidien in Nordafrika, war christlich erzogen worden. Die Mutter, Monika, stammte aus einer christlichen Berber-Familie, hatte ihren Sohn aber nicht taufen lassen. Der Vater, Patricius, war ein kleiner Landbesitzer, der erst kurz vor seinem Tod zum Christentum übertrat. Augustinus studierte in seiner Heimatstadt Grammatik, danach in Karthago Rhetorik, in der er es zur Meisterschaft brachte und als brillanter Redner gefeiert wurde.

Karthago ist zu dieser Zeit mit über 300 000 Einwohnern nach Rom, Alexandria und Antiochia die viertgrößte Stadt des Römischen Reiches und neben Rom der wichtigste Bischofssitz in der westlichen Reichshälfte. Augustinus führt aufregende Liebschaften, hat ein uneheliches Kind und träumt von einer einträglichen Karriere in Staatsdiensten.

Ein Text Ciceros *(Hortensius oder Über die Philosophie)* hatte in ihm die Liebe zur Philosophie geweckt. »Jenes Buch änderte wahrlich meinen Sinn«, schrieb er in den *Bekenntnissen,* so sehr, dass »plötzlich jede eitle Hoffnung ihren Wert verlor und ich mit einer unglaublichen Glut des Herzens die Unsterblichkeit der Weisheit ersehnte.«[11]

Die Heilige Schrift hingegen findet er sprachlich unbefriedigend und philosophisch dürftig. In der Sehnsucht nach einer Religion, die Rationalität, Wahrheitssuche und Liebe zu Jesus Christus vereinen konnte, ging er 373 den Manichäern ins Netz, von denen er sich allerdings wieder entfernte. Eine Versetzung nach Mailand bringt die Wende. Mit zunehmender Begeisterung hört er die brillanten Predigten des Bischofs Ambrosius. Er begreift, dass das Alte Testament sich in seiner Tiefe und Schönheit erst verstehen lässt, wenn man es begreift als einen Weg zu Jesus, »als die Synthese zwischen Philosophie, Rationalität und Glaube im ›Logos‹, in Christus«, so Benedikt XVI., »dem ewigen Wort, das Fleisch geworden ist«.

Auf einer der berühmtesten Seiten der *Confessiones* erzählt Augustinus, dass er im Garten eines Freundes in Mailand plötzlich eine Kinderstimme hörte, die singend in einer nie zuvor gehörten Melodie wiederholte: *tolle, lege, tolle, lege!* – »Nimm und lies! Nimm und lies!«. Er findet im Haus eine Ausgabe der Paulusbriefe und schlägt willkürlich eine Seite auf, die ihn erschüttert: »*Die Nacht ist vorgerückt, der Tag ist nahe. Darum lasst uns ablegen die Werke der Finsternis und anlegen die Waffen des Lichts! / Lasst uns ehrenhaft leben wie am Tag, ohne maßloses Essen und Trinken, ohne Unzucht und Ausschweifung, ohne Streit und Eifersucht! / Vielmehr zieht den Herrn Jesus Christus an und sorgt nicht so für euren Leib, dass die Begierden erwachen*« (Röm 12–15).

Augustin will herausfinden, welches denn die treibenden Kräfte und Ideen sind, in denen sich der Plan Gottes verwirklicht. Sein unruhiges Herz, formulierte Papst Benedikt, »wird zum Ausdruck des Verlangens nach Erkenntnis, der Suche nach Wahrheit, der Sehnsucht nach Vollendung und vollkommenem Frieden. Dabei erfährt er immer wieder, dass er sich einer unergründlichen Führung beugen muss und letztlich von Gott umschlossen ist«.

Augustinus' Werk umfasst das gesamte Denken der Antike. »Es schien unmöglich«, schrieb sein Biograf Possidius, »dass ein Mann so vieles in seinem Leben zu schreiben vermochte.« Seine Schriften, darunter die 15 Bücher *De trinitate,* die er im Kampf gegen Irrlehren verfasste, und die 22 Bücher von *De civitate Dei* (*Vom Gottesstaat*) – insgesamt rund 100 Werke, dazu mehr als 1000 Einzelveröffentlichungen – beeinflussten alle Jahrhunderte. Das betraf das Verhältnis zwischen Politik, Staat und Kirche genauso wie Augustins Friedenstheorie, wonach nicht der Krieg, sondern der Friede das von Gott geschaffene Gesetz der Natur ist. »Gerecht« sei ein Krieg nur, wenn er der Verteidigung der legitimen Rechte dient und kein größeres Elend hervorruft, als er beseitigt. Für seine letzte Weisheit, die er fand, genügte ihm ein einziger Satz: »Du hast uns geschaffen, Herr, zu Dir hin«, heißt es zu Beginn der *Confessiones*, »und unruhig bleibt unser Herz, bis es ruhet in Dir!«

Aber konnte Augustinus wirklich »auf die Probleme, die auch unsere Probleme sind, wenn auch auf ihre Weise, eine Antwort« geben, wie Ratzinger glaubte? Europa war in der ersten Hälfte des 20. Jahrhunderts Schauplatz von Krieg, Völkerwanderung und neuer Mächte geworden. War es nicht auch Gottesvergessenheit, welche die halbe Menschheit soeben an den Rand des Abgrundes gebracht hatte? Die negativen Folgen, die dem Atheismus im Westen entsprangen, waren unübersehbar geworden. Im Osten, in den kommunistischen Teilen der Welt, die weiterhin ein Paradies auf Erden versprachen, herrschten Not und Unterdrückung.

Tatsächlich hatte der Kontext des 3. und 4. Jahrhunderts, von dem Ratzinger sprach, beachtliche Parallelen zur Lage nach dem großen Weltenbrand des 20. Jahrhunderts. Denn auch Augustinus' Epoche ist eine Zeitenwende. Mit ihr beginnt die Transformation vom Altertum zum Mittelalter, äußerlich gekennzeichnet durch den Niedergang des *Imperium Romanum*, die Eroberungen kriegerischer Stämme aus dem Osten und eine gigantische Völkerwanderung. In der Spätantike ist das Gottesleben halb heidnisch und halb christlich, halb kirchlich und halb kirchenfeindlich; leidenschaftlich im Guten, aber auch im Bösen. Gleichzeitig hatte sich das Christentum von den bescheidenen Anfängen der Urgemeinde in Jerusalem über das ganze römische Weltreich ausgebreitet. Bereits zehn Prozent der Reichsbevölkerung hatten sich dem »Neuen Weg« angeschlossen, Menschen aller Rassen, Schichten und Altersstufen.

Über 300 Jahre lang waren die Gläubigen vom Staat verfolgt worden. Die größten, das ganze Imperium umfassenden Pogrome brachen um die Mitte des 3. Jahrhunderts aus, vor allem in Ägypten. Hier wurden im Jahr 303 täglich bis zu 100 Menschen um der Nachfolge Christi willen hingerichtet. Aber blitzartig veränderte sich die scheinbar ausweglose Situation.

Es ist eine Wende wie aus dem Nichts heraus, unverhofft und nach menschlichem Ermessen eigentlich unmöglich. Noch sein Vorgänger Diokletian hatte die Christen im großen Stil verfolgen und martern lassen, Kaiser Konstantin jedoch hatte als Thronbewerber seinen entscheidenden Sieg über seine Gegner in der Schlacht an der Milvischen Brücke bei Rom am 28. Oktober 312 einer christlichen Erscheinung zugeschrieben. Die Legende erzählt, Konstantin habe im Traum Christus gesehen, der ihm gebot, das Kreuz als Fahne voranzutragen: *in hoc signo vinces*, in diesem Zeichen wirst du siegen. Tatsächlich verwendeten seine Truppen anstelle des bisherigen Adlers das Labarum, auf dem das Monogramm Christi, ein griechisches PX, zu sehen war. Ein Jahr später gab Konstantin als neuer Kaiser mit dem Toleranzedikt von Mailand den Glauben an den Heiland für alle Untertanen des Römischen Reiches frei. Nach einem weiteren entscheidenden Sieg über einen Rivalen machte Konstantin im Jahr 330 Byzanz zur Hauptstadt des christlichen Reiches und ließ in der neuen Metropole, nunmehr Konstantinopel, prachtvolle Paläste und Kirchen bauen – unter ihnen die traumhaft schöne, der göttlichen Weisheit geweihte Sophienkirche, die Hagia Sophia.

Die Befreiung der Kirche aus den Katakomben führte einerseits zu einem raschen Aufschwung. Christen hatten wieder Zugang zum gesellschaftlichen und politischen Leben. Ihre beschlagnahmten Güter wurden zurückgegeben. Konstantin schenkte dem Papst seinen kaiserlichen Palast im Lateran, neben dem sich bald eine Basilika erheben sollte. Zahlreiche im Geist des Evangeliums erlassene neue Gesetze förderten das Familienleben, die Fürsorge für die Armen und schützten die Sklaven. Die Kreuzigung wurde abgeschafft, da fortan das Kreuz als Zeichen der Erlösung und Siegeszeichen Christi galt.

Der Schutz der Herrscher brachte den christlichen Gemeinden Privilegien und Schenkungen, sicherte ihre institutionelle Festigung und sorgte für eine noch schnellere Verbreitung des Christentums. Die Kirche übernahm erprobte römische Organisationsformen und Strukturen, dazu Titel wie Präfekt und *Pontifex maximus*. Mit Kaiser Theodosius I. wurde das Christentum zur alleinigen Staatsreligion erhoben. Dafür beanspruchte der Kaiser die volle Hoheit über die Kirche.

Aber die Kirche zahlte nicht nur mit der Einbuße ihrer Selbstständigkeit. Der massenhafte Zustrom neuer Getaufter führte auch Mitglieder in die Gemeinden, die von der eigentlichen Bedeutung des Glaubens wenig Ahnung hatten. Hinzu kam der Streit mit Anhängern von Irrlehren wie Arianismus, Manichäertum, Pelagianismus und Nestorianismus. Verhängnisvoll war die Trennung zwischen West-Rom und Ost-Rom, die in der Folge auch die Spaltung in eine lateinische und eine orthodoxe Kirche mit sich brachte. Fast schwerer noch wog der Paradigmenwechsel von einer alternativen, rein spirituell und auf Nächstenliebe ausgerichteten Glaubensgemeinschaft in eine angepasste Staatskirche. Sie war nun regelrecht gezwungen, sich zu verweltlichen. Die Folge war nicht nur eine Veränderung der Mentalität der Gläubigen, sondern auch ein innerer Zwiespalt, eine Wesens-Spaltung des Glaubens selbst.

Die Versuchung der Kirche, ihren Ursprung zu vergessen, die Herausforderungen durch Irrlehren, der Kampf um ihre Identität – all das waren Symptome, die den Freisinger Studenten auch auf dem Domberg beschäftigten. Augustinus, das war nun ein anderer »Steppenwolf«, einer, der gefunden und erkannt hatte. Das war auch kein Glasperlenspieler, sondern ein Lehrer der Menschheit, dessen zeitlose Erkenntnisse das Denken des Abendlandes prägten. Im christlichen Glauben sah Augustinus die Grundlage der Erkenntnis: *crede, ut intelligas*, glaube, damit du erkennst. Denn verfügbar werde die Wahrheit für den Menschen nur in der vermittelten Erleuchtung durch Gott, der den göttlichen Geist *(mundus intelligibilis),* die »ewigen Ideen« und Regeln, direkt in den menschlichen Geist ein-leuchtet.[12]

Die Parallelen zwischen Ratzinger und Figuren von Hesse auf der einen und einem Augustinus auf der anderen Seite waren verblüffend. Aber offenbar entsprach der Student aus Freising einem Typus, den es sowohl als historische wie auch als literarische Person gab, eine Art Gralswahrer und Verkünder in einem. Die Begegnung Ratzingers mit dem Afrikaner ist jedenfalls der Beginn einer wunderbaren Freundschaft, die in der Kirchengeschichte ihresgleichen sucht. Und so unterschiedlich die beiden Kirchenmänner auf den ersten Blick erscheinen mögen, auf ihre Biografie bezogen sind die Parallelen mehr als erstaunlich. Aus den *Confessiones* wusste Joseph, dass auch Augustinus in der Osternacht getauft worden war. Dass auch er einen Bruder und eine Schwester hatte (die als Witwe an der Spitze eines Frauenklosters stand); dass beide als junge Männer radikale Fragen an die eigene Person stellten. Für beide galt dabei, wie es Ratzinger formulierte: »Ein Mensch, der fern ist von Gott, ist auch fern von sich selbst.«

Hoffte nicht auch er, wie der Kirchenvater intensiv »in die geistigen Auseinandersetzungen der Gegenwart eindringen« zu können?[13] Beide wollten sich dabei nicht mit Philosophien zufriedengeben, die nicht zur Wahrheit, die nicht bis zu Gott gelangten. Für Augustinus war klar: Die Gegenwart Gottes im Menschen ist tief und gleichzeitig geheimnisvoll, sie kann aber im eigenen Innern erkannt und entdeckt werden: Geh nicht hinaus, sondern »kehre in dich selbst ein; im inneren Menschen wohnt die Wahrheit; und wenn du finden wirst, dass deine Natur wandelbar ist, gehe über dich selbst hinaus«[14]. Ratzinger drückt es später ähnlich aus: »In Wirklichkeit hat der Schöpfer in unser Wesen selbst das ›Naturgesetz‹ eingeschrieben, das der Widerschein seines Schöpfungsplans in unserem Herzen ist, als Wegweiser und inneres Maß unseres Lebens.«[15]

Als Student konnte Ratzinger unmöglich ahnen, dass in der Biografie des Meisters bereits Wegmarken und Sollbruchstellen vorgezeichnet waren, die auch ihm widerfahren sollten. Erst in der Rückschau musste er sehen, dass sich der Lebenslauf seines Meisters las wie ein Drehbuch, das auch seine eigene Geschichte erzählt.

Augustinus sehnte sich nach der Schriftstellerei. Er war nach Hippo Regius (dem heutigen Annaba in Algerien) gekommen, um mit einer Gruppe von »Gottesdienern« ein Kloster zu gründen. Aber statt als Autor ein Leben in Meditation führen zu können, wurde er gegen seinen Willen zum Priester geweiht. Und der Student von Freising? Wollte auch er nicht ursprünglich nur ein Lehrer, ein Professor werden, ohne den Dienst des Priesters annehmen zu müssen, für den er sich nicht tauglich hielt?

Auch zum Bischof wurde Augustin gegen seinen erklärten Willen berufen. »Ich fühle mich wie jemand, der nicht rudern kann und doch zum zweiten Steuermann ernannt worden ist«, schrieb er unmittelbar nach seiner Berufung an Bischof Valerius: »Das war auch der Grund, weshalb ich im Stillen bei meiner Weihe geweint habe.« Beklagte nicht auch Ratzinger später, er habe sein theologisches Werk nicht fortsetzen können, man habe ihn zum Bischof gemacht, und das, obwohl man doch auch um seine organisatorische Unfähigkeit und gesundheitliche Schwäche gewusst habe. »Der schöne Traum des beschaulichen Lebens war zerrissen, das Leben Augustins von Grund auf geändert«, kommentierte er die Bischofsernennung des großen Theologen. »Seine hohen Gedanken und Erkenntnisse musste er in das Denken und Sprechen der einfachen Menschen seiner Stadt übersetzen. Das große philosophische Lebenswerk, von dem er geträumt hatte, blieb ungeschrieben.«[16]

Um noch einmal weit vorauszugreifen: ein Gleichklang bestand auch in der Pflicht eines Verteidigers des Glaubens. Augustinus stand, ohne es wirklich zu wollen, im Kampf gegen Irrlehren, die den katholischen Glauben an den einen Gott ablehnten. Auch Ratzinger wurde gegen seinen Willen zum Glaubenshüter bestellt, um Rom gegen fremde Strömungen zu verteidigen. Seinen Auftrag beschrieb er dabei mit den Worten, die Augustinus formuliert hatte: »Unruhestifter zurechtweisen, Kleingläubige trösten, sich der Schwachen annehmen, Gegner widerlegen ... Gute ermutigen, Böse ertragen und – ach – alle lieben«[17]. Augustinus ging noch einen Schritt weiter in seiner Klage: »Immer wieder predigen, disputieren, ermahnen, erbauen, für jeden bereitstehen. Das ist eine große Last, ein schwerer Druck, ein mühseliges Werk.«[18]

Ähnlich wie Augustinus war Ratzingers Ansatz, die Erneuerung der Welt aus einer Vertiefung von Glauben, Theologie und Heiligkeit zu bewirken. Für Ratzinger wie für Augustinus schließt der christliche Glaube dabei Rationalität nicht aus. Der Mensch habe die Fähigkeit, Zusammenhänge ohne sinnliche Wahrnehmung und nur durch den Intellekt zu erfassen, andererseits benötige er die Metaphysik, um über das nur Sichtbare hinauszusehen und ganzheitlich zu erkennen. Augustinus sagte: »Glauben bedeutet einen Boden gefunden haben, an die wirkliche Substanz aller Dinge herankommen.« Nach Augustinus sind Glaube und Vernunft »die zwei Kräfte, die uns zum Erkennen bringen«[19].

Augustinus ließ die antike Philosophie erkennen, dass der Ursprung allen Seins auf einen schöpferischen Sinn zurückzuführen ist. Dass aber, was diesen Logos nah und berührbar und damit auch verständlich machte, erst im Glauben der Kirche zu finden sei: Das Wort – der Logos – ist Fleisch geworden in Jesus Christus. Und wie Augustinus' galt auch Ratzingers Hauptaugenmerk dem Zentralstern des Glaubens, der Liebe. Es gelte, »unser Tun der Gemeinschaft mit Gott und seinem Wirken anzuvertrauen, zu glauben, dass die Liebe eine Macht ist – auch in der heutigen Welt –, dass die Liebe die Welt zu verwandeln vermag und unsere Liebe herausfordert«[20]. Ein gemeinsames Kriterium obendrein: das Wachhalten für das Wahre, Schöne, Gute und Heilige. Schönheit sei ein Merkmal der Schöpfung, des Geistes, des Wortes, das beide Theologen von der Herrlichkeit Gottes ableiten und dem sie gerade auch in ihrer Sprache und in den Formen, die sie pflegten, Ausdruck zu geben versuchten, ohne bloß Ästhetik oder flaches Design zu liefern.

»Für Ratzinger«, so befindet denn auch der spanische Theologe Pablo Blanco Sarto, »hat alles mit Augustinus angefangen.« Mit dem Meister aus Hippo trat jemand in sein Leben, der ihm Leitbild und Schicksal wurde. Dass auch Augustinus einen Gegenspieler hatte, einen britischen Mönch namens Pelagius, der mit eigenen Lehren ein großes Publikum gewann, sei nur am Rande erwähnt. Die Themen des Kirchenvaters jedenfalls, so der Augustinus-Experte Cornelius Mayer, »durchziehen die Publikationen des Theologen Joseph Ratzinger wie ein roter Faden«. »Wie von selbst« hatte sich mit dem Denken Augustins auch der Personalismus verbunden, den Ratzinger über Steinbüchel und Martin Buber gefunden hatte. Erst spät hatte Ratzinger allerdings verstanden, dass Augustins Bekehrung »demütig weiter bis ans Ende seines Lebens« gehen musste. »Er lernte, den einfachen Menschen seinen Glauben mitzuteilen und unermüdlich eine selbstlose und schwierige Tätigkeit auszuüben«, schrieb Ratzinger über den geistlichen Ziehvater, »doch er hat diese Bürde auf sich genommen, da er verstand, dass er gerade auf diese Weise Christus näher sein konnte. Zu verstehen, dass man mit Bescheidenheit und Demut die anderen erreichen kann, das war seine wahre und zweite Bekehrung.«

Auf dem Domberg ging im Sommer 1947 mit der *Admissio*, der zeremoniellen Zulassung als Priesterweihekandidat, das Studium der Philosophie seinem Ende entgegen. Wobei Ratzinger bedauerte, »sehr bald in die Theologie gekommen« zu sein und »die Philosophie nicht so vertiefen zu können, wie ich gewollt und gewünscht hätte«. Immerhin habe er »nicht einfach ein fertiges System« aufgenommen, sondern zu fragen gelernt, »wie ist es wirklich ... wo mir Augustin eben ein Helfer und Führer war«.

»Bücher-Ratz« und »Orgel-Ratz« hatten ihr Examen in Biologie, Philosophie, Geschichte der Philosophie und Profangeschichte mit Bravour bestanden, die Wege der beiden Brüder aber sollten sich nun trennen. Georg zog es zur Musik, Joseph erhielt mit zwei weiteren Seminaristen aus einer Schar von 50 Studenten seines Jahrgangs von Kardinal Faulhaber die Genehmigung, das Theologiestudium an der Uni in München fortsetzen zu dürfen.

Was den Schöpfer des *Glasperlenspiels* und des *Steppenwolfs* betrifft, so sollte er erst mal totgesagt werden. Hermann Hesse, so prophezeite *Der Spiegel* 1958, würde sich als ein typisch deutsches Produkt unpolitischer Weltabgewandtheit im Ausland niemals durchsetzen.[21] Mit geschätzten 150 Millionen verkauften Büchern wurde Hesse freilich der weltweit erfolgreichste deutschsprachige Schriftsteller des 20. Jahrhunderts. Am Morgen des 9. August 1962 starb der große Dichter im Schlaf. Auf dem Nachtkästchen lagen die *Bekenntnisse* des heiligen Augustinus.

Kapitel 18

Sturm und Drang

Am 15. September 1947 beginnt Joseph Ratzinger in München das Studium der Theologie, genauer gesagt: der Fundamentaltheologie und der Dogmatik, den Königsdisziplinen der Gotteslehre. Der Beginn des Semesters war vorverlegt worden, um Heizmaterial zu sparen. Dafür winkten bereits am 15. Dezember Ferien, die bis Ostern dauern sollten.

Noch gab es überall Trümmerberge und ausgebombte Hausruinen, gleichsam erwachte ein erster Kulturbetrieb. Im Münchner Residenztheater wurde Shakespeares *King Lear* aufgeführt. Es wird Josephs erstes großes Schauspielerlebnis. Die Theaterleidenschaft teilte er mit seiner Mutter, die selten eine Aufführung der Laienbühnen im Chiemgau versäumte.

Von der altehrwürdigen Münchner Universität an der Ludwigstraße war nur die Aula erhalten geblieben, einer der wenigen nutzbaren großen Säle der Stadt. Hier tagte die Verfassunggebende Landesversammlung und konstituierte sich der erste bayerische Nachkriegslandtag. Als Ausweichquartier für die Theologen fand sich ein Campus am Stadtrand, im leer stehenden Spätberufenen-Seminar beim Schloss Fürstenried, dem ehemaligen königlichen Jagdschloss. Das Areal verfügte über einen bezaubernden Park, zur einen Hälfte nach englischer, zur anderen nach französischer Art angelegt, aber was für ein schrecklicher Tausch gegen den Domberg.

Die Wohnungen der Professoren, die Sitzungszimmer, das Sekretariat, Bibliotheken, Studier- und Schlafräume, alles befindet sich im selben Gebäude, drangvoll eng. Zudem ist auf dem Gelände ein Lazarett für verwundete ausländische Soldaten eingerichtet. Geschlafen wird in Stockbetten und auf Strohsäcken. Weil kein Hörsaal zur Verfügung steht, finden die Vorlesungen im gläsernen Gewächshaus des Schlossgartens statt, glühend heiß im Sommer, eisig kalt im Winter. Ratzingers bissig-trockener Kommentar über seinen neuen Studienort: »Dort hatte der unglückliche König Otto die Jahrzehnte seines Wahnsinns verbracht.«

Mit seinen rund 100 Studienplätzen zog Fürstenried Studenten aus allen Teilen Deutschlands an, die allermeisten davon Kriegsteilnehmer. Im Gegensatz zur familiären Atmosphäre auf dem Domberg ist die Stimmung eher »spröde«, ohne die gewohnte »spontane Herzlichkeit«. Ältere Semester, die an ihren Dissertationen arbeiteten, schotten sich ab. An den Samstagen heißt es für Joseph und die anderen Greenhorns: Auf in die Stadt! Nicht um einen Bummel zu machen, sondern um in der Ruine des Georgianums, dem eigentlichen Priesterseminar gegenüber der Uni, Schutt zu schaufeln. Aufregendste Neuerung ist die Anwesenheit von Studentinnen, die stets in der letzten Reihe Platz nahmen.

Nachdem die theologische Fakultät in München im Februar 1939 von den Nazis geschlossen wurde – eine Strafaktion für die Weigerung Kardinal Faulhabers, der Berufung eines Hitler-Anhängers zum Professor zuzustimmen –, können die wichtigsten Lehrstühle (Altes und Neues Testament, Kirchengeschichte, Moraltheologie, Fundamentaltheologie) mit Koryphäen aus allen Teilen des früheren Reiches besetzt werden. Zusammen bieten sie eine enorme Spannweite, aus der sich etwas Neues und Eigenes entwickeln konnte, um, wie Ratzinger notierte, »in die große Welt der Geschichte des Glaubens einzudringen«, weite Horizonte des Denkens und des Glaubens zu erschließen und »die Urfragen des Menschseins« zu bedenken.

Von Josephs Hauptfächern will die Fundamentaltheologie die Offenbarung Christi im Lichte der Vernunft begründen und entsprechend vermitteln. Der Dogmatik kommt die Aufgabe zu, die Lehraussagen der Kirche systematisch zu sammeln und zu sichten, sachgemäß auszulegen und nachvollziehbar zu erklären. Etwa die Lehre vom dreieinigen Gott, dem Schöpfer des Weltalls als einer sichtbaren wie auch unsichtbaren Welt, von Christus dem Erlöser und von seiner Mutter Maria. Es geht um die Gnaden der Kirche sowie die Lehre von den Letzten Dingen, die Gott als Vollender des einzelnen Lebens wie der gesamten Schöpfung behandelt und mit der Wiederkunft Jesu abgeschlossen wird.

Ratzinger spricht von einer »großen Zeit des Aufbruchs«, die alle spürten: »Wir glaubten, die Kirche in eine neue Zukunft zu führen.« Man habe »wirklich das Gefühl gehabt, man kann das Christentum ganz neu leben«[1]. »Die Hoffnung des Neubeginns, die Aufbruchsstimmung – auch im theologischen Bereich – hat uns wohl alle geprägt, und sie hat ja dann auch bis ins II. Vatikanum hinein gewirkt.«[2] In diesen

»spannenden Jahren« habe das Bewusstsein »einer mit neuem Mut fragenden Theologie« vorgeherrscht: »Und einer Spiritualität, die Veraltetes und Verstaubtes abtat, um zu neuer Freude der Erlösung zu finden.« Wesentlich sei gewesen, das Dogma nicht als äußere Fessel zu verstehen, »sondern als die lebendige Quelle, die überhaupt Erkenntnis ermöglichte«[3].

Die Stimmung in Fürstenried entsprach ganz der allgemeinen Bewusstseinslage, nach dem Inferno des Weltenbrandes wieder ein gesellschaftliches Fundament schaffen zu müssen – und schaffen zu dürfen, mit Neuanfängen und Wiederentdeckungen, die die Menschheit in eine neue Zukunft führen würden. Im Osten Europas sollte dies auf Grundlage des Marxismus-Leninismus geschehen, im Westen auf Basis christlich-abendländischer Werte, die nach dem Krieg über jeden Zweifel erhaben waren. Gut 70 Jahre später wird ein religiös ermatteter Westen das kaum noch nachvollziehen können, tatsächlich bestand in den Jahren des Wiederaufbaus ein breiter gesellschaftlicher Konsens darin, nur eine religiöse Erneuerung als Rückkehr zum Christentum könne die Gewähr bieten für ein geeintes, friedliches, freies Europa.

Die Anstöße zur Gründung einer neuen christlichen Partei gingen in Deutschland vom politischen Katholizismus aus. Als »Sammlung aller Christen auf politischer Ebene« sollte damit die Spaltung des christlichen Lagers überwunden werden. Vorbereitend erschienen im Juli 1945 die »Kölner Leitsätze«. Sie enthielten unter anderem die Forderung nach einem »wahren christlichen Sozialismus«. Der Jesuitenpater Oswald von Nell-Breuning entwickelte federführend das Konzept weiter. Hauptakzent war, dass neben dem Gemeinwohl auch der Entfaltung des Individuums breiter Raum zu geben sei.[4] »Sozialpartnerschaft«, »Föderalismus«, »Europa« und »Subsidiarität« – viele der politischen und gesellschaftlichen Grundpfeiler waren in der katholischen Naturrechts-, Gesellschafts- und Staatstheorie bereits angedacht worden. Auf diese Weise bekam die katholische Soziallehre beinahe die Funktion einer offiziösen Staatsphilosophie.[5]

»Das personale Menschenbild der katholischen Soziallehre und ihre naturrechtlich begründete Menschenrechtskonzeption«, so der Sozialwissenschaftler Manfred Spieker, »haben zweifellos den stärksten Einfluss auf die neue deutsche Verfassung ausgeübt. Sie sind die Grundlage der neuen Rechtsstaatlichkeit, die die positivistische Orientierung der Weimarer Republik überwand.«[6] Hinzu kamen Programmpunkte wie die Gewährleistung einer rechtsstaatlichen, föderalistischen Demokratie, der Aufbau eines differenzierten Bildungswesens, die Entwicklung einer freien Marktwirtschaft mit sozialstaatlichem Leistungssystem und die außenpolitische Einbindung der Bundesrepublik in die Wertegemeinschaft der westlichen Demokratien.

Als Grundlinie galt, die neue Staatsordnung auf ein ebenso naturrechtlich wie christlich begründetes Wertefundament aufzubauen. Konrad Adenauer brachte das Programm in einer Grundsatzrede an der Kölner Universität am 26. März 1946 auf den Punkt: »Die menschliche Person hat eine einzigartige Würde, und der Wert jedes einzelnen Menschen ist unersetzlich. Aus diesem Satz ergibt sich eine Staats-, Wirtschafts- und Kulturauffassung, die neu ist gegenüber der in Deutschland seit Langem üblichen … Der Staat besitzt kein schrankenloses Recht; seine Macht findet ihre Grenze an der Würde und den unveräußerlichen Rechten der Person.«[7] Diese Linie fand ihren Niederschlag im ersten Artikel des Grundgesetzes, bei dessen Ausarbeitung durch Adolf Süsterhenn die katholische Soziallehre maßgeblichen Einfluss hatte: »Die Würde des Menschen ist unantastbar. Sie zu achten und zu schützen ist Verpflichtung aller staatlichen Gewalt (Abs. 1). Das Deutsche Volk bekennt sich darum zu unverletzlichen und unveräußerlichen Menschenrechten als Grundlage jeder menschlichen Gemeinschaft, des Friedens und der Gerechtigkeit in der Welt.«

Auf europäischer Ebene waren die zentralen Akteure des Neuanfangs neben Konrad Adenauer der Italiener Alcide de Gasperi und der Franzose Robert Schuman, beide ebenfalls bekennende Katholiken. »In ihrem politischen Denken standen die Aussöhnung der Völker sowie Frieden und neues Vertrauen im Mittelpunkt«, so der Politikwissenschaftler und frühere Ministerpräsident von Sachsen-Anhalt Werner Münch. »Alle drei hatten diese Vision auch als gläubige Christen mit gemeinsamen philosophischen und religiösen Überzeugungen.«[8] Schon einen Tag nach Kriegsende, am 9. Mai 1945, hatte Papst Pius XII. gemahnt, ein neues Europa könne nur auf der Furcht vor Gott, der Treue zu seinen Geboten sowie auf der Achtung der Menschenwürde und der Respektierung der gleichen Rechte aller Völker aufgebaut werden. Adenauer, den der junge Joseph Ratzinger hoch verehrte, rief seine Partei dazu auf, den »Kampf um die Seele des deutschen Volkes und die Seele Europas, die christliche Seele Europas« aufzunehmen.

Der frühere Kölner Oberbürgermeister hatte 1933 im Benediktinerkloster Maria Laach unter dem Namen »Bruder Konrad« Zuflucht vor den Nazis gefunden. Als er Verantwortung als erster Kanzler der zweiten deutschen Republik übernahm, blieben der regelmäßige Besuch der heiligen Messe, Gebet und Einkehr für ihn selbstverständlich. »Ohne die richtige, lebendige, seelische Haltung«, so Adenauer, »wird alles andere nicht richtig; nichts ist aber so sehr geeignet, auf die seelische Haltung einzuwirken, als die richtig verstandene Pflege des liturgischen Gedankens.« Bevor er 1955 nach Moskau aufbrach, um für die Freilassung der noch immer in sowjetischen Gulags inhaftierten deutschen Kriegsgefangenen zu kämpfen, verbrachte er eine ganze Nacht am Grab des heiligen Niklaus von Flüe in der Schweiz. Als er das Grabmal verließ, bat er darum, das Gebet an dieser Stätte während der ganzen Zeit seiner Russlandreise nicht abreißen zu lassen.

»Nie hatte es im modernen Deutschland eine solche Symbiose zwischen Staat und katholischer Kirche gegeben«, so der Politikwissenschaftler Franz Walter, wie »unter dem Kanzler Adenauer, dem Helden und der Identifikationsfigur der deutschen Katholiken.«[9] Getrübt wurde die Stimmung des Aufbruchs durch die sich zuspitzende Konfrontation zwischen Ost und West. Mit dem Marshall-Plan, benannt nach dem amerikanischen Außenminister George C. Marshall, boten die Vereinigten Staaten im Juni 1947 eine umfassende Unterstützung beim Wiederaufbau der zerstörten Länder Westeuropas an. Sie sollte die politische und soziale Lage stabilisieren, nicht zuletzt mit Blick auf die Expansion des Sowjetreiches. Briten und Amerikaner hatten vereinbart, ihre Zonen ab 1947 zu einem einheitlichen Wirtschaftsgebiet, der »Bizone«, zu vereinigen. Als die drei Westmächte die Gründung eines »Weststaats« beschließen, beendet die Sowjetunion ihre Mitarbeit im Alliierten Kontrollrat. Mit der Einführung der »Deutschen Mark« (DM) in den westlichen Besatzungszonen am 20. Juni 1948 war auch die räumliche Trennung der deutschen Landesteile besiegelt.

Im Westen waren von einem Tag auf den anderen die Schaufenster wieder voller Waren. Vier Tage später sperrten sowjetische Truppen die Zufahrtswege nach Berlin. Über zwei Millionen Westberliner sind von der Außenwelt abgeschnitten. Als am 9. September 1948 250 000 Berliner auf dem Platz der Republik gegen die Blockade ihrer Stadt protestieren, wendet sich Oberbürgermeister Ernst Reuter mit einem dramatischen Appell an die Weltöffentlichkeit: »Ihr Völker der Welt, ihr Völker in Amerika, in England, in Frankreich, schaut auf diese Stadt! Und erkennt, dass ihr diese Stadt und dieses Volk nicht preisgeben dürft, nicht preisgeben könnt, denn wer dieses Volk von Berlin preisgeben würde, der würde eine Welt preisgeben, noch mehr, er würde sich selber preisgeben.«

Die USA reagierten und starteten ihre »Rosinenbomber«, wie die Berliner die Versorgungsflugzeuge nennen. Sie liefern Lebensmittel als Konserven und Trockennahrung, Brennstoffe und Medikamente. In nur 90 Tagen wird in Tegel ein zusätzlicher Flugplatz gebaut. Bald landen täglich 900 Maschinen in der Stadt. 200 000 Flüge sollten es insgesamt werden, die rund anderthalb Millionen Tonnen lebenswichtiger Güter transportieren.

Die Blockade festigt die Stellung der USA als westliche Führungsmacht. Am 1. Juli 1948 erhalten die westdeutschen Ministerpräsidenten von den drei westalliierten Militärgouverneuren den Auftrag, in Koblenz eine Verfassunggebende Versammlung einzuberufen. Knapp ein Jahr später, am 8. Mai 1949, liegt das »Grundgesetz der Bundesrepublik Deutschland« auf dem Tisch. In der Schlussabstimmung wird es im Parlamentarischen Rat mit 53 Ja- gegen 12 Neinstimmen angenommen. Aber noch etwas fehlt zur Gründung einer Bundesrepublik Deutschland, eine Hauptstadt. Vier Städte bewerben sich um diese Wahl: Bonn, Frankfurt am Main, Kassel und Stuttgart. Mit 33 gegen 29 Stimmen kann sich Bonn als vorläufige Hauptstadt durchsetzen.

In der Frage der künftigen Bundesflagge hatte die Union ein schwarzgoldenes Kreuz auf rotem Grund vorgeschlagen, als Symbol der christlichen Kultur des Abendlandes. SPD und FDP aber bringen mit Erfolg die Weimarer Fahne Schwarz-Rot-Gold ins Spiel – als Symbol für Einheit und Freiheit. Als am Abend des 12. September 1949 auf dem Bonner Marktplatz erstmals der neugewählte Bundespräsident Theodor Heuss empfangen wird, stimmt das Orchester in Ermangelung einer Nationalhymne einen Kirchenchoral an. Dreißigtausend Menschen singen aus voller Kehle mit, einschließlich des sangesstarken neuen Präsidenten: »Großer Gott wir loben dich.«

In der theologischen Fakultät in Fürstenried waren im Gegensatz zum Hochschulbetrieb in Freising die Vorlesungen öffentlich. Außerhalb der Veranstaltungen blieben die Priester und Priesteramtskandidaten unter sich. Das Zentrum jeden Tages war die heilige Eucharistie, bei der niemand zu fehlen gewagt hätte. Beim gemeinsamen Mittagessen teilt Direktor Josef Pascher persönlich die Suppe aus – ein Lektor trug gleichzeitig aus Büchern vor, abends liest Pascher ein Kapitel aus der Heiligen Schrift.

Eingerahmt wird der Tag von gemeinsamen Stundengebeten. Pascher gibt acht, dass niemand zu spät kam. »Wer zu spät kommt, verstößt gegen die Liebe«, hatte er groß auf ein Schild geschrieben. Kurze Zeit später findet man an einem Gatter im Park, in dem ein junger Rehbock aufgezogen wurde, den Aushang: »Wer einen Rehbock einschließt, verstößt gegen die Liebe.« Als Urheber wird ein gewisser Joseph Ratzinger vermutet. Nicht ganz zu Unrecht. Joseph war schon als Kind besonders tierlieb und hatte auf einer Weide in Aschau gelegentlich sogar die Kühe der Nachbarin gehütet.

Mitstudenten wie Josef Finkenzeller erlebten Ratzinger als »sehr bescheiden und hilfsbereit«. Er sei »ein lieber Kamerad, ein eifriger, sehr begabter Student und guter Gesprächspartner« gewesen, »von dem man etwas lernen konnte«. »Dass er gescheit ist, hat man schon gewusst«, so Georg Schwaiger, späterer Kirchenhistoriker mit Schwerpunkt Papstgeschichte, »aber groß kommunikativ war er nie. Er hatte keinen Spitznamen und war einfach der Joseph. Joseph bitte mit ›ph‹, der biblischen Schreibweise, darauf hat er Wert gelegt.«

Ein weiterer Kommilitone ist der gleichaltrige Hubert Luthe aus dem Rheinland, später Bischof von Essen. Luthes Vater hatte in der Nazizeit ein jüdisches Ehepaar unterstützt. In seinem Betrieb liefen 1937 die Seiten der in geheimer Operation erschienenen Enzyklika *Mit brennender Sorge* über die Walzen der Druckmaschinen. Kurz danach stürmte die Gestapo das Gebäude. Luthe sollte noch eine bedeutende Rolle für Ratzinger spielen. Als Geheimsekretär des erblindeten Kölner Kardinals Josef Frings durfte er als einziger Kaplan an den Beratungen des Konzils teilnehmen. »Ratzingers Begabung war für alle spürbar«, erinnerte er sich an die ersten Begegnungen. Typisch für ihn sei aber seine zurückhaltende Art gewesen: »Er fiel auf durch seine Bescheidenheit, eigentlich ein Paradox.«[10]

Trotz aller Schüchternheit verfügte der junge Theologe über gewisse komödiantische Fähigkeiten. »Er ist da ein echter Alleinunterhalter«, befand ein Zeitgenosse, »man lacht sich tot.« Als Student pilgerte Ratzinger in seiner Verbundenheit mit Karl Valentin und dessen »kurios-grantlerischer Heiterkeit« gar zum Grab des Münchner Humoristen in Planegg, ein Fußweg von immerhin 30 Kilometern. Der frühere Münchner Oberbürgermeister Christian Ude berichtete, bei einem Besuch in Rom habe ihm der Kardinal spontan einen Sketch von Valentin vorgespielt, ein Zwei-Personen-Stück, in dem Ratzinger beide Rollen spielte. Valentin starb an einem Rosenmontag, dem 9. Februar 1948.

Seine letzten Worte waren: »Wenn ich gewusst hätt', dass sterben so schön ist.«

Der Anspruch in Fürstenried sei gewesen, berichtete Ratzinger, »die Theologie von Grund auf erneuern« zu wollen – »und damit auch die Kirche neu und lebendiger zu gestalten«. Er und seine Kommilitonen seien glücklich darüber gewesen, »dass wir in einer Zeit lebten, in der sich nach Jugend- und Liturgischer Bewegung von beiden her neue Horizonte, neue Wege öffneten, und da wollten wir natürlich mit der Kirche vorangehen, überzeugt, dass sie gerade so wieder jung wird«. Ratzingers Sympathie gehörte dabei Lehrern, die durch einen Mangel an Konvention auffielen. Einer davon war Friedrich Wilhelm Maier, Professor für Neues Testament, ein erklärter Rom-Feind und Querdenker. »Die ganzen Jahre meines Studiums hindurch«, bemerkte Ratzinger im Vorwort zu der von ihm herausgegebenen *Schriftauslegung im Widerstreit*, habe er bei Maier »keine seiner Vorlesungen ausfallen lassen.« Bei der für ihn mit »eindrucksvollsten Persönlichkeit«[11] seiner Studienjahre habe er eine »Energie im Umgang mit der Sache« und eine »explosive Dynamik« gespürt, die ihn »tief beeindruckt« hätten. Dass sein Professor »wegen seiner eigenständig progressiven Exegese ständig in Schwierigkeiten geriet«, störte den Studenten wenig. Im Gegenteil: »Das unbefangene Fragen aus den Horizonten der liberal-historischen Methode heraus schuf eine neue Direktheit zu den Heiligen Schriften und legte Dimensionen des Textes frei, die in der allzu fest gefügten Lektüre vom Dogma her nicht mehr wahrgenommen wurden.« Die Folge: »Die Bibel sprach mit einer neuen Unmittelbarkeit und Frische zu uns.«

Maier, ein brillanter junger Gelehrter, war früh zu dem Ergebnis gekommen, dass das Markusevangelium als Erstes der vier Evangelien geschrieben worden sei und den zwei folgenden, den »synoptischen« Evangelien, als Quelle gedient habe. Die These ist heute allgemein anerkannt, damals allerdings wurde sie als Modernismus verdammt. Maiers Ausführungen mussten aus schon erschienenen Sammelwerken herausgetrennt, seinem Urheber durfte auf römische Weisung hin kein Lehrstuhl mehr angeboten werden. Die Rückkehr in die akademische Welt gelang ihm erst im veränderten Klima der Nachkriegszeit. Vergessen konnte er die demütigende Behandlung nicht. »Der Antichrist sitzt in Rom«, lautete eine seiner Redensarten. Ratzinger erinnerte als Präfekt in einem Brief an seinen Freund Franz Mußner an

Maiers »ungewöhnlich tief sitzendes Ressentiment gegen Rom«. Gleichzeitig hielt er fest: »Die Kirche Gottes hat er dennoch im Innersten geliebt und seinen Schülern und Hörern viel mitgegeben, um das Neue Testament recht zu lesen und so den Glauben der Apostel zu erlernen.«[12]

So brechend voll die Bänke bei Maier waren, so gähnend leer blieben sie bei Franz Xaver Seppelt. Der Kirchenhistoriker hatte mit einer illustrierten Papstgeschichte einen großen Publikumserfolg errungen. Die Fachwelt feierte den Priester als »souveränen Meister« seines Faches. Rom ehrte ihn mit dem Titel eines »Päpstlichen Hausprälaten«. Die Studentenschaft in Fürstenried jedoch ließ sich davon nicht beeindrucken. »Zu langweilig«, befand der theologische Nachwuchs. Hinzu kam, dass der Papst-Experte aus Breslau einen nahezu militärischen Stil pflegte. »Verdammte Bummelei«, brummte er, sobald er den Hörsaal betrat und wieder einmal die geringe Zahl der Zuhörer registrierte. Dann marschierte er mit den bis zu den Knien reichenden Militärstiefeln zum Pult. Für Joseph waren die Vorlesungen Seppelts immerhin eine Gelegenheit, mit der Größe, aber auch dem Drama des Papsttums in Berührung zu kommen. Erstmals hörte er dabei von einem Pontifex, dem ersten und bis dahin einzigen, der von seinem hohen Amt zurückgetreten war, Papst Coelestin V., bürgerlich Pietro del Murrone. Die *Studien zum Pontifikat Coelestins V.* waren Seppelts Spezialgebiet. Gut 70 Jahre später sollte Ratzinger in seiner Rücktrittsrede fast wortgleich auf den Text der Demission Coelestins V. zurückgreifen, wie er sie in den Vorlesungen in Fürstenried gehört hatte.

Die Besonderheit der Münchner Schule lag zum einen an ihrer exegetisch biblischen Prägung und der Ausrichtung an den Kirchenvätern, zum anderen an ihrem ökumenischen Akzent. Über den Theologen Friedrich Stummer, »ein stiller und zurückhaltender Mann, dessen Stärke in der streng historischen und philologischen Arbeit lag«, konnte Joseph damit ganz neu in den Kosmos des Alten Testamentes eintauchen. Die heiligen Schriften müssten zusammen gelesen werden, wurde ihm klar, da sie beide das Geheimnis Christi offenbarten, das im Alten Testament angekündigt werde: »Ich habe immer mehr verstanden, dass das Neue Testament nicht ein anderes Buch einer anderen Religion ist, die sich aus irgendeinem Grund auch noch die heiligen Schriften der Juden als eine Art Vorbau zugeeignet hätte. Das Neue Testament ist nichts anderes als eine von der Geschichte Jesu her gefundene ... Deutung von ›Gesetz, Propheten und Schriften‹.«[13]

So provisorisch die Räumlichkeiten im Schloss Fürstenried auch waren, dem frischen Geist an der neu eröffneten Universität schien das nicht zu schaden. Im Gegenteil. Das Unfertige konnte die Aufbruchsstimmung geradezu beflügeln.

Vor allem spürte man den Willen, unterschiedliche theologische Richtungen in einer friedlichen Koexistenz zu leben. Was nicht auch hieß, dass es keine Rivalitäten und Abgrenzungen gab. Vor manchen Theologen, wie dem Jesuitenpater Augustin Bea, dem späteren Kardinal und einflussreichen Spin-Doktor des Konzils, der über biblische Geografie und biblische Archäologie lehrte, wurde regelrecht »gewarnt«. Einige Professoren nahmen Studenten nicht zur Doktorarbeit oder Habilitation an, wenn sie vom »falschen« Kollegen empfohlen worden waren.

Für wichtige Impulse sorgen die Schriften von August Adam, einem der großen, heute vielfach vergessenen katholischen Theologen des 20. Jahrhunderts. Adam, wie sein zwölf Jahre älterer Bruder Karl katholischer Priester, war energischer Antifaschist, warnte vor der Verbürgerlichung der Kirche und pochte auf die Radikalität einer persönlichen Berufung und Heiligung. Fehle der permanente Aufruf zur inneren Umkehr und Besinnung, könne der Gläubige sich zwar als »korrekter« Katholik empfinden, der sonntags brav die Messe besucht, im Anschluss daran aber ohne Gewissensbisse über seinen Nachbarn herziehe. Adams Berufung auf einen Lehrstuhl für Moraltheologie an der Hochschule Passau wurde von Kreisen verhindert, die in seinen Ansichten zur Sexualmoral einen Abgrund an Schamlosigkeit sahen. Die Anfeindungen wurden noch schärfer, als 1931 Adams *Primat der Liebe* erschien, eine Schrift, die der spätere Papst als »eine Schlüssellektüre meiner Jugend« bezeichnete.

Adam wurde nicht müde, darauf hinzuweisen, dass der Vorwurf der Sinnenfeindlichkeit gegenüber dem Christentum jeder Grundlage entbehre. Der Theologe hielt strikt an der Sexuallehre der Kirche fest. Gleichzeitig forderte er aber dazu auf, nicht die Keuschheit als Zentrum aller Tugenden zu sehen, sondern die Liebe. Sein Postulat lief darauf hinaus, Geschlechtlichkeit und Sexualität offen und entschieden positiv zu bewerten. Der Sexualtrieb sei nicht als »unrein«, sondern als »Geschenk« zu betrachten, der durch die Caritas, die Nächstenliebe, seine Heiligung erfährt: »Im Eros begegnen sich Lust und Liebe, das Sinnliche und das Geistige zu engem Bunde, lusterfüllt und energiegeladen. Die Caritas aber ist der christliche, getaufte Eros, der die Antriebe der natürlichen Liebe noch steigert, weil er seine Kräfte aus übernatürlichen Quellen speist.«

Die Tugend der Liebe, so Adam, sei nicht abzukoppeln von der sinnlichen Liebe: »Der Eros ist nicht bloß jene dämonische Macht, die vernichtet und zerstört und alles Leben in ihre Fesseln schlägt. Die Liebe zwischen Mann und Frau, die der Schöpfer als einen der mächtigsten Triebe zur Erhaltung der Art in das Menschenherz gelegt habe, sei auch eine der stärksten Kraftquellen der menschlichen Kultur. »Die Liebe ist das lodernde Feuer«, formulierte Adam, »das im jugendlichen Herzen die Kraft zu allen Idealen entfacht, die Energiequelle, die in Gott über alle Mauern springt« – eine Inspiration, die exakt 75 Jahre später ihren deutlichen Niederschlag in *Deus caritas est* finden sollte, der ersten Enzyklika Benedikts XVI.

Wieder ist es der Zufall – oder die »Vorsehung«, wie Ratzinger sagen würde –, der dem jungen Studenten einen entscheidenden Lehrmeister an die Seite gibt; einen lebenden, nicht einen toten wie Augustinus. Es ist der temperamentvolle Rheinländer Gottlieb Söhngen, groß, stämmig, ein markanter Kopf, der als unkonventioneller, moderner Theologe zur einflussreichsten Gestalt in den Lehrjahren des späteren Papstes wird. Der Priester, fröhlich, forsch und originell, stammte aus einer Mischehe und war schon aufgrund seiner Herkunft von der ökumenischen Frage bewegt. Obendrein beeindruckte er als Künstler und Liebhaber der Musik. Kurzum, so Ratzinger: »mein Meister«!

»Gleich in der ersten Vorlesung war ich hingerissen«, berichtete der Schüler. Bei Söhngen sei »ein Wort, das man vorher schon oft genug selbst im Mund geführt hatte, in der Meinung, es zu verstehen, in seiner Hintergründigkeit sichtbar«. Es ging, um ein Beispiel zu nennen, um das bekannte scholastische Axiom *Gratia praesupponit naturam* (Die Gnade setzt die Natur voraus). Bei Söhngen eröffnete es jedoch, wie Ratzinger empfand, eine »ganz neue Möglichkeit christlichen Bewusstseins: Christsein bedeutete gar keinen Bruch mit der Natur, sondern deren Erhöhung und Vollendung, also das große, erfüllende Ja«. Damit war die Ganzheitlichkeit des Katholizismus ausgedrückt, der Geist und Leib, Gott und Mensch, Gnade und Natur nicht trennte, sondern miteinander verband. »Ja, das Wort ›katholisch‹ selbst schien diesen Grundgedanken auszudrücken«, begeisterte sich Ratzinger, »die Idee des All-Umfassens, des großen, universalen Ja der Analogie des Seins.« Bei Söhngen habe er eben »eine wahrhaft theo-logische, nämlich vom Worte Gottes her auf das Wort des Menschen zugehende Denkweise« erlebt. Sie »ließ das Gewöhnliche bedeutsam werden und zeigte es in seiner wahren Tiefe«[14].

In diesem Ausdruck wird Ratzingers theologischer Ansatz deutlich: das Bemühen um »Hintergründigkeit«, um eine Denkweise, die »das Gewöhnliche bedeutsam werden« lässt und »das Wort Gottes … in seiner wahren Tiefe« ergründet. Für ihn selbst, bekannte er, sei wichtig gewesen, »durch eine nochmalige Durchdenkung des damals Gehörten« das bisher Erkannte in eine neue Höhe zu führen. Klar habe ihn nicht nur sein Vorzugslehrer, sondern die ganze Fakultät in München »wirklich geprägt.« Auch die Dogmatik von Schmaus. Oder die Vorträge des Liturgiewissenschaftlers Josef Pascher. Aber »der Glanzpunkt und der, der mich am meisten berührt hat, an dem ich am meisten gefunden habe und erkannt habe, was Theologie ist, war natürlich Söhngen«[15].

Söhngen war bekannt dafür, gerne gegen den Strich zu bürsten. Allerdings sagte er nie etwas aus dem Affekt heraus, sondern stets wohlüberlegt, selbst seine Provokationen. Als Theologe verband er seine Kritik an den aktuellen Verhältnissen mit unverbrüchlicher Kirchentreue, da diese Kirche nicht nur auf Gegenwart angelegt sei, sondern aus der Ewigkeit kam und in die Ewigkeit ging. »Er hatte eine natürliche Rhetorik und eine Weise zu sprechen, die einen unmittelbar in den Stoff hineinzog«, so Ratzinger. Vor allem habe es bei Söhngen »diese unmittelbare Konfrontation mit Problemstellungen« gegeben: »Er hat nicht nur irgendwie ein akademisches Gebäude vorgeführt, das in sich steht und großartig ist, sondern er fragt: ›Wie ist es wirklich? Geht es mich an?‹ Und das war das, was mich berührt hat.«[16]

Der Professor imponierte Ratzinger »als Temperament und als Denker gleichermaßen«. Söhngen habe »dieses Schwungreiche und Lebensfrohe eines Kölners« ausgestrahlt, schwärmte er in der Rückschau, »auch die Rhetorik, die Heiterkeit und die Lust am Leben«. Da sei die undogmatische Herangehensweise gewesen, die große Wissbegierde, die er stets mit dem Bemühen verband, die Tradition nicht anstelle des Neuen, sondern als Quelle des Neuen zu erschließen. Sein Meister sei jemand gewesen, der »immer von den Quellen selbst her dachte – angefangen bei Aristoteles und Platon über Clemens von Alexandrien und Augustinus hin zu Anselm, Bonaventura und Thomas, zu Luther und schließlich zu den Tübinger Theologen des vorigen Jahrhunderts«[17]. Der Ansatz, »aus den Quellen« zu schöpfen, »nicht aus zweiter Hand« zu arbeiten, sondern »wirklich all die großen Gestalten der Geistesgeschichte aus eigener Begegnung« zu kennen, wird für Ratzinger prägend. »Er hat einem dadurch auch geholfen, den Graben der Vergangenheit zu überspringen und die Gegenwärtigkeit von Geschichte zu erlernen.«[18]

Der am 21. Mai 1892 in Köln geborene Gelehrte war von der Philosophie her zur Theologie gekommen. Promoviert hatte er 1914 mit einer historisch-kritischen Untersuchung über Immanuel Kants Urteilstheorie. Berühmt gemacht aber hatte ihn seine Forschung über die Theologie Thomas von Aquins. Mit Thomas fragte er nach dem Grund und dem Ziel alles Wirklichen. Doch zur Beantwortung dieser Frage bezog er die aktuelle philosophische Diskussion mit ein. Gleichzeitig beschäftigte er sich mit evangelischer Theologie und gehörte einem interkonfessionellen Gesprächskreis an. »Was später als neue Theologie, neue Exegese, neue Liturgie angepriesen wurde«, erklärte Läpple nicht ohne Stolz, sei bei den Studenten in Fürstenried längst schon »geläutert und ausgereift lebendig« gewesen.

In seinen Vorlesungen sprach Söhngen vollkommen frei. Als Anhaltspunkt genügte ihm ein kleiner Zettel mit drei, vier Worten – und ein paar Fragezeichen. Sobald ihn ein Geistesblitz traf, beobachtete Rupert Berger, trat er vom Pult mitten unter seine Hörer, »stellte die Augen auf Unendlich – und dann kam es«. Mit seinen Schülern nahm der Kölner den Disput mit den Reformkräften Karl Barth und Emil Brunner in Zürich auf. Er stieg in die Mysterientheologie des Benediktiners Odo Casel ein. Er verband seine Vorlesungen mit Husserl, der mit seiner Phänomenologie einen Türspalt für die Metaphysik geöffnet hatte. Hinzu kamen Heidegger, der nach dem Sein, und Scheler, der nach den Werten fragte.

Oder auch mit Nicolai Hartmann, Professor für theoretische Philosophie, der wiederum eine Metaphysik in streng aristotelischem Geist zu entwickeln versuchte. Hartmann hatte als Vertreter des kritischen Realismus die »Grundzüge einer Metaphysik des Erkennens« ausgearbeitet, ein Werk, das ihn schlagartig berühmt gemacht hatte. In seinem Buch *Das Problem des geistigen Seins* wiederum führte er aus, dass der Mensch das Wesen der Wirklichkeit, die unabhängig von der subjektiven Wahrnehmung existiere, nie völlig erfassen könne. Die Erkenntnis sei abhängig von der Beziehung auf ein Seiendes, das sich außerhalb der engen Grenzen seines Bewusstseins befindet. Von daher sei die Ethik der Werte abzuleiten. Es gebe zwar ein sich ständig wandelndes

Wertebewusstsein, doch das Wesen der Werte selbst sei überzeitlich. Sie entstammten »einer ethisch idealen Sphäre eines Reiches mit eigenen Strukturen, eigenen Gesetzen, eigener Ordnung«[19] Söhngens biblisch-heilsgeschichtliches Denken zielte darauf, vergessene Inseln wiederzuentdecken und gleichsam in Neuland vorzustoßen – ohne dabei den Blick für »die Einheit der Theologie« zu verlieren. Sein Meisterschüler nannte das: »zum Wirklichen durchbrechen, das hinter den Wörtern steht«. Denn es gelte, »Mut zum Abenteuer der Wahrheit« zu finden.

Von den Quellen her denken wird später geradezu ein Markenzeichen für die Theologie des Schülers. Ratzinger habe »immer die Schrift zitiert und stets den Bogen zu den Problemen und Herausforderungen der Gegenwart gespannt«, beobachtete Läpple. »Für ihn gibt es keine gute Exegese eines Schriftwortes, wenn man nicht von der Auslegung ausgeht, die die Kirche durch die Väter davon gegeben hat. Das ist für ihn *Traditio vivens*, lebendige Überlieferung.« Und noch ein Charakteristikum sollte Ratzinger von seinem Meister übernehmen. Söhngen lehnt es ab, einen interessanten Denker allein nur deshalb zu ignorieren, weil er eine unorthodoxe Auffassung habe. »Er pflegte immer das Beste herauszuholen, was in einem jeden Autor, in jeder theologischen Perspektive zu finden war«, so Läpple. Wichtig sei ihm gewesen, ob sich neue Stränge der Wissenschaft integrieren lassen oder ob es sich um theologischen Sprengstoff handle, der entschärft werden müsse.

Zusammenfassend übernahm Ratzinger von seinem Meister
– den unbefangenen Zugang zu aktuellen Themen;
– die von der liturgischen Bewegung geprägten Neuansätze;
– die historisch-kritische Untersuchung der Überlieferung;
– die Sympathie für die »Nouvelle Théologie«;
– die ökumenischen Impulse;
– die Leidenschaft für die klare Formulierung des eigenen, wenn auch abweichenden Denkens als Voraussetzung eines echten Dialogs.

In dieser Art Streitkultur, der Kontrovers-Theologie, galt es, sich gerade auch mit einem unbequemen Argument auseinanderzusetzen, ohne sofort in eine moralische Abwertung des argumentierenden Gegners zu verfallen. In einem jedoch unterschieden sich Meister und Schüler gewaltig. Söhngen war kein Rom-Freund und machte aus seiner Distanz zum Vatikan keinen Hehl. »Ratzinger aber hat nie mitgeschimpft über den Papst, über die Glaubenskongregation, über das, was ›die da in Rom‹ wieder machen, wie wir halt so als Studenten schimpften«, berichtete Mitstudent Josef Finkenzeller, »er war nicht nur ein sehr gläubiger, sondern auch ein sehr kirchlicher Mensch.«

Besonders beeindruckte Ratzinger Söhngens »Leidenschaft für die Wahrheit und die Entschiedenheit des Fragens«. Nie habe sein Professor sich mit irgendeinem theologischen Positivismus begnügt, »sondern mit großem Ernst die Frage nach der Wahrheit und so auch die Frage nach der Gegenwart des Glaubens« gestellt. Die Auftritte Söhngens erinnerten ihn an das Beispiel des Sokrates, »der dieses bequem dahinlebende Athen aufgeweckt hat, indem er es aus seiner Selbstgerechtigkeit und Sattheit erweckt hat und die unbequemen Fragen stellte. So unbequem, dass man ihn hingerichtet hat, um dann doch zu erkennen, dass er die Wahrheit gesagt hatte. Denn der Mensch befindet sich sehr oft auf der Flucht vor der Wahrheit, versteckt sich vor ihr, weil sie etwas fordert, was er nicht will.«[20]

Er habe sich nie als Meisterschüler verstanden, betonte Ratzinger. Das wäre auch gar nicht gegangen, »weil ich ja sozusagen noch ein Bub war und erst anfangen musste, überhaupt in die Dinge einzudringen«[21]. Söhngen umgekehrt erkannte früh die außergewöhnliche Begabung seines Schülers, allerdings ohne es ihn spüren zu lassen. Zwar lud er ihn einmal in die Oper ein, Privatgespräche aber gab es kaum, und wenn, dann wurde »über Dinge wie den Kirchenbegriff und so gesprochen«. Anderen gegenüber ließ der Professor freilich keinen Zweifel an seiner Hochachtung vor seinem Lieblingsstudenten. »Also der Joseph Ratzinger – ne einmalje Bejabung«, pflegte er mit Kölner Akzent zu sagen. Mit diesem Studenten, meinte er einmal, ginge es ihm, wie es einem Albertus Magnus gegangen sei, als er ankündigte: »Mein Schüler wird noch lauter brüllen als ich!« Dieser Schüler war kein Geringerer als Thomas von Aquin.

Als Gottlieb Söhngen am 19. November 1971 in seiner Geburtsstadt Köln beerdigt wurde, sprach sein Meisterschüler die Gedenkworte. Noch einmal fasste er zusammen, was in seinen Augen den großen Lehrer auszeichnete:

»Söhngen war ein radikal und kritisch Fragender. Aber zugleich war er ein radikal Glaubender. Was uns, seine Schüler, an ihm immer wieder von Neuem faszinierte, war eben diese Einheit von beidem: die Furchtlosigkeit, mit der er jede Frage stellte, und die Selbstverständlichkeit, mit der er dabei wusste, dass der Glaube von einem redlichen Suchen nach Erkenntnis nichts zu fürchten hat. Deswegen schreckte ihn auch nicht, dass das Denken eines Einzelnen oder einer ganzen Periode ratlos und hilflos, im Widerspruch bleiben kann. Er wusste, dass es nicht notwendig ist, gewaltsame Lösungen zu erpressen, wo sie ehrlich nicht zu finden sind … So war es für ihn auch klar, dass der Theologe nicht im eigenen Namen spricht, sosehr er sich selbst geben muss, sondern dass er für den Glauben der Kirche steht, den er nicht erfindet, sondern empfängt.«[22]

Die Ereignisse sollten sich überschlagen. In Fürstenried begann für Joseph eine Zeit quälender Fragen – und die erste große Krise seiner Berufung. Zunächst, Anfang Mai 1948, empfing er – in Soutane und Chorrock, mit einer Kerze in der Hand – von Kardinal Faulhaber gemeinsam mit drei anderen Kandidaten in der erzbischöflichen Hauskapelle die Tonsur. Der Bischof griff dabei zur Schere, um fünf kleine Haarbüschel vom Kopf zu schneiden, sodass die Form eines Kreuzes entstand. Der Heilige Geist, betete Faulhaber, möge »diese Diener Gottes« vor der Welt und den irdischen Begierden schützen, in ihnen das Wachstum an Tugenden fördern und sie »das Licht der ewigen Gnade empfangen« lassen. Die Tonsur ist Symbol für die Entäußerung des Kandidaten von irdischer Eitelkeit und Weltgeist. Sie wird erst erteilt, wenn es genügend Anzeichen für eine wirkliche Berufung und Befähigung zum Priesterstand gibt. Wer sich untersteht, die Weihen zu empfangen, obwohl er hierfür nach den Bestimmungen des Kirchengesetzes ungeeignet oder unwürdig wäre, dem droht die Exkommunikation. »Der Herr ist mein Anteil und mein Erbe und mein Kelch«, sprach Joseph vor dem Segen des Bischofs die uralte Formel, »er ist es, der mir meine Erbschaft verleiht.«

Faulhaber war in Fürstenried häufig zu Besuch, ein Köfferchen in der Hand, um seinen Studenten etwas zum Essen zu bringen. Seinen vier Jungtheologen hatte er eigens aus Rom einen schwarzen Stoff besorgt, von dem sich jeder einen Anzug machen lassen sollte. Als frisch geweihte Minoriten waren sie von nun an in den Stand der Kleriker aufgenommen und zum Lektor und zur Kommunionausteilung berechtigt. Sie durften obendrein Kultgegenstände, etwa einen besonderen Kelch, anfassen, deren Berührung den Ministranten verboten und einem Mesner nur mit Sondergenehmigung erlaubt war. Die »Niederen Weihen« waren ein wichtiger Schritt auf dem Weg zum Priester, die endgültige Entscheidung aber war erst mit der Subdiakonats- und Diakonatsweihe verbunden.

In Polen schreibt in diesen Tagen ein Kaplan namens Karol Wojtyla an seinem Traktat *Liebe und Verantwortung,* in dem er sich nicht zuletzt mit sexueller Erregung und vorgetäuschten Orgasmen beschäftigt. Der ungewöhnliche Priester hatte bei seinen Wanderungen und Kanufahrten mit jungen Menschen Fragen der Ehe diskutiert und das Thema Liebe und Fortpflanzung entdeckt, wobei er verlobten Paaren empfahl, sich zur Stärkung der Selbstdisziplin nicht andauernd zu treffen. Auch Joseph Ratzinger vernahm an seinem Studienort einen Klang, den er so noch nicht kannte.

Einerseits beschäftigte ihn die Faszination der Wissenschaft: »Ich fand es wunderbar, in die große Welt der Geschichte des Glaubens einzudringen«, notierte er. Ganz neue »Horizonte des Denkens und des Glaubens« hätten sich ihm erschlossen. Er habe dabei allerdings nicht nur gelernt, den »Urfragen des Menschseins« nachzugehen, sondern auch »meine eigenen Lebensfragen zu bedenken«. Und die werden ihm zu einer gewaltigen Herausforderung. Düster vermerkte er in seiner Autobiografie eine »Zeit großer erlittener Entscheidungen«. Kommilitonen erinnerten sich, wie sie den Priesteramtskandidaten stundenlang durch den Schlosspark von Fürstenried eilen sahen, die Hände auf dem Rücken verschränkt.

Das Geheimnis trug einen Namen. Einen weiblichen. Er wurde nie gelüftet. Jedoch bereits in unserem ersten Interviewbuch *Salz der Erde* 1996 ging Ratzinger indirekt darauf ein. Ja, es habe tatsächlich Zweifel an seiner Berufung gegeben, erklärte er, »gerade in den sechs Jahren Theologiestudium begegnet man so vielen menschlichen Problemen und Fragen. Ist der Zölibat das Richtige für mich? Ist Pfarrer sein das Richtige für mich?«[23] Er habe sich gefragt, »ob ich zu alledem ein Leben lang bereit sein würde und ob es wirklich meine Berufung sei«. Seine Selbstfindung, bekannte er in einem Gespräch mit dem Bayerischen Rundfunk, habe regelrecht »durchlitten« werden müssen: »Ich musste mit mir ins Reine kommen, ob ich das durfte, ob ich es sollte, ob ich es bestehen würde.«

Bruder Georg konnte mit solchen Fragen wenig anfangen: »Der Zölibat war kein Problem, das war einfach so. Man hat sich dazu entschlossen, aus.«[24] Anders bei Joseph. In unserem Gespräch gab Ratzinger einen Hinweis auf die Hintergründe seines Problems. Man habe in den zwei Jahren im Schloss Fürstenried am Rande der Stadt eben auch »sehr eng zusammengelebt«: »Da war die Lebensgemeinschaft nicht nur zwischen Professoren und Studenten, sondern auch zwischen Studenten und Studentinnen eng, sodass im täglichen Begegnen die Frage des Verzichts und seiner inneren Sinngebung durchaus praktisch war.«[25] Zwar habe er »nie ein direktes Verlangen nach Familie« gespürt, er sei aber, wie er es ausdrückte, »auch durch Freundschaft berührt worden«. Jahre später hatte ich ihm die Frage gestellt, ob er denn die Liebe, eines seiner zentralen Themen als Theologe und Papst, auch persönlich mit tiefen Gefühlen erlebt habe oder ob das für ihn eher ein philosophisches Thema geblieben sei. Die Antwort des emeritierten Papstes: »No. Nein, nein. Wenn man es nicht verspürt hat, kann man auch nicht darüber reden. Ich habe sie zunächst einmal zu Hause verspürt, bei Vater, Mutter, Geschwistern. Und, na ja, da möchte ich jetzt nicht in private Details einsteigen, jedenfalls bin ich davon angerührt worden, in verschiedenen Dimensionen und Formen. Geliebt sein und anderen Liebe zurückgeben habe ich immer mehr als grundlegend erkannt, damit man leben kann.«[26]

Der Student ist ein gut aussehender, junger Mann. Ein Schöngeist, schüchtern zwar, aber höflich und charmant. Es ist nicht schwer, sich vorzustellen, welchen Reiz der hochintelligente, aufgeweckte, vor Wissen strotzende und dennoch so bescheidene Jüngling auf seine Mitstudentinnen ausgeübt haben mag. »Ratzinger kannte meine Frau besser als ich«, berichtete der spätere Professor Wilhelm Gössmann. »Er hat ihre Doktorarbeit über die Verkündigung Mariens in der Theologie des Mittelalters Korrektur gelesen.« Durch seine »ungeheure sprachliche Begabung« habe Joseph zwar gelegentlich »fast manieriert« gesprochen, merkte sein Freund Rupert Berger an, »aber immer faszinierend, vor allem für Frauen«.

Für Uta Heinemann zum Beispiel, Tochter des späteren Bundespräsidenten Gustav Heinemann, die zum Katholizismus konvertiert war und als Jungtheologin besonders fromm wirken wollte. »Ratzinger fiel mir damals auf als sehr intelligent«, erinnerte sie sich, »er war der Star unter den Studenten.« Sie habe einen Partner gesucht, »der mir nicht plötzlich einen Kuss auf die Backe drücken würde, wenn wir stundenlang mutterseelenallein abends in einem der großen, leeren Hörsäle saßen«.[27] Heinemann sollte sich später zu einer furiosen Gegnerin ihres Kommilitonen entwickeln, dem sie Sexual- und Frauenfeindlichkeit vorwarf. In München hatten sie gemeinsam die Thesen ihrer jeweiligen Doktorarbeiten ins Lateinische übersetzt.

Da war auch Esther Betz, Tochter eines Zeitungsverlegers aus dem Rheinland, die von 1946 bis 1953 in München studierte und als Privatsekretärin bei Professor Schmaus arbeitete. Für die junge Studentin hatte

Ratzinger »immer etwas Seraphisches, Überirdisches an sich«. Sie habe »seine Zartheit und Gescheitheit« verspürt, »so, als wäre er nicht ganz von dieser Welt. Man hatte das Gefühl, man müsse ihn beschützen«.[28]

Es ist nicht aufzuklären, auf wen genau der junge Ratzinger ein Auge geworfen hatte. In unseren letzten Gesprächen aber wollte ich der Frage noch genauer nachgehen:

»Sie sprachen in Ihren Erinnerungen über Fürstenried als von einer ›Zeit großer erlittener Entscheidungen‹. Was genau war das für ein Leid?«

Der *Papa emeritus* entgegnete schmunzelnd, das sei zu persönlich, dazu könne er nichts sagen.

»Waren Sie verliebt in ein Mädchen?«

»Vielleicht.«

»Also ja?«

»Könnte man so interpretieren.«

»Wie lange hat diese leidvolle Zeit gedauert? Einige Wochen? Ein paar Monate?«

»Länger.«

Für die zurückhaltende Art Benedikts XVI. war das wie ein Eingeständnis. Die Erklärung macht jedenfalls Ratzingers etwas kryptische Bemerkung in seinen Erinnerungen verständlich. Er war verliebt, und er fühlte eine Gegenliebe. Da ist nicht der festgelegte Gottesmann, der jede Empfindung einer kirchlichen Karriere unterordnet. Niemand sollte freilich etwas davon erfahren. Auch der Bruder nicht. Aber er drückt die Sache nicht einfach weg. Er zieht gar in Erwägung, ob er nicht ohnehin geeigneter dafür wäre, eine Laufbahn als Professor für klassische Philologie oder Geschichte einzuschlagen.

Das Ringen ist bezeichnend für Ratzinger. Er wägte ab. Horchte in sich hinein. Wer ist er? Was ist seine Aufgabe? Würde einer wie er, der sich als »eher schüchtern und recht unpraktisch« einschätzte, als Kaplan wirklich katholische Jugend führen können? Könnte er überhaupt »Zugang zu den Menschen finden«, mit Kindern, Alten und Kranken umgehen, Menschen in einem Todesfall trösten? Im *Tagebuch eines Landpfarrers* von Georges Bernanos hatte er von der Not eines jungen Priesters gelesen, der an den Anforderungen, die das Amt an ihn stellte, beinah zerbrach, weil er schier an der eigenen Unzulänglichkeit verzweifelte. »Der mittelmäßige Priester ist hässlich«, las er darin, »oder vielmehr: Der schlechte Priester ist der mittelmäßige Priester. Der wirklich nur schlechte ist ein Ungeheuer.«

Er hatte geglaubt, den Weg gefunden und seine Lebensentscheidung ein für alle Mal getroffen zu haben. Auf dem Domberg in Freising, in den Zwängen des Seminarlebens, war für Zweifel kein Raum gewesen. In Fürstenried jedoch gab es nicht die eingeschworene Gemeinschaft. Die Professoren waren eher Gelehrte als Priester und strahlten die Freiheit der Wissenschaften aus. Und: Es gab Mädchen. Sie saßen in der letzten Bankreihe – und waren dennoch unübersehbar.

Dem Studenten wurde klar, »dass zum Priesterberuf mehr gehört als die Freude an der Theologie«. Dass die Arbeit in der Pfarrei ganz andere Anforderungen stellt. »Ich konnte ja nicht Theologie studieren«, bekannte er, wie schon erwähnt, »um Professor zu werden. Auch wenn dies mein stiller Wunsch war.«

Ratzingers Weg zum Glauben war existenziell. Er sah sich als ein »ganz normaler Christenmensch«. »Erleuchtung in dem klassischen Sinne, so halb mystisch oder wie« habe er nie verspürt. Allerdings sprach er auch von einer Gottesbegegnung aus der Schönheit und dem Geheimnisvollen der alten römisch-katholischen Liturgie heraus: »Der ästhetische Aspekt«, erklärte er, »war so überwältigend, da es ein wirkliches Treffen zwischen Gott und mir war.« In Fürstenried obsiegte schließlich der Ruf seines Herzens. Er spürte, dass die Frage, die ihn gequält hatte, ob er denn »mit den Menschen auskommen könne, Jugendgruppen führen etc.«, gar nicht so bedeutend war. Es ging um mehr. Was genau das sein würde, wagte er sich nicht vorzustellen. Aber er ist beruhigt von dem Gedanken, dass ihn die schützende Hand Gottes richtig leiten würde. Von ihm wird ein Opfer verlangt. Ein Verzicht. Aber er entscheidet sich nicht *gegen* die Freundin, er entscheidet sich *für* etwas; dafür, einem Auftrag zu folgen.

Viele Monate wogte der innere Kampf. Bis zur Diakonatsweihe, als er im Herbst 1950 endlich »ein überzeugtes Ja sagen konnte«. »Gott will ja immer auch Weitergehendes«, hatte er in einem unserer Gespräche gemeint, man müsse »immer wieder neu lernen«, was er von einem wolle. Der Mensch sei eben nicht durch Zufall in die Welt hineingeworfen worden, wie Heidegger sagte, »sondern mir geht eine Erkenntnis, eine Idee und eine Liebe voraus. Sie ist auf dem Grund meiner Existenz vorhanden«. Und weiter: »Für mich bedeutet das ganz praktisch, mein Leben setzt sich nicht aus Zufällen zusammen, sondern jemand sieht voraus und geht mir sozusagen auch voraus und denkt mir voraus und richtet mein Leben zu. Ich kann mich dem verweigern, aber ich kann es auch annehmen, und dann merke ich, dass ich wirklich von einem ›vorsehenden‹ Licht geführt bin. Das heißt nun nicht, dass der Mensch vollkommen determiniert wäre, sondern dass diese Bestimmung gerade seine Freiheit herausfordert.« Jeder müsse halt »versuchen zu erkennen, was ist mein Lebensruf und wie entspreche ich dem Ruf, der für mich da ist, am allerbesten«[29].

Joseph Ratzinger sollten auf seinem Lebensweg noch viele weitere Verzichte abverlangt werden. Aber die Entsagung von Fürstenried war wohl eine seiner schwersten. Vor diesem Hintergrund liest sich sein Bekenntnis aus der Stunde der Entscheidung dann auch wie eine leise Prophetie: »Ich war überzeugt – ich selbst weiß nicht, wie –, dass Gott etwas von mir wollte, das nur erreicht werden konnte, indem ich Priester wurde.«

Das »Geheimnis des Rufes« liege darin, erklärte Ratzinger Jahrzehnte später[30], dass »Christus einlädt, alles zu verlassen, um ihm in engerer Verbindung nachzufolgen«. Dies sei »eine Bewegung des Geistes, die das ganze Leben hindurch fortdauert«. Wer sich darauf einlasse, erlebe »die Schönheit der Berufung in dem Moment, den wir als Zeit des ›Verliebtseins‹ bezeichnen könnten. Sein Inneres ist erfüllt von einem Staunen, das ihn betend sagen lässt: ›Herr, warum gerade ich?‹« Dies sei eine Frage, die jedoch eine atemberaubende Dynamik entwickeln könne. Denn »je besser du Jesus kennst, umso mehr zieht dich Sein Geheimnis an; je tiefer du Ihm begegnest, umso mehr drängt es dich, Ihn zu suchen.«

Kapitel 19

Die Schlüssellektüre

Im Herbst 1949 war die Münchner Universität an der Ludwigstraße so weit instand gesetzt, dass die Theologen in ihre angestammten Mauern zurückkehren konnten. Die Priesteramtskandidaten bezogen ihr Quartier im Seminar Georgianum an der Ludwigstraße, unmittelbar gegenüber der Uni. Einem Teil des Gebäudes fehlte noch das Dach, und samstags bestand Josephs Beschäftigung darin, weiterhin mit schweren Schubkarren Ziegel und Schutt wegzufahren.

Der Abschied von Fürstenried war ihm schwergefallen. Er vermisste die Spaziergänge im Park und die Dramatik seiner jugendlich-romantischen Existenzkrise, die quälend war, aber zugleich auch schön. Sein Zimmer im dritten Stock teilte er sich mit Freund Rupert und einem weiteren Studenten, und wenn er abends über die Holzleiter in seine Bude kletterte – die Treppe war zerstört –, musste er achtgeben, nicht vom Schäferhund des Hausmeisters geschnappt zu werden, der im Hof herumlungerte. Eine Küche fehlte, aber es gab im Zimmer einen Ofen und fließend Wasser.

Das Georgianum ist nach dem *Almo Collegio Capranica* in Rom das zweitälteste katholische Priesterseminar der Welt. In seiner bewegten Geschichte hatte die 1494 von Herzog Georg dem Reichen gegründete Priesterschmiede auch einen Sebastian Kneipp hervorgebracht, den Namensgeber der Kneipp-Medizin, und nicht zuletzt einen Georg Ratzinger, den umtriebigen Großonkel Josephs. Georg war eine Zeit lang Student und engster Mitarbeiter des Theologen Ignaz von Döllinger gewesen, der Schlüsselfigur für die Gründung der »Altkatholiken«, die sich von Rom abspalteten.

Anwesenheitspflicht bestand im Georgianum nur noch für die Sieben-Uhr-Frühmesse und beim Mittagessen. Wer aber konnte sich schon Cafés und Restaurants leisten? Dafür brauchte man Lebensmittelmarken – etwa eine 50-Gramm-Fleischmarke – oder entsprechend Kleingeld. Unter den rund 120 Georgianern befanden sich Priester, die nach den Wirren des Krieges ihre Doktorarbeit nachholten und kaum vom Schreibtisch wegkamen. Andere nutzten ihre München-Zeit, um sonntags ins Grünwalder Fußballstadion zu ziehen. Joseph und Rupert zogen es vor, am Wochenende in der teils menschenleeren Innenstadt Kunstwerke anzusehen oder, dank der Freikarten von Ruperts Vater, die Oper und Abendkonzerte im Brunnenhof der Residenz zu genießen. Im Theater faszinierte sie eine Aufführung des *Seidenen Schuhs* von Paul Claudel und Shakespeares *Sommernachtstraum*. »Joseph begeisterte sich für alles Schöne«, berichtete Berger, was bei der zurückhaltenden Art seines Kumpels nicht unbedingt hieß, »dass er dabei vor Freude explodierte«.

Im Fasching veranstaltete das Georgianum einen Bunten Abend mit Musik und Theater. Wenn dann in einer Szene beim »Jüngsten Gericht« der Richter in der einen Hand ein Werk des Dogmatikers Michael Schmaus hochhielt, in der anderen eines des Kirchenrechtlers Klaus Mörsdorf, wusste jeder der johlenden Studenten, welcher Art die Gesetzesbücher sein würden, über die man demnächst stolpern konnte. Wobei man unter den weiblichen Fans des Dogmatikers drei Kategorien unterschied: erstens *Schmausinen* (Studentinnen, die den Professor anbeteten oder von ihm angebetet wurden); zweitens *Schmausetten* (Studentinnen, die von den Studenten angebetet wurden, aber schwer zugänglich waren); drittens *Schmausinetten* (Studentinnen, bei denen man sich Hoffnungen machen konnte).

An seiner neuen Bleibe beeindruckte Ratzinger das Ensemble mit der Feldherrnhalle, dem Siegestor, der Staatsbibliothek und der benachbarten Ludwigskirche. Die Bauten bildeten um die Jahrhundertwende die perfekte Kulisse für das »goldene Zeitalter« des Stadtteils, der durch sein liberales, offenes Klima Künstler und Lebenskünstler aus aller Welt anzog.

»Endlich profitierten wir vom weiten Horizont einer berühmten Universität«, freute sich Freund Rupert. Im Juni 1950 stand aber auch gleich die »Synodale« an, eine mit dem heutigen Diplom vergleichbare kirchliche Abschlussprüfung. Es ging um die Fächer Dogmatik, Moral, Kirchenrecht und Neues Testament. Abgenommen wurde die Probe in den Räumen des Georgianums von einem Professor und einem Domkapitular, der als Kommissar des Bischofs fungierte. Das ungeliebte Kirchenrecht, wusste Joseph, würde seine Achillesferse werden. Tatsächlich sollte er hier von den insgesamt 46 Prüflingen mit seiner Note auf einem der letzten Plätze landen.

Für den 28. und 29. Oktober, zum Festtag Christkönig, war im Dom zu Freising die Weihe zum Subdiakon und zum Diakon angesetzt, gespendet durch den Weihbischof und ehemaligen KZ-Häftling Johannes Neuhäusler, der den bereits schwer kranken Kardinal Faulhaber vertrat. Als Diakon hatte Joseph das Recht, im Hochamt zu assistieren und die Kommunion auszuteilen. Pflicht hingegen war ab sofort das tägliche Breviergebet, was Bruder Georg, der am liebsten den ganzen Tag am Klavier hing, als »zeitintensive Gebetsverpflichtung« zu schaffen machte.[1] Immerhin gab es keine Existenzsorgen mehr. Als Kleriker hatten Joseph und Georg nach dem Kirchenrecht den Anspruch, vom Bischof Unterhalt zu bekommen.

Fünf Jahre nach Kriegsende nahm die Entwicklung der Bundesrepublik Deutschland deutliche Konturen an. Die Arbeitslosigkeit stagnierte, der Hunger war besiegt, und auf den Straßen und in den Bars interessierten sich die Menschen für amerikanische Straßenkreuzer, Rock 'n' Roll und Coca-Cola. Aus den Wahlen zum 1. Deutschen Bundestag am 14. August 1949 waren CDU und CSU mit 31 Prozent der Stimmen als stärkste Kraft hervorgegangen. Die Sozialdemokraten erzielten 29,2, die FDP 11,9 Prozent. Im Wahlkampf beschwor die CDU die Verankerung im Westen als Grundlage einer deutschen Wiedervereinigung in Freiheit. Die Linke warnte, eine Hinwendung zu den Westmächten würde die deutsche Spaltung nur weiter vertiefen. Da es noch keine Fünfprozenthürde gab, zogen insgesamt elf Parteien ins Parlament der provisorischen Bundeshauptstadt Bonn ein. Wahlgewinner Konrad Adenauer, mit 73 Jahren der »Alte vom Rhein«, präsentierte sich als »Kanzler des Übergangs«, eine Zeitspanne, die sich am Ende auf nicht weniger als 14 Jahre ausdehnen sollte.

Im Juni 1950 leitete der Angriff des kommunistischen Nordkorea auf den Süden des Landes eine neue Stufe der Eskalation im Ost-West-Konflikt ein. Ein dritter Weltkrieg schien zum Greifen nahe. Im geteilten Deutschland stieg die Angst, ebenfalls Opfer eines Überfalls überlegener kommunistischer Streitkräfte zu werden. Gleichzeitig hatte sich in den vormaligen Westzonen eine nie gekannte Symbiose zwischen Staat und katholischer Kirche entwickelt. Bald sollte gar von einem »katholischen Jahrzehnt« die Rede sein, was den protestantischen Kirchenpräsidenten Martin Niemöller zu der Warnung veranlasste, die Bundesrepublik drohe unter dem Einfluss der Katholiken als Gebilde zu entstehen, das »in Rom gezeugt und in Washington geboren« werde.

Die Nachkriegsära hatte den Proporz der Konfessionen verändert. 95,8 Prozent der deutschen Bevölkerung waren nach Kriegsende Mitglied der beiden Volkskirchen. Noch immer gehörte die Mehrheit der Bevölkerung mit 51,5 Prozent der protestantischen Kirche an. Aufgrund der Flüchtlingsströme aber war der Anteil der Katholiken von rund 33 Prozent von vor 1945 auf nunmehr 44,3 Prozent angestiegen.[2] Der Katholizismus stellte nicht nur das führende politische Personal – von den 15 Mitgliedern des Bundeskabinetts waren 9 katholisch –, er übernahm auch die maßgebliche Rolle bei der Gestaltung des Neuanfangs. Tatsächlich galten die Katholiken nach einer viel zitierten Formel des Soziologen Gerhard Schmidtchen als die »eigentlichen Entdecker« der Bundesrepublik[3], als Baumeister und »Ordnungs-Bürgen« einer neuen demokratischen Staatlichkeit.

Kircheneintritte, Wallfahrten, Prozessionen, gefüllte Gotteshäuser spiegelten auch optisch die neue Bedeutung. Die Zahl der regelmäßigen Gottesdienstbesucher stieg in der Ära Adenauer zwischen 1949 und 1963 bei den Katholiken von 51 auf 55 Prozent an, bei den Protestanten von 13 auf 15 Prozent. Allein im Jahr 1946 waren 31 313 Bürger neu in die katholische Kirche eingetreten. Auf protestantischer Seite waren die Ausschläge mit 47 000 Kircheneintritten 1945 noch stärker. Allerdings waren zwischen 1933 und 1939 auch 1,3 Millionen Mitglieder ausgetreten. Und schon im Jahr 1949 wurden 43 000 Eintritte von 86 000 Austritten mehr als wettgemacht.[4]

»Die Katholiken fühlten sich in der neuen Bundesrepublik sicherer, geborgener als jemals zuvor seit der Reichsgründung«, so der Parteienforscher Franz Walter.[5] Um ihr neues Hochgefühl zu verstehen, ist ein Blick in die Geschichte erforderlich. Im 1871 gegründeten protestantisch geprägten Deutschen Reich fungierte der deutsche Kaiser nicht nur als politischer Herrscher, sondern auch als oberster Führer der evangelischen Kirchen. Bismarcks »Kanzelparagraf« vom November 1871 bedrohte alle katholischen Geistlichen mit Strafe, die öffentlich staatliche Maßnahmen »in friedensgefährdender Weise« zur Sprache brächten. Es folgte das Verbot der Lehrtätigkeit von Ordensleuten an öffentlichen Schulen. Durch das »Jesuitengesetz« vom 4. Juli 1872 wurden Hunderte von katholischen Ordensniederlassungen aufgehoben und Tausende von Jesuiten, Lazaristen und Redemptoristen ausgewiesen. 1875 verfügte Preußen die Aufhebung sämtlicher Klöster, die nicht im Pflegedienst tätig waren. Nach und nach wurden Priesterseminare geschlossen. 1874/75 wanderte in Preußen fast die Hälfte der katholischen Bischöfe ins Gefängnis, andere wurden für abgesetzt erklärt. Auf dem Höhepunkt des Kulturkampfes verwaisten mehr als 1000 katholische Pfarreien und 9 Bistümer, weil Pfarrer und Bischöfe in Haft oder im Exil waren. Nur 24 von 4000 Priestern hatten sich den staatlichen Zwangsmaßnahmen gebeugt, keiner der Bischöfe.[6]

Die Verfolgung war umso schmerzlicher, als die katholische Kirche bereits 70 Jahre zuvor im Zuge der Säkularisation gewaltige Angriffe zu überstehen hatte. Am 25. Februar 1803 ordnete die »Reichsdeputation« die Enteignung und Säkularisierung von 22 katholischen Bistümern, 80 reichsunmittelbaren Abteien und 200 Klöstern an. Die Maßnahmen waren eine Folge der napoleonischen Besatzung. In Frankreich hatte die breite Kampagne zur Entchristianisierung bereits 1793 begonnen. Nach ihrer blutigen Revolution führten die Jakobiner nicht nur einen neuen Kalender ein, um den kirchlich geprägten Wochen- und Jahresrhythmus zu zerstören. Auf Betreiben Robespierres verordneten sie 1794 auch eine Art Religion der Zivilgesellschaft, offiziell »Vernunftreligion« genannt. Statt bisheriger christlicher Messen feierte man in Notre-Dame in Paris nun den »Kult der Vernunft« und den deistischen »Kult des Höchsten Wesens«. Der Abriss der Kathedrale war beschlossene Sache und konnte nur durch beherztes Eingreifen der Bürger von Paris verhindert werden. In Deutschland fielen die letzten Einschränkungen für das Leben der Katholiken erst mit der Weimarer Reichsverfassung von 1919. Aufgrund der Repressalien zeigte sich der Katholizismus allerdings in einer nie da gewesenen inneren Geschlossenheit und bildete das berühmte »katholische Milieu« heraus, das bis in die Siebzigerjahre hinein anhielt.

Der »katholische Frühling« hatte auch den Kosmos des Theologiestudenten Joseph Ratzinger verändert. Romano Guardinis schmales Erstlingsbuch *Vom Geist der Liturgie* hatte eine kaum noch für möglich gehaltene neue Hinwendung zur Kirche ausgelöst. Das Anliegen der Liturgischen Bewegung war eine Rückkehr zum Ursprung, um die wesentlichen Elemente der Liturgie von Hinzufügungen zu reinigen, die sich im Laufe der Jahrhunderte wie eine Schicht von Staub und Müll auf sie gelegt hatten. Ratzinger stand anfangs der Bewegung eher skeptisch gegenüber. Er glaubte hier »einen einseitigen Rationalismus und Historismus« zu erkennen, »der allzu sehr auf die Form und auf die historische Ursprünglichkeit bedacht war«.[7] Sein Mentor Gottlieb Söhngen kritisierte einen »bilderstürmerischen Wirbel«. Obendrein störte den Studenten an der Bewegung »die gewisse Engherzigkeit vieler ihrer Anhänger, die nur eine Form gelten lassen wollten«[8].

Ratzingers Skepsis jedoch begann sich nach und nach aufzulösen. »Kirche war für uns vor allem lebendig in der Liturgie und im großen Reichtum der theologischen Überlieferung«, schwärmte er in der Rückschau auf die »spannenden Jahre meines Theologiestudiums«. Er könne sich »nur wundern« über all das, was später »über die ›vorkonziliare‹ Kirche behauptet« wurde. In Wahrheit habe man als moderner Theologe, als der er sich empfand, in einem »Gefühl des Aufbruchs« gelebt, »einer mit neuem Mut fragenden Theologie und einer Spiritualität, die Veraltetes und Verstaubtes abtat, um zu neuer Freude der Erlösung zu führen«[9].

An der katholischen Fakultät der Uni unmittelbar gegenüber dem Georgianum wurde dem von den Nazis aus der Stadt vertriebenen Guardini nach Kriegsende ein eigener Lehrstuhl eingerichtet. Ratzinger hatte Guardinis Jesus-Buch in seinem Regal. Es war »eines der ersten Bücher, die ich nach dem Krieg gelesen habe – nachdem mir andere Jesus-Bücher langweilig und nichtssagend erschienen waren«[10]. Wenn der 1885 in Verona geborene und in Mainz aufgewachsene Gelehrte im Audimax las, bestand Gefahr, von den drängenden Studentenmassen erdrückt zu werden. Bei Stromausfällen standen Guardini-Anbeterinnen bereit, um mit Taschenlampen zum Pult zu stürmen, damit der Meister in seinem sprachlich brillanten Vortrag ja nicht unterbrochen werde.

Im Unterschied zu vielen andern Theologen war bei Guardini eine Kohärenz von Inhalt und Form gegeben, die Wert auf sprachliche Ästhetik legte. Guardinis Schriften führten unzählige Menschen zu einer verinnerlichten Sicht des Glaubens, viele von ihnen ließen sich auf Burg Rothenfels in Franken, dem geistlichen Zentrum der Liturgischen Bewegung, von Guardini in Lebensweisheit, Glaube und Liturgie einführen. Auch die Brüder Georg und Joseph hatten hier eine kurze Begegnung mit dem Gelehrten. Zu weiteren Treffen kam es nicht. Ratzinger sollte dem großen Theologen später aber seine »Adventspredigten« widmen, wofür er zuvor das persönliche Einverständnis des Meisters einholte.

In Fragen der Liturgie hatte Ratzinger in Guardini den Theoretiker, in Direktor Pascher am Georgianum den Praktiker, der als energischer Verfechter der Liturgischen Bewegung Weichen stellte. Statt der allabendlichen *Puncta meditationis*, den Anregungen zur Betrachtung, lud der Pastoraltheologe dreimal die Woche in die Kapelle und führte seine Leute in halbstündigen Vorträgen ins gottesdienstliche Leben, in die Texte und Formen der Liturgie und in die Spiritualität der priesterlichen Seelsorge ein. »Ohne alle Schablonen«, wie Ratzinger festhielt. Und wenn der Direktor nach der Vesper gelegentlich in den Keller stieg, um mit einigen Flaschen feinsten Rieslings zurückzukommen, tat das der allgemeinen Freude keinen Abbruch.

Paschers Vorlesung und seine authentische Vermittlung hatten Ratzingers Hinwendung zur Liturgischen Bewegung verstärkt, was sich auch in seinen späteren Beiträgen zum Konzil niederschlagen sollte. »In der Liturgischen Bewegung und theologischen Erneuerung der ersten Hälfte dieses Jahrhunderts ist wirkliche Reform gewachsen, die positive Veränderung bewirkte«, war er nun überzeugt. »Das war nur möglich, weil es Menschen gab, die die Kirche wach, mit der Gabe der Unterscheidung, ›kritisch‹ liebten und um sie zu leiden bereit waren.«[11] 1962 lobte Ratzinger in einer Festschrift zu Ehren Söhngens, durch die Liturgische Bewegung sei die Leere aufgedeckt worden, »die hinter ängstlich gehüteten Formeln stand«, um stattdessen »ganz neue Möglichkeiten christlichen Bewusstseins« zu entdecken. Es habe gegolten, den wahren Katholizismus wiederzufinden gegenüber der aszetischen Engbrüstigkeit des 19. Jahrhunderts: »Die Theologie der Vorzeit wurde mit neuen Augen gelesen: Man besann sich wieder auf die Lehre der griechischen Kirchenväter von der Weihung der Welt im Fleische Christi, von der Heimholung der Welt in den Leib des Herrn.«[12]

Im Vorwort seines im Jahr 2000 erschienenen Buches *Der Geist der Liturgie* führte Ratzinger als Präfekt der Glaubenskongregation sein Lob der Liturgischen Bewegung noch weiter aus: »Sie hat ganz wesentlich dazu beigetragen, dass die Liturgie in ihrer Schönheit, ihrem verborgenen Reichtum und ihrer die Zeiten überschreitenden Größe neu als beseelende Mitte der Kirche und als Mitte des christlichen Lebens entdeckt wurde. Sie hat dazu geführt, dass man sich mühte, die Liturgie ›wesentlicher‹ zu feiern.«[13]

An der Uni leitete Joseph inzwischen Seminare für den Dogmatiker Michael Schmaus, wenn der Professor anderweitig beschäftigt war. In Schmaus' Vorlesungen allerdings blätterte er gelangweilt in Büchern, der Vortrag schien ihn wenig zu inspirieren. Tatsächlich waren seine Gedanken längst bei einem weit wichtigeren Projekt. Seinen Anfang hatte es an jenem Dezembertag des Jahres 1949 genommen, an dem sich Ratzingers ganzes »theologisches Schicksal«[14] entschied, wie er selbst urteilte; eine Weichenstellung, die zweifellos zu den Sternstunden seiner Biografie zählt.

Gottlieb Söhngen hatte seinem Lieblingsstudenten gerade das erste Examen abgenommen. Unmittelbar danach hatte er ihn auf sein Arbeitszimmer in Fürstenried bestellt und zunächst einfach in den Notizzetteln geblättert, die auf seinem Schreibtisch lagen. Seit die Enzyklika *Mystici corporis Christi* erschienen war, in der Pius XII. am 29. Juni 1943 die Kirche als den »mystischen Leib Christi« definierte, war dem Fundamentaltheologen Söhngen die Thematik nicht mehr aus dem Kopf gegangen. Die »Glaubensenzyklika« des Papstes hatte zum Ziel, geistige Engführungen in der Darlegung der kirchlichen Lehre zu überwinden. Die Kernaussage lautete: »Bei einer Wesenserklärung dieser wahren Kirche Christi, welche die heilige, katholische, apostolische, römische Kirche ist, kann nichts Vornehmeres und Vorzüglicheres, nichts Göttlicheres gefunden werden als jener Ausdruck, womit sie als ›der mystische Leib Jesu Christi‹ bezeichnet wird.« Söhngen hatte allerdings festgestellt, dass der Terminus vom »mystischen Leib Jesu«, der sich auf die Bibel und die Lehre der Kirchenväter bezog, in der Heiligen Schrift gar nicht vorkam.

Noch immer blätterte der Professor in seinen Notizen, bis er sich plötzlich zu Ratzinger umdrehte. Könnte er sich denn vorstellen, meinte er etwas umständlich zu seinem Meisterschüler, ob er bei ihm promovieren möchte. Eine Doktorarbeit schreiben zu können war nach dem Krieg, wo Seelsorger für die Gemeinde gebraucht wurden, Auszeichnung und Ausnahme zugleich. Kardinal Faulhaber genehmigte pro Priesterjahrgang kaum mehr als drei Promotionen. Es ginge bei der Arbeit, fuhr Söhngen fort, mit dem Hintergrund von *Mystici corporis Christi* um den Begriff »Volk Gottes« bei den Kirchenvätern. Joseph war klar, dass das für einen Zwanzigjährigen wie ihn eine gewaltige und kaum zu bewältigende Herausforderung bedeutete. Die Aufgabe war zudem nicht ohne Risiko. Hier wurde ein Lehrschreiben des Papstes hinterfragt, was als Provokation hätte gelten können.

Die Laufbahn eines Wissenschaftlers beginnt in der Regel mit der Dissertation. Sie gleicht der ersten Liebe, sagt man, und gibt eine Vorentscheidung auf die Richtung und den Denkansatz, den ein Forscher einnimmt. Doch Joseph hatte keine lange Bedenkzeit nötig. Aber ja doch! Natürlich wollte er promovieren. Wie könnte er Nein sagen, wenn es auch noch um sein großes Vorbild ging, Augustinus? Söhngen war glücklich, weil die Richtung seines Schützlings damit vom Denken des Kirchenvaters geprägt sein würde, dessen Lehre *über* die Kirche zugleich die Liebe *zur* Kirche zum Ziel hatte.

Das Thema traf den Kern einer Debatte, die aktuell in der deutschen Theologie tobte. Ein Teil der Theologen lehnte es ab, die Kategorie des *Leibes Christi* auf die Kirche anzuwenden. Damit würde die Dynamik des Gnadenlebens mit der bloßen äußeren Zugehörigkeit zur Gemeinschaft gleichgesetzt. Der blutjunge Doktorand sollte nun herausfinden, was Augustinus meinte, als er die Kirche als »Volk Gottes« definierte? War der Begriff nicht eindeutig auf das jüdische Volk bezogen, das Gott aus den Völkern herausgerufen hatte, um sich ihm und der Welt zu zeigen? Stand dieses Wort nicht auch im Widerspruch zur Sündenhaftigkeit des Christen, die mit einem »mystischen Leib« kaum in Einklang zu bringen wäre? Die Entdeckungen Ratzingers sollten gewaltig genug sein, um bald vom Konzil und insbesondere von Papst Paul VI. aufgegriffen zu werden. Aber davon später.

Das Studium neigte sich bereits dem Ende zu. Behutsam hatte Söhngen seinen Schützling an die großen Themen und Aufgaben herangeführt und immer stärker mit Augustinus vertraut gemacht. Bis zur Synodalprüfung im Juni 1950 wurde das Dissertationsprojekt jedoch nicht weiterverfolgt. In diesem Jahr aber fiel Söhngen die Aufgabe zu, die sogenannte Preisarbeit zu betreuen. Die prämierte Arbeit war nicht nur mit einem kleinen Preisgeld verbunden, dem Gewinner des Wettbewerbes winkte auch der Doktorhut, mit der Auszeichnung »summa cum laude«. Nun wählte er ein ganz auf Ratzinger zugeschnittenes Thema: *Volk und Haus Gottes in Augustins Lehre von der Kirche*. »Söhngen hat ihn all die Jahre über schon Teilstücke dieser Dissertation machen lassen«, glaubte Rupert Berger, »ihn als Einzigen.«[15] Gleichzeitig machte der Professor deutlich, etwaige Mitbewerber sollten sich gar nicht erst Hoffnungen machen. Die Aufgabe könne im Grunde nur einer seiner Schüler meistern. Jeder wusste, wer gemeint war.

Das Thema war innerhalb von neun Monaten wissenschaftlich auseinanderzusetzen, danach musste der Text anonym unter einem Kennwort eingereicht werden. Abgabetermin war April 1951, also unmittelbar vor der Priesterweihe. Das elterliche Haus in Hufschlag wurde nun Hauptquartier. Überall lagen Bücher und Notizen. Bruder und Schwester hatten sich möglichst ruhig zu verhalten. Die Eltern bewegten sich wie auf Zehenspitzen. Joseph las. Was für eine Aufgabe! Der komplette

Augustinus musste unter dem speziellen Aspekt durchgearbeitet und auf abweichende Textfassungen hin verglichen werden. Gleichzeitig waren Zeitgenossen des Kirchenvaters heranzuziehen.

Nicht genug damit. Zusätzlich mussten die Fragen der Eucharistie, der Liturgie und des Ritus in seiner geschichtlichen Entwicklung abgeklopft werden. Sie waren im Übrigen mit der aktuellen theologischen Diskussion zu konfrontieren. Wie sollte das in der kurzen Zeit zu schaffen sein? Zu Hilfe kam Ratzinger schließlich eine Lektüre, die ihm Freund Alfred Läpple bereits Ende 1949 in die Hand gedrückt hatte, die deutsche Ausgabe von *Catholicisme*, ein viel diskutiertes Werk des französischen Jesuiten Henri de Lubac, einem Exponenten der »Nouvelle Théologie«. In *Catholicisme*, Lubacs erstem, 1938 erschienenem Buch, ging es weniger um eine Darstellung des konfessionsspezifisch Katholischen, sondern um die Katholizität als Dimension der Kirche überhaupt. Vom ersten Augenblick ihres Daseins, hatte de Lubac festgestellt, sei die Kirche »katholisch«. Ganz einfach schon deshalb, weil sie sich »an den gesamten Menschen wendet und ihn gemäß seiner ganzen Natur erfasst«. Es gehe bei dem Begriff nicht um die Menge der Anhänger oder um eine flächenmäßige Verbreitung der Lehre. Die Kirche »war katholisch schon am Morgen des Pfingsttags, als noch ein kleiner Saal ihre Mitglieder fasste«, so de Lubac, »und sie bliebe es auch dann, wenn sie durch zahllose Abfälle die meisten ihrer Gläubigen verlöre«.

Katholizismus bedeute Gleichheit, Vielfalt, Universalität. Die Kirche vermöge »eben dadurch, dass sie an den Grund des Menschen rührt, alle Menschen zu erreichen und ihre eigenen ›Harmonien‹ aus ihnen erklingen zu lassen.« De Lubac führte für seine Argumentation bedeutende Zeugen auf: »Wenn Ambrosius die Kirche betrachtet, so erscheint sie ihm unermesslich wie die Welt und wie der Himmel selbst, mit Christus als ihrer Sonne. Er stellt sich vor, der ganze *orbis terrarum* ruhe in ihrem Schoß, denn er ist sich bewusst, dass alle Menschen, ohne Rücksicht auf Ursprung, Rasse oder Lebenslage, zur Einheit in Christus berufen sind und dass die Kirche grundsätzlich schon jetzt diese Einheit darstellt.« Den englischen Kardinal Newman zitierte er mit dessen Kirchenwort: »Gerade als die einzige Arche des Heils muss sie in ihrem großen Schiff die ganze Vielgestalt des All-Menschlichen bergen.« Von Augustinus nahm er den Satz: »Gerade als dem einzigen Festsaal des großen Gastmahls müssen in ihr die Speisen der gesamten Schöpfung aufgetragen werden.«

De Lubac stammte aus Cambrai im äußersten Norden Frankreichs.

Sein Noviziat als Jesuit verbrachte er in St. Leonards-on-Sea in England, einem Vorort von Hastings, da in Frankreich den Jesuiten verboten war, Unterricht zu erteilen. Bereits die Französische Revolution von 1789 bis 1799 hatte einen leidenschaftlichen Hass gegen die Kirche und insbesondere gegen den Jesuitenorden geschürt. Noch 1880 wurden 37 katholische Kollegien aufgelöst, 1903 bis 1904 rund 20 000 Ordensleute ausgewiesen und die diplomatischen Beziehungen zum Heiligen Stuhl abgebrochen. Es war ein atheistischer Kriegskamerad, der de Lubac im Ersten Weltkrieg zu einer ersten literarischen Tätigkeit anregte, um modernen Menschen die Augen zu öffnen für die wahre Bedeutung und Schönheit des Glaubens und des Lebens in der Kirche.

Als Professor in Lyon, der Wiege des Christentums in Frankreich, engagierte sich de Lubac gegen Antisemitismus, ging im Widerstand gegen die Nazis in den Untergrund und wurde von der Gestapo gesucht. Er stieß auf die ökumenische Bewegung und den jungen Schweizer Pastor Roger Schutz, der mit Max Thurian in den Vierzigerjahren die evangelische Mönchsgemeinschaft von Taizé gründete. Noch vor dem Zweiten Weltkrieg hatte de Lubac *Corpus mysticum* veröffentlicht, eine theologische Geschichte der Eucharistie, in der er zeigte, wie auch innerhalb der Kirche das eigentliche Geheimnis der heiligen Kommunion nach und nach aus dem Bewusstsein entschwand. Ein drittes Buch – *Le drame de l'humanisme athée (Die Tragödie des Humanismus ohne Gott)* – entstand 1944 und trug, so der Lubac-Biograf Rudolf Voderholzer, »deutlich die Züge des geistigen Widerstandes gegen den Totalitarismus«. Grundgedanke des Werkes ist, so Voderholzer, »das geradezu tragisch zu nennende Missverständnis des modernen Humanismus, der Gott und Mensch in ein Konkurrenzverhältnis setzt und davon ausgeht, die Abhängigkeit von Gott entwürdige den Menschen und mache ihn unfrei«. »Man lehnt Gott ab als eine Beschränkung des Menschen«, analysierte de Lubac, »und sieht nicht, dass der Mensch gerade durch seine Beziehung zu Gott ›etwas Unendliches‹ in sich hat. Man lehnt Gott ab, als knechte er den Menschen – und sieht nicht, dass der Mensch gerade durch seine Beziehung zu Gott allen Knechtschaften entgeht.«[16]

Ein Drittel von *Catholicisme* bestand aus Zitaten der Ahnen. Damit wollte de Lubac »aus dem zu wenig ausgebeuteten Schatz der Kirchenväter« schöpfen, »diesem ungeheuren Heer von Zeugen«, die zeigten, wie sich »alle, die der einen Kirche treu sind und vom selben Glauben im selben Geiste leben, sich jeweils ausnahmslos zusammenfinden«.

Darunter so illustre Namen wie Gregor von Nyssa, Severus von Antiochien, Fulgentius von Ruspe, Balduin von Canterbury, Theodor von Mopsvestia, Juliana von Norwich, Adelmann von Lüttich – und nicht zuletzt Großmeister wie Bernhard von Clairvaux, Origenes, Ambrosius und Augustinus.

De Lubac wandte sich in *Catholicisme* vor allem gegen einen privatisierten, moralisierenden Individualglauben, nach der Patchwork-Methode: Ich suche mir, was zu mir passt, und glaube für mich allein. »Die Kirche ist eine Mutter. Aber im Gegensatz zu den anderen Müttern zieht sie jene, die ihre Kinder sein sollen, in sich hinein, um sie vereinigt in ihrem Schoß zu halten. Ihre Söhne, sagt Maximus, strömen ihr von überall zu: Männer, Frauen, Kinder, sehr unterschieden in Rasse, Nation, Sprache, Lebensart, Arbeit, Wissenschaft, Würde, Schicksal, alle schafft sie neu im Geiste.« Das seien nicht bloße Allegorien. Die christliche Neuerung habe nach der Deutung des Apostels Paulus eine neue Nation, das Volk des Neuen Bundes, entstehen lassen. Ein geistiges Israel ersetze das Israel dem Fleische nach. Der »Stamm der Christen«, wie Eusebius sagt, »das Geschlecht derer, die Gott ehren«, berufe alle Menschen, um sie zum göttlichen Leben, zum ewigen Licht neu zu gebären, jenen geheimnisvollen Organismus, der erst am Ende der Zeiten voll ausgewachsen sein wird, der vollendeten Einheit. So habe es auch der heilige Cyprian verstanden, wenn er den Grundsatz aufstellte: »Nur der kann Gott zum Vater haben, der die Kirche zur Mutter hat.«

»Als das Werk in Frankreich erschien«, schrieb Hans Urs von Balthasar, der das Buch unter dem Titel *Katholizismus als Gemeinschaft* (späterer Titel: *Glauben aus der Liebe*) übersetzt hatte, löste es »bei den entscheidenden Denkern so etwas wie ein tiefes Erschrecken aus. War es möglich, dass man dies alles so lange nicht beachtet hatte? Musste man nicht, was Wesen und Aufgabe der Kirche anging, die Fundamente neu legen?« Balthasar fasste zusammen: »Von *Catholicisme* ging wie von einer Grundwelle eine zunächst verborgene, aber umso nachhaltigere Wirkung aus: die einer Bekehrung.«[17]

Catholicisme ergänzte Ratzingers Lektüre für die Doktorarbeit auf eine geradezu ideale Weise: »Ich bekam dadurch nicht nur ein neues und tiefes Verständnis zum Denken der Väter, sondern auch einen neuen Blick auf die Theologie und den Glauben insgesamt. Glaube war hier innere Anschauung und gerade durch das Denken mit den Vätern wieder Gegenwart geworden.« De Lubac war mit unüberbietbarer Selbstsicherheit aufgetreten: »Im Katholizismus eine Religion neben anderen, eine Lehre neben anderen sehen hieße sich über sein Wesen täuschen.« Katholizismus bedeute im innersten Verständnis als sichtbare und unsichtbare Gemeinschaft der Gläubigen eine allumfassende Gemeinschaft allen Denkens, Glaubens, aller Epochen, Rassen und Nationen, kurz: das All-Umfassende.

Das von geistiger Schärfe und frommem Pathos strotzende Buch ist für den jungen Theologen wie eine Offenbarung. Es berührte ihn durch jene Radikalität und Modernität des Christentums, die er seit Langem gesucht hatte. Unumwunden sprach Ratzinger später von einem »echten Durchbruch« und der »Schlüssellektüre« seiner theologischen Lehrjahre überhaupt, durch die ihm »ein neues Verstehen der Einheit von Kirche und Eucharistie«[18] eröffnet worden sei. Mit de Lubac, den er als den für ihn (neben Hans Urs von Balthasar) bedeutendsten und prägendsten Theologen bezeichnete, habe er die Freude erlebt, »dass man das Christentum nach den etwas abgestandenen Formulierungen neu, weiter und eben eingelassen in das moderne Leben sehen konnte«[19]. Er habe »nie wieder Menschen mit einer so umfassenden theologie- und geistesgeschichtlichen Bildung wie Balthasar und de Lubac gefunden« und könne kaum zum Ausdruck bringen, »wie viel ich der Begegnung mit ihnen verdanke«[20].

Das betraf auch die Leitlinie, die er unmittelbar von dem Franzosen übernahm. Er habe »nie den Anspruch erhoben, ein philosophisches System oder eine theologische Gesamtschau zu bieten«, beteuerte de Lubac, »meine Absicht bestand nur darin, die große Überlieferung der Kirche in Erinnerung zu bringen, die ich als die gemeinsame Erfahrung aller christlichen Zeiten verstehe. Denn diese Erfahrung … bewahrt vor Verirrungen, vertieft sie im Geiste Christi und öffnet ihr Wege in die Zukunft.«[21] Was für ein Gleichklang! Auch Ratzinger sah seine Aufgabe darin, mit den großen Meistern des Glaubens mitzudenken. Und andererseits »nicht Halt zu machen in der alten Kirche«, sondern »unter den Verkrustungen den eigentlichen Glaubenskern freizulegen, um ihm wieder Kraft und Dynamik zu geben«. »Dieser Impuls«, bekräftigte er immer wieder, »ist die Konstante meines Lebens.«[22]

De Lubacs Publikationen fanden begeisterten Anklang. Doch mit einem Mal hatte sich der Wind gedreht. Der »Nouvelle Théologie« schlug plötzlich eine steife Brise aus Rom entgegen. Ins Fadenkreuz geriet zunächst der Jesuit Pierre Teilhard de Chardin. Der Theologe und Naturwissenschaftler beschäftigte sich mit Kosmologie. Er kam zu der Erkenntnis, der gesamte Kosmos sei auf die Hervorbringung des Menschen angelegt. Die Entwicklung der Menschheit ihrerseits laufe auf die Menschwerdung Gottes in Jesus Christus zu, die zum Ausgangspunkt einer neuen Dynamik wurde. De Lubac hatte sich für seinen Freund eingesetzt. Mit Teilhard de Chardin und dem Dichter Paul Claudel war er maßgeblich an der Wiederentdeckung Marias als »Urbild der Kirche« beteiligt gewesen. In einer Hymne sprach Teilhard davon, in Maria konkretisiere sich das Wesen von Kirche, da in ihr das katholische Prinzip von der Bedeutung der menschlichen Mitwirkung an der Erlösung sichtbar werde.

Und plötzlich stand auch de Lubac unter dem Verdacht, den rechten Glauben durch allerhand »Neuerungen« zu verwässern. Nach seinem im Frühjahr 1946 erschienenen Buch *Surnaturel (Übernatürlich)* wurde ihm vorgehalten, die Relativierung der göttlichen Gnade zu betreiben. Als Reaktion verhängte die Leitung der Jesuiten gegenüber ihrem Ordensbruder von 1950 bis 1958 ein Lehr- und Veröffentlichungsverbot sowie seine Verbannung aus der katholischen Universität in Lyon. Auch Pius XII. deutete in der am 12. August 1950 erschienenen Enzyklika *Humani generis* sein Missfallen an. Auch wenn der Franzose nicht mit Namen genannt wurde, wussten Insider, wer gemeint war. »Lieber Freund, ich konnte es kaum glauben«, schrieb Hans Urs von Balthasar an den Kollegen, »es ist bestürzend, völlig unverständlich. Doch dies ist wohl die Form des Martyriums, das Ihr Werk besiegeln muss. Sie sind bereits Sieger, nichts wird das Weiterwirken Ihrer Gedanken aufhalten.«

Als man in München von den Maßnahmen gegen de Lubac erfuhr, habe Söhngen in der Vorlesung zunächst keine Silbe über den Vorgang verloren, erinnerte sich Läpple. Danach sei er mit ihm und Ratzinger in sein Büro gegangen und habe sich wortlos an den Flügel gesetzt, um sich »seinen ganzen Zorn von der Seele zu spielen«[23]. De Lubac selbst nahm die Sanktionen ohne Protest hin. Seine Christusbeziehung, seine Liebe zur Kirche, erklärte er, könnten dadurch nicht gemindert werden. »Mochten die Erschütterungen, die von außen auf mich eindrangen, auch die Seele bis auf den Grund aufwühlen«, hielt er 1950 fest, »sie vermögen doch nichts gegen die großen und wesentlichen Dinge, die jeden Augenblick unseres Lebens ausmachen. Die Kirche ist immer da, mütterlich, mit ihren Sakramenten und mit ihrem Gebet, mit dem Evangelium, das sie uns unversehrt überliefert; mit ihren Heiligen, die uns umgeben; kurz: mit Jesus Christus, den sie uns noch mehr gibt in dem Augenblick, da sie uns leiden lässt.«[24]

1953 kehrte de Lubac nach Lyon zurück. Geplagt von großen Schmerzen aus einer Kopfverletzung als Soldat im Ersten Weltkrieg, fanden ihn seine Studenten häufig im Lehnstuhl sitzend oder auf dem Bett liegend vor, regungslos, kaum fähig zu sprechen. Im selben Jahr veröffentlichte er eine Beschreibung des Wesens der Kirche, in dem er sein Bekenntnis vertiefte. Sein Beitrag begann mit einem Zitat des Kirchenvaters Origenes: »Was mich betrifft, so geht mein Wunsch dahin, wahrhaft ein Mensch der Kirche zu sein.« Wahrlich, ein echter Katholik liebe »das schöne Haus Gottes«, fuhr de Lubac fort, komme was da wolle, die Kirche sei »seine geistige Heimat«. Nichts, was sie angeht, lasse ihn gleichgültig: »In ihren Grund schlägt er seine Wurzeln, nach ihrem Bild formt er sich, in ihre Erfahrung schmiegt er sich ein. Mit ihren Reichtümern fühlt er sich reich. Er hat das Bewusstsein, durch sie, ja durch sie allein an der Unveränderlichkeit Gottes Anteil zu gewinnen. Von ihr lernt er zu leben und zu sterben. Er richtet sie nicht, lässt sich aber von ihr richten.«[25]

Vor allem begeisterten Joseph in *Catholicisme* die Passagen, in denen de Lubac die Kirche als die in die Geschichte hinein verlängerte Inkarnation Christi zeichnete. Zugleich sei sie auch ganz menschlich, hob der Franzose hervor. Ihre Erneuerung könne nur durch die »Rückkehr zu den alten Quellen« bewirkt werden, durch das Studium der Kirchenväter und die Hinwendung zu einer Lebensform, die den Glauben so ernst nimmt, wie es die ersten Christen getan hätten. Wenn das Christliche ewig ist, so de Lubac, könne es ohnehin nie endgültig erfasst werden. Wie Gott selbst sei es immerfort da, nur die Menschen seien temporär abwesend. Gerade da, wo man meine, es institutionell zu besitzen, seien die Gewohnheiten und die Beschäftigung mit sich selbst unerhört mächtig und führten zum Vergeuden und Zerstören der Grundlagen von Glaube und Kirche.

Eng mit seiner Theologie verknüpft ist, um das nur am Rande zu erwähnen, bei de Lubac die Lehre vom *Paradox*. Für ihn haben alle Glaubensmysterien als Entfaltungen des einen ursprünglichen Mysteriums eine *paradoxale* Struktur. Um Beispiele zu nennen: »Gott erschafft die Welt zu seinem eigenen Ruhme, und dennoch aus reiner Güte; der Mensch ist aktiv und frei, und dennoch vermag er nichts ohne Gnade.« Ähnlich verhält es sich mit der Kirche: Sie ist sichtbar verfasste Gemeinschaft und doch auch unsichtbar. Oder mit Maria: zugleich Jungfrau und Mutter. Christus ist zugleich ganz Gott und ganz Mensch. Der menschliche Verstand versuche dabei, die in den paradoxen Aussagen liegende Polarität zugunsten einer einseitigen Vereinfachung aufzulösen. Vor diesem Hintergrund könne man auch jede *Häresie* erkennen, nämlich als Verkürzung der komplexen Gestalt des Mysteriums auf das dem Menschen leichter Fassliche. Auf den Begriff des *Dogmas* angewandt, folge daraus die Einsicht: *Dogma* ist das Offenhalten der katholischen Wahrheit – und die Abwehr der einseitigen, verkürzenden Interpretationen. Entgegen einem populären Verständnis von *Dogma* als Eingrenzung des Denkens sei das *Dogma* im christlichen Sinne die Befreiung und Weitung des Geistes auf das überraschend neue und vom Menschen unausdenkbare Geheimnis hin.

De Lubac selbst wehrte sich übrigens gegen das Etikett von der »Nouvelle Théologie«, denn er »habe den Ausdruck nie gebraucht und verabscheue die Sache. Ich war im Gegenteil immer darauf bedacht, die Tradition der Kirche in dem bekannt zu machen, was sie an Universalstem, am wenigsten dem zeitlichen Wandel Unterworfenem bietet.« Mit einem Wort von Augustinus sprach er davon, »den Heiden durch die Vernunft nachzuweisen, wie unvernünftig es ist, nicht zu glauben«. Denn der »Einsicht *in* den Glauben« folge stets die »Einsicht *durch* den Glauben«.

Noch vor Beginn des Konzils wurde der Franzose rehabilitiert. Papst Johannes XXIII. holte ihn nach Rom, damit de Lubac intensiv an den Vorbereitungen mitarbeiten könne. Aber erst 1983 wurde er zum Kardinal kreiert. 1969 hatte er die Ehrung noch zurückgewiesen. Zusammengehöriges, das auseinandergerissen wurde, wieder zu verbinden sowie falsche Alternativen zu überwinden wurde eines der Hauptanliegen Lubacs. Unermüdlich kritisierte er das Verschwinden eines Verständnisses von Geschichte als Ort der Offenbarung Gottes: »Gott handelt in der Geschichte, offenbart sich durch die Geschichte, noch mehr: Er geht selbst ein in die Geschichte und gibt ihr so jene ›tiefere Weihe‹, die uns verpflichtet, sie im Letzten ernst zu nehmen.« Die Kirche wiederum müsse jederzeit »damit rechnen, gerade dort, wo sie am gültigsten das Wort Gottes verkündet, sehr wohl verstanden und gerade deshalb zurückgewiesen zu werden«.

Nicht im Traum hätte sich Joseph als Theologiestudent vorstellen können, eines Tages intensiven persönlichen Kontakt mit seinem großen Vorbild zu bekommen und mit ihm sogar eine Zeitschrift zu gründen. Darüber hinaus sollte der Franzose für ihn ein Bindeglied zum Polen Karol Wojtyla werden. »Ich verneige mich vor Pater de Lubac«, sagte Wojtyla als Papst bei einem Besuch in Paris. Er hatte den hageren

Theologen inmitten des Publikums erspäht und unterbrach sofort seinen Vortrag. Eine Verneigung vor dem Idol seiner Jugend war es auch, als Ratzinger 1998 in der Botschaft Frankreichs beim Heiligen Stuhl anlässlich der Überreichung der Insignien eines »Commandeur de la Légion d'honneur« ein Lob auf die großen französischen Theologen ausbrachte, insbesondere auf de Lubac, und ausrief: »Es lebe die Freundschaft zwischen Frankreich und Deutschland, vive la France!«[26]

Kapitel 20

Die höheren Weihen

Schon während der Arbeit an seiner Promotionsschrift musste Joseph erkennen, dass er mit seiner Nähe zur »Nouvelle Théologie« gefährliches Terrain betreten hatte. Für zusätzliche Aufregung sorgte in München das an Allerheiligen, dem 1. November 1950, veröffentlichte Dogma über die leibliche Aufnahme Mariens in den Himmel.

Während im übrigen katholischen Deutschland Pius XII. große Zustimmung erfuhr, galt das Verhältnis der Münchner theologischen Fakultät zu Rom als unterkühlt. »Die Antwort unserer Lehrer war streng negativ«, berichtete Ratzinger. Sowohl Söhngen als auch Schmaus brachten bereits auf eine im Vorfeld von der Kurie initiierte weltweite Umfrage ihre Missbilligung zum Ausdruck. Sie bezog sich nicht so sehr auf den Inhalt des neuen Dogmas – in der Gebetspraxis, etwa im Rosenkranzgebet, wurde längst von der leiblichen Aufnahme Mariens in den Himmel gesprochen –, sondern auf die Dogmatisierung selbst.

Ein Experte für Kirchenväterforschung hatte nachgewiesen, dass die Lehre von der leiblichen Aufnahme Mariens vor dem 5. Jahrhundert völlig unbekannt war. Sie folglich der »apostolischen Überlieferung« zuzuordnen sei nicht möglich. Ratzinger sah die Sache anders als sein Professor, zumindest in den nachfolgenden Jahren. Wenn man Überlieferung als einen lebendigen Prozess begreife, in dem der Heilige Geist die Kirche weiterführend mit der Wahrheit vertraut mache, sei Tradition nicht auf die apostolische Überlieferung zu beschränken. Söhngen, von protestantischen Freunden auf den Arm genommen, er müsse ja wohl im Falle der Dogmatisierung aus der katholischen Kirche austreten, fand eine Antwort, die sein Schüler als Paradebeispiel für eine sowohl kritisch wie gläubig betriebene Theologie einordnete: »Wenn das Dogma kommt«, so das Statement des Meisters, »werde ich mich dran erinnern, dass die Kirche weiser ist als ich, und ihr mehr vertrauen als meiner eigenen Gelehrtheit.«[1]

Die Preisarbeit war vorangeschritten, gleichzeitig aber kämpfte Ratzinger mit den Vorbereitungen zur Priesterweihe, der das *Alumnat* vorgeschaltet war, ein auf sechs Monate angelegter praktischer Übungsteil. Er sollte dazu befähigen, Religionsunterricht zu geben, Ehepartner auf die Hochzeit vorzubereiten, korrekt die heilige Messe zu feiern und Sakramente wie Taufe, Beichte oder die »Letzte Ölung« zu spenden, das Sterbesakrament. Ein Domkapellmeister lehrte Atemtechnik und gregorianischen Choral. Ein Spiritual (der Jesuit Franz von Tattenbach, später Rektor am *Germanicum* in Rom und Missionar in Costa Rica) betrieb mit Vorträgen die »aszetische Formung« der Kandidaten und führte beratende, beichtväterliche Gespräche. Der Augustinerpater Gabriel Schlachter, ein typischer Volksmissionar, war für Homiletik zuständig. Alfred Läpple dozierte »Praktische Sakramentenlehre«, also das, was bei der Spendung der Sakramente liturgisch, rechtlich und pastoral zu beachten sei.

Im Gesangsunterricht versuchte ein Opernsänger namens Kelch Josephs Stimme zu verbessern, was nicht leicht war, denn, so Ratzinger, »sehr viel ändern kann man da nicht«. Besser gelang ihm die Taufübung, bei der mittels einer Puppe versucht wurde, einen Täufling mit Weihwasser zu benetzen, ohne ihn gleich auch zu ertränken: »Da war ich nicht einmal so ungeschickt wie sonst immer.«[2] Auf Kleidung und korrektes Schuhwerk achtete der liturgische Präfekt, der frühmorgens vor dem Messgang die Reihen abschritt und kontrollierte. Die Generalinspektion über die Fortschritte der Kandidaten oblag dem Subregens, »und so langsam«, so Ratzinger, »haben wir's hingekriegt«.

Im Fach Homiletik, der Predigt-Lehre, waren drei Probepredigten in Freisinger Kirchen angesetzt. Die Länge war auf zehn Minuten begrenzt. Der Text war mit Maschine zu tippen und auswendig zu lernen. Eine Predigt vom Blatt abzulesen galt als absolutes Tabu. Joseph erhielt die Aufgabe, bei einem Kindergottesdienst zu predigen. Da der Tag auf den 23. April fiel, dem Gedenktag des heiligen Georg, war klar, dass die Homilie über den sagenhaften Drachentöter gehen würde. Als Pater Gabriel beim nächsten Treffen nachfragte, wie Josephs Erstauftritt angekommen sei, herrschte unter den Seminaristen verlegenes Schweigen. Die Predigt sei großartig gewesen, erfuhr er schließlich. Die Kinder hätten andächtig in ihren Bänken gesessen, aber auch mit sehr fragenden Blicken. Joseph habe zwar von »stolzer Ritterrüstung« gesprochen und erklärt, dass es den Drachen der Georgs-Legende so nie gegeben habe, die allerwenigsten aber hätten den Vortrag verstehen können; zu anspruchsvoll für Kinderköpfe.

»Der Drache ist der furchtbare Angsttraum der ganzen Menschheit«, hatte Ratzinger gepredigt, »und das Ungeheuer, vor dem wir zittern, ist die furchtbare Kraft des Bösen, die man den Teufel nennt.« Immerhin: »Wer den Panzer und das Schwert hat, braucht sich nicht fürchten vor ihm. Denn die Waffen Gottes sind stärker als der Drache.« Und eines noch für den Nachhauseweg: »Der heilige Georg steht nicht da, damit wir ihn bewundern können, sondern er steht da, damit wir sehen, was wir zu tun haben. Er sagt uns, dass es einen Drachen gibt, und er sagt uns, dass wir alle berufen sind, Drachentöter zu werden.«[3]

Ratzingers erste Predigten sind bemerkenswert, weil sie die enorme Kontinuität zeigen, die von Anfang an die Theologie des späteren Papstes auszeichnet. Schon in diesen Beiträgen kommt dabei der für ihn typische gesellschaftskritische Ansatz genauso zum Ausdruck wie der apokalyptische, Hoffnung gebende Charakter seiner Botschaft. Nach dem Auftritt in der Kindermesse war die Premierenpredigt vor Erwachsenen für Sonntag, den 3. Dezember 1950, in der 7.30-Uhr-Messe im Freisinger Dom angesetzt. Dem liturgischen Kalender gemäß war über den Advent, die Zeit der Erwartung, zu sprechen, konkret über die Wiederkehr Christi, eines der Lieblingsthemen Ratzingers. Der angehende Priester begann mit einer Frage. »Sind wir denn wirklich erlöst?«, wandte er sich an seine Zuhörer. »Ist diese Welt erlöst, deren Unerlöstheit in allen Straßen uns förmlich sichtbar begegnet?« Es sei zu prüfen, ob denn das ganze »Gerede« von der Erlösung durch Christus nicht bloß ein Wunschtraum, ein irrer Selbstbetrug ist, eine Vorgaukelung durch eine an Machterhalt interessierte Kirche. Ratzinger fuhr fort:

»Wer nichts kennt als diese gegenwärtige Welt, muss in den Zeichen ihres Untergangs eine Entsetzensbotschaft ohnegleichen vernehmen. Wer auf nichts hofft als auf die Errettung des Abendlandes, muss in der Möglichkeit seines Untergangs ein ausweisloses Grauen finden. Bei uns darf es nicht so sein. Wir wissen, dass die Katastrophe dieser Welt nur das Tor öffnet zum Aufbruch einer herrlicheren, neuen. Wir wissen, dass die Untergangsschrecknisse der alten Welt Geburtswehen der neuen sind. Das Urchristentum redete von einer zweiten Geburt Christi, am Ende der Tage aus den Wehen einer untergehenden Welt heraus. In dieser Geburt aber wird Christus als der Herrliche erscheinen, der die Welt verwandelt in jene selige Zukunftsgestalt hinein, die der Traum aller Jahrtausende gewesen ist. Gibt es also noch etwas zu erhoffen? Ja. Gibt es noch einen Advent? Ja. Auf jene Vollerlösung hin, die erst sein wird, wenn Christus allein

König ist. Um diese Welt beten wir, sooft wir sagen: Zu uns komme Dein Reich, Deine Königsherrschaft.«[4]

In seiner Premiere vor Publikum kann er nicht anders, als noch eine Hommage an seinen großen Meister anzubringen:

»Wenden wir uns noch einmal dem heiligen Augustinus zu … Aus all seiner Schwachheit heraus wagte er das Unmögliche, das psychologisch Widersinnige und Absurde, fortan als Christ zu leben. Aus dem Glauben an den, der Tag ist und in uns Tag werden will … Zwischen den zwei Geburten Christi, der ersten in Bethlehem und der letzten am Ende der Tage, will Christus fort und fort in uns geboren werden und durch uns die unheilige Nacht dieser Welt verwandeln in die heilige Nacht seiner Geburt.«

Auch in seiner zweiten Probepredigt, gehalten am 21. Januar 1951 um 7 Uhr in der Heilig-Geist-Kirche von Freising, begegnet uns bereits der »ganze« Ratzinger. Er spricht von den Arbeitern im Weinberg des Herrn. In dieser Geschichte geht es um die in der letzten Stunde noch hinzugekommenen Arbeiter, die genauso entlohnt werden wie jene, die der Besitzer des Weinbergs in der ersten Stunde angeheuert hatte. Jesus hatte dieses Gleichnis »auf dem Weg in die heilige Stadt« erzählt, »auf dem Weg also, an dessen Ende sein Tod steht«. In dieser Stunde spricht er, so Diakon Ratzinger, »über das Heil der ganzen Welt«. Denn:

»Das Geheimnis Christi ist die grundlose Güte Gottes, die Liebe, mit der Gott liebt, einfach weil er voll der Liebe ist, auch und gerade dann, wenn wir ihn nicht lieben, wenn wir Sünder sind. Es ist etwas, was wir nie vergessen dürfen: Nicht weil wir gut waren, sind wir Christen geworden oder geblieben, sondern weil zuerst Gott gut war. … Wir sind in der Taufe nicht einfach Gerechte geworden, sondern Christen – Christen, das heißt ein Stück Christus selbst, die Fortsetzung Christi in unsere Zeit hinein. In uns geht Christus durch die Straßen dieser Welt, in uns lebt er fort durch die Jahrhunderte … Aber freilich, das spüren wir doch auch, dass wir all dies nicht erfüllen können. Dass wir Christus nicht der Welt zeigen können, solange wir selbst ihn nicht kennen. Was heißt das aber? Dass wir immer neu ihn bitten müssen um seine Nähe. Dass wir immer neu ringen und handeln müssen, um zu werden wie er.«

Die Kommilitonen sahen Joseph in jeder freien Minute über seinen Büchern sitzen, »zurückgezogen wie ein Eremit«, wie Mitstudent Anton Mayer befand. In Freising und Fürstenried bildete Ratzinger den Grundstock, der sein theologisches Denken und Handeln leiten sollte. Die Basis seines Bewusstseins ist das Wissen darum, dass Gott existiert. Dass diese Welt materiell, aber auch geistig beschaffen ist. Dass das irdische Leben erst ein Anfang ist, um sich die Ewigkeit zu verdienen. Dass dieser Gott nicht nur hilft, sondern auch verlangt, die Ordnung der Welt zu respektieren, und eines Tages Rechenschaft erwartet. Aber war es nicht auch an der Zeit, das komplette Gebilde christlichen Glaubens einmal zu hinterfragen? Konnte man als intelligenter, kritischer Mensch noch an Gott glauben? Musste man nicht auch reflektieren, ob Gott möglicherweise tatsächlich nur eine Erfindung der Menschen war, wie die Atheisten behaupteten? Eine Metapher, um gewisse Erklärungsnotstände zu beheben? Was, wenn Jesus tatsächlich eine Figur war, die sich über unzählige Verklärungen verselbstständigt hatte?

Das betraf auch die Frage, ob die Wahrheit ein objektives Element der Schöpfung sei, oder ob sie verhandlungsfähig ist, je nach Zeitgeschmack. Das Thema Wahrheit sei für ihn tatsächlich lange Zeit kein zentraler Punkt gewesen, räumte Ratzinger ein. Er habe im Laufe seines geistigen Weges im Gegenteil sehr stark das Problem empfunden, »ob es nicht eigentlich eine Anmaßung ist zu sagen, wir könnten Wahrheit erkennen – angesichts all unserer Begrenzungen«.

Erst als er die Frage genauer verfolgte, habe er »beobachten und auch begreifen« gelernt, »dass der Verzicht auf Wahrheit nichts löst, sondern im Gegenteil zur Diktatur der Beliebigkeit führt. Alles, was dann bleiben kann, sei dann eigentlich austauschbar. Der Mensch entwürdige sich selbst, wenn er nicht Wahrheit erkennen kann; wenn alles eigentlich nur Produkt einer einzelnen oder kollektiven Entscheidung ist«. Es sei verhängnisvoll, Falsches, Unlauteres und Ungutes in Kauf zu nehmen oder sich Erfolg und öffentliches Ansehen durch den Verzicht auf Wahrheit zu erkaufen; und eben auch durch Billigung der herrschenden Meinung, auch wenn diese auf Unwahrheit beruhe. Wahrheit und Wirklichkeit gehörten zusammen. Eine wirklichkeitslose Wahrheit wäre ein reines Abstraktum. Und Wahrheit, die nicht in »menschlicher Weisheit« verarbeitet ist, wäre wiederum keine menschlich aufgenommene Wahrheit, sondern eine verzerrte Wahrheit.

In dieser Phase, wird Ratzinger später sagen, empfand er sich endlich entwickelt genug, »in das Gespräch mit Augustinus eintreten« zu können, »das ich auf verschiedene Weise schon seit Langem versucht hatte«⁵. Obgleich es bereits umfangreiche Monografien über den Kirchenbegriff bei Augustinus gab, entdeckte er immer wieder neue Gesichtspunkte. Als das »Haus Gottes«, so wurde ihm deutlich, galt den apostolischen Vätern nicht der Tempel, sondern die in der heiligen Eucharistie versammelte Gemeinde, das Volk. Dieses »Volk Gottes« wiederum ist die Kirche. Bei Augustinus wurde sie in Anlehnung an den Apostel Paulus mit Vorliebe als »Leib Christi« bezeichnet, der sich in der Feier der Eucharistie als gelebte *caritas* und als verwirklichte *unitas*, als Einheit, zeigt. Der Kirchenvater sprach im Hinblick auf die Kirche als *Leib* des *Hauptes* Christus. Haupt und Leib zusammen bildeten den *totus Christus*, den ganzen Christus.

Joseph nahm aber auch die Beschäftigung mit den Alltagsaufgaben des klerikalen Lebens ernst. Die praktische seelsorgerische Ausbildung sei für ihn »ein wichtiges, inneres Ringen« gewesen. Bewusst habe er sich vorgenommen: »Ich muss nicht Professor werden. Es war für mich ganz wichtig, dass ich, wenn der Bischof es will, auch bereit und willens bin, dann eben Pfarrer werde.«⁶

Der 29. Juni 1951 ist ein strahlender Sommertag. Es ist der Tag der so lange entgegengefieberten Priesterweihe. Auf dem Freisinger Domberg läuten die Glocken einen Festtag ein, auch die mächtige Korbiniansglocke. In letzter Minute hatte Joseph seine Preisarbeit dank der Hilfe seiner Geschwister abgeben können. Maria hatte die handschriftlichen Seiten fein säuberlich abgetippt, Georg kümmerte sich derweil um die Vorbereitungen für Priesterweihe und Primiz. Die nötigsten Kleidungsstücke waren eingekauft, Chorrock, Birette, Schulterkragen, Stola. Denn nach dem Klerusrecht war nach der Weihe stets geistliche Kleidung zu tragen. Noch immer aber wusste er nicht, ob seine Arbeit als Promotion angenommen oder verworfen worden war.

Eine Woche vor der Priesterweihe hatten die Kandidaten in Fürstenried sieben Tage lang strenge Exerzitien zu absolvieren, die Joseph »tief in die Seele« eingegangen waren. »Weil man noch mal all die Wege innerlich durchwandert und innerlich alles aufgesammelt hat, gerade an diesem Ort, wo ich studiert hatte.«⁷ Noch einmal hatte er sich gefragt: »Bin ich würdig, bin ich fähig?« Er mochte an Maurice Blondel gedacht haben, einen seiner Lieblingsschriftsteller. Der Franzose fühlte sich zum Priester berufen, erkannte aber nach intensivem inneren Ringen und mit Unterstützung seines Beichtvaters, dass sein »Missionsgebiet« die Welt der Philosophie sei, die sich zu seiner Zeit ganz von

Glaube und Religion abgeschottet hatte. Und wie recht er mit seiner Entscheidung hatte! Sein Erstlingswerk *L'Action* von 1893 wurde zum Manifest einer katholischen Erneuerung. Nach den Worten des Philosophen Xavier Tilliette bedeutete *L'Action* für eine ganze Studentengeneration geradezu eine »Haftentlassung«, weil es die Selbstgefälligkeit und Selbstgenügsamkeit des Laizismus entlarvte.

Der Dom zu Freising ist brechend voll. Wer es geschafft hatte, Platzkarten zu bekommen, kann sich glücklich schätzen. Auf der Empore sitzen die Ratzinger-Eltern, alt und grau geworden. Der Vater mit Schnauzer und gemütlicher Nickelbrille. Die Mutter im dezenten Sonntagsstaat, mit Mantel und Hut. Gemeinsam mit den anderen 43 Weihekandidaten hatte sich Joseph in aller Herrgottsfrühe bereit gemacht für den »Höhepunkt meines Lebens«. Vor dem Frühstück gab es eine Meditation, danach hatten sich alle im Domhof formiert. Der Einzug, die Kniebeuge vor dem Bischof, alles war hundertmal geübt worden. Die Zeremonie sollte von 8 Uhr bis 12.45 Uhr dauern. Der 82-jährige Kardinal Faulhaber war mit Rücksicht auf seine angeschlagene Gesundheit bereits am Vorabend eingetroffen.

Mit einer fünf Meter langen Schleppe zog Faulhaber nun in den Dom ein. Die Orgel brauste, der Männerchor stimmte die Motette *Exi cocaelibus magnus* an. Rupert Berger marschierte, nach dem Alphabet formiert, als Erster vorneweg, Georg und Joseph schritten hintereinander. Das »Volk« hatte sich erhoben, ein Raunen ging durch die Menge. Dann kam der Augenblick, als der Kardinal laut und feierlich das *Adsum* einforderte. Und durch 44 Kehlen kam ein geschlossenes, markerschütterndes *Adsum* zurück: »Ja, ich bin da!«. Schwer und ernst klang die Frage, die der Bischof an seinen Erzdiakon richtete: »*Scis illos dignos esse* – Weißt du, dass sie auch würdig sind?« Als der Erzdiakon mit Ja geantwortet hatte, wandte sich der Bischof an das Volk und fragte die Gläubigen, ob sie einverstanden seien, dass diese jungen Menschen zu Priestern in der Kirche geweiht werden. Und erst als niemand Einspruch erhob, konnte die heilige Handlung beginnen.

Noch liegen die Weihekandidaten in ihrer blütenweißen langen Tunika und der roten Schärpe wie Büßer ausgestreckt am Boden. Die Augen sind geschlossen. Während sie so verharrten, riefen sie gemeinsam in der Allerheiligenlitanei den Heiligen Geist an. Es ist ein liturgisches Wechselgebet zwischen Kantor, Vorbeter und Gemeinde aus dem 7. Jahrhundert, mit Anrufungen der verschiedenen Klassen von Heiligen: *Kyrie, eleison. Christe, eleison. Kyrie, eleison.* Herr erbarme Dich. Christus erbarme Dich. Die Liste währte ewig. Es kamen die heiligen Andreas, Johannes und Jakobus, alle heiligen Apostel, die heiligen Lukas und Markus, Maria Magdalena und Agnes, dann Bonifatius, Augustinus, alle heiligen Märtyrer, alle heiligen Päpste, Bischöfe und Lehrer der Kirche, die heiligen Superstars Benedikt, Bernhard, Franziskus und Dominikus und so weiter. Die Litanei endet mit: »Es erhöre uns der barmherzige Herr. / Amen. / Und die Seelen der verstorbenen Christgläubigen mögen durch die Barmherzigkeit Gottes ruhen in Frieden. / Amen.«[8]

Als Motto für eines seiner Andenken-Kärtchen zur Primiz hatte Joseph ein Wort des Apostels Paulus gewählt: »Nicht als ob wir von uns selbst aus etwas vermöchten, sondern unsere Fähigkeit kommt von Gott.« Auf ein zweites Kärtchen ließ er drucken: »Nicht Herren eures Glaubens sind wir, sondern Diener eurer Freude«, ein Wort aus dem 2. Korintherbrief. Als Student sei ihm bewusst geworden, erklärte er später, »dass der Hochwürdigkeitsfimmel verkehrt ist und dass der Priester stets innerlich daran arbeitet, dass man nicht auf diesen hohen Podest hinaufsteigt«. Sich jemandem gegenüber als »Hochwürden« vorzustellen, hätte er gar nicht gewagt: »Zu wissen, dass wir Diener sind, dass wir nicht Herren sind, war für mich nicht nur tröstlich, sondern wichtig, damit ich überhaupt die Weihe annehmen konnte.«[9]

Als er so am Boden liegt, fühlt er, wie er sich seiner »ganzen Armseligkeit bewusst« wird. Noch einmal fragt er sich: »Bin ich eigentlich wirklich fähig dazu?«[10] Aber während die Namen aller Heiligen und die Bitten der gläubigen Gemeinde ertönen, wird ihm deutlich: »Ja, ich bin schwach und unzulänglich, aber ich bin ja nicht allein, andere sind mit mir, die ganze Gemeinschaft der Heiligen ist mit mir.«

Plötzlich wurde es still im Dom. Das Wesenselement des Weihesakramentes ist die Handauflegung durch den Bischof in Verbindung mit dem Weihegebet *oratio consecrationis* sowie der Salbung der Hände mit heiligem Chrisamöl. Nach Lehre der Kirche ist dies der eigentliche Augenblick der Weihe.

»Wenn die Hand des Bischofs auf dem Haupte liegt, diese Hand, die da gar nicht mehr eigentlich einem Menschen gehört«, notierte Ratzinger, sei dies »Sinnbild und Werkzeug für die Vaterhand Gottes, die nach einem Menschen greift, für den Finger Gottes, den Heiligen Geist, der da ausgesandt wird auf einen Menschen.«[11] In einem seiner Bücher erinnerte Ratzinger später an einen kleinen Ritus, der ihm bei seiner Priesterweihe »am tiefsten in die Seele gedrungen ist«[12]. Danach wurden den Kandidaten nach der Salbung die Hände zusammengebunden, und mit diesen zusammengebundenen Händen nahm man den Kelch – »die Hände und in ihnen das eigene Sein schien gleichsam an den Kelch gefesselt«. Ihm sei dabei die Frage Jesu an die Brüder Jakobus und Johannes durch den Kopf gegangen: »Könnt ihr den Kelch trinken, den ich trinken werde?« Aber er habe förmlich auch die Stimme des Herrn vernommen, der da sagte: »Du gehörst mir, du bist nicht einfach dein eigen, ich will dich, du stehst in meinem Dienst.« Zugleich sei da das Bewusstsein gewesen, »dass diese Handauflegung Gnade ist; dass sie nicht nur Pflicht schafft, sondern vor allen Dingen Geschenk ist; dass Er mit mir ist, und dass seine Liebe mich deckt und geleitet«[13].

Nach dem jahrtausendealten Ritus, durch den die Vollmacht der Sündenvergebung übertragen wird, sprach der Kardinal mit brüchiger und dennoch fester Stimme die Worte Jesu, die vielen der Anwesenden Tränen in die Augen trieben: »*Iam non dico vos servos sed amicos*« – »Nicht mehr Knechte nenne ich euch, sondern Freunde.« Joseph schien, als würde er in seinem Innersten angerührt: »Ich wusste, das ist nicht nur ein Zitat aus Johannes 15, das ist ein aktuelles Wort, das der Herr jetzt zu mir spricht. Er nimmt mich als Freund an; in dieser Freundschaft stehe ich; er hat mir sein Vertrauen geschenkt, und in dieser Freundschaft kann ich wirken und andere zu Freunden Christi machen.«

Genau 60 Jahre später, zum diamantenen Jubiläum seiner Priesterweihe, erinnerte Ratzinger als Papst Benedikt auf dem Petersplatz in Rom noch einmal an diesen denkwürdigen Moment:

»Ich wusste: In diese Stunde sagt er selbst, der Herr, es jetzt zu mir ganz persönlich … Er nennt mich Freund. Er nimmt mich in den Kreis derer auf, die er damals angeredet hatte im Abendmahlssaal. In den Kreis derer, die er auf ganz besondere Weise kennt und die ihn so in besonderer Weise kennenlernen. Er gibt mir die fast erschreckende Vollmacht zu tun, was nur er, der Sohn Gottes, sagen und tun kann und darf: Ich vergebe dir deine Sünden. Er will, dass ich – von ihm bevollmächtigt – mit seinem Ich ein Wort sagen kann, das nicht nur Wort ist, sondern Handeln, das im Tiefsten des Seins etwas verändert …

Die Freundschaft, die er mir schenkt, kann nur bedeuten, dass auch ich ihn immer mehr zu erkennen versuche; dass ich in der Schrift, in den Sakramenten, in der Begegnung des Betens, in der Gemeinschaft der Heiligen, in den Menschen, die auf mich zukommen und die er mir schickt, immer mehr ihn selber zu erkennen versuche.«[14]

Es war vollbracht. Die Männer hatten sich erhoben und zum ersten Mal ihre priesterlichen Gewänder angelegt. Am Ende der Zeremonie trug jeder eine brennende Kerze, die er dem Erzbischof übergab. Dieser Ritus, der nach dem Konzil abgeschafft wurde, versinnbildlichte noch einmal, dass der zölibatäre Priester das eigene Leben übergibt, damit das Licht des Evangeliums brenne und die Welt erleuchte.

Unter einem vielstimmigen Gesang und dem gewaltigen Brausen der Orgel zog die lange Schar der Neupriester gemeinsam mit dem Klerus und Kardinal Faulhaber durch ein langes Spalier von freudig erregten Menschen. »Die Weihe war natürlich seelisch ein Höhepunkt«, erinnerte sich Georg, »aber vor allem hat man geschaut, dass man nichts falsch macht.«[15] »Bei einer so großen Sache in eine so unbekannte Zukunft hinein«, kommentierte sein Bruder, bleibe irgendwie auch die Frage zurück: »Hast du das Richtige getan? Wirst du das durchstehen können?«[16] Allerdings habe ihm, gestand er später, in den entscheidenden Momenten eine unvermutete Erscheinung »sehr geholfen«. Kein anderer der Kandidaten hatte diese Szene miterlebt, auch niemand von den Gläubigen. Man solle ja nicht abergläubisch sein, so Ratzinger, »aber als in dem Augenblick, in dem der greise Erzbischof mir die Hände auflegte, ein Vöglein, vielleicht eine Lerche, vom Hochaltar in den Dom aufstieg und ein kleines Jubellied trällerte, war es mir doch wie ein Zuspruch von oben: Es ist gut so, du bist auf dem rechten Weg.«

Und als bedürfte es noch einer letzten Bestätigung, erfuhr er unmittelbar nach der Weihe das Ergebnis der Preisarbeit. Endlich. Er hatte als Sieger bestanden. Niemand, so das übereinstimmende Urteil der Prüfer, könne Erhellenderes über *Volk und Haus Gottes in Augustins Lehre von der Kirche* sagen als der noch immer so bubenhaft wirkende Student aus Hufschlag.

Alles war gesagt, alles war getan. Zur Feier gab es im Speisesaal des Seminars Wiener Schnitzel mit Kartoffelsalat. Am Ende dieses geschichtsträchtigen Peter-und-Paul-Festes schrieb Kardinal Faulhaber in sein Tagebuch: »*Deo gratias*, ist gut gegangen.«[17]

Kapitel 21

Der Kaplan

In der Stadt Traunstein herrschte Ausnahmezustand. Girlanden wurden gebunden, Gedichte gelernt, und auf ein Transparent, das über der Hauptstraße prangte, hatte jemand den Spruch gepinselt: »Das ist der Tag, den der Herr gemacht hat.«

Ein Primizsegen ist es wert, hieß es im Volksmund, sich ein paar Schuhsohlen abzulaufen. Und gar bei einer Primiz von gleich drei jungen Männern aus demselben Ort, gewissermaßen einer Weltsensation. Ruperts Vater hatte seinen Mercedes 170 samt Chauffeur zur Verfügung gestellt, und unmittelbar nach der Priesterweihe in Freising und dem nachfolgenden Schnitzel-Essen saßen die glorreichen Drei stolz im Fond des Wagens. Der Konvoi bestand aus drei Autos. Auf dem Beifahrersitz gab Stadtpfarrer Georg Elst, der »Raketen-Schorsch«, letzte Instruktionen. Er hatte das Dorf Hufschlag kurzerhand nach Traunstein eingegliedert, damit Georg und Joseph in St. Oswald ihr erstes Hochamt feiern konnten. Konzelebration war noch nicht erlaubt, so mussten drei Gottesdienste stattfinden. Für Joseph war eine Frühmesse vorgesehen, kein guter Termin für Besucherrekorde. Noch dazu war an dem Tag ein großes Fahrradrennen angesetzt.

Bereits der Empfang am Maxplatz von Traunstein um 19 Uhr – mit Glockengeläut, Honoratioren und dem Klerus der Stadt – war überwältigend. Tausende Menschen waren gekommen, um in einer Prozession zur Kirche die Ankunft der Jungpriester zu feiern. Auf Drängen von Rupert und Georg, jemand müsse doch etwas sagen, gab Joseph ein Statement über die Eucharistie. Dann sprach er über den »fünffachen Auftrag«, der ihm mit der Priesterweihe erteilt wurde, nämlich »zu opfern, zu segnen, vorzustehen, zu predigen und zu taufen«. Anschließend wurde das Allerheiligste ausgesetzt, um den Gläubigen Gelegenheit zur Anbetung zu geben.

Die erste Primiz, die von Rupert Berger, fand am 1. Juli 1951 um 9 Uhr statt. Joseph und Georg dienten als Leviten, Lautsprecher übertrugen das Hochamt auf den Vorplatz. Eine Woche später waren Joseph und Georg an der Reihe. Am Vorabend hatten die Nachbarn in Hufschlag ihre Häuser geschmückt und einen Triumphbogen aufgestellt. Die laue Sommernacht duftete nach Blumen und Kräutern, Junikäfer blinkten am Abendhimmel. Auf dem Dach des Nachbaranwesens erstrahlte ein aus Lichtern gebildetes riesiges Kreuz. Als ein Fackelzug, dem sich immer mehr Menschen und eine Singschar der katholischen Jugend anschlossen, das elterliche Haus erreichte, konnte sich Pfarrer Elst nicht mehr halten. Er sprang auf den Tisch in der Stube und Schwang im Feuereifer eine Rede: »Aus dem harten Stein ist ein Funken entsprungen«, begann er mit Blick auf das ärmliche, vielfach so belächelte Hufschlag. Der scheinbar unbedeutende Vorort habe nun nicht nur einen, sondern gleich zwei Priester hervorgebracht.

Der Primiztag des späteren Papstes ist der 8. Juli 1951, Beginn um 7 Uhr. Niemand levitierte. Gesungen wurde die Christ-König-Messe op. 88 für Volksgesang und Orgel von Joseph Haas. Joseph hatte für einfache, dem Volk vertraute Lieder aus dem Gesangbuch plädiert, doch Pfarrer Elst blieb stur. Die Christ-König-Messe sei feierlich und schön und für den großen Anlass genau das Richtige. Es kam, wie es kommen musste: Die Gläubigen konnten nicht mithalten, und auch der Jugendchor scheiterte an der Komposition. Elst gestikulierte wild, polterte zwischen den einzelnen Liedern, doch gefälligst besser mitzusingen: »Da zwitschern ein paar Spatzen vom Kirchenchor, das ist doch kein Gesang.« Der Gottesdienst war nicht schlecht besucht, aber auch nicht proppenvoll, was dem geringeren Bekanntheitsgrad des Primizianten zugeschrieben wurde. Ausgenommen jener Fans, die gekommen waren, um »den schönen jungen Herrn Joseph« zu sehen, der als furchtbar gescheit galt.[1]

Zur selben Stunde waren in Hufschlag Böllerschützen aufgezogen. Als Joseph von seiner Primizfeier zurückkam, startete eine nie da gewesene Prozession, um den ältesten Sohn der Familie auf dem herrlich geschmückten Weg zur zweiten Primiz des Tages zu geleiten. Kinder in weißen Kommunionkleidern, Fahnenabordnungen, Ministranten und Blasmusik. Das Fahrradrennen war vergessen. Stattdessen drängten sich auf dem Stadtplatz die Menschen, um die Primiz aufgrund der völlig überfüllten Pfarrkirche zumindest über Lautsprecher verfolgen zu können. Georg hatte sich die »Nelson-Messe« ausgesucht, die große Orchestermesse von Joseph Haydn. Dass sein Prediger einen Großteil des memorierten Textes vergaß und statt der vorgesehenen 25 Minuten nur 15 Minuten sprach, störte nicht weiter. Ergriffen erlebten die

Eltern, wie ihre Söhne am Ende der Feier vor dem Altar synchron ihre Arme hoben, um gemeinsam den Primizsegen zu spenden. Georg lächelte, und sein Blick ging nach oben. Joseph wirkte ernst, die Augen konzentriert auf den Boden gerichtet, aber irgendwie auch ins Ungefähre, ins Unendliche.

Bei seiner eigenen Feier wenige Stunden zuvor hatten die Gläubigen aufmerksam sein Verhalten verfolgt, als er mit der Konsekration die Worte Jesu nachsprach: »Das ist Mein Leib. ... Das ist der Kelch Meines Blutes, des neuen und ewigen Bundes – Geheimnis des Glaubens –, das für euch und für viele vergossen wird zur Vergebung der Sünden.« Mit dieser vor der Liturgiereform gültigen Formulierung drückte der Priester die vorbehaltlose Hingabe Jesu für seine Nachfolger aus. Gleichsam aber sollten die Worte auf den Priester zurückfallen, als unabweisbare Forderung, sich selbst in diesem »Leib-für-euch« einschmelzen zu lassen, sich zu »kon-sekrieren«. So weit die Arme reichten, hatte Joseph dabei die Hostie in den Himmel gehalten, danach den Kelch. Und nie sollte er sich in den weit über 25 000 Messen, die er noch feiern würde, anders verhalten als bei diesem ersten Mal. »In einem Zeitraum von fast einem halben Jahrhundert«, sagte einer seiner Schüler, der Theologieprofessor Hansjürgen Verweyen, habe er diese doppelte Kon-sekration bei jeder Messe bei seinem Lehrer erlebt.[2] Auch der spätere Bischof von Essen, Hubert Luthe, betätigte: »Wir haben gegenseitig während des Konzils in der Messe gedient, da spürt man, wie einer damit umgeht.« Luthe war sich sicher: »Bei seiner großen, fast kindlichen Andacht, da ist nichts penetrant, nichts vorgespielt. Das ist er ganz er selber. Und das kann man nur machen, wenn man aus der Heiligen Schrift und aus dem Gebet lebt.«[3] »Dass der Herr selber da ist und dass diese Hostie nun nicht mehr Brot, sondern Leib Christi ist«, erläuterte Ratzinger, das sei eben »so außergewöhnlich und aufregend, dass es einen immer wieder trifft und durchdringt.«[4]

Mit einem Festmahl für rund einhundert geladene Gäste – und vielen Tischreden über die Schatten- und Sonnenseiten des Priesterlebens – klang die Doppelprimiz im Gasthaus Sailer-Keller in Traunstein aus. Während gespickter Kalbsbraten aufgetragen wurde, zogen Wolken auf, und ein gewaltiger Donner kündete Ströme eines warmen Sommerregens an. Die Feierlichkeiten aber gingen weiter, fast vier Wochen lang. Im Pfarrbüro standen Gläubige Schlange, um sich für einen Hausbesuch der Primizianten registrieren zu lassen. Tagelang unterwegs, »bekamen wir in jedem Haus eine Brotzeit und ein bisschen Geld als Geschenk«, berichtete Georg[5]. Joseph fügte an, er habe dabei »ganz unmittelbar erfahren, wie sehr Menschen auf den Priester warten, wie sehr sie auf den Segen warten, der aus der Kraft des Sakraments kommt«[6]. Anna Mayer, damals ein kleines Mädchen in der Nachbarschaft, schwört Stein und Bein, dass ihre Großmutter sich nach dem Besuch der Brüder sofort sicher gewesen sei: »Wirst sehn, der Joseph wird mal Papst werden!«[7]

Vom Auftrag Christi berührt sein, ihn zu den Menschen zu tragen, fasst im Grund Ratzingers Theologie des Priestertums zusammen. Für einen Priester gelte es, »ein Hirte zu sein für die Menschen vom Herrn her – und zugleich ein Mensch der Hingabe, des Schweigens, im Heraustreten aus den Aktivitäten dieser Welt, in der betenden Zugewandtheit zum lebendigen Gott«, so führte er viele Jahre später den Gedanken fort. Der innerste Akt der Freundschaft zu den Menschen sei »das betende Hintragen all ihrer Sorgen, ihrer Schmerzen, ihrer Leiden, ihrer Hoffnungen, ihrer Freuden vor das Angesicht des lebendigen Gottes im Gebet. Der Priester soll gleichsam das, was in den Aktivitäten des Alltags sich an Ungelöstem verbirgt, und das, was in den Ereignissen dieser Welt die Menschen bedrängt und bedroht, zusammensammeln und nach oben tragen.« Falls er denken sollte, zuerst einmal gebe es doch ganz andere Probleme zu lösen, wäre sein Weg verfehlt: »Denn Gott, auch wenn wir es nicht sehen und gerade wenn wir es nicht sehen, ist der wahrhaft Nötige und das am meisten Nötige für den Menschen und die Welt. Wo Gott verschwindet, verschwindet auch der Mensch.«[8]

Ab 1. August 1951 hatte Joseph selbst Gelegenheit, in den praktischen Dienst einzusteigen, vor dem ihm eigentlich so gebangt hatte. Es begann mit einem Fiasko.

Nach der Primiz hatten sich die Wege der Brüder getrennt. Georg wurde Kaplan in Grainau bei Garmisch-Partenkirchen, danach Erzieher am Knabenseminar in Freising. Mit der Genehmigung, an der Musikhochschule München Kirchenmusik zu studieren, war zusätzlich ein Dienst in der Pfarrei St. Ludwig in München verbunden. Joseph wurde der Pfarrei Heilig Blut in München-Bogenhausen zugeteilt, einer gutbürgerlichen Wohngegend rechts der Isar. Den Einsatzort hatte er – auf eine Empfehlung von Regens Michael Höck hin – einem Domkapitular namens Irschl zu verdanken, dem »bischöflichen Fleischverteiler«, wie die Jungpriester den Disponenten despektierlich nannten. Die Stelle in

Bogenhausen war begehrt. Joseph freute sich insbesondere auf seinen Pfarrherrn, den Geistlichen Rat Max Blumschein, dem der Ruf eines heiligmäßigen Priesters vorauseilte. Aber noch war er nicht am Ziel. Denn statt ins Nobelviertel ging es zunächst in die 12 000-Seelen-Gemeinde Moosach, einen dörflichen Vorort im Nordosten Münchens. »Es passierte so ungefähr alles, was passieren konnte«, fasste der Berufsanfänger im Rückblick zusammen. »Beerdigen«, fügte er trocken hinzu, »das habe ich damals gelernt.«

Stadtpfarrer Josef Knogler war krank, der Kaplan in Urlaub, der Mesner verreist und die Pfarrschwester nicht auffindbar. Weil die Nachbarpfarreien schwach besetzt waren, musste der Neuling auch andernorts Gottesdienste halten, Kranke besuchen, Hinterbliebene trösten. Sein winziges Zimmer im alten Pfarrhaus in der Pelkovenstraße hatte kein fließendes Wasser, für die Morgentoilette musste eine kleine Schüssel reichen. Immerhin bezog er zum ersten Mal in seinem Leben Gehalt. Von den 210 Mark im Monat gingen freilich 110 weg für Kost und Logis, 20 für Wäsche. Hinzu kamen Ausgaben für Krankenkasse, das Abonnement des Amtsblattes sowie das »Seminaristikum«, eine spezielle Abgabe zur Förderung der Priesterseminare.

In Ratzinger wird vor allem der Theologe und Glaubenswächter gesehen. Dass er auch ein engagierter Seelsorger war, belegen seine intensiven Erfahrungen als Studentenpfarrer, Aushilfspriester und Kaplan. Obwohl er mit der Vorstellung haderte, vielleicht doch noch irgendwo als einfacher Gemeindepriester zu landen, und enorm Angst davor hatte, durch seine schüchterne, linkische Art keinen Kontakt zu den Menschen zu finden, fasste er umgehend Fuß. Im Nachhinein nannte er diese Episode gar »die schönste Zeit meines Lebens«[9]. Allerdings hätte Ratzinger nach Kirchenrecht gar nicht Pfarrer werden dürfen. Voraussetzung dafür war nach kirchlicher Prüfungsordnung ein sogenannter Pfarrkonkurs, eine ordentliche Bewerbung um eine Gemeinde. Ratzinger jedoch hatte nie eine geschrieben. Außer seinem Freund Berger war das allerdings niemandem aufgefallen, und Rupert wusste, wie man ein Geheimnis für sich behält.

In Moosach liebte Joseph die gemächlichen Blumenwiesen und Felder, das freundliche Interieur aus dem Barock und Rokoko in der alten Martinskirche, die sympathische Einfachheit der Menschen. In Bogenhausen erwartete ihn zum 1. September 1951 nicht nur ein hektisches Pfarrhaus und eine Kirche, die nach einem Bombenangriff bis auf die Außenmauern zerstört und als einfacher Saalbau 1950 wieder aufgebaut worden war, sondern vor allem reichlich Arbeit. Als Kaplan oblag ihm, jeden Samstag vier Stunden Beichte zu hören und jeden Sonntag zwei Zelebrationen und zwei bis drei Predigten zu absolvieren. Hinzu kamen Hochzeiten, Taufen, Beerdigungen und Hausbesuche. Das waren aber nur die Extras. Der Grunddienst bestand darin, werktags täglich um 6 Uhr eine Stunde im Beichtstuhl zu sitzen, um 7 Uhr die Messe zu halten und ab 8 Uhr 16 Wochenstunden Religion an der Gebele-Volksschule zu geben, mit Buben und Mädchen in 5 verschiedenen Klassen. Wobei es vorkam, dass ihn ältere Schüler zunächst für ihresgleichen hielten. »Einmal, ich war, wie so oft, knapp dran«, erzählte Ratzinger, »hängte sich ein kleiner Lauser an mich und meinte, wenn wir zu zweit zu spät kämen, fiele es nicht so auf. Als er allerdings wissen wollte, in welche Klasse ich ginge, musste ich ihn doch aufklären, dass ich in der Schule sozusagen auf der anderen Seite stünde.«

In München-Bogenhausen erinnert man sich an den Kaplan als eine »sehr schmale Gestalt«. Er habe eine »zurückgenommene, fast schüchterne Art« gezeigt, so Konrad Kruis, damals Ministrant, später Richter am Bundesverfassungsgericht, gleichwohl sei da eine »freundlich-zugewandte Menschlichkeit« aufgefallen, die »ein wahrhaft liebevolles Wesen leuchten ließ«. Kruis: »So gläubig und fromm er war, er integrierte sich ganz unter seine Pfarrkinder. Das heißt, er verzichtete auch darauf, in irgendeiner Weise seinen geistlichen Stand oder seine wissenschaftliche Ausrichtung hervorzukehren.« Die jungen Leute seien »in seinem Bann« gewesen. Nicht nur wenn es um Ratzingers bald weithin bekannte Jugendmesse donnerstags morgens um 6.05 Uhr ging, um die Bibelabende (mit der Interpretation der *Geheimen Offenbarung des Johannes*) oder den Singkreis (in dem mit Hingabe Motetten und Madrigale eingeübt wurden, etwa das *Ave Maria* von Thomas Luis da Vittoria).

Besonders gefragt waren die Jugendabende in einem alten, unverputzten Ziegelbau, wo Ratzinger Diskussionen über Hölderlin und Kierkegaard führte oder seinen Zuhörern erklärte, dass der Mensch Gott mit dem Licht der natürlichen Vernunft erkennen könne. »Jeder konnte spüren«, so Kruis, »dass der junge Priester, der ihm begegnete, mit spirituellen wie intellektuellen Gaben reich ausgestattet war und dass etwas Außerordentliches von ihm ausging.«[10] Nur mit Fußball hatte der Kaplan aus den bekannten Gründen ein Problem. Fernhalten sollte er sich im Übrigen von den Treffen der katholischen Dienstmädchen, meist patente und robuste Frauen um die dreißig. Als er zu einem ihrer Gruppenabende vorbeischaute, um eine Bibelstunde zu halten, wehrte die Leiterin entschieden ab: »Nein, Herr Kaplan, da sind Sie noch zu jung. Da kommen Sie mir nicht hinein.«[11]

»Mit einiger Sorge« aufgrund seiner mangelnden Praxis war Ratzinger an den Start gegangen. Doch wieder war die »Vorsehung« mit ihm. Wie bereits in Freising und Fürstenried durch Läpple und Söhngen traf er auch in Bogenhausen in Pfarrer Max Blumschein auf einen väterlichen Freund und noch dazu einen Vollblutseelsorger alter Schule, fleißig, voller Leidenschaft und Güte. Ratzinger empfand seinen ersten Dienstherrn gar als »Inbild des guten Hirten«, einen Menschen, »der durchdrungen war von seiner Aufgabe« und der »mit seiner schlichten Gläubigkeit die vorwiegend intellektuellen Mitglieder seiner Pfarrei mehr beeindruckte, als er es mit intellektuellen Reden gekonnt hätte«.

Schwarzer Anzug und Kollar waren Pflicht, Blumschein bevorzugte zudem den knielangen Gehrock des Geistlichen, wie er früher üblich war. Der 67-Jährige gab Takt und Tempo vor. Auf gemeinsamen Radtouren durch die 10 000-Seelen-Gemeinde, bergauf, bergab, machte ihn der spindeldürre Geistliche Rat mit seinem Wirkungsfeld bekannt. Und »da der Pfarrer sich nicht schonte, konnte und wollte auch ich es nicht tun«. In den Gottesdiensten überließ Blumschein dem Anfänger zunächst nur die Predigten in den Kindermessen. Die Homilien in den Hauptmessen, erklärte er, seien für seine »Guten« reserviert, die erfahrenen Jesuitenpatres Wulf und Hilig. Aber schnell erkannte er, dass seine »Guten« nicht so gut waren wie sein vermeintlich »Schlechter« und beauftragte den Kaplan auch mit den »großen« Predigten. Auch Esther Betz, die Studentin aus Fürstenried, tauchte hier auf, die jetzt in Bogenhausen wohnte und sich für den »feingliedrigen, blutjungen Geistlichen« begeisterte, »dessen mit heller Stimme vorgetragene Predigt mich staunen ließ«[12].

Joseph fühlte sich wohl. Das Milieu behagte ihm. Ein Priester müsse innerlich »glühen«, redete ihm Blumschein gut zu. Gelegentlich kam Georg zu Besuch. Die Brüder erzählten sich ihre Erlebnisse, machten Spaziergänge im Englischen Garten. In der Pfarrei sprang Joseph ein, wenn ein Nikolaus gebraucht wurde. Bei Ausflügen erklärte er den Stadtschülern Blumen und Wildpflanzen, die ihm aus seiner ländlichen Herkunft bestens vertraut waren. Die Kinder hätten den »unglaublich netten Mann, der viel Charisma hatte«, sehr gemocht, berichtete die Schülerin Barbara Bechteler, »noch dazu sah er fantastisch aus und hatte Humor«[13]. Einmal folgte er der Einladung in den amerikanischen

Jugendclub in der Possartstraße zu einem Faschingsfest. Allerdings hatte er auf kein spezielles Kostüm geachtet. »Ui, da schaut's her«, riefen einige der jungen Leute vergnügt, »der geht als Kaplan.« Verstört zog Joseph wieder ab.

Als am 17. Juni 1952 der Trauerzug für den fünf Tage zuvor verstorbenen Kardinal Faulhaber durch die Stadt zog, durfte Ratzinger in einem gewaltigen Umhang, einer für ihn viel zu großen Dalmatik, die ihn aussehen ließ wie einen Derwisch, den damaligen Apostolischen Nuntius in Deutschland, Aloisius Muench, begleiten. So schüchtern der Kaplan manchmal erscheinen mochte, so integer malte er nach dem Tod des Kardinals in seinen Predigten ein Bild davon, wie ein guter Bischof zu wirken habe. Gleichzeitig ermahnte er die Gläubigen, für die Findung eines geeigneten Nachfolgers zu beten.

Bei Gottesdiensten sind große Gesten nicht seine Sache, aber er ist ein guter Sänger, der jeden Ton trifft. Auch versucht er nicht, wie andere Kapläne das machten, »Eindruck zu schinden«, so der Priester Hermann Theißing, damals Gymnasiast. Schon an seinem Zimmer habe man sehen können, »dass er wahnsinnig einfach lebte. Da stand nicht ein großer Schreibtisch mit vielen Bildern und was sonst ein Jugendkaplan so hatte, sondern nur ein einfacher Tisch mit ein paar Heften drauf, ein Bücherregal und ein Bett. Das war alles.«[14]

Wenn der Theologe später seine Auffassung vom Priesterdienst erläuterte, griff er gerne auf das Vorbild Max Blumscheins zurück: »Er hinterließ mir das Beispiel einer rückhaltlosen Hingabe an seine seelsorgliche Aufgabe bis zu seinem Tod, der ihn ereilte, als er einem Schwerkranken das Sakrament der Wegzehrung brachte.«[15] Priestertum verlange ein Herausgehen aus der bürgerlichen Existenz, betonte Ratzinger, es müsse »Menschen zur Fähigkeit des Versöhnens, des Vergebens und Vergessens, des Ertragens und der Großzügigkeit führen« und helfen, »den anderen in seiner Andersheit zu ertragen, Geduld miteinander zu haben«. Ein Priester müsse »vor allem auch fähig sein, den Menschen im Schmerz beizustehen – im körperlichen Leiden wie in all den Enttäuschungen, Erniedrigungen und Ängsten, die keinem erspart werden«. Denn »die Fähigkeit, das Leid anzunehmen und zu bestehen«, so einer der Lehrsätze Ratzingers, sei »eine grundlegende Bedingung für das Gelingen des Menschseins; wo sie gar nicht erlernt wird, ist das Scheitern der Existenz unausweichlich«[16].

Die »gültige Definition der Grundform und des Grundauftrags priesterlicher Existenz« bleibe Paulus' Botschaft im Korintherbrief:

»Wir sind Gesandte an Christi statt.« Von einem Priester sei gefordert, dass er »Jesus von innen her kennt, ihm begegnet ist und ihn zu lieben gelernt hat«. Erst als Mann des Gebetes sei er auch wirklich ein »geistlicher« Mensch, ein Geistlicher. Wenn Priester sich überanstrengt, müde und frustriert fühlten, liege es oft an einer verkrampften Suche nach Leistung. Der Glaube werde dann zu einem schweren Gepäck, »wo er doch Flügel sein sollte, der uns trägt«. Wer für Christus handle, der wisse, »dass immer wieder ein anderer sät und ein anderer erntet. Er braucht nicht fortwährend nach sich zu fragen; er überlässt dem Herrn, was herauskommt, und tut angstlos das Seinige, befreit und heiter ob seiner Geborgenheit im Ganzen«.[17]

Die Bogenhausener waren anfangs skeptisch gewesen. Doch allmählich begeisterte sich die ganze Gemeinde für einen Kaplan, der so viel Elan und Idealismus an den Tag legte – und durch seine Natürlichkeit verblüffte. Bald wurden im Stadtteil wohnende Verleger auf ihn aufmerksam. Etwa Dr. Hugo Schnell, in dessen Verlag später Ratzingers Habilitation erscheinen sollte. Oder Dr. Christoph Wild, Chef des Münchner Kösel Verlags, der das hoffnungsvolle Talent bald unter Vertrag nahm und neben Ratzingers Erstlingswerk *Über die christliche Brüderlichkeit* auch den Welterfolg *Einführung in das Christentum* herausbrachte. Ratzinger habe eben »schon damals eine gewaltige Ausstrahlung«, gehabt, so Hermann Theißing, »aber trotz dieser Ausstrahlung war er zurückhaltend und bescheiden. Er brauchte nicht ›Schaum zu schlagen‹. Er war einfach Joseph Ratzinger«.

Theißing erinnerte sich an eine kleine Geschichte, die bezeichnend ist für den Pragmatismus, mit dem Ratzinger stets das Nützliche tat, ohne dabei das Geistliche zu egalisieren. Es ging um eine Abordnung aus einem Jugendzentrum in Köln, die quer durch Deutschland eine Lichterstafette veranstaltete und wie in den Jahren zuvor auch in Bogenhausen brennende Kerzen auf einen Seitenaltar der Kirche stellte. Am anderen Morgen jedoch waren zum Entsetzen der Ministranten die Lichter erloschen. Der Mesner hatte sie einfach ausgeblasen. Die Aufregung war groß. Was würde der Herr Kaplan dazu sagen! »Fürchterliche Gedanken schossen uns durch den Kopf«, berichtete einer der Beteiligten. Ratzinger steckte den Kopf durch die Tür. »Das Altenberger Licht ist ausgegangen«, tönte es aufgeregt im Chor. Doch der Kaplan verzog keine Miene und wusste sofort, was zu tun ist: »Dann zündet es halt wieder an!«

Die Ernsthaftigkeit des priesterlichen Dienstes in Heilig Blut hatte auch mit dem Genius Loci der Pfarrei zu tun. In Bogenhausen beeindruckten Ratzinger nicht nur eine besonders kultivierte Gemeinde, sondern auch Gläubige und Vorgänger im Amt, die als Zeugen Christi zu Märtyrern wurden. Pfarrer Blumschein hatte als Seelsorger nicht nur die NS-Gegner Ludwig Freiherr von Leonrod und den früheren Staatsminister Franz Sperr in den Tod gehen sehen, er musste auch die Verhaftung und Tötung seiner beiden Kapläne Hermann Josef Wehrle und Alfred Delp erleben.

Delp kam aus einer gemischt konfessionellen Familie in Mannheim. Er wurde evangelisch konfirmiert, trat jedoch, geprägt durch die Frömmigkeit seiner katholischen Mutter, sofort nach dem Abitur in den Jesuitenorden ein und wurde am 24. Juni 1937 von Kardinal Faulhaber in München zum Priester geweiht. Menschen in seiner Umgebung waren fasziniert von Delps analytischer Kraft, seinem visionären Geist und der Verbindung von Mystik und Widerstand, die er pflegte. Elisabeth Groß, die Delp in Bogenhausen als ihren Religionslehrer und Leiter der »Heliand-Gruppe« erlebte, blieb besonders auch sein Einsatz für Verschüttete nach Bombenangriffen in Erinnerung; oder sein Engagement, wenn er nachts mit Müttern und Schülern die von den Nazis entfernten Schul-Kruzifixe ersetzte. Delp habe besonderen Wert auf die Gewissensbildung gelegt. Er habe gehandelt, so Groß, »weil ihm sein Gewissen dies gebot, als katholischer Christ und Priester«[18].

1939 als Kaplan nach Heilig Blut gekommen, schloss sich der Jesuitenpater drei Jahre später dem »Kreisauer Kreis« an, jenem Bund an Nazigegnern um die Grafen von Moltke und von Stauffenberg, die das Hitler-Attentat vom 20. Juli 1944 vorbereiteten. Im »Kreisauer Kreis« entwickelte er auf der Grundlage der katholischen Soziallehre ein Konzept für eine christlich-soziale Gesellschaftsordnung für die Zeit nach der NS-Herrschaft (die tatsächlich in der Nachkriegsordnung der Bundesrepublik zur Geltung kam). Der moderne Mensch sei zwar »auf vielen Gebieten des Lebens ein überragender Könner«, schrieb Delp, zugleich aber »krankhaft lebensunkundig geworden«. Anstelle von geistiger Wachheit, persönlicher Lebendigkeit und Urteils- und Gewissensfähigkeit bildeten sich Verhaltensweisen eines »getriebenen und verführten Menschen« heraus, »des ewigen Objekts fremder Entscheidungen und Vergewaltigungen«.

Als Kaplan Ratzinger in Heilig Blut auf die Hinterlassenschaft seines Vorgängers stieß, beeindruckten ihn besonders Delps Überlegungen zur »Herausforderung der Geschichte«, zum »theonomen Humanismus« und zur »Zukunft der Kirchen«, niedergeschrieben »im Angesicht des Todes« im Spätjahr 1944 in der Strafanstalt Berlin-Tegel. Delp sah die Ursache für die unermessliche Selbstzerstörung des Menschen darin, dass er Gottes unfähig geworden sei. Wahre Humanität sah Delp aus den Erfahrungen seiner Zeit heraus erst in einem Rückbezug des Menschen auf Gott ermöglicht. Er sei die schützende Grenze vor dem »despotischen Druck der Masse«, vor einer letzten Hingabe an das Wir, »die auch den letzten Raum des Intimsten prostituiert, das Gewissen verschlingt, das Urteil vergewaltigt und schließlich den Geist blendet und erstickt«. Ein atheistisch geprägter Humanismus sei letztlich nur eine Illusion und würde immer wieder in neuer Hybris und Verirrung, in einem neuen Wahn enden.

Ratzinger nahm den Ansatz Delps bereitwillig auf. Er stellte ihn in späteren Aufsätzen gegen den atheistischen Existenzialismus eines Jean-Paul Sartre, der das »Reich des Menschen« forderte, in dem es »keinen anderen Gesetzgeber als ihn selbst gibt«. Wie musste es den jungen Kaplan erschüttern, als er jene Zeilen las, die sein Vorgänger nur wenige Wochen vor seiner Hinrichtung auf einen Fetzen Papier geschrieben hatte: »Wehe aber einer Zeit, in der die Stimmen der Rufenden in der Wüste verstummt sind, verschrien vom Tageslärm oder verboten oder untergegangen im Fortschrittstaumel oder gehemmt oder leiser geworden aus Furcht und Feigheit.«

Delps Verhaftung am 28. Juli 1944 folgte am 11. Januar 1945 die Verurteilung zum Tod wegen Hoch- und Landesverrats. Delp sei »eine Ratte, die man zertreten sollte«, tobte Roland Freisler, der Präsident des Volksgerichtshofes. Bis dahin waren allein im berüchtigten Henkerschuppen von Berlin 3000 Gegner des NS-Regimes hingerichtet worden. Nach dem Todesurteil schrieb der Kaplan in einem Brief an Freunde: »Wenn durch *einen* Menschen ein wenig mehr Liebe und Güte, ein wenig mehr Licht und Wahrheit in der Welt war, hat sein Leben einen Sinn gehabt.« Das Angebot einer »Freilassung gegen Ordensaustritt« lehnte der Jesuit ab.

Am 2. Februar, Mariä Lichtmess, wurde der Gestapo-Häftling Nr. 1442 in Berlin-Plötzensee an einem Fleischerhaken stranguliert. Seine Asche wurde auf Befehl Hitlers auf den Rieselfeldern Berlins verstreut, wo vorzugsweise Gemüse angebaut wurde. Nichts sollte mehr an den Priester und Antifaschisten erinnern – und doch gab es keine stärkere Symbolik als diese Asche, die auf ein Feld gestreut wurde, das angelegt war, um neue Früchte wachsen zu lassen. Überlebt hatten sogar einige seiner Sätze, die er nach monatelanger Folter mit gefesselten Händen in seiner Gefängniszelle in die Wand geritzt hatte:

»Die Geburtsstunde der menschlichen Freiheit ist die Stunde der Begegnung mit Gott.«

»Das gebeugte Knie und die hingehaltenen leeren Hände sind die beiden Urgebärden des freien Menschen.«

»Lasst uns dem Leben trauen, weil wir es nicht allein zu leben haben, sondern Gott es mit uns lebt.«[19]

Delps Mitpriester Hermann Josef Wehrle, seit 1942 in der Pfarrei Heilig Blut im Einsatz, galt als Mystiker, der nachts stundenlang vor dem Allerheiligsten kniete. In einer Tagebucheintragung des Kaplans konnte Ratzinger lesen: »Ich habe erfahren, dass für mich der Anfang der Mystik im Gebet vor dem Herrn im Tabernakel ist.« Und weiter: »Du musst dich vom Herrn in seine ganz persönliche Schule nehmen lassen. Er wird dich formen, aber sicher anders, als du es erwartest.« Als Mitwisser des Attentats auf Hitler wurde Wehrle unmittelbar nach seiner Verurteilung 1944 hingerichtet. Es war der 14. September, den die katholische Kirche der Auffindung des Kreuzes Christi widmet. »Welch schöner Tag«, kritzelte Wehrle auf einen Zettel, »heute Kreuzerhöhung.«

Es mag an der Sensibilisierung durch die Analysen Delps gelegen haben und sicher auch an Ratzingers wachem Blick, dass ihm in der Seelsorge vor Ort deutlich wurde, »wie weit die Denk- und Lebenswelt vieler Kinder vom Glauben entfernt war«. Die Aufbruchsstimmung der Stunde null und der Wille, es nie wieder zu einer verhängnisvollen Entwicklung wie den eben erlebten Terror einer atheistischen Diktatur kommen zu lassen, stellte sich im geschlossenen Kreis eines Priesterseminars anders dar als in der gelebten Wirklichkeit eines Stadtviertels, das sich anschickte, wieder zu Wohlstand zu kommen. Ratzinger musste erkennen, dass eine ganze Generation durch Hitlers Drill und Umerziehung für den Glauben fast verloren gegangen war, auch wenn man nun so tat, als sei nichts gewesen.

In Freising hatte er Widerständler wie Direktor Michael Höck und den Jesuiten Franz von Tattenbach kennengelernt, seinen Spiritual. Tattenbach hatte Delp im Gefängnis in Berlin kurz vor dem Tod die letzten Gelübde abgenommen. In den Vorgängern in Heilig Blut lag ein weiterer persönlicher Bezug zum christlich motivierten antifaschistischen Widerstand. Mit Delp entdeckte er zudem einen Priester, der das, was er zuvor bei Newman über das Gewissen gelernt hatte, in politisches Handeln umsetzte. Ihm wurde klar, dass der Widerstand gegen jede Form von Zeitgeist, der ins Gottlose und damit Menschenverachtende umschlägt, mit dem Ende des Nazireiches nicht erledigt war. Er liebte seine Pfarrei, aber er erlebte auch eine Art Realitätsschock: »Ich habe diese Situation gerade im Religionsunterricht sehr dramatisch erfahren. Da hat man 40 Buben und Mädchen vor sich, die irgendwie schon brav mitmachen, aber man weiß, dass sie zu Hause das Gegenteil hören. So in dem Sinn: ›Aber der Vati sagt, das brauchst du nicht so ernst zu nehmen.‹ Man spürte, dass irgendwie institutionell Kirche und Glauben noch da waren, dass sich aber die reale Welt schon weitgehend davon wegbewegt hatte.«[20]

Anders als von seiner ländlichen Heimat gewohnt, wurde ihm in der städtischen Seelsorge bewusst, »wie wenig der Religionsunterricht noch Deckung im Leben und Denken der Familien fand«[21]. Er habe zudem erkennen können, dass die überkommene Form von Jugendarbeit »der inzwischen sich verändernden neuen Zeit nicht standhalten würde und dass man Ausschau halten musste nach neuen Formen«.

Ratzinger machte sich Notizen. Seine Beobachtungen sollten bald in einen Aufsatz mit einem nahezu prophetischen Titel einfließen: *Die neuen Heiden und die Kirche*. Erstmals benutzte er darin das Wort von der notwendigen »Entweltlichung«, die dringend erforderlich sei. Er hatte damit einen empfindlichen Punkt getroffen. Ohne dass er es ahnte, zeichnete zeitgleich 500 Kilometer westlich, in Köln, ein berühmter Kardinal für ein Referat zur Bischofskonferenz eine ebenfalls ernüchternde Skizze: »Dem tatsächlichen Einfluss der katholischen Kirche entspricht nicht mehr die glaubensmäßige Substanz«, schrieb Josef Frings. »Der Laisierung der Herzen wird – auf die Dauer – die Laisierung der Verhältnisse entsprechen. Die alleinstehende Fassade wird nicht immer stehen bleiben.«[22]

Zum 1. Oktober 1952 geht der Einsatz als Kaplan in Heilig Blut zu Ende. Ratzinger wird von seinen Vorgesetzten zum Dozenten des Freisinger Priesterseminars berufen. Anders als von ihm erwartet, löste die Nachricht bei ihm Wehmut aus. »Das Gefühl, gebraucht zu werden und einen wichtigen Dienst zu tun«, so Ratzinger, habe ihm persönlich geholfen und ihm »die Freude am Priestertum geschenkt«[23]. Er habe nun sogar zu zweifeln begonnen, »ob ich nicht doch besser hätte in der Pfarrseelsorge bleiben sollen«. Noch lange nach seinem Weggang habe er »unter dem Verlust der von der Seelsorge geschenkten Fülle menschlicher Beziehungen und Erfahrungen gelitten«. Die Verbindung nach Bogenhausen hielt er über Jahre aufrecht. Der damalige Gymnasiast Hermann Theißing erinnerte sich an den bewegenden Abschied. Nie hatte Ratzinger über seine theologische Qualifikation gesprochen. Zwar habe die Gemeinde allein schon durch die auch intellektuell anspruchsvollen Predigten »sehr schnell kapiert, mit wem wir es zu tun hatten«, doch auf die Enthüllung seiner wissenschaftlichen Laufbahn war niemand eingestellt: »Er hat gesagt: ›Leut', ich geh im September nach Freising und werde dort Dozent.‹ ›Ja‹, fragten wir, ›was machen Sie denn da?‹ Da sagte er: ›Ich promoviere.‹ Da haben wir ganz mitleidig gesagt: ›Da müssen Sie aber erst eine Doktorarbeit schreiben.‹ Seine Antwort darauf: ›Die habe ich schon lange, das ist die Preisarbeit von der Fakultät.‹«[24]

Für sich zog Ratzinger die Bilanz, er habe in Bogenhausen »einmal aus der intellektuellen Sphäre heraussteigen« müssen, den Kontakt mit unterschiedlichen Menschen pflegen und etwa auch lernen können, »mit Kindern zu reden«. Im Schlusszeugnis von Pfarrer Blumschein hieß es, der Kaplan habe sich als »ein äußerst gewissenhafter und sehr fähiger Priester erwiesen«. Seine »theologischen Kenntnisse« seien »für seine Jugend außerordentlich groß, sein Eifer vorbildlich, seine Fähigkeit in der Predigt, aber auch in der Jugendführung sehr gut«[25]. Zum »sehr großen Leidwesen« der ganzen Pfarrgemeinde, vor allem der Kinder und Jugend, habe man den beliebten Priester viel zu früh wieder abgeben müssen. Nur eines bleibe anzumerken. Der junge Mann müsse halt noch eine »gewisse Schüchternheit« überwinden.

Kapitel 22

Die Prüfung

Die Berufung Ratzingers als Dozent im Freisinger Priesterseminar war die endgültige Weichenstellung in Richtung einer wissenschaftlichen Laufbahn. Freund Alfred Läpple hatte seinen Anteil daran. Er brachte Kardinal Faulhaber nahe, der junge Theologe sei als Lehrer für Pastoral- und Sakramententheologie von niemandem zu schlagen. Ratzinger wusste nichts von dem Gespräch. »Der Anfang war nicht ganz einfach«, berichtete er, »zumal ich damals noch jünger war als manche der Studenten.«[1]

Georg und Joseph gingen weiterhin getrennte Wege. Georg wurde ins Münchner Umland versetzt und arbeitete in Maria-Dorfen neben seinem Musikstudium als Wallfahrtskurator, Religionslehrer und Dekanatsmusikpfleger. Joseph rückt auf dem Domberg als Dozent in die Vorstandschaft des Seminars auf, die von »Papa Höck« und seiner Nichte Wetti familiär geführt wurde, und soll 17 Seminaristen im Hörsaal der Hochschule mit der richtigen Spendung der Sakramente vertraut machen. »Das Problem war«, so sein späterer Kollege Josef Finkenzeller, »er war ja nur ein Jahr in der Seelsorge gewesen, und jetzt sollte er uns belehren. Das haben alle gespürt, aber keiner hat was gesagt. Er hat halt immer wieder Theologie eingebaut. Da er ein charmanter Mann war, hat es gepasst.«[2]

Es ist ein Fulltime-Job, bei dem er sich nebenher auch noch auf die entscheidende Prüfung vorbereiten soll, um endgültig den Titel eines Doktors der Theologie führen zu dürfen. In der Volksschule gibt er Religionsunterricht. Im Dom (oder in einer der Kirchen der Stadt) zelebriert er täglich die heilige Messe. Samstags und sonntags nimmt er sich im Beichtstuhl der Sünden und Sorgen der armen Seelen an: »Es kamen vor allem Seminaristen. Ich war bei denen besonders beliebt, weil ich irgendwie sehr großzügig gewesen bin.«[3] Für kurze Zeit ist er gar Chef der Hausfeuerwehr. Als er eine Löschübung leitet, dauert es nicht lange, bis der Innenhof des Seminars unter Wasser steht. Bibelfest gab Feuerwehrhauptmann Ratzinger die Losung aus: »Sintflut«.

Josephs Aufgabenbereich war damit noch nicht erschöpft. Als Jugend- und Studentenpfarrer leitet er die weibliche »Heliand«-Gruppe und gibt für Hunderte von Studenten an der Hochschule für Landwirtschaft und Brauwesen in Weihenstephan Katechesen, dem »Oxford der Brauereien«, wie die Fakultät aufgrund ihrer internationalen Bedeutung genannt wurde. Unter den Studenten sind Stipendiaten aus allen Kontinenten. Ein junger Mann aus Kuba schwärmt für die Revolution des bärtigen Rechtsanwaltes Fidel Castro. Was Ratzinger ganz in Ordnung findet: »Damals konnte man davon auch noch begeistert sein, oder musste es vielleicht sogar.«[4] Die Vorträge finden häufig in der Schankstube statt. Was dem Herrn Kaplan die Ehrenmitgliedschaft in der katholischen Studentenverbindung »Isaria« einbringt. Nicht zuletzt verwaltet er einen von ihm eingerichteten Fonds, durch den in Not geratene junge Leute finanzielle Unterstützung bekommen.

Deutschland begann sich zu erholen, zumindest im Westen des Landes. Während in der sowjetisch besetzten Zone der Lebensstandard auf das Niveau der Hungerjahre zurückfällt, bahnt sich jenseits der Grenze das »Wirtschaftswunder« an. Die Arbeitslosigkeit sinkt, Löhne und Gehälter steigen hoch und höher. Für Kriegsopfer, Ausgebombte und Vertriebene werden über 500 000 neue Wohnungen gebaut. Von 1949 bis 1955 verdreifacht sich das Bruttosozialprodukt von 49 Milliarden auf über 180 Milliarden D-Mark.

Weil deutsche Unternehmen nach dem Krieg keine Rüstungsgüter produzieren dürfen, konzentrieren sie sich auf Konsum- und Investitionsgüter, mit steigender Nachfrage. Kameras, Mikroskope, Radios, Werkzeugmaschinen – auch auf dem Weltmarkt ist »Made in Germany« wieder begehrt. Ganze Stahl- und Walzwerke werden bestellt. Volkswagen exportiert seine Modelle in mehr als 100 Staaten. Produkte der chemischen Industrie wie Aspirin und Penicillin erweisen sich ohnehin als konkurrenzlos. Von 1950 bis 1957 klettert der Wert der deutschen Ausfuhren von 8,4 auf 30,9 Milliarden D-Mark, der Handelsbilanzüberschuss beträgt 1954 bereits 2,7 Milliarden D-Mark.

Goldene Fünfzigerjahre. Schön soll es sein, üppig und möglichst ohne Konflikte. Die Kassenschlager in den Kinos heißen *Schwarzwaldmädel* und *Grün ist die Heide*. Sie locken mit der beruhigenden Wirkung einer heilen Welt, die man fast schon verloren geglaubt hatte. In den Regalen der Buchläden tauchen erstmals Taschenbücher auf, nach dem Vorbild der amerikanischen »pocket books«. »Gute Literatur für jeden Geldbeutel«, wirbt die 1950 erschienene »rororo«-Reihe des Rowohlt-Verlages. Illustrierte wie *Stern*, *Quick* und *Kristall* erreichen Millionenauflagen. Im Juni 1952 beginnt die beispiellose Erfolgsgeschichte der *Bild*-Zeitung, begleitet von einer öffentlichen Diskussion über »Schmutz und Schund« und deren Wirkung auf die gefährdete Jugend.

Auf politischer und wirtschaftlicher Ebene setzt Bundeskanzler Konrad Adenauer den Kurs der Westintegration fort, gegen den Widerstand der SPD. Mit der Gründung der »Montanunion«, der Europäischen Gemeinschaft für Kohle und Stahl (EGKS), am 18. April 1951 schufen Frankreich, Italien, die Beneluxländer und die Bundesrepublik Deutschland eine erste überstaatliche europäische Institution. In der DDR verkündet Parteichef Walter Ulbricht im Juni 1952 den planmäßigen »Aufbau des Sozialismus«. Das 1950 errichtete Ministerium für Staatssicherheit (»Stasi«) überwacht nicht nur Gegner der SED, sondern nimmt mehr und mehr die gesamte Bevölkerung ins Visier. Als Folge des politischen Drucks sitzen 1952 rund 60 000 Bürger in den Gefängnissen. Hunderttausende ziehen es vor, ihrem Staat den Rücken zu kehren und sich im Westen eine neue Existenz aufzubauen.

Abgesehen von der Belastung durch die bevorstehende Prüfung fühlte sich Joseph im Grunde ganz wohl auf dem Domberg. Noch viele Jahre später schwärmte er vom Erlebnis eines Fronleichnamsfestes in Freising: »Ich spüre noch den Duft, der von den Blumenteppichen und von den frischen Birken ausging; der Schmuck an allen Häusern gehört dazu, die Fahnen, die Gesänge; ich höre noch die dörfliche Blasmusik, die an diesem Tag manchmal sogar mehr wagte, als sie konnte, und ich höre das Krachen der Böller, mit denen die Burschen ihre barocke Lebensfreude ausdrückten, aber dabei eben doch Christus wie ein Staatsoberhaupt, ja als das Oberhaupt, als den Herrn der Welt auf ihren Straßen und in ihrem Dorf begrüßten.«[5] Ohne Blick auf seine Verbundenheit mit Bayern, die Liebe zu seiner Heimat, seiner Religiosität und seinen Einwohnern, so der japanische Historiker Hajime Konno in einer tiefschürfenden Analyse, könne man Ratzinger unmöglich verstehen. »So ist eigentlich dieses Land immer ein einerseits nach innen gewandtes und beharrendes, aber gerade darum auch beharrungsfähiges gewesen«, beschrieb der spätere Kardinal seine Liebe zu Land und Leuten, »weil es ein offenes war, weil es sich zu dem großen Austausch der Kulturen verstand, und vielleicht rührt das Unbequeme Bayerns in der deutschen Geschichte gerade auch davon her, dass es sich nie in eine bloß nationale Kultur einzwängen ließ, sondern immer ein Raum der Offenheit eines großen, weiten geistigen Austausches geblieben ist.«[6]

Weniger Freude machte ihm der Blick auf den Kalender. Die Dissertation war geschrieben, aber sie musste noch zur Druckreife gebracht werden; wobei die Arbeit »gegenüber ihrer ersten Gestalt fast völlig unverändert« blieb, wie Ratzinger im späteren Vorwort entschuldigend festhielt, was seinen »sehr beschränkten Zeitverhältnissen« geschuldet sei.

Tatsächlich hatte er neben den Aufgaben als Kaplan, Dozent und Präfekt im Seminar noch schriftliche und mündliche Prüfungen in nicht weniger als acht theologischen Disziplinen abzulegen. In jedem dieser Fächer waren drei lateinische Thesen zu formulieren, über die seine Prüfer dann öffentlich mit ihm disputieren würden. Für diese *Quaestio inauguralis* sollte er zusätzlich drei Themen benennen, von denen die Fakultät eine auswählen würde. Das bedeutete, ein weiteres Thema in kürzester Frist auszuarbeiten. Es war ein Wettlauf mit der Zeit. Nicht zuletzt galt Gottlieb Söhngen bei Examen als extrem anspruchsvoll und streng. »Wer Gott-lieb hat, den züchtigt er«, flüsterten sich die höheren Semester zu.

Es ist Samstag, der 11. Juli 1953. Unter diesem Datum vermeldet die Chronik des Freisinger Priesterseminars mit einem fast triumphierenden Unterton »3 wichtige Ereignisse«. Das erste betraf den Besuch eines Magdeburger Weihbischofs, das zweite die Visite des neuen Bundespräsidenten Theodor Heuss, der von Regens Höck feierlich empfangen wurde. Der Höhepunkt aber ist »das 3. Ereignis des heutigen Tages«, nämlich »die Promotion unseres Dozenten Josef Ratzinger an der Münchner Universität«. Der Vorname war falsch geschrieben, aber dann fuhr der Chronist detailgenau fort: »Dekan Mörsdorf leitet den *actus publicus*. Prof. Dr. Schmaus prüft in 3 Thesen aus der Dogmatik, Prof. Dr. Söhngen in 2 Thesen aus der Fundamentaltheologie. Alle Teilprüfungen und den *actus publicus* legt der Doktorand mit ›summa cum laude‹ ab.« Fazit: »Dekan Mörsdorf eröffnet dem gefeierten Doktor, dass er bei einer event. Habilitation kein Kolloqium über sich ergehen lassen brauche. Die Preisaufgabe des Doktoranden: *Volk und Haus Gottes in Augustins Lehre von der Kirche* bedeutet einen wesentlichen Beitrag zur Augustinusforschung.«[7]

Der 11. Juli 1953 besiegelte Ratzingers Weg in die Wissenschaft. Kurz zuvor hatte in Polen ein Karol Wojtyla gerade seine Habilitation abgeschlossen, aber das konnte in München niemand wissen. In einem der langen Flure der Ludwig-Maximilians-Universität waren uniformierte Bedienstete mit einem Stab in der Hand feierlich vorausgeschritten, Dekan und Rektor kamen in schwarzen Roben hinterher, bevor Joseph in der Aula der Universität seine Thesen öffentlich zu verteidigen hatte. Und wie sollte es anders sein: »Sowohl Dissertation als auch Disputation waren glänzend«, befand der spätere Diözesanrichter Hermann Theißing. Auch Josephs Eltern waren beeindruckt, vor allem von dem Latein, in dem ihr Sohn seine Thesen meisterhaft begründete. Nur Professor Schmaus stand ein wenig abseits, wie Theißing bemerkte: »Da war ein Star geboren, der nicht die Firmung ›Michael Schmaus‹ hatte, sondern ein Schüler Gottlieb Söhngens war.« Die Folgen waren katastrophal, wie sich noch zeigen sollte.

Es gibt aus diesen Wochen eine groteske Geschichte, die auch dem Münchner Komiker Karl Valentin gefallen hätte, und die zu schön ist, um nicht erzählt zu werden. Zwölf Tage vor der öffentlichen Disputation, als die Brüder im Georgianum den zweiten Jahrestag ihrer Priesterweihe feierten, hatte ein Anruf noch einmal gewaltiges Entsetzen ausgelöst. Ein Mitbruder meldete sich telefonisch im Seminar und teilte Georg mit gedämpfter Stimme mit, er habe soeben für ihn und Joseph ein Telegramm erhalten. Die Nachricht enthielt nur vier Wörter, aber die hatten es in sich: »Unser Vater ist gestorben«, hieß es darin lapidar. Georg und Joseph nahmen den nächsten Zug nach Traunstein. Zu ihrer Überraschung stieg auf halber Strecke, in Bad Endorf, ihre Mutter in den Zug, die gerade von einem Theaterbesuch kam. Sie war am Boden zerstört, als sie hörte, was passiert ist. Wie konnte das sein? Sie sei gegen Mittag von zu Hause losgefahren, »da war der Vater noch gesund«. Als die drei vom Bahnhof mit dem Taxi endlich in Hufschlag ankamen, putzte der vermeintlich Tote vor dem Haus seelenruhig die Schuhe. Das Telegramm, so stellte sich heraus, stammte aus Rickering und meinte den jüngeren Bruder des Vaters, Anton, der überraschend verstorben war.

Mit der *Disputatio publica* war das Promotionsverfahren abgeschlossen. Joseph ist 26 Jahre alt und anerkannter Doktor der Theologie. Gefeiert wurde im Kreis der Familie auf Georgs Kaplansbude im Georgianum. Es gab Weißwurst, Brezen und Bier. Die Stimmung war, typisch ratzingerisch, noch ein wenig gedämpft. »Jetzt muss man erst mal schaun«, meinte der skeptische Vater, »wie es weitergeht.«

Mit seiner Arbeit über *Volk und Haus Gottes in Augustins Lehre von der Kirche* erwarb sich Ratzinger nicht nur fachliches Ansehen. Seine Grundlagenforschung prägte nachhaltig sein Kirchenbild, sein Verständnis des Staates und der politischen Bedeutung des Christentums. Mehr noch. Augustinus gab ihm auch jene Inspiration, so der irische Theologe Vincent Twomey, »die er später brauchte, um verschiedene Missverständnisse des Konzils zu bekämpfen, nicht zuletzt den Versuch, die Kirche als Volk Gottes in mehr oder weniger empirischen oder soziologischen, um nicht zu sagen: politischen Begriffen zu beschreiben«[8].

Ratzingers Aufgabenstellung hatte darin bestanden, zu prüfen, wie sich Augustinus' Definition von der Natur der Kirche als Beitrag zur Klärung ungelöster Fragen zur aktuellen ekklesiologischen Debatte verhalte – auch als Korrektiv einer womöglich einseitigen oder gar irrigen Interpretation der Kirche als »mystischer Leib Christi«. Als Ausgangspunkt diente ein Satz, mit dem Augustinus die Kirche als »das über die Erde zerstreute Volk Gottes« bezeichnete.

Tatsächlich aber hatte der Meisterschüler weit mehr herausgebracht, als sein Lehrer für möglich gehalten hatte. In seiner Untersuchung kam der 25-Jährige zu dem Schluss, es sei methodisch falsch und unzulässig, die augustinische Definition der Kirche als »Volk Gottes« der Definition der Kirche als »mystischer Leib Christi« entgegenzusetzen. *Societas Spiritus*, Gesellschaft des Geistes, so nannte Augustinus die Kirche in einer seiner Predigten. Die Kirche lebt folglich nicht aus sich selbst heraus, sondern Kraft der Gnade des Heiligen Geistes, die durch die Sakramente und insbesondere durch das eucharistische Sakrament geschenkt wird. Es sei dieses ununterbrochene Gnadenhandeln Christi, das auf der ganzen Erde ein Volk versammelt und ihm als mystischem Leib Leben gibt.

Speziell die sakramentale Natur als mystischer Leib Christi stünde wie ein Warnschild der Versuchung entgegen, als Kirche einen selbstzufriedenen Stolz an den Tag zu legen. Das den Gläubigen versprochene Heil sei kein erhabener Besitz ewiger Wahrheiten, sondern bedeute demütige Teilhabe an den Gnadentaten des Herrn inmitten der Geschichte der Welt. Diese Abhängigkeit vom souveränen Wirken des Heiligen Geistes sei das wahre Wesen der Kirche, auf das *beide* Definitionen, sowohl die des »Volkes Gottes« als auch die des »Leibes Christi«, verwiesen. Die heilige Kirche, *Ecclesia sancta*, sei allerdings immer auch ein *Corpus permixtum*, wo Weizen und Unkraut gemeinsam wachsen. Augustinus meinte in seinem Werk *De Civitate Dei* gar, manchmal sei diese Kirche so sehr die »Kirche der Sünder«, dass man sich fragen könne, ob es in ihr überhaupt noch einen einzigen Gerechten gibt. Aber auch diese durchwachsene Struktur gehöre zum Heilsmysterium. Die Tore der Stadt Gottes stünden immer offen, selbst für jene, die sie gestern noch verfolgt hatten.

Ratzinger brachte die unterschiedlichen Zugänge auf den Punkt, indem er eine neue, und im Grunde bahnbrechende symbiotische Formel fand: Die Kirche, besagt sie, »ist das als *Leib Christi* bestehende *Volk Gottes*«. Diese Sicht gründe auf der christologischen Lesart des Alten Testaments und auf dem sakramentalen Leben, das seinen Mittelpunkt in der Eucharistie hat. In ihr gebe Christus dem Gläubigen seinen Leib und würde gleichzeitig ihn in seinen Leib verwandeln. Christus sei der einzige Mittler zwischen Gott und der Menschheit, und deshalb »der universale Weg der Freiheit und des Heils«. Außerhalb dieses Weges, so Augustinus, »ist keiner je befreit worden, wird keiner befreit und wird keiner befreit werden«.

Mit ähnlichen Worten erinnerte Ratzinger daran in einer seiner Katechesen, die er als Papst im Januar 2008 vor Tausenden von Menschen in Rom hielt: »Als einziger Mittler des Heils ist Christus das Haupt der Kirche und mit ihr mystisch vereint, sodass Augustinus sagen kann: ›Wir sind Christus geworden. Denn wenn er das Haupt ist, wir seine Glieder, so ist er und sind wir der ganze Mensch.‹«[9]

Bereits in seinem Erstlingswerk zeigten sich bei Ratzinger zwei typische Merkmale seiner Weise, Theologie zu treiben: einerseits seine Kritik an einer künstlichen Dialektik scheinbarer Gegensätze – und andererseits die methodische Fähigkeit, unterschiedliche Ansätze miteinander in Einklang zu bringen; gemäß dem katholischen Prinzip, das statt auf dem ausschließenden Entweder-oder auf dem verbindenden Sowohl-als-auch beruht.

Nach der harten Arbeit an der Promotion und dem erfolgreichen Abschluss gönnte sich der frischgebackene Doktor eine Erholungspause. Zunächst ging es in die Schweiz auf einen Besuch bei Franz Böckle, Professor für Moraltheologie in Chur, den Bruder Georg eben erst in München kennengelernt hatte. Die Verbindung zu Böckle war für Ratzinger ein wichtiger Impuls. Über ihn bekam er einen persönlichen Kontakt zu Hans Urs von Balthasar, mit dem Böckle sich lebhaft austauschte. Noch ein anderer Trip stand auf dem Plan, Josephs erste große Auslandsreise überhaupt – und gleichzeitig »die Erinnerung schlechthin«, so Ratzinger, da er damit »in die große Welt der internationalen Wissenschaft und in die spezifische Geisteswelt der Franzosen eingetreten« sei.[10]

Seine exzellente Doktorarbeit hatte ihm nicht nur viel Lob, sondern auch die Einladung zum internationalen Augustinus-Kongress eingebracht, der vom 21. bis 24. November 1954 in Paris stattfand, seinem Sehnsuchtsort. Gemeinsam mit drei Begleitern aus Bayern erkundete er die Stadt und nahm an Führungen durch das alte Univiertel und in Notre-Dame teil. Es wurde gealbert und getrunken, »sodass wir gemeinsam viel Spaß hatten«. Und das Beste: »Wir wohnten in einem sehr schönen Hotel und wurden im Rathaus vom Bürgermeister empfangen.«

Gearbeitet wurde auch. Ratzinger sprach über das Thema »Herkunft und Sinn der Civitas-Lehre Augustins. Begegnung und Auseinandersetzung mit Wilhelm Kamlah«.[11] Auf den deutschen Philosophen Kamlah war Ratzinger vermutlich durch dessen 1935 erschienenes Werk aufmerksam geworden. Es trug den aufregenden Titel *Apokalypse und Geschichtstheologie: die mittelalterliche Auslegung der Apokalypse vor Joachim von Fiore*.

Selbstbewusst zeigte sich Ratzinger im Vortrag mit dem Augustinus-Experten in den Grundzügen einig, gleichzeitig kritisierte er, dass Kamlah den eschatologischen Charakter der Kirche zu sehr im Sinne von Vereinzelung und Entgeschichtlichung verstanden hätte. Später sollte er sich bei seiner These, das Christentum sei »die in Jesus Christus vermittelte Synthese zwischen dem Glauben Israels und dem griechischen Geist«[12] allerdings dezidiert auf Kamlahs Schrift *Christentum und Geschichtlichkeit* berufen. Beim letzten Programmpunkt des Kongresses allerdings musste Ratzinger passen, ein Flug nach Algerien in die Heimat des heiligen Augustinus: »Das war zu teuer, das konnte ich mir nicht leisten.«

Im Frühjahr 1954 hatte Ratzinger seine Doktorarbeit *Volk und Haus Gottes in Augustins Lehre von der Kirche* so weit redigiert, dass sie in Satz gehen konnte. Die Druckkosten für das 331 und XXIV Seiten umfassende Werk übernahm der Verleger Hugo Schnell aus Bogenhausen. Längst wollte ihn das Freisinger Professorenkollegium als Vertretung für den vakant gewordenen Lehrstuhl für Dogmatik und Fundamentaltheologie haben, aber Ratzinger lehnte dankend ab. Als Lehrer am Priesterseminar sah er für sich »mehr Freiheit«. Und die brauchte er auch. Meister Söhngen hatte ihm nämlich inzwischen die Habilitation ans Herz gelegt. Nachdem sich die Dissertation mit der alten Kirche beschäftigte und ein ekklesiologisches Thema behandelt hatte, sollte er sich nun dem Mittelalter und der Neuzeit widmen und den Begriff der Offenbarung untersuchen. Ein Titel war schon gefunden. Er lautete: *Die Geschichtstheologie des heiligen Bonaventura.* Die Überschrift mochte auf den ersten Blick ein wenig lapidar erscheinen. Dahinter aber verbarg sich die aufregende Frage, auf welche Weise Gott Botschaften an die Menschheit gibt, und nicht zuletzt die Auseinandersetzung mit der apokalyptischen Vision vom Ende der Zeit. Reizvoll genug, um den Auftrag umgehend zu übernehmen: »Ich machte mich mit Eifer und Freude an die Arbeit.« Bereits im Sommer hatte er die Materialsammlung für die Untersuchung abgeschlossen und die Grundgedanken seiner Interpretation ausgearbeitet.

Zum 1. November 1954 trat Ratzinger in Freising dann doch die angebotene Stelle als Vertreter der vakanten Professur für Dogmatik und Fundamentaltheologie an. Die standesgemäße Wohnung im ehemaligen Domherrenhof hinter der Benediktuskirche (Domberg 26, linker Aufgang, 1. Stock rechts) schlug er noch aus und blieb bis September 1955 im Seminar wohnen, in einem Appartement ohne Dusche und Toilette.

Weniger bescheiden war das Thema, das er für sein erstes Semester 1954/55 wählte. Denn anspruchsvoller als mit einer Vorlesung über die »Lehre vom dreieinigen Gott« konnte man kaum beginnen. Aber wie würden die Reaktionen sein? Er war in die moderne Philosophie eingestiegen, hatte seinen Augustinus und de Lubac studiert, eine fabelhafte Doktorarbeit hingelegt und war von seinen Förderern Schritt für Schritt weitergeführt worden, zuletzt in die Praxis der Seelsorgearbeit vor Ort. Aber verfügte er auf dem heiligen Berg, wo ihn viele noch als Jüngling kannten, überhaupt über die nötige Autorität? Würde es ihm gelingen, sein Publikum mitzuziehen? Tatsächlich geriet nicht nur der junge Professor (der eigentlich noch gar keiner war), sondern nahezu die gesamte Hochschule in fieberhafte Wallung. »Ratzinger war das größte Erlebnis und Ereignis in dieser Zeit auf dem Domberg«, berichtete Elmar Gruber, damals Student im ersten Semester. Selbst der ansonsten so nüchterne Chronist des Seminars konnte seine Aufregung nicht verbergen. Unter dem Datum 3. November 1954 hielt er den feierlichen Augenblick fest, als müsse er ihn in die ganze Welt hinausposaunen: »Der bisherige Dozent Dr. Ratzinger hat die Professur für

Dogmatik übernommen. Schon die ersten paar Vorlesungen werden zu einem Genuss.«

Gruber erinnerte sich, wie der junge Dozent, mit 27 Jahren kaum älter als viele seiner Studenten, erstmals an das Katheder trat. Der Saal war bis auf den letzten Platz gefüllt, dennoch herrschte absolute Ruhe. Ratzinger sei ein wenig blass gewesen, habe aber durchaus selbstbewusst gewirkt. Später wird man von einem Teil seiner Studenten als einem »RAV« sprechen, einem »Ratzinger-Anbetungsverein«. Denn als er mit dem Vortrag beginnt, tritt zutage, was der frühere bayerische Kultusminister Hans Maier als »etwas donauländisch Strömendes« bezeichnet hat. Die Texte Ratzingers seien »erfüllt von einem sanften Enthusiasmus, der den Leser und Hörer unwiderstehlich in seinen Bann zieht«, insbesondere durch »eine bis in die Wortwahl und Satzbildung hinein fühlbare Musikalität«[13]. Elmar Gruber, später selbst ein erfolgreicher Schriftsteller, nannte es eine »vollkommen neue Sprache« und eine bislang unbekannte Art der Bibeldeutung, die schon bei den ersten Auftritten Ratzingers erkennbar wurde: »Er hat druckreif frei sprechen können. Er hat sich auch nie versprochen und nie wiederholt. Man konnte mitstenografieren, und am Schluss hatte man ein streng gegliedertes Skriptum in der Hand gehabt.«[14]

Es war nicht nur seine jugendliche Erscheinung, sondern sein gesamtes Verhalten, seine Bewegungen, seine Sprache, sogar seine Stimme, die ihn anders als die anderen erscheinen ließen. Und wenn er sich dann auch noch ein wenig phlegmatisch auf das Katheder stützte, den Kopf in die Hände gelegt, war klar, dass sich hier jemand nicht allzu sehr um Konventionen scherte. Ganz einfach, weil er es sich leisten konnte. Weil er, bei aller Schüchternheit, ein Maß an Souveränität und Selbstbewusstsein mitbrachte, das ihm größtmögliche Freiheit gab. Als einige Schüler nachsehen wollten, von welchem Manuskript der Professor da im Vortrag so konzentriert abgelesen hatte, stellten sie verdutzt fest, dass das Pult leer war.

Mit dem jungen Theologen war ein neuer Klang in die Welt gekommen, zumindest in die Welt von Freising. »Er hat Sachen gebracht, die man noch nie gehört hatte«, berichtete sein Student Franz Niegel. »Die Zeit war ja schon sehr muffig, und da kommt dann einer und kann einem die Botschaft neu sagen. Inhaltlich haben wir aufgehorcht. Für uns ist da ein neues Türl aufgegangen. Bis dahin gab's nur die ganz traditionelle Sichtweise, und er hat die Dinge neu zum Leuchten bringen können.«[15] Selbst Rupert Berger, der den Freund seit den Anfängen bestens kannte, war überrascht: »Es war das Gefühl: Die alte scholastische Theologie wird zu den Akten gelegt. Jetzt kommt endlich einer, der den neuen Wind, den neuen Stil bringt. Und Joseph Ratzinger war der Inbegriff für diese neue Richtung, niemand sonst.«

Hatte je zuvor jemand das jüdische Laubhüttenfest als »so eine Art Oktoberfest« erklärt, auf dem die Apostel Petrus, Johannes und Jakobus drei Hüten bauen wollten? »Und die drei sind da raus und haben getrunken«, sprach der Apologet aus Hufschlag. Gerne fasste er schwierige theologische Fragen in einen unerhörten Extrakt zusammen. Die biblische Botschaft sei »ganz einfach: Das, was in der Heiligen Schrift in 47 Büchern des Alten und in 27 des Neuen Testaments steht, ist im Dogma in einem einzigen Satz zusammengefasst: dass Gott der allmächtige Vater ist, Schöpfer des Himmels und der Erde«. Überraschungen gehörten bei Ratzinger zum Programm. »Herr Kandidat«, fragte er einen Prüfling, »stellen Sie sich vor, man würde auf irgendeinem Planeten menschliche Wesen finden. Sind die mit dem Kreuzestod Jesu miterlöst oder nicht?«

Als 1954 der französische Spielfilm *Der Abtrünnige (Le défroqué)* in die Kinos kam, wurde Ratzinger um eine Expertise gebeten. Im Film hatte ein älterer, vom Glauben abgefallener Priester einen Kaplan herausgefordert, indem er einen Kübel Wein konsekrierte. Der Kaplan trank das nunmehrige »Blut Christi« in einem Zug aus und war vollkommen betrunken. Die Frage war, wie nun theologisch diese Form von Transsubstantiation zu beurteilen sei. Ratzinger fand eine für ihn typische Antwort: Weil die Eucharistie wesentlich auf den sinnvollen Konsum ausgerichtet sei, würde er dafür »plädieren«, dass die im Film dargestellte Weihe des Weinkübels gar keine Konsekration gewesen sei.

Die Klarheit seiner Sprache, die Schärfe seines Intellekts, die unerhörte Begabung und die Brillanz seiner Ausdrucksweise erregten Aufsehen. Mit Ratzinger zu diskutieren barg allerdings gewisse Risiken. »Wenn Sie einmal was gesagt haben«, berichtete Gruber, »kam eine derartig tiefschürfende und reichhaltige Antwort, dass man eineinhalb Tage Zeit gebraucht hätte, um es zu verarbeiten.«

Es sind diese Anfänge, die Ratzinger das Etikett einbrachten, er sei im Gegensatz zu seiner späteren Haltung ein ausgesprochen progressiver Theologe gewesen, was in der gewöhnlich damit verbundenen Auffassung nicht ganz zutrifft. Auf dem Domberg wurde jedenfalls von Joseph bald als einem »Linkskatholiken« gesprochen. »Bei den Studenten galt er als ›Vorwärtsstimme‹«, berichtete Berger, »weil das, was er machte, im Vergleich zu dem, was man bisher gehört hatte, fast eine Offenbarung war.«[16] Hinzugekommen sei eine Furchtlosigkeit gegenüber Fragen, »die sich bislang niemand zu stellen getraut hatte«. Etwa bei Themen wie der Ökumene, die als vermintes Gelände galten. »Ratzinger hat hier wirklich Neuland betreten«, so die Ärztin und Psychotherapeutin Brigitte Pfnür, eine ehemalige Schülerin, »er war bahnbrechend.«[17] Pfnürs Ehemann Vinzenz war als Student in Freising von der Art, wie sein Lehrer die lutherische *Confessio Augustana* behandelte, so begeistert, dass er den Komplex zu seinem Lebensthema machte. Der »Urschüler«, wie Ratzinger den geborenen Berchtesgadener bezeichnete, schrieb als Vordenker der Ökumene bahnbrechende Aufsätze, die in der protestantischen Welt größte Anerkennung fanden.

Nach der Vorlesung über den »dreieinigen Gott« folgten im Sommer 1955 die »Lehre von der Schöpfung« und ein Seminar über Grundprobleme der *Confessiones* Augustins. Auch die nachfolgenden Themen geben Zeugnis von Ratzingers Anspruch und dem Zutrauen in das eigene Können. Etwa durch die Vorlesung über die »Lehre von unserem Heil in Christus Jesus« im Wintersemester 1955/56 oder seine erste Vorlesung aus der Fundamentaltheologie über die »Grundlinien der Religionsphänomenologie und Religionsphilosophie (Wesen und Wahrheit der Religion)« – sowie sein Seminar über moderne christologische und mariologische Literatur. Das dogmatische Thema im Sommersemester 1955 bildete die Gnadenlehre. Fundamentaltheologie II bot »Religion und Offenbarung«.[18] Zusätzlich las er unter anderem über die Lehre von den letzten Dingen, den Schöpfergott und sein Werk, über Grundprobleme der theologischen Erkenntnislehre und die moderne Diskussion über das Verhältnis von Natur und Übernatürlichem.[19] Sein fundamentaltheologisches Seminar im Wintersemester 1956/57 trug den Titel »Kirchenbegriff unter besonderer Berücksichtigung des Petrusproblems«, also des Papsttums.

Wenn der junge Dozent bei Festveranstaltungen in den für die Honoratioren reservierten Bänken saß, wirkte er neben den ehrwürdigen Autoritäten fremd und verloren. Dennoch schlichen sich die alten Hasen über die Seiteneingänge in den Dom, sobald Ratzinger als Zelebrant und Prediger angesagt war. Einem so jungen Kollegen zu lauschen war mit der Würde lange gedienter Professoren eigentlich nicht vereinbar. Andererseits wollte niemand auf den Genuss verzichten, den dieser Lehrer bot, wenn er unerkannte Reichtümer aus dem Schatz der

Bibel zutage förderte. »Ratzinger hat auf höchstem Niveau gepredigt«, so Hermann Theißing. »Das Erstaunliche war, dass er zunächst wie hilflos dagestanden hatte; mit seinen Händen konnte er sowieso nicht viel machen, er ließ Hände und Arme einfach herunterhängen.«

Unvergessen blieb Ratzingers Interpretation des bayerischen Jodlers. Als ihm 1953 beim traditionellen Adventssingen in Freising die Aufgabe zufiel, eine theologische Besinnung zu halten, zog er einen Vergleich zwischen dem Jodeln und dem beim Kirchenvater Augustinus erwähnten Jubilus: »Ich überlasse da das Wort dem größten Theologen der abendländischen Kirche, dem heiligen Augustinus. Er kennt nämlich den ›Jodler‹. Er heißt zwar bei ihm ›Jubilus‹, aber es ist kein Zweifel, dass er das Gleiche meint: dies wortlose Ausströmen einer Freude, die so groß ist, dass sie alle Worte zerbricht.«[20] Nun wussten die Bayern, dass ihre Lieder ohne Worte, das lang und kurz gezogene Hollduliö, im Grunde biblischen Ursprungs war und Gott ähnlich erfreute wie der Engelsgesang der Seraphim und Cherubim.

Elmar Gruber, der als Priester und Autor später vor allem ein liberales Publikum anzog, lernte in den Ferien eigens ganze Sätze seines Dozenten auswendig, »um mir ein wenig von seiner brillanten Sprache anzueignen«. Gruber analysierte Grammatik und Syntax der Texte Ratzingers und kam zu dem Ergebnis: »Das Besondere und ganz Neue in seiner Rede war der faszinierende Umgang mit Bildern, Zeichen und Symbolen, durch den er viel tiefer in das Geheimnis Gottes einführte als durch rationale Definitionen. Das meditative, reflexive Denken (emotionale Intelligenz) ist seine Stärke, durch die er seine Hörer begeistern konnte, während seine rationale Begabung in Verbindung mit seiner Sprachbegabung uneingeschränkte Bewunderung hervorrief. Ob Predigt, Betrachtung oder Vorlesung: Man ging immer innerlich angerührt, begeistert und getröstet von ihm weg und freute sich auf die nächste Begegnung.«[21]

Die Ausstrahlung, die Ratzinger auf seine Hörer ausübte, beruhte neben seiner Sprache und Vortragsweise vor allem auf einer »plausiblen Theologie«, wie Gruber die Lehre Ratzingers nannte. Sie sei faszinierend, »weil man immer gespürt hat, dass sie Antworten auf konkrete Fragen liefert«. Der ehemalige Student sprach von einem »heilenden Glauben«, den er durch seinen Lehrer vermittelt bekommen habe. Als Therapeut hatte Gruber in der Betreuung von Suizidgefährdeten mit Krankheiten zu tun, »die man nicht mehr medikamentös lösen kann«. Gerade in diesem Bereich sei das Bewusstsein, »es ist gut, dass es mich gibt, und zwar so, wie es mich gibt«, das Ratzinger in seiner Theologie verkünde, »wesentlich zur Heilung vieler Krankheiten im Leib-Seele-Bereich«[22]. Ratzinger habe auf absolut authentische Weise »eine grundsätzliche existenzielle Motivation« vermittelt: »Das war nicht das rein Wissenschaftliche, sondern eine auf den Existenzvollzug des Menschen hin geordnete Weise, Wirklichkeiten zur Sprache zu bringen, und zwar so, dass diese Wirklichkeiten beginnen, sich im Leben der Menschen auszuwirken«. Persönlich, so Gruber, verdanke er seinem damaligen Lehrer auch sein Studium: »Als mir mein schlechtes Datengedächtnis bei den Professoren zum Verhängnis zu werden drohte, hat sich Ratzinger für mich eingesetzt, sodass ich bleiben durfte und Priester werden konnte.«[23]

Franz Niegel, mit dem Ratzinger ein Leben lang befreundet blieb und in dessen Pfarrhaus im bayerischen Chiemgau er sich als Kardinal gerne ausruhte und Dampfnudel mit Vanillesoße speiste, fasste abschließend zusammen: Ratzinger sei zwar keiner, der unbedingt harmonisieren wolle, aber er habe auch »nie den Kummer ausgebreitet. Er klagt nie. Ist immer gütig, immer heiter, ein Mozart-Typ, der auch Himmel und Hölle kannte, aber nie seine privaten Probleme in seiner Musik ablagerte. So ein Mozart-Typ ist Ratzinger in der Theologie. Er ist einfach ein Genie.«[24]

Kurz vor dem ersten Advent, einem grauen, nebelverhangenen Novembertag 1955, steuerte ein Umzugswagen auf Freising zu. »Da die Habilitation gesichert schien und die Wohnung auf dem Domberg auf einen neuen Bewohner wartete, schien uns allen richtig, Vater und Mutter nach Freising zu holen.«[25] Sie würden neben der Kirche wohnen, hatte sie der Sohn überzeugt, die Geschäfte seien nahe, und es gäbe im Winter keine vereisten Straßen und Schneemassen wie in Hufschlag. Zu einem späteren Zeitpunkt würde auch Maria nachkommen.

Der Vater war 78, die Mutter 71 Jahre alt, und als der Tag des Umzugs gekommen war, sollte es ein wehmütiger Abschied aus dem Bauernhaus werden, das für die ganze Familie ein wichtiges Stück Lebensgeschichte bedeutete. Keiner konnte sich der melancholischen Stimmung entziehen. Aber kaum waren in Freising die Möbelpacker angekommen, legte die Mutter ihre Schürze an und stand am Herd, um das erste Essen zuzubereiten. Vater Joseph dirigierte die Studenten beim Verteilen der Umzugskisten. Und schon bald sah man ihn täglich kurz vor 6 Uhr in kerzengerader Haltung den Kreuzgang zur Kirche entlangeilen, um die Frühmesse zu feiern.

Joseph war glücklich. Für die Einrichtung einer Wohnung hätte ihm jegliches Talent gefehlt, und nun hatte sich der Vater auch noch angeboten, einen Teil der Haushaltskosten zu übernehmen. Natürlich hatten einige der Studenten sofort versucht, den alten Gendarmen zu umgarnen, er möge doch bei seinem Sohn ein gutes Wort für sie einlegen, speziell vor Examen. »Nein, das mach ich nicht«, gab der Vater zurück, »ich sage nur: Bepperl, sei gerecht.«

Als am Weihnachtsabend auch Georg und Maria im neuen Zuhause mitfeierten, schien das Familienglück perfekt. In seinen Erinnerungen fügte Ratzinger an: »Wir alle wussten zu dieser Zeit noch nicht, welche Gewitterwolken über mir standen.«

Kapitel 23

Am Abgrund

Für seine Dissertation hatte Ratzinger an Augustinus exemplarisch das Denken der Väter über die DNA der Kirche erforscht. Nun sollte er herausfinden, ob es im Werk des mittelalterlichen Kirchenlehrers Bonaventura eine dementsprechende Vorstellung von »Heilsgeschichte« gebe. Und wenn ja, ob der Begriff dezidiert im Zusammenhang mit Offenbarung stehe. Weniger akademisch ausgedrückt: Wirkt Gott in die Geschichte der Menschen ein und wenn ja, wie teilt er sich mit? Welche Aufgabe fällt dabei der Kirche zu? Und gibt es verbriefte Überlieferungen darüber, was wir über die Zukunft der Schöpfung wissen können?

Söhngens zweiter großer Auftrag mit dem Arbeitstitel *Offenbarung und Heilsgeschichte nach der Lehre des heiligen Bonaventura* (in der 2. Fassung 1959 veröffentlicht unter dem Titel *Die Geschichtstheologie des heiligen Bonaventura*) hatte nicht wenig Reiz. Gab es nicht in allen Kulturen der Welt diese Ursehnsucht und sogar die Gewissheit, in die Zukunft schauen zu können? Träumten nicht alle Menschen aller Zeiten (außer den Atheisten und einigen anderen) auch von einem neuen Garten Eden, einer Rückkehr ins verlorene Paradies? Für die Griechen waren Arkadien und Elysium dieser Ort. Die Sumerer nannten ihr Paradies Dilum, die Kelten Avalon. Für die Muslime sind es die Jenseitsgärten, die den unerfüllten Traum wahr machen sollen.

Im Judentum hatten gehütete Prophezeiungen das Erscheinen des Messias vorausgesagt, des Erlösers, der das Reich Gottes verkünden würde. Das Alte Testament ist voll von exakten Berechnungen darüber. Und je näher dieser Zeitpunkt gekommen war, umso mehr verdichteten sich die Zeichen. Die Magier aus dem Morgenland konnten vor 2000 Jahren dann sogar Datum und Ort berechnen, an dem aus der Vision Wirklichkeit werden sollte. Aber wenn Gott selbst in die Geschichte eingetreten war, der Logos, der sich in Jesus von Nazareth inkarnierte, wie seine Anhänger glaubten und bis heute glauben – konnte man dann von diesem Punkt aus nicht auch in die Zukunft schauen, so wie die Geschichte bis zu ihrem Endpunkt weitergehen würde?

Christus selbst hatte die Welt nicht im Unklaren darüber gelassen, was sie zu erwarten habe. »Ich werde euch nicht als Waisen zurücklassen, sondern ich komme wieder zu euch«[1], hatte er versichert. Die Evangelisten hatten die Worte zusammengetragen, mit denen Jesus das Ende der Zeit beschrieb. Bei Matthäus (Mt 24,6–31) ist zu lesen:

»Ihr werdet von Kriegen und Kriegsgerüchten hören. Gebt acht, lasst euch nicht erschrecken! Das muss geschehen … Es ist aber noch nicht das Ende. Denn Volk wird sich gegen Volk und Reich gegen Reich erheben, und an vielen Orten wird es Hungersnöte und Erdbeben geben. Doch das alles ist erst der Anfang der Wehen … ihr werdet von allen Völkern um meines Namens willen gehasst. Und viele werden zu Fall kommen und einander ausliefern und einander hassen. Viele falsche Propheten werden auftreten und sie werden viele irreführen …

Sofort nach den Tagen der großen Drangsal wird sich die Sonne verfinstern und der Mond wird nicht mehr scheinen; die Sterne werden vom Himmel fallen und die Kräfte des Himmels werden erschüttert werden. Danach wird das Zeichen des Menschensohnes am Himmel erscheinen … Er wird seine Engel unter lautem Posaunenschall aussenden und sie werden die von ihm Auserwählten aus allen vier Windrichtungen zusammenführen, von einem Ende des Himmels bis zum andern.«[2]

Jesus fügte hinzu: »Denkt daran: Ich habe es euch vorausgesagt.« Zwar könne niemand Tag und Stunde wissen, gab er zu bedenken, »nur der Vater im Himmel«, aber waren da nicht auch Zeichen, Worte und Werke – eben »Offenbarungen«, Mitteilungen –, um die Menschheit einzustimmen auf die große Weltenwende? Und wenn ja, was genau war »Offenbarung«? War sie auf die Aussagen in der Bibel beschränkt, oder gab es auch Dinge auf anderen Ebenen, die als Enthüllungen der Schöpfungsordnung zu sehen seien?

Die Arbeit ging dem frischgebackenen Doktor flott von der Hand, und je tiefer er sich in seinen Stoff hineinkniete, umso ertragreicher waren die Früchte. Nicht zuletzt half ihm »das begeisterte Mitgehen der Studenten«, die er am Fortgang seiner Untersuchungen beteiligte. Das war nun kein »Glasperlenspiel« mehr, wie es ein Josef Knecht in Hermann Hesses Traumland des Schönen und Guten betrieb. Denn in Bonaventuras Theologie ging es nicht, so Ratzinger, »um eine konstruierte Welt, eine Art Mathematik des Denkens, sondern um die Konfrontation mit der Wirklichkeit. Und zwar in ihrem ganzen Umfang und ihrem ganzen Anspruch«[3].

Mit dem heiligen Bonaventura traf Ratzinger auf einen Theologen, Philosophen und mächtigen Ordensoberen, den »Fürsten unter allen Mystikern«, wie Papst Leo XIII. ihn nannte, der es nicht zuletzt vermochte, im Streit zwischen rigorosen und gemäßigteren Strömungen innerhalb der Franziskaner zu vermitteln, und deshalb nach Franz von Assisi als zweiter Gründer des Ordens angesehen wurde.

Der heilige Mönch wurde 1221 als Giovanni di Fidanza im italienischen Viterbo geboren. Seinen Ordensnamen hatte ihm Franziskus persönlich gegeben; gewissermaßen vom Sterbebett aus, als er den Jungen das erste Mal erblickte. Das lateinische *Bona ventura* bedeutet so viel wie: »gute Fügung«, oder auch: »das gute Kommende«. Bis 1242 studierte der Italiener an der Pariser Universität und wurde dort gemeinsam mit Thomas von Aquin Professor der Theologie. Nachdem er 1257 zum Ordensgeneral gewählt wurde, leitete er die Gemeinschaft 17 Jahre lang von der Seine aus. Er hielt in Paris Seminare mit Titeln wie *Die Erkenntnis Christi (De scientia Christi)*, *Das Geheimnis der Dreifaltigkeit (De mysterio Trinitatis)* oder *Die evangelische Vollkommenheit (De perfectione evangelica)*. Seine Traktate zur geistlichen Erziehung, etwa das *Selbstgespräch über vier geistige Übungen*, machten ihn zu einem der erfolgreichsten Schriftsteller seiner Zeit. Seinen *Reisebericht des Geistes zu Gott*, Bonaventuras mystisches Hauptwerk, feierten die Leser als Höhepunkt spekulativen Denkens und einer kaum je da gewesenen Gotteserkenntnis. *Doctor seraphicus* wurde er bald genannt, engelsgleicher Lehrer, ein Beiname, der die hohe Bewunderung ausdrückte, die gerade auch die gelehrte Welt für den mittelalterlichen Meister empfand.

Der andere Protagonist der Untersuchung Ratzingers war nicht weniger spannend: Joachim von Fiore (1130–1202), ein geheimnisvoller Abt aus Kalabrien, durchdrungen von der Erwartung einer innergeschichtlichen Heilszeit. Er hatte von einem »Dritten Reich« und einem Zustand der Vollerlösung gesprochen.

Als Sohn eines Verwaltungsbeamten in Sizilien hatte Joachim Aussicht auf eine schöne Karriere am Hof des Königs. Ein Erlebnis auf dem Tabor, dem Berg der Verklärung Jesu im Heiligen Land, stellte sein Leben jedoch in eine komplett andere Bahn. Der vormalige Beamte zog sich zurück in die Einsamkeit und gründete in Kalabrien das Kloster San Giovanni di Fiore. Ein von ihm ins Leben gerufener strenger Orden wurde von Papst Coelestin III. bestätigt. Die Offenbarung auf dem Tabor habe ihn, erläuterte Joachim, die Bedeutung der Heiligen Schrift und die Entsprechung von Altem und Neuem Testament erkennen lassen. Gemäß seiner Vision entwickelte sich die Menschheit in drei Phasen: Nach dem »Reich des Vaters« und dem »Reich des Sohnes« breche das »Reich des Geistes« an, ein neues Zeitalter, in dem das kontemplative Leben die bestimmende Daseinsform der Christen sei. Die Kirche würde in ihrer Endstufe in einen charismatischen Zustand des unmittelbaren Gnadenzugangs eintreten.

Die Prophezeiungen des Abtes hatten schon deshalb für Aufregung gesorgt, weil eine immer größer werdende Gruppe radikalisierter Franziskaner im 14 Jahre nach dem Tod des Abtes geborenen Franz von Assisi jenen *Alter Christus* – den anderen, zweiten Christus – zu erkennen glaubte, den Joachim vorhergesagt hatte. Dem Dritten Zeitalter des Geistes gehe eine gottgesandte Figur voraus, hatte Joachim verheißen, die den noch einmal machtvoll in Erscheinung tretenden Antichrist besiegen würde.

Die Ideen des Abtes verbreiteten sich in rasender Geschwindigkeit. Sie beeinflussten etwa auch Dante Alighieri, der Joachim in seiner *Göttlichen Komödie* verewigte. Nachwirkungen lassen sich auch in die Reformationszeit, zum Beispiel bei Thomas Müntzer, verfolgen und gehen bis zu Hegel, Marx und Ernst Blochs *Prinzip Hoffnung*. Im Übrigen war der Seher aus Kalabrien von der katholischen Kirche nie ganz verworfen worden. Es war ausgerechnet Joseph Ratzinger, der 1960 im *Lexikon für Theologie und Kirche* den Artikel »Joachim von Fiore« verfasste und darin betonte, Joachim sei nie antihierarchisch eingestellt gewesen. Im liturgischen Kalender der katholischen Kirche lautet an seinem jährlichen Gedenktag am 29. Mai die in der heiligen Messe vorgetragene Oration bis heute: »Gott, der du auf dem Berge Tabor den drei Aposteln deine Herrlichkeit geoffenbart hast, du hast am selben Ort dem seligen Joachim die Wahrheit der Schriften erschlossen.«

Um es vorwegzunehmen: Entgegen aller Erwartungen fand Ratzinger heraus, dass es bei Bonaventura wie wohl bei allen Theologen des 13. Jahrhunderts noch keine Entsprechung jenes Begriffes von »Offenbarung« gegeben habe, wie er inzwischen verstanden wurde. Diese Vokabel habe sich zwar im Laufe der Zeit als Überbegriff für die Heilige Schrift eingebürgert, in der Sprache des hohen Mittelalters jedoch habe Bonaventura von Offenbarung nur dann gesprochen, wenn es um »Enthüllungen von Verborgenem« ging. Zwar sei die bereits gegebene Offenbarung Gottes als endgültig anzusehen, aber so endgültig sie sei, so unerschöpflich sei sie auch, weil sie immer neue Tiefen der Erkenntnis zulasse.

Nach Auffassung der mittelalterlichen Theologie schlug sich das geschichtliche Handeln Gottes einerseits in der Heiligen Schrift nieder, andererseits war, so Ratzinger, das Geoffenbarte »immer größer als das bloß Geschriebene«. Genauso wie jedes Ereignis nicht mit der Erzählung identisch ist, die das Geschehen festzuhalten versucht. Im Grunde hatte Ratzinger damit eine nicht unbedeutende Entdeckung gemacht. Sie betraf auch das Verhältnis zu den Protestanten, die sich auf die Schrift allein kaprizierten. Offenbarung aber sei nicht nur in der Heiligen Schrift gegeben, sondern gleichwohl in Dingen wie der Tradition, der Überlieferung, den Inspirationen der Väter und Heiligen und im lebendigen Glauben selbst. Gar nicht zu sprechen von anerkannten Wundern, unerklärlichen Zeichen oder Christus- und Marienerscheinungen. »Und das bedeutet«, folgerte Ratzinger, »dass es ein reines *Sola scriptura* [durch die Schrift allein] nicht geben kann.«

Noch nicht einmal die Schrift an sich galt nach dem Verständnis des Mittelalters als Offenbarung, sondern nur der in ihr liegende tiefere geistige Sinn, der wiederum erst über das allegorische Lesen ganz zu verstehen sei. Es ging hier um eine *visio intellectualis*, ein Hindurchschauen durch alles Vordergründige auf den geistlichen Kern der Texte; ein Grund, warum die katholische Kirche ein Lehramt für die getreue Überlieferung des Evangeliums einrichtete.

Der letzte Teil von Ratzingers Habilitation untersuchte, auf welche Weise sich Bonaventura in seinen *Collationes in Hexaëmeron* (den *Gesprächen über das Sechstagewerk*) mit den Endzeit-Theorien Joachim von Fiores auseinandersetzte. Vermutlich hatte Ratzinger erkannt, »welch einmalige Chance sich ihm hier bot«, so der Theologe Hansjürgen Verweyen. Es schien ihm möglich, innerhalb einer historisch genauen Analyse »das Hauptübel der neuscholastischen Engführung philosophisch-theologischen Denkens einer radikalen Kritik zu unterziehen, die vom kirchlichen Lehramt nur schwer beanstandet werden konnte«[4].

Bereits durch einen Vergleich der verschiedenen theologischen Ansätze zwischen Bonaventura und Thomas von Aquin glaubte der junge Theologe den archimedischen Punkt markieren zu können, von dem her sich die Engführung in der neuscholastischen Auslegung von Offenbarung, Schrift, Tradition und Glaube überwinden lasse. Dass der 28-jährige Habilitand dabei auch Thesen auf den Prüfstand setzen musste, die als lehramtlich unantastbar galten, beunruhigte ihn nicht weiter. Für ihn selbst sei »der Gedanke bestimmend« gewesen, hielt er in der späteren Einleitung seiner Arbeit fest, »dass die Aussicht auf eine umfassende historische Erkenntnis umso größer ist, je weiter der systematische Horizont sich öffnet, je mehr er die gewohnten Umgrenzungen der Schultheologie sprengt«. Aus diesem Grund hätte er insbesondere auch die Anregungen beachtet, »die von der evangelischen Theologie in dieser Sache ausgehen«[5].

Söhngens Meisterschüler wies jedenfalls nach, dass der Generalminister der Franziskaner als »Hüter der heilsgeschichtlichen Tradition« Joachims Visionen nicht in Bausch und Bogen verworfen hatte. Dessen Lehre stellte Bonaventura allerdings eine eigene Geschichtstheologie entgegen. Sie setzte darauf, die Zustände dadurch zu verbessern, dass der Mensch durch sein religiöses Handeln ein Stück weit Gott in die Welt bringt. Er teilte dabei den Verlauf der Menschheitsgeschichte in eine Struktur von sieben beziehungsweise acht Tagen ein, analog zur biblischen Genesis-Erzählung. Nach dieser Matrix läuft neben dem mühseligen sechsten Tag im Verborgenen bereits die Herrlichkeit des siebten Tages einher. Auf diese beiden Tage, die miteinander verbunden seien, folge dann der ewige achte Tag, die »gottgeschenkte Sabbatruhe«.

Bereits mit Christi Erscheinen habe ein neuer Äon begonnen, ein Zeitabschnitt, der sowohl aus Mühsal als auch aus Erlösung bestehe. Dank der von dem Gottessohn gegründeten Kirche, hielt Ratzinger in seiner Arbeit fest, wehe seit dieser Stunde trotz permanenter Krisen der »Hauch einer neuen Zeit, in der das Verlangen nach dem Glanz der anderen Welt überformt ist von einer tiefen Liebe zu dieser Erde, auf der wir leben«[6].

Wie Joachim ging auch Bonaventura davon aus, dass nicht erst am Jüngsten Tag eine neue Heilsepoche anbreche. Nach Überzeugung beider Theologen werde unmittelbar vor der Wiederkunft Christi – in einer letzten Zeitspanne vor dem Ende der Welt – die Kirche eine innergeschichtliche Verwandlung durchleben und kontemplative Züge annehmen (*Ecclesia contemplativa*), ohne gleichzeitig als Kirche des Amtes und der Sakramente überholt zu sein. Das Gottesvolk dieser Endzeit werde eine einzigartige Enthüllung von Verborgenem, also eine Fülle von Offenbarungen, genießen können. Mittels einer Haltung der Demut werde das rein diskursive Denken überwunden zugunsten einer einfachen, inneren Einleuchtung der Geheimnisse des

Glaubens, die gerade den Kleinen, und nicht den Weisen und Klugen, zuteilwerde.

Bonaventura sah eine Zeit kommen, in der das Christentum seine Überzeugungskraft nicht zuerst aus der Vernunft heraus, sondern aus der von ihr getragenen Zukunftsvision besitzen wird. Aus diesem Erkennungsprozess, der mit einer Rückbewegung der Schöpfung zum Schöpfer einhergeht, erfolge eine reale Bewegung des Geistes, die sich in Meditation und Kontemplation vollzieht. Geschichte sei so gesehen keine Abfolge von beliebigen Ereignissen, sondern als zeitliche Verknüpfung des Endlichen mit dem göttlichen Ursprung zu verstehen – und eben vor allem auch durch: Offenbarung.

Die Habilitations-Schrift war ein gewaltiges, ein wuchtiges Werk und mit 700 Seiten das umfangreichste, das Ratzinger je geschrieben hat – und von dem jedoch gut 500 Seiten über ein halbes Jahrhundert lang in der Schublade verschwinden sollten.

Bereits zum Ende des Sommersemesters 1955 war die Arbeit fertig gewesen; in kleiner Schrift feinsäuberlich mit Bleistift auf Papier gebracht. Allein die unzähligen Fußnoten und Querverweise zeugten von ungeheurem Fleiß, von Gründlichkeit und Belesenheit. Und nicht zuletzt vom Ehrgeiz, ein für alle Mal die eigene Qualifikation unter Beweis zu stellen.

Mit einer für sein Alter außerordentlichen fachlichen Sicherheit hatte der theologische Anfänger auch keine Scheu vor den Koryphäen seines Faches, denen er nachwies, wo sie falschlagen oder zumindest schlampig gearbeitet hatten: »Wer Augustin selbst kennt, weiß indessen, dass solche Gedanken in seinem Werk keinen Platz haben.«[7] Pointierte Formulierungen zeugten von Schreibfreude und Urteilskraft: »Für Bonaventura ist das Neue Testament in seiner wahren Fülle erst im Kommen, für Joachim ist es im Vergehen, um Größerem Platz zu machen.«[8] Gelegentlich wird die eigene Zunft schon mal abgekanzelt. Ein typischer Ratzinger: »Professorale Proteste … wie man sie seit dem Einsetzen der liberalen Franziskusforschung gewohnt ist, haben im Grunde eine in so ernsthaften Dingen verletzende Unernsthaftigkeit an sich, entstammen sie doch gemeinhin nicht dem Verlangen nach wirklicher Erneuerung eschatologischer Lebensformen, sondern bloß dem Willen zur Kritik.«[9]

Seinen handgeschriebenen »Riesenschmöker« wollte Joseph zum Abtippen nicht erneut seiner Schwester aufbürden. Zudem verfügte er inzwischen über ein kleines Einkommen, um eine professionelle Schreibkraft engagieren zu können. Das Drama nahm seinen Lauf.

Es begann damit, dass die Sekretärin sich als völlig unfähig erwies. Immer wieder gingen Seiten verloren, manchmal ganze Kapitel, die aus dem Gedächtnis nachgeschrieben werden mussten. Zudem strapazierte »ein Übermaß von Fehlern« die Nerven des Habilitanden »aufs Äußerste«. Das grafische Erscheinungsbild entsprach nicht unbedingt höchsten Ansprüchen, als Ratzinger im Spätherbst 1955 *Die Offenbarung und Heilsgeschichte nach der Lehre des heiligen Bonaventura* in zwei Pflichtexemplaren bei der Katholisch-Theologischen Fakultät der Universität München einreichte.

Immerhin, wissenschaftlich hatte er gründlich gearbeitet. Söhngen zeigte sich begeistert. Er konnte kaum damit aufhören, in seinen Vorlesungen schon vorab aus der Arbeit zu zitieren. Der Habilitation schien nichts mehr im Wege zu stehen. Nun jedoch kam der Zweitprüfer der Arbeit ins Spiel, Professor Michael Schmaus. Schmaus hatte einen Namen. Schmaus war Platzhirsch, so eitel wie verletzbar. Und Schmaus – ließ sich erst mal Zeit.

Der aus dem bayerischen Schwaben stammende Bauernsohn, fünf Jahre jünger als Söhngen, war hoch dekoriert als Päpstlicher Hausprälat, Herausgeber der *Beiträge zur Geschichte der Philosophie und Theologie des Mittelalters,* Autor einer achtbändigen *Katholischen Dogmatik,* Mitglied der Päpstlichen Theologischen Akademie (der nur 39 Gelehrte angehörten) und beanspruchte in München die Autorität in der Mediävistik, der Mittelalterforschung – Bonaventura inbegriffen. Es gab allerdings auch einen eklatanten Makel.

1949 war Schmaus als Ordinarius untersagt worden, weiter Vorlesungen, Seminare und Prüfungen zu halten. Anlass war ein Bericht der Münchner *Abendzeitung,* der ihm Sympathien für das Dritte Reich vorhielt. Tatsächlich hatte Schmaus nach Hitlers Machtübernahme in Vorträgen in Köln und Münster eine bedenkliche Nähe zu den Nazis gezeigt. Die Texte waren 1933 auch noch als Buch erschienen. Titel: *Reich und Kirche – Begegnungen zwischen katholischem Christentum und nationalsozialistischer Weltanschauung.*[10]

Inzwischen galt der Dogmatiker als rehabilitiert, auf welchen Wegen und mit welchen Mitteln auch immer. 1951 wurde er zum Rektor der Ludwig-Maximilians-Universität ernannt und war als möglicher bayerischer Kultusminister im Gespräch. 1962 sollte sein wuchtiges Konterfei gar die Titelseite des *Spiegels* zieren, der ihn »zu den bedeutendsten Gelehrten der katholischen Kirche« zählte. Der Priester ließ sich vom Magazin aus Hamburg zum Streit über evangelisch-katholische »Mischehen« befragen. Aus einem solchen »sündhaften Verhältnis« und einer solchen »gotteslästerlichen Verbindung«, wie Schmaus befand, war bekanntlich sein Professorenkollege Söhngen hervorgegangen.

Wochen vergingen, Monate zogen ins Land. Georg legte 1955 an der Musikhochschule sein Examen ab und absolvierte die Meisterklasse. Sein Vorbild war der Komponist Karl Höller. Dessen Weise, »den Kontrapunkt zu unterrichten und die Baugesetze kompositorischen Schaffens aufzudecken, faszinierte meinen Bruder«, notierte Joseph. Allerdings entstanden nun Kompositionen, wie er etwas irritiert feststellte, »die für unsere mozartisch und romantisch gebildeten Ohren eher befremdlich klangen«[11].

In Freising ging der Betrieb weiter. Ratzinger hatte sich Bewunderung verdient und ein Charisma gezeigt, dem viele seiner Studenten und ehemaligen Studienkollegen kaum widerstehen konnten. Prüfungen nahm er häufig in seinem Arbeitszimmer ab, wobei die Mutter den aufgeregten Kandidaten Tee und Plätzchen reichte. Bei Examina sei er ungemein fair gewesen, bemerkten Zeitzeugen. Er habe beispielsweise nur abgefragt, was der jeweilige Absolvent auch wirklich beherrschen konnte. Professorenkollegen beglückwünschten Ratzinger bereits zu seiner Habilitation, über die man überall nur Bestes höre. Von der Johannes-Gutenberg-Universität in Mainz traf ein erstes Angebot zur Übernahme eines vakanten Lehrstuhls ein, und auch die Uni Bonn zeigte sich enorm interessiert an dem Newcomer.

Joseph hatte inzwischen auch Maria nachgeholt, die ein eigenes Zimmer bekam. Der größte und schönste Raum der 110 Quadratmeter großen Professorenwohnung mit Alpenblick stand jedoch weiterhin den Eltern zur Verfügung. Seltsam blieb nur der Kauf eines Grundstücks, das Joseph im Stadtteil Lerchenfeld erwarb. Wohl aus dem Erlös des Hausverkaufes in Hufschlag und auf Anraten seiner Eltern, die in der Inflation der Zwanzigerjahre und der Währungsreform von 1949 einen Großteil ihrer Ersparnisse verloren hatten.

Der Tiefschlag kam zu Ostern 1956. Ausgerechnet an einem Karsamstag, Tag der Verdunkelung Gottes, an dem Joseph einst das Licht der Welt erblickte. Es ist bitterkalt in Deutschland in diesen Tagen. An zahlreichen Orten fielen die Temperaturen auf die tiefsten Werte, die jemals in einem April aufgezeichnet wurden. »Wer es sich leisten kann«, riet die aktuelle Ausgabe der *Zeit*, »fährt zu Ostern an die Schweizer Südseen oder an die Riviera auf italienischer oder französischer Seite.« »Das Klima und die Jahreszeiten«, wusste die Wochenzeitung, »haben sich verändert, und die Gelehrten suchen noch nach einer Erklärung, die wirklich stimmt.«

In den Medien diskutierten Experten über Nikita Chruschtschows aktuelle Rede, in der sich der Führer der Sowjetunion mit harten Worten von seinem Vorgänger Stalin distanziert hatte. Eine weitere Debatte galt der Wiedereinführung des Militärs in Deutschland. In Berlin (West) stellte IBM seinen neuen Computer vor, mannshoch, der modernste Rechner der Welt. In seinem Arbeitszimmer in München verbrauchte derweil Michael Schmaus Unmengen von Buntstiften, um in allen Farben kenntlich zu machen, dass ihm die Arbeit von Söhngens theologischem Ziehsohn gehörig gegen den Strich ging.

Das Drama beginnt, als Ratzinger als hoffnungsvoller Nachwuchstheologe zur Jahrestagung der »Arbeitsgemeinschaft der deutschen Dogmatiker und Fundamentaltheologen« eingeladen ist, die vom 30. März bis 1. April 1956 in Königstein im Taunus stattfindet. Erstmals begegnet er hier dem berühmten, 23 Jahre älteren und als besonders progressiv geltenden Theologen Karl Rahner. Man sei sich, hielt er fest, sofort »menschlich recht nahe« gekommen. Anwesend ist freilich auch der Korreferent seiner Habilitation, Professor Schmaus. Was nun eintritt, ist so etwas wie die Kernschmelze des Hoffens und Leidens des jungen Ratzinger. »Ich war wie vom Donner getroffen«, beschrieb er die Szene später, »eine Welt drohte für mich zusammenzubrechen.«

Der Abgrund tat sich exakt in jener Minute auf, in der Schmaus während der Tagung den jungen Kollegen zur Seite nahm. »Sachlich und ohne Emotion«, wie sich Ratzinger erinnerte, eröffnete er dem Meisterschüler seines Kontrahenten, er müsse die Habilitationsschrift ablehnen. Sie genüge weder formal noch inhaltlich den geltenden wissenschaftlichen Maßstäben. Einzelheiten würde er nach dem entsprechenden Fakultätsbeschluss erfahren.

Die Begegnung ist wie ein Stich mitten ins Herz. Joseph musste an die Krypta in der Kathedrale von Freising denken, an die Bestiensäule mit ihrer hellen Seite – der Frau und der Blume –, aber auch mit ihrer dunklen, wo sich Ungeheuer emporrecken, Menschen und Geschöpfe zu verschlingen. Gescheitert. Vor allem kamen ihm die Eltern in den Sinn, »die guten Glaubens zu mir nach Freising gekommen waren«.

Was sollte aus ihnen werden, »wenn ich nun als Gescheiterter von der Hochschule gehen musste?«

Rupert Berger erinnerte sich, wie sein Freund »plötzlich mutlos und niedergeschlagen wirkte. Es war ein richtiges Tal für ihn«[12]. Ratzinger habe »sich nie jemandem angedient, und das hier hat ihn ungeheuer mitgenommen. Er hat es in sich hineingefressen«, ergänzte Kollege Josef Finkenzeller.[13] Auf dem Domberg war zu beobachten, wie der junge Theologe fast über Nacht graues Haar bekam. Weder Eltern noch Geschwister ahnten, wie es um ihn stand. Vielleicht könnte er sich um eine einfache Kaplansstelle bewerben, mit zugehöriger Wohnung, überlegte er im Stillen. »Aber eine besonders tröstliche Lösung war das nicht.«

Was war geschehen? Es gibt zwei Versionen zur Erklärung für das verhängnisvolle Verdikt von Schmaus. Zweifellos war Ratzingers Arbeit ausgesprochen klug. Wie klug jedoch die Herangehensweise war, stand auf einem anderen Blatt. Die Thematik der Arbeit wäre im Grunde in Schmausens Zuständigkeit gefallen. In der Fakultät tuschelte man seit Langem darüber, warum Söhngen die Habilitation an sich gezogen und seinen Schüler damit in eine problematische Situation gebracht hatte. Aus seiner Rivalität gegenüber Schmaus heraus? Dem Kollegen hatte er öffentlich vorgehalten, er würde in seinen theologischen Abhandlungen ja nur Zitate aneinanderreihen, Texte von Nietzsche, Kant und Borchert, die er gar nicht verstanden hätte. Ratzinger selbst hatte im Vorfeld seiner Habilitation immer wieder durchblicken lassen, dass für ihn die Mediävistik eines Schmaus auf dem Stand der Vorkriegszeit stehen geblieben war. Der Theologe habe »die großen neuen Erkenntnisse überhaupt nicht wahrgenommen«. Tatsächlich hatte es der Anfänger gewagt, die Positionen des berühmten Professors mit aller Schärfe zu kritisieren. »Das war Schmaus ganz offensichtlich zu viel«, erklärte Ratzinger die Hintergründe für die Ablehnung, in der er persönliche Motive des Zweitprüfers vermutete, »zumal es ihm an sich gegen den Sinn ging, dass ich über ein mittelalterliches Thema gearbeitet hatte, ohne mich seiner Führung anzuvertrauen.«[14]

Schüler von Schmaus halten die Darstellung Ratzingers für subjektiv geprägt. Schmaus sei »ein sehr studenten- und menschenfreundlicher Professor« gewesen. Finkenzeller bestätigte, Schmaus sei gegenüber Habilitanden eher großzügig verfahren: »Es ging nicht immer so genau bei ihm. Meine Arbeit zum Beispiel hat er gar nicht richtig gelesen.« »Er konnte einen natürlich auch fertigmachen«, so sein Doktorand Gerhard Gruber.[15]

Die entsprechenden Dokumente der Universität München unterliegen dem Archivrecht und sind nicht einsehbar. Fest steht: Die Arbeit Ratzingers war mit Randglossen in allen Farben angefüllt, die an Schärfe nichts zu wünschen übrig ließen. Der berühmte Dogmatiker kritisierte nicht nur Ratzingers Analysen, er brachte auch zum Ausdruck, dass er den jungen Theologen für einen Modernisten halte. »Schmaus hat ihn beinahe als gefährlich empfunden«, erinnerte sich Eugen Biser, der Nachfolger Karl Rahners auf dem Romano-Guardini-Lehrstuhl, »Ratzinger galt als Progressist, der festgefügte Bastionen ins Wanken bringt.«[16]

Öffentlich kritisierte Schmaus, »der Ratzinger versteht es, die Dinge in blumige Formulierungen einzubinden, aber wo ist der Kern der Sache?«. Dem Nachwuchstheologen habe er ins Gesicht gesagt, wusste Alfred Läpple, »Sie reden herum und meiden präzise Definitionen«. Läpple hatte Verständnis für die Kritik: »Ratzinger ist für eine Theologie des Gefühls. Er scheut klare Definitionen. *Sic et non* – es ist so, oder es ist nicht so –, an diese mittelalterliche Devise hat er sich nie gehalten. Er liebt nicht die harte Definition, sondern möchte das neu gestalten und baut das auf, wie ein Künstler ein Gemälde aufbaut. Und am Schluss fragt man sich: Was hat er eigentlich gesagt?« Läpple fügte hinzu: »Schmaus hatte recht, dass er zu emotional ist. Dass er immer wieder mit neuen Worten kommt und sich freut, von einer Formulierung in die andere zu kommen.«[17]

Doch der Sieg des Dogmatikers währte nicht lange. Eine erste Niederlage erlebte Schmaus im Fakultätsrat. Einige der Professoren sprachen zwar ebenfalls von einem gefährlichen Modernismus Ratzingers, der auf die Subjektivierung des Offenbarungsbegriffes hinauslaufe, aber Söhngen konnte erreichen, dass die Arbeit nicht abgelehnt, sondern zur Verbesserung zurückgegeben wurde. Sarkastisch merkte Schmaus an, für die Berücksichtigung seiner Anmerkungen und die entsprechende Umarbeitung würde der Meisterschüler dann ja doch einige Jahre brauchen. Ratzingers weitere Berufung an die Hochschule wäre damit passé gewesen.

Schmaus' zweite Niederlage ist einem Geistesblitz zu verdanken. Ratzinger hatte gesehen, dass der hintere Teil seiner Arbeit kaum Anmerkungen enthielt. Entweder hatte Schmaus keine Lust mehr, weiterzumachen, oder er hatte tatsächlich keine Einwände. Die geniale Finte ist: Er macht aus dem letzten Teil seiner Untersuchung eine eigenständige Arbeit. Da Schmaus auf diesen Seiten kaum Einwände vorbrachte, konnte das Stück zumindest nicht als wissenschaftlich unannehmbar abgewiesen werden.

Der vermeintlich Gescheiterte sitzt über den Büchern, denkt und schreibt, überträgt per Hand endlos lange Zitate und füllt Fußnoten. »Joseph, was macht Herr Schmaus«, necken ihn die ehemaligen Kommilitonen. Ratzingers Antwort: »Bedeutend sein.« Aber das sei bereits das Äußerste an Schimpfworten gewesen, berichtete Hubert Luthe, zu denen sich Ratzinger habe hinreißen lassen. Ratzinger selbst bekannte dem Autor gegenüber, er habe in diesen dramatischen Wochen weder Gott gezürnt noch ein Gelöbnis gemacht. »Aber ich habe schon stark gebetet und den lieben Gott stark angefleht, dass er mir hilft. Vor allem meiner Eltern wegen. Das wäre eine Katastrophe gewesen, wenn ich die auf die Straße hätte setzen müssen.«[18]

Kurze Zeit später legte er seinen Text erneut vor. Ein Wagnis. Denn ein Werk von lediglich 180 anstatt der bisherigen 700 Druckseiten war im Grunde vom Umfang her wenig geeignet, als Habilitation anerkannt zu werden. Doch das Kalkül ging auf. Im Februar 1957, einenhalb Jahre nach der ersten Abgabe seiner Schrift, nahm die Katholisch-Theologische Fakultät der Universität München die Arbeit an. »Ein Buch gehört nie einem Autor allein«, bedankte sich Ratzinger im Vorwort bei all den lebenden und toten Theologen, deren Studien er nutzte, »es könnte nicht werden ohne die Vielzahl der geistigen Einflüsse, die bewusst oder unbewusst sein Denken formen.« Über den inkriminierten Teil seiner Arbeit vermerkte er kurz angebunden: »Zu dem größeren Fragenkreis liegt das Material gesammelt und gesichtet vor.« Ein Werk immerhin, dem der Fundamentaltheologe und Philosoph Hansjürgen Verweyen, ganz anders als Schmaus, Jahrzehnte später »große historische Sorgfalt und theologische Weitsicht«[19] bescheinigen sollte.

Die letzte Hürde stand dem künftigen Professor noch bevor. Es ist der 21. Februar 1957, ein Donnerstag. Und einer jener schicksalhaften Momente, die entweder zu Sternstunden geraten und den Lauf der Geschichte ändern – oder ein fürchterliches Scheitern auslösen. Wir befinden uns im großen Hörsaal der Ludwig-Maximilians-Universität (heute Hörsaal A 140). Der Raum ist zum Bersten gefüllt. Zweihundert Studenten, Professoren, Schaulustige. Man trägt schwarzen Anzug und schwarze Krawatte. »Es hatte sich schon im Vorfeld herumgesprochen, dass es da gewisse Probleme gab«, so der Kirchenhistoriker und Zeitzeuge Georg Schwaiger.[20] Die Spannung steigt, als der Dekan der theologischen Fakultät den Raum betritt, gefolgt von den Professoren Söhngen und Schmaus; der eine groß und schmal, der andere klein und dick, zwei Götter in Schwarz, zumindest nach eigener Wahrnehmung. Zehn Tage zuvor war die Habilitationsschrift zwar angenommen worden, aber bei der Disputation der Arbeit konnte man noch scheitern, diesmal vor aller Öffentlichkeit.

Entgegen den üblichen Gepflogenheiten wurde das Thema der Vorlesung nicht vom Prüfling, sondern von der Fakultät ausgewählt. »Ich hatte ein historisches Thema vorgeschlagen. Normalerweise hat die Fakultät immer angenommen, was vorgeschlagen wurde. Mir wurde dann gesagt, es geht nicht, sie wollen ›Systematische Theologie‹ machen. Ich hatte ein paar Tage Zeit und hatte in Freising zusätzlich Vorlesungen zu halten.« Seine Anspannung ist enorm: »Ich wusste, dass bestimmte Teile der Fakultät mich argwöhnend anhören würden und im Grunde schon negativ entschlossen waren, sodass mein Durchfallen fast programmiert schien.«[21]

Es herrscht Totenstille, als der Prüfling nach einem kurzen Abriss seines Lebenslaufes durch den Dekan seinen halbstündigen Vortrag beginnt. Danach aber entbrennt eine Kontroverse, die an große mittelalterliche Disputationen erinnert. Als Doktorvater setzt Söhngen mit harmlosen Fragen an den Kandidaten an, aber schon wirft sich Schmaus dazwischen. Ob für den jungen Herrn die Wahrheit der Offenbarung etwas Unveränderliches oder etwas Geschichtlich-Dynamisches sei, will er wissen. Und noch bevor der Gefragte den Mund öffnet, gibt Schmaus selbst die Antwort: »Die Sache mit Ihrer subjektivistischen Art, die Offenbarung zu deuten«, ruft er im Stil eines Staatsanwaltes in den Saal, »ist nicht richtig katholisch.«[22] Als Ratzingers Mentor springt Söhngen empört auf. Das Publikum raunt und applaudiert, der Habilitand steht stumm dazwischen. Söhngen redet auf Schmaus ein, Schmaus auf Söhngen. Joseph kommt nicht mehr zu Wort. Die Prüfungszeit ist abgelaufen.

Die Sitzung des 15-köpfigen Fakultätsrates in einem mit einem großen ovalen Tisch bestückten Raum des katholisch-theologischen Dekanats im ersten Stock des Unigebaudes schien endlos. Bestanden oder nicht bestanden, das war die Frage, benotet wurde nicht mehr. Draußen auf dem Flur schritt Ratzinger ungeduldig auf und ab: »Ich rechnete mit dem Schlimmsten.« Begleitet hatten ihn Freund Rupert Berger,

Bruder Georg und der Prediger Pakusch von St. Ludwig. »Wir standen am Fenster und haben miteinander geredet und gezittert«, so Georg. Mit keinem Wort hatte ihm Joseph bis dahin von dem möglichen jähen Ende seiner Karriere berichtet. Die Eltern sollten auch später nie davon erfahren. Die Tür ging auf, zum Vorschein kam Professor Adolf Ziegler, Kirchenhistoriker. Gespannte Gesichter, erlösende Antwort: bestanden. »Im Augenblick vermochte ich kaum Freude zu empfinden«, erinnerte sich Ratzinger, »so schwer lag der Albtraum des Vergangenen noch auf mir.«

Vom religionsgeschichtlichen Frühwerk des späteren Papstes sollte der Hauptteil 54 Jahre lang unbesehen in der Schublade liegen. Zu einer Veröffentlichung kam es erst im Rahmen der Herausgabe der Gesammelten Schriften Ratzingers im September 2009. Tatsächlich ist die Studie in seiner Bedeutung kaum zu überschätzen. Sie wirkte geradezu wegweisend:
– Der Auftrag der Kirche als Leib Christi auf Erden, so die Kernaussage, liege darin, das geschichtliche Handeln Gottes immer besser zu verstehen und dadurch in Vorbereitung der Erlösung einen Teil des Lichtes Gottes in die Welt zu bringen. Niemals dürfe sie sich zu einer Kraft des politischen Kampfes machen, um beispielsweise eine diesseitige Utopie zu verwirklichen.
– Die Zukunft der Welt ist unmittelbar mit dem Wohl und Wehe der Kirche Christi verbunden. Nach Joachim wie Bonaventura gibt es im heilsgeschichtlichen Ablauf eine Zeit des Geistes, in der die Kirche als »Kirche der Armen« – das heißt der einfach und entschieden Glaubenden – sowohl christologisch-sakramental, mehr noch aber pneumatologisch-prophetisch wirken wird.
– *Die Geschichtstheologie des heiligen Bonaventura* sollte wie auch Ratzingers Dissertation über den Begriff »Volk Gottes« starken Nachhall in den Dokumenten des Zweiten Vatikanums finden. Die »bei der Lektüre Bonaventuras gewonnenen Einsichten«, bekannte sein Autor, »sind mir später, beim konziliaren Disput über Offenbarung, Schrift, Überlieferung, sehr wichtig geworden«.
– Vor allem klärte der künftige Professor mithilfe Bonaventuras die überlieferte Position der Kirche im Verhältnis von Glaube und Politik, die im Pontifikat Johannes Pauls II. die Basis für die Doktrin der katholischen Kirche gegenüber den radikalen Strömungen der Befreiungstheologie werden sollte.

– Mit dem Werk wurde nicht nur Ratzingers Lebensthema forciert – die Zusammengehörigkeit von Vernunft und Glaube, von Philosophie und Theologie –, sondern zweifellos auch seine Neigung zu apokalyptischem Denken. Sein gesamtes Wirken ist dadurch von der Sorge um Glaube und Kirche geprägt, die er in der modernen Welt vor allem auch durch Fehlentwicklungen im eigenen Haus gefährdet sah und die er durch den Bau von geistlich-intellektuellen Barrikaden zu schützen versuchte.
– Zudem belegt die in der Diskussion um Ratzinger kaum beachtete Habilitation, dass der spätere Papst entgegen einer behaupteten Wende vom progressiven zum konservativen Theologen früh seine theologische Position gefunden hatte und sie konsequent weiterverfolgte. Schon für den 26-jährigen Theologen konnte es keine Trennung in eine konservative oder progressive Theologie geben, sondern nur in eine richtige und eine falsche.

Trotz weiterer massiver Störfeuer von Schmaus wurde Ratzinger am 1. Januar 1958 zum außerordentlichen Professor für Dogmatik und Fundamentaltheologie an der Philosophisch-Theologischen Hochschule Freising ernannt. Zuvor war der nun wahrlich Geprüfte noch ins Kultusministerium zitiert worden. Offenbar hatte ihn jemand angeschwärzt. Absicht war, ihm trotz bestandener Habilitation den Professorentitel zu verweigern. Ausschlaggebend hierfür sei seine allseits bekannte Unfähigkeit, warf ihm der zuständige Oberregierungsrat eine aus der Luft gegriffene Behauptung ins Gesicht. Er wolle ja nur deshalb Beamter werden, um ein sicheres Einkommen zu haben. Solche Leute könne man nicht gebrauchen. Ratzinger ließ sich davon nicht beeindrucken. Der Professorentitel war ihm nicht mehr zu nehmen. Aber die Dämonen, die sich um ihn versammelt hatten, sollten damit nicht verschwunden sein.

Kapitel 24

Die neuen Heiden und die Kirche

Nach den Turbulenzen um seine Habilitation gönnte sich Ratzinger gemeinsam mit seinem Bruder einen Urlaub in der Normandie, auf Einladung eines befreundeten Paters. Im Juli 1958 nahm er an der Tagung der deutschsprachigen Dogmatiker und Fundamentaltheologen teil, die diesmal in Innsbruck stattfand. Es ist die erste Begegnung mit dem ein Jahr jüngeren Schweizer Kaufmannssohn, katholischen Priester und Theologen Hans Küng, aus der sich eine mehr als komplizierte Beziehung entwickeln sollte. Noch aber finden sich beide, wie Küng notierte, »sofort sympathisch«.

Auf dem Domberg in Freising wurde Ratzinger als »jüngster Theologieprofessor der Welt« gefeiert, als sich das nächste Gewitter anbahnte. Ursache war eine religions- und gesellschaftspolitische Schrift, veröffentlicht im Oktober 1958 in *Hochland*, einer »Zeitschrift für alle Gebiete des Wissens und der schönen Künste«. Schon der Titel klang nach Provokation. Er lautete: *Die neuen Heiden und die Kirche*.

Der »katholische Frühling«, der nach Kriegsende in Deutschland Einzug hielt, war nicht ohne problematische Begleiterscheinungen geblieben. So kritisierte der Schweizer Theologe Walter Nigg, die katholische Kirche gefalle sich in ihrer wiedergewonnenen institutionellen Größe, während hinter den Fassaden das Glaubensgut schon wieder zu bröckeln beginne.

Bereits im November 1946 hatten die *Frankfurter Hefte* einen *Brief über die Kirche* der Schriftstellerin und Theologin Ida Friederike Görres veröffentlicht, in dem die streitbare Katholikin, Tochter des österreichischen Diplomaten Heinrich von Coudenhove-Kalergie und der Japanerin Mitsuko Aoyama, den ernüchternden Alltag im »real existierenden Katholizismus« beschrieb, mit erschreckenden Zuständen im Klerus, die nichts mit der Tradition zu tun hätten, auf die man sich ständig berufe.

Der Beitrag löste heftige Debatten aus, auch auf dem Domberg. Priesterstudenten forderten, die Autorin solle Rede und Antwort stehen dürfen, doch Kardinal Faulhaber verbot Görres jegliches öffentliche Auftreten in seiner Diözese. Später sollte Ratzinger sowohl mit Nigg als auch mit Görres in brieflichem Austausch stehen. In seiner Predigt bei Görres' Requiem im Freiburger Münster am 19. Mai 1971 meinte er: »Gewiss, auch ihr ist es nicht leicht gewesen, konkret fertigzuwerden mit einer Kirche, die sich selbst nicht mehr zu kennen scheint, die oft geradezu als ihr eigenes Gegenteil auftritt. ... Wir danken Gott, dass sie war. Dass diese sehende, mutige und gläubige Frau der Kirche in diesem Jahrhundert gegeben wurde.«[1]

Ratzinger hatte in Freising von Görres' Aufsatz gehört, den Beitrag nach eigenem Bekunden aber selbst nicht gelesen. Das war auch nicht nötig. Auch aus der »eigenen Erfahrung der konkreten Kirche« in seinem Wirken als Priester hatte sich bei dem Theologen eine deutliche Ernüchterung eingestellt. Einer der Belege hierfür ist die Primizpredigt, die er für seinen ehemaligen Studenten Franz Niegel am 4. Juli 1954 in dessen Heimatgemeinde Berchtesgaden hielt:

»Wie oft habe ich mich als Student darauf gefreut, einmal predigen zu dürfen, den Menschen das Wort Gottes verkündigen zu dürfen, die in der Ratlosigkeit eines oft gottverlassenen Alltags doch auf dieses Wort warten müssten. Gefreut darauf besonders dann, wenn mir ein Wort der Schrift, ein Zusammenhang unserer Glaubenslehre wieder neu aufgeleuchtet war und mich froh gemacht hatte. Aber wie war ich enttäuscht, als die Wirklichkeit doch ganz anders war, als die Menschen offensichtlich nicht auf das Wort der Predigt, sondern vielmehr auf ihr Ende warteten. Gottes Wort gehört heute nicht zu den Mode-Artikeln, nach denen man fragt und ansteht. Im Gegenteil: Es gehört zur Mode, die Dinge besser zu wissen.«[2]

In seiner Homilie forderte der 27-Jährige die Gläubigen auf, sich »ohne Rücksicht auf den Wind, den die Zeiten eben blasen, sich zur einen, unsensationellen und vielleicht unnütz scheinenden Wahrheit Gottes zu stellen«. Schon bald könnte »nötig werden, an der Arbeitsstelle, im Büro oder sonst wo sich zu dem zu bekennen, was man als Christ glaubt und lebt, und in eine Welt des Unglaubens ein Wort des Glaubens hineinzusagen«[3].

Ein Jahr später, am 10. Juli 1955, verschärfte er den Ton noch einmal. Erneut hält er eine Primizpredigt, diesmal für seinen ehemaligen Mitschüler und Kriegskameraden Franz Niedermayer. Der Gottesdienst in

Kirchanschöring bei Traunstein musste auf freiem Feld stattfinden, weil die Kirche die Menge der Gläubigen nicht fassen konnte. Ratzingers Analyse klingt nach augustinischem Pessimismus. Andererseits liest sie sich wie eine jener Vorhersagen, die nicht verblassen, sondern sich von Jahrzehnt zu Jahrzehnt wie ein Relief stärker in den Stein graben, um ihre Wahrheit für jedermann sichtbar zu machen:

>»Wenn heute jemand von einem anderen Stern auf diese Welt herunterkäme, er könnte diese Menschheit wohl nicht besser schildern als mit dem einen Wort: Wie Schafe ohne Hirten sind sie. Die Menschheit weiß heute nicht mehr, was recht und unrecht ist, was einer tun und lassen darf, was nun eigentlich geht und was für den Menschen unmöglich ist. Auf dem Dorf ist das wohl noch etwas besser, aber wenn heute ein junger Mensch in die Stadt hineingeworfen wird, dann merkt er sehr bald, dass da alle gemeinsamen Überzeugungen zusammengebrochen sind; er merkt, dass jeder nur mehr sich selbst zum Maßstab nimmt und eben das tut, was gerade er für richtig findet.«[4]

Als sich der Junge aus Hufschlag erstmals mit dem Gedanken an den Priesterberuf vertraut machte, war dafür »die kraftvolle, entschieden religiös ausgerichtete Persönlichkeit unseres Vaters ausschlaggebend« gewesen. Eines Mannes, der anders dachte, »als man damals denken sollte, und das mit einer souveränen Überlegenheit«. Als Kaplan in Bogenhausen und aus den Erfahrungen des »Dritten Reiches« nahm er eine Wirklichkeit wahr, die nach verantwortlichen Hirten rief, vom kirchlichen Establishment aber verdrängt wurde. Der *Hochland*-Essay sollte Ratzingers erster bedeutender publizistischer Auftritt werden. Die Redaktion hatte ihm dafür die Seite 1 reserviert. Als unerfahrener Priester und Theologe mit einem Thema aufzutreten, das, wie der Fall Görres zeigte, den Widerstand der Kirchenführung provozieren würde, war nicht ohne Risiko. Andererseits fühlte er sich innerlich gedrängt, ja sogar verpflichtet, auf die offenen Wunden hinzuweisen.

Kurz vor Redaktionsschluss hatte er den Beitrag abgegeben. Nervös erwartete er mit seinen Freunden die Auslieferung der Zeitschrift, als Meldungen aus Rom nicht nur die katholische Welt in Hochspannung versetzten. Schon Ende September waren erste Gerüchte in Umlauf gekommen, der Gesundheitszustand von Pius XII. habe sich erheblich verschlechtert. Auslöser war ein Sonntagmittag in Castel Gandolfo, als dem Papst beim Segen nach dem Angelus-Gebet die Stimme versagte.

Für lange Minuten war der 82-Jährige auf dem Balkon der päpstlichen Residenz bewegungslos verharrt, bis er den Blick zum Himmel erhob und nach einem leisen »A Dio« seine Loggia verließ.

Längst hatte die legendäre Haushälterin des Papstes, Schwester Pascalina Lehnert aus Altötting, über »Zeichen völliger Überarbeitung und Erschöpfung« geklagt. Der Heilige Vater habe jedoch »keine Rücksicht auf sich genommen, alles musste selber ausgearbeitet, durchgesehen, gefeilt und korrigiert sein«[5]. Ärzte rieten zu einer Frischzellen-Kur, die der Pontifex vier Jahre zuvor schon einmal mit Erfolg exerziert hatte. Doch nach dem Balkon-Zwischenfall hatte sich die Lage des Kirchenoberhauptes dramatisch verschlechtert. Ein schwerer Gehirnschlag raubte ihm zeitweise das Bewusstsein, sodass zwei Nachrichtenagenturen bereits seinen Tod bekannt gaben. Die Meldung war nicht zutreffend, aber sicherheitshalber ging auf dem italienischen Präsidentenpalast die Fahne schon mal auf halbmast. Konrad Adenauer, die Königin von England und US-Präsident Dwight D. Eisenhower schickten bereits Beileidstelegramme. In den folgenden Tagen erlitt der Papst zwei weitere Schlaganfälle. Am 9. Oktober 1958 um 3.52 Uhr schloss Eugenio Pacelli, der 260. Nachfolger des heiligen Petrus, dann wirklich für immer die Augen. Vier Minuten später meldete Radio Vatikan: »Mit bewegtem Herzen und tief gerührt geben wir bekannt: Pius XII., einer der größten Päpste des Jahrhunderts, geschätzt und verehrt in der Welt, ist heute ruhig entschlafen.«

Der Papst war tot. Millionen von Menschen versammelten sich in Rom, als der mit vier Engeln und mit der Tiara geschmückte Leichenwagen Pius' XII. die Straßen der italienischen Hauptstadt passierte. Dem Sarg folgten Kolonnen von Priestern, Ordensleuten, Schweizer Gardisten. TV-Sender übertrugen die stundenlange Prozession live in ganz Europa. Auch ein gewisser Giuseppe Roncalli, Kardinal von Venedig, nahm am Umzug teil, der in der Dämmerung den von Fackeln erleuchteten Petersplatz erreichte. Noch am Abend notierte Roncalli in sein Tagebuch, ob wohl je ein römischer Kaiser einen solchen Triumphzug erlebt habe.[6]

Die eigentliche Frage war natürlich eine ganz andere. Allen Beobachtern war klar, dass mit Pius XII. eine Epoche der Kirchengeschichte zu Ende gegangen war. Die Integrität Pacellis war über jeden Zweifel erhaben. Vorhaltungen, die in späterer Zeit Standard geworden sind, waren undenkbar. Als Staatssekretär hatte er 1938 an die Bischöfe der Welt geschrieben, sich dringend darum zu bemühen, dass den aus Deutschland auswandernden Juden großzügige Visen gewährt werden. In seinem Pontifikat, so der Historiker Karl-Joseph Hummel, waren mithilfe der katholischen Kirche bis zu 150 000 Juden vor den Vernichtungslagern der Nazis gerettet worden. Golda Meir, die spätere israelische Ministerpräsidentin, erklärte 1958: »Als in dem Jahrzehnt nationalsozialistischen Terrors unser Volk ein schreckliches Martyrium überkam, hat sich die Stimme des Papstes für die Opfer erhoben.«

Einen Pontifex dieses Gepräges, war nun allen klar geworden, würde es in Zukunft genauso wenig geben wie eine Amtsführung, die mit einem absoluten Machtanspruch verknüpft war. Wie aber sollte ein Nachfolger beschaffen sein? War es nicht an der Zeit, einen Schritt nach vorne zu tun, die Tradition der Kirche mit der Moderne zu versöhnen? Die Kirche konnte in der nach dem Krieg völlig veränderten Welt nicht weitermachen wie bisher. Sie brauchte ein neues Bewusstwerden ihrer Aufgaben. Das bevorstehende Konklave musste die Kardinäle deshalb vor die Aufgabe stellen, einen Stellvertreter Christi in ihren Reihen zu finden, der das Schiff Petri tauglich machte für Gewässer, die bislang noch nicht befahren wurden.

Allein dass das Sterben Pius' XII. zum größten Medienereignis der Nachkriegszeit geriet und ein bislang unvorstellbares Presseaufgebot auf den Plan rief, zeigte an, wie sehr sich die Szenerie verändert hatte. Selbst Radio Vatikan hatte sich an dem Hype beteiligt. Im Zimmer unmittelbar neben dem Krankenlager des Papstes hatte der Sender ein Studio eingerichtet, um live über Puls, Temperatur und Blutdruck des Sterbenden berichten zu können. In seinen letzten Stunden übertrug der Vatikanische Rundfunk eine Messe aus dem nächtlichen Sterbezimmer, in der das schwere Atmen des Papstes zu hören war. Der päpstliche Leibarzt Riccardo Galeazzi-Lisi schoss heimlich Fotos, die er an Illustrierte wie *Stern* und *Paris Match* verkaufte.

Als Pius XII. am 13. Oktober 1958 in den Vatikanischen Grotten beigesetzt wurde, versammelten sich im Petersdom erstmals in der Kirchengeschichte beim Tod eines Papstes hochrangige Delegationen aus 53 Staaten und aller großen Religionen der Erde. Dass nun genau während dieser elektrisierenden Nachrichten aus Rom, exakt in der Zeitspanne zwischen dem Tod Pius' XII. und der Wahl eines Nachfolgers, die Oktober-Ausgabe des *Hochland* die Druckerei verließ, musste dem Artikel, mit dem ein bislang namenloser junger Professor, 31 Jahre alt, Doktor der Theologie, erstmals an eine breite Öffentlichkeit trat, eine geradezu perfekte Bühne bereiten. Denn wie anders sollte es wirken, dass Ratzinger ausgerechnet in diesen Tagen nicht nur Kirche und Glauben auf den Prüfstand stellte, sondern in gewisser Weise auch ihr Programm für die Zukunft formulierte? Der Beitrag begann mit folgenden Worten:

»Nach der Religionsstatistik ist das alte Europa noch immer ein fast vollständig christlicher Erdteil. Aber es gibt wohl kaum einen zweiten Fall, in dem jedermann so genau wie hier weiß, dass die Statistik täuscht: Das Erscheinungsbild der Kirche der Neuzeit ist wesentlich davon bestimmt, dass sie auf eine ganz neue Weise Kirche der Heiden geworden ist und noch immer mehr wird: nicht mehr wie einst Kirche aus den Heiden, die zu Christen geworden sind, sondern Kirche von Heiden, die sich noch Christen nennen, aber in Wahrheit zu Heiden wurden.«

Es war ein unerhörter Befund, und er sollte sich in der nächsten Zeile noch steigern:

»Das Heidentum sitzt heute in der Kirche selbst, und gerade das ist das Kennzeichnende sowohl der Kirche unserer Tage wie auch des neuen Heidentums, dass es sich um ein Heidentum in der Kirche handelt und um eine Kirche, in deren Herzen das Heidentum lebt.«[7]

Der Artikel hatte Manifest-Charakter. Er schrie förmlich danach, eine kleine Revolution auszulösen: »Es wird der Kirche auf die Dauer nicht erspart bleiben«, forderte der junge Theologe, »Stück um Stück von dem Schein ihrer Deckung mit der Welt abbauen zu müssen und wieder das zu werden, was sie ist: Gemeinschaft der Glaubenden.«[8]

Unverkennbar schwingt in der Analyse eine Diktion mit, die auf Bonaventura und seine Lehre über die Kirche der Endzeit zurückgeht. Offenbar fand Ratzinger sie plausibel genug, dass er nun die Vision einer Kirche entwickelte, die wieder klein und mystisch werde; die als eine »Überzeugungsgemeinschaft« zurückfinden müsse zu ihrer Sprache, ihrer Weltanschauung und der Tiefe ihrer Geheimnisse. Denn nur dann könne sie ihre ganze sakramentale Wirkkraft entfalten: »Nur wenn sie aufhört, eine billige Selbstverständlichkeit zu sein, nur wenn sie anfängt, sich selber wieder als das darzustellen, was sie ist, wird sie das Ohr der neuen Heiden mit ihrer Botschaft wieder zu erreichen vermögen, die sich bisher noch in der Illusion gefallen, als wären sie gar keine Heiden.«[9]

Erstmals verwandte Ratzinger den Begriff »Entweltlichung«. Er schloss damit an die Mahnung des Apostels Paulus an, die christlichen Gemeinden dürften sich nicht zu sehr der Welt anpassen, sonst seien sie nicht mehr das »Salz der Erde«, von dem Jesus gesprochen hatte. Die Kirche sei zwar in der Welt und wegweisend und caritativ *für* die Welt da, aber sie sei nicht *von* dieser Welt, und deshalb auch nicht selbstgemacht und rein selbstbestimmt, sondern bleibe auf ewig eine Stiftung des Herrn mit unverbrüchlichen Grundlagen. Das bedeute auch, dass man auf »weltliche Positionen rigoros verzichtet, um einen Scheinbesitz abzubauen, der sich mehr und mehr als gefährlich erweist, weil er der Wahrheit im Wege steht«. Ratzinger sprach sich gegen die scheinbar menschenfreundliche Praxis aus, jedem auch noch so kirchenfernen Antragsteller Taufe, kirchliche Trauung oder Beerdigung zu gewähren, ohne überhaupt seine Überzeugung nachzufragen. »Indem man so die Sakramente nicht nur verschenkt, sondern verbettelt, werden sie zutiefst entwertet.«

Es ist für die Spurensuche auf Ratzingers Lebensweg unerlässlich, seinen ersten publizistischen Auftritt noch etwas genauer unter die Lupe zu nehmen. Der Beitrag zeigt nicht nur bereits Stil, Form und Prägung des späteren Papstes an, sondern auch seine kirchenpolitische Stoßrichtung. In gewisser Weise kann der Essay gar als Vorläufer jenes Bebens gesehen werden, das auf dem Zweiten Vatikanum als lavaspeiende Eruption zum Ausbruch kam (und für das der Theologe aus Bayern die Ouvertüre schreiben wird, wie wir noch sehen werden). Was genau aber trieb ihn zu seinem Aufsatz? War es Mut? War es Ehrgeiz? War es die Widerspenstigkeit, die von Kindheit an in ihm steckte? »Zum Kampf muss er sich zwingen«, hatte sein Bruder gesagt, aber »wenn er gefordert wird, dann stellt er sich auch.«

Die Wahrheit ist: Ratzinger konnte nicht anders. Er kann nicht schweigen, wenn er Dinge im Argen liegen sieht. Der Drang zur Analyse, zum prophetischen Wort, zum Widerstand, wenn es gilt, sich gegen das vermeintlich Falsche, das Irrige auflehnen zu müssen, scheint ihm so angeboren wie die Liebe zur Kirche. Der junge Theologe hatte begriffen, dass jener Teil von Henri de Lubacs *Catholicisme*, der vom Verdunsten des Wissens um das Wesen des Katholizismus handelte, nicht mehr Zukunft war, sondern Gegenwart. Die Kirche habe in ihrem Anfang den Strukturwandel von der kleinen Herde zur Weltkirche durchgemacht, befand er in seiner Analyse. In den Gesellschaften des Abendlandes habe danach ihre große »Erzählung«, ihre Wahrheit, ihr Glaube jahrhundertelang Kultur, Wissenschaft, Rechtsprechung, Lebensart etc. und sogar Landschaften geprägt. Kirche und Welt seien gewissermaßen deckungsgleich geworden. Inzwischen aber sei diese

Deckung nur noch Schein, der das wahre Wesen der Kirche verdecke und sie an ihrer notwendigen missionarischen Aktivität hindere.

De Lubac hatte betont, es bleibe die Sendung der Kirche, jedes Volk und jeden Menschen durch die ihr anvertraute übernatürliche Offenbarung »zu reinigen und zu beleben, zu vertiefen und zu seinem wahren Ziel zu führen«. Aber wusste diese Kirche selbst noch um den göttlichen Schatz, dessen Verwahrerin sie ist? »Dem Christen von heute ist es unausdenkbar geworden, dass das Christentum, genauerhin die katholische Kirche, der einzige Heilsweg sein soll«, dozierte Ratzinger in seiner Brandschrift, »damit ist die Absolutheit der Kirche, ja, aller ihrer Forderungen von innen her fragwürdig geworden.« Und wer könne zum Beispiel »gläubigen Mohammedanern« noch entgegenhalten, wie der große spanische Missionar Franz Xaver es getan hatte, sie würden »auf jeden Fall zur Hölle wandern, da sie nicht der allein selig machenden Kirche zugehörten«? Ratzinger ergänzte: »An solchen Vorstellungen hindert uns heute einfach unsere Humanität. Wir können nicht glauben, dass der Mensch neben uns, der ein prächtiger, hilfsbereiter und gütiger Mensch ist, in die Hölle wandern wird, weil er kein praktizierender Katholik ist.«

Fest steht: Es waren keine Hirngespinste, keine misanthropischen Fantasien über mögliche Abgründe, die ihn plagten. Mit dem Blick auf die später tatsächlich eingetretenen Entwicklungen zeigt sich die Treffsicherheit seiner Analyse. Das Problem bestand darin, dass er wusste (oder zumindest ahnte), dass sich der Prozess des Niedergangs des christlichen Glaubens kaum würde verhindern lassen. Dass das, was war und was ist und was kommen sollte, zwar nicht gänzlich determiniert und unveränderlich sei, aber in gewisser Weise immer auch so sein müsse. Nach seiner und Bonaventuras Auffassung von »Heilsgeschichte« könne es zwar Verbesserungen geben, jedoch seien die Zeitläufte im Sinne einer göttlichen Vorsehung längst in das Buch des Lebens, das Buch von Sinn und Sein eingeschrieben. »Der alles lenkende göttliche Wille geleitet es unfehlbar zum Port«, hatte de Lubac das Ziel des Schiffes Petri formuliert, »denn es gibt einen Hafen, es gibt ein Endziel. Das All schreit nach seiner Erlösung und hat auch die Gewissheit, sie zu erlangen.«

De Lubac war davon überzeugt, es konne nicht genügen, das christliche Altertum zu kopieren oder das Mittelalter nachzuahmen. Zwar habe die Kirche feste Fundamente, aber sie bleibe gleichwohl ein ständiger Bauplatz. Da sei ein Haus, das »seit der Zeit der Väter mehrmals den Stil gewechselt« habe, aber »ohne uns ihnen überlegen zu fühlen, müssen wir ihm doch unsern eigenen Stil geben, das heißt, einen, der den Nöten und Fragen unserer Zeit entspricht. Es wäre nichts gewonnen, wollten wir von einer unmöglichen Rückkehr zur Vergangenheit träumen.« Von dieser Reflexion aus dürfe man dann auch »ohne Zögern die eindrucksvolle Einheitlichkeit des großen Stromes der Tradition bewundern, der auf seinen immer erneuerten, nie stagnierenden Fluten den gleichen unzerstörbaren Glauben mit sich führt«.[10]

Ratzinger ging in seinem *Hochland*-Artikel noch einen Schritt weiter. Es gebe zwar nur den einen Heilsweg, »nämlich den über Christus«, fasste er zusammen, dieser beruhe jedoch auf dem Zusammenspiel zweier einander entgegengesetzter Kräfte; auf zwei Waagschalen gleichsam, die nur zusammen die eine Waage ergäben, »sodass jede Waagschale für sich allein völlig sinnlos wäre«. Gott könne Menschen nämlich »auf zweierlei Art erwählen«: ganz direkt – oder eben »durch ihre scheinbare Verwerfung hindurch«. Er teile die Menschheit nicht deshalb in die »Wenigen« und in die »Vielen« (eine Unterscheidung, die in der Bibel immer wiederkehrt), um dann etwa die Vielen »in die Abfallgrube zu werfen und jene zu retten, sondern er benutzt die Wenigen gleichsam als den archimedischen Punkt, von wo aus er die Vielen aus den Angeln hebt, als den Hebel, mit dem er sie zu sich zieht. Beide haben ihre Funktion im Heilsweg.«[11]

Anders als der Franzose, der davon träumte, dass der Glaube noch einmal »den Sieg« davontrage, sah Ratzinger im »Heilsweg Gottes« bereits eine Kirche der Kleinen kommen, das heißt eine Kirche der Einfachen und Bekenner: »Den Wenigen, welche die Kirche sind, ist in der Fortführung der Sendung Christi die Vertretung der Vielen aufgetragen.« Es klingt heute wie ein beizeiten gesprochenes Wort für das 21. Jahrhundert, wenn er schreibt: »Der einzelne Christ wird stärker nach einer Bruderschaft der Christen streben und zugleich sein Mitmenschentum mit den ungläubigen Mitmenschen um ihn herum auf eine wahrhaft menschliche und zutiefst christliche Art zu erweisen trachten.« Täuschen allerdings solle man sich nicht: »Der Ernst bleibt. Es gibt die Gruppe jener, die für immer zurückgewiesen werden.« Und mit einem Seitenhieb auf die eigenen Reihen bemerkte er: »Wer weiß, ob unter diesen zurückgewiesenen Pharisäern nicht auch so mancher ist, der glaubte, sich für einen guten Katholiken halten zu dürfen, in Wirklichkeit aber ein Pharisäer war.«

Der Beitrag in *Hochland* festigte Ratzingers Ruf als hochmodernen Theologen. »Schon als ich 1957 nach Freising kam«, berichtete der Kirchenhistoriker Georg May, »galt Ratzinger dort als der geniale Linkskatholik«[12]. Franz Josef Schöningh, Herausgeber des *Hochland* und Mitbegründer und Verlagsleiter der *Süddeutschen Zeitung*, beglückwünschte seinen Autor und lobte die Analyse als wichtige Wortmeldung. Schmaus hingegen fühlte sich in seiner Warnung vor dem gefährlichen Modernisten bestätigt und nutzte die Gelegenheit, das zu tun, was man heute »Mobbing« nennt. So war es kaum verwunderlich, dass selbst in Bonn, wo man gerade überlegte, das vielversprechende Talent an die Uni zu holen, bestürzt diskutiert wurde, ob es richtig sei, so jemandem überhaupt einen Lehrstuhl anzubieten.

Auch ein Teil des Personals auf dem Domberg reagierte mit Empörung. Das Wort von Irrlehre und Ketzerei machte die Runde. »Vor allem Kardinal Wendel wurde scharfgemacht«, erinnerte sich Ratzinger, »er hat dann aber zu mir gesagt, er hat das schon gehört, dass das also sehr bedenklich ist, aber er würde nie eine Ablehnung von mir nur auf einen Artikel aufbauen.«[13]

Allerdings hatte sich Kardinal Joseph Wendel als Nachfolger des 1952 verstorbenen Michael von Faulhaber der ihm zugetragenen Idee angeschlossen, den jungen Theologen als Lehrer in die pädagogische Hochschule nach München-Pasing zu versetzen, einer Bildungsstätte für Religionslehrer. Für Ratzinger war es ein Schock. Wie man überhaupt auf die Idee kommen könne, empörte er sich gegenüber Freunden, ihn in so eine »Pemperl-Schule« zu schicken. Das sei nicht sein »Charisma«. Theologische Forschung würde sich für ihn damit erledigt haben.

Wieder hatte man ihm Steine in den Weg gelegt, die so groß waren wie Felsbrocken. Inzwischen war zwar, trotz der Intrigen, von der Uni in Bonn ein offizieller Ruf ergangen, aber der Bischof von München erklärte weiterhin kategorisch, er werde Ratzinger nicht ziehen lassen (obwohl es in Deutschland üblich war, Theologen ohne Wenn und Aber freizustellen, sobald sie den Ruf auf einen Lehrstuhl erhielten). »Da gab's dann einen Briefwechsel zwischen uns, der mühsam und schwierig war«, berichtete der spätere Papst die Kontroverse mit seinem Oberhirten. »Eines Tages hat er gesagt, das gefällt ihm nicht, vor allem auch dieser *Hochland*-Artikel und so, aber er will mich nicht hindern und hat mich, mit etwas Widerwillen, freigegeben.«[14]

In seinen Erinnerungen schreibt Ratzinger, er hätte im Nachhinein

»erkannt, dass die Prüfungen dieser schweren Jahre menschlich für mich heilsam waren und sozusagen einer höheren Logik als der bloß wissenschaftlichen folgten«. In einem unserer Gespräche führte er aus, was er mit der ein wenig kryptischen Anmerkung eigentlich gemeint hatte: »Nun, ich hatte sehr schnell promoviert. Wenn ich gleich wieder frisch habilitiert worden wäre, wäre das Bewusstsein zu stark gewesen, etwas zu können, und das Selbstbewusstsein einseitig gewesen. Und so bin ich einmal ganz klein gemacht worden. Das tut einem gut, dass man mal wieder, ja, seine ganze Armseligkeit auch erkennen muss und nicht als ein großer Held dasteht, sondern als ein kleiner Kandidat, der vor dem Abgrund steht und sich damit anfreunden muss, was er dann tut. Insofern war die Logik die, dass ich eben eine Demütigung brauchte und dass die irgendwie zu Recht – in diesem Sinn zu Recht – über mich gekommen ist.«

Heißt das, dass Sie zu einem gewissen Hochmut neigten?

»Das nicht, aber ich glaube, wenn man so einfach von Ziel zu Ziel und überall mit Lobpreis durchgeht, ist es gefährlich für einen jungen Menschen. Da ist es gut, dass er seine Grenze erfährt. Dass er auch mal kritisch angefasst wird. Dass er eine Negativphase durchleiden muss. Dass er sich selber in seinen eigenen Grenzen erkennt. Dass es nicht einfach von Sieg zu Sieg geht, sondern auch Niederlagen dabei sind. Das braucht ein Mensch, um zu lernen, sich richtig einzuschätzen, etwas zu ertragen und nicht zuletzt mit anderen mitzudenken. Eben dann nicht einfach schnell und von oben zu urteilen, sondern den anderen auch in seiner Mühsal, in seinen Schwächen positiv anzunehmen.«[15]

Einer der Schlüssel zu Ratzingers Charakter wie auch zu seiner Theologie, sagt sein Schüler Vincent Twomey, liegt in der Akzeptanz dessen, dass alles, was Menschen tun, unvollkommen ist. Dass alles Wissen begrenzt ist, so brillant und belesen einer auch sein mag. Ratzinger weiß, dass nur Gott vollkommen ist und dass jeder menschliche Versuch, sich zur Vollkommenheit zu erheben, im Desaster endet. Es entspricht dabei der Dialektik und Dynamik des Unvollendeten, dass es offen bleibt auf die Zukunft hin.

Nach den dramatischen Erfahrungen machte der frischgebackene Professor jedenfalls doch noch ein Gelöbnis. Es bestand darin, als Lehrer niemals leichtfertig »der Ablehnung von Dissertationen oder Habilitationsarbeiten zuzustimmen, sondern, wenn irgend von der Sache her möglich, die Partei des Schwächeren zu ergreifen«[16]. Das Exemplar seiner Habilitation aber, mit den farbigen Randglossen von Schmaus, wollte er nie wieder zu Gesicht bekommen. Es landete im Ofen seiner Wohnung, wo es bald lichterloh verbrannte.

Der Abschied vom *Mons doctus* fiel ihm nicht leicht. Fast vier Jahre lang hatte er sich mit seinen Eltern die Wohnung hinter der Benediktuskirche geteilt. Als Seminarist, Doktorand, Dozent und Professor lebte er mit kleinen Unterbrechungen 1945 bis 1959 auf dem Berg der Gelehrten, länger als an jedem anderen Wohnort in Deutschland. In der geistlichen Atmosphäre um Hochschule und Kathedrale entstanden Doktorarbeit und Habilitation. Hier erhielt er seinen ersten Ruf auf eine Professur. Vor allem verbindet ihn mit dem Ort der schönste Tag seines Lebens, die Priesterweihe. Aber auch Georg bestärkte ihn, dem Ruf nach Bonn zu folgen: »Ich rate dir, lass diese wichtige Sache nicht vorübergehen«, sprach er ihm zu. Als eine glückliche Fügung stellte es sich ein, dass Georg als Seelsorger, Chor- und Orchesterleiter nach Traunstein berufen wurde und die Eltern mit zu sich nehmen konnte. Die Schwester würde mit an den Rhein kommen, als persönliche Assistentin.

Es gehört zu den Eigentümlichkeiten der Biografie Ratzingers, stets zur rechten Zeit am rechten Ort zu sein. Das Schicksal katapultierte ihn nun in eine Stadt, die nicht nur das politische Zentrum der aufstrebenden westdeutschen Republik bildete, sondern mit dem nahen Köln als dem bedeutendsten Bistum Deutschlands auch den kirchlichen Dreh- und Angelpunkt des Landes. Nicht genug. In Rom hatte sich das Konklave am 28. Oktober 1958 völlig überraschend für Angelo Roncalli entschieden, der als Johannes XXIII. nur drei Monate nach seiner Wahl, noch während Ratzinger in Freising weilte, ein ökumenisches Konzil verkündete, das im Oktober 1962 beginnen solle. *Papa buono* träumte von einer dienenden, prophetischen Kirche. Er sprach von *Aggiornamento*, der »Aktualisierung« von Lehre und Institution. Betraf das nicht auch einen Bewusstseinswandel gegenüber den »neuen Heiden«, ob außerhalb oder innerhalb der Kirche? Musste Ratzingers aufsehenerregende Denkschrift nun nicht geradezu wie ein Fanal wirken, zumindest wie ein vorweggenommenes Skript für das große Projekt des neuen Papstes?

Als Joseph am Morgen des 11. April 1959, einem Samstag, auf einem der Bahnsteige des Münchner Hauptbahnhofs Abschied von Bayern nahm – schwarzer Anzug, dunkle Krawatte, winziger Koffer –, war das nicht nur ein Aufbruch in eine neue Stadt, sondern in ein neues Kirchenzeitalter. Mit einem Brief vom 20. März hatte er zuvor Dr. Hans Daniels, dem Direktor des Bonner Theologenkonvikts *Collegium Albertinum*, sein Kommen angekündigt. »Hochwürdiger, sehr geehrter Herr Direktor!«, begann das von Maria feinsäuberlich getippte Schreiben, mit dem er bat, »die Gastfreundschaft Ihres Hauses in Anspruch nehmen zu dürfen«. Weiter hieß es: »Ich gehe wohl nicht fehl in der Annahme, dass das oder die Zimmer möbliert sind und dass ich also nur mit ›leichtem Gepäck‹ anzukommen brauche, bis ich eine feste Bleibe habe.«[17]

Der Reisende nahm im D-Zug Richtung Bonn einen Waggon der ersten Klasse, setzte sich ans Fenster und begann das Brevier zu beten. Noch ehe sich die Räder der Lokomotive in Gang setzten, klopfte es an der Abteiltür. Draußen stand Dr. Esther Betz, die junge Dame aus Bogenhausen.

Teil III
Konzil

Kapitel 25

Ein Star wird geboren

Mitte der Fünfzigerjahre erweist sich der wirtschaftliche Aufschwung der Bundesrepublik als so stabil, dass Wirtschaftsminister Ludwig Erhard den »Wohlstand für alle« ausruft. Mit dem Inkrafttreten der ratifizierten Pariser Verträge ist Westdeutschland souverän: das Besatzungsstatut erlischt, die Alliierte Hohe Kommission (AHK) löst sich auf. Am 5. Mai 1955 weht am Regierungssitz in Bonn erstmals offiziell die Bundesflagge, und mit dem Beitritt zur Nordatlantischen Verteidigungsorganisation (NATO) kehrte Deutschland-West wieder in den Völkerbund zurück.

Die Nachkriegszeit war abgeschlossen. Aber dem heißen war der »Kalte Krieg« gefolgt, in dem sich zwei Blöcke in sprungbereiter Feindseligkeit gegenüberstanden. Im Westen löste die Einführung der allgemeinen Wehrpflicht Proteste von Gewerkschaftern, Intellektuellen und jungen Christen aus. In Ostdeutschland gingen am 17. Juni 1953 in über 700 Orten Bürger auf die Straße, um sich gegen Unterdrückung, Arbeitsdruck und Mangelwirtschaft aufzulehnen. Die SED-Führung sprach von einem »faschistischen Putschversuch«, die Sowjetunion ließ Panzer aus den Kasernen rollen und übernahm in weiten Teilen des Landes die Regierungsgewalt. Dem Volksaufstand fielen mehr als 50 Menschen zum Opfer, unzählige »Rädelsführer« wurden eingekerkert, die Justiz verhängte Todesurteile. Vierzehn Tage nach der Revolte erklärte der westdeutsche Bundestag den 17. Juni zum Nationalfeiertag. Auch in Ungarn beantwortete die UdSSR 1956 den Aufstand der Bevölkerung mit Panzern. Die Unabhängigkeitserklärung der ungarischen Regierung und ihren Ruf nach Freiheit bezahlten Tausende mit dem Tod.

Der junge Professor Joseph Ratzinger hatte am 15. April 1959, einen Tag vor seinem 32. Geburtstag, in Bonn seine Arbeit aufgenommen. Die Gebäude der Uni zeigten noch die Wunden des Krieges, seine noble

Atmosphäre aber hatte der Bau behalten. Immerhin ist die 1818 gegründete Rheinische Friedrich-Wilhelms-Universität, benannt nach dem preußischen König Friedrich Wilhelm III., eine der größten und formidabelsten Hochschulen Deutschlands. Alles schien bestens, und für seine offizielle Antrittsvorlesung am 24. Juni lud der Dekan der Katholisch-Theologischen Fakultät – »mit ehrerbietigen Empfehlungen« – sogar seine »Ehrwürdigste Eminenz« Josef Kardinal Frings ein, den Erzbischof von Köln.

Es ist 12 Uhr mittags. Vierhundert Studenten, Professoren, Ehrwürden und Hochwürden sitzen erwartungsvoll auf ihren Plätzen. Durch die hohen Fenster des Auditoriums im zweiten Stock sieht man auf die romantischen Anlagen des Hofgartens mit seinen Lindenalleen. Doch die eher zierliche Gestalt, die den Hörsaal VIII betritt, löst zunächst Verwunderung aus: 1,70 Meter groß, dünn bis dürr, Schuhgröße 42, bubenhaftes Aussehen – nicht unbedingt eine Erscheinung, die Autorität und Reife ausstrahlt. Im ersten Moment halten viele der Gäste den Mann aus Bayern »für den zweiten oder dritten Vikar einer Großstadtpfarrei«. Die traditionelle Kopfbedeckung, eine seltsame Mütze aus dunklem Samt, die Professoren bei ihrem Antritt vorgeschrieben ist, steigert seine Erscheinung ins Groteske. Als der vermeintliche Vikar jedoch die Vorlesung beendet hatte, wussten alle Zeugen dieser Stunde, dass am Himmel der Theologen soeben ein neuer Stern aufgegangen war.

Die Bedrohung in der Nazizeit, die Schrecken des Krieges, die Not in der Gefangenschaft – Ratzingers Lebensweg war alles andere als sorglos verlaufen. Es kamen die Querschläge eines Professors Schmaus, die ihn um ein Haar die Habilitation gekostet hätten. Nach dem Veto seines Bischofs hatte sich die Berufung an den Rhein über Monate hinausgezögert. Dabei hatte er bereits ein Jahr zuvor, am 20. Juni 1958, eine Gastvorlesung in Bonn gegeben. Als Thema wählte er *Der Weg der religiösen Erkenntnis nach dem heiligen Augustinus*, sein Spezialgebiet, mit dem er punkten konnte. Unmittelbar nach dem Vortrag begeisterte sich der berühmte Bonner Patrologe Theodor Klauser, Ordinarius der Katholisch-Theologischen Fakultät, in einem Brief an das Kultusministerium über »Ratzingers kluge und klare Gedankenführung, die Präzision seiner Formulierungen und die Sicherheit seines Lehrvortrags«. Die Fakultät habe »ungeachtet seiner Jugend« beschlossen, ihn »auf den ersten Platz der Vorschlagsliste zu setzen«. Auch sein inzwischen emeritierter Meister hatte sich für ihn stark gemacht. »Ratzinger hat bei seiner außerordentlichen Begabung und ob seines staunenswerten Fleißes«, schrieb Gottlieb Söhngen in einem Empfehlungsschreiben, »eine bedeutende Zukunft vor sich.«

Endlich Bonn. Frische, freie Luft. Luft zum Atmen. Die Stadt am Rhein erschien Ratzinger wie eine Offenbarung. Mit seinem »pulsierenden akademischen Leben«, den »Anregungen von überallher«, der Nachbarschaft zu Belgien, Holland und, natürlich, den »Türen nach Frankreich hin«. Rund um die Stadt reihten sich wie an einem Gürtel die Niederlassungen der Dominikaner, Franziskaner, Redemptoristen und Steyler Missionare, die er als Rückzugsorte zu nutzen gedachte, und seine künftige Kollegenschaft fand er ohnehin »glanzvoll besetzt«. Abends beobachtete er die Schiffe auf dem Rhein. »Ein Gefühl der Offenheit und Weite« habe ihn durchflutet, konstatierte er im Rückblick. War der große Strom, dessen Wellen nun auch ihn tragen sollten, nicht geradezu eine Metapher für all seine Zukunftsträume? Forschen, Lehren, Schreiben. Sich hinzugeben dem »Abenteuer des Denkens, des Erkennens« – und alles in allem das tun, »was man eigentlich zuinnerst tun möchte«[1].

Es sind bewegte Jahre. Aus dem Weltall piepste der erste sowjetische Satellit, dessen Signale das Zeitalter der Raumfahrt einläuten – und den »Sputnik-Schock« auslösen, wie die Angst vor der technischen Überlegenheit des sozialistischen Lagers bald umschrieben wurde. Mit der Gründung der Europäischen Wirtschaftsgemeinschaft (EWG), unterzeichnet von Vertretern Frankreichs, Deutschlands, Italiens, Belgiens, der Niederlande und Luxemburgs, die zum 1. Januar 1958 in Kraft trat, machte Europa einen großen Schritt zur Einheit. Auf Kuba verkündete Fidel Castro am Abend des 1. Januar 1959 den Sieg der Revolution. Ein Ereignis in Warschau spielte eher im Verborgenen, nichtsdestotrotz warf es ebenfalls ein Licht in die Zukunft.

Karol Wojtyla, inzwischen Professor für Philosophie und Sozialethik, war in die Residenz von Stefan Kardinal Wyszyński vorgeladen, dem Primas von Polen. »Hier ist ein interessanter Brief vom Heiligen Vater. Hören Sie bitte zu«, begann der Kardinal. Dann las er aus dem Schreiben vor: »Auf Bitten von Erzbischof Baziak ernenne ich Karol Wojtyla zum Weihbischof von Krakau. Bitte geben Sie Ihre Einwilligung zu dieser Ernennung.«[2] Der Primas hielt inne, um Wojtylas Reaktion zu beobachten. Jeder andere hätte versucht, Zeit zu gewinnen. Er müsse sich erst noch beraten, eine Nacht lang beten. Solche Sachen eben. Wojtyla aber meinte nur: »Wo muss ich unterschreiben?« Eine halbe Stunde nach dem Gespräch eilte er zur Klosterkapelle der Grauen Ursulinen und kniete vor dem Altar nieder. Noch nach Stunden fand man den Priester unverwandt in Andacht versunken. Er betete acht Stunden lang.

Bonn, die Stadt Beethovens, berühmt für seine prunkvollen Stadtpalais und prächtigen Kirchen, ist seit zehn Jahren die provisorische Hauptstadt der Bundesrepublik Deutschland, stellvertretend für Berlin. Bald wird man von der »Bonner Republik« sprechen, die sich deutlich von der ersten, der »Weimarer Republik« unterscheiden will. Mit Bonn und Köln ist der politisch-religiöse Komplex der jungen Republik das Fundament für den Erfolg und die Stärke von Konrad Adenauer. Als praktizierender Katholik richtet der Kanzler sein politisches Handeln nicht nur am pragmatischen Kalkül, sondern auch an seiner christlichen Weltanschauung aus. In Kardinal Frings im 25 Kilometer Luftlinie entfernten Köln, dem amtierenden Vorsitzenden der Deutschen Bischofskonferenz, fand er den kongenialen Partner; einen volkstümlichen Kirchenführer, nachsichtig, diplomatisch, aber klar in Wort und Tat, wenn es um christliche Werte ging.

Frings rauchte Zigarillos und Zigarren. Linker Hand die Zigarre, rechts der Füllfederhalter. »Man kann die Qualität meiner Predigten daran absehen«, verriet er, »wie viel Zigarren ich geraucht habe.« Mit Frings' Unterstützung gelang es dem Kanzler und CDU-Vorsitzenden, in der Nachfolge des rein katholisch ausgerichteten Zentrums eine überkonfessionelle und äußerst erfolgreiche christliche Volkspartei aufzubauen. Umgekehrt versprach sich der Kardinal vom Bündnis mit Adenauer eine Politik, die zumindest in ihren Grundlinien an der Ethik des Neuen Testaments ausgerichtet sein würde.

Fast jede der späteren Perioden Ratzingers ist mit einem Dienst verbunden, den er nicht gewählt und den er nicht gewollt hatte. An seinem ersten Lehrstuhl aber ist er am allermeisten er selbst. »Ich habe ihn nie mehr so locker erlebt wie in Bonn«, weiß sein Schüler Hansjürgen Verweyen, »hier hat er sich wohl am freiesten gefühlt.« Ratzinger beschrieb seinen Start am Rhein und die stimulierende Atmosphäre der Stadt enthusiastisch gar als »ein Fest der ersten Liebe«. »Lebhaft und schön« empfand er das Gefühl, »mit dazu beitragen zu können, dass wir mit der Kirche, im Glauben und mit unserem Staat neu beginnen.« In der Stimmung jener Jahre habe ein Geist geherrscht, »das Christentum ganz neu leben zu können« und »die Kirche in eine neue Zukunft zu führen«[3]. Vor allem habe man in diesen »unvergessenen Jahren des

Aufbruchs, der Jugend, der Hoffnung vor dem Konzil« gerade als junger Theologe das Bewusstsein haben können, »dass wir was zu sagen haben«[4].

Schon die Zugfahrt zu seinem »Traumziel« hatte dieses neue Gefühl von Freiheit und Leichtigkeit aufkommen lassen. Dank seiner Reisebegleitung verging die Fahrt wie im Fluge. Schüchtern hatte Esther Betz an seine Abteiltür geklopft, während er in sein Brevier vertieft war. »Ich störe Sie bestimmt nicht beim Beten!«, versicherte sie. O doch, das tat sie. »Aus dem Beten war nicht mehr viel geworden«, berichtete das Fräulein später, »wir hatten uns viel zu viel zu erzählen!«[5]

Mit der drei Jahre älteren Esther verbanden Ratzinger die schönen Begegnungen in der Studienzeit, die Begeisterung für Musik, die feste Überzeugung im Glauben und der Enthusiasmus der Stunde null. Inzwischen arbeitete Betz als Journalistin. Seit drei Jahren war sie sogar Mitherausgeberin der Tageszeitung *Rheinische Post* in Düsseldorf. Die Verlegerstochter ist eine selbstbewusste und couragierte Frau. Ihr Vater Anton, der Mitbegründer des Blattes, galt als einer der einflussreichsten Persönlichkeiten der deutschen Presselandschaft. Von den Nazis inhaftiert und mit Berufsverbot belegt, betrieb der aus einer tief katholisch geprägten Familie stammende Jurist und Journalist nach dem Krieg den Aufbau der Deutschen Presse-Agentur (dpa) sowie der Katholischen Nachrichtenagentur (KNA) und wirkte erheblich an der Demokratisierung der westdeutschen Medienszene mit.

Die Faszination für das Verlagswesen hatte Ratzinger seit seiner Kaplanszeit nicht mehr losgelassen. In Bogenhausen schloss er erste Kontakte mit Verlegern, die bald seine Bücher herausbringen sollten. Esther Betz öffnet ihm nun den Zugang zur Welt der Presse und überzeugte ihn vom offensiven Umgang mit den Medien. Beide nahmen sich Zeit für Begegnungen, gegenseitige Besuche und Ausflüge. Man traf sich auf Katholikentagen und bei den Salzburger Hochschulwochen. Während des Konzils sollte Esther Ratzinger in Rom regelmäßig zu Hintergrundgesprächen treffen, später führten die beiden aufsehenerregende Interviews, etwa 1970 über die Möglichkeiten und Grenzen einer »Kritik der Kirche«. Ratzinger wurde Taufpate von Betz' Neffen Florian und nutzte Mitte der Siebzigerjahre eine Woche lang ihr Ferienhaus in Sachrang im Chiemgau, um mit dem Kollegen Alois Grillmeier das Projekt einer gemeinsamen Dogmatik-Reihe auszuarbeiten, das aber aus Zeitgründen nicht zustande kam. Maria hatte bereits Hunderte von Seiten in ihre Schreibmaschine getippt.

Esther blieb unverheiratet, und der Kontakt zu ihr sollte bis in das hohe Alter nicht abreißen. Auch wenn die persönlichen Begegnungen seltener wurden, versäumte es Ratzinger auch als Papst und *Papa emeritus* nie, der treuen Gefährtin zum Geburtstag zu gratulieren. Ratzinger sei »ein Ästhet, der immer nach Harmonie strebt«, empfand die Journalistin, »wenn er sich bei jemandem wohlfühlt, dann bleibt er dabei«. Sie fügte hinzu: »Auch in Fällen, wo ich ihn nicht ganz verstehe.«

Die Passagen im Briefwechsel mit Betz gehören zu den intimsten Bekenntnissen, auf die sich Ratzinger einließ, und sie sagen viel über den, der sie schrieb. In seinen Grüßen aus Rom flocht der Kirchenmann poetische Girlanden, sprach von der »Melancholie der Vergänglichkeit« und zeichnete Stimmungsbilder aus der Natur: »Die Mimosen erblühten, bald folgten die Mandelbäume, Krokus und vielerlei anderes.« Nicht zu vergessen: »An meinem Zitronenbaum auf der Terrasse hängt zum zweiten Mal eine reife Zitrone, und viele Blüten lassen für das nächste Mal eine reiche Ernte erwarten.«

Über die Jahrzehnte hinweg sind die Grußkarten nicht nur Ausdruck von Zuneigung und Nähe, sondern auch ein Dokument für Ratzingers permanente Zeitnot. Früh wird die Sehnsucht erkennbar, aus der enormen Last eines Amtes entlassen zu werden, das er nicht gesucht hatte. »Mit dem Voranschreiten der Jahre spürt man die Last solcher Tage immer mehr«, notiert er in einem Brief vom 16. Februar 1998 über die Vielzahl an Tagungen und anstrengenden Reisen. Er werde »in Zukunft mit solchen Abenteuern noch sparsamer sein müssen, als ich es ohnehin schon bin«.

Im Februar 2003 berichtete er Betz von den »großen Umwälzungen«, die in seiner Glaubenskongregation durch Personalveränderungen anstünden, womit er die Hoffnung auf den eigenen Ruhestand verband: »Kein Wunder, dass sich die Gerüchte verdichten, auch mein Ende stehe bevor; der Papst scheint freilich vorerst noch nicht in dieser Richtung zu denken. Gottlob haben wir gute neue Leute gefunden … auch wenn ich mich freuen würde, wenn auch für mich ruhigere Zeiten anbrächen.« Am 13. Februar 2005 teilte er seiner Brieffreundin mit: »Leider wird die Arbeit immer noch mehr, und die Kräfte werden weniger.« Unterschrift: »Ihr Joseph Ratzinger.« Nur zwei Monate später ist er nicht mehr Joseph Ratzinger, sondern Benedikt XVI.

Zurück nach Bonn. Nach seiner Ankunft wohnte Ratzinger die ersten acht Wochen im Konvikt *Albertinum*, einem Priesterkolleg hoch über dem Rheinufer. Von Direktor Hans Daniels bekam er ein einfaches Zimmer mit Blick auf den Fluss zugewiesen. Die vertraute Welt des Seminars mit seiner klerikalen Lebensordnung (tägliche Messe, wöchentliche Beichte, fröhliche Pfarrherrenfeste mit Wein und dicken Zigarren) erleichtern ihm den Übergang aus der Behäbigkeit Freisings in die pulsierende Hauptstadt. Morgens zelebriert er die heilige Messe, sekundiert von einem Ministranten, der die Gemeinde ersetzte. Der Ankömmling bevorzugt den Altar in der Sakristei, weil ihm der große Kirchenraum zu kalt erscheint.

Bekleidet mit seinem verschlissenen Lodenmantel, unter dem Arm die lederne Aktentasche mit den Notizen, schlendert er morgens über die Koblenzer Straße (heute Adenauerallee) und über den Hofgarten zum prächtigen Bau der Universität. Endlich sei er in sein »engeres Fachgebiet – die Fundamentaltheologie – zurückgekehrt«, schrieb er in seiner noch schülerhaften Handschrift auf die großen weißen Seiten des *Album professorum*, des Goldenen Buchs der neu ernannten Professoren, »dem meine künftige Lebensarbeit mit Gottes Hilfe gelten soll«.

Einen vergleichbaren Einstieg hatte es an der Friedrich-Wilhelms-Universität noch nicht gegeben. Bereits wenige Wochen nach Ratzingers Antritt muss die Verwaltung dem neuen Professor statt der Nr. IX den größeren Hörsaal Nr. X zur Verfügung stellen. Und es reicht noch immer nicht. Der Andrang ist so groß, dass seine Vorlesungen per Lautsprecher ins Audimax oder in die Aula übertragen werden. »Bald war sein Kolleg zum bestbesuchten der ganzen Fakultät geworden«, notierte der Chronist des *Albertinums*. »Und dieser Andrang war kein Strohfeuer, sondern blieb das ganze Semester über.«[6]

Ratzingers Manuskripte für die Vorlesungen sind in seinem eigenen, extrem reduzierten Super-Steno geschrieben. Sie enthalten nur die Hauptgedanken. Im Hörsaal spricht er frei, in einleuchtenden, bilderreichen Sätzen und einer rhetorischen Qualität, die ihresgleichen suchte. »Er hatte dann zwar sein Manuskript auf dem Pult liegen«, berichtete Student Gerhard Mockenhaupt, »selten aber schaute er einmal hinein. Sein Blick war auf die rechte hintere obere Ecke des Raumes gerichtet, als ob er dort lesen könne, was er druckreif in einer faszinierenden Sprache verstehbar machte.«[7] Sobald der Gong ertönte, konnte es freilich passieren, dass der Lehrer zum Erstaunen seiner Studenten mitten im Satz aufhörte und den Saal grußlos verließ.

Grund für Ratzingers überzeugende Performance sei gewesen, so sein späterer Assistent Siegfried Wiedenhofer, in seiner Vorbereitung »alles verinnerlicht, geistig verarbeitet und gründlich durchdacht« zu haben. Wiedenhofer beobachtete »eine ungeheuer schnelle Auffassungsgabe, eine Mischung aus Rationalität und Ästhetik, eine ungeheure geistige Kraft der Systematisierung und der Unterscheidung von Positionen«[8]. Während der Vorträge sei es mucksmäuschenstill gewesen, wie im Konzertsaal. »Als ich die ersten Sätze der Vorlesung über ›Wesen und Wirklichkeit der göttlichen Offenbarung‹ gehört hatte«, schilderte der Musiker und Jurist Horst Ferdinand, ein Gasthörer, »war mir klar, dass die Begegnung mit Ratzinger von spirituellen Folgen begleitet sein würde.«

Im Vergleich zu ihm waren andere Professoren altmodisch und steif, in ihren Schemata eingefahren. In der Tat wollte der Professor keine Standards befriedigen, sondern neue Fragen stellen und das Spannende von Theologie wieder erlebbar machen. »Für uns waren diese Vorlesungen eine innere Befreiung«, erklärte Studentin Agnes Fischer, »wir hatten ja die Nachkriegszeit mit all ihren Entbehrungen erlebt, mit einem düsteren und strengen Kirchenbild. Und dann trafen wir Ratzinger, der uns die Kirche aus dem Neuen Testament heraus erklärte und uns die ganze Weite und Schönheit von Kirche deutlich machte.«[9]

Ratzinger selbst sprach nicht ohne Stolz von einer »großen Hörerschar, die mit Begeisterung den neuen Ton aufnahm, den sie bei mir zu vernehmen glaubte«[10]. Es interessierte ihn nicht, einfach nur Wissen zu vermehren. Die Dinge des Christentums könne man nur lernen, so seine Überzeugung, »wenn sie einem das Herz erwärmen«. Im Übrigen wusste er sehr genau um seine phänomenale Wirkung: »Wenn du eine Vorlesung hältst«, vertraute er Alfred Läpple an, »müssen die Studenten den Stift liegen lassen, dir einfach nur zuhören. Solange sie noch mitschreiben, hast du sie nicht wirklich in deinen Bann gezogen. Wenn sie aber den Stift weglegen und dich ansehen, während du sprichst, dann hast du vielleicht ihr Herz berührt.«[11]

Das *Albertinum* mit seinen fröhlichen rheinischen Feiern, bei denen sich Ratzinger geborgen und glücklich fühlte, ist bald Geschichte. »Natürlich wünschten wir ihm alle, dass er bald eine Wohnung finden möge«, notierte der Chronist des Hauses, »als er sie schließlich wirklich fand, merkten wir allerdings, dass wir ihn gerne noch lange bei uns behalten hätten.«[12] Sein neues Zuhause ist ein schmuckloses Mehrfamilienhaus mit insgesamt 32 Parteien im Bonner Vorort Bad Godesberg: 95 Quadratmeter, Küche und Bad, zwei Schlafzimmer, ein Wohnzimmer (mit Ausziehcouch für Bruder Georg) und ein Arbeitszimmer, selbstverständlich mit einer Liege (»Wenn ich was gründlicher durchdenken muss, lege ich mich aufs Kanapee. Ein Kanapee brauche ich immer«). Die Miete von 400 D-Mark verschlingt ein Drittel seines Professorengehalts. »Ratzinger, Joseph, Dr., Univ.-Professor, und Ratzinger, Maria, Kontoristin, Wurzerstraße 11«, verzeichnet das Adressbuch. Überörtlich bekannt wird das Städtchen in diesem Jahr durch das »Godesberger Programm«, mit dem sich die Sozialdemokratische Partei Deutschlands von ihrer sozialistischen Gründermasse verabschiedet. Mit dem Bekenntnis zu Marktwirtschaft und Landesverteidigung und dem Anspruch, nicht mehr nur Arbeiter-, sondern Volkspartei zu sein, will die SPD in der Mitte der Gesellschaft ankommen.

Mitgebracht hatte Joseph sein Klavier und einen alten Nussbaumschreibtisch, ein Abschiedsgeschenk der Freunde in Freising. Beide Stücke werden ihn bis in höchste Ämter begleiten, einschließlich des Teddys aus seinem Geburtsort Marktl. In seinem Faible für Praktisches (und seiner leichten Hypochondrie) findet er den Standort optimal. Im Haus ist ein Arzt (»den ich allerdings nicht gebraucht habe«), gegenüber liegt die Apotheke (»die ich auch nicht gebraucht habe«) und dann auch noch die Filiale der Stadtsparkasse: »Man ging hinein, und der Chef kannte alle Kontonummern seiner Stammkunden auswendig, das war ideal.« Dass die Schwester mit nach Bonn zog, »hat sich ganz von selbst ergeben«, wie sie später sagen wird. Wegbegleiter sahen es anders. Der Vater habe seinem Jüngsten die Acht auf Maria ans Herz gelegt. Er hatte Sorge, dass das schmächtige Mädchen alleine in der Welt nicht zurechtkommt. Für Joseph ist sie eine Stütze. »Er kam aus dem Seminar, wo alles geregelt war, er wäre hilflos gewesen«, so der Ratzinger-Schüler Peter Kuhn, »er hätte dann für alles Mögliche immer jemanden fragen müssen, das hätte nicht zu ihm gepasst.« Aber es ging noch um etwas anderes.

Maria ist eine zurückhaltende bis scheue Frau geworden. Am liebsten trägt sie Schürze, außer Haus gerne Kopftuch. In ihren freien Minuten pflegt sie Brieffreundschaften mit Freundinnen und Bekannten in der Heimat. Die Möglichkeit einer Heirat, die sich ihr einmal geboten hatte, schlug sie aus. Leben versteht sie als Dienst, nicht als Selbsterfüllung. Was nicht hieß, dass sie gelegentlich nicht auch ihrem Job in der Anwaltskanzlei nachtrauerte. Das Verhältnis der Geschwister ist nicht immer ungetrübt, denn an die Wand drücken lässt sich Maria nicht.

Studenten rühmten ihre Intelligenz. Sie betteln bald darum, sich ihrer Doktorarbeiten anzunehmen, die sie in formvollendeter Fassung zurückgibt. Maria kocht auf, wenn ihr Bruder Gäste mitbringt. Sie bügelt seine Hemden, stopft Socken und sagt ihm, was er anzuziehen hat.

Als Haushälterin sieht sie sich freilich nicht (für solche Dienste wird ein Fräulein namens Hildegard eingestellt), eher als Assistentin, die Josephs Korrespondenz übernimmt und auch seine amtliche Post im Auge behält. Dass ihr der Bruder seine Vorträge vorab zum Lesen gab, um sie auf allgemeine Verständlichkeit hin zu testen, ist allerdings eine Legende. Und doch: In der Weggemeinschaft mit Maria hat sich Theologie im Gegenüber eines Menschen zu bewahrheiten, der beim Krämer die Sorgen der Nachbarn mit anhört. So ist die Schwester die ewige Mahnung, den Glauben der einfachen Leute zu schützen vor der kalten Religion der Professoren, die weder zu bekennen noch die Kirche zu lieben wagen. Unmöglich, neben Maria abzuheben in die Sphären des Hochmutes. Ein Blick genügte, und man war wieder der, der man zu sein hat.

Auch wenn die Frau an seiner Seite mit ihrem provinziellen Auftritt nicht attraktiv wirkt, Joseph versteckt sie nicht. »Ratzinger hat sie wirklich geliebt, und er hat sie überallhin mitgenommen«, berichtete sein Schüler Viktor Hahn.[13] Tatsächlich gehörte es zur unausgesprochenen Übereinkunft der drei Geschwister, dass man sich nicht gegenseitig kritisiert und in die Haare kommt, sondern den anderen annimmt, wie er ist. Auch mit Fehlern. Auch mit Macken. »Das lag in seiner Auffassung, dass jeder den Charakter des anderen konsequent ernst zu nehmen hat«, wusste Professoren-Kollege Ludwig Hödl, »und ihn in seinem Lebensstil nicht verändern darf.«

In seinem alten Lodenmantel erinnerte der Bayer in Bonn eher an einen Handwerksburschen als an ein theologisches Genie mit exorbitanten Karriereaussichten. Konzerte reizen ihn, Cafébesuche hingegen findet er so wenig verlockend wie Dinner in teuren Restaurants. Die Freizeit verbringt man mit Nachbar Hödl und anderen Kollegen, gerne bei »Mensch-ärgere-Dich-nicht« oder mit dem Hören von Karl-Valentin-Schallplatten. Häufige Gäste sind der Protestant Arno Esch von der Wohnung gegenüber, Professor für Philologie, und seine Frau Hertha, die mit Vorliebe über katholische Liturgie und Kunst diskutieren. Morgens zelebriert Ratzinger in der Namen-Jesu-Kirche in der Bonngasse oder in St. Augustinus in Bad Godesberg, wo er sonntags auch den Frühgottesdienst und um 11 Uhr das Hochamt hält.

Zu Ratzingers ritualisiertem Tagesablauf gehört der Spaziergang (mittags und abends). Einmal pro Woche schreibt er an Bruder Georg und an die Eltern nach Traunstein. Es sind »keine theoretischen Abhandlungen und auch keine Gemütsergüsse, sondern nur Fakten«, wie Georg berichtete, Dinge aus dem Alltag eben, »alles sehr nüchtern und kurz«. Für seinen wöchentlichen Beichtgang hatte ihm ein Kollege einen alten Jesuiten empfohlen, der sich allerdings als taub und offenbar auch als sehschwach erwies. »Und jetzt gehen wir, wie alle«, forderte der Pater Ratzinger nach der Absolution auf, »jeden Tag gläubig zur heiligen Messe.«

Ein theologisches Trio bilden in Bonn mit Ratzinger die bereits erwähnten Priester Ludwig Hödl und Johann Baptist Auer. Hödl, Sohn eines Hufschmieds aus Sonnen im hintersten Bayerischen Wald, wurde nahezu zeitgleich mit Ratzinger als Professor für Dogmatik nach Bonn berufen. Man kannte sich aus München, wo Hödl bei Schmaus promovierte und habilitierte. Auch der Niederbayer hatte seine Schwester mitgebracht, Ida, die ihm den Haushalt führt und sich mit Maria befreundet. Auer, Jahrgang 1900, Sohn eines Bierbrauers aus Regensburg, dessen Bruder sich ebenfalls für das Priestertum entschieden hatte, galt als bayerisches Original. Der väterliche Freund gab ungebetene Ratschläge, etwa welche Tapeten der geistigen Arbeit förderlich seien (»der Raum lebt vom Kontrast«), und machte mit den Interna der Fakultät bekannt. »Er war unsere Gouvernante. Wir waren folgsam und dankbar«, schilderte Hödl. Auer läutete eigenhändig mit dem großen Strick die Glocke zum Gebet, wenn er in der Münsterkirche die Messe las, und saß jeden Samstag im Gotteshaus, um seinen Studenten die Beichte abzunehmen.

An der Wurzerstraße im Diplomatenviertel Bad Godesberg musste auch Konrad Adenauer vorbei. Der Kanzler war auf dem Weg von seinem Wohnort in Rhöndorf zum Palais Schaumburg, dem Regierungssitz. Sein Mercedes 300, der größte und schnellste Serienwagen der jungen Republik (125 PS, 19 900 D-Mark teuer), war nicht zu übersehen. Adenauer hatte auf eine versenkbare Trennscheibe und einen verlängerten Radstand bestanden. Für einen Aufpreis von 3000 D-Mark wuchs die Limousine auf 5,17 Meter Länge an; 14 Zentimeter mehr Beinfreiheit. Durch seinen Vater war Ratzinger von Kindheit an stark politisiert: »Ich hatte immer großes Interesse an der Politik – und an der Philosophie, die dahintersteht. Denn Politik lebt ja von einer Philosophie. Sie kann nicht einfach pragmatisch sein, sie muss ein Bild des Ganzen haben.«[14] Als Professor und Präfekt sollte er mit Analysen zur

Entwicklung Europas, zur Theologie des Politischen und zur gesellschaftspolitischen Gestaltung der Moderne hervortreten. Seine Bücher trugen Titel wie *Die Einheit der Nationen* oder auch *Wahrheit, Werte, Macht. Prüfsteine der pluralistischen Gesellschaft*. In Bonn entwickelte er sich zum »überzeugten Adenauerianer«: »Und ich bin nach wie vor einer«, bekannte er in unseren Gesprächen.

Auch dem Botschafter des Papstes, Erzbischof Corrado Bafile, war die Aufregung um Ratzinger nicht entgangen. Was lag näher, als dem Wunderkind seinen Entwurf für einen Vortrag über Ökumene in die Hand zu drücken, der inhaltlich noch äußerst dürftig war? »Mein Park ist jederzeit ihr Park«, empfahl sich der Erzbischof, als er die redigierte Fassung zurückbekam. Ab sofort war Ratzinger in der Vatikan-Botschaft Stammgast beim jährlichen Empfang zum Festtag Peter und Paul. »Irgendwie war damit dann auch das Gefühl der Beziehung zu Rom da«, resümierte Ratzinger. Ein halbes Jahrhundert später, im März 2005, leistete er Bafile einen letzten Dienst, indem er für den Freund aus Bonner Tagen in Rom das Requiem hielt.

Ein anderer Botschaftskontakt entstand zu Zachary Hayes, Kaplan an der Regierungsvertretung der Vereinigten Staaten von Amerika. »Er war der beste Lehrer, den ich damals hatte, und ein freundlicher, leiser, hoch kultivierter Mann mit einem wunderbaren Hintergrundwissen in Kunst und Philosophie«, begeisterte sich der Franziskaner, nachdem er die Vorlesungen Ratzingers besuchte. »Für viele aus meiner Generation war er ein Mann, der eine theologische Vision eröffnete, und ein Mann, der wirklich glaubt, dass es etwas gibt, was die Wahrheit ist.«[15]

Seine Antrittsvorlesung am 24. Juni hatte Ratzinger im Übrigen mit dem Thema *Der Gott des Glaubens und der Gott der Philosophen* bestritten. »Er stellte sich nicht groß vor«, so der damalige Student Raymund Kottje, »sondern begann mit dem Vortrag. Mit einer hohen Fistelstimme.« Erstaunlicherweise zeigte der Akteur keinerlei Anzeichen von Lampenfieber. »Ich hatte einen guten Text«, würde er später sagen, »insofern brauchte ich mich nicht aufzuregen.«[16] Verbunden war mit dem Stoff die Frage: »Was ist eigentlich mein Glaube? Wie steht er in dem Ganzen meiner Existenz?« Hier der Gott Platons und Aristoteles', der Gott, den sich das Denken macht, dort der geglaubte Gott, vermittelt durch Propheten in der Geschichte mit seinem Volk und letztlich durch die Erscheinung Christi. Und zwar als alleiniger Gott, den man im Herzen spürt, den das menschliche Bewusstsein nie ganz abschütteln kann, auch wenn es ihn verleugnet. Aber musste der rationale Zugang zur Gottesfrage nicht zugleich den metaphysischen und emotionalen ausschließen?

Die griechischen Philosophen, dozierte Ratzinger in der Antrittsvorlesung, lehnten den Gott Isaaks, Jakobs und Abrahams ab. Umgekehrt kennt das Alte Testament den Gott der Philosophen nicht. Unter Theologen habe es seit Luther den Streit gegeben, ob nicht die Durchdringung der christlichen Dogmen mit griechischer Philosophie das ursprüngliche, wahre Christentum verfälscht hatte. Ratzinger sah es anders. Tatsächlich hätten die Untersuchungen zur Geschichte des neuzeitlichen Verhältnisses von Philosophie und Theologie zeigen können, »dass die Wege aufeinander zuführen«. Anders gesagt: »Der christliche Gottesglaube nimmt die philosophische Gotteslehre in sich auf und vollendet sie.«[17] »Natürlich brauchen wir den Gott, der gesprochen hat, der spricht, den lebendigen Gott. Den Gott, der das Herz anrührt, der mich kennt und liebt«, erläuterte Ratzinger, »aber er muss ja irgendwo auch dem Verstand zugänglich sein.« Der Mensch sei eine Einheit. Und was gar nicht mit dem Verstand zu tun habe, sondern daneben herlaufe, das würde »nicht integriert sein in das Ganze meiner Existenz und irgendwo ein Sonderkörper bleiben, dessen Berechtigung undeutlich bleibt«[18].

»Leitfaden meines Denkens« wird Ratzinger später seine wiederkehrenden Reflexionen über die Zusammengehörigkeit von Glaube und Vernunft im Bemühen der Erkenntnis Gottes nennen. Schon als Student sei er »einfach von diesem existenziellen Thema fasziniert gewesen«[19].

So stark Ratzinger die Bedeutung der Vernunft betonte, stets machte er klar, dass die persönliche Gotteserfahrung und die Sprache des Herzens – das Angesprochensein durch ein personales »Du« – im Glauben weit über jede philosophische Gotteserkenntnis hinausreichten. Die beiden Ansätze widersprächen sich eben nicht, sondern hülfen in der Symbiose dem Menschen bei der Erkenntnis von Gott und Welt. »Mit dieser brillanten Rede«, so Heinz-Josef Fabry[20], Professor für Altes Testament in Bonn, »hat er sich in die Herzen seiner Zuhörer eingeschrieben.« Hubert Luthe, Ratzingers Kommilitone aus den Tagen in München-Fürstenried, fasste zusammen: »Es war unübersehbar, wie völlig neu diese Art des Vortrages und die Sichtweise ist. Eine solche Dogmatik haben wir noch nicht gehört. Unter Studenten hieß es nur: ›Zu dem musst du hingehen.‹ Und man versteht, dass sie scharenweise zu ihm hinströmten.«[21]

Kapitel 26

Das Netzwerk

Das Jahr 1959 ist keines der berühmten »Schicksalsjahre«, aber die Zeichen der Zeit kündigen bereits jenen Mentalitätswandel an, der die Gesellschaften der westlichen Hemisphäre mehr verändern sollte, als es der Krieg vermocht hatte. Längst geht es nicht mehr darum, nur irgendwie zu überleben. Der Bissen Brot, der in den Hungerjahren als Inbegriff des Glücks galt, sättigte noch, aber er befriedigte nicht auch die Lust auf Leben.

Im gesellschaftlichen Überbau war der Veränderungsprozess nicht mehr zu stoppen. Alles wurde schneller. Man kam schneller von A nach B, wusch schneller Wäsche und kochte schneller – dank der komfortablen Fertigprodukte. Selbst Bücher wurden schneller. Die Verlagsreihe *rororo* stand für »Rowohlts-Rotations-Romane«. Hatten die Alten jeden rostigen Nagel zur Wiederverwendung aufgehoben, wurde der Konsum zum Ausdruck des *way of live*. Dinge reifen oder auf sich beruhen zu lassen galt als Stillstand und Lethargie. Noch wurden die Integrationskraft von Parteien und Kirchen und der Wert von Familie als Grundbaustein der Gesellschaft nicht infrage gestellt, doch eine neue Alterskohorte zog bereits Scheidelinien ein.

Präziser Ausdruck für den neuen Zeitgeist war die 1959 gegründete Zeitschrift *Twen*, ein Blatt neuen Typs: frech im Ton, sinnlich im Look. Die Seiten des Magazins sind von ähnlich bestechender Optik wie die wilden jungen Frauen, die das Cover zieren. *Jugend* ist das Thema, Jugendkultur das Ergebnis. Für den intellektuellen Touch sorgen Autoren wie Bert Brecht, Albert Camus, Hans-Magnus Enzensberger, Max Frisch, Somerset Maugham, Arthur Miller und Jerome D. Salinger. »Der Bruch zwischen den Erfahrungswelten der *vor* und der *nach* dem Kriege Herangewachsenen« und der Aufstand gegen die Autoritäten der Vorgängergeneration und deren als spießig empfundene Bürgerlichkeit, so der Soziologe Norbert Elias, habe sich in einer lauernden Gereiztheit niedergeschlagen, die den Umgang zwischen Erwachsenen und Jugendlichen mehr und mehr vergiftete. Die Generationen-Spannung entlud sich lange vor 1968 bereits in einem Kleinkrieg der Lebensformen. Ein Lebensstil mit Bluejeans, Bikinis und langen Haaren wurde für einen immer größer werdenden Teil der Jugend zur Positionsbestimmung, und die Frage einer gelungenen Existenz lag nicht länger im *Überleben*, sondern im *Erleben*; koste es, was es wolle.

Auch der 32-jährige Joseph Ratzinger ist ein Protagonist des Generationenwechsels. Dass sein »neuer Ton« vehement einschlägt, liegt an der Frische seiner Theologie, seinem jugendlichen Stil und im Hinterfragen traditioneller Lehren. Aber auch an Studenten, die sich mit althergebrachten Formen und Inhalten nicht mehr zufriedengeben wollten. »Schon beim ersten Seminar«, so sein späterer Assistent Peter Kuhn, habe man spüren können, »dieser Mann ist außergewöhnlich, ganz anders als die übrigen katholischen Professoren.« Seine Hörer empfinden ihn als weich und hilfsbereit, ohne Arroganz, mit einem trockenen Humor. Jemand, der mitmacht. Ein heiterer Gast auch, der auf Partys aus dem Stegreif die Marotten mancher älterer Kollegen zum Besten gibt. Bereitwillig übernahm Ratzinger die spirituelle Unterweisung von Studenten, die als Laien keine begleitenden Studien in den Priesterseminaren bekamen, und forderte die Einrichtung eines Lehrstuhls für allgemeine Religionsgeschichte, was als allzu revolutionär galt (und stillschweigend übergangen wurde). Ihr Lehrer sei »fürsorglich« und »fröhlich« gewesen, empfand etwa die Studentin Agnes Fischer, die als eine der ersten Frauen in Theologie promovierte, ein »priesterlicher Begleiter, der uns immer wieder spüren ließ: ihr seid nicht vergessen«. Dass seine Bescheidenheit echt war, sah man. »Während andere Referenten ein Hotelzimmer wollten«, so Theo Schäfer, damals Studentenpfarrer, »gab sich Ratzinger damit zufrieden, in meiner Wohnung in der damaligen Studentengemeinde zu übernachten.«

In Ratzingers Hörsaal wurden das Spannende und die Relevanz der Dogmen zurückgeholt in die Problemstellungen der modernen Welt. Bis dahin sei das Kirchenbild »eher düster« und belastend gewesen, so Fischer, durch Ratzinger habe man »eine innere Befreiung« erlebt. Norbert Blüm, der spätere Bundesminister für Arbeit und Sozialordnung, damals Sprecher der Laientheologen unter den Studenten, fasste zusammen: »Er hat eine Welt erschlossen, die ich so nicht kannte … Wenn er etwas Bestehendes kritisierte, dann war seine Kritik immer von einer großen Nachdenklichkeit geprägt. Er war modern, aber nie modernistisch. Der fragende Ratzinger, das war seine Stärke.«[1]

Der Professor macht mit seinen Studenten Ausflüge und empfängt sie zum Abendessen. »Da war in seinem Wohnzimmer so ein altmodisches Sofa mit einem Teddybären«, erinnerte sich Roman Angulanza, »Ratzinger ging auf ihn zu und sagte: ›Darf ich vorstellen: Teddy, das ist der Herr Angulanza. Herr Angulanza, das ist mein Teddy, der mich seit Kindertagen begleitet.‹ Damit war meine ganze Aufregung wie weggeblasen.« Wichtig ist dem neuen Theologen, dass seine Schüler Theorie und Praxis, Studium und praktizierten Glauben miteinander verbinden. So entsteht etwa eine Gruppe, die sich um Spenden für Arme engagiert. Eine andere kümmert sich um Gestrandete oder organisiert schulische Nachhilfe für Kinder von Prostituierten.

Und dennoch bleibt der Mann aus Bayern für viele ein Rätsel. Esther Betz sprach von einer »unsichtbaren Schutzmauer«, die er um sich errichtet habe. Die einen fühlten sich durch die Begegnung mit ihm vom Glauben neu berührt, bei anderen brachte er Verhaltensweisen zum Vorschein, die sie für gewöhnlich zu verdecken suchten. Ratzinger selbst schien ganz in sich zu ruhen. Sein Verhalten war teils freilich auch Ausdruck für die feine Diskretion im Umgang mit anderen, die er pflegen wollte. Allzu große Nähe ließ er jedenfalls nicht zu und war selbst im Verhältnis zu langjährigen Assistenten auf Abstand bedacht: »In der Beziehung wurde die Form gewahrt«, erinnerte sich Wiedenhofer, »sie war korrekt, aber es gab keine Vertrautheit.«

Ratzingers Start war absolut gelungen, und die Einladungen zu Vorträgen, wissenschaftlichen Tagungen, Gastvorlesungen und Gesuche um Vor- oder Grußworte häuften sich. Mit dem Buch *Die christliche Brüderlichkeit* sprach er Anfang der Sechzigerjahre erstmals einen größeren Leserkreis an und war trotz seiner Jugend an der Uni innerhalb kürzester Zeit »in allen wichtigen Gremien der Fakultät vertreten«, so Heinz-Josef Fabry. »Seine fundamentalen Lateinkenntnisse und seine Fähigkeit zu geschliffener Sprache hatten ihn dafür prädestiniert, nun quasi automatisch in solche Gremien berufen zu werden, die die römischen Kontakte zu pflegen hatten.«[2]

Die neue Generation von Theologen schickte sich an, nicht nur eine neue Theologie, sondern auch eigene Netzwerke zu entwickeln. Ratzinger war scheu, aber nicht kontaktscheu. Berührungsängste kannte er schon gar nicht. Vor allem nicht gegenüber Randgestalten und originellen Persönlichkeiten, Menschen, die nicht ins übliche Schema passten. In von der Kirchenführung vielfach missachteten, teils gar verfolgten Querdenkern erkannte er die Durchbrüche von morgen. »Damals galt ich als jemand, der neue Türen öffnet, neue Wege geht«, erläuterte Ratzinger in unseren Gesprächen, »sodass dann gerade kritische Personen zu mir gestoßen sind.« Er fügte hinzu: »Die Zeit war natürlich noch anders. Alle waren noch in dem Bewusstsein, dass die Theologie ihre eigene Freiheit und Aufgabe hat – und insofern nicht ganz unterwürfig gegenüber dem Lehramt zu sein hatte. Aber alle wussten, dass Theologie *ohne* Kirche zu einem Reden im eigenen Namen wird und dann eigentlich nichts mehr zu bedeuten hat. Später ist das auseinandergedriftet. In solche, die nun das Lehramt ablehnten und ihren eigenen Weg gingen, und solche, die weiterhin sagten, nur in der Kirche kann Theologie gemacht werden.«

Zu den Ringen an Satelliten, die sich um den neuen Stern am Himmel der Theologen zu bilden begannen, gehörten die bereits erwähnten Kollegen Johann Baptist Auer und Ludwig Hödl, seine bayerische Community. Ein zweiter Ring bestand aus Freunden aus der Studienzeit, darunter Hubert Luthe und Klaus Dick. Dick leitete inzwischen die Katholische Hochschulgemeinde in Bonn, Luthe war Privatsekretär des Kölner Kardinals Frings. Einen guten Draht gab es zum Franziskanerpater Sophronius Clasen, Professor für Mediävistik, Bonaventuraspezialist und verantwortlicher Redakteur einer Zeitschrift mit dem schönen Titel *Wissenschaft und Weisheit*.

Einen dritten Ring bildeten Wissenschaftler, von deren Erfahrung und Perspektiven Ratzinger profitierte. Zu ihm gehörten Hubert Jedin, der große Historiker des Konzils, Heinrich Schlier, einer der Meisterschüler des protestantischen Theologie-Papstes Rudolf Bultmann, und der Indologe Paul Hacker, ein universal begabter Gelehrter, der, so staunte sein junger Kollege, »mit einer oder mehreren Flaschen Rotwein ganze Nächte mit den Vätern oder mit Luther im Gespräch war«. Auf Hackers Forschungen griff er zurück, als er über »Geschichte der Religionen« dozierte. »Er spricht nur noch von Rama, Krishna und vor allem Bhakti«, stöhnten seine Hörer, »wir können schon nicht mehr.«

In einem vierten Ring arbeitete Ratzinger zielstrebig an seiner Publizistik. Mit Wilhelm Nyssen etwa, Spezialist für Byzantinistik, plante er, eine Schrift Bonaventuras zu kommentieren. Mit Hubert Jedin begann er ein *Handbuch der Kirchengeschichte* (das der Historiker dann alleine zu Ende führte). Mit Karl Rahner veröffentlicht er 1961 die Schrift *Episkopat und Primat. Das neue Volk Gottes*. Das Werk erörterte im Vorfeld des Konzils Fragen zur Stellung des Papstes und zur Einheit der Kirche. Eine Reihe gemeinsamer Unternehmungen sollten folgen. Allerdings nur bis zu jenem Moment, als Ratzinger zu erkennen glaubte, »dass Rahner und ich trotz der Übereinstimmung in vielen Ergebnissen und Wünschen theologisch auf zwei verschiedenen Planeten lebten«[3].

Den fünften Ring bildete ein Kreis von engen Schülern. Der lockere Zusammenschluss, den Ratzinger auch als Papst konsultieren sollte (etwa um sich Anregungen in Fragen der Ökumene, des Dialogs mit dem Islam oder der Evolutionslehre zu holen), besteht aus Studenten unterschiedlicher politischer, theologischer und charakterlicher Couleur, die sich alles andere als unkritisch gegenüber dem Meister benehmen, und unterwürfig sind sie schon gar nicht. Was die später meist als Theologie-Professoren arbeitenden Wissenschaftler eint, ist die Hochachtung für ihren Lehrer – und ein Gefühl von Dankbarkeit, auch für die Art des respektvollen und hilfsbereiten Umgangs, den er pflegte.

Spätere Lebensabschnitte Ratzingers, wie etwa die Bischofszeit, haben ihren eigenen Wert. Sie sind nicht marginal, blieben aber doch Episoden. Die Bonner Jahre hingegen sind grundlegend. In dieser Zeit konzipierte er in der Auseinandersetzung mit den Fragen der Zeit eine neue Form von Theologie, knüpfte wegweisende Kontakte und legte den Grundstein für eine einzigartige Karriere. Werfen wir noch einmal einen Blick auf das engere Umfeld, um zu sehen, wer und was den späteren Papst nachhaltig prägen.

Beginnen wir mit Hubert Jedin, 27 Jahre älter als Ratzinger, ein Historiker, dessen *Handbuch der Kirchengeschichte* für lange Zeit die letzte Gesamtdarstellung der zweitausendjährigen Kirchenhistorie blieb. Mütterlicherseits von jüdischer Herkunft, wurde der schlesische Priester von den Nazis mit Berufsverbot belegt. Er fand Zuflucht auf dem *Campo Santo Teutonico* im Vatikan und nutzte die Zeit des Exils zwischen 1938 bis 1949 für sein vierbändiges Werk über das Konzil von Trient (1545 bis 1563), das von der Fachwelt als Beispiel moderner Geschichtsschreibung bejubelt wurde. »Durch nichts ist die Kirchenspaltung so gefördert worden«, hielt er fest, »wie durch die Illusion, dass sie nicht existiere.«[4]

Jedin belegte in Bonn seit 1946 den Lehrstuhl für Mittlere und Neuere Kirchengeschichte und galt als besonders origineller Kopf. Seine Bücher diktierte er aus dem Stegreif, während er im Zimmer auf und ab marschierte. Ratzinger nannte ihn einen »persönlichen Freund«, eine Auszeichnung, die in seinem Lebensbericht nur wenigen Kollegen zuteilwird. An Jedins Weg fand er überzeugend, dass dieser als »ein Historiker von eigenem, freien Gewicht«, der ab dem Zeitpunkt, an dem »er sah, dass man von der Kirche wegstrebt, ein entschiedener Verteidiger der Kirchlichkeit der Theologie wurde«[5].

Besonders hingezogen fühlte er sich auch zu einem anderen Nazi-Verfolgten, seinem Freund und Kollegen Heinrich Schlier. Der evangelisch-lutherische Pfarrer und Theologe, am 31. März 1900 im oberbayerischen Neuburg an der Donau geboren, Vater von vier Kindern, erhielt 1942 als Mitglied der »Bekennenden Kirche« Veröffentlichungsverbot. Nach dem Krieg übernahm er an der Evangelisch-Theologischen Fakultät in Bonn den Lehrstuhl für Neues Testament und Alte Kirchengeschichte. Als er 1953 zum Katholizismus konvertierte, war das ein Skandal erster Ordnung. Immerhin war er Lieblingsschüler des protestantischen Erz-Theologen Rudolf Bultmann, bei dem er promovierte und habilitierte. In dem Buch *Bekenntnis zur katholischen Kirche* rechtfertigte Schlier seinen Übertritt: Er habe als Exeget entdeckt, dass zum Verstehen der Heiligen Schrift notwendigerweise auch die Kirche gehörte und die ekklesiologischen Paradigmen des Neuen Testamentes am besten in der katholischen Kirche verwirklicht seien. Sein »Verlangen nach dem ›Katholischen‹« sei auch durch Vorbilder im antinazistischen Kampf wie Pater Rupert Mayer gewachsen, dazu durch Kleinschriften und die Zeitschrift *Hochland*, die er verstohlen im Vorraum einer katholischen Kirche gekauft habe.[6] Die Konversion des Bultmann-Schülers war für den Protestantismus auch deshalb besonders bitter, weil bereits sein Vorgänger auf dem Lehrstuhl in Bonn, Erik Peterson, zur katholischen Kirche übergetreten war. Petersons Schriften mit ihrer Wiederentdeckung der Lehre von der Endzeit sollten auch für Ratzinger so bedeutsam werden, dass Beobachter später gar von einem »Pontifikat im Zeichen Erik Petersons« sprachen.

Durch seine Konversion war Schlier bei den evangelischen Theologen als Abtrünniger verfemt, bei den katholischen nicht akzeptiert. Der Professor verlor seinen Lehrstuhl, durfte aber aus kirchenrechtlichen Gründen auch an der Katholisch-Theologischen Fakultät nicht lehren. Er las fortan ohne Gehalt altchristliche Literatur, was 200 evangelische und katholische Studenten nicht davon abhielt, Freitagnachmittag in seine Vorlesungen zu strömen, auch wenn es dafür keine Scheine gab.

Gemeinsam mit Rahner gab Schlier die Buchreihe *Quaestiones Disputatae* heraus. Mit Ratzinger veröffentlichte er 1982 *Lob der Weih-*

nacht. Er schrieb über *Das bleibend Katholische* und befasste sich ausgiebig mit der Apokalypse, genauer gesagt mit der Frist, die der Welt gegeben ist, bevor die endgültige Herrschaft Christi hereinbricht. Zu den Ermahnungen der »Geheimen Offenbarung« des Johannes, so Schlier, gehöre auch der Hinweis, dass, je näher das Ende der Zeiten heranrücke, »von einer christlichen Welt nicht mehr die Rede sein wird, nur noch von zerstreuten Heiligen und Zeugen«[7]. Allein schon die Selbstvergottung des Menschen müsse als charakteristisches Zeichen einer Endzeit angesehen werden. Zu Entwicklungen wie »Entpersonalisierung, Enthumanisierung, Formalisierung und Nivellierung« kämen dann auch »die Stimmungen und Taten jenes eigentümlichen Aufgebrachtseins aller gegen alle und alles – im Grunde gegen Gott«[8]. Zur Errettung in dieser Phase der Geschichte gehörten Geduld, Gelassenheit, unerschütterliche Gottestreue und Nüchternheit: »Nüchtern sein heißt, dass man die Dinge so sieht und nimmt, wie sie sind.«[9]

Schlier und Ratzinger, fand der damalige Student Peter Kuhn, seien »fast miteinander liiert gewesen«. Die Spiritualität, die etwa auch in den Jesus-Büchern Benedikts XVI. zum Ausdruck komme, gehe mit auf Schliers Einfluss zurück. Wie eng das Verhältnis der beiden Theologen war, zeigte sich in einer Arbeitsgemeinschaft, in der sie nach ihrer Zeit in Bonn acht Jahre lang gemeinsam jährlich einen jeweils einwöchigen Ferienkurs in der Gustav-Siewerth-Akademie in der Nähe des Bodensees hielten. Ratzinger bestätigte, Schlier habe zwar »nicht einen einseitig großen, aber doch wirklich Einfluss auf mich gehabt. Die Synthese von spirituell und historisch-kritisch ist bei ihm einzigartig. Ich habe ihn aber auch als Menschen sehr verehrt.«[10] Schlier sei »eine der noblen Gestalten der Theologie dieses Jahrhunderts, tief dem Erbe Heideggers und Bultmanns, seines Lehrers, verpflichtet und doch weit über beide hinausgewachsen«[11]. Im Vorwort zur italienischen Ausgabe von Schliers Buch *Über die Auferstehung Jesu Christi* aus dem Jahr 2004 nannte er den Kollegen einen von der Erscheinung des Auferstandenen »Überwältigten«: »Das heißt ein Glaubender, aber einer, der mit Verstand glaubt. Sein ganzer Weg war ein Sich-überwältigen-Lassen durch den ihn führenden Herrn.«[12]

Auch Paul Hacker, ein anderer enger Gefährte in Bonn, war Protestant – und ein weiterer Konvertit. Hacker galt als einer der führenden Indologen seiner Zeit. 1913 in dem kleinen Flecken mit dem schönen Namen Seelscheid im Siegkreis geboren, verband er ein umfassendes geisteswissenschaftliches Studium der Slawistik, Anglistik und Romanistik mit einer Ausbildung in Indologie und indologischen Sprachen und Forschungen zur Vedanta-Philosophie. Eine Gastprofessur führte ihn 1954 nach Darbhanga in Indien, seit 1955 bekleidete er den indologischen Lehrstuhl an der Universität Bonn. Hackers Schriften trugen geheimnisvolle Titel wie *Vivarta. Studien zur Geschichte der illusionistischen Kosmologie und Erkenntnistheorie der Inder*, aber es war nicht nur die Faszination Hinduismus, die Ratzinger fesselte, sondern die Faszination Christentum, das er mit dem Einblick in asiatische Religionen und Kulte neu bestätigt fand. Es gebe in den Weltreligionen, ob Buddhismus, Hinduismus, Judentum oder im Islam eine Dynamik, hielt er fest, die zueinander drängt, »eine Dynamik der Sehnsucht nach dem fleischgewordenen Gott«. Diese Dynamik zeige auf den verborgenen Einheitspunkt der Religionen hin, in dem sie letztlich zueinander finden könnten und müssten. »Insofern haben wir in Christus den Punkt, in dem sich Orient und Okzident begegnen.«[13]

Hacker fand in seiner Neugierde auf den Katholizismus in Ratzinger den idealen Gesprächspartner. Ratzinger umgekehrt wurde von dem universal begabten und gebildeten Indologen (»ein großer Kopf, ein gewaltiger, aber ein explosiver Kopf«) in die Quellentexte des Hinduismus eingeführt, etwa die *Bhagavadgita* und die *Veden*, die er in seinen Vorlesungen ohne jede Polemik auslegte. So durchwehte denn auch ein Hauch von Indien den Hörsaal, wenn der bayerische Professor Zusammenhänge zwischen hinduistischer und katholischer Volksfrömmigkeit aufzeigte. Auch im Hinduismus sehe man den Gottesgeist walten, erläuterte er. Durch die Deutung aus einer christozentrischen Zusammenschau heraus nahm er wesentliche Aussagen von *Nostra Aetate* vorweg, der Erklärung des Konzils über die Weltreligionen. »Im Allgemeinen wird meistens nur der philosophische Aspekt des Hinduismus dargestellt«, so Ratzinger, »während ich der Meinung war, dass man gerade auch auf den kultischen und mythischen eingehen muss. Und ich bin froh, dass ich das damals getan habe, denn als der interreligiöse Dialog aufkam, war ich schon etwas vorbereitet.«[14]

Noch während der gemeinsamen Zeit in Bonn konvertierte Hacker zur katholischen Kirche. Anders als Martin Luther, der die Liebe dem Welt-Bereich zuordnete, befand Hacker, dass die Liebe als ein Moment der Selbstzurücknahme schon immer im Glauben mit enthalten ist. Ein Glaube ohne Liebe und Güte bliebe egoistisch, eine Liebe ohne Glauben bloßes Gefühl.[15] Am 12. Juli 1966 schickte der Familienvater einen zweiseitigen Brief an Ratzinger, in dem er einige Stichworte über seine

Motive zur Konversion aufschrieb: »Lieber Herr Ratzinger! ... Vielleicht ist einiges in den folgenden Zeilen Ihnen für Ihre Arbeit interessant : 1. Ich habe erkannt, dass man als Christ in der Kirche sein muss, und die Kirche ist die katholische. Ich will Christ sein. 2. Ich habe erkannt, dass das NT [Neue Testament] katholisch ist, und ich kann meinen Glauben nur an der hl. Schrift orientieren ... 5. Ich bin kath., weil die k. Kirche die Gestaltwerdung der Liebe Christi ist – anders ausgedrückt: weil Katholizismus die Religion der Liebe ist.«[16]

Noch eine weitere in Bonn begonnene Beziehung sollte für die Entwicklung Ratzingers bedeutsam werden. Es ist die Begegnung mit dem Ausnahmetheologen Hans Urs von Balthasar. Auf den ersten Blick wirkte der Schweizer Jesuit geradezu wie ein Gegenbild des Bayern. Der Spross einer Luzerner Patrizierfamilie, groß, schlank, aristokratisch-zurückhaltend, war im Grunde kein Theologe, sondern studierter Germanist und Philosoph. Mit der Schweizer Ärztin Adrienne von Speyr, die er nach ihrer Konversion zur katholischen Kirche persönlich taufte, gründete er 1944 das Säkularinstitut der Johannesgemeinschaft und arbeitete als freier Schriftsteller. Adrienne war Mystikerin und Seherin. Sie empfing über Visionen Erklärungen zu den Evangelien, aber auch zur »Apokalypse«, die Balthasar in Schriftform brachte. Seinem Orden kehrte er nach einem Konflikt 1950 den Rücken, einen Ruf an die Uni Tübingen lehnte der theologische Außenseiter 1960 ab. Von Balthasar galt als einer der gebildetsten theologischen Schriftsteller des 20. Jahrhunderts, vor allem hatte er das, was Ratzinger fehlte, besser gesagt: was er eher zu verstecken gedachte: den Sinn für das Mystische, bis hin zu gewagtesten Höhenflügen. »Aber wir haben uns einfach sehr gut verstanden«, bekannte der Freund, »vom ersten Augenblick an.«

Ratzinger hatte die Schriften Balthasars bereits als Student gelesen. 1949 besuchte er dessen Gastvortrag an der Münchner Uni. In Bonn lernte er ihn 1960 persönlich kennen. Anlass war eine kleine Diskussionsrunde über *Der weltoffene Christ*, ein Buch von Alfons Auer, des Bruders von Johann Baptist Auer, zu der der Schweizer, der die weltoffene Linie Auers für verhängnisvoll hielt, auch den jungen Theologen aus München hinzubat. »Warum er auch mich einlud, weiß ich nicht«, so Ratzinger. Das Treffen wurde jedenfalls »der Anfang einer lebenslangen Freundschaft, für die ich nur dankbar sein kann«[17].

Joseph Ratzinger gehört zu jener Sorte von Menschen, die die Dinge gerne auf sich zukommen lassen. Die Zügel selbst in die Hand zu nehmen, liegt ihm weniger. In besonderer Weise, erinnerte er sich, habe er sich in den Fünfzigerjahren einen Brief des heiligen Ignatius von Antiochien zu Herzen genommen: »Besser ist schweigen und sein als reden und nicht sein. Gut ist das Lehren, wenn man tut, was man sagt.« Die Stadt am Rhein sei ihm wie ein Geschenk erschienen, mit »Freundschaften, die für meinen eigenen Weg wichtig wurden«.

Aber auch das Paradox seiner Karriere trat zum Vorschein: Zurückhaltung und Sendungsbewusstsein zugleich. Er machte weder eine Karriereplanung, noch biederte er sich irgendwo an. Sein Umgang und seine Unabhängigkeit, die er demonstrativ zur Schau stellte, mussten im Gegenteil als geradezu karriereschädigend wirken, wobei es für den Wissenschaftler kein Widerspruch war, konservativ und zugleich Reformer zu sein.

Die wichtigste Begegnung steht Ratzinger freilich noch bevor. Es ist der Schulterschluss mit einem Mann, der zum maßgeblichen Förderer des jungen Talentes werden sollte. Der Wahrheit halber muss man hinzufügen, dass nicht ganz klar war, wer wen mehr gefördert hatte, der Alte den Jungen, oder der Junge den Alten. Denn ohne den 32-jährigen Newcomer aus Bayern hätte der greise Mann die Aufgaben und Strapazen, die ihm bevorstanden, nicht bewältigen können. *Pro hominibus constitutus* lautete sein Wappenspruch, »Für die Menschen bestellt«. Es ist Josef Richard Kardinal Frings, zweites von acht Kindern eines Weberei-Fabrikanten, der als die graue Eminenz des bevorstehenden Konzils mithilfe seines »theologischen Teenagers« die Flügel eines Adlers bekommen sollte.

Ende Juli 1959 sitzen Joseph und Maria nach den letzten Semesterprüfungen im Zug nach Traunstein. Ratzinger will in der Heimat Schulfreunde treffen, bergwandern, Konzerte im nahen Salzburg besuchen und Texte für Vorträge und Bücher schreiben. Zur Unterstützung von »Raketenschorsch« Georg Elst, dem Stadtpfarrer, beteiligt er sich in der Seelsorge und hält Gottesdienste im städtischen Gefängnis. Als Wohnung dient ihm, wie in alten Zeiten, ein einfaches Zimmer im Seminar St. Michael. Alles schien in bester Ordnung. Aber genau wie nach der Fertigstellung seiner Habilitationsschrift sollte auf seinen Höhenflug in Bonn eine jener Bitternisse folgen, die das Leben so grausam machen. Kein Absturz wie in Freising, aber ein herber Schlag, ein bitterer Verlust.

Schon seit Tagen war es dem Vater nicht besonders gut gegangen. Am Morgen des 23. August, ein heißer Sommertag, besuchte er die heilige Messe in der Stadtpfarrkirche. Um 11 Uhr nahm er am Gottesdienst teil, den sein Jüngster hoch über der Stadt im Seminar feierte. Nachmittags unternahm er mit seiner Frau einen langen Spaziergang. Später würde seine Frau berichten, wie ihr Mann auf dem Rückweg unbedingt noch einmal in die Kirche wollte und besonders intensiv gebetet habe. Georg, Maria und Joseph sind unterdessen in Tittmoning, um die Stadt ihrer Kindheit zu besuchen. »Ein wunderschöner Ausflug«, fasste Georg zusammen, »wir waren ganz glücklich.« Am Abend bricht der Vater zusammen. Es ist ein Schlaganfall. Zwei Tage vergehen zwischen Bangen und Hoffen. »Er wollte immer 86-dreiviertel Jahre alt werden«, berichtete Georg. »Als er die 80 überschritten hat, hat er die Zahl aufgestockt und wollte 90 werden.« Am 25. August 1959 gegen 19 Uhr schläft der Patriarch der Familie im Alter von 82 Jahren im Beisein seiner Nächsten für immer friedlich ein. »Alle haben still gebetet, jeder für sich«, so Georg. »Wir waren dankbar«, ergänzte Joseph, »dass wir alle um sein Bett stehen und ihm noch einmal unsere Liebe zeigen konnten, die er dankbar aufnahm, auch wenn er nicht mehr zu sprechen vermochte.«[18]

Der Tod des Vaters ist der bislang größte Einbruch im Leben des späteren Papstes. Er wusste, was er ihm zu verdanken hatte. Zum einen durch die Anlagen, die er ihm übertrug, zum anderen durch seine Erziehung. Am meisten durch das Vorbild, das er ihm gab. Von der Mutter erbte er, wie er empfand, »eine sehr warmherzige, poetische Seele, die das verkörperte, was aus Glauben da ist – die Güte und Überzeugungskraft des einfachen Lebens«. Von ihr übernahm er die Liebe zur Natur, zu Blumen und Tieren; auch die Sensibilität. In den Erbanlagen des Vaters dagegen lag ein scharfer Intellekt, die Geradlinigkeit im Denken und Handeln, der Sinn für Wahrheit, für Ehre, für eine aus dem Evangelium abgeleitete Moral und Sittlichkeit. Seine absolute Treue zur Kirche Christi verband der Senior durchaus mit Kritik an den Kirchenführern. Unverkennbar war ihm aber auch eine gewisse Zögerlichkeit zu eigen, ein Mangel an Entschlossenheit. Auch diese Eigenart hatte der Sohn geerbt, und das wusste er.

Der Vater, ein Bauernsohn aus dem Bayerischen Wald, ohne höheren Schulabschluss, ohne große Karriere, ein einfacher und dennoch hochgebildeter, blitzgescheiter, grundehrlicher und gerechter Mann, war sein Lehrer, sein geistlicher Meister, sein literarischer Mentor. Man hatte miteinander das Brot der Not geteilt, die Arbeit auf dem Hof, das Gebet und die Feste. Als Bub erzählte er ihm Geschichten voller Spannung und Abenteuer, führte ihn in die Zusammenhänge des christlichen Glaubens ein, wurde Orientierungspunkt. Die ihm eigene Strenge hatte sich in eine gemütvolle Altersmilde gewandelt. Wie bedeutend er auch als Ratgeber war, machte Ratzinger mit einem Hinweis im nachgereichten Vorwort zu seiner Bonner Antrittsvorlesung deutlich. Sein Vater, bekannte er darin, habe »alle meine Arbeiten mit seiner sorgenden Anteilnahme begleitet«.

Der kleine Joseph war ein spätes Kind, der Hinzugekommene, das Geschenk. Nun war er mit 32 Jahren Halbwaise. Der Vater hatte sein Werk getan und konnte loslassen. Der Junge war auf dem Weg, er würde schnell lernen, allein zurechtzukommen. Wehmütig schließt Ratzingers Bericht über sein Anfangsjahr auf großer Bühne: »Als ich nach diesem Erleben nach Bonn zurückkehrte, spürte ich, dass die Welt für mich ein Stück leerer geworden war und dass ein Teil meines Zuhauses in die andere Welt verlegt war.«[19]

Kapitel 27

Konzil

Die Prozession zog vom Damasushof des Apostolischen Palastes herab über die *Scala Regia* und führte durch das Bronzetor bis hin zur Mitte des Petersplatzes. Das Pflaster war nass und glänzend, aber der Regen war sanften Sonnenstrahlen gewichen, die vorsichtig durch die Wolken blitzten.

An der Spitze schritten die Oberen der religiösen Orden, die Generaläbte und die Prälaten nullius. Es folgten die Bischöfe, die Erzbischöfe, die Patriarchen. Ihre wallenden weißen Chorröcke und weißen Mitren gaben dem Aufzug Glanz und Erhabenheit. Danach kamen die Kardinäle im blutroten Ornat der Märtyrer, schließlich die bärtigen Orientalen, die in ihren dunklen Trachten aussahen wie eine Delegation aus einer anderen Welt.

Eine ganze Stunde lang sollte das Defilee dauern. Der Aufmarsch war vier Kilometer lang und umfasste 2500 Männer. Hinter den Kulissen wirkten ungezählte weitere Kräfte: die Notare und Promotoren, die Stimmenzähler, Sekretärinnen, Telefonisten, Archivare, Lektoren, Dolmetscher, Stenografen, Techniker, Platzanweiser, Sanitäter und Toilettenfrauen. Über tausend Journalisten hatten sich akkreditiert. Sie zückten Bleistifte und Fotokameras und diskutierten über die Geheimhaltung, die der Papst verfügt hatte, weil ihm »solche Vorsicht notwendiger denn je« erschien. In Deutschland hatten die Kinder schulfrei. Dank einer Direktübertragung der RAI durften nicht nur die 200 000 Pilger vor Ort, sondern Millionen von Menschen in allen Teilen der Erde live verfolgen, wie die Prozession die Stufen hinaufzog und im Hauptportal von St. Peter verschwand, als würde sie von einer unsichtbaren Gewalt regelrecht eingesogen.

Es ist Donnerstag, der 11. Oktober 1962, Fest der Mutterschaft der allerseligsten Jungfrau Maria und Eröffnung des Zweiten Vatikanischen Konzils, der größten Kirchenversammlung aller Zeiten. Aus 133 Ländern waren die Bischöfe nach Rom gereist, dreimal mehr Staaten als beim Ersten Vatikanum 1869/70. Und statt wie damals mit 1056 geladenen Teilnehmern (wovon rund 800 anwesend waren, mehr als ein Drittel davon Italiener),[1] liegt die Zahl der Akteure nun bei 2908 (wovon 2540 an der Eröffnung teilnahmen). Erstmals waren auch Hirten aus Japan, China und Indien vertreten, und die Zahl der Afrikaner stieg von null auf mehr als einhundert.

Als am Ende der Prozession der Papst auf der *Sedia gestatoria*, dem goldverzierten päpstlichen Tragestuhl, erschien, begleitet von den Trägern der *Flabella*, der feierlichen Zeremonialfächer aus Pfauenfedern, steigerte sich der Jubel der Massen zur Ovation. Sein Gesicht strahlte vor Freude, wenn er sich zur Menge neigte, ihre Grüße entgegennahm und seinen Segen erteilte.

Konzile sind Konferenzen von Kardinälen, Ordensoberen, Vertretern der römischen Kurie und des Papstes, um die Inhalte des katholischen Glaubens zu justieren, Irrlehren zu benennen und das Verhältnis zu einer Welt zu klären, die ständig im Wandel war. Sie besitzen nach Kirchenrecht »die höchste Gewalt über die Universalkirche« – mit einer kleinen Einschränkung: alle Beschlüsse bedürfen der Bestätigung des Papstes.

Offiziell anerkannt als *ökumenisch,* als »allgemein«, wurden bis zum 20. Jahrhundert 20 Konzile. Das »Apostelkonzil« von Jerusalem im Jahr 46 galt gewissermaßen als Preview und wird nicht mitgezählt. Den Anfang machte das Konzil von Nicäa, dem heutigen Iznik in der Nähe von Istanbul. Einberufen hatte es der römische Kaiser Konstantin I. im Jahr 325, um den Streit um das Wesen Jesu zu schlichten, der die Kirche zu spalten drohte. Die Versammlung endete mit dem Sieg über die zunächst zahlenmäßig weit stärkeren Arianer-Bischöfe, die die Trinität Gottes bestritten, und der Formulierung des Nicänischen Glaubensbekenntnisses, wonach »der Sohn eines Wesens mit dem Vater« ist.

Das Bekenntnis von Nicäa von der Wesenseinheit Christi mit Gottvater ist bis heute das Credo des christlichen Glaubens. In den Kanones des Konzils wurden aber auch die ersten Lehrentscheidungen der Kirche getroffen. Etwa dass Eunuchen Priester werden können. Dass Bischöfe, Priester und Diakone nicht mit einer Frau zusammenleben dürfen (außer einer, die über jeden Verdacht erhaben ist). Dass Gläubige, die vom Glauben abgefallen sind, nach einer Buße von zwölf Jahren wieder zur Kommunion zugelassen werden. In Kanon 20 wurde festgelegt, dass am Sonntag und in der Pfingstzeit nicht kniend, sondern stehend gebetet wird. Ostern sei im Übrigen stets an einem Sonntag nach dem jüdischen Pessach-Fest zu feiern.

Der von Johannes XXIII. nun verwendete Begriff »ökumenisch« hatte zunächst für Verwirrung gesorgt. Viele dachten an einen katholisch-protestantischen Vereinigungskongress. Im Zuge der ökumenischen Bewegung, die 1910 innerhalb des Weltprotestantismus entstanden war, formierten sich im deutschsprachigen Raum nach dem Zweiten Weltkrieg sogenannte *Una Sancta*-Gruppen, ökumenische Gebets- und Gesprächskreise, die eine neue ökumenische Sensibilität forderten. Mit der vom Papst gewählten Bezeichnung war allerdings nichts anderes als ein *allgemeines*, die gesamte katholische Kirche betreffendes Konzil gemeint, im Gegensatz zu den National- oder Provinzialkonzilien. Johannes XXIII. hatte sich einfach an den kirchlichen Sprachgebrauch gehalten, wie er im *CIC (Codex Iuris Canonici)*, dem Kirchenrecht der römisch-katholischen Kirche, niedergelegt ist. Und dort trägt der Abschnitt, der über das Universalkonzil handelt, die Überschrift: *De Concilio Oecumenico*. Eine Wiedervereinigung der getrennten Christen konnte sich das Papsttum nur als Rückkehr in die katholische Kirche vorstellen, die Pius XII. 1943 in der Enzyklika *Mystici corporis* mit dem mystischen Leib Christi gleichgesetzt hatte.

Es lag gerade einmal zweieinhalb Jahre zurück, seit der schwer kranke Pontifex das Projekt in Angriff nahm. Johannes XXIII. hatte noch immer die von Entsetzen gezeichneten Gesichter der 18 versammelten Kardinäle vor Augen, als er am 25. Januar 1959 im Kapitelsaal der Abtei von S. Paolo fuori le Mura in Rom erstmals das nahezu verbotene Wort aussprach. Seine Skizze zur Lage der Welt hatten die Anwesenden noch zustimmend mitverfolgt. Etwa als er von den guten und bösen Kräften sprach, die miteinander im Kampf lägen. Vom modernen Menschen, der immer stärker in Versuchung gerate, den wissenschaftlichen Fortschritt zu vergötzen. Überall auf der Erde, in Dörfern und Städten, Ländern und Nationen, würde eine sittliche Verwirrung um sich greifen. Niemand jedoch war auf den Moment vorbereitet, an dem er die Bombe platzen ließ.

Es begann ganz unverfänglich. Damit die Christen besser als bisher zum Wohlergehen der Welt beitragen könnten, leitete Roncalli seine Verkündung ein, müsse man ihrem Glauben neue Kraft geben. Dann kam es: Er habe deshalb beschlossen, ein Konzil einzuberufen; ein ökumenisches Konzil, ein Konzil der Weltkirche.

Das Schweigen, das dem historischen Augenblick folgte, schien eine Ewigkeit zu dauern. Johannes XXIII. musste an seinen Staatssekretär denken, Kardinal Domenico Tardini, »Papst Domenico«, wie ihn die Römer aufgrund seines machtvollen Auftretens nannten. Auch ihm gegenüber hatte er den Zustand der Welt beklagt. Die Unruhe und Angst, die sich überall ausbreite. Die bedrohliche Lage zwischen den Supermächten. »Was kann man tun, um der Welt ein Beispiel zu geben für Frieden und Eintracht?«, fragte er Tardini. Aber war er nicht selbst erschrocken, als ihm plötzlich, ohne es zu wollen, die zwei unaussprechlichen Worte über die Lippen kamen? »Ein Konzil«, hörte er sich sagen.

Tardini, urban, konservativ, scharfsinnig, ein Meister des subtilen Verhandlungsgeschickes, war ein erfahrener Staatsmann. »Der Ministerpräsident des Vatikans muss alles wissen«, lautete seine Devise, »er muss alles gelesen haben und alles verstehen, aber er darf nichts ausplaudern.« Die Presse schrieb, Tardinis altrömische Bescheidenheit entspringe der Selbstgewissheit eines Regenten, der Macht nicht für sich selbst ausübt, sondern im Auftrag einer höheren Gewalt agiere. Als Chef der ältesten Diplomatie der Erde und eigentlicher Leiter der katholischen Weltpolitik hatte er vier Päpsten gedient. Die beiden letzten, Pius XI. und Pius XII., hatten ebenfalls ein Konzil erwogen, es aber als undurchführbar erachtet und alle Pläne zu den Akten gelegt. Und nun? Tardini hatte dreimal nein gesagt, als man ihm die Kardinalswürde antrug, zum Vorschlag Roncallis aber meinte er nur: »Si, si!« Er nickte mit dem Kopf dabei. »Si, si! Un Concilio!«

In der Basilika St. Paul vor den Mauern wirkten die 18 Kardinäle noch immer wie schockgefroren. »Ich möchte gern Euren Rat haben«, unterbrach Johannes XXIII. das beredte Schweigen. Auch da kam kein Echo. Gewiss, sie hatten ihn nur als »Übergangspapst« betrachtet, aber er hatte zumindest auf eine Regung, eine emotionale Geste auf seine sensationelle Nachricht gehofft. Am selben Abend schrieb er in sein Tagebuch: »Menschlich gesehen hätten Wir erwarten können, dass die Kardinäle, nachdem sie Unsere Ansprache gehört hatten, sich um Uns gedrängt hätten, um Uns ihre Zustimmung und ihre guten Wünsche auszusprechen.«[2]

Für das II. Vatikanum waren nie da gewesene Umbauten erforderlich. Mit der Tribüne für 3200 Teilnehmer im gesamten Hauptschiff glich das Innere des Petersdoms nun eher einer riesigen Sportarena als dem berühmten Meisterwerk Michelangelos, Berninis, Bramantes und anderer genialer Künstler der Renaissance. Die Stahlkonstruktion an den Seiten des Mittelschiffs zählte 10 ansteigende Sitzreihen, 190 Meter lang und 22 Meter breit, unterteilt in 40 Blöcke mit je 80 Plätzen. Die Zuweisung der Plätze sollte nach Amt und Rang erfolgen. An der unteren Reihe waren Mikrofone aufgebaut, wobei die Redezeit für die Beiträge – sie hatten ausschließlich in Latein zu erfolgen – laut Geschäftsordnung auf jeweils acht Minuten begrenzt war. Abstimmungen erfolgten mittels eines magnetischen Bleistiftes über ein modernes Lochkartensystem durch neun Maschinen des Typs Olivetti-Bull. Keine der Auszählungen, versprach der Hersteller, sollte länger als eine Stunde dauern.

Ein abgetrennter Bereich war für Beobachter anderer christlicher Bekenntnisse vorgesehen. Offizielle Delegierte entsandten unter anderem die russisch-orthodoxe, die koptische, die syrisch-jakobitische, die äthiopische und die armenische Kirche, die Anglikaner, der Lutherische Weltbund, die Evangelische Kirche in Deutschland und der Ökumenische Rat der Kirchen. Hinzu kamen mehrere Hundert katholische Theologen, die als Berater, sogenannte *Periti*, fungierten. In den Nebenräumen waren Krankenstationen und sanitäre Anlagen eingerichtet. Mit der wichtigste Ort des Konzils aber, Treffpunkt für informelle Absprachen und allgemeine Empörungen, sollte eine seitlich im Dom improvisierte Snackbar werden. Sie trug den Namen »Bar Jona«. Bar Jona war aramäisch für »Sohn des Jona«, genannt Petrus, der Menschenfischer.

Jeder der Väter hatte beim Einzug zur Eröffnungsmesse die weiße Mitra abgenommen. Johannes XXIII. durchschritt das Spalier der Bischöfe. Die Konzilsväter applaudierten und jubelten ihm zu. Sie vertraten mit 540 Millionen Katholiken fast ein Fünftel der Weltbevölkerung von rund 3 Milliarden Menschen. Lateinamerika stellte rund 20 Prozent der Väter, Nordamerika 14, Südamerika 18, Mittelamerika 3, Asien 12, Afrika 12 und Ozeanien 2. Die europäischen Bischöfe machten rund 40 Prozent aus. Hinzu kamen die über 500 Väter aus Afrika und Asien, die größtenteils europäischen Ursprungs waren, darunter ein Drittel Italiener.

Aus dem kommunistischen Machtbereich in Europa sollten ursprünglich 146 Bischöfe eintreffen. Angereist waren 50. Die übrigen wurden an der Teilnahme gehindert oder saßen bereits im Gefängnis. Von den 144 eingeladenen chinesischen Bischöfen waren 44 bis Rom durchgekommen, aus Korea und Nordvietnam kein einziger. Der älteste Teilnehmer, Monsignore Alfonso Carinci, hatte bereits am Ersten Vatikanum teilgenommen, als Chorknabe. Nun stand er vor seinem

100. Geburtstag. Der jüngste, der Peruaner Alcides Mendoza Castro, war gerade einmal 34. Irgendwo in der Schar war auch ein gewisser Karol Wojtyla, seit Juni 1962 kommissarisches Oberhaupt der Diözese Krakau, ein in der Gesamtkirche völlig Unbekannter. »Ich mache mich auf diesen Weg in tiefer Bewegung«, hatte sich der 42-Jährige von den Gläubigen seiner Heimatstadt verabschiedet, »und mit einem großen Zittern in meinem Herzen.«[3]

Johannes XXIII., der Bauernsohn aus Sotto il Monte in der Diözese Bergamo, die sogar im katholischen Italien als *cattolicissima terra* galt, als allerkatholischste Erde, hatte das Werk auf den Weg gebracht, aber er sah sich nur als Geburtshelfer. Alles Weitere begriff er als Sache der himmlischen Vorsehung. »Gott weiß, dass ich da bin«, hatte er sich in schweren Stunden getröstet, »das genügt mir, auch wenn sonst kein Hahn nach mir kräht.« Als er in der Eröffnungszeremonie im Petersdom den Altar erreicht hatte, kniete er nieder. Dann folgte das erste offizielle Gebet des Zweiten Vatikanischen Konzils, das *Veni creator Spiritus* (»Komm, Heiliger Geist«), mit dem Papst und Konzilsväter gemeinsam den Heiligen Geist um Licht und Führung baten. Alle erhoben sich und stimmten unter den mächtigen Klängen der Orgel in den Gesang ein, inbegriffen die Gäste von 18 nicht katholischen christlichen Kirchen und Gemeinschaften und den 79 Staaten, die als Gesandte das Spektakel gebannt mitverfolgten. Deutschland wurde vertreten durch Außenminister Gerhard Schröder von der CDU, der eine Sonderdelegation der Bundesregierung leitete.

Sieben Stunden lang sollte die Zeremonie zur Eröffnung dauern. Auf ausdrücklichen Wunsch des Papstes wurde das Evangelium auf Griechisch, die Fürbitten auch in slawischer und arabischer Sprache gesungen, als byzantinische *Ektenie*, eine Litanei aus der *Göttlichen Liturgie* der orthodoxen Kirche. Danach legte das Kirchenoberhaupt nach der im kanonischen Recht vorgeschriebenen Form das Glaubensbekenntnis ab, in das die Väter kollektiv mit einstimmten. In der sich anschließenden Obedienz, der Bekräftigung des Gehorsams, schritten die Kardinäle und Patriarchen einzeln vor den Thron und bekundeten dem *Pontifex maximus* mit einer Kniebeuge, manche sogar mit einem Fußkuss, ihren unbedingten Gehorsam.

Rechts neben dem Papst stand protokollgemäß Kardinal Alfredo Ottaviani. Vor dem Dom aber wartete jemand, der den gefürchteten Propräfekten des Heiligen Uffiziums eines Tages beerben sollte. Noch war Joseph Ratzinger lediglich inoffizieller Berater und durfte als solcher weder an der Feier im Dom noch an den Versammlungen teilnehmen. Nie jedoch war ihm so deutlich geworden, was Weltkirche und Universalität bedeuteten. Die gewaltigen Bauten des Vatikans, der endlose Strom der Hierarchen, der ausgefeilte Kult und die Menschenmassen aus den entlegensten Winkeln der Erde symbolisierten ein religiöses Imperium, das nicht nur eine jahrtausendealte Tradition verkörperte, sondern auch institutionelle, kulturelle, juristische, intellektuelle und mentale Macht. Sie war das Paradox einer Institution, die zugleich stark und schwach, wehrhaft und wehrlos, streng und barmherzig sein sollte, zugleich reich und arm, gebietend und vergebend, demütig und erhaben, zugleich im Himmel und ganz auf Erden leben sollte, im Grunde eine Unmöglichkeit.

Gewiss, der Kirchenstaat war auf ein Zwergengebilde rund um den Petersdom zusammengeschrumpft. Aber waren deshalb die »Divisionen des Papstes«, wie Stalin einmal höhnte, schwächer geworden? Mit seinem straff organisierten Heer aus Hunderttausenden von Priestern, Mönchen, Nonnen, Diakonen, Missionaren, Glaubensboten – und mehr oder weniger glaubensstarken Bischöfen, die in Distrikten aller Länder agierten. Mit Millionen von Beschäftigten in meist caritativen Unternehmen. Mit eigenen Universitäten und einer riesigen Schar von Gelehrten. Mit Schulen, Kindergärten, Krankenhäusern, Hospizen, Waisenhäusern, Pflegeanstalten. Mit eigenen Verlagen, Zeitungen, Druckereien. Abermillionen von Menschen besuchten jedes Jahr ihre mystischen Stätten rund um den Globus. Ununterbrochen wurde irgendwo auf der Welt, von den Grenzen der Mongolei bis zum Times Square in Manhattan, in einer katholischen Kirche in einer heiligen Messe das geheimnisvolle eucharistische Mahl in Form einer Hostie kommuniziert. Von Tag zu Tag wuchs die Zahl der Anhänger, scheinbar unaufhaltsam. Und an der Spitze stand ein Monarch, der nicht nur irdische, sondern gleich auch göttliche Vollmacht für sich in Anspruch nahm: Seine Heiligkeit der Papst, Stellvertreter Christi auf Erden.

»In der Tat«, kommentierte *Der Spiegel* zehn Tage vor Konzilseröffnung, »die römisch-katholische Kirche hat gegenwärtig – nach einer nahezu 2000-jährigen Geschichte – eine Einheit und Einheitlichkeit in Lehre und Aufbau erreicht wie nie zuvor und bildet heute das unerreichte Musterbeispiel einer geistigen Gemeinschaft: Sie besitzt ›eine einzige Wahrheit‹ und einen einzigen Hüter der Wahrheit.« Sie überrage in dieser Hinsicht »auch den einzigen ihrer heutigen Gegner, der ihr, was Massenwirksamkeit angeht, gleichrangig ist: den Weltkommunismus«[4].

Oben: Der Schüler Joseph 1933 als Erstklässler mit Schultasche in Aschau am Inn, dem letzten Einsatzort seines Vaters.
Unten: Familie Ratzinger Mitte der Dreißigerjahre: Die Kinder Joseph (geboren 1927), Georg (geboren 1924) und Maria (geboren 1921) mit den Eltern Maria und Joseph.

Oben: Die Großfamilie in Rickering im Bayerischen Wald, wo das Stammhaus der Ratzingers steht, um 1932. Anlass des Treffens ist der 80. Geburtstag der Großmutter. Der kleine Joseph sitzt vorn rechts, links sein Bruder Georg, seitlich dahinter Schwester Maria; in der hinteren Reihe rechts die Eltern, sitzend links Onkel Alois, der Priester.

Linke Seite oben: Ehemaliges Polizeigebäude und Wohnhaus in Marktl am Inn, in dem Benedikt XVI. in der Nacht zum Karsamstag am 16. April 1927 auf die Welt kam: »Geboren an der Tür von Ostern«, wie er später schrieb, »allerdings noch nicht eingetreten.«

Linke Seite unten: Das bäuerliche Anwesen im Dorf Hufschlag bei Traunstein, das Vater Ratzinger nach der Machtergreifung Hitlers erwarb. Joseph verlebt in dem 200 Jahre alten Haus ab dem Frühjahr 1937 Kindheit und Jugend und begeistert sich für das »Abenteuerliche, Freie und Schöne« seiner neuen Heimat.

Die Geschwister Ratzinger um 1930 im Sonntagsstaat im Fotoatelier in Tittmoning. Kindergartenkind Joseph hält seinen Ball wie einen Reichsapfel. »Ich werde mal Kardinal«, ist er sich sicher.

Die drei Geschwister um 1937 in Traunstein. Frisch eingeschult im Gymnasium, erhält Joseph den Zeugnis-Vermerk »übermütig«.

Rechts: Der spätere Papst als Flakhelfer 1943 in München. Die Aufgabe ist, feindliche Fliegerangriffe abzuwehren. Es folgen ein Einsatz beim Reichsarbeitsdienst und die Einberufung zur Wehrmacht.

Unten: Joseph Ratzinger um 1958 als außerordentlicher Professor an der Philosophisch-Theologischen Hochschule in Freising. »Bei den Studenten galt er als ›Vorwärtsstimme‹«, hielt ein Freund fest, »weil das, was er machte, fast eine Offenbarung war.«

Oben: Priesterweihe am 29. Juni 1951 im Dom von Freising, während Kardinal Michael von Faulhaber Joseph Ratzinger die Hände auf das Haupt legt. Links neben ihm sein Bruder Georg. »Es ist«, findet er, »der Höhepunkt meines Lebens.«
Unten: Stolz marschieren die frisch geweihten Priesterbrüder Georg und Joseph durch Traunstein. In der Mitte Freund Rupert Berger, dessen Vater von den Nazis im KZ Dachau interniert worden war.

Oben: Familienfoto am 8. Juli 1951 in Traunstein anlässlich der Doppelprimiz von Joseph und Georg. Den Vater beschrieben die Brüder als geradlinig und von »nüchterner Frömmigkeit«, die Mutter als einfühlsam und warmherzig.
Unten: Kaplan Ratzinger 1951 in der Münchner Pfarrei Heilig Blut mit einem weiteren Kaplan und dem von ihm als »Inbild des guten Hirten« verehrten Pfarrer Max Blumschein. Zu seinen Aufgaben gehören Religionsunterricht, Taufen, Beerdigungen, Singkreis und Jugendabende, die er mit Hölderlin und Kierkegaard gestaltet.

Bergmesse in den Chiemgauer Alpen im Herbst 1952: »Jeder konnte spüren, dass etwas Außerordentliches von ihm ausging.«

Feierlicher Gottesdienst im Petersdom während des Zweiten Vatikanischen Konzils, an dem der 35-jährige Professor als Berater teilnimmt. Johannes XXIII. wünschte sich eine Erneuerung von Kirche und Glauben, allerdings »ohne Abschwächungen oder Entstellungen«.

Ein neuer Stern am Himmel der Theologie: Joseph Ratzinger als Professor an der Universität Bonn, seinem »Traumziel«.

Als rechte Hand des Kölner Kardinals Josef Frings trägt Joseph Ratzinger maßgeblich zur Öffnung des Konzils bei und beeinflusst die Inhalte wichtiger Dokumente. Die »authentischen« Ergebnisse des Vatikanums werden ihm Erbe und Auftrag.

Joseph Ratzinger mit Schwester Maria am Gartentor des neugebauten Eigenheims in der Bergstraße 6 in Pentling, nachdem er einen Ruf an die Universität Regensburg angenommen hatte. Maria ist ihm treue Begleiterin und Stütze und prägt sein Leben mit.

Weihe zum Bischof im Münchner Dom am 28. Mai 1977 durch den Würzburger Bischof Josef Stangl: »Mit der Bischofsweihe beginnt auf dem Weg meines Lebens die Gegenwart«, so Joseph Ratzinger. Für ihn sei das, was hier begann, »noch immer das Jetzt meines Lebens«. Das Foto zeigt Alfred Kardinal Bengsch bei der Handauflegung durch alle anwesenden Bischöfe.

Oben: Begeisterter Empfang für den neuen Bischof. Mit Joseph Ratzinger gewinne das Bistum, lobte die *Süddeutsche Zeitung,* »einen frommen Oberhirten und brillanten Prediger, der als geradezu ästhetisch-schön formulierender Redner gilt«.

Unten: Verleihung der Kardinalswürde am 27. Juni 1977 im Petersdom durch Paul VI.: »Arbeite auf dem Ackerfeld Gottes«, trägt ihm der Papst auf, »mit allen Kräften mühe dich darum, dass alle, die deiner Sorge anvertraut sind, in der Kirche lebendige Steine seien«.

Der neue Bischof gilt als scharfer Denker, aber auch als ein Theologe des Volkes, der die Frömmigkeit der einfachen Menschen gegen die »kalte Religion« der Professoren verteidigen will. Das Christentum habe das Land »großzügig und frei gemacht«, ruft er aus. Ein Bayern, »in dem nicht mehr geglaubt würde, hätte seine Seele verloren«.

Vor allem stand diese Kirche für eine unübertreffliche Botschaft – und einen Herrn, dem nicht nur die Welt gehörte, sondern das gesamte Weltall. Und dennoch: Waren die Zeichen der Zeit nicht auch als Beginn eines kommenden Unwetters zu deuten? Niemand sprach von Krise. Es war mehr so ein Gefühl. Ein Gefühl, dass diese Kirche so, wie sie war, nicht mehr in die Zeit passte.

Irgendwo in der Menge erlebte der 35-jährige Joseph Ratzinger den »Augenblick einer außerordentlichen Erwartung«. »Großes musste geschehen«, sagte ihm seine innere Stimme. In den vergangenen 500 Jahren war das Instrument Konzil lediglich zweimal zum Einsatz gekommen. Einmal mit dem Konzil von Trient, dem sogenannten *Tridentinum* von 1545 bis 1563, einberufen von Papst Paul III. am 22. Mai 1542. Das zweite Mal mit dem Ersten Vatikanum, einberufen von Pius IX. am 29. Juni 1868 aus Anlass des 1800-jährigen Jubiläums des Martyriums von Petrus und Paulus. In Trient befassten sich rund einhundert Teilnehmer in 25 Sitzungen von 1545 bis 1563 mit der rechten Antwort auf Luthers Reformation. Zu den wichtigsten Beschlüssen zählten Maßnahmen gegen Missbräuche im Ablasswesen, das Verbot der Ämterhäufung im Bischofsamt und die Einrichtung von Priesterseminaren zur besseren Ausbildung der Seelsorger. Beim Ersten Vatikanum von 1869 bis 1870 machte die französische Kriegserklärung an Deutschland eine Unterbrechung notwendig. Am Ende stand ein neues Schisma – mit der Abspaltung einer Gruppe, die sich »Altkatholiken« nannte – und die Zerschlagung des Kirchenstaats, der sich über ganz Mittelitalien ausgedehnt hatte und sogar eigene Schiffe besaß.

Im Gegensatz zu allen vorangegangenen Konzilien war dieses Mal »kein bestimmtes Problem zu lösen«. Es ging gewissermaßen um das Ganze. »Das Christentum, das die westliche Welt gebaut und geformt hatte, schien immer mehr seine prägende Kraft zu verlieren«, empfand Joseph Ratzinger als Zeuge der historischen Stunde. »Es schien müde geworden, und die Zukunft schien von anderen geistigen Mächten bestimmt zu werden.«[5] Es müsste wieder »im Heute stehen, damit es wieder gestaltende Kraft für das Morgen werden könne«[6].

Papst Johannes' Wort vom *aggiornamento*, vom »Neu-in-die-Zeit-Bringen«, hatte eine mobilisierende Kraft ausgelöst. Alles sollte frischer, neuer, belebter werden. Aber war inzwischen nicht auch klar geworden, dass die römische Kurie mit ihrer ganzen Macht – und ganzen List – jeglichen Versuch einer Reform untergraben würde? Trugen die vorbereiteten Schemata in Inhalt, Stil und Mentalität nicht genau den

Stempel jener römisch-neuscholastischen Theologie, die es doch zu überwinden galt? Ja, der Einzug in die Aula des Petersdoms war beeindruckend. Aber, so fragte sich Ratzinger draußen auf dem Platz, »ist es denn normal, dass 2500 Bischöfe, von den vielen anderen Gläubigen ganz zu schweigen, zu stummen Zuschauern einer Liturgie verurteilt sind, in der außer den amtierenden Liturgen nur die *Capella Sistina* das Wort hat?« Wo blieben die Neuerungen? »War es nicht ein Symptom eines der Überwindung bedürftigen Zustands, dass die aktive Mitwirkung der Anwesenden nicht gefordert war?«[7]

Gewiss, die Kommissionen hatten in der Vorbereitung der Weltkirchenversammlung tüchtig gearbeitet. Doch ihr Fleiß hatte auch etwas Bedrückendes. Siebzig Schemata waren aus dieser Arbeit hervorgegangen. Sie füllten einen Folianten von über 2000 Seiten. »Wie sollte man sich in diesem ungeheuren Wust von Texten zurechtfinden?«, überlegte er. »Wie sollte das Konzil daraus einen verständlichen und die Menschen von heute bewegenden Impuls herausdestillieren?«[8]

Einige der Bischöfe aus den Vereinigten Staaten hatten zu verstehen gegeben, sie würden sich pro forma zwei oder drei Wochen in der Ewigen Stadt aufhalten und dann wieder nach Hause fahren. In Rom sei ohnehin alles so weit vorbereitet, dass nur noch die Unterschriften fehlten. Tatsächlich hatte Kardinalstaatssekretär Tardini schon drei Jahre zuvor, am 30. Oktober 1959, versichert: »Das Konzil ist so gut vorbereitet, dass es nicht allzu lange zu dauern braucht.«[9] Am 8. November 1961 verkündete Konzilssekretär Pericle Felici, »das Konzil soll im Oktober 1962 beginnen und nach Möglichkeit vor Ende des Jahres abgeschlossen sein«. Johannes XXIII. hatte sich sogar geweigert, das Gerüst und die Bestuhlung für die Konzilsaula zu kaufen, für so eine kurze Zeitspanne sei mieten günstiger. Als ihm Felici im Juli 1962 die revidierten und approbierten Konzilsschemata präsentierte, rief Roncalli begeistert aus: »Das Konzil ist gemachte Sache, Weihnachten können wir es beenden!«[10]

Einzig die Eröffnungsrede Roncallis konnte Ratzinger milder stimmen. Niemand ahnte, dass ausgerechnet er ein Jahr zuvor die Inspiration für die Predigt des Papstes geliefert hatte. »Es jubelt die Mutter Kirche, weil durch besondere Gnade der göttlichen Vorsehung dieser hochersehnte Tag angebrochen ist«, begann Johannes XXIII. seine Ansprache. In dieser Stunde erwarte »der christliche, katholische und apostolische Geist auf der ganzen Welt einen Sprung nach vorne«. Einen Sprung »im Sinn eines tieferen Eindringens in die Lehre und einer

Formung der Gewissen in völlig treuer und vollkommener Übereinstimmung mit der authentischen Lehre«. Das größte Anliegen des Konzils sei, »dass das heilige Depositum der christlichen Lehre wirksamer bewahrt und gelehrt werden soll«. Die Kirche dürfe sich niemals trennen »von dem von den Vätern empfangenen heiligen Patrimonium der Wahrheit«. Zur gleichen Zeit aber müsse sie »immer auf die Gegenwart, auf die neuen, in der modernen Welt entstandenen Lebensformen blicken, die dem katholischen Apostolat neue Wege geöffnet haben«.

Gaudet mater ecclesia, die in Latein verkündete Eröffnungsansprache, verstand der Papst als den Schlüssel und Wegweiser des Konzils. Deutlich warnte er darin vor falschen Propheten. »Sie meinen nämlich, in den heutigen Verhältnissen der menschlichen Gesellschaft nur Untergang und Unheil zu erkennen. Sie reden unablässig davon, dass unsere Zeit im Vergleich zur Vergangenheit dauernd zum Schlechteren abgeglitten sei … Wir aber sind völlig anderer Meinung als diese Unglücksphopheten, die immer das Unheil voraussagen, als ob die Welt vor dem Untergange stünde. Angesichts der gegenwärtigen Ereignisse in der humanen Welt, durch die das Menschengeschlecht in eine neue Weltordnung einzutreten scheint, muss man viel eher einen verborgenen Plan der göttlichen Vorsehung erkennen.«

Wörtlich fuhr er fort: »Die Kirche ist immer den Irrlehren entgegengetreten, häufig hat sie sie mit der größten Strenge verurteilt.« Heutzutage aber »zieht die Kirche es vor, von der Medizin der Gnade Gebrauch zu machen … Sie glaubt, dass sie den Bedürfnissen der heutigen Zeit entspricht, indem sie lieber die Gültigkeit ihrer Lehren demonstriert als Verurteilungen ausspricht.« Er vertraue ganz darauf, dass die Kirche neue Energie und Kraft aus dem Konzil beziehen und »ohne Angst in die Zukunft blicken« werde. Zum Schluss gemahnte der Bischof von Rom die Konzilsväter an ihre Pflicht, den Eingebungen des Heiligen Geistes zu entsprechen, auf dass ihre Arbeit die Erwartungen der Stunde und die Bedürfnisse der Völker auf der Welt erfüllen könne. Dies »erfordert von euch Seelenruhe, brüderliche Eintracht, Mäßigung in den Anträgen, Würde in der Diskussion und kluge Beratung«. Mit einem pathetischen Aufruf schloss Johannes XXIII. seine Rede ab: »Erleuchtet vom Licht des Konzils, so vertrauen Wir fest, wird die Kirche an geistlichen Gütern zunehmen und, mit neuen Kräften versehen, unerschrocken in die Zukunft schauen.«[11]

Die Menschenmenge hatte sich aufgelöst. Ratzinger war ein wenig herumgeschlendert, dann wanderte er auf die Plattform vor dem Dom, drehte sich um und sah auf die Stadt Rom. Mit seinem Lehrstuhl in Bonn stand er im politischen, mit seinen engen Verbindungen nach Köln im kirchlichen Zentrum der aufblühenden Bundesrepublik. Mit dem Konzil jedoch ging er über die nationalen Grenzen hinaus. Der Essener Bischof Hubert Luthe urteilte später über seinen Weggefährten, dieser sei ihm in den Tagen von Rom »wie eine Supernova« erschienen, ein Mann, der mit gerade 35 Jahren das begrenzte Spielfeld eines deutschen Universitätsprofessors verlässt, um auf der Bühne der Weltkirche ein neues Stück aufzuführen.

Die Eröffnungsfeier des Konzils endete für Ratzinger mit jenem »unvergesslichen« Erlebnis, als nach Einbruch der Dunkelheit eine halbe Million Menschen mit Fackeln in der Hand zum Petersplatz zog. Im Mondschein formten sie am Obelisken ein riesiges Kreuz, während sich oben im dritten Stockwerk des Apostolischen Palastes das Fenster öffnete. Sichtlich gerührt winkte Papa Giuseppe den Menschen zu. »Wenn ihr nach Hause kommt«, rief er der Menge mit zitternder Stimme zu, »dann gebt Euren Kindern einen Gutenachtkuss und sagt: Das ist der Gutenachtkuss des Papstes. Sie sollen wissen, dass der Papst besonders in traurigen und bitteren Stunden bei seinen Kindern ist. Es ist ein Bruder, der zu euch spricht, ein Bruder, der durch den Willen unseres Herrn Vater geworden ist.«

Niemand ahnte, dass die katholische Kirche mit dem Zweiten Vatikanischen Konzil stärker verändert würde als in vielen Jahrhunderten zuvor. Und dass der Weg zu seinem Abschluss ein besonders harter und steiniger werden würde. Niemand ahnte aber auch, dass durch geheime Vorgänge auf der Insel Kuba die Welt just in jenen Tagen am Rande einer nie da gewesenen Katastrophe stand, die weite Teile des Planeten zu vernichten drohte.

Kapitel 28

Der Kampf beginnt

Konzile beeinflussten das Wohl und Wehe der Kirche, aber sie waren auch Marksteine für die Weltgeschichte überhaupt. Nicht die Entdeckung Amerikas oder Luthers Thesenanschlag läuteten die Neuzeit ein, befand der Harvard-Professor Stephen Greenblatt, sondern das Konzil von Konstanz von 1414 bis 1418, dem größten Kongress des späten Mittelalters.

Tatsächlich hatte das Konzil vom Bodensee die lebens- und farbenfrohe Renaissance vorweggenommen und eine Epochenwende markiert. Auf den Meeren begann die Zeit der großen Eroberungen. Pulvergestützte Schusswaffen kamen auf. Erstmals verabredeten sich die Menschen mittels mechanischer Uhren. Und erstmals stimmte man in Konstanz nach »Nationes« ab. Was dazu führte, das abendländische Schisma zu beenden und die Einheit wiederherzustellen. Wenn auch nur für kurze Zeit.

Wann hatte es eine derartige Opulenz und Internationalität gegeben? Unter dem Ansturm von 29 Kardinälen, etwa 250 Patriarchen, Erzbischöfen und Bischöfen, über 150 Äbten, 1700 Akrobaten und Musikern und Volk von überallher verwandelte sich Konstanz in einen brodelnden Kessel. Selbst Weinfässer dienten als Unterkunft. An Fischbuden trafen Dänen auf spanische Gelehrte. Orthodoxe Byzantiner liehen sich Geld bei »Wechslern aus Florenz«. Insgesamt wurden auf dem dreieinhalb Jahre dauernden Gipfel rund 150 000 Teilnehmer gezählt, darunter der Chef der Sorbonne, die Königin von Bosnien, knapp 2000 überwiegend italienische Protokollanten und Schreiber, 73 Bankiers sowie Bäcker aus Oberitalien mit mobilen Öfen, in denen eine Art Pizza garte. Nicht fehlen sollten über 700 *Hübschlerinnen*, wie sich die Wander-Huren nannten, und Doktoren, die während der Sitzungspausen in die heruntergekommenen deutschen Klosterbibliotheken ausschwärmten und ganz nebenbei unbekannte Cicero-Reden entdeckten.

Mit großem Pomp war Papst Johannes XXIII. aus Pisa am Morgen des 28. Oktober 1414 auf einem weißen Pferd in Konstanz eingeritten, begleitet von neun Kardinälen und der Kurie. Einige Monate später musste er als Knappe verkleidet und im Schutz der Nacht flüchten. Eigentlich war er gekommen, um seine beiden Gegenpäpste auszustechen. Am Ende waren alle drei Päpste entmachtet und ein vierter neu gewählt. Der Pontifex aus Pisa wurde nicht in die Liste der offiziellen Päpste aufgenommen, über 500 Jahre gab es deshalb keinen Johannes XXIII., bis eben jener Giuseppe Roncalli die Bühne betrat.

Das Konzil vom Bodensee hatte drei Ziele: Erstens die Wiederherstellung der Einheit der Kirche. Zweitens die Beseitigung von Glaubensirrtümern, die sich einzuschleichen begannen. Drittens die Reform des sittlichen Lebens, vor allem im Klerus. Ein Dekret für eine Reinigung an Haupt und Gliedern widmete sich der Neuordnung der Römischen Kurie. Um die Verwirrung in Fragen der Autorität, des Glaubens und der Disziplin- und Sittenlosigkeit zu beseitigen, sollte mit dem wichtigsten Akt begonnen werden: der rechten Gottesverehrung in der Liturgie: »Bei solch einem anspruchsvollen und schwierigen Unternehmen wie der Reform der Kirche«, legte die erste Sitzung am 5. November 1414 fest, »darf man sich in keiner Weise auf die eigenen Kräfte verlassen, sondern muss auf die Hilfe Gottes vertrauen. Deshalb muss man beim Göttlichen Kult anfangen, und zwar durch die andächtige Feier der heiligen Messe.«[1]

Weil der Katholizismus »oft bekämpft wurde, und zwar von denen, die diesen Glauben hätten pflegen müssen, aber auch von ruchlosen Leugnern«, schrieb das Konstanzer Konzil in seiner 39. Sitzung am 9. Oktober 1417 den künftigen Päpsten folgenden Eid vor:

»Solange ich lebe, werde ich entschieden am katholischen Glauben gemäß der Überlieferung der Apostel, der allgemeinen Konzilien und der anderen heiligen Väter festhalten und ihn bekennen. Ich werde diesen Glauben bis auf den kleinsten Buchstaben unverändert bewahren und bis zur Hingabe meiner Seele und meines Blutes bestätigen, verteidigen und predigen. Desgleichen werde ich den überlieferten Ritus der kirchlichen Sakramente vollständig befolgen und beibehalten.«[2]

Mit dem Vatikanum I vom 8. Dezember 1869 bis zum 20. Oktober 1870 verabschiedeten die Konzilsväter drei dogmatische Konstitutionen. Sie sollten als Dekrete mit Verfassungsrang die Inhalte des echten katholischen Glaubens festschreiben und eine Definition der Kirche Christi geben, die unter anderem das Dogma der Unfehlbarkeit des Papstes in Fragen der Glaubens- und Sittenlehre enthielt. Die deutschen Teilnehmer wollten dem Unfehlbarkeitsdogma weder zustimmen noch es ablehnen und zogen es vor, still und leise abzureisen. Die Aufwertung der bischöflichen Verantwortung, die sicherstellen sollte, dass aus der Machtfülle des Papstes kein erstickender Zentralismus entstünde, kam nicht mehr zustande. Frankreich erklärte Deutschland den Krieg, piemontesische Truppen besetzten die Ewige Stadt, das Konzil war am Ende.

Als 50 Jahre später das überstürzt abgebrochene Konzil wieder aufgenommen werden sollte, verwarf Pius XI. nach anfänglicher positiver Prüfung den Plan. »Wir möchten lieber noch zuwarten«, erklärte er in seiner Enzyklika *Ubi arcano dei consilio* vom 23. Dezember 1922, »und wie der berühmte Führer der Israeliten beten, dass der gütige und barmherzige Gott Uns seinen Willen klarer zu erkennen gebe.« Einer seiner Berater, der französische Kardinal Louis Billot, hatte dringend abgeraten: »Die Wiederaufnahme des Konzils wird von den ärgsten Feinden der Kirche herbeigesehnt, nämlich den Modernisten, die sich schon bereit machen … um die Revolution, das neue 1789, den Gegenstand ihrer Träume und Hoffnungen, durchzuführen.«[3]

Auch Pius XII. scheiterte an der Idee. Zwar berief er im Februar 1949 eine Vorbereitungskommission für ein neues Konzil ein, doch dann stoppte das Projekt. Offenbar ließen die Konflikte in der Kommission gewaltige Zusammenstöße voraussahnen. Umso größer war die Überraschung, als Johannes XXIII. im Januar 1959 die Einberufung des Zweiten Vatikanums verkündete, gerade einmal 90 Tage nach seiner Wahl. Weder gab es im Vorfeld Beratungen, noch irgendwelche Vorwarnungen. In seinen Tagebüchern kam der Papst zweimal auf seine Entscheidung zu sprechen: Am 15. Januar 1959 notierte er: »*Im Gespräch mit Staatssekretär Tardini wollte ich seine Geisteshaltung bezüglich der Idee erkunden, die ich den Mitgliedern des Kl. Kollegiums vorzulegen beabsichtige … das Projekt eines ökumenischen Konzils … Ich war ziemlich schwankend und unsicher. Die unmittelbare Antwort war freudigste Überraschung, wie ich sie nur je erwarten konnte. O! Aber das ist eine glänzende und heilige Idee. Sie kommt direkt vom Himmel, Heiliger Vater; man muss sie pflegen, ausarbeiten, verbreiten. Das wird ein großer Segen für die ganze Welt sein.*«[4]

Unter dem 20. Januar, fünf Tage vor der Bekanntgabe, hält das päpstliche Tagebuch fest: »*In der Audienz mit Staatssekretär Tardini entfiel mir zum ersten Mal, und ich würde sagen, wie zufällig, das Wort ›Konzil‹ in dem Sinne, dass dies der Papst als Einladung zu einer breiten*

Bewegung der Spiritualität für die Hl. Kirche und für die ganze Welt anbieten könnte. Ich fürchtete wirklich eine lächelnde und entmutigende Grimasse als Antwort.«[5]

Die Kardinäle Ottaviani und Ruffini gaben an, bereits im Konklave vom Oktober 1958 als Erste dem gerade gewählten Johannes XXIII. geraten zu haben, das 21. allgemeine Konzil der Kirche einzuberufen. In einem Interview mit der Wochenzeitung *Epoca* erklärte Ottaviani: »Um genau zu sein, war ich es gewesen, der ihn am Vorabend der Wahl in seiner Kammer im Konklave aufsuchte. Unter anderem sagte ich zu ihm: ›Eminenz, man muss an ein Konzil denken.‹ Kardinal Ruffini, der bei der Unterredung dabeistand, war derselben Ansicht. Kardinal Roncalli machte sich diese Idee zu eigen und sollte später sagen: ›Ich habe an ein Konzil von dem Moment an gedacht, als ich Papst geworden bin.‹ Es stimmt, er hat unseren Rat angenommen.«[6]

Johannes XXIII. beharrte auf seiner Version. Laut einer Mitschrift seiner Generalaudienz Anfang Mai 1962 hatte er nach eigenen Worten darüber räsoniert, dass »die Welt von heute immer mehr in Angst und Unsicherheit« versinke: »Zwar bekennt man sich immer wieder lautstark zu Frieden und Verständigung, aber dabei kommt es doch immer wieder nur zu verschärften Gegensätzen und verstärkten Drohungen.« Aus diesem Gedanken heraus habe er überlegt: »Soll sich das geheimnisvolle Schifflein Christi von den Wogen auf und ab treiben lassen? Erwartet man von der Kirche nicht mehr als ein bloßes Wort der Mahnung? ... Mit einem Mal ging Uns innerlich das Licht der großen Idee auf; sie wahrnehmen und – mit einem unbeschreiblichen Vertrauen auf den göttlichen Meister – aufgreifen, war eins. Auf Unsere Lippen drängte sich, feierlich und verpflichtend zugleich, das Wort, und Unsere Zunge sprach es zum ersten Mal aus: ein Konzil! Ehrlich gesagt, es regte sich in Uns auch sofort die Furcht, etwas Bestürzendes und Schockierendes gesagt zu haben.«[7]

Seit Mitte des 19. Jahrhunderts war die katholische Kirche in die Defensive geraten. Im Kampf gegen Liberalismus, Sozialismus und Kommunismus bestimmte vielfach der Antimodernismus ihr Erscheinungsbild. Vermeintlich schädliche Lehren wurden verboten, kritische Theologen auf den Index gesetzt, Kontakte mit der nicht katholischen Umwelt streng reglementiert. Viele interpretierten deshalb Roncallis Wort vom *aggiornamento* als die längst überfällige Anpassung an moderne Lebensverhältnisse und nicht, wie es die eigentliche Bedeutung des Begriffes besagt, als ein Justieren ihrer Aufgaben. Für Johannes XXIII. war das Konzil aber auch eine Friedensinitiative, notwendig geworden vor dem Hintergrund des Kalten Krieges. Einer seiner Vorgänger, Benedikt XV., war mit seinen Friedensbemühungen im Ersten Weltkrieg gescheitert. Dem ersten »modernen Krieg« folgte der Zusammenbruch Russlands, des Habsburger Reiches, des britischen Empire und der Aufstieg der kommunistischen Weltreiche. Pius XII. wiederum musste zusehen, wie sich in Europa gewaltige Diktaturen entwickelten, die zu Millionen von Toten auf den Schlachtfeldern, in KZs und in Gulags führten. Gravierender noch als nach dem Ersten Weltkrieg hatten sich nach 1945 Grenzen verändert, Einflusssphären verschoben, war dem tektonischen Beben keine stabile Ordnung gefolgt. Nun galt es nach Ansicht des Papstes, ein neues Verhältnis in den Beziehungen der Nationen zu finden, den Gefahren aus dem Machtzuwachs der kommunistischen Systeme zu begegnen, Lösungen für die Missionsländer der Dritten Welt anzubieten. Die Kirche sollte sich ihrer Aufgaben vergewissern, um ihren Beitrag leisten zu können. Aber dazu musste sie sich nicht nur ihrer Stärken bewusst werden, dazu musste sie sich auch neu aufstellen.

Was genau der Papst aber mit dem Konzil bezwecke, blieb für viele noch verschwommen. Johannes XXIII. sei »eine außerordentlich sympathische, ehrliche, sich selbst humorvoll betrachten könnende Persönlichkeit«, urteilte denn auch Karl Rahner, gleichzeitig sei er von einer »mutigen Harmlosigkeit, die außer einigen ganz allgemeinen Ideen keine Ahnung hatte, wie das Konzil verlaufen sollte«[8]. Roncalli hatte lange Zeit nur zweitrangige Posten bekleidet. Ob als Apostolischer Visitator in Bulgarien oder Apostolischer Delegat in Griechenland und der Türkei. Kirchenhistoriker oder Landpfarrer hätte er am liebsten werden wollen. Mit Transitvisa nach Palästina, die er fleißig unterschrieb, rettete er Tausende von slowakischen Juden. Dass er von der Kurie nicht ernst genommen wurde, nahm er gelassen. »Ich werde stets die Wahrheit sagen, aber mit Milde, und über alles schweigen, was ich meiner Meinung nach an Unrecht oder Kränkung erlitten habe«, kritzelte er in sein Tagebuch.[9]

Das erste bedeutendere Amt erhielt er im Dezember 1944 als Nuntius in Frankreich, bevor ihn Pius XII. 1953 zum Patriarchen von Venedig ernannte. Nach dem Tod des asketischen Aristokraten Eugenio Pacelli galt als gesichert, dass der dem progressiven Flügel zugeordnete Giovanni Battista Montini, der Kardinal von Mailand, den Stuhl Petri besteigen würde. Es brauchte allerdings auch zwölf Wahlgänge, bis der 76-jährige Bauernsohn Angelo Giuseppe Roncalli aus dem Konklave von 1958 als Sieger hervorging, als der älteste Kirchenfürst seit 200 Jahren. Die Zahl der anwesenden Kardinäle belief sich auf 51, darunter 18 Italiener, von denen 11 der Kurie angehörten.

Roncalli war schwer einzuordnen. Als Priester, päpstlicher Diplomat und Bischof (Wahlspruch: »Gehorsam und Frieden«) hatte er nicht unbedingt als Neuerer gegolten. Der neue Papst gab weder Anlass für irgendwelche Vorschusserwartungen noch für Überraschungen. Vielen seiner Wähler erschien er deshalb als »Statthalter für einen größeren kommenden Papst«, wie Kardinal Frings äußerte. Johannes XXIII. selbst erklärte unmittelbar nach dem Konklave, er habe sich für den häufigsten Papstnamen entschieden, um »die Bedeutungslosigkeit Unseres eigenen Namens durch diese höchste Folge römischer Päpste abzuschirmen«. Obendrein hätten alle 22 Päpste mit dem Namen Johannes, fügte er schmunzelnd hinzu, ein kurzes Pontifikat gehabt.

Fest stand, dass das Hauptthema des Konzils die Kirche selbst sein sollte, um den Glauben unter voller Wahrung seiner inhaltlichen Identität neu in die Zeit hineinzusagen, eben zu aggiornieren, zu verheutigen, wie sich der Papst ausdrückte. Die kirchliche Lehrgewalt im Dogma sollte nicht etwa aufgegeben, sondern vielmehr verdeutlicht werden. *Der Spiegel* notierte im Oktober 1962: »Die innere Einheit und Einheitlichkeit der römisch-katholischen Kirche ist demnach das zentrale Motiv, die zentrale Forderung und die zentrale Tatsache des kommenden Konzils.«[10] Die Zusammenfassung entsprach der Eröffnungsansprache vom 11. Oktober 1962, mit der Johannes XXIII. noch einmal klärte, das Konzil habe die Aufgabe, »die Lehre rein und vollständig zu übermitteln«, und zwar »ohne Abschwächungen oder Entstellungen«. Im Vordergrund stehe, »die unumstößliche und unveränderliche Lehre, die treu geachtet werden muss, zu vertiefen«. Vertiefen bedeute, »sie so zu formulieren, dass sie den Erfordernissen unserer Zeit entspricht«.

Titularerzbischof Pericle Felici, der Generalsekretär des Konzils, sah die Sache locker. Er kalkulierte mit einer zweimonatigen Dauer der Weltkirchenversammlung. Sebastian Tromp, der einflussreiche Berater Kardinal Ottavianis, meinte im Frühherbst 1962: »Die Herren werden in Rom nicht so lange zu tun haben. Sie werden bald sehen, dass man die Vorlagen nicht besser machen kann, werden rasch unterschreiben und wieder nach Hause fahren.«[11] In Wahrheit erzählt eine kurze Chronik der Konzilsvorbereitungen eine ganz andere Geschichte. Das Vatikanum selbst sollte in gewaltige Krisen geraten. Mit wüsten Anfeindungen, gemeinen Intrigen, Verdächtigungen und Kampfabstimmungen, aber auch mit brillanten Wortgefechten, echter Brüderlichkeit und wegweisenden Dokumenten, die das Konzil, im Positiven und Negativen, zu einer entscheidenden Zäsur in der zweitausendjährigen Geschichte der katholischen Kirche werden ließen.

Um es vorwegzunehmen: Statt auf nur eine Periode sollte sich das Zweite Vatikanum über vier mehrmonatige Sitzungsperioden ausdehnen, die von 1962 bis 1965 dauerten und 281 Sitzungstage umfassten, an denen knapp 3000 Konzilsväter teilnahmen. Zwei Drittel von ihnen gehörten dem Weltklerus an, die übrigen waren Mitglieder von Orden. Das Durchschnittsalter betrug 60 Jahre. 253 Väter starben zwischen dem Eröffnungs- und Schlussdatum, 296 kamen hinzu.

Das Vatikanum trat in 136 Generalkongregationen zusammen. Es gab 640 Konzilsredner und 544 Wahlgänge. In den vier Sitzungsperioden entstanden vier Konstitutionen, neun Dekrete und drei Erklärungen. Die vollständige Aufzeichnung des Konzils umfasst 200 Bände, die Tonbandwiedergabe aller Generalkongregationen hat eine Gesamtlaufzeit von 542 Stunden. Die Gesamtkosten waren vergleichsweise gering. Sie beliefen sich auf 7 250 000 Dollar,[12] das waren 9 Dollar pro Teilnehmer und Tag, wobei nicht unerhebliche Ausgaben von den Konzilsvätern selbst bestritten werden mussten.[13]

Die erste Phase der Vorbereitungen begann an Pfingsten, dem 17. Mai 1959, mit der Einberufung der *Commissio antepraeparatoria*, der Vor-Vorbereitungs-Kommission des Konzils. Der Papst wählte hierfür je einen Vertreter der zehn Kongregationen der Römischen Kurie aus. Zum Generalsekretär der Kommission ernannte er Pericle Felici, den quirligen 48-jährigen Kurialbeamten, den er drei Monate später in den Rang eines Erzbischofs erhob. Vorsitzender wurde seine rechte Hand, Kardinal Tardini. Im Juni 1959 startete Tardini eine internationale Umfrage an rund 2700 Einzelpersonen (Bischöfe, Patriarchen, Äbte und andere Autoritäten) sowie an die Dikasterien der Kurie, theologische Fakultäten etc. mit der Bitte um »Meinungen, Ratschläge und Wünsche« mit Bezug auf »Gegenstände und Themen, welche auf dem nächsten Konzil diskutiert werden können«. Als Abgabetermin wurde der 1. September 1959 festgelegt. Weil zu wenig Antworten eingingen, folgte im März 1960 ein Mahnschreiben an die säumigen Empfänger.

Mit dem Pfingstfest am 5. Juni 1960 läutete Papst Johannes die zweite Phase ein. Der neu errichteten Zentralen Vorbereitungskommission, untergliedert in zehn Arbeitsausschüsse, gehörten 108 Kardinäle, Bischöfe und Ordensobere (plus 27 Berater) aus 79 Ländern an. Vorsitzender war der Papst selbst. Aufgabe der Unter-Kommissionen war es, die aus der Umfrage eingegangenen rund 3000 Einsendungen auszuwerten, um zusammen mit den Ratschlägen der Kommissionen Beschlussvorlagen *(Schemata)* zu erstellen, die das Konzil beraten und verabschieden sollte. Diese Entwürfe sollten am Ende acht riesige Bände füllen. Hinzu kamen drei Bände der theologischen Fakultäten, einer der Kongregationen der Kurie, ein Band mit allen Verlautbarungen des Papstes zum Konzil, zwei Bände mit einer Analyse der Vorschläge und ein Indexband. Zusammen umfasste das Material rund 10000 Seiten.

Um den nicht katholischen christlichen Kirchen und Gemeinschaften entgegenzukommen, errichtete Johannes XXIII. das Sekretariat zur Förderung der Einheit der Christen. Es stand unter der Leitung des deutschen Jesuiten und Kardinals Augustin Bea, des Beichtvaters Pius' XII. Am 9. Juli 1960 wurden die zu bearbeitenden Themen, die der Papst ausgewählt oder approbiert hatte, von Felici an die Mitglieder der Vorbereitenden Kommissionen und Sekretariate gesandt. Gleichzeitig wurde der Eucharistische Weltkongress, der vom 31. Juli bis 7. August 1960 in München tagte (das erste internationale Großereignis in Deutschland seit dem Krieg), von Papst Johannes als Generalprobe für das Konzil angesehen. 80000 Gläubige erlebten dabei neue liturgische Elemente, die später fester Bestandteil der Liturgie werden sollten. Ratzinger hielt Vorträge und besuchte eine Tagung der *Una-Sancta-Gruppe*, die sich für die Ökumene starkmachte. Im November 1960 erfolgte der offizielle Beginn der Tätigkeit der Kommissionen. Papst Johannes empfing die 871 Beteiligten im Petersdom, darunter 67 Kardinäle, 5 Patriarchen, 116 Erzbischöfe, 135 Bischöfe, 220 Weltpriester, 282 Ordenspriester und 8 Laien.

Noch war nicht absehbar, wohin das Konzil führen sollte und welche Konsequenzen sich daraus ergäben. Der Fantasie waren keine Grenzen gesetzt, und weltweit hatten sich Einzelpersonen und Gruppen gemeldet, um ihre Vorstellungen in den Ring zu werfen und den Mega-Kongress für ihre Interessen instrumentalisieren zu können. Vor allem dem progressiven Flügel zugerechnete Theologen versuchten, mit Vorträgen, Zeitschriftenbeiträgen und Büchern eine Meinungsführerschaft zu erlangen. Hubert Jedin, Kollege und Freund Ratzingers, veröffentlichte eine *Kleine Konzilsgeschichte*, die 1959 eine Auflage von 100 000 Exemplaren erreichte. Auch Ratzinger warf sich in die Schlacht. Die Debatte über »vermutbare Beratungsgegenstände« des Konzils bereicherte er 1961 durch den Buchtitel *Episkopat und Primat*, eine Gemeinschaftsproduktion mit Karl Rahner. Eine zweite gemeinsame Publikation – *Offenbarung und Überlieferung* – entstand kurze Zeit später. Bis 1966 sollten vier weitere Werke Ratzingers erscheinen, die sich der Bewertung der einzelnen Sitzungsperioden annahmen. »Es herrscht ein völliges Gewimmel an Veröffentlichungen, an Vorträgen, an Versammlungen«, beklagte sich der 72-jährige Kardinal Ernesto Ruffini am 24. August 1961 im *L'Osservatore Romano*, »in denen oftmals unvorsichtige Urteile und ziemlich erschütternde Interpretationen vorherrschen.«

Erstmals mit dem Konzil konfrontiert wurde Ratzinger im Dezember 1959. Die theologische Fakultät der Universität Bonn brütete in ihrer monatlichen Sitzung über einer Anfrage von Kardinal Frings, der als Mitglied der Zentralen Vorbereitungskommission um Themen bat, die er in Rom einbringen könnte. Frings selbst hatte am 6. September 1959 bereits zwei Schemata eingereicht, war aber nicht recht zufrieden damit. Es ging darin um banale Dinge wie »die Reduzierung der verschiedenen nach Rom zu schreibenden Berichte« oder die »Erleichterung der Versetzbarkeit von Pfarrern«. Ratzinger stieg in ganz andere Höhen. Das Konzil sollte das Verhältnis von Heiliger Schrift und Tradition von ihrer gemeinsamen Quelle her untersuchen und neu präzisieren, schlug er vor. Ein Thema, das ihm seit seinen Bonaventura-Studien auf den Nägeln brannte. Doch die Kollegen blockten ab. Auf einer weiteren Fakultätssitzung einigte man sich am 17. Februar 1960 stattdessen auf »ein dürftiges Stichwortverzeichnis zufälliger Desiderata«, so der Kirchenhistoriker Norbert Trippen. Darunter Vorschläge wie »Die Lehre von der Kirche, besonders das bischöfliche Amt« oder die Neuordnung der Schriftlesung im Brevier. Ratzinger blieb die Aufgabe, die Vorschläge redaktionell zu bearbeiten und in die offizielle Konzilssprache Latein zu übersetzen.

Inzwischen arbeiteten weltweit Theologen Nächte hindurch, um für Konzilsväter Stellungnahmen und Gutachten auszuarbeiten. Unter den Bischöfen wurden internationale Kontakte aufgefrischt und neue geknüpft. Die Botschafter des Papstes berichteten in vertraulichen Dossiers über die Aktivitäten in den einzelnen Ländern. Natürlich brachten sich auch die Pressure-Groups in Position. Mit konspirativen Treffen,

Planungen zur Vorgehensweise und Absprachen über bevorzugte Themenschwerpunkte.

Im Juni 1962 versammelte beispielsweise Kardinal Léon-Joseph Suenens, der neue Erzbischof von Mecheln und Brüssel, im belgischen Kolleg in Rom eine Gruppe von Kardinälen, um einen eigenen »Plan« für das Konzil zu erörtern.[14] An der Versammlung nahmen die Kardinäle Döpfner, Liénart, Montini und Siri teil. In Holland hatte eine neue »Theologie des Episkopates« Gestalt angenommen, deren Vertreter sich vom Konzil einen Durchbruch erhofften. Kardinalprimas Bernard Jan Alfrink hatte sich diese Linie mit der Formel »Lehramt der Zwölf« zu eigen gemacht, was auf eine Relativierung der päpstlichen Lehrgewalt hinauslief. Als Cheftheologe des holländischen Episkopats wirkte Pater Edward Schillebeeckx, ein in Belgien geborener Dogmatikprofessor an der Katholischen Universität Nimwegen. Auch wenn der Dominikaner nicht offiziell zum *Peritus* ernannt wurde, verfügte er als Berater Alfrinks über einen starken Einfluss. »Man könnte wohl die Frage stellen«, warf er in die Debatte, »ob es nicht besser wäre, die ersten vier Schemata vollkommen neu zu fassen.«

Ebenfalls gut organisiert zeigte sich die französische Gruppe. Sie bestand aus Vertretern der von Pius XII. verurteilten »Nouvelle Théologie« mit den Dominikanern Yves Congar sowie den Jesuiten Jean Daniélou und Henri de Lubac. Congar und de Lubac waren von Johannes XXIII. zu Beratern der Vorbereitungskommission ernannt worden, was einige Überraschung hervorrief. »Wie konnten diese Theologen mit modernistischer Geisteshaltung designiert werden? Dies fragen wir Sie«, empörte sich der Traditionalist Marcel Lefebvre bei Ottaviani.

In Belgien waren die Kraftzentren des Progressismus die Universität von Löwen und das Benediktinerkloster Chevetogne. Dazu der Dominikanerkonvent Le Saulchoir mit dem Studienleiter Marie-Dominique Chenu. Der Dominikaner hatte 1937 die antimodernistische Theologie der Kurie kritisiert. Sein *Manifest* wurde danach durch ein Dekret des Heiligen Offiziums auf den Index gesetzt, Chenu seines Amtes enthoben. Seine Schüler aber, wie der zehn Jahre jüngere Yves Congar, bis 1937 Theologieprofessor in Le Saulchoir, sollten sich als wichtige Inspiratoren des Zweiten Vatikanums erweisen.

Schon am 15. Februar 1959, drei Wochen nach Bekanntgabe des Konzils, war Congar vorgeprescht. Als wichtigste Aufgabe des Konzils nannte er in einem Beitrag für *Informations Catholiques Internationales* die Wiederherstellung der Einheit der getrennten christlichen

Kirchen und die Auseinandersetzung mit der »Welt von heute«. Das Konzil sei »eine Gelegenheit, die man in größtmöglichem Maße ausnutzen« müsse. »Vielleicht werden nur fünf Prozent von dem, was wir fordern, durchkommen. Ein Grund mehr, unsere Forderungen hochzuschrauben. Es ist notwendig, dass der Druck der öffentlichen Meinung seitens der Christen das Konzil dazu drängt, sich wirklich ernst zu nehmen und etwas zustande zu bringen.«[15]

Der Schweizer Hans Küng, 32-jähriger Professor für dogmatische Theologie an der Universität Tübingen, veröffentlichte bereits 1960 eine Programmschrift mit ähnlicher Stoßrichtung. Titel: *Konzil und Wiedervereinigung. Erneuerung als Ruf in die Einheit*. Küng sah im Konzil die Möglichkeit einer radikalen Veränderung kirchlicher Strukturen. Am 8. Juni 1962 veröffentlichte das *Time Magazine* unter dem Titel »Eine zweite Reformation für Katholiken wie für Protestanten« einen Artikel über Küngs Buch. Der Beitrag war mit Bildern illustriert, die Küng zwischen Luther und Papst Johannes zeigten. »Wir erwogen damals schon Pläne«, so erinnerte sich Küng, »wie man die kuriale Konzilsstrategie durchkreuzen könne.«[16]

In Deutschland richtete die Bischofskonferenz zunächst einmal ordentliche Kommissionen ein. Nach einer am 8. und 9. März 1960 in Bühl stattgefundenen Konferenz vermerkte Protokollant Lorenz Jaeger, der Erzbischof von Paderborn, es müsse zumindest alles vermieden werden, »was der misstrauischen Sorge der Kongregationen [in Rom] neue Nahrung geben könnte«[17]. Die Kurie fürchte nichts mehr, als in ihrer Machtstellung »gemindert zu werden«. In der Notiz lag womöglich ein kleiner Seitenhieb auf den Bischof von München, Kardinal Julius Döpfner, der sich schon im März 1959 von dem Theologen Otto Karrer einen Entwurf »über ökumenische Fragen im Hinblick auf das Zweite Vatikanische Konzil« hatte erstellen lassen. Karrer war 1923 aus dem Jesuitenorden ausgetreten, um in die Evangelisch-lutherische Kirche in Bayern einzutreten, die er allerdings bald enttäuscht wieder verließ. Das in Auftrag gegebene Papier sandte Karrer in Kopie an »Koenig, Montini, Mailand; Josef Frings; J. G. M. Willebrands, Yves Congar, Hans Urs von Balthasar, Hans Küng«[18]. Inzwischen hatte Döpfner »zwei Strömungen« unter den Mitgliedern der römischen Kommissionen ausgemacht: »α. Kurial – konservativ – Einheit, Ordnung, Gesetz, Kontinuität betonend – vorwiegend nach innen schauend. β. Diözesan – regional – fortschrittlich – die Anpassung, die jeweilige Situation, die Erfordernisse der Zeit betonend – nach außen schauend.«[19] Als »einzelne Gruppen« machte Döpfner folgende Fraktionen aus: »Kurienkardinäle, Italiener, Mitteleuropäische Gruppe (Österreich, Deutschland, Frankreich, Belgien, Holland), Angelsächsische Gruppe, Einheimische Missionsbischöfe, Südamerika«.

Es war kein Geheimnis, dass ein Teil der römischen Kurie und nicht wenige italienische Bischöfe dem Konzil ablehnend gegenüberstanden oder es schlicht als überflüssig erachteten. Um die Versammlung zumindest in ihrem Sinne lenken zu können, versuchte die Kurie, die Kommissionen mit ihren Gewährsleuten zu besetzen. Andererseits vertrat der Vatikan mit seiner Haltung keine Sondermeinung, sondern repräsentierte einen beträchtlichen Teil des Weltepiskopats. Die rund 3000 eingegangenen Schreiben der befragten Bischöfe und Institutionen dokumentierten weder ein Verlangen nach einer radikalen Wende und noch viel weniger nach einer Revolution. Die Mehrzahl der *Vota* verlangte einfach nach neuen doktrinellen Definitionen, insbesondere in Bezug auf die Allerseligste Jungfrau Maria, und eine Verurteilung schädlicher Einflüsse der Moderne innerhalb wie außerhalb der Kirche.

Die Sorgen vieler Bischöfe brachte etwa Geraldo de Proença Sigaud zum Ausdruck, der Bischof von Diamantina in Brasilien. In seiner nach Rom gesandten Empfehlung formulierte er: »Nach meiner bescheidenen Meinung muss das Konzil, will es heilsame Wirkungen erreichen, an erster Stelle den heutigen Zustand der Kirche in Betracht ziehen, die in Ähnlichkeit mit Christus einen neuen Karfreitag erlebt, ihren Feinden ohne Verteidigung ausgeliefert ist.«

Der in Belo Horizonte geborene Brasilianer, ein Pater der Steyler Missionare, malte in den dunkelsten Farben: »Der unversöhnliche Feind unserer Kirche und katholischen Gesellschaft ... hat mit einem todbringenden, zähen und systematischen Fortschritt quasi die ganze katholische Ordnung, d. h. die Stadt Gottes umgestürzt und bemüht sich, an seiner Stelle die Stadt des Menschen zu errichten. Sein Name ist Revolution. Was will er? Die ganze Struktur des menschlichen Lebens, die Gesellschaft und die Menschheit ohne Gott, ohne die Kirche, ohne Christus, ohne die Offenbarung aufbauen, indem er sich nur auf die menschliche Vernunft, auf die Sinnlichkeit, auf die Gier und auf den Hochmut stützt. Zu diesem Zweck ist es notwendig, die Kirche von ihren Grundfesten her umzustürzen, zu zerstören und zu verdrängen.«[20]

Sigaud schloss sein Votum für das Konzil mit den Worten: »Dieser Feind ist in unseren Tagen höchst aktiv, er ist sich in der Tat sicher über seinen Sieg in den nächsten Jahren.« Jedoch würden »viele katholische Führungspersonen das, was ich sage, als Träume einer kranken Fantasie« bezeichnen. »Sie verhalten sich so wie die Bewohner von Konstantinopel in den Jahren vor der Niederlage: blind – sie wollten die Gefahr nicht sehen.«[21]

Einen Kardinal Ottaviani, den Chef der ehemaligen Heiligen Inquisition, mussten solche Botschaften um den Schlaf bringen. Er saß ohnehin längst wie auf Kohlen: »Ich bete zu Gott, dass ich vor dem Ende des Konzils sterben kann«, stöhnte er, »so kann ich wenigstens als Katholik sterben.«[22]

Kapitel 29

Die Rede von Genua

Im Grunde begann Joseph Ratzingers Weg nach Rom am 25. Februar 1961. Die Thomas-Morus-Akademie in Bensberg bei Bonn hatte ihn für einen Vortrag gewinnen können. Das Thema kam wie gerufen. Es hieß »Zur Theologie des Konzils«, und als er ans Rednerpult trat, sah er in der ersten Reihe einen hochkonzentrierten Kardinal von Köln sitzen.

In letzter Zeit war der neue Star der Theologie mit kritischen Bemerkungen über die Kirche aufgefallen. Sie habe »zu viel normiert«, klagte er, sodass »manche Normen wohl eher dazu beigetragen haben, das Jahrhundert dem Unglauben zu überlassen, als es davor zu retten«. In Bensberg wollte der junge Professor schlicht historisch darlegen, was ein Konzil überhaupt ist.

Angesichts des auf dem Ersten Vatikanum verabschiedeten und heftig umstrittenen Dogmas von der Unfehlbarkeit des Papstes, begann der Dozent, sei ja die irrige Ansicht entstanden, Konzilien hätten ihre Funktion verloren. Dabei werde verkannt, »dass die Unfehlbarkeit des Papstes keine isoliert für sich bestehende Größe bildet, sondern einen besonders hervortretenden Teil einer Gesamtordnung von Wirklichkeiten, mit denen sie organisch verbunden ist«[1]. Ein absoluter Monarch im üblichen Sinne könne ein Papst schon »aufgrund seiner völligen Unterworfenheit unter Christus« nicht sein, »den er treuhänderisch zu verwalten hat«. Zum andern aber auch aufgrund seiner Verwiesenheit an den Episkopat. »Beide zusammen, Primat und Episkopat, sind nicht einfach eine Aristokratie«, während dem Volk »nur die passive Rolle des Ausführens und Gehorchens bliebe.« Es gebe auch so etwas wie eine Unfehlbarkeit des Glaubens in der Gesamtkirche. Dies sei »der Anteil der Laien an der Unfehlbarkeit«. Beide Strukturelemente müssten sich auch im Konzil verwirklichen. Die Kirche sei von ihrem Wesen her allerdings nicht Ratsversammlung, also *concilium*, sondern Eucharistiegemeinschaft, *communio*.[2]

Viele im Saal wussten, wen er meinte, als er nun von »fragwürdigen geschichtlichen Belegen« und einer »Vereinfachung« sprach, »die dem Traditionsbefund nicht gerecht werden kann«. Der Redner unterbrach sich kurz. Er blickte ins Auditorium. In allen Reihen nahm er eine anwachsende Spannung wahr. Zu diesem Zeitpunkt hatte Hans Küng für Aufsehen gesorgt, der die These vertrat, die Begriffe *ecclesia* und *concilium* hätten sprachgeschichtlich dieselbe Wurzel. Die Forderung, die er davon ableitete, war: Aufbau und Form des Konzils müssten sich am Aufbau der Kirche orientieren, als eine Art Ratsversammlung mit Laien und nicht nur mit Bischöfen. Ratzinger sah das anders. Und er nannte Ross und Reiter.

Hans Küng habe zwar »in wiederholten Anläufen den Entwurf einer neuen Theologie des Konzils vorgelegt«, in Wahrheit aber hätten die Begriffe *ecclesia* und *concilium* einen anderen Ursprung, als den, den Küng deute. Die erste Benennung für das, was man später »Konzil« nannte, sei das Wort »Kollegium«, mit dem der heilige Ignatius von Antiochien den Kreis der Priester benannte, die als Berater des Bischofs dienten. Der gleiche Sprachgebrauch fände sich in den Thomas-Akten. Man müsse also schon »vom Sprachgebrauch und vom Sprachverständnis derer ausgehen«, die den Begriff »zu einem kirchlichen Wort gemacht haben«. *Concilium* sei »weder in der lateinischen Bibel noch bei den Kirchenvätern« im küngschen Sinne verstanden worden. Das eine bedeute »herausrufen«, das andere »zusammenrufen«. Die beiden Wortmarken würden eben nicht, wie Küng behaupte, konvergieren und die Identität von Kirche und Konzil, und damit von Laien und Bischöfen unterstreichen. Die »Überwindung der falschen Trennung zwischen Klerus und Laien« sei zwar eine wichtige Aufgabe. »Natürlich können auch Nichtbischöfe und Nichtpresbyter, ›Laien‹, hinzugezogen werden. Natürlich wird man sich gründlich mühen müssen, wirklich ›Vertretung‹ der ganzen Kirche zu vollziehen und alle Mittel auszunützen, um das tun zu können. Aber eine nachbildende Darstellung der Gesamtkirche braucht und kann das Konzil deshalb doch nicht werden.«

Kurz: »Konzil ist eine Versammlung im Dienst der Leitung der ganzen Kirche. Das bedeutet auch, dass es wesentlich eine Versammlung derer ist, die den Auftrag ihrer Leitung innehaben. Das sind nun einmal in der konkreten Ordnung der Kirche die Bischöfe.«

Ratzinger und Küng hatten sich 1957 bei einem Kongress in Salzburg kennengelernt. Man schätzte sich. Man mochte sich auch. Jeder respektierte am anderen die neue, aufwühlende Art von Theologie. Ein

Team aber waren sie nie. Allein der Streit um das Wesen eines Konzils zeigte den Grunddissens zwischen ihnen. In den beiden Theologen personifizierte sich gewissermaßen der Konflikt der Kirche überhaupt: einerseits die Treue zur Überlieferung, andererseits die Anpassung an die Zeitläufte, der Spalt zwischen Authentizität und Konstruktion. Ratzinger beantwortete die Frage nach dem Eigentlichen eines Konzils auf Basis historischer Befunde und des Wesens der Kirche, Küng mit einem Griff in kunstvolle Rhetorik.

Mit seinem Vortrag hatte Ratzinger den ein Jahr jüngeren Kollegen in die Schranken gewiesen. »Alle Irrtümer auf diesem Gebiet rühren letztlich wohl immer wieder daher«, setzte er noch eins drauf, »dass man ein profanes Verfassungsmodell auf die Kirche angewandt und damit das Einmalige verfehlt hat, das sie von ihrem göttlichen Ursprung her an sich trägt. Das Konzil ist kein Parlament, und die Bischöfe sind keine Abgeordneten, die Vollmacht und Auftrag einzig und allein von dem Volk beziehen, das sie gewählt hat. Sie vertreten nicht das Volk, sondern Christus, von dem sie Sendung und Weihe empfangen.«[3]

Pointiert schloss er die Rede mit einem Hinweis auf das von den hochmütigen Professoren häufig so abschätzig beurteilte fromme »Volk« ab. Es sei gerade »der tägliche Glaube der schlichten Menschen«, der den »Einschussfaden für den göttlichen Webstuhl« liefere, ohne den Kirche »ein leeres klapperndes Gerüst bedeuten würde«.

Der Kardinal in der ersten Reihe behielt seine gewohnt beherrschte Haltung, aber dass er von dem Vortrag begeistert war, konnte man alleine schon den entspannten Gesichtszügen entnehmen. Bereits bei ihrer ersten Begegnung, Ratzingers Antrittsbesuch als neuer Theologieprofessor, war klar, dass die beiden miteinander konnten. Es war ein Erkennen auf den ersten Blick. Frings sprach mit deutlicher, heller Stimme, kurz, knapp, klar. Immer zur Sache. Mit Nebensächlichkeiten wollte er sich nicht aufhalten. Ratzinger schätzte zudem Frings' Zuneigung zu den einfachen Leuten. In Köln ging der Bischof täglich eine Stunde lang im Stadtzentrum spazieren, um mit den Menschen in Kontakt zu bleiben. Der Fabrikantensohn aus Neuss hatte nie ein höheres Amt angestrebt. Er wollte ein »Leutepriester« sein. Sieben Jahre diente er als Pfarrer auf dem Dorf, 13 Jahre in der Stadt, wo er sich einen Ruf als »Saalschlachtpastor« erwarb, seit er 1932 von einem Nazitrupp einen schweren Aschenbecher auf den Kopf bekam.

Als Vorsitzender der Deutschen Bischofskonferenz war der Kölner die Stimme der deutschen Kirche und als eine religiöse auch eine moralische Instanz. Bestechend durch seinen scharfen Intellekt, seine Fröhlichkeit und die Neugierde, mit der er neuen Entwicklungen gegenüberstand. International hatte er sich als Gründer der Hilfswerke »Adveniat« und »Misereor« einen Ruf als tatkräftiger Samariter erworben, insbesondere in den Missionsgebieten Afrikas, Asiens und Lateinamerikas. »Er war ein richtiger Kölner, mit der leicht ironischen, heiteren Art eines Rheinländers, nobel und herzlich zugleich«, beschrieb Ratzinger das Kennenlernen, »es war sofort sichtbar geworden, dass wir einander verstehen.«[4]

Der alte Kardinal verfügte über eine gute theologische Bildung, aber letztlich war er ein Mann der Praxis, nicht der Theorie. »Ich muss umlernen«, meinte er zu seinem Sektretär Hubert Luthe. Er habe ja in der Zeit der Neuscholastik studiert, inzwischen jedoch habe sich die Theologie weiterentwickelt. Über seinen Freund Gottlieb Söhngen hatte er früh von dem beeindruckenden Talent aus München gehört. Dessen »großer und guter Ruf« war nicht zuletzt durch Luthe an sein Ohr gedrungen, dem Studienfreund Ratzingers aus den gemeinsamen Tagen an der Isar. »Frings erkannte sofort, dass ihm Ratzingers progressiver Elan und sein beeindruckendes theologisches Wissen von größtem Nutzen sein würden«, berichtete Luthe, »hinzu kam Ratzingers brillanter Intellekt, die blitzschnelle Auffassungsgabe, seine Hellsichtigkeit, die Fähigkeit der Systematisierung und der treffsicheren Unterscheidung von Positionen. Nicht zu verachten seine Kirchlichkeit, die Liebe und Treue zur *Una sancta*.«[5]

Gleich nach dem Vortrag hatte der Kardinal den jungen Theologen zur Seite genommen. Sie wären zusammen »durch die weiten Gänge der Akademie spazieren gegangen«, hätten anregend diskutiert und seien sich dabei »sehr nahegekommen«, erinnerte sich Ratzinger.[6] Was er nicht wusste: Frings hatte ein Problem, das ihn schwer belastete. Kurz zuvor hatte er dem Jesuitenpater Angelo d'Arpa in Genua versprochen, für den vierten Teil eines sechsteiligen Vortragszyklus die Rede zu halten. Er sollte darin über den zeitgenössischen Kontext des kommenden Konzils sprechen und den Unterschied zum Ersten Vatikanum deutlich machen.

»Das Thema reizte mich, und ich sagte zu«, berichtete Frings. Bald danach ergriff ihn jedoch Panik. »Ich sah, dass ich allein nicht in der Lage sein würde, dieses Thema grundlegend zu besprechen.«[7] Doch plötzlich schien sein Problem gelöst zu sein. »Dieser junge Mann, der bescheiden war, der ihm imponierte, dem er vertraute«, berichtete Sekretär Luthe, »konnte all die Dinge abdecken, die er nicht konnte. Und er wusste, dass er sich auf ihn verlassen konnte.«[8]

Der Handschlag geschah kurze Zeit später auf einem Konzert des Bach-Vereins in Köln-Gürzenich nach Georg Friedrich Händels Oratorium *Der Messias*, zu dem die beiden Musikliebhaber eingeladen waren. Der Kardinal nutzte die Konzertpause, um Ratzinger anzusprechen: »Herr Professor, ich habe da einen Vortrag zugesagt, in Genua. Können Sie den machen?« Frings betonte, er würde ihm bei der Ausarbeitung völlig freie Hand lassen, allerdings sei strengste Geheimhaltung erforderlich. Ratzinger machte sich ans Werk, und schon nach wenigen Tagen hatte sein Auftraggeber das Manuskript in Händen. Er fand es so gut, »dass ich nur an einer Stelle eine kleine Retuschierung vornahm«[9].

Als der nahezu erblindete Kardinal schließlich am 20. November 1961 mit dem Vortrag im *Theatro Duse* in Genua vor das Publikum trat, sprach er lediglich die einleitenden Worte. Danach übernahm sein Diözesanpriester Prälat Bruno Wüstenberg vom Staatssekretariat des Papstes, der den Beitrag ins Italienische übersetzt hatte. Fünfundvierzig Minuten langes, atemloses, gebanntes Zuhören – dann donnernder Applaus. Es ist ein Durchbruch. So, als habe man endlich einen Nenner für ein schwer zu definierendes Problem gefunden, einen Plan für das Haus, das man doch bauen sollte. Der Vortrag, schrieb Frings nicht ohne Stolz in sein Tagebuch, habe »erheblichen Eindruck« gemacht. Selbst der als erzkonservativ geltende Kardinal Siri von Mailand zeigte sich angetan. Frings' Mitbruder im Bischofsamt, Kardinal Döpfner, dem er den Text vorlegte, sprach gar von einem »historischen Dokument«.

Noch im selben Jahr wird die Genueser Rede in der Zeitschrift *Geist und Leben* veröffentlicht, zwölf Seiten lang. Als Autor firmiert Josef Kardinal Frings, der allerdings kurz darauf den wahren Verfasser preisgibt. Tatsächlich ist die Rede von Genua die bedeutendste und nachhaltigste, die Ratzinger je geschrieben hat. Er war 34 Jahre alt, ein junger, unbedeutender Lehrer ohne großen Namen. Aber er vermochte es, gewissermaßen in den Astralleib eines hochangesehenen, weltbekannten, einflussreichen alten Kardinals zu schlüpfen, um eine Ansprache an die Welt der Kirche zu halten. Der Blick des Historikers korrespondierte dabei mit theologischem Einblick, philosophischer Durchdringung und der Brillanz einer Sprache, die so nüchtern wie gleichzeitig emotional war. Dass die Rede aber, als Briefing für das bevorstehende Konzil, eine kirchengeschichtliche Bedeutung bekam, wurde bereits bei einem

Nachspiel deutlich, bei dem am 23. Februar 1962 Frings zu seiner Überraschung aus einer Sitzung der Zentralen Vorbereitungskommission des Konzils zu Papst Johannes XXIII. einbestellt wurde. Der Kölner war verunsichert. Hatte er sich in Genua zu weit vorgewagt? Fühlte sich der Heilige Vater durch seine Wortmeldung unangenehm berührt? »Ich wusste nicht, weshalb«, schrieb Frings in seinen Erinnerungen. »Ich sagte scherzhaft zu meinem Sekretär Luthe: ›Hängen Sie nur noch mal das rote Mäntelchen um, vielleicht ist es das letzte Mal.‹«[10]

Sein Sekretär Hubert Luthe schilderte später das Ereignis so: Im Audienzzimmer sei Frings der Heilige Vater entgegengeeilt und habe ihn umarmt mit den Worten: »Eminenca, ich muss mich bedanken. Ich habe in dieser Nacht Ihre Rede gelesen. *Che bella coincidenza del pensiero!* Welch glücklicher Übereinklang des Denkens.« Johannes XXIII. sprach zu Frings und meinte Ratzinger: »Sie haben all das gesagt, was ich gedacht habe und sagen wollte, selbst aber nicht sagen konnte.«[11]

Frings wirkte zunächst wie angewurzelt. Was sollte er auch sagen? Dann gab er sich einen Ruck: »Heiliger Vater, den Vortrag hab ich gar nicht gemacht, den hat ein junger Professor gemacht.« Und der Papst? Er kennt das: »Herr Kardinal, meine letzte Enzyklika hab ich auch nicht selbst gemacht. Man muss eben die richtigen Berater haben.« Vier Tage nach dem Treffen ließ der Pontifex dem Kardinal durch Kardinalstaatssekretär Cicognani ein Dankschreiben zukommen: »Seine Heiligkeit hat das kürzlich mit Dir geführte Gespräch in dankbarer Erinnerung und erfleht Dir die Fülle der himmlischen Gnade.«

Ratzinger war es gelungen, in der Genueser Rede nicht nur den richtigen Ton zu treffen. Er analysierte die Lage der Gegenwart und präzisierte die Reformerwartungen, die bislang niemand im europäischen Episkopat auf diese Weise formulieren konnte. Wie stark der Beitrag den Papst beeindruckte und damit wesentlich zur Linie des Konzils beitrug, belegt die Eröffnungsansprache Johannes' XXIII., in der er die Vorgabe in einigen Passagen fast wörtlich übernahm. Sie lesen sich nebeneinandergestellt wie ein Dialog, bei dem sich die Akteure gegenseitig bestätigen:

Ratzinger (in der Genueser Rede): Als »ein Konzil der Erneuerung« muss das Konzil »weniger die Aufgabe haben, Lehren zu formulieren …«

Johannes XXIII. (in der Konzils-Eröffnung): »Es ist auch nicht unsere Sache, gleichsam in erster Linie einige Hauptpunkte der kirchlichen Lehre zu behandeln.«

Ratzinger: »... als vielmehr das Zeugnis christlichen Lebens in der Welt von heute neu und tiefer zu ermöglichen ...«
Johannes XXIII.: »Vielmehr ist es nötig, dass in unseren Tagen die gesamte christliche Lehrunterweisung in allen Punkten von Neuem einer Überprüfung unterzogen wird ...«
Ratzinger: »... auf dass sich wahrhaft erweise, dass Christus nicht bloß ist ein ›Christus gestern‹, sondern der eine Christus ›gestern, heute und in Ewigkeit‹.«
Johannes XXIII.: »... und zwar heiter und ruhigen Gewissens, ohne irgendetwas wegzulassen.«

In seiner Genueser Rede leitete Ratzinger die Erfordernisse des Konzils von den gesellschaftlichen Veränderungen seit Ende des Krieges ab. Er sieht die Welt von drei großen Bewegungen geprägt: der Globalisierung, der Technisierung und der Wissenschaftsgläubigkeit. Durch neue Möglichkeiten der Kommunikation und der wirtschaftlichen Zusammenarbeit rückten die Kulturen und Völker immer mehr zusammen, sodass eine Art Einheitskultur sichtbar werde. Die »Relativität aller menschlichen Kulturgestaltungen« betrachtet Ratzinger dabei nicht nur negativ, »sie führt ja auch wiederum zur Profilierung des Glaubenskerns, der sich in allen Kulturen und Sprachen in der Person Jesu Christi und seinem Leib, der Kirche, zeigt«.

Eine der Hauptursachen für den neuzeitlichen Atheismus sah der Theologe in der unreflektierten Konzentration des Menschen auf seine eigenen Kräfte. Was früher einmal die Vergöttlichung der Natur gewesen sei, zeige sich inzwischen als eine »Selbstvergöttlichung der Menschheit«. Die Wissenschaftsgläubigkeit könne jedoch keine Antworten geben auf die »Not des ethischen Ringens«, weil sie den Menschen als moralisches Wesen, als ein Wesen mit Freiheit und Gewissen, nicht ernst nehme. Aufgabe des Konzils müsse es deshalb sein, im Dialog mit einer profanen Moderne den christlichen Glauben als eine echte, lebbare und lebenswerte Alternative zu formulieren. Kirche als Volk aus den Völkern müsse dabei der Vielgestaltigkeit des menschlichen Lebens Rechnung tragen. »Im Zeitalter eines wahrhaft global und so wahrhaft katholisch gewordenen Katholizismus wird sie sich immer mehr darauf einstellen müssen, dass nicht alle Gesetze für jedes Land gleichermaßen gelten können, dass vor allem die Liturgie wie ein Spiegel der Einheit so auch ein angemessener Ausdruck der jeweiligen geistigen Besonderheit sein muss.«

Der Theologe wagte einen Blick in die Zukunft: »Die Religion wird in vielem eine andere Gestalt annehmen. Sie wird karger werden in Gehalt und Form, aber vielleicht auch tiefer. Der Mensch dieser Zeit darf mit Recht darauf warten, dass die Kirche ihm in diesem Prozess der Umwandlung hilft, dass sie vielleicht von manchen alten Formen lässt, die ihm nicht mehr gemäß sind, dass sie … ohne Zögern das eigentlich Glaubensmäßige aus seiner zeitbedingten Einkleidung löst, dass sie so, indem sie das Vergehende lässt, umso deutlicher ihn auf das Bleibende weist. Der Mensch von heute muss wieder erkennen können, dass die Kirche sich vor der Wissenschaft weder fürchtet noch zu fürchten braucht, weil sie in der Wahrheit Gottes geborgen ist, der keine echte Wahrheit und kein echter Fortschritt widersprechen kann.«

Noch immer stand der genaue Termin für den Beginn des Konzils nicht fest. In seiner Konzilseinberufungsbulle *Humanae salutis* vom 25. Dezember 1961 hatte Johannes aber noch einmal betont, es gelte, »die Zeichen der Zeit« zu erkennen. Er benannte drei Ziele für das Konzil: erstens die innerkirchliche Erneuerung; zweitens die Einheit der Christen; drittens den Beitrag der Kirche zu den sozialen Problemen und zum Frieden der Welt. Bei den Vorbereitungen der Zentralkommission in Rom trat gleichzeitig der unterschiedliche Ansatz zwischen der kurialen Partei und der Fraktion um Frings und anderen mitteleuropäischen Bischöfen immer deutlicher zutage. Immer häufiger hatte Frings Ratzinger zurate gezogen. Im Vergleich zu seinen anderen beiden Beratern, dem Kirchenhistoriker Hubert Jedin und seinem Generalvikar Josef Teusch, war Ratzinger der schärfere Analytiker. Sein Urteil über die bislang vorhandenen Papiere aus Rom sprach eine klare Sprache. »Das Vokabular dieses Abschnitts klingt reichlich antiquiert«, hieß es beispielsweise in einer Randbemerkung zum Kirchenschema, »man sollte nach Formulierungen suchen, die dem modernen Menschen leichter verständlich sind.« Das Schema *Über die treue Bewahrung des Glaubensgutes* wiederum fand er »derart unzureichend, dass es dem Konzil noch nicht vorgelegt werden kann. Ohne ersichtliche Ordnung werden Fragmente aus den verschiedenen Gebieten der Dogmatik zusammenhanglos aneinandergereiht. Auf solche Weise bringen sie wenig oder gar keinen Nutzen.« Es scheine deshalb »besser, dieses Schema ganz fallen zu lassen«.

Die Zentrale Vorbereitungskommission, der Frings angehörte, sollte prüfen, ob die inzwischen fertiggestellten Schemata geeignet seien, dem Papst vorgelegt zu werden. In seinen Erinnerungen hielt der Kardinal fest: »Als die Sitzungen begannen, wurde uns bald klar, dass die vorliegenden Schemata ... in einem ganz konservativen Geiste entworfen waren.« Es sei zu »heftigen Zusammenstößen mit der konservativen Gruppe« gekommen.[12] Obendrein sei »zu befürchten, dass die Definitionen des II. Vatikanischen Konzils eine Art ›Universalenzyklika‹ werden, ein dicker Band, den niemand liest, geschweige beachtet, der aber viele Außenstehende und Schwankende zurückstößt«.

Im Gleichklang mit Ratzingers kritischer Expertise kritisierte der Kardinal aus Köln etwa die von Ottaviani vorgelegte *Dogmatische Konstitution über die treue Bewahrung des Glaubensgutes*, die er mit dem »Werk eines Inquisitors« verglich, »der in seiner Höhle sitzt wie ein Löwe, der umherschaut, wen er verschlingen kann«. Gleich zum darin enthaltenen Kapitel I »Über die Wahrheit« votierte Frings mit *Non placet*, abgelehnt. Begründung: »Das Schema ... scheint nicht ausgereift zu sein. Es spricht über vielerlei Dinge, mehr negativ als positiv, mit Worten, die die Gegner verletzen können; deshalb erscheinen sie nicht als geeignet, die Widersacher einzuladen oder die Gläubigen zu erbauen.«[13]

Der Konflikt hatte sich derart zugespitzt, dass die deutschen Kardinäle Frings und Döpfner am 6. Mai 1961 Johannes XXIII. um eine Verschiebung des Konzils bitten wollten. Bei einem Abendessen in kleinem Kreis hatte zuvor Döpfner gemeint, er habe den Eindruck gewonnen, Papst Johannes begrüße es, wenn die reformfreudige Gruppe der Konzilsteilnehmer aktiver werde. Andererseits lasse er die Kurialpartei gewähren, ja sei ihr »Gefangener«[14]. In seinem Lebensbericht hielt Frings über das vertraulich anberaumte Treffen mit Johannes XXIII. fest: »Der Papst merkte offenbar, was wir wollten, und er hatte nicht die Absicht, in diesem Punkt nachzugeben. Er hat mir in einer Audienz einmal gesagt, er halte nicht viel von Erscheinungen, aber dass der Gedanke, er solle ein Konzil einberufen, ihm von oben eingegeben sei, davon sei er fest überzeugt. Und so sprach er auch jetzt in dieser Audienz fortwährend selbst und ließ uns – offenbar mit Absicht – kaum zu Wort kommen; er wollte darüber in keinen Disput eintreten.«[15]

Ratzingers Vortrag in Bensberg hatte Frings imponiert, die Rede für Genua bestätigte ihn in der Überzeugung, mit ihm auf das richtige Ross zu setzen, auch wenn dieses Zugpferd aus Hufschlag fast noch ein Fohlen war. Der bayerische Professor verfügte über Ehrgeiz, strahlte jugendliche Tatkraft aus und repräsentierte einen Typus, von dem man annehmen konnte, dass in ihm die Zukunft der Kirche liegt. Zudem war er gut vernetzt, etwa über Nuntius Bafile oder Gelehrte wie Karl Rahner. Mit seinem Bonner Kollegen und Freund Hubert Jedin hatte er den Konzilsexperten schlechthin an seiner Seite. Zwei Monate nach Frings' Vorladung zum Papst und der begeisterten Replik Roncallis auf die Genueser Rede gab Frings als Mitglied des Konzilspräsidiums alle weiteren Textentwürfe, die »Schemata«, komplett an seinen neuen Chefberater weiter. Alle trugen den Vermerk *sub secreto*, streng geheim. Jegliche Weitergabe, mündlich oder schriftlich, war bei Kirchenstrafe verboten.

Ratzinger versah die Entwürfe zunächst nur mit Bemerkungen, die er an den Rand der Dokumente kritzelte. Beim Schema *De ecclesia* etwa bemängelt er einen allzu ängstlichen und defensiven Duktus und das Fehlen eines echten traditionellen Glaubensverständnisses. Der Stil war ihm nicht pastoral genug, das historische Problembewusstsein zu wenig ausgeprägt. Der Kritiker empfahl, der Text solle sich nicht auf das »Negative und Absichernde« beschränken, sondern auch ein »Wort der Ermutigung zur christlichen Initiative« sagen, schließlich gehöre die Kirche – er zitierte dabei Karl Rahner – »nicht zu jenen totalen Staaten, bei denen die äußere Macht und ein im tödlichen Schweigen geschehender Gehorsam alles, und Freiheit und Liebe nichts sind«.

In Rom brachte das ziellos anschwellende Konvolut wenig geeigneter Konzilsvorlagen einige der Konsultoren in Rage. Frings machte sich zu ihrem Sprecher und gab dem Unmut Luft: Wie sollten die aus aller Welt zusammenkommenden Bischöfe, die bis jetzt noch nichts über die zu verhandelnden Materialien wüssten, »sich innerhalb weniger Wochen oder Monate ein eigenes Urteil bilden können über so viele und so gewichtige Fragen?« Es sei zu befürchten, dass das Konzil an der Masse des zu Behandelnden erstickt und ins Leere laufe. Nach zweijähriger Arbeit waren immerhin 75 Schemata aufgestellt worden. Sie galten als nur »vorläufige Entwürfe, die weiterer Vervollkommnung fähig« seien. Sie würden »erst durch die Diskussion auf dem Konzil mit der Hilfe des Heiligen Geistes vervollkommnet werden«[16].

Nachdem Ratzinger anfangs nur Randglossen zu den Vorlagen notiert hatte, bat Frings bald um zusammenfassende Expertisen mit entsprechenden Änderungsvorschlägen – aber bitte nicht mehr in Handschrift. Die Antworten ließen nie lange auf sich warten. Zu verdanken war dies auch Schwester Maria, die zu Hause in Bad Godesberg Seite für Seite in ihre Schreibmaschine hämmerte, in fehlerlosem Latein, das sie nie gelernt hatte. Die Schreiben begannen dann mit Sätzen wie »*Eminentissime ac Reverendissime Domine, De prima serie schematum, de quibus in Concilii sessionibus disceptabitur, imprimis sequentia videntur dicenda: ...*«. Auf Deutsch: »*Euer Eminenz, Hochwürdigster Herr, zur ersten Serie von Entwurfstexten, die in den Sitzungen des Konzils besprochen werden sollen, wäre meines Erachtens vor allem Folgendes zu sagen: ...*«.[17]

Gelegentlich brachte der Theologe seine Gutachten selbst ins Erzbischöfliche Haus nach Köln und nutzte den Besuch zu einem kurzen Plausch. »Selbstverständlich hatte ich manches auszusetzen«, hielt Ratzinger in seinen Erinnerungen fest. Das scheint reichlich untertrieben. Um ein Beispiel zu nennen: Zum Band I der Schemata *Constitutionum et Decretorum* heißt es in seiner Post vom 3. Oktober 1962 auszugsweise:

»Zu Caput II: Die Änderungen in Zeile 25–29 und auf Seite 14 Zeile 18 wollen einen überspannten und angesichts der heutigen historischen Forschung fragwürdig gewordenen Begriff von Irrtumslosigkeit, der mit der wahren Menschlichkeit der Heiligen Schrift unvereinbar ist, ausschalten und durch einen sachgerechteren Begriff von Irrtumslosigkeit ersetzen.

Zu Caput III: Die für Seite 33 Zeile 9 vorgeschlagene Änderung will wiederum für eine rechte Grenzeinhaltung zwischen philosophischer und theologischer Erkenntnis- und Sprechweise Sorge tragen. Die vorphilosophische Redeweise vom zeitlichen Beginn der Welt verkennt, dass es vor der Zeit keine Zeit gibt. Indem man die Zeitlichkeit der Welt bekennt, ist ihre Nicht-Ewigkeit angemessen und exakt ausgedrückt.

Zu Caput X: Das ganze dogmatische Schema (Seite 23–69) ist höchst unbefriedigend. Es ist ohne innere Ordnung ... Die engherzige, schulmäßige Weise vieler Formulierungen muss die Menschen eher abstoßen, als dass sie der Kirche neue Gläubige gewinnen könnte.«

Bei aller Kritik zeichnen sich die Expertisen durch Umsicht und Ausgewogenheit aus. Sie leiten sich aus Ratzingers Kirchlichkeit her, aber auch aus einer Position, die weniger auf die Veränderung von Strukturen, sondern auf die unmittelbare, persönliche Erfahrung des Gläubigen mit Jesus Christus setzt. Über Wahrheit lässt sich nicht abstimmen, wusste er, und wer Gott vorauseilt, kann ihm nicht folgen. Wenn Glaube nicht mehr Wahrheit, sondern nur noch Toleranz ist, wird immer nebensächlicher, *was* toleriert wird, und immer hauptsächlicher, *dass* toleriert wird.

Er habe dem Kardinal »viele Korrekturen geschickt«, erklärte Benedikt XVI. in unseren Interviews, »aber das Gewebe als Ganzes, außer im Fall des Offenbarungsdekretes, nicht angetastet. Man konnte es verbessern. Insofern waren wir einig, dass einerseits die Grundrichtung da ist, es aber andererseits viel zu verbessern gab. Dass vor allen Dingen Schrift und Väter stärker zu Worte kommen müssen und weniger das aktuelle Lehramt dominieren darf.« Das Schema *De ecclesia* etwa, einen Entwurf von Kardinal Bea, versah er mit Lob: »Wenn es gelingen würde, das Konzil dahin zu bringen, dass es sich diese Texte zu eigen macht, würde sich … das Konzil bereits in hohem Maße gelohnt haben … Hier wird wirklich die Sprache gesprochen, die unserer Zeit nottut und die von den Gutwilligen auch verstanden werden kann.«

Das angesprochene Offenbarungsdekret war die Achillesferse des Konzils – und Ratzingers Spezialthema. Es war die Weggabelung, an der sich die Richtung der katholischen Kirche entscheiden würde. »Die Problematik hebt bereits bei der Überschrift *De fontibus revelationis* an«, schrieb der Chefberater in seinem Gutachten. »Zugegeben, alle Lehrbücher sagen so; zugegeben auch, das Vaticanum I gebraucht im Caput 2 *De revelatione* diesen Titel als Zwischenüberschrift, wo es die tridentinischen Beschlüsse bezüglich Schrift und Überlieferung neu einschärft. Aber das Tridentinum selbst hat nicht so gesprochen und im eigentlichen Text des Vaticanums kehrt die Ausdrucksweise denn auch nicht wieder … In Wirklichkeit sind ja nicht Schrift und Überlieferung die Quellen der Offenbarung, sondern die Offenbarung, das Sprechen und Sich-selbst-Enthüllen Gottes ist der *unus fons*, aus dem die beiden *rivuli* Schrift und Überlieferung hervorfließen.«[18]

Ratzinger beließ es nicht bei einer Bewertung: »Zunächst möchte ich die Forderungen zusammenstellen, die sich aus dem Bisherigen ergeben: 1. Der Titel *De fontibus revelationis* ist abzuändern in *De revelatione* oder *De verbo Dei* … 2. Dem Ganzen ist ein Caput I *De revelatione ipsa* vorauszuschicken, für das Materialien aus dem bisherigen Caput I und aus Schema 2 Caput IV herangezogen werden können. 3. Der Ausdruck *fontes* ist, auch wo er im Text auftaucht, nach Möglichkeit zu ersetzen durch andere Ausdrucksweisen.«

Für Außenstehende mochten Ratzingers Einwände, wie ihr Autor selbst vermutete, »wie ein Wortgezänk unter Schulmeistern wirken: Aber man darf doch nicht vergessen, dass im Wort sich das Verstehen der Sache entscheidet und dass so dem rechten Gebrauch der Worte, gerade in Sachen des Glaubens, eine große Bedeutung zukommt.« Das Thema betraf in der Tat die gewichtige Frage der Irrtumslosigkeit und der Historizität der Heiligen Schrift: »Ich sage noch mal: Es gibt keinen Satz, der einerseits nicht in der Schrift steht und andererseits nicht mit einer historischen Wahrscheinlichkeit bis in die Apostelzeit zurückgeführt werden könnte. Wenn es so ist – und es ist so –, dann darf man Überlieferung nicht als materiale Weitergabe ungeschriebener Sätze definieren.« Die wichtigste Schlussfolgerung scheint ihm, dass mit dem vorgelegten Schema »der Großteil der Väter und der klassischen scholastischen Theologen, an der Spitze Thomas von Aquin und Bonaventura«, verurteilt würden. Typisch Ratzinger: »Das aber darf nicht geschehen: Man kann nicht im Namen der Tradition den größten und ehrwürdigsten Teil der Tradition als falsch verdammen.« Zum Abschluss hob der 34-Jährige zu einem krönenden Appell an: »Die Welt erwartet nicht weitere Verfeinerungen des Systems von uns, sondern sie erwartet die Antwort des Glaubens in der Stunde des Unglaubens.«

Im Juli 1962 endete das Sommersemester. Joseph und Maria machten sich auf den Weg ins heimische Traunstein, um sich von den anstrengenden letzten Monaten zu erholen. Doch weit gefehlt. Ende August lag ein dickes Paket auf Josephs Tisch. Es ist der Band mit den nun fertiggestellten sieben Schemata für die erste Sitzungsperiode des Konzils. Im Begleitbrief schrieb der Kölner Kardinal: »Sehr geehrter Herr Professor Ratzinger, in der Anlage schicke ich Ihnen den ersten Band der Konzilsschemata, wie er in diesen Tagen allen Konzilsteilnehmern zugestellt wurde. Ich wäre Ihnen dankbar, wenn Sie diese Entwürfe nach folgenden Gesichtspunkten prüfen würden: 1. Was ist gegenüber der ersten Fassung geändert? 2. Was ist absolut abzulehnen? 3. Was könnte besser sein?«

In der nächsten Woche vergrub sich Ratzinger in die lateinischen Texte, sodass er bereits am 14. September 1962 eine dreiseitige Stellungnahme in Latein abschicken konnte, die seinen »Gesamteindruck« wiedergab. Am 29. September folgte ein achtseitiger Text auf Deutsch. Er enthielt Verbesserungsvorschläge zu allen sieben Schemata. In letzter Minute, am 3. Oktober, 8 Tage vor Eröffnung des Konzils, ging ein dritter, 15-seitiger Text zur Post, zur »Begründung der Änderungsvorschläge«.

Und noch eine Anmerkung enthielt die Eilpost des Kardinals, fast wie nebenbei gesprochen: »Inzwischen steht fest, dass ich am Dienstag, dem 9. Oktober, nach Rom fliegen werde; fliegen Sie mit?«

Ob er mitfliegen wollte? Buchstäblich postwendend, gleich am nächsten Tag, sagte Ratzinger zu. Zusammen mit der Bestätigung, dass er in Rom vor einer großen Gruppe von Konzilsteilnehmern das gewünschte Referat über die *Zwei Quellen der Offenbarung* halten werde. »Das Konzil ist gemachte Sache«, hatte Papst Roncalli voller Begeisterung ausgerufen, als ihm im Juli 1962 Pericle Felici die revidierten und approbierten Konzilsschemata präsentierte, »Weihnachten können wir es beenden!« Kaum zu glauben, dass es Ratzingers Offenbarungsvortrag werden sollte, der in seinen Folgen die gesamte Veranstaltung aus den Angeln hob.

Kapitel 30

Der Spindoktor

Ratzinger war in der kurzen Zeit, in der Roncalli regierte, zu seinem Bewunderer geworden, »ein echter Fan«, wie er später meinte. Dessen Vorgänger Pius XII. hatte die Jahre seiner Jugend geprägt. »Er war der Papst schlechthin.« Aber mit zunehmendem Alter war ihm »das Großfeierliche, die große Gebärde, die Würde« an der Erscheinung Pacellis fremd geworden. Johannes XXIII. hingegen »hat mich von Anfang an fasziniert, auch durch seine Unkonventionalität. Dass er so direkt, so einfach, so menschlich war.«[1]

Am 9. Oktober 1962, zwei Tage vor der feierlichen Eröffnung des Konzils, saß er in einer Linienmaschine nach Rom. 35 Jahre jung, voller Hoffnung und Tatendrang. Man müsse »mehr Mut und Glauben zeigen«, hatte er vollmundig kurz zuvor in einer Rede gefordert. Das Christentum sollte »viel realitätsgeladener, dynamischer und ursprünglicher sein«[2]. Nun will er »jene gereinigte neue Selbstdarstellung der Kirche mit anbahnen« helfen, »die nach dem Willen des Papstes als Frucht des Konzils reifen soll«. Im Herzen trägt er ein Wort Johannes' XXIII., das ihn besonders berührt hatte: »Wir sind nicht Utopisten eines irdischen Paradieses, sondern Realisten des Kreuzes.«[3]

Kardinal Frings und seine Entourage checkten im deutschen Kolleg *Santa Maria dell'Anima* an der Piazza Navona ein, in dem Frings 1913 bis 1915 als Promotionsstudent gewohnt hatte. Für Ratzinger war zunächst kein Platz. Er musste mit dem Albergo Genio vorliebnehmen, einer Herberge an der Piazza Zanardelli Nr. 28, gleich um die Ecke.

Er freute sich auf die Begegnungen mit Theologen wie Henri de Lubac, Jean Daniélou, Yves Congar oder Gérard Philips, die er bewunderte. Sie alle hatten, wie Hans Urs von Balthasar das formulierte, Probleme mit der aktuellen »Trostlosigkeit der Theologie«, also dem, »was die Menschen aus der Herrlichkeit der Offenbarung gemacht haben«. Und irgendwo wartete auch Esther Betz. Sie war als Sonderkorrespondentin der *Rheinischen Post* nach Rom gekommen und erhoffte Hintergrundinformationen, trotz oder gerade wegen der Geheimhaltungsvorschriften. Denn nach Artikel 27 der Geschäftsordnung des Konzils waren »Bevollmächtigte, Konzilsperiti und alle anderen, die irgendetwas mit den Konzilsangelegenheiten zu tun haben«, verpflichtet, »einen Eid abzulegen, dass sie Geheimhaltung üben werden«. Das betraf nicht nur Dokumente, sondern auch »Diskussionen, Meinungen einzelner Väter und Abstimmungen«[4]. Über ihren Top-Informanten sollte Betz später sagen, »zusammen mit anderen prominenten *Periti* trafen wir uns oft in geselliger Runde, wobei sich Joseph Ratzingers bayerische Seele schüttelte, wenn ich ›Frutti di Mare‹ bestellte«[5].

Konspirativ getroffen hatte sich Ratzinger im Vorfeld des Konzils mit Karl Rahner, dem Berater des Wiener Kardinals Franz König. Rahner wollte den Kreis für die strategischen Besprechungen »aus praktischen Gründen möglichst klein halten« und »nichts von der Sache verlauten lassen«[6]. Es ging um einen Gegenentwurf zu von Rom vorgelegten Papieren. Seinem Mitbruder Otto Semmelroth, Professor für Dogmatik, vertraute er am 4. April 1962 in einem Brief an, man werde versuchen, »in eben diesem kleinsten Kreis den ersten Entwurf eines solchen Gutachtens einhellig auszuarbeiten«. Bei alldem sei »höchste Diskretion« geboten. Tatsächlich sollte es in Rom zwischen dem 15. und 25. Oktober 1962 zu einer intensiven Arbeit an alternativen Texten kommen, an der sich neben Rahner Bischof Volk, Otto Semmelroth und Joseph Ratzinger beteiligten. Ratzinger hatte, so hielt ein Teilnehmer fest, »bereits ein auf Latein geschriebenes Schema verfasst, das uns sehr gefiel«[7].

Rahner hielt die meisten der römischen Texte für grottenschlecht und nicht verbesserungsfähig. »Das Ganze macht den Eindruck einer müden, grauen römischen Schultheologie«, raunte er. Sie sei »gar nicht imstande, zu merken, wie wenig sie es vermag, so zu sprechen, dass sie von einem Menschen von heute verstanden wird«. Zum Schema über die Offenbarung notierte er: »Eine solche Wald-und-Wiesen-Philosophie darf ein Konzil nicht vortragen.«[8] Von dem 23 Jahre jüngeren Ratzinger versprach sich Rahner eine »nützliche Zusammenarbeit«. »Wenn auch Ew. Eminenz einen solchen Theologen hätten«, schrieb er bereits am 17. April 1962 an den Münchner Kardinal Döpfner, könnten gemeinsam mit ihm »diese drei Theologen sicher zusammen eine ordentliche Arbeit leisten.« Im Postskriptum vermerkte er: »Ich bitte Ew. Eminenz, die schlechte Schrift dieses Briefes zu entschuldigen. Aber ich habe heute schon ca. acht Stunden an dem Gutachten diktiert und bin etwas durchgedreht.«[9]

Die Verbindung zu Rahner war nicht ohne Risiko. In Rom galt der Jesuit als »fortschrittlicher« Theologe. Mit anderen Worten: als jemand, zu dem man besser Abstand hielt. Seine »Mariologie« war der Zensur durch seinen Orden zum Opfer gefallen und durfte nicht gedruckt werden. Wenige Monate vor Konzilsbeginn war ihm mitgeteilt worden, dass er künftig einer ordensinternen Vorzensur unterliege. Drahtzieher war das Heilige Offizium des Alfredo Ottaviani, die ehemalige Inquisitionsbehörde.

Rahner protestierte. Am 8. Juni 1962 schrieb er an Kardinal König, er fühle sich »verurteilt, ohne angeklagt und geprüft worden zu sein«. Zwar könne er das alles »stillschweigend schlucken«, müsse aber sagen: *»In einer solchen Situation kann ich nicht arbeiten. Es fällt mir nichts mehr ein. Ich bin gelähmt, ich kann nicht denken, wenn mir ein solcher Zensor gewissermaßen dauernd ins Konzept schaut. Kurz: Ich kann so nicht schreiben und werde also so nicht schreiben. Niemand kann mir befehlen, dass meinem armen Gehirn unter solchen Umständen etwas einfällt ... Schließlich kann ich doch auch nicht als ein Theologe, der als verdächtig unter ein Sonderstatut gestellt ist, mit Ew. Eminenz nach Rom zum Konzil gehen.«*[10]

Eine groß angelegte Solidaritätsaktion von Theologen und Politikern machte den Fall publik. Die Kardinäle Döpfner, Frings und König intervenierten bei Papst Johannes, der sich im Sommer 1962 indirekt vom Vorgehen Ottavianis distanzierte. Rahner reiste an, aber der Skandal war nicht vergessen.

Die Reise nach Rom war nicht Josephs erster Besuch in der Ewigen Stadt. War es nur einer Gelegenheit geschuldet, dass er sechs Monate vor Beginn des Konzils, am 22. April 1962, einem Ostersonntag, mit seinem Bruder am Hauptbahnhof Termini eintraf, wo die beiden vom Münchner Theologiestudenten Helmut Brandner in Empfang genommen wurden? Gut zwei Wochen zuvor hatte er den Eid geleistet, als Berater des Kardinals strikte Geheimhaltung zu wahren. Dass er Frings zu den Verhandlungen begleiten würde, war zu diesem Zeitpunkt noch nicht sicher, aber bereits absehbar. Karl Rahner zumindest wusste schon mehr. »Mit herzlichen Ostergrüßen« informierte er am 17. April 1962 seinen Mitbruder Pater Semmelroth: »Da Ratzinger (das muss natürlich noch vertraulich bleiben) mit Frings nach Rom gehen wird und ich voraussichtlich mit dem Wiener Kardinal [Franz König], so wäre mir eine solche Vorbesprechung mit Ratzinger und Ihnen doppelt erwünscht.«[11]

Um nicht unnötig Geld auszugeben, logierten die Brüder im Doppelzimmer eines Schwesternkonvents in der Nähe der Piazza di Risorgimento. Georg fühlte sich »wie ein ganz kleines Würmchen in dieser Riesenstadt. Mit dem Verkehr, den vielen Leuten, Menschen in allen Sprachen, allen Kleidungen. Vor allem wenn man aus so einfachen Verhältnissen kommt wie wir«. Andererseits waren sie von Eindrücken im Forum Romanum, von Santa Priscilla, San Clemente oder dem machtvollen Vatikan auch nicht unbedingt überwältigt. »Da sind wir Ratzingerischen«, bekannte der spätere Papst, »nicht so emotional.« Zudem habe es noch immer »ein leichtes antirömisches Ressentiment, vor allem gegenüber der in Rom gemachten Theologie« gegeben, »sodass man gar keinen besonderen Drang hatte, hierherzukommen«.

Fasziniert hatten ihn die altchristlichen Stätten. »Zum Greifen nahe« fand er hier die Ursprünge des Glaubens und »diese Größe der Kontinuität«. In einer Generalaudienz erlebte er erstmals Papst Johannes live, der über die Bedeutung des Gebetes sprach. Joseph war überrascht, »einen Mann mit umfassender theologischer Bildung« vor sich zu haben und gleichsam jemanden, »der ein Mensch war, der für die einfachen Menschen sprach und es vermochte, von ihnen verstanden zu werden«[12].

Georg und Joseph mussten bei ihrer Rom-Visite an ihren Großonkel Georg denken, diesen strebsamen Bauernsohn aus dem Weiler Rickering in Niederbayern, in dem auch ihr Vater auf die Welt kam. Georg Ratzinger war Doktor der Theologie, Priester, Politiker und Publizist in einem. Ein Wirbelwind. Ein Einzelgänger. Ein Querkopf. In seiner Jugend verdingte er sich als Hofkaplan des Herzogs Carl Theodor in Tegernsee. Als Abgeordneter im Reichstag zu Berlin war er geachtet wie umstritten. Nicht nur wegen seines Einsatzes für eine Sozialreform und seinen Kampf gegen preußischen Militarismus und deutsch-nationalen Größenwahn. Sein Gerechtigkeitsempfinden war so ausgeprägt, dass er sogar seine Priesterweihe aufs Spiel setzte, um seinen Cousin, den Jungpriester Jakob David, gegen einen korrupten Bürgermeister zu verteidigen. Als Leiter des *Münchner Wochenblatts* schrieb Ratzinger (unter dem Pseudonym »Razone«) gegen die Obrigkeit an. Was seiner Zeitung Beschlagnahme und ihm als Chefredakteur Untersuchungshaft einbrachte.

Josephs Ähnlichkeit mit dem Großonkel war verblüffend. Weniger vom Aussehen her, da geriet er nach der mütterlichen Linie, aber mit Blick auf Temperament, Geist, Widerspenstigkeit. Galt nicht auch Georg als Gymnasiast als besonders empfindsam und gleichzeitig außerordentlich fleißig und diszipliniert? Er sei ein »begabter Schüler und ruhiger Arbeiter«, hieß es in seinem Zeugnis, »der Verstand vorherrschend«[13]. Wie später Joseph erwarb auch der Großonkel den Doktortitel in Theologie über den Gewinn einer Preisarbeit. Das Thema *Geschichte der kirchlichen Armenpflege* hatte ihm sein Doktorvater, der Priester und Kirchenhistoriker Ignaz von Döllinger, auf den Leib geschnitten.

Als Publizist behandelte Georg ein breites Spektrum von Themen, das vom Altertum bis zu den Problemen der Gegenwart reichte; eingeschlossen allerdings auch, unter Pseudonym, Beiträge, die den allgemeinen antijüdischen Zungenschlag bedienten. Ratzinger polarisierte und rief Gegner aus allen Lagern auf den Plan. Als einer der Ideengeber der katholischen Soziallehre wurde er allerdings auch von Papst Leo XIII. in Privataudienz empfangen. Der englische Premierminister William Ewart Gladstone schickte ein Handschreiben, in dem er Ratzingers *Geschichte der kirchlichen Armenpflege* würdigte. Nach dem Tod seines Bruders Thomas, den er bis zuletzt pflegte, schwankte Georg zwischen euphorischen Zukunftsträumen und hypochondrischen Schüben. »Ich trinke jetzt nur noch Rotwein und Apollinariswasser«, klagte er. Die Besserung sei spürbar, »auf wie lange, ist freilich fraglich«.

War es nicht merkwürdig, dass auch der Großonkel eng mit dem Konzil verbunden war? Als Sekretär seines Doktorvaters lieferte Georg Ratzinger Materialien zu Döllingers 1868 erschienener Konzilsstreitschrift *Janus*, die zusammen mit einem Werk des französischen Konzilskritikers Henri Louis Charles Maret eine Welle des Protestes gegen Rom auslöste. »Übrigens ist es durchaus nötig«, wies Döllinger eine Mitarbeiterin an, »dass Ratzinger die Revision sowohl des Geschriebenen als des Gedruckten vornehme.« Der Lektor des Verlages bedankte sich herzlich: »Dass Herr Dr. Ratzinger die Korrektur las, war sehr gut, denn er besserte Namhaftes.« Noch kurz vor Beginn des Ersten Vatikanums rief Ratzinger zum »offenen Widerstand der katholischen Gelehrten Deutschlands« auf. Es sei »an der Zeit«, sich zu erheben »gegen die jesuitisch-römischen Synkrasien, die man zu Dogmen stempeln wolle«.

Als sich Döllinger in seiner Feindschaft gegenüber Pius IX. zunehmend radikalisierte, wandte sich der Protegé ab. »Es ist nicht die Sprache eines aus wissenschaftlichen Gründen opponierenden Mannes«, urteilte er über den früheren Mentor, »es ist die Sprache eines Religionsspötters«, der »Ton eines Voltaire«. Döllingers Agitation gegen das Konzil führte zur Gründung der »Altkatholiken«, die sich von Rom trennten. Döllinger selbst trat der schismatischen Bewegung nie bei. Sein ehemaliger Professor, notierte Georg Ratzinger zu Jahresbeginn 1883, sei allerdings »ganz von Kirchenfeinden umgeben«. Alle Mühe, »den alten Herrn in das rechte Geleise zu bringen«, seien »leider ohne jeden Erfolg« geblieben.

Ratzinger blieb konzilskritisch. Er teilte die Auffassung eines Zeitgenossen, »die römische Kurie« besitze gegenwärtig »keine geistige Kraft mehr«. Dies sei »ein Zeichen des raschen Niederganges«. Der frühere Reichs- und Landtagsabgeordnete zog sich zurück: »In diesen Servilismus passe ich nicht mehr hinein«, hielt er resigniert fest. Zu welchem Ergebnis würde nach dem Konzil seines Großonkels nun sein Konzil führen, überlegte Joseph, das Zweite Vatikanum? Welche Folgen würde es haben? Würde alles so bleiben, wie es war? Restaurativ. Neuscholastisch. Verschlossen und eng? Oder gab es eine Chance, die Botschaft des Evangeliums neu entdecken und leben zu können?

Im Albergo Genio packte Joseph den kleinen Koffer aus, den ihm Maria hergerichtet hatte. Das Wörterbuch hatte er selbst noch mit dazugelegt. Er konnte alle möglichen Sprachen, aber kein Italienisch. Für die Schönheiten der Stadt würde ihm allerdings kaum Zeit bleiben. Schon für den nächsten Tag, Montag, dem 10. Oktober, dem Vorabend der offiziellen Eröffnungsfeier, war für 17.00 Uhr das von Frings anberaumte Meeting für alle deutschsprachigen Konzilsväter angesetzt, auf dem er referieren sollte. Dass es gut besucht sein würde, war gewiss. *Il cardinale Frings* hatte sich durch seine integre, sachliche Haltung aus der Vorbereitungszeit eine herausragende Stellung verdient. »Der Name Frings war sozusagen ein Qualitätssiegel«, so Ratzinger später.[14]

Die Strapazen des Vorkonzils hatten den alten Kardinal erschöpft. Eine auf seinen Vorschlag noch kurzfristig eingerichtete neue Subkommission musste sich noch am 16. Juli 1962 mit vier Schemata befassen, am 17. Juli durch das Schema *De ecclesia* hetzen, am 18. Juli mehr als 20 Kapitel des Schemas *De religiosis* prüfen und am 20. Juli 4 Schemata abschließen. Seinen kurzen Erholungsurlaub vor Beginn des Mega-Kongresses verbrachte er im Hotel Glacier in Saas Fee in der Schweiz, danach im Palazzo Doria in Genua. »Ich sehe wie ein Huhn«, spottete er über sich selbst, wenn Luthe ihm aus einem Dokument vorlas. Ab irgendeinem Zeitpunkt hatte er eine Taschenlampe in Händen, um wenigstens kurze Texte noch selbst lesen zu können. Aber der »Grüne Star« ließ sich nicht aufhalten. Seine Predigten diktierte er fortan abends auf Latein, um sie zu memorieren und frei vortragen zu können. »Soll ich vorlesen?«, meinte Luthe dann. »Nein. Jetzt lassen Sie mich mal sagen, was ich sagen möchte, und Sie gucken, ob alles drin ist.« Niemand hörte eine Klage. »Wie kann ich alter, blinder Mann dem Bistum überhaupt noch dienen?«, war das Äußerste, womit er sein Leid kommentierte. »Herr Kardinal«, tröstete Luthe dann, »Sie zeigen uns, wie man mit Anstand das Kreuz trägt.«[15]

Josephs Gedanken wanderten zurück zu der gemeinsamen Anreise nach Rom. Im Krieg hatte er Flugzeuge nachts an ihrem Geräusch erkannt. Aber noch nie war er selbst in einer Maschine gesessen. Für die erste Strecke, von Köln nach Frankfurt, nutzten sie einen kleinen Motorflieger, dessen Propeller holprig durch die Luft ackerten, danach einen Linienjet. An den winzigen Fenstern glitten grüne Felder vorbei, rote Dächer und graue Straßen, bis eine Wolkendecke Flieger und Passagiere einhüllte wie in einen Kokon.

Den Abschied in der Kathedrale von Köln hatte der Kardinal zelebriert, als würde er nie wieder hierher zurückkommen. Bevor es zum Flugplatz ging, betete er um 10.30 Uhr mit Luthe und Ratzinger vor dem Schrein der Heiligen Drei Könige, umringt vom ganzen Domkapitel. Schwerer Glockenklang begleitete sie danach durch den weiten gotischen Raum hinunter in die Krypta. Langsam tastend berührte der blinde Kardinal die Grabplatten seiner Vorgänger. »Hier möchte ich einmal beigesetzt werden«, flüsterte er Luthe zu, der ihn am Arm stützte. Die kleine Episode habe deutlich gemacht, beschrieb Ratzinger im Rückblick die Szene, »von welchem Punkt her und aus welcher Perspektive der Kölner Erzbischof seine Arbeit in Rom« angetreten habe: »Er war in dieser Stunde gleichsam in die Zukunft vorausgegangen, um von der Verantwortung solchen Schauens her die kommende Aufgabe zu erfüllen.«[16]

Allein zwischen November 1961 und Juni 1962 zählte Frings 47 Sitzungstage, die er in Rom verbrachte. Er hatte mit »*non placet*«, mit »Nein«, gestimmt, wenn sein Berater Einwände hatte, und mit »Ja«, wenn Ratzinger die Zustimmung gab. Fast alle seine Vorbringungen enthielten Argumente und Formulierungen, die ihm sein Berater zurechtgelegt hatte. Etwa wenn es darum ging, »ob es notwendig ist, all das auf einem Konzil zu beschließen, wo fast alles schon in Konstitutionen, Enzykliken und Ansprachen der Päpste oder in dogmatischen

Sammlungen gesagt wurde und von daher bereits große Autorität besitzt«. Oder auch: »Ob es gut ist, das alles zu äußern und nur wenig über Gott und seine Größe, seine Güte und seinen Reichtum, wenig über Jesus Christus, unseren Erlöser, zu sagen, der zwar häufig in den Vorworten, selten jedoch in den Schemata selbst erwähnt wird.«[17]

Viele der von der Kommission erarbeiteten Dokumente wirkten auf Ratzinger »etwas steif und eng, zu sehr an die Theologie der Schule gebunden, zu sehr das Denken von Gelehrten und zu wenig das von Hirten«[18]. Immer wieder riet er zu Kürzungen, Differenzierungen, zur Klärung von Begriffen. Das Konzil, so war er überzeugt, könne sich unmöglich zu allen Bereichen des öffentlichen Lebens äußern. Entscheidend für den weiteren Weg der Kirche seien ihre Treue zur Heiligen Schrift und ihre Brüderlichkeit im Zugehen auf die Menschen in der Welt von heute.

Ratzingers Expertisen verdienen schon deshalb eine besondere Würdigung, weil sie die außergewöhnliche Konstanz seiner theologischen Grundlinie dokumentieren. Die Agenda, die er für die Welt-Kirchenversammlung formulierte, zeigt das Grundgerüst seiner Lehre, die er nicht mehr verändern wollte, die er aber aufgrund ihrer zeitlosen Aktualität auch nicht mehr verändern musste – und der er zeit seines Lebens treu verbunden blieb. Ohne die Beachtung seiner nachhaltigen Beiträge für das Konzil ist ein Bild des späteren Papstes nicht nur unvollständig, sondern falsch. Ratzinger selbst gab mit Blick auf das Konzil zu Protokoll: »[Ich war] der Meinung, die scholastische Theologie, so wie sie sich fixiert hatte, ist kein Instrument mehr, um den Glauben ins Gespräch der Zeit zu bringen.« Der Glaube müsse »aus diesem Panzer heraus, muss sich eben auch in einer neuen Sprache, in einer neuen Offenheit der Situation der Gegenwart stellen. So muss auch in der Kirche eine größere Freiheit entstehen«[19].

Bereits in den ersten Stellungnahmen gab der 34-jährige Professor dem 74-jährigen Kardinal Frings die Linie vor. Darin sprach nicht ein unerfahrener Schüler, sondern ein mit Vollmacht ausgestatteter Lehrer:

»1. Wie es bereits von den Vätern des I. Vatikanischen Konzils gefordert wurde, sollen die Text-Vorlagen nicht den Eindruck von Traktaten erwecken, aus theologischen Handbüchern entnommen und in scholastischem Stil verfasst, sondern sie sollen die Sprache der Heiligen Schrift und der Kirchenväter durchklingen lassen.

Ein weiterer Punkt: Dieses Konzil will ja, so ist es die Absicht des Heiligen Vaters, den getrennten Brüdern einen sanften Ansporn geben, die Einheit zu suchen; und es will den Menschen, die in den veränderten heutigen Lebensumständen zu unserem Schmerz dem Glauben ihrer Vorfahren entfremdet sind, ein neues Zeugnis von Jesus Christus und seiner heiligen Kirche geben. Daher soll man stets die Empfindungen und Gedanken der getrennten Brüder vor Augen haben; auch wenn die Wahrheit, ›sei es gelegen, sei es ungelegen‹ (2 Tim 4,2), verkündigt werden muss, so geschehe doch diese Wahrheit in Liebe (vgl. Eph 4,15), ja, nach den Worten des Apostels müssen wir als Stärkere die ›Schwächen der Schwachen ertragen und dürfen nicht selbstgefällig sein‹ (Röm 15,1).

2. Wie es auf den früheren Konzilien Brauch war, sollte das Konzil keine Entscheidungen treffen in Fragen, die innerhalb der Kirche unter katholischen Theologen kontrovers diskutiert wurden; es soll lediglich urteilen über Irrtümer, die wirklich weitab vom christlichen Geist liegen.«[20]

Immer wieder verwies Ratzinger auf »das Empfinden der getrennten Brüder«. Damit »nicht der Verdacht aufkommt, das Konzil wolle Zwietracht säen zwischen den verschiedenen nicht katholischen christlichen Gemeinschaften«. An anderer Stelle schrieb er: »Unter den Nichtkatholiken ist nun aber gerade die Angst vor einer unbegrenzten Willkür des Papstes und die Vorstellung lebendig, wenn man sich ihm einmal ausgeliefert habe, sei man vor nichts mehr sicher. Ja, dieses Angsttrauma ist vielleicht sogar das stärkste Hindernis für eine Vereinigung mit Rom. Ob man nicht hier einen kleinen Abschnitt einfügen könnte, der versichern würde, dass der Papst sein Recht nicht beliebig gebrauchen wird?«[21] Entsprechende Texte sollten »noch einmal gründlich überprüft, gekürzt und verbessert werden«.

Auch an Esther Betz, die Journalistin und Freundin, schien er gedacht zu haben: »In bestimmten Fragen, etwa die sozialen Kommunikationsmittel betreffend, scheint es nützlich und richtig, den Rat von Laien einzuholen, die in diesen Angelegenheiten Erfahrung besitzen.«

Ratzingers Expertisen zielten nicht nur auf Kritik. In einer Stellungnahme vom 17. September 1962 hieß es: »Diese beiden Entwurfstexte entsprechen in höchstem Maß der Zielsetzung dieses Konzils, so wie sie vom Papst erklärt wurde: Erneuerung des christlichen Lebens und Anpassung der kirchlichen Praxis an die Erfordernisse dieser Zeit, damit das Zeugnis des Glaubens in neuer Klarheit inmitten der Dunkelheiten dieses Jahrhunderts aufstrahle. Es scheint von großer Wichtigkeit, dass sich das Konzil nicht bereits auf den ersten Sitzungen in schwierigste

Fragen verstrickt, die Theologen beschäftigen, den Menschen unserer Tage aber unzugänglich sind, ja sie verwirren; vielmehr wäre es vor allem wichtig, etwas zu sagen, was die Erneuerung sozusagen spürbar vermittelt und den Menschen guten Willens ein wenig Licht bringen kann.«[22]

Frings hatte kein Problem damit, die Vorschläge seines Spindoktors nahtlos zu übernehmen, meist fast wortgetreu. Es gibt eine Ausnahme. Zu einem Schema aus der Glaubenskommission Ottavianis, das am 20. Juni 1962 in der vorbereitenden Kommission in Rom behandelt wurde, liegt keine Stellungnahme des Kölner Kardinals vor. Es ging um ein Papier *Über die selige Jungfrau Maria, die Mutter Gottes und der Menschen*.

Ratzinger hatte dem besonders marianisch ausgerichteten Kardinal folgendes Votum empfohlen: »Ich glaube, man sollte um des Ziels des Konzils willen auf dieses marianische Schema verzichten. Wenn schon das Konzil in seiner Gesamtwirkung ein *suave incitamentum* an die getrennten Brüder *ad quaerendam unitatem* sein soll, dann muss es auch ein gewisses Maß an seelsorglicher Rücksicht nehmen … Den Katholiken wird kein neuer Reichtum gegeben, den sie nicht schon hätten, den Außenstehenden (besonders den Orthodoxen) wird ein neues Hindernis gesetzt, zurückzufinden. Das Konzil würde mit der Verabschiedung eines solchen Schemas seine ganze Wirkung gefährden. Ich würde vorschlagen, man möge unter völligem Verzicht auf ein *doktrinelles caput* (dieses Opfer müssen die Romanen einfach bringen) ein schlichtes Gebet an die Gottesmutter um die Einheit an den Schluss der Ekklesiologie setzen … und dabei ganz auf undogmatisierte Termini wie *mediatrix* u. dgl. verzichten.«[23]

Frings' Abstimmungsbogen liegt unbenutzt bei den Akten.

Noch immer war Ratzinger kein offizieller *Peritus*, sondern lediglich der persönliche theologische Berater eines deutschen Kardinals. Während Johannes XXIII. die Tage unmittelbar vor Konzilsbeginn zu einer Wallfahrt in die Pilgerorte Assisi und Loreto nutzte (was weltweit als Zeichen eines Aufbruchs verstanden wurde, da seit 1870 kein Papst mehr die Ewige Stadt verlassen hatte), ging Ratzinger in seinem Hotelzimmer noch einmal sein Referat durch, das er am Montag vor höchsten Würdenträgern halten sollte. Frings hatte das Treffen brieflich beim Rektor der *Anima*, Prälat Dr. Alois Stöger, angemeldet: »Es werden etwa 50 Herren sein. Könnten Sie dafür den Saal herrichten lassen?

Während der Zeit des Konzils soll die *Anima* das Zentrum der deutschen Bischöfe sein.«[24]

Und das wurde es auch. Allerdings mit recht unterschiedlichen Bewertungen. Denn während die einen dieses Zentrum später als Rettungsanker und Quelle des Heils ansahen, wirkte es auf andere als der Ausgangspunkt einer Verschwörung. Der US-amerikanische Konzilsbeobachter Ralph Wiltgen, ein Pater der Steyler Missionare aus Chicago, brachte die Wirkung, die von dem deutschen Hauptquartier ausging, auf die berühmt gewordene Formel »Der Rhein fließt in den Tiber«. Ein Ausdruck für eine Infiltration, eine Art von Machtübernahme, wie sie von den wilden Stämmen Germaniens in Erinnerung war, die das römische Imperium zu Fall brachten. Ratzinger selbst bestritt in der Rückschau das revolutionäre Potenzial des *Anima*-Lagers. Es wäre »völlig verfehlt, sich die Dinge derart vorzustellen, als ob ein progressiver Block als geschlossene Partei mit einem festen Konzept nach Rom gekommen wäre und so den ganzen Weltepiskopat überrumpelt hätte«. Hinter den neuen Ansätzen, verteidigte er sich 1976, hätte lediglich »elementare Einsicht« gestanden, »ohne jeden aufrührerischen Gehalt«[25].

Auf den ersten Blick mochte das richtig gesehen sein. Frings' Heerlager war ziemlich überschaubar. Es bestand aus seinem Privatsekretär Hubert Luthe und »einem praktisch unbekannten jungen Professor der Bonner Universität«[26], wie sich Ratzinger selbst beschrieb. Später kamen der Kirchenhistoriker Jedin und eine Vinzentinerin dazu, Schwester Elisabeth, die Sekretärin des Kardinals. Um beispielsweise eigene Papiere in Umlauf bringen zu können, stand Luthe, der im Hauptquartier auch das Telefon zu bedienen hatte, lediglich ein *Geha*-Vervielfältigungsgerät mit Kurbel zur Verfügung. Ganz unverständlich waren die Mutmaßungen über das rebellische Momentum der sogenannten Rheinischen Allianz jedoch nicht.

Tatsächlich lag in *Santa Maria dell'Anima* der Keim einer Entwicklung, die zu erbitterten Kämpfen führte, bis hin zu einer »Oktoberkrise«, einer »Novemberkrise« und dem berühmt gewordenen »schwarzen Donnerstag«, an dem das ganze Konzil auf der Kippe stand. Sogar von einem »Blitzkrieg« war einmal die Rede. Die Deutschen würden insgeheim eine Revision des Ersten Vatikanums anstreben, sollte es bald heißen, eine Verschwörungstheorie, die von interessierter Seite auch Johannes XXIII. zugespielt wurde. Es sei in der Folge »einigen Leuten gelungen, den Papst gegen die deutschen Bischöfe und Theologen einzunehmen«, meldete Jesuitenpater Oskar Simmel an Kardinal Döpfner. Der Heilige Vater sei »misstrauisch geworden, und es ist zu befürchten, dass ihn dieses eine Gerücht noch misstrauischer macht«[27]. Von der Hand zu weisen jedenfalls sind die unterschiedlichen Maßnahmen zur Einflussnahme nicht. Hubert Luthe bestätigte: »Die Deutschen haben das Konzil stark beeinflusst. Und hier ragt besonders eine Gestalt hervor, das ist Ratzinger.«[28]

Kapitel 31

Welt auf der Kippe

Anfang Oktober 1962 gleicht Rom einem Bienenhaus. Zigtausende Priester, Bischöfe, Ordensleute schwirren in den Straßen und Plätzen, Journalisten drängen in dichten Trauben in die Pressezentren, Theologen eilen von Meeting zu Meeting und debattieren in Hinterzimmern Verfahrensstrategien. In den Trattorias werden die Stühle knapp, in den Bars geht der Campari aus.

Nichts konnte die Stimmung der Delegation aus Deutschland trüben. Es »lag über der Ankunft in Rom eine gewisse Hochstimmung, jenes geheimnisvolle Gefühl des Anfangs, das den Menschen wie kaum ein anderes bewegt und beflügelt«, hielt Ratzinger fest, »gesteigert noch durch das Empfinden, Zeuge eines Ereignisses von großer geschichtlicher Tragweite zu sein«[1]. Ratzinger war aktiver Teil des Geschehens geworden, jemand, der am Buch der Geschichte mitschrieb: »Es gab eine unglaubliche Erwartungshaltung. Wir hofften, dass alles erneuert werden würde, dass wirklich ein neues Pfingsten käme, eine neue Ära.«[2]

Freund Hubert Luthe geht es ähnlich. Den Sekretär von Kardinal Frings bewegt in diesen Tagen, »dass man einer großen Kirche angehört, die die ganze Welt umschließt. Das schweißt zusammen«[3]. Zum ersten Mal begegnet er der fröhlichen Präsenz des afrikanischen Episkopats, aber auch den Nöten und Sorgen etwa der Kirche von China. »Viele dieser Abgesandten wussten ja nicht, ob sie je wieder in ihr Land zurückkommen könnten.« In Rom sieht Luthe, dass viele der Konzilsväter »Narben der Verfolgung trugen, ob aus Europa oder aus Asien«, wie beispielsweise der Erzbischof von Orléans. Luthe bemerkt verkrüppelte Finger, als ihm der Franzose die Hand gibt, eine Folge seiner Inhaftierung im KZ.

Viel wird im Nachhinein vom Übergewicht der Deutschen auf dem Konzil die Rede sein; sogar von einer feindlichen Übernahme wurde gesprochen. Und wann immer die Rede davon war, kam das Hauptquartier der deutschen Delegation ins Spiel, das Kolleg *Santa Maria dell'Anima*, kurz *Anima* genannt, »Seele«. Immerhin verfügte die kleine Truppe über genügend Selbstbewusstsein, das sie aus dem Ruf der deutschen Theologie und der neuen Stärke der deutschen Kirche als größter Nettozahler des Vatikans bezog – und nicht zuletzt aus der Reputation von Kardinal Frings, der trotz (oder wegen) seiner beinahe schon skrupulösen Treue zum Heiligen Vater international hohes Ansehen genoss. Doch niemand unter den Tausenden von Beobachtern und Teilnehmern in Rom ahnte, dass sich das Konzil genau in diesen Tagen vor dem Ende befand, noch ehe es begonnen hatte.

Routinemäßig war im Oktober 1962 ein Aufklärungsflugzeug der US-Marine von der Edward Air-Force-Base in Kalifornien aufgestiegen, um mit seinen Kameras Aufnahmen über Kuba zu machen. Längst gab es Vermutungen, die Sowjetunion wolle Raketen an das Regime von Fidel Castro liefern, dem kommunistischen Außenposten der UdSSR vor der Haustür Amerikas. Beweise aber fehlten. Als der Spionageflieger wieder auf der Air-Force-Base landete, übertraf die Auswertung der Bilder die schlimmsten Befürchtungen.

Die Luftaufnahmen zeigten, dass sowjetische Techniker inzwischen Abschussrampen für atomare Mittelstreckenraketen installiert hatten. Zu den geheimen Militärlagern gehörten Raketentransporter und Tanklager. Damit waren ab sofort alle Großstädte an der amerikanischen Ostküste einer nuklearen Bedrohung ausgesetzt.

Der Beginn einer militärischen Auseinandersetzung ist nur noch eine Frage der Zeit. »Vielleicht schon morgen«, notiert Robert Kennedy, der Bruder des US-Präsidenten. Die Militärs planen, sieben Tage lang massive Luftangriffe gegen Kuba zu fliegen, über tausend allein am ersten Tag. Anschließend sollten 120 000 Soldaten auf die Insel übersetzen. Trotz intensiver Spionagetätigkeit wusste der CIA zu diesem Zeitpunkt nicht, dass auch 42 000 sowjetische Soldaten auf Kuba stationiert waren. Zudem sind acht russische Mittelstreckenraketen einsatzbereit – samt Atombomben mit einer Sprengkraft von jeweils einer Megatonne TNT. Das entspricht 66-mal der Vernichtungskraft einer einzigen Hiroshimabombe. Hinzu kommen 36 taktische Atom-Marschflugkörper, genug, um die wichtigen amerikanischen Städte an der Ostküste dem Erdboden gleichzumachen. Vier sowjetische U-Boote sind noch auf dem Weg, ausgerüstet mit je einem Nukleartorpedo.

Noch ist die Weltöffentlichkeit über das Szenario des Schreckens, das sich über der nördlichen Hemisphäre der Erdkugel zusammenbraut, nicht informiert. Historiker werden später die Tage der Kuba-Krise als den gefährlichsten Moment der Menschheitsgeschichte einordnen. Niemals zuvor stand die Welt vor einem schrecklicheren Inferno, das binnen kürzester Zeit eine unvorstellbare Apokalypse hätte bewirken können. Mit Millionen von Toten in Ost und West, verwüsteten Städten, riesigen kontaminierten, unbewohnbar gewordenen Landstrichen. Das Strategische Luftwaffenkommando der US-Streitkräfte löste weltweit Alarmstufe drei aus, dann, zum ersten und bis heute einzigen Mal, Stufe zwei. Stufe eins bedeutet Atomkrieg.

Aber nicht nur im Konflikt um Kuba drohte eine Eskalation. Auch beim größten Konzil aller Zeiten standen die Zeichen auf Sturm. Beobachter werden bald von einem »Putschversuch« sprechen, andere von einem Aufstand. Fest steht: Das Zweite Vatikanum begann mit einem Coup, den niemand für möglich hielt.

Die anderen deutschen Konzilsväter logieren entweder im päpstlichen Studienkolleg *Germanicum* oder in Ordenshäusern. Für Frings ist die *Anima* an der Via della Pace eine zweite Heimat. Hier hat er studiert, war Kaplan und erwarb sich seine fabelhaften Italienischkenntnisse. Mit seinem kaum überschaubaren Konglomerat an Einzelgebäuden, Sälen, Kammern, Fluren, der Kirche und dem Kardinalszimmer ist das deutsche Kolleg ein wenig wie eine Stadt in der Stadt. Für die Mahlzeiten hat Frings für sich, Luthe, Ratzinger und wechselnde Gäste einen Vierertisch aufstellen lassen; die große Tafel im Haus ist ihm zu wenig familiär. Auch mit den Treppen hat der Kardinal Probleme, sodass im folgenden Jahr ein Aufzug eingebaut wird.

Für Joseph ist alles neu. Schulkinder, die ihre Bücher nicht im Schulranzen schleppen, sondern als verschnürtes Bündel in der Hand schwenken. Barbiere, die ihren eingeseiften Kunden das Messer an die Kehle setzen. Und überhaupt »diese Heiterkeit, und dass ein Großteil des Lebens sich auf der Straße abspielt und alles etwas lärmend ist«. In der *Anima* dient er bei der Morgenmesse gemeinsam mit Luthe als Ministrant. Vor jedem Messdienst kann er in der Sakristei die Wandbilder der bis dahin sieben Oberhirten bewundern, die nach offizieller Lesart als deutsche Päpste gelten – »deutsch« im Sinne ihrer Geburt innerhalb der Grenzen des damaligen Römischen Reiches Deutscher Nation, das ein Gebiet von Sizilien bis zum Nordpol umfasste. Und so gut wie alle waren sie ein wenig außer der Reihe geraten.

Da ist Gregor V., der um die Jahrtausendwende in Ravenna von

Otto III. zum Papst designiert wurde, gerade einmal 24 Jahre alt. Dann Clemens II., der nicht von einem Kollegium, sondern von König Heinrich III. zum Papst gekürt wurde. Offenbar hatte es die Wähler gereut. Clemens wurde angeblich von seinen Widersachern vergiftet, die einen Papst aus dem Norden nicht dulden wollten. Damasus II. konnte eines der kürzesten Pontifikate der Geschichte verbuchen. Dreiundzwanzig Tage nach Amtsantritt starb er an Malaria – oder womöglich ebenfalls an Gift. Der heilige Leo IX. kämpfte gegen *Simonie* (Kauf und Verkauf geistlicher Ämter) und *Laieninvestitur* (geistliche Ämter für Laien). In sein Pontifikat fiel die endgültige Trennung Roms von Konstantinopel im Jahr 1054, das erste große Schisma der Geschichte.

Hadrian VI. wiederum, Professor an der Universität Löwen, Bischof von Tortosa, späterer Großinquisitor für Spanien und Sohn eines Schiffszimmermanns, stammte aus Utrecht. Der Professor war nicht nur der letzte Deutsche auf dem Stuhl Petri, sondern auch der letzte nicht italienische Papst bis zur Wahl des Polen Karol Wojtyla 1978. »Ihr seid alles Gauner«, rief er bei seiner Ankunft dem Kollegium der Kardinäle zu, das ihn in seiner Abwesenheit gewählt hatte. Seine Inauguration kam auch bei den Römern nicht gut an. »O du Verräter des Blutes Christi, / Räuberisches Kollegium, das du den schönen Vatikan / Der deutschen Wut ausgeliefert hast«, hieß es auf Plakaten an der Piazza Navona.

In Hadrians Pontifikat fielen die Anfänge der Reformation. Der Papst versuchte die allgemeine Ächtung Martin Luthers durchzusetzen und durch eigene Reformen das Ausufern der Kirchenspaltung einzudämmen. Seine Devise: In Rom hat das Krebsübel begonnen, hier muss es auch ausgemerzt werden. Auf seiner Agenda standen die Reorganisation der Kurie, die Wiederherstellung der Einheit und die Abwehr der Türken. Sein Erfolg war so bescheiden wie der Mann, der ihn erstrebte. Und das Fazit der Regierungen der sieben deutschen Päpste? Sie hatten sich leidlich um Reformen bemüht. Aber war es bloß Zufall, dass die beiden großen Schismen der Geschichte – die Abspaltung der orthodoxen Kirche und des Protestantismus – jeweils in das Pontifikat eines Deutschen fielen? Und würden nun, im Laufe des Konzils, die Römer erneut Grund haben, sich über die »deutsche Wut« zu erregen?

Die für den Nachmittag des 10. Oktober von Frings einberufene Sondersitzung in der *Anima* drängte. Gleich danach, um 19.15 Uhr, war in der Vatikanbotschaft der Bundesrepublik Deutschland ein Empfang von Außenminister Gerhard Schröder angesetzt. In den großen

Sitzungssaal der *Anima* waren etwa 50 Bischöfe geladen, Deutsche, Österreicher, Schweizer, Belgier, Holländer, Elsässer. Das Briefing der Väter aus dem mitteleuropäischen Raum übernahm ein einziger Referent: Professor Dr. Joseph Ratzinger.

Die Bedeutung der Theologen auf dem Zweiten Vatikanum ist kaum zu überschätzen. Die *Periti* nahmen wichtigen Einfluss auf die Meinung ihrer Bischöfe, prägten die inhaltliche Arbeit der Kommissionen und formulierten die Textvorlagen für die Dekrete. Dabei standen viele der angereisten Berater noch vor Kurzem im Verdacht, Irrlehrer zu sein. Darunter die von Ratzinger besonders geschätzten französischen Patres und späteren Kardinäle Yves Marie-Joseph Congar, Jean Guénolé Marie Daniélou, Henri de Lubac sowie sein Partner Karl Josef Erich Rahner.

Im kleinen Kreis warnte Congar bereits »vor der Gefahr, den ungünstigen Eindruck eines Para-Konzils der Theologen zu erwecken, das auf das echte Konzil der Bischöfe Einfluss ausüben will«. Man müsste den Anschein vermeiden, »1) dass Theologen die Richtung des Konzils vorgeben wollten. Dies würde in unangenehmer Weise an Döllinger erinnern; 2) dass man ein Komplott im Schilde führe«[4]. Mit Döllinger war jener maßgebliche Kritiker des Ersten Vatikanums gemeint, der 70 Jahre zuvor von der Zuarbeit eines Georg Ratzinger ähnlich profitierte wie jetzt Kardinal Frings von den Diensten Joseph Ratzingers, des Großneffen Georgs.

Bei traditionalistischen Teilnehmern wiederum hatte sich Widerstand formiert, seit sich andeutete, in welchem Umfange ihrer Ansicht nach die Progressisten die Kirche zerstören wollten. In Strömungen wie der biblischen, der liturgischen, der philosophisch-theologischen Bewegung der »Nouvelle Théologie« und erst recht der ökumenischen Bewegung, also genau jenen Richtungen, mit denen Ratzinger sympathisierte, sah man die Wiederkehr des Modernismus, den der heilige Pius X. einst energisch verurteilte. All die Irrtümer würden nun wiederaufleben, warnte Kardinal Ernesto Ruffini. Und was den Modernismus »noch fürchtenswerter« mache, sei der Umstand, dass er »durch Menschen beglaubigt wird, die aus so vielen Gründen besondere Beachtung verdienen«[5].

Der Einfluss der Berater war schon an ihrer geradezu explosionsartigen Vermehrung abzulesen. Standen zu Beginn des Konzils gerade einmal 224 Namen auf der offiziellen Liste der *Periti*, sollten es am Ende über 500 sein. Dass Frings' rechte Hand unter ihnen sich nicht nur als einer der profiliertesten, sondern auch der effektivsten erwies, kommentierte der italienische Historiker Roberto de Mattei später mit den Worten: »Im aktiven Flügel des Progressismus trat ein Stoßtrupp deutscher Theologen hervor, der von Pater Karl Rahner aus der Gesellschaft Jesu und den jüngeren Theologen Hans Küng und Joseph Ratzinger angeführt wurde.«[6] Ratzinger selbst spielte aus unterschiedlichen Gründen seine Bedeutung in der Nachbetrachtung bewusst herunter. Die Wahrheit ist, dass wohl kaum jemand so gut vorbereitet nach Rom kam wie der 35-jährige Professor aus Bonn. Das bedeutendste kirchliche Ereignis des 20. Jahrhunderts schien nachgerade auf ihn zugeschnitten zu sein, denn:

– Aufgabenfelder, die sich als *die* Schlüssel des Konzils erweisen sollten – wie Heilige Schrift, Patristik, Überlieferung, der Volk-Gottes- und Offenbarungsbegriff –, waren durch die Vorgaben seines Doktorvaters Ratzingers Spezialthemen. Seine Formel von der Kirche als *Volk Gottes vom Leib Christi her* löste den unzureichenden Begriff von Kirche als *Volk Gottes* ab, der auch politisch oder rein soziologisch verstanden werden konnte.
– Durch seine Ausbildung in der »Münchner Schule« brachte er die Vision einer dynamischen, sakramentalen und heilsgeschichtlichen Kirchengestalt mit, die er dem stark institutionell und defensiv geprägten Kirchenbild der römischen Schultheologie entgegensetzte.
– In seinem Vortrag von Bensberg, der Rede von Genua, den Büchern zum Konzil und den umfangreichen Expertisen für Frings formulierte er im Vorfeld nicht nur die Reformerwartungen an das Konzil, sondern auch die Linien für eine Erneuerung der Kirche; treffender, als es der Papst selbst vermocht hatte, wie Johannes XXIII. freimütig einräumte.
– Um das Verhältnis von Orts- und Weltkirche, von Petrus- und Bischofsamt zu modifizieren, hatte er im Vorfeld das Bild von der *Communio* entwickelt, das für das Konzil maßgeblich werden sollte. Die Verfassung der Kirche habe »kollegial« und »föderativ« zu sein; bei gleichzeitiger Betonung des Primates des Papstes und der Einheit in Lehre und Leitung.
– Als Kenner der protestantischen Theologie und durch seine Beschäftigung mit den Weltreligionen war er nicht nur mit den Fragen der Ökumene vertraut, sondern auch mit dem Verhältnis der Katholiken zum Judentum – exakt der Thematik für das Schema *Gaudium et spes*, das neben dem Offenbarungsschema das bedeutendste Dokument des Konzils werden sollte.

– Vertraut mit den aktuellen Strömungen und den neuen Erkenntnissen der Theologie, traditionsbewusst in der Grundhaltung, aber modern in Habitus, Sprache und Ausrichtung, konnte er sich sowohl im konservativen als auch im progressiven Lager Anerkennung und Gehör verschaffen.

Als sich die Würdenträger am Nachmittag des 10. Oktober im Saal der *Anima* einfanden, um Ratzingers Referat zu hören, waren durch Frings' Loblied auf seinen Protegé höchste Erwartungen geweckt. Auch Kardinal Döpfner aus München hätte gerne auf den jungen Professor als Berater zurückgegriffen, aber da war Ratzinger schon vergeben, auch wenn er immer noch erst inoffiziell auftreten konnte. In seinem Briefing sollte es um die Unzulänglichkeit vieler der zu verhandelnden Schematas gehen, aufgezeigt an den Dokumenten *De deposito fidei pure custodiendo* und *De fontibus revelationis*. Die Crux war, dass es entgegen der früheren Erklärungen eigentlich keine Möglichkeit mehr gab, die Texte noch einmal aufzuschnüren und zu verändern. Im Übrigen verbot das Kirchenrecht die Verwerfung von Schemata, die vom Papst bereits gebilligt worden seien, wie Ottaviani verbreitete. Außer man fände noch irgendeine Möglichkeit, einen unbrauchbaren Text durch eine Alternative zu ersetzen. Und wenn ja, könnte dann ein inakzeptables Dokument wie das Schema über die Offenbarung Gottes nicht wie ein Torpedo wirken, der den Panzer der bisherigen Konzilsplanung aufbrach und einen neuen Anfang ermöglichte?

Ob sich Ratzinger der Tragweite seiner Intervention bewusst war, die am Ende das Konzil aus den Angeln hob, ist nicht zu verifizieren. Dass es ein Spiel mit dem Feuer war, konnte ihm aber nicht entgangen sein. »Für einen sehr jungen Professor«, bekannte er im Mai 2005 in einem Interview mit der linken italienischen Tageszeitung *Repubblica*, »handelte es sich um eine wahrhaftig gewaltige, in einem bestimmten Sinn auch schwere Angelegenheit. Die Verantwortung, den Weg, den die deutschen Bischöfe beschreiten würden, vorzuzeichnen, lag drückend auf meinen Schultern.« Er habe, gestand er, vor allem auch »eine große Verantwortung gegenüber Gott und gegenüber der Geschichte« verspürt.[7]

Auf der Suche nach einer passenden Einleitung für seinen Vortrag stieß der Referent auf Eusebius von Caesarea, einen Teilnehmer des Konzils zu Nicäa im Jahre 325. »Von allen Kirchen, die ganz Europa, Libyen und Asien füllten«, zitierte er den antiken Bischof, »waren die ausgesuchtesten der Diener Gottes versammelt, und ein Bethaus, das gleichsam von Gott erweitert worden war, fasste in sich zugleich Syrer und Kilikier, Phönizier, Araber und Palästinenser, darüber hinaus Ägypter, Thebäer, Libyer und Bewohner von Mesopotamien.«[8] Hinter diesen enthusiastischen Worten, kommentierte Ratzinger, erkenne man exakt eine Beschreibung von Pfingsten, wie sie Lukas in der Apostelgeschichte gab. »Das Konzil ein Pfingsten«, das sei es auch, was Johannes XXIII. meinte, wenn er die Hoffnung auf eine »neue geschichtliche Stunde« hege.[9]

Ratzinger beherrschte die Kunst, souverän, fundiert und gleichsam mit Schärfe zur Sache zu sprechen. Sein phänomenales Gedächtnis half ihm dabei. Meist genügte ihm, ein Buch einmal gelesen zu haben, um es noch nach Jahren wortgenau aus den Speichern seines Gehirns abrufen, die nötigen Verknüpfungen herstellen und in die Diskussion einbringen zu können. Das von Rom vorgelegte Schema *De fontibus revelationis*, kam er auf den Punkt, »wirft Fragen hauptsächlich in drei Richtungen auf: 1. Die Frage nach dem Verhältnis von Schrift und Überlieferung; 2. Die Frage nach Inspiration und Irrtumslosigkeit der Schrift. 3. Am Rande noch die Frage nach dem Verhältnis von Altem und Neuem Testament und der Einordnung beider ins Ganze der Heils- und Weltgeschichte«.

Die Bischöfe horchten auf. Immerhin sprach dieser forsche Theologe über ein Papier, das vom Papst und vom Heiligen Offizium bereits abgesegnet worden war. »Die Problematik hebt bereits bei der Überschrift *De fontibus revelationis* an«, fuhr Ratzinger fort. Tatsächlich sei »die Formulierung, so üblich sie geworden ist, nicht ungefährlich, schließt sie doch eine erstaunliche Verengung des Offenbarungsbegriffes ein«. In Wirklichkeit seien »nicht Schrift und Überlieferung die Quellen der Offenbarung«, sondern das Sprechen und Sichenthüllen Gottes selbst, aus dem die beiden Flüsse Schrift und Überlieferung hervorgingen. In einer Redeweise, wie sie das von Rom vorgelegte Schema zeige, stecke »deutlich eine mangelnde Unterscheidung von Seins- und Erkenntnisordnung«. Es sei »gefährlich und einseitig«, eine Formulierung zu wählen, »die nicht die Ordnung der Wirklichkeit, sondern nur unseren Zugang zur Wirklichkeit schildert«.

Frings' Berater nahm kein Blatt vor den Mund. Wenn man aber Schrift und Überlieferung als die Quellen der Offenbarung bezeichne, kritisierte er Ottavianis Vorlage, »identifiziert man praktisch die Offenbarung mit ihren Materialprinzipien«. In diesem Fall entstünde die

Gefahr, in das *sola scriptura* Luthers, also in die Identifizierung von Schrift mit Offenbarung abzugleiten: »In der Tat sind die Verfasser unseres Schemas offenbar in diese mit ihrem Ausgangspunkt gegebene Falle gegangen.«

Das war unerhört genug. Aber wenn Ratzinger sprach, wollte er auch Konsequenzen einfordern: »Sobald man aber begriffen hat, dass dieser Positivismus falsch ist, sobald man begriffen hat, dass Offenbarung in jedem Fall ihren materialen Bezeugungen vorausliegt, besteht die Gefahr des Skripturismus überhaupt nicht mehr. Denn dann ist klar, dass die Offenbarung selbst immer ein Mehr ist gegenüber ihrer fixierten Bezeugung in der Schrift; dass sie das Lebendige ist, das die Schrift umgreift und entfaltet.« Daraus sei zu fordern: »1. Der Titel *Über die Quellen der Offenbarung* ist abzuändern in *Über die Offenbarung* oder *Über das Wort Gottes*. 2. Dem Ganzen ist ein Kapitel I *Über die Offenbarung selbst* vorauszuschicken ... 3. Der Ausdruck *Quellen* (*fontes*) ist, auch wo er im Text auftaucht, nach Möglichkeit zu ersetzen durch andere Ausdrucksweisen.«[10] Beeindruckt notierte Kardinal Döpfner: »Ratzinger: über die Schemata ... zu lang, zu klerikal ... Konsequenzen: 1. Titel abändern! 2. Cap. I voranzuschicken 3. *fons* ist möglich zu ändern *(transmission)* ... Anzustreben Offenheit ... Deutlicher: Christusheil für alle offen!«[11]

So streng sich Ratzinger mit der Vorgabe auseinandersetzte, so zeigte sein Ansatz im Unterschied zu anderen Kritikern stets auch ein Bemühen um die richtige Balance und eine Verwurzelung in kirchlicher Lehre. Etwa wenn er forderte, in einem verbesserten Text seien »nach Möglichkeit Formulierungen einzufügen, die die enge innere Verflochtenheit von Schrift, Überlieferung und kirchlicher Verkündigung und die tief gehende Bindung der Kirche an das Wort der Schrift erkennen lassen«.

Der Vortrag in der *Anima*, mit dem Ratzinger in Rom »gleich berühmt wurde«, wie Hubert Luthe meinte, sollte bald eine gewaltige Rolle spielen. Nicht nur wurde das finale Konzilsdekret dann tatsächlich mit *Dei Verbum*, das Wort Gottes, betitelt, sondern es fanden auch nahezu alle Desiderate Ratzingers Berücksichtigung. Die drängende Frage zunächst jedoch war: Wenn das vorgelegte Schema so dürftig und nachgerade theologisch falsch war – musste man es dann nicht verhindern oder zumindest abändern? Und wenn ja, durch wen? Sollten nicht auch Mitstreiter gewonnen werden, die dann wiederum über die entsprechenden Mehrheiten in den entscheidenden Kommissionen verfügten?

Der Coup, der nach Ratzingers Auftritt Gestalt annahm, war vielleicht nicht generalstabsmäßig geplant. Er war jedoch alles andere als ein Impuls des Augenblicks, wie es Frings im Nachhinein aussehen lassen wollte. Bereits am 19. Mai 1961 habe ihn der Kardinal zu sich gerufen, berichtete Berater Hubert Jedin, »um mit mir Fragen zu besprechen, die sich auf die künftige Geschäftsordnung des Konzils bezogen«[12]. Als Experte für das Konzil von Trient und das Erste Vatikanum wusste der Historiker um die Bedeutung der Konzilskommissionen. »Was sich entscheidet, entscheidet sich hier, nicht im Plenum«, drang er auf den Kardinal ein. Letztlich seien nur die Kommissionen »ausschlaggebend für die Ergebnisse«[13] eines Konzils. Frings bestätigte in seinen Erinnerungen, Professor Jedin habe ihm »den Tipp gegeben, die Wahl der Kommissionsmitglieder sei außerordentlich wichtig für den weiteren Verlauf des Konzils«[14]. »Schon unser erster Vorsatz war«, gestand auch Hubert Luthe, der Sekretär des Kardinals, »hoffentlich gelingt es uns, eine Sperrminorität zu erreichen.«[15]

Das Treffen in der *Anima* war keine Versammlung von Verschwörern. Aber alle Beteiligten bedrängte die Frage, ob sich die vorgesehene Absegnung der vorbereiteten Besetzungsliste für die Kommissionen, die den Einfluss der Kurie auf die Kirchenversammlung zementiert hätte, noch verhindern ließe – und damit auch jene Dokumente, die nicht nur in den Augen Ratzingers dem Konzil eine falsche Ausrichtung gegeben hätten. Am Abend jenes denkwürdigen 10. Oktober schrieb Kardinal Giuseppe Siri, der Vorsitzende der Italienischen Bischofskonferenz, ahnungsvoll in sein Tagebuch: »Das Kreuz, wenn man es so nennen kann, wird wie gewöhnlich aus dem französisch-deutschen Raum und seinem Untergrund kommen, weil man dort den protestantischen Druck und die pragmatische Sanktion nie ganz beseitigt hat; es sind tüchtige Leute, doch begreifen sie nicht, dass sie Protagonisten einer fehlgegangenen Geschichte sind.«[16]

Während in Rom die Kardinäle und ihre Berater dem Arbeitsbeginn des Konzils entgegenfieberten, ließ die Regierung der Vereinigten Staaten im Westen der USA 204 Interkontinentalraketen für den Start vorbereiten. Ohne dass die Öffentlichkeit davon erfuhr, hatte sich die Kuba-Krise weiter zugespitzt. Einsatzbereit sind auf US-amerikanischer Seite zusätzlich 220 Raketen auf 5 Flugzeugträgern, dazu 12 U-Boote mit 140 Polaris-Raketen an Bord, die vor die Küsten der Sowjetunion beordert werden. Der Luftraum wird von insgesamt 62 ständig kreisenden B-52-Bombern besetzt, bestückt mit 196 Wasserstoffbomben. Rund um den Globus werden weitere 628 US-Bomber mit mehr als 2000 Atombomben in Alarmbereitschaft sein. Nicht zu vergessen 60 Thor-Raketen in Großbritannien und 30 Jupiter-Raketen in Italien, ebenfalls ausgerüstet mit Atombomben. Im Gegenzug wird für die Truppen des Warschauer Paktes erhöhte und für die Streitkräfte der Sowjetunion volle Gefechtsbereitschaft angeordnet, einschließlich der 500 000 Sowjetsoldaten, die in der DDR stationiert sind.[17]

Der Kalte Krieg ist zu Ende. Die Erde steht am Beginn eines heißen, eines atomaren Weltkrieges. Washington verfügt über die Erstschlagkapazität. Ein Druck auf den Atomknopf – und die Sowjetunion würde buchstäblich ausgelöscht werden.

Kapitel 32
Sieben Tage, die die katholische Kirche für immer verändern

Es regnet in Strömen am 13. Oktober 1962, einem Samstag, als das Konzil mit der ersten Generalkongregation seine Arbeit aufnimmt. Die Vollversammlung im Petersdom beginnt mit der Messe zum Heiligen Geist. Nach der feierlichen Inthronisation des Evangelienbuches und dem Glaubensbekenntnis folgt ein bemerkenswertes Gebet, das gewissermaßen eidesstattlichen Charakter hat, auch wenn sich nicht alle Beteiligten daran erinnern sollten:

»Hier sind wir, Herr, Heiliger Geist … Lehre uns, was wir tun sollen, weise uns, wohin wir gehen sollen, zeige uns, was wir wirken müssen … Lass nicht zu, dass wir durcheinanderbringen, was du geordnet hast! Unwissenheit soll uns nicht irreleiten, Beifall der Menschen nicht verführen, Bestechlichkeit und falsche Rücksichten sollen uns nicht verderben. Amen.«

Die Generalkongregationen finden außer donnerstags und sonntags täglich von 9 bis 12.30 Uhr im Petersdom statt. Die Redebeiträge sind auf zehn, später auf acht Minuten begrenzt. Jeder Sprecher muss sich schriftlich anmelden. Die Zulassung erfolgt nach Rangordnung und Alter: an erster Stelle die Kardinäle, danach Patriarchen, Erzbischöfe, Bischöfe. Wird die Redezeit überschritten, legt die Sitzungsleitung notfalls das Mikrofon still.

Alle Beteiligten seien »mit großen Erwartungen« zum Konzil gekommen, berichtete Ratzinger, »aber nicht alle wussten, wie man es anpacken sollte«. Frings und sein Berater wussten es. Sie hatten die Schemata gründlich studiert, mit Fachleuten und Bischöfen gesprochen und brachten konkrete Vorschläge für Verbesserungen mit nach Rom. »Diejenigen, die am besten vorbereitet waren«, so Ratzinger nüchtern, »waren der französische, der deutsche, der belgische, der holländische Episkopat: die sogenannte Rheinische Allianz. Und im ersten Teil des Konzils gaben sie den Weg vor.«[1]

Das Meeting in der *Anima* mit dem Referat Ratzingers und der Diskussion über die »Pseudo-Wahl«, mit der das Konzil eröffnet werden sollte, war nicht ohne Wirkung geblieben. »Heiliger Zorn« habe ihn über dieses Vorgehen erfüllt, wird Frings in seinen Erinnerungen schreiben. Es konnte losgehen.

Als Generalsekretär Erzbischof Pericle Felici im Petersdom gerade den Wahlmodus erklärte, erhob sich Kardinal Achille Liénart langsam von seinem Platz. Der 78-jährige Bischof von Lille, Chef der Französischen Bischofskonferenz, war einer der Präsidenten der Versammlung. »Wenn Sie erlauben, so bitte ich um das Wort«, begann er. »Das ist unmöglich«, entgegnete Kardinal Tisserant, der die Generalkongregation leitete, »die Tagesordnung sieht keine Debatte vor. Wir sind einfach nur zusammengekommen, um zu wählen.«² Doch Liénart, ein ehemaliger Militärkaplan, ließ sich nicht aufhalten. Kurzerhand ergriff er das Mikrofon und las einen vorbereiteten Text vor. Es sei »wirklich unmöglich, in dieser Weise zu wählen«, warf er ein. Da die Väter die Kandidaten für die Kommissionen nicht kennen, müsse man doch erst noch die nationalen Bischofskonferenzen konsultieren. Damit war der Kampf eröffnet.

Mit dem Applaus der rund 2000 Konzilsväter erhob sich auch Kardinal Frings. »Ich reckte meinen Finger«, schrieb er in seinen Erinnerungen, »obwohl es nach der Geschäftsordnung gar nicht möglich war, sich zu Wort zu melden.« Er spreche auch im Namen der Kardinäle Döpfner und König, erklärte der Deutsche. Dann begründete er, eine Sache von so großer Wichtigkeit wie die Wahl der Kommissionsmitglieder dürfe nicht dem Zufall überlassen bleiben. Er schlage deshalb vor, die Wahl bis zur nächsten Generalkongregation zu verschieben. Die Väter sollten Zeit haben, sorgfältig zu überlegen und sich untereinander abzusprechen, wen sie für besonders geeignet halten. Mehrmals vermerkte das Protokoll: »*Plausus*«, Beifall in der Aula.

Die Einsätze wirkten spontan, aber Liénart und Frings waren an jenem 13. Oktober nicht unvorbereitet in den Dom gekommen. Den Text, den Liénart in der Aula vortrug, hatten Mitarbeiter im Französischen Seminar von Santa Chiara in der Nacht vom 12. Oktober vorbereitet und dem Kardinal erst am Morgen beim Betreten von St. Peter in die Hand gedrückt.³ Ebenfalls am 12. Oktober hatte in der *Anima* nachmittags ein Treffen der deutschsprachigen Bischöfe stattgefunden. Wolfgang Große, der Sekretär Bischof Hengsbachs von Essen, hielt in seinem Tagebuch fest: »Nachmittags Treffen in der Anima. Es sind etwa

100 da. Schlechte Stimmung. Morgen soll gewählt werden, und niemand weiß etwas über den Modus.«[4] Auch Frings' Sekretär Hubert Luthe steuerte ein interessantes Detail zur Aufklärung bei. Sein Chef, erklärte er in unserem Interview, habe allein schon deshalb »zuerst den Kardinal von Lille sich melden lassen, um nicht als Deutscher das erste Wort zu nehmen, das war sein Feingefühl«[5].

Stets hatte Ratzinger den Vorwurf zurückgewiesen, die Intervention sei ein abgekartetes Spiel gewesen. »Nein, Kardinal Frings kam nicht als Verschwörer mit einer wohlvorbereiteten Strategie nach Rom«, äußerte er 1976 in einem Beitrag über seinen Konzilschef[6]. Fünfzig Jahre später, am 14. Februar 2013, erklärte er in einer Ansprache an den römischen Klerus: »Es war kein revolutionärer Akt, sondern ein Akt des Gewissens, der Verantwortung vonseiten der Konzilsväter.«[7] Die Aktion sei »eine ganz eigene Initiative« des Kardinals gewesen: »Es waren auch alle überrascht und erstaunt, dass Frings, der als sehr konservativ und streng bekannt war, nun eine Führerrolle übernahm. Wir haben darüber gesprochen. Er hat gesagt, das eine ist, wenn ich in der Diözese regiere und verantwortlich bin für die Ortskirche, vor dem Papst und vor dem Herrn. Das andere ist, wenn wir zur Mitregierung mit dem Papst im Konzil gerufen sind und dann eine neue, eigene Verantwortung übernehmen.«[8]

Das Abschmettern der Pro-forma-Wahlen war jedenfalls der erste Aufstand gegen die alte Garde des Vatikans. Das letzte Wort würde der Papst haben, aber die Väter hatten sich schon mal die Verfahrenshoheit über das Konzil gesichert. Die Sitzung wurde tatsächlich vertagt, und die knapp 3000 Teilnehmer durften bei strömendem Regen nach Hause gehen, notierte Monsignore Luigi Borromeo, »um danach zuzusehen, dass sie sich ein wenig besser kennenlernen«. Anders als für Borromeo war für den progressiven Kardinal Suenens die revolutionäre Tragweite des Vorfalles sofort offensichtlich geworden: »Glücklicher Coup und wagemutige Verletzung des Reglements!«, fasste er in seinen Erinnerungen den schicksalhaften Tag zusammen: »Die Geschicke des Konzils wurden zu einem Gutteil in diesem Augenblick entschieden. Johannes XXIII. war darüber froh.«[9] Froh war auch Ratzinger: »Das Konzil war entschlossen, selbstständig zu handeln und sich nicht zum Vollstreckungsorgan der vorbereitenden Kommissionen zu degradieren.« Es habe sich gezeigt, »dass der Episkopat eine Realität eigenen Gewichts in der Weltkirche ist, der eigene geistliche Erfahrungen in das Gespräch und in das Leben der Weltkirche einträgt«.[10]

Der Preis dafür allerdings war hoch. Im Nachhinein wurde Ratzinger der Kollateralschaden klar, den der Aufstand der Kardinäle verursacht hatte, nämlich eine »schicksalhafte, in ihren Auswirkungen nicht vorherzusehende Zweideutigkeit des Konzils in der Weltöffentlichkeit«. Sie gab jenen Kräften Auftrieb, die Kirche als Politikum betrachten und die Medien zu instrumentalisieren wussten. »Was in den Augen von Frings und Liénart nur die innere Konsequenz der Einberufung des Konzils und konkreter Ausdruck der Katholizität war«, resümierte er kurze Zeit später in seinem Bericht über die erste Sitzungsperiode des Konzils, »interessierte die Öffentlichkeit unter einem ganz anderen Aspekt, nämlich unter dem Eindruck der Aufmüpfigkeit, der Widersetzlichkeit gegen die ›Kurie‹ – hier konnte der antirömische Affekt ebenso einhaken wie die urmenschliche Lust, wider den Stachel der ›Obrigkeit‹ zu löcken.«[11]

Noch am gleichen Tag herrschte in der *Anima* Hochbetrieb. Sekretär Luthe telefonierte sich die Finger wund. Emissäre eilten durch die Stadt, um Koalitionen auszuloten. Für den Nachmittag des 13. Oktober bestellte Frings die Kardinäle Alfrink, Suenens, Liénart, König, Döpfner und andere Würdenträger aus Mitteleuropa ein, um gemeinsam einen Wahlvorschlag mit geeigneten Kandidaten auszuarbeiten. Die Namen wurden auf losen Zetteln, Karten und Briefbögen gelistet. Im Tagebuch Kardinal Döpfners findet sich unter dem 13. Oktober der Eintrag: »16 h: Anima: Fertigung einer mitteleuropäischen Liste (Frankreich, Belgien, Holland, Deutschland, Österreich, Schweiz, Polen, Skandinavien). Austausch mit anderen Gruppen wird erstrebt.« Offenbar war schon im Vorfeld eine Liste zirkuliert. Sie war, wie ein Vermerk Döpfners zeigt, obsolet geworden: »Liste v. Freitag – 12.10.62 überholt!«

Im Hauptquartier der Deutschen gaben sich Abgesandte der einzelnen Bischofskonferenzen die Klinke in die Hand, um ihrerseits Namensvorschläge zu hinterlegen. Frings pochte darauf, die Kommissionen mit Vertretern aus allen Kontinenten und Bereichen zu besetzen, also aus Episkopat, Universität und Orden. Nur ein möglichst breiter Vorschlag könne Aussicht haben, mehrheitsfähig zu werden. Am 14. Oktober notierte Döpfner: »P. Hirschmann weist ... darauf hin, dass alles getan werden muss, um mit offenen Italienern Kontakt zu nehmen, dass dort keine Einheitsfront entsteht.« Einen Tag später heißt es im Tagebuch des Münchners: »11.30 h: Besuch bei Card. Montini [dem späteren Paul VI.], um Kontakt mit den Italienern zu finden. Sehr bereit, glaubt, nur eine kleine Gruppe v. Italienern ziehe mit uns. 15.30 h: Bischof Abed von Tripoli-Libanon. Sucht Kontakte u. Verständnis.«

Ratzinger sah noch einen anderen Aspekt: »Diese Offenheit für die Nachbarländer zeigt, dass es hier ganz und gar nicht um eine geheime Verschwörung ging. Frings wollte, dass gerade auch die Italienische Bischofskonferenz wisse, was die deutsche tat, und war umgekehrt darauf bedacht, dass deutsche Bischöfe ihrerseits die Verbindung zu anderen Sprachräumen herstellten.«[12] Hubert Jedin bestätigte in seinen Erinnerungen: »Frings forderte, um nicht in den Verdacht der Konspiration zu geraten, Kardinal Ottaviani auf, ihre Kandidaten hineinzuarbeiten, was aber von den italienischen Kardinälen, auch Montini und Siri, abgelehnt wurde.« Es sei also, so Ratzinger, »gerade nicht um einen Block, um einen ›Rheinbund‹« gegangen, »sondern um eine umfassende Vertretung aller Teile der Kirche in den konziliaren Organen«.

Die Kampagne war erfolgreich. In der Nacht vom 15. auf den 16. Oktober konnte Hubert Luthe in der *Anima* eine Liste attraktiver Kandidaten vervielfältigen. Zweitausend Kopien davon gingen umgehend an die wahlberechtigten Konzilsväter, weitere 1000 lagen zur Abholung bereit. Der Vorschlag der Koalition aus Deutschland, Österreich, Frankreich, Holland, Belgien und der Schweiz versammelte 109 Namen und ging als die »internationale« Liste an den Start. Es verzeichnete auch Kandidaten aus Italien, Spanien, den Vereinigten Staaten, Großbritannien, Kanada, Indien, China, Japan, Chile, Bolivien und einzelnen Ländern Afrikas. Alles schien nach Plan zu laufen. Allerdings hatte niemand an seine praktische Umsetzung gedacht.

Tatsächlich erwies sich der Wahlgang am 16. Oktober als ein einziges Fiasko. Niemandem war zuvor aufgefallen, dass die rund 2400 wahlberechtigten Konzilsteilnehmer mit dem Eintragen von je 160 Kandidaten auf den Listen etwa 24 000 Stimmzettel produzierten – mit annähernd 380 000 handschriftlichen Eintragungen. Unmöglich, alles in der Konzilsaula zu erledigen. In seiner Not ordnete Generalsekretär Felici an, die Väter könnten die Wahlzettel in ihrer Unterkunft ausfüllen, sie müssten die Listen dann eigenhändig (und nicht durch einen Boten) im Laufe des Nachmittags wieder abgeben. In der Zwischenzeit wurden die überforderten Olivetti-Zählmaschinen durch Studenten des Päpstlichen Propaganda-Kollegs ersetzt. Dennoch sollte es Tage dauern, bis alle Stimmzettel ausgewertet waren – mit dem Ergebnis, dass kaum einer der Kandidaten die erforderliche absolute Mehrheit erreicht hatte. Um das Fiasko nicht noch zu steigern, erklärte Papst Johannes kurzerhand, er habe auf Anregung des Konzilspräsidiums Artikel 39 der Konzilsverfahrensregel aufgehoben. Als gewählt betrachtet wurden ganz einfach die Kandidaten mit der größten Stimmenzahl.

Am Ende war der Coup gelungen. Von den durch die »internationale Liste« präsentierten 109 Kandidaten waren 79 erfolgreich. Sie besetzten 49 Prozent aller zur Wahl stehenden Sitze. Ottaviani und Siri hatten noch auf die Stimmen aus den Missionsländern gehofft, doch sie hatten das Vertrauen unterschätzt, das die deutschen Bischöfe und zumal ihr Vorsitzender, Kardinal Frings, durch die Arbeit der Hilfswerke *Miserior* und *Adveniat* in der Dritten Welt genossen. Ohne die Auflehnung gegen die Pseudo-Wahl, analysierte der italienische Historiker Andrea Riccardi, wäre es »zu einer vollständigen Wiederbestätigung der vorkonziliaren Kommissionen gekommen – die dann mit den bereits eingeführten Kriterien und Betrachtungsweisen weitergearbeitet hätten«.

Die Neuwahlen hätten »den weiteren Verlauf des Konzils wesentlich beeinflusst«, bestätigte auch Frings. Er habe im Nachhinein erfahren, dass auch »der Papst damals keineswegs unzufrieden gewesen sei, dass die alte Liste der Mitglieder der vorbereitenden Kommissionen nicht gewählt worden sei«[13]. Der Journalist und Augenzeuge Ralph Wiltgen fasste zusammen: »Nach dieser Wahl war nicht schwer vorauszusehen, welche Gruppe gut genug organisiert war, um die Führung auf dem Zweiten Vatikanischen Konzil zu übernehmen. Der Rhein begann in den Tiber zu fließen.«

Der Erfolg bei der Wahl hatte dem progressiven Flügel Mut gemacht. Wenn man Wahlen kippen konnte, dann ließen sich vielleicht auch ganze Schemata abservieren; all jene Konstitutionen aus der Fabrik Ottavianis, die zum einen schlecht gearbeitet waren, zum anderen eine Linie vorgaben, die der vom Papst geforderten Erneuerung wie ein Felsbrocken im Weg lag. Die Aufmerksamkeit der Öffentlichkeit aber wurde plötzlich von ganz anderen Nachrichten in Anspruch genommen. Am 22. Oktober 1962, dem Tag, an dem im Petersdom die Debatte über das Schema *De sacra Liturgia* beginnt, steht die Welt vor ihrem gefährlichsten Brennpunkt. In einer Fernsehansprache informiert US-Präsident John F. Kennedy die Weltöffentlichkeit erstmals von der sowjetischen Bedrohung auf Kuba. Kennedy kündigt eine Seeblockade an und fordert den sofortigen Abzug der russischen Raketen. Im Falle eines Atomwaffen-Angriffs würden die Vereinigten Staaten mit einem nuklearen Vergeltungsschlag antworten.

Es sind keine leeren Drohungen. Zwei Tage später gehen US-Kriegsschiffe rings um Kuba in Position. Sowjetische Schiffe dürfen nicht mehr passieren. Die Krise droht zu eskalieren, als am 25. Oktober Johannes XXIII. in einem dramatischen Appell die Kriegsparteien beschwört, alles dafür zu tun, die Auseinandersetzung ohne Waffengewalt beizulegen. Am 27. Oktober steht der Konflikt auf des Messers Schneide. Ein US-Kriegsschiff zwingt ein sowjetisches U-Boot mit Wasserbomben zum Auftauchen. Heute weiß man: Das U-Boot hatte Torpedos mit Atomsprengköpfen an Bord, und die Besatzung war autorisiert, sie abzufeuern. Auf Kuba nehmen die Flaks Fidel Castros mehrere Aufklärer der US-Luftwaffe unter Feuer, ein US-Spionageflugzeug wird von einer sowjetischen Luftabwehrrakete getroffen, der Pilot Rudolf Anderson kommt ums Leben.

Noch ist es nicht zu spät. Nach einem Geheimtreffen zwischen Robert Kennedy, dem Bruder des Präsidenten, und dem sowjetischen Botschafter Dobrynin erklärt sich Sowjet-Führer Nikita Chruschtschow bereit, die Raketen auf Kuba zu demontieren. Als Gegenleistung, fordert er, müssten die USA die Blockade aufheben. Tatsächlich folgt nach einem Austausch von Botschaften zwischen Kennedy und Chruschtschow ein Kompromiss, der die Krise beendet: Abzug der Raketen seitens der russischen Partei, Aufhebung der Blockade durch die USA. Am 29. Oktober wird die Einigung bekannt gegeben. In den zwei Wochen vom 14. bis zum 28. Oktober schrammte die Welt mehrfach knapp an einem Atomkrieg vorbei, der den halben Erdball und einen großen Teil seiner Bevölkerung vernichtet hätte.

Die Konferenzen in der *Anima* – immer montags, pünktlich um 17 Uhr – verschafften dem deutschsprachigen Episkopat einen taktischen Vorsprung und stärkeren Einfluss als anderen Gruppen. Die Meetings versammelten mit den rund 100 Teilnehmern alle Bischöfe aus Deutschland, Österreich, der Schweiz, Luxemburg, Skandinavien, Island und Finnland sowie viele Missionsbischöfe und Generalobere. In dem Briefing am 10. Oktober hatte Ratzinger das Schema über die *Quellen der Offenbarung* scharf kritisiert. Das vorgelegte Schema sei »ganz und gar bestimmt von der antimodernistischen Geistesart, die sich um die Jahrhundertwende ausgeprägt hatte, also von einem ›Anti‹, von einer Negation, die ... frostig, ja, schockierend wirken musste«[14].

Auch Theologen um den belgischen Dominikaner Edward Schillebeeckx hatten die Vorlage als unzureichend empfunden. Das Schema sei aggressiv, intolerant und einseitig. Ratzinger aber ist es, der bereits am 15. Oktober das erste Kapitel eines neuen Schemas auf den Tisch legt. In Zusammenarbeit mit Karl Rahner entstand eine zweite, vertiefte Fassung. Zwischen dem 15. und 25. Oktober 1962 wird in Sitzungen mit dem Mainzer Bischof Hermann Volk, dem Jesuiten Otto Semmelroth sowie Rahner und Ratzinger weiter an dem Text gefeilt. Rahner, der ebenfalls ein Kapitel geschrieben hatte, würde davon maschinengeschriebene Kopien besorgen.

Dank der diplomatischen Fähigkeiten Frings' waren die Kommissionen des Konzils nun mit Mitgliedern besetzt, die nicht ausschließlich dem Profil der von der Kurie gewünschten Mandatsträger entsprachen. Wie aber konnte es gelingen, auch Texte durchzudrücken, die das Konzil zu einem Konzil machten, mit dem, wie Ratzinger hoffte, »ein neues Bewusstsein sich ausprägt, wie man in der Kirche in brüderlicher Offenheit, ohne den Gehorsam des Glaubens zu verletzen, miteinander sprechen kann«?[15]

Die Rekonstruktion der Ereignisse vom Herbst 1962 zeigt die Dynamik einer zuvor nicht vorstellbaren Wende. Sie beginnt am 19. Oktober 1962 mit einem Treffen deutscher und französischer Bischöfe und Theologen im Haus *Mater Dei* in der Viale delle Mura Aurelie. Unter den 25 Beteiligten finden sich die Theologen Congar, Chenu, Daniélou, de Lubac, Küng, Philips, Rahner, Schillebeeckx und Semmelroth. Auch Joseph Ratzinger ist mit von der Partie. »Thema der Zusammenkunft ist es«, vermerkte Congar in seinem Tagebuch, »eine Taktik gegenüber den theologischen Schemata zu erörtern und zu beschließen«[16]. Küng schlägt vor, in Rom ein internationales Treffen von Theologen zu veranstalten, um entsprechenden Druck auf die Konzilsväter auszuüben. Congar rät ab. Man solle auf keinen Fall den Eindruck erwecken, dass man ein Komplott im Schilde führe. »Wenn wir agieren«, argumentiert er, »so ist es immer nötig, an die Reaktion zu denken, die wir womöglich auslösen könnten.«[17] Entgegen der ungeduldigen »revolutionären Erwartungshaltung« Küngs glaube er »zutiefst an das Warten-Können, an die Notwendigkeit, in Etappen vorzugehen«[18].

Am 25. Oktober wirbt Kardinal Frings in der *Anima* vor einem illustren Kreis von Klerikern für den neuen Entwurf, das später so genannte Ratzinger/Rahner-Schema. Neben den Kardinälen König, Alfrink, Liénart, Suenens und Döpfner sind auch die einflussreichen Italiener

Siri (Chef der Italienischen Bischofskonferenz) und Montini anwesend, der spätere Papst Paul VI. Ratzinger stellt das alternative Papier im Umriss vor. Die Reaktion der Anwesenden, so Kardinal Siri später, sei »enthusiastisch« gewesen. Montini allerdings dämpft die allgemeine Euphorie. Man sollte zum jetzigen Zeitpunkt besser an dem weiterarbeiten, was vorhanden und bereits gut vorbereitet sei.[19] Frings will sich damit nicht zufriedengeben und lässt das alternative Offenbarungsschema nach nochmaliger Überarbeitung in rund 3000 Kopien an alle Konzilsväter verteilen.[20]

Nachdem am Vortag bei einem Abendessen in einem kleinen Lokal unweit von Sant'Ignazio Kardinal Döpfner und Hubert Jedin Möglichkeiten ausgelotet hatten, über die Geschäftsordnung des Konzils die vorgegebenen Texte auszuhebeln (Jedin: »Von dieser Seite schien sich in der Tat ein Punkt zu bieten, an dem man den Hebel ansetzen konnte«), wird bei einem Treffen am 6. November der Plan vertieft. Teilnehmer sind neben Frings, Rahner und Ratzinger der belgische Theologieprofessor Gérard Philips und der Dominikaner Yves Congar.[21] Am Nachmittag legt Döpfner dem Konzilsexperten Jedin den Text einer Eingabe an den Kardinalstaatssekretär zur Begutachtung vor. Der Antrag hat zum Ziel, dass jede Generaldebatte darüber abstimmen dürfe, ob das jeweils behandelte Schema zur Verbesserung zurückgegeben oder gänzlich abgelehnt wird. Im letzteren Falle wäre die Bahn frei für die Vorlage eines ganz neuen Entwurfs. Das Ratzinger/Rahner-Schema könnte so gesehen als Präzedenzfall dazu dienen, die zementharten Vorlagen aus Ottavianis Heiligem Offizium aufzubrechen.

Der Schlag beginnt am 14. November 1962 bei der 19. Generalkongregation. Ratzinger berichtete rückblickend, es habe sich »der unvermeidliche Sturm« abgezeichnet, »der durch einen privaten Gegenentwurf schon vorbereitet war«[22]. Dass der »private Gegenentwurf« zum Teil seiner Feder entstammte, sagte er nicht. Kardinal Ottaviani ergreift unangemeldet das Wort. Es ist sein erstes Erscheinen in der Konzilsaula, seit er zwei Wochen zuvor durch Kardinal Alfrink zum Schweigen gebracht worden war. Der Holländer hatte dem Chef des Heiligen Offiziums, der während einer Debatte über die Liturgie seine Redezeit überschritt, einfach das Mikro abdrehen lassen – und dafür in der Aula tosenden Beifall geerntet. Es sei die erste Pflicht jedes Seelenhirten, beginnt Ottaviani nun, die Wahrheit zu lehren, die allzeit und überall dieselbe bleibe. Salvatore Garofalo, Mitglied der Kurie, der anschließend das offizielle Schema über die *Quellen der Offenbarung* im Detail vorstellt, bläst in dasselbe Horn. Es gehe hier nicht um eine Erneuerung. Die primäre Aufgabe des Konzils sei die Verteidigung und Förderung der katholischen Doktrin in ihrer reinsten Form. Das vorliegende Schema sei reif und ausgewogen. Schließlich hätten Gelehrte vieler Nationen und verschiedenster Universitäten zu dem Text beigetragen. Als im Anschluss auch die Kardinäle Ruffini und Siri, die versucht hatten, Ratzingers Alternativpapier in der Italienischen Bischofskonferenz lächerlich zu machen, entschieden den Kommissionsentwurf verteidigen, ist das Maß voll. »Die Reaktion in der Konzilsaula«, so der Beobachter Ralph Wiltgen, »war rasch und tödlich.«

Denn vehement begründen nun reihum die Kardinäle Liénart (Frankreich), Frings (Deutschland), Léger (Kanada), König (Österreich), Alfrink (Holland), Suenens (Belgien), Ritter (USA), Bea (Kurie) und andere ihre Ablehnung des Textes. Liénart erklärt den Entwurf kategorisch für unvollständig, mangelhaft und zu scholastisch: *non placet*. Danach spricht Kardinal Frings. Seine Intervention, die er in der Nacht zuvor memoriert hatte, stammt Wort für Wort aus Ratzingers Feder:

»Wenn es erlaubt ist, offen zu sprechen: *Schema non placet*. In dem uns heute vorgelegten Schema scheint mir nicht die Stimme einer Mutter und Lehrmeisterin, nicht die Stimme des Guten Hirten zu hören zu sein, der die Schafe mit Namen anspricht, sodass die Schafe seine Stimme hören, sondern eher die Sprache des Schulmeisters, des Professors, die nicht auferbaut und nicht belebt. Wie wünschenswert wäre dieser pastorale Stil, von dem Papst Johannes so dringend wünscht, dass alle Verlautbarungen des II. Vatikanischen Konzils von ihm getragen seien. Diese Rede geht nicht in die Tiefe. Sie kann bestätigt werden für die Ebene der Erkenntnis bei uns Menschen; doch auf der Seins-Ebene gibt es nur eine einzige Quelle, nämlich die Offenbarung selbst, das Wort Gottes. Und es ist sehr zu bedauern, dass darüber nichts, fast nichts im Schema gesagt wird.«[23]

Noch ist nichts entschieden. Am 17. November erinnert Kardinal Döpfner auf der 21. Generalkongregation daran, dass das Schema über die Offenbarung bereits im Vorfeld kontrovers diskutiert wurde. Die Einwände aber seien »einfach abgetan« worden. Ottaviani protestiert. Im Übrigen verbiete das Kirchenrecht die Verwerfung von Schemata, die vom Papst gebilligt worden seien. Kardinal Norman Gilroy von Sidney weist ihn zurecht: Nach Art. 33, Abschnitt 1 der für das Konzil maßgebenden Verfahrensregeln könnten Schemata durchaus verworfen werden.

Als am 20. November die Abstimmung ansteht, ist die Entscheidungsschlacht über den künftigen Verlauf des Konzils angebrochen. Sie beginnt mit einem Eklat. Wer das Schema befürworte und für eine Fortsetzung der Diskussion sei, erklärt Konzilsgeneralsekretär Felici zur Überraschung der Väter, müsse mit *non placet* votieren, wer für die Rücknahme sei, mit *placet*. Die Umkehrung des bisherigen Verfahrens ist ein Trick und sorgt für völlige Verwirrung. Kaum jemandem ist klar, wofür er stimmt, wenn er »ja«, und wofür, wenn er »nein« ankreuzt. »Normal wäre es gewesen, das Schema zur Annahme (bzw. zur Weiterverhandlung) vorzulegen«, erklärte Ratzinger den Hintergrund der Tücke, »dazu hätte es zwei Drittel aller Stimmen benötigt. Stattdessen wurde gefragt, wer für die Absetzung des Schemas sei; jetzt mussten die Gegner des Textes zwei Drittel der Stimmen aufbringen, und ein gutes Drittel genügte, um die Vorlage zu retten.«[24]

Der Trick funktionierte, vorerst. Über 80 Konzilsväter hatten sich im Lauf der Debatte zu Wort gemeldet, insgesamt 2209 gaben ihre Stimme ab. Für den Abbruch der Diskussion votierten 1368 Väter (62 Prozent), für die Fortsetzung 822 (37 Prozent). 19 gaben ungültige Stimmzettel ab. Frings hatte es richtig vorausgesehen. Durch die Manipulation der Fragestellung schaffte es die Kurie, das Prinzip der Zweidrittelmehrheit auf den Kopf zu stellen. Frings' Lager fehlten gerade einmal 105 Stimmen, um die Ablehnung des völlig unzureichenden Schemas zu erreichen. Doch dann wendet sich das Blatt.

Es ist eine Sensation. Gemäß Reglement musste das Schema durch die Abstimmung vom Vortag als angenommen gelten. Doch als Erzbischof Felici ans Mikrofon tritt, wird es still in der Konzilsaula. Der Papst habe den Eindruck gewonnen, so verliest Felici eine Mitteilung des Staatssekretärs, dass die Diskussion über das Schema mühevoll und langwierig sein werde. Infolgedessen halte er es für sinnvoll, *De fontibus revelationis* zurückzuziehen und durch eine eigene Kommission revidieren zu lassen. Die neue Revisionskommission habe zwei Vorsitzende, die Kardinäle Ottaviani und Bea, sechs weitere Kardinäle sollten hinzukommen, darunter Frings und Liénart. Niemand konnte es zunächst recht fassen. »Der Papst hatte seine Vollmacht zugunsten des Konzils geltend gemacht«[25], kommentierte Ratzinger. Damit war nicht nur die Vorlage vom Tisch, die Ratzinger als »von der antimodernistischen Geistesart« bestimmt und »frostig, ja geradezu schockierend« im

Ton kritisiert hatte, damit war grundsätzlich die Möglichkeit gegeben, ein von den römischen Kommissionen vorgelegtes Schema abzulehnen. »Ich wundere mich jetzt, mit welcher dreisten Tonart ich damals gesprochen habe«, erklärte Benedikt XVI. in unserem Interview, »aber richtig ist, dass es dadurch, dass einer der vorgelegten Texte weggeschoben wurde, eine wirkliche Wende gab und ein völliger Neubeginn der Diskussion möglich wurde.«

Der psychologische Effekt der Wende vom 21. November ist enorm. »Die Progressisten fühlten sich, obwohl sie eine Minderheit bildeten«, so Beobachter Wiltgen, »zum ersten Mal als Mehrheit.« Aus der Retrospektive wird deutlich, wie konsequent die Entwicklung des Konzils auf diesen Punkt zugelaufen war. Noch zu Beginn schien ausgemacht, dass die übergroße Mehrheit der Väter Ottavianis Richtung unterstützte. »Aber alles, was geschehen war, hatte die Situation grundlegend verändert«, hielt Ratzinger in seinem Bericht über die erste Sitzungsperiode fest. »Die Bischöfe waren nicht mehr dieselben wie vor der Eröffnung des Konzils.« Das Rad war gedreht worden. Hier war, so Ratzinger, »anstelle des alten ›Anti‹, der Negation, eine neue, positive Möglichkeit« aufgetaucht, »aus der Defensive herauszukommen und christlich offensiv zu werden, positiv zu denken und zu handeln. Und dieser Funke hatte gezündet.«

Am 24. November empfing Johannes XXIII. die deutschen Bischöfe um 19 Uhr zu einer Privataudienz. Die Besucher ahnten nicht, dass der Papst aufgrund von Blutungen seit Wochen unter strenger ärztlicher Beobachtung stand. Der Heilige Vater zeigte sich optimistisch. Das Konzil müsse »ein *signum caritatis* werden, ein weltweites Zeichen der Liebe«. Er sei zuversichtlich und habe Grund zur Hoffnung. Man dürfe auch in Zukunft nichts überstürzen, sondern müsse vielmehr nach gründlicher Klärung suchen.[26] Die Kardinäle Suenens und Döpfner hatten ihn zuvor gebeten, die Feier der Messe zu Beginn der Sitzungen abzuschaffen. Doch in diesem Punkt blieb der Pontifex hart. Das Konzil habe, war er überzeugt, »vielleicht mehr Gebet als Denken nötig«.

Einen Tag später, an seinem 81. Geburtstag, drückte er in einer Ansprache seine Überzeugung aus, dass Gott das Konzil leite: »Sie haben den Beweis dafür in den Ereignissen der wenigen bisher vergangenen Wochen. Diese Wochen können als eine Art Noviziat für das Zweite Vatikanische Konzil betrachtet werden.« Es sei doch nur natürlich, dass die Meinungen und Vorschläge auseinandergingen: »Dies ist eine geheiligte Freiheit, gegen welche die Kirche, speziell unter diesen Umständen, ihre Achtung bewiesen hat.«[27]

Es war für längere Zeit der letzte Auftritt des Kirchenführers. Der Papst hatte sich übernommen. Zusätzlich zu seinen Pflichten hatte er es sich den November über zur Aufgabe gemacht, 37 Bischofskonferenzen zu empfangen. Durch erneute innere Blutungen war er gezwungen, alle Audienzen abzusagen. Am 8. Dezember erklärte er zum Abschluss der ersten Sitzungsperiode, der bisherige Verlauf des Konzils sei eine langsame und feierliche Einleitung gewesen. Das Konzil habe gezeigt, dass in der Kirche die Freiheit der Kinder Gottes herrsche. Der todkranke Papst wünschte einen weiteren gesegneten Verlauf und verkündete, dass im nächsten Jahr, am 9. September 1963, die Sitzungen des Konzils wieder beginnen sollten.[28]

»Man kann ohne Übertreibung sagen«, fasste Giuseppe Ruggieri zusammen, Professor für Fundamentaltheologie in Bologna, dass »ganz besonders die Woche vom 14. bis 21. November 1962, die der Debatte über das Schema *De fontibus revelationis* gewidmet war, der Augenblick war, in dem sich eine für die Zukunft des Konzils und infolgedessen für die katholische Kirche selbst entscheidende Wende vollzog: Von der Pacelli-Kirche, die der Moderne im Wesentlichen noch feindlich gegenüberstand … hin zu der Kirche, welche die Freundin aller Menschen ist, auch wenn diese Kinder der modernen Gesellschaft, ihrer Kultur und ihrer Geschichte sind.«[29]

Ratzinger sah es ähnlich. In seinen Augen war die Absetzung des von ihm kritisierten Schemas der »Wendepunkt« des Konzils. Mit dem Aufstand »gegen die einseitige Fortsetzung der antimodernistischen Spiritualität« hätten sich die Väter »für einen neuen Weg positiven Denkens und Sprechens entschieden«[30].

Die Fenster sind geöffnet, genau wie es Johannes XXIII. gehofft hatte. Das wahre Konzil konnte beginnen. Mit all seinen Schatten, die es werfen würde, aber auch dem Licht, den es zu empfangen imstande war. Was für eine Pointe der Geschichte: Ein Professor Schmaus konnte in München die Arbeit des jungen Theologen noch ausbremsen und erreichen, dass der Großteil seiner Arbeit in der Schublade verschwand. Rom konnte das nicht mehr. Seine Erkenntnisse über die Offenbarung mussten sich Bahn brechen, selbst gegen die Macht des Apparates.

»Ein neues Blatt« der Kirche sei nun aufschlagen, erklärte Ratzinger unmittelbar nach dem Ende der ersten Sitzungsperiode, »in eine neue, positive Begegnung mit ihren Ursprüngen, mit ihren Brüdern, mit der

Welt von heute.« Dadurch, »dass sich eine so deutliche Mehrheit des Konzils für die zweite Alternative entschied«, hielt er mit Blick auf das von ihm vorformulierte Schema fest, »ist dieses Konzil zu einem neuen Anfang geworden«[31]. Wie die Kurskorrektur konkret zu verstehen gewesen sei, konnte er auch noch 43 Jahre später in einem Interview mit der *Repubblica* genauestens erklären:

»›Pastoral‹, das sollte nicht heißen: verschwommen, substanzlos, bloß erbaulich, wie es da und dort missverstanden wurde. Sondern es sollte heißen: in der positiven Sorge um den heutigen Menschen formuliert, dem mit Verurteilungen nicht geholfen ist, der lange genug gehört hat, was alles falsch ist und was alles er nicht darf, der aber endlich hören will ... mit welcher positiven Botschaft der Glaube unserer Zeit gegenübertreten kann, was er positiv ihr zu lehren und zu sagen hat ...

Und ›ökumenisch‹ sollte nicht heißen: Verschweigen von Wahrheiten, um die anderen nicht zu verstimmen. Was wahr ist, muss offen gesagt werden, ohne Verbergen; die volle Wahrheit ist ein Teil der vollen Liebe. ›Ökumenisch‹ sollte vielmehr heißen: dass man aufhört, die anderen bloß als Gegner zu sehen, gegen die man sich verteidigt ..., dass man versucht, sie als Brüder zu erkennen, mit denen man spricht und von denen es auch zu lernen gibt.«[32]

Im November 1962 wird Frings' Berater zum offiziellen *Peritus* ernannt. Sein Konzilsausweis, ausgestellt von »Hamlet Johannes Cicognani, Kardinalbischof der Heiligen Römischen Kirche, Titular der suburbikarischen Kirche von Frascati, Staatssekretär Seiner Heiligkeit Papst Johannes XXIII.«, berechtigt ihn zur Teilnahme an den Generaldebatten im Petersdom und sichert ihm »freies Geleit und, wenn notwendig, jedwede erforderliche Hilfe und Unterstützung« zu. Ratzinger empfindet es als »großartiges Erlebnis, alle Experten zu sehen, große Persönlichkeiten, Henri de Lubac, Jean Daniélou, Yves Congar, Marie-Dominique Chenu; Personen, die ich bewunderte – und dann, natürlich, den Papst selbst«[33]. Unweit von ihm sitzt Karol Wojtyla. Der Pole macht sich Notizen zu den Debatten. Jede neu begonnene Seite seiner Unterlage markiert er auf der rechten oberen Ecke mit einem Kreuz und den Buchstaben *AMDG – ad majorem Dei gloriam*, zur größeren Ehre Gottes.

Im Gegensatz zu Ratzinger zeigt sich der Bischof von Krakau alles andere als erfreut über die Revolte der Kollegen. In Polen hatte Wojtyla Angriffe auf seine Kirche durch die atheistischen Behörden erlebt, von den *Feinden* der Kirche also. In Rom aber kamen die härtesten Kritiker aus der Kirche selbst. Seiner Meinung nach sollte es der Zweck des Konzils sein, klare Aussagen gegen den wachsenden Materialismus der modernen Zeit und zur Bedeutung der Transzendenz des menschlichen Geistes zu treffen. Zu den Themen, die *er* diskutiert haben wollte, gehörten die Bedeutung des Zölibats, der pastorale Nutzen von Sport und Theater, der ökumenische Dialog sowie die Reform des Breviers und der Liturgie.

Kardinal Ottaviani zeigte noch einmal Würde. Das Abschmettern seiner Textvorlage nahm er mit Fassung. Einen Seitenhieb aber konnte er sich nicht verkneifen. »Ich erwarte nicht, die üblichen Litaneien von euch allen zu hören«, sprach er ernüchtert in eines der Mikrofone im Petersdom. Litaneien etwa in dem Sinn, »es ist nicht ökumenisch und ist zu scholastisch, es ist nicht pastoral und zu negativ und ähnliche Klagen. Dieses Mal will *ich* euch ein Geständnis machen: Diejenigen, die längst gewohnt sind zu sagen: ›Nimm es weg und ersetze es‹, sind schon bereit zur Schlacht. Und ich will auch etwas anderes offenbaren: Schon bevor dieses Schema verteilt wurde, war ein alternatives Schema vorbereitet. So ist alles, was mir bleibt, zu verstummen. Denn wie die Schrift sagt: Wo niemand hört, ist es sinnlos zu reden.«

Ratzinger aber stand fortan in einem zweifelhaften Ruf. Plötzlich wurde ihm vorgehalten, »ich hätte den Kardinal hereingelegt«. Karl Rahner bestätigte in einem Brief an seinen Bruder Hugo, er und Ratzinger würden in einem »Pamphlet von französischen Integralisten« aufgrund ihres alternativen Entwurfes zum Offenbarungsschema »gräulich beschimpft und als Häretiker abgekanzelt, die die Hölle leugnen und schlimmer als Teilhard und die Modernisten seien«[34]. Die Anschuldigungen gegen die beiden Berater reichten bis zum Vorwurf, das Ratzinger/Rahner-Schema sei »ein typisch freimaurerischer Text und solche Sachen«. Augenzwinkernd fügte Benedikt XVI. in unserem Interview hinzu: »Wobei ich nun wirklich nicht im Verdacht stehen sollte, Freimaurer zu sein.«

Kapitel 33

Deutsche Welle

Kardinal Frings nahm den nächsten Flieger nach Wien, als sich am 8. Dezember 1962 die Tore des Konzils schlossen. Eine Operation am Augen-Klinikum sollte ihm seine Sehkraft zurückbringen, zumindest partiell. Joseph kehrte zurück nach Bonn. Er hat einiges aufzuholen. Texte korrigieren, Seminare vorbereiten, Fakultätssitzungen absolvieren.

Frings und sein Chefberater hatten das Konzil gedreht. Aus einer Minderheit an reformorientierten Kräften war eine Mehrheit geworden. Der eherne Machtkomplex der Kurie jedenfalls war aufgebrochen, seine Galionsfiguren entzaubert. Nicht umsonst machten in der Aula des Petersdoms zuletzt Witze die Runde, die ungefähr so gingen: »Ein Schiff fährt von Neapel nach Capri. An Bord sind die Kardinäle Ottaviani, Siri und Ruffini. Das Schiff geht unter. Wer wird gerettet? Die katholische Kirche.«

Die erste Sitzungsperiode war die bei Weitem bedeutendste, weil sie dem gesamten Konzil die Richtung vorgab. »Wenn mancher vielleicht unzufrieden war oder ist, dass das Konzil keinen Text verabschiedet, kein greifbares Ergebnis erzielt hat«, notierte Ratzinger unmittelbar nach seiner Rückkehr nach Deutschland, dann müsse er sich nicht grämen: Denn »gerade darin, in dieser scheinbar negativen Bilanz, liegt das große, überraschende und wahrhaft positive Ergebnis der ersten Periode«. In der Verweigerung, Dekrete oder Konstitutionen einfach durchzuwinken, zeige sich »die Umwälzung gegenüber dem Geist der Vorbereitungsarbeit und so das wahrhaft Epochemachende dieser ersten Konzilssitzung«[1].

Man konnte es so sehen. Andere sahen es anders. »Das Konzil hat enthüllt: dass sich eine vage Form von Leitung der Kirche abzeichnet, die von der deutschsprachigen Gruppe und deren Verwandten oder Nachbarn repräsentiert wird«, hielt Kardinal Siri von Mailand am 1. Januar 1963 in einem Brief an Monsignore Alberto Castelli fest, dem Sekretär der Italienischen Bischofskonferenz. Siri war außer sich über die seiner Meinung nach aufflackernden Tendenzen: »1. Antipathie gegen, wenn nicht geradezu Hass auf die Theologie. 2. Vorschlag einer neuen Theologie. 3. Vorschlag einer neuen Methode für die Theologie. 4. Vorherrschen der rhetorischen und literarischen Ausführung. 5. Die ekstatische Verliebtheit in neue Wörter und neue Paradigmen.« Alles müsse sich plötzlich der »Pastoral«, dem »ökumenischen Ziel« und den »Erwartungen der Welt« unterordnen, fasste er sarkastisch zusammen. Es sei der Versuch, »Tradition, Ecclesia etc. zu eliminieren« – gestützt durch »diejenige, die möglichst alles an die Protestanten, die Orthodoxen etc. anpassen wollen«. Ergo: »Die Göttliche Tradition wird zunichte.«[2]

In Deutschland wurde an katholischen Fakultäten, in Bischofshäusern und Zeitungsredaktionen nicht nur die sensationelle Wende von Rom diskutiert. Nicht weniger spannend war eine andere Wandlung: die von Josef Frings. Der Kardinal von Köln war bislang als stramm konservativ eingeschätzt worden. Man kannte ihn als volksnahen Kirchenführer, der sich bei Musik von Mozart und Strawinsky, begleitet von Moselwein und Zigarillos, von seinen Amtsgeschäften erholte. Die Dramen Shakespeares las er mindestens so gerne wie die Texte der Kirchenväter. Nun sollte auch das Nachrichtenmagazin *Der Spiegel* auf den Alten aus Köln aufmerksam werden. Das Blatt setzte den Kirchenfürsten auf den Titel. Coverzeile: »Deutsche Welle«. Gemeint war die Welle, die Frings in Rom ausgelöst hatte. Als Motto stand dem Beitrag ein Zitat des englischen Kardinals John Henry Newman voran: »Leben heißt sich verändern. Vollkommen sein heißt, sich oft verändert zu haben.«

Der bislang als besonders papsttreu geltende Kölner, meldete das Magazin, habe in Rom eine »in der jüngsten Kirchengeschichte beispiellose Attacke gegen die Diktatur der autoritär herrschenden obersten Glaubenswächter« geritten. Die Töne, die er anschlug, müssten »konservativen wie einfältigen Katholiken als schiere Revolution erscheinen«. Als Inspirator für »die erstaunliche Wandlung des rheinischen Oberhirten« hatte der *Spiegel* niemand anderen ausgemacht als seinen »wichtigsten Berater«, einen »der begabtesten deutschen Reform-Theologen«. Sein Name: »Professor Joseph Ratzinger, 36«. Der Beitrag fasste zusammen: »Aus vielen Gesprächen« mit Ratzinger, »dem halb so alten Gelehrten«, habe der Kardinal jene theologisch fundierte Überzeugung gewonnen, die er heute im Konzil vertritt.«[3]

Bei ihrer Spurensuche waren die Redakteure fündig geworden. »Die erste Nachricht über den fortschrittlichen Frings«, wusste das Magazin, »kam aus Italien.« Gemeint war Frings' Rede vom November 1961 im Genueser Teatro Duse. Der *Spiegel*: »Zum ersten Mal in seinem Leben forderte Frings damals, die Kirche müsse ›überkommene kirchliche Formen, wie zum Beispiel den 'Index'‹ und ihre ›ganze einschlägige Praxis überprüfen‹, weil die Menschen ›gegen alle Anzeichen totalitären Verhaltens außerordentlich feinfühlig und kritisch‹ seien.« Zum ersten Mal habe er hier auch gefordert, der »Idee der Toleranz, der Achtung vor der geistigen Freiheit des anderen Menschen« höchstes Gewicht zu geben. Und zum ersten Mal habe er das Thema angeschlagen, »das er später auf dem Konzil in den Mittelpunkt rückte: Die Kirche brauche eine ›stärkere Intensivierung der bischöflichen Gewalt‹.« Was die Hamburger Journalisten freilich nicht recherchierten: Der komplette Text stammte von Ratzinger.

Wieder zu Hause, wurde Frings' Topberater mit den Avancen konfrontiert, die seit längerer Zeit im Raum standen. Bereits am 6. April 1962 hatte der Dekan der Universität Münster der Uni Bonn mitgeteilt, sein Haus wolle Ratzinger zum kommenden Wintersemester *primo loco* (an erster Stelle) auf den Lehrstuhl für Dogmatik und Dogmengeschichte berufen. Am 18. Juni 1962 fragte das nordrhein-westfälische Kulturministerium Ratzinger offiziell an, wie er sich dazu stellen würde. »Eine Entscheidung über die Annahme des Rufes jetzt schon zu treffen«, lautete seine Antwort, »sehe ich mich leider außerstande; ich möchte zunächst die Aufgaben und Möglichkeiten des Münsteraner Lehrstuhls erkunden … Einstweilen kann ich nur sagen, dass ich dem Ruf grundsätzlich nicht abgeneigt bin.«[4]

Münster blickte auf eine imposante Geschichte zurück und verfügte über die größte katholische Fakultät Europas. Unter Hitler hatte Kardinal Clemens August von Galen, der »Löwe von Münster«, mit seinem mutigen Auftreten das Euthanasieprogramm der Nazis gestoppt. Am 29. Juni, nur eine Woche nach der Anfrage, ließ sich Ratzinger gemeinsam mit Schwester Maria von seinem Studenten Werner Böckenförde nach Münster fahren, um sich schon mal umzusehen. In Bonn wurden die Abwerbungsversuche aufmerksam verfolgt. »Die Katholisch-Theologische Fakultät hat ein dringendes Interesse daran«, bedrängte in einem Brief vom 2. Juli der Rektor der Uni seinen Kultusminister, »den anerkannten und vielversprechenden Gelehrten der Fakultät und der Universität Bonn zu erhalten.« Ratzinger habe sich »innerhalb weniger Jahre durch seine Publikationen und Vorträge internationalen Ruf erworben«. Der Rektor wurde konkret: »Im Auftrage der Kath.-Theol. Fakultät bitte ich, Herrn Prof. Ratzinger eine etwa für Münster vorgesehene gehaltliche Verbesserung auch für den Fall des Verbleibens in Bonn zu bewilligen.«[5]

Der Kampf um Ratzinger hatte sich zu einer öffentlichen Angelegenheit entwickelt. »Unruhe entstand auch unter den Theologen, als man erfuhr, Prof. Ratzinger habe einen Ruf nach Münster erhalten«, hielt die Seminarchronik des Bonner *Collegium Albertinum* fest. Nun traten die Studenten auf den Plan. Mit einer nie gesehenen Aktion: einem Fackelzug, mit dem sie für das Bleiben Ratzingers in Bonn demonstrierten. Noch war keine Entscheidung gefallen. Eine Aktennotiz des Ministeriums vom 6. August 1962 vermerkte: »Prof. Ratzinger schwankt noch sehr, ob er sich für Bonn oder für Münster entscheiden soll.« Zeit, um Ratzinger alle denkbaren Vergünstigungen anzubieten: einen erhöhten Sachetat, je eine Stelle für einen wissenschaftlichen Assistenten und für eine wissenschaftliche Hilfskraft; dazu noch eine halbe Schreibkraft. Damit wäre Ratzingers Lehrstuhl derjenige mit der besten personellen und finanziellen Ausstattung der Fakultät gewesen. Endlich, am 27. August 1962, 15 Tage vor Eröffnung des Konzils, hatte der Umworbene mitgeteilt, dass er sich für den Verbleib in Bonn entschieden habe. Erleichtert notierte Ministerialdirigent Wegner handschriftlich in der Akte »Wg 30.VIII.«: »erl(edigt). Prof. Ratzinger bleibt in Bonn.«[6]

Im Grunde sollte der Bayer längst auf einem ganz anderen Professorenstuhl sitzen, nämlich in Tübingen, dem Olymp deutscher Theologie. »Der Dekan in Tübingen meinte sogar«, so Ratzinger in unserem Interview, »ich könne mir einen der zwei nicht besetzten Lehrstühle selbst auswählen.« Doch der Umworbene musste damals absagen: »Ich hatte zu dieser Zeit bereits den Ruf nach Bonn, für mich ein Traumziel.« Glück für Hans Küng, der anstelle Ratzingers den begehrten Platz einnahm, obwohl der Schweizer, wie das Kollegium in Tübingen mokierte, nicht habilitiert war und sein römischer Doktortitel in Deutschland als wenig wertvoll erachtet wurde.

Das Konzil hatte nicht nur Frings, es hatte auch seinen Helfer verändert. Aus dem frühreifen war ein reifer Ratzinger geworden, ein Mann, der sich seiner Verantwortung bewusst war. In seinen Erlebnisberichten aus Rom trat er dementsprechend nicht als distanzierter Beobachter des Konzils auf, in devoter Ehrfurcht vor dem, was hier Großes geschieht, sondern analysierte als jemand, der mitgestaltet und seinem Publikum authentisch Zusammenhänge aufzeigen will. Ob es nun um das Problem des Gottesdienstes ging (»für die Kirche eine Frage auf Leben und Tod«), um die Frage des römischen Zentralismus, den Dialog mit der nicht katholischen Christenheit oder der Beziehung von Kirche und Staat, Glaube und Wissenschaft, Ethos und Religion. Maßlos zurückhaltend zeigte er sich nur in einem Aspekt: dem Anteil, den er selbst in dem Stück spielte.

Auf dem Rückflug nach Bonn hatte Joseph die Wochen in der Ewigen Stadt noch einmal Revue passieren lassen. Seine Erkundungen im Umkreis der *Anima*, mit dem Pantheon, der französischen Nationalkirche San Luigi dei Francesi, mit La Sapienzia als der ältesten Universität Roms, mit dem Palazzo Madama, dem Sitz des Senats, und so weiter. Er dachte an die »Zechgelage« in Trastevere mit den Kollegen aus der Theologenkommission. Bei einem seiner Spaziergänge mit Frings hatte er plötzlich die Orientierung verloren. Der blinde Kardinal hatte sich bei ihm untergehakt. »Sagen Sie mir einfach, was Sie sehen«, meinte er schließlich. Joseph hatte eine historische Statue beschrieben. Dass es sich um das Denkmal eines italienischen Freiheitskämpfers handelte, wusste er nicht. »Ach, das ist der Minghetti«, meinte Frings beruhigend, »da müssen wir jetzt rechts und dann links.«

Ein anderes Erlebnis, der Ausflug nach Neapel in den freien Tagen des Konzils, war tatsächlich zu einem Fiasko geworden. Zusammen mit anderen Theologen hatte er Frings der besseren Aussicht wegen auf einen Berg geschleppt. Bis jemandem auffiel, dass der Kardinal ja gar nichts sehen könne. Und die abenteuerliche Überfahrt nach Capri? Die Szenerie auf dem wild schwankenden Boot erinnerte an die apokalyptischen Gemälde vom Untergang des Schiffes Kirche. Fast alle aus der Avantgarde der deutschen Konzilsmannschaft mussten sich übergeben, auch Frings. Er selbst hatte sich noch irgendwie zurückhalten können.

Unvergesslich die Begegnung mit de Lubac. Der Franzose war unübertrefflich. Nicht nur im Fleiß. Auch in seiner Demut, Güte und Brüderlichkeit. Der Besuch bei ihm war, als hätten sich alte Freunde getroffen. Dabei hätte de Lubac, geboren im Februar 1896, sein Vater sein können. Niemanden schätzte Joseph als Theologen mehr. De Lubacs *Catholicisme* hatte ihn als Studenten vielleicht nicht in Ekstase versetzt, aber in eine Art von Erkenntnisrausch. *Oui*, man unterhielt sich auf Französisch. Der asketische Gelehrte lag krank im Bett. Er litt unter ständigen Schmerzen als Folge der Verletzung aus dem Ersten Weltkrieg. Doch de Lubac hatte sich, Krankheit hin oder her, aus der städtischen Bibliothek in Rom ein Buch bringen lassen. Von irgendeinem Autor aus dem 16. Jahrhundert, über den er gerade arbeitete.

Bei der Kleinarbeit mit Karl Rahner, als sie gemeinsam in einer Kammer der *Anima* an ihrem Alternativtext feilten, hatte der Ältere die Federführung übernommen, aber er konnte im Gegensatz zu ihm kein Steno und verzweifelte am Übertragen der ewig langen Bibel-Zitate. »Mei, is des langweilig«, hatte Rahner gestöhnt. In einem Brief an seinen an Parkinson erkrankten Bruder Hugo gab Rahner intime Einblicke in das römische Szenario. »Was so ein armer *Peritus* macht«, klagte der Groß-Theologe, »das ist langweilige Arbeit. Man fabriziert Texte, die die Konzilsväter verbessern (sie meinen es wenigstens) und als ihre Weisheit in der Aula vorbringen. Man hält Vorträge an Bischöfe. Man nimmt an kleinen Besprechungen von kleinen Gruppen und Theologen und Bischöfen teil.«[7] Einen ganzen Monat lang müsse er zudem jeden Mittwochabend weit draußen am Rande der Stadt vor brasilianischen Bischöfen reden. Es sei »so eine mühsame und zeitraubende Arbeit, zumal die guten Leute mir nicht einmal den Bus bezahlen«[8].

Sie hatten sich gut verstanden. Der um 23 Jahre ältere Kollege hatte sich seit ihrer ersten Begegnung, 1956 in Königstein, dezidiert für ihn interessiert. Beide hatten Brüder, die ebenfalls Priester waren. Das verband. Beide hatten grundlegende Artikel für bedeutende theologische Lexika verfasst. Rahner für die katholische Ausgabe, er für die protestantische (aber auch bei der 2. Auflage des *Lexikons für Theologie und Kirche* 1957–1965 hatte er ab dem 1. Band mitgearbeitet; in Band I ist er als »Dr. J. Ratzinger, Dozent, Freising« genannt, im Band 10 als »Univ.-Prof., Münster«. Für die Anschlussbände 12–14 über das II. Vatikanum verfasste er eine Reihe grundlegender Artikel). Kurz vor dem Konzil war ihr erstes gemeinsames Buch erschienen. Aber als Team funktionierten sie nicht. Mehr und mehr war Ratzinger klar geworden, dass sie, wie er sagte, theologisch auf verschiedenen Planeten lebten. Sein Partner betrieb eine spekulative und philosophische Theologie, alles sehr kompliziert. Als ehemaliger Student Martin Heideggers orientierte sich Rahner am deutschen Idealismus, an Hegel und Fichte. Er selbst hingegen war geprägt von geschichtlichem Denken und den Schriften der Väter.

Mit dem Konzil war Joseph in eine neue Welt eingetreten. Seine Arbeit war nicht mehr auf einen Hörsaal oder die Seiten eines Buches beschränkt. Neu war auch eine andere Wendung. In der Biografie jedes Menschen gibt es den einen Punkt, an dem eine Begegnung zum Schicksal wird. Ratzinger würde von »Vorsehung« sprechen, einer Kraft, die außerhalb menschlicher Verfügungsgewalt liegt. Bislang hatte ihm die »Vorsehung« väterliche Begleiter an die Seite gestellt. Läpple in Freising. Söhngen in München. Frings in Bonn. Mit Hans Küng jedoch tauchte nicht nur ein Gleichaltriger auf, sondern, wie sich herausstellen sollte, auch ein Widerpart, der nicht mehr von ihm lassen wollte.

Der Faden zwischen den jungen Stars der deutschen Theologie war seit ihrer ersten Begegnung auf der Dogmatiker-Tagung 1957 in Innsbruck nie abgerissen. Mochten andere sie als »theologische Teenager« bezeichnen, sie selbst sahen sich als hochintelligent, selbstbewusst, erneuernd – die Kirchenväter von morgen. Ratzinger meinte über Küng: »Ich hatte seine Doktorarbeit mit Genuss gelesen und Respekt für den Autor gewonnen, dessen sympathische Offenheit und Unkompliziertheit mir gefiel.« Küng umgekehrt erinnerte sich an einen »sehr freundlichen« Kollegen und »recht sympathischen Zeit- und Altersgenossen«, der allerdings ein wenig schüchtern gewirkt habe, jemand »mit unsichtbarer geistlicher Salbung«. Karl Rahner schrieb im Vorfeld des Konzils an Küng, der als Berater des Bischofs von Rottenburg anreisen wollte: »Da Ratzinger, Semmelroth auch zu kommen scheinen, könnte man mit Congar, Schillebeeckx usw. einen ganz netten Club aufziehen.«[9]

Henri de Lubac hätte da eher zur Vorsicht geraten. Er kannte Küng aus dessen Studienzeit in Paris. »Er ist ein großer Arbeiter mit klarem Verstand, und ich empfand für ihn nur Sympathie«, schrieb er am 31. März 1959 in einem Brief an seinen Mitbruder Heinrich Bacht. »Doch seit einiger Zeit legt er ein Strebertum an den Tag, ein ›arrivisme‹, wie wir auf Französisch sagen, das etwas Unsympathisches hat ... Ich wünsche Küng, dass er, wie er es in Paris begonnen hatte, ernsthaft arbeite, dass er uns ohne allzu laute Propaganda und allzu arrogantes Auftreten ausgereifte Arbeiten schenke.«[10]

Küng stammte aus dem 4000-Einwohner-Städtchen Sursee im Kanton Luzern. Geboren am 19. März 1928 war er neben fünf Schwestern der einzige Sohn einer wohlhabenden Schuhhändlerfamilie und der Liebling seiner selbstbewussten Mutter Emma. Als Jugendlicher wurde er Mitglied der patriotischen katholischen »Jugendwacht«, später bewaffneter Ortswehrsoldat. Einberufungen blieben ihm im Krieg erspart. Mit dem Eintritt in das römische *Pontificium Collegium Germanicum et Hungaricum*, kurz: *Germanicum*, gehörte er zur verheißungsvollen Elite der katholischen Welt, jesuitisch erzogen und streng geführt. Die Zöglinge des 1552 gegründeten päpstlichen Kollegs kleideten sich nach einer Fasson aus dem 16. Jahrhundert: schwarzer Gürtel, Hut und Birett, dazu die *Domestica*, ein roter, bis zum Boden reichender römischer Mantel. Ab 6 Uhr früh wurde gebetet, ab 21 Uhr herrschte Nachtruhe. Die Hausordnung umfasste 40 Seiten mit Vorschriften für Tag- und Nachtzeiten. Das Du war verboten, Gespräche im Zimmer galten als unerwünscht.

Der junge Küng galt im Haus als Vorbild, aber auch als geselliger Kommilitone. Im Studententheater übernahm er die Rolle des Robespierre, des umstrittenen Helden der Französischen Revolution. »Es gab da eine Szene im Gefängnis«, erinnerte sich Mitstudent Gerhard Gruber, später Generalvikar in München, »Küng steht hinter einem Gitter im Mondschein, und es kamen ihm alle in den Sinn, die er umgebracht hat. Danach sagte er zu mir: ›Herr Gruber, das weiß ich jetzt, Theater spielen, das kann ich.‹ Wenn man Küng verstehen will«, so Gruber, »muss man wissen, er spielt halt seine Rolle.«[11]

Zweiflern an kirchlichen Institutionen warf Küng als Priesterstudent schon mal »rationalistische Vermessenheit« vor. Pius XII. war für ihn Lichtgestalt und Idealbild eines Papstes. In sein geistliches Tagebuch schrieb er: »Herr, lass mich in allen Dingen immer zum Papst stehen.« Anlässlich der Verkündigung des Dogmas von der Himmelfahrt Mariens vollzog er 1950 die Weihe der vollständigen Hingabe »an Maria und durch Maria an Jesus«. Am 10. Oktober 1954 empfing er in der Kirche des Kollegs die Priesterweihe. Seine Primiz feierte er einen Tag später in der Krypta von St. Peter vor dem Grab des Apostelfürsten, ganz »in Loyalität zum Petrusamt«[12].

Wie der ein Jahr ältere Joseph Ratzinger wollte auch Hans Küng früh Priester werden. Die Gemeinsamkeiten sind frappierend. Beide praktizierten eine eher unauffällige Frömmigkeit. Beide entstammten der Alpenlandschaft und liebten ihre Seen und Berge. Beide wuchsen in entschieden christlichen Familien auf und hatten eine intensive Beziehung zu ihren Geschwistern. Beide verfügten über eine humanistische Bildung, die Liebe zu Mozart, ein Faible für Frankreich, einen frischen Intellekt und die Gabe, sich mitteilen zu können. Dass sie Anhänger von Gelehrten wie de Lubac, Congar, Hans Urs von Balthasar und des evangelisch-reformierten Schweizer Theologen Karl Barth waren, verstand sich für aufgeweckte junge Leute von selbst. Und sowohl Ratzinger als auch Küng empfanden sich als progressiv genug, um in ihrer Mission mit Esprit einen neuen Ton anzuschlagen, Überkommenes zu überwinden und einer neuen Zeit das »befreiend Jesuanische« (Küng) und »die ganze Tiefe der Christusgestalt« (Ratzinger) zu offenbaren.

Die beiden jungen Wilden der Theologie bedrängte die Sorge, ob christlicher Glaube Bestand haben könne, wenn er nicht mehr bezeugt wird. In einem Vortrag in Wien warb Ratzinger 1958 für »die christliche Brüderlichkeit«, das Thema, dem er auch sein erstes gleichnamiges Buch widmete. Küng hatte ein Jahr zuvor *Rechtfertigung* veröffentlicht, seine von Hans Urs von Balthasar verlegte Dissertation über die Rechtfertigungslehre bei Karl Barth – ein Plädoyer zu ökumenischer Gemeinsamkeit. Dass Kollege Ratzinger ihn daraufhin gleich in zwei Rezensionen der Öffentlichkeit empfahl, wurde von Küng dankbar vermerkt.

Als Johannes XXIII. im Januar 1959 überraschend das Zweite Vatikanische Konzil ankündigte, trat Ratzinger mit dem Vortrag in Bensberg und dem Referat für Genua auf den Plan, um Leitlinien für die kommende Kirchenversammlung zu formulieren. Die große Herausforderung für das Konzil sah er speziell in der Auseinandersetzung mit der Moderne. Ein ähnliches Thema wählte Küng auf Einladung von Karl Barth am 19. Januar 1959 an der protestantischen Theologischen Fakultät Basel, als er über die »immer wieder zu reformierende Kirche« sprach. Aus seinem Baseler Vortrag wollte der Schweizer, inzwischen Assistent von Hermann Volk in Münster, ein »kleines Taschenbüchlein« machen. Titel: *Konzil und Wiedervereinigung. Erneuerung als Ruf in die Einheit*. Küngs Stoßrichtung war klar: Wenn das Konzil sich zur Einheit der christlichen Konfessionen bekenne, erfordere dies in der Konsequenz eine uneingeschränkte Gesprächs-, Reform- und Versöhnungsbereitschaft. Das Konzil dürfe deshalb keine neuen Mariendogmen beschließen und auch keine anderen Entscheidungen treffen, die das Trennende zwischen den Kirchen hervorkehrten. Seine Thesen formulierte Küng als »Anfragen«, was ihn weniger angreifbar machte. Zudem untermauerte er seine Plädoyers mit Verneigungen vor der Tradition und mit Zitaten des Papstes.

Ursprünglich sollte das Werk *Konzil, Reform und Wiedervereinigung* heißen. Doch Küngs Berater Barth riet ab. Man solle formal und stilistisch »protestantischen Geruch« vermeiden. Dem evangelischen Theologen waren derweil Zweifel gekommen, ob der junge Kollege die römische Lehre korrekt wiedergegeben hatte. Barth an Küng: »Wenn das, was Sie in Ihrem zweiten Teil als Lehre der römisch-katholischen Kirche entfalten, Ihre Lehre tatsächlich ist, dann muss ich gewiss zugeben, dass meine Rechtfertigungslehre mit der Ihrigen übereinstimmt.«[13] Was fehlte, war ein empfehlendes Vorwort. Küngs Verleger von Balthasar war »verbrannt«, Kardinal Döpfner winkt ab. Als Küng den Wiener Franz König nach dessen Unfall im Krankenhaus aufsuchte, diktierte der Kardinal, bis zum Kopf eingegipst, einige Zeilen, in dem er sich auf die »treue kirchliche Gesinnung« des Autors bezog und dem Buch »verständnisvolle Aufnahme und eine weite Verbreitung« wünschte.

Küngs Konzilsbuch wurde ein Kassenschlager. Der Freiburger Verlag Herder warf innerhalb eines Jahres vier Auflagen auf den Markt und verkaufte Lizenzen ans Ausland. Mehr als 150 Zeitungen und Zeitschriften veröffentlichten beachtliche, manchmal gar hymnische Besprechungen. Das US-Nachrichtenmagazin *Time* widmete Küng im Juni 1962 eine ganzseitige Vorstellung und feierte ihn als »bedeutendstes theologisches Talent in Deutschland seit dem Zweiten Weltkrieg«. Der *Spiegel* bemerkte in seiner Weihnachtsausgabe vom 20. Dezember 1961: »Professor Dr. Hans Küng wagte sich auf theologisches Neuland. Der prominente Gelehrte forderte vom ökumenischen Konzil eine pro-protestantische Reform der katholischen Kirche.« Das Magazin fügte an: »Etwaige Zweifel gläubiger Leser, ob der Autor hinreichend kirchentreu sei, wurden durch Hinweise im Text – jeder Katholik schulde der Kirchenleitung stets und überall ›echten, treuen, ehrlichen, freien Gehorsam‹ – und durch Geleitworte von Kirchenfürsten ausgemerzt.«[14]

Küng hatte ein sicheres Gespür für Entwicklungen, die in der Luft lagen und Menschen elektrisieren konnten. In seinem Konzilsbuch, so Küng-Biograf Freddy Derwahl, habe der Schweizer Sätze geschrieben, »die uns jungen Leuten unter die Haut gingen. Nicht nur weil sie ehrlich klangen, sondern weil sie mit dem prätentiösen Zuckerguss kirchlicher Selbstdarstellung, die noch zu Beginn der Sechzigerjahre im katholischen Milieu gang und gäbe war, beherzt aufräumten«[15]. Die katholische Kirche brauche eine »Atmosphäre der Freiheit«, forderte der Schweizer, vor allem für ihre Theologen. Die kleinen Leute hingegen spielten in der Theologie des Bürgersohnes keine Rolle. Künftig seien »die bestimmenden katholischen Eliten wichtiger«, prophezeite Küng, »als die oft trägen katholischen Massen«[16]. Ganz anders sein

Kollege, der dezidiert den Glauben der einfachen Menschen verteidigen wollte gegen »die kalte Religion der Professoren«.

Beim Konzil nahm Küng an der eigentlichen Textarbeit nicht teil. Er verfasste weder eine Rede für einen Bischof, noch war er Mitglied einer Kommission. Kirche ist wesenhaft Eucharistiegemeinschaft – *communio* –, argumentierte Ratzinger. Küng sah das anders. Für ihn war Kirche Ratsversammlung, also *concilium*. Während in Rom andere über nachrangige Passagen in unverständlichen Texten stritten, erkannte Küng, dass es neben der Aula im Petersdom noch eine weit größere und bedeutendere Bühne gab, für die er seine Talente nutzen konnte: die Bühne der Medien. Sein unkonventioneller Stil, die Gebärde des progressiven Kritikers, seine Sprachkenntnisse, das großbürgerliche Flair und die Gabe, forsch und pointiert formulieren zu können, prädestinierten ihn als idealen Ansprechpartner für Presse, Funk und Fernsehen. Und damit gewissermaßen als eine Art unabhängiger Sprecher des Konzils, der kein Problem damit hatte, den Feldherrnhügel der Deutungshoheit zu übernehmen. Denn zu den üblichen Parteien des Konzils war eine hinzugekommen, die niemand auf dem Zettel hatte: die Partei »Öffentlichkeit«, vertreten durch eine Gruppe, die Ratzinger später das »Konzil der Journalisten« nennen sollte. Und hatte der Großteil der Väter noch nicht einmal wahrgenommen, dass es im Gegensatz zu allen vorhergehenden Konzilen inzwischen eine eigenständige, machtvolle Medienindustrie gab, spielte Küng die Klaviatur der Presse virtuos. Die postmoderne Theologie war geboren, und sie ward eine journalistische.

In Rom hatte Kardinal Ottaviani Küng gebeten, »nicht gleich nach jedem Gespräch auf dem Petersplatz vor laufenden Kameras eine Pressekonferenz abzuhalten«. Aber zu Küngs Strategie, schreibt sein Biograf Freddy Derwahl, »gehörte die Instrumentalisierung der Medien, die Küng bis heute meisterhaft beherrscht«. Ironie des Schicksals: Ratzinger trug maßgeblich dazu bei, die Aussagen des Konzils zu formulieren und damit das moderne Antlitz der Kirche zu gestalten. Er sollte 50 Jahre lang dafür kämpfen, das »wahre Konzil« zu verteidigen und umzusetzen – und wurde jahrzehntelang mit dem Vorwurf konfrontiert, das Konzil verraten zu haben. Küng war weder an den verabschiedeten Texten beteiligt, noch gedachte er, die Deklarationen anzuerkennen, etwa in den Fragen von Zölibat oder Papsttum. Stattdessen operierte er mit einem unbestimmten »Geist des Konzils« – und galt fortan als Siegelbewahrer des Fortschritts.

Ab irgendeinem Zeitpunkt fuhr der eine mit dem Alfa Romeo vor, stets top gekleidet. Der andere kam mit dem Secondhandfahrrad, Kennzeichen Baskenmütze und abgetragener Anzug. Der eine kultivierte eine radikale Kirchenkritik und avancierte zum Liebling der Presse. Der andere forderte den Zeitgeist heraus und wurde zum Zielobjekt jener Medienmacht, die Küng als einen Vorzeigechristen feierte, der für Millionen von Anhängern weltweit die Leitfigur für Reformkirche sei.

In Rom traf man sich während des Konzils auf einen Kaffee in der Via della Conciliazione, der prächtigen Auffahrtsallee zum Petersplatz. »Er hatte gute Ansätze gehabt«, so Benedikt XVI. in unserem Gespräch. Küngs Tendenz lange nicht erkannt zu haben, müsse er seiner Unbedarftheit zuschreiben: »Ich hatte die naive Einschätzung, dass Küng zwar ein großes Mundwerk hat und freche Dinge sagt, aber im Grunde doch ein katholischer Theologe sein will.«

Aus den Jahren der Kirchenversammlung rührt im Übrigen eine Geschichte, mit der Hans Küng gerne Stimmung machte. Noch während des Konzils habe Paul VI. geäußert, so erzählte er, die Kirche brauche junge Kräfte in leitenden Positionen, so wie ihn und Ratzinger. Er habe dann ihn, Küng, in einer Privataudienz gebeten, doch in den Dienst der Kirche zu treten, er solle sich halt ein klein wenig anpassen. Natürlich habe er entrüstet abgelehnt. Vieldeutig fügte Küng an: »Ich weiß nicht, was der Papst mit Ratzinger geredet hat, aber von da an gingen unsere Wege auseinander.« Joseph Ratzinger ist davon nichts bekannt. Er sei, erklärt er, Paul VI. in dieser Zeit bei einer Audienz nie begegnet.

War das Konzil bereits ein Marathon, erwartete Ratzinger nach der Rückkehr aus Rom ein wahrer Härtetest. Vom 28. bis 30. Dezember sollte er in München gemeinsam mit den Kollegen Rahner, Schnackenburg und Semmelroth vor den Bischöfen Döpfner, Schröffer und Volk über das Vatikanum referieren. Sogar sein alter Widersacher Professor Schmaus hatte sich angesagt.[17] Für den 5. und 6. Februar 1963 war er zum Treffen aller deutschsprachigen Konzilsväter geladen. Für den 7. Februar war ein Referat im internationalen Priesterseminar des Jesuitenordens in Innsbruck, dem *Canisianum*, über die »dogmatische und aszetische Bedeutung der christlichen Brüderlichkeit« vereinbart. Vom 9. bis 10. Februar nahm er in München an der Tagung der Katholischen Akademie Bayern zum Thema »Wesen und Grenzen der Kirche« teil. Insgesamt veröffentlichte er in seiner Zeit in Bonn 3 Bücher, 33 Aufsätze, 20 Rezensionen und 22 Lexikonartikel. Für ein Lehrbuch der Dogmatik, dessen Zuschnitt er 1961 mit dem Wewel Verlag in München besprochen hatte (das aber nie veröffentlicht wurde), lagen die ersten Entwürfe mit Hunderten von Seiten in der Schublade.

Der Kampf um die rechte Auslegung des Konzils hatte begonnen. Ratzinger schrieb eine populäre Artikelserie in der *Bonner Rundschau* und Beiträge für Fachzeitschriften. Sein Buch über die erste Sitzungsperiode füllte in Bonn die Auslagen der örtlichen Buchhandlungen. »Das Übermaß an Anerkennung, das Ratzinger damals gleichsam überfiel«, so der Theologe Hansjürgen Verweyen, zeigte sich auch an seinem mit Hochspannung erwarteten Vortrag am 18. Januar 1963 in der Uni. 1500 Zuhörer drängten sich in die überfüllte Aula und zusätzlich in Hörsaal X, in den die Rede per Lautsprecher übertragen wurde. »Die Studenten klopften auf die Tische und wollten gar nicht mehr aufhören«, berichtete die Teilnehmerin Doris Heitkötter. »Ratzinger trat ganz verlegen von einem Fuß auf den anderen.«

Auch der Theologiestudent Norbert Blüm saß unter den Hörern. »Ratzingers Vortrag war ein fast revolutionärer Auftritt«, so der spätere Bundesarbeitsminister. In der Tat. Schon zu Beginn des Konzils, hob der Referent an, sei durch die Aktionen des Kölner Kardinals und der mitteleuropäischen Bischöfe etwas Neues geschaffen worden: die horizontale Katholizität, die der Autorität der Bischöfe Rechnung trage und eine lebendige Beziehung zwischen Peripherie und Zentrum der Kirche herstelle. Bei der Auseinandersetzung des Schemas über die *Quellen der Offenbarung* sei man aus der Defensivhaltung zu einem neuen Geist der Offenheit und der Begegnung vorgestoßen. Man könne zwar vorerst nur eine Zwischenbilanz ziehen, es habe sich aber bereits mit der ersten Sitzungsperiode des Konzils eine epochemachende Umwälzung angebahnt, die zum Optimismus berechtige. Den Wechsel in der Grundhaltung zur Moderne könne man mit den Worten »Ja statt Anti« charakterisieren. Die *Bonner Rundschau* schloss ihren Artikel über Ratzingers »Erlebnisbericht« mit dem Satz: »Stehend beteten die Hörer am Schluss mit dem Redner für das Heil eines guten Konzilsausgangs.«

Ratzinger fand sogar Zeit, am 19. März 1964 einen Abstecher zu einer ökumenischen Tagung in die Abtei St. Hildegard in Eibingen zu machen. Die Chronik des Klosters vermerkt: »Alles ist atemlos gebannt von den hohen, frommen Ideen, den klaren Gedankengängen und von der bescheidenen, klugen Priesterpersönlichkeit.« Der »Prophetin der Deutschen« Hildegard von Bingen war Ratzinger schon seit seiner

Kindheit zugeneigt. 50 Jahre nach seinem Besuch im Hildegard-Kloster sollte er die hellsichtige Universalgelehrte, Ärztin, Poetin, Komponistin und Mystikerin aus dem 11. Jahrhundert, die in Visionen eine umfassende Wissenssammlung der Naturmedizin, der Ernährungstherapie, der Kosmologie und der Beziehung zum Schöpfer der Welt niederlegte, am 10. Mai 2012 als Benedikt XVI. zur Heiligen der katholischen Kirche erheben. Am 7. Oktober desselben Jahres ernannte er sie zur Kirchenlehrerin – eine Ehre, die bislang erst drei Frauen zuteilgeworden war. Hildegard sei eine Frau, betonte Benedikt, die Christus in seiner Kirche liebte, aber nichts von Weltfremdheit oder Ängstlichkeit zeigte.

Ratzingers Aufstieg schien zu diesem Zeitpunkt unaufhaltsam. »Karriereplanung war nie sein Ziel«, berichtete einer seiner Studenten, »aber er hatte sie auch nicht nötig – es fiel ihm alles zu.« Nicht ganz. Wie ein roter Faden ziehen sich auch Querschläge und Hindernisse, der akademische Neid der Kollegen, die Front der Ablehnung durch das Leben des Theologen. Selbst in Bonn, seinem »Traumziel«, sollten sich dunkle Wolken über ihn zusammenbrauen.

Die Anerkennung, die er von überallher erfuhr, hatte auch Eifersucht entfacht, und die Gegner warteten darauf, ihre Chance zu bekommen. Zunächst nahm ihm das Establishment der Uni seine Sympathie für Leute übel, die von der theologischen Honoratiorenschaft als »Grenzfälle« eingestuft wurden. Etwa für den lutherischen Exegeten Heinrich Schlier, den evangelischen Indologen Paul Hacker oder den Gelehrten Chajjim Horowitz, Leiter der jüdischen Gemeinde in Bonn. »Sicher betrachteten die meisten Kollegen ihn als zu modern und fortschrittlich, zum Teil sogar als verwegen in seinem theologischen Drang«, wusste Heinz-Josef Fabry, Bonner Professor für Altes Testament. Arbeitete nicht auch sein »Urschüler« Vinzenz Pfnür ausgerechnet an einer Dissertation über die protestantische *Confessio Augustana?* Und war der Konzilsberater nicht auch Autor für das evangelische Standardwerk *Religion in Geschichte und Gegenwart?* Dass dem unkonventionellen Professor zudem ganze Scharen junger Leute zuflogen, während bei ihnen die Lehrsäle leerer wurden, machte das Bild nicht besser.

Insbesondere hatte Ratzinger nun Probleme, seine Doktoranden durchzubringen. Im Mai 1962 hatte er sich lautstark dafür eingesetzt, auch orthodoxen Theologen grundsätzlich die Promotion an katholischen Fakultäten zu ermöglichen. Jetzt waren zwei seiner eigenen Studenten davon betroffen, die seine Vorlesungen im schwarzen Mönchsgewand besuchten. Der eine war Stylianos Harkianakis aus Kreta, der andere Damaskinos Papandreou, der in Bonn und Köln Gastarbeiter betreute. Die Fakultät lehnte es ab, die beiden griechischen Priester zur Promotion zuzulassen. Spitz fragte der Neutestamentler Gerhard Schäfer auf der Fakultätssitzung nach, wie denn der Herr Kollege überhaupt seinen Vorlesungsverpflichtungen nachkommen wolle, wenn er die Hälfte des kommenden Semesters als Konzilstheologe in Rom verbringe. Ratzinger musste sich rechtfertigen und versprach, Vorlesungen und Seminare in gedrängter Form nachzuholen.

Schon zu Beginn des Wintersemesters 1962/63 hatte sich die Lage zugespitzt. In der Sitzung vom 7. November 1962 kam trotz Abwesenheit des Erstgutachters Ratzinger, der beim Konzil weilte, die Promotion seines Studenten Johannes Dörmann auf die Tagesordnung. In einem Brief vom 9. November nach Rom berichtete der Dekan dem Doktorvater, dass Schäfer offiziell Bedenken gegen die Dissertation angemeldet habe. Die Spannung entlud sich in der letzten Fakultätssitzung des Jahres, fünf Tage vor Weihnachten, am 19. Dezember 1962. Ratzinger hatte sich für den als fortschrittlich geltenden Schweizer Dozenten Franz Böckle starkgemacht, den er für den frei werdenden Lehrstuhl für Moraltheologie empfahl. Böckle sei nicht habilitiert und vertrete merkwürdige Ansichten zur Geburtenregelung, schnaubte Schäfer. Der Alttestamentler Gerhard Johannes Botterweck brachte seine Verbalgewalt ins Spiel, und Böckle war aus dem Rennen. (Der Schweizer wurde später doch noch berufen. Er lehrte 23 Jahre lang in Bonn, wurde Berater der Bundesregierung und gilt heute als einer der einflussreichsten Moraltheologen der Nachkonzilszeit). Das war der erste Schlag, der zweite folgte zugleich.

Es ging noch einmal um die Dissertation des Ratzinger-Schülers Dörmann, die aus formalen Gründen abgelehnt wurde. »Man will Sie rausekeln«, hatte ihm Konzilskollege Jedin geflüstert. Ratzinger hatte genug. Am 17. Dezember signalisierte er in einem Brief an Dekan Keßler in Münster, er werde sich einem zweiten Ruf nicht versperren, falls bestimmte Bedingungen erfüllt werden könnten.

Kardinal Frings versuchte noch, ihn umzustimmen, meinte aber schließlich: »Sie müssen dorthin gehen, wo Sie glauben, besser arbeiten zu können. Aber Sie dürfen sich dabei nicht von negativen Gesichtspunkten leiten lassen, weil Sie in Bonn Ärger haben.«[18] Ratzingers Bedingungen waren eine gute Ausstattung des Lehrstuhls und die Mitnahme seiner orthodoxen griechischen Studenten. Für sie wie für sich als ihren Lehrer sah er in Münster günstigere Bedingungen. Die Würfel waren gefallen.

Ende Februar 1963 hatte es sich herumgesprochen: »Prof. Ratzinger verlässt Bonn«, berichtete in großen Lettern der *Generalanzeiger*. »Für die Katholisch-Theologische Fakultät der Bonner Universität und noch mehr für seine Schüler«, so das Blatt, »bei denen der scheidende Lehrer wegen seiner schlichten und menschlich gewinnenden Art besonders beliebt war, bedeutet der Wechsel Ratzingers nach Münster einen schweren Verlust.«

In seinen Erinnerungen hielt Ratzinger fest: All die Umstände seien »zu einer Macht« geworden, »der ich mich beugte«. »Für fast alle Kollegen war er ein geachteter Kollege, der ungeahnte Mengen an Studenten an die Fakultät führte«, resümierte Heinz-Josef Fabry. »Seine Vorlesungen waren klasse und mutig (vielleicht sogar progressiv), sein kollegiales Verhalten untadelig.« In Bonn sei jedoch ein Klima entstanden, »in dem ein Mann von der Größe und Sensibilität eines Ratzinger nicht mehr atmen, geschweige denn forschen und lehren konnte«[19].

Wer die treibenden Kräfte für seinen Wechsel waren, ließ der spätere Papst in seiner Biografie offen. Allerdings erinnerte er an seinen Schwur: »Ich dachte an das Drama meiner eigenen Habilitation zurück und sah in Münster den mir von der Vorsehung gewiesenen Weg, den beiden helfen zu können.«[20] Dass er sich zudem zur Dogmatik berufen fühlte, »die mir ein viel weiteres Wirkungsfeld eröffnete als die Fundamentaltheologie«, stand ohnehin außer Frage. Aus den beiden Griechen wurden im Übrigen Metropoliten des Ökomenischen Patriarchats von Konstantinopel. »Ich kannte die Ostkirche vorher aus Büchern und Bildern«, bedankte sich ihr Doktorvater später bei seinen Zöglingen, »aber erst in der persönlichen Begegnung ist mir ihre lebendige Kraft nahegerückt, die in mein eigenes theologisches Denken, in mein Glauben und Leben hineinwirkte.«

Kapitel 34

Kraftquellen

Münster, 270 000 Einwohner, ist eine Beamten-, Kaufmanns- und Bildungsstadt. Zwei Drittel des Ortes wurden im Krieg bei Luftangriffen dem Erdboden gleichgemacht, große Teile der Uni aber sind 1963 längst wiederaufgebaut und technisch auf dem neuesten Stand. Geld ist reichlich vorhanden. Es ist Wirtschaftswunderzeit.

Assistent Böckenförde hatte für Maria und Joseph ein perfekt gelegenes Häuschen gefunden. Zehn Minuten zum Arbeitsplatz (mit dem Fahrrad). Zehn Minuten zur Kirche (zu Fuß). Zehn Minuten zum Gasthaus Zum Himmelreich. Noch hat Joseph »Heimweh nach Bonn, nach der Stadt am Strom, ihrer Heiterkeit und ihrer geistigen Dynamik«.

Die neue Anschrift der Ratzingers lautet Annette-Allee Nr. 18, benannt nach der Dichterin Annette von Droste-Hülshoff. Vier Zimmer, Küche, Bad. Garten zum Friedhof. Wenn Georg zu Besuch kommt, und er verbringt konsequent jeden Urlaub mit den Geschwistern, schläft er im Wohnzimmer auf der Couch. Im ersten Stock leben die studentischen Untermieter Vinzenz Pfnür, Helmut Brandner und Lorenz Mösenlechner. Gemeinsam feiert man »Bayerische Abende«, und wenn bei Schneegestöber oben auf der Geige »Leise rieselt der Schnee« erklingt, stimmt der Hausherr im Erdgeschoss übermütig am Klavier mit ein. In den Semesterferien logieren Priesteramtskandidaten aus dem Bistum München-Freising in der Wohnung des Professors und kümmern sich um die Rasenpflege.

Im Wintersemester 1963/64 sind an der Universität Münster 13 751 Studenten gemeldet. In der Theologie, der größten katholischen Fakultät Deutschlands, haben sich 343 Priesteramtskandidaten und 321 Laientheologen eingeschrieben, 113 davon weiblich. Der Kirchenbesuch im Bistum liegt bei 50 Prozent. Pro Jahr werden rund 50 neue Priester geweiht. An Prozessionen nehmen Rat und Verwaltung der Stadt geschlossen teil. Am 28. Juni 1963, Freitagmittag, jedoch scheint ganz Münster auf den Beinen. Unzählige Menschen drängen sich vor dem Hörsaal 1 des Fürstenberghauses am Domplatz. Die 600 Plätze sind längst besetzt. In den über Lautsprecher zugeschalteten Nebenräumen versammeln sich weitere Studenten und einfache Bürger der Stadt, als ein 36-jähriger, unscheinbarer Jüngling ans Mikrofon tritt.

Es ist die Antrittsvorlesung des mittlerweile berühmten Professors Ratzinger, seit 1. April Inhaber des Lehrstuhls für Dogmatik und Dogmengeschichte. Der Referent trägt zur Premiere den traditionellen, dick gefütterten Talar des Ordinarius. Den kleinen Schädel schmückt das unvermeidliche Samtbarett. Sein Debüt geht über »Offenbarung und Überlieferung«. Im Untertitel der Einladung stand: »Versuch einer Analyse des Traditionsbegriffs«. In Bonn waren die alten Ordinarien neidisch auf den jungen Professor, in Münster ist es anders. Als der Dozent endet, gibt es tosenden Applaus.

Ratzinger weiß, er ist angekommen. Er mag die Stadt und sieht neue Möglichkeiten, die Aufbruchsstimmung des Konzils mitzunehmen, eine neue Theologie zu lehren, ohne Querschläge fürchten zu müssen. Begeistert schreibt er an Hans Küng, »dass es mich sehr freuen würde, wenn wir gemeinsam versuchen könnten, die dogmatische Arbeit an der Universität Münster in Angriff zu nehmen«. Er empfiehlt den Kollegen für den neu eingerichteten Lehrstuhl für Ökumene. Küng dankt für den Vorschlag und tritt in Verhandlungen ein. Als ihm Tübingen ein eigenes ökumenisches Institut in Aussicht stellt, sagt er im September 1963 ab. Stattdessen schickt er seinen Assistenten Walter Kasper, der nach Abschluss seiner Habilitation zum 1. August 1964 in Münster antritt. Auch er ein Lebenszeit-Begleiter Ratzingers, mit dem nicht gut Kirschen essen ist.

Um 6.30 Uhr morgens zelebriert der neue Professor für gewöhnlich die Messe in der Kapelle der nahen Geburtsklinik. Danach geht's zur Uni. Vorbei am wuchtigen Mauerwerk des St.-Paulus-Doms aus dem 13. Jahrhundert, den Stadthöfen der Adelsfamilien. Understatement gehört zur Stadt wie der häufige Regen und die Armada an Hollandfahrrädern. In Düsseldorf trägt man den Pelz nach außen, sagt man, in Münster nach innen. An der Uni begrüßt ihn seine Sekretärin Ursula Berger, die bald mit Langeweile kämpft, weil ihr Chef zu vieles selber macht.

Wenn er die Aufsätze der Studenten korrigiert, versieht er diese mit ausführlichen Randglossen. Er will seine Schüler teilhaben lassen an seinen Gedanken, einen Dialog führen. Mittags zieht er sich zurück in die Annette-Allee oder in sein Professorenzimmer, in dem er, was sonst, ein Kanapee aufstellen ließ. Sein Geheimnis ist, berichtete Sekretärin Berger, »auch unter größter Belastung noch etwas selber für sich zu machen«. Ihr Chef habe früh gelernt, ganz in der Welt zu sein, unter Menschen, bei Gesprächen – oder ganz bei sich, in der Meditation, im Gebet, bei einem eigenen Text.

So ganz passt der Neue nicht ins Bild. Mit seinem Schlabberlook, dem alten Fahrrad und dem lässigen Auftritt. Untypisch seine heitere Gelöstheit, sein herzliches Lachen, die Zurückhaltung und Milde im Umgang, das musische Naturell. Von Professoren ist man autoritären Auftritt und höchstmögliche Distanz gewohnt, Ratzinger hingegen begegnet seinen Studenten aufgeschlossen, kontaktfreudig und humorvoll. Er wird geschätzt wegen seiner Sprache, die mit ungekannter Bildhaftigkeit einen Geschmack von Theologie vermittelt, den man so noch nicht kannte.

Vieles an dem Mann aus Bayern wirkt manchmal ein wenig unbeholfen. Einige amüsieren sich über seinen besonderen Gang: der Oberkörper unbeweglich, dann diese gleichmäßigen Trippelschritte. Ratzinger weiß um seine intellektuelle Größe, aber er macht sich bewusst klein, um anderen gegenüber nicht als Riese zu erscheinen. Das Auffällige an ihm ist die Nichtauffälligkeit. Paradoxe scheinen nachgerade seine innere Natur zu sein. Intellektuell, und dennoch ganz bodenständig. Ein Vernunftmensch, der kindlich fromm ist. Eine schwache Stimme, die sehr laut sein kann. Bescheiden, aber auch bestimmend. »Was auffiel«, so eine damalige Hörerin, »war der Kontrast zwischen seinem unscheinbaren Äußeren und dem, wie er sprach: mit einer unfassbaren Präsenz und Souveränität.« Nicht verbergen lässt sich eine gewisse Strenge. Wenn es um fachliche Auseinandersetzungen geht, gibt es keine Kompromisse.

Ein echtes Stadtereignis werden seine Adventspredigten auf der Kanzel des St.-Paulus-Domes. Nie mehr danach ist das Gotteshaus so gefüllt, bis in den letzten Winkel. 1500 vor allem junge Menschen lauschen um 19 Uhr Ratzingers Meditationen über die Heilige Schrift. Der Prediger zitiert Blaise Pascal und Kierkegaard. Er argumentiert mit aktuellen naturwissenschaftlichen Erkenntnissen. »Ich habe erst damals richtig verstanden«, erinnert sich ein Hörer, »was ›Advent‹ bedeutet: den nicht erlösten Teil der Welt in den Blick zu nehmen, auch in uns selber.«

Bibelarbeit galt an katholischen Fakultäten bislang als »etwas Evangelisches«, nun sehen die angehenden Theologen, wie ihr Professor seine Lehre unmittelbar aus der Bibel ableitet und dadurch einen neuen Zugang zur Heiligen Schrift ermöglicht. Ziel des Theologie-Studiums sei es, erklärt er, Wahrheit und Liebe zu Gott, Wissenschaft und Frömmigkeit gleichzeitig anzustreben. Es bedürfe einer »persönlichen Betroffenheit«, einer wirklichen Hinwendung zu Gott, der einen als seinen Bundespartner, als Freund und Jünger rufe. Theologie zu studieren bedeute im Letzten »die Annahme der Wahrheit seiner selbst im Lichte Gottes«.

Alle schwärmen für ihn, besonders Schwester Mechtild aus dem Kloster der Kreuz-Schwestern in Aachen, die keine Vorlesung von Ratzinger verpasst. Kein anderer Dozent hat ähnlich viele Hörer. Rund 350 Studenten schreiben sich bei Ratzingers Vorlesungen ein, mindestens 600 nehmen tatsächlich daran teil; trotz des lästigen Beginns um 8 Uhr. »Wie ein kleiner Kaplan kam er herein, ging nach vorne und begann sofort mit der Vorlesung«, berichtete der damalige Student Franz-Josef Dömer. »Da war es schlagartig mucksmäuschenstill, und alle hingen an seinen Lippen. Und wenn man dachte, er habe alles gesagt, dann kam er erst mit seiner eigenen Theologie und sagte uns Sachen, die man noch nie gehört und nie gelesen hatte.«[1] »Es war uns klar, dass da nicht nur ein gelehrter Professor zu uns sprach, der viel wusste«, konstatierte Schwester Emanuela, »sondern ein Mann von großer spiritueller Tiefe.«

Die im Hörsaal mitstenografierten Texte sind so begehrt, dass die Assistenten Vinzenz Pfnür und Roman Angulanza im Keller der Uni eine kleine Druckerei einrichten, um die jeweils etwa 200 Seiten umfassenden Mitschriften in gut 800 Stück Auflage in ganz Deutschland zu versenden. Die Einnahmen kommen einem bedürftigen Studenten zugute. Organisator Vinzenz Pfnür schleppt darüber hinaus regelmäßig Obdachlose mit nach Hause. »Sein Konto war immer leer, weil er alles hergab«, berichtete Kommilitone Angulanza, »das hat dem Ratzinger sehr imponiert.«[2]

Eines der beiden Hauptthemen des Dogmatikers ist in Münster die nähere Bestimmung des Offenbarungsbegriffes. Offenbarung sei das »Sich-angeredet-Wissen durch Gott« und damit ein durch und durch personaler Vorgang, doziert er. Offenbart wird kein Wissen. Es gehe vielmehr um die freie göttliche Wirklichkeit, die vor dem Menschen auftaucht und sich zu ihm in Beziehung setzen will. In seinen Ausführungen zur Trinitätslehre heißt es: »Gott ist Person, insofern er den Menschen zum Du, zum Partner werden lässt. Gott ist kein neutrales

Schicksal, sondern ein Wesen, das Wort und Liebe ist und hat. Gott ist so, dass Beten Sinn hat, weil er hören kann; dass Lieben Sinn hat, weil er zuerst geliebt hat.«[3]

Den zweiten Schwerpunkt seiner Lehrtätigkeit bildet das Selbstverständnis der Kirche. Er erläutert die wichtigsten neutestamentlichen Bilder hierfür und geht auf die aktuelle Konzilsdiskussion ein. Auch seine Eucharistie-Vorlesung zählt zu diesem Themenbereich. Eucharistie, erklärt Ratzinger, ist das Sakrament des Auferstandenen, das Sakrament der Verwandlung. Der Sinn der Eucharistie sei »das Sich-selbst-Zurücklassen, um sich selbst zu finden«; anders gesagt: Eucharistie ist »die Durchdringung unseres Ich mit dem Du des auferstandenen Herrn und die Öffnung unseres Ich in dieses Du hinein«.

Das christliche Credo wiederum ist für ihn keine Bevormundung, sondern ein Gesetz der Freiheit. »Gott ist Schöpfer, Welt ist Schöpfung, ich bin geschaffen« – das sei eine Deklaration, die Urvertrauen und Gelassenheit ermögliche. »Noch ehe wir von uns aus Sinn machen, ist Sinn da. Er umfängt uns. Der Sinn ist nicht eine Funktion unseres Schaffens, sondern seine vorausgehende Ermöglichung. Das heißt: Die Frage nach unserem *Wozu* ist in unserem *Woher* beantwortet.« Sein Gottesbeweis ist Jesus Christus, in dem Gott ein menschliches Gesicht angenommen hat, ein Gesicht voller Güte und Barmherzigkeit. Weil Jesus voll und ganz Mensch ist, finde man in ihm »das Eigentlichste meiner selbst« und Gott als die »innerste Mitte aller Wesen«. Wer redlich versuche, sich und anderen Rechenschaft vom christlichen Glauben zu geben, der müsse sich freilich immer auch »die Ungeborgenheit seines eigenen Glaubens, die bedrängende Macht des Unglaubens inmitten des eigenen Glaubenwollens« bewusst machen. Vielleicht könne jedoch gerade so »der Zweifel, der den einen wie den anderen vor der Verschließung im bloß Eigenen bewahrt, zum Ort der Kommunikation werden«.

In Münster scheint es, als ginge eine meditativ-hypnotisierende Wirkung von dem 36-Jährigen aus, der sich kaum jemand entziehen konnte. »Was ich an Ratzinger bemerkt habe, war vor allem sein Gemüt. Er denkt nicht nur mit dem Kopf, er denkt mit dem Herzen«, so die damalige Studentin Maria-Gratia Köhler: »Gerade die, die unsicher waren und ihre Fragen stotternd vortrugen, hat er ganz liebevoll und sanft behandelt und ihre Fragen in eigene Worte gefasst, sodass sie am Ende ganz stolz waren, was sie für eine kluge Frage gestellt hatten!« »Andere Theologen hörten sich aufs Erste groß und intellektuell an, aber innerlich bleibt man leer davon«, berichtete Erhard Bögershausen: »Ratzingers Theologie hat mich immer wieder vor das Geheimnis Gottes geführt. Durch ihn kommt der Andere durch. Er ist das Nadelöhr, durch den sich der Andere einfädelt in unsere Geschichte.« Ein weiterer Zeitzeuge: »Er machte uns hellhörig für die biblische Botschaft, dass wir unser Tun am Tun Jesu ausrichten müssen. Durch diese biblische Orientierung wirkte das, was er uns Neues beibrachte, nicht avantgardistisch, sondern plausibel und in gewisser Weise fromm.«[4]

Eine gänzlich andere Wahrnehmung stammt von dem Kirchenkritiker, Psychologen und Ex-Priester Eugen Drewermann. »Ich erinnere mich an eine Begegnung, als ich Ratzinger 1965 bei einer Vorlesung erlebte«, erzählte Drewermann. »Ich sehe vor mir ein ganz wachsbleiches Gesicht, spindeldürr, die fistelige Stimme, und mir wurde vollkommen schlecht, als wenn die Luft immer dünner würde. Es ging über Wirklichkeit von Welt, über den ganzen Bereich sinnlicher Erfahrung. Und obwohl ich fast geruchsblind bin, war die Empfindung, als würde ständig eine bestimmte Art von Parfüm verströmt, ganz merkwürdig. In keiner Vorlesung hab ich dieses Phänomen erlebt. Eine völlig künstliche Existenz, zusammengehalten durch einen Willen, der alle Teile des Körpers, der Gedanken marionettenartig bewegt. Mit äußerster Disziplin und Leichtigkeit, und völlig tot.«[5]

Die Einschätzung Drewermanns entsprach dem Bild des Großinquisitors aus Dostojewskis *Die Brüder Karamasow*, das der Kritiker auf Ratzinger projizierte. Sie klingt interessant, bei der Befragung unzähliger Zeitzeugen ließ sich allerdings niemand finden, der sie teilte. Das heißt nicht, dass die Persönlichkeit Ratzingers keine Rätsel aufgab. Die Ärztin und Psychotherapeutin Brigitte Pfnür sagte: »Es gibt bei ihm so eine Mischung um den Mund herum. In der Supervision würde ich sagen: Ganz locker und befreit wirkt er da nicht. Aber die Blicke sind immer sehr intensiv, präsent, sehr bejahend.« Bei Ratzinger spüre man jedenfalls »einen Hauch von etwas Zärtlichem, wenn er spricht. Andere Männer, insbesondere Professoren, nehmen in ihrer Präsenz ganz viel Raum ein. Wenn Ratzinger spricht, steht *das* im Raum, was er sagt, als Person tritt er zurück.«

Brigitte Pfnür erlebte als Theologiestudentin ihren Lehrer in Münster als »einfach bestechend«: »Er war so wenig klerikalistisch-triumphal, so überzeugend, selbst die schwierigsten Dinge wurden klar.« Man habe »bei ihm als Mensch das Gefühl, er ist das, was er sagt. Diese

Art, wie er da ist, wie er spricht, ist völlig authentisch.« Ratzingers Reden lösten ein Empfinden aus, beobachtete die Psychologin, das einen mit dem Überpersönlichen in Berührung bringe. Pfnür verglich es mit Erfahrungen, die sie in Nepal mit dem Buddhismus gemacht hatte. »Auch wenn man das Meiste nicht verstanden hat, da geschah einfach was. Der ganze Firlefanz des Alltags ist weg. Das ist die Begegnung mit dem ganz anderen. Ratzinger drückt den Intellekt aus, aber weitervermitteln tut er noch was ganz anderes.«[6]

Ein Novum in Münster ist Ratzingers Methode, Doktoranden zu führen. Er betreut die Aspiranten zwar auch individuell, vorwiegend aber im Kollektiv. Es ist ein bis dahin ungekanntes wissenschaftlich-spirituelles Kolloquium, bei dem jeder der Teilnehmer eigene Erkenntnisse vorträgt und seine Ideen zur Diskussion stellt. Zu Beginn wird gebetet, die Sitzung ist konzentriert, der Umgang leger. Er habe in seinen Doktoranden »Menschen gesehen, die mit mir auf einem Weg sind, die zusammengehören«, erläuterte Ratzinger, »sodass wir alle mit- und voneinander lernen können«[7].

Der Schülerkreis bildet keine homogene oder irgendwie elitäre Gruppe. Basis des Verfahrens ist, dass es kein Verfahren gibt. Ratzinger verabscheut Selektion. »Er nahm, wer bei ihm anklopfte, schicksalsergeben«, berichtete Assistent Siegfried Wiedenhofer. »Das ist ein Wesenspunkt seines Gottvertrauens, dass er jeden aufnimmt.« Die Versuchung, einen eigenen, stromlinienförmig ausgerichteten Jüngerkreis zu schaffen, sei dadurch gar nicht erst aufgetaucht. Sein Lehrer habe es »darauf ankommen lassen«. Dieses »Darauf-ankommen-Lassen« sei nachgerade Ratzingers Grundprinzip.

In Bonn war es etwa Heinz Schütte, der von diesem Prinzip profitierte. Der *Spiegel* griff 1963 seinen Fall auf, ohne allerdings die Hintergründe zu kennen. Gerade »am Verhalten gegenüber dem populären, reformfreudigen Priester Heinz Schütte«, so das Magazin, ließe sich »die Wandlung« des Kölner Kardinals Frings deutlich machen. Schütte, ein 38-jähriger Priester, habe eine Schrift mit dem Titel *Um die Wiedervereinigung im Glauben* verfasst, »in der er pro-protestantische Reformen der katholischen Kirche anregte«[8]. Das Heilige Offizium des Glaubenswächters Ottaviani hatte daraufhin ein *Monitum*, eine Warnung, ausgesprochen und gefordert, die »Irrtümer« aus dem Werk zu entfernen. Als Schüttes Vorgesetzter habe Kardinal Frings, der anfangs das Buch kritisierte, plötzlich seine Haltung geändert und eine Neuauflage ausdrücklich gefördert.

Was der *Spiegel* nicht recherchierte: Schütte war Ratzinger-Schüler. Als der Priester 1960 zu ihm kam, war er »verbrannt«. Nach dem römischen Urteil über sein Buch verlor er seine Stelle als Religionslehrer und erhielt Schreibverbot. Ratzinger nahm ihn dennoch als Doktoranden an und schlug ihm vor, über den deutschen Protestantismus und sein Selbstverständnis zu arbeiten – ausgerechnet jenes Thema, über das er soeben gestolpert war. Aber anders als Ottaviani hielt er Schüttes Vorstoß, so wörtlich zu seinem Studenten, für »eine richtige ökumenische Leuchtrakete, deren Glanz weithin leuchtete und ökumenische Hoffnung weckte. Gerade auch bei unseren evangelischen Brüdern«[9]. Schütte revanchierte sich später, indem er als Fachmann für Ökumene den Präfekten der Glaubenskongregation bei der Vorbereitung der mit der evangelischen Kirche 1999 geschlossenen »Rechtfertigungserklärung« tatkräftig unterstützte.

Seinem Professor ebenfalls von Bonn nach Münster gefolgt war der erwähnte Siegfried Wiedenhofer. Der Grazer war 21 Jahre alt und sympathisierte mit dem Gedanken, Priester zu werden, als er sich im Wintersemester 1962/63 in Ratzingers Seminar einschrieb. Wiedenhofer fand darüber »Zugang zur reformatorischen Theologie und zur ökumenischen Frage«, wie er bekannte, »man könnte sogar sagen, dass Ratzinger theologisch gesehen meine Rettung geworden ist«[10]. Der Österreicher sollte dem Meister auch nach Tübingen und Regensburg folgen und elf Jahre lang einer seiner engsten Mitarbeiter bleiben. Ratzinger traute ihn mit seiner Frau Elke und taufte die Kinder des Paares. Als Professor für Fundamentaltheologie und Dogmatik in Frankfurt erhielt der Ratzinger-Schüler 1988 den renommierten protestantischen Melanchthon-Preis. Wiedenhofer teilte nicht alle Positionen seines Lehrers, etwa in Bezug auf die »politische Theologie« von Johann Baptist Metz, blieb ihm in kritischer Sympathie jedoch treu verbunden: »Ob es um die Einübung in das Handwerk akademischer Theologie ging, um eine überzeugende menschliche und kirchliche Lebenspraxis, um großherzige Beratung in schwierigen Lebensfragen, um die Anerkennung der Freiheit des Schülers und die Anerkennung von dessen eigenem theologischen Weg – einen besseren Lehrer hätte ich nicht finden können.«[11]

Ein anderer Vertreter aus dem Schülerkreis ist Hansjürgen Verweyen. Wie Wiedenhofer hatte auch er ursprünglich Priester werden wollen, entschied sich dann aber gegen diesen Weg. Seine Bewerbung an einem Münsteraner Gymnasium scheiterte an den kirchlichen Behörden, die ihm die Zulassung als katholischer Religionslehrer, die sogenannte Missio, verweigerten. »Darüber hat sich Ratzinger furchtbar aufgeregt«, so Verweyen, »so habe ich ihn selten erlebt.« Sein Doktorvater verschaffte ihm und seiner Frau eine Stelle als wissenschaftliche Hilfskraft, »damit wir leben konnten«. Er taufte die Tochter des Paares und kümmerte sich für Verweyen um eine Professur an der Universität Notre Dame in Indiana in den Vereinigten Staaten. Verweyens Frau Ingrid war als evangelische Theologiestudentin bereits in Bonn auf Ratzinger aufmerksam geworden. Sie besuchte seine Christologie-Vorlesung – »und ein Jahr später war ich katholisch«.

Vinzenz Pfnür wiederum, der Ratzinger seit Freising kannte und in Bonn bei ihm sein Studium abschloss, arbeitete in Münster seinem Professor als wissenschaftliche Hilfskraft zu. Wie Wiedenhofer entwickelte sich auch Pfnür zu einem bedeutenden Ökumeniker. 1982 erhielt er in Münster den Lehrstuhl für Kirchengeschichte, den er bis zu seiner Emeritierung im August 2002 innehatte. Er wurde Berater der Ökumene-Kommission der Deutschen Bischofskonferenz und Mitglied im »Arbeitskreis evangelischer und katholischer Theologen«.

Pfnür fasste seinen Eindruck von den Vorlesungen seines Lehrers so zusammen: »Ratzinger ging aus von den Fragen der Zeitsituation in Gesellschaft und Theologie und nahm die Studenten mit auf den Weg der Suche nach der Wahrheit. Im Unterschied zu anderen, die jeweils mit dem neuesten Trend mitschwammen, oder jenen, die grundsätzlich in Opposition standen zum vorherrschenden Neuen, verband er Offenheit und kritische Eigenständigkeit und durchdachte die Sachfragen auf ihre Tiefendimension und ihre Konsequenzen hin.«[12]

In Münster wird aber auch ein Charakteristikum deutlich, das sich später als Ratzingers Achillesferse erweisen sollte. Ratzinger ist nicht grundsätzlich vertrauensselig, aber Menschen, die ihm die viel beschworene Vorsehung auf den Weg stellt, weist er nicht zurück. Das Problem dabei: Besitzergreifenden Begleitern in seinem Umfeld, die ihre Kompetenzen überschreiten und eine Art von psychischer Gewalt ausüben, ist er fast hilflos ausgeliefert.

Hinzu kommt ein ausgeprägtes Gefühl für Treue, das ihn hindert, Konsequenzen zu ziehen. »Er verteidigt sich auch nie, wenn er damit einen anderen bloßstellen würde«, analysierte einer seiner Studenten, »das lässt er dann lieber auf sich sitzen. Auch wenn es ganz leicht wäre, die Dinge zu korrigieren.«

Leichtes Spiel mit dem jungen Professor hat in Münster sein Assistent Werner Böckenförde, Bruder des Staatsrechtlers Ernst-Wolfgang Böckenförde. Ratzingers nur ein Jahr jüngerer Student ist seinem Doktorvater durchaus zugetan. Er hält ihn für einen Provinzler, zugleich aber für den »modernsten Theologen Deutschlands«. Böckenförde hatte neben Theologie und Christlicher Gesellschaftslehre auch Jura studiert und wurde 1957 in Paderborn zum Priester geweiht. 1962 setzte Ratzinger für ihn eine Stelle als wissenschaftlicher Mitarbeiter durch. Tatkräftig, selbstbewusst, weltgewandt – als Mann fürs Praktische macht sich Böckenförde unverzichtbar. Er organisiert Ratzingers Alltag, hält ihm lästige Anfragen vom Leib und kümmert sich um den Lehrbetrieb, wenn sein Chef in Rom das Konzil berät. »Er dachte dann, Ratzinger alles Mögliche vorschreiben zu müssen«, so ein Zeitzeuge, »und der hat sich das gefallen lassen.«

Studenten bekamen mit, wie der Assistent seinen Professor anraunzte: »Was machen Sie jetzt wieder für einen Blödsinn.« Bestenfalls ließ Ratzinger die Unverschämtheiten an sich abtropfen. Als es einmal um eine nachlässig korrigierte Seminararbeit geht, entzieht er ihm jedoch die Aufgabe als Korrektor. Auf den Protest Böckenfördes – »Das hab doch immer *ich* gemacht« – reagiert der Professor trocken: »Jetzt mach's ich.« Ratzinger ist nicht unglücklich, als Böckenförde von seinem Bischof nach Paderborn zurückbeordert wird. Er hatte lange genug die »Gefechte« seines übergriffigen Helfers, wie der Alttestamentler Heinz-Josef Fabry fand, »mit leidensfähiger Güte akzeptiert«.

Bald nach seinem Weggang aus Bonn war Ratzinger auch der Indologe Paul Hacker gefolgt. Der Protestant war ein Jahr zuvor zur katholischen Kirche übergetreten und übernahm in Münster im September 1963 den neu gegründeten Lehrstuhl für Indologie. In der Beziehung zu dem Kollegen aber begann es zu knirschen. Die beiden Professoren trafen sich in der Annette-Allee oder im Haus der Hackers am Besselweg. In der riesigen Bibliothek des Religionswissenschaftlers sprachen sie über die Realpräsenz Christi in der Eucharistie, vor allem aber über das laufende Konzil. Der frisch konvertierte Gelehrte gab Ratzinger detaillierte »Gedanken zur Reform der Kirche« mit auf den Weg. In seinem Papier fordert er unter anderem die Auflösung der »vatikanischen Behörden« zugunsten der Bischofssynoden, die Verkleinerung der Bistümer, die Wahl der Bischöfe durch »Vertreter der ganzen Bistumsgemeinde«. Selbstredend will Hacker das Latein im Gottesdienst durch die jeweilige Landessprache ersetzen. Zusammenfassend findet er: »Das Reich Christi ist nicht von dieser Welt, und die Kirche ist nach dem heiligen Augustinus ein Zelt am Wege, eine Zitadelle.«

Der Disput wurde kontroverser. Bald sprach Hacker von Pseudoökumene, warnte vor einer Protestantisierung der katholischen Kirche und hielt dem Kollegen vor, seine Mariologie sei zu verschleiert. »Mein Vater meinte bei Ratzinger eine Tendenz zum Protestantismus zu erkennen«, berichtete seine Tochter, die Biologin Ursula Hacker-Klom. »Er hat ihm vorgeworfen, dass er sich wie ein Protestant verhalte und auch so argumentiere.« Man dürfe jedoch nicht das Wesentliche des Katholizismus aufgeben, »damit würde sich der Katholizismus das eigene Grab schaufeln«[13]. Statt Rom-kritisch zeigte sich der Konvertit zunehmend Konzils- und vor allem Rahner-kritisch. Ratzinger bestätigte: »Es gab eine Zeit, da habe ich ihm dann doch auch mal etwas scharf geschrieben. Dass es so nicht geht. Wir wussten aber auch, dass wir beide dasselbe wollen. Und dass wir halt beide, er vor allem, aber ich auch ein bisserl, ganz kräftige Köpfe hatten und auch mal zuschlagen können. Aber wir haben uns wieder verstanden.«[14]

Seit seinem Philosophiestudium in Freising war Ratzinger der Philosophie treu geblieben, die er als Inspiration für seine Theologie betrachtet. Zu seiner Lektüre gehören auch die Schriften des deutsch-amerikanischen Politologen und Philosophen Eric Voegelin. Nach der Machtübernahme der Nazis emigrierte Voegelin in die USA, kehrte nach dem Krieg nach Deutschland zurück, wurde 1958 auf den Lehrstuhl Max Webers an die Universität München berufen (der seit Webers Tod 1920 unbesetzt war) und begründete das Geschwister-Scholl-Institut für Politikwissenschaft. Zentrale Themen Voegelins sind »Die politischen Religionen« und die Entwicklung totalitärer Systeme. Ein demokratischer Staat dürfe die »Beziehung zum Bereich des Religiösen« nicht vernachlässigen, um nicht in pseudoreligiöse Ideologien mit ihren säkularen Heilsversprechungen abzufallen, warnte er.

Voegelin unterschied drei verschiedene »Wahrheitstypen«: die kosmologische Wahrheit der orientalischen Reiche, die anthropologische Wahrheit der griechischen Klassik und die Wahrheit des Christentums von der Erlösung des Menschen. In der Kombination der beiden Letztgenannten sah er die Verwirklichung einer idealen Ordnung. Ratzinger bedankte sich bei Voegelin 1981 anlässlich des 80. Geburtstages des Denkers für seine philosophische Meditation, »in der Sie den so nötigen und so sehr zerbrochenen Sinn für das Unvollkommene gegenüber der Magie des Utopischen erwecken wollen«. Dem Gelehrten gegenüber bekannte er: »Seitdem ich 1959 Ihr kleines Buch *Wissenschaft – Politik – Gnosis* in die Hand bekommen hatte, hat mich Ihr Denken fasziniert und befruchtet.«[15]

Ein besonderes Verhältnis verbindet Ratzinger in Münster mit Josef Pieper, einem der großen deutschen Philosophen des 20. Jahrhunderts, dessen Schrift *Über die Liebe* – darin auch das Kapitel: »Das Gemeinsame von Caritas und erotischer Liebe« – ihn nachhaltig beeinflussen. Die Bücher Piepers über die Kardinaltugenden, bekannte Ratzinger, »waren eine meiner ersten philosophischen Lektüren, als ich 1946 das Studium begann. Sie haben in mir die Lust zum philosophischen Denken geweckt, die Freude an einer rationalen Suche nach den Antworten auf die großen Fragen unseres Lebens«[16].

In der Trennung des neuzeitlichen Denkens vom Realismus spiritueller Erkenntnismöglichkeiten sah Pieper den Grund für die Entstehung von Ideologien und für die Verhinderung eines menschengemäßen Lebens, da nur der, der richtig erkenne, auch richtig handeln könne. Zu seinen Vorträgen über das christliche Menschenbild, über Tod und Unsterblichkeit, Glaube, Hoffnung und Liebe strömen in Münster Jung und Alt, Studenten und einfache Bürger, Glaubende und Zweifler. Pieper wie Ratzinger gehörten dem »Ökumenischen Arbeitskreis« und der »Arbeitsgemeinschaft für Forschung des Landes Nordrhein-Westfalen« an. Vor allem wurde Ratzinger Mitglied eines interdisziplinären Kreises von fünf Wissenschaftlern, den der Philosoph seinen »Klub« nannte. Man traf sich wöchentlich am Samstagnachmittag um 15 Uhr im Haus des Philosophen am Malmedyweg Nr. 10, um nach dem obligatorischen Spaziergang im Kaminzimmer über Gott und die Welt zu diskutieren.

Ratzinger wies in vielen seiner Werke auf die Bedeutung Piepers für ihn hin. Sein 1989 erschienenes Buch *Auf Christus schauen* etwa lebt ganz aus der Tugendlehre des Philosophen. »Pieper hat sich damals noch, so wie ich, als Progressist verstanden«, erläuterte er in unserem Gespräch, »als jemand, der dem Neuen auf der Spur war. Später ist es ihm ergangen wie mir und wie Lubac. Wir haben gesehen, dass gerade das, was wir wollten, dieses Neue, zerstört wird. Er hat sich energisch dagegengestemmt.«

Münster ist wichtig für die Entwicklung Ratzingers. Er mag die Stadt. Er mag die Menschen. In diesen Jahren verdichtet sich das Wissen aus seinem Studium und der eigenen Forschung mit den Erfahrungen des Konzils zu jenem theologischen Fundament, das ihn in höchste

Ämter führen wird. Im Unterschied zu anderen Theologen, die sich genieren, in einer Kirche zu knien und ihre geistliche Leere durch Selbstdarstellung übertünchen, ist er durch seine Verwurzelung in der einfachen Frömmigkeit seiner Herkunft ein kindlich Gläubiger geblieben, ein Pfarrer, der glaubt.

»Über sein geistliches Leben hat er nie gesprochen«, berichtete Viktor Hahn, »aber dass er ein tiefer meditativer Mensch ist, merkt man daran, dass er aus einer Mitte heraus spricht.« Ohne diese Kraftquelle ließe sich jedenfalls weder Ratzingers Persönlichkeit noch seine Theologie verstehen. Zu dieser Kraftquelle gehörte, dass Ratzinger, während seine Studenten nach den Vorlesungen noch lange zusammenstanden und diskutierten, über den Domplatz in die uralte Kirche St. Servatii eilte, in der tagsüber das Allerheiligste ausgesetzt war. »Still kniete der Professor nieder«, beschrieb Manuel Schlögl. Jener, der soeben noch als gefeierter Redner im Hörsaal stand, »wurde klein und verweilte im Halbdunkel des Kirchenschiffs vor dem, der sein Licht war«.

Kapitel 35

In der Schule des Heiligen Geistes

Am Ostersonntag, dem 14. April 1963, zeigte der *Osservatore Romano* in Nahaufnahme das Antlitz eines offenbar schmerzgeplagten Pontifex. Seither waren die Gerüchte nicht mehr verstummt. Offiziell sprach Luciano Casimirri, der Leiter des vatikanischen Presseamtes, zwar nur von einer »Müdigkeit« seines Chefs, inoffiziell aber bereitete er sich auf dessen Tod vor.

Zehn Tage zuvor hatte Johannes XXIII. seine achte Enzyklika mit dem Titel *Pacem in Terris*, Friede auf Erden, unterzeichnet. Im Mai machte er Druck, weil die zwölf von ihm bereits approbierten Texte für die Fortsetzung des Konzils noch immer nicht versandt waren. Zu seinem Arzt meinte er: »Man sagt, dass ich einen Tumor habe. Aber das heißt nichts, solange Gottes Wille geschieht.« Alle Konzilsväter sollten wissen, dass das angefangene große Werk sicher zu Ende gebracht würde.

Während am 3. Juni, dem Pfingstmontag, unten auf dem Petersplatz Tausende von Menschen für *il Papa buono* beteten, wandte sich oben im Apostolischen Palast Leibarzt Professor Antonio Gasbarrini flüsternd zu Kardinal Fernando Cento, einem Vertrauten Roncallis. Bislang hatte das starke Herz des Pontifex dem Blutverlust und dem Fieber widerstanden. Dreiundachtzig Stunden dauerte der Todeskampf bereits. Um 19.49 Uhr trat der Kardinal an das Bett Johannes', verharrte eine Weile und sprach dann die Worte, die niemand hören wollte: »*Vere papa mortuus est* – Wahrlich, der Papst ist tot.«[1]

Für Joseph Ratzinger ist der Tod Roncallis ein Schock. Als die Nachricht um die Welt geht, unterbricht er seine Vorlesung in Münster und würdigt Johannes XXIII. in Worten, die bei seinen Studenten einen tiefen Eindruck hinterlassen. In dem bescheidenen Kirchenführer hatte er eine verwandte Seele verloren. Roncalli beeindruckte ihn durch seine Frömmigkeit, die geistige Unabhängigkeit, die Fähigkeit zur Selbstironie und den Optimismus im Glauben. Wie Ratzinger hatte auch Roncalli aus seiner Beschäftigung mit dem Werk John Henry Newmans zu einem tieferen Verständnis der Neuzeit gefunden, mit all ihren Gefahren, aber auch mit der Chance, Glaube und Geschichte, Tradition und Fortschritt neu miteinander verbinden zu können.

Ein einziges Mal hatte Johannes XXIII. in das Konzil eingegriffen. Aber mit dieser Intervention zugunsten einer neuen Fassung des Schemas über die göttliche Offenbarung, das Ratzinger so heftig kritisiert hatte, führte er die Wende herbei. »Er war überzeugt, nur wenige Jahre zu regieren«, schrieb der Vatikan-Kenner Reinhard Raffalt, umso mehr sei ihm daran gelegen gewesen, »die Kirche in so heftige Bewegung zu versetzen, dass eine Rückkehr zu ihrem fast byzantinischen Charakter unter Pius XII. unmöglich war.«[2]

Roncallis bäuerliches Wesen verlieh dem bis dahin fast überirdischen Erscheinungsbild des *Summus Pontifex* menschliche Züge. Vielen galt *Papa buono* dabei als ein grundgütiger, aber auch etwas einfältiger Hirte, der sich der Tragweite seiner Entscheidungen nicht bewusst gewesen sei. Der österreichische Priester-Schriftsteller Franz Michel Willam hingegen wies nach, dass Johannes' XXIII. Weg zum Konzil bereits begann, als er im September 1954 als Patriarch von Venedig den ersten *Corso di aggiornamento* eröffnete, ein Provinzial-Konzil zur geistigen Erneuerung seiner Diözese. Früh auch hatte Roncalli von der »Vereinigung der getrennten Kirchen« und einer Modernisierung der »katholischen Sache« gesprochen, ganz nach seinem Wahlspruch: »Uralt in der Lehre, durchaus modern in der sprachlichen Fassung.« Nicht nur der Begriff *Aggiornamento* als *der* Topos für die kirchliche Erneuerung war damit in der Welt, sondern auch das Wort vom *neuen Pfingsten*. »Er weiß genau, was er will«, bestätigte Roncallis langjähriger Gesprächspartner Don Giuseppe de Luca, »er sagt es nicht und trägt niemandem auf, es zu sagen. Er lächelt, er scherzt, aber sein Geheimnis bleibt bei ihm selbst.«[3] Auch darin fühlte sich Ratzinger seinem Papst ähnlich.

Laut Kirchenrecht war mit dem Tod des Pontifex das Konzil suspendiert. Ein neuer Papst hatte alle Freiheit, es weiterzuführen – oder abzubrechen. Das Konklave begann am 19. Juni 1963. Zum Nachfolger Petri gewählt werden durfte nach kanonischem Recht jedes »männliche, vernunftbegabte Kirchenglied«, ob Kleriker oder Laie. Aber seit 1000 Jahren war es immer ein Priester gewesen, seit 600 Jahren immer ein Kardinal, und seit 400 Jahren immer ein Italiener.

Roncalli hatte keinen Hehl daraus gemacht, wen er gerne als seinen Nachfolger sähe, und Giovanni Battista Montini galt durchaus als *papabile*. Der Kardinal war als Vertreter einer eher reformorientierten Linie einer der wenigen italienischen Kirchenführer, die sich in der ökumenischen Bewegung engagierten. Seit neun Jahren stand er der Erzdiözese Mailand vor, vier davon ohne den Purpur der Kardinäle. Zuvor arbeitete er drei Jahrzehnte an der Kurie und war von 1937 bis 1954 enger Mitarbeiter Eugenio Pacellis. Wie sein Chef kontrollierte, prüfte, überwachte Montini alles. Er wollte ebenso perfekt sein, andererseits war seine Kraft nicht die eines Pius' XII., unter dessen Prägestock er gelitten hatte.

Auch wenn Ratzinger in der Zeit unmittelbar vor dem Konklave nicht mit Kardinal Frings gesprochen hatte, wusste er, dass sein Chef die Tage nach dem Tod Johannes' XXIII. nicht ungenutzt würde verstreichen lassen. Der italienische Historiker Andrea Riccardi sah in Frings den ersten unter den *grandi leaders conciliari*, den Papstmachern. Giulio Andreotti, der Freund Montinis und spätere italienische Ministerpräsident, beobachtete, dass sich in diesen Tagen »zur großen Überraschung der Einwohner von Grottaferrata«, einem Städtchen bei Rom, »ziemlich viele Kardinäle« versammelten, und zwar »auf Einladung des Kölner Erzbischofs Frings«. Ein Teilnehmer hätte »halb im Ernst, halb im Scherz« gemeint: »Die kanonische Mehrheit für die Papstwahl ist vorhanden.«[4]

Jedes Mitglied eines Konklaves ist verpflichtet, für den Fall seiner Wahl eine kurze Erklärung vorzubereiten. Montini verfasste eine einstündige Thronrede in geschliffenem Latein. Als er am 21. Juni 1963 nach dem sechsten Wahlgang als Paul VI. seine erste Ansprache an die Stadt Rom und den ganzen Erdkreis hielt, stellte er klar, dass er den »herausragenden Teil« seines Pontifikats nichts anderem als »der Fortsetzung des Zweiten Vatikanischen Konzils« zu widmen gedenke: »Dies wird unsere Hauptaufgabe sein, auf die wir alle Energie zu wenden beabsichtigen, die unser Herr uns gegeben hat.«[5] Wie sehr er dabei innerlich zitterte, zeigt eine persönliche Meditation aus jenen Tagen. »Die Stellung ist einzigartig. Das heißt, sie führt mich in eine äußerste Einsamkeit. Sie war schon vorher groß, jetzt ist sie absolut und furchtbar«, notierte der neue Pontifex. »Nichts und niemand ist mir nahe. Ich muss bei mir selbst stehen, von mir aus handeln, mit mir allein sprechen, überlegen und denken im Innersten meines Gewissens.« Abschließend hielt er fest: »Auch Jesus war allein am Kreuz. Ich darf keine

Angst haben, ich darf keine äußere Stütze suchen, die mich von meiner Pflicht entbinden könnte.«[6]

»Es war keine Überraschung, als wir erfuhren, dass Erzbischof Montini zum Papst gewählt worden war«, bekannte Ratzinger rückblickend in einem Interview mit der Tageszeitung *Repubblica*. Montini habe »für uns die Kontinuität des Konzils im Geiste des Papstes Johannes« verkörpert. Im Gegensatz zu seinem »vollkommen charismatischen« Vorgänger, der »aus der Inspiration des Augenblickes und in der Nähe zum Volk lebte«, habe man nun allerdings eine gänzlich andere Persönlichkeit erlebt, »einen Intellektuellen, der über alles mit einer unglaublichen Ernsthaftigkeit nachdachte«[7].

Bei der Krönung Montinis sollte ein letztes Mal die Tiara auf das Haupt eines Nachfolgers Petri gesetzt werden. Ein Jahr später verkaufte Paul VI. die Krone zugunsten der Armen. Der neue Papst gönnte sich keine Zeit und arbeitete rastlos. Die Mitarbeiter schätzten seinen Eifer, seine Freundlichkeit und die Kunst der *Reservatio mentalis*, des unartikulierten inneren Vorbehaltes, die ihn zu einem interessierten Zuhörer machte, ohne dass er dabei auch selbst Stellung bezog. Doch der Ton im Vatikan wurde kühler, die Eleganz zur Floskel, je mehr Montini das Arbeitstempo steigerte. Auch das Konzil sollte sich verändern. Anstelle des bisher wenig handlungsfähigen zehnköpfigen Präsidiums setzte Paul VI. vier Moderatoren ein – darunter den Münchner Kardinal Julius Döpfner –, um mit einer schlagkräftigen Leitung der Versammlung mehr Tempo zu geben. Gleichzeitig hob er die Verschwiegenheitspflicht für die Generalkongregationen auf, da in Rom ohnehin früher oder später alles in den Zeitungen stand.

Der Beginn des Konzils hatte polarisiert. Die einen waren voller Hoffnung, die anderen voller Bangen. Es gab die Vernünftigen, Männer wie Frings, klug genug, zu erkennen, dass ein Sprung nach vorne vonnöten war, und es gab die Unvernünftigen, die nicht wahrhaben wollten, dass viele Äste der Kirche morsch geworden waren. Mehr und mehr hatte sich neben dem Theologie- auch ein Generationenwechsel bemerkbar gemacht. »Man wollte sagen und verstehen, dass die Kirche keine Organisation, nichts Strukturelles, Rechtliches, Institutionelles ist«, so Ratzinger über seine Linie als Peritus. All das sei sie zwar auch, aber viel mehr noch »ein Organismus, eine lebendige Wirklichkeit, die in meine Seele eindringt«, um »ein konstruktives Element der Kirche« zu sein[8]. Im Übrigen habe die katholische Kirche nicht zwei Lehren, »eine für sich selbst und eine für die anderen«, hatte er in einer Rede für Frings zum Schema *De ecclesia* formuliert, vielmehr müsse »die Lehre von der Kirche so ausgearbeitet werden, dass sie zugleich wahrhaft katholisch und wahrhaft ökumenisch ist. Je tiefer katholisch eine Lehre ist, desto tiefer ökumenisch ist sie auch, und umgekehrt«[9].

Es sind die für Ratzinger typischen Formulierungen. Sie zeigen, dass sich in der betont kirchlichen, auf Tradition basierenden Grundhaltung des Theologen der jüngere Ratzinger nicht vom älteren unterscheidet. In der Rede für Frings kritisierte er, dass das Schema *Über die Kirche* eine »ziemlich rechtliche Sprache verwendet, die sich mehr aus den theologischen Handbüchern als aus der Heiligen Schrift und den Kirchenvätern speist. Zum Zweiten aber, und das ist ein größerer Schaden, scheint auch die Art zu denken hauptsächlich juridischen Gesichtspunkten zu folgen; sie lässt darüber hinaus die wahre Katholizität vermissen.« Zusammenfassend hatte er für Frings »als dringende Forderung« formuliert: »Das Schema soll ›katholischer‹ werden, es soll in höherem Maß die heilige, ehrwürdige Tradition aller Jahrhunderte berücksichtigen und dadurch ökumenischer werden, theologischer und pastoraler.«[10]

Am 29. September 1963 setzte das Konzil mit der Zweiten Sitzungsperiode seine Arbeit fort. Die ursprünglichen 70 Schemata, die rund 2000 Druckseiten umfassten, waren auf 16 komprimiert worden. Ein 17. Text war geplant. Er sollte von der Kirche in der heutigen Welt handeln und Antwort auf die brennenden Probleme der Gegenwart geben. In der Eröffnungsansprache stellte der neue Papst die Ziele vor: Stärkung der sittlichen Kräfte der Kirche, Verjüngung ihrer Formen gemäß den Erfordernissen der Zeit, Förderung der Einheit der Christen und des Dialogs mit der Welt. »Über dieser Versammlung soll kein Licht leuchten, das nicht Christus ist, das Licht der Welt«, fasste Paul VI. zusammen, »keine Wahrheit soll unseren Geist interessieren, außer den Worten des Herrn, unseres einzigen Meisters; kein Bestreben soll uns leiten, außer dem Verlangen, ihm unbedingt treu zu sein.« Christen anderer Konfessionen galt das Wort: »Wo immer uns eine Schuld an der Trennung zuzuschreiben ist, bitten wir demütig Gott um Verzeihung und bitten gleichfalls die Brüder um Vergebung, wenn sie sich von uns verletzt fühlen sollten.«[11]

Papst Paul hatte sich damit eindeutig in die Linie seines Vorgängers gestellt. Joseph Ratzinger, der die Rede im Petersdom verfolgte, nunmehr als offizieller *Peritus*, berührte besonders »die herzliche Zwiesprache mit dem verstorbenen Vorgänger, Johannes XXIII., dies brüderliche, ehrfürchtige Reden mit dem Vorangegangenen und ein entschiedenes Ja zu seinem großen und verpflichtenden Erbe«[12]. Zur Kontinuität gehörte für Paul VI. nicht nur Erneuerung, sondern auch Treue zur Überlieferung: »Die vom Konzil erstrebte Neuerung darf weder für Umsturz im heutigen kirchlichen Leben gehalten werden, noch darf sie die Traditionen der Kirche in dem, was wichtig und ehrwürdig ist, unterbrechen; sie soll vielmehr diese Traditionen in Ehren halten.« Paul VI. wurde noch deutlicher: »Jeder, der im Konzil eine Auflockerung der früheren verpflichtenden Bindungen der Kirche gegenüber ihrem Glauben erblicken würde … oder gar eine nachsichtige Konzession an die gebrechliche und schwankende, relativistische Mentalität einer Welt ohne Prinzipien und ohne transzendentes Ziel, an eine Art angenehmeres und weniger forderndes Christentum, würde sich im Irrtum befinden.«[13]

Auf dem Programm der zweiten Periode standen Themen wie Bischöfe und Kollegialität, Diakonie, Erneuerung des Kirchenrechts sowie ein Dekret über die Massenmedien. Der Anfang gehörte dem Schema über die Kirche, dessen Entwurf nach einer ersten Revision nun nicht mehr aus elf, sondern aus vier Kapiteln bestand. Ratzingers über Frings in der ersten Session vorgebrachte Einwände hatten Früchte gezeigt. »Ich glaube, dass man mit *De ecclesia* im Großen und Ganzen sehr zufrieden sein darf«, schrieb er am 13. September an Frings' Sekretär Luthe, »der Fortschritt wird allein schon sichtbar, wenn man den Apparat des alten und des neuen Schemas vergleicht. Beim alten gehörten 90 Prozent der Belege dem 19. und 20. Jahrhundert an; jetzt dominiert die Patristik. Mittelalter und Neuzeit sind in der angemessenen Proportion vorhanden.«[14]

Ein bedeutender Punkt war die Weiterführung der Debatte über *De sacra Liturgia*, mit der die erste Session begonnen hatte. Noch immer ahnte niemand, dass dieser vermeintlich leichtere Teil des Konzils zu den schwersten Veränderungen der Kirche führen und einen gewaltigen Erdrutsch auslösen würde. Ratzinger selbst war nicht involviert, hatte sich aber für die Verwendung der Landessprache in der heiligen Messe ausgesprochen. In der Behandlung der Liturgie als ersten Verhandlungspunkt des Konzils sah er »ein Bekenntnis zu dem, was die wahre Mitte der Kirche ist«[15]. Obendrein: »Hier konnte Aufbauarbeit geleistet werden, die vorwärtsführte, die die Zögernden mitriss, weil der Entwurf ihnen zeigte, dass es nicht um Zerstörung und Kritik, sondern um die größere Fülle geht.« Eine etwas blauäugige Einschätzung, wie sich zeigen sollte.

Die deutsche Equipe hatte sich erneut intensiv auf den Kampf in der römischen Arena vorbereitet. Im Februar 1963 mit einer Konferenz in München, am 26. August mit einem Treffen in Fulda, an der vier Kardinäle und 70 Bischöfe aus 10 Ländern teilnahmen. Parallel zu den Tagungen liefen Absprachen zwischen den Konzilstheologen Grillmeier, Semmelroth, Ratzinger und Rahner. In einem Brief an Rahner versicherte Ratzinger dem älteren Kollegen, »dass alles, was mir wichtig erschienen war, in Ihren Entwürfen enthalten ist, die mit meinen Wünschen übereinstimmen«[16]. Die Sitzung von Fulda löste allerdings in Rom Empörung aus. Italienische Zeitungen schrieben von einer »Verschwörung« und einer »Attacke« auf die Kurie. Frings sah sich zu einer Pressekonferenz genötigt, auf der er mit »tiefer Bestürzung« die Vorwürfe zurückwies. Spitz fügte er hinzu, mit den »vollkommen absurden« Verschwörungstheorien zeige sich, »dass in Italien leider eine gewisse nationale Empfindlichkeit gegenüber allem ›Transalpinen‹ noch nicht überwunden« sei.[17] Freilich hatte sich auch der französische Theologe Ives Congar darüber beklagt, dass die Deutschen unter sich Entscheidungen träfen und diese dann unbedingt durchsetzen wollten. Am 2. September reiste der Münchner Kardinal Julius Döpfner eigens in die päpstliche Sommerresidenz Castel Gandolfo, um bei Paul VI. gut Wetter zu machen. Mit »großer Erleichterung« habe er feststellen können, meldete er in die Heimat, »dass Seine Heiligkeit die in der italienischen Presse über Fulda erschienenen Berichte nicht ernst genommen hatte«[18].

In ihrem Hauptquartier an der Piazza Navona ging das Trio Frings-Luthe-Ratzinger nach dem bewährten System an die Arbeit. Zunächst wurde das anstehende Thema diskutiert und eine Argumentationslinie festgelegt, danach entwarf Ratzinger die Rede und las sie dem Kardinal vor. Die Fassung wurde erneut besprochen und bei Bedarf ein weiteres Mal überarbeitet, bevor sie der blinde Kardinal – die Augen-OP in Wien war erfolglos geblieben – dann auswendig lernte. Frings' »europäische Allianz« war allerdings nicht mehr konkurrenzlos. Inzwischen hatten konservative Kräfte unter dem Banner einer »Weltallianz« eine tatkräftige Opposition geschmiedet, voran Erzbischof Marcel Lefebvre, der Generalobere der Väter vom Heiligen Geist. Wenn Ratzinger in seinem Rückblick auf die zweite Session deshalb vermerkte, »dass es keine Fraktionen, also keine gemeinsamen Meinungsgruppen« gab –

schließlich geschehe auf dem Konzil etwas anderes, »als dass eine Straßenverkehrsordnung festgelegt oder ein Getreidepreis fixiert wird«[19] –, war hierfür weniger der Sachverhalt, als vielmehr der Wunsch der Vater der Analyse.

Zweifellos war *il cardinale Frings* inzwischen zu einer nachgerade legendären Figur geworden. »Seinen Namen zu gewinnen war fast unerlässlich für jemanden, der irgendeine gemeinsame Aktion in Gang zu bringen erstrebte«[20], so Ratzinger in der Rückschau. Der *Spiegel* meldete: »Von Frings ermuntert, entwickelten die Progressiven in der Konzilsaula das Programm, nach dem die Bischöfe künftig mitregieren wollen.«[21] Antoine Wenger, ein namhafter französischer Journalist, hielt in seiner Konzilschronik fest: »Kardinal Frings eröffnete die Diskussion. Diese Tatsache scheint uns bezeichnend. Der Erzbischof von Köln blieb während des ganzen Verlaufs der zweiten Sitzungsperiode eine der markanten Persönlichkeiten des Konzils. Er hatte seine klare Meinung über die Sachen wie über die Personen. Er zögerte nicht, offen zu sprechen, behielt aber dabei immer eine große Vornehmheit und verlor nie die Meisterschaft des Gedankens und des Wortes.«[22] Ein Retter in der Not auch, wenn es in einer verfahrenen Diskussion scheinbar keinen Ausweg gab. Ratzinger: »Wo die Gründe am Ende waren, konnte nur noch eine *Auctoritas* helfen: eine Stimme, der alle vertrauten. Kardinal Frings hatte sie, und wohl nur er. Ihm glaubten die einen die Wärme einer tiefen katholischen und marianischen Frömmigkeit, die anderen die Sachlichkeit eines verlässlichen theologischen Urteils.«[23]

Eine seiner wegweisenden, von Ratzinger formulierten Reden hielt Frings in der Debatte zur Ökumene am 28. November 1963: »Auf dem Konzil sind wir gleichsam in der Schule des Heiligen Geistes, und wir müssen bereit sein zu lernen«, sprach der greise Kölner. »Ich jedenfalls bekenne, dass die Ökumenische Bewegung, die die ganze Christenheit durchzieht, ein Werk des Heiligen Geistes ist, das in jeder Weise zu fördern ist.« Es ist eine deutliche Kurskorrektur. Immerhin hatte sich der Kardinal bislang etwa auch gegen Mischehen gewandt, die nach dem Kirchenrecht (can. 2319 des CIC) noch immer die Strafe der Exkommunikation nach sich zogen.

Frings trat auch dafür ein, der Gottesmutter Maria kein eigenes Schema zu widmen. Diese Thematik sollte mit Rücksicht auf den Dialog mit den Protestanten besser im Schema über die Kirche eingearbeitet werden. Allerdings gab es harsche Widerworte. Bischof Giocondo Grotti aus Brasilien forderte, die heilige Maria müsse »wegen ihrer einzigartigen Sendung und ihrer einzigartigen Privilegien« auch einzeln behandelt werden. Der Brasilianer geriet regelrecht in Rage: »Besteht der Ökumenismus darin, die Wahrheit zu bekennen oder sie zu verbergen? Sollte das Konzil die katholische Doktrin erklären oder die Doktrin unserer getrennten Brüder?« Grotti schloss: »Lasst die Schemata getrennt! Lasst uns unseren Glauben offen bekennen! Lasst uns die Lehrer sein, die wir in der Kirche sind, indem wir das in Klarheit lehren und nicht verbergen, was wahr ist.«[24] Letztlich aber fiel Frings' Vortrag über die Gottesmutter, den Ratzinger geschrieben hatte, so überzeugend aus, dass sich auch jene Bischöfe, die zunächst für ein eigenes Marien-Schema plädiert hatten, umstimmen ließen.

Spektakulär geriet jene Versammlung, in der das Heilige Offizium einen tödlichen Stoß erlitt. Es ist der 8. November 1963, ein Freitag. Wie üblich leerte sich die Bar Jona, die kleine Cafeteria im Petersdom, schlagartig, als der asketisch wirkende Alte aus Köln ans Mikrofon trat. Seine Worte waren überlegt gewählt: »Ich weiß wohl, wie schwer, wie schwierig und dornenreich die Aufgabe derer ist, die über viele Jahre hin im Heiligen Offizium arbeiten, um die offenbarte Wahrheit zu schützen.« Lob vom sonst so angriffslustigen Kardinal für die römische Kurie? Nein. Denn Frings zog gegen eine Institution zu Felde, »deren Vorgehensweise in vielem noch nicht mit unserer Zeit übereinstimmt und für die Kirche zum Schaden und für viele zum Skandal wird«. Es sei deshalb zu fordern, fuhr der Kardinal in seiner festen Art fort, »dass auch in dieser Kongregation niemand in Bezug auf den rechten Glauben angeklagt, beurteilt oder verurteilt werde, ohne dass er und sein Bischof vorher selber angehört worden seien; ohne dass er vorher die Argumente kennt, die gegen ihn oder das von ihm geschriebene Buch sprechen; ohne dass ihm vorher Gelegenheit gegeben wird, sich selbst oder sein Buch zu korrigieren«[25]. Die Akten des Konzils verzeichnen an dieser Stelle: *plausus in aula*.

Niemals zuvor hatte es jemand gewagt, eine so harsche Kritik an Kardinal Ottavianis Apparat vorzubringen. Das Heilige Offizium wachte über die Reinheit der Lehre, verurteilte Abweichungen und Ketzereien, definierte, was gut katholisch ist und was nicht, setzte Bücher auf den Index und entzog Theologen die Lehrerlaubnis. *Suprema* wurde das Offizium deshalb genannt, weil es über allen anderen »Ministerien« des Papstes stand. Frings' »Mut bestand allein schon darin«, so der Autor Freddy Derwahl, »die aufsehenerregenden Ratzinger-Texte vorzutragen. Übrigens wusste jedermann, dass sie, bis auf einige stilistische Retuschen, von Ratzinger stammten.« Derwahl weiter: »Ratzinger spielte ein gefährliches Spiel, ein womöglich noch gefährlicheres Spiel als Küng, der mehr vor den Toren der Konzilsaula mit den ›außerparlamentarischen‹ Kräften der kritischen Medien operierte, während Ratzinger am offenen Herzen der Kirche operierte. Ratzinger hatte gegenüber der in die Enge getriebenen, jedoch nach wie vor mächtigen Kurie viel, wenn nicht alles zu verlieren.«[26]

Noch zwei Wortmeldungen musste sich Ottaviani gedulden, bis er selbst an der Reihe war. »Ich muss schärfstens protestieren (›altissime protestor‹) gegen das, was soeben gegen das Heilige Offizium, dessen Präsident der Papst ist, gesagt wurde«, legte er los. »Diese Worte wurden aus Mangel an Kenntnis – ich gebrauche kein anderes Wort, um nicht beleidigend zu werden – der Vorgehensweise des Heiligen Offiziums gesprochen.« Immerhin würden bei den durch seine Institution zu untersuchenden Fällen stets auch Experten von katholischen Universitäten zurate gezogen. Ottaviani hatte sich in Rage geredet. Zeitzeugen sprachen gar von einem Wutanfall. »Beide hatten Beifall auf offener Szene«, vermerkte eine Tagebuchnotiz des Konzilsbeobachters Wolfgang Große, aber »der Held war Kardinal Frings«. Am selben Abend notierte Weihbischof Tenhumberg in seinem Tagebuch: »*Der 8. 11. war tatsächlich ein Höhepunkt des Konzils. Kardinal Frings hatte als Erster den Mut, u. a. die Praktiken des H[eiligen] Off[iziums] als das zu benennen, was sie sind, und energisch eine Änderung zu verlangen ... Durch diese Rede fühlen sich viele Väter von einer Art Albdruck befreit.*«

In den Akten Frings' liegt der handschriftliche Entwurf Ratzingers vor, den der Kardinal in seinem Vortrag in der Aula durch eigene Sätze noch zugespitzt hatte. Frings selbst schrieb über seinen Auftritt: »*Diese Rede hatte einen ganz unerwarteten und beinahe unheimlichen Widerhall. Ich hatte offenbar aus dem Herzen und Empfinden Unzähliger gesprochen, die sich vom Heiligen Offizium ungerecht oder unwürdig behandelt wussten. Und als ich gegen 11 Uhr in der Bar erschien, wurde mir von allen Seiten dazu gratuliert.*« Am nächsten Tag sei ihm Ottaviani am Eingang der Sakristei entgegengekommen, habe ihn umarmt und versichert: »Wir wollen ja beide nur dasselbe!«[27]

Aber offenbar war der forsche Konzilsvater über die Auswirkungen seiner Rede auch ein wenig erschrocken. »Bald nach Tisch rief Kardinal Frings einige ihm nahestehende Theologen in die *Anima*«, berichtete Hubert Jedin. »Ich war noch allein mit ihm, da fragte er: ›Was sagen Sie nun?‹ Meine Antwort war: ›Sie können ganz beruhigt sein, alle katholischen Gelehrten der ganzen Welt, die diesen Namen verdienen, stehen auf Ihrer Seite.‹ Diese Antwort beruhigte ihn sichtlich. Noch am gleichen Abend forderte der Papst ihn auf, Vorschläge für eine Reform der höchsten Glaubensbehörde zu machen.«

Der Skandal war perfekt. Frings' Schlagabtausch mit Ottaviani, der »Kampf der Titanen«, wie die *Deutsche Tagespost* vermeldete, fand ein weltweites Presseecho. Mitglieder der Kurie hingegen setzten laut *Corriere della Sera* sogleich ein Wort des Papstes Pius IX. in Umlauf: »Erst wird ein Konzil vom Teufel, dann von Menschen, schließlich aber doch von Gott regiert.« Man sei im Moment wohl in der Phase des Teufels.

Als Paul VI. am 4. Dezember 1963 die zweite Sitzungsperiode beendete, waren die Konzilsväter erschöpft, aber auch glücklich über den letztlich erfolgreichen Abschluss. »Mir scheint, es habe sich in dieser Periode genau wie in der ersten gezeigt, dass gerade das gemeinsame Ringen das eigentlich Unentbehrliche und Zentrale am Konzil gewesen ist«, hielt Ratzinger in einem optimistischen Resümee fest. »Hier ist wirklich geistliche Begegnung gewachsen, hier ist man aneinander und miteinander gereift.«[28] Einen bitteren Nachgeschmack hinterließ allerdings ein anonymes *Pamphlet gegen deutsche Kardinäle und Theologen*, das einen Tag vor Konzilsschluss am Frühstückstisch in der *Anima* aufgetaucht war. Neben Frings war darin auch Ratzinger genannt worden. Das Flugblatt war, wie Jedin feststellte, »zweifellos im Umfeld des Heiligen Offiziums entstanden.«

Erschüttert wurde die zweite Session diesmal nicht, wie in der ersten Periode, von einem drohenden Atomkrieg, sondern einem politischen Mord. Am 22. November 1963 um 12.30 Uhr zielte der ehemalige US-Marine und Marxist Lee Harvey Oswald über der Dealey Plaza in Dallas durch das Zielfernrohr seines Karabiners auf die offene Limousine, in der der US-Präsident die Huldigungen seiner Anhänger entgegennahm. Oswald hatte an diesem sonnigen Freitagnachmittag nur wenige Sekunden Zeit. Zwei Schüsse gingen fehl, aber der dritte traf. John F. Kennedy, der erste katholische Präsident der Vereinigten Staaten, auf dem so viele Hoffnungen ruhten, dessen jugendliches Charisma und Politikstil nachgerade als das Symbol für einen neuen Aufbruch standen, ist tot.[29]

Ratzingers persönliche Erinnerungen an jene Monate wurden getrübt durch einen eigenen Verlust. Seit Januar bereits konnte seine

Mutter, die in Traunstein den Haushalt des Bruders führte, kaum noch essen. Seit Juli nahm sie nur noch flüssige Nahrung zu sich. Der Arzt hatte Magenkrebs diagnostiziert. Joseph nutzte eine Pause des Konzils an Allerheiligen für einen Besuch am Krankenbett. Die Sonntage vor Weihnachten wurden schließlich zu Stationen des Abschieds. Am ersten Advent sang die Mutter beim gemeinsamen Musizieren in der Familie noch alle Lieder mit. Am zweiten ist ihre Stimme nur noch ein Flüstern. Am dritten Advent ist sie ganz in ihren Schmerz versunken. Sie habe »nur noch wie aus weiter Ferne« zu ihren Kindern herübergeschaut, erinnerte sich ihr Sohn. »Es ist weit nach Hause«, meinte sie zu Joseph, und auf seine Nachfrage, ob es wirklich weit bis dahin sei, bestätigte sie: »Ja, sehr weit.«

Am Tag nach dem Gaudete-Sonntag, am 16. Dezember 1963, kurz vor ihrem 80. Geburtstag, erlischt Maria Ratzingers irdisches Leben. Ihre Kinder hatten sich die letzten zwei Wochen Tag und Nacht an ihrem Krankenbett abgewechselt. Nach dem Tod der Mutter, so Ratzinger, habe das Haus »von einer Abwesenheit« gezeugt, »die den Dingen ihre Wärme nahm«. Und dennoch: »Wir haben bei ihr ganz Ähnliches wie bei Vater erlebt. Ihre Güte war noch reiner und strahlender geworden und leuchtete auch durch die Wochen wachsender Schmerzen unverändert hindurch.«[30] Der Theologe sah im Abschied von Menschen wie seiner Mutter, die sich ganz vom Christentum hatten formen lassen, eine »Verifizierung des Glaubens«. Es gebe deshalb »keinen überzeugenderen Glaubensbeweis als eben die reine und lautere Menschlichkeit, in die der Glaube meine Eltern und so viele andere Menschen, denen ich begegnen durfte, hat reifen lassen«.

Kapitel 36

Das Erbe

Die dritte Sitzungsperiode des Konzils begann am 14. September 1964. Neu war, dass Paul VI. eine Anzahl von Ordensfrauen und weiblichen Laien als offizielle Auditoren – wörtlich: Hörer – eingeladen hatte. »Wir sind entzückt, unter den Auditoren unsere geliebten Töchter in Christo, die ersten Frauen in der Geschichte, die an einer Konzilsversammlung teilnehmen, begrüßen zu können«, verkündete er in seiner Eröffnungsansprache. Alle Köpfe sahen nach links und rechts, um einen Blick auf den reizenden Zuwachs zu erhaschen. Bloß, keine dieser Frauen war zu sehen. Jemand hatte vergessen, die Einladungen zur Post zu bringen.

Neu waren auch die vom Papst erlassenen Direktiven für die »hochwürdigen *Periti*«. Gemeint waren damit offenbar Akteure wie Hans Küng, womöglich aber auch Joseph Ratzinger. Den Beratern war ab sofort »untersagt, Meinungs- oder Ideenströmungen zu organisieren, Interviews zu geben oder ihre persönlichen Gedanken über das Konzil öffentlich zu verteidigen«. Außerdem sollten sie »das Konzil nicht kritisieren noch Außenstehenden Nachrichten über die Tätigkeit der Kommissionen vermitteln, sondern in dieser Hinsicht immer das Dekret des Heiligen Vaters über die zu beobachtende Geheimhaltung der Konzilsangelegenheiten beobachten«[1].

Die Faszination des Konzils bestand in seiner elektrisierenden Atmosphäre aus farbenprächtigen Auftritten, den Audienzen beim Papst, dem Palaver in der Bar Jona, den Begegnungen mit bedeutenden Kirchenmännern aus allen Teilen der Erde – und nicht zuletzt in den gehaltvollen Debatten über Fragen wie Diakonat und Priestermangel, das Heiligkeitsideal der Ordensleute oder die Reform der römischen Kurie. Wer »zum Bischof geweiht wird, soll auch Bischof sein und nichts anderes«, hieß es beispielsweise in einer Rede Frings'/Ratzingers. Deshalb sei »die Zahl der Bischöfe und Priester in der römischen Kurie zu verringern und Laien an ihr zuzulassen«[2].

Manchmal glichen die Aufzüge der Konzilsväter denen von Operettenkönigen, aber die größte und älteste religiöse Organisation der Welt war auch ein machtvoller Global Player geworden, damit beauftragt, das Himmelreich zu verkünden – die Botschaft eines Meisters, der selbst weltliche Macht empört zurückgewiesen hatte. Das war die Kluft. Aber auch die energetische Spannkraft zwischen der institutionalisierten Macht und der Heiligen Schrift, die die Männer Gottes Tag für Tag vor ihrer Nase hatten.

Wenn die Bischöfe in der Konzilsaula ihre Betstühle herabließen, klang es wie Donnerhall, dem die Stille des Gebetes folgte. Eine halbe Stunde später kramten die Väter Notizen und Dokumente aus ihren Aktentaschen hervor, studierten die Morgenzeitungen oder tauschten mit ihren Nachbarn Einschätzungen aus. Zuspätgekommene eilten durch das Mittelschiff auf ihre Plätze. Nach weiteren fünf Minuten wurde feierlich das Evangelienbuch inthronisiert und einer der Präsidenten setzte den Anfang: »Im Namen des Vaters und des Sohnes und des Heiligen Geistes.« Alle Konzilsväter und *Periti* stimmten mit ein, und die Tagesgeschäfte konnten beginnen.

Ein Baum müsse nach seinen Früchten beurteilt werden, warf sich dann etwa Ignace Pierre XVI. Batanian, der armenische Patriarch von Kilikien mit Sitz in Beirut, für die vielfach gescholtene Kurie in die Bresche, »und wir müssen sagen, dass die Kirche, ungeachtet der Katastrophen, die die Welt heimsuchen, eine glorreiche Ära erlebt, wenn Sie das christliche Leben von Klerus und Gläubigen bedenken, die Ausbreitung des Glaubens, den universalen heilsamen Einfluss, den die Kirche heute in der Welt besitzt«[3].

Frings vertraute Ratzinger, den er für verlässlich katholisch hielt, voll und ganz. Umgekehrt schätzte Ratzinger an seinem Chef, dass er »weder als Konservativer noch als Progressist, sondern als Glaubender gehandelt« habe[4]. Der Kardinal sei »gewiss kein Liberaler im weltanschaulichen Sinn« gewesen. »Er gehörte nicht zu den Leuten, die nach Hause kamen und verkündigten, nun könne man alle bisher geschriebenen Bücher verbrennen und müsse ganz neue verfassen.« Eine Haltung, die sich »von jedem Wind herumwerfen lässt und das Denken vom Würfelspiel der Meinungen abhängig macht, war ihm zutiefst zuwider«. In seinem Kampf für die Vielheit in der Einheit, die Freiheit in der Bindung sei es ihm »um die katholische Liberalität« gegangen, »die in radikalem Widerspruch zum ideologischen Liberalismus steht. Er wollte über allen äußeren Autoritätsgehorsam hinaus zu einer Treue hinführen, die in der Einsicht des gläubigen Gewissens die Quelle ihrer

Kraft hat«. Zusammenfassend hielt Ratzinger fest: »Kardinal Frings war gottesfürchtig und darum weise. Für ihn war Gott ein wirkliches Maß, das Maß, vor dem er sich bewähren musste. Aus dieser Sicht hat er gehandelt.«[5]

Ratzinger lebte und arbeitete weiterhin rastlos zwischen Münster und Rom. Aber die Lage hatte sich verändert. Aufmerksam registrierte der Professor, inzwischen 37, dass unter dem Eindruck der Dispute der Konzilsväter »und der häufig erregenden Nachrichten« das Interesse an der Theologie in Deutschland noch einmal zugenommen hatte. Aber auch ein anderer Effekt war ihm nicht entgangen. »Von Mal zu Mal fand ich, aus Rom zurückkehrend, die Stimmung in der Kirche und unter den Theologen aufgewühlter. Immer mehr bildete sich offenbar der Eindruck, dass eigentlich nichts fest sei in der Kirche, dass alles zur Revision stehe. Immer mehr erschien das Konzil wie ein großes Kirchenparlament, das alles ändern und alles auf seine Weise neu gestalten könne. Ganz deutlich war das Anwachsen des Ressentiments gegen Rom und gegen die Kurie, die als der eigentliche Feind alles Neuen und Vorwärtsweisenden erschien.«[6]

Der Geist war aus der Flasche, und kaum jemand war darüber mehr erschrocken als der Impulsgeber aus Bayern. Nach dem allgemeinen Meinungsklima schien der Glaube plötzlich »menschlicher Entscheidungsmacht nicht mehr entzogen, sondern wurde allem Anschein nach von ihr festgelegt«. Und »wenn die Bischöfe in Rom die Kirche, ja, den Glauben ändern können (so schien es ja), warum eigentlich nur die Bischöfe?« Ratzingers Beiträge in Rom zeichneten sich durch Besonnenheit und eine gute Mitte aus, die jede Radikalisierung zu vermeiden suchte. Vielleicht aber wurde tatsächlich, wie Johannes XXIII. bemerkte, auf dem Konzil zu viel geredet und zu wenig gebetet. Nie wurde auf einem kirchlichen Kongress mehr Papier produziert, bedruckt in einer umständlichen Sprache, die selbst die Verfasser der Texte kaum verstehen konnten.

Die Veranstaltung sei ein »Konzil der Buchhalter«, kritisierte im Nachhinein der Psychoanalytiker Alfred Lorenzer. Und vielleicht gab es auch zu viele junge Wilde, die es verstanden, ihre Bischöfe als Sprachrohr zu benutzen – und Bischöfe, die sich das gefallen ließen, nicht zuletzt deshalb, weil sie den Komplex hatten, von der modernen Theologie zu wenig zu verstehen. John Heenan, Erzbischof aus dem englischen Westminster, hatte das Problem beim Namen genannt: »Ich fürchte die *Periti*, wenn ihnen überlassen wird, das zu erklären, was die

Bischöfe gemeint haben.« Es sei sinnlos, von einem Bischofskollegium zu sprechen, »wenn *Periti* in Artikeln, Büchern und Reden dem widersprechen und Spott über das ausgießen, was ein Gremium von Bischöfen lehrt«[7].

Ratzinger war in Rom und anderswo zu einem gefragten Mann geworden. Er pflegte Kontakt zu den Beobachtern anderer Konfessionen, wurde von Evangelisch-Theologischen Fakultäten zu Vorträgen eingeladen (in Heidelberg, Bonn, Zürich) oder trat im römischen Pressezentrum auf, um Journalisten die immer unübersichtlicher gewordene Konzilsarbeit zu erklären. Frings' Berater »war wegen seiner Klarheit und Bescheidenheit ein hochgeschätzter Referent in Zentren und bei Bischofskonferenzen«, wusste der Schweizer Korrespondent Mario von Galli. Yves Congar sah es ähnlich. Nach einer Tagung, die sich der Formulierung des Missionsdekrets *Ad Gentes* widmete, notierte der französische Star-Theologe in seinem Tagebuch: »Zum Glück haben wir Ratzinger! Er ist vernünftig, bescheiden, unparteiisch und sehr hilfsbereit.«[8]

Frings war bemüht, es nicht zu weiteren Polarisierungen und hässlichen Zusammenstößen kommen zu lassen. Seine stärkere Zurückhaltung mag dazu beigetragen haben, dass in der dritten Session der Einfluss der Deutschen zurückging. Was nicht überall auf Begeisterung stieß. In einem Brief vom 27. September 1964 beklagte sich der Abt des bayerischen Benediktinerklosters Scheyern Johannes Hoeck bei dem Kölner: »Ich fürchte, Eminenz, dass der deutsche Episkopat allmählich sein Gesicht verliert. Bei allem Verständnis für Kompromissbereitschaft in diskutablen theologischen Fragen glaube ich, dass gegen die taktischen Intrigen – ich gebrauche bewusst dieses Wort – der anderen Seite schärfer Front gemacht werden müsste, sonst besteht die Gefahr, dass das Vertrauen der Welt zum Konzil erschüttert wird, soweit es das nicht schon ist ... Die anderen nützen diese Anständigkeit weidlich aus und üben einen Druck auf den Papst aus.«[9]

Das Konzil hatte das Stadium des tastenden Suchens verlassen und versuchte, in einem rasenden Tempo irgendwie alle Probleme des Glaubens in Griff zu bekommen. Die dritte Session sollte die Dekrete über die göttliche Offenbarung, die Bischöfe, die Ökumene, das Apostolat der Laien und nicht zuletzt über die Kirche in der Welt verabschieden, alles zusammen ein schier überwältigendes Programm. Um einige Beispiele zu nennen: In der Debatte über die Religionsfreiheit plädierte ein Teil der römischen, spanischen, italienischen und amerikanischen Kardinäle für eine Religions*pflicht*. Es sei »eine sehr ernste Sache« zu behaupten, argumentierte Kardinal Ottaviani, dass jede Art Religion die Freiheit habe, sich auszubreiten«. Dies würde »ganz klar zur Schädigung für die Nationen führen, wo die katholische Religion die einzige ist, der das Volk anhängt«. Nach dem neu vorgelegten Reformtext, so Kardinal Ruffini von Palermo, könne es scheinen, als ob ein Staat nicht berechtigt sei, irgendeiner Religion spezielle Vergünstigung zu gewähren.

Widerstand kam von Joseph Ratzinger und Kardinal Frings, aber auch vom Krakauer Erzbischof Karol Wojtyla, der aus seinem Land Erfahrungen mit faschistischen *und* kommunistischen Regimes einbrachte. Religion, so die Linie der Reformer, die sich am Ende durchsetzte, dürfe vom Staat weder verordnet noch verboten werden. Die Kirche müsse sich, so Kardinal Richard Cushing aus Boston, »der ganzen modernen Welt als Vorkämpferin der Freiheit zeigen, speziell auf dem Gebiet der Religion«.

In der Debatte über Juden und Moslems veröffentlichten die deutschen Bischöfe eine eigene Erklärung, »weil wir um das schwere, im Namen unseres Volks gegen die Juden begangene Unrecht wissen«. In seinem Redeentwurf für Frings für die 89. Generalkongregation am 28. September 1964 hielt Ratzinger fest: »Noch etwas anderes wird in dem neuen Text ausgelassen: Es wird lediglich gesagt, dass den Juden unserer Tage die Schuld am Leiden Christi nicht angerechnet werden könne. Das ist auch ohne das Konzil sonnenklar. Wirklich notwendig jedoch ist zu sagen, dass auch das damals lebende Volk nicht als Ganzes die Hinrichtung Christi betrieben hat.«[10] Das Dokument *Nostra aetate (In unserer Zeit)*, offiziell: *Declaratio de Ecclesiae habitudine ad Religiones non-christianas (Erklärung über das Verhältnis der Kirche zu den nicht christlichen Religionen)* wurde daraufhin während der dritten Sitzungsperiode revidiert.

Der Redetext Ratzingers zur Judenfrage ist von Bedeutung, weil er die Linie aufzeigt, die der Theologe auch als späterer Amtsträger und Papst in der Beziehung zur hebräischen Welt und der Aussöhnung zwischen Christen und Juden pflegte; verbunden mit seinem Credo, dass das Neue Testament nicht ohne das Alte gelesen werden könne. Noch während des Konzils bezeichnete Zachariah Shuster, der europäische Leiter des »American Jewish Committee«, den Entwurf über die katholisch-jüdischen Beziehungen als »sicherlich einen der größten Augenblicke in der jüdischen Geschichte«. Der »historische Schritt der Kirche« enthalte nicht zuletzt »eine totale Zurückweisung der Mythe von der jüdischen Schuld an der Kreuzigung«.

Kein Thema auf dem Zweiten Vatikanum sollte hingegen der *Zölibat* sein. Niemand hatte vor, die Ehelosigkeit der Priester auch nur zu erörtern. Auf die Tagesordnung kam die Frage lediglich durch die Sensations-Schlagzeile, das Konzil wolle den Klerikern künftig die Heirat gestatten. Daraufhin betonte das Konzil nicht nur die Notwendigkeit des Zölibats, sondern ermahnte die Gläubigen, »dieses kostbare Geschenk« zu achten und zu verteidigen.

Eine dramatische Schlacht entwickelte sich in der Frage der Kollegialität. Sie sollte das Verhältnis zwischen den Bischöfen und dem Papst deklarieren und brachte mit der »Novemberkrise«, der sogenannten *settimana nera*, der schwarzen Woche, die schwerste Bewährungsprobe für das Konzil. Ins Spiel gebracht wurde ein ständiger Senat von Bischöfen, eine Reform der Kurie, die dem Papst *und* dem Bischofskollegium zu unterstellen wäre, sowie eine Teilung von Befugnissen, die künftig auf die nationalen Episkopate übergehen müssten. Im Wesentlichen gab es zwei Positionen: Nach der von konservativer Seite favorisierten Interpretation durfte allein der Papst »höchste Gewalt« ausüben, und zwar kraft göttlichen Rechts. Nach anderer Auslegung war hingegen einzig das Bischofskollegium das Subjekt höchster Gewalt. Zwar könne auch der Papst sie ausüben, aber nur als Oberhaupt des Kollegiums. Was die Reformisten durchsetzen wollten, war ein bischöfliches Gremium, das die Kurie kontrollieren und die Kirche *zusammen* mit dem Papst leiten sollte. Ein entsprechendes Geheimpapier einer progressistischen Gruppe gelangte allerdings in den Palazzo Apostolico – und ließ Paul VI. so erschrecken, dass er weinte, wie der Konzilsjournalist Ralph Wiltgen zu wissen glaubte.

Bislang waren Änderungsvorschläge des Papstes für das Konzil lediglich als Empfehlungen gedacht und wurden auch nur zum Teil berücksichtigt, diesmal aber bestand der Pontifex auf seine Richtlinienkompetenz. Damit in der Nachkonzilszeit niemand eigene Interpretationen über den Kollegialitätsbegriff stülpen könne, so verfügte er, sei dem Dekret *Lumen gentium* eine »erklärende Bemerkung« voranzustellen. Diese *Nota praevia explicativa* manifestierte ein für alle Mal die höchste, unteilbare Macht des Papstes als Nachfolger Petri und unterstrich, dass die Versammlung der Bischöfe keine Funktion hat, wenn sie ohne den Papst handelt.

Weniger der Inhalt der Nota war das Überraschende als vielmehr die Art und Weise, wie Paul VI. einem bereits beschlossenen Text ein eigenes Schreiben voranstellte, das alle Konzilsväter akzeptieren mussten, wenn sie nicht *Lumen gentium* insgesamt ablehnen wollten. Die Aufregung hatte sich noch nicht gelegt, als am 19. November durch das rangälteste Mitglied des Präsidiums, Kardinal Tisserant, auch noch die am Vortag angekündigte Abstimmung über die *Erklärung zur Religionsfreiheit* abgesagt wurde. »Niemals hatte die Aula von St. Peter eine solche Erregung gesehen wie in dieser Stunde«, berichtete Hubert Jedin.

Konzilsväter verließen ihre Plätze und ereiferten sich in Gruppen über das autoritäre Vorgehen. Amerikanische Bischöfe setzten eine Petition an den Papst in Umlauf, die umgehend 441, später sogar rund 1000 Unterschriften versammelte. »Mit aller Ehrfurcht«, hieß es darin, »aber mit größter Dringlichkeit – *instanter, instantius, instantissime* – bitten wir, dass vor dem Ende dieser Sitzungsperiode des Konzils über die Erklärung zur Religionsfreiheit abgestimmt wird, sonst verlieren wir das Vertrauen der christlichen und der nicht christlichen Welt.« Der Heilige Vater ließ sich von der Petition nicht unter Druck setzen, immerhin sicherte er zu, die Deklaration als ersten Punkt auf das Programm der vierten Sitzungsperiode zu setzen.

Noch eine weitere päpstliche Verfügung erregte die Gemüter. Bereits am 18. November hatte Paul VI. angekündigt, er werde, trotz des gegenteiligen Beschlusses der Konzilsmehrheit, am 21. November Maria den Titel *Mater Ecclesiae*, Mutter der Kirche, zuerkennen. Gleich am nächsten Tag reagierten die Kardinäle Frings und Döpfner und mehrere deutsche Bischöfe mit einer Eingabe. Das Schreiben an den Heiligen Vater, so der Kirchenhistoriker Norbert Trippen, war »theologisch so ausgefeilt, dass sich die Vermutung nahelegt, es könnte von Professor Ratzinger stammen«. Wörtlich hieß es darin: »Es ist uns eine große Freude, wenn am Beschluss dieser Konzilsperiode die allerseligste Jungfrau durch Ew. Heiligkeit besonders geehrt wird. … Der Titel *Maria Mater Ecclesiae* könnte aber auch von der Kirche als Institution verstanden werden, und so ist er schwer zu begründen.« Denn niemand nenne, »soweit zu sehen ist«, den himmlischen Vater, Christus oder den Heiligen Geist *Pater Ecclesiae*. Man bitte daher darum, »den Titel *Maria Mater Ecclesiae* mit dem Titel *Mater fidelium* zu verbinden und in diesem Sinne zu interpretieren«.

Später verteidigte sich Ratzinger, es habe selbstverständlich nicht

Sinn der konziliaren Bemühungen sein können, »langsam, aber sicher die Marienfrömmigkeit als solche zu demontieren und auf diese Weise gleichsam sich dem Protestantismus allmählich zu assimilieren«. Das Ziel sei allerdings gewesen, »unter dem Anruf des Fragens der getrennten Brüder sich nüchtern und entschlossen auf den Boden des biblischen Zeugnisses zu stellen«[11]. Doch die Würfel waren längst gefallen. Am Samstagmorgen, dem 21. November 1964, dem letzten Tag der dritten Sitzungsperiode, verkündete der Papst in seiner Schlussansprache, dass er »die allerseligste Maria als Mutter der Kirche« proklamiere: »Wir wünschen, dass von jetzt an die Jungfrau noch mehr geehrt und von dem ganzen christlichen Volk unter diesem teuersten Titel angerufen werde.«

Sieben Mal war die Ansprache des Papstes durch einen immer stärker werdenden Beifall unterbrochen worden. Am Ende gab es stehende Ovationen. Kardinal Ruffini von Palermo rief aus: »Die Madonna hat gesiegt.«

Die Art, wie Ratzinger mit den Ereignissen der »Schwarzen Woche« und ihren Auswirkungen umging, gibt einen wichtigen Hinweis für das Verständnis seiner theologischen Position. Sein erster schriftlicher Kommentar zu den Vorkommnissen spricht noch von der »großen Ernüchterung«, die sich unter den Konzilsvätern breitmachte. Vor Beginn der vierten Session aber sind in einem weiteren Kommentar emotionale Wertungen wie »Unterwerfung« und »desillusionierend« verschwunden. Stattdessen wird die Berechtigung der päpstlichen Weisung sachlich begründet. »Zunächst sollte man nicht vergessen, dass ja auch der Papst als Bischof von Rom Konzilsvater ist«, hielt er fest. »Insofern sollte man mit der Rede von der Kommandierbarkeit des Konzils doch vorsichtig sein.« Die vom Papst vorgenommenen Änderungen des Konzilstextes reichten im Übrigen »nicht über das Maß an Änderungen hinaus, das auch schon eine relativ kleine Gruppe von Vätern bei der Abstimmung durch sogenannte *modi* erreichen konnte«[12].

Die Distanz Ratzingers gegenüber allzu progressiven Bestrebungen zeigte sich auch in einer Rede, die er am 18. Juni 1965 vor Studenten in Münster hielt. Hatte er ein Jahr zuvor noch davon gesprochen, es gäbe mit Blick auf das Konzil »keinen Grund zur Skepsis und zur Resignation«, im Gegenteil, man hätte »allen Grund zur Hoffnung, zur Frohgemutheit, zur Geduld«, klang plötzlich Skepsis an. Man beginne sich zu fragen, so der *Peritus*, »ob die Dinge unter dem Regiment der sogenannten Konservativen nicht immer noch besser standen, als sie unter der Herrschaft des Progressismus stehen können«. Zu Recht nennt deshalb der Theologe Hansjürgen Verweyen die These von der »großen Wende« Ratzingers, die ihm seine Gegner später unterstellten und als Folge eines »Traumas« im Zuge der Studentenrebellion von 1968 zu erklären versuchten, einen »Mythos«. Ratzinger sei nie *progressiv* oder *konservativ* im üblichen Sinne gewesen, sondern hätte stets aus einem »mystischen Glaubensbewusstsein« heraus Tradition und Fortschritt, Geschichte und Gegenwart miteinander zu verbinden versucht. Wenn es denn überhaupt eine Wende Ratzingers gegeben haben sollte, folgerte Verweyen, dann nicht 1968, sondern zwischen der dritten und vierten Session des Konzils.

Die letzte Sitzungsperiode begann am 14. September 1965 mit einer Überraschung. Paul VI. verkündete die Einsetzung eines Bischofsrates, durch den der Episkopat künftig stärker an der Arbeit zum Wohle der Universalkirche eingebunden sein sollte. »Die Nachricht löste zwar nicht Enthusiasmus aus«, befand Ratzinger, »aber sie genügte doch, um den fast verlorenen Optimismus neu zu beleben.« In intensiver Arbeit wurden nun die noch ausstehenden zwölf Konzilstexte in ihre abschließende Fassung gebracht und sukzessive verabschiedet. Die Erklärung *Declaratio de Libertate religiosa (Erklärung über die Religionsfreiheit)* enthielt ein klares Bekenntnis zum »Recht auf religiöse Freiheit«. Glaubenszwang und Unterdrückung Andersgläubiger sei als evangeliumswidrig abzulehnen. Im Dekret *Nostra aetate* gab das Konzil neue Vorgaben für den Dialog mit den nicht christlichen Religionen und erklärte, dass die katholische Kirche »nichts von alledem« ablehnt, »was in diesen Religionen wahr und heilig ist«[13]. In der Konstitution *Dei verbum* über die göttliche Offenbarung schlossen sich die Väter der Definition Ratzingers an, dass es nur eine Quelle der Offenbarung gebe, nämlich die Selbstmitteilung Gottes in der Geschichte und vor allem in Jesus Christus. Aus diesem einen Ursprung flössen die beiden Ströme Schrift *und* Tradition.

Gaudium et spes, die »Pastorale Konstitution über die Kirche in der Welt von heute« – im Arbeitstitel noch *Schema XIII* genannt –, zeigte wiederum die Möglichkeiten einer partnerschaftlichen Zusammenarbeit in den Bereichen Gesellschaft, Kultur, Wirtschaft, internationaler Gemeinschaft und Frieden auf und stellte der defensiven Abgrenzung zur Welt das Prinzip des Dialogs gegenüber, ohne die Schwächen und

Gefährdungen der Moderne zu verschweigen. Nach dem ersten Scherbengericht über dieses Schema waren 3000 Änderungsvorschläge zusammengeflossen, die zu berücksichtigen waren. »Die [Intervention] von Kardinal Frings hat Prof. Ratzinger gemacht«, bemerkte der Berater Otto Semmelroth am 24. September 1965 in seinem Tagebuch. »Wir hatten dieser Tage darüber gesprochen. Und man erkannte sehr genau die Gedanken wieder.«[14]

Insbesondere in den Debatten über *Gaudium et spes* hatten sich starke Bande zwischen den deutschen und polnischen Konzilsteilnehmern entwickelt. Sie wurden verstärkt durch einen Brief, mit dem die polnischen Bischöfe im November 1965 zu gegenseitiger Vergebung und Versöhnung zwischen den beiden Völkern aufriefen. Der Schlussappell des Briefes – »Wir vergeben und bitten um Vergebung« – sorgte für eine heftige Reaktion der kommunistischen Regierung, stieß aber auch bei einem großen Teil der Bevölkerung auf Verständnislosigkeit. Letztlich leitete die Botschaft eine Aussöhnung ein, die in dem Kniefall Bundeskanzler Willy Brandts am 7. Dezember 1970 in Warschau einen symbolträchtigen Ausdruck fand.

Als der Generalsekretär des Konzils am 6. Dezember ankündigte, dass diese 168. Generalkongregation die letzte sei, rauschte durch die Hallen von St. Peter stürmischer Beifall. An diesem Vormittag, dem 544. und letzten Wahlgang, wurde über den gesamten Text abgestimmt. Von 2373 abgegebenen Stimmen waren 2111 *Placet*, 251 *Non placet* und 11 ungültige Stimmen. Einen Tag darauf fand in der 9. öffentlichen Sitzung die Aufhebung der Exkommunikation statt, die 1054 im Zuge der Trennung zwischen West- und Ostkirche gegenseitig ausgesprochen worden war (von den 2391 Teilnehmern stimmten 2309 für die Tilgung des gegenseitigen Schismas, 75 dagegen und 7 ungültig). Zur selben Stunde, in der die Erklärung im Petersdom unter dem frenetischen Applaus der Konzilsväter verlesen wurde, trat auch in der St.-Georgs-Kirche im ehemaligen Konstantinopel der erste Sekretär des Heiligen Synods vor die Gläubigen, um den Akt bekannt zu geben. Gleichzeitig ging die Nachricht von dem »Akt der Liebe« an die orthodoxen Patriarchen von Alexandrien, Antiochien, Jerusalem, Moskau, Belgrad, Bukarest und Sofia sowie die orthodoxen Kirchen von Griechenland, Polen, der Tschechoslowakei, Aserbeidschan und Zypern.

Am Morgen des 8. Dezember, einem windigen, wolkenverhangenen Wintertag, versammelten sich auf dem Petersplatz noch einmal alle 2200 Konzilsväter, die mehr als 500 Berater, die Vertreter anderer Konfessionen sowie 89 Delegationen der Weltstaaten zur Abschlusszeremonie. Ratzinger erschien der feierliche Abschluss »eher ein wenig überladen und äußerlich«. Die 300 000 Gläubigen jedoch, die sich versammelt hatten, jubelten begeistert, als die lange Prozession der Konzilsväter, die Paul VI. auf seiner *Sedia gestatoria* voranzog, unter dem stürmischen Geläut aller Glocken von Rom die weiten Treppen vor dem Petersdom erreichte. Nach der heiligen Messe und einem päpstlichen Appell an die verschiedenen Stände wurde es noch einmal still. »Das Zweite Vatikanische ökumenische Konzil, versammelt im Heiligen Geist und unter dem Schutz der allerseligsten Jungfrau Maria, die Wir zur Mutter der Kirche erklärt haben«, verlas Erzbischof Felici ein abschließendes päpstliches Breve, »ist ohne Zweifel unter die größten Ereignisse der Kirche zu zählen.« Es werde hiermit bestimmt, »dass alles, was durch das Konzil aufgestellt worden ist, von allen Gläubigen gewissenhaft zu beobachten ist zur Ehre Gottes und für die Würde der Kirche und zu Ruhe und Frieden für alle Menschen«[15].

Das Konzil hatte seine Arbeit getan. Die Väter waren erschöpft und konnten endlich nach Hause gehen. Die Journalisten packten ihre Schreibblöcke weg und drängelten sich an den Taxis, die für die Fahrt zum Flughafen bereitstanden. Konzilsbeobachter Wiltgen kritzelte eine abschließende Wertung in sein Notizheft und stellte dabei vor allem Joseph Ratzingers Chef heraus. »Fast niemand in dieser großen Versammlung war – nach dem Papst – für den Durchgang der Konzilsgesetzgebung einflussreicher gewesen als Kardinal Frings«, so sein Fazit. »Ohne die Organisation, die er inspiriert und geleitet hatte, hätte das Konzil wohl überhaupt nicht effizient arbeiten können.«

Ratzinger selbst fasste sich in einer ersten Bewertung zurückhaltend. »Eine Bilanz des Konzils zu ziehen, würde ein eigenes Buch erfordern«, schrieb er über die letzte Sitzungsperiode, »im Übrigen wäre es wohl noch ein wenig verfrüht, sie zu versuchen.« Sie müsste eben auch »die ungeschriebenen Ergebnisse des Konzils bedenken«. Zustimmend zitierte er den evangelischen Theologen Oscar Cullmann, für den das Zweite Vatikanum »aufs Ganze die Erwartungen, soweit es nicht Illusionen waren, und abgesehen von Einzelpunkten, erfüllt und in vielem sogar übertroffen« habe. Warnend fügte Ratzinger an, Erneuerung dürfe nicht »mit Verwässerung und Verbilligung des Ganzen verwechselt« werden. Speziell sorge er sich darum, »dass man da und dort in liturgische Gestaltungsfreudigkeit flüchtet, dem in die Tiefe gehenden Anspruch des Gottesdienstes ausweicht und so das große Anliegen einer wahren Reform verkleinert und diskreditiert; dass man da und dort nicht so sehr nach der Wahrheit als nach der Modernität zu fragen und sie für den genügenden Maßstab alles Tuns anzusehen scheint«[16].

War das Konzil wirklich ein Aufbruch, wie die Mehrzahl der Väter glaubte? Oder war es der Beginn eines Abbruchs, wie ihn die katholische Kirche seit der Reformation nicht mehr erlebt hatte? War nicht längst auch der unheilige Streit absehbar, der um die Interpretation und das Für und Wider des Konzils ausbrechen würde? Hatte Johannes XXIII., als er die Fenster der Kirche öffnete, einen Wind gesät, um einen Sturm zu ernten? »Die Bischöfe wussten sich als Lernende in der Schule des Heiligen Geistes«, hielt Ratzinger fest, sie »konnten und wollten nicht eine neue, eine andere Kirche schaffen. Dafür hatten sie weder Vollmacht noch Auftrag.«[17]

Es war die Aufgabe des Konzils, in der Zeit eines weltweiten Umbruchs ein neues Verhältnis von Kirche und Moderne zu bestimmen. Erstmals sprach ein Konzil von »Kirchen« und »kirchlichen Gemeinschaften« auch außerhalb der römisch-katholischen Kirche. Angesichts des Holocausts und im Rückblick auf eine lange und schwierige Beziehung zum Judentum musste insbesondere das Verhältnis zum Glauben Israels neu bewertet werden. Innerkirchlich gehörte es zu den Errungenschaften, die Kollegialität zwischen Episkopat und Primat zu klären, den »Volk Gottes«-Begriff zu definieren und die zentrale Bedeutung der Heiligen Schrift für das Leben der Kirche und aller Gläubigen wiederzuentdecken. Im Großen und Ganzen habe das Konzil, so der Theologe Siegfried Wiedenhofer, »das schier Unglaubliche geleistet«, nämlich die Verknüpfung der mittelalterlich-neuzeitlichen Entwicklung von Kirche und Theologie mit dem biblisch-altkirchlichen Ursprung.

Auf dem Rückflug nach Deutschland waren Ratzinger Worte Johannes' XXIII. in den Sinn gekommen. In seiner Eröffnungsrede hatte Roncalli erklärt, Aufgabe des Konzils sei es, »die Lehre rein und vollständig zu übermitteln, ohne Abschwächungen oder Entstellungen«. Natürlich sei es »notwendig, die unumstößliche und unveränderliche Lehre, die treu geachtet werden muss, zu vertiefen und sie so zu formulieren, dass sie den Erfordernissen unserer Zeit entspricht«. Sein Nachfolger Paul VI. warnte auf einer der letzten öffentlichen Sitzungen des Konzils am 18. November 1965 davor, den Begriff *Aggiornamento* in die Richtung umzudeuten, »als besage er etwa die Relativierung all dessen, was die Kirche beinhaltet, Dogmen, Gesetze, Strukturen, Traditionen, gemäß dem Geist der Welt«. Das richtige Verständnis lasse sich nur in Verbindung mit dem rechten Sinn für die Lehre und die Struktur der katholischen Kirche finden. Gefragt sei, eine missionarische Begeisterung und die leidenschaftliche Suche nach Wahrheit und Heiligkeit zu wecken; letztlich »ein Verlangen nach Authentizität durch einen lebhaften Spürsinn der Verteidigung gegen das Eindringen des Geistes der Zeit«[18].

Wie sehr die Konzilsväter auf Kontinuität bedacht waren, zeigen die mehr als tausend Bezugnahmen auf das Lehramt Pius' XII., die sich unter den mündlich und schriftlich eingebrachten Beiträgen finden. Mit Ausnahme der Heiligen Schrift ist dieser Papst damit die in den Texten des Konzils am häufigsten zitierte Quelle. Mitnichten hatte das Konzil eine Rhetorik legitimiert, die auf eine Verweltlichung des Glaubens hinausläuft. Weder wurde am Zölibat gerüttelt, das Priestertum von Frauen in Aussicht gestellt, noch die »höchste Gewalt« des Papstes egalisiert. Weder wurde das Latein aus dem Gottesdienst verbannt, noch dazu aufgerufen, Priester sollten die heilige Messe künftig nicht mehr gemeinsam mit dem Volk in Richtung *ad orientem* feiern, der aufgehenden Sonne und dem wiederkehrenden Heiland entgegen. Allerdings sollte die klassische Kultursprache Latein durch die jeweiligen Landessprachen erweitert werden dürfen.

Joseph Ratzinger war der jüngste Student im Priesterseminar gewesen. Er war der jüngste Professor für systematische Theologie in Deutschland. Auf dem Konzil wurde er als jüngster theologischer Berater zum jugendlichen *Spiritus rector* der größten und bedeutendsten Kirchenversammlung aller Zeiten. Die neuere Forschung zeigt, dass sein Beitrag weit größer war, als er das selbst hatte erkennen lassen. Angefangen mit der Genueser Rede vom November 1961 und seinem Appell, die Kirche solle ablegen, was das Glaubenszeugnis erschwere, über die Expertisen zu den Schemata, in denen er den Mangel an Ökumene und pastoralem Sprachstil kritisiert, bis hin zu den elf großen Reden für Kardinal Frings, die die Konzilsaula zum Kochen brachten. Hinzu kam seine Textarbeit, die er als Mitglied unterschiedlicher Konzilskommissionen leistete.

Besonders markant: Ratzinger spielte eine maßgebliche Rolle bei der »Putschversammlung« in der *Anima*, als er seinen Alternativentwurf zum Offenbarungsschema auf den Tisch legte. Er schrieb die Vorlage, mit der Frings am 14. November 1962 das von der Kurie festgelegte Konzilsprozedere zum Kippen brachte. Er stand hinter dem Wendepunkt durch die Absetzung des Schemas über die *Quellen der Offenbarung* am 21. November 1962, das er als im Ton »frostig, ja geradezu schockierend« kritisiert hatte. Von dieser Stunde an konnte etwas Neues geschehen, konnte das wahre Konzil beginnen. Joseph Ratzinger hatte damit das Konzil a) definiert, b) in die zukunftsorientierte Richtung gebracht, c) durch seine Beiträge die Ergebnisse maßgeblich mitgestaltet.

Auch dass Frings neben dem Papst zum maßgeblichen Lenker des Konzils werden konnte, ist in erster Linie seinem Berater zu verdanken. Mit seinem Beitrag zu *Dei verbum*, der *Dogmatischen Konstitution über die göttliche Offenbarung* – sie gehört neben *Nostra aetate*, *Gaudium et spes* und *Lumen gentium* zu den Schlüsseln der Konzils –, eröffnete sich eine neue Perspektive: weg von einem allzu theoretischen und hin zu einem personalen, geschichtlichen, auf Versöhnung und Erlösung bezogenen Verständnis der Offenbarung Gottes.

Allein schon der Arbeit an dieser Konstitution, so der Neutestamentler Claus-Peter März von der Universität Erfurt, sei ein besonderes theologisches Gewicht zugekommen, weil sie den Weg des Konzils faktisch vom Anfang bis zum Ende »umschlossen« habe.[19] Ratzinger selbst stimmte bei. Das Dokument habe für das Studium der Heiligen Schrift als »Seele der katholischen Theologie« eine geradezu »revolutionierende Bedeutung«: »Erstens ist es die wichtigste Aussage des Konzils über die Theologie insgesamt ... Zweitens verbindet es sich mit der Forderung, in der katholischen Theologie sollten alle Themen konsequent von der Heiligen Schrift her entwickelt werden. Das ist ein Bruch mit dem Denksystem der Neuscholastik.«[20]

Ein Bruch mit einem überholten Denksystem wohlgemerkt, nicht mit der Tradition. Was Johannes XXIII. wollte, so Ratzinger, sei eben kein Impuls für eine Verwässerung des Glaubens gewesen, sondern ein Impuls für eine »Radikalisierung des Glaubens«. Alles in allem sei im Zweiten Vatikanum nichts anderes als der Beginn der Neuevangelisierung der Welt zu sehen, wie der ehemalige *Peritus* als Benedikt XVI. hinzufügen sollte.

Ratzinger war nie nur ein auf den akademischen Betrieb fixierter Theologe. In den Jahren des Konzils verbindet sich seine geistige Unabhängigkeit mit einem Verantwortungsbewusstsein für die Gesamtkirche. Dass er auf den erfahrenen, abgeklärten und gleichwohl mutig nach vorne schreitenden Kardinal Frings traf, war ein Wink des Schicksals.

Den jungen Star-Theologen *nicht* als Berater zu verpflichten wäre allerdings ein Ding der Unmöglichkeit gewesen. Hätte es Frings nicht getan, würde ihn Kardinal Döpfner oder ein anderer deutscher Bischof berufen haben.

So deutlich mit dem Vatikanum Ratzingers Stärken zutage traten, so unübersehbar waren allerdings auch seine Schwächen. Da war zum einen eine Fehleinschätzung der Folgen, die sich aus der Lust an der Veränderung beziehungsweise der Dekonstruktion der katholischen Kirche ergeben könnten, insbesondere im Bereich der Liturgie. Zum anderen eine Arglosigkeit gegenüber einem Lager, das nicht nur einen interessanten theologischen Ansatz vertrat, wie Ratzinger lange glaubte, sondern einen Systemwechsel anstrebte. Definitiv falsch eingeschätzt wurde die Wirkung jener Kräfte, die aus den Gesetzen der sich entwickelnden Mediengesellschaft entstanden. Niemals zuvor war ein Konzil so stark einer Dynamik ausgesetzt, durch die außenstehende Kräfte das Geschehen zu beeinflussen suchten. Mit weiser Voraussicht hatte Johannes XXIII. bereits im Oktober 1961 davor gewarnt, es wäre »tatsächlich ein Unglück, wenn aus Mangel an hinreichender Information oder aus Mangel an Diskretion und Objektivität ein religiöses Ereignis von solcher Bedeutung eine unzutreffende Darstellung und dadurch eine Entstellung seines Charakters und der wirklichen Ziele erführe«. Deshalb müsse alles dafür getan werden, um »das Konzil in seinem wahren Licht« bekannt zu machen.[21]

Hinzu kam ein Phänomen, das der amerikanische Medienwissenschaftler Marshal McLuhan in den Sechzigerjahren mit dem Begriff »the medium ist the message« beschrieb. Heißt im Falle des Konzils: Nicht so sehr die Inhalte zählen, sondern das Event als Event und die Interpretation des Events, dessen inhaltliche Aussagen mehr und mehr von Legendenbildung überlagert werden. Diese Überlagerung schafft wiederum eine Realität, die am Ende realer zu sein scheint als das, was auf dem Konzil selbst geschah und in seinen Texten verabschiedet wurde.

Es entsprach dabei der Logik von Medien, die ihre eigene Vorstellung von Kirche und Reform hegten, dass nicht nur das Konzil gedeutet und umgedeutet werden musste, sondern auch etliche seiner Vertreter. Wie es irgendwann zwei Konzile gab – das authentische Konzil der Väter und das virtuelle Konzil der Medien –, sollte es eines Tages auch zwei Ratzinger geben. Einen realen Ratzinger, wie ihn jene kannten, die mit ihm arbeiteten, und einen Ratzinger der Medien. Dass es gelingen konnte, den Berater Frings' später als einen »Verräter des Konzils« darzustellen, gehört sicherlich zu den skurrilsten Folgen des Vatikanums.

Die Fakten jedenfalls geben die Theorie von der »Wende« eines ehedem progressiven Theologen in einen reaktionären Denker nicht her. »Das wahre Erbe des Konzils liegt in seinen Texten«, wurde Ratzinger nicht müde zu verkünden. »Wenn man die sauber und gründlich auslegt, dann ist man vor den Extremismen nach beiden Richtungen hin bewahrt; und dann öffnet es auch wirklich einen Weg, der noch viel Zukunft vor sich hat.«[22] Wie als Vermächtnis sollte er noch bei seinem letzten Auftritt als Papst, drei Tage vor seinem Ausscheiden aus dem Amt, in einer frei vorgetragenen Rede appellieren: »Es lohnt sich, immer zum Konzil selbst, zu seiner Tiefe und zu seinen wesentlichen Vorstellungen zurückzukehren.«

Kaum hatten sich die Tore der vierten Session geschlossen, begann für Ratzinger in der Tat eine Herkulesarbeit, ein fünfzigjähriger Kampf um das Erbe des Konzils. Seine Losung hieß: »Klarmachen, was wir wirklich wollen und was wir nicht wollen, das war dann seit 1965 ein Auftrag, den ich empfonden habe.«[23]

Teil IV
Der Lehrer

Kapitel 37

Tübingen

Das Jahr 1966 ist ein Jahr geopolitischer, gesellschaftlicher und soziokultureller Veränderungen, die der Welt einen gewaltigen Schub geben. Während die Instrumentenkapsel »Luna 9« der Sowjets weich auf dem Mond landet und erstmals Fernsehbilder zur Erde liefert, putscht in Argentinien das Militär. In Afrika erklären Staaten wie Botswana und Lesotho ihre Unabhängigkeit. In China wird am 18. August der Startschuss für die »Große Proletarische Kulturrevolution« gegeben. Die Säuberungswellen durch Mao Zedongs »Rote Garden« werden Abermillionen von Menschenleben kosten.

Die USA beginnen mit ihren Luftangriffen auf Nordvietnam. In Los Angeles werden sogenannte Negerunruhen von der Nationalgarde brutal niedergeschlagen. 34 Afroamerikaner zahlen mit dem Tod, 800 werden schwer verletzt. In Barcelona zwingen erste Studentenunruhen die Leitung der Hochschule, den Lehrbetrieb einzustellen, und auch in Rom wird die Uni geschlossen, nachdem 1500 Studenten den Campus besetzten und den Rücktritt des Rektors erzwangen.

Die Jugend geht ihren eigenen Weg. Und der drückt sich in bunten Hippie-Klamotten, superkurzen Röcken und langen Haaren aus. Den Rhythmus für den neuen *way of life* liefern Interpreten wie Bob Dylan, John Lee Hooker, Eric Burdon, The Doors, Procol Harum und die Rolling Stones. Zu den Top 100 des Jahres zählen Songs wie »Summer in the City«, »My Generation« und »Good Vibrations«. Unangefochten an der Spitze liegen die Beatles, die, wie John Lennon beiläufig meint, »schon jetzt populärer als Jesus« seien.

An deutschen Hochschulen gerät der Sozialistische Deutsche Studentenbund ins Blickfeld, der sich zunehmend radikalisiert. Den theoretischen Unterbau für die Gärungen an den Universitäten liefert die »Frankfurter Schule« mit neu aufgebügelten Ideen von Hegel und Marx. Zu ihren Großmeistern zählen Theodor W. Adorno, Herbert Marcuse und Max Horkheimer. In Adornos *Dialektik der Aufklärung* kommt die kapitalistische »Kulturindustrie« auf den Prüfstand. Die damit verbundenen Herrschaftsmethoden, heißt es darin, seien subtiler als die von autoritären Regimes, aber nicht weniger effektiv. Die Massen würden medial indoktriniert, geistig eingelullt und auf Anpassung getrimmt.

Der inzwischen 39-jährige Theologieprofessor Joseph Ratzinger ist auf dem Höhepunkt seiner Karriere. Er hat alles erreicht, was ein Wissenschaftler erreichen kann: Aufmerksamkeit, Anerkennung, Einfluss. Dass sein Haarschopf inzwischen in einem distinguierten Grau schimmert, steht im Widerspruch zu seiner jugendlichen Erscheinung. Jedermann aber empfand den Look für den theologischen Nachwuchsstar, von dem noch Großes zu erwarten sei, als ein geradezu natürliches Design. In Rom arbeitete er mit den größten Theologen der Zeit zusammen – und fand hier seinen letzten Meister. Ein Kölner, Gottlieb Söhngen, hatte Ratzinger in München zu einem glänzenden Theologen ausgebildet. Ein anderer Kölner, Kardinal Frings, brachte ihm bei, was noch fehlte. Etwa die Kunst des Umgangs mit hochrangigen Monsignori der Kurie. Oder den Mut, sich gegebenenfalls zu korrigieren und neue Einsichten auch wirklich umzusetzen.

Frings war ein Mann der Praxis. Ein Leutepriester, der ein Vierteljahrhundert als einfacher Seelsorger wirkte – und auf dem Konzil durch seine Erfahrung, seine Ausgeglichenheit, seine unaufdringliche, nahezu aristokratische Art zu einem der bedeutendsten Männer der Weltkirche aufstieg. Theologisch überlegen, profitierte Ratzinger an der Seite des Kirchenfürsten von dessen Diplomatie und Gelassenheit. Während Gleichaltrige wie Küng häufig aus der Hüfte schossen, blieb Ratzinger in der Schule des Kardinals stets abwartend, abwägend, um dann mit den richtigen Schlüssen exakt den Punkt zu treffen, auf den es ankam. Er nahm das Vorbild von Frings, den er »wie einen Vater« empfand, dankbar an, dunkel ahnend, dass er vielleicht einmal auch selbst große Aufgaben wird schultern müssen. Vielleicht trifft man den Punkt ihrer Synergie am besten mit dem Satz, den Ratzinger im Dezember 1978 in Köln sprach, als er den Kardinal zu Grabe trug. Sein Meister, hieß es darin, »betrachtete die Menschen und die Welt von Gott aus – und Gott und den Himmel von den Menschen aus«.

Ratzingers Wechsel von Münster in die protestantische Hochschulstadt Tübingen ist eine der rätselhaftesten Entscheidungen in der Biografie des späteren Papstes. Fast alle späteren Weggabelungen folgten einer inneren Logik und waren zumeist nicht selbstbestimmt. Ratzinger ist ein Kämpfer und auch wieder nicht. Er lässt persönlichen Dingen ihren Lauf und entscheidet häufig nach Gefühl, ohne dabei auf ein bestimmtes Ziel zu setzen oder Ehrgeiz an den Tag zu legen. Aus heiterem Himmel jedoch kam der Abschied aus Westfalen nicht. Bruder Georg war inzwischen von Traunstein an die Donau gezogen und leitete als Kapellmeister den weltberühmten Knabenchor der Regensburger Domspatzen. Schwester Maria vermisste in Münster Freundinnen und fühlte sich einsam. Hinzu kam neuerdings ihre Angst vor einem der Studenten im Haus, der an einer Psychose litt. Der schönste Ort in Münster sei für sie der Bahnhof der Stadt, wiederholte sie unablässig, von dem die Züge nach Bayern fahren.

Liebend gerne wäre Ratzinger nach München gewechselt. An der LMU war der Dogmatik-Lehrstuhl vakant, aber er stand nicht auf der Liste der von der Fakultät gewünschten Professoren. Söhngen hatte zwar ein Sondervotum für ihn eingereicht, dem sich mehrere Kollegen anschlossen. »Auch Döpfner war für mich«, berichtete Ratzinger in unserem Gespräch. »Aber die ganze Münchner Situation wäre schwierig für mich gewesen.« In einem Telefonat erklärte er Rahner, der in die Personalie eingebunden war, man solle auf keinen Fall auf ihn zurückgreifen, sondern auf den Dogmatiker Leo Scheffczyk. Immerhin war nach einem Beschluss des Bayerischen Landtages in Regensburg eine neue Universität im Aufbau, was die Geschwister von der Perspektive träumen ließ, die Familie wieder an einem Ort zu vereinen.

Noch immer lebte Ratzinger in der Vorstellung, einmal in aller Ruhe lehren, forschen und an dem großen Werk arbeiten zu können, das ihm vorschwebte. Die Situation in Münster empfand er inzwischen als »schwierig«, trotz der komfortablen Ausstattung seines Lehrstuhls, der Wertschätzung des Kollegiums und dem Pulk an Studenten, die ihm zu Füßen lagen. Ihn störte nun nicht nur die Entfernung zur Heimat (»Ich bin doch so ein bayerischer Patriot, dass in Münster auf Dauer zu leben mir einfach zu weit weg war«), sondern auch der ein Jahr jüngere Fundamentaltheologe Johann Baptist Metz. Er selbst hatte dem Rahner-Schüler zu dessen Lehrstuhl verholfen. Die beiden hatten sich gut verstanden. Seit Metz jedoch seine »Politische Theologie« propagierte, war das Verhältnis schwierig geworden. Es habe sich bei ihm der Eindruck verstärkt, so Ratzinger, »dass mit der politischen Theologie von Metz eine Himmelsrichtung hereinbricht, die auf eine verkehrte Weise die Politik in den Glauben hineinträgt. Und ständig in der eigenen Fakultät im Krach zu leben, wäre nicht meine Sache gewesen, zumal ich mich menschlich ja mit Metz gut verstanden habe.«[1] Den offenen Bruch will er vermeiden. So sei ihm »richtiger erschienen, nach Tübingen zu gehen und dort in die Tübinger Tradition einzutreten«. Obendrein habe er sich »der Arbeit von Küng zu jenem Zeitpunkt näher gefühlt als derjenigen von Metz«.

Tübingen konnte eine Zwischenlösung sein. Bereits während des Konzils, im Juli 1964, hatte Hans Küng Ratzinger zu einer Gastvorlesung eingeladen. Der Schweizer träumte davon, seine Fakultät zum Zentrum moderner Theologie zu machen. Aber dazu brauchte er den neben ihm fähigsten und populärsten Theologen der neuen Generation. Küng fand den Kollegen auch »menschlich sympathisch«, rühmte dessen »hohes Ansehen« und seine »große Offenheit für Fragen der Gegenwart«[2].

Am 2. Mai 1965 besuchte Küng Ratzinger in Münster, wobei die Details eines möglichen Wechsels besprochen wurden. Die Berufung, versprach Küng, werde als »Unico loco«-Ernennung behandelt, eine Bewerbung ohne Konkurrenz. Neun Tage später unterstrich er in einem Brief erneut die Segnungen Tübingens. Etwa »die wissenschaftliche Zusammenarbeit mit katholischen und evangelischen Kollegen an einem Ort großer freier Tradition«, die »ausgezeichneten Arbeitsbedingungen« und, mit Blick auf Schwester Maria, »die Nähe zu Ihrer Heimat«. Notfalls könne man auch noch bis Ostern 1966 warten. In der Zwischenzeit werde man eine schöne Wohnung für ihn und Maria finden: »Nur müssten wir in diesem Fall sicher wissen, dass Sie kommen, damit wir nicht schließlich ohne Taube auf dem Dach und den Spatz in der Hand bleiben.« Am 15. Mai 1965 antwortet Ratzinger, unter den genannten Voraussetzungen »werde ich mich gerne als Spatz in die Hand der Tübinger Fakultät geben«[3].

Küng selbst hatte seinen Lehrstuhl zum Sommersemester 1960 übernommen. Im ersten Teil seiner dreibändigen Memoiren beschrieb er, dass vor ihm Hans Urs von Balthasar angefragt wurde. Als nach dessen Absage noch zwei weitere Kandidaten abgewunken hätten, sei sein Name gefallen.[4] Was Küng verschwieg, war, dass es anfangs einen eindeutigen Favoriten gab, nämlich Ratzinger, der allerdings schon einen Ruf nach Bonn hatte. Erst nach dessen Absage und der der anderen Kandidaten war das Ministerium bereit, auch einen nicht habilitierten Theologen wie Küng zu berufen, gewissermaßen als Verlegenheitslösung. Und gegen die Vorbehalte aus Rom. Aber auch, wie Daniel Deckers in seiner Biografie über Karl Lehmann[5] nachzeichnete, gegen die

Bedenken von Hermann Volk (Küngs Professor in Münster), Michael Keller (der zuständige Bischof für die Fakultät in Münster) und des Baselers Franziskus von Streng (der Heimatbischof Küngs).

Unabhängig voneinander hatten Volk, Keller und von Streng dem für Tübingen zuständigen Rottenburger Bischof Carl Joseph Leiprecht empfohlen, mit einer Berufung Küngs noch zuzuwarten. Der junge Mann sei zwar hochbegabt, aber sehr von sich eingenommen. Ein Prälat Höfer wiederum, Botschaftsrat der Deutschen Botschaft beim Heiligen Stuhl, riet Küng, seine »Schrift vom Konzil bleibt jetzt meines Erachtens besser noch unveröffentlicht. Sie müssen unbedingt schweigen«.[6] Küng gehorchte und bekniete den Verlag Herder, die Auslieferung des Titels *Konzil und Wiedervereinigung* so lange zu verschieben, bis ihm sein Lehrstuhl sicher sei.

Mitte der Sechzigerjahre ist Tübingen, eine Kleinstadt mit 40 000 Einwohnern, für jeden Theologen, der auf sich hält, das Gelobte Land, organisch gewachsen in der abgeschotteten Welt einer geistigen Elite, die sich in liberaler Universalität gefiel. Zu der im Spätmittelalter gegründeten evangelischen Fakultät war vor 150 Jahren ein katholisches Pendant hinzugekommen. Im Sommersemester 1966 hat die Uni 7467 Studenten, davon 547 in der Evangelischen und 315 in der Katholischen Fakultät. Ratzinger versprach sich am Olymp deutscher Theologie »interessante Begegnungen mit bedeutenden evangelischen Theologen«, die sich in der Behaglichkeit des schwäbischen Bürgerstädtchens, der Stadt Hegels, Schellings und Hölderlins, als betont kritische Avantgarde verstanden.

Das neue Zuhause, ein schmuckloses Reiheneckhaus, steht in der Friedrich-Dannemann-Straße 22, einer ruhigen Lage am Stadtrand mit Blick auf die Wurmlinger Kapelle. Der Professor genießt den »Zauber der schwäbischen Kleinstadt« mit seinen alemannischen Fachwerkhäusern, den verträumten Plätzen in der Altstadt und den stillen Auen am Ufer des Neckars. Schwester Maria verantwortete den Haushalt. Und da ist auch noch eine schwarze Nachbarskatze namens Panther, die den Priester jeden Morgen, wenn er nebenan die Messe zelebriert, begleiten will. Sein Assistent ist Peter Kuhn, der ihn in einem rostigen Citroën 2CV durch die Stadt chauffiert. Gelegentlich kommt Esther Betz zu Besuch, und »Onkel Ratzinger«, wie ihn Betz' Neffen nennen, beeilt sich, die Gefährtin vom Bahnhof abzuholen, um ihr die Reisetasche zu tragen und gemeinsam durch die Stadt zu schlendern.

Ratzinger pendelt anfangs mit dem Zug, um neben der dogmatischen Hauptvorlesung an seiner neuen Wirkungsstätte auch noch Lehrveranstaltungen und Prüfungen in Münster zu absolvieren. In Tübingen besucht er gemeinsam mit einem libanesischen Studenten Ernst Bloch und amüsiert sich darüber, dass der gefeierte linke Philosoph eine Wasserpfeife umständlich handhabt, obwohl er behauptet hatte, seine Shisha regelmäßig in Gebrauch zu haben. Zu einer Gegeneinladung kommt es nicht. Dass er sich jede Woche donnerstags mit Küng zum Dinner traf, ist eine Fabel. Richtig aber ist: Die beiden verstanden sich.

»Ich bin mit Kollege Ratzinger grundsätzlich einer Meinung«, vernehmen die Studenten in Küngs Hörsaal. Beim Kollegen klingt das nicht viel anders: »Da stimme ich mit Küng überein.« Wenn die beiden Dogmatiker vor der Uni einparken, fällt Beobachtern allerdings ein markanter Unterschied ins Auge: Der extrovertierte Schweizer fährt einen flotten weißen Alfa Romeo, ist geschmackvoll und elegant gekleidet, der zurückhaltend wirkende Bayer hingegen biegt, Baskenmütze auf dem Kopf, auf seinem alten Fahrrad um die Ecke. Der Auftritt habe »wie ein Symbol zweier theologischer Welten« gewirkt, beschrieb Küng-Biograf Freddy Derwahl die Szene, als Bild nämlich für »eine davonbrausende und eine beharrliche, eine mondäne und eine bescheidene« Theologie: »Doch selbst wenn Küng vorbeiflitzte, saß Ratzinger stets etwas höher. Der eine war rasant, der andere hatte mehr Überblick.«

Beide Professoren hatten mit jeweils 400 Hörern ein gleich großes Publikum. Beide waren Herausgeber der Reihe *Ökumenische Forschungen*, in der Küngs Werk über *Die Kirche* erschien, das später seinen Konflikt mit Rom eröffnen sollte. Die Zusammenarbeit konnte besser nicht sein. Vielleicht auch, weil beide, wie Assistent Wiedenhofer beobachtete, die »theologisch erheblichen Unterschiede« erst gar nicht thematisieren.[7] Auch wenn sich Ratzinger schon mal weigerte, zu einem Doktoranden Küngs, Josef Nolte, ein Gutachten zu liefern. Er wolle ja schließlich dessen Promotion, eine Arbeit mit Küng'scher Theologie in Reinkultur, nicht verhindern, so seine Erklärung. Nolte distanzierte sich später von Küng. Wer außer seinem ehemaligen Lehrer »kann seine Dogmen so verpacken, dass der Verstand fast gar nichts spürt?«, polemisierte er in einem *Spiegel*-Essay: »Das kann nur Küng. Mit Flitzertrick und mit James-Bond-Allüren bringt er uns bei, auch Katholiken könnten alle Hüllen fallen lassen und mit dem allgemeinen Weltwind dann zum Himmel fahren.«[8]

Wie zuvor in Bonn und Münster empfinden auch die Tübinger Studenten Ratzinger als hilfsbereit und umgänglich, bisweilen aber auch, so Assistent Kuhn, »ein wenig eigenartig«. Als Mitarbeiter habe man darauf achten müssen, »dass man ihm nicht zu nahe kommt«. Ratzinger habe »nie jemanden zurechtgewiesen«, allerdings auch nahezu alles allein gemacht. Kuhn empfand es gegenüber der »fast einzigartigen Persönlichkeit« Ratzingers als seine Aufgabe, »die Distanz einmal zu durchbrechen, den Glasbehälter zu zerschlagen, in dem er keine Luft bekam. Denn wenn man das durchbricht, ist er froh.« Jeder Mensch sei ein Rätsel, sinnierte Kuhn, »und dieser Ratzinger ist ein besonders großes Rätsel. Ich kenne ihn, und kenne ihn auch nicht«.[9]

Mit seinen Doktoranden besucht Ratzinger in Basel Hans Urs von Balthasar sowie den protestantischen Theologen Karl Barth, einen seiner »theologischen Väter, mit denen ich von Gottlieb Söhngen her aufgewachsen bin.« Ziemlich exotisch wirkt in Tübingen Ratzingers Angewohnheit, seine Kolloquien mit einer heiligen Messe zu beginnen. »Die Bedeutung war: zuerst mit Gott zu reden, dann über Gott«, erläuterte der italienische Ratzinger-Schüler Cornelio del Zotto. Ratzinger habe »eine harmonische Vision des Menschen, der Welt und eine unglaubliche Fähigkeit, den Kern der Dinge und die Wahrheit aller Dinge aufzunehmen. Persönlich kann ich sagen, er hat mir die wunderbare Entfaltung der Worte Gottes offenbart und uns damit den Sinn des Menschen, der Welt und der Geschichte dargelegt.« Ratzingers Motto »Mitarbeiter der Wahrheit« stehe nicht für ein individuelles, sondern ein gemeinsames Werk. »Es geht also nicht um etwas Äußeres, sondern um ein inneres Werden. Ein Werden im Geist ist eine neue Dimension des Seins.«[10]

Eines Tages war in der Aula eine öffentliche Debatte über den Primat des Papstes angesetzt. Küng diskutierte mit mehreren Professoren und erklärte, dass der wahre Typ eines Papstes durch Johannes XXIII. verkörpert werde, dessen Primatsausübung keinen jurisdiktionalen, sondern einen pastoralen Charakter getragen habe. Ratzinger saß im Publikum, als die Studenten seinen Namen zu skandieren begannen: »Rat-zin-ger! Rat-zin-ger!« Sie wollten wissen, was *er* darüber dachte. Betont ruhig erklärte der Gefragte, dass das von Küng beschriebene Bild zu korrigieren sei, weil man *alle* mit dem Petrusdienst zusammenhängenden Aspekte in Betracht ziehen müsse. Wenn man sich nur auf den pastoralen Aspekt versteifte, würde man Gefahr laufen, nicht den Hirten der universalen Kirche darzustellen, sondern vielleicht einen universalen Hampelmann, den man manipulieren könne, wie es einem gefalle.

Gemeinsamer Nenner zwischen Küng und Ratzinger ist die Freiheit als Voraussetzung des ökumenischen Dialogs. Küng schickte dem Kollegen dazu seine *Theologische Meditation*, Ratzinger antwortete, er brauche wohl nicht zu sagen, »wie sehr ich Ihnen gerade in dieser Sache zustimme«. Im Januar 1967 fordern die beiden in ihrer Buchreihe gemeinsam das »Abwerfen unnötigen theologischen Ballastes« und die Lösung der »kirchenspaltenden Fragen«. »Und dann dieser Glücksfall!!«, jubelte der Rhetorikprofessor Walter Jens in der Uni-Zeitung *Attempto!* über die beiden Theologie-Champions: »Ein Grundsatzartikel aus Ratzingers Feder, Fundament fortwirkender Überlegungen, daneben, kühn in die Lüfte steigend, eine Rakete, abgefeuert in helvetischen Marken.«[11]

Küng galt als führender Kopf einer neuen, weltoffenen Kirche. Er verstand es, christlichen Glauben in einer Sprache zu sprechen, die eine Aura von Freiheit und Unabhängigkeit verströmte. »Er erwartete, er und Ratzinger würden die Konzilstheologie in einsame Höhen führen«, berichtete Kuhn. »Ratzinger verkörperte zwar einen Aspekt der Kirche, den Küng hasste, andererseits respektierte er ihn.«[12] Zusammen mit Karl Rahner, Johann Baptist Metz und Professoren aus der zweiten Reihe – wie Hermann Häring, Küngs Assistenten Walter Kasper und Rahners Assistenten Karl Lehmann –, so Küngs Vision, könnte in Tübingen eine Bastion hoher deutscher Theologie entstehen. Als Forum stünde die Zeitschrift *Concilium* zur Verfügung.

Der Plan war gut. Doch er beruhte auf einer fulminanten Fehleinschätzung. Karl Rahner zum Beispiel hatte sich längst von Küng abgewandt. Die Waffenbruderschaft war in eine gegenseitige Abneigung umgeschlagen. Eine Trennlinie hatten auch progressive Mitstreiter wie Henri de Lubac gezogen. Es würde der Verständigung zwischen den Konfessionen nichts nützen, so der Franzose zu Küngs Ökumene-Vorstellungen, wenn auf katholischer Seite Theologen aus mangelnder Sorgfalt vorschnell einen Konsens vorgäben, wo keiner ist.

Vor allem übersah der Schweizer – und wollte übersehen –, dass sein um ein Jahr älterer Kollege Ratzinger längst zum Warner genau jener Entwicklungen geworden war, die Küng als die Fortsetzung des Konzils mit anderen Mitteln vorschwebten. »Ich wünsche Ihnen die Gabe der Unterscheidung der Geister«, hatte sich Ratzinger in seiner letzten Vorlesung in Münster am 25. Mai 1966 verabschiedet: »Sie wird wichtig sein für die Zukunft der Kirche!« Das war nicht einfach so dahergesagt. Während der Debatten auf dem Konzil, verriet er seinen Münsteraner Professoren-Kollegen, die er noch einmal zum Abendessen ausführte, »ist mir bewusst geworden, dass die Tradition, nämlich das Verharren, das Bleiben, auch im Neuen Testament Schlüsselworte, wesentliche Koordinaten sind«[13].

Noch immer verstand sich Ratzinger als Teil der Fortschrittskräfte. Im Gegensatz zu Küng wird er sich auch nie von den Weggefährten aus den Tagen des Konzils trennen. Er sympathisierte mit all den Theologen, die in Rom als Abweichler bekannt und verfolgt worden waren. Etwa dem belgischen Dominikaner Marie-Dominique Chenu, dessen *Manifest* durch ein Dekret des Heiligen Offiziums auf den Index gesetzt worden war. Der Franzose Yves Congar wiederum war für ihn »einer der Leute, die ich am meisten verehre«[14]. Der Lektüre von Henri de Lubac verdankte er nach eigenen Angaben »große neue Erkenntnisse«. Und Jean Daniélou lieferte ihm das historische Material, mit dem er die These begründete, das Christentum sei »wesenhaft Glaube an ein Ereignis«, an das Eintreten und Mitgehen Gottes in der Geschichte der Menschen, und eben keine kosmische oder mystische Religion wie andere.

»Klar war ich progressiv«, sagte er in unserem Gespräch: »Damals war progressiv aber noch nicht, dass man aus dem Glauben ausbricht, sondern dass man ihn besser verstehen lernt und ihn richtiger, von den Ursprüngen her, lebt.« Die Übersetzung des Glaubens in die Gegenwart, die Suche nach zeitgemäßen Formen in Lehre und Liturgie, sei die erste Voraussetzung für jeden weiteren Schritt, missionarisch Kirche zu sein. Der Unterschied zu anderen Theologen war: Ratzinger argumentiert *mit* dem Glauben der Kirche und niemals *gegen* ihn. »Es kommt darauf an«, schrieb er 1960 in einem Beitrag für die Zeitschrift *Wort und Wahrheit*, »die Glaubensaussagen ohne Preisgabe des wahrhaft Gültigen aus der Systemerstarrung zu erwecken und wieder zu ursprünglicher Lebendigkeit zu führen.« In einer Vorlage für Frings hatte er festgehalten, es gehe um das Ziel, »das der Papst für dieses Konzil bestimmt hat, nämlich das christliche Leben zu erneuern und die kirchliche Disziplin so den Erfordernissen dieser Zeit anzupassen, dass das Zeugnis des Glaubens mit neuer Klarheit in den Dunkelheiten dieser Welt leuchten kann«[15].

Aufbegehren gegen Überkommenes und Opposition gegen eine verknöcherte Obrigkeit waren nicht nur Eckpunkte in seiner Sturm-und-

Drang-Periode. Ratzinger zeigte sich angewidert von einem allzu angepassten, spießigen Christentum, das sich in seiner Bequemlichkeit selbst einschläferte. Groß geworden in der Reformtheologie, die auf eine ganzheitliche Glaubensüberlieferung zurückgriff und sich zugleich konstruktiv mit dem Leben, Denken und Wissen der Zeit auseinandersetzte, verstand er den Begriff »Aufbruch« als »Verlebendigung«; nicht durch in erster Linie organisatorische, sondern inhaltliche, geistige Reformen. Durch unverhältnismäßige Anpassung an die Welt könne die Kirche die Menschen nicht gewinnen, sondern nur sich selbst verlieren.

Es waren mit die Vorlagen des Deutschen gewesen, die aus dem Zweiten Vatikanum ein offenes, zukunftsweisendes Konzil machten. Niemand konnte wie er Anfang der Sechzigerjahre die Agenda der katholischen Kirche so treffsicher und inspiriert in Worte fassen – aber kaum einer begriff auch so früh, dies alles könne statt des erhofften »Sprungs nach vorne« auch einen »Prozess des Niedergangs« einleiten.

»Zwischen dem, was die Väter wollten, und dem, was der Öffentlichkeit vermittelt worden ist und was dann das allgemeine Bewusstsein geprägt hat«, meinte er später, habe »ein bedeutender Unterschied bestanden.«[16] »Die Väter wollten den Glauben aggionieren – aber ihn gerade auch dadurch in seiner ganzen Wucht anbieten.« Stattdessen sei der Eindruck entstanden, »›Reform‹ bestände darin, dass wir einfach Ballast abwerfen; dass wir es uns leichter machen, sodass eigentlich Reform nun nicht in einer Radikalisierung des Glaubens, sondern in irgendeiner Art von Verdünnung des Glaubens zu bestehen schien«[17].

Kapitel 38

Tief erschrocken

Der Richtungsstreit in der nachkonziliaren Debatte hatte nicht nur Diskussionen über den historischen Jesus, die Auslegung der Heiligen Schrift und Fragen wie Jungfrauengeburt und Unfehlbarkeit ausgelöst. Plötzlich zeigte sich auch eine vertrackte Wechselwirkung zwischen Kirchenreform und Kirchenkrise, zwischen bunter Kreativität und dem Verlust an Identität.

Vielen schien, als sei eine dunkle Wolke entstanden, durch die sich das Verständnis von Glaube und Kirche vernebelte. Sich als emanzipiert gebende Priester erfanden Privatmessen, andere traten in der Predigt als Büttenredner vor die Gläubigen. Taufen, Trauungen und Gottesdienstbesuch nahmen dramatisch ab, Beichten wurden zu einer Ausnahmesituation. Selbst in bislang strenggläubigen Familien, klagten Dorfpfarrer, werde das Leben immer säkularer – ebenso an den Unis. »Bei der Vorlesung«, berichtete der Tübinger Student Helmut Moll, »schienen die Professoren jeden Konsens hinsichtlich der wesentlichen Glaubensdinge verloren zu haben. Man musste immer Stellung nehmen zu Dingen, die bisher außer Frage standen: Gibt es den Teufel, oder gibt es ihn nicht? Sind es sieben Sakramente, oder sind es nur zwei? Gibt es einen Primat des Bischofs von Rom, oder ist das Papsttum nur ein despotisches Regime, das es abzuschaffen gilt?«[1]

Ratzinger war »von der Veränderung des kirchlichen Klimas, die immer offenkundiger wurde, tief beunruhigt«. Immer deutlicher war ihm die Gefahr einer Verfälschung des Konzils vor Augen getreten. Es gebe »keinen Grund zur Skepsis und zur Resignation«, hatte er noch über die dritte Sitzungsperiode geurteilt, stattdessen hätten alle »Grund zur Hoffnung, zur Frohgemutheit, zur Geduld«. Aber noch vor Beginn der vierten Session änderte sich sein Ton. Eine erste deutliche Warnung äußerte er in einem Vortrag vor der katholischen Hochschulgemeinde in Münster am 18. Juni 1965. Sein Thema hieß »Wahre und falsche Erneuerung in der Kirche«. Mit zwei Beispielen aus der Geschichte wollte er die Gefahren veranschaulichen. Das eine sei die Gnosis in

Korinth zur Zeit des Apostels Paulus, in der sich »christliche Freiheit« in »eigenmächtige Reformiererei« verkehrt habe. Sein anderer Beleg war ein »chaotisches Schwärmertum« zur Zeit Luthers. Selbst in einer so besonnenen Stadt wie Münster habe es eine schwärmerische Bewegung gegeben, die gegen Hierarchie und für eine Erneuerung der Gesellschaft durch die Umwertung der Werte eintrat. Aus dieser Schwärmerei habe sich letztlich eine Schreckensherrschaft entwickelt. Gemeint war die radikale Sekte der Wiedertäufer, die nach der Reformation 1533 in Münster eine Art Urgemeinde errichtete. Die Folge des »Gottesstaates« waren Terror und Hungersnot, bis vereinte Landsknechte dem Treiben ein Ende setzten.

Für Ratzinger lagen in den beiden geschichtlichen Erfahrungen zwei Grundtypen falscher Erneuerung im Glauben: zum einen das Erstarren in der eigenen Überlieferung, zum anderen das Auflösen dieser Überlieferung, um sich der Welt anzupassen. Wahre christliche Erneuerung hingegen, unterstrich der Referent, führe zu einer neuen »Einfachheit«. Der konziliare Gegensatz zu konservativ heiße nicht progressiv, sondern missionarisch. In dieser Antithese liege im Grunde der Sinn dessen, was konziliare Öffnung zur Welt meinte und was sie nicht meinte. Sie schaffe dem Christen nicht eine größere Bequemlichkeit, indem sie ihn freigibt für den weltlichen Konformismus einer modischen Massenkultur, sondern fordere nach dem Nonkonformismus der Bibel: »Macht euch nicht die Art dieser Welt zu eigen.«[2]

Vor allem ein Satz ihres Professors machte die Zuhörer im Juni 1965 hellhörig: Viele derjenigen, die in den bisher drei Sitzungsperioden des Konzils »mitgekämpft und mitgelitten haben, dass Erneuerung zustande komme«, postulierte Ratzinger, fühlten sich inzwischen fast schon wie zwischen Mühlsteinen zerrieben.

Bereits ein Jahr zuvor war Ratzinger mit kritischen Beobachtungen aufgefallen. Viele Journalisten würden dazu neigen, rügte er die Konzilsberichterstattung einzelner Medien, die komplexen Sachverhalte auf Schlagwörter zu reduzieren, und vermittelten damit der Öffentlichkeit einen falschen Eindruck. Dieser werde noch verstärkt durch einzelne Konzilstheologen, die ihre eigenen Interessen und Forderungen vor der Presse als die Absichten und Ziele der Konzilsväter ausgäben.[3] Hinzu kam später eine Kritik, die Ratzinger in Opposition zur eigenen Zunft brachte: »Die Rolle, die die Theologen auf dem Konzil übernommen hatten, schuf immer deutlicher ein neues Selbstbewusstsein unter den Gelehrten, die sich als die wahren Sachwalter der Erkenntnis verstanden und darum nicht mehr den Hirten untergeordnet erscheinen konnten.« In seiner Analyse machte er die Folgen der Revision deutlich: »Hinter dieser Tendenz zur Herrschaft der Spezialisten war aber schon das andere zu spüren, die Idee einer kirchlichen Volkssouveränität, in der das Volk selbst bestimmt, was es unter Kirche verstehen will.«⁴

Im Grunde konnte bereits lange vor Ratzingers Wechsel nach Tübingen niemandem verborgen bleiben, was den gefeierten Jungstar der Theologie umtrieb. Mit Beginn des Jahres 1966 nutzte er jede sich bietende Gelegenheit, um mit deutlichen Worten seiner Sorge Ausdruck zu verleihen. Vom 13. Januar bis 24. Februar zum Beispiel warb er in jeweils einstündigen Vorlesungen für eine richtige Auslegung und Umsetzung der Beschlüsse des Konzils. Die Grundabsicht der Väter würde besonders in der Pastoralkonstitution *Gaudium et spes (Freude und Hoffnung)* zum Ausdruck kommen, nämlich Christus der Welt von heute nahezubringen. Ein Dokument im Übrigen, dessen Prolog-Entwurf im Archiv des »Instituts Papst Benedikt XVI.« in Regensburg verwahrt wird – in der Handschrift Joseph Ratzingers. Es klang ernüchtert, als er feststellte: »Die Kirche hat zwar versucht, ihre Tore zur Welt zu öffnen, aber die Welt ist nicht in das offene Haus der Kirche geströmt, sie setzt uns eher noch härter zu.«⁵

Der italienische Autor Gianni Valente beschrieb, dass die Fortschritte, die Ratzinger während des Konzils so begeisterten – die biblische Erneuerung, die Öffnung der Welt gegenüber, die Frage der Einheit mit den anderen Christen, die Befreiung der Kirche von Blendwerk, das ihre Sendung behindert –, »nichts mit dem destruktiven, fast ikonoklastischen Progressismus gemeinsam hatten, von dem manche seiner Kollegen besessen zu sein schienen«⁶. Im Rahmen einer Ringvorlesung erinnert Ratzinger im Sommersemester 1966 an frühere Konzilien, die sich ebenfalls als Reform-Konzile verstanden, dabei aber stets »der Verweltlichung der Kirche entgegen« getreten seien. Sie waren »beseelt vom Drang nach Vergeistlichung, nach der Radikalität des Christlichen, das sich vom Weltlichen reinigt und in seinem unbedingten Anspruch und Sinn wieder deutlich darstellt, als Abscheidung von dem, was nicht Christus ist«. Das Zweite Vatikanum werde jedoch in den Augen der Öffentlichkeit, »so scheint es«, ganz anders gesehen. So, als habe es »nicht Entweltlichung, sondern Öffnung zur Welt zum Ziel«. Dies habe unter anderem »eine eigentümliche Verschiebung der Fronten zur Folge«: »Der Beifall kam zunächst von außen, von jenen, die nicht den Glauben und das Leben der Kirche teilen, während sich die treuen Teilhaber des kirchlichen Lebens eher als die Verurteilten fühlen konnten.«[7]

Als Theologe, der bei Augustinus, Newman und Guardini in die Lehre ging und sich von der »Nouvelle Théologie« inspirieren ließ, machte Ratzinger keinen Hehl daraus, mit den Parolen des neuen »progressistischen« Triumphalismus nicht viel anfangen zu können. Durch seine Bonaventura-Studien war er gefeit vor blindem Zukunftsglauben oder gar den Hoffnungen auf eine ununterbrochen aufsteigende Linie in der Entwicklung der Menschheit. In der erwähnten Ringvorlesung von 1966 sah er das Christentum in Europa im Gegenteil auf »eine radikale Minderheitssituation« zugehen. Den Katholikentag von 1966 in Bamberg nutzte er am 14. Juli, um vor einem großen Publikum den »Katholizismus nach dem Konzil« auch in seinen Schattenseiten einzuordnen: »Sprechen wir es offen aus – es herrscht ein gewisses Unbehagen, eine Stimmung der Ernüchterung und Enttäuschung ... Für die einen hat das Konzil noch zu wenig getan ... für die anderen aber ist es ein Ärgernis, Preisgabe der Kirche an den Ungeist einer Zeit, deren Gottesfinsternis Folge ihrer wilden Verbohrtheit ins Irdische ist. Sie sehen mit Bestürzung, wie ins Wanken gerät, was ihnen das Heiligste war, und wenden sich betroffen ab von einer Erneuerung, die ein Christentum zu herabgesetzten Preisen und so eine Auflösung zu sein scheint, wo ein Mehr an Glaube, Hoffnung und Liebe vonnöten wäre.«[8]

Ratzinger sprach im Nachhinein von einem »ersten Warnsignal«, das er in Bamberg habe geben wollen. Diese Warnung aber sei »kaum beachtet« worden. Bamberg selbst ging als »Katholikentag der Unruhe« in die Geschichte ein. Der *Spiegel* resümierte am 18. Juli 1966: »Die Zwietracht – bislang evangelische Eigenheit – verbreitete sich auch unter den Katholikentags-Katholiken.« Das Magazin zitierte dabei Bischof Franz Hengsbach aus Essen: »Es ist eine stürmische Zeit über die Kirche gekommen.«

Ratzingers Kritik bestand darin, wie der Fundamentaltheologe Siegfried Wiedenhofer untersuchte, dass in der vorherrschenden progressistischen Mentalität die Kirchenreform »zu einer bloßen Anpassung an die Plausibilitäten der modernen Kultur und Gesellschaft führt«. Eine falsche Modernisierung bedrohe die Identität von Glaube, Kirche und Theologie. Umgekehrt bestehe der Kern der von Ratzinger empfohlenen Therapie in dem Rat, das »Maß entschieden am Glauben der Kirche [zu] nehmen, wie er in seinen normativen Grundzeugnissen

(Heilige Schrift, Kirchenväter, Dogma, Liturgie, Heilige) ausgedrückt ist, und sich außerdem neu am Zentrum und Wesen des Glaubens zu orientieren«[9]. Das katholische Establishment allerdings fühlte sich geradezu beleidigt durch Ratzingers Hinweise. Und wenn es denn einen ersten markanten Punkt in der veränderten Wahrnehmung seiner Person gab, dann liegt er in der öffentlichen Missbilligung durch den zum Vorsitzenden der Deutschen Bischofskonferenz aufgestiegenen Julius Döpfner, der von einem »konservativen Streifen« sprach, den er plötzlich an dem eben noch gefeierten *Peritus* festzustellen glaubte. Von dieser Stunde an begann das latente Unbehagen eines Teiles des deutschen Episkopats gegenüber dem unbequemen Mahner, das sich durch alle Phasen seines Wirkens zog, bis hin zu seinem Pontifikat und darüber hinaus.

Dass man Ratzingers Lösungsansatz auch anders empfinden konnte, zeigte die Reaktion des Konzilteilnehmers Henri de Lubac: »Eben las ich in *La Croix* über den Vortrag von Dr. Joseph Ratzinger am Katholikentag«, schrieb der Jesuit an den Herausgeber des Blattes, »und wenn Sie es mir gestatten, füge ich noch hinzu: Dieser Text von Dr. Ratzinger enthält das Modell einer kraftvollen Kurskorrektur, die im echten Geist des Konzils und des wahren *aggiornamento* dringend vorzunehmen ist.«

De Lubac sah im Konzept Ratzingers die Rettung »vor den Schlammlöchern eines ›Progressismus‹, der uns in eine geistige Zersetzung führt«, und gleichzeig die Lösung für »das Verlangen vieler nach echter Erneuerung«. An den Herausgeber von *La Croix* appellierte er, »entschiedener den Weg zu verfolgen, auf den dieser Vortrag Dr. Ratzingers hinweist. Der Heilige Vater und unsere Bischöfe wären Ihnen dafür sicherlich dankbar«. Dies würde allen Christen helfen, »die durch die jetzigen Wirren verunsichert sind, dem rechten Weg des Evangeliums treu zu folgen«[10].

Ratzinger blieb tief davon überzeugt, dass die Texte des Konzils ganz und gar in der Kontinuität des Glaubens stehen. Bei sauberer Auslegung öffneten sie »wirklich einen Weg, der noch viel Zukunft vor sich hat«. Auch an der Notwendigkeit der großen Kirchenversammlung ließ er keinen Zweifel. »War es denn ein Fehler, das Zweite Vatikanum überhaupt einzuberufen?«, hatte ich Benedikt XVI. in unseren Gesprächen gefragt. »Nein, es war sicher richtig«, kam zur Antwort. Es sei »ein Augenblick in der Kirche da gewesen, wo man einfach auf Neues wartete, auf eine Erneuerung aus dem Ganzen der Kirche, nicht nur von Rom heraus. Insofern war die Stunde einfach da«.

Im Februar 1968 beharrte Ratzinger in einem Essay darauf, der »Umbruch in der Theologie, der sich in Rom angebahnt hat«, sei nach wie vor »eine der wichtigsten Voraussetzungen für die kommende Erneuerung der Kirche«. Die Theologie bleibe »selbstverständlich immer an den Glauben gebunden, aber innerhalb dieser Bindung braucht sie die Freiheit. Und genau diese Freiheit der Theologie ist eines der wesentlichsten Ereignisse des II. Vaticanums«.[11] Kritisch merkte er jedoch an: »Ein Nichtfachmann wird das entscheidend Neue in den Konzilsdokumenten nicht erkennen können; daran gibt es kaum etwas zu beschönigen.«[12] Und mit dem nun immer häufiger zu hörenden Wort vom »Geist des Konzils« käme es nicht mehr auf die tatsächlichen Aussagen an, sondern nur noch auf das, was damit gemeint sein könnte.

Den jungen Theologen zeichnete der Sinn eines Reformers aus, der für die Rückeroberung des Schatzes kämpft – und nicht dafür, den Schatz zu plündern. Er und Kardinal Frings seien der festen Überzeugung gewesen, sie würden auf dem Konzil »einen großen Beitrag zur Kirche von heute und morgen leisten«, erklärte er 1988 in einem Interview. »Voller Hoffnung« sei man aus Rom zurückgekehrt. Doch als Professor in Tübingen habe er sehen müssen, »wie sie so anders das Konzil interpretiert hatten«. An seiner Fakultät habe er erlebt, wie einer der Theologen, »von dem ich wusste, dass er vom Glauben abgefallen war – da er es mir selbst gesagt hatte –, einer, der an nichts glaubte, zu lehren begann, seine Meinung sei der wahre Katholizismus«. Diese »Zerstörung eines so vielversprechenden Anfangs dessen, was das Konzil gewesen war«, habe ihm »großen Schmerz« zugefügt.[13]

Ratzinger stand mit seinem Empfinden nicht allein. Viele der progressiven Kräfte, die das Konzil maßgeblich beeinflusst hatten, teilten seine Kritik. De Lubac und Congar warnten vor Verrat und Exzessen. Namhafte Wissenschaftler, Künstler und Dichter – wie Julien Green, Salvatore Dalí oder Georges Brassens – wandten sich mit einer Petition an den Vatikan, man möge den Verzerrungen Einhalt gebieten. Hans Urs von Balthasar lobte die hohe Qualität der vom Konzil verabschiedeten Texte, kritisierte aber, dass sich nun rundherum kleine Geister angesiedelt hätten. Diese Leute würden sich zu billigem Preis interessant machen wollen, indem sie alte liberale Ladenhüter als neue katholische Theologie verkauften.

De Lubac hatte bereits im November 1965, während der letzten Sitzungsperiode des Konzils, seine Mitarbeit im Redaktionskomitee von

Küngs Zeitschrift *Concilium* beendet. Ihm sei klar geworden, begründete er, wie sehr sich die nachkonziliare Lehre von dem zu entfernen begann, was er für katholische Theologie hielt. Zwanzig Jahre danach sprach er gar von einem »Untergrundkonzil«, das schon seit 1962 tätig gewesen sei, fest entschlossen, sich von den vorausgehenden Konzilien abzusetzen. Zwar habe die Pastoralkonstitution *Gaudium et spes* eine »Öffnung zur Welt« empfohlen. Damit sollte eine ängstliche Haltung überwunden werden, in der sich die Kirche egoistisch »in eine Art Quarantäne« zurückzieht: »Doch erleben wir jetzt nicht, dass ganz im Gegenteil aufgrund einer massiven Täuschung diese ›Öffnung‹ zum Vergessen des Heiles, zur Entfremdung vom Evangelium, zur Verwerfung des Kreuzes Christi führt, zu einem Weg in den Säkularismus, zu einem Sich-gehen-Lassen in Glaube und Sitten, kurz zu einer Auflösung ins Weltliche, einer Abdankung, ja einem Identitätsverlust, das heißt zum Verrat unserer Pflicht der Welt gegenüber?«[14]

Hubert Jedin hatte während eines Aufenthaltes in den USA beobachtet, »dass gewisse deutsche Theologen dort durch ihre Vorträge eine Grundwelle kirchlichen Umsturzes ausgelöst hatten«. Jedin nannte keine Namen, aber offenbar spielte er auf Hans Küng an, der gerade eine Vortragsreise in den Vereinigten Staaten absolvierte. »Als ich im Juni 1966 nach Deutschland zurückkehrte, gingen die Wogen der ›unruhigen Bewegung‹ schon recht hoch.« »Das Konzil«, so schloss er einen Beitrag, »stellt Weichen – aber wo der Zug ankommen wird, vermögen wir in diesem historischen Augenblick noch nicht zu sagen.«[15]

Viele der radikalen Reformer vertraten die Auffassung, die Gläubigen müssten aktiv an der Messe »partizipieren« und deshalb mit dem Priester einen »Dialog« führen. Sie betrachteten tradierte Gebetsübungen wie »Ewige Anbetung« oder Rosenkranzgebet als vernachlässigbare Frömmigkeitsformen. Der katholische Theologe Gotthold Hasenhüttl etwa forderte bald eine »radikale Weltoffenheit«, deren Gipfelpunkt erst eine »schwarze, schwangere Päpstin« wäre. Priester erklärten stolz, sie hätten das Kreuz aus dem Altarraum entfernt, schließlich sei nicht alle Tage Karfreitag. Selbst Atheisten wie der Psychoanalytiker Alfred Lorenzer ereiferten sich deshalb über die »Zerstörung der Sinnlichkeit«. Die Umstrukturierung greife tief in Symbole, Mythen, Rituale und Gegenstandserfahrungen der Menschen ein und führe zu einem neuartigen Typus des Gläubigen, der keine inneren und äußeren Bilder mehr besitzt, über die er sich selbst und die anderen verstehen könnte. Seine Religiosität werde dadurch zu einer bloßen Technik, abstrakt, ohne Anschaulichkeit, monologisch, ein Formalismus ohne lebendige Formen.[16]

Ein wenig ähnelte die Entwicklung jenen Prozessen, die der österreichische Wirtschaftswissenschaftler Joseph Schumpeter als »kreative Zerstörung« beschrieb. Nicht zuletzt war es Paul Hacker, der nun auf Ratzinger eintrommelte, er möge doch noch energischer gegen die Gefahren auftreten und wachsam sein gegenüber der Protestantisierung des Katholizismus. »Die Kirche strahlt nicht mehr. Das ist mein größter Kummer«, klagte der Kollege aus Münster in einem Brief vom 12. Juli 1966. Gerade jene, »die am lautesten von ›Öffnung‹ reden, verdunkeln am meisten die Kirche ... Ihre Idee der ›Öffnung‹ ist nichts als ein weltanaloges diplomatisches Sich-Arrangieren ... Das Schlimmste sind die Ideologien religiös aktiver Laien heute. Bei ihnen sieht man am deutlichsten, dass der Progressismus nur eine gewandelte Form der alten Fehlentwicklungen ist.«[17]

Ida Friederike Görres, die die eigentlichen Konzilsergebnisse als »großartig und jedenfalls meine Erwartungen weit übersteigend« empfand, zeigte sich von deren Interpretation und Umsetzung regelrecht schockiert. »Jetzt will es mir oft scheinen«, schrieb sie im Februar 1965 an einen Freund, »als wären genau die spezifisch katholischen Elemente« – wie Priestertum, Hierarchie, Eucharistie, Sakramente – für viele »schon prinzipiell und vom Ansatz her ›Auswüchse‹.« Einen Seitenhieb konnte sich die Grande Dame des deutschen Katholizismus nicht verkneifen: »Daran ist Küng sehr schuld, mit seinem ewigen Gerede von der endlich nachgeholten, um 400 Jahre zu spät gekommenen Reformation.« Viele der Neuerer erhofften sich, »an der Macht der Welt zu partizipieren durch bedingungslose Anpassung« und »Anbetung des Zeitgeistes«. Görres fand »die Relativierung der Kirche von fast allem, was sie lehrt, darstellt, verkörpert« als »so umfassend, so unbarmherzig, dass mir der ganze Grund, in dem ich wurzele, einzubrechen scheint«[18].

Das Konzil hatte entgegen allen Vorsätzen eine beispiellose innerkirchliche Kulturrevolution in Gang gebracht. »Unter den Seelsorgern und erst recht im christlichen ›Fußvolk‹ breitete sich das Gefühl aus, dass alles, was man über Jesus sagen, hören oder selbst lesen konnte, bestenfalls Halbwahrheiten waren«, so der Theologe und Zeitzeuge Hansjürgen Verweyen. »Es schien sich nur noch die Wahl anzubieten zwischen einem stillschweigend praktizierten Agnostizismus, einem blinden, fundamentalistischen Glauben oder dem Auszug in spirituell attraktivere Formen von Wahrheit und Geborgenheit.«¹⁹ Der Politikwissenschaftler Franz Walter analysierte: »Die Resistenz- und Immunkräfte des Katholizismus gegen die Säkularisation schienen zu versiegen.« Unter den katholischen Gläubigen »machte sich eine wachsende Krisenstimmung breit, Pessimismus, Desorientierung, auch Unmut«²⁰. Kardinal Frings hielt in seinen Erinnerungen fest: »Es kam dann freilich eine Zeit der Krise über die Kirche, und manches wurde ›im Geiste des Konzils‹ in die Welt gesetzt, woran die Konzilsväter im Traume nicht gedacht hatten.«²¹

Schon in den Fünfzigerjahren war es zu einem Rückgang von Berufungen, Beichtfrequenzen und Gottesdienstbesuchen gekommen. Zwei Jahre nach Abschluss des Konzils aber rutschte der Anteil der regelmäßigen Kirchgänger unter den Katholiken regelrecht ab. Von 1967 bis 1973 sank er von 55 auf 35 Prozent. Bis 1970 schnellte die Zahl der jährlichen Austritte aus der katholischen Kirche Deutschlands, die konstant bei zirka 25 000 gelegen hatte, auf 70 000 hoch. Frings war »tief erschrocken«, wie sein Biograf Norbert Trippen beobachtete. »Als mit Berufung auf den ›Geist des Konzils‹ ohne Beachtung seiner tatsächlichen Beschlüsse eine revolutionäre Entwicklung in der Kirche eingeleitet wurde«, habe ihn sein Gewissen schwer belastet. »Haben wir das alles richtig gemacht?«, bedrängte er seinen Sekretär. Frings, so Hubert Luthe, habe unter der Frage gelitten, ob er »durch seinen Einsatz auf dem Konzil für dessen unbeabsichtigte Folgen mitverantwortlich« sei.²² Gegenüber Vertrauten klagte er, die ganze Nazizeit habe ihm nicht so zugesetzt wie die Nachkonzilszeit. »Sie reden alle über das Konzil«, schüttelte der alte Kardinal den Kopf, »und haben die Texte nicht gelesen.«

In seinem Hirtenwort vom 25. Januar 1968 beklagte Frings »Eigenwilligkeit, Eigenheiten und Verengungen des gottesdienstlichen Lebens«. »Die Liturgiereform hat die lateinische Sprache nicht abgeschafft«, erinnerte er, »sondern hat neben die eingleisige Bahn des Lateinischen das zweite Gleis des muttersprachlichen Vollzuges gelegt. Die Pflege der Stille im Gottesdienst, des Kirchenliedschatzes, der Kirchenchöre sowie der überlieferten Formen der Volksfrömmigkeit wurden den Priestern ans Herz gelegt.« Der Erzbischof reflektierte die geistige Situation in Deutschland: »Wie ihr wisst, mussten wir Bischöfe in jüngster Zeit wiederholt dafür eintreten, dass die Glaubensüberlieferung unverkürzt bewahrt werde … Keine Auslegung darf das Handeln Gottes in bloß menschliche Vorstellungen umdeuten und erklären, diese Vorstellungen früherer Zeiten seien heutigem Denken unzumutbar und darum neu auszusagen.«[23]

Nicht zuletzt sollte auch der Konzilspapst die Diagnosen Ratzingers bestätigen. »Nach dem Konzil hat sich die Kirche eines großartigen Erwachens erfreut und erfreut sich noch immer«, resümierte Paul VI. während der Generalaudienz vom 25. April 1968, »aber die Kirche hat auch gelitten und leidet noch immer an einem Wirbelsturm von Ideen und Tatsachen, die sicher nicht dem guten Geist gemäß sind und die nicht jene gesunde Belebung verheißen, welche das Konzil versprochen und gefördert hat.«[24]

In einer dramatischen Zuspitzung sollte er am 21. Juni 1972 in einer Predigt zum neunten Jahrestag seiner Inthronisation über den »heftigen und vielschichtigen Umsturz« sprechen, den niemand erwartet habe. Was nicht ganz richtig war. Insbesondere italienische Kirchenvertreter hatten beizeiten davor gewarnt, durch die unerwartete Liberalität des Konzils würden Schleusen geöffnet, die besser geschlossen blieben. Dann sprach der Pontifex sein berühmtes Wort vom »Rauch Satans, der durch irgendwelche Ritzen in den Tempel Gottes eingedrungen ist«. Paul VI.: »Der Zweifel ist in unser Bewusstsein eingedrungen, und er ist durch die Fenster eingedrungen, die doch für das Licht offen sein sollten.«

Nach dem Ende des Zweiten Vatikanums erlebten Ratzinger und Mitstreiter wie de Lubac, Frings, Daniélou, Balthasar, Congar und Jedin, dass viele der Reformimpulse nur äußerlich aufgenommen und den Plausibilitäten einer weitgehend säkular gewordenen Gesellschaft angepasst wurden. Aber bald sollten ganz andere Fragen die öffentliche Diskussion beherrschen. Die Begeisterung für das Konzil wurde abgelöst durch eine Begeisterung für die Ideen des Marxismus. Jetzt ging es nicht mehr um Liquidierung muffiger kirchlicher Überlieferungen, sondern um die Liquidierung von Religion und Kirche überhaupt.

Für das Ende dieser Periode zog der Politologe Franz Walter ein erschütterndes Fazit. Über ein Jahrhundert, heißt es darin, »hat der deutsche Katholizismus seine traditionellen Werte und Organisationsstrukturen erfolgreich verteidigt«. Die Katholiken hätten »aufgrund ihrer traditionellen Werte auch die Krisen, die die Moderne produzierte«, weit besser überstanden als andere Teile der Bevölkerung. Der langjährige Leiter des Göttinger Instituts für Demokratieforschung betonte, die moderne Gesellschaft habe »von diesen gemeinschafts- und identitätsstiftenden, kulturelle Orientierungen vermittelnden Werten durchaus gezehrt«, denn die liberalen Gesellschaften brächten von allein »solche Bindemittel kaum hervor«. Nach den Umwälzungen in den Sechziger- und Siebzigerjahren aber müsse man konstatieren: »Die katholische Lebensart, als jederzeit leicht erkennbare und unterscheidbare Gruppenkultur, existiert als Massenphänomen nicht mehr.«[25]

Kapitel 39
1968 und die Legende von der Wende

Im Audimax der Freien Universität Berlin versammeln sich am 17. Februar 1968 Tausende junger Menschen zum ersten »Internationalen Vietnam-Kongress«, einem Protest gegen die US-Bomben, die unaufhörlich über Nordvietnam niedergehen. Der Saal ist mit riesigen Fahnen in den Farben des Vietcong drapiert. An den Wänden prangen die Konterfeis von Ho Chi Minh, Rosa Luxemburg, Che Guevara und Mao Zedong.

Aufgerufen hatte der Sozialistische Deutsche Studentenbund (SDS). Ein junger Mann geht auf das Pult zu. Es ist der 27-jährige Rudolf »Rudi« Willi Alfred Dutschke aus dem brandenburgischen Luckenwalde, ein blitzgescheiter, wortgewaltiger und charismatischer Rebell, der in der evangelischen Jungen Gemeinde seines ostdeutschen Heimatortes groß wurde und Christus als »der Welt größten Revolutionär« feiert. Dutschkes Stimme klingt heiser. »Es lebe die Weltrevolution«, ruft er mit gestreckter Faust in das Publikum, »und die daraus entstehende freie Gesellschaft freier Individuen.«[1] Zwei Monate später schießt der DDR-Flüchtling Josef Bachmann, 23, ein Hilfsarbeiter mit Kontakten zur Neonazi-Szene, auf offener Straße auf den Studentenführer.

Niemand weiß, wann und durch was genau die Revolte von 1968 begannt. War es das Unbehagen über Atombombe und Rassentrennung? Der Vietnam-Krieg? Vielleicht auch ganz allgemein der Traum der jungen Generation von einer anderen, besseren Welt, von einem neuen Lebensstil, ohne Entfremdung, ohne Gängelung und ohne Eintönigkeit. Mit Sicherheit jedoch ist das Attentat von Berlin das Fanal für einen Aufstand, der Deutschland erschütterte.

Dutschke überlebt. Blutüberströmt, mit drei Schüssen in Kopf, Brust und Wange liegt er nach einer fünfstündigen Operation im Koma. Die Ikone der Revolte sollte nie wieder ganz gesund werden. Erst 1973 tritt er wieder öffentlich auf. An Heiligabend 1979 ertrinkt er nach einem epileptischen Anfall als Spätfolge des Anschlags in der Badewanne, 39 Jahre alt.

Noch am Abend des Attentates hatte sich der Zorn der Studenten in einem Marsch auf das Hochhaus des Springer Verlages und dessen *Bild*-Zeitung entladen, die Dutschke als Volksfeind Nr. 1 gejagt hatte. Es folgen fünf Tage Straßenschlachten in Berlin, Frankfurt, Hamburg, insgesamt an 27 Orten. Zum Einsatz kommen 21 000 Polizisten. Sie setzen Wasserwerfer ein und hetzen Hunde auf die Demonstranten. 400 Menschen werden verletzt, viele schwer. Am Ostermontag kommt es in München zu Kämpfen, in deren Verlauf der 32 Jahre alte AP-Fotograf Klaus Frings und der 27-jährige Student Rüdiger Schreck unter nie ganz geklärten Umständen zu Tode kommen.

Nach dem Attentat auf Dutschke schwappt die Gewalt auch auf andere Länder über. In Paris liefern sich im Mai 1968 Studenten heftige Gefechte mit der Polizei. Autos brennen, im Quartier Latin ist kein Durchkommen mehr. Die Aufständischen sehen sich als Nachfolger der *Commune* von 1871. Daniel Cohn-Bendit, der prominenteste Barricadero, erklärte später in einem Interview: Es war das »erhabene Gefühl, wir machen Geschichte«.

Für viele Medien und Politiker sind die Studenten die »fünfte Kolonne Moskaus«, für manche auch nur ein Mob von Gammlern. »Stoppt den Terror der Jungroten jetzt!«, titelt *Bild*. Ein Jahr zuvor, am 2. Juni 1967, war in Berlin bei einer Demonstration gegen den Besuch des Schahs von Persien der 26-jährige Germanistikstudent Benno Ohnesorg ums Leben gekommen. Getötet mit einem Kopfschuss durch den Kriminalobermeister Karl-Heinz Kurras. Erst 2009 erfuhr die Öffentlichkeit von Kurras' wahrer Identität als Mitarbeiter des Ministeriums für Staatssicherheit der DDR. Der Stasi-Mann war zum Kampf gegen den Klassenfeind abkommandiert worden und sollte als »Agent Provocateur« die aufgewühlte Situation in Westberlin eskalieren lassen.

Nie zuvor in der deutschen Geschichte war eine Generation materiell so gut versorgt aufgewachsen wie die nach 1945 Geborenen. 1968 stand das Wirtschaftswunder in voller Blüte. Die Arbeitslosigkeit lag bei 0,9 Prozent. Aber beim Aufbegehren der Jugend geht es nicht um Arbeitsplätze. Die Revolte war komplexer, als es in der Nachbereitung ikonografische Bilder mit Hauptdarstellern wie Dutschke und Fritz Teufel oder den späteren RAF-Anführern Andreas Baader und Ulrike Meinhof vermitteln. Im Vordergrund stand der Generationenkonflikt, der Aufstand gegen tradierte Geschlechter- und Erziehungsnormen. Aber es ging 1968 auch um Mode, um schicke Autos, um Sex, um Drugs und Rock 'n 'Roll. Vieles vermischte sich da. Abscheu vor der Spießigkeit der Eltern. Lust an Provokation und Krawall. Suche nach dem Sinn des Lebens. Sehnsucht nach Gerechtigkeit. Was die Studenten betraf, so »hegten sie einen fast religiösen Glauben«, urteilte 50 Jahre später die *Süddeutsche Zeitung*, und griff damit eine frühe Diagnose Joseph Ratzingers auf, für die er lange gescholten wurde. Ihr Ziel: »Man könne das Paradies auf Erden erreichen, verbunden mit der Empörung darüber, dass der Kapitalismus das nicht schafft.«²

An seiner Uni hat Ratzinger Verständnis für den Protest der Jugend. Er sieht darin ein »Aufbegehren gegen den Wohlstandspragmatismus«. Eine der Rebellinnen ist Karin, ein hübsches, blondes, aber anstrengendes Mädchen, das den Traum von einem anderen, glücklichen Leben träumt. Ratzinger hört ihr zu, widmet ihr Zeit, diskutiert mit ihr in der Öffentlichkeit. In seinen Vorlesungen wechselt er aus aktuellem Anlass von Bultmanns Entmythologisierung und Heideggers Existenzphilosophie auf die Ideen von Marx und Engels. Ihr Professor habe zunächst beim Positiven des Marxismus angesetzt, berichtete die damalige Studentin Irmgard Schmidt-Sommer, »er zeigte dann aber auf, dass eine Humanität, die sich nur in der Empirie und nur im Materialismus bewegt, eine abstrakte Humanität ist, die den Menschen letztlich nicht erreicht und in Gewalt umschlagen kann«³.

»Die Tübinger Fakultät war schon immer eine konfliktfreudige Fakultät gewesen, aber das war nicht das Problem«, erinnerte sich Ratzinger, »sondern das Problem war wirklich die Aufgabe, die uns die Zeit gestellt hat, und der Einbruch des Marxismus und seiner Verheißungen.«⁴ Der Professor sieht die Gefahr, dass »die Zerstörung der Theologie, die nun durch ihre Politisierung im Sinne des marxistischen Messianismus vor sich ging«, gerade deshalb fasziniert, »weil sie auf der biblischen Hoffnung basierte«. Hierbei würde zwar »die religiöse Inbrunst beibehalten«, aber »Gott ausgeschaltet und durch das politische Handeln des Menschen ersetzt«⁵.

Ratzingers Analyse deckte sich mit dem Ergebnis seiner Habilitation über politisierte religiöse Bewegungen im Mittelalter. Sie hatten die Menschen mit ihren irdischen Heilsversprechen ähnlich elektrisiert, wie es der Begründer des wissenschaftlichen Kommunismus aus Trier tat. Marx träumte von einer radikalen, gewaltsam herbeigeführten Änderung der Gesellschaft mittels einer »Diktatur des Proletariats«. Die

Freiheit des Einzelnen ersetzte er durch den Kollektivismus. Privateigentum und Familie sollten restlos abgeschafft, die Erziehung dem Staat übertragen werden. Einer der Hauptfeinde ist für ihn die Religion, die er als Element der Unterdrückung betrachtet. »Die Kritik der Religion ist die Voraussetzung aller Kritik«, schrieb er einleitend zu seiner *Kritik der Hegelschen Rechtsphilosophie.*

Vieles am Programm des Begründers des wissenschaftlichen Kommunismus klang angesichts einer zunehmend von Kapitalinteressen beherrschten Gesellschaft geradezu zwingend, seine Wirtschaftsanalysen wirkten klug und vernünftig. An die Stelle von Christentum und Judentum sollte der Atheismus als die wahre Lebensform treten, mit dem Endziel paradiesischer Verhältnisse. Als Chefredakteur der *Neuen Rheinischen Zeitung* entwickelte der Sohn einer geachteten Rabbinerfamilie allerdings auch regelrechte Rassentheorien. Über den Arbeiterführer Ferdinand Lassalle schrieb er: »Der jüdische Nigger Lassalle, der glücklicherweise Ende dieser Woche abreist … Es ist mir jetzt völlig klar, dass er, wie auch seine Kopfbildung und sein Haarwuchs beweist, von den Negern abstammt, die sich dem Zuge des Moses aus Ägypten anschlossen.«

Während in Tübingen Ernst Bloch, der nach seinem Exil in den USA zunächst in der DDR gelehrt hatte, mit neomarxistischen Thesen um sich warf und selbst für die Säuberungen Stalins positive Argumente fand, standen Ratzinger der Terror und die Not vor Augen, die mit der Epoche der atheistischen Staaten in die Welt gekommen waren. Allein in den ersten zwei Jahrzehnten der Sowjet-Macht fielen in Russland 30 bis 35 Millionen Menschen dem Umbau der Gesellschaft zum Opfer, wie die neuere Forschung zeigt. Die Bolschewiki selbst rühmten sich, in den Jahren nach der Revolution 28 Bischöfe, 1215 Priester, 6000 Mönche, 55 aktive Offiziere, 55 000 Polizeioffiziere und Beamte, 350 000 akademisch gebildete Personen des öffentlichen Lebens und 50 000 Handwerker und Bauern liquidiert zu haben.[6] Tatsache ist, dass es von Stalins Gulags über die Schlachtfelder Kambodschas bis hin zu den Todeslagern unter Mao keine einzige kommunistische Regierung gab, die nicht das Christentum und andere Religionen verfolgt hätte. Nach dem *Schwarzbuch des Kommunismus* sind die vom Marxismus-Leninismus inspirierten Regimes verantwortlich für den Tod von rund 100 Millionen Menschen.[7]

In Tübingen glaubte man zunächst, zumindest in den Studenten der Theologie ein Bollwerk gegen den »Brandherd« des Neomarxismus zu haben. Ein Jahr zuvor war das 150-jährige Bestehen der Katholisch-Theologischen Fakultät begangen worden. In einer feierlichen Prozession durch die Stadt trugen die Professoren samtene Talare mit violettem Besatz. Ihnen voraus zogen ihre Assistenten, die sogenannten *Pedelle,* mit kostbaren Zeremonienstäben. Es sollte das letzte akademische Fest alten Stils gewesen sein. Denn ausgerechnet die theologischen Fakultäten erwiesen sich als die ideologischen Zentren des Aufruhrs. »Der Existenzialismus zerfiel«, beschrieb Ratzinger die veränderte Situation, »und die marxistische Revolution zündete in der ganzen Universität, erschütterte sie in ihren Grundfesten.«[8]

Mit Sit-ins, Vorlesungsblockaden und Demos beginnt die heiße Phase der Rebellion. Zunehmend gewinnen rote Rollkommandos die Oberhand, verwehren den Professoren den Zutritt zu den Hörsälen oder zwingen sie, ihre »revolutionären« Fragen zu beantworten. »Der Ton wurde ideologisch verbissen und auch gehässig«, berichtete Ratzinger, »die Universität, deren Dekan ich damals geworden war, verwandelte sich in einen brodelnden Kessel bis hin zu Tätlichkeiten gegen Professoren.«[9]

Hinterfragt wird einfach alles; welches Bewusstsein man hat, auf welcher Seite man steht, welches Auto man fährt, welche Klamotten man trägt, warum man noch heiraten und Kinder kriegen möchte. Feministische Blätter geben jungen Frauen Anleitung, mit gespreizten Beinen vor dem Spiegel zu masturbieren. »Wer zweimal mit derselben pennt«, geht eine der Parolen, »gehört schon zum Establishment.« Das Ziel ist »die Umwälzung aller Lebensbereiche, das Aufbegehren gegen Normen, sogenannte Kulturwerte und Sexualtabus«[10], so der Münchner Historiker Benedikt Sepp. Junge Menschen schwenken begeistert die »Mao-Bibel«, studieren die *Peking Rundschau* – »motiviert durch die Sicherheit einer weltweit erfolgreichen und vom Establishment gefürchteten Theorie«, die obendrein den Charakter »eines handlungslegitimierenden und -leitenden Geheimwissens« trug. Schulklassen setzen in Berlin durch, morgens eine Sentenz aus der »Mao-Bibel« vorzutragen. Selbst Christbäume werden mit der roten Fibel aus dem Reich der Mitte geschmückt. Im Rückblick erscheine es, so Sepp, als ob Schüler und Studenten in der »Mao-Bibel« »mit demselben Ernst gelesen hätten, wie sich einst ihre Eltern in die Heilige Schrift vertieft hatten«[11].

Dass ihre Zukunftsvorstellungen wenig mit dem vorweggenommenen Paradies des realen Sozialismus im fernen Asien zu tun hatten, ahnten die wenigsten der jungen Idealisten. Und die es ahnten, wollten es so genau nicht wissen. Schon Maos »Großer Sprung«, ein gigantisches Modernisierungsprojekt, mit dem China 1957 ankündigt, den Westen bald überholen zu können, zeigte sich als Desaster. Die Viehbestände kollabierten, gigantische Bauten entwickelten sich zu wahren Zeitbomben. So zerbarsten noch 1975 zwei große Dämme in Henan, 230 000 Menschen ertranken. Rund 2,5 Millionen Menschen, so die *Zeit*, wurden nach neuen Berechnungen Opfer von Säuberungswellen, mindestens 45 Millionen starben beim »Großen Sprung« durch Hunger, Not und Elend.[12]

Die Kampagne wurde abgeblasen. Aber schon wenige Jahre später, am 16. Mai 1966, während sich westliche »Maoisten« unter dem Porträt des »Großen Vorsitzenden« zu versammeln begannen, gab Mao Zedong den Startschuss für die »Große Proletarische Kulturrevolution«, eine weitere »Eruption von Idealismus und Gewalt, von religiösem Eifer und Sadismus«[13], wie die *Süddeutsche Zeitung* urteilte. Mithilfe von in den »Roten Garden« organisierten Kindern und Jugendlichen holte Mao nach dem Fiasko des »Großen Sprungs« seine Macht zurück. »Es war dies die Zeit, in der Schülerinnen ihre Direktorin totschlugen«, so die *SZ*, »in der Studenten ihre Professoren ersäuften, in der Ehemänner ihre Frauen ins Arbeitslager schickten und Söhne ihre Mütter aufs Schafott. Manche Klassenfeinde wurden lebendig begraben, andere geköpft und gesteinigt, in der Provinz Guangxi wurden mehreren Dutzend ›Feinden‹ Mao Zedongs Herz und Leber herausgerissen und verspeist.« Das Problem sei, berichtet ein Zeitzeuge 50 Jahre später, »dass unser ganzes Immunsystem kollabiert ist und wir als Gesellschaft seither gegen jede Art von Krankheit machtlos sind«. Er meinte damit den Verlust an Werten und der Empathie-Fähigkeit. »All das hat seine Wurzeln auch in der Katastrophe von damals.«[14]

Auf dem Campus in Tübingen tauchten jetzt Flugschriften auf, die das Kreuz als Symbol einer sadomasochistischen Schmerzverherrlichung anprangerten. Angehende Theologen sangen dazu ein »Verflucht sei Jesus«. »Es wurde plötzlich Praxis«, so der Zeitzeuge Helmut Moll, »in der Privatwohnung die Messe zu feiern, jeder hatte ein Glas Rotwein in der Hand.«[15]

Für Ratzinger ist das Maß voll. Dreizehn Jahre nach dem nationalsozialistischen Totalitarismus fühlt sich der Theologe an die dunkelste Periode deutscher Geschichte erinnert. »Ich habe das grausame Antlitz dieser atheistischen Frömmigkeit unverhüllt gesehen«, wird er in seinen Erinnerungen dramatisch formulieren, »den Psycho-Terror, die Hemmungslosigkeit, mit der man jede moralische Überlegung als bürgerlichen Rest preisgeben konnte, wenn es um das ideologische Ziel ging.« Der Professor sieht auf neue Weise vor sich, was er in seiner Jugend schon einmal erlebt hatte. Besonders unerträglich findet er, wenn die Ideologie »namens des Glaubens vorgetragen und die Kirche als ihr Instrument benützt wird«: An die Stelle Gottes »tritt die Partei und damit ein Totalitarismus einer atheistischen Anbetung, die ihrem falschen Gott alle Menschlichkeit zu opfern bereit ist«[16].

Für diese Aussagen wurde Ratzinger immer wieder angegriffen. Sie seien nicht nur extrem überzogen, sondern auch historisch falsch. Inzwischen wird die Analyse auch von namhaften Forschern geteilt. »Wer damals als Christ zum neomarxistischen Lager stieß, wollte das messianische Reich im Hier und Jetzt errichten«, so der Chronist und Politikwissenschaftler Wolfgang Kraushaar. Der Historiker Götz Aly, 1968 in einer der kommunistischen Splittergruppen unterwegs und in den Siebzigerjahren deshalb vom Radikalenerlass betroffen, zog aus der Auswertung von Flugblättern und Broschüren der 68er-Aktivisten die Erkenntnis, dass ein beträchtlicher Teil der Bewegung offen terroristisch war, totalitären Phantasmen anhing, Massenmörder wie Lenin, Stalin, Mao und später Pol Pot verehrte, mit den Mordtaten der RAF sympathisierte, Demokratie, den Rechts- und Verfassungsstaat und die Marktwirtschaft ablehnte und Antisemitismus als »Antizionismus« tarnte. Viele aus seiner Alterskohorte seien in ihrer »anheimelnden Gemeinschaftsidee« teils demselben ständischen Grundprinzip gefolgt, »das sich 1933 bis 1945 in der Reichsapothekerkammer, im NS-Kraftfahrerkorps, in der Reichsfrauenschaft oder im Reichsnährstand ausgetobt hatte«[17].

Der Einbruch der Studentenrevolte gilt gemeinhin als ein Wendepunkt im Denken und Handeln des späteren Papstes. Es gäbe eben zwei Ratzingers, heißt es gebetsmühlenartig in Büchern und Porträts: einen vor Tübingen und einen nach Tübingen. Einen theologischen Teenager mit progressiven Zügen – und einen resignierten Konservativen mit gelegentlich apokalyptischen Anwandlungen. Insbesondere hatte sich die These verfestigt, Ratzinger habe in Tübingen ein »Trauma«, eine Art persönlichkeitsspaltendes Waterloo erlebt. Von da an habe er alles, was nach Fortschritt roch, nur noch als Gefahr empfunden.

Die These klang plausibel, zumindest für Zeitgenossen, die weder den Lebensweg Ratzingers noch seinen spätestens 1964 begonnenen Kampf gegen die Uminterpretation des Konzils kannten. Sie war vor allem geeignet, die Zielperson ins Abseits zu stellen. Dass sie nicht aus der Welt zu bringen ist, zeigt ein Beispiel aus der *Lausitzer Rundschau* vom 29. April 2018. »Die Studentenrevolte – sein traumatisches Erlebnis«, heißt es wie in so vielen Berichten schon in der Überschrift. Im Text wird nacherzählt, was viele Jahrgänge von Journalisten voneinander abschrieben: »Die Revolte an der Uni Tübingen wandelte den Konzilstheologen. Für Küng waren die Proteste Motivation und Antrieb, für Ratzinger indes ein Trauma.« Dem »revolutionären Geist« habe der Theologe mit »seiner Scheu vor Konflikten und leisen Stimme nichts entgegenzusetzen« gehabt. Ergo: »Was ihm blieb, war die Flucht ins beschauliche Regensburg. Die Tübinger Erfahrungen wirkten nach und machten aus dem Konzilstheologen einen strengen Bewahrer.«[18]

Entwickelt wurde die Legende von Hans Küng. »Wir waren die beiden, die am meisten Probleme bekamen«, ging die Erzählung Küngs. »Ich hab mich da heftig zur Wehr gesetzt und hab mir auch nichts bieten lassen. Er war richtig geschockt. Und ich glaube, dass das ein wesentlicher Faktor ist, um ihn zu verstehen.« Man dürfe »nicht vergessen, dass man damals sein Mikrofon im Hörsaal brachial verteidigen musste. Das ist natürlich kein Ding für ihn ... Es war *für mich* keine Frage, dass man das halt mal durchsteht. Und er hat sich nach Regensburg zurückgezogen, weil er da Ruhe zu haben glaubte.« Wenn man analysieren wolle, »wie kam denn seine Wende, seine Kehre, dann war das der Punkt«[19].

Kein Journalist hatte sich die Mühe gemacht, die Geschichte zu überprüfen. Oder sie zumindest einem Plausibilitäts-Check zu unterwerfen. Das lag nicht zuletzt an Mitstreitern, die Küngs These nur allzu gerne wiederholten. Ein Horst Herrmann zum Beispiel. Herrmann hatte 1975 als Professor für Kirchenrecht die kirchliche Lehrerlaubnis verloren. Nach der offiziellen Verurteilung wegen Abweichung trat er 1981 aus der Kirche aus. In einer 2005 erschienenen Monografie über den »Werdegang Joseph Ratzingers« schrieb der »kritische Theologe«: »Doch dann der Bruch ... Der schüchterne Theologe wird niedergebrüllt. Da wandelt sich der Reformtheologe mitten in der Studentenrevolte in einen Bewahrer, wird vom Optimisten zum Pessimisten.«[20]

Hermann Häring wiederum, Theologe und Mitarbeiter von Küngs »Projekt Weltethos«, wusste in einer Streitschrift zu berichten: »Mit der Kampfeslust eines Toreros stemmte er sich gegen die Störungen seiner Vorlesung.« Gemeint war Hans Küng, dem Häring in Tübingen als Assistent diente. Dem völlig anders strukturierten Joseph Ratzinger sei hingegen »solche Kampfesfreude nicht gegeben« gewesen: »Wie der schüchterne Schulbub von einst stand er hilflos vor einem tobenden Auditorium ... Der zarte und eher schüchterne Professor litt unter den Unruhen schwer, konnte sich aber nicht dagegen wehren ... Bisweilen empfanden wir mit ihm Mitleid, gewiss, manches Mal auch Schadenfreude.«[21] Klar wurde immerhin: »Seither verdächtigt er alles, was von unten kommt.«[22]

Auch der Regensburger Autor Christian Feldmann legte in einer »kritischen Biografie« über Ratzinger die Platte auf. Eines der Kapitel lautet: »Das Tübinger Trauma und die Wende zum Glaubenskontrolleur«. In einer Neuauflage seines Buches wiederholte Feldmann 2013: »Während Kollegen wie Küng die inhaltliche Auseinandersetzung suchten ..., erlebte der scheue, wenig konfliktgestählte ... Ratzinger das Trauma seines Lebens.«[23] Und der »Vatikanist« Hanspeter Oschwald wusste zu berichten: »Das angstvolle Scheitern in der Begegnung mit der kritischen Öffentlichkeit hat er nie überwunden. Seither führt er nur noch Rückzugsgefechte.«

Um die Litanei der Legendenbilder abzuschließen, sei noch der US-Journalist John Allen mit seiner, wie es in der Verlagsangabe heißt, »harten« und »fairen« Studie über das »Phänomen Ratzinger« erwähnt. »Wie wird aus Ratzinger, dem progressiven Unruhestifter, Ratzinger, der Großinquisitor?«, fragte der Autor. Der Amerikaner schrieb ein Buch, in dem er den Lebensweg Ratzingers unter dem Blickwinkel der Verwandlung eines Prinzen in einen Frosch untersuchte. »Hat er sich verkauft«, so Allens Rhetorik, »hat er seinen Erfolg erlangt, indem er seine früheren Überzeugungen verraten hat?«[24] Der Journalist verglich Ratzinger mit dem jungen Jedi-Ritter aus dem Blockbuster *Krieg der Sterne*, »der zur dunklen Seite der Macht überlief«. Am Ende seiner Anklageschrift zählte Allen eine Latte von Gründen auf, warum dieser Kardinal absolut niemals Papst werden würde. Man schrieb das Jahr 2000. Bleibt zu erwähnen, dass Allen bald nach der Inthronisation Ratzingers seine Vorbehalte widerrief. Wörtlich hieß es nun über den noch kurz zuvor so Gescholtenen: »Seine Kreativität liegt in seiner frischen Art, die Kernaussagen der christlichen Lehre verständlich zu machen. Benedikt ist ein Papst für das Wesentliche, und dieses Wesentliche wird auf intelligente und provokative Weise dargeboten, um deutlich zu machen, dass das Christentum nicht bloß ein Grundstock an

Regeln ist, sondern ein schallendes ›Ja‹ zur Würde der menschlichen Person und zur Umarmung eines liebenden Gottes.«[25]

Wie steht es nun wirklich um das angebliche »Trauma«? Ratzinger ist schon vom Typus her niemand, dem man »unter den Talaren den Muff von tausend Jahren« hätte nachsagen können. Die Papiertiger-Gebärden der Revoluzzer konnten bei jemandem, der den Terror des Krieges erlebte, der bereits als 25-Jähriger einer ersten Hörerschaft gegenüberstand und eine natürliche Autorität ausstrahlte, der sich im Kampf um das Konzil als furchtloser Streiter erwies, kaum eine traumatische Wirkung erzielen. Tatsache ist: Entgegen der Legende blieb Ratzinger von persönlichen Angriffen der Studenten gänzlich unberührt. Weder war er in Tübingen an der Uni niedergebrüllt worden, noch hatte er sich verängstigt zurückgezogen. »Ratzinger soll sprechen! Ratzinger soll sprechen!«, brandeten Sprechchöre auf, als in einer Podiumsdiskussion mit Küng und dem belgischen Theologen Edward Schillebeeckx der Professor anfangs nicht zu Wort kam. »Ich habe nie gehört und auch nicht erlebt, dass man Ratzinger vom Katheder gedrängt hätte«, so der damalige Student Helmut Moll. Ratzinger sei, bestätigte die Kommilitonin Schmidt-Sommer, »mit seinen Studenten immer gut ausgekommen«.

In Ratzingers Doktorandenkolloqium saß der Dutschke-Freund Ben van Onna, ohne dass es zwischen dem Studenten und seinem Professor zu Problemen gekommen wäre. Van Onna veröffentlichte 1969 das Buch *Kritischer Katholizismus* und gab mit Ratzingers früherem Assistenten Böckenförde ein Blatt gleichnamigen Titels heraus. Dass von einem »Trauma« Ratzingers nicht die Rede sein konnte, bestätigte sogar Küngs damaliger Assistent Gotthold Hasenhüttl: »Bei den Studentenunruhen war Ratzinger nicht in der Kampflinie, das muss man betonen.« Das Verhältnis zwischen Küng und dem Bayern habe sich aus theologischen Gründen abgekühlt: »Küng wurde immer progressiver, Ratzinger wurde vorsichtiger, kritischer.«[26] Der später von Bischof Reinhard Marx vom Priesteramt suspendierte Hasenhüttl blieb Ratzinger dankbar dafür, dass der Professor »als Dekan dafür gesorgt hat, dass ich trotz kirchenkritischer Äußerungen sofort eine Dozentenstelle bekam«[27].

Und weiter: »Dass Ratzinger Tübingen fluchtartig verlassen hat, ist völlig aus der Luft gegriffen, eine typische Erfindung von Küng«, befand auch Michael Johannes Marmann, 1967 Promotionsstudent in Tübingen.[28] Zeitzeuge Josef Wohlmuth, bis 2003 Professor für Dogmatik in Bonn, ergänzte: »Ratzinger hat keineswegs die Diskussion mit den Studenten gescheut. Küng hingegen hat sich zurückgezogen und sein Buch *Unfehlbar?* geschrieben.«[29] Der damalige Student Martin Trimpe berichtete: »Andere Dozenten versuchten, sich bei den Protestlern anzubiedern, Ratzinger dagegen antwortete stets mit den für ihn typischen logischen, sachlichen Argumenten.«[30] Größere Sorgen als um sich selbst machte sich Ratzinger um seine Studenten. »Was mich beunruhigt«, schrieb er angesichts der sich zuspitzenden Situation dem Philosophen Josef Pieper nach Münster, »ist die Tatsache, dass in dem hier herrschenden Klima eine nicht geringe Zahl von gutwillig Beginnenden den Glauben verliert. Da für viele meine Anwesenheit in Tübingen ein Mitgrund ist, hierherzukommen, muss ich mich für solche Vorgänge mitverantwortlich fühlen.«

Ratzinger selbst versichert, er habe persönlich »nie Schwierigkeiten« mit seinen Studenten gehabt. »Es war etwas an sich sehr Gutes«, äußerte er in einem Interview mit dem Bayerischen Rundfunk, dass er die gesellschaftliche Wende von 1968 in einem »geistig so bewegten Ort wie Tübingen erlebt« habe. Mit einem sehr vielschichtigen Studentenpublikum, »sodass man gleichsam wirklich an der Front der Zeitgeschichte stand und diesen Kampf bestehen musste«[31]. »War die Studentenrebellion ein Trauma für Sie?«, hatte ich den emeritierten Papst in unseren letzten Gesprächen noch einmal gefragt. Die Antwort: »Überhaupt nicht.«

Als Dekan, so Ratzinger, sei er ganz besonders gefordert gewesen und habe die Revolte auch wirklich »hautnah erlebt«. Er habe dabei »die Zerstörung der Theologie« beobachten können, »die nun durch ihre Politisierung im Sinne des marxistischen Messianismus vor sich ging«. Ratzinger empörte insbesondere »die Heuchelei, mit der man sich – wenn nützlich – weiterhin als gläubig ausgab, um die Instrumente für die eigenen Ziele nicht zu gefährden«[32]. Für den 41-Jährigen war klar geworden: »Das alles konnte und durfte man nicht verniedlichen oder wie irgendeine akademische Auseinandersetzung ansehen.« Küng hingegen musste zugeben, er selbst sei Ziel linksgerichteter Studenten gewesen, die seine Seminare stürmten und das Katheder besetzten. Die Aktionen hätten ihn freilich »nur zeitweilig verärgert«. Richtig ist, so der Küng-Biograf Freddy Derwahl, »dass Küng zum Semesterende 1968 der ›Überfälle‹ so sehr müde war, dass er seine Vorlesungen einfach ausfallen ließ oder seine Assistenten an die Front schickte«[33]. Der Judaistik-Professor Peter Kuhn, ein Zeitzeuge aus Tübingen, bestätigte:

»Küng hat sich vornehm zurückgehalten und abgewartet, bis der Sturm vorüber war. Die Studenten wollten ihre Prüfung bei ihm machen, aber Küng war nicht da, sondern aalte sich mit irgendwelchen Lehrerinnen in Florida in der Sonne.«[34]

Entgegen Küngs Darstellung – »er war richtig geschockt und hat sich zurückgezogen« – organisierte Ratzinger zusammen mit evangelischen Theologen ein Aktionsbündnis. Die Gruppe, zu deren festen Mitgliedern Peter Beyerhaus, Professor für Missionswissenschaft und Ökumenische Theologie, der evangelische Theologe Ulrich Wickert und der Neresheimer Benediktinerpater Beda Müller gehörten, nannte sich »Ökumenische Sammlung«. Man traf sich im Heim einer US-amerikanischen Freikirche, den »Disciples of Christ«, in der Tübinger Wilhelmstraße 100. Ratzinger wurde Mitglied im Bund Freiheit der Wissenschaft und forderte in einer Vollversammlung die Studenten auf, sich von den blasphemischen Flugblättern zu distanzieren.

Obwohl er damit gegen die Mehrheitsmeinung stand, weigerte er sich als einziger Professor, eine Resolution zu unterzeichnen, die sich mit dem Religionspädagogen und Priester Hubertus Halbfas solidarisierte. Halbfas hatte gefordert, die Kirche dürfe nicht für Christus missionieren, sondern lediglich dahingehend wirken, dass Hindus bessere Hindus und Muslime bessere Muslime würden. In seinen nachfolgenden Büchern erklärte er, Jesus habe sich »weder als ›Messias‹ noch als ›Sohn Gottes‹ verstanden«[35]. Er zweifelte an der Lehre von der Auferstehung und plädierte als Gründungsmitglied der »Gesellschaft für eine Glaubensreform« für den Umbau des Christentums zugunsten einer Vermischung mit nicht christlichen Religionen. Bald darauf erledigte sich der in den Medien breitgetretene »Fall Halbfas« von selbst. Der Theologe legte sein Priesteramt nieder und steuerte lieber in den Hafen der Ehe ein.

Kapitel 40

Die katholische Krise

Als hätte es in der aufgeladenen Atmosphäre von 1968 noch eines weiteren Funkenschlages bedurft, veröffentlichte der Vatikan am 25. Juli das Lehrschreiben *Humanae vitae*, die siebte und letzte Enzyklika Pauls VI. Als Antwort auf die »sexuelle Revolution« betonte der Papst darin die Würde der ehelichen Liebe. Sexualität, Liebe und Elternschaft könnten nicht getrennt werden, sondern seien nach katholischer Lehre als eine Einheit zu verstehen.

In Absatz 17 benannte Paul VI. ernste Folgen aufgeweichter Sexualmoral: hohe Scheidungsraten, destabilisierte Familien, Leid bei den Scheidungswaisen, sterbende Völker. Besonders beeindruckt hatte ihn ein Plädoyer des jungen Erzbischofs von Krakau, Karol Wojtyla. Die Antibabypille sei auch deshalb verwerflich, hatte der Pole argumentiert, weil sie Frauen den Männern jederzeit sexuell verfügbar mache. In der Enzyklika hieß es, viele Männer könnten Frauen ohne Rücksicht auf ihr körperliches und seelisches Wohl »zum bloßen Werkzeug ihrer Triebbefriedigung erniedrigen und nicht mehr als Partnerin ansehen, der man Achtung und Liebe schuldet«.

Humanae vitae schlug ein wie eine Bombe. Insbesondere deshalb, weil sich die Medien auf das Verbot der künstlichen Empfängnisverhütung konzentrierten, das kaum zu vermitteln war. Hudson Hoagland, Miterfinder der Antibabypille, sprach von einem »mittelalterlichen theologischen Konzept, dessen Aufrechterhaltung ein moralisches Verbrechen an der Menschheit ist«. Die Schwedisch-Lutherische Kirche bekundete »Trauer und Enttäuschung«. Eine Welt, »in der gelebt und geliebt würde, wie der Papst es will«, urteilte der *Spiegel* über »das bislang fatalste katholische Fehlurteil dieses Jahrhunderts«, wäre »binnen Kurzem eine Welt des Schreckens und des Todes«. Sie wäre »so übervölkert, dass an Hunger in jedem Jahr mehr Menschen sterben müssten als in allen Kriegen der Menschheit zusammen«.[1] Um die Wogen zu glätten, veröffentlichte die Deutsche Bischofskonferenz ein Kompromisspapier, die sogenannte Königsteiner Erklärung. Darin wurde zwar

Humanae vitae grundsätzlich anerkannt, gleichzeitig aber darauf hingewiesen, dass in der Frage der Verhütung »die verantwortungsbewusste Gewissensentscheidung der Gläubigen« zu achten wäre, die letztendlich dem Einzelnen vorbehalten sei. Auch Ratzinger kritisierte die Enzyklika. »Da sind auch Lichter drinnen. Aber so, wie es dargestellt war, war es eine andere Wellenlänge als die meine.«[2] Das Schreiben hätte »differenzierter sein müssen«, die naturrechtliche Begründung nicht so statisch, eng und unhistorisch.

Bisher waren deutsche Katholikentage vor allem Demonstrationen der Geschlossenheit. Den Bischöfen und dem Papst wurde von den Laien unbedingte Loyalität entgegengebracht. Auf dem Katholikentag in Essen vom 4. bis 8. September 1968 aber ist alles anders. »Vorübergehend Großbaustelle« titelte das Magazin, das vom Zentralkomitee der deutschen Katholiken zu dem Treffen herausgegeben wurde. Junge Besucher reimten in Anspielung auf den gastgebenden Bischof: »Hengsbach, wir kommen, wir sind die linken Frommen.« Eine der neuen Gruppen nennt sich »Kapo«, »Katholische Außerparlamentarische Opposition«, eine andere »Aktionskomitee Kritischer Katholiken«. Es gibt Sit-ins, Transparente und Sprechchöre wie »Alle reden von der Pille, wir nehmen sie«. Studenten der katholischen Theologie fordern den Rücktritt des Papstes. Auf einer mit 5000 Menschen überfüllten Versammlung zur »Pillenenzyklika« kündigen die Teilnehmer dem Heiligen Vater geschlossen den Gehorsam auf.

Ratzinger hatte an dem Kirchentag nicht teilgenommen, aber er begann, im Kleinen Ausrufezeichen gegen die allgemeinen Trends zu setzen. Auf Einladung des Augustiner-Paters Johannes Lehmann-Dronke unterrichtete er junge Männer und Frauen im Rahmen einer Sommerakademie in Bierbronnen am Bodensee. Lehmann-Dronke und die Philosophin Alma von Stockhausen hatten hier ein altes Bauernhaus erworben. Als junge Professorin hatte von Stockhausen an der Pädagogischen Hochschule in Freiburg die Studentenunruhen erlebt und suchte eine Antwort auf den Marxismus. Ihrer Ansicht nach beruhten die Irrtümer in der Theologie nicht selten auf einer falschen Philosophie. Sie führte die Auseinandersetzung mit Hegel, Fichte und der Frankfurter Schule und lud marxistische Studenten ein, um so lange auf sie einzureden, bis sie ihrem Marxismus abschworen. Später sollte aus Bierbronnen die Gustav-Siewerth-Akademie entstehen, die kleinste katholische Fakultät Deutschlands.

In der Sommerakademie deckte Heinrich Schlier, der Kollege aus

Bonner Tagen, das Neue Testament ab, Ratzinger die Dogmatik. Gespeist wurde nach der täglichen Wanderung im drei Kilometer entfernten Gasthaus Kranz, Messe gefeiert im nächsten Dorf. Teilnehmerin war unter anderen die Ordensschwester und frühere Kabarettistin Isa Vermehren. 1938 in die katholische Kirche konvertiert, gehörte Vermehren unter der NS-Herrschaft einer Widerstandsgruppe an und wurde nach ihrer Verhaftung in den Konzentrationslagern Ravensbrück, Buchenwald und Dachau interniert.

Zusammen mit Josef Pieper und Karl Rahner engagierte sich Ratzinger zudem im »Johann-Adam-Möhler-Institut für Ökumenik«, einer Forschungsstelle zur Förderung der Wiedervereinigung der getrennten Christen. Gleichzeitig intensivierte er die Beziehung zu dem gleichaltrigen Philosophen Robert Spaemann, einem der bedeutendsten Denker Deutschlands, der später zu seinen engen Beratern gehören wird. Spaemanns Eltern waren in den Dreißigerjahren zum Katholizismus konvertiert. Nach dem Tod seiner Frau wurde der Vater 1942 vom Bischof von Münster, Graf von Galen, zum Priester geweiht. Sein Sohn entzog sich dem Naziwehrdienst, heiratete eine Jüdin und machte einen Satz des französischen Philosophen Jean-Jacques Rousseau zu seinem Wahlspruch: »Ich würde mir nicht anmaßen, Menschen belehren zu wollen, wenn ich nicht beobachtete, wie andere sie irreführen.«

Die Rufe, die vor einer nachkonziliaren Fehlentwicklung warnten, wurden lauter. Vor allem Hubert Jedin, der anerkannte Kenner der Kirchengeschichte und Freund Ratzingers, war hellhörig geworden. »Anfangs glaubte ich der Rede von einer ›Krise der Kirche‹ entgegentreten zu müssen«, hielt Jedin in seinen Erinnerungen fest, »zwei Jahre später konnte kein Zweifel mehr sein, dass sie da war.« Sie sei dadurch entstanden, »dass man nicht mehr sich damit begnügen wollte, das Konzil durchzuführen, sondern es als Initialzündung radikaler Neuerungen ansah, die in Wirklichkeit die Dekrete des Konzils weit hinter sich ließen«.[3]

Zwei Wochen nach dem Katholikentag in Essen legte Jedin im September 1968 Kardinal Julius Döpfner, dem neuen Vorsitzenden der Deutschen Bischofskonferenz, ein umfangreiches *Promemoria* vor. Die Denkschrift forderte die Bischöfe auf, entschlossen die katholische Lehre zu verkünden und den Verbreitern von Irrtümern die kirchliche Sendung zu entziehen. »Eine Kirche, die nicht mehr wagt, Häresien als solche zu bezeichnen«, sei »keine Kirche mehr. Pluralismus in der Theologie, den es immer gegeben habe, dürfe nicht verwechselt werden mit Verfälschung der Glaubenswahrheit.« Niemand könne »heute noch leugnen, dass das Glaubensbewusstsein vieler katholischer Christen getrübt und verwirrt ist, weil in Predigten und noch mehr im Religionsunterricht nicht mehr die Lehre der Kirche verkündet wird, sondern Theologen, oft genug dürftig gebildete, ihre ›Meinungen‹ vortragen«[4].

Mit dem Blick des Historikers machte Jedin auf Parallelen zu jenen Abläufen aufmerksam, die im 16. Jahrhundert zum Schisma der abendländischen Kirche geführt hatten. Damals hätten die Bischöfe den »Lutherstreit« als Theologengezänk abgetan und deshalb nicht wahrgenommen, »dass die ›Reformation‹ keine Reform der Kirche, sondern die Bildung einer neuen, auf anderer Basis errichteten Kirche war«. Als »Vorkämpfer der Bewegung« seien auch hier Intellektuelle hervorgetreten, in deren Augen die bisherige Theologie ein Hindernis des Fortschritts war, »ferner zahlreiche Priester und Ordensleute, die – fasziniert durch das Schlagwort von der ›evangelischen Freiheit‹ – die von ihnen übernommenen Bindungen von sich warfen«. Letztlich ermöglicht worden sei der vollständige Erfolg des Luthertums durch die Beherrschung der neuen, durch die Druckerpresse ermöglichten Kommunikationsmittel. Die Schriften Luthers hätten die Sprache des Volkes gesprochen und seien geradezu verschlungen worden, während die wenigen Warner zwar kluge Katholiken, aber schlechte Propagandisten gewesen seien und als »Reaktionäre« abgetan wurden. »Die Träger des kirchlichen Lehramtes, Papst und Bischöfe, schwiegen«, fasste Jedin zusammen: »Die Passivität des deutschen Episkopates« habe schlussendlich »die nahezu ungehemmten Fortschritte der lutherischen Bewegung erleichtert, ja überhaupt erst ermöglicht.«

Jedins Memorandum mahnte, nach dem Konzil würden jetzt viele Medien versuchen, die öffentliche Meinung zu »manipulieren«. Sie seien »fast ausnahmslos von Intellektuellen beherrscht, die häufig, auch und gerade wenn sie katholisch sind, das ›Neue‹ als das angeblich ›Fortschrittliche‹ um seiner selbst willen, ohne Rücksicht auf den Wahrheitsgehalt, fördern und verbreiten«. Diese »ständige Berieselung der Gläubigen durch die von der kirchlichen ›Linken‹ beherrschten Kommunikationsmittel muss deren Verhältnis zur Kirche ändern und hat es schon geändert«. Eindringlich warnte Jedin vor der »Gefahr der Kirchenspaltung oder – was noch schlimmer wäre – einer vollständigen Kirchenentfremdung«.

Ratzinger war an dem *Promemoria* nicht beteiligt, aber die Analyse hätte auch aus seiner Feder stammen können. In einer Zusammenfassung bezifferte Jedin die zentralen Punkte der Krise: »1. die immer weiter um sich greifende Unsicherheit im Glauben, hervorgerufen durch die ungehemmte Verbreitung von theologischen Irrtümern auf Kathedern, in Büchern und Aufsätzen; 2. der Versuch, die Formen der parlamentarischen Demokratie auf die Kirche zu übertragen; 3. Entsakralisierung des Priestertums; 4. freie ›Gestaltung‹ des Gottesdienstes statt Vollzug des *Opus Dei*; 5. Ökumenismus als Protestantisierung.«

Dringend müsste dem gesamten Klerus »eingeschärft werden, dass Liturgie nicht freie ›Gestaltung‹ einer Gemeindeversammlung, sondern von der Kirche geordneter Dienst Gottes ist«. Abschließend hält die Denkschrift fest: »Wir sind davon überzeugt, dass das Wahre und Gute, das in dem neuen Aufbruch der Kirche auf dem Konzil und durch das Konzil zutage getreten ist, nur dann fruchtbar werden kann, wenn es vom Irrtum getrennt wird. Je länger der schmerzhafte Schnitt hinausgeschoben wird, desto größer wird die Gefahr, dass wertvolle Kräfte, weil mit dem Irrtum amalgamiert, verloren gehen und dann nicht nur Abspaltung von der Kirche, sondern Abfall vom Christentum sich bei uns ereignen.«

Es lag gerade ein paar Jahre zurück, seit der inzwischen 68-jährige Professor für Mittlere und Neuere Kirchengeschichte (und Inhaber von Ehrendoktorwürden der Universitäten Löwen, Köln, Wien und Mailand) von konservativen Kreisen angefeindet worden war, weil er zu progressiv sei. Ab sofort jedoch wurde aus »einem ›Progressiven‹, der ich während des Konzils war, in den Augen gewisser Theologen und ihres Anhanges ein ›Konservativer‹«. Der ehemalige Konzilsberater schüttelte den Kopf: »Konservativ zu sein gilt bei denen, für die ›neu‹, ›modern‹, ›jung‹ Werte in sich sind, als Beschimpfung. In Wirklichkeit unterscheidet sich der Konservative dadurch vom Traditionalisten und vom Reaktionär, dass er weiß, dass Bewahren zugleich immer Weiterentwickeln sein muss.«

Einen merklichen Nachhall konnte Jedin mit seiner Denkschrift nicht verbuchen. »Mehrere Bischöfe stimmten uns zu und bestärkten uns in der Ansicht, dass wir keine eingebildeten Gefahren geschildert hatten«, notierte er in seinen Erinnerungen. Kardinal Döpfner allerdings »begnügte sich mit der Bemerkung: Wir erhalten viele derartige Ratschläge«. Letztlich habe sich die Deutsche Bischofskonferenz »nicht dazu aufraffen« können, »zu eindeutig destruktiven Lehren und Vorgängen klare Stellung zu beziehen. Sie begnügte sich fast immer mit Kompromissen, die das Übel nicht beseitigten, sondern weiterwuchern ließen«[5].

Ratzinger ist durch die nachkonziliaren Tendenzen ernüchtert, Resignation zeigt er nicht. Er will auch nicht das Rad zurückdrehen. Eine »Sehnsucht nach einem unwiederbringlich vergangenen Gestern« dürfe gar nicht erst aufkommen, ruft er aus. Wer dem späteren Benedikt XVI. vorhält, er habe in Tübingen den Streit gescheut, unterschlägt eines der Hauptinstrumente Ratzingers, mit dem er sich der Auseinandersetzung stellte. Es ist ein Werk, das dezidiert dazu angelegt war, der »bedrängenden Macht des Unglaubens«, wie sein Autor im Vorwort betonte, nicht tatenlos Raum zu geben. Tatsächlich kann die 1968 veröffentlichte *Einführung in das Christentum* nicht anders als ein Projekt verstanden werden, das der Krise der Kirche eine gleichwohl kämpferische wie auf Vernunft basierende Verteidigung des christlichen Glaubens gegenüberstellte. Das Buch beginnt mit einer überraschenden Parabel. Sie machte mit wenigen Sätzen deutlich, was auf dem Spiel stand:

> »Wer die theologische Bewegung des letzten Jahrzehnts beobachtet hat … könnte sich dabei an die alte Geschichte vom ›Hans im Glück‹ erinnert fühlen. Den Goldklumpen, der ihm zu mühsam und schwer war, vertauschte er der Reihe nach, um es bequemer zu haben, für ein Pferd, für eine Kuh, für eine Gans, für einen Schleifstein, den er endlich ins Wasser warf, ohne noch viel zu verlieren – im Gegenteil: Was er nun eintauschte, war die köstliche Gabe völliger Freiheit, wie er meinte … Hat unsere Theologie in den letzten Jahren sich nicht vielfach auf einen ähnlichen Weg begeben? Hat sie nicht den Anspruch des Glaubens, den man als allzu drückend empfand, stufenweise heruntergeinterpretiert, immer nur so wenig, dass nichts Wichtiges verloren schien, und doch immer so viel, dass man bald darauf den nächsten Schritt wagen konnte? Und wird der arme Hans, der Christ, der vertrauensvoll sich von Tausch zu Tausch von Interpretation zu Interpretation führen ließ, nicht wirklich bald statt des Goldes, mit dem er begann, nur noch einen Schleifstein in Händen halten, den wegzuwerfen man ihm getrost zuraten darf?«[6]

Dass jener »Hans im Glück« eine kecke Gleichsetzung mit seinem Kollegen aus der Schweiz sei, wurde von Ratzinger verneint. Dennoch könnte sich Hans Küng in der Figur erkannt haben. Immerhin spricht der Autor der »Einführung« von einer »modernen Theologie«, die in Teilen unleugbar »einen Trend unterstützt, der in der Tat vom Gold zum Schleifstein führt«. Diesem Trend, so Ratzinger, könne man »freilich nicht entgegenwirken durch ein bloßes Beharren auf dem Edelmetall fester Formeln der Vergangenheit«. Er selbst wolle deshalb »helfen, den Glauben als Ermöglichung wahren Menschseins in unserer heutigen Welt neu zu verstehen, ihn auslegen, ohne ihn umzumünzen in ein Gerede, das nur mühsam eine völlige geistige Leere verdeckt«[7].

Mit seiner Christenlehre aus dem »Revolutionsjahr« 1968 hatte der spätere Papst nach Einschätzung des Kulturkritikers Alexander Kissler ein nicht minder kämpferisches Anliegen vorgebracht als Johann Baptist Metz mit seiner ebenfalls 1968 erschienenen *Theologie der Welt*. Auch Ratzinger betonte, Christen dürften nicht außen vor bleiben, wenn es um Armut und Unrecht ginge. Aber die Instrumentalisierung von Kirche und Glauben für politische Zwecke sei nicht im Sinne des Evangeliums. Und während Metz' Theologie den Konsens mit der Welt sucht, will Ratzinger nach Kissler »die Christen wieder genauer, leidenschaftlicher in die Welt des Christentums hineinführen. Nicht Anschlussfähigkeit, sondern eine innere Revitalisierung des Glaubens ist sein Ziel«[8].

Dass der erste Bestseller aus der Feder Ratzingers nach wenigen Monaten bereits zehn Auflagen erreichte, konnte der Autor selbst kaum glauben. Das Buch entstand dabei allerdings nicht aus Vorlesungsmitschriften seiner Studenten, wie das häufig kolportiert wird. Es war der Verleger des Kösel Verlages, Dr. Heinrich Wild, der bereits in Bonn vorgeschlagen hatte, ein »Wesen des Christentums« zu verfassen. In Tübingen sah Ratzinger die Notwendigkeit für die Aufgabe gekommen. Und verholfen hierzu hatte ihm ausgerechnet Hans Küng. Der Kollege hatte im Wintersemester 1967 die Hauptvorlesung übernommen. Ratzinger nutzte die gewonnene Zeit, um handschriftlich das Manuskript zu verfassen, den Text anschließend einer Sekretärin zu diktieren und danach die Schreibmaschinenfassung zu redigieren – fertig war ein Klassiker, der in nicht enden wollenden Auflagen rund um den Globus Millionen von Lesern aller Konfessionen in den Bann zog, Generationen von Theologen beeinflusste und unzählige Priester- und Ordensberufungen initiierte.

Allein durch die *Einführung in das Christentum* ist dokumentiert, dass Ratzingers Theologie und Gedankenwelt entgegen der Legende von der großen Wende *vor* 1968 nicht anders war als *nach* 1968, *vor* dem Konzil nicht anders als *nach* dem Konzil, *vor* seiner Zeit in Rom nicht anders als *in* seiner Zeit in Rom, von Nuancen und Erweiterungen abgesehen. Bereits in seinem 1958 erschienenen Essay *Die neuen Heiden und die Kirche* hatte er von einer dringend notwendigen »Entweltlichung« der Kirche gesprochen.

Seine Glaubensfibel schloss nahtlos an sein Konzept an. Echte Erneuerung sei, die Wahrhaftigkeit und Überzeugungskraft des christlichen Glaubens aus dem Logos und dem Mysterium Christi neu darzulegen. Und zwar ohne ein instrumentalisiertes *Aggiornamento*, das von manchen als Anpassung an die Sprach-, Denk- und Lebensweise der säkularen Welt verstanden werde. Es wäre naiv, zu denken, man bräuchte sich nur ein anderes Kleidchen anzuziehen und zu sprechen, wie alle sprechen, damit plötzlich alles in Ordnung sei. Durch das Konzil sollte kein Startschuss zur Infragestellung der Grundfesten oder gar zur Machtergreifung der Gelehrten gegeben, sondern die Begeisterung für eine neue Sprache des Glaubens geweckt werden, für einen gereinigten Kult, befreit von allem, was das Wesen, das Geheimnis und den Auftrag des Christentums verdeckt, insbesondere in der Liturgie, damit das Mysterium der Messfeier wieder deutlicher in Erscheinung treten könne.

In seiner Hans-im-Glück-Parabel hatte Ratzinger die aktuelle Stunde als eine Entwicklung hin zu einer Theologie verglichen, mit der Glaubensinhalt für Glaubensinhalt gegen das vermeintlich Bessere eingetauscht würde, um sich das Christentum leichter zu machen. Am Ende stehe der leichtgläubige Hans, der all die Dogmen, die Moral, die Überlieferung und letzthin seinen Glauben hingegeben habe, mit leeren Händen da. Diesem Endpunkt eines Reformprozesses, den er in Tübingen kommen sah, setzte Ratzinger *seine* Vorstellung entgegen: eine Kirche der Einfachheit und der Einfachen. »Die wirklich Glaubenden«, heißt es in seiner »Einführung«, »messen dem Kampf um die Reorganisation kirchlicher Formen kein allzu großes Gewicht bei. Sie leben von dem, was die Kirche immer ist. Und wenn man wissen will, was Kirche eigentlich sei, muss man zu ihnen gehen. Denn die Kirche ist am meisten nicht dort, wo organisiert, reformiert, regiert wird, sondern in denen, die einfach glauben und in ihr das Geschenk des Glaubens empfangen, das ihnen zum Leben wird.«[9]

Natürlich löste das Buch Kontroversen aus. Der Dogmatiker Walter Kasper mokierte das Fehlen einer »Rückfrage« nach dem historischen Jesus. Kasper gehörte zur tonangebenden Gruppe katholischer Theologen, die sich an der von den Protestanten Bultmann und Käsemann eingeleiteten »Neuen Suche nach dem historischen Jesus« orientierten. Die christliche Wahrheit, so Kasper, lasse sich »nur noch mithilfe geschichtlicher, immer wieder überholbarer Modelle begreifen«[10]. Ratzinger antwortete knapp: »Seit Albert Schweitzer wissen wir, dass der historische Jesus der Liberalen ein unwirkliches Wesen war. Ich glaube, wir werden bald auch ganz amtlich wissen, dass dasselbe auch vom historischen Jesus der Bultmannschule gilt.«[11]

Wie ganz anders die Ratzinger-Botschaft gelesen werden konnte, zeigte Ida Friederike Görres. Begeistert schrieb sie am 28. November 1968 an ihren Seelenfreund Pater Paulus nach Erscheinen des Buches: »Das ist genau das Ersehnte: echte Fülle des Wissens, unbestechliche scharfe Denkkraft, lauterste Wahrhaftigkeit.« Ratzinger sei »dabei selber einer der Jungen«. Einer, »der mit brüderlicher Sympathie die ganzen neuen Strömungen kennt, bis auf den Grund durchdenkt und unbestechlich, aber liebevoll durchschaut und ablehnt, wo es schiefgeht«[12].

Alles hat seine Zeit, und Ratzingers Zeit in Tübingen neigte sich dem Ende zu. Ein akademischer Betrieb war in den Wirren der Rebellion kaum noch aufrechtzuerhalten. Andererseits hatte ihm der Erfolg seiner »Einführung« erneut seine Mission vor Augen geführt, in einer Zeit des Umbruchs Neues in eine gute Bahn zu bringen, Irriges aber herauszufiltern. Eine Mammutaufgabe. Wer anders sollte sie auf sich nehmen als ein Konzils-Theologe, der in seinem progressiven Denken im Gegensatz zu anderen ein Theologe der Kirche geblieben war? Er brauchte Raum. Er brauchte ein anderes Umfeld. Um »nachzudenken, zu schreiben, zu lehren«, wie Assistent Wiedenhofer beobachtete.

Von einem hastigen Abschied oder gar von einer »Flucht« aus Tübingen konnte dennoch nicht die Rede sein, auch wenn selbst ein Hans Urs von Balthasar von einem Rückzug sprach. »Küng ist ein Schelm. Ich kenne ihn sehr gut«, schrieb er am 9. Dezember 1967 an de Lubac. »In Tübingen ist er so unerträglich, dass sein Kollege J. Ratzinger, der hundertmal mehr Bedeutung hat als er, sich, um zu fliehen, an die kleine Fakultät von Regensburg zurückgezogen hat.«[13] In Wahrheit war Ratzinger schon zwei Jahre zuvor an der neuen bayerischen Uni der Lehrstuhl für Dogmatik angeboten worden. Er verzichtete zugunsten seines Freundes Johann Baptist Auer, Dogmatik-Professor in Bonn, der unbedingt in seine Heimatstadt zurückwollte. Als der zweite Ruf erfolgte, nahm er ihn an, »weil ich meine Theologie in einem weniger aufregenden Kontext weiterentwickeln und mich nicht in ein ständiges Kontra hineindrängen lassen wollte«. Noch etwas war ihm in der schwäbischen Kleinstadt klar geworden: »Wer hier Progressist bleiben wollte, musste seinen Charakter verkaufen.«[14] Hans Küng hatte ihn vor dem Abschied noch zur Rede gestellt. Es ging um sein Freisemester, für das der Schweizer nun keine Vertretung mehr hatte. »Küng schrie auf Ratzinger ein, dass man es durch die Gänge hören konnte«, erinnerte sich der damalige Professoren-Kollege Max Seckler, »das war der traurige Höhepunkt einer inneren Trennung, die sich schon länger anbahnte.«[15]

Ratzinger selbst betonte, es habe bei ihm keine Kehrtwende gegeben: »Ich glaube, das kann jeder, der meine Sachen liest, bestätigen.«[16] Vielleicht ist ihm vorzuhalten, in der Nachkonzilszeit nicht noch offensiver das »wahre Konzil« gegen ein »virtuelles Konzil«, wie er es nannte, verteidigt zu haben. Sein Lehrer sei jedenfalls »in seiner Kontinuität geblieben, von der theologischen Konzeption sehe ich keinen Unterschied«, bestätigte Kirchenhistoriker Vinzenz Pfnür. Dass er an der 68er-Revolte Erschütterungen für das kulturelle und geistige Klima erkannte, die anderen erst Jahrzehnte später bewusst wurden, ist kein Beleg für ein »Umfallen«, sondern eher ein Zeichen dafür, dass er die Zeitläufte ähnlich kritisch beobachtete, wie er es zuvor gegenüber einer verkrusteten Kirchenführung getan hatte.

Und wenn man denn von Seitenwechsel sprechen wollte: Ist nicht auch zu konstatieren, dass sich Küng von all den Bundesgenossen trennte, die als die eigentlichen Reformer für das Konzil gewirkt hatten und dessen Dokumente verteidigten? Von de Lubac und Congar. Selbst von Rahner. Nicht zuletzt von Ratzinger, den er parallel zu dessen Aufstieg immer wütender bekämpfen sollte. Er entfernte sich von den Päpsten, von der katholischen Theologie – auch wenn er behauptete, echte Kirche sei so, wie er sie in seinen Büchern aufzeige.

Für Ratzinger wie für viele andere begeisterte Protagonisten des Konzils hatte sich das freudige Warten darauf, die Früchte ihrer Arbeit reifen zu sehen, verwandelt in Enttäuschung über ein Fest, das nicht stattfindet. Standen sie eben noch im Widerstand gegen überkommene Formen aus vorangegangenen Jahrhunderten, fand man sich plötzlich in der Resistance gegen fremde zentrifugale Kräfte, die an der Kirche zerrten. Der italienische Historiker Roberto de Mattei ist allerdings davon überzeugt, Ratzingers spätere Diagnose von der »Hermeneutik des

Bruches« und einer »Hermeneutik der Kontinuität«, die er gegenüberstellte, von einem virtuellen Konzil und einem wahren Konzil, sei nicht schlüssig. Der ehemalige *Peritus* gehe davon aus, dass das Konzil mit seinem Anfang und Abschluss als hermeneutischer Block existiere. Tatsächlich sei aber auch die nachkonziliare Entwicklung als realer Teil des Konzilsgeschehens zu betrachten – und seine praktische Umsetzung sogar realer als alle Dekrete und mühsam ausgehandelten Konstitutionen zusammengenommen.

Eine ähnliche Auslegung traf die sogenannte Schule von Bologna unter Leitung von Giuseppe Alberigo. Danach sei das Vatikanum über seine Dokumente hinaus vor allem als ein historisches »Ereignis« zu verstehen. Es habe Hoffnungen geweckt und einen radikalen Bruch mit der Vergangenheit ausgelöst, der letztendlich ein neues Zeitalter eröffnete. Machte es sich Ratzinger zu einfach, wenn er behauptete, man müsse sich nur an die Texte und an das halten, was die Väter wollten, dann sei das Konzil ganz in Ordnung? Das klang in etwa, als seien auch die Texte der Evangelisten absolut beständig und wegweisend, auch wenn immer wieder versucht wurde, sie anders zu interpretieren, zu kürzen und sogar umzuschreiben.

Tübingen jedenfalls ist Klärung und Wegscheide. Die Kluft zwischen den Lagern war unübersehbar geworden. Man musste sich entscheiden, zu wem man gehörte. Der Witz der Geschichte ist: Jene, die das Konzil fortschrittlich geprägt hatten, sollten bald als die »Verräter am Konzil« gebrandmarkt werden. In Wahrheit hielt Ratzinger unverdrossen die Errungenschaften des Konzils hoch und versuchte, die Dinge wieder ins Lot zu bringen. »Auch wenn durch die Konstellationen, in denen ich gestanden bin – und natürlich auch durch die Lebensalter und ihre verschiedenen Haltungen –, sich Akzente meines Denkens verwandelt und entwickelt haben, so war mein Grundimpuls, gerade im Konzil, immer der, unter den Verkrustungen den eigentlichen Glaubenskern freizulegen und diesem Kern Kraft und Dynamik zu geben. Dieser Impuls ist die Konstante meines Lebens«, erklärte er. »Wichtig ist mir, dass ich von dieser Konstante, die von meiner Kindheit an mein Leben geprägt hat, nie abgewichen bin und dass ich in ihr der Grundrichtung meines Lebens treu geblieben bin.«[17]

Es war kein Blick zurück im Zorn, als er nach dem Sommersemester 1969 gemeinsam mit Schwester Maria die Koffer packte. Auch nicht auf den Schweizer Kollegen. »Ich hatte mit Küng ein sehr positives Verhältnis und bin auch in gutem Frieden von ihm geschieden«[18], betonte Ratzinger. Auch Küng gab zu: »Die drei Jahre in Tübingen sind ohne Schatten für unsere Zusammenarbeit gelaufen. Ich bin mit ihm wirklich sehr gut durchgekommen.«[19] Von einem »Trauma« oder von einer »Wende« war da noch nicht die Rede. Die Legende wurde erst im Laufe der folgenden Jahre entwickelt, als es galt, Ratzinger als Renegaten abzustempeln, um damit einen der Hauptgegner der nachkonziliaren Verformungen außer Gefecht zu setzen. Die Geschichte erinnert dabei auf beklemmende Weise an *Farm der Tiere*, den Klassiker von George Orwell. Nach dem Tod von »Old Mayor«, heißt es darin, dem Anführer der Tiere, der eine neue Öffnung und neue Lebensverhältnisse herstellen wollte, kommen zwei jüngere Protagonisten ins Spiel, »Napoleon« und »Schneeball«. Zur Linie Napoleons gehören neue Parolen, eine andere Auslegung des Programms und die Schaffung von Feindbildern, vor allem eines Hauptfeindes, der für alles die Schuld trägt; auch dafür, dass es mit den notwendigen Verbesserungen nicht recht vorwärtsgeht. Stück für Stück wird die historische Wahrheit umgefälscht. Später wird dem Kontrahenten »Schneeball« sogar unterstellt, er sei ja von Anfang an ein Reaktionär gewesen und habe sich die ganze Zeit über nur verstellt. »Napoleon« baut eine Welt der Falschinformationen auf und regiert mit Unterstützung der von ihm herangezüchteten Hunde, die scharf bellen, sobald sich auch nur die geringste Widerrede zeigt. Und dann gibt es da noch die Schafherde, die jede Diskussion durch Blöken beendet. Bei Orwell ruft sie: »Vierbeiner gut, Zweibeiner schlecht«; übersetzt würde ihr Slogan lauten: »Küng gut, Ratzinger schlecht«.

Im Nachwort zu seiner Fabel schrieb Orwell unter der Überschrift »Pressefreiheit«, es gebe Themen, die in der Presse »überhaupt nicht auftauchen, und zwar nicht aufgrund eines Regierungseingriffs, sondern aufgrund einer generellen, stillschweigenden Übereinkunft, dass ›es nicht angehe‹, diese bestimmte Tatsache zu erwähnen«. Es handle sich dabei um »ein Meinungssystem, von dem angenommen wird, dass es alle recht denkenden Leute ohne zu fragen akzeptieren werden«. Wer dann »die herrschende Orthodoxie anzweifelt, sieht sich mit verblüffender Wirksamkeit zum Schweigen gebracht«[20].

Was habe ihn eigentlich so gereizt an Tübingen, hatte ich Benedikt XVI. in unseren Gesprächen gefragt. Eine evangelische Traditionsstadt, eine Kollegenschaft, die ihn nicht unbedingt auf Rosen betten würde, ein Hans Küng, von dem ihm hätte klar sein müssen, dass sie beide nicht auf einer Wellenlänge liegen – nicht unbedingt ideale Voraussetzungen für ein produktives Arbeiten. »Ich muss mich selber über meine Naivität wundern«, meinte der *Papa emeritus,* »wobei ich mit vielen Professoren der Evangelisch-Theologischen Fakultät sehr gute Beziehungen hatte. Gut, ich hatte die naive Einschätzung, dass Küng zwar ein großes Mundwerk hat und freche Dinge sagt, aber im Grunde doch ein katholischer Theologe sein will. Da gab es auch Anhaltspunkte dafür. Dass er dann aber doch immer weiter ausbrechen würde, war für mich nicht vorhersehbar gewesen.«[21]

Kapitel 41

Neustart

Das Herbstlaub leuchtete in den Farben Rot, Ocker und Gelb, und die Morgensonne tauchte die geschwungene Landstraße in ein weiches Oktoberlicht. Der alte VW war bepackt mit Taschen und Proviant. Auf dem Dach Koffer und Kartons, notdürftig mit Schnüren befestigt. Und von ferne wirkten die beiden Herren, die hinter der Frontscheibe zum Vorschein kamen, wie Touristen, die zu einer gemütlichen Tour Richtung Süden aufbrechen.

Pater Lehmann-Dronke aus Bierbronnen steuerte seinen »Käfer« mehr schlecht als recht, während der Blick seines Beifahrers über die Landschaft glitt. War seine Lebenssituation nicht auch ein wenig wie dieser Tag im Oktober? Hatten sich nicht auch seine Hoffnungen, seine Träume aufgelöst wie die Nebel in der Herbstsonne? Gewiss, er hatte das Konzil gewonnen. Aber jetzt war er im Begriff, das Nachkonzil zu verlieren.

Ganze zehn Jahre waren inzwischen auf dem Wanderweg des Joseph Ratzinger vergangen. Aber nach Bonn, Münster und Tübingen sollte der neuerliche Wechsel »ganz entschieden der letzte sein«. Für die erste Nacht hatte Maria Zimmer im Hotel Karmeliten reserviert, danach konnten die Geschwister vorübergehend bei Bruder Georg unterkommen. Regensburg war bayerisch. Regensburg war Heimat. Joseph würde in Ruhe an seinem theologischen Werk arbeiten können. Er würde für sich und seine Schwester ein Haus bauen. Die Familie war wieder zusammen und Georg hätte nach den fünf schweren Jahren als musikalischer Leiter der Domspatzen endlich Unterstützung zur Seite.

Als ein Wegtauchen in die »beschauliche Provinz«, wie Küng den Wechsel an die Donau später darstellte, ist ein Umzug von einer beschaulichen schwäbischen Kleinstadt in eine Metropole mit bald 100 000 Einwohnern freilich nur mit Winkelzügen zu interpretieren. Tübingen hatte einen Namen, aber Regensburg, die am besten erhaltene mittelalterliche Großstadt Deutschlands, war Weltkultur. Davon zeugten die gotische Kathedrale St. Peter, die riesigen Steinquadern der *Porta Pretoria*, ein Tor, mit dem die Römer 179 nach Christus ihr *Castra Regina* befestigten, den Stützpunkt zur Besiedlung des Donauraumes. Im Übrigen tagte im Rathaus der Stadt 150 Jahre lang – zwischen 1663 und 1806 – der »Immerwährende Reichstag« des Heiligen Römischen Reiches Deutscher Nation. Noch heute sind hier die sprichwörtlichen »langen Bänke« zu sehen, auf die Entscheidungen geschoben, und die »grünen Tische«, an denen Beschlüsse gefasst wurden.

Im Oktober 1969, als Ratzinger in Regensburg seine erste Vorlesung antrat, waren die Bilder von den Panzern, die ein Jahr zuvor den »Prager Frühling« platt walzten, noch frisch in den Köpfen. In der Nacht zum 21. August 1968 waren unter dem Codenamen »Operation Donau« 500 000 Soldaten aus der Sowjetunion, Polen, Ungarn, Bulgarien und der DDR in die Tschechoslowakei einmarschiert. Panzer rollten, mehr als 100 Menschen kamen ums Leben. Die Niederschlagung von Alexander Dubčeks »Sozialismus mit menschlichem Antlitz« hatte der marxistischen Bewegung unter den westdeutschen Studenten einen Dämpfer gegeben. Aber gemessen am Aufruhr anderswo, hatten die linken Aktionen in der Oberpfalz ohnehin wie der Sturm im Wasserglas gewirkt. »Für den Sieg des vietnamesischen Volkes« stand noch auf einem Wandtransparent in der Mensa. Aber das Rot der Schrift hatte längst begonnen, Farbe zu verlieren. Kurzerhand hatten Ratzingers Assistenten auch gleich die beiden Hunde des neomarxistisch angehauchten Rektors Gustav Obermair umgetauft. Sie hießen nun nicht mehr »Marx« und »Lenin«, sondern »Max« und »Leni«.

Der Campus der Uni am südlichen Stadtrand war noch nicht fertiggestellt, und die katholische Fakultät war einstweilen im alten Dominikanerkloster in der Altstadt untergebracht. Aber was für ein Glück! Die weiten Gänge, der meditative Kreuzgang, die gotische Kirche – »hier bin ich wirklich daheim«, sollte Ratzinger bald ausrufen.

Dass der große Albertus Magnus einer seiner Vorgänger war, der letzte Universalgelehrte des Mittelalters, Doktorvater Thomas von Aquins, musste ein gutes Omen sein. »Ich freute mich darauf«, heißt es in Ratzingers Erinnerungen, »etwas Eigenes, Neues und doch ganz im Glauben der Kirche Gewachsenes sagen zu dürfen.« Nicht zuletzt träumt er von einer Dogmatik, einer Gesamtschau des katholischen Glaubens, und einer »Christologie«, die den inzwischen von den Theologen so arg zerfledderten Mann aus Nazareth wieder in seiner ganzen Größe zeigen sollte.

Maria liebte es, nun mit ihren Brüdern sonntags im Restaurant Bischofshof Mittag zu essen und im Goldenen Kreuz Kaffee und Kuchen zu genießen. Sie achtete darauf, dass Joseph weder Pilze (Vergiftung!) noch Fisch bestellte (Gräten!). Die Bleibe beim Bruder im Institut der Domspatzen wurde bald getauscht gegen eine Mietwohnung im Regensburger Vorort Pentling. Und immer, wenn es die Zeit erlaubte, schritt der neue Dorfbewohner voller Vorfreude das frisch erworbene Grundstück ab, auf dem schon bald ein eigenes Heim mit Garten stehen würde.

Häuser können sprechen. Sie geben Auskunft über ihre Bauherren. In Tübingen hatte sich Hans Küng eine allseits bewunderte Atriumvilla errichten lassen, gebaut nach römischem Vorbild, inklusive einer Schwimmhalle. Gerne verwies er auf die Standards, die Ratzinger von ihm unterschieden: »Aber selbstverständlich wächst ein Beamtensohn in einer Gendarmerie und nach der Pensionierung des Vaters in einem bescheidenen Bauernhaus und schon als Zwölfjähriger in einem klerikalen Knabenseminar anders auf als ein Kaufmannssohn in einem gastfreundlichen Bürgerhaus am Rathausplatz.« Es habe hier, heißt es weiter im Prolog des zweiten Bandes seiner Autobiografie, eben »keine wohlbehütete strenge polizeiliche oder geistliche, sondern eine lebendige, weltlich-offene, Atmosphäre«[1] geherrscht. Dass die Weltoffenheit des »Kaufmannssohns« sich aus einem Schuhgeschäft herleitete, angesiedelt in einem Marktflecken im Kanton Luzern mit gerade einmal 4000 Einwohnern, fiel da nicht weiter ins Gewicht. Genauso wenig, dass Ratzingers Herkunft in Wahrheit alles andere als hinterwälderisch gelten konnte: Der Großvater mütterlicherseits war ein erfolgreicher Geschäftsmann, und väterlicherseits stammte er aus einer Familie, die nicht nur eine Schar Priester und Ordensleute hervorbrachte, sondern mit Großonkel Georg Ratzinger einen Abgeordneten des deutschen Reichstags in Berlin, der sich weit über Deutschland hinaus einen Namen machte.

Von einer Villa aber war Ratzingers neu erbautes eigenes Haus tatsächlich weit entfernt. Lediglich auf einen Balkon hatte er bestanden, den ihm sein Architekt ausreden wollte. Ansonsten war das Gebäude in Gestaltung und Einrichtung so schlicht, dass spätere Besucher am liebsten zu einer Möbelspende aufgerufen hätten. Die »Prunkstücke« bestanden aus dem alten Nussbaumschreibtisch, der ihm zum Abschied aus Freising geschenkt worden war, und seinem Klavier. Maria hatte aus ihrem Fundus einige Bilder beigesteuert, einfache Nachdrucke oder auch Häkelarbeiten. Für Bruder Georg stand ein Gästezimmer vom Schnitt einer Mönchszelle bereit. Teils neu waren die Bücherregale, die die Wände des Arbeitszimmers bedeckten. Schlichtheit und Zweckmäßigkeit dominierten.

In seinem »geliebten Pentling«, ursprünglich ein Bauerndorf mit 500 Einwohnern, staunten die Alteingesessenen über die Tierliebe des Professors, der sich am Gartenzaun regelmäßig mit Tasso unterhielt, dem Schäferhund eines Nachbarn, oder über seine Art, mit dem Elektrorasenmäher umzugehen. »Das Besondere war, dass er immer nur ein Stück gemäht hat«, beobachtete Nachbar Rupert Hofbauer, »dann ging er wieder auf seinen Balkon und hat gelesen. Am nächsten Tag hat er weitergemäht – ein nächstes Stück.«[2] Bald aber war der Professor mit dem weltbekannten Ruf nur noch »unser Pfarrer«. Ein Priester, der Glocken weiht, die neuen Löschfahrzeuge der Freiwilligen Feuerwehr segnet und werktags wie sonntags in der Dorfkirche die Messe liest.[3]

Dass Ratzinger intensiv Kontakte pflegte, belegen allein schon seine im »Institut Papst Benedikt XVI.« archivierten 30 000 Briefe, die er bis zum Beginn seiner Bischofszeit an Kollegen, Freunde, Schulkameraden und Leser schrieb. Zu seinem engeren Kreis zählten in Regensburg der Pastoraltheologe Josef Goldbrunner und Johann Baptist Auer, der väterliche Freund aus Bonner Tagen, der ihn mit »brüderlichem Tadel« auch schon mal auf gewisse Schwachstellen hinwies. Es war ein besonderes Verhältnis, weil Auer, wie Ratzinger einräumte, »meine Grenzen theologischer wie menschlicher Art sehr realistisch kannte. Ich meine, wir waren Freunde, aber gerade als Freund konnte er mich kritisieren, so in dem Sinne, dass ich keineswegs vollkommen bin, dass ich Probleme hab«[4]. Welche Probleme das im Einzelnen gewesen waren, wollte Ratzinger in unserem Gespräch nicht vertiefen.

Eine kollegiale Zuneigung verband ihn mit dem Oberbayern Franz Mußner, Professor für Neues Testament. Mußner zählte zu den Bahnbrechern der modernen Bibelwissenschaft. Durch seinen *Traktat über die Juden*, der auch Johannes Paul II. beeinflusste, galt er als einer der Pioniere der christlich-jüdischen Verständigung und wurde 1985 mit der Buber-Rosenzweig-Medaille geehrt. Das Judentum bildet die Wurzel des Christentums, war Mußners zentrale Botschaft. Es ist der edle Ölbaum, auf dem die Heiden aufgepfropft wurden, um Christen zu werden. Mußner habe »in verworrener Zeit vielen den Weg zur Bibel und letztlich zum Glauben an den in Christus menschgewordenen Gott selbst erschlossen«, heißt es in einem mit dem Datum 28. Januar 2011 versehenen Brief des späteren Papstes. Er könne sich seinen »theologischen Weg nicht vorstellen ohne all das, was ich von Dir empfangen habe«. Unterschrift: »Dein Joseph Benedikt«[5]. Mußner umgekehrt schätzte an dem Kollegen »die Klarheit seiner Äußerungen, die Formulierungskunst, dazu die rasche Auffassungsgabe«[6].

Zu den neuen Freunden zählten unter anderen der Dirigent Wolfgang Sawallisch oder auch Reinhard Richardi und seine Frau Margarete. Der Berliner Richardi war in Regensburg seit 1968 Professor für Arbeits- und Sozialrecht und gilt als Begründer des kirchlichen Arbeitsrechts. Ehefrau Margarete verband bald eine intensive Brieffreundschaft mit Maria, die allenthalben als eine sowohl extrem unauffällige als auch außerordentlich intelligente Frau gerühmt wurde. Ratzinger begleitete den evangelisch getauften Kollegen bei seinem Weg in die katholische Kirche, taufte die Enkelkinder des Paares und machte mit den Richardis und römischen Freunden, der Lehrer-Familie Crescenti, Ausflüge zum Kloster Weltenburg. Den Gymnasialprofessor Francesco Crescenti und seine Frau Anna Maria, Gymnasialprofessorin für Mathematik, hatte er während des Konzils kennengelernt. Aus der Begegnung entstand eine lebenslange Freundschaft, in deren Verlauf Ratzinger Tochter Maria Assunta traute und die beiden Enkelkinder Gabriele und Antonella taufte. »Er war einfach mit uns, er war Teil unserer Familie«, erzählte Anna Maria.

Ein weiterer Wegbegleiter wurde Ulrich Hommes, Professor für Praktische Philosophie. Hommes habilitierte sich mit einer Arbeit über den französischen Philosophen Maurice Bondel, schrieb über Hegel, Feuerbach und Jaspers. Die beiden lernten sich auf einer Studienreise durch Israel näher kennen und stellten in gemeinsamen Veranstaltungen der marxistischen Heilslehre die christliche Alternative gegenüber; der eine aus philosophischer, der andere aus theologischer Perspektive, die sich gegenseitig ergänzten. Hommes beeindruckte an Ratzinger dessen »geradezu intimes Verhältnis zur Musik«, seine »überaus große Kontinuität« und die »überzeugende Geradlinigkeit«. Als Philosoph registrierte er Ratzingers »Art seiner Wahrnehmung« als eine »Vernunft der Gefühle«. Die Begegnung mit ihm sei, als würde man »auf einen Stern zugehen«[7].

Als umstritten galt Ratzingers Beziehung zu Rudolf Graber. Linke ordneten den Bischof von Regensburg als »Rechtsaußen der Deutschen Bischofskonferenz« (Hans Küng) ein, Konservative als begnadeten Prediger und beispielhaften Hirten. Zu Recht vorgehalten wurden Graber seine regimefreundlichen Kommentare als Gymnasiallehrer in der Zeit des Nationalsozialismus. Ratzinger schätzte an Graber die marianische Linie und dessen Bischofsverständnis. Seinem Ortsbischof widmete er in der Regensburger Zeit eine Laudatio zu dessen Ehrenpromotion und ein kurzes Geleitwort zu einem Buch Grabers.

Im April 1970 klopfte Esther Betz an die Tür. Sie hatte ein konkretes Anliegen. Auf einem Spaziergang stellte sie dem langjährigen Freund eine knifflige Frage. Es ging darum, ob es ratsam sei, mit Professor Karl Lehmann, dem späteren Vorsitzenden der Deutschen Bischofskonferenz, »einen gemeinsamen Haushalt zu gründen«. In einer WG mit Lehmann könne sie sich immerhin um die ausufernde Bibliothek des Theologen kümmern. Grund genug, dass Ratzinger keine Einwände erhob. Anschließend bat Betz zum Interview für die *Rheinische Post* und stellte Fragen zur allseits geübten »Kritik an der Kirche, an Papst und Bischöfen, Seelsorgepraxis und Reformversuchen«. Natürlich sei Kritik grundsätzlich in Ordnung, bekam sie zur Antwort, andererseits schlösse man sich heutzutage »allzu bereitwillig den gängigen Parolen an«, ohne sie auf ihre Stichhaltigkeit zu prüfen.[8]

Regensburg ist die unterschätzte Periode in der Vita des späteren Papstes. Sie ist bedeutend, weil Ratzinger in diesen Jahren versuchte, Antworten auf die kulturelle und religiöse Krise der Zeit zu finden. Dass er nun sesshaft zu werden gedachte, um sein Werk abzuschließen, zeigte neben dem Hausbau nicht zuletzt die Umbettung seiner Eltern, deren Grab er von Traunstein nach Pentling verlegen ließ (wobei die Steinmetze den Geburtstag der Mutter statt mit »8. Januar 1884« mit »7. Januar 1884« in den Grabstein meißelten). Ratzinger hatte sich nicht getäuscht. Kaum woanders konnte er so produktiv sein. Nirgendwo bildete er so viele Studenten aus, die Bischöfe, Weihbischöfe, Ordensleute, Priester, namhafte Theologen oder auch Kardinäle wurden, wie beispielsweise Christoph Schönborn, der Erzbischof von Wien. Mit dem neuen Professor kam internationaler Flair auf den Campus. Sobald ein Koreaner, Japaner, Chilene oder Afrikaner um die Ecke bog, war klar, wessen Schüler das war. Und nirgendwo anders wurde seine Autorität stärker anerkannt, sein Name allgemein so geachtet, was sich auch in seiner Wahl zum Dekan der theologischen Fakultät und später zum Vizepräsidenten der Universität ausdrückte.

Zum guten Ruf Ratzingers trug bei, wie Kollege Richardi bescheinigte, »ein guter Taktiker« gewesen zu sein. »Wenn es große und hitzige

Diskussionen gab«, berichtete der frühere Uni-Präsident Dieter Henrich, »hat Ratzinger kaum etwas gesagt. Wenn er sich dann aber zu Wort gemeldet hat, war die ganze hitzige Diskussion abgeschlossen.«[9] Professor Gerhard Winkler berichtete: »Vor Ratzinger sind damals alle in der Fakultät auf den Knien gelegen. Seine Vorlesungen besuchten auch Historiker, Juristen, Ökonomen.« Johann Baptist Auer machte seinen Hörern klar: »Wer g'scheite Theologie lernen will, der muss zu Ratzinger gehen, wer Dorfpfarrer werden will, der kann bei mir bleiben.«

Inzwischen hatte sich auch der Schülerkreis erweitert. Die etwa 30 Doktoranden trafen sich mit ihrem Lehrer jeden zweiten Samstagvormittag im Regensburger Priesterseminar. Man habe eine enorme Freiheit genossen, so der Ratzinger-Schüler Josef Zöhrer. Ganz im Gegensatz zu vielen als liberal geltenden Doktorvätern, »die ihren Studenten die Luft abschnürten, sie sogar bestraften, wenn auch nur der kleinste inhaltliche Dissens vernehmbar wurde«[10]. Küng beispielsweise habe die Dissertation eines Studenten in Tübingen abgelehnt, weil dieser ihn in einem Abschnitt kritisiert hatte. »Die Diskussion ging ihm über alles«, erinnerte sich Vincent Twomey. »Der Professor wog die Einwände zu einem jeden Thema sorgfältig ab und ließ dabei alle Meinungen und Hypothesen zur Sprache kommen, auch die derer, die als Letzte zum Kreis gestoßen waren.«

Der Ire Vincent Twomey, ein Pater der Steyler Missionare, war von seinen Ordensoberen im September 1970 nach Deutschland geschickt worden, um nach seiner Priesterweihe die Luft hoher Theologie zu schnuppern. In Münster saß er zunächst »zu Füßen Karl Rahners, der damals auf dem Höhepunkt seines Ruhms stand«. Während der Seminare sei Rahner seitlich des Raumes auf und ab geschritten, »augenscheinlich ungeduldig, bis das Referat des Studenten vorbei war und er anfangen konnte. Der Rest der Veranstaltung war ein Monolog, trotz aller unserer Versuche, mit ihm in eine Art von Diskussion zu treten«[11]. Im Januar 1971 ging Twomey nach Regensburg und traf auf einen Theologen, der »jung und brillant« gewesen sei, »ein Hochschullehrer, der begeistern konnte. Er begegnete uns Studenten immer mit großer Achtung und ließ uns größte Freiheit in der Suche nach der Wahrheit. Aber vor allem war er zurückhaltend, bescheiden und humorvoll.«

Twomey erzählte eine Geschichte über die allseits beliebte Sekretärin seines Professors, Elisabeth Anthofer. Eines Tages wurde sie gefragt, was sie an Ratzinger am meisten beeindrucke. Sie dachte einen Augenblick nach, dann sagte sie: »Die Ehrerbietung in seiner Stimme, wenn der den Namen Jesu aussprach.« Twomey fügte hinzu: »Das ist vielleicht das Wichtigste, was wir über Joseph Ratzinger sagen können.«[12]

Zum Kreis der wissenschaftlichen Hilfskräfte stießen Karin Bommes, die Register für Ratzingers Bücher erstellte, und der Salvatorianerpater Stephan Horn. Der 1942 geborene Doktorand Martin Trimpe wiederum hatte sich zunächst in Tübingen im Sozialistischen Deutschen Studentenbund (SDS) engagiert. Gegenüber Ratzinger hatte er Bedenken. Seine Theologie schien ihm »exegetisch nicht haltbar«. Das änderte sich, nachdem er dessen Seminar über *Lumen gentium*, das Konzilsdokument über die Kirche, besuchte. Er habe erkannt, so Trimpe, dass im Gegensatz zur Lehre Ratzingers »diese ganze moderne Theologie in Tübingen ohne Halt und Grund war, dass es Küng viel mehr um Politik als um die Wahrheit und Begründbarkeit seiner Thesen ging«[13].

In seinen Vorlesungen und Seminaren beschäftigte sich Ratzinger mit Ökumene, den Forschungen aktuell diskutierter Theologen wie Rahner, Moltmann und Schoonenberg, mit Texten des Konzils, oder auch, wie im Hauptseminar von 1976, mit der Frage einer möglichen Anerkennung der protestantischen Glaubensformel der von Philipp Melanchthon verfassten *Confessio Augustana*. Als Themen für Seminar- und Doktorarbeiten bot Ratzinger die großen Denker der Antike an, Ignatius von Antiochien, Irenäus von Lyon, Augustinus. Andere Untersuchungen galten mittelalterlichen Meistern wie Thomas von Aquin und Bonaventura, aber auch zeitgenössischen Philosophen und Schriftstellern wie Jaspers, Bloch und Camus. Abgerundet wurde das Studium durch persönliche Begegnungen mit modernen Theologen wie Balthasar, Congar, Rahner oder dem evangelischen Gelehrten Pannenberg.

Die Schüler lernten von Ratzinger, Ratzinger lernte von den Schülern. Die Dissertation seines Studenten Barthélemy Adoukonou über die christliche Hermeneutik des Voodoo im afrikanischen Benin beispielsweise beeinflusste Ratzingers Theologie der Religionen. Bei seiner Analyse des Neomarxismus stützte er sich auf Friedrich Hartls Habilitationsschrift über Ernst Bloch und Franz von Baader. Auffällig ist, dass er drei seiner Doktoranden mit der Theologie des Papsttums beschäftigte. Etwa als ein Amt der Demut und des Martyriums, wie es der englische Kardinal und Theologe Reginald Pole im 16. Jahrhundert definierte, oder der Akzeptanz des Primats durch die Kirchen der Orthodoxie.

Natürlich sei Ratzinger »in gewisser Weise eher ein Traditionsbewahrer als ein revolutionärer Kämpfer« gewesen, analysierte Siegfried Wiedenhofer, »aber es gibt keine einzige Stelle, wo er Vergangenheitsbewahrung um der Vergangenheit willen betreiben würde«. Was den Schülerkreis betreffe, habe es in seiner Zusammensetzung keinen Unterschied zwischen vor und nach Tübingen gegeben. »Alle waren irgendwie akzeptiert, auch solche, die sich extrem unterschieden haben.« Auch habe sich nie jemand im Zorn zurückgezogen. Das stimmt nicht ganz. Zwar nicht im Zorn, aber aus einer Sympathie mit der Befreiungstheologie wechselte der erwähnte Barthélemy Adoukonou zwischenzeitlich zu Küng nach Tübingen, dann zu Congar nach Frankreich, der ihm jedoch erklärte, einen besseren Meister als Ratzinger könne er nicht finden. Reumütig kehrte der Afrikaner nach Regensburg zurück. Vierzig Jahre später ernannte ihn sein früherer Professor als Benedikt XVI. zum Titularbischof von Zama Minor und zum Sekretär des »Päpstlichen Rates für die Kultur«. Vincent Twomey hielt fest, Ratzingers »Gabe, einen Raum für einen freien und offenen Austausch von Meinungen zu schaffen«, sei nicht »bloß natürliches Talent« gewesen, sondern habe in einer »Theorie der Erziehung« gewurzelt: »Einmal bemerkte er beiläufig, die Erziehung darf nicht versuchen, dem anderen alles abzunehmen; sie muss die Demut haben, nur sein Eigenes zu begleiten und reifen zu helfen.«

Gab es keine Schattenseiten? Wie man's nimmt. Weitgehend im Verborgenen blieb Ratzingers organisatorische und vor allem auch finanzielle Unterstützung für seine Studenten. Tatsächlich hatte er sich immer wieder für Stipendien eingesetzt und auch in die eigene Tasche gegriffen, wenn ein Schüler in Not war. Weniger verborgen blieben gewisse Schwächen des Theologen. Wiedenhofer berichtete, gelegentlich habe der Professor, insbesondere wenn es um die Auseinandersetzung mit Metz gegangen sei, »ziemlich sarkastisch und heftig« reagiert. Manche »Geschosse« Ratzingers seien fragwürdig gewesen. Es habe an »einer abwägenden Interpretation« gefehlt. »Da genügte eine bestimmte Aussage, dann war das schon eingeordnet. Diese Sachen haben allerdings später aufgehört.«[14]

Für den damaligen wissenschaftlichen Assistenten Stephan Horn lag Ratzingers Schwachstelle in dem Unvermögen, »den anderen eine Richtung zu weisen. Da ist er zu zurückhaltend«[15]. Er lasse den Dingen zu oft ihren Lauf. Ratzinger sei eben »von einer fast mädchenhaften Zartheit«, gab Georg May zu bedenken, Jahrgang 1926 und emeritierter Professor für Kirchenrecht: »Alles, was Kraft, Macht, Gewaltausübung bedeutet, ist ihm vollkommen fremd. Er ist seiner Natur nach ein Gelehrter. Darum war seine Ernennung zum Erzbischof und zum Präfekten eigentlich gegen seine Natur. Er hat diese Ämter ausgefüllt, weil er auf seine Weise genial ist, aber das Durchsetzen ist nicht seine Sache.«[16]

Kapitel 42

Spannungen

So gut es in Regensburg lief, so schwierig entwickelten sich die Verhältnisse andernorts. Das II. Vatikanum sollte die Kirche öffnen und so ihrem Akzeptanzverlust entgegenwirken. Nun zeigte sich, dass immer mehr Katholiken sukzessive darauf verzichteten, so der Politologe Franz Walter, »die überlieferten Rituale katholischer Eigenkultur, wie die Feier des Namenstages, das Tischgebet, das Fastengebot, die Ohrenbeichte, den Marienkult, aktiv zu pflegen.« Die Folge: »Die religiöse Praxis und Sozialisation in der katholischen Familie schrumpfte enorm zusammen.«[1]

In Lateinamerika hatte die Frage nach dem Selbstverständnis der Kirche und ihrem Verhältnis zur Welt zur Gründung christlicher »Basisgruppen« geführt, die eine »Theologie der Befreiung« favorisierten. Die Bischofskonferenz von Medellín sprach 1970 vom »Beginn einer neuen Ära!«. Die chilenische Bewegung »Priester für den Sozialismus« forderte, die Kirche müsse sich für die Armen und damit für den Sozialismus entscheiden, andernfalls verschwistere sie sich mit der Bourgeoisie.

Bereits im September 1966 hatten die deutschen Bischöfe in einem Hirtenwort vor zwei gefährlichen Gegnern gewarnt: nämlich »die Verständnislosen, die starr an dem Vergangenen festhalten, und die Ungeduldigen, die nicht anerkennen wollen, dass man den zweiten Schritt nicht zugleich mit dem ersten tun kann«. Beide seien »vom Geist des Konzils gleich weit entfernt«[2]. Gleichzeitig wurden die Versuche der Progressisten stärker, Bestrebungen durchzusetzen, die vom Konzil eindeutig abgewiesen worden waren. Für Ratzinger liefen diese Ideen im Grunde darauf hinaus, die katholische Kirche protestantischer zu machen. Was ihn besonders erschreckte: Diesmal kamen die Kräfte der Zerstörung, wie er das sah, nicht von außen, sie kamen aus den Reihen der Theologen. Die Kirche scheine »weithin nur noch mit sich selbst beschäftigt«, monierte er 1970 in einem Vortrag, und die Theologie interessiere offenbar nur noch der »Kampf um neue Formen kirchlicher Strukturen«[3].

Der Bruch zeigte sich auch in der Internationalen Theologenkommission, einer Gruppe aus 30 Wissenschaftlern verschiedener theologischer Schulen und Nationen, die Paul VI. auf Vorschlag der ersten Bischofssynode eingerichtet hatte, und der auch Ratzinger seit ihrem Start am 1. Mai 1969 angehörte. Hier stand der Professor aus Bayern mit Hans Urs von Balthasar, Henri de Lubac, Marie-Joseph Le Guillou, Louis Bouyer oder dem Chilenen Jorge Medina Estévez auf der Seite jener, die in dem hektischen Klima des »ständigen Revolutionszustands«, wie Gianni Valente bemerkte, »eine Karikatur der vom II. Vatikanischen Konzil vorangetriebenen Reform« sahen.[4]

Dass die Spannungen immer größer wurden, zeigte sich im Rückzug Karl Rahners und des Schweizer Ökumenikers Johannes Feiner aus der päpstlichen Kommission. Sie verließen die Einrichtung, »weil sie nicht bereit war, sich mehrheitlich radikalen Thesen anzuschließen«, wie Ratzinger mitteilte.[5] Rahner selbst sprach von einem Gefühl der Langeweile in einem »Klub von Theologen«, in dem er nicht unbedingt benötigt werde: »Eis kann ich auch in Deutschland essen, obwohl es ja sehr gutes in Rom gibt.«[6]

Eine Vertiefung fand die Beziehung mit de Lubac. In einer Notiz hielt der Franzose während einer Tagungsperiode in Rom fest, er eile eben zum *Domus Mariae*, »um Dr. Joseph Ratzinger zu hören, der über die bischöfliche Kollegialität und ihre pastoralen Implikationen spricht«. Am 6. Oktober 1965 notierte er: »Dr. Joseph Ratzinger, ein ebenso friedliebender und wohlwollender wie kompetenter Theologe«. Zuvor hatte sich der Deutsche für die Übersendung zweier Bücher durch de Lubac bedankt und versichert, dass er »natürlich immer auch auf der Spur Ihrer weiteren Werke geblieben« sei, »sodass ich ein wenig, ohne Sie je gehört zu haben, mich doch auch als Ihr Schüler betrachten darf«[7].

In seinen Erinnerungen vermerkte Ratzinger, der Franzose, »der so viel unter der Enge des neuscholastischen Regimes gelitten hatte, zeigte sich als entschiedener Kämpfer gegen die fundamentale Bedrohung des Glaubens, die alle Frontstellungen von ehedem veränderte«[8]. Es sei für ihn »eine große Ermutigung« gewesen, zu sehen, dass da einer »die gegenwärtige Lage und unsere Aufgaben in ihr genauso beurteilte wie ich«. Als Ratzinger am 11. Mai 1998 in Paris die Insignien eines Kommandeurs der französischen Ehrenlegion empfing, nutzte er die Gelegenheit, speziell noch einmal de Lubacs Kampfgeist herauszustellen: »Pater de Lubac war während des Krieges einer der mutigen Inspiratoren der Résistance in Frankreich. Er hat gegen eine Ideologie der Lüge und der Gewalt gekämpft, aber nie gegen ein Volk. Diese Résistance trug die wahre Kraft der Versöhnung in sich: den christlichen Humanismus, gründend auf der Universalität und der vereinigenden Kraft der Wahrheit. Die Wahrheit ist auch ein Schwert gegen die Lüge, und Pater de Lubac hatte keine Angst, dieses Schwert gegen die Lüge in der Kirche und außerhalb der Kirche zu führen, vor und nach dem Konzil. Aber er war vor allem ein Mann des Friedens und der Brüderlichkeit in der Liebe Christi.« Die Zusammenarbeit mit dem Franzosen – diesem vollkommenen »Vorbild für ein Leben nach dem Evangelium« – sei für ihn »eines der größten Geschenke, die ich in meinem Leben empfangen habe«[9].

Viele Katholiken waren zutiefst verunsichert. Die Reformen hatten den Kult verändert, wie sie ihn gewohnt waren. Gleichzeitig lasen sie Hiobsbotschaften über den dramatischen Rückgang der Gottesdienstbesuche und der Anmeldungen in den Priesterseminaren. Eine ungeahnte Front entstand, als Paul VI. mit dem 3. April 1969 ein neues *Missale* zur Ausführung der liturgischen Feiern einführte und das bisherige Messbuch (das *Missale Romanum* aus dem Jahr 1962, das den Ablauf der heiligen Messe in lateinischer Sprache ordnete) zugleich verboten wurde. »Etwas Derartiges«, entsetzte sich Ratzinger nun auch über das Kirchenoberhaupt, »hatte es in der ganzen Liturgiegeschichte nie gegeben.«

Bereits die Liturgiekonstitution des Konzils hatte in Messfeier, Stundengebet, liturgisches Jahr, Kirchenmusik, Kirchenbau und sakrale Kunst eingegriffen, was erhebliche Unruhen unter der Priesterschaft und im Kirchenvolk auslöste. Das neue *Missale* aber empfindet Ratzinger als Fanal. Bisher sei stets das Neue unter Verwendung der alten Baupläne und des bisherigen Baumaterials geschaffen worden, kommentierte er, »aber dass man es als Neubau gegen die gewachsene Geschichte stelle, diese verbot und damit Liturgie nicht mehr als lebendiges Wachsen, sondern als Produkt von gelehrter Arbeit und von juristischer Kompetenz erscheinen ließ, das hat uns außerordentlich geschadet. Denn nun musste der Eindruck entstehen, Liturgie werde ›gemacht‹, sie sei nichts Vorgegebenes.«[10]

Ratzinger sprach in einem späteren Beitrag gar von »einer Art von Buschbrand«. Denn wenn Liturgie das sei, »was die Gemeinde nur für sich selbst macht und worin sie sich selbst spiegelt, dann kommt sie ja gerade nicht über sich selbst hinaus«. Die Liturgie sei ja »gerade die

Begegnung mit dem, was wir nicht gemacht haben, und somit auch das Hineintreten in die ganz große Vorgabe der Geschichte, die nicht mumifiziert werden darf, die nicht erstarren darf, die aber auch nicht einfach abgebrochen werden darf, sondern als etwas Lebendiges weiterleben muss«[11].

In dem Interviewband *Salz der Erde* führte er einen weiteren Aspekt an: »Eine Gemeinschaft, die das, was ihr bisher das Heiligste und Höchste war, plötzlich als strikt verboten erklärt und das Verlangen danach geradezu als unanständig erscheinen lässt, stellt sich selbst infrage. Denn was soll man ihr eigentlich noch glauben? Wird sie nicht morgen wieder verbieten, was sie heute vorschreibt?«[12] Schlussendlich zog er ein ernüchterndes Fazit: »Ich bin überzeugt, dass die Kirchenkrise, die wir heute erleben, weitgehend auf dem Zerfall der Liturgie beruht, die mitunter sogar so konzipiert wird – ›etsi Deus non daretur‹ –, dass es in ihr gar nicht mehr darauf ankommt, ob es Gott gibt und ob er uns anredet und erhört.«[13]

Auch die Auseinandersetzung mit Hans Küng spitzte sich zu. Ratzinger war zu diskret, um den Kollegen zu brüskieren. Gleichzeitig zeigte sich seine Achillesferse: die Nachlässigkeit in der Klärung der Beziehung zu Personen in seinem Umfeld, deren er sich nicht erwehren kann. Jetzt jedoch war die Konfrontation unausweichlich geworden. »Unsere Aufgabe wird es auf lange Zeit hinaus sein«, verkündete er in Regensburg, »mit den Worten des Konzils gegen seine Unterminierung, vor allem gegen den berühmten ›Geist‹ des Konzils anzukämpfen.«[14] Verbunden war damit allerdings auch ein Wechsel von der Offensive in die Defensive. Küng selbst, der eine riesige Anhängerschaft hinter sich herzog, bezeichnete seine Theologie als das neue Paradigma schlechthin. Er würde damit »das mittelalterlich-gegenreformatorische antimodernistische römisch-katholische Paradigma mit seinem latenten oder offenen Misstrauen gegen Reformation und Moderne« ablösen.[15]

Küng lehnte das Dogma ab. An die Stelle des Glaubensbekenntnisses als Auslegungsinstanz waren für ihn der Gelehrte und seine wissenschaftliche Autorität getreten. Gleichzeitig hatte er die Rückfrage auf den historischen Jesus zur entscheidenden Grundlage seiner Theologie gemacht, verbunden mit der Forderung, alle von der offiziellen Kirche proklamierten »Lehrsätze« einer ständigen kritischen Überprüfung zu unterziehen. Der Dogmatiker Siegfried Wiedenhofer sah in der Auseinandersetzung der Protagonisten Küng und Ratzinger dabei keinen

Streit zweier unterschiedlicher Schulen. Denn beide Theologen verträten einerseits *Reformtheologien*, denen die Relevanz des christlichen Glaubens am Herzen liege, gleichermaßen aber auch *Traditionstheologien*, wenn es um die Kontinuität des kirchlichen Glaubens gehe. Zweifellos war der Streit auch von persönlichen Befindlichkeiten unterfüttert. Dass die Konfrontation aber eine solche Schärfe bekam, habe allein schon daran gelegen, so Wiedenhofer, dass es sich dabei »um eine epochale Wegscheide in der Kirchengeschichte handelt, wie es nur wenige gegeben hat«. Es sei um nichts Geringeres als um »den zukünftigen Weg der Kirche und Theologie« gegangen: »So gesehen stand nicht Weniges auf dem Spiel: die Identität des Glaubens und seine Relevanz und auch das Grundverhältnis zur modernen Welt.«[16]

Die dahinterstehende Kontroverse ist dann letztlich keine Richtungsentscheidung zwischen progressiv oder konservativ, sondern die Frage nach dem Christus-Bild. Wer ist Jesus wirklich? Genau hier verlief die eigentliche Front zwischen Ratzinger und Küng. Was ist das falsche Bild, das in die Irre leitet und zur Auflösung bisheriger Glaubensgrundlagen führt, und was ist das richtige, das den Stifter des Christentums nicht auf eine historische Figur reduziert, um dann mithilfe der historisch-kritischen Methode selbst den historischen Jesus noch weiter infrage zu stellen?

Bereits Küngs Buch zur Theologie des Konzils hatte zwischen den beiden Professoren »eine etwas ernstere Kontroverse« (Ratzinger) ausgelöst, wenngleich der Disput gegenseitig noch als eine interessante Auseinandersetzung im grundlegenden Konsens katholischer Theologen verstanden wurde.

Ein markanter Punkt, »wo ich deutlich gespürt habe, dass das nicht so weitergeht«, war für Ratzinger Küngs im April 1967 erschienenes Werk *Die Kirche*. Sein Buch sei »wahrhaft katholisch«, warb Küng, und gerade deshalb sei es »bisweilen abweichend vom gewohnt Römisch-Katholischen«. Der lutherische Neutestamentler Ernst Käsemann zeigte sich ergriffen und erklärte im Festsaal der Tübinger Universität die »Kirchenspaltung zwischen mir und Küng für beendet«. Hans Urs von Balthasar hielt das Buch, und das klang eher sarkastisch, für eine ökumenische Kirchenlehre, »an deren Ende im Grunde jedes katholische Ärgernis für den Protestanten aus der Welt geschafft ist«[17].

Ratzinger und Küng waren zu diesem Zeitpunkt Herausgeber der Reihe, in der das Werk erschienen war. Küngs *Kirche* allerdings sollte für Ratzinger Anlass sein, »aus dieser Herausgeberschaft zurückzutreten«[18]. Drei Jahre später veröffentlichte Küng seine berühmte Streitschrift *Unfehlbar? Eine Anfrage*, die er mit der umstrittenen Enzyklika Pauls VI. *Humanae vitae* zur Empfängnisverhütung verband. »Mit diesem wohlüberlegten Frontalangriff auf die Amtskirche«, so Hansjürgen Verweyen, »konnte er auf den brausenden Applaus einer breiten Öffentlichkeit rechnen.«[19] Warum aber verknüpfte der Schweizer ein Wort des Papstes, das gar nicht als unfehlbar deklariert worden war, mit der Frage nach dem Dogma der päpstlichen Unfehlbarkeit? Verweyens Erklärung war, Küng habe ganz einfach den Augenblick für gekommen gesehen, »keine devoten Verbeugungen vor den ›alten Herren im Vatikan‹ mehr zu machen«. Der Tübinger Fundamentaltheologe Max Seckler bestätigte: »Küng sagte mir vor der Veröffentlichung von *Unfehlbar?*, ›ich werde das ganze römische System in die Luft sprengen‹. Im Grunde hat er seitdem nichts anderes getan. Er hat keine eigene Theologie entwickelt, sondern alle Frustrierten bedient.«[20]

Küng argumentierte in seinem Buch, eine »Unfehlbarkeit« des Papstes lasse sich weder aus der Bibel noch aus der Tradition herleiten. Zugleich verwies er auf päpstliche Entscheidungen in der Vergangenheit, die seiner Meinung nach Irrtümer waren. »Alle Themen habe ich im Kopf, die ganze Materie beherrsche ich perfekt«, rühmte sich Küng in seinem Werk. Zeitungen überschlugen sich mit positiven Rezensionen, die römische Glaubenskongregation hingegen eröffnete ein Verfahren, und Karl Rahner bat die theologische Zunft um Beiträge für ein Buch zu der Frage, ob Küng mit seiner Auffassung vom geistlichen Amt und der Vollmacht ökumenischer Konzilien nicht auch mit der gesamten katholischen Überlieferung breche. Im Januar 1971 wurde Küng vor eine Kommission der deutschen Bischöfe geladen. Einen Monat später verabschiedete die Bischofskonferenz eine Erklärung, in der Küngs Buch verurteilt wurde.[21] Küng war's zufrieden: »Man scheint meine Feder zu fürchten wie seinerzeit der König von Frankreich Voltaire.«[22]

Gefordert fühlte sich auch Ratzinger. »Wir trafen uns in der *Anima*«, erinnerte sich Walter Brandmüller, späterer Kardinal und Chef der päpstlichen Kommission für Geschichtswissenschaft. »Sofort hatte Ratzinger gefragt: ›Haben Sie schon von Küng das Buch gelesen? Da müssen wir was tun, was dagegen schreiben.‹«[23] Brandmüller publizierte in *Hochland*, Ratzinger im Sammelband Rahners, das in der Reihe *Quaestiones disputatae* erschien. Der Regensburger Theologe bemängelte in seiner Rezension – neben der »militante[n] Sprache, die auf weite Strecken hin eher das Klima des Klassenkampfes als der wissenschaftlichen Analyse oder gar des ›Fühlens mit der Kirche‹ atmet« – vor allem die vielen Widersprüche in Küngs Buch, die er detailliert behandelte. Mit Nachdruck betonte er, Küng bewege sich, trotz seiner Versicherung, ein »überzeugter katholischer Theologe« zu sein, mit seiner Argumentation außerhalb des Rahmens der Katholizität. Die »wesentliche Unüberholbarkeit« des katholischen Glaubensfundamentes bedeute zwar nicht, dass das Dogma »nicht etwa erweiterungsfähig, tiefer verstehbar und so auch sprachlich besser zu fassen ist«. Grundsätzlich aber sei es unveränderbar, weil die Grundausrichtung, die auf Jesus Christus verweise, »an der Beständigkeit der Wahrheit teilhat«.

In seiner Habilitation hatte Ratzinger nachgewiesen, dass in der alten Kirche *Offenbarung* nicht mit der Bibel gleichzusetzen sei. Dies sei mit der Grund, warum Schrift *und* Tradition immer zusammen betrachtet werden müssten, wobei das Subjekt Kirche der authentische Ausleger der Schrift sei. Dieses Faktum sei die eigentliche Grundlage für die Lehre von der Unfehlbarkeit. Für das liberal protestantische Kirchenverständnis Küngs müsse jedoch die »Unfehlbarkeit« des Lehramtes allein schon deshalb anstößig wirken, weil hier eben nicht die herrschenden Professorenmeinungen als qualifizierende Auslegungsinstanz angesehen werden. Man müsse Küng zwar zustimmen, dass es gelte, »aus dem Gefängnis des römischen Schultypus herauszukommen«. Der Schlusssatz von Ratzingers Kritik jedoch war vernichtend: »Die starken Worte und die kämpferischen Gebärden von Küngs Buch … erscheinen bei wachem Zuhören nur wie ein Donner, dessen Hauptstärke darin liegt, dass er weithin vernehmbar ist.«[24]

Zwei Jahre später relativierte Küng als Mitverfasser des Memorandums *Reform und Anerkennung kirchlicher Ämter* das Priesteramt und provozierte damit eine erneute Stellungnahme der Glaubenskommission der Deutschen Bischofskonferenz. Dass er seine Lehrerlaubnis überhaupt noch behielt, lag nicht zuletzt an Joseph Ratzinger, der sich hinter den Kulissen für den Tübinger Theologen einsetzte.[25] Mit seinem nächsten Buch *Christ sein* hoffte Küng 1974 an den sensationellen Verkaufserfolg von *Unfehlbar?* anzuschließen. Küng verstand sein Werk dabei dezidiert als Antwort auf Ratzingers *Einführung in das Christentum*. Im Vorwort machte er den Unterschied deutlich: Während sein Konkurrent »doch im Grunde nur katholische Christen ansprechen« habe wollen, sei sein Buch hingegen »geschrieben für alle, die sich, aus welchen Gründen auch immer, ehrlich und aufrichtig informieren wollen, um was es im Christentum, im Christsein eigentlich geht«.

Auch *Christ sein* wurde heftig diskutiert. Ratzinger hatte 1975 in einer ersten Rezension Stellung genommen, ergriff aber ein Jahr später noch einmal das Wort in dem von Hans Urs von Balthasar herausgegebenen Sammelwerk *Diskussion über Hans Küngs ›Christ sein‹*. Mit diesem Buch Küngs, hieß es in seiner Kritik, sei nun die Kehre des theologischen Denkens mit aller Entschiedenheit vollzogen. Alles, was seit Albert Schweitzer dagegen vorgetragen wurde, den »historischen Jesus« als *die* theologische Instanz zu sehen, sei bei Küng »radikal entschwunden«. Fazit: »Weil Küng das Prinzip ›Dogma‹ ablehnt, muss er natürlich auch das Urmodell von Dogma, nämlich den Kanon als Kanon im theologischen Sinn, ablehnen ... Das bedeutet, dass im inhaltlichen Bereich des Glaubens der Gelehrte an die Stelle des Priesters tritt und zur alleinigen Vergewisserungsinstanz wird ... Der historische Jesus – eine ›Rekonstruktion‹ also – wird zum eigentlichen Maßstab des Christseins; zu ihm aber hält der Historiker (oder wer sich dafür ansieht) den Schlüssel in Händen.«[26] Und eben nicht mehr das Lehramt der Kirche.

Küngs *Christ sein* stellte die ewige Gottessohnschaft Jesu und die Verbindlichkeit der christologischen Konzilien infrage. Seine Rede von Jesus als dem »wahren Menschen«, »der den Menschen als Gottes Sachwalter und Platzhalter und Stellvertreter erschien«, gab die prinzipielle Einmaligkeit Jesu Christi auf und somit auch die gesamte Trinitätslehre. Die Auswirkungen dieses Vorgangs auf den Glauben, befand Ratzinger, könnten nur verheerend sein: »Er wird von seinem Fundament her der Fäulnis überantwortet.« Positiv und »unbedingt anzuerkennen« sei, befand der Rezensent, dass Küngs Buch »hoch über vielem« stehe, »was inzwischen in der Literatur zweiter Ordnung, sozusagen als theologisches Unterholz, heranwuchert«[27].

Musste mit dem Erscheinen seiner Kritik nicht auch allen Beteiligten bewusst gewesen sein, hatte ich in unserem Gespräch nachgefragt, dass das Band zwischen den beiden Star-Theologen endgültig zerschnitten war? Die Antwort des emeritierten Papstes war kurz. Und eindeutig: »Ja. Klar.«

In einer »Antwort an meine Kritiker« bezeichnete Küng in der *Frankfurter Allgemeinen Zeitung* die Auseinandersetzung um sein Buch als einen »Parteiband von wohlausgesuchten Professoren«[28]. Gegenüber Balthasar war er ohnehin längst auf Distanz gegangen. Im

Streit mit »der großen Enttäuschung Karl Rahner« wiederum warf er dem einst als »großen Konzilstheologen« verehrten Kollegen vor, es fehle ihm an historisch-kritischem Denken und exegetischer Bildung. Rahners Neuscholastik sei »Ratzinger wie auch mir schon früh« als »überholt« erschienen.[29] Durch seine Bewertung von *Unfehlbar?* habe Rahner »einen Generalangriff auf meine Person und Theologie« gefahren, um ihn »in der ganzen katholischen Welt unglaubwürdig zu machen«. Nicht genug. Ausgerechnet in der Jesuiten-Zeitschrift *Stimmen der Zeit* rügte Küng auch Rahners »Unschärfe, Ungenauigkeit und Lückenhaftigkeit seiner Ausführungen«. Die »durchgehenden Schwächen der Rahner'schen Theologie« seien nun »nicht mehr zu übersehen«. Dass Rahner die Schmähungen nicht auf sich sitzen lassen würde, war zu erwarten. Auf einem Symposium in Frankfurt rief er ins Mikrofon: »Sie, Herr Küng, mögen dies [seine Theologie] konservativ, traditionalistisch oder spießbürgerlich nennen, aber ich muss Ihnen sagen: Durch Ihr Buch *Unfehlbar?* fühle ich mich in meinem katholischen Glauben tödlich bedroht.«[30]

Es fehlte nicht an weiteren Sticheleien. Rahners Festhalten am Zölibat wurde von Küng kommentiert mit dem Hinweis auf Rahners eigenen Zölibatsbruch durch seine Verbindung zur Schriftstellerin Luise Rinser: »In der Tat hatten sich die beiden in diesen zwei Jahrzehnten Hunderte von Liebesbriefen geschrieben«, teilte er der Öffentlichkeit mit.[31] Gleichzeitig stellte er das einstige Idol als herzlosen Jakobiner dar. Nach einem vereitelten Anschlag auf Papst Paul VI. während seiner Reise 1970 in Manila habe Rahner ihm gegenüber nämlich »mit maliziösem Lächeln« gemeint, »er wäre nicht gerade zu Tode betrübt gewesen, wenn das Attentat gelungen wäre«[32].

Küng fühlte sich verfolgt. Er bemängelte eine fehlende Unterstützung deutscher Theologen in seiner Auseinandersetzung mit der römischen Kurie. Sie seien »doch alle gleich, geht es mir durch den Kopf, buchstäblich ›Kreaturen‹ des römischen Systems«[33]. Dabei hatte ihm etwa Karl Lehmann, der ehemalige Assistent Rahners, am 30. Oktober 1969 noch einen bewundernden Brief geschrieben: »Ich hoffe, dass die Kämpfe, die Du mit Rom auszufechten hast, Dich nicht zu sehr mitnehmen. Da Du aber als Schweizer Demokrat von Kindheit an den richtigen Mumm in den Knochen hast, der uns abgeht, bist Du der Einzige, der so etwas in vieler Hinsicht richtig durchfechten kann.« Lehmann schloss mit dem Aufruf: »Landgraf, bleibe hart!«[34] Ein knappes Jahr später zeigte Küng sich enttäuscht. »Doch ich ahne Böses, als am Vortag des Brüsseler Kongresses in *Publik* ein Artikel des Rahner-Schülers Karl Lehmann erscheint ... Er zielt nicht auf die Beantwortung meiner ›Anfrage‹ (zum Thema Unfehlbarkeit), sondern auf die Infragestellung meiner Rechtgläubigkeit.« Im Übrigen habe Lehmann, kreidete er später an, einen kritischen Brief für Kardinal Döpfner an ihn entworfen und für Kardinal Höffner »die drei inquisitorischen Fragen formuliert«, die später zu seiner Lehrstuhlenthebung geführt hätten. Lehmann sei in einer »betrüblichen Komplizenschaft« mit Kurie und Episkopat auch verantwortlich für die »Generalattacke«, mit der in Deutschland »die Medien auf breiter Front gegen mich mobilisiert« würden.

In seiner Rezension von *Unfehlbar?* hatte Ratzinger dem ehemaligen Kollegen abgesprochen, sich mit seiner Argumentation noch im Rahmen der Katholizität zu bewegen. Offenbar fühlte er sich gezwungen, einen Schnitt zu machen. Es ging nicht mehr nur um den Streit zweier Theologen. Es war ein Stellvertreterkrieg, von dem der spätere Papst ahnte, dass in ihm zwei Fronten aufeinanderstießen, die aus dem Spalt in der Kirche einen dauerhaften und tiefen Graben machen könnten.

Kapitel 43

Die Vision von der Kirche der Zukunft

Regensburg schien dem Professor gut zu tun. Gesundheitlich angeschlagen, hatte er sich schon bald bestens erholt. Und die neue Situation gab ihm Raum für Inspiration, Analyse und innovative Impulse, die sich nicht »nach der allgemeinen Meinung, nach dem ›man‹« richten«.[1]

Ratzinger sei davon überzeugt gewesen, so der Tübinger Professorenkollege Max Seckler, »dass seine Theologie für die Kirche sehr wichtig ist«. Aufgefallen sei er nicht nur durch seine konsequente Linie, sondern auch durch »ein großes Sendungsbewusstsein«. Das Anliegen war, einer rücksichtslos voranschreitenden Modernität den Spiegel vorzuhalten, gegen das Vergessen, und dabei eine illusionslose Vision für eine überlebensfähige Kirche der Zukunft zu entwickeln.

Wenn es denn ein Datum gibt, das Ratzingers Eintritt in einen Kampfmodus markiert, dann ist es der 14. September 1970, nach dem liturgischen Kalender das Gedenken der »Kreuzerhöhung Christi«. In der Bezeichnung »Erhöhung« wird das Kreuz als Siegeszeichen betrachtet. Durch seinen Martertod habe Jesus das Leben zurückgewonnen und das Zeichen des Bösen transformiert zu einem Zeichen der Liebe. An jenem 14. September ist der Theologe eingeladen, die Festansprache zu Josef Frings' 60-jährigem Priesterjubiläum zu halten. Der Kardinal von Köln war 1965 vom Vorsitz der Deutschen Bischofskonferenz zurückgetreten, 1969 gab er aus Altersgründen auch sein Bischofsamt ab.

»Die Situation der Kirche heute«, hatte Ratzinger seinen Vortrag überschrieben. Untertitel: »Hoffnungen und Gefahren«.[2] Auf den Ehrenplätzen unter den rund 800 Priestern im Saal saßen hohe Vertreter aus Kirche und Politik, darunter Erzbischof Joseph Höffner, Frings' Nachfolger in Köln, und Kardinal Döpfner, Vorsitzender der Deutschen Bischofskonferenz. War es nicht auch ein wenig so wie neun Jahre zuvor in der Thomas-Morus-Akademie in Bensberg? Auch damals ging es um das Konzil. Aber das war vor dem Vatikanum. Mit all den Hoffnungen. Jetzt ist *nach* dem Vatikanum. Mit all den Sorgen.

Es war eine leise Stimme, die da anhob – und die sich dennoch zutraute, eine gewaltige Szenerie ins Bild zu setzen. Ratzinger begann mit einer Situationsschilderung aus dem Jahre 375. Er liebte es, auf historische Zitate zurückzugreifen, um auf dieser Leinwand einen modernen Sachverhalt deutlich zu machen. »Womit sollen wir den gegenwärtigen Zustand der Kirche vergleichen?«, begann er seine Rede. Die Frage stammte von Basilius dem Großen, einem der bedeutendsten Gestalten der Kirche überhaupt. Der Bischof von Caesarea in Kappadokien hatte von einer gewaltigen Seeschlacht erzählt. In einem »wirren, ununterscheidbaren Lärm«, der »das ganze Meer beherrscht«, sei ein Schiff in Gefahr, in die Tiefe zu sinken, und dennoch hätte die Besatzung, beherrscht von der »unbezwinglichen Krankheit der Ehrsucht«, ihren »Kampf um den Vorrang« noch immer nicht aufgegeben. Wobei die Unruhe, die in der Kirche tobe, so Basilius, noch weitaus »grausamer als das Gewoge des Meeres« sei. Wahrlich, »in ihr ist jede Grenze, die von den Vätern gezogen wurde, in Bewegung geraten, jeder Grundstein, jede Sicherheit der Lehren ist erschüttert. Alles löst sich auf; was sich über morschem Fundament erhebt, wankt. Übereinanderfallend stoßen wir uns gegenseitig nieder.« Und als wäre das Gemetzel nicht schon groß genug, witterten in dieser Situation »Neuerungssüchtige die beste Gelegenheit zum Aufruhr«[3].

»Dieser Text aus dem vierten Jahrhundert«, fuhr Ratzinger fort, klinge »überraschend modern«, und tatsächlich scheine er »geradezu eine Schilderung der Situation zu sein, in welche die Kirche nach dem Zweiten Vatikanum unversehens geraten ist.« Gewiss, die katholische Kirche habe zuvor vielfach den »Eindruck der Starre und der Uniformität« erweckt. Aber heute würden sogar jene, die sich »mehr Vielfalt und Bewegung wünschten«, über die Art erschrecken, »in der ihre Wünsche in Erfüllung gegangen sind«.

Noch kein ranghoher Kirchenmann hatte sich in dieser Schärfe zu äußern gewagt. »Man wird zunächst nicht bestreiten dürfen«, so der Redner weiter, »dass die Krise in gewisser Hinsicht mit dem Erlebnis des Konzils zusammenhängt, wenn auch dieses einerseits heute häufig kaum noch ernstlich beachtet wird.« Ratzinger sprach von »geistigen Erschütterungen« und einer »Flucht in die Aktion«. Er erwähnte den »Streit der Bischöfe um zentrale Aussagen des Glaubens«, der »ein vordem unbekanntes Gefühl der Unsicherheit« erweckt habe, bis hin zu der Vorstellung, dass es eigentlich deutlich zu erfassende Maßstäbe gar nicht geben könne«.

Die Rede von Köln dokumentiert präzise das Programm, dem sich Ratzinger als Theologe, als Bischof, als Präfekt und schließlich als Papst die nächsten vier Jahrzehnte widmen sollte. Sie verdient ausführlich zitiert zu werden, weil sie erhellende Einsicht in Ratzingers Denken gibt und aufzeigt, worin er die Probleme der modernen Kirche sah – und welche Option er für ihre Erneuerung empfahl. Wörtlich heißt es darin:

Die Formel ›Wir sind die Kirche‹, in der Zeit der Jugendbewegung geprägt, erhält einen merkwürdig sektiererischen Sinn: Der Radius dieses Wir umfasst oft nur noch die jeweilige kleine Gruppe von Gesinnungsfreunden, die nun, auf dieses Wir pochend, eine Art Unfehlbarkeit verlangen. In Wahrheit sollte doch gerade dieser Satz alle Selbstgerechtigkeit der Gruppen ausschließen. Denn wahr ist er doch nur, wenn unter dem Wir die ganze Gemeinschaft aller Glaubenden, nicht nur von heute, sondern alle Jahrhunderte hindurch, gefasst und in dieses Wir das Ich Christi einbezogen wird, das uns erst zum Wir zusammenfasst.

Was die Kirche heute rettet, sind – menschlich gesprochen – nicht die vielfach zögernden und unsicheren Hierarchen, die sich entweder in Traditionalismus flüchten oder unsicher und besorgt sich nach den Theologen umsehen und Angst haben, als konservativ verschrien zu werden, wenn sie es wagen sollten, das Credo als eine klare Aussage anzusehen. Was die Kirche durch solche Stunden der Ungewissheit trägt, ist die Unbeirrbarkeit des Glaubens der Gemeinden, in denen die Einheit von Vergangenheit, Gegenwart und Zukunft vorgelebt und vorgelitten wird, jenseits von Traditionalismus und Progressivität: in der Realität eines Lebens heute, das vom Credo her heute bestanden wird. Vielleicht müssen wir die Zerstörungen des Atheismus durchleben, damit wir überhaupt erst wieder entdecken können, wie unausrottbar und wie unverzichtbar der Schrei nach Gott aus dem Menschen aufsteigt. Damit wir endlich wieder merken, dass der Mensch eben wirklich nicht vom Brot allein lebt und dass er noch lange nicht erlöst ist, wenn er ein Einkommen hat, das ihm gestattet, alles zu besitzen, was er wünscht, und eine Freiheit, die ihm erlaubt, alles zu tun, was er möchte. Dann wird er erst merken, dass Freizeit allein nicht frei macht und dass mit dem Haben das ganze Problem des Seins erst beginnt. Dass er etwas braucht, was ihm der Kapitalismus des Westens so wenig gewährt wie der Marxismus.

Das Wesen des Christentums ist, wie Romano Guardini zu betonen nicht müde wurde, nicht irgendeine Idee oder ein Programm – das Wesen des Christentums ist Christus. Wo wir ihn verlieren, ihn nicht mehr kennen wollen, bleiben nur Schatten übrig. Und Schatten leben nicht. Es bleibt ein gespenstisches Christentum ohne Kraft und ohne Wirklichkeit … Wer heute Christ sein will, muss die Kraft der Unterscheidung und den Mut zur Unmodernität haben – wie alle Kinder des Morgigen, des Unzeitgemäßen. Er muss wagen, in einer Zeit, die Gott totgesagt hat, seine Wurzeln im Ewigen zu verankern. Er muss in einer lebendigen Bewegung mit dem in Christus offenbarten Gott stehen.«[4]

Laut Ratzingers Krisenszenario hatte sich der nachkonziliare Prozess zu einem Selbstläufer entwickelt, der weder Substanz noch Ziel aufwies. Manche Repräsentanten einer radikalen Reform würden die Kirche vornehmlich unter dem Gesichtspunkt der Veränderung, der Objektivierung und der Funktion sehen. Dadurch aber würde ihr eigentliches, ihr geistliches Wesen nicht mehr erkennbar sein. Ein gefährlicher Progressismus bestimme längst die kirchliche Großwetterlage, aber er tauche das kirchliche Leben nicht in das Licht der Freude, sondern in ein tiefes Zwielicht.

Ratzinger unterschied im Wesentlichen drei Kräfte, zwischen denen ein Ringen um die zukünftige Gestalt von katholischer Kirche und Theologie stattfinde:
1. ein nachkonziliarer Progressismus, der sich mit dem neomarxistischen oder auch liberalen pragmatistischen Trend verbindet und beherrschend im Vordergrund steht;
2. ein engherziger Konservativismus, der sich an Formen der Vergangenheit klammert und in seiner Ablehnung des Konzils ins Sektiererische abzugleiten droht;
3. jene Kräfte, die das Zweite Vatikanum ermöglicht und getragen haben. Sie hätten eine Theologie und Frömmigkeit angestoßen, »die sich wesentlich von der Heiligen Schrift, von den Kirchenvätern und von dem großen liturgischen Erbe der Gesamtkirche« herleiteten, seien aber danach von einer Welle der Modernität überrollt worden.[5]

Es war in der Tat paradox: Eigentlich sollte eine immer weitergehende Öffnung und Liberalisierung das Image der katholischen Kirche in der Öffentlichkeit verbessern, doch genau das Gegenteil trat ein. Je moderner sie sich gerierte, umso mehr erschien sie den Menschen als ein

Hort der Unterdrückung, der Vergehen und der Gestrigkeit. Seine Diagnostik legte Ratzinger 1970 auch in verschiedenen Rundfunkbeiträgen vor. Sie sollte dabei nicht nur »die Erschütterungen des Glaubens durch die Krise der Gegenwart« behandeln, sondern auch »die Faszination des Zukünftigen«. Er wolle versuchen »aufzuschließen«, erklärte er, um das »Zukunftsträchtige« zu zeigen, »das im Glauben gerade dann liegt, wenn er sich selbst treu bleibt«.

Ratzingers Alternativprogramm fasste ein Aufsatz über die *Kirche im Jahr 2000* zusammen. Die Vision schloss an sein erstes Papier von 1958 an, die Denkschrift über *Die neuen Heiden und die Kirche*. Aber auch seine frühen *Gedanken zur Krise der Verkündigung* fanden sich darin, mit denen er bereits als 30-Jähriger am 9. Oktober 1957 vor dem Kolpingverein in Regensburg davor warnte, die »geistigen Werte der Kirche« dem Zeitgeist zu opfern, nur weil sie weniger schmackhaft seien. Dem kirchlichen Establishment, das sich noch ganz im Vollbesitz katholischer Pfründe wähnte, dürfte weder die Diagnose noch Ratzingers davon abgeleitete Vorhersage gefallen haben. Neben dem selbstbewussten Schwung zeugt der hier in Auszügen wörtlich wiedergegebene Essay von der Aussagekraft des Autors. In die Zukunft blickend hielt er fest:

»Eine Kirche, die in politischen ›Gebeten‹ den Kult der Aktion feiert, brauchen wir nicht. Sie ist ganz überflüssig. Und sie wird daher ganz von selbst untergehen … Aus der Krise von heute wird auch dieses Mal eine Kirche von morgen hervorgehen, die viel verloren hat. Sie wird klein werden, weithin ganz von vorne anfangen müssen. Sie wird viele der Bauten nicht mehr füllen können, die in der Hochkonjunktur geschaffen wurden. Sie wird mit der Zahl der Anhänger viele ihrer Privilegien in der Gesellschaft verlieren. Sie wird sich sehr viel stärker gegenüber bisher als Freiwilligkeitsgemeinschaft darstellen, die nur durch Entscheidung zugänglich wird … Sie wird auch gewiss neue Formen des Amtes kennen und bewährte Christen, die im Beruf stehen, zu Priestern weihen … Daneben wird der hauptamtliche Priester wie bisher unentbehrlich sein.

Die Zukunft der Kirche … wird nicht von denen kommen, die nur Rezepte machen. Sie wird nicht von denen kommen, die nur den bequemeren Weg wählen. Die der Passion des Glaubens ausweichen und alles für falsch und überholt, für Tyrannis und Gesetzlichkeit erklären, was den Menschen fordert … Sagen wir es positiv: Die Zukunft der Kirche wird auch dieses Mal, wie immer, von den Heiligen neu geprägt werden. Von Menschen also, die mehr wahrnehmen als die Phrasen, die gerade modern sind, sondern tiefe Wurzeln haben und aus der reinen Fülle ihres Glaubens leben.

Aber bei allen diesen Veränderungen, die man vermuten kann, wird die Kirche ihr Wesentliches von Neuem und mit aller Entschiedenheit in dem finden, was immer ihre Mitte war: im Glauben an den dreieinigen Gott, an Jesus Christus ... Es wird eine verinnerlichte Kirche sein, die nicht auf ihr politisches Mandat pocht und mit der Linken so wenig flirtet wie mit der Rechten. Sie wird in Glaube und Gebet wieder ihre eigentliche Mitte erkennen und die Sakramente wieder als Gottesdienst, nicht als Problem liturgischer Gestaltung erfahren. Sie wird es mühsam haben. Denn der Vorgang der Kristallisation und der Klärung wird ihr auch manche gute Kräfte kosten. Er wird sie arm machen, zu einer Kirche der Kleinen sie werden lassen.

Der Prozess wird lang und mühsam sein ... Aber nach der Prüfung dieser Trennungen wird aus einer verinnerlichten und vereinfachten Kirche eine große Kraft strömen. Denn die Menschen einer ganz und gar geplanten Welt werden unsagbar einsam sein. Sie werden, wenn ihnen Gott ganz entschwunden ist, ihre volle, schreckliche Armut erfahren. Und sie werden dann die kleine Gemeinschaft der Glaubenden als etwas ganz Neues entdecken. Als eine Hoffnung, die sie angeht; als eine Antwort, nach der sie im Vorborgenen immer gefragt haben ... als Heimat, die ihnen Leben gibt und Hoffnung über den Tod hinaus.«[6]

Auch der Zölibat wurde noch einmal zum Thema. Am 9. Februar 1970 verfassten neun Theologen ein Memorandum an die deutschen Bischöfe, in dem sie mit Blick auf den Priestermangel »die Notwendigkeit einer eindringlichen Überprüfung und differenzierten Betrachtung des Zölibatsgesetzes der lateinischen Kirche für Deutschland und die Weltkirche im Ganzen« anmahnten. Das Schreiben war intern und wurde erst Jahrzehnte später im Januar 2011 publiziert. Neben Karl Rahner, Otto Semmelroth, Karl Lehmann und Walter Kasper zählte auch Ratzinger zu den Unterzeichnern. »Es war ein typisch rahnerscher Ja-und-Nein-verklausulierter Text, den man nach der einen und nach der anderen Richtung auslegen konnte«, erläuterte Ratzinger in unserem Interview. Einerseits ging es um »eine Verteidigung des Zölibats, andererseits aber auch darum, die Frage offen zu halten und weiterzudenken; so in dem Sinn habe ich dann mehr aus Freundschaft für uns alle unterschrieben. Das war natürlich nicht so glücklich«[7].

In der obigen Vision von einer *Kirche im Jahr 2000* hatte Ratzinger allerdings auch selbst »neue Formen des Amtes« ins Spiel gebracht, um »bewährte Christen, die im Beruf stehen«, zu Priestern zu weihen, die sogenannten *Viri probati*. Wie ernst es Ratzinger mit diesem Zusatzmodell war, zeigt ein bislang unveröffentlichter Brief vom 16. September 1971 an den Kirchenhistoriker Raymund Kottje: »Leider höre ich, die deutschen Bischöfe hätten sich gegen die *Viri probati* entschieden – dabei schiene mir gerade dies der Weg, um sinnvoll und ohne Traditionsbruch neue Möglichkeiten zu schaffen.«[8]

Auch in der Frage der Kommunion für wiederverheiratete Geschiedene zeigte sich Ratzinger offen für neue Lösungen. In einem Beitrag von 1972 plädierte er »mit aller gebotenen Vorsicht« im Fall einer »zweiten Ehe«, die »sich über einen längeren Zeitraum hin als eine sittliche Realität bewährt hat und mit dem Geist des Glaubens, besonders auch in der Erziehung der Kinder«, erfüllt worden ist, für »die Zulassung der in einer solchen zweiten Ehe Lebenden zur Kommunion«. Diese Regelung erscheine ihm »von der Tradition her gedeckt«. Die Kirche könne zwar nicht aufhören, »den Glauben des neuen Bundes zu verkünden, aber sie muss ihr konkretes Leben oft genug ein Stück unterhalb der Schwelle des Schriftwortes beginnen«, zumindest für »begrenzte Ausnahmen zur Vermeidung von noch Schlimmerem«. Die Ehe sei als *Sacramentum* an sich unaufhebbar, »aber dies schließt nicht aus, dass die Kommuniongemeinschaft der Kirche auch jene Menschen umspannt, die diese Lehre und dieses Lebensprinzip anerkennen, aber in einer Notsituation besonderer Art stehen«[9].

Die Aufregung war groß, als aufmerksame Leser 2014 beim Erscheinen des vierten Bandes von Joseph Ratzingers *Gesammelten Schriften* entdeckten, dass der darin abgedruckte oben erwähnte Aufsatz inzwischen »vollständig überarbeitet« und »neu gefasst« worden war (wie aus den Literaturangaben hervorging). Im revidierten Text war nun von einer erweiterten Zulassung zur Kommunion so direkt keine Rede mehr. Man müsse zwar »immer wieder versuchen, die Grenze und die Weite der Worte Jesu auszuloten«, auch gelte es, den geschiedenen und in einer »nicht sakramentalen Ehe« lebenden Katholiken »in fürsorglicher Liebe beizustehen«. Niemals dürfe der Eindruck entstehen, sie seien »als Christen disqualifiziert«, wenn sie nicht die Eucharistie empfangen könnten. Sein »konkreter Vorschlag« aber sah nun etwas anders aus als noch 40 Jahre zuvor: »Eine ernste Selbstprüfung, die auch zum Verzicht auf die Kommunion führen kann, würde uns die Größe des Geschenks der Eucharistie neu erfahren lassen und auch eine Art von Solidarität mit den geschiedenen Wiederverheirateten darstellen.« Im Übrigen verweise er auf eine üblich gewordene Praxis, »dass Personen, die nicht kommunizieren können (z. B. Angehörige anderer Konfessionen), zwar mit vortreten, aber die Hände auf die Brust legen und zu erkennen geben, dass sie das heilige Sakrament nicht empfangen, aber um einen Segen bitten, der ihnen dann als Zeichen der Liebe Christi und der Kirche geschenkt wird«[10].

Auf die Nachfrage, warum er den Text überarbeitet hatte, erklärte mir der emeritierte Papst am 14. April 2015: »Ich habe gesagt, so wie es da stand, kann man es auch falsch auslegen. Ich kann nicht mit einem zweideutigen Text aufwarten. Es handelt sich dabei nicht um eine neue Position, sondern um eine Klärung; das, was ich im Familienrat gesagt habe – das war nach der Familiensynode 1980, bei der mich Johannes Paul II. als *Relator* eingesetzt hatte –, habe ich noch mal kurz zusammenzufassen versucht.«

Die Befunde über Kirche und Gesellschaft wurden dem Mahner aus Regensburg als eine für ihn typische Schwarzmalerei angelastet. Etwa wenn er in einem Rundfunkbeitrag vom 9. Dezember 1973 vor dem Problem warnte, dass im »immer schneller werdenden Prozess der Veränderung« die Zukunft »alle Gewichte an sich gezogen« habe und weniger aus der vergangenen Erfahrung heraus gehandelt werde. Die Frage sei, »welches Raumanzuges wir wohl bedürfen, um dieses kosmische Tempo zu bestehen, mit dem wir immer schneller aus der Erdanziehung der Tradition fortfliegen«. Am stärksten trete die »Loslösung des Menschen von dem Boden der Erde, von der Vorgegebenheit, die ihn trägt, in der Idee einer perfekten Verfügung über Leben und Tod wie in der Auflösung des Unterschieds von Mann und Frau in Erscheinung«[11].

Auch wenn sich seine Visionen in unserer Zeit zunehmend zu erfüllen scheinen, ganz wegzuleugnen ist ein latenter Skeptizismus bei Ratzinger nicht. Seit Beginn seines Studiums hatte er sich nicht nur mit der Krise des Glaubens beschäftigt, sondern auch mit Zukunftsbildern, die im weitesten Sinne apokalyptisch zu nennen wären. Seine bevorzugte Lektüre auf diesem Gebiet war nicht nur George Orwells *1984* und Aldous Huxleys *Schöne neue Welt*, sondern, wie bereits erwähnt, auch Robert Hugh Bensons Endzeitroman *Der Herr der Welt*, dessen

Protagonist im Namen der Freiheit letztlich das Regime einer antichristlichen Weltherrschaft hervorbringt.

In seine Zeit in Tübingen fiel die Lektüre von Wladimir Solowjews Klassiker *Kurze Erzählung vom Antichrist*, die Ratzingers damaliger Verlag Wewel 1968 neu auf den Markt brachte. Der russische Philosoph skizzierte darin ebenfalls das Erscheinen des Antichrist, das er im Jahr 2077 verortete. In Solowjews Endzeit-Interpretation, die er aus Aussagen der Bibel ableitete, hatte Europa sich gerade vom »Joch der Mongolenherrschaft« befreit, als ein Mann auftrat, der vorgab, das Werk Christi zu vollenden. Fest entschlossen, die Kirche zu »reformieren«, soll die *Una Sancta* zwar äußerlich noch der katholischen Kirche ähneln, innerlich aber nicht mehr als eine soziale Nichtregierungsorganisation mit pseudoreligiösem Touch sein. Nicht von ungefähr kam Ratzinger in vielen seiner Texte immer wieder auf Solowjew zurück, etwa in seinem Werk *Schriftauslegung im Widerstreit*, wo er sich den Hinweis gestattete, dass der »Antichrist« in Solowjews Buch einen Ehrendoktorhut der Theologie besaß, verliehen von der Universität Tübingen.

Wohl angeregt durch die Solowjew-Lektüre veröffentlichte Ratzinger 1968 eine Abhandlung über die Wiederkunft Christi am Ende der Zeiten. In dem in der Zeitschrift *Hochland* abgedruckten hochkomplizierten Essay beschäftigte sich der Theologe mit der »inneren Konsequenz der biblischen Gesamtansicht« und dem »Ineinsfallen von Anthropologie und Kosmologie in der definitiven Christologie«. In ihrer »zwei-einigen Konstruktion aus Kosmos und Mensch« sei die Schöpfung immer schon auf eine »Einheit als ihren Zielpunkt« ausgerichtet. Kosmos und Mensch würden irgendwann »eins sein durch ihre Komplexion im Größeren der den Bios überschreitenden und umgreifenden Liebe«. Damit werde sichtbar, »wie sehr das End-Eschatologische und der in der Auferstehung Jesu geschehene Durchbruch real eins sind«.

Der Kosmos sei Bewegung, das heißt, »dass es nicht bloß *in* ihm eine Geschichte *gibt*, sondern dass *er* selbst Geschichte *ist*«. Es gebe den »Vorgang der Komplexion des materiellen Seins durch den Geist und von diesem her dessen Zusammenfassung in eine neue Form der Einheit der Geschichte«. Einen kleinen Eindruck davon könne man schon anhand der aktuell stattfindenden »Manipulation des Wirklichen« durch das Verwischen der Grenzen zwischen Natur und Technik gewinnen. Ergo: »Wenn es wahr ist, dass am Ende der Triumph des Geistes steht, das heißt der Triumph der Wahrheit, Freiheit, Liebe, dann ist es nicht irgendeine Kraft, die am Schluss den Sieg davonträgt, dann ist es ein Antlitz, das am Ende steht. Dann ist das Omega der Welt ein Du, eine Person, ein Einzelner.«

In seiner Darlegung einer »unendlich alles umfassenden Vereinigung« schraubte sich Ratzingers Philosophie in Höhen, in die ihm vermutlich nur der kleinere Teil seiner Leser folgen konnte: »Wenn der Durchbruch in die Ultrakomplexität des Letzten auf Geist und Freiheit gegründet ist, dann ist er keinesfalls eine neutrale, kosmische Drift, dann schließt er Verantwortung mit ein. Er geschieht nicht wie ein physikalischer Prozess von selbst, sondern beruht auf Entscheidungen. Deshalb ist die Wiederkunft des Herrn nicht nur Heil, nicht nur das alles ins Lot bringende Omega, sondern auch Gericht.«[12]

Manchmal allerdings schien es wieder, als habe der 43-Jährige etwas von der Rhetorik der 68er verinnerlicht. Etwa wenn er forderte, »die Kirche braucht eine Revolution des Glaubens. Sie muss sich von ihren Gütern trennen, um ihr Gut zu bewahren«. Das Problem des Menschen von heute sei, »dass er in einer Welt hoffnungsloser Profanität lebt, die ihn bis in die Freizeit hinein unnachsichtig programmiert«.[13] Und auch das war ein typisches Ratzinger-Statement: »Die Aufgebrachtheit gegen alle und gegen alles verseucht den Boden der Seele und macht sie zum toten Land.« Um Antwort auf die Krise der Kirche zu finden und nicht an aktuellen Skandalen zu verzweifeln, dürfe man sich nicht mit den gerade in ihr herrschenden Kräften identifizieren, sondern mit dem Glauben der Kirche und den Gläubigen aller Jahrhunderte. Die Überlieferungen der Heiligen, die großen Traditionen des liturgischen Lebens – all diese Geschenke des Himmels würden weiterleben und weiterhin auch Geltung haben. Es sei nicht einfach weggewischt, vorbei und vergessen, durch eine billige Abstimmung eines momentanen Zeitgeistes.

Programmentwürfe waren das eine, sie wären im ratzingerschen Sinne allerdings wenig glaubhaft, folgte ihnen nicht auch ein persönliches Bekenntnis. Es war der 4. Juni 1970. Der Lehrsaal an der Uni in Regensburg war zum Bersten gefüllt. Zudem sollten auch Zigtausende von Hörern des Bayerischen Rundfunks in den Genuss einer Vorlesung kommen, in der der Professor die Frage beantwortete: *Warum ich noch in der Kirche bin?*[14] Ratzingers Plädoyer begann mit den Grundlagen: Was ist Kirche eigentlich? Der Theologe griff dabei auf die Symbolsprache der Kirchenväter zurück. Diese hätten die Kirche mit dem Mond und seiner Bedeutung im Kosmos verglichen: »Das Licht des

Mondes ist fremdes Licht. Er leuchtet, aber sein Licht ist nicht sein Licht, sondern Licht eines Anderen. Er selbst ist dunkel, aber er schenkt Helligkeit von einem Anderen her, dessen Licht durch ihn weitergeht.« Eben darin sei der Mond die Metapher für die Kirche Christi: »Nicht von ihrem eigenen Licht her ist sie hell, aus dem, was die Menschen in ihr tun und sind und leisten, sondern von der wirklichen, kosmischen Sonne, von Christus her, empfängt sie Licht.«

Inzwischen sei es vielfach jedoch so, fuhr Ratzinger fort, dass man immer weniger von der Kirche Gottes spreche. »An die Stelle *Seiner Kirche* ist *unsere Kirche* und sind damit die vielen Kirchen getreten – jeder hat die seinige.« Auf diese Weise seien »viele kleine Privateigentümer« nebeneinander entstanden, »lauter ›unsrige‹ Kirchen, die wir selber machen, die unser Werk und Eigentum sind und die wir demgemäß entweder umgestalten oder erhalten wollen«. Doch eine Kirche, die nicht »Seine Kirche« sein wolle, »wäre ein überflüssiges Sandkastenspiel«. Damit gab Ratzinger die Antwort auf sein Thema: »Ich bin in der Kirche, weil ich daran glaube, dass nach wie vor – und unaufhebbar durch uns – hinter unserer Kirche Seine Kirche steht. Und dass ich bei Ihm nicht anders stehen kann, als indem ich bei und in seiner Kirche stehe.« Ohne die Kirche gebe es Jesus nur als historische Reminiszenz. Kirche, so Ratzinger, mache Christus auch in der Gegenwart lebendig. Trotz aller Schwächen. »Was immer es in der Kirche an Untreue geben mag und gibt, wie sehr es wahr ist, dass sie immer ständig neu Maß nehmen muss an Christus, so gibt es doch keine letzte Entgegensetzung von Christus und Kirche.« Sie gebe der Menschheit ein Licht und einen Maßstab »weit über die Grenzen der Glaubenden hinaus«.

In seinem Plädoyer verwies Ratzinger auf den Glauben als *Communio*. Das »Ich glaube« der Credo-Formel sei im Grunde ein kollektives Ich. Der Einzelne glaube ja nicht aus seinem Eigenen heraus, sondern mitglaubend mit der Kirche aller Jahrhunderte, die wiederum zu internationaler Solidarität in der Gleichheit der Völker verpflichtet sei. Bei all den Schattenseiten der Kirche: Wenn man die Augen offen halte, sehe man Menschen, die »lebendiges Zeugnis der frei machenden Kraft des christlichen Glaubens« sind.

»Wie sollte ich eine Kirche nicht lieben«, rief der Professor aus, »die uns die herrlichen Basiliken des christlichen Altertums, die romanischen Dome und die gotischen Kathedralen geschenkt hat, die Festlichkeit des Barock und die heitere Fröhlichkeit des Rokoko.« Darüber hinaus die Werke eines Palestrina und die Messen eines Mozart, »den gregorianischen Choral und die sublime Poesie der großen alten Liturgien« oder das unvergängliche Werk eines Augustinus. Dazu eine Kirche, »die mit dem Kirchenjahr Zeit zur Geschichte werden lässt, in der das Heute und das Damals, die Ewigkeit und der Augenblick sich durchdringen«, eine Kirche, die Gestalten wie Franz von Assisi und Johannes XXIII. geprägt hat, und nicht zuletzt die Menschen, »die uns allen am Nächsten stehen: die eigenen Eltern. Ich müsste mich von mir selbst abschneiden, wollte ich ohne sie sein.«

Und um sein Bekenntnis auf den kürzest möglichen Nenner zu bringen, fügte er hinzu: »Wenn man sich so indiskret ausdrücken will, würde ich sagen, ich bleibe in der Kirche, weil ich sie liebe.«

Spätestens an dieser Stelle waren Tausende von Hörern am Radio aufs Herz gerührt. Gewiss, »Liebe macht blind«, fuhr Ratzinger fort. Und irgendetwas an dieser Volksweisheit sei wohl wahr. »Aber nicht weniger wahr ist, dass Liebe sehend macht. In einem alten, runzligen Gesicht, das, äußerlich betrachtet, keine Schönheit hat, entdeckt sie uns den Menschen, der dieses Gesicht beseelt und der unserer ganzen Liebe wert ist. Im Gesicht der Kirche entdeckt sie uns durch so viel Runzeln und Narben hindurch das Geheimnis des Herrn, das durch dieses Gesicht hindurchleuchtet.«

Klar, man könne an dieser Stelle von Beschönigung sprechen. »Aber ich glaube, wir täuschen uns da. Wirkliche Liebe ist nicht unkritisch. Und ist nicht statisch. Im Gegenteil. Sie allein ist die Kraft, die verwandeln kann und die aufbaut. Und so sollten wir doch wohl auch heute wieder mehr den Mut haben, die Kirche mit den Augen der Liebe zu sehen, um auf die Liebe als die wahre Kraft der Reform, der Verjüngung und der Erneuerung zu bauen.«[15]

Kapitel 44

Reconquista

Die tieferen Gründe für die nachkonziliare Krise entsprangen nach Ratzingers Deutung »der Tatsache, dass sich zwei gegensätzliche Hermeneutiken gegenüberstanden und miteinander im Streit lagen«. Die eine Auslegung, die dem Willen der Konzilsväter entsprach, nannte er eine »Hermeneutik der Reform«. Sie entspreche der Erneuerung des einen Subjekts Kirche unter Wahrung der Kontinuität und ordnete die Ergebnisse des Vatikanums ganz nach der Formel Papst Leos XIII. ein: »*Vetera novis augere et perficere*«, »Altes durch Neues ergänzen und vollenden«.

Die andere Auslegung, die nicht den Konzilstexten, sondern ihrem »Geist« folgen wollte, nannte er eine »Hermeneutik der Diskontinuität und des Bruches«, die im Konzil bewusst ein Brechen mit der Vergangenheit sehen wollte, um der Kirche einen radikalen Neuanfang zu ermöglichen. Während das Konzil der Väter »ein Konzil des Glaubens« gewesen sei, »der den *Intellectus* sucht, der versucht, einander zu verstehen und die Zeichen Gottes in jenem Augenblick zu verstehen«, habe sich das Konzil des Bruches »in den Kategorien der heutigen Medien« bewegt.[1]

Tatsächlich hatte »das wahre Konzil«, wie Ratzinger es nannte, die fundamentalen Prinzipien der katholischen Kirche nicht angetastet, ob Zölibat, Primat des Papstes, die Ablehnung des Frauenpriestertums und andere Grundsätze. »Alles, was Küng seit Jahrzehnten herbeifabuliert«, schlussfolgerte deshalb der Journalist und Medienwissenschaftler Alexander Kissler, »findet keinerlei Basis im Lehramt«[2]. »Was die Päpste und die Konzilsväter erwarteten, war eine neue katholische Einheit«, resümierte Ratzinger in seinem *Bericht zur Lage des Glaubens* von 1985, »stattdessen ist man auf eine Uneinigkeit zugesteuert, die – um die Worte von Paul VI. zu gebrauchen – von der Selbstkritik zur Selbstzerstörung überzugehen schien.« Man habe »sich einen Schritt nach vorn erwartet, und man fand sich einem fortschreitenden Prozess des Verfalls gegenüber«[3].

Selbstkritisch bemerkte Ratzinger später, die Väter hätten sich »zweifellos zu viel erwartet«. Aber die Kirche könne man sich eben »nicht selbst machen. Wir können unseren Dienst tun, aber von unserer Aktivität allein hängt das Wohl und Wehe nicht ab«. Vor allem sei die Dynamik der »großen Geschichtsströmungen« zu wenig beachtet worden, die unabänderlich »eben ihren Weg gegangen« seien: »Sie waren von uns zum Teil einfach auch nicht richtig eingeschätzt worden.«[4] Er selbst habe schon auch immer wieder überlegt, »ob man es richtig gemacht hat«, antwortete der emeritierte Papst auf die Frage, ob ihn als maßgeblichen Mitgestalter des Konzils je Gewissensbisse heimgesucht hätten, wie sie etwa einen Kardinal Frings geplagt hatten. »Aber ich muss sagen, ich habe immer das Bewusstsein behalten, dass das, was wir faktisch gesagt und durchgesetzt haben, richtig war und auch geschehen musste. Auch wenn wir sicher die politischen Folgen und die faktischen Auswirkungen nicht richtig eingeschätzt haben. Da hat man zu sehr im Theologischen gedacht und nicht überlegt, wie sich die Dinge in der Außenwirkung entwickeln.«[5]

Dass Ratzinger dem »wahren Konzil« über die Jahrzehnte hinweg treu bleiben wollte, bekannte er gleich zu Beginn seines Pontifikats in einer Ansprache an das Kardinalskollegium und die Mitglieder der römischen Kurie. Er erinnerte darin an die Worte Johannes' XXIII., dass das Konzil »die Lehre rein und vollständig übermitteln will, ohne Abschwächungen oder Entstellungen«, und es gleichwohl notwendig sei, »die unumstößliche und unveränderliche Lehre, die treu geachtet werden muss, zu vertiefen und sie so zu formulieren, dass sie den Erfordernissen unserer Zeit entspricht«. Es lohne sich deshalb, so Benedikt XVI., immer zum Konzil selbst, zu seiner Tiefe und zu seinen wesentlichen Vorstellungen zurückzukehren. Er sei überzeugt: »Überall dort, wo die Rezeption des Konzils sich an dieser Auslegung orientiert hat, ist neues Leben gewachsen und sind neue Früchte herangereift ... und so wächst auch unsere tiefe Dankbarkeit für das Werk, das das Konzil vollbracht hat.«[6]

In Regensburg fand es der Theologe an der Zeit, jene Errungenschaften zurückzuerobern, für die er als *Peritus* so hart gekämpft hatte. Zeit für eine *Reconquista* des Konzils, das in Gefahr geriet, durch Okkupanten manipuliert, wenn nicht sogar gänzlich vereinnahmt zu werden. Ihm sei damals »klar geworden, dass man, gerade wenn man den Willen des Konzils durchhalten will, sich gegen dessen Missbrauch zur Wehr setzen muss«, erklärte er.⁷ Es galt, Sprachlosigkeit zu überwinden, eigene Medienarbeit zu entwickeln, um überhaupt noch Menschen erreichen zu können – und jenen schweigenden Massen eine Stimme zu geben, die vom Mainstream für gewöhnlich weggedrückt werden.

Bislang fehlte in Ratzingers Dreischritt – Analyse, Antwort, Aktion – der dritte Punkt, die Umsetzung des Erkannten in praktisches Handeln. Für sein *Reconquista-Projekt* (das er natürlich nicht so nannte), der Rückeroberung der authentischen Werte des Konzils, legte Ratzinger in Regensburg ein umfangreiches Programm vor. Es umfasste die Entwicklung alternativer Lehrangebote, die Sammlung von Gleichgesinnten, die Unterstützung charismatischer Bewegungen und eine Reihe von Buchprojekten (insbesondere das Vorhaben einer *Kleinen Katholischen Dogmatik*), die gewissermaßen als Stützpfeiler echter Glaubensunterweisung dienen konnten.

Seinen kämpferischen Elan zeigte Ratzinger bereits als Mitbegründer und Mitherausgeber der 1972 gegründeten alternativen Zeitschrift *Communio*, die sich zum Ziel setzte, der Verfremdung und Verflachung katholischer Theologie entgegenzuwirken. Erstmals hatten sich Theologen zusammengefunden, um in einem eigenen Unternehmen eine zweimonatlich erscheinende Zeitschrift herauszubringen. Mit an Bord waren neben von Balthasar, Ratzinger und de Lubac unter anderen Walter Kasper, Karl Lehmann, der bayerische Kultusminister Hans Maier, der Psychologe Albert Görres und der Kommunikationswissenschaftler Otto Roegele. Einige der Namen fand man auch unter den Gründungsvätern des 1965 entstandenen *Concilium*, wie von Balthasar, de Lubac und Ratzinger selbst, die sich allerdings alle von Küngs reformatorischem Kurs abgewandt hatten (einzig Karl Lehmann sollte weiterhin einmal für das eine, einmal für das andere Organ schreiben). De Lubac war als Mitglied des Direktoriums von *Concilium* als Erster von der Fahne gegangen, während Ratzinger zunächst noch verblieb und sogar unter den 38 Theologen zu finden war, die einen von *Concilium* lancierten Aufruf für *Die Freiheit der Theologen und der Theologie* von 1968 unterschrieben hatten, der eine Reform der Kongregation für die Glaubenslehre forderte. De Lubac kritisierte an dem Appell, er sei nicht von der Liebe zur Kirche beseelt, sondern vielmehr vom Geist der Propaganda.

»Nun ist sie endlich da, die lange angekündigte und erwartete internationale katholische Zeitschrift«, jubelte Ratzingers früherer Gegenspieler Professor Schmaus in einer Vorab-Rezension über das Erscheinen von *Communio*. Die Herausgeber seien erfreulicherweise nicht an einem »geistigen Schlachtfeld« interessiert und würden sich »in der Konfrontation der theologischen Gruppierungen« auch nicht einfach einer bestimmten Gruppe einfügen. Es gehe schlicht darum, »die in der katholischen Überlieferung vorliegende und begründete Wahrheit von ihrer Wurzel her zu entwickeln«. *Communio* biete keine Sensationen, »wohl aber eine seriöse und im Allgemeinen einleuchtende, aus den Fundamenten sich aufbauende Entwicklung der universalen katholischen Wahrheit«. Das allein sei bereits bedeutsam angesichts des »Gewirrs der heutigen modischen Neudeutungen und Umdeutung der kirchlichen Lehre«[8].

Ratzinger berichtete, »die Überlegung hierzu entstand, als wir die Dinge aus dem Ruder laufen sahen«[9]. Genau genommen datiert der Beginn von *Communio* auf ein Essen in einer römischen Trattoria, zu dem sich im Herbst 1971 von Balthasar, de Lubac und Ratzinger mit den Kollegen Le Guillou und Medina nach einer Sitzung der Internationalen Theologischen Kommission trafen. In Rom ging in jenen Tagen das Gerücht um, der Papst werde nach der Vollendung seines 75. Lebensjahres die Bürde seines Amtes ablegen. Es hieß, Paul VI. habe einer geheimen theologischen Kommission den Auftrag erteilt, ein Gutachten über das Für und Wider einer Abdankung auszuarbeiten (die den Rücktritt allerdings entschieden verworfen habe). In der Benediktinerabtei Montecassino sei bereits ein Wohnbereich mit 22 Zimmern in Planung, das den emeritierten Pontifex sowie einen Kardinal und einen kleinen Hofstaat aufnehmen solle.[10]

Dass Montini immer intensiver über sein Leiden an der Kirche meditierte, war nicht verborgen geblieben. Von Balthasar hatte an ein umfangreiches Buch gedacht, mit dem er, auch als Denkschrift für den Papst, die Verhängnisse der nachkonziliaren Entwicklung detailliert aufarbeiten wollte. Nun war Eile geboten. Könnte man statt des Buches nicht, so die Idee, ein anderes Geschütz in Stellung bringen, eine Zeitschrift? Ähnlich wie Küngs *Concilium*. Und doch ganz anders. »Es geht nicht um Bravour«, rief von Balthasar aus, »aber immerhin um den christlichen Mut, sich zu exponieren«[11].

Erklärtes Ziel von *Communio* sei, »die Unsicherheit dort zu überwinden, wo sie entstanden ist, in der Theologie und in der kirchlichen Reflexion«, hielt die *Deutsche Zeitung / Christ und Welt* fest.[12] Der Geschäftsführende Herausgeber Franz Greiner, ehemals Chefredakteur des *Hochland*, steckte den Rahmen ab: »Wir stellen fest, dass das reiche, oft verwirrende Angebot des nachkonziliaren Katholizismus die Not vieler überzeugter Christen nicht behoben, sondern verschärft hat.« Karl Lehmann wollte an eine Linie anschließen, die er bereits in *Concilium* mit seiner Kritik an den modischen Entwicklungen deutlich gemacht hatte. Diese Trends waren in seinen Augen »pseudointellektuelle Anbiederung, romantisches ›Totlieben‹ der fremden Brüder und geschäftige Sonderseelsorge von Spezialisten für Ungläubige«. Im Moment bliebe »nur die Möglichkeit, das eigene Haus ein bisschen ansehnlicher und einladender herzurichten«[13].

Die neue Zeitschrift war in jeder Hinsicht ein Novum. Im Umfeld sollten eigens zu gründende Zirkel *Communio* nicht nur geistig, sondern auch finanziell mittragen. Statt einer zentralen Leitung gab es eine Reihe von autonomen Redaktionsteams, die zu gleichen Teilen aus Klerikern und Laien bestanden. In den Länder-Ausgaben sollten sowohl nationale als auch internationale Beiträge erscheinen. Deutschland und Frankreich machten den Anfang. Als sich 1971 Mitglieder von *Communione e Liberazione* auch für eine italienische Ausgabe starkmachten, riet von Balthasar den Initiatoren um Angelo Scola (den späteren Kardinal und Erzbischof von Mailand): »Ihr müsst mit Ratzinger sprechen. Er ist der Dreh- und Angelpunkt der deutschen Redaktion. Wenn er einverstanden ist …«

Ab 1974 konnte das Heft auch in englischer, französischer, spanischer, polnischer, portugiesischer Sprache und in Brasilien erscheinen. In Polen empfing Bischof Karol Wojtyla, der eine polnische Ausgabe von Küngs *Concilium* noch verhindert hatte, Ratzingers Alternativblatt mit offenen Armen.

Der Bischof von Krakau war gerade einmal 47 Jahre alt gewesen, als ihn Paul VI. 1967 zum zweitjüngsten Mitglied des Kardinalskollegiums ernannt hatte. »Ich weiß, dass ich mich beweisen muss, wenn ich den Weg meiner neuen Berufung gehe«, erklärte er anlässlich seiner Aufnahme in vier vatikanische Kongregationen, »und ich muss meinen Wert aufs Neue zeigen«[14]. An Polen waren die nachkonziliaren Zerwürfnisse weitgehend vorbeigegangen. Für Wojtyla stand im Vordergrund, »die traditionelle Volksfrömmigkeit mit dem intellektuellen Katholizismus geschickt zu vereinbaren«, wie es in einem vertraulichen Bericht der polnischen Geheimpolizei von 1967 hieß.[15] 1971 berief er eine Diözesansynode ein, die 300 Arbeitsgruppen mit 11 000 Teilnehmern initiierte, um mit Begeisterung die Lehren des Konzils in die Tat umzusetzen. 1976 beförderte die *New York Times* Wojtyla auf die

Liste der zehn am häufigsten genannten Kandidaten für die Nachfolge des immer blässer und kränker werdenden Pontifex.

Aber so einflussreich *Communio* auch werden sollte – in den Achtziger- und Neunzigerjahren stammten fast alle von Papst Wojtyla ernannten Bischöfe und Kardinäle aus dem Umfeld der Zeitschrift –, so deutlich markierte ihre Gründung das weitere Auseinanderdriften zweier theologischer und kirchlicher Lager, die sich zwar beide »katholisch« nannten, sich jedoch so fremd gegenüberstanden wie ein Eskimo und ein Einwohner aus Feuerland. Während sich Küngs *Concilium* etwa mit Themen wie »Kommunikation in der Kirche« und »Frauen in der Männerkirche« beschäftigte, referierte Ratzingers *Communio*, um zwei der Beiträge des Herausgebers zu nennen, über »Einheit der Kirche – Einheit der Menschheit« (1972) oder über »Wandelbares und Unwandelbares in der Kirche« (1978). Auf Küngs Strategie eines »Gegen« – *gegen* den Papst, *gegen* die Überlieferung, *gegen* die Dogmen – antwortete von Balthasar in *Communio* mit dem Ansatz, »wer mehr Aktion will, braucht bessere Kontemplation, wer mehr formen will, muss tiefer horchen und beten«: »Einzig die Besinnung auf das Christliche selbst, das Läutern, Vertiefen, Zentrieren seiner Idee macht uns fähig, es dann auch glaubwürdig zu vertreten.«[16]

Während *Concilium* beanspruchte, die Seite des Fortschritts zu repräsentieren, der sich nun endlich durchsetzen müsse, kennzeichnete *Communio* das Ethos des *Sentire cum Ecclesia*, des »Mitdenkens mit der Kirche«, und eine Linie, mit der man einerseits der Überlieferung und dem Lehramt treu bleibt, andererseits in einen offenen Dialog mit der Welt tritt. Wie stark Ratzinger dabei auf eine Breitenwirkung des neuen Organs bedacht war, zeigte eine selbstkritische Bilanz zum 20. Jahrestag der Zeitschrift. »Haben wir das Wort des Glaubens wirklich in verständlicher, zu Herzen gehender Weise in eine hungernde Welt getragen?«, fragte er auf einer Redaktionskonferenz. »Haben wir zur Genüge diesen Mut gehabt? Oder haben wir uns vielleicht hinter gelehrten theologischen Reden verkrochen, um allzu sehr zu beweisen, dass auch wir mit der Zeit gehen?«[17]

Einen weiteren Beleg dafür, dass die Wege zwischen den unterschiedlichen Reformkonzepten immer weiter auseinandergingen, lieferte die Würzburger Synode. Die Mammutveranstaltung, die 300 Delegierte umfasste, begann am 3. Januar 1971 und dauerte mit acht Sitzungsperioden bis zum 23. November 1975. Als »Gemeinsame Synode der Bistümer in der Bundesrepublik Deutschland« sollte die Kirchenversammlung das Zweite Vatikanische Konzil mit praktischem Leben füllen und für ein neues Miteinander von Klerus und Laien werben. Die Idee zu dem »Nationalkonzil« entstand auf dem 1968er Katholikentag in Essen. Sie entsprach einer Forderung der Christlichen Arbeiterjugend (CAJ), der Aktionsgruppe »Kritischer Katholizismus« und des BDKJ (Bund Deutscher Katholischer Jugend), die Kardinal Julius Döpfner als Vorsitzender der Deutschen Bischofskonferenz aufgriff. Unklar blieb freilich, was die im Würzburger Kiliansdom ausgetragene Veranstaltung genau bewirken sollte und welche Kompetenzen den Teilnehmern nach dem Kirchenrecht überhaupt zustanden.

Wichtig und notwendig war auf der Synode auf jeden Fall die von Johann Baptist Metz geforderte Auseinandersetzung über Kirche und Nationalsozialismus. Spätestens das 1963 erstmals aufgeführte Theaterstück *Der Stellvertreter* des protestantischen Autors Rolf Hochhuth hatte die katholische Kirche durch den Vorwurf des Wegsehens oder gar der Kumpanei mit den Nazis in ein schiefes Licht gerückt und in die Defensive gebracht. Dabei hätte man sich »mit den Ergebnissen der zeitgeschichtlichen Forschungen über die Rolle der Katholiken im Dritten Reich«, so der Historiker Karl-Joseph Hummel, »durchaus sehen lassen können«. Gerade auch mit den von Hochhuth verschwiegenen Initiativen Pius' XII., die Tausenden von Juden das Leben retteten. Die wissenschaftliche Aufarbeitung ergab, dass das Naziregime in Deutschland und in den besetzten Ländern 4000 katholische Priester ermordet und gegen 12 500 weitere in Deutschland polizeilich ermittelt hat. In der mit großem moralischem Engagement geführten Debatte allerdings, analysierte Hummel, sei der Anteil der kirchlichen Schuld stetig gewachsen. Aus dem ursprünglichen »Opfer« sei in der Neuinterpretation schließlich eine »Täterin« geworden. Darunter habe vor allem auch die Erinnerung an die vorbildlichen katholischen Glaubenszeugen und Märtyrer gelitten.[18]

Tatsächlich behauptete noch im Februar 2013 Bischöfin Margot Käßmann, die ehemalige Ratsvorsitzende der Evangelischen Kirche in Deutschland, in ihrem Buch *Gott will Taten sehen*, die katholische Kirche hätte dem Nationalsozialismus keinen Widerstand entgegengesetzt. Auf Seite 192 schrieb sie über Pius XII., ohne hierfür einen Beleg zu nennen: »Doch verband ihn sein katholischer Antijudaismus mit dem nationalsozialistischen Antisemitismus.«[19] Der Philosoph Karl Jaspers sah da ganz andere Zusammenhänge. Luthers »Ratschläge gegen die Juden hat Hitler genau ausgeführt«, erklärte er 1962.[20] Jaspers bezog sich auf den extremen Antisemitismus des Begründers des Protestantismus (»1. Verbrennen ihrer Synagogen, 2. Zerstörung ihrer Häuser, 3. Wegnahme ihrer religiösen Bücher, 4. Lehrverbot für Rabbiner, 5. Aufhebung der Wegefreiheit, 6. Zwangsenteignung, 7. Zwangsarbeit«[21]) und auf dessen starken Einfluss auf Hitler, der Luther als »das größte deutsche Genie« feierte.

Der Dramatiker Hochhuth geriet später selbst in die Schusslinie, als er sich in einem Interview an die Seite des britischen Holocaust-Leugners David Irving stellte. Ralph Giordano, ein jüdischer Publizist und Überlebender der Naziverfolgung, bezeichnete Hochhuths Äußerungen als »eine der größten Enttäuschungen der letzten 60 Jahre«. Die Behauptung des ehemaligen Generals des rumänischen Geheimdienstes *Securitate* Ion Mihai Pacepas, Hochhuth habe mit seinem Theaterstück im Auftrag von Geheimdiensten der Ostblockstaaten gearbeitet und auf Materialien des KGB zurückgegriffen, wies der Autor zurück.

Vor allem wurde die *Würzburger Synode* zum Startschuss für die Dauerthemen Zölibat, Laienpredigt, Diakonat der Frau, die Zulassung von wiederverheirateten Geschiedenen zur Kommunion, die Rolle der Laien und ökumenische Zugeständnisse. Insbesondere Karl Lehmann hatte sich diese Palette zu eigen gemacht. Der spätere Vorsitzende der Deutschen Bischofskonferenz war seit 1968 Dogmatik-Professor an der Universität Mainz (ermöglicht durch ein positives Gutachten Ratzingers, da Lehmann nicht habilitiert war) und wurde zum Kopf und Inbild der Synode. Das Wort von der »Lehmann-Kirche« stand für eine Politik, in der Kirche, Staat und Gesellschaft über jeweils neu ausgehandelte Kompromissformeln ein gegenseitiges Einvernehmen finden. Doch während die Verfechter der Mammutkonferenz noch von einer »Sternstunde der Kirche« sprachen, verließen gleichzeitig Millionen von Katholiken ihre religiöse Heimat.

Ratzinger war von Anfang an skeptisch gewesen. Im Vorfeld der Synode machte er im April 1970 im Münchner Kardinal-Wendel-Haus seine Abneigung gegen geschäftigen Verbandskatholizismus, Selbstdarstellung und ermüdende Debatten um Strukturfragen deutlich. Lähmung durch Reformeifer, lautete seine Diagnose. »Man klagt darüber, dass die große Menge der Gläubigen im Allgemeinen zu wenig Interesse für die Beschäftigung mit der Synode aufbringe«, begann er seinen Vortrag. Er selbst müsse gestehen, »dass mir diese Zurückhaltung eher ein Zeichen von Gesundheit zu sein scheint«. Es sei nicht nur allzu »verständlich«, sondern »objektiv kirchlich gesehen auch richtig«, dass den Menschen »die Geschäftigkeit des kirchlichen Apparats, von sich selbst reden zu machen, allmählich gleichgültig wird«. Die Gläubigen möchten schließlich »nicht immer neu weiter wissen, wie Bischöfe, Priester und hauptamtliche Katholiken ihre Ämter in Balance setzen können, sondern was Gott von ihnen im Leben und im Sterben will und was er nicht will«[22].

Auf der konstituierenden Sitzung der Synode vom 3. bis 5. Januar 1971 war Ratzinger bei der Wahl der acht Mitglieder der Zentralkommission durchgefallen (Lehmann gelangte über das »Zentralkomitee der deutschen Katholiken« in das Gremium). Zwischen 1973 und 1974 saß der Theologe aus Regensburg dennoch gemeinsam mit Metz und dem Philosophen Robert Spaemann in einem Arbeitskreis – und war plötzlich verschwunden. Ratzinger entschuldigte sich mit »Arbeitsüberlastung« und »gesundheitlichen Gründen«. Der eigentliche Ausschlag für seinen Rückzug aber lag woanders. Bereits im Oktober 1972 beklagte er sich in einem Vortrag, wie schnell doch »die tatsächlichen Aussagen und Absichten des Vaticanum II der Vergessenheit« anheimgefallen seien. Sie wären »zunächst durch die Utopie eines kommenden Vaticanum III und dann durch Synoden abgelöst« worden, »die vom Vaticanum II allenfalls den ›Geist‹, aber nicht die Texte gelten lassen – den ›Geist‹, das bedeutet hier: die Zuwendung zur Zukunft als dem Feld der unbegrenzten Möglichkeiten«[23]. Deutlicher konnte man sich vom Weg des kirchlichen Establishments nicht distanzieren. Tatsächlich verdeutlichte die Würzburger Synode nicht nur die Diskrepanz zwischen Ratzingers Reformideen und den Vorstellungen des progressistischen Flügels, der die deutsche Kirche zunehmend dominierte, sie markierte auch den Bruch zwischen dem einst gefeierten Konzilsberater und eines Teiles des deutschen Episkopats, der nie mehr wieder geschlossen werden konnte.

»Die Situation war einfach eine andere geworden«, befand Siegfried Wiedenhofer, »und darauf hat er reagiert. Einen Umschwung, die sogenannte große Wende von Ratzinger, habe ich jedenfalls nicht wahrgenommen.«[24] Statt in die *Würzburger Synode* investierte der Theologe seine Zeit und Kraft in ihm wichtiger erscheinende Projekte:
– Die Teilnahme an den »Regensburger ökumenischen Symposien«, wodurch er insbesondere das Gespräch mit orthodoxen Bischöfen und Theologen pflegte. Auch nahm mit ihm im August 1971 erstmals ein katholischer Theologe als Vollmitglied an der Sitzung der

»Kommission für Glauben und Kirchenverfassung des Ökumenischen Rates« im belgischen Löwen teil. Berühmt wurde seine Vorlesung zur Zukunft des Ökumenismus an der Universität Graz im Januar 1976, in der er Lösungswege für die zwischen Ost- und Westkirche umstrittene Frage des päpstlichen Primats vorschlug.
– Mit einem Programm für das Priesterseminar Rolduc in Holland, dem größten Abteikomplex der Benelux-Länder, arbeitete er nach dem dramatischen Einbruch der Berufungen auf die Bitte von Bischof Joannes Gijsen hin an einer Studienordnung für alternative Lernorte, um das Theologiestudium neu aufzubauen.
– Vorlesungen in Erfurt nutzte er zur Glaubensunterstützung ostdeutscher Christen und geriet dabei in das Fadenkreuz des Ministeriums für Staatssicherheit der DDR (MfS). Mit seiner wachsenden Bedeutung hatte die Auslandsabteilung des MfS eine Akte Ratzinger angelegt und mindestens ein Dutzend Inoffizielle Mitarbeiter auf ihn angesetzt. So gaben zwei DDR-Universitätsprofessoren Berichte über ihn ab. Unter den Spitzeln aus der Bundesrepublik waren nach Recherchen des Mitteldeutschen Rundfunks ein Benediktinerpater aus Trier und mehrere Journalisten.[25]
– Der Unterstützung neuer geistlicher Bewegungen diente die Intensivierung seiner Beziehung zu Don Giussani, dem Gründer von *Communione e Liberazione*. Eine der typischen Redewendungen von Giussani war danach: »Ich muss erst Ratzinger fragen, was er davon hält.« Im Oktober 1976 besuchte er erstmals das Zentrum der »Integrierten Gemeinde« in der Münchner Herzog-Heinrich-Straße, einer Gruppe, die sich einem evangelischen Leben nach den Ursprüngen und der Verbindung mit dem Judentum widmen wollte und die ihn seit April 1969 mit ihren Schriften versorgte.
– Seit Ende der Sechzigerjahre hielt er europaweit vermehrt Exerzitienkurse. Die spirituelle Durchdringung des Glaubens wurde ihm ebenso wichtig wie die intellektuelle. Wobei in Regensburg ein Konzept reifte, das der Passauer Theologe Manuel Schlögl in Anlehnung an einen Buchtitel von Johann Baptist Metz als ein nonkonformistisches Programm »jenseits der bürgerlichen Religion« bezeichnete.

Glaube ist in der Lehre Ratzingers immer auch die Selbstüberschreitung, das Hinausgehen aus dem, was man kennt und gewohnt ist; der Eintritt in die Bewegung der Liebe, die von Christus als die eigentliche, verwandelnde Energie ausgeht. Ratzinger, so Schlögl, »sah in seinem

Umfeld die Gefahr einer Verbürgerlichung der Theologie, die ihre eigene Tradition aufgibt und damit ihre Kraft verliert, als kritische Instanz in Gesellschaft und Kirche hineinzuwirken«. Beibehalten hatte Ratzinger deshalb bis 1977 die gemeinsam mit Heinrich Schlier gehaltenen Sommer-Seminare an der Gustav-Siewerth-Akademie in Bierbronnen. »Nächtelang habe ich mit Ratzinger über Rahners Theologie diskutiert«, erinnerte sich die Mitbegründerin der Akademie, die Philosophie-Professorin Alma von Stockhausen. »Wenn ich ihn dann fragte: ›Was wünschen Sie sich für den Abend?‹, sagte er meistens: ›Volkslieder singen.‹ Dabei konnte er sich am besten entspannen.«[26]

Ratzinger beschäftigte sich in der Sommer-Akademie bevorzugt mit Heiligen, wie etwa Irenäus von Lyon, einem der bedeutendsten Denker des 2. Jahrhunderts und ersten systematischen Theologen des Christentums. Das Projekt erinnerte ihn an das Beispiel Romano Guardinis, der in den Dreißigerjahren neben seiner universitären Arbeit ein geistliches Zentrum auf der Burg Rothenfels in Franken aufgebaut hatte, um einen glaubensfesten Lernort gegen die Wellen der nationalsozialistischen Gleichschaltung zu schaffen. Gesponsert wurde die Akademie inzwischen vom Kölner Kardinal Joseph Höffner. »Die Ferienkurse waren eine Art Geheimtipp«, berichtete die Benediktinerin Maria-Gratia Köhler, die später als Äbtissin der Abtei Maria Heimsuchung in der Eifel vorstand. »Lernen, leben und feiern – diese drei Dinge gehörten in Bierbronnen zusammen.«[27]

Dass Ratzinger dabei mit Arbeit schwer überlastet war, zeigt ein Brief an die Äbtissin mit Datum 13. Oktober 1976. Er habe »ein sehr schlechtes Gewissen«, begann das Schreiben, »dass ich nun einen ganzen Monat lang Ihre freundlichen Zeilen unbeantwortet liegen gelassen habe«. Dann begründete er:

»Zuerst musste ich ein großes Referat für das Salzburger Humanismus-Gespräch erarbeiten, auf dem ich als einziger Theologe unter Politologen, Soziologen und Philosophen – vielfach Atheisten – zu reden hatte, und das verlangte viel Kraft. Dann kam eine Tagung in München und eine Woche Salzburg; hernach musste ich zu zwei weit voneinander entfernten Themen Rundfunkvorträge à 30 und 45 Minuten (zusammen über 28 Manuskriptseiten) verfassen; die Nötigung, den Geist in einen nach Minuten geschneiderten Maßanzug zu stecken, ist für mich eine Folter, der ich nur mit Mühe standhalten kann. Schließlich, als die Aufnahme glücklich erfolgt und dafür ein Tag verbraucht war, lagen so viele zurückgestellte dienstliche Dinge auf dem Tisch, dass ich erst einmal in diesem Urwald etwas roden musste, um weitergehen zu können.«[28]

Auf einer Weihnachtspostkarte an Schwester Maria-Gratia mit einer Abbildung von Ochs und Esel in der Krippe von Bethlehem vermerkte er am 18. Dezember 1976: »Wie tröstlich, dass der Herr sich von uns Eseln tragen lässt und dass uns von der demütigen Kreatur so liebevoll bedeutet ist, was wir zu tun haben.«

Kapitel 45

Die Lehre vom ewigen Leben

Von einem seiner Studenten wurde der Professor einmal gefragt, nach welcher Methode er seine Bücher schreibe. Das sei ganz einfach, war die Antwort. Als Erstes bringe er seinen Text zu Papier. Danach setze er die Fußnoten ein. Und ganz zuletzt vergleiche er, ob die Zitate in den Fußnoten mit dem Wortlaut der Quelle übereinstimmen.

Mit anderen Worten: Ratzinger vermochte es, aufgrund seines fotografischen Gedächtnisses Zitate von beträchtlicher Länge aus der Erinnerung abzurufen, auch in Fremdsprachen und aus Vorlagen, die er vor Jahren oder Jahrzehnten gelesen hatte. In Regensburg entstanden auf diese Weise Werke wie *Das neue Volk Gottes* (mit Entwürfen zur Ekklesiologie und zur »Erneuerung der Kirche«), *Dogma und Verkündung* (mit Beiträgen über Schöpfungsglaube und Evolutionstheorie) oder auch *Glaube und Zukunft*. Dazu unzählige Vorträge, Meditationen, Betrachtungen. Vor allem fand er endlich Zeit, sich wieder einem seiner Leitthemen zu widmen, dem Tod und dem Leben nach dem Tod. Denn »wenn Zugehören zur Kirche überhaupt einen Sinn hat«, erklärte der Theologe, »dann doch nur den, dass sie uns das ewige Leben und so überhaupt das richtige, das wahre Leben gibt. Alles andere ist zweitrangig«[1].

Das Endzeit-Thema beschäftigte Ratzinger seit 20 Jahren und war von Anfang an fester Bestandteil seines Vorlesungsprogramms. Dass er es nun in einem eigenen Band niederlegen konnte, in seinem, wie er hinterher fand, »am besten durchgearbeiteten Werk«, war der *Kleinen Katholischen Dogmatik* zu verdanken, einer gemeinsam mit Johann Baptist Auer im Regensburger Pustet Verlag herausgegebenen neuen theologischen Reihe. Das Projekt hätte Ratzinger beinahe einen Gerichtsprozess eingebracht, weil sein früherer Verlag Wewel schon Jahre zuvor eine *Dogmatik* mit ihm vereinbart hatte, die aber aus Zeitgründen nicht zustande kam.

Die »Eschatologie« (griechisch: das Letzte, das Ende; ausgesprochen:

εsçatologie) behandelt als »Lehre von den letzten Dingen« die Grundfrage menschlicher Existenz nach unserem Woher und Wohin und damit den zentralen Inhalt christlicher Hoffnung. »Ich bin die Auferstehung und das Leben«, lautet die spektakuläre Verheißung Jesu: »Wer an mich glaubt, wird leben, auch wenn er stirbt, und jeder, der lebt und an mich glaubt, stirbt nicht in Ewigkeit« (Joh 11,25). Es macht einen Unterschied, ob Schöpfung und Geschöpf in einem gnadenlosen Big Bang enden und es egal ist, wie jemand lebt und liebt, oder ob nach dem *Ende der Zeit* eine neue Form des Daseins anbricht, in der eine höhere Instanz für die ausgleichende Gerechtigkeit sorgt – in einer Dimension von Harmonie und Liebe, in der alles Unrecht, alle Widersprüche aufgehoben sind.

Professoren, Bischöfen und Priestern war es in der Nachkonzilszeit peinlich geworden, über Himmel und Hölle, Jüngstes Gericht oder gar die Wiederkunft Christi zu sprechen. Und wenn, dann in einer Weise, als wären diese Begriffe lediglich Metaphern, Erklärungsmodelle für ungelöste Sehnsüchte. Dass er mit seinem neuen Opus »quer zur herrschenden Meinung« stand, war Ratzinger bei der Fertigstellung des Manuskriptes im Herbst 1976 durchaus bewusst. Die Ergebnisse seiner Arbeit entstammten aber nicht einer »Lust am Widerspruch«, erklärte er im Vorwort zur ersten Auflage des Buches, »sondern kommen vom Zwang der Sache her«[2]. Auch er habe zu Beginn seiner Untersuchungen »mit jenen Thesen begonnen«, die in der zeitgenössischen Theologie als anerkannt galten. Doch »eine ›entplatonisierte‹ Eschatologie zu konstruieren« sei nicht durchzuhalten gewesen. Denn »je länger ich mit den Fragen umging, je mehr ich mich in die Quellen vertiefte, desto mehr zerfielen mir die aufgebauten Antithesen unter der Hand, und desto mehr enthüllte sich die innere Logik der kirchlichen Überlieferung«[3], sprich: die unveränderte Gültigkeit der Lehre, welche die Kirchenväter und ein jahrtausendealtes Nachdenken der Kirche über Tod und Apokalypse vorgelegt hatten.

Wie es sich für Ratzinger gehörte, löste er mit seiner Deutung einen lebhaften Disput aus. Inzwischen gilt seine streng wissenschaftliche Publikation, so der Bayerische Rundfunk, als »ein Standardwerk zur Geschichte der abendländischen Vorstellung von ›Seele‹ und ›Leben nach dem Tod‹«. Mit dem »wegweisenden Buch«, wie der Theologe Helmut Hoping das Werk einordnete[4], landete Ratzinger einen Befreiungsschlag bis in unsere Gegenwart hinein. Gerade in einer Zeit, in der die Verwüstung des Planeten, die Endlichkeit von Ressourcen und insbesondere der Verlust der Identität des Menschen ein neues Bewusstsein für eine Endzeit geschaffen hat, bekommt die Fragestellung des Regensburger Professors eine fast schon spektakuläre Aktualität. Denn Ratzingers »Big History« von der Einheit von Weltall und Geschichte impliziert nicht nur ein neues Verständnis für Begriffe wie »Seele«, »Himmel«, »Hölle« und »Ewigkeit«, sondern auch einen, wie er das nannte, *eschatologischen Realismus*, der im Gegensatz zur politischen Utopie eine wirklich verändernde Kraft benennt, die nicht beim System, sondern beim Menschen selbst ansetzt und ihm nicht morgen und übermorgen, sondern bereits im Hier und Jetzt eine Reifung seiner Humanität ermöglicht – mit Aussicht auf jene glückliche Zukunft, die nach christlicher Überzeugung in den Logos der Schöpfung eingeschrieben ist. Ganz nach der Linie Jesu: »Amen, amen, ich sage euch: Wer mein Wort hört und dem glaubt, der mich gesandt hat, hat das ewige Leben; er kommt nicht ins Gericht, sondern ist aus dem Tod ins Leben hinübergegangen« (Joh 5,24).

Ratzinger gab zu bedenken, zwar werde im *Großen Glaubensbekenntnis* der katholischen Kirche noch immer gebetet: »Ich erwarte die Auferstehung der Toten und das Leben der kommenden Welt«, doch inzwischen hielten auch die meisten Christen das »ewige Leben« für eine ziemlich unsichere Angelegenheit; und obendrein nicht einmal für besonders erstrebenswert. Grund hierfür sei mithin die verbreitete Überzeugung, Gott könne gar nicht wirklich in die Welt einwirken. Er sei »kein handelndes Subjekt in der Geschichte mehr, bestenfalls eine Hypothese am Rande«. Die gravierende Folge sei die »Lähmung der Ewigkeitshoffnung«.

In einem Vortrag vor der christlichen Akademie in Prag gab Ratzinger im März 1992 eine bemerkenswerte Zusammenfassung der Ergebnisse seiner Forschungen auf diesem Gebiet. Schon ein Blick auf die Religionsgeschichte zeige, begann er sein Referat, dass es zu kaum einer Zeit die Vorstellung gegeben habe, mit dem Tod sei alles zu Ende. »Irgendeine Idee von Gericht und Weiterleben ist praktisch überall anzutreffen.« Zumeist wurde diese Vorstellung verbunden mit einem »Sein im Nichtsein, einer schattenhaften Existenz, die in einer merkwürdigen Beziehung zur Welt der Lebenden gesehen wird«. Das Urphänomen des Ahnenkultes drücke etwa »ein Wissen um eine Gemeinschaft der Menschen aus, die auch durch den Tod nicht unterbrochen wird«; wobei es einst »verhältnismäßig einfach« gewesen sei, »sich den Himmel als einen Ort voller Schönheit, Freude und Frieden auszudenken«.

Die Sehnsucht nach einer überirdischen Welt, fuhr der Redner fort, entspräche einer »Urerwartung, die im Menschen steckt«. Etwa die Erwartung auf Gerechtigkeit: »Wir können uns einfach nicht damit abfinden, dass immer die Starken recht haben und die Schwachen unterdrücken; wir können uns nicht damit abfinden, dass Unschuldige in oft so entsetzlicher Weise leiden müssen, und dass Schuldigen alles Glück der Welt in den Schoß zu fallen scheint.« Wer aber nach Gerechtigkeit verlange, verlange automatisch auch nach Wahrheit: »Wir sehen, dass Lüge sich breitmacht, sich durchsetzt und dass es gar nicht möglich ist, gegen sie aufzukommen. Wir erwarten, dass es nicht so bleibt: dass der Wahrheit ihr Recht werde. Wir verlangen danach, dass das sinnlose Geschwätz, die Grausamkeit, das Elend aufhören; wir verlangen danach, dass das Dunkel der Missverständnisse, die uns trennen, dass die Unfähigkeit des Liebens aufhöre und dass wirkliche Liebe möglich werde, die unsere ganze Existenz aus dem Kerker ihrer Einsamkeit befreit, sie öffnet in die anderen hinein, ins Unendliche hinein, ohne uns zu zerstören. Wir können auch sagen: Wir verlangen nach dem wahren Glück. Wir alle.«[5]

Und genau das sei gemeint, »wenn wir ›ewiges Leben‹ sagen«. Bei diesem Begriff gehe es nicht um einen langen Zeitraum, sondern um eine Qualität der Existenz. *Ewiges Leben* sei »nicht eine endlose Abfolge von Augenblicken, in denen man versuchen müsste, seine Langeweile und die Angst vor dem Unendlichen zu überwinden. Sondern es gehe um jene neue Qualität, »in der alles in das Jetzt der Liebe zusammenfließt, in die neue Qualität des Seins, die von der Zerstückelung der Existenz im Davonlaufen der Augenblicke erlöst ist«. Folglich sei »das ewige Leben nicht einfach das, was danach kommt«. Weil es eine Qualität der Existenz ist, »kann es schon mitten im irdischen Leben und seiner zerfließenden Zeitlichkeit als das Neue, Andere und Größere gegenwärtig sein, wenn auch immer nur bruchstückhaft und unvollendet«. Es sei »jene Weise des Lebens mitten in der Gegenwart unserer irdischen Existenz, die durch den Tod nicht betroffen wird, weil sie über ihn hinausreicht«[6].

Der Evangelist Johannes unterscheide nicht von ungefähr den *bios* (als das verfließende Leben dieser Welt) von *zoë*, als der Berührung mit dem eigentlichen Leben, »das da in uns aufbricht, wo wir wirklich Gott von innen her begegnen«. Fazit: Das *ewige Leben* ist jene Weise des Lebens mitten in der Gegenwart, die durch den Tod nicht betroffen wird, weil sie über ihn hinausreicht. Es sei immer dann »mitten in der

Zeit da, wo uns das Aug' in Auge mit Gott gelingt; es kann durch das Hinschauen auf den lebendigen Gott so etwas wie der feste Grund unserer Seele werden. Wie eine große Liebe kann es uns durch keine Wechselfälle mehr abgenommen werden, sondern ist eine unzerstörbare Mitte, aus der der Mut und die Freude des Weitergehens kommen, auch wenn die äußeren Dinge schmerzlich und schwer sind.«

Ratzinger fasste zusammen, man habe den Menschen lange Zeit »die Utopie, das heißt die Erwartung der zukünftigen besseren Welt anstelle der Eschatologie, anstelle des ewigen Lebens angeboten«. Nach Ansicht der Atheisten entfremdeten Vorstellungen wie »Letztes Gericht« oder ein »Paradies im Jenseits« den Menschen von seiner eigentlichen Aufgabe, den Kampf für Freiheit und Gleichheit. Man müsse aber den Spieß umdrehen. Nicht die eschatologische, sondern die politische Utopie als ein Ziel, auf das alle gemeinsam hinarbeiten könnten, sei »ein Trugschluss«; allein schon deshalb, weil sie »in die Zerstörung unserer Hoffnungen hineinführt«: »Denn diese künftige Welt, für die die Gegenwart verbraucht wird, berührt uns nie selbst; sie ist immer nur für eine noch unbekannte künftige Generation da.«[7]

Das sei so ähnlich wie das Trinkwasser und die Früchte, die dem *Tantalus* der griechischen Mythologie angeboten wurden. Das Wasser ging ihm immer nur bis zum Hals, und auch die Früchte reichten nie bis vor den Mund. Tantalus sei so gesehen ein Bild für »jene Hybris«, die versuche, »die Eschatologie durch selbst gemachte Utopie« zu ersetzen, eine Utopie, welche »die Hoffnung des Menschen aus seinen eigenen Kräften und ohne den Glauben an Gott erfüllen will«. Diese Utopie scheine immer ganz nahe. Aber klar ist auch: »Sie tritt nie ein.« Sie verkenne die Dynamik der Geschichte genauso wie die Unfertigkeit des Menschen. Schließlich müsse der Lebenskampf, der auch ein Kampf gegen das Böse sei, von jeder Generation neu bestanden werden.

Ratzingers *Eschatologie* zeigt, dass die Lehre des späteren Papstes durchaus auch politisch zu verstehen ist. Noch ganz unter dem Eindruck der antiautoritären Revolte forderte er, man solle Vorstellungen von einem wie auch immer gearteten Paradies auf Erden, einer künftigen »idealen Gesellschaft«, endlich »als einen Mythos verabschieden und stattdessen mit allem Einsatz daran arbeiten«, dass jene Kräfte stark werden, die auch wirklich eine »Gewähr für die nächste Zukunft bieten«. Genau dies geschehe, »wenn das ewige Leben inmitten der Zeit zu Kräften kommt. Denn das bedeutet, dass Gottes Wille geschieht, ›wie im Himmel so auf Erden‹. Erde wird zum Himmel, zum Reich

Gottes, wenn in ihr Gottes Wille wie im Himmel geschieht.« Klar, man könne den Himmel nicht herabzwingen. Aber dieses Reich sei »immer da ganz nahe, wo Gottes Wille angenommen wird. Denn da entsteht Wahrheit, entsteht Gerechtigkeit, entsteht Liebe«. Der »Realismus der christlichen Hoffnung« bedeute: »Das ewige Leben, das in der Gottesgemeinschaft hier und heute beginnt, reißt dieses Hier und Heute auf und hält es hinein in die Weite des Eigentlichen, das nicht mehr durch den Zeitfluss zerteilt wird.« Auf diese Weise werde auch sichtbar, dass christlicher Glaube kein Rückzug ins bloß Private sei. Ohnehin lägen Gegenwart und Ewigkeit (anders als Gegenwart und Zukunft) nicht neben- und auseinander, »sondern sie liegen ineinander. Das ist der wahre Unterschied zwischen Utopie und Eschatologie.«

Abschließend heißt es in der Prager Rede: »Das Mitleben mit Gott, das ewige Leben im zeitlichen Leben, ist deswegen möglich, weil es das Mitleben Gottes mit uns gibt: Christus ist das Mitsein Gottes mit uns. Er ist Gottes Zeit für uns und zugleich die Öffnung der Zeit auf Ewigkeit. Gott ist nicht mehr der ferne, unbestimmte Gott, zu dem keine Brücke hinaufreicht, sondern er ist der nahe Gott: Der Leib des Sohnes ist die Brücke unserer Seelen.«[8]

Bleibt anzumerken, dass in der Sicht des späteren Papstes mit Fegefeuer keine »Art von jenseitigem Konzentrationslager« gemeint sei, in dem der Mensch Strafen verbüßen muss, sondern ein Läuterungsprozess, der »von innen her notwendige Prozess der Umwandlung des Menschen«[9]. Der Ort der »Reinigung« sei »im Letzten Christus selbst«. Die Gegenwart des Herrn werde auf alles, was im Menschen »Verflechtung in Unrecht, in den Hass und in die Lüge ist, wie eine brennende Flamme wirken. Sie wird zum reinigenden Schmerz werden, der alles das aus uns herausbrennt, was mit der Ewigkeit, mit dem lebendigen Kreislauf von Christi Liebe unvereinbar ist«. Auch was »Gericht« bedeute, könne man von hier aus gut verstehen: »Christus selbst ist das Gericht, er, der die Wahrheit und die Liebe in Person ist. Er ist in diese Welt hineingetreten als ihr inneres Maß für jedes einzelne Leben.«[10] Und so wie die Hölle kein glutheißer Schreckensort unterhalb der Erde sei, sondern die »Zone der unberührbaren Einsamkeit und der verweigerten Liebe«, also »das, was wird, wenn der Mensch sich ins Eigene versperrt«, sei der Himmel kein geschichtsloser Ort über den Wolken, sondern eine Wirklichkeit, die durch die Berührung von Gott und Mensch entsteht – »erfüllte Liebe«.

Ähnlicher Überzeugung war im Übrigen auch der exzentrische amerikanisch-französische Schriftsteller Julien Green, ein Freund Ratzingers. »Die andere Welt ist eine des Lichts und der Liebe und auch des Fegefeuers«, pflegte Green zu sagen. Einer der größten Fehler der Philosophie betreffe »den Begriff Zeit. Die Zeit ist nichts. Wir sind bestimmt, in Ewigkeit zu leben«. Green und Ratzinger hatten sich in Freiburg kennengelernt. Green sei »ein vielschichtiger Mann, ein gläubiger Mensch«, so Benedikt XVI. in unserem Gespräch, »ich habe mich gut mit ihm verstanden«. Allerdings seien seine Bücher »ein wenig düster. Ich mag eher den fröhlichen Katholizismus.«

So dürfe man darauf vertrauen, dass sich erfüllt, was das letzte Buch des Neuen Testaments für das *ewige Leben* verheißt: Gott wird alle Tränen trocken, der Tod wird nicht mehr sein, keine Trauer, keine Klage und keine Mühsal (Offb 21,4). Jedes Leid, das man annimmt, folgerte Ratzinger, »jedes stille Ertragen des Bösen, jede innere Überwindung, jeder Aufbruch der Liebe, jeder Verzicht und jede stille Zusendung zu Gott«, das alles werde wirksam. Denn »nichts Gutes ist umsonst«. Im Übrigen habe die Wiederkehr Christi in gewisser Weise schon begonnen: Das Wort, das »Gott alles in allem« sei, habe »mit der Selbstenteignung Christi am Kreuz« seinen Anfang genommen: »Es wird voll sein, wenn der Sohn endgültig das Reich, das heißt die gesammelte Menschheit und die in ihr mitgetragene Schöpfung, dem Vater übergibt.«[11]

In der Außenwahrnehmung begann unterzugehen, dass Ratzinger als eminent historisch denkender Theologe nach wie vor für Reformen eintrat, nur noch deutlicher zurückgebunden an die Quellen des Glaubens. Er betrieb nicht nur die Wiederentdeckung der »Alten«, wie Vincent Twomey herausstellte, er kombinierte sie mit den Entdeckungen der »Neuen« wie de Lubac, Guardini, Scheler oder Peterson: »Er war stets auf der Höhe der Zeit und gleichzeitig der beste Kenner der katholischen Tradition.«[12] Sein Lehrer sei nicht originell in dem Sinne gewesen, dass er ein ausgearbeitetes System anbot, wie etwa Rahner, stellte Siegfried Wiedenhofer fest: »Wenn es aber um *integrale Theologie* geht, um Verbindung von intellektueller Reflexion, Kirchlichkeit und persönlichem Glaubensbekenntnis, dann ist Ratzinger eine Größe.« Aufgrund der fortschreitenden Ausdifferenzierung von Wissen und Glauben in der Moderne und der fortschreitenden Spezialisierung in der Theologie seien dies für heute »genau die zentralen Fragen. So gesehen ist Ratzingers Theologie sehr originell«[13].

Der Ansatz bei Ratzinger sei, so sein Schüler Stephan Horn, »den Glauben zu vertiefen und vom Glauben her in die Welt einzuwirken«. Horn ist deshalb überzeugt, »dass die Mitte seiner Spiritualität eine mystische ist«[14]. Das gehe insbesondere auch aus seiner Nähe zu Augustinus hervor. Nach dessen »Theologie des lebendigen Volkes Gottes« ist der neue Tempel, in dem Gott wohnt, die Kirche; aber eben nicht als verfasste Institution, sondern als Glaubens- und Liebesgemeinschaft. Das gläubige Volk habe nicht in Gebäuden und Organisationen seinen Mittelpunkt, sondern in den Sakramenten. Ihre Einheit beziehe sie in der Teilnahme an der Liturgie und vor allem der heiligen Kommunion.

Ratzinger selbst betonte, sein Ausgangspunkt sei zunächst einmal das *Wort:* »Dass wir das Wort Gottes glauben, dass wir versuchen, es wirklich kennenzulernen und zu verstehen.« So gesehen habe seine Theologie »eine etwas biblische Prägung und eine Prägung von den Vätern, besonders von Augustinus«[15]. Einer von Ratzingers zentralen Begriffen ist dabei der »Logos«, das Wort, die Vernunft. Er spricht vom Christentum als der »Logos-Religion«. Logos, das Wort Gottes, schuf die Welt. Und das Wort wurde Fleisch, um die gefallene Welt noch einmal neu zu schaffen. Alle Ordnung, alles Gesetz, sei moralische Vernunft, und bis in die kleinste Verästelung mit Sinn durchdrungen. Auch wenn der Mensch dies nicht immer leicht erkennen könne. Zu glauben bedeute deshalb auch, ins Verstehen hineinzugehen. »Wie die Schöpfung aus Vernunft kommt und vernünftig ist, so ist der Glaube sozusagen erst die Vollendung der Schöpfung und daher die Tür zum Verstehen.«[16]

Das Anliegen des Theologen war dabei auch, »ein gewisses Erbe zu verteidigen«. Auf die Ökologie bezogen, auf Artensterben, das Abschmelzen der Gletscher und die globale Klimakrise sei der Kampf um die Erhaltung der Ressourcen allgemein anerkannt. Man müsse aber sehen, dass die Rettung spiritueller Ressourcen und religionsgeschichtlicher Schätze für das Überleben der Menschheit nicht weniger wichtig ist als eine intakte Flora und Fauna. Dann könne man auch wieder verstehen, dass die Glaubenslehre ein Schlüssel sei, verborgene Geheimnisse aufzuschließen. Daraus folgt, dass es gar keinen Sinn mache, die Schlüssel zu verändern. Sie mögen dann vielleicht moderner aussehen. Ins Schloss freilich passten sie nicht mehr.

Es kam der Tag, an dem in Regensburg der Botschafter des Papstes auftauchte, Nuntius Guido Graf del Mestri, eine ernste, fast finster wirkende Gestalt, Sohn eines italienischen Adligen und einer österreichischen Gräfin. Der 1911 in Banja Luka im heutigen Bosnien-Herzegowina geborene Priester-Diplomat, der Einsätze in Asien, Afrika und Amerika hinter sich hatte, galt als Spezialist für Fälle, in denen es besonders heikle Personalien zu lösen galt. Acht Monate vor del Mestris Erscheinen hatte die Nachricht vom plötzlichen Tod des erst 63 Jahre alten Münchner Erzbischofs Julius Döpfner, der am 24. Juli 1976 einem Herzinfarkt erlag, weit über Bayern hinaus für Aufregung gesorgt. Der Metropolitansitz München galt als einer der einflussreichsten der ganzen Weltkirche. Unzählige Namen wurden als Nachfolgekandidaten gehandelt. Auch der des Regensburger Top-Theologen. Ein frecher Student hatte dem Professor eines Tages eine Lokalzeitung auf das Katheder gelegt mit der Schlagzeile: »Wird der Bruder des Domkapellmeisters neuer Bischof?« Ratzinger sah kurz auf das Blatt, dann meinte er: »Wir wollen nicht über Bischöfe reden, sondern über Jesus Christus, den ewigen Hohepriester.«[17]

An seiner Uni hatte der Professor mit einem Seminar über die »Allgemeine Schöpfungslehre« gerade das Sommersemester beendet und saß an der Fertigstellung seines Manuskripts über die »Eschatologie«. Das Gerede um seine Chance als Döpfner-Nachfolger hatte er »nicht sehr ernst« genommen, wie er in seinen Erinnerungen anmerkte. Schließlich seien »die Grenzen meiner Gesundheit ebenso bekannt« gewesen »wie meine Fremdheit gegenüber Aufgaben der Leitung und der Verwaltung«. Auch als ihn der Nuntius in Regensburg ins Hotel Münchner Hof bittet, denkt er »noch an nichts Schlimmes«. Zumal del Mestri mit ihm nur über Belanglosigkeiten plaudert. Zum Abschied aber drückt ihm der päpstliche Gesandte einen Brief in die Hand. Er solle das Schreiben zu Hause in aller Ruhe lesen und alles bedenken. Kaum in Pentling angekommen, öffnet er den Umschlag – und wird starr vor Schreck. Es ist, heißt es lapidar in seinen Memoiren, »meine Ernennung zum Erzbischof von München und Freising«.

Der Brief Pauls VI., bekannte Ratzinger, sei für ihn wirklich »eine Überraschung, ja, ein Schock« gewesen. Vielleicht wäre er weniger geschockt gewesen, hätte er mitbekommen, dass del Mestri vor dem Treffen mit ihm bereits diskrete Konsultationen vorgenommen hatte. »Ratzinger hat bestimmt nie danach gestrebt, Bischof zu werden«, berichtete Erzbischof Karl-Josef Rauber. Rauber war zum damaligen Zeitpunkt Sekretär von Substitut Giovanni Benelli im vatikanischen Staatssekretariat. Er hatte die Aufgabe, im Vorfeld der Ernennung einige Bischöfe zu befragen. »Kardinal Höffner sagte mir zum Beispiel, Ratzinger ist sehr begabt und ein durch und durch kirchlicher Mann, aber wenn er angegriffen wird, dann sinkt er in sich zusammen.«[18] In München erfuhr Rauber von Weihbischof Ernst Tewes, das örtliche Domkapitel würde nicht Ratzinger, sondern Karl Lehmann als Bischof bevorzugen. Heftiger Widerstand kam von Hans Urs von Balthasar, der ebenfalls in die geheime Umfrage mit einbezogen gewesen war. Die Ernennung Ratzingers, so der Schweizer, müsse unbedingt verhindert werden. Es sei nicht hinzunehmen, dass der Theologie ein so bedeutender Kopf verloren gehe.[19]

Was sollte er tun? Dürfte er den Ruf überhaupt annehmen? Mit Schwester Maria konnte er sich nicht beraten. Sie durfte von dem päpstlichen Brief so wenig wissen wie Bruder Georg (die beide entschieden gegen einen Wechsel nach München waren, wie sie später erklärten). Was war eigentlich der Hintergrund für die Entscheidung des Papstes? Sollte es sich bei der Berufung zum Bischof gar um eine Revanche handeln, weil er Paul VI. für das Verbot des alten *Missale* barsch kritisiert hatte? Oder weil er konstant Stellungnahmen zu den theologischen Fragen verweigerte, die ihm Montini penetrant über seinen Haustheologen P. Mario Luigi Ciappi zuschickte? »Während Balthasar immer sehr freundlich darauf einging und sich geehrt fühlte, hat sich Ratzinger einmal sogar entrüstet, dass er keine Zeit für solche Dinge hätte«, berichtete Rauber. Und hatte er vor zwei Jahren nicht sogar die Einladung zu den Fastenexerzitien der Kurie ausgeschlagen?

Zweifellos musste Ratzinger den Entscheid des Papstes als eine Degradierung betrachten. Wie auch nicht? Predigten verfassen, internationale Kongresse – das ginge ja noch. Aber Finanzplanung, endlose Dekanatssitzungen, ewige Priesterratstreffen – was sollte er damit anfangen können? Dann die Sitzungen des Ständigen Rates der Deutschen Bischofskonferenz! Vertane Zeit! Und erst die Presse. Zum »Gegenkonzil«, hatte de Lubac gesagt, gehöre die Instrumentalisierung der Medien. Und wer beherrsche sie meisterhafter als Hans Küng? Kein anderer Theologe hatte sich der bürgerlich-liberalen bis kirchenfeindlichen Presse stärker angedient als der Schweizer. Es war ein Geben und Nehmen. Küng lieferte die Statements – und kassierte ein Wohlwollen, das schon an Heiligenverehrung grenzte. Wie sollte man, stets aus der Defensive kämpfend, dagegen ankommen können? Noch dazu mit einer deutschen Kirche, die in sich gespalten und von Führern geprägt war, die insgeheim längst mit der Linie Küngs sympathisierten.

Ratzinger opponierte gegen den Dünkel der theologischen Experten, die sich gegenüber Bischöfen und Päpsten erhaben fühlten und zu deren Repertoire die Geringschätzung des einfachen Volkes und dessen »dumme« Frömmigkeit gehörte, und wenn es denn einen Ehrgeiz bei ihm gab, dann lag er darin, als Theologe den Herausforderungen der Zeit mit einem eigenständigen Beitrag zu begegnen. »Ich fühlte mich von Anfang an zum Lehren berufen und glaubte, dass ich gerade zu diesem Zeitpunkt – ich war 50 Jahre alt – meine eigene theologische Vision gefunden hatte und jetzt ein Œuvre schaffen könnte, mit dem ich etwas zum Ganzen der Theologie beitragen würde.«[20] Waren nicht gerade die Regensburger Jahre »eine Zeit fruchtbarer theologischer Arbeit« gewesen? Was für ein Schicksalsschlag! Gerade jetzt! Er gab es unumwunden zu: »Ich freute mich darauf, etwas Eigenes, Neues und doch ganz im Glauben der Kirche Gewachsenes sagen zu dürfen …«[21]

Immerhin hatte ihm der Nuntius gestattet, seinen Beichtvater zu konsultieren. Lieber suchte er jedoch den väterlichen Freund Johann Baptist Auer auf. Von ihm würde er ganz bestimmt den richtigen Zuspruch bekommen. Hatte Auer nicht oft genug Einspruch erhoben? »Nein, des kannst du ned!«, meinte er jeweils, wenn ihm etwas nicht gefiel. »Aber das war das Komische dann«, so Ratzinger in unserem Gespräch, »ich habe gedacht, er würde mir sagen: ›Das ist nichts für dich!‹« Doch es kam anders: »Zu meiner großen Überraschung sagte er ohne großes Überlegen: ›Das musst du annehmen.‹«[22]

Dennoch: Die Zweifel überwogen. Zu seiner geringen Seelsorgeerfahrung kam eine andere Sorge: »Ich wusste, dass meine Gesundheit brüchig war und dass mit diesem Amt ein großer physischer Anspruch an mich gestellt würde.«[23] In jener schrecklichen Nacht, bekannte der spätere Papst, sei ihm der Psalm Nr. 73 in den Sinn gekommen. In den Versen 22 und 23 fragt sich der Psalmist, warum es den schlechten Menschen dieser Welt oft so gut geht. Und warum es so vielen Menschen in der Welt so schlecht geht. Als er jedoch in den Tempel gegangen war, sei ihm klargeworden: »Ich war dumm. Ich war wie ein Vieh vor Dir. Aber jetzt weiß ich, dass ich gerade in meinen Nöten ganz nah bei Dir bin und dass Du immer mit mir bist.« Der heilige Augustinus, so Ratzinger, habe in einer ganz ähnlichen Situation wie er bei seiner Priester- und Bischofsweihe »diesen Psalm mit Liebe immer wieder aufgenommen und hat in diesem Wort: ›Ich war wie ein Vieh vor dir‹

(›*iumentum*‹ im Lateinischen) die Bezeichnung für Zugtiere gesehen«. Er habe sich in dieser Bezeichnung schließlich selbst als Lasttier Gottes wiedererkannt. Als einen, der die Aufgabe der *Sarcina episcopalis* zu tragen hat, der bischöflichen Last. Zwar habe Augustinus »von sich aus das Leben eines Gelehrten gewählt«, doch dann habe er erkannt: »Wie das Zugtier ganz nahe bei dem Bauern ist, unter dessen Führung es arbeitet, so bin ich ganz nahe bei Gott, denn so diene ich ihm unmittelbar für das Errichten seines Reiches, für das Bauen der Kirche«[24].

Der Nuntius ist noch immer im Münchner Hof. Die ganze Nacht lang hatte Ratzinger nachgedacht und gebetet. Am nächsten Morgen unterschreibt er auf dem Briefpapier des Hotels in seiner klitzekleinen Handschrift seine Zustimmung zur Ernennung zum obersten Hirten des Erzbistums München und Freising. Es gebe eben Situationen, hielt er im Rückblick fest, da müsse man »auch etwas annehmen, was einem nicht von Anfang an in der eigenen Lebenslinie zu liegen scheint«[25]. Wenig später informiert er seinen Assistenten Siegfried Wiedenhofer: »Ich muss Ihnen etwas Schreckliches mitteilen, es ist etwas Schreckliches passiert. Ich hab die Ernennung zum Bischof von München bekommen. Und hab das auch angenommen.«[26] Das offizielle päpstliche Ernennungsschreiben datierte vom »24. März im Jahre des Heiles 1977« und beginnt mit folgender Zeile: »Paulus, Bischof, Knecht der Knechte Gottes, entbietet dem geliebten Sohn Joseph Ratzinger aus der Erzdiözese München und Freising, Professor der Theologie an der Universität Regensburg, dem erwählten Erzbischof des Metropolitansitzes von München und Freising, Heil und Apostolischen Segen.«

Ratzinger konnte sich durchaus geschmeichelt fühlen: »Unsere Hirtensorge drängt Uns, Uns um die weit erstreckte und bedeutende Kirche von München und Freising zu kümmern«, hieß es in der päpstlichen Urkunde weiter. »Im Geist blicken Wir auf Dich, geliebter Sohn: Du bist mit vorzüglichen Geistesgaben ausgestattet, vor allem bist Du ein bedeutender Meister der Theologie, die Du als theologischer Lehrer an Deine Hörer weise, voller Eifer und Frucht weitergegeben hast.« Nicht verzichten wollte Paul VI., auf die Verantwortung hinzuweisen, die auf seiner Berufung liege: »Zuletzt ermahnen Wir Dich, lieber Sohn, herzlich mit Worten des heiligen Augustinus: Arbeite auf dem Ackerfeld Gottes; mit allen Kräften mühe Dich darum, dass alle, die Deiner Sorge anvertraut sind, in der Kirche lebendige Steine seien, vom Glauben geformt, in der Hoffnung gefestigt, in der Liebe einander verbunden.«[27]

Bekannt gegeben wurde der Entscheid des Papstes am 25. März. Mit dem feinen Gespür der Kurie für die Bedeutung eines Datums wählte man ein Hochfest der katholischen Kirche, das wie ein Zeichen wirken musste: »Verkündigung des Herrn«. Das Ereignis war sogar dem *Spiegel* einen Beitrag wert. Bei Ratzingers Berufung in »eines der wichtigsten Ämter, das die katholische Kirche in Deutschland zu vergeben hat«, hätte »sich der Papst über einige Gepflogenheiten hinweggesetzt«, wusste das Magazin. Es sei bislang Usus gewesen, Metropolitansitze »mit einem erfahrenen Bischof zu besetzen«. Ratzinger hingegen könne noch nicht einmal eine Ausbildung an der römischen Kaderschmiede *Germanicum* nachweisen. Als Mitglied der Glaubenskommission gehöre er zu den Hauptkritikern des Reformtheologen Hans Küng. Gewicht habe seine Kritik aber allein schon dadurch, »dass Ratzinger ohne Polemik, aber dafür mit fundierten Kenntnissen der kirchlichen Lehrtradition seinem Tübinger Kollegen entgegentrat. Küngs Theologie lande ›im Abstrusen‹, schrieb Ratzinger: Sie sei zur ›Unverbindlichkeit verurteilt‹, seine ›Theologie ohne und auch gegen das Dogma‹ biete keine Gründe, in die Kirche ›hineinzugehen – eher das Gegenteil‹«[28].

Es war keine Überraschung, dass Hans Küng die Berufung des früheren Kollegen mit dessen schon lange angestrebten Karriereschritten erklärte. Sie sei die logische Folge und die Belohnung für seinen Anpasserkurs. Später fügte der Schweizer trocken hinzu: »Zu hoffen bleibt, dass Ratzinger trotz des fehlenden Œuvres nicht gar so rasch vergessen sein wird wie etwa Kardinal Ottaviani, an dessen Namen trotz vieler Reden und Verlautbarungen sich heute selbst junge Theologen kaum noch erinnern.«[29]

Er hatte ein Haus gebaut. Er hatte an der Uni jede Menge Hörer. Er war international gefragt als Redner und ein Garant für Bestseller. Nun entschied das Schicksal »die Entprivatisierung seiner Existenz als notwendige Form seiner priesterlichen Berufung«, wie Ratzinger den Weg eines Klerikers einmal beschrieb. Ob der Abschied aus Regensburg der große Bruch in seinem Leben gewesen sei, hatte ich den *Papa emeritus* bei unseren Gesprächen gefragt, »das Ende Ihres persönlichen Glücks und all Ihrer Träume?« In der Stimme des Papstes lag eine melancholische Schicksalsergebenheit, als er antwortete: »Das kann man so sagen. Ja.«

Kapitel 46

Das Amt

Schon wenige Tage nach seiner Ernennung zum 71. Nachfolger des heiligen Korbinian brach Ratzinger in die alte Bischofsstadt Freising auf. Er wollte am Schrein des Bistumsgründers in der Krypta des Doms beten und den gerade auf dem Domberg tagenden bayerischen Bischöfen seine Aufwartung machen. Die Zeit vor seiner Weihe verbrachte er bei siebentägigen Exerzitien im Benediktiner-Kloster Beuron in Baden-Württemberg. »Er wohnte im Bischofszimmer, konzelebrierte morgens und frühstückte allein, tagsüber hielt er Betrachtung und bereitete seine Weihepredigt vor«, berichtete Pater Michael Seemann, einer seiner Schüler aus Regensburg. »Jeden Nachmittag tranken wir beide Kaffee. Ich merkte, wie sehr er unter Anspannung stand und dieses lockere Plaudern brauchte, manchmal erzählte er mir sogar Witze!«[1]

Erinnerungen wurden wach. Als wär's gestern gewesen, kam ihm die Habilitationsverteidigung vom Februar 1957 in den Sinn. »Die Sache mit Ihrer subjektivistischen Art, die Offenbarung zu deuten, Herr Ratzinger, die ist nicht richtig katholisch«, hatte Professor Schmaus gedonnert.[2] Ein wenig beklemmend war es auch jetzt: Die großen Erwartungen der zwei Millionen Katholiken im Bistum. Der ungewohnte schwarze Talar mit den scharlachroten Knöpfen, die kaum ins Knopfloch passten! Noch immer habe er in diesen Tagen »innerlich geschwankt«, bekannte Ratzinger. Zudem sei in Regensburg noch eine Menge an Arbeit zu erledigen gewesen, »sodass ich mit ziemlich angeschlagener Gesundheit auf den Tag der Weihe zuging«.

Aber die Sorge war ganz unnötig. Der Einzug in die bayerische Landeshauptstadt am 23. Mai 1977 glich dem Triumphzug eines Tribuns, der siegreich in die Heimat zurückkehrt. Bereits beim Überschreiten der Bistumsgrenze war Ratzinger von einer begeisterten ersten Abordnung begrüßt worden. In Moosburg jubelten ihm weit über tausend Gläubige zu. Und an der Stadtgrenze, bei der Wallfahrtskirche Maria Ramersdorf, hatten sich viele Tausende eingefunden, den noch etwas fremdelnden Bischof in spe mit großer Herzlichkeit zu empfangen, darunter auch SPD-Oberbürgermeister Georg Kronawitter. Die Freude war groß, denn erstmals seit 80 Jahren hatte Rom wieder einen Altbayern und einen Priester aus der eigenen Diözese berufen.

Auch die Vorschusslorbeeren konnten sich sehen lassen. »Joseph Ratzinger hat den Vorzug aller großen Persönlichkeiten. Sie sind niemand zuzurechnen, niemand zuzuzählen. Sie sind sie selbst«, begeisterte sich die *Deutsche Zeitung*. Wer seine Bücher lese, »der spürt, wie hier ein Theologe um die Zukunft des Glaubens, um die Zukunft der Kirche ringt«[3]. Aus der *Süddeutschen Zeitung* konnten die Münchner erfahren, der Nachfolger Kardinal Döpfners sei »von allen Konservativen in der Kirche derjenige mit der stärksten Dialogfähigkeit«. Und warum? »Weil sich bei ihm Intelligenz und Eloquenz auf selten glückliche Weise verbinden.« Mit Ratzinger gewinne München »einen frommen Oberhirten und brillanten Prediger, der als geradezu ästhetisch-schön formulierender Redner gilt«[4].

Ähnlich porträtierte die *Neue Zürcher Zeitung* den Mann, der »zur internationalen Spitzengarnitur seiner Zunft« zähle: »Seine breit fundierte Bildung, die Gabe der leichten und eleganten Formulierung, der entwickelte Sinn für das Musische bilden für einen Münchner Erzbischof eine nicht zu unterschätzende Mitgift.« Auch seinen »seelsorglichen Fähigkeiten« werde »recht Gutes nachgesagt«. Es wäre »sicher falsch«, Ratzinger »allzu vereinfachend als ›Rechten‹ und ›Bewahrer‹ abzustempeln«. Der neue Bischof wolle sich »zentral der Festigung des Glaubens, der transzendentalen Wahrheit widmen«. Ein noch unbeschriebenes Blatt sei er hinsichtlich »Organisationstalent, Menschenführung, politischem Durchsetzungsvermögen«. Diese Dinge »sind bei ihm noch weitgehend unbekannte Größen«[5].

Es ist der Vorabend von Pfingsten, der 28. Mai 1977, ein strahlender Frühsommertag. Die nüchternen Säulen der Kathedrale Zu Unserer Lieben Frau im Zentrum Münchens schmücken Gebinde aus Frühlingsblumen. In den vorderen Reihen haben Repräsentanten von Staat, Stadt und Parteien, Vertreter von Wissenschaft und Kultur sowie die Abordnungen aus den Pfarreien Platz genommen. Der Dom ist vollkommen überfüllt, ebenso die nahe St. Michaelskirche, in der das Geschehen mit Bild und Ton zu verfolgen ist. Erstmals in der Geschichte der deutschen Kirche wird das Ereignis einer Bischofsweihe auch durch das Fernsehen live übertragen. Offiziell hatte Ratzinger die Leitung des Erzbistums bereits einen Tag zuvor übernommen, als er dem Domkapitel die Päpstliche Ernennungsurkunde überreichte. Anders als die Bevölkerung waren die Domherren freilich »nicht gerade in Begeisterungsstürme«[6] ausgebrochen, wie sich der damalige Generalvikar Gerhard Gruber erinnerte. Das habe an Ratzingers kritischer Einstellung gegenüber der Liturgiereform gelegen.

Umgekehrt mussten sich die »im Herrn geliebten Söhne« durch die päpstliche Bulle ermahnen lassen, dass sie den neuen Bischof »nicht nur als ihren Lehrer, sondern auch als ihren Leiter gerne annehmen«. Sie sollten seinen »Anordnungen willig folgen« und seine »pastoralen Unternehmungen tatkräftig unterstützen«. An Ratzinger richtete Paul VI. die Worte: »Wir gestatten, dass Du die Weihe außerhalb Roms von einem katholischen Bischof empfängst, dem gemäß den liturgischen Normen zwei Mitkonsekratoren derselben Würde und Weihestufe assistieren müssen. Vorher musst Du das Bekenntnis des katholischen Glaubens in Anwesenheit eines rechtmäßigen Bischofs ablegen sowie den Eid der Treue gegenüber Uns und Unserem Nachfolger.«

Zu Beginn der Weihehandlung liegt der neue Bischof in der Haltung der sogenannten *Prostratio*, dem Zeichen seines totalen Niederwerfens vor Gott, ausgestreckt zu Füßen des Altars. In diesen Minuten, so Ratzinger, sei ihm »das brennende Gefühl des Ungenügens, der eigenen Unfähigkeit vor der Größe des Auftrags noch stärker als bei der Priesterweihe« erschienen.[7] Hauptkonsekrator ist der Würzburger Bischof Josef Stangl, begleitet von del Mestri, Rudolf Graber und Weihbischof Ernst Tewes sowie zahlreichen Kardinälen und Bischöfen aus dem In- und Ausland. Durch die Handauflegung der Bischöfe tritt der bisherige Professor in die Reihe jener Hirten, die sich in der apostolischen Sukzession in ununterbrochener Folge auf jene Zwölf zurückführen lassen, die von Jesus selbst ausgesendet wurden. Geradezu pathetisch drückte Ratzinger in der Rückschau die Geschichtlichkeit der Stunde aus: »Mit der Bischofsweihe beginnt auf dem Weg meines Lebens die Gegenwart.« Für ihn sei »das, was mit der Handauflegung zur Bischofsweihe im Münchner Dom anfing, noch immer das Jetzt meines Lebens.«[8]

Nach der Salbung mit Chrisam (Zeichen der bischöflichen Teilnahme am Priesteramt Christi) sowie der Übergabe von Evangelium, Ring, Mitra und Bischofsstab als Insignien seines Amtes führte Nuntius del Mestri den Neugeweihten zur *Kathedra*, dem bischöflichen Stuhl, wo er das Treueversprechen seines Domkapitels, der Professoren, der Vertreter der Diözesanverwaltung, der Dekane, Pfarrer und Laiengremien entgegennahm. Ratzinger ist innerlich ergriffen wie selten zuvor: »Ich habe erlebt, was Sakrament ist«, berichtete er, »dass da Wirklichkeit geschieht.« Es gehe dabei gar nicht um die Zustimmung zu einer bestimmten Person, sondern »man begrüßt den Bischof, den Träger des Geheimnisses Christi, auch wenn das so den meisten vielleicht nicht bewusst war«[9].

Die erste Predigt des neuen Erzbischofs war eine Ode an die Heimat. »Unser München, unser Bayernland« sei »deswegen so schön, weil der christliche Glaube seine besten Kräfte geweckt hat.« Das Christentum habe dem Land »nichts von seiner Kraft genommen«, sondern es stattdessen »großzügig und frei gemacht«. Ein Bayern, »in dem nicht mehr geglaubt würde, hätte seine Seele verloren, und keine Denkmalspflege könnte darüber hinwegtäuschen«. Zum Erstaunen seiner Zuhörer schloss er mit einer düsteren Vision, die, wie er meinte, »nicht mehr einfach unwirklich ist«. Denn er könne in Zeiten wie diesen »der Frage nicht ausweichen, ob das Gesicht unseres Landes auch dann noch vom Glauben geprägt sein wird, wenn man einmal mich zu meinem letzten Weg geleitet«.

Den Ausklang der Feier bildete eine Prozession zum Marienplatz. Zu Füßen der *Patrona Bavariae,* die seit rund 350 Jahren auch offiziell als Mittelpunkt Münchens und Bayerns gilt, sprach der Bischof ein Gebet zur Gottesmutter: »In dem Streit der Parteien sei du Versöhnung und Friede; in den Weglosigkeiten unserer offenen Fragen zeige uns den Weg; die Streitenden sänftige, die Müden erwecke; gib den Misstrauischen ein offenes Herz, den Verbitterten Trost, den Selbstsicheren Demut, den Ängstlichen Zuversicht, den Stürmern Besonnenheit, den Zaudernden Mut, uns allen aber die tröstende Zuversicht deines Glaubens.«[10]

Als Schwerpunkte seines Programms nannte Ratzinger auf seiner ersten Pressekonferenz den engen Kontakt zu den Seelsorgern, die Förderung der geistlichen Berufe, die Erneuerung der Katechese, den ökumenischen Dialog und die authentische Umsetzung der Reformen des Konzils. Mit Spannung wurde erwartet, welches Wappen er sich geben würde. Die Wahl entsprach dem ratzingerschen Ideal der Verbindung von Altem mit Neuem. Aus der tausendjährigen Tradition der Freisinger Bischöfe übernahm er den Mohren und den Bären. Der Mohr, angeblich das Haupt eines Äthiopiers, mit roten Lippen, roter Krone, roten Ohrringen und einer Halskrause, ist ein geheimnisvolles Zeichen. »Man weiß nicht recht, was er bedeutet«, erläuterte Ratzinger, »für mich ist er Ausdruck der Universalität der Kirche, die keinen Un-

595

terschied der Rassen und Klassen kennt, weil wir alle ›einer sind‹ in Christus.«[11]

Der bepackte Bär wiederum erinnerte an eine Szene aus der Legende des Bistumspatrons Korbinian. Korbinians Pferd war auf einer Reise nach Rom von einem Bären zerfleischt worden, woraufhin der Heilige zur Strafe sein Bündel dem Bären aufpackte, bis er von Korbinian in Rom entlassen wurde. Ratzinger zog mit der Geschichte eine Verbindung zum Psalm Nr. 72 (bzw. 73) aus der Weisheitsüberlieferung, den er schon in der dramatischen Nacht seiner Kapitulation in Regensburg meditiert hatte. Dort werde »die Not des Glaubens« geschildert. Schließlich stehe, »wer auf Gottes Seite steht«, nicht unbedingt »aufseiten des Erfolgs«. In dem im Psalm erwähnten Zugtier habe Augustinus »ein Bild seiner selbst unter der Last seines bischöflichen Dienstes« gesehen. Und ganz in dieser Geschichte sich wiederfindend, schloss auch Ratzinger mit den Worten des Psalmisten: »Ein Packesel bin ich für Dich geworden, und gerade so bin ich ganz und immer bei dir.«[12]

Eine Innovation war die Muschel, das Zeichen der ewigen Pilgerschaft, aber auch der Weisheitssuche. Die Schale erinnerte an die Augustinus-Legende, als der große Lehrer der Kirche ein Kind am Strand beobachtete, das mit einer Muschel das Wasser des Meeres in eine kleine Grube zu schöpfen versuchte. Augustinus sei dabei die unerschöpfliche Größe der Geheimnisse Gottes vor Augen geführt worden. »So ist die Muschel für mich Hinweis auf meinen großen Meister Augustinus«, erklärte der Bischof – »Hinweis auf meine theologische Arbeit und Hinweis auf die Größe des Geheimnisses, das weiter reicht als all unsere Wissenschaft.«[13]

Sein Bischofsmotto *Cooperatores veritatis* wiederum, »Mitarbeiter der Wahrheit«, eine Ableitung aus dem dritten Johannes-Brief, sei nicht triumphalistisch gemeint, sondern dienend, und nicht in seiner Ein-, sondern der Mehrzahl: als *einer* unter vielen in einem größeren Ganzen, der mitträgt, der aber auch getragen wird. Wobei *Wahrheit* hier nicht im abstrakten oder juristischen Sinne gemeint sei, sondern in Bezug auf die Offenbarung Christi, der sich als die allerhöchste Autorität vorgestellt hatte: »Ich bin der Weg und die Wahrheit und das Leben; niemand kommt zum Vater außer durch mich« (Joh 14,6). Dies sei die Wahrheit, über die der Mensch nicht verfügen könne. Und die sich auch nicht biegen lasse, sonst wäre sie nicht mehr Wahrheit, sonst wäre Gott nicht Gott.

Joseph Ratzinger musste sich gewissermaßen neu erfinden. Das eine war die Theorie, dies hier war die Praxis. »Wie oft hat er aufbegehrt gegen all den Kleinkram«, erinnerte Ratzinger an sein Alter Ego Augustinus, »der ihm auf diese Weise auferlegt war und ihn an der großen geistigen Arbeit hinderte, die er als seine tiefste Berufung wusste.«[14] Wie groß der Sprung war, den er gemacht hatte, wurde nirgendwo deutlicher als beim Bezug seines neuen Zuhauses im Palais Holnstein in der Münchner Kardinal-Faulhaber-Straße Nr. 7, ehedem der Stadtpalast des Kurfürsten Karl Albrecht, seit 1821 aber Amtssitz des Oberhauptes des Bistums München und Freising; repräsentativ ausgestattet mit Statuen aus dem Barock, mit Rokokomöbeln und historischen Öfen. Glücklicherweise war die Bischofswohnung selbst im zweiten Stock des Palais eher schlicht ausgefallen; mit Wohnzimmer, Schlafzimmer, Ankleide und Bad, einem Arbeitszimmer und einer Bibliothek mit einem beeindruckenden Deckengemälde. In einem Eckraum befand sich das Speisezimmer, groß genug, um sechs bis acht Gäste bewirten zu können. Die Dachterrasse bot einen traumhaften Blick auf den Dom und diente den Bischöfen dazu, ein paar Schritte im Freien zu machen, ohne dabei von Bittstellern oder Bewunderern behelligt zu werden. Ratzinger beließ die Wohnung, wie sie war. Neu war nur der Teddybär aus der Kindheit, der auf einem eigenen Stuhl im Schlafzimmer Platz fand.

Dass der neue Bischof auch seine Schwester mit in die Residenz nahm, stieß auf einige Verwunderung. »Aber sie war ein familiärer Halt für ihn und hat ihn vor Vereinsamung geschützt«, erzählte Professor Richardi, der Freund aus Regensburg. »Mit ihr konnte er, wenn er heimkam, über alles plaudern, was tagsüber passiert war.« Dabei war Maria selbst nun ein wenig einsam. Sie war es gewohnt, alles für ihren Bruder zu machen. Das Essen, die Wäsche, die Finanzen, das Privatkonto. Zwar hatte sie ein kleines Appartement im zweiten Stock, aber für Schreibarbeiten gab es jetzt eine Sekretärin, Schwester Eufreda Heidner. Für Einkauf, Küche und Hauswirtschaft wie für die Pflege des weitläufigen Hauses waren die Ordensfrauen Guda, Ratmunda und Agapita von den Barmherzigen Schwestern zuständig. Im ersten Stock standen zwei persönliche Sekretäre zur Verfügung, Monsignore Erwin Obermaier, der bereits Kardinal Döpfner diente, und Gerhard Schäfer, ein Laie und Familienvater. An der Pforte saß Bruder Friedbald, der noch von Kardinal Faulhaber persönlich in den Zwanzigerjahren als Erzbischöflicher Chauffeur angestellt worden war. Der Franziskaner aus dem Kloster St. Anna begnügte sich mit seinem Pfortenzimmer und einer kleinen Schlafnische. Alle zusammen bildeten sie die bischöfliche Hausgemeinschaft. Man betete gemeinsam, speiste gemeinsam, und wenn es die Zeit zuließ, spielten sie Mensch-ärgere-Dich-nicht.

Ratzinger war erste wenige Wochen im Amt, da überraschte ihn Nuntius del Mestri erneut mit einer Nachricht, mit der er nicht rechnen konnte. Es sei die Absicht seiner Heiligkeit Papst Paul VI., den Bischof von München am 27. Juni 1977 in Rom zum Kardinal zu kreieren. Die Botschaft war eine Sensation. Aber irgendwie passte sie zu Ratzingers Vita, die von außergewöhnlichen Konstellationen lebte. »Ich habe nie den Wunsch verspürt, diesen Dingen auf den Grund zu gehen«, erklärte Ratzinger, als ihn ein Vierteljahrhundert später ein italienischer Journalist auf die Hintergründe seiner ungewöhnlich schnellen Ernennung ansprach. »Und das will ich auch jetzt nicht. Ich respektiere die Vorsehung, und es interessiert mich nicht, welcher Werkzeuge sie sich bedient.«[15]

Paul VI. schätzte die Theologie Ratzingers. Seine Bücher las er in den deutschen Originalausgaben. Bei seiner Erhebung in das Kardinalat aber ging es weniger um die Klasse des Bayern, sondern um einen mit Paul VI. befreundeten italienischen Kurienbeamten, den progressiven Giovanni Benelli, den Erzbischof von Florenz, den er offenbar in eine privilegierte Position als seinen Nachfolger bringen wollte. Aber dafür musste Benelli den Kardinalshut besitzen. In aller Eile wurde ein Mini-Konsistorium zusammengebastelt. Die Kandidaten neben Benelli und Ratzinger (der als Notlösung galt) waren František Tomášek aus dem kommunistischen Prag, Bischof Bernardin Gantin aus Benin und der Italiener Mario Luigi Ciappi. Als die Auserwählten in den Petersdom einzogen, verfügte einzig Ratzinger über einen nennenswerten Anhang. Er bestand aus den Geschwistern, ehemaligen Studenten, seinen Mitarbeitern und Hunderten seiner bayerischen Fans. Als Titelkirche erhielt er die in einem römischen Arbeiterviertel gelegene 22 000-Seelen-Pfarrkirche Santa Maria Consolatrice. »Ich wusste nicht so recht, wie ich mich verhalten sollte, und fühlte mich in dieser Situation etwas unbehaglich«, berichtete er über seine erste Privataudienz bei Paul VI.: »Ich wagte es nicht, mit dem Papst zu sprechen, weil ich mir zu unbedeutend vorkam. Er aber war sehr freundlich zu mir und ermutigte mich; er wollte mich einfach nur kennenlernen.«[16]

Anfangs habe der neue Erzbischof bei Dekanatskonferenzen »immer eine Vorlesung gehalten, eine dreiviertel Stunde lang«, weiß der damalige Priester Walter Brugger, aber das hätte sich bald gelegt. Ratzinger setzte auf Versöhnung und Verständnis, auch wenn ihm zu Beginn seiner Bischofszeit, wie er verriet, die Worte der Kirchenväter im Ohr geklungen hätten, die jene »Hirten mit großer Schärfe verurteilten, die wie stumme Hunde sind und, um Konflikte zu vermeiden, das Gift sich ausbreiten lassen«[17]. Seinen Mitarbeitern erklärte er, man dürfe die Menschen nicht überfordern, sondern müsse sie erst einmal in ihrer Lage wahrnehmen. »Er kam in alle Ordinariatssitzungen und hat sich alles angehört«, berichtete Generalvikar Gerhard Gruber. Verwaltungsdinge überließ er gerne anderen, aber alle Fragen, die die Lehre betrafen, so Gruber, »hat er zur Chefsache erklärt«. Gruber galt als absoluter Döpfner-Mann. »Herr Erzbischof, ich weiß nicht, ob Ihnen meine Richtung gefällt«, hatte er anfangs schüchtern angefragt. Ratzingers Antwort: »Im Rahmen des Katholischen werden wir uns sicher verstehen.«[18]

In seinem ersten Hirtenbrief beschwor Ratzinger die Gläubigen seines Bistums, »in dem mannigfaltigen Streit, der in den letzten Jahren viele verwirrt und unsicher gemacht hat«, auf den »Frieden zuzugehen«. Die Kirche sei »ein lebendiger Organismus, zu dem die Geduld des Wachsens und des Reifens gehört«. Dann fuhr er mit der Frage fort, was wohl wäre, wenn Jesus heute »so sichtbar in unsere Mitte, in irgendeine Pfarrgemeinde hereinträte, wie er damals zu den Jüngern gekommen ist«. Wahrscheinlich, skizzierte der Bischof die Lage, »würden sich die meisten von uns sehr gestört fühlen durch ihn, denn er träfe auf viel Gleichgültigkeit und Lauheit, auf ein bequemes und auf ein ängstliches Christentum, das seine Furcht vor der Welt unter starken und gelehrten Worten geschickt verdeckt. Er träfe auf eine zerstrittene Kirche. Er würde nebeneinander finden einerseits eine Selbstherrlichkeit, die sich das Christentum nach eigenem Geschmack baut, und andererseits den Starrsinn wie die Lieblosigkeit derer, die sich allein für die rechten Christen halten und sich so gegen die Einheit seines Leibes stellen.« Hier helfe nur »das Mitbeten und Mitleben der Eucharistie«. Dadurch erhalte man »ein inneres Augenmaß«, um »Spreu und Weizen zu unterscheiden«: »Solches Christsein wird weitherzig und frei, ohne Bissigkeit und ohne verkrampfte Enge, aber es verläuft sich auch nicht ins Unverbindliche oder gar in scheinchristliche Ideologien hinein.«[19]

Ratzingers Hauptaugenmerk galt der Kirche nicht als Institution, sondern als Ort der Glaubensfestigung. Konsequent folgte er seinem Konzept einer Erneuerung durch geistliche Vertiefung. Wie notwendig sie war, bewies allein schon die Statistik. Zwischen 1967 und 1973 verlor die katholische Kirche in Deutschland knapp ein Drittel ihrer regelmäßigen Gottesdienstteilnehmer. Unter den Jüngeren war der Umbruch besonders drastisch. Besuchten 1963 noch 52 Prozent der Katholiken zwischen 16 und 29 Jahren regelmäßig den Gottesdienst, so waren es 10 Jahre später nur noch 24 Prozent.[20] Ratzinger forderte den Abbau des überbürokratisierten Kirchenapparates und verfügte als eine seiner ersten Maßnahmen, die Erstbeichte der Kinder wieder in der 3. Klasse anzusetzen, also *vor* der Erstkommunion und nicht nachher, wie es unter seinem Vorgänger gehandhabt wurde. Religiöse Erziehung, so die Begründung, schlösse »von Anfang an auch Erziehung zur Buße« mit ein, sodass »also der eucharistischen Erziehung die Bußerziehung vorauszugehen hat«. Dies ergebe sich allein schon »von der Struktur der Messfeier her«[21].

In einer der für ihn typischen Polemiken merkte Ratzinger an, »dass hinter einer Lockerung des Dogmas noch lange nicht das gelobte Land der heiteren Freiheit der Erlösten auftaucht, sondern eher eine wasserlose Wüste, die nur um so gespenstischer wird, je weiter man geht«[22]. Christliche Liberalität, wie sie in Bayern ausgeprägt sei, hieß es an anderer Stelle, bedeute »die Schöpfung lieben« und daher auch das »Schöne der Schöpfung heiter und unverkrampft aufzunehmen«[23]. Dass zu einem »offenen und gleichzeitig beharrungsfähigen Land« auch das Unbequeme gehöre, dürfe niemanden verwundern. So verstand es sich dann auch von selbst, dass der Bischof etwa gegen die Auswirkungen der Gebietsreform kämpfte, die aus lebendigen Dörfern anonyme Schlaforte mache. Und zwar »mit einer Schärfe, wie sie in diesem staatspolitischen Prozess auf katholischer Seite noch nicht zu registrieren war«, wie die *Süddeutsche Zeitung* anmerkte.[24]

Seit seinem Essay von 1958 über *Die neuen Heiden und die Kirche* war Ratzingers Blick stets auch auf Entwicklungen gerichtet, die Gesellschaft und christlichen Glauben herausforderten. Kein anderer deutscher Intellektueller erhob in den Siebzigerjahren mutiger das Wort, wenn es um Fragen von Moral, Respekt, Demut und Sittlichkeit ging. Der Kardinal beklagte etwa eine »geistige Umweltverschmutzung«, die sich auch »in der wachsenden Zahl verhaltensgestörter Kinder« ausdrücke. Die »Herzverfettung des Habens und Genießens«

kritisierte er genauso wie die »kapitalistische Profitgier«. Nicht ausgespart wurde die Warnung vor Abschaffung der Normen, vor Scheinfreiheit und Selbstverachtung oder die »Brutalisierung der Gesellschaft durch die Massenmedien«. Noch mehr als durch die »Unfähigkeit zu trauern«, mahnte er an, sei unsere Zeit gekennzeichnet durch die »Unfähigkeit, sich zu freuen«. Gleichsam forderte er eine »Kurskorrektur«, um wieder die wesentlichen Dinge der Menschlichkeit zu erkennen. Hierzu gehöre auch »den Lebensstil konsequent ändern, mit der Dritten Welt teilen«.

»Weg mit dem Kriegsspielzeug« war eines seiner Weihnachtsthemen. An Ostern geißelte er die »Entfesselung von Gewalt, die Barbarisierung des Menschen, die um den ganzen Erdkreis geht«, etwa in Kambodscha, »wo ein ganzes Volk langsam erlischt«, und machte Front »gegen die Diskriminierung der Sinti«, die er verteidigen will in »Wahrung unseres Auftrages, um die Würde des Menschen besorgt zu sein«. Es folgte ein Appell, Vietnam-Flüchtlinge aufzunehmen, alles andere wäre für ein reiches Land »eine furchtbare Schande«. Von der eigenen Kirche forderte er, sie dürfe sich nicht der Tagesmeinung anschließen, sondern müsse »in prophetischer Weise angesichts der Übel in der Welt die Medizin des Evangeliums verkünden«. »Wenn wir nicht ein Stück unserer christlichen Identität wiederfinden, werden wir die Herausforderung dieser Stunde nicht bestehen«, hieß es von der Bischofskanzel. Eine Menschheit, die sich von Gott löse, sei unerlöst »und auf diese Weise nicht in Freiheit, sondern in Sklaverei«.

So präsent war der Mann der Kirche in der öffentlichen Debatte, dass die *Süddeutsche Zeitung* in einer Glosse einen »schweren Schock« für »Millionen oberbayerischer Katholiken« befürchtete, sollte in einer Ausgabe der vier Münchner Tageszeitungen kein einziges Mal sein Name fallen: »Sie blättern ihre Zeitung durch – und was finden sie hinten und vorne? Nichts über Kardinal Ratzinger.«[25] Die Menschen fühlten sich von ihrem Bischof angesprochen. Allein für seinen Fastenhirtenbrief gingen im Münchner Ordinariat 50 000 Bestellungen ein. Im Fernsehen sprach er das *Wort zum Sonntag*, und seine Buchproduktion wuchs um Titel wie *Eucharistie – Mitte der Kirche*, *Christlicher Glaube und Europa* und *Umkehr zur Mitte*. Eine große *Theologische Prinzipienlehre* beschäftigte sich zudem mit Struktur und Geschichte von Glauben und Kirche. »Am Anfang waren seine Predigten schon sehr hochtheologisch«, räumte Schwester Agapita ein, die Mitarbeiterin im Bischofshaus, »das war für die normalen Kirchenbesucher eine Umstellung.« Andererseits habe Ratzinger »aber auch viele Intellektuelle wieder angezogen«[26]. Letztlich sei es ihm gelungen, das alte Publikum zu halten und neues hinzu- oder wieder zurückzugewinnen.

Eine Qual sind für Ratzinger die wöchentlichen Sitzungen des Ordinariatsrates. Die Generation der in den Sechzigerjahren geweihten Priester gab sich betont aufmüpfig. »Auch viele der Münchner Professoren waren reserviert gegenüber Ratzinger«, berichtete Generalvikar Gruber. »Ich weiß nicht, ob es nicht meine falscheste Entscheidung war, Bischof zu werden«, hörte ihn der Priester Hermann Theißing einmal seufzen. »In München hat er viele Enttäuschungen erlebt«, so Schwester Agapita, »von der Dekane-Konferenz kam er oft ganz geknickt nach Hause.« Es sei deshalb aber »nicht hart oder bitter geworden«. Zum Ausgleich habe er sich dann ans Klavier gesetzt, vor allem nach der Arbeit an einer Predigt, von der er fand, dass sie ihm besonders gelungen war. »Damit belohnte er sich selbst.« Wahr sei aber auch, so Sekretär Bruno Fink, dass Ratzinger »in manchen Dingen schnell und schroff entschieden hat. So in dem Sinne: ›Meine Herren, da brauchen wir uns nicht zu unterhalten, es gibt kein ideales Firm-Alter.‹ Damit war die Diskussion beendet«[27].

Nicht wenige Mitglieder des Domkapitels und der Priesterschaft hatten ihn anfangs spüren lassen, bestätigte der Pfarrer Klaus Günter Stahlschmidt, »dass sie einen anderen als Bischof gewollt hätten«. Stahlschmidt selbst hatte Ratzinger 1978 aus seinem Urlaub eine Grußkarte geschickt: »Ich bin zwar nicht mit allem einverstanden, was Sie als Bischof sagen und tun, aber als Mensch mag ich Sie.« Eine Antwort erwartete er nicht. Eines Tages jedoch lag eine Postkarte in seinem Briefkasten, beschrieben in einer klitzekleinen Handschrift: »Man muss nicht mit allem einverstanden sein, was der Bischof macht«, hieß es darauf, »aber man muss sich mit seiner Theologie auseinandersetzen.« PS: »Ein Bischof braucht es, dass man ihn als Mensch mag.« Ratzinger sei jemand, so Stahlschmidt, »der nicht aktiv Nähe sucht, sie aber zulässt und mag«. Auf seinen Glückwunsch zur Wahl zum 264. Nachfolger Petri erhielt Stahlschmidt mit Datum 11. Juni 2005 ebenfalls eine persönliche Antwort, die eine bischöfliche Fürsorge ausdrückte: »Ich habe Sie all die Jahre im Blick gehabt.«[28]

Im Herbst 1978 löste Bruno Fink Monsignore Erwin Obermaier als Privatsekretär ab, den Ratzinger zum Leiter des Priesterseminars bestimmte. Fink, Sohn eines kleinen Finanzbeamten, war 1972 in Freising zum Priester geweiht worden, hatte in Rom an der päpstlichen Eliteeinrichtung *Germanicum* studiert und empfand sich im Prinzip als *Theologus simplex*, als theologischer Laie ohne Ruf und Titel. Ein erstes »tiefes Erlebnis« ist für Fink, den Ratzinger stets mit »Herr Sekretär« anspricht, im September 1978 der 85. Deutsche Katholikentag in Freiburg, einschließlich eines Treffens mit Mutter Teresa. »Gleich am Abend nach der Ankunft führte der Weg Herrn Kardinal ins Freiburger Stadion zu einem Jugendevent mit dem Thema ›Vergiss die Freude nicht!‹.« Der Sekretär staunte nicht schlecht, als nach dem Segen sofort Scharen junger Menschen herbeistürzten, um ein Autogramm des Kardinals zu erheischen. »Ich musste mit aller Kraft versuchen, den Ansturm zu kanalisieren.«[29] Auch wenn sich »in diesen Jahren niemand ausmalen konnte, dass Joseph Ratzinger einmal zum Papst gewählt würde«, räsonierte Fink, »so konnte im Grunde keiner an der herausragenden Größe seiner Gestalt zweifeln«.

Es sind die Monate, in denen dem Bischof alles ein wenig zu viel wird. »Ich muss mir Zeit freikämpfen«, stöhnte er gegenüber Fink. Ratzinger ist Vorsitzender der Bayerischen Bischofskonferenz, Vorsitzender der Glaubenskommission der deutschen Bischöfe und in Rom Mitglied der internationalen Theologenkommission, Mitglied der Glaubenskongregation, des Einheitssekretariats und ab 1980 auch Mitglied im Rat der Bischofssynode. In der Regel waren 20 bis 30 Tage im Arbeitsjahr allein für Reisen nach Italien zu reservieren. Hinzu kamen die Vollversammlungen der deutschen und der bayerischen Bischöfe, die Treffen des Ständigen Rats der Bischofskonferenz, die Kommissionssitzungen, die Treffen mit den Dekanen des Bistums, dem Priester- und Diözesanrat, die wöchentlichen Sitzungen im Ordinariat, die Treffen mit Diakonen, Pastoral- und Gemeindereferenten, mit Ordensoberen und Theologiestudenten und die Vorträge bei Sozialvereinen, Akademien und Jubiläumsveranstaltungen. Noch immer ist er Mitherausgeber von *Communio* und betreut auch noch Doktoranden und Habilitanden aus Regensburg. Dass er sich mit seinem seit seiner Bischofsernennung fest etablierten Schülerkreis trifft, dem mehr als 30 Theologen aus allen Erdteilen angehören, ist ihm ein wichtiges Anliegen.

Mittags machte er seinen Spaziergang zum Englischen Garten. Vorbei an der Feldherrnhalle und an der Buchhandlung, in der er schon als Student gestöbert hatte. Eines Tages sieht ihn der Philosoph und Freund Ferdinand Ulrich versunken dahineilen, Hände auf dem Rücken, den Kopf tief zwischen den Schultern vergraben. Er habe ihn eingeholt, erzählte Ulrich, ihm die Hand auf die Schulter gelegt: »Joseph, was ist denn los?« Dann habe ihm der Kardinal sein Herz ausgeschüttet. Auch über die Anfeindungen im Domkapitel.[30]

Irgendwann ist es so weit, dass ein Termin im Bistum ausfallen muss, weil der Arzt dem Bischof aufgrund von Überlastung und einer Erkältung Ruhe verordnet. Immer häufiger zieht sich Ratzinger auch in sein Haus in Pentling zurück. Das Erdgeschoss ist an ein älteres Ehepaar vermietet, im ersten Stock aber kann er ungestört an seinen Büchern arbeiten und ein wenig Ruhe und Erholung finden – bis ihn jene Ereignisse einholen, die auf die katholische Kirche wie ein Zeitbeschleuniger wirken und das Raumschiff Petri in eine neue Umlaufbahn bringen, von der niemand weiß, wohin sie führen wird.

Kapitel 47

Das Jahr der drei Päpste

Die Lage in Rom war im August 1978 angespannt. Durch den abtrünnigen Erzbischof und Konzilsgegner Marcel Lefebvre drohte der Kirche ein neues Schisma. Aus der Kurie tauchten zudem Dokumente auf, die hohe Kirchenmänner als Mitglieder der berüchtigten Geheimloge P2 bezeichneten. Und zu allem Überdruss gab es auch noch Hinweise darauf, dass das IOR, das Bankinstitut des Vatikans, in krumme Finanzgeschäfte verwickelt war.

Persönlich besonders schmerzhaft für Paul VI. war der Tod seines engen Freundes Aldo Moro. Der italienische Ministerpräsident war am 16. März von der Terrorgruppe *Brigate Rosse* entführt und nach 55-tägiger Geiselhaft ermordet worden. Moros Leiche fand man im Kofferraum eines roten Renault 4. Ein Jahr zuvor hatte sich der Papst als Geisel zum Austausch gegen die 86 Passagiere angeboten, die von palästinensischen Terroristen in der deutschen Lufthansa-Maschine »Landshut« nach Mogadischu entführt wurden.[1]

Seiner Umgebung erschien der Pontifex blasser und erschöpfter denn je. Vor seiner Fahrt in die Sommerresidenz Castel Gandolfo verabschiedete er sich von Erzbischof Giuseppe Caprio aus dem päpstlichen Staatssekretariat mit den Worten: »Wir reisen ab, aber Wir wissen nicht, ob Wir zurückkehren und wie Wir zurückkehren.«[2] Der Papst hatte Fieber, hielt aber in Castel Gandolfo weiter seine Mittwochsaudienzen ab und arbeitete bis spät in die Nacht. Am 5. August läutete der 80-Jährige gegen 2.30 Uhr seinem Sekretär Pasquale Macchi. Völlig entkräftet erzählte Montini vom Tod Pius' XII., der fast genau 20 Jahre zuvor im selben Zimmer gestorben war. Am 6. August 1978 um 21.40 Uhr gab auch Paul VI. seine Seele dem Schöpfer zurück.

Vom rapide verschlechterten Gesundheitszustand des Papstes hatte Ratzinger am 6. August morgens in seinem Urlaubsort in Österreich erfahren. Sofort wies er seinen Generalvikar in München an, die ganze

Diözese aufzufordern, für den Pontifex zu beten.[3] Paul VI. war es zu verdanken gewesen, dass das Zweite Vatikanum einen erfolgreichen Abschluss feiern konnte. Innerkirchlich setzte er in einem enormen Tempo zahlreiche Reformen durch. Etwa die Umstrukturierung des Heiligen Offiziums in die Kongregation für die Glaubenslehre, wie es Frings und Ratzinger auf dem Konzil angeregt hatten, oder die Einrichtung von Bischofssynoden. Er erweiterte die Zahl der Papstwähler auf 120 und schloss die über 80-jährigen Kardinäle von einem künftigen Konklave aus. Papst Franziskus lobte im Jahre 2014 seinen Vorgänger und die Enzyklika *Humanae vitae* als »prophetisch«. Wörtlich meinte Bergoglio: »Er hatte den Mut, sich gegen die Mehrheit zu stellen, die moralische Disziplin zu verteidigen, eine kulturelle Bremse zu ziehen ... Die Frage ist nicht, ob man die Lehre ändert, sondern, ob man in die Tiefe geht.«[4] Die sogenannte Pillen-Enzyklika wurde im September 2016 auch von mehr als 500 Wissenschaftlern und Gelehrten verschiedener akademischer Disziplinen gewürdigt, die in einer gemeinsamen Deklaration deren Weitsicht in den Fragen zu Ehe, Familie und Sexualität lobten. Doch der Schatten, der nach dem Konzil über der Kirche sichtbar wurde, begann bald auch das Pontifikat Pauls VI. zu verdunkeln. Seine Linie fand weder bei Konservativen noch bei Progressisten einen deutlichen Anklang.

Als Ratzinger an den Beerdigungsfeierlichkeiten für Montini teilnahm, beeindruckte ihn die Schlichtheit des Begräbnisses. Der Papst hatte verfügt, nicht einmal der Wagen, der den Toten von Castel Gandolfo nach Rom überführte, sollte geschmückt sein. Aus Angst vor einem Terroranschlag der Roten Brigaden begleiteten den Zug allerdings 5000 Soldaten und Polizisten. Dass der Leichnam in St. Peter offen vor dem Hochaltar aufgebahrt wurde, lag am Druck der Bevölkerung, die sich von ihrem Pontifex verabschieden wollte. Der 85-jährige Kardinaldekan des Heiligen Kollegiums Carlo Confalonieri zelebrierte die Messe. Anschließend wurde der Sarg in die Vatikanischen Grotten gebracht. Hier erfolgte die Einsargung in die üblichen zwei weiteren Särge, ein Bleisarg und ein Ulmenholzsarg.

Wie es das Reglement vorsah, trafen wenige Wochen später aus aller Welt die Kardinäle ein, um in der Sixtinischen Kapelle ein neues Oberhaupt zu wählen. Einer der Purpurträger, Albino Luciani, der Patriarch von Venedig, hatte das Konklave mit seinem Uralt-Vehikel, das immer wieder ins Stottern geriet, gerade noch rechtzeitig erreichen können. »Mitte nächster Woche werden wir wieder nach Hause fahren«, meinte er zu seinem Sekretär, er solle gleich mal den Wagen in die Werkstatt bringen.

Joseph Ratzinger ist mit seinen 51 Jahren zwar der Jüngste im Konklave, als Diözesanbischof aber gehört er der Klasse der Kardinalpriester an und steht protokollarisch vor den meisten Kurienkardinälen. Der Status gewährt ihm bei den Wahlgängen in der Sixtinischen Kapelle einen der vorderen Plätze, zwischen den *Italianissimi* Silvio Kardinal Oddi und dem altbekannten Pericle Felici, ehedem Generalsekretär des Konzils. »Gedrängelt hat sich keiner nach dem Heiligen Stuhl«, erinnerte sich Ratzinger später, »man ist ganz froh, wenn man nicht Papst wird.« Es sei natürlich schon auch wahr, »dass wir uns mit einigen deutschsprachigen Kardinälen ein paarmal getroffen haben«. Teilnehmer der informellen Treffen waren neben ihm Joseph Schröffer, Sekretär der römischen Studienkongregation, dann die Kardinäle Joseph Höffner aus Köln, Franz König aus Wien, Alfred Bengsch aus Berlin und die deutschstämmigen brasilianischen Kardinäle Paulo Evaristo Arns und Aloísio Lorscheider. Ein Meinungsaustausch, erläuterte Ratzinger, gehöre im Vorfeld eines Konklaves zu den üblichen Gepflogenheiten. Es sei dabei auch »ganz und gar nicht in unserer Absicht« gewesen, »irgendwelche Entscheidungen zu treffen; wir wollten uns einfach nur ein wenig unterhalten«[5].

Ratzinger selbst wollte sich bei seiner ersten Papstwahl »von der Vorsehung leiten« lassen, und offenbar hatte er die richtige Eingebung. Als er vor seinem geistigen Auge die Namen möglicher *papabile* an sich vorbeiziehen ließ, berichtete er in der Rückschau, habe er »sehen können, wie sich schließlich ein Konsens zugunsten des Patriarchen von Venedig herausbildete«. In der Tat war es der Bischof aus der Lagunenstadt, der sich am 26. August 1978 auf der Loggia des Petersdoms als Nachfolger Pauls VI. präsentierte. »Gott verzeihe euch, was ihr getan habt«, hatte Luciani im Konklave seinen Wählern noch zugerufen, aber bald schon gab man ihm Kosenamen, die man so für einen Pontifex noch nicht gehört hatte: »der lächelnde Papst«, der »Pfarrer der Welt«, oder auch »das Lächeln Gottes«.

Mit Luciani, dessen Vater Saisonarbeiter und Sozialist war und eine antiklerikale Einstellung pflegte, legte das Papsttum alte Formen ab. Neu war, dass ein Papst einen Doppelnamen trug: *Johannes Paul I.*, benannt nach seinen beiden Vorgängern. Die nachgestellte Ordnungszahl »I«, bislang absolut unüblich für den Beginn einer neuen Namensreihe, begründete er damit, es werde bald ein Johannes Paul II. folgen.

Luciani verzichtete auf Krönung und Inthronisation, sprach nicht mehr im majestätischen »Wir«, sondern sagte »ich«. Er verbot den Schweizer Gardisten, bei der Begegnung mit ihm einen Kniefall zu machen, und willigte nur widerstrebend in den Gebrauch des Tragesessels ein. »Gott ist unser Vater«, rief er in seiner Angelus-Ansprache am 10. September 1978 aus, »aber noch mehr ist er Mutter.«

Ratzinger bewunderte an Johannes Paul I. die »große Einfachheit, aber auch seine umfassende Bildung«. Er sei »sehr glücklich« über diese Wahl gewesen. Die beiden hatten sich kennengelernt, als Luciani lange vor seiner Wahl von Venedig aus überraschend seinen bischöflichen Mitbruder während dessen Urlaub in Brixen besuchte. »Einen so gütigen Mann mit einem so leuchtenden Glauben als Hirten der universalen Kirche zu haben«, lobte der Münchner, »war eine Garantie dafür, dass alles gut gehen würde. Er war kein Mann, der Karriere machen wollte, sondern empfand die Ämter, die man ihm übertragen hatte, als Dienst und auch als Leiden.«[6]

Als 33 Tage später, am 29. September um 7.42 Uhr, Radio Vatikan meldete, der Papst, der kaum im Amt war, sei urplötzlich verstorben, klang es für viele, als hätten sie sich gerade eben verhört. War es wirklich wahr? Wie konnte ein nur 65-jähriger, offenbar gesunder Pontifex plötzlich tot sein? In der Presseerklärung des Heiligen Stuhls hieß es, Johannes Paul I. sei bei der Lektüre der *Nachfolge Christi*, einem Werk des mittelalterlichen deutschen Mystikers Thomas von Kempen, friedlich entschlafen. Sein Privatsekretär habe ihn am Morgen tot aufgefunden. Fernsehsender in aller Welt unterbrachen ihr Programm. Zeitungsredaktionen bereiteten Extraausgaben vor. Aber was bedeutete es, dass der Vatikan eine Obduktion des Leichnams ablehnte?

Joseph Ratzinger erreichte die Nachricht vom Tod des Papstes in Ecuador. »Übrigens auf recht merkwürdige Weise«, wie er anmerkte. Er befand sich gerade als erster und, wie sich herausstellen sollte, auch letzter Delegat Johannes Pauls I. auf einem Marianischen Kongress in Guayaquil in Ecuador. Seine Reise wollte er nutzen, um bei dieser Gelegenheit auch Vertreter der »Theologie der Befreiung« näher kennenzulernen, von der jetzt so häufig die Rede war. »Ich schlief im Bischofshaus von Quito«, erzählte er später. »Ich hatte die Tür nicht verschlossen, denn im Haus des Bischofs fühlte ich mich geborgen wie in Abrahams Schoß.« Es sei mitten in der Nacht gewesen, »als plötzlich ein Lichtstrahl in mein Zimmer fiel und eine Person im Karmelitenhabit hereinkam. Über das Licht und diese so düster gekleidete Person, die mir wie ein Unheilsbote vorkam, hatte ich mich ein wenig erschreckt.« Schließlich erkannte er in der unheimlichen Figur den Weihbischof von Quito, Alberto Luna Tobar, den späteren Erzbischof von Cuenca. »Er sagte mir, dass der Papst gestorben sei. So erfuhr ich also von diesem traurigen und vollkommen unerwarteten Ereignis.«[7]

Nach der Messe, die Ratzinger am Morgen feierte, kam sein noch ahnungsloser Sekretär aufgeregt auf ihn zu. Seine Exzellenz habe sich wohl aus Versehen bei den Fürbitten vertan, als er »für unseren toten Papst Johannes Paul I.« gebetet hätte. Er hätte doch eigentlich für Paul VI. beten müssen. Der Sekretär war nicht der Einzige, den die Nachrichtenlage verwirrte. Viele Tausende Kilometer entfernt, in der Stadt Krakau, reagierte eine Nonne in der Küche im Erdgeschoss des Erzschöflichen Palais ähnlich verdutzt. Józef Mucha, der Chauffeur Karol Wojtylas, war hereingestürzt und bedrängte sie, sofort den Kardinal zu informieren, der nebenan beim Frühstück mit seinen engsten Mitarbeitern den Tagesplan besprach. »Sie müssen hineingehen und ihm sagen, dass der Papst gestorben ist«, insistierte er. – »Aber das war doch schon vor einem Monat.« – »Nein, der neue.«[8] Als Karol Wojtyla die Nachricht hörte, fiel ihm angeblich der Löffel aus der Hand, mit dem er gerade seinen Kaffee zuckern wollte. »Nein«, murmelte er. Danach schloss er sich für mehrere Stunden in der Kapelle ein.

Das für unmöglich gehaltene Ereignis war der ideale Nährboden für Spekulationen. Sehr schnell tauchten zudem Meldungen auf, der Heilige Vater habe zum Zeitpunkt seines Todes gar nicht *Die Nachfolge Christi* gelesen, sondern Texte für bevorstehende Reden. Als öffentlich wurde, dass Luciani am Morgen nach seinem Tod auch nicht von seinem Sekretär, sondern von einer Nonne aufgefunden worden war, sprachen die Ersten von Mord. Gerüchtemacher verbreiteten, Johannes Paul I. sei beseitigt worden, weil er korrupten Netzwerken im Vatikan in die Quere gekommen sei. In dem französischen Skandalwerk *La Vraie Mort de Jean Paul I* wurde später Kardinalstaatssekretär Jean Villot angedichtet, er habe den Mord geplant und den Papst durch ein Double ersetzen lassen, nachdem Luciani ein Nest von Freimaurern im Vatikan entdeckt habe. 1984 tischte der britische Autor David Yallop in seinem Buch *Im Namen Gottes?* seinen Lesern die These auf, Johannes Paul I. starb durch vergiftete Medikamente. Hinter der Tat stünden die Vatikanbank, die Mafia und die geheimnisvolle Loge P2. Der Vatikan-Thriller erreichte in 40 Sprachen eine Auflage von über sechs Millionen Exemplaren.

Luciano lag noch nicht unter der Erde, als die mittelalterliche Prophezeiung eines gewissen *Malachias* die Runde machte. Es geht darin um die zeitliche Abfolge der Päpste, die noch kommen sollten bis zum Ende der Geschichte. Der Code-Name, der mit dem Pontifikat Lucianis zusammenfiel, lautete *de medietate lunae*. Kommentatoren wiesen darauf hin, dass es sich hierbei um die Verkürzung des Ausdrucks *de media aetate lunae* handelte – auf halbem Weg durch den Mondumlauf. »Johannes Paul starb tatsächlich genau in der Mitte eines Zeitraums zwischen zwei Vollmonden«, hielt der englische Autor John Cornwell fest.[9] Cornwell hatte den urplötzlichen Tod des Papstes detailliert untersucht. Er war zu dem gleichen Ergebnis gekommen, das vier Jahrzehnte später, im November 2017, Stefania Falasca verkündete, Anwältin einer vom Vatikan angeordneten Untersuchung, in der noch einmal Krankenakten und medizinische Berichte zusammen mit internen Notizen und Zeugenaussagen ausgewertet wurden. Als Todesursache konnte eindeutig ein Herzinfarkt festgestellt werden, ausgelöst durch eine koronare Herzerkrankung aufgrund von Arteriosklerose, das sei »die nackte und traurige Wahrheit«[10]. Einer der Privatsekretäre Lucianis sagte über den 33-Tage-Papst: »Er ist zusammengebrochen unter einer Bürde, die zu groß war für seine schmalen Schultern – und unter der Last seiner unermesslichen Einsamkeit.«[11]

Ratzinger war aus Ecuador direkt nach Rom geflogen. »Ich bin kein Arzt«, gab er bei seiner Ankunft am Flughafen Reportern zur Antwort, »aber auf mich machte er den Eindruck, jemand zu sein, der, wie ich selber auch, nicht gerade von starker körperlicher Konstitution ist.« Er habe Johannes Paul I. »wegen seiner großen Güte, Einfachheit und Demut« geschätzt. »Und wegen seines großen Mutes. Er hatte den Mut, die Dinge beim Namen zu nennen, auch wenn er damit gegen den Strom schwamm.« Durch den frühen Tod des Papstes seien zwar alle Kardinäle »etwas deprimiert«. »Dass die Vorsehung zu unserer Wahl ›Nein‹ gesagt hatte«, sei »wirklich ein schwerer Schlag.« Gleichwohl hätte auch dieses Pontifikat in der Kirchengeschichte durchaus seine Bedeutung.[12]

Das zweite Konklave innerhalb von nur zwei Monaten sollte im Anschluss an eine Messe im Petersdom am Samstag, 14. Oktober 1978, um 16.30 Uhr mit der Einnahme der Quartiere im Apostolischen Palast beginnen, notdürftigen Kammern, die oft nur durch Wände aus Pappkarton abgetrennt waren. Die erste Abstimmung war für Sonntagmorgen angekündigt. Noch immer sei die Stimmung unter den Kardinälen bedrückt gewesen, so Ratzinger in der Rückschau, »auch wenn die Wahl Lucianis kein Fehler gewesen war«. Irgendwie sei dann das Gefühl entstanden, »dass es etwas ganz Neuen bedurfte«.[13] Im Vorfeld hatte Ratzinger zu Irritationen beigetragen, als er in einem Interview davon sprach, die Versammlung der 111 wahlberechtigten Kardinäle stehe unter schwerem Meinungsdruck linker Kräfte. Er warnte vor der Wahl eines die politischen und sozialen Belange »überbewertenden« Papstes. Unklar sei im Vatikan, meldete daraufhin die *Süddeutsche Zeitung*, was der Erzbischof mit dem »linken Druck« eigentlich gemeint habe. Man deute den Vorstoß jedenfalls als Versuch, den Wahlausgang zu beeinflussen: »Vor allem deshalb, weil die fünf deutschen Kardinäle im Konklave (nicht zuletzt wegen des finanziellen Gewichtes der katholischen Kirche der Bundesrepublik) als wichtige Einflussgruppe angesehen werden.«[14]

Das Konklave war die erste Gelegenheit für Karol Wojtyla und Joseph Ratzinger, sich persönlich kennenzulernen. Drei Wochen zuvor war der Pole zwar mit einer Delegation unter Leitung von Kardinal-Primas Stefan Wyszyński in München gewesen, da aber war der Deutsche schon unterwegs nach Südamerika. Immerhin ließ Ratzinger für den Gast als Geschenk eine Marienfigur bereitstellen. Sie trug die Gravur »Königin Polens und Patrona Bavariae«. Hatte er in München Wojtylas Rede, die den vorausschauenden Titel »Unser gemeinsamer Weg« trug, noch verpasst, lauschte er während des Prä-Konklave nun hochkonzentriert den einzelnen Vorträgen des Polen. Er habe dabei, berichtete er später, den Eindruck »eines sehr gebildeten Menschen, eines nachdenklichen Menschen« gewonnen, »mit einer philosophischen Bildung, die bedeutend war«[15].

Gleich beim ersten Treffen findet er sich bestätigt. Man spricht deutsch miteinander, der Fremdsprache, die Wojtyla auf dem Gymnasium gelernt hatte. Ratzinger ist begeistert: Da war »seine unkomplizierte menschliche Direktheit und Offenheit und die Herzlichkeit, die von ihm ausgegangen ist. Da war der Humor, dann die Frömmigkeit, die nichts Aufgesetztes, nichts Äußeres hat. Man spürte, das ist jemand, der keine Pose hat, der wirklich ein Mann Gottes und obendrein ein ganz origineller Mensch ist. Dieser geistige Reichtum, die Freude am Gespräch und am Austausch, das alles waren Dinge, die ihn mir sofort sympathisch werden ließen.«[16]

Bei einem Konklave bitten die Kardinäle um geistige Inspiration, um jenen einen aus ihrer Mitte zu finden, der nach bestem Wissen und Gewissen dafür geeignet sei, das Schiff Petri durch die Stürme der Zeit zu steuern und die Herde Christi zusammenzuhalten. Diesem Zweck dienen Gebete, Meditationen, feierliche Zeremonien und Gelöbnisse. Nicht erlaubt sind feste Absprachen, um einen bestimmten Kandidaten »durchzudrücken«. Nach Recherchen der Autoren Carl Bernstein und Marco Politi waren es im Oktober 1978 jedoch nicht nur der Heilige Geist, sondern auch deutschsprachige Papstmacher, die die Wahl wesentlich beeinflusst hatten, allen voran der Wiener Kardinal Franz König. Ausgangspunkt war eine Pattsituation zwischen zwei Favoriten aus dem italienischen Episkopat, die sich nicht auflösen ließ. Daraufhin habe sich König für Wojtyla starkgemacht, aber auch Ratzinger habe erfolgreich für den Polen geworben.

In unseren Interviews hatte ich den *Papa emeritus* zu den Vorgängen befragt:

Ist es richtig, dass die deutschsprachigen Teilnehmer die Wahl Karol Wojtylas maßgeblich unterstützt haben?

»Unterstützt auf jeden Fall, ja.«

Hatten Sie persönlich einen großen Anteil an seiner Wahl?

»Nein, das glaube ich nicht. Ich war ja ein ganz junger Erzbischof. Ich war einer der jüngsten Kardinäle und habe mir auch nicht angemaßt, da irgendwie eine Rolle spielen zu wollen. Und ich bin an sich gegen Verschwörungen und so Sachen, gerade in der Papstwahl. Es soll doch jeder ganz nach seinem Gewissen wählen. Gut, wir Deutschsprachigen haben miteinander gesprochen, aber ohne Verabredungen.«

Sie werden sich wohl kaum ganz zurückgehalten haben?

»Nun, ich kann nur sagen, König hat außerhalb des Konklaves zu verschiedenen Kardinälen gesprochen. Was drinnen war, bleibt weiterhin geheim. Nein, ich habe mich in dieser Zeit von öffentlichen Aktivitäten vollkommen ferngehalten. Wir, die deutschsprachigen Kardinäle, haben uns wohl getroffen und die Dinge beraten. Aber ich selber habe nicht irgendwie Politik gemacht.«

Hat es Sie erschreckt, als die Wahl tatsächlich auf den Polen fiel?

»Nein. Überhaupt nicht. Ich war ja für ihn. Kardinal König hatte mich angesprochen. Und meine eigene persönliche, wenn auch kurze Bekanntschaft mit ihm hatte mich überzeugt, dass er wirklich der richtige Mann ist.«

Der 16. Oktober ist nach dem liturgischen Kalender der Festtag der heiligen Hedwig, einer in Andechs bei München geborenen Patronin Polens. Aus dem Schornstein der Sixtinischen Kapelle war – nach acht Wahlgängen in drei Tagen – zunächst erneut schwarzer Qualm aufgestiegen. Jemand hatte neben den Wahlzetteln den falschen Brennstoff in den für das Konklave aufgestellten Ofen gegeben. Kurz danach aber stiegen die so hoffnungsvoll erwarteten weißen Rauchzeichen in den Himmel. Als dann der mit Hochspannung erwartete Kardinalprotodiakon auf der Loggia des Petersdoms erschien und in die atemlose Stille des Publikums den Taufnamen des neuen Papstes hineinrief, verschlug es vielen die Sprache. »Carolus«, hatten sie verstanden. Welcher Carolus? Die Italiener in der Menge kannten nur einen Karl, Carlo Confalonieri, den über 85-jährigen Dekan des Kardinalskollegiums. »*O Dio mio*, o mein Gott, sie sind verrückt geworden«, rief jemand.

Es ist eine historische Wahl. Denn dieser »Carolus«, der nun selbst auf dem Balkon vortritt, ist niemand anderer als Karol Józef Wojtyla, der erste polnische Papst der Geschichte, der erste Nicht-Italiener nach einem halben Jahrtausend, 58 Jahre jung, sportlich, kräftig, charismatisch – ein Sieger-Typ, der den Eindruck vermittelt, er könne die Welt aus den Angeln heben. Weil Wojtyla sich nicht an das Zeremoniell hält und viel zu lange zu den Gläubigen spricht, können aufmerksame Zuhörer über die Mikrofone deutlich ein sehr bestimmendes »*Basta!*« des päpstlichen Zeremonienmeisters Virgilio Noè vernehmen. Der Pole aber lässt sich nicht unterbrechen. »*Vi vengo da un paese lontano*«, ich komme aus einem fernen Land, sagt er in seinem noch holprigen Italienisch, und man möge ihn doch bitte korrigieren, wenn er das eine oder andere Wort falsch ausspreche. Unten auf dem Platz stehen Bruno Fink und der langjährige Sekretär Wojtylas, Stanislaw Dziwisz, unmittelbar beieinander, und beide sind noch immer starr vor Schreck.

Bei seiner Messe zur Feier seiner Amtsübernahme legen die Worte des neuen Papstes, der sich Johannes Paul II. nennt, den Grundstein für eine jener Wendemarken in der Geschichte, die den Weg frei machen für tiefgreifende Veränderungen. »Habt keine Angst! Öffnet, ja reißt die Tore weit auf für Christus!«, ruft der Vicarius Christi aus: »Öffnet die Grenzen der Staaten, die wirtschaftlichen und politischen Systeme, die weiten Bereiche der Kultur, der Zivilisation und des Fortschritts seiner rettenden Macht! Habt keine Angst«, wiederholt er, »erlaubt Christus, zum Menschen zu sprechen! Nur er hat Worte des Lebens!«[17]

In München gibt Weihbischof Ernst Tewes am selben Tag ein mit

Ratzinger abgesprochenes erstes Statement, ohne zu ahnen, wie viel Wahres er dabei ausspricht: »Vielleicht sind wir Zeugen eines bedeutsamen Einschnittes in der Kirchengeschichte geworden, eines Ereignisses, das im gegenwärtigen Kräftefeld der geistigen und politischen Auseinandersetzung in seinen Folgen noch gar nicht überblickt werden kann.«[18]

Ratzinger und Wojtyla harmonierten von Anfang an. Beide waren exzellente Theologen und junge, hochintelligente Reformer, die sich mit Fragen der Philosophie, der Geschichte und der vertrackten Entwicklung der Moderne beschäftigten. Beide mussten die Wissenschaft an den Nagel hängen. Beide aber drängte es zu einer Erneuerung des Glaubens, und zwar aus seiner inneren Mitte heraus. Doch die ersten neun Monate nach der Inthronisation Wojtylas gab es keinerlei Kontakt zwischen ihnen. Nicht einmal ein Telefongespräch. Während in einer Art Wettlauf fast alle anderen deutschen Bischöfe dem neuen Pontifex ihre Aufwartung machten, hieß es in München: »Herr Kardinal hat in seiner Diözese reichlich zu tun.«[19]

Anfang Juni 1979 besucht Johannes Paul II. seine polnische Heimat, eine Reise, die mit hoher Nervosität erwartet worden war. Polens Wirtschaft befand sich in einem verheerenden Zustand. Der Arbeiterführer Lech Walesa aus Danzig arbeitete am Aufbau einer unabhängigen Gewerkschaft. Und von der führenden Rolle der kommunistischen Partei zu sprechen war angesichts der Millionen von Menschen, die Karol Wojtyla auf seiner Tournee zujubelten, eine Absurdität geworden. »Ihr müsst stark sein, geliebte Brüder und Schwestern«, ruft der Papst seinen Landsleuten zu. »Ihr müsst stark sein mit der Kraft, die aus dem Glauben kommt!« In vielen Städten schwenken Jugendliche kleine hölzerne Kruzifixe, das neue Symbol des Widerstands. Er habe das Gefühl gehabt, beschrieb Wiktor Kulerski die Szenerie, ein Mitglied der Solidarność, »der Kommunismus hat keine Bedeutung mehr. Die Menschen wiederholen die Worte des Papstes, und sie wissen, dass er ihr Bollwerk ist.«[20]

Ratzinger selbst hatte Vorträge im Nachbarland gehalten und pflegte einen intensiven Kontakt zu Bischof Alfons Nossol im polnischen Oppeln. »Ich glaube, es ist wichtig, dass möglichst viele Bischöfe diesen Ereignissen beiwohnen«, meinte er eines Morgens zu Bruno Fink. »Herr Sekretär, wir reisen nach Polen!« Auf diese Weise könne er immerhin noch den zweiten Teil der Papstreise begleiten. Es waren die

Stationen Tschenstochau, Auschwitz, Nowa Huta und Krakau. Zehn bis zwölf Millionen Menschen hatten an den Papstgottesdiensten teilgenommen, zum Großteil junge Leute. Regelrechte Beifallsstürme brachen am Dreifaltigkeitssonntag beim Abschlussgottesdienst in Krakau aus. Aber die wenigsten ahnten, dass es der Beginn vom Ende des kommunistischen Regimes ist, als Johannes Paul II. eine nachhaltige Frage stellte: »Als Nachfolger des Apostels Petrus frage ich euch heute: Bekennt ihr euch zum Glauben an Jesus, den Sohn Gottes?« Die Menge erhob sich von den Sitzen und antwortete stimmgewaltig mit dem gemeinsamen Lied: »Wir wollen Gott!«

Schon bald nach der Polenreise ist es wieder einmal der Nuntius, Exzellenz Guido del Mestri, der Ratzinger in Aufregung versetzt. Der Papst wolle den Kardinal sprechen, meldet er am Telefon, möglichst sofort, ohne Rücksicht auf anderweitige Verpflichtungen. In aller Eile wurden Termine verlegt, Veranstaltungen abgesagt und Ratzinger machte sich auf den Weg. In Rom allerdings weiß man nichts von einem Termin mit dem Heiligen Vater. Ein Monsignore im vatikanischen Staatssekretariat zuckt mit den Schultern. »*Un attimo*, ich versuche das zu klären.« Eine halbe Stunde später kam die Order, man sei für Dienstag um 13.00 Uhr eingeplant. Johannes Paul II. bat in der Audienz Ratzinger als Letzten in der Reihe zu sich, um ihn danach zum Essen einzuladen. Man sprach über die Ereignisse in Polen, wobei sich herausstellte, dass Wojtyla die dezente Anwesenheit des bayerischen Bischofs während seiner Visite nicht bemerkt hatte. Zum Abschluss des Mittagessens kam Wojtyla zur Sache. Ja, er wolle ihn unbedingt in Rom haben. Und zwar für den Posten eines Präfekten der Römischen Studienkongregation, der vakant geworden sei. Ratzinger zögerte kurz – dann lehnte er glattweg ab. Er sei nun gerade einmal zwei Jahre als Bischof im Amt, unmöglich könne er so schnell seine Herde wieder verlassen. Im Übrigen kenne er zwar den Hochschulbetrieb und die katholischen Fakultäten in Deutschland ganz gut, aber diese unterschieden sich deutlich von denen in anderen Ländern, für die er ja dann zuständig wäre. Nein, leider, es ginge nicht.

Es war der erste Versuch Wojtylas, den Mann aus München in sein Team zu holen. Beiden Kirchenführern war klar, dass es nicht der letzte bleiben würde.

Kapitel 48

Der Fall Küng

Allmählich war Routine eingekehrt in den Amtsgeschäften des Bischofs. Sein Alltag begann mit der heiligen Messe um 7.30 Uhr. Ratzinger mochte am Morgen nur sehr kurze, schlichte Feiern, ohne Fürbitten. Nach dem Mittagessen verbrachte er eine kurze Zeit mit seiner Schwester, und gegen 22.00 Uhr sah man in seiner Wohnung das Licht ausgehen. »Als Vorgesetzter war er ideal«, berichtete Sekretär Bruno Fink, »er machte sich über alles Notizen, war humorvoll und sagte, wie man vorgehen muss.«[1] Alles sei von großer Geduld getragen gewesen. Allenfalls ein tiefes Atemholen zeigte an, wann der Chef mit einer Situation haderte.

Fest zum Jahresprogramm gehörten die Exerzitien im Kloster Scheyern, wo er für sich allein bleiben wollte. »Da war diese ländliche Weite, die großen Wälder und die unangestrengte Stille und Offenheit«, schwärmte er, dazu »das Einfache der Abtei und das Beständige des Rhythmus.«[2] Wenn der Bischof über Land fuhr, schien es Beobachtern, als würde sein »bayerisches Herz« aufblühen. *Terra Benedictina* nennt man einen Teil der Landschaft im Kerngebiet des Bistums, von den Mönchen Benedikts kultiviert – und gesegnet zugleich. Er liebte das Tiefselige und Weitherzige seiner Landsleute, ihre großen Gefühle, ihre Kunst des Lebens, die das Verbindende, das Sowohl-als-auch anstatt das harte Entweder-oder kennzeichnet. »Gott mit dir, du Land der Bayern«, heißt bis heute die offizielle Hymne des Landes. Das allzu Forsche und Gespreizte mag man hier nicht, die Bereitschaft zum Querdenken schon. »So ist eigentlich dieses Land immer ein einerseits nach innen gewandtes, aber darum auch beharrungsfähiges gewesen«, erklärte Ratzinger einmal – »weil es ein offenes war, weil es sich zu dem großen Austausch der Kulturen verstand. Und vielleicht rührt das Unbequeme Bayerns in der deutschen Geschichte gerade auch davon her, dass es sich nie in eine bloß nationale Kultur einzwängen ließ, sondern immer ein Raum der Offenheit eines großen, weiten geistigen Austausches geblieben ist.«[3]

Ein kirchliches Großereignis ist im November 1979 das ökumenische Jugendtreffen der Gemeinschaft von Taizé. Der Münchner Dom ist überfüllt mit aufgeweckten jungen Menschen. Zur Überraschung aller spricht Frère Roger Schutz, der Gründer der *Communauté*, über das Thema Beichte. Als Schutz am nächsten Morgen mit zwei jungen Brüdern zum Gottesdienst in der bischöflichen Hauskapelle erscheint, ist Ratzinger in Gewissensnöten. Darf er den nicht katholischen Gästen die heilige Kommunion reichen? Frère Roger kann ihn beruhigen. Die Frage der Kommuniongemeinschaft sei im Einvernehmen mit dem Papst längst positiv entschieden worden. Bereits während des 2. Vatikanischen Konzils, führte er beim anschließenden Frühstück aus, habe der Vatikan die Aufnahme der Gemeinschaft in die katholische Kirche angeboten. Die Mitbrüder seien aber zu dem Entschluss gekommen, sie wollten weiterhin in besonderer Weise ein Impuls für die Einheit aller Christen sein. Er selbst habe seine christliche Identität darin gefunden, dass er den Glauben seiner protestantischen Herkunft mit dem Mysterium des katholischen Glaubens versöhnt habe.

Sein besonderes Augenmerk richtete der Bischof auf die Wiederentdeckung des missionarischen Auftrages seiner Diözese. »Die Kirche hat von Christus her ihr Licht. Wenn sie dieses Licht nicht auffängt und weitergibt, dann ist sie nur ein glanzloser Klumpen Erde.«[4] »Wie oft haben wir den Erfolg der Wahrheit vorgezogen, unser Ansehen der Gerechtigkeit«, hieß es an anderer Stelle.[5] Bischöfliche Gremien sollten nicht bloß Beschlüsse fassen und Papiere produzieren, sondern »darauf ausgerichtet sein, dass die Gewissen heller und darin von der Wahrheit her freier werden«. Dazu passe es nicht, dass die Hirten von »ihren oft schwerfälligen bürokratischen Strukturen geradezu erstickt« würden.[6] Wenn sich Priester so oft überanstrengt, müde und frustriert fühlten, läge es häufig »an einer verkrampften Suche nach Leistung«. Deshalb müsse der Geistliche »vor allem ein Mann des Gebetes, ein wirklich ›geistlicher‹ Mensch sein. Ohne eine starke spirituelle Substanz kann er auf Dauer in seinem Dienst nicht bestehen.«[7]

Ein Priester, wurde er nicht müde zu predigen, müsse »Menschen zur Fähigkeit des Versöhnens, des Vergebens und Vergessens, des Ertragens und der Großzügigkeit führen. Er muss ihnen helfen, den anderen in seiner Andersheit zu ertragen, Geduld miteinander zu haben, Vertrauen und Klugheit, Diskretion und Offenheit ins rechte Maß zu bringen und noch vieles mehr. Er muss vor allem auch fähig sein, den Menschen im Schmerz beizustehen – im körperlichen Leiden wie in all den Enttäuschungen, Erniedrigungen und Ängsten, die keinem erspart werden.«[8] Von Christus könne der Priester lernen, »dass es in seinem Leben nicht auf Selbstverwirklichung und nicht auf Erfolg ankommt«. Und wenn der Bischof dann an den Schluss seiner Predigt kam, konnte er klingen wie ein Revolutionär alter Schule: »Nur wenn wir den Mut haben, diesem Feuer nahe zu sein, wenn wir selbst uns zu Brennenden machen lassen, dann können wir auch auf dieser Erde sein Feuer entzünden, das Feuer des Lebens, der Hoffnung und der Liebe.«[9]

Im Spätherbst des Jahres 1979 kam die erste größere Bewährungsprobe für Ratzinger, und niemand kann sagen, dass er daraus unbeschädigt hervorgegangen wäre. Es ging um die Besetzung des vakant gewordenen Lehrstuhls für Fundamentaltheologie an der Münchner Uni. Zuständig war der bayerische Kultusminister Hans Maier. Dem Konkordat zufolge aber hatte der Bischof ein Wörtchen mitzureden. Fatalerweise hatte sich der Universitätssenat einstimmig dafür entschieden, ausgerechnet Johann Baptist Metz aus Münster auf Platz eins der Berufungsliste zu setzen, den Begründer der »politischen Theologie«. Dass der Kardinal über die Nominierung nicht begeistert sein konnte, musste allen Beteiligten klar sein. »Maier hat mit mir darüber gesprochen«, berichtete der spätere Papst, »er meinte, er sei dagegen. Ich pflichtete ihm bei. Metz war so spinnert politisch, und dabei so ahnungslos. Obendrein hatte er keinen guten Ruf, was Ernennungen und Promotionen betrifft.«[10] »Wenn einer links ist, bin ich dafür«, hatte der Münsteraner Theologe Herbert Vorgrimler Metz' Ernennungspolitik charakterisiert. Natürlich seien Maier und er sich bewusst gewesen, räumte Ratzinger ein, dass die Sache »öffentlich einen großen Wirbel« auslösen würde.

Metz wurde abgelehnt, und der Wirbel war da. Dass Metz sehr wohl über wissenschaftliche Qualitäten verfügte, war von Ratzinger nicht bestritten worden. Was ihm Probleme bereitete, war Metz' Verknüpfung der Christus-Botschaft mit politischem Aktionismus. Die aggressiv vertretene Linie des Kollegen war für ihn mit ein Grund gewesen, von Münster wegzugehen. Metz selbst räumte später ein: »Ich habe Fehler gemacht. Ich hatte den Einfluss, den das Wort ›Politische Theologie‹ hatte, unterschätzt. Was ich wollte, war etwas ganz anderes.«[11] Allerdings habe Ratzinger nie »meine Rechtgläubigkeit angezweifelt«. Er, Metz, habe später mit Genugtuung zur Kenntnis genommen, dass der Kardinal sein Wort von der »Gotteskrise«, die der tiefere Grund der Kirchenkrise sei, in seinen Vorträgen zustimmend gebraucht habe.

Als bekannt wurde, dass Kultusminister Maier den Zweitplatzierten auf der Liste der Universität vorzog, erhob auch Karl Rahner seine Stimme. »Ich protestiere. Ich protestiere dagegen, dass der Erzbischof von München, Kardinal Ratzinger, und der bayerische Staatsminister für Unterricht und Kultus, Prof. Hans Maier, die Berufung von Prof. Dr. Johann Baptist Metz … verhindert haben«,[12] erboste sich Rahner am 16. November 1979 im linkskatholischen *Publik-Forum*. Metz war der Meisterschüler Rahners gewesen. Dass der flammende Protest bereits am 14. November auf einer Doppelseite in der *Süddeutschen Zeitung* vorabgedruckt wurde, gab dem Einspruch eine Note à la Émile Zolas berühmten *J'accuse*, »ich klage an«. »Ich kann verstehen, dass dem *Theologen* Ratzinger die Theologie von Metz unsympathisch ist, dass er durchaus sachliche Gründe gegen die Theologie von Metz glaubt haben und formulieren zu können«, führte der große alte Mann der deutschen Theologie aus, »aber ich bestreite, dass diese Gründe für den Bischof ausreichen, um die Berufung von Metz faktisch abzulehnen und dies noch als einen Dienst an Kirche und Theologie zu verstehen.«[13] Hier gehe es um einen Angriff auf die Freiheit der Wissenschaft.

Doch die Entscheidung stand. »Jetzt müssen *Sie* aufstehen«, forderte Maier den Bischof auf, was dieser auch machte. »Was mich dann enttäuscht hat, war«, so Ratzinger in unserem Gespräch, »dass Maier plötzlich nichts mehr damit zu tun haben wollte.« Tatsächlich hatte der Minister Metz gegenüber erklärt, Ratzinger hätte ihn quasi gezwungen zu seinem Schritt. »Herr Metz, glauben Sie mir, ich hätte Sie auf jeden Fall berufen«, habe Maier ihm erklärt, so Metz.[14] In seinen detaillierten Memoiren *Böse Jahre, gute Jahre* geht der Politiker, der dem »Zentralkomitee der deutschen Katholiken« als Präsident vorstand, mit keiner Zeile auf die Affäre ein.[15] Ratzinger und Metz hatten sich später ausgesöhnt. Auch mit Rahner kam die Sache wieder ins Reine. Dass Rahner »den einstigen Konzilskollegen Ratzinger bis zu seinem Tod 1984 mied«, wie es in einer »kritischen Biografie« über den späteren Papst heißt, ist jedenfalls ein Märchen. Sekretär Fink berichtete von einem gemeinsamen Treffen im Erzbischöflichen Haus, bei dem er »den festen Eindruck« gewonnen habe, die beiden Theologen seien bei dem Gespräch mit anschließendem Abendessen »auf tiefes Verständnis füreinander gestoßen«[16]. Ratzinger selbst bestätigte: »Wir blieben weiterhin in Verbindung. Er sagte nur: Jetzt muss aber Schluss sein mit dem Streit.«[17]

619

In einer öffentlichen Antwort auf die »Vorhaltungen« Rahners hatte der Bischof klargestellt, dass der Fakultätsrat keineswegs einstimmig für Metz votiert hatte, wie von Rahner behauptet. Auch in diesem Kreis habe es »gewichtige kritische Stimmen gegen die Berufung von Metz« gegeben. Der Dekan der Fakultät habe ihm versichert, »dass jeder der drei genannten Kandidaten als Nachfolger ... ohne Einschränkung willkommen sei«. Von einer »groben Verletzung des Fakultätsentscheids« könne deshalb »keine Rede sein.« Sachlich ergebe sich ein Gestaltungsrecht des Bischofs nicht nur aus dem Konkordat, sondern »aus der Tatsache«, dass er »sowohl den Theologen wie den Gemeinden gegenüber«, in denen die von den Professoren ausgebildeten Lehrer später tätig seien, »eine letzte Verantwortung trägt«. Im Übrigen halte er insbesondere »eine gründliche inhaltliche ökumenische Ausbildung der Theologen für unerlässlich«. Für seinen eigenen Lehrer, Gottlieb Söhngen, sei »das Ökumenische die eigentliche Mitte seiner ganzen theologischen Arbeit« gewesen. Diese sei mit Metz aufgrund des Zuschnittes seines Lehrstuhls in Münster nicht gewährleistet gewesen.[18]

Es war die zeitliche Überlappung mit einem weiteren Konflikt, die der Affäre Metz solches Gewicht gab. Es ging, einmal mehr, um Hans Küng. Die Auseinandersetzung um den prominenten Tübinger Theologen hatte längst kirchenpolitische Bedeutung gewonnen, weil sich darin nicht nur die beiden Lager zeigten, die sich bis heute im programmatischen und strategischen Disput der katholischen Kirche gegenüberstehen, sondern sich auch die Linie verdeutlicht, die Ratzinger als späterer Glaubenshüter verfolgen sollte.

Begonnen hatte der »Fall Küng« im Grunde bereits im Jahr 1957, als Küngs Buch über die »Rechtfertigung« in der Indexabteilung des damals noch sogenannten Heiligen Offiziums unter dem Aktenzeichen »399/57/i« in der Klasse der verdächtigen Schriften eingeordnet wurde. Gut zehn Jahre später, im Mai 1968, war Küng zu einem »Kolloquium« nach Rom vorgeladen worden, um zu seinem Werk über *Die Kirche* Stellung zu nehmen. Zur Vorgeschichte gehörte vor allem auch Küngs 1970 erschienenes Buch *Unfehlbar? Eine Anfrage*, das eine jahrelange Korrespondenz zwischen dem Autor und dem Vatikan zur Folge hatte, in der Rom den Professor immer wieder auf seinen Status als von der Kirche beauftragten Lehrstuhlinhaber hinwies und auf die Einhaltung der rechtmäßigen Lehre pochte.

Zwanzig Jahre nach den ersten Ermahnungen sollte 1977 ein sogenanntes Stuttgarter Kolloquium versuchen, mit Küng eine Übereinstimmung über die theologischen Abweichungen zu erzielen. Teilnehmer waren neben dem Betroffenen die Kardinäle Höffner und Volk sowie die Professoren Lehmann und Semmelroth. Dass Ratzinger auf die ausdrückliche Forderung Küngs hin nicht anwesend sein durfte, deutete der Küng-Biograf Freddy Derwahl als Zeichen, wie sehr die deutsche Kirchenführung »noch bemüht war, Küng durch spektakuläre personalpolitische Zugeständnisse eine Schneise der Rückkehr zu ebnen«.

Dem vierstündigen Gespräch in Stuttgart folgte eine »informelle Übereinkunft« mit der Deutschen Bischofskonferenz, in der Küng sich verpflichtete, sich mit neuen Erklärungen zu heiklen Themen zurückzuhalten. Wenig später, im Frühjahr 1979, meldete sich Küng allerdings mit einem Vorwort für das Buch des Schweizer Theologen und Historikers August Hasler zurück, verbunden mit einer vernichtenden Kritik des Pontifikats Johannes Pauls II. Der Titel: *Wie der Papst unfehlbar wurde*. Die deutschen Bischöfe fühlten sich durch die Aktion »schlicht verschaukelt«, wie Derwahl anmerkte. Die gezielte Provokation brachte das Fass zum Überlaufen und machte eine Reaktion der Verantwortlichen unumgänglich.

Bis heute ist die Amtsenthebung Küngs, die in einer breiten Öffentlichkeit als Maßregelung eines Kritikers empfunden wurde und weltweite Proteste auslöste, von Verklärungen überlagert. Eine Rekonstruktion der Ereignisse kann helfen, den Fall von Legendenbildung zu reinigen:

11. November 1979: Es ist eine Veranstaltung im Dom zu Freising, die den Stein ins Rollen bringt. Beim jährlichen Korbiniansfest, bei dem Ratzinger junge Menschen zu einem verstärkten christlichen Bekenntnis auffordert (Titel der Predigt: »Zeit zum Aufstehen«), wird der Bischof von einer Studentin gefragt, ob es stimmte, dass Professor Küng die Lehrbefugnis für katholische Theologie entzogen werden soll. Zu diesem Zeitpunkt weiß Ratzinger, dass die »Akte Küng« in der Römischen Glaubenskongregation so gut wie abgeschlossen ist. Am Rande einer Vollversammlung des Kardinalskollegiums waren die deutschen Kardinäle Anfang November von Johannes Paul II. zu einer Privataudienz gebeten und darüber informiert worden, dass mit dem Entzug der Lehrerlaubnis zu rechnen sei. Ratzinger beantwortete die Frage der Studentin, Küng, mit dem er sich persönlich immer gut verstanden habe, bestreite energisch wesentliche Lehren der katholischen Kirche. Es sei deshalb eine Frage der Redlichkeit, dass er »auch nicht in deren Namen sprechen kann«. Natürlich sei ihm unbenommen, in seinem eigenen Namen oder in jemandes anderem Namen zu sprechen. Wörtlich meinte Ratzinger: »Es gibt, glaube ich, keinen Bischof auf der ganzen Welt, den Papst ausgenommen, der so viel Möglichkeiten hat, sich der Menschheit kundzutun, wie er.« Küngs Papstkritik sei von der *FAZ* über *Le Monde* bis nach Italien und Amerika verbreitet worden, daran werde sich wohl auch in Zukunft nichts ändern.

14. November: Fatalerweise wurde Ratzingers Antwort in Freising von seinem Pressesprecher ohne Absprache und Autorisierung an die Katholische Nachrichten-Agentur gegeben, und prompt löst das unüberlegte Statement, das eine Verquickung des Falles Küng mit der Person Ratzingers nahelegte, öffentliche Proteste aus. Innerhalb weniger Tage gehen im Erzbischöflichen Haus mehr als 500 Zuschriften ein, die dem Bischof unterstellen, er wolle offenbar den Sturz seines früheren Kollegen forcieren. Küng nutzt die Äußerungen Ratzingers als Steilvorlage. In einer eigenen Pressekonferenz bezichtigt er den Kardinal, »in die vorkonziliaren Gewohnheiten der Ketzerriecherei, der Unterstellungen und Diffamierungen zurückzufallen«. Die berechtigten Fragen zahlloser Katholiken ließen sich aber nicht dadurch erledigen, dass man Theologen diskreditiere. Er betrachte die Äußerungen Ratzingers als »frontalen Angriff auf meine Katholizität und intellektuelle wie moralische Integrität«.

16. November: Der für Küng zuständige Ortsbischof von Rottenburg-Stuttgart Georg Moser, der Küng bislang die Stange gehalten hatte, äußert vor Journalisten, der Tübinger Theologe provoziere immer wieder neu und sei bisweilen maßlos in der Form. »Niemand, gewiss auch nicht Kardinal Ratzinger, werde Küng persönlich den Glauben absprechen wollen.«[19]

15. Dezember: Küng setzt nach. Ratzingers Äußerungen seien ein »unerhörter Vorgang«, betont er in einem Beitrag für die Tageszeitung *Die Welt*. Ihm das »Katholischsein« abzusprechen und eine öffentliche Diffamierungskampagne auszulösen habe ihn tief getroffen. Er bestehe auf der *Missio canonica*, seiner kirchlichen Lehrbefugnis.

18. Dezember: Es ist 10 Uhr vormittags, als ein Jesuit im Auftrag des Apostolischen Nuntius in Küngs Haus in Tübingen ein in Latein verfasstes Schreiben übergibt. Küng selbst ist nicht anwesend, so lässt sich der Pater den Empfang der Post vom Hauspersonal quittieren. Der Entzug der *Missio canonica* mit Datum 15. Dezember 1979 ist unterzeichnet von »FRANJO Kardinal ŠEPER, *Präfekt*, JÉRÔME HAMER, O. P.,

Titularerzbischof, *Sekretär*«. Parallel hierzu veranstaltet die Deutsche Bischofskonferenz ein Pressemeeting, auf dem nicht nur die Entscheidung der Römischen Glaubenskongregation, sondern auch die dazugehörige Begründung mitgeteilt wird. Diese trägt den Titel *Erklärung über einige Hauptpunkte der theologischen Lehre von Prof. Hans Küng* und lautet im Auszug:

> »Die Kirche Christi hat von Gott den Auftrag erhalten, das Glaubensgut zu bewahren und zu schützen, damit [sie] … den einmal den Gläubigen übergebenen Glauben unverlierbar festhält … Wenn es nun vorkommt, dass ein Lehrer der theologischen Disziplinen sein eigenes Urteil und nicht den Glaubenssinn der Kirche als Norm der Wahrheit voranstellt, verbreitet und in diesem seinem Vorhaben beharrt … erfordert es die Ehrlichkeit und Redlichkeit seitens der Kirche, solche Verhaltensweise sichtbar zu machen …
> Von dieser Grundhaltung bestimmt, hat die Kongregation für die Glaubenslehre … [bereits] am 15. Februar 1975 in einem öffentlichen Dokument erklärt, dass einige Lehrmeinungen des Professors Hans Küng in verschiedenem Grade zur Lehre der Kirche … im Gegensatz stehen … Die Kongregation hat Professor Küng zugleich ermahnt, solche Auffassungen nicht weiter zu lehren, wobei sie erwarte, dass er seine eigenen Lehrmeinungen zur Übereinstimmung mit der authentischen kirchenamtlichen Lehre bringen werde. In Wirklichkeit jedoch hat Professor Küng seine oben erwähnten Lehrmeinungen bis heute in keiner Weise geändert.
> Die Kongregation hat 1975 … von einem weiteren Vorgehen … abgesehen, und zwar unter der Voraussetzung, dass Professor Küng von jenen Thesen Abstand nehmen wird. Da diese Voraussetzung nicht mehr gegeben ist, sieht sich die Kongregation entsprechend ihrer Aufgabe verpflichtet, nunmehr Folgendes zu erklären: Professor Hans Küng weicht in seinen Schriften von der vollständigen Wahrheit des katholischen Glaubens ab. Darum kann er weder als katholischer Theologe gelten noch als solcher lehren.«[20]

18. Dezember: Beim Skifahren von der Nachricht des Entzuges der *Missio canonica* überrascht, eilt Küng umgehend nach Tübingen zurück. Abends angekommen, tritt er vor den bereits wartenden Journalisten ans Mikrofon: »Ich schäme mich meiner Kirche, dass noch im 20. Jahrhundert geheime Inquisitionsverfahren durchgeführt werden. Es ist für viele Menschen ein Skandal, dass in einer Kirche, die sich auf

Jesus Christus beruft ... die eigenen Theologen mit solchen Methoden diffamiert und diskreditiert werden.«[21]

20. Dezember: Die *Frankfurter Allgemeine Zeitung* spricht von einem »Präzedenzfall für das Pontifikat Johannes Pauls II.« In Tübingen ziehen 1000 Studenten mit einem Fackelzug vor die alte Stiftskirche. Prominente Katholiken gründen ein »Komitee zur Verteidigung der Christenrechte in der Kirche«. Zahlreiche deutsche Theologieprofessoren drohen, ihre Lehrbefugnis zurückzugeben. Auch französische, spanische, amerikanische und kanadische Theologen bekunden ihre Solidarität. Umgekehrt erklärt Karl Lehmann, Küng habe zweifellos die kirchliche Autorität »überreizt«. Hans Urs von Balthasar erinnert in der *FAZ* an die fast zweihundertseitige Dokumentation, welche die Deutsche Bischofskonferenz als Anlage zur Erklärung der Glaubenskongregation veröffentlichte. Er bewundere »die Lammsgeduld der römischen und der deutschen Amtsstellen« mit Küng.

21. Dezember: Küng zeigt sich offenbar bereit, einzulenken. Auf seine Bitte hin reist Bischof Georg Moser nach Rom, um eine Erklärung zu überbringen, in der der Professor betont, sich stets als katholischer Theologe verstanden zu haben und dies auch weiterhin tun wolle. Es sei nicht seine Absicht gewesen, mit seinem Vorwort einen neuen Streit über die Unfehlbarkeit auszulösen.

28. Dezember: Auf Drängen Mosers findet im Vatikan ein Treffen mit Papst Johannes Paul II. statt. Teilnehmer sind Kardinal Franjo Šeper (der Chef der Glaubenskongregation), die deutschen Kardinäle Höffner, Volk und Ratzinger, sowie die Bischöfe Moser und Saier. Ratzinger erinnerte sich in unserem Interview an die leidenschaftliche Diskussion: »*Kardinal Šeper war zutiefst empört. Er hat gesagt, ›ich bin nun 15 Jahre hier, und die Kirche wird zerstört, und wir tun nichts. Wenn das jetzt auch noch mal durchgeht, dann höre ich auf.‹ Er war wirklich an dem Punkt angelangt, wo er es nicht mehr dulden und mit seinem Gewissen vereinbaren konnte, dass nichts geschah. Es war aber der Entscheid schon gefällt. Und wir haben, unter Stimmenthaltung des Bischofs von Rottenburg, gesagt, er [der Papst] darf das nicht mehr ändern, er muss dazu stehen.*«

Die Würfel waren gefallen. Dennoch gab es seitens Roms das Zugeständnis, eine neue Erteilung der Lehrbefugnis sei nicht ausgeschlossen. Küng möge »vertieft« über seine Positionen nachdenken. Ratzinger hatte nach eigenen Angaben zu keinem Zeitpunkt am Entzug der Lehrbefugnis für Küng mitgewirkt. »Ich habe nie dazu geraten, gegen ihn Maßnahmen zu ergreifen«, unterstrich er in unserem Interview. »Ratzinger hat sich sehr für Küng eingesetzt«, bestätigte der Dogmatiker Ludwig Hödl.²² »Als ihm die *Missio canonica* entzogen wurde, hätte man ihm auch die grundsätzliche Lehrerlaubnis, die *Venia Legendi*, nehmen können, was nicht geschah.« Indirekt freilich wog Ratzingers Stimme schwer. Er hatte bereits Teile von Küngs Buch *Christ sein* als nicht mehr von der katholischen Lehre gedeckt bezeichnet, ohne dabei allerdings eine Verurteilung von Küngs Thesen zu fordern.

Nach den Turbulenzen der vergangenen Wochen wird die Silvesterpredigt des Kardinals im Münchner Frauendom mit Spannung erwartet. Wieder einmal steigt Ratzinger mit einem Zitat in seine Rede ein. Dieses Mal ist es ein Wort Alexander Solschenizyns. Der russische Regimekritiker räsonierte darin über »das weltumfassende absolute Böse«. Der Boden für dessen Triumph werde »auf die wirksamste Weise … in der Welt durch die Vermischung der Wahrheit mit der Unwahrheit bereitet«.

Damit war die Stoßrichtung vorgegeben: die Vermischung der Wahrheit. Jeder wusste, um was es ging, als der Bischof fortfuhr, die Kirche müsse sich derzeit als »unerträgliches Relikt des finstersten Mittelalters« verunglimpfen lassen, »in der statt demokratischer Vernunft machtwütige Ayatollahs wüten«. Eine Kampagne, in der behauptet werde, man wolle einen unliebsamen, kritischen Geist mundtot machen, vermittle allerdings ein völlig falsches Bild. In Wirklichkeit schütze das Lehramt »den Glauben der Einfachen; derer, die nicht Bücher schreiben, nicht im Fernsehen sprechen und keine Leitartikel in den Zeitungen verfassen können. Das ist sein demokratischer Auftrag. Es soll denen Stimme geben, die keine haben.« Wer in diesen Zeiten »Autorität in der Kirche ausübt, hat keine Macht. Er steht im Gegenteil gegen die herrschende Macht, gegen die Gewalt einer Meinung, für die Glaube an die Wahrheit eine ärgerliche Störung jener Sicherheit ist, mit der man sich weithin der Beliebigkeit verschrieben hat«²³. Das Maß der Theologie sei aber weiterhin das katholische Taufbekenntnis und nicht umgekehrt: »Nicht die Intellektuellen messen die Einfachen, sondern die Einfachen messen die Intellektuellen.«²⁴

Am 11. Januar 1980 räumte Ratzinger in einem Interview mit der *Frankfurter Allgemeinen Zeitung* ein, es gäbe ganz klar eine grundsätzliche »innere Spannung zwischen der Kirche und einer von der Aufklärung geprägten Welt«. Stets würde die Öffentlichkeit dabei eher

Sympathie für die Kritiker der Kirche zeigen. Sich selbst jedoch, aber auch dieser Welt, sei die Kirche die Wahrung ihrer Identität schuldig. Dazu müsse es, ähnlich einem Bundesverfassungsgericht, »Instanzen der Verwaltung dieser Identität« geben. Der Disput der Theologen werde dadurch aber nicht abgeschnitten, sondern nur in seinen Grundlagen verdeutlicht. Küngs Thesen liefen darauf hinaus, dass alle Dogmen grundsätzlich revidierbar seien. So habe er sich ablehnend gegenüber der Trinitätslehre geäußert, die Lehre von den Sakramenten wesentlich in Frage gestellt und die mariologischen Dogmen beiseitegeschoben. Küng habe selbstverständlich das Recht, seine freie Meinung zu äußern, die Kirche jedoch ihrerseits das Recht, »ihn nicht als Ausleger ihres Glaubens anzusehen und daraus die Konsequenzen zu ziehen«. Versöhnlich wies Ratzinger darauf hin, bei Küng handle es sich um einen Mann, der viel getan habe, um Menschen anzusprechen, die für gewöhnlich vom Wort der Kirche nicht mehr erreicht werden, es seien ihm deshalb auch nicht ein für alle Mal die »Türen zugeschlagen worden«[25].

Nach dem Entzug der kirchlichen Lehrerlaubnis richtete die Universität Tübingen dem Schweizer einen eigenen, unabhängigen Lehrstuhl ein. Ratzinger fasste zusammen, Küng habe ihm »bei einem Gespräch 1982 selbst gestanden, dass er nicht in die vorige Position zurückwolle und dass seine gegenwärtige Stellung ihm viel besser auf den Leib geschneidert sei«. Denn nun sei er frei gewesen von Pflichtvorlesungen und Prüfungen im Rahmen der Theologenausbildung und habe sich ganz seinen Themen widmen können. »Ich respektiere seinen Weg, den er seinem Gewissen gemäß geht, aber er sollte dann nicht auch noch das Siegel der Kirche dafür verlangen, sondern dazu stehen, dass er nun eben in wesentlichen Fragen zu anderen, ganz persönlichen Entscheidungen gekommen ist.«[26]

Kapitel 49
Das Vermächtnis von München

Im September 1980 reiste Ratzinger als Mitglied einer Delegation der deutschen Bischöfe nach Polen, um den Gegenbesuch zur Visite des polnischen Episkopats ein Jahr zuvor abzustatten. Die Begegnungen zur Aussöhnung der beiden Völker begannen in Tschenstochau. An der Todesmauer in Auschwitz legt er einen Kranz nieder und besucht die Todeszelle des von den Nazis ermordeten Franziskanerpaters Maximilian Maria Kolbe.

Noch im selben Monat stand er in Rom auf die dringende Bitte des Papstes hin als *Relator* der Welt-Bischofssynode zum Thema Ehe und Familie vor. Er hielt das Eröffnungsreferat und führte fünf Wochen lang die verschiedenen Beiträge der Bischöfe in die jeweilige Synthese zusammen. Abgekämpft kehrte er nach München zurück, erarbeitete für seine Pfarreien eine Broschüre über die Ergebnisse der Synode (einschließlich der Frage des Kommunionempfangs für wiederverheiratete Katholiken) und stürzte sich auf die Vorbereitung für das nächste Großereignis, die erste Deutschland-Reise des polnischen Papstes.

Die Tournee Johannes Pauls II. führte über Köln, Osnabrück, Mainz und Fulda nach Altötting und München, ein Mammutprogramm mit täglich zwei großen Gottesdiensten und rund 20 Ansprachen. In Altötting begleitete ihn Ratzinger in die Gnadenkapelle. Der Kardinal war ein bescheidener Gastgeber, der sich nicht in den Vordergrund drängte. Unverkennbar aber trat zutage, wie innig das Verhältnis zwischen dem Deutschen und dem Polen inzwischen geworden war. Sie ähnelten nicht strengen Kirchenfürsten, sondern Buddys – zwei Kumpel, die zusammen Spaß haben, gute Laune und eine unverschämte Vitalität ausstrahlen. »Ausruhen kann ich mich im Himmel«, meinte Wojtyla, als ihm der Freund im Bischofshaus einen Ruheraum für die Siesta anbot. Der Papst war in Hochstimmung und scherzte bei jeder sich bietenden Gelegenheit. Dass er mit Ratzinger noch einiges vorhatte, wussten beide. Gesprochen wurde darüber nicht.

Als am 19. November die große Abschlussfeier auf der Münchner Theresienwiese begann, hatte sich, trotz schlechten Wetters, eine bis dahin für einen Gottesdienst in Deutschland nicht vorstellbare Besucherschar von einer halben Million Menschen eingefunden. Um ein Zeichen zu setzen, ordnete Ratzinger an, nicht ein Junge, sondern ein Mädchen solle als Ministrant zum Halten des päpstlichen Hirtenstabes eingeteilt werden. Für einen »Skandal« sorgte eine Jugendvertreterin, die in ihrem Grußwort die kirchliche Moral- und Soziallehre kritisierte. Journalisten konstruierten, die junge Frau hätte ganz spontan entschieden, dem Papst die Stirn zu bieten. In Wahrheit war der Text vorab dem Kardinal vorgelegt worden, der keine Bedenken hatte. Angesprochen auf die Aufregung um die kritische Anfrage, winkte er ab. Er verstehe den ganzen Trubel nicht. Solche Fragen höre man heutzutage doch ständig.

Zu den unangenehmeren Dingen in Ratzingers Bischofszeit gehörte ein Skandal um die Finanzgeschäfte des Bistums. Die Vorgänge gingen zurück in die Sechziger- und Siebzigerjahre, aber erst jetzt kam es zum Prozess vor dem Münchner Landgericht. Angeklagt waren der Immobilienmakler Karl Heinz Bald und der Olympiasportler Armin Hary. Die beiden hatten die Erzdiözese bei Grundstücksgeschäften um drei Millionen Mark hintergangen. Schnell wurde deutlich, dass erst das schwache Management der Kirchenverwaltung den Betrug ermöglicht hatte. Der Richter ordnete eine Hausdurchsuchung in der erzbischöflichen Finanzkammer an und lud Ratzinger für den 13. März 1981 in den Zeugenstand. Sekretär Fink erhielt umgehend den Auftrag: »Holen Sie Dr. Marianne Thora. Das ist eine Frau, die sich auskennt.«[1]

Die erfahrene Anwältin trainierte Ratzinger in drei Sitzungen für die bevorstehende Verhandlung. »Der Kardinal achtete darauf, welche Argumente passen und welche nur oberflächlich sind«[2], beobachtete Fink. Nach seinen Einlassungen wurden die Angeklagten zu Gefängnisstrafen verurteilt, aber der Imageschaden für die Münchner Kirche war enorm. Ratzinger lernte daraus. Er berief einen neuen Finanzdirektor und sorgte mit einschneidenden Kontrollmechanismen dafür, dass sich derartige Dinge nicht wiederholen konnten.

Bereits in Regensburg hatte sich Ratzinger für die »Integrierte Gemeinde« (später: »Katholische Integrierte Gemeinde«, KIG) interessiert, von deren Führungsfiguren er umgarnt wurde. Die langjährige Verbindung zu dieser Gruppe gehört zu den merkwürdigsten Beziehungen in der Biografie des späteren Papstes. Dass er in ihr eine jener neuen Initiativen sah, die einer überinstitutionalisierten Volkskirche frische Impulse liefern könnten, war sicherlich einer der Gründe für seine Offenheit. Zum anderen musste es ihn geradezu elektrisieren, dass sich hier ein katholisches Projekt zeigte, das vor allem auch eine verbesserte Verbindung zum Judentum anstrebte.

Ihren Ausgangspunkt hatte die Gemeinde um die Gründer Traudl und Herbert Wallbrecher in den Erfahrungen des Holocausts, aus dem man die richtigen Lehren ziehen wollte. Für gewöhnlich wurde kirchliche Erneuerung in den Siebziger- und Achtzigerjahren als bunte Alternative und bewusste Verweltlichung verstanden. So entsprach etwa auch der ab 1980 stattfindende »Katholikentag von unten«, wie der Historiker Franz Walter analysierte, dem gerade dominierenden »ökologisch-pazifistischen Mainstream«. »Innovatorisch oder originell war diese Veranstaltung im Übrigen nicht«, merkte Walter an, die Szene sei beherrscht worden von »Nicaraguakaffee und Bioobst, Abrüstungsparolen, Dritte-Welt-Problemen, Befreiungstheologien«. Statt den Papst hätten die Alternativkatholiken »kleine Gegenpäpste, die sie anhimmelten: eine Zeit lang Hans Küng, später Eugen Drewermann«. Die »Integrierte Gemeinde« hingegen strebte an, die »Glaubenskraft der frühen Gemeinde« wiederzuerlangen und »eine differenzierte Kommunität« zu leben, wie es in einer programmatischen Schrift vom Juni 1969 hieß. Letztendlich sei »der Auftrag für die Welt nur dann von der Kirche zu erfüllen, wenn sie Kontrastgemeinschaft ist, Salz für die Welt, nicht der Welt gleichförmig«. Ein Satz dieser Programmatik musste Ratzinger besonders ansprechen: »Am Anfang war nicht die Theologie, sondern die Gemeinschaft mit ihrer Erfahrung von Gottes Handeln an ihr.«

Die ganz im Enthusiasmus der 68er-Rebellion auftretende katholische Kommune-Bewegung zog bald mehr als 1000 Erwachsene und Jugendliche an, die als Laien und Priester, Ledige und Familien gemeinsam wohnen, arbeiten, beten und Eucharistie feiern wollten, in modernen Formen, ästhetisch ausgefeilt und stilsicher choreografiert. Inzwischen verstärkt durch namhafte Theologie-Professoren wie Gerhard Lohfink und Rudolf Pesch, orientierte sich die Gruppe an moderner Exegese, den jüdischen Wurzeln des Christentums und an der Philosophie französischer Existenzialisten. Überregional bekannt wurde sie im Sommer 1976 durch Sit-ins in den Bischofskirchen von München, Münster, Paderborn und Rottenburg. Die Kirchenbesetzungen waren eine Reaktion auf Verleumdungskampagnen und die Ignoranz seitens der Kirchenobrigkeit. Wenige Tage später ließ ein genervter Kardinal Döpfner, der bis dahin alle Bitten um Gesprächstermine ignoriert und Briefe nicht beantwortet hatte, öffentlich erklären, die IG sei eine »freie Gruppe im Raum der Kirche«, keine Sekte. 1978 wurde die Gemeinde von den Kardinälen Johannes Degenhardt und Joseph Ratzinger gemäß dem Dekret *Apostolicam actuositatem* Nr. 18/19 des Zweiten Vatikanischen Konzils als eine apostolische Gemeinschaft legitimiert. Im Besonderen ordnete der Bischof von München an: »Mit diesem Schritt wird die Lebensweise der Integrierten Gemeinde als *eine* Möglichkeit der Verwirklichung des Glaubens in der katholischen Kirche anerkannt, zu deren Katholizität es gehört, sich *ohne Exklusivitätsanspruch* [Hervorhebungen durch den Autor] ins Ganze der Kirche einzufügen und neben sich andere Weisen des Glaubensvollzugs – alterprobte wie neue – anzuerkennen.«[3]

Es gab viele gute Seiten an der Integrierten Gemeinde, aber auch genügend schlechte. Und so ernsthaft und ehrlich das Gros der Mitglieder ihrem Glauben anhing, so sehr lief die Führung Gefahr, ins Sektenhafte abzurutschen. Man gründete Unternehmen, Schulen, Ärztehäuser, Akademien und Verlage. Es gab vom jeweiligen Ortsbischof anerkannte Niederlassungen in Österreich, Italien und Tansania. Was Ratzinger betraf, organisierte man Begegnungen mit jüdischen Gelehrten, feierte Gottesdienste in demonstrativer Schlichtheit und kümmerte sich rührend um Schwester Maria und Bruder Georg. Innerorganisatorisch aber griffen Mechanismen wie: strengster Gehorsam, autokratische Hierarchien, Tribunale gegen Mitglieder und Verteufelung von Abtrünnigen, die kritische Fragen stellten; etwa auch nach der NS-Vergangenheit von Traudl Wallbrecher, geborene Weiß, die entgegen ihrer Behauptung nicht im Widerstand, sondern ein führendes Mitglied des Bundes Deutscher Mädel (BDM) gewesen sein soll, wie es in einem Schreiben vom 8. September 2001 an die Kardinäle Degenhardt und Ratzinger hieß. Die Gemeinde nutzte den Bischof und späteren Präfekten als Aushänge- wie als Schutzschild. *30 Jahre Wegbegleitung – Joseph Ratzinger/Papst Benedikt XVI. und die Katholische Integrierte Gemeinde* heißt etwa ein Gedenkband, herausgegeben im Jahr 2006, zu einem Zeitpunkt, zu dem Ratzinger allerdings längst auf Distanz gegangen war und die KIG bereits starke Auflösungserscheinungen zeigte.

In München war nicht verborgen geblieben, dass der Papst ein Auge auf Ratzinger geworfen hatte. Johannes Paul II. hatte einen exzellenten Start hingelegt. Der Mann aus Polen nahm drei Stufen auf einmal, wenn er eine Treppe hocheilte. Nichts konnte ihm schnell genug gehen. Viele bangten um ihn, aber vielen bangte auch vor ihm, dem man Sturheit und entschiedenes Auftreten vorhielt. Hatte sich ein Teil des Kirchenapparates zu einem behäbigen Bürokraten- und Funktionärsestablishment entwickelt, brannte Wojtyla noch immer wie Zunder. Manchmal erschien er durch seine Aura aus Meditation und Kraft fast wie ein Wesen aus einer anderen Welt. »Ich habe Dich gestern im Fernsehen gesehen«, schrieb ihm ein italienischer Junge, »aber gibt es Dich wirklich?« Und ein anderer setzte hinzu: »Ich habe Dir ein Eis aufgehoben.«

Bislang hatte sich der Bayer der römischen Avancen erwehren können. Wojtylas zweiter Anlauf setzte am 6. Januar 1981 an. Kurzfristig hatte sich Ratzinger dazu entschieden, in Rom an der Bischofsweihe des Pfarrers seiner Titularkirche teilzunehmen. Der »liebe Don Ennio« habe es verdient, meinte er seinem Sekretär gegenüber. Doch bei der Landung am Flughafen Fiumicino empfing ihn unerwartet Erwin Ender, der Leiter der deutschsprachigen Sektion im Staatssekretariat. Der Heilige Vater wolle den Bischof unbedingt sprechen, erklärte Ender, und zwar sofort. Exzellenz könne gerne auch im Anzug erscheinen. Schnell wurde klar, dass Wojtyla erneut Druck machen wollte, dennoch blieb das Treffen ohne Ergebnis. »Ich hatte eine Bedingung gestellt, die ich für unerfüllbar hielt. Ich hab gesagt, ich kann es nur annehmen, wenn ich auch weiterhin publizieren darf.«[4] Er wolle darüber nachdenken und die Frage klären lassen, erklärte der Papst, sichtlich verblüfft.

Zwei Monate später bat del Mestri Ratzinger zu einem erneuten Gespräch beim Papst. Wie immer: dringend. Ratzinger war gerade bei einem Treffen in Freiburg und nahm von Basel aus den nächsten Flieger nach Rom. »Ist es nicht ein Affront gegenüber dem Papst, wenn man Bedingungen stellt?«, hatte ich in unserem Interview nachgefragt. Der *Papa emerito* lachte. »Vielleicht, aber jedenfalls hielt ich es für meine Pflicht, das zu sagen. Weil ich eine innere Pflicht fühlte, etwas zur Menschheit sagen zu können.« Inzwischen hatten Wojtylas Mitarbeiter herausgefunden, dass Kardinal Gabriel-Marie Garrone auch als vormaliger Präfekt der Studienkongregation als Autor tätig war. »Sie können publizieren«, empfing Wojtyla seinen Gast freudestrahlend. Er müsse lediglich Aufgaben wie die Herausgeberschaft der Zeitschrift *Communio* abgeben. Schachmatt. »Denn dann konnte ich eigentlich nicht mehr Nein sagen.«

Die Ernennung sollte zunächst streng geheim gehalten werden. Tatsächlich standen der Realisierung noch etliche Turbulenzen im Weg. In Wojtylas Polen hatte sich im Frühjahr 1981 der Konflikt zwischen Regierung und der von der breiten Bevölkerung unterstützten Gewerkschaft Solidarność weiter zugespitzt. Zeitgleich landeten Einheiten der Warschauer-Pakt-Staaten an der Ostseeküste zu großflächigen »Manövern«. Entlang der polnischen Grenze zogen 150 000 Soldaten aus mehreren Ostblockstaaten auf. Der amerikanische Verteidigungsminister Caspar Weinberger reagierte mit der Erklärung, die Vereinigten Staaten würden im Falle eines Einmarsches sowjetischer Truppen ihrerseits den Einsatz militärischer Kräfte nicht ausschließen.

Am 30. März 1981 meldeten Radio und Fernsehen, um 14.27 Uhr Ortszeit sei vor dem Hilton Hotel in Washington, D.C., auf US-Präsident Ronald Reagan geschossen worden. Reagan und drei weitere Opfer überlebten den Anschlag. Der 26-jährige Attentäter John Hinckley wurde nach einem späteren Gerichtsbeschluss als psychisch krank und unzurechnungsfähig eingestuft. Als Motiv gab er an, er habe mit seiner Tat in die Geschichte eingehen und vor allem die von ihm vergötterte Schauspielerin Jodie Foster beeindrucken wollen. Vierundvierzig Tage später aber stockte dem Erdball nicht nur der Atem, sondern der ganze Herzmuskel.

Es ist der 13. Mai 1981, ein wunderschöner Frühlingstag, als Johannes Paul II. um 17 Uhr den Apostolischen Palast verlässt, um sich auf den Weg zur allwöchentlichen Generalaudienz auf dem Petersplatz zu machen. Seine Mittagsessen-Gespräche hatten diesmal etwas länger gedauert. Einer seiner Gäste war der französische Genetiker Professor Jérôme Lejeune, der Entdecker der Chromosomen-Anomalie, die das Down-Syndrom verursacht. Am selben Tag betete am Morgen der Türke Ali Agca in seiner Pension in der Nähe der Piazza Cavour zehn Minuten lang auf den Knien zu Allah. Anschließend rasierte er sein Körperhaar, um sich auf einen Heldentod vorzubereiten. Seit drei Tagen ernährte sich Agca nur von Obst und Gemüse. Die Diät sollte dazu beitragen, sich leicht und unbeschwert zu fühlen. Um 9 Uhr verlässt er seine Herberge. »Mir ist aufgefallen, dass der Name der Pension in arabischer Schrift auch Jesus bedeuten kann«, erzählte er später der italienischen Journalistin Anna Maria Turi. »Ich lächele, und es scheint mir wie vorherbestimmt, dass ich von der Pension Jesus aufbreche, um das Oberhaupt der katholischen Kirche zu ermorden.«[5]

Als der Papst im offenen »Papamobil« auf den dafür frei gehaltenen Schneisen über den mit 20 000 Menschen dicht bevölkerten Platz einfährt, ist es 17.19 Uhr. Im Publikum befinden sich unzählige Gläubige aus Polen und eine 450 Mann starke Abordnung der Gewerkschaftsbewegung Solidarność, die erst nach zähen Verhandlungen mit der kommunistischen Regierung ausreisen durfte. Wojtyla hebt ein kleines Mädchen zu sich hoch, das ihm entgegengehalten wurde. Er macht das Zeichen für den Segen. Aber kaum, dass er das Kind zurückgereicht hat, ertönt ein ohrenbetäubender Knall. Tauben flattern erschreckt auf, und aus dem Jubel der Menge ist Erstarrung geworden.

Wovor Millionen seiner Anhänger gebangt hatten, war plötzlich Realität geworden. Ein Anschlag auf den Papst! Dem Attentäter Ali Agca war es gelungen, aus nur sieben Metern Entfernung mehrere Schüsse abzufeuern. Der erste streifte Karol Wojtyla am Ellbogen, der zweite zerfetzte ihm den linken Zeigefinger, der dritte drang in den Bauchbereich unterhalb des Nabels ein. Die Nächstumstehenden sehen, wie der Pontifex zusammensackt. Die Arme seines Sekretärs Stanislaw Dziwisz und des päpstlichen Kammerdieners Angelo Gugel können ihn gerade noch auffangen. Sekunden später färbt sich die weiße Soutane mit Blut. In der Pistole des Attentäters stecken noch neun Patronen. Doch die Browning HF Kaliber 9 mm hat Ladehemmung, der Pistolenschütze kann überwältigt werden. Wojtyla ist kaum noch bei Bewusstsein. Eine Notambulanz bringt ihn in die sechs Kilometer entfernte Gemelli-Klinik. Sie schafft die Strecke, für die gewöhnlich knapp eine halbe Stunde benötigt wird, in nur acht Minuten, dennoch verliert der Papst während der Fahrt drei Liter Blut.

An jenem 13. Mai, dem Gedenktag der Madonna von Fatima, ist Ratzinger in Bayern unterwegs bei einer Tagung. Als er mit seinem Fahrer gegen 18.00 Uhr wieder im Erzbischöflichen Palais eintrifft, empfängt ihn sein Sekretär, ob er während der Fahrt denn keine Nachrichten gehört habe. Zu diesem Zeitpunkt war unklar, ob der Papst überhaupt noch am Leben ist. »Die Nachricht traf den Kardinal wie der Blitz«, erzählte Fink. Noch immer war seine Berufung nach Rom geheim. Und plötzlich war alles in die Schwebe geraten. Würde der Kelch an ihm vorübergehen – ohne dass es je jemand erfahren hätte?

Der Papst überlebte. Aber der Genesungsprozess zog sich über 100 Tage hin. Ali Agca wurde verurteilt und nach 19 Jahren Haft an die

Türkei ausgeliefert. Ob seine Schüsse die Aktion eines Einzelnen, einer Organisation oder des bulgarischen Geheimdienstes waren, wie zunächst vermutet, blieb ungeklärt. Johannes Paul II. vergab seinem Attentäter, der die Tat in einem Vieraugengespräch mit dem Pontifex bereute und dessen Ring küsste. Seine Errettung schrieb Wojtyla einem Wunder durch die Jungfrau von Fatima zu. »Eine Hand hat den Schuss abgefeuert«, meinte er später, »und eine andere Hand hat das Geschoss gelenkt.« Seine blutbefleckte Soutane legte er im Mai 1982 persönlich in Fatima zu Füßen der Jungfrau nieder. 1991 ließ er die herausoperierte Pistolenkugel in die Krone der Muttergottes-Statue einarbeiten. Durch die Tat selbst sah er die Prophezeiung des Dritten Geheimnisses von Fatima erfüllt, in der von Schüssen auf einen weißgekleideten Priester die Rede ist.

Ende Juli 1981 reiste Ratzinger nach Lourdes zum Eucharistischen Weltkongress und von hier aus weiter nach Toulouse zum Internationalen Herz-Jesu-Kongress. Öffentlich gemacht wurde die Ernennung des Bischofs von München zum Präfekten der römischen Glaubenskongregation am Vormittag des 25. November 1981 durch eine Presseerklärung des Vatikans. Am selben Tag um 15 Uhr stand Ratzinger in einer kurzfristig einberufenen Pressekonferenz in München 60 Journalisten Rede und Antwort. Mit seiner Berufung verbunden ist die Ernennung zum Präsidenten der Internationalen Theologenkommission und der päpstlichen Bibelkommission. Doch als die Frage auftauchte, wie lange der Kardinal nun eigentlich noch Erzbischof von München sei, zuckte der Kirchenrechtler des Ordinariats mit den Schultern. Auch Ratzinger konnte nicht aufklären. In der Regel ist bei der Versetzung eines Bischofs in eine andere Diözese die bisherige Amtsstelle ab sofort vakant. Selbst ein Anruf bei Nuntius del Mestri in Bonn schaffte nur halb Klarheit. Der Kardinal bleibe regierender Erzbischof von München, und zwar so lange, bis sein Rücktritt mit dem Heiligen Stuhl geregelt sei, hieß es dann, das Amt des Präfekten habe er aber ab sofort inne. Wie es sich denn anfühle, künftig der »Wachhund« des Papstes zu sein, wollte einer der Journalisten noch wissen. Der Kardinal schmunzelte. Man dürfe die Rolle eines Wachhundes nicht rein negativ deuten. So ein Hündchen sei im Grunde doch ein liebenswürdiges Geschöpf. Im Übrigen könne man davon ausgehen, dass er erstens nicht ohne Vorwarnung, und wenn, dann den Richtigen beißt!

Am 28. Februar 1982 war der Tag des Abschieds gekommen, und vermutlich hatte in der Geschichte der katholischen Kirche noch kein Würdenträger einen Auszug wie der Bischof von München auf dem Weg nach Rom. Fernsehen und Radio berichteten live. Die bayerische Regierung bot auf, was der Staat zu bieten hatte. Nie mehr wieder sollte es eine Feierlichkeit in solcher Einheit geben. Vor allem zeigte sich, welch hohe Anerkennung und Beliebtheit, um nicht zu sagen Ehrfurcht, sich der ehemalige Professor erworben hatte.

Ratzinger selbst saß tagelang am Schreibtisch. Er wollte die richtigen Worte finden, die zurückgelassene Herde noch einmal auf ihre christkatholische Identität einschwören. Vieles in den Hirtenbriefen, die er dabei formulierte, klang wie das Vermächtnis eines Mannes, der im Begriff ist, in die ewige Verbannung geschickt zu werden. »Jetzt vertausche ich eine Kanzel mit einer Kanzlei«, klagte er dem Philosophen Richard Schaeffler.[6] Aber kaum ein Wort sollte so schwermütig klingen wie sein Bekenntnis an der Mariensäule: *Etiam Romae, semper civis bavaricus ero* – »Ich werde immer Bayer bleiben, auch wenn ich in Rom bin.«

Die fünf Jahre im Bischofsamt hatten aus dem Theologen einen volksnahen Hirten gemacht. »Wir sagen es offen: Gern lassen wir Sie nicht nach Rom ziehen«, erklärte Ministerpräsident Franz Josef Strauß beim Festakt im Herkulessaal der Münchner Residenz. Er verabschiede den Kardinal »über alle konfessionellen Unterschiede hinweg im Namen der ganzen bayerischen Bevölkerung, die Sie schätzen und lieben gelernt hat«[7].

Strauß konnte es nicht lassen, ins Grundsätzliche zu gehen. »Sehr vieles an festgefügter Glaubenssubstanz und selbstverständlichem Frömmigkeitsleben«, mahnte der CSU-Politiker, sei »schwächer geworden, wird zunehmend in Frage gestellt.« Eine neue Generation sei »in der Kirche und in unserem Land herangewachsen, bei der manche kein Verständnis mehr haben für viele Lebensformen, Probleme, Fragen und Antworten ihrer Väter«. So stehe »die Kirche und der christliche Glaube heute in einer beispiellosen Bewährungsprobe, bei der es um den Kern der christlichen Botschaft und um die Wurzel der christlichen Existenz geht«. Gleichzeitig wusste Strauß eine Hoffnung auszudrücken: »In diesem Sinne vertrauen wir der Mannhaftigkeit und Tapferkeit unseres altbayerischen Kardinals, seiner kraftvollen Frömmigkeit und Weisheit, dass er in seinem neuen Amt als geschickter und unerschrockener Steuermann mithilft, das Schiff der Kirche durch die

Stürme unserer Zeit ins neue Jahrtausend zu steuern.« Schon in der Vergangenheit habe der Bischof »ja wiederholt in dankenswerter Klarheit alle Versuche zurückgewiesen, das Evangelium zu einem politisch-sozialen Programm zu verkürzen«. Das ganze Land wünsche dem scheidenden Bischof »für diesen guten Kampf im Dienste an der Wahrheit, für die echte Freiheit der Kinder Gottes gegen die ideologische Verfälschung des Evangeliums, gegen die Verwirrung der Geister und die Verführung der Seelen von Herzen Kraft und Erfolg«.

Mit einem Dank für die »brüderlich qualifizierte, geistliche Partnerschaft« schloss sich der Landesbischof der Evangelisch-Lutherischen Kirche in Bayern an. Im Bewusstsein für »die dringende Notwendigkeit eines gemeinsamen christlichen Zeugnisses angesichts der Bedrohung durch Atheismus, durch auch bei uns gelebten Materialismus, durch Dauerkritik an der Institution Kirche als solcher«, so Johannes Hanselmann, freue er sich nun »über jeden neuen Impuls von Ihnen, auch wenn – oder gerade weil – dieser jetzt aus Rom kommt«.

Es ist ein besonders emotionaler Moment, als der Bischof in seiner Abschiedspredigt im Freisinger Dom vor mehr als 1000 Priestern spricht. In seiner Amtszeit hatte er eine Reihe von Reformen eingeleitet. Das betraf die Neustrukturierung des kirchlichen Finanzwesens, die Gründung eines katholischen Schulwerks, den Aufbau einer Impulsstelle für Frauenseelsorge, die Neuordnung der Erstbeichte, neue Verfassungen für Pfarrgemeinderäte, den Katholikenrat und die Mitverantwortung der Laien sowie die Neuordnung des Seelsorgereferats. Ein besonderes Anliegen war ihm die Förderung des Priesternachwuchses und der lebendige Kontakt zu den Gläubigen. »Das Bischofsamt ist heute mit vielerlei Konferenzen, Sitzungen und Papieren belastet«, deshalb sei es für ihn besonders schön gewesen, »wenn man dann hinausgehen darf zu den Gemeinden, wenn man die lebendige Kirche erfährt und sieht, wie sehr auch heute Kirche da ist, wie sehr sie auch heute Menschen froh macht, wie sehr sie ihnen auch heute den Raum des Lebens gibt.«[8]

Das Priestertum sei ein Dienst, erinnerte er die versammelten Geistlichen, »der nur im Wir getan werden kann: Gehen wir zueinander. Sprechen wir miteinander. Tragen wir einander. Helfen wir uns gegenseitig aus … und lassen wir uns auch nicht in Parteiungen auseinanderreden!« Inständig bat der Bischof: »Erfinden wir uns nicht einen eigenen Jesus, der besser wäre als der reale, der uns in seinem Leib, der Kirche, begegnet! Erfinden wir uns nicht ein besseres Evangelium, das wir gegen die Mühseligkeiten und das Versagen der Kirche stellen!« Die Ernte sei groß. Es könne einen geradezu »bestürzen, wenn man im Gespräch mit jungen Menschen dieses Fragen nach einem besseren Leben, nach einer Alternative, nach dem wirklich tragenden Sinn« sehe, die auf Antwort warteten. Insbesondere »wenn man dann sieht, welcherlei Vögel auch in dieser Ernte einfallen und sie für sich abzuernten versuchen«.

Niemand ahnte, dass es ein Abschied für immer sein sollte. Ratzinger nutzte die Plätze der Stadt als Bühnen, wobei sich die einzelnen Begegnungen, Zeremonien, die Predigten und Reden, die irgendwie alle miteinander verwoben waren, zu einem Höhepunkt hin steigerten. Es ist *seine* Stadt. Es ist die Stadt *seiner* Kirche, die durch den Katholizismus zu dem geworden war, was sie schön, charmant und erfolgreich machte. »Bleiben wir im Gespräch mit Gott, so bleiben wir auch im Gespräch miteinander«, predigt er beim Pontifikalamt am 28. Februar im völlig überfüllten Frauendom. Die Welt sei ja »nicht dann erlöst, wenn sie perfekt versorgt und versichert ist. Sie wird vielmehr umgekehrt nur dann wirklich versorgt, wenn in ihr die Kräfte des Herzens wach sind, die die Menschen füreinander öffnen und ihnen zum rechten Umgang mit den Gütern dieser Welt verhelfen«. Die allgemeine Ratlosigkeit, die trotz des materiellen Überflusses um sich greife, beruhe darauf, »dass wir den tieferen Hunger allzu sehr vergessen haben«. Als Bischof appelliere er an seine Gemeinde: »Rufen wir Gott nicht nur an, sondern hören wir ihm auch zu. Lassen wir uns anrufen von ihm. Lernen wir neu die Liebe zum Wort Gottes. Lernen wir wieder Zeit zu haben für dieses Wort.« Schließlich sei »nirgendwo gesagt, dass der Glaube vom Lesen kommt – er kommt vom Hören«. »Seien wir nicht Skeptiker, sondern Vertrauende«, schloss er ab: »Vertrauen zu Christus, das dann zu Glaube und so zur Erkenntnis von Wahrheit und zu Leben wird – das ist der eigentliche Kern, um den es geht.«

Pathetisch erinnerte er zu guter Letzt an die Unverzichtbarkeit einer in weiten Teilen Bayerns ungebrochenen Überlieferung: »Das Zeichen des Kreuzes, Gottes neuer Regenbogen, steht über unserem Land. In den Feldkreuzen grüßt es uns an unseren Wegen. Von den Türmen unserer Kirchen redet es uns an. In unseren Stuben hat es noch immer einen Ehrenplatz. Lassen wir das Kreuz die Mitte unseres Landes, die Mitte unseres Lebens, die Mitte unserer Häuser bleiben.«[9]

Anders als bei den bisherigen Orts- und Amtswechseln erwähnte Ratzinger diesmal an keiner Stelle irgendwelche gesundheitlichen

Handicaps. In einer seiner Abschiedspredigten aber wählte er ein Bild, das auch etwas über die eigene seelische Befindlichkeit mitteilen konnte. Es ist das Beispiel eines Mannes, der »die Last schwer gewordener Einsamkeit« spürte: »Es war dunkel geworden um ihn. Er wollte endlich ein Mensch sein wie alle anderen; nur noch er selber.« In seiner Studentenzeit und seinen ersten Priesterjahren sei dieser Mann »ein Begeisterter gewesen, der voll Freude Gottes Wort und Ruf entdeckt hatte, immer weiter in dieses Wort hineingewandert war, der in Gesprächen, in Vorträgen, in Begegnungen und durch sein eigenes Lebenszeugnis vielen zum Führer und zur Wegweisung wurde«. Doch dann habe er erleben müssen, »dass nach seiner Aussaat niemand fragte, dass sie wie ins Leere versickerte«. So habe sich ihm »die Last solcher Vergeblichkeit immer schwerer aufs Herz« gelegt. Schließlich jedoch habe er sich einen Ruck gegeben, »die Kostbarkeit eines Dienstes wiederzuerkennen, der den Menschen nicht dies und jenes anbietet, sondern das, wovon sie leben«.

In seinem Brief an die Priester, Diakone und Mitarbeiter in der Seelsorge fasste der scheidende Bischof in Stichpunkten noch einmal zusammen, was dem christkatholischen Leben die unverwechselbare Identität gibt. Seine Empfehlung ist eine Art Masterplan der Neuevangelisierung: Da sei zuerst die *Eucharistie*. Das Konzil habe sie »Gipfel und Quelle« genannt. Zur heiligen Feier gehöre aber auch die »tiefere Vertrautheit mit dem *Missale*«. Je mehr man sich mit dem liturgischen Buch der lateinischen Kirche beschäftige, »desto mehr entdeckt man seinen Reichtum«. Auch »die eucharistische *Frömmigkeit*, das heißt das anbetende Verweilen vor dem heiligsten Sakrament«, sei zu erlernen. Nur so könne Eucharistie »Quelle werden, von der wir immer wieder frisches Wasser trinken. Nur so kann auch der *Kommunionempfang* auf Dauer fruchtbar bleiben.«

Was das *Bußsakrament* betreffe, gehe es gewiss nicht um »das Aufbauen von Schuldgefühlen«, sondern um die »Erfahrung der Gnade, die Erfahrung, dass Verzeihung geschenkt wird« und dass auf diese Weise »Vergangenes wirklich vergangen« sei: »Erst wo Verzeihung erfahren wird, kann der Mensch es ertragen, Schuld anzuerkennen; erst da kann er sich seiner Wahrheit stellen, weil sie durch die neue und größere Wahrheit der göttlichen Güte überholt wird.« Umgekehrt sei »die Unfähigkeit, Schuld zu erkennen, die gefährlichste Form seelischer Abstumpfung, die sich denken lässt, weil erst sie den Menschen unfähig macht, sich zu bessern, und damit das Böse ausweglos werden lässt«. Ihn selbst habe schon »seit meiner Studentenzeit das merkwürdige alte Gebetswort beschäftigt *Ab occultis meis munda me* – von meiner verborgenen Schuld reinige mich, Herr«. Er habe dann zu sehen gelernt, »dass nichts fataler ist als die Selbstgerechtigkeit, die Schuld nur bei anderen findet; dass gerade die Selbstzufriedenheit, die Schuld nicht mehr wahrnehmen mag, eine gefährliche Weise von Verhärtung ist«. Wenn man die »Grausamkeiten dieses Jahrhunderts genauer analysiere, zeige sich, »dass sie fast immer eine Abstumpfung des Herzens voraussetzten, die Schuld gar nicht mehr erkennen ließ«.

Seinen Abschluss fand Ratzingers Münchner Vermächtnis in einem Hirtenbrief an die Gemeinden. Fünf Jahre habe er als Erzbischof »in unserer Heimat dienen dürfen und dabei sehr viel mehr empfangen, als ich geben konnte«. Er bitte »um Nachsicht für alles, was unzulänglich war an meinem Dienst«. Christsein bedeute »zuerst, dass wir Gott die Ehre geben. Ihm die Ehre geben, das heißt zunächst einfach: an ihn glauben«. Glauben im christlichen Sinn sei, »Gott als eine Wirklichkeit annehmen, nein, nicht als irgendeine Wirklichkeit, sondern als die maßgebende und grundlegende Wirklichkeit überhaupt«. Am Anfang scheine sich ja zunächst »wenig zu verändern, wenn man Gott in seinem Leben auslässt. Ja, es scheint sogar alles leichter und bequemer zu werden. Aber je mehr sich die Gottlosigkeit in einer ganzen Gesellschaft ausbreitet, desto mehr zeigt sich dann auch, dass sozusagen das Schiff aus seiner Verankerung gerissen ist.«

Seine letzten Worte galten der Jugend: »Ihr habt schärfer als die erwachsene Generation das Ungenügende unserer materialistischen Gesellschaft erkannt. Von da kommt euer Aufbegehren, euer Ruf nach Alternativen.« Vorsicht sei jedoch angebracht. »Alle möglichen Ideologen« versuchten die Sehnsucht junger Menschen auszunutzen: »Ich bitte euch, seid kritisch auch gegen sie. Was sich heute als kritisch ausgibt, ist in Wirklichkeit oft nur Parteigerede. Geht den Dingen auf den Grund! Sucht nach dem Kern, wagt die wirkliche Alternative!« Und dann hob er zu jenem Leitwort an, das einmal zu einem der Notenschlüssel seines Pontifikats werden sollte: »Wagen wir den Lebensstil Jesu Christi. Haben wir den Mut, den Glauben zu leben. Lassen wir uns nicht einreden, dies sei veraltet oder überholt! Überholt und gescheitert sind die materialistischen Lebensmodelle, alle Versuche, ein Lebensprojekt ohne Gott aufzubauen. Christus aber ist nicht nur gestern und heute, er ist auch morgen, weil ihm die Ewigkeit gehört.«

Mit einem Gebet an der Mariensäule ließ der Bischof die Feier ausklingen. »Sei uns Lehrmeisterin des Glaubens, der Hoffnung und der Liebe«, bat er die Muttergottes, »schütze dieses Bistum, dieses ganze Land, das so oft deinem Schutz anvertraut worden ist und das wir dir von Neuem übergeben.« Ein Schlussakkord fehlte noch. Er gehörte der Kompanie der bayerischen Gebirgsschützen. Und als der Kardinal die Tausende von Menschen segnete, feuerten die Männer in ihren grauen Trachten dreimal Salut: »Gott zur Ehr!«

Der Korrespondent der Tageszeitung *Die Welt*, der spätere *Stern*-Autor Rudolf Lambrecht, bescheinigte dem scheidenden Bischof in einem Resümee »die verblüffende Gabe, eigentlich Selbstverständliches, einfache Wahrheiten, so offen zu sagen, dass sie überraschen«. Nicht, dass Ratzinger in der Vergangenheit bewusst polarisiert hätte – »er verstand sein Amt als Bastion wider den Zeitgeist und sich selbst als lehrenden Hüter der Wahrheit Jesu, an deren unbequemer Forderung sich immer die Geister scheiden«. Ratzinger habe als ehemals »progressiver Vordenker« nicht seinen Charakter geändert, aber seinen Kurs korrigiert, »als er sah, dass hier Entwicklungen eintreten, die zu Irritierung und Auflösung führen können«. Als Erzbischof und Kardinal sei er »kein Kirchenfürst geworden. Seine Stringenz im Denken und Handeln versteht er als Dienst. Und das muss man ihm abnehmen.«[10]

Teil V
Rom

Kapitel 50

Der Präfekt

Mit einer Fläche von 44 Hektar ist der kleinste Staat der Welt kaum größer als eine mittlere Farm in Südamerika. Dabei pflegt der Vatikan diplomatische Beziehungen zu 150 Ländern der Erde. Das Hauptpostamt fertigt jährlich 4 Millionen Brief- und 15 Millionen Postkartensendungen ab. Und gemessen an der Zahl von rund 4000 Einwohnern ist seine Armee mit einer Personalstärke von rund 100 Schweizer Gardisten die größte Militärmacht der Welt.

Es gibt einen Hubschrauberlandeplatz, einen Bahnhof, einen Supermarkt, Tankstellen und die Tag-und-Nacht-Apotheke der »Bruderschaft von Johannes von Gott«, die neben Arzneimitteln des täglichen Bedarfs das päpstliche Medikamentenbuch verwahrt. Immerhin wurden 31 der ersten 35 Päpste massakriert. Ihre Gebeine ruhen zumeist in den Katakomben an der Via Apia, zusammen mit 200 000 anderen ermordeten Christen aus den Anfängen der neuen Religion. Im Labyrinth der vatikanischen Verwaltung, in dem sich 12 päpstliche Räte, 25 Kommissionen und Komitees, 3 Gerichtshöfe und 9 Kongregationen befinden, sticht besonders die Kongregation für die Glaubenslehre heraus. Sie ist die erstgenannte und wichtigste, aber auch jene, die über das schlechteste Image verfügt.

Mit der »Heiligen Inquisition« werden bis heute Verhöre, Folter und Scheiterhaufen verbunden. Die Einrichtung begann im Grunde mit Irrlehren, die den Glauben immer wieder in existenzielle Krisen brachten. Bereits die Evangelien wurden attackiert von apokryphen Schriften anonymer Autoren, die eine eigene Darstellung von Leben und Worten Christi gaben. Apollinarismus, Arianismus, Docetismus, Donatismus, Gnostizismus, Nestorianismus, Pelegianismus, Jansenismus und noch andere Häresien warteten mit eigenwilligen Interpretationen auf. Lange Zeit überwog der christliche Grundsatz, dass neben dem Weizen auch das Unkraut wachsen muss. Nicht dem Menschen, sondern Christus selbst sei es zu überlassen, dass er, gleichzeitig mit seiner Wiederkunft, das Gute vom Bösen scheidet. Als jedoch im 11. Jahrhundert die Sekte der Katharer – griechisch: *katharoi*, die Reinen, davon abgeleitet der deutsche Begriff *Ketzer* – unzählige Bischöfe und Adelshäuser für ihren Kurs gewann, war für Papst Innozenz III. die Lage ernst genug, um Franziskaner und insbesondere den von dem Spanier Domingo de Guzmán Garcés gegründeten Orden der Dominikaner in Marsch zu setzen, um die neue Lehre als gefährlichen Fundamentalismus zu entlarven.

Der Theologe und Psychotherapeut Manfred Lütz verglich die Katharer mit Gruppierungen unserer Tage wie Scientology[1]. Denn unter der Vorgabe, endlich das wahre Christentum zu leben, ging mit der Sekte eine düstere Ideologie einher. Selbstkasteiung bis zum Hungertod, das Verbot von Ehe und Zeugung, der Hang zu pathologischer Teufelsgläubigkeit und die Ablehnung von privatem Besitz bildeten eine reale Gefahr für den gesellschaftlichen Frieden. Während in der frühen Kirche Abweichlertum allenfalls mit Ausschluss aus der Gemeinschaft geahndet wurde, war man im frühen Mittelalter dazu übergegangen, religiöse Vergehen den weltlichen Gewalten zu überlassen. Ab 1231 richtete Gregor IX. die päpstliche Inquisition ein, was so viel wie »Erforschung« und »Aufspüren« bedeutete.[2] Vollstreckt werden durften die Urteile aber weiterhin nur durch nichtkirchliche Einrichtungen.

Mit der Ketzerverfolgung verwoben sich von Anfang an politische und wirtschaftliche Motive. In Spanien wirkte ab 1478 unter einem staatlichen Großinquisitor eine von der Kirche unabhängige Inquisition, die sich der Verfolgung ganzer Ethnien schuldig machte. In vielen Ländern griffen Hexenprozesse um sich, nicht selten angestachelt von einer wütenden, schaulustigen Volksmenge. Erst Papst Paul III. schuf am 21. Juli 1542 als Maßnahme der Gegenreformation eine oberste Instanz für Häresien und Schismen: die aus sechs Kardinälen bestehende *Congregatio Romanae et universalis Inquisitionis*, kurz: das *Sanctum Offizium*.

Der neueren Forschung ist das Wissen zu verdanken, dass mit der römischen Inquisition nicht in jedem Fall Scheiterhaufen verbunden waren. Dem Prozess gegen Galileo Galilei folgten weder Folter noch Berufsverbot. Seine »Kerkerhaft« verbrachte der Wissenschaftler samt Dienstboten in den luxuriösen Gemächern eines hohen Inquisitionsbeamten. Die mit der *Inquisitio* verbundenen Vergehen sind nicht zu beschönigen, der Kirchenhistoriker Walter Brandmüller aber fordert, das Phänomen »nicht mit den Maßstäben des Heute« zu messen.[3] Man dürfe nicht ignorieren, dass im Verschmelzungsprozess des Abendlandes die europäische Identität im Wesentlichen auf einer kirchlichen Kultur beruhte. In einer Zeit, in der das Dreigestirn von Reich–Christentum–Kirche eine unverzichtbare Einheit bildete, musste das Leugnen von Glaubensgrundlagen gleichzeitig auch als Angriff auf die Fundamente der gesellschaftlichen Ordnung verstanden werden. »Die zivile Gewalt, nicht die kirchliche Autorität, war es deshalb auch«, belegte Brandmüller, »die zuerst gegen die Ketzer losschlug.« Nicht der zuständige Bischof, sondern König Robert der Fromme von Frankreich habe beispielsweise 1022 zu Orléans mindestens zwölf gelehrte ketzerische Domherren verbrennen lassen. In Mailand schleppten Mitglieder des Stadtadels eigenhändig ihre vermeintlich abtrünnigen Standesgenossen zum Scheiterhaufen. Als ein Konzil im nordfranzösischen Beauvais über das Schicksal von Ketzern beriet, stürmte laut der Chronik des Hermann von der Reichenau das Volk das Gefängnis und verbrannte die Beschuldigten vor der Stadt, aus Angst, »die Milde des Klerus« würde die Delinquenten davonkommen lassen.

Anders als die »Spanische Inquisition«, die als politisches Instrument des Königs agierte, hielt sich das »Heilige Offizium« in Rom an präzise rechtliche Verfahrensvorgaben, im Übrigen womöglich sogar maßvoller als so manche Inquisitoren in der modernen Medienwelt, die weder vor harter Vorverurteilung zurückschrecken noch zögern, jemanden an den Pranger zu stellen, der im Verdacht steht, sich eines Vergehens gegen die Political Correctness schuldig gemacht zu haben. Historiker sind sich heute darin einig, dass die Einführung der Inquisition, bei allen Irrtümern und Vergehen, einen Fortschritt in der Rechtsgeschichte bedeutete. Denn während in den sogenannten Gottesgerichten Verdächtige etwa glühende Eisen anfassen mussten, um durch Unversehrtheit ihre Unschuld zu beweisen, hatten Beschuldigte jetzt immerhin die Möglichkeit, sich im Zuge einer ordentlichen Untersuchung verteidigen zu können. Das Gros der Angeklagten kam mit Strafen wie dem Tragen von Bußkreuzen oder auferlegten Wallfahrten davon. Im Übrigen erklärten auch die Reformatoren in der Nachfolge Luthers die Verfolgung abweichender Bekenntnisse für ein absolut legitimes Mittel, ihren Glauben gegen Infiltration abzusichern.

Immer war er der Jüngste gewesen: als Dozent mit 25; als Professor mit 31; als Bischof und Kardinal mit 50. Im Frühjahr 1982, mit 54, ist er der jüngste Chef, den die bedeutendste Kongregation der römischen Kurie je hatte, und damit der neben dem Papst führende Glaubenslehrer der größten Kirche der Welt. Johannes Paul II. war sich darüber im Klaren, dass die Berufung des scharfsichtigen Bischofs aus München die wichtigste Personalie seiner ganzen Amtszeit sein würde. Mit ihr verband sich nicht nur eine Richtungsentscheidung, sondern auch Erfolg oder Nichterfolg seiner gesamten Mission. Die Stunde der Kirche hatte sich verändert. Es ging darum, den Herausforderungen der Zeit argumentativ, klug, dialogbereit und im kollegialen Stil zu begegnen – und gleichsam unerschütterliche Standfestigkeit zu beweisen. Nur mit einem der besten Theologen an seiner Seite konnte er den Kampf um die Errungenschaften des Konzils gewinnen und den Angriffen auf die Überlieferungen des Glaubens eine Abwehr entgegenstellen, die das Format hatte, mit der Macht der Argumente standhalten zu können.

Vielleicht wäre es sinnvoll gewesen, die *Sant' Ufficio* (»Heiliges Büro«) genannte Behörde nach dem Konzil gleich komplett aufzulösen. Wer aber sollte dann prüfen, ob die katholischen Theologen, Bischöfe, Priester auch wirklich im Namen der Kirche sprechen können, wenn sie obskure Theorien als die »wahre« Lehre verkündeten? Wer sollte mit Vollmacht feststellen, was katholisch ist und was nicht? Schon unmittelbar nach Einführung des Buchdrucks warnte etwa der Erzbischof von Mainz 1485, viele Autoren missbrauchten Gutenbergs Erfindung »aus Ruhmessucht und Geldgier, sodass sie die Menschheit verderben, statt sie aufzuklären«. Insbesondere seien manche der freien Übersetzungen der Bibel so sinnentstellend, »dass selbst Gelehrte zu großen Missverständnissen verführt sind«[4].

Andererseits: War nicht ausgerechnet er es gewesen, der im Konzil mit seinen Vorlagen für Kardinal Frings die härtesten Attacken gegen das Offizium geritten hatte? Noch am letzten Sitzungstag am 7. Dezember 1965 verkündete Paul VI. die Reform des *Sant' Ufficio*, das er in »Kongregation für die Glaubenslehre« umbenannte. Ratzinger hatte damals dem Vatikan also die Suppe eingebrockt, jetzt sollte er sie auch auslöffeln. Das Dumme war nur: Kaum eine Gestalt passte scheinbar so in das Klischee eines Inquisitors als der ehemalige Professor aus Bayern. Die Distanziertheit, die man als Kälte interpretieren konnte; das ganze durchgeistigte Wesen, das verdächtig erschien. Ratzinger hatte etwas Zerbrechliches an sich – und gleichzeitig eine Bestimmtheit, die manche als unerbittlich empfanden. In der Verbindung mit dem neuen Amt konnte dann auch das Motto, das er sich als Bischof gab, ganz anders gelesen werden. Ausgerechnet ein »Glaubenswächter« als »Mitarbeiter der Wahrheit«? Und zu allem Überfluss ist der neue »Polizist des Papstes« auch wirklich noch der Sohn eines Gendarmen. Als ernst zu nehmender Theologe, wusste Hans Küng, würde sein Gegenpart bald erledigt sein. Die wenigsten wussten, dass sich Ratzinger jahrelang mit allen Mitteln gegen den Ruf aus Rom gesträubt hatte. Seine Verweigerung konnte schwerlich kommuniziert werden, ohne nicht auch die Autorität des Papstes und nicht zuletzt auch das Amt selbst zu beschädigen. »Hat Sie niemand gewarnt vor dieser unpopulären Aufgabe?«, hatte ich den Kardinal bei unserem ersten Treffen im November 1992 gefragt. »Da brauchte ich keine Warnung. Dass ich mich da in die Nesseln setze, das war klar«, war die Antwort. Er habe sich »in einem großen Dilemma befunden«. Letztlich habe er keine Chance gehabt: »Ich musste es auf mich nehmen.«

Schon am 18. Januar war Ratzinger auf Empfehlung des Sekretärs der Glaubenskongregation, Erzbischof Jérôme Hamer, für eine Woche nach Rom gekommen, um seinen neuen Amtssitz an der Piazza Sant' Uffizio vorab in Augenschein zu nehmen. Der Palazzo neben den Kolonnaden des Petersplatzes wirkte mit seinem gewaltigen Tor und den geschlossenen Fensterläden wie eine Trutzburg, finster und geheimnisvoll, ein »ungemütlicher Platz«, wie der Präfekt empfand. Die Stimmung war angespannt, als er sich, andächtig verfolgt von den erwartungsvollen Blicken seiner künftigen Mitarbeiter, in sein Arbeitszimmer führen ließ. Es war ein geräumiges Büro mit einem edlen Schreibtisch, an dem auch seine Vorgänger gearbeitet hatten. An den Wänden hingen verschiedene Barockgemälde, die Decken waren im Stil der Renaissance gehalten. Der Blick war nicht unbedingt grandios, aber auch nicht ohne Reiz. Ganz nah Michelangelos großartige Kuppel des Petersdoms und in der Ferne die dreistöckigen Loggien des Apostolischen Palastes, an dessen oberem rechtem Eck der Papst mit seinem Haushalt aus polnischen Ordensschwestern wohnte. Sein treuer Sekretär Stanislaw Dziwisz hatte sein Quartier in der Dachkammer darüber.

Bruno Fink inspizierte inzwischen sein Büro, das unmittelbar neben dem des Präfekten lag. Er fand einen einfachen Aktenschrank vor, einen Schreibtisch aus den Fünfzigerjahren sowie ein Beistelltischchen und eine alte Schreibmaschine mit italienischer Tastatur. Während ihn im Münchner Büro zwei Kollegen unterstützten, sollte er nun alle Aufgaben allein bewältigen, auch das Tippen von Briefen, Vorträgen oder Stellungnahmen, die er bald tatsächlich noch bis tief in die Nacht in seiner Ein-Zimmer-Bleibe in der Casa Internazionale del Clero (einem Priesterhaus an der Piazza Navona) in die Maschine hämmerte.[5]

Als Sekretär mit der offiziellen Bezeichnung »adetto tecnico di 2a classe e di 2a categoria«, der im Vatikan üblichen Anfangsklassifizierung für Mitarbeiter ohne Doktorgrad, würde Fink bald die gesamte eingehende Post vorsortieren, Anträge zu Eheangelegenheiten und Laisierungen in die betreffende Sektion weiterleiten, die umfangreiche persönliche Korrespondenz des Kardinals betreuen und Gäste in Empfang nehmen, etwa Ordensmänner, die von dramatischen Konflikten mit ihren Oberen oder dem Bischof berichteten und halb weinend versicherten, sie würden keinen Ausweg mehr sehen.

Die Kongregation verfügte über einen eleganten Mercedes aus den Sechzigerjahren, ein Geschenk von Daimler-Benz an Kardinal Ottaviani. Als Chauffeur diente der unverzichtbare Alfredo Monzo, ein liebenswürdiger, zuverlässiger und schweigsamer Italiener, der auch als Portier, Bote und Hausmeister zum Einsatz kam.

Von den zwei angebotenen kircheneigenen Wohnungen an der Piazza della Città Leonina 1 außerhalb des vatikanischen Territoriums entschied sich Ratzinger für die Wohnung Nr. 8 im 4. Stock: 300 Quadratmeter groß, mit zwei Arbeitszimmern, einer Einliegerwohnung und, wie bei Kardinälen üblich, einer Hauskapelle. Mitarbeiter der APSA (*Amministrazione del Patrimonio della Santa Sede*) versprachen, es werde alles »rapidamente« renoviert werden, so an die drei Monate müsse man dafür aber schon einberechnen. Was nicht hieß, dass danach auch Gasanschlüsse, Telefon, Steckdosen, Duschköpfe auch wirklich funktionieren sollten. »Ich bin schon oft in meinem Leben umgezogen«, hörte man den Mieter später seufzen, »aber so schlimm wie dieses Mal war es noch nie!«

Als Kurienkardinal erhielt Ratzinger einen Pass des Vatikans (neben seinem deutschen, den er auch als Papst behielt) mit unbegrenztem Aufenthaltsrecht in Italien. Sekretär Fink bekam wie alle anderen EU-Bürger eine Aufenthaltserlaubnis für drei Monate, dann für ein Jahr, danach auf Dauer. Eine Lösung »alla Vaticana« fand sich für sein Privatauto, einen hellblauen Opel Kadett, den er aus München mitbrachte. Weil die Ummeldung mit unsäglichen bürokratischen Hindernissen verknüpft gewesen wäre, »nahm ich einen guten Ratschlag von Freunden an und ›schenkte‹ sozusagen mein Auto Kardinal Ratzinger, ließ mir gleichzeitig eine Vollmacht zum Führen dieses Wagens in italienischer und deutscher Sprache unterzeichnen und erhielt auf diese Weise die Autonummer des Vatikans SCV« – was ihm Steuerfreiheit und günstiges Benzin an der Tankstelle des Heiligen Stuhls bescherte.

Schwester Maria war noch in Bayern geblieben. Sie paukte Italienischvokabeln und studierte auf Stadtplänen die Lage römischer Wochenmärkte. Im einzigen Interview, das sie in ihrem Leben gab, ein Statement mit weniger als einhundert Zeilen, erläuterte sie der *Süddeutschen Zeitung*, sie sei nun schon fünfmal in Rom gewesen und fände die Stadt »wunderschön«. Der Dienst für ihren Bruder stelle für sie keinen Verzicht dar. Aus Erfahrung wisse sie, dass der weibliche Part für das ganze Geschwistertrio »seine eigene, prägende Bedeutung« habe.[6]

Es war Februar geworden, als Ratzinger bis zur Fertigstellung seiner Wohnung das Zimmer »München« (andere Räume hießen »Danzig« und »Limburg«) im 3. Stock des Priesterseminars Collegio Teutonico di Santa Maria auf dem Campo Santo bezog. Die Unterkunft hatte Blick auf die Palmen des deutschen Friedhofs und die Kuppeln des Petersdoms, allerdings fiel in den ersten 14 Tagen die Heizung aus. Es war nicht nur bitter kalt, es gab auch nur kaltes Wasser. Obendrein fehlte es an liturgischen Büchern. Dass sein monatliches Gehalt von bisher 10000 D-Mark wie in München um mehr als die Hälfte auf rund 4300 stürzte, nahm er stoisch zur Kenntnis. Das Erzbistum ließ dennoch eine Aufzahlung anweisen (man müsse doch »unseren Erzbischof anständig leben lassen«, erregte sich Finanzdirektor Friedrich Fahr). Das Sonderkonto wurde allerdings von Ratzinger nicht angerührt.

Mitte April 1982 wurde endlich die Wohnung in der »Leonina« für den Einzug freigegeben. Vor dem Haus parkte ein großer Umzugs-Lkw aus München ein, beladen mit Ratzingers altem Schreibtisch, dem Klavier, den Regalen und Büchern, Büchern, Büchern. Schwester Maria hatte sich für den Mai angekündigt. Ihr Bruder versorgte sich derweil in der Trattoria Tiroler Keller in der Via Crescenzio. Mit seinen engsten Kollegen, dem schon erwähnten Sekretär der Glaubenskongregation Erzbischof Jérôme Hamer, einem überaus fleißigen Dominikaner aus Belgien, der unzählige Sprachen beherrschte, und dem Subsekretär Monsignore Alberto Bovone, einem Kirchenrechtler, der den ganzen Laden managte, verstand er sich prächtig. Beide sollten später zu Kardinälen erhoben werden.

Als Führungsspitze bespricht das Trio die Agenda der Kongregation und sucht nach den jeweils angemessenen Lösungswegen. Neben den drei *Capi* gibt es einen *Promotor iustitiae*, der die Anliegen des Kirchenrechts vertritt. Zum beratenden Gremium, der *Consulta*, zählen rund zehn Bischöfe der Römischen Kurie sowie zehn Professoren aus verschiedenen römischen Universitäten und Ordensgemeinschaften. Das Entscheidungsorgan ist die *Sessio ordinaria*. Die Versammlung, der acht bis zehn Kardinäle angehören, tagt im Allgemeinen alle zwei Wochen jeweils mittwochs und wird durch Sitzungen der *Consulta* vorbereitet. Die hierzu erstellte Dokumentation samt den Problemanalysen wird eine Woche vor der Sitzung auch dem Papst zugestellt, sodass der Heilige Vater laufend über die Verhandlungen unterrichtet ist. In der Regel einmal jährlich trifft sich wiederum die *Plenaria*, die Vollversammlung der Kongregation, an der 15 bis 20 Kardinäle und Bischöfe aus der ganzen Welt teilnehmen. Zeitgleich tagt dann zumeist auch die Internationale Theologenkommission und die päpstliche Bibelkommission, die jeweils fundamentale theologische und bibelwissenschaftliche Themen behandeln. »Im übrigen fängt die Hitze an zuzusetzen«, schrieb der neue Glaubenspräfekt am 18. Juli 1982 an seinen ehemaligen Schüler Viktor Hahn, »seit Wochen um 35 Grad herum! Aber die Arbeit gefällt mir und die Menschen auch – obgleich die eigene theologische Forschung nach wie vor sehr kleingeschrieben ist ...«.

Ratzingers *Sacra Congregatio pro Doctrina Fidei* hat laut Apostolischer Konstitution die Aufgabe, »die Glaubens- und Sittenlehre in der ganzen katholischen Kirche zu fördern und zu schützen«. Mit der Reform von 1965 gab ihr Paul VI. statt der bisher repressiven eine positiv den Glauben fördernde Richtung. Allerdings sollte sie nach wie vor »Irrtümer korrigieren« und »die Irrenden auf den rechten Weg zurückführen«. Die einem Ministerium vergleichbare Behörde gliedert sich in vier Bereiche:
– die Lehr-Abteilung, der die Prüfung aller Erlasse der Römischen Kurie und der Aussagen der im Namen der Kirche sprechenden Theologen, Priester und Bischöfe auf ihre theologische Rechtmäßigkeit hin obliegt. Sie erstellt zudem Expertisen zu den für die Zukunft der Menschheit bedeutenden ethischen Fragestellungen, die sich aus dem technologischen und medizinischen Fortschritt ergeben;
– die disziplinare Sektion, die sich mit Fragen der kirchlichen Disziplin befasst, etwa dem Umgang mit den eucharistischen Gaben, dem Beichtgeheimnis, aber auch mit Verfehlungen von Priestern;
– die dritte Sektion, die sich mit Eheauflösungen gemäß den Privilegien Petrinum und Paulinum beschäftigt und jährlich etwa 2000 Anträge zu bearbeiten hat;
– die vierte Sektion, bei der die Gesuche um die Laisierung von Priestern eingehen. Ein spezielles Aufgabengebiet bildet das Phänomen

der Wunder. Gemeldete Ereignisse werden von der Kongregation daraufhin untersucht, ob dabei eine natürliche Anomalie, eine Hysterie oder tatsächlich eine übernatürliche Erscheinung vorliegt.

Als Präfekt ist Ratzinger in Personalunion auch Präsident der Bibel- wie der Theologiekommission. Da jeder Behördenchef auch anderen Kongregationen angehört, umfasst sein Aufgabenfeld zudem die Mitarbeit in der Bischofskongregation, der Propagandakongregation, der Katechismus-Kommission sowie im »Rat für die Einheit« und im »Sekretariat für die Nichtgläubigen«.

Seine zunächst 30, später rund 40 meist jungen Mitarbeiter, zusammengestellt nach einem komplizierten Proporzsystem, stammen aus allen Regionen der Erde und sind in der Regel für 5 oder 10 Jahre verpflichtet. Erste Informationsquelle der Kongregation sind die Ortsbischöfe, die bei ihren Pflichtbesuchen im fünfjährigen Turnus neben dem Papst auch den Präfekten der Glaubenskongregation über die Situation in ihren Diözesen Bericht erstatten. Etwa 90 Prozent der behandelten Fälle rekrutieren allerdings aus Anzeigen, dieser oder jener Professor oder Bischof hätte Aussagen vertreten, die nicht mit der katholischen Lehre übereinstimmten. Angesichts der bescheidenen Gehälter seiner Mitarbeiter, bemerkte Ratzinger anfangs, die in Deutschland »nahe an der Armutsgrenze liegen würden«, sei schon schwer nachvollziehbar, wenn es hieße, der Heilige Stuhl »würde im Gold schwimmen«. In Wirklichkeit sei er »nicht einmal imstande, die Kosten für das Personal aufzubringen«[7].

Ein Treffen mit dem Papst, um über Ausrichtung und Schwerpunkte seiner Arbeit zu sprechen, gibt es zum Amtsantritt nicht. »Ich hatte ja die wöchentliche Audienz bei ihm. Das war Zeit genug, um sich auszutauschen.« Im Übrigen sei »eigentlich klar gewesen, was ein Präfekt zu tun hat«[8]. Die Mitarbeiter staunten allerdings nicht schlecht, als der neue Chef seine erste Sitzung auf Latein begann. »Ich sprach ja noch kein Italienisch. Ich habe es nur im Mitreden gelernt. Damals konnten aber wirklich alle noch Latein, sodass das kein Problem war.«[9]

Bald hatten sich die Römer daran gewöhnt, kurz vor 9 Uhr morgens einen bescheidenen Signore über den Petersplatz trippeln zu sehen. Man erkannte an der Baskenmütze und der abgewetzten schwarzen Aktentasche, dass es der Präfekt der Glaubenskongregation ist. In seiner Freizeit machte der Kardinal Spaziergänge am Borgo Pio, plauderte mit den Obstverkäufern, spielte Klavier – oder saß am Schreibtisch, für

Vorträge oder Predigten, um die ihn Priester aus der Heimat baten. Und wenn in Traunstein oder anderswo im Chiemgau gerade Not am Mann war, übernahm er auch noch Firmungen.

Auf dem Weg ins Büro begrüßte er eine Katze, die auf dem Campo Santo bereits auf ihn wartete, und plauderte mit Clelia, der Hausmeisterin, mit der er gelegentlich auch frühstückte. Clelia diente 40 Jahre lang an der Pforte der Glaubenskongregation. Als ihr von der vatikanischen Verwaltung die Wohnung gekündigt wurde, hörten Mitarbeiter der Kongregation ihren Chef am Telefon heftig protestieren. Clelia blieb. Einmal hatte Ratzinger für sie einen Termin bei Johannes Paul II. arrangiert. Er meinte: »Also morgen von da bis da könnte der Papst Sie empfangen.« Die Hausmeisterin überlegte kurz, aber ihre Antwort war definitiv: »Da kann ich nicht.«

Einmal in der Woche feierte er am Morgen auf dem Campo Santo Teutonico Gottesdienst. »Dieser Donnerstag war immer etwas Besonderes«, so der ehemalige Mitarbeiter Helmut Moll. »Es kamen über hundert Leute, es war immer voll. Auch von Menschen, die ihn kurz sprechen, etwas überreichen wollten oder ein Anliegen hatten.«[10] Im Büro widmete sich der Präfekt zunächst dem Pressespiegel, seiner neben der *RAI*-Nachrichtensendung *Tele Journale* und der *Mittelbayerischen Zeitung* aus Regensburg (die häufig mit 14-tägiger Verspätung eintraf) einzigen Informationsquelle. Der erste Teil des Vormittags gehörte dem Aktenstudium. Um 11 Uhr wurden an den sitzungsfreien Tagen Besucher empfangen. Um 13.15 Uhr ging er nach Hause, mit einer Aktentasche voller Dokumente, Dossiers, Vorlagen für Berichte, die anderntags von den Mitarbeitern erledigt werden sollten. Sonntags wurde im Esszimmer gespeist, werktags aber in der Küche, die mit einer Größe von drei auf vier Meter gerade mal Platz für zwei Personen bot. Und während Maria das Mittagessen auftrug, saß ihr Bruder auf seinem Bänklein in der Ecke, fast so, als wäre man noch in Hufschlag, im alten Bauernhaus am Waldrand.

Seine Arbeit an der *Curia Romana* habe Ratzinger angespornt, so Sekretär Fink. Die Aufgaben seien eben »deutlich mehr theologisch-wissenschaftlicher Natur« gewesen als etwa die lästigen Finanz- und Strukturfragen in München. Zudem begann er die Flexibilität der Italiener zu schätzen. Von ihnen könne man lernen, lobte er, aus einer schwierigen Situation noch immer etwas Gutes zu machen. Während die Deutschen schnell ein Problem abbrächen mit der Begründung »es geht nicht«, würden Italiener mit »wir versuchen es« reagieren. Und wenn es im Deutschen laute: »Sie haben die Grenze überschritten«, heiße es im Italienischen: »Na ja, wir versuchen es noch einmal.«

Mit Ratzinger stand erstmals kein Kirchenrechtler, sondern ein Theologe an der Spitze der Glaubenskongregation, und binnen kurzer Zeit hatte sich das Gesicht der Behörde verändert. »Dass ein Präfekt der Kongregation sich in den theologischen Disput einmischte, war absolut ungewöhnlich«, bemerkte Wolfgang Seibel, Chefredakteur der Jesuitenzeitschrift *Stimmen der Zeit*.[11] Ratzinger freute sich auf die Begegnung mit den Bischöfen, nahm sich vor, »in die fünf Kontinente zu fahren, um dort mit den Glaubenskommissionen zu sprechen«[12]. »Wir sind froh für alles, was die Bischöfe selber tun«, erklärte er und fügte lächelnd hinzu: »Mit 30, 40 Leuten können sie unmöglich die ganze Christenheit überwachen.« Der Auftrag des Lehramtes sei nicht, sich »dem Denken entgegenzusetzen, sondern die Autorität der Antwort, die uns geschenkt ist, zur Sprache zu bringen«. Wichtig sei, »den Raum für das Sprechen des Anderen offen zu halten«[13].

Vor dem neuen Einfluss habe er sich anfangs sogar »eher etwas gefürchtet«, bekannte der Präfekt, »weil man leicht, wenn man das Eigene hervorziehen würde, auch zu viel Eigenes in das Amt hineinbringen kann«[14]. Ebenso sei ihm bewusst gewesen, »dass das Amt selber die Versuchung in sich trägt, sich von den Negationen absorbieren zu lassen, denn die fallen auch hier zunächst ins Auge; die Gefahr, dass man dann nur noch reaktiv tätig ist und im Widerlegen stecken bleibt, ist sicher sehr groß«. Genau deshalb sei ihm wichtig gewesen, »die positiven Maßstäbe an die erste Stelle zu rücken sowie die vorwärtsführenden neuen Aufbrüche zu stärken und weiterzugeben«[15]. Er selbst habe »zunächst einmal, im Gegensatz zur Einzelentscheidung, den kollegialen Arbeitstyp möglichst stark betonen und die Bedeutung der einzelnen Organe hervorheben« wollen[16]. Vor allem sei ihm klar geworden, er müsse sich eigentlich nicht vor der Welt verantworten, sondern vor Gott. Und wenn er sich da verantworten könne, dann sei es in Ordnung; denn dann sei das auch vor der Welt gut.

Tatsächlich stellten die ersten Dokumente der Kongregation unter seiner Leitung – über das Verhältnis von Katholiken und Anglikanern (1982), über die Freimaurerei und über die Eucharistie (beide 1983) – die jeweils positiv-weiterführenden Aspekte in den Vordergrund. Als neuer Leiter, so Professor Réal Tremblay, einer der Konsultoren der Kongregation, habe Ratzinger von Anfang an »mit einer großen Klarheit reagiert und geholfen, wenn es kompliziert wurde«[17]. Den bei seinem Eintritt gerade einmal 28-jährigen Mitarbeiter Hermann Geißler beeindruckte, »dass der große Ratzinger immer nach unserer Meinung gefragt hat. Er beherzigte damit, was der heilige Benedikt in seiner Regel empfiehlt, dass die Jüngeren in manchen Dingen mehr recht haben können als die Älteren«. Selbst die *Süddeutsche Zeitung* zeigte sich im Dezember 1982 beeindruckt vom Einstieg des neuen Präfekten: »Er passt in kein Klischee, weder das konservative noch das progressive. Joseph Ratzinger ist einfach katholisch, mit Leib und Seele, eine Art Navigator im Purpurgewand.«[18]

Seit dem Konzil war der Bayer mit Rom bestens vertraut. Mit den romantischen Gassen der Stadt, seinen unvergleichlichen Bauten, mit seinen Menschen, die Katholizität als Lebenskunst verstanden, unkompliziert und unverkrampft. Aus der Heimat mitgebracht hatte er den Ring, den ihm Maria und Georg zur Bischofsweihe geschenkt hatten. Das Fundstück aus einem Regensburger Antiquariat zeigte einen Phönix, Symbol für die Kraft, sich aus der Asche wieder erheben zu können. Würde auch er wieder auferstehen, um sich den Taten stellen zu können, die seiner eigentlichen Berufung entsprachen? Wojtyla stand hier mit breiten Schultern, und am liebsten hatte er stets alle um sich geschart, ganz eng, wie eine Glucke ihre Küken. Und er? Machte er sich nicht immer noch schmal und klein, als habe er Angst, erdrückt zu werden? Selbst wenn sich ein Kreis von befreundeten Priestern um ihn gruppierte, stand er da mit eingezogenen Schultern, die beiden Hände fest an den Griff seiner Aktentasche geklammert, die er vor sich hin hielt wie einen Schutzschild. Für fünf Jahre würde er nun ein Römer sein, überlegte er, womöglich sogar für zehn. Länger aber auf keinen Fall.

Kapitel 51

Ratzingers Report

Gab es je einen Papst, der so viel reiste und so gewaltige Mengen an Menschen versammelte? Der so frisch und unkonventionell das *Kergyma* verkündet, die Nachricht, auf der christlicher Glaube allein beruht: »Du bist der Messias, der Sohn des lebendigen Gottes!«?

Seinen Stab aus 140 Mitarbeitern dirigierte Johannes Paul II. wie aus dem Laufschritt heraus. Und wenn er mittags *Polpettone* aß, falscher Hase, tat er dies häufig, um nicht durch unnötiges Kauen beim Besprechen seiner Tagesordnungspunkte gehindert zu sein. Vielen imponierte sein Witz, seine Poesie, die männliche Frömmigkeit. Christ sein hieß für ihn, den Glauben neu in die Welt zu tragen. Während Paul VI. zu den Bischöfen sagte: »Helft mir, mein Amt auszuüben«, meinte sein Nachfolger: »Ich komme, um euch bei eurem Hirtenamt zu helfen.«

Die größte Freude war ihm, still hineinzuhorchen in die Geheimnisse des Glaubens, bis in die letzten Winkel, dort, wo Herz und Seele den Weg zu Gott finden. Ihr müsst klein werden, meinte er, wie die Kinder. Und die Dinge von ihrem Ende her denken. Kritiker ließen kein gutes Haar an ihm, und vielleicht musste man ihm vorhalten, dass er, in der Eile der Weltzeit, in der er ein Ende ahnte, zu vieles zu schnell auf den Weg brachte. Mit seinem Hirtenstab klopfte er wie Moses auf die Erde, überzeugt davon, in der Einsamkeit des modernen Menschen habe die christliche Religion die richtigen Antworten. Selbst Abseitsstehende beeindruckte sein Auftreten gegen Wettrüsten, Korruption, Rassismus, Ausbeutung. Man hielt es nicht mehr für gänzlich ausgeschlossen, dass ein Papst auch einmal recht haben könnte.

Wojtyla und Ratzinger waren so unterschiedlich wie Äpfel und Birnen. Groß und kräftig gegen klein und schmächtig. Extrovertiert gegen introvertiert. Emotional gegen rational. Sportlich gegen unsportlich. Hier marianisch, dort jesuanisch. Niemand wäre auf die Idee gekommen, sie für Blutsbrüder zu halten. Der eine ein leidenschaftlicher Charakter, der mit Charme und schauspielerischem Talent Gottsucher in Euphorie versetzte. Der andere feingliedrig, sinnlich, ein disziplinierter, brillanter Denker, grundsolide, grundverlässlich, aber ohne Ambitionen, außer jener, vielleicht noch einmal eine große Christologie schreiben zu können.

Und doch zeigte sich von Monat zu Monat deutlicher, dass sich an der Spitze der katholischen Kirche ein kongeniales Tandem gefunden hatte, das die Fähigkeit mitbrachte, ein Schiff auch in stürmischer See über Wasser zu halten. Denn so groß die Unterschiede waren, so groß waren auch die Gemeinsamkeiten. Ob durch die persönliche Erfahrung von Rassenwahn, Terror und den Millionen von Opfern, die die atheistischen Experimente des 20. Jahrhunderts hinterlassen hatten, oder den Blick dafür, welche Strömungen der Moderne mit Chancen und welche eher mit Gefahren verbunden waren. Wojtyla war »dankbar gegenüber dem Heiligen Geist für das große Geschenk des Zweiten Vatikanischen Konzils«, wie er noch in seinem Testament bekräftigte. Und wie beide Kirchenführer das Vatikanum verteidigten, vereinte sie auch eine Abneigung gegen alles, was in ihren Augen Verwässerung und Verirrung war.

»Ich bin als Kardinal hereingekommen«, bekundete der Bayer seine Loyalität Wojtyla gegenüber, »ich brauche also nicht um Macht zu spielen oder nach Karriere zu fragen.« Er verstehe sich als Moderator einer großen Arbeitsgemeinschaft. Ohnehin würde er es »niemals wagen, meine eigenen theologischen Ideen der Christenheit auf dem Weg über die Beschlüsse der Kongregation aufzudrängen«[1]. Die Berufung Ratzingers, befand der Philosoph Robert Spaemann, sei im Grunde schon allein deshalb notwendig gewesen, weil angesichts der Vielschichtigkeit der modernen Theologie »eine durchschnittliche Intelligenz die Reichweite der möglichen Schlussfolgerungen nicht mehr richtig einzuschätzen vermag«.

In kürzester Zeit hatte Ratzinger das *Sant'Uffizio* neu organisiert und personell aufgestockt. Er führte Dienstpläne ein, stärkte die Rechte von Autoren und gab dogmatischer Abweichung beschuldigten Theologen das Recht auf Verteidigung. Mit dem früheren Professor war ein Mann Präfekt geworden, »dem man theologisch nichts vormachen konnte«, weder von außerhalb der Kongregation noch vom Kollegium der Konsultoren. Als *Peritus* hatte er den gebietenden Stil des Offiziums angeprangert, nach seiner Amtsübernahme wurden beanstandete Bischöfe, Theologen oder Priester nicht mehr abgekanzelt, sondern in bedeutenden Fällen nach Rom eingeladen, um sich persönlich mit den unterschiedlichen Auffassungen auseinanderzusetzen.

Ratzinger hatte eine klare Vorstellung von dem, was der Kirche in den nächsten Jahrzehnten bevorstand. In den Fragen der Ökumene gab es kaum Fortschritte. Die Protestanten bissen sich an der Forderung nach einem gemeinsamen Abendmahl fest, die Orthodoxen untersagten den Katholiken, in Russland das Evangelium zu verkünden. Da war die Bequemlichkeit der Episkopate in den Ländern Westeuropas. Das Begehren von Oppositionsgruppen, deren antirömische Wellen Stück für Stück katholischen Festlandes zu unterspülen drohten. Hinzu kam die notorische Feindseligkeit liberaler Medien, die im Vatikan eine Bastion gegen jeglichen zivilisatorischen Fortschritt sahen, die sturmreif geschossen werden müsse. Der Psychoanalytiker Manfred Lütz sprach von einem »Heiliger-Vater-Komplex«, der insbesondere die deutsche Presselandschaft beherrsche. In keinem anderen Land der Welt würde »im Zusammenhang mit dem Papst auf so niedrigem intellektuellem Niveau und so penetrant immer wieder über Pille, Kondom, vorehelichen, nebenehelichen, nachehelichen Geschlechtsverkehr dahergeredet und würden sogar die Themen Frauen und Zölibat im Wesentlichen als Unterleibsthemen abgehandelt«. Die »sexualgeschwätzigen Endlosschleifen« seien »klassisch pubertär« – »und das bei sonst ganz differenzierten erwachsenen Zeitgenossen«[2].

1970 gab es weltweit 448 508 katholische Priester. Fünfundzwanzig Jahre später sollte ihre Zahl trotz einer beträchtlichen Zunahme an Katholiken auf 404 750 gesunken sein. Nahezu 46 000 Priester hatten ihr Amt aufgegeben.[3] Hunderte, vielleicht Tausende katholischer Theologen entfernten sich von elementaren Grundsätzen. Sie leugneten entweder die Gottessohnschaft Christi, die Auferstehung oder den Primat des Papstes. Die Anmeldungen für die Priesterseminare waren stark zurückgegangen. Die Disziplin im Klerus ließ nach, Verweltlichung nahm zu. Wie groß zudem das Krebsgeschwür des sexuellen Missbrauchs war, sollten Jahrzehnte später die unzähligen Vergehen durch Diakone, Priester und selbst Bischöfe zeigen.

Nach Ratzingers Überzeugung drohte nicht nur die Auflösung bislang unverbrüchlicher Dogmen, sondern auch, nach der Abspaltung der Lefebvre-Anhänger, eine weitere Kirchenspaltung, diesmal von links. Die innere Spaltung der Glaubensgemeinschaft war ohnehin nicht mehr zu übersehen. »Es ist mein Eindruck, dass die Schäden, welche die Kirche in diesen 20 Jahren erlebt hat«, diagnostizierte der Glaubenspräfekt 1984 in einem Beitrag für die *Frankfurter Allgemeine Zeitung*, »der Entfesselung in ihrem Inneren von latenten, aggressiven, polemischen, zentrifugalen, vielleicht unverantwortlichen Kräften zuzuschreiben sind; und – außerhalb [der Kirche] – dem Zusammenstoß mit einer kulturellen Wende: dem Sich-Durchsetzen der mittleren Oberschicht im Westen, der neuen Bourgeoisie des tertiären Sektors mit ihrer liberal-radikalen Ideologie individualistischer, rationalistischer und hedonistischer Prägung.« Die Hauptaufgabe der Kirche sei in dieser Stunde die Suche nach einem neuen »Gleichgewicht der Orientierungen und der Werte innerhalb des katholischen Ganzen«[4].

Die Umwälzung, die sich in der Kirche vollzog, war auch eine Entsprechung der mentalen Beben, die den gesamten Globus bewegten. Gerade in unstabilen Zeiten, predigte Ratzinger, müsse sich die Kirche doppelt stark auf ihr Eigenes besinnen, so wie Jesus es aufgetragen hatte: lehren, helfen, heilen. Nur durch ihre entschiedene Ethik könne sie zu einem wirklichen Ratgeber und Partner in den schwierigen Fragen moderner Zivilisation werden. Statt einer Kirche von oben oder einer Kirche von unten empfahl er eine »Kirche von innen«.

Ratzinger verstand, dass Wojtyla in Fragen der Strategie andere Vorstellungen hatte. Im Großen und Ganzen jedoch war die Übereinstimmung zwischen Papst und Kardinal nahezu vollkommen. »Man weiß nie, was ist Ziel des Papstes und was ist die Idee Ratzingers«, seufzte Wolfgang Seibel, Chefredakteur der deutschen Jesuiten-Zeitschrift *Stimmen der Zeit*.[5] Der spanische Autor Juan Arias bemerkte: »Oft, wenn man die Reden Johannes Pauls II. anhört, hat man den Eindruck, Ratzinger habe sie geschrieben. Und umgekehrt, wenn man Artikel des Präfekten des Heiligen Offiziums liest, glaubt man, sie seien von Papst Wojtyla selbst inspiriert.«[6]

Jemand, der mit dem Heiligen Vater oft zu Abend esse, so Juan Arias, habe versichert, »dass Johannes Paul II. sich tatsächlich, mit der Ausnahme einiger Aspekte der sozialen Pastoral – wo Wojtyla sich sicherer fühlt und persönlicher ist –, auf dem ganzen theologischen Gebiet und in der Lehre vollkommen auf die soliden Anschauungen des deutschen Kardinals und Theologen verlässt«[7]. Im Übrigen sei Ratzinger wohl auch besser informiert. Denn ganz unaufgefordert schütteten die Bischöfe bei ihren *Ad Limina*-Besuchen dem kleinen Bayern ihr Herz aus. Es seien Klagen und Sorgen, die sie höheren Ortes nicht zu sagen wagten oder die dort nicht gerne gehört würden. Weder von Ratzinger noch von Wojtyla könne man sagen, hielt Arias fest, »sie seien Menschen, die nicht in unserer Welt leben, sie seien auf theologischem Gebiet vorsintflutlich. Sie sind vielmehr intelligente Reformatoren, die sich ihrerseits völlig zu Recht als fortschrittliche und konziliare Persönlichkeiten fühlen«. Noch dazu seien »beide hochgebildet, von unleugbarer Sensibilität, jung, polemisch und haben Lust, eine echte Reform in der Kirche einzuleiten«[8].

Ratzinger baute seine Kongregation nicht nur um, er wollte ihr auch eine Stimme geben. Die Medienoffensive des früheren Professors begann am 9. Mai 1983 mit einem weithin beachteten Interview im Nachrichtenmagazin *Der Spiegel*. Der Cheftheologe für Glaubensfragen debattierte dabei über Frankreichs Atombewaffnung unter Mitterrand genauso wie über die »Schwäche der Kirche in dieser Zeit«, die er vor allem in einer »Schwäche der Moral« begründet sah: »Das eigentliche Elend in der Welt ist, dass nur die brutalen Fakten zählen und moralische Prinzipien im Grunde als unwirklich beiseitegeschoben werden.« Vielleicht müsse die Kirche verstärkt »die prophetische Rolle des Kritikers« übernehmen, »der notfalls auch auf Konfrontation geht«. Wichtig sei, »den Mut zu haben«, sich »gegen die Gesellschaft zu stellen, wenn die moralische Position es fordert«. Allerdings sollte die Kirche »ihre Autorität nicht überziehen. Sie kann dann sehr leicht einen falschen Gewissenszwang ausüben«.

Zum wachsenden Einfluss der neuen »Befreiungstheologie« meinte der Kardinal: »Dass die Kirche in Lateinamerika ihre soziale Verantwortung wahrnimmt, dass sie Diktaturen durch ihren moralischen Einspruch zu begrenzen versucht, dass sie sich müht, Gerechtigkeit herzustellen, weil eben sonst kein Friede sein kann – das alles halte ich für richtig und nötig.« Etwas anderes sei es, »wenn sich bei manchen Theologen das Christliche verflüchtigt und ins Marxistische hineingeschmolzen wird«. Auf diese Weise werde »die moralische Kraft des Evangeliums wieder außer Kraft gesetzt«[9].

Ratzingers *Spiegel*-Gespräch war der Versuch, aus der Defensive herauszukommen und die enge Thematik, in der seine Kongregation von außen gesehen wurde, aufzusprengen. Vom *Spiegel* mit der These von einer persönlichen Wende vom Progressiven zum Konservativen konfrontiert, gab er zur Antwort, er habe sich »diese Frage vor ein paar Jahren schon selbst gestellt«. Man dürfe »ja nicht stehen bleiben im Leben, man muss sich entwickeln«. Es handle sich bei ihm aber um »eine geradlinige und durchaus nicht in Gegensätzen verlaufende Entwicklung«. Er habe jüngst in den Bänden der Konzilsreden jene »Reden nachgelesen, die ich vorbereitet hatte« und dabei festgestellt, bis heute

»nichts von dem verlassen« zu haben, »was ich vertreten habe«. Geändert habe sich allerdings »der Kontext, in dem wir leben, und geändert hat sich damit natürlich auch irgendwo der Grad der Reflexion, den man anstrebt«.

Die erste Periode Ratzingers als Präfekt ist im Großen und Ganzen geprägt von einer Auseinandersetzung mit der Lehrverkündigung in der Kirche. Als er auf Einladung des französischen Kardinals Jean-Marie Lustiger im Frühjahr 1983 in der Kathedrale Notre-Dame in Paris und in der Kathedrale von Lyon über »Die Krise der Katechese und ihre Überwindung« sprach, entfachte er einen Sturm der Entrüstung. Man hielt ihm vor, das Rad zurückdrehen zu wollen. »Französische Katechetenverbände reagierten hart, und selbst Bischöfe meldeten sich protestierend zu Wort«, notierte Sekretär Fink. Ratzinger hatte beklagt, die neu im Religionsunterricht eingeführten katholischen Lehrbücher böten eine Katechese der Zerstückelung und ständig wechselnder Experimente. Es sei ein schwerwiegender Fehler gewesen, ganz allgemein die Gattung Katechismus für überholt zu erklären. Entrüstet zeigte sich im Anschluss auch Papst Wojtyla. Allerdings aus anderen Gründen als die Kritiker in Frankreich. Als Reaktion auf die Missstände beauftragte er noch im selben Jahr eine neue Kommission, einen Weltkatechismus der katholischen Kirche zu erstellen. Es verstand sich von selbst, wer die Leitung des Projektes übernehmen sollte, das letztlich zu einer der bedeutendsten Leistungen des Pontifikats Johannes Pauls II. wurde.

Wie eine Bombe schlug ein Jahr später der nächste Coup Ratzingers ein. Längst standen im Büro der Kongregation Journalisten aus aller Welt für Exklusivinterviews Schlange. Die Liste der Bewerber reichte von der *New York Times* bis zur Moskauer *Prawda*. Eine Zusage bekam der italienische Journalist Vittorio Messori, der den Präfekten für ein langes Gespräch in seinen Sommerferien gewinnen konnte. Es fand vom 15. bis 18. August 1984 in Brixen in Südtirol statt und erschien kurze Zeit später in Italien als Buch unter dem Titel *Rapporto sulla Fede*. Zielgruppe des Ratzinger-»Reports« war vor allem die neue Generation von Priesteramtskandidaten, die von der »Zuckerwatte-Theologie« an den katholischen Fakultäten inzwischen die Nase voll hatten. Das Interview enthielt die bekannten Positionen Ratzingers, insbesondere was seine Kritik an Entwicklungen in der Nachkonzilszeit betraf. Allerdings sprach nun nicht mehr nur irgendein Theologe, sondern der wichtigste Mitarbeiter des Papstes. Und das mit Klartext.

An seinem Urlaubsort wohnte der Präfekt in einem Priesterseminar, das Zimmer preiswert an zumeist ältere Geistliche vermietete. Er liebte die langen Gänge, die spirituelle Atmosphäre und sogar den Geruch in dem alten Barockgebäude. Mit den Ruhestandspriestern teilte er sich im Refektorium die von Tiroler Ordensschwestern zubereiteten Speisen. Gelegentlich suchte er, schon aus alter Gewohnheit, das Hotel-Gasthaus Grüner Baum auf, wo es hervorragende Pfannkuchen gab. Messori hatte sich gut vorbereitet. Niemand, abgesehen vom Papst, wusste er, könne die Fragen zur Lage von Kirche und Glauben »mit größerer Autorität beantworten«. Schematisierungen wie »Konservativer«, »Progressiver«, »rechts« oder »links« seien auf den Chef der Glaubenskongregation dabei so wenig übertragbar und sinnvoll wie andere grobe Schemen, etwa »Optimist« oder Pessimist«.

Der 1941 in Turin geborene Messori war in einer atheistischen Familie aufgewachsen und hatte sich als Erwachsener katholisch taufen lassen. Er teilte mit seinem Gesprächspartner nicht nur das Geburtsdatum 16. April, sondern auch die Leidenschaft für einen intensiven, ehrlichen Austausch.[10] Er wäre »niemals zu diesem kirchlichen Amt bereit gewesen«, erläuterte Ratzinger gleich zu Beginn des Interviews, »wenn meine Aufgabe vorwiegend im Überwachen bestanden hätte«. Gewiss, es gäbe nach wie vor die disziplinären Seiten der Kongregation, aber auch diese seien »einem positiven Auftrag zugeordnet«. Voraussetzung für das richtige Verständnis seiner Institution sei »eine religiöse Sichtweise«, die zugrunde legt, dass »Wahrheit ein grundlegendes Lebenselement für den Menschen ist«. Ansonsten würde man die »Sorge« des Amtes gegenüber der Leugnung von Glaubenswahrheiten fälschlicherweise als »Intoleranz« interpretieren. Man dürfe nie vergessen, »dass der Glaube für die Kirche ein ›Gemeingut‹ ist, ein Reichtum, der allen gehört, bei den Armen angefangen, die am wenigsten vor Verkehrungen geschützt sind«.

Mit Nachdruck betonte Ratzinger, es sei »unbestreitbar, dass die letzten zehn Jahre für die katholische Kirche äußerst negativ verlaufen sind«. Diese »echte Krise, die behandelt und kuriert gehört«, müsse Anlass sein für die »Rückkehr zu den Dokumenten« des Konzils: »Sie bieten uns das richtige Instrumentarium, um die Probleme von heute in Angriff zu nehmen. Wir sind dazu aufgerufen, die Kirche nicht *trotz*, sondern *dank* des wahren Konzils wieder zu erbauen.« Es gebe keine »*vor*- oder *nach*konziliare Kirche: Es gibt nur eine und eine einzige Kirche, die auf dem Weg zum Herrn hin unterwegs ist«. Christen müssten sich wieder bewusst machen, »einer Minderheit anzugehören«, die häufig im Kontrast zu jenen Denk- und Verhaltensweisen stünden, die das Neue Testament als den »Geist der Welt« bezeichne – »und gewiss nicht in positivem Sinne«. Gefordert sei, »den Mut zum Nonkonformismus wiederzuentdecken, die Fähigkeit, sich entgegenzustellen«.

Was das Konzil betraf, wies Ratzinger jegliche Versuche zurück, mit einer »Restauration« das Vatikanum gewissermaßen negieren zu wollen. Die Ultras um den abtrünnigen Erzbischof Lefebvre würden den Glauben nicht verlebendigen, sondern einfrieren. »Wenn mit ›Restauration‹ ein Zurückgehen gemeint ist, dann ist keinerlei Restauration möglich. Die Kirche schreitet vorwärts auf die Vollendung der Geschichte zu.« Allerdings gebe es auch einen Begriff von »Restauration«, unter dem man »die Suche nach einem neuen Gleichgewicht« verstehen könne, »nach all den Übertriebenheiten einer wahllosen Öffnung zur Welt«. In diesem Sinne sei eine »Restauration« als »ein neugefundenes Gleichgewicht der Orientierungen und der Werte innerhalb des katholischen Ganzen« dann »durchaus wünschenswert«.

Es gibt Dinge, die sagt man besser nicht. Oder sagt sie anders. Und es gibt Dinge, auf die andere nur warten, um einer Reizfigur gegen das Schienbein zu treten. Dass sich Kritiker auf den Begriff »Restauration« stürzen würden, war nach dem Erscheinen des Interview-Buches nur eine Frage von Stunden. Ratzinger versuchte, dem Sturm der Entrüstung Einhalt zu gebieten, indem er in einer Stellungnahme für eine italienische Zeitung verdeutlichte, der Terminus Restauration sei nach seinem semantischen Inhalt »als Wiedergewinnung von verlorenen Werten« zu betrachten. Auch wenn der Begriff für den modernen Menschen »linguistisch derart besetzt« sei, »dass es schwierig ist, ihm diese Bedeutung beizulegen, bedeute er in Wirklichkeit buchstäblich dasselbe wie das Wort ›Reform‹«.

Als Beispiel nannte er das Wirken des heiligen Karl Borromäus, das für ihn »der klassische Ausdruck einer wahren Reform« sei, »einer Erneuerung nämlich, die vorwärts führt, eben weil sie lehrt, in neuer Weise die bleibenden Werte zu leben; indem sie die Gesamtheit des christlichen Faktums und die Gesamtheit des Menschen gegenwärtig hält«. Borromäus habe in Mailand die nahezu zerstörte Kirche »wiederaufgebaut – *restauriert* –, ohne dass er deshalb zum Mittelalter zurückgekehrt wäre; im Gegenteil, er hat eine moderne Form von Kirche geschaffen«. Dies sei schon dadurch deutlich geworden, »dass Karl einen religiösen Orden aufhob, der bereits am Untergehen war, und seine Güter neuen, lebendigen Gemeinschaften zuwies«. Provokant fragte der Kardinal mit Bezug auf die von ihm vielfach kritisierten Verkrustungen in der Kirche: »Wer besitzt heute einen solchen Mut, das als endgültig zur Vergessenheit Gehöriges zu erklären, was innerlich tot ist (und nur äußerlich weiter-lebt)?« Oft würden stattdessen »neue Erscheinungen christlichen Erwachens gerade vonseiten sogenannter Reformer bekämpft«.

Die nachgeschobene Erklärung war kein Zurückrudern, im Gegenteil. An ihr ist abzulesen, was der Präfekt als den in schweren Jahren einzig gangbaren Weg ansah. Im Grunde zeigte er sich damit radikaler und reformwilliger als das Gros seiner Kritiker, die, wie er anmerkte, »ihrerseits krampfhaft Institutionen verteidigen, die nur noch im Selbstwiderspruch weiterbestehen«. An Karl Borromäus könne man eben sehen, »worin die wesentliche Voraussetzung für eine derartige (echte) Erneuerung besteht: Karl konnte andere überzeugen, weil er selbst ein Überzeugter war. Er konnte mit seiner Gewissheit inmitten der Gegensätze seiner Zeit bestehen, weil er sie selbst lebte. Und er konnte sie leben, weil er im tiefsten Sinn des Wortes Christ war, das heißt, er war vollkommen auf Christus hin zentriert. Diese umfassende Beziehung zu Christus wiederzuerlangen ist das, was wirklich zählt«.

Eine der Ursachen für die Krise des Glaubens sah Ratzinger in den Missverständnissen dessen, was Kirche eigentlich sei. »Mein Eindruck ist, dass weithin die genuin katholische Bedeutung der Wirklichkeit ›Kirche‹ stillschweigend verschwindet, ohne dass man sie ausdrücklich verwirft. Viele glauben nicht mehr, dass es sich um eine Wirklichkeit handelt, die vom Herrn selbst gewollt ist. Auch bei einigen Theologen erscheint die Kirche als ein menschliches Konstrukt, als ein Instrument, das von uns geschaffen ist und das somit wir selbst je nach den Erfordernissen des Augenblicks frei umorganisieren können.« In Wahrheit aber stehe »hinter dem menschlichen Äußeren das Mysterium einer übermenschlichen Wirklichkeit, in die einzugreifen Reformern, Soziologen und Organisatoren keinerlei Autorität zukommt«. Würde die Kirche nur als »unser Machwerk angesehen, so werden letztlich auch die Inhalte des Glaubens beliebig«. Die Folge sei: »Das Evangelium wird zum *Jesus-Projekt*, zum Projekt sozialer Befreiung oder zu anderen nur geschichtlichen, immanenten Projekten, die sich noch als religiös gebärden mögen, in der Substanz aber atheistisch sind.«[11]

Im Gegensatz zu den Progressisten setzte Ratzinger auf das Original, den Classico, und pochte auf die Hardware, die nicht verändert werden durfte, ohne nicht auch die Quellcodes zu verlieren – und damit die Kernkompetenz, wofür Kirche überhaupt da ist. Er konnte es nicht oft genug sagen: Der Kern dessen, was Christus als bleibendes Momentum hinterlassen habe, läge nicht in einem Businessplan, sondern in den Mysterien seiner göttlichen Herkunft. Es sei daher nötig, »den Sinn der Kirche als Kirche des Herrn, als Raum der realen Gegenwart Gottes in der Welt wiederzufinden«.

Kaum ein Kontrast konnte größer sein als der zwischen dem Hüter des Glaubens und dem Mainstream einer Designerkirche, die ihm weder heiß noch kalt, sondern lauwarm und farblos erschien. Gerne verwies er auf die entscheidende und auch scheidende Frage, die Jesus seinen Jüngern gestellt hatte: »Für wen haltet ihr mich?« Nach dem Bericht der Evangelisten hatten sich danach jene, die sich vom Nazarener einen politischen Führer, einen machtvollen König oder zumindest einen Wunderheiler versprachen, bald von ihm getrennt, zuerst innerlich, dann äußerlich. Umso erstaunlicher, dass ausgerechnet der heilige Rest, jene einfachen Fischer und Bauern, die weder einen Plan noch eine politische Vision hatten, einem Weltreich trotzen und die neue Lehre allein im Glauben an das existenzielle Wirken Gottes überlebensfähig machen konnten. Gewiss, die Kirche sei in ihren menschlichen Strukturen *semper reformanda*, immerwährend reformbedürftig, betonte der Präfekt. Man müsse sich jedoch auch »klar werden, wie und bis zu welchem Punkt«. Denn was Menschen machen könnten, sei stets »unendlich geringer« als der Beitrag dessen, »um den allein es letztlich geht«. »Wahre Reform« sei nicht, »neue Fassaden« zu errichten, sondern »das Unsere so weit wie möglich verschwinden zu lassen, damit das Seine, das Christus Gehörende, besser sichtbar wird«.

Um ein Beispiel zu nennen, verwies Ratzinger auf das Münchner Ordinariat, das zu seiner Bischofszeit bereits 400 Beamte und Angestellte zählte (inzwischen sind es mehr als 1000). Da es in der Natur von Behörden läge, ihre Existenz durch immer noch mehr Dokumente, Veranstaltungen, neue Strukturpläne zu rechtfertigen, sei diese Art von Hilfe für Pfarrer vielfach eher belastend. Ratzinger warnte vor weiterer »rationalistischer Verflachung, geschwätzigem Zerreden und pastoraler Infantilität«. Es überkomme einen ein »Frösteln« angesichts einer oft glanzlos gewordenen nachkonziliaren Liturgie und ihrer »Langeweile, die sie mit ihrer Lust zum Banalen wie mit ihrer künstlerischen Anspruchslosigkeit auslöst«. »Hoffnungsvoll« sei »das Aufbrechen neuer Bewegungen, die niemand geplant und die niemand gerufen hat, sondern die einfach aus der inneren Vitalität des Glaubens selbst kommen. Noch hätten diese Initiativen, im Gegensatz zu »alten Formen, die sich im Selbstwiderspruch und in der Lust der Negation festgefahren« hätten, »im großen Gespräch der herrschenden Ideen kaum eine Stimme«. Die Aufgabe »der Amtsträger und der Theologen« sei deshalb, diesem Neuen »die Tür offen zu halten, den Raum vorzubereiten«.[12]

Der Kardinal hatte sich wie immer weit aus dem Fenster gelehnt. »Wer sich an das sprichwörtliche Schweigen früherer Präfekten des Heiligen Offiziums erinnert«, kommentierte Juan Arias, »kann sich nicht genug darüber wundern.« Noch war die deutsche Ausgabe von *Rapporto sulla fede*, des Gesprächs mit Messori, nicht erschienen. Die Übersetzerin Gisela Zöhrer, eine evangelische Studentin Ratzingers, die 1976 katholisch konvertierte, hatte Probleme mit dem noch etwas holprigen Italienisch des Kardinals. »Wortlaut und Deutung waren vermischt, manches missverständlich ausgedrückt«, erinnerte sie sich.[13] Hinzu kam ein Krankheitsfall. Der Verlag drängte, der Kardinal beruhigte: »Lassen Sie sich Zeit, Familie und Gesundheit gehen vor.« Doch dass Hans Küng unterdessen seine Pfeile abfeuern würde, war so sicher wie der Donner, der nach dem Blitz folgt. Am 4. Oktober 1985 erschien in der Hamburger Wochenzeitung *Die Zeit* ein Rundumschlag, der keinen Stein auf dem anderen ließ.

»Die alte Inquisition ist tot«, rief Küng in der Überschrift sarkastisch aus, »es lebe die neue«. Er habe sich »lange zurückgehalten, alte Wunden schmerzten noch«, doch weil er »tagtäglich zu spüren bekomme, wie viel Männer und Frauen, Mitbrüder im geistlichen Amt besonders, unter dem gegenwärtigen Kurs leiden«, könne er »nicht länger schweigen«. Er wolle »im Blick auf eine eben erschienene Publikation des zweiten Mannes im Vatikan« ganz »ohne Angst vor Prälatenthronen ein deutliches Wort in christlichem Freimut« sprechen. Dann holte er aus: Der »Präfekt des Glaubens«, der »tagtäglich aus allen Kontinenten die allergeheimsten Informationen empfängt«, würde »auf alle diese Informationen tagtäglich auf allergeheimste Weise reagieren«. Es genüge schon, »dass ihm eine – zufällig im Autoradio mitgehörte – kirchliche Sendung missfällt, und schon wird der Bischof des betreffenden Referenten« gemaßregelt. »In ganz wichtigen Fällen« reise Ratzinger »mit einem ganzen Trupp in das betreffende Land«, um den Bischofskonferenzen »unmissverständlich klarzumachen, was die ›katholische Wahrheit‹ ist«. Man müsse sich »angesichts dieser weltweiten Tätigkeit des deutschen Kurienkardinals, der seine Ängste nach außen projiziert«, nicht verwundern, »dass manche in Deutschland äußern, dieser Mann habe das Reformerbe des deutschen Konzil-Kardinals Frings verraten«.

Küng versäumte nicht, alle Fälle aufzuführen, die in der Litanei der Klagen irgendwie Platz finden konnten: den »Fall Galilei«, den »chinesischen Ritenstreit«, die »Indizierung der bedeutendsten Denker Europas (Descartes, Kant, Sartre usw.)«, »neun Millionen Opfer der Hexenprozesse«. Auch heute glaube sich wieder ein Kirchenoberer »aufgrund seines vor kurzer Zeit erlangten römischen Amtes« als »fleischgewordene Norm katholischer Orthodoxie in der Welt aufführen zu können«. Die Abrechnung gipfelte in den Worten: »Joseph Ratzinger hat Angst. Und wie der Großinquisitor bei Dostojewski fürchtet er nichts mehr als die Freiheit.« Ach ja, noch eines: »Verbrannt wird niemand mehr, aber psychisch und beruflich vernichtet, wo immer notwendig.«

Der Aufsatz war folgenschwer. Er lieferte bis in unsere Tage hinein die Schablone für die mediale Bewertung des Präfekten, die unzählige Journalisten bereitwillig nachzeichneten. Markierungen wie »Großinquisitor« und »Hardliner« legten sich wie Mühlsteine um den Hals des Kirchenmannes, die er nie wieder loswurde. Auch der »angstbesetzte Psychopath, der seine Zwangsvorstellungen auf die ganze Welt projiziert und alles hasst, was nach Öffnung und Freiheit riecht«, wurde ein gern benutztes Versatzstück. Die Liste der Anklagen: Boykott der Ökumene, Verfolgung moderner Theologen, Wiederbelebung mittelalterlicher Kirchendoktrinen, Unterdrückung der Frauenemanzipation, Verrat am Konzil, Kampfhaltung gegen »demokratische Gesellschaften« und »moderne Freiheiten«. Wörtlich formulierte Küng: »Nach Ratzinger funktioniert die Kirche heutzutage richtig eigentlich nur in den totalitären Staaten des Ostens, wo man immerhin Pornografie, Drogen und anderes einfachhin nicht zulässt.«[14]

Ratzingers »Report« stellte in unmissverständlicher Aussage die Leitlinien der katholischen Kirche zu den Fragen der Zeit dar, mehr auch nicht. Vielleicht hatte er nicht immer den richtigen Ton getroffen, sodass seine Ansage ein wenig barsch wirken konnte. Aber nirgendwo war von harten Gegenmaßnahmen, von einem autoritären Durchregieren oder gar von Exempeln gegen Gegner der Kurie die Rede, die man nun endlich statuieren müsse. Immerhin stand Ratzinger mit Karol Wojtyla an der obersten Spitze der Kirche, angeblich zentralistisch mit Macht regierend, wie Kritiker verbreiteten. In gewisser Weise konnte man das Buch sogar als Dokument des Scheiterns lesen, oder zumindest als Hilferuf. Das Eingeständnis der Krise war eben auch ein Eingeständnis dessen, dass die Mittel des Papstes, die Mittel des Vatikans nicht genügten, um merkbare Fortschritte zu erzielen. Gleichwohl führte sein Panorama vor Augen, wie schwer es ist, den rechtmäßigen Glauben zu verteidigen, während die Kritiker alleine mit der Wiederholung von Forderungen größtmöglichen Beifall erwarten konnten. Küngs Polemik jedenfalls hatte mit Redlichkeit oder historischer Wahrheit wenig zu tun. Sie glich eher einer Brandstiftung. Geboren war »the Panzerkardinal«. Das Etikett hatte die englische Boulevardpresse Ratzinger aufgedrückt, aber vorbereitet wurde es durch das »Wording« und den furchterregenden Steckbrief, den Hans Küng an jede Mauer schlug, die er finden konnte.

Wieder einmal, so lautete, um ein Beispiel zu nennen, die dauerhaft benutzte Stereotype des kirchenpolitischen Redakteurs der *Süddeutschen Zeitung*, habe der oberste Theologe der katholischen Kirche »seinem Ruf, das unfreundliche Gesicht der Kirche zu sein, ein ›Panzerkardinal‹ eben oder ein ›Großinquisitor‹, Vorschub geleistet … Vieles, was der feingliedrige Polizistensohn … verfügt hat, hat das Kirchenvolk empört: der Entzug der Lehrerlaubnis für Hans Küng, das ›Bußschweigen‹ für den Befreiungstheologen Leonardo Boff, die Verurteilung von Abtreibung als Mord, das Nein zum Frauenpriestertum«. Und abschließend: »Die Annäherung an den distanzierten und hintergründigen Mann ist schwierig.«[15]

Wen kümmerte noch, dass Ratzinger weder den Entzug der Lehrerlaubnis für Küng »verfügt« hatte noch »schwierig« in der »Annäherung« war. Wenn der Zweck alle Mittel heiligt, muss ihm auch journalistische Ethik zum Opfer fallen. Ratzinger war unbequem. Er störte den Geschäftsbetrieb. Denn im Grunde rannte kein anderer Kirchenmann so vehement gegen das verbürokratisierte katholische Denk- und Verwaltungssystem an wie der Präfekt der Glaubenskongregation. Während gerade jene Bischöfe, die sich besonders progressiv gaben, auf ihren Pfründen beharrten, dicke Autos fuhren und Glauben recht und schlecht verwalteten, forderte Ratzinger im Grunde eine Graswurzelrevolution. Er rügte »die Struktur der Kirche in Deutschland«, die sich »abbremsend gegenüber dem Neuen« erweise. Statt einer »Dynamik des Glaubens« herrsche »ein Gefühl des Lauwarmen und Langweiligen«. »Weniger Strukturen und mehr Leben – das wäre zu wünschen.« Die Kirche dürfe »sich nicht primär mit sich selbst beschäftigen«[16]. Die »Revolution Gottes«, von der er sprach, bestand nicht zuletzt im Aufstand gegen eine Welt, in der man »im Namen des Geldes den Menschen korrumpiert und aus seiner Schwachheit, seiner Versuchbarkeit und Besiegbarkeit Profit schlägt«.

Ratzingers Versuch, mit seinem Interviewbuch eine Gegenöffentlichkeit herzustellen, kopierte in gewisser Weise ein Modell aus der Zeit der Nazidiktatur, als Bischöfe eigene Bistumsblätter gründeten, weil die katholische Kirche von den gleichgeschalteten Medien nur verächtlich gemacht, verfälscht oder ganz einfach totgeschwiegen wurde. Die Strategie gab ihm recht. Ratzinger *unplugged*, unzensiert und unverkürzt, war so gefragt, dass die italienische Originalausgabe seines »Reports« mit einer Auflage von 70 000 Exemplaren innerhalb weniger Wochen vergriffen war. Die französische Ausgabe sprang aus dem Stand über die Marke von 100 000 Büchern, und in Spanien ratterte bald die 13. Auflage durch die Druckmaschinen. Das Buch wurde eine Weltsensation und erreichte Millionen von Lesern, die sich über das Denken des Kardinals besser aus erster Hand informieren wollten.

Kapitel 52

Kampf um die Befreiungstheologie

Inzwischen hatte Don Bruno eine Schreibmaschine mit deutscher Tastatur aufgetan. Den winzigen Aktenschrank in seinem Büro konnte er dank der Hilfe des Erzbistums München durch einen größeren ersetzen. Eine eigene Schreibkraft für den »Großinquisitor« gab es immer noch nicht. Später trat durch Vermittlung von Kurienerzbischof Augustin Mayer die Schönstätter Marienschwester Birgit Wansing aus Vallendar den Dienst an, die Ratzinger weit über das Pontifikat hinaus treu und verschwiegen diente und über den Vorteil verfügte, seine winzige Handschrift entziffern zu können.

Sekretär Fink haderte mit den »verschiedenen Fremdsprachen, insbesondere mit dem Italienischen«, weil er es nicht schaffte, »fehlerfrei einfache Briefe zu schreiben oder in kritischen Momenten treffend und sicher Rede und Antwort zu stehen«. Sein Vorgesetzter habe aber nie herumgenörgelt, sondern seinen Mitarbeitern stets das Gefühl gegeben, »von ihm verstanden, akzeptiert und respektiert zu werden«[1]. Vom Vatikan hatte Don Bruno allerdings bald genug. Er sehnte sich zurück in die Heimat, wollte wieder »bei den Menschen« und einfacher Priester sein. Auch wenn ein befreundeter römischer Rechtsanwalt ihm zusetzte: »Bist du wahnsinnig! Jetzt hast du einen so wichtigen Posten direkt im Zentrum der katholischen Kirche, hast einen Vorgesetzten, den die halbe Welt bewundert, und da gehst du fort, um irgendwo in München Pfarrer zu werden?«

Die Strapazen des Alltags wurden unterbrochen, wenn Fink mit dem Chef und dessen Schwester Konzerte besuchte. In der festlichen *Sala Regia* im Apostolischen Palast genossen sie eine Vorstellung der New Yorker Philharmoniker unter Leonard Bernstein mit der 3. Symphonie von Ludwig van Beethoven. Weihnachten feierte man in der Wohnung Ratzingers. So richtig Heiligabend war es erst geworden, wenn Maria und Joseph ihre Krippe aus der Kindheit aufgestellt und den Christbaum bayerisch geschmückt hatten. Fink spielte auf der Gitarre alpenländische Weisen.

Irgendwann schickte das Münchner Domkapitel den betagten Kunstmaler Bruno Lenz nach Rom, um für die Ahnengalerie des Erzbistums ein Porträt des ehemaligen Bischofs anzufertigen. Lenz war von Beruf Geiger bei den Münchner Philharmonikern. Folgsam saß ihm der Kardinal Modell, zunächst in seinem Büro, dann privat. Der Maler ließ sich alle möglichen Gewänder zeigen und entschied sich dafür, sein Objekt in roter Chorkleidung in Szene zu setzen. »Seine Begeisterung war so groß«, berichtete Fink, »dass er am Ende acht Porträts malte.« Alle Bilder zeigten »einen liebenswürdigen Mann mit freundlichem, klarem Blick«. Sie strahlten »eine ruhige und gefasste Haltung aus«, was, so Fink, »ganz typisch für den damaligen Präfekten der Römischen Glaubenskongregation« gewesen sei.

Andere mögen es anders gesehen haben. Der Fall Küng war bereits vor Amtsantritt Ratzingers erledigt gewesen. Ein »Fall Drewermann« wurde erst gar nicht in Rom verhandelt. Auch wenn der Präfekt davon überzeugt war, dass der Streit um den deutschen Theologen »weit über die exegetische Problematik hinausging«, wie er seinem Regensburger Professoren-Kollegen Franz Mußner schrieb. Es gehe darin um eine »Auseinandersetzung mit einer neuen Gnosis, die als synkretistische Menschheitsreligion sich an die Stelle des Christentums zu setzen versucht«[2].

Zu diesem Zeitpunkt hatte es sich der Präfekt mit kommunistischen Regierungen verdorben, die ihm vorwarfen, er habe sie zutiefst beleidigt. Grund hierfür war eine »Instruktion« vom September 1984. Darin nannte es Ratzinger eine »Schande unserer Zeit« und »Blendwerk«, dass »ganze Nationen unter menschenunwürdigen Bedingungen in Knechtschaft gehalten werden, während gleichzeitig behauptet wird, man bringe ihnen die Freiheit«[3]. Im Oktober 1986 folgte eine erste grundsätzliche Stellungnahme zur Homosexualität. In einem Brief an die Bischöfe über die »Seelsorge für homosexuelle Personen« hieß es, deren Neigung sei zwar »in sich nicht sündhaft«, der »Gebrauch der Geschlechtskraft« allerdings »einzig und allein in der Ehe gut«. »Ratte«, »Nazi« und »Teufel« schallte es aus einer Demonstration, zu der Pro-Homo-Gruppen aufgerufen hatten, als Ratzinger in New York in der lutherischen St.-Peters-Kirche sprach. Die Veranstaltung musste von 40 Polizisten und Agenten in Zivil geschützt werden.[4]

Umgekehrt sprach sich der Präfekt für die Stärkung der Frauen in der Gesellschaft aus. In einem Interview mit der *Welt* formulierte er: »Ich glaube, dass die Frau besonders stark die Zeche unserer technischen Kultur zahlt, die ja eine wesentlich maskuline Kultur ist. Es ist eine Kultur des Machens, des Erfolgs, der Leistung, des Sich-Darstellens, also von typisch maskulinen Parametern her geprägt.« Was die Kirche betreffe, so brauche sie »eine frauliche Kultur, die ihren hohen Rang hat und die mindestens dem ebenbürtig ist, was die Männer machen«.[5]

Mit der Erklärung *Donum vitae* vom 22. Februar 1987, einer »Instruktion über die Achtung vor dem beginnenden menschlichen Leben und die Würde der Fortpflanzung«, behandelte die Glaubenskongregation die Positionen der katholischen Kirche in Bezug auf Lebensschutz, Abtreibung, künstliche Befruchtung und pränatale Diagnostik. Nach Auffassung von *Donum vitae* wird das Kind mit der Verschmelzung von Ei- und Samenzelle an als Person definiert, somit erhält der Embryo die gleichen Personenrechte wie das Neugeborene und Menschen jeden Lebensalters. Sein Recht auf Leben sei zu achten und zu schützen, es stelle einen grundlegenden moralischen Wert dar. Leihmutterschaft und künstliche Befruchtung lehnte die Instruktion ab.

Von Monat zu Monat deutlicher kündigte sich in Südamerika ein Sturm an, der sich zu einem für die gesamte Weltkirche verändernden Richtungsstreit zu entwickeln drohte. Der Subkontinent war in die Hände von Despoten und Ausbeutern gefallen. Die Städte verslumten, die Landbevölkerung versank in Armut. Militärregierungen herrschten mit Verfolgung und Terror. Allein zwischen 1968 und 1979 waren mindestens 1500 Priester, Nonnen, Religionslehrer und christliche Gewerkschafter inhaftiert, gefoltert oder getötet worden. »Tu was für dein Vaterland, töte einen Priester!«, plakatierten die Todesschwadronen der Großgrundbesitzer. Am 24. März 1980 wurde der Erzbischof von San Salvador, Óscar Arnulfo Romero, während eines Gottesdienstes am Altar erschossen, weil er es gewagt hatte, in den Messen Menschenrechtsverletzungen anzuprangern und die Namen von Ermordeten und Vermissten zu verlesen. Rom blickte auf ein kompliziertes Problem. In Osteuropa stand die Kirche an der Seite einer Aufstandsbewegung, die sich von kommunistischer Herrschaft zu befreien suchte. Doch während die Bevölkerung in Polen und anderen Ländern das Joch des Marxismus abschütteln wollte, tauchten die kommunistischen Parolen nun bei Priestern und Bischöfen in Südamerika auf.

Der Konflikt hatte innerkirchlich eine lange Vorgeschichte. Auf ihrer zweiten Generalversammlung beschlossen die lateinamerikanischen Bischöfe 1968 im kolumbianischen Medellín, angesichts der sich dramatisch verschlechternden Lage der Bevölkerung eine »Stunde des Handelns« auszurufen. Drei Jahre später veröffentlichte der peruanische Dominikaner Gustavo Gutiérrez sein Buch *Theologie der Befreiung*, das der Bewegung einen Namen gab. Sie verstand sich als »Stimme der Armen« zur Befreiung von Ausbeutung und Unterdrückung aus den Impulsen des Evangeliums heraus. Viele der jungen lateinamerikanischen Theologen hatten in Europa studiert. Inspiriert von der Studentenrebellion und den Lehren von Professoren wie Johann Baptist Metz, trugen sie die Gedanken der politischen Theologie in ihre Heimatländer. Umgekehrt schwärmten westliche Theoretiker des Marxismus nun davon, in Südamerika jene sozialrevolutionären Träume zu verwirklichen, die die 68er-Rebellion in Europa nicht durchsetzen konnte.

Im selben Jahr, als Gutiérrez' *Theologie der Befreiung* erschien, gründeten 80 chilenische Priester die Gruppierung »Christen für den Sozialismus«. Sie forderten eine »strategische Allianz von revolutionären Christen und Marxisten bis zur gemeinsamen Verwirklichung des historischen Projekts der Befreiung«. Als in Chile Salvador Allendes sozialistische *Unidad Popular*-Bewegung die Regierung übernahm, reiste Kubas Revolutionsführer Fidel Castro an, ein ehemaliger Jesuitenschüler, um 140 versammelten Priestern seine Solidarität zu versichern. Teilnehmer des Treffens erklärten anschließend in einem Aufruf, es sei die Pflicht aller Christen, gemeinsam mit den Marxisten in Lateinamerika den Sozialismus zu errichten. Der Priester Camilo Torres, ein Freund Gustavo Gutiérrez', trat der Nationalen Befreiungsfront des kommunistischen Verbandes ELN in Bolivien bei und verkündete mit der Waffe in der Hand, der revolutionäre Aufstand sei nicht nur ein christlicher, sondern auch ein priesterlicher Kampf.

In Argentinien, Brasilien, Chile oder Nicaragua schossen Zigtausende von Basisgruppen aus dem Boden, die von einem sozialistisch-christlichen Modell träumten und in ihrem Kampf für Arme und Entrechtete auch die Anwendung von Gewalt erwogen. Unter den Priestern, die sich der neuen Bewegung anschlossen, waren auch die Brüder Clodovis und Leonardo Boff, beide Mitglieder des Franziskanerordens. Leonardo hatte bei Karl Rahner studiert und in München bei dem Dogmatiker Leo Scheffczyk promoviert, einem Vertrauten Ratzingers. »Damals war Boff noch ganz katholisch«, so Ratzinger in unserem Gespräch. Und offenbar auch sympathisch genug, dass sich der Professor bereit erklärte, die Druckkosten für Leonardos Doktorarbeit aus eigener Tasche zu finanzieren. Ein Thema für die Glaubenskongregation wurde Boff erstmals 1975. Das Problem war die immer aggressiver werdende Rhetorik einzelner Führer der Befreiungstheologie und die Kooperation mit kommunistisch orientierten Gruppen. Ratzinger, damals Mitglied der päpstlichen Internationalen Theologischen Kommission, zeigte allerdings Verständnis. Die Basisbewegungen würden nur auf die Missstände in den einzelnen Ländern reagieren. Gleichzeitig mahnte ein Statement der Kommission, Religion könne weder den »Marxismus taufen«, noch den Klassenkampf befürworten. Ansonsten bestünde die Gefahr, in gewalttätige Auseinandersetzungen hineingezogen zu werden.[6]

Über die Entwicklung in Südamerika war Ratzinger bereits als Professor in Regensburg bestens unterrichtet. Sein Informant war Maximino Arias Reyero, einer seiner Doktoranden. Der spanische Priester und Theologe war seinem Lehrer von Bonn nach Tübingen und 1969 von Tübingen nach Regensburg gefolgt. Seit 1971 lehrte er Dogmatik an der Katholischen Universität Santiago de Chile und war Direktor des *Seminario Latinoamericano – Centro de Documentación*. Als Bischof von München nutzte Ratzinger die erstbeste Gelegenheit, um sich 1978 bei seinem Besuch in Ecuador einen eigenen Eindruck zu verschaffen. Danach verwies er in mehreren Beiträgen lobend auf die Kirche Lateinamerikas, die »mit einem erheblichen Teil ihrer sogenannten Basisgemeinden ein gutes Beispiel gibt«. Es sei in der augenblicklichen Lage notwendig, schrieb er 1982 in seiner *Theologischen Prinzipienlehre*, »lebendige Zellen zu bilden, die bewusst aus dem Zwang des modernen Milieus heraustreten und die ›Alternative‹ des Evangeliums miteinander leben, sodass ein Milieu des Glaubens entsteht. In solchen Zellen, die zentral vom Doppelgebot der Gottes- und Nächstenliebe und so von einer Kultur des Gebetes und der christlichen Diakonie bestimmt werden, kann von Neuem Kirche wachsen«.[7]

»Ratzinger hat die tiefen Probleme Lateinamerikas durchaus mit innerer Anteilnahme wahrgenommen«, befand Hansjürgen Verweyen, der Bildung von Basisgemeinden habe er »grundsätzlich positiv« gegenübergestanden.[8] Immer häufiger jedoch berichtete Reyero von großen Spannungen innerhalb seiner Fakultät, die zwischen der traditionellen Theologie und den Anhängern eines christlichen Sozialismus ausgebrochen waren. Die Insiderinfos hatten laut Verweyen einen nicht unerheblichen Einfluss auf Ratzingers zunehmend kritische Einstellung. Als Präfekt verschaffte er sich immer wieder auch persönlich ein Bild der Lage, etwa 1988 bei einer zehntägigen Vortrags- und Predigtreise nach Chile und Kolumbien.

Johannes Paul II. wollte Ruhe an dieser Flanke haben. Der Papst hatte Sympathie mit den Armen und Unterdrückten, aber keine mit Leuten, die ein System errichten wollten, das seine Landsleute in Polen gerade zum Teufel wünschten. Wojtyla drängte. Die Auseinandersetzung mit der Befreiungstheologie, gestand denn auch Ratzinger, sei »das erste große Thema gewesen«, mit dem ihn der Papst gleich nach seiner Berufung betraut hatte.[9] Heil im Jenseits oder Heil im Diesseits, das Thema war Ratzinger aber auch auf den Leib geschneidert. Es beschäftigte ihn als Studenten in der Doktorarbeit, dann als Doktor in der Habilitation, wieder als *Peritus*, als es darum ging, das Dekret über die *Göttliche Offenbarung* zu formulieren, und in seinem zentralen Werk *Eschatologie*. Der Mensch könne seine Situation verbessern, lehrte er, aber die Störung in der Schöpfung, das Faktum der Sünde, die Tatsache des Bösen, die letztlich mit Ursache von Verführung, Unterdrückung und Elend seien, könne er nicht aus der Welt schaffen. Niemals sollten Menschen sich anmaßen, einen friedlichen Endzustand der Geschichte herbeiführen zu wollen; denn wo »das Unmögliche zum Leitfaden des Wirklichen wird, ist Gewalttätigkeit, Zerstörung der Natur und mit ihr des Humanen innere Notwendigkeit«[10].

Als Kind hatte Ratzinger die Parolen erlebt, dass Christentum und Nationalsozialismus zusammengehörten. In seinem Bonaventura-Studium untersuchte er den Kampf des Franziskaner-Oberhauptes mit einer katholischen sozialrevolutionären Bewegung, die in ihrem schwärmerischen Engagement und ihrer Kritik an der Kirche jedes Maß verloren hatte. Man träumte von einem »Dritten Zeitalter« und dem Paradies der Freien und Gleichen, für das es sich zu kämpfen lohnte. Hätte Bonaventura nicht für einen Kurs auf dem Boden der katholischen Lehre gesorgt, die Auseinandersetzung hätte nicht nur die Franziskaner, sondern die ganze Kirche gespalten. Genau hier lag auch der Grundkonflikt mit einer Richtung der Befreiungstheologie, die als christlich-sozialistische Bewegung innerweltlichen Frieden und Freiheit propagierte.

Nicht zuletzt spielten die Erlebnisse von Tübingen in Ratzingers Denkprozess eine Rolle. Nicht als »Trauma«, sondern als Erfahrung. An der sozialistischen Heilserwartung vieler Studenten und nicht weniger seiner Professoren-Kollegen konnte er beobachten, wie es aussieht, wenn Religion politisiert wird. Die Rädelsführer von damals hätten dabei keineswegs eine breite Basis repräsentiert. »Es war eigentlich ein kleiner Kreis von Funktionären, der die Entwicklung in diese Richtung trieb. Aber dieser Kreis bestimmte das Klima.«[11]

Im Frühjahr 1983, zehn Jahre nach Erscheinen der *Theologie der Befreiung*, leitete die Glaubenskongregation eine Untersuchung über die Theologie Gustavo Gutiérrez' ein. Im gleichen Jahr traf sich der Präfekt mit dem Peruaner in Rom. In dem »langen, sehr freundlichen Gespräch« legten beide ihre Standpunkte dar. »Ich nehme an«, so Ratzinger, »dass die vielfältigen Dialoge, die wir mit Gustavo Gutiérrez geführt haben, ihm hilfreich waren, sein Denken positiv zu entwickeln.«[12] 1984 warnte der Kardinal davor, dass in der Befreiungstheologie das Volk Gottes gegen die Hierarchie der Kirche ausgespielt und mithin der Klassenkampf innerhalb der Kirche selbst entfacht werde. Im gleichen Jahr traf er sich mit Vertretern der lateinamerikanischen Bischofskonferenz (CELAM), ohne allerdings ein konkretes Ergebnis zu erzielen. Hans Küng meldete sich mit einem Zwischenruf. Nach einem Besuch in Bogotá könne er mitteilen, dass der fortschrittliche Teil der Bischofskonferenz offen mit Kardinal Ratzinger gebrochen habe; eine Meldung, die vom Generalsekretär der CELAM umgehend dementiert wurde.

Am 6. August 1984 unterschrieb der Präfekt der Glaubenskongregation die *Instruktion über einige Aspekte der Theologie der Befreiung*, die sofort zu heftigen Protesten führte. In der Instruktion hieß es, der Aufstand gegen die »himmelschreienden Ungerechtigkeiten« zwischen Reich und Arm müsse in den Herzen der Christen selbstverständlich ein »starkes und brüderliches Echo« auslösen. Doch »unkritische Anleihen bei der marxistischen Ideologie« und eine rationalistische Bibelauslegung drohten »das zu verderben, was das anfängliche großherzige Engagement für die Armen an Echtem besaß«. Die Erklärung verwahrte sich gegen die »Politisierung der Glaubensaussagen« und die Verfälschung der Jesusgestalt zu einem politischen Rebellen. Der Klassenkampf habe sich als Mythos erwiesen, der das Elend nur verschlimmere. Revolutionäre Gewalt bringe nicht automatisch eine gerechtere Gesellschaft, geschweige denn Gottes Reich zustande.

Ungewöhnlich war, dass der *Instructio* eine persönliche Erklärung des Präfekten vorangestellt war, was zeigte, welches gewaltige Konfliktpotenzial Ratzinger in dieser Herausforderung erkannte. Er empfinde es immer wieder als »schmerzlich«, bekannte er im Interview mit Messori, »mit Theologen ins Gespräch zu kommen, die jenem illusorischen Mythos anhängen«, nämlich dem »Mythos vom Klassenkampf als Instrument zur Schaffung einer klassenlosen Gesellschaft«. Deren Lektüre habe in ihm geradezu Betroffenheit ausgelöst: »Ein ständig wiederholter Kehrvers lautet: ›Man muss den Menschen von den Ketten der politisch-ökonomischen Unterdrückung befreien.‹« Reformen lenkten nur ab, »das, was erforderlich ist, ist die Revolution«. Gleichzeitig habe er feststellen müssen, dass »jene, die all dies wiederholen, sich keinerlei konkrete, praktische Gedanken darüber zu machen« schienen, »wie eine Gesellschaft nach der Revolution zu organisieren sei«.

Schon in seinem »Report« hatte Ratzinger deutlich gemacht, dass er in jenen Teilen der Befreiungstheologie, die auf marxistische Formen zurückgriffen, »keineswegs ein bodenständiges, einheimisches Produkt von Lateinamerika oder von anderen unterentwickelten Gebieten« sah, »wo sie sozusagen spontan durch das Volk entstanden und gewachsen wäre. Es handle sich in Teilen der Befreiungstheologie um eine Schöpfung von Intellektuellen; und zwar von Intellektuellen, »die im reichen Westen geboren oder ausgebildet worden sind: Europäer sind die Theologen, die sie angefangen haben, Europäer – oder an europäischen Universitäten geformt – sind die Theologen, die sie in Südamerika vorantreiben«. In gewisser Hinsicht seien die politischen Mythen und Utopien in dieser Theologie deshalb ein Export und »eine Form von kulturellem Imperialismus, wenn sie auch als die spontane Schöpfung der entrechteten Massen dargestellt« würden.

Ratzinger war überzeugt: »Was hier theologisch inakzeptabel und gesellschaftlich gefährlich ist, ist dieses Gemisch aus Bibel, Christologie, Politik, Soziologie und Ökonomie. Man kann nicht die Heilige Schrift und die Theologie dazu missbrauchen, eine Theorie über die gesellschaftlich-politische Ordnung zu verabsolutieren und zu sakralisieren.« Denn wenn man »die Revolution sakralisiert – indem man Gott, Christus und Ideologien miteinander vermischt –, erzeugt man einen schwärmerischen Fanatismus, der zu noch schlimmeren Ungerechtigkeiten und Unterdrückungen führen kann, wobei man in der Praxis das umstößt, was man sich in der Theorie vorgenommen hat«. Es sei eben eine vollkommen »unchristliche Illusion, dass man einen neuen Menschen und eine neue Welt schaffen könne, nicht indem man jeden Einzelnen zur Bekehrung ruft, sondern indem man nur auf die sozialen und ökonomischen Strukturen einwirkt«[13].

Kritiker werteten die Instruktion als Angriff auf alle Bemühungen um soziale Gerechtigkeit in den Ländern der Dritten Welt. Obendrein als Verrat an den lateinamerikanischen Glaubensbrüdern, die in ihrem Kampf gegen die Diktatoren alleingelassen würden. Inzwischen waren die Priester-Brüder Ernesto und Fernando Cardenal, Söhne einer wohlhabenden spanischen Familie, der sandinistischen Revolutionsregierung in Nicaragua beigetreten, die den despotischen Somoza-Clan gestürzt hatte. Fernando als Erziehungs-, Ernesto als Kultusminister. Leonardo Boff wiederum reiste im Mai 1985 nach Rom, um mit Ratzinger über sein bereits 1981 erschienenes Buch *Kirche, Charisma und Macht* zu sprechen. Man kannte sich ja aus München. Unterstützend begleitet wurde er von den brasilianischen Bischöfen Aloísio Lorscheider und Paulo Evaristo Arns. In seinem Werk verbreitete Boff die Auffassung, die Kirche sei »als Institution nicht im Denken des historischen Jesus enthalten« gewesen. Ratzinger bat den Theologen bei dem Treffen, angesichts der inzwischen auch medial heiß gelaufenen Kontroverse ein Jahr in Ruhe über ihr Gespräch und die Fragen der Befreiungstheologie nachzudenken. In dieser Zeit solle er auf Publikationen oder Äußerungen zu diesem Themenkreis verzichten. Boff war erleichtert. Im Grunde hatte er mit dem Entzug der Lehrerlaubnis rechnen müssen. Als die Brasilianer die Kongregation verließen, hob Arns vor aufgebauten Kameras den Arm zum Victory-Zeichen.

Boff versprach, sich an die Auflage des Sabbaticals zu halten (und nutzte die Zeit, um in weiteren Büchern seine Linie zu untermauern). Das Verdikt gegen ihn war alles andere als drakonisch. Ratzinger erläuterte, die Entscheidungen seiner Kongregation würden mit größter Umsicht gefällt werden: »Wir sind zwar immer als rigoros verschrien, aber in Wirklichkeit ist unsere Geduld im Allgemeinen sehr groß.«[14] Ihren dramatischen Klang bekam die Maßnahme, weil Journalisten nach einem wirkungsstarken Begriff suchten, der ins Bild vom »Panzerkardinal« passte. Inzwischen hatte man dem Präfekten sogar die Verantwortung für die Disziplinierung Küngs untergeschoben. Mit der Fixierung auf das Wort »Restauration«, das sich in seinem Interview-Buch gefunden hatte, war ein weiterer Fallstrick gelegt worden. Im Fall Boff lautete der entsprechende Terminus »Bußschweigen«, ein Ausdruck, den es im Kirchenrecht nicht gibt, der aber geeignet war, das Bild der verfolgenden Inquisition heraufzubeschwören und für Empörung zu sorgen. Boff selbst sprach plötzlich davon, das Treffen mit Ratzinger sei wie ein Verhör gewesen, bei dem er in die Mangel genommen worden sei. Ratzinger zeigte sich später menschlich so enttäuscht von dem früheren Doktoranden, dass er Nachfragen zu dessen Person nicht mehr beantworten wollte.

Dass der Kern der Kritik Ratzingers an Boff weniger die Befreiungstheologie als vielmehr die Thesen betraf, mit denen er das Priestertum infrage stellte, ging in den lauten Protesten, die der Verkündigung des »Bußschweigens« folgten, völlig unter. Auf Sanktionen gedrängt hatte in Wirklichkeit auch nicht Ratzinger, sondern der belgische Kurienkardinal Jean Jérôme Hamer, der als Präfekt der Ordenskongregation unmittelbar für den Fall zuständig war. Ratzinger hatte sich gesperrt. Im Fall Boff, erklärte er, bilde nicht der Marxismus den Kern der Auseinandersetzung, sondern Fragen um Kirchenmodelle, Offenbarung und Dogma. Was die »Theologie der Befreiung« betreffe, stellte er vor Journalisten in Rom klar, so gäbe es in ihr ganz unterschiedliche Teile. Er unterscheide sie »in voll legitime, ja notwendige«, in »bedenkliche« und schließlich in »unannehmbare«[15]. Der spätere Glaubenspräfekt Müller bestätigte: »Boff wurde gar nicht wegen der Befreiungstheologie gemaßregelt, stellte sich dann aber als die verfolgte Unschuld hin.«[16]

Wie ernst der Vatikan die Krise weiterhin nahm, zeigte sich daran, dass die Glaubenskongregation am 22. März 1986 eine zweite Erklärung nachschob, die *Instruktion über die christliche Freiheit und die Befreiung*. Darin wurden die Basisgemeinschaften ausdrücklich als »Grund großer Hoffnung« bezeichnet. Der Präfekt reiste am 19. Juli 1986 nach Peru, um das Papier an der Katholischen Universität von Lima persönlich vorzustellen. Die Kirche sei aufseiten der Armen, für die sie eine besondere Fürsorge habe, machte er deutlich. Das Streben nach Befreiung sei Teil des christlichen Erbes. Gleichzeitig warnte er vor dem Weg der Gewalt und vor bestimmten Seiten der Befreiungstheologie, die Hoffnungen weckten, die nicht eingelöst werden könnten. Wer den Menschen eine Utopie verspreche, so die Erfahrung aus der Geschichte, führe sie in eine neue Versklavung.

Die Auseinandersetzung zog sich viele weitere Jahre hin. Leonardo Boff trat im Juni 1992 aus seinem Orden aus und gründete eine Familie. Ernesto Cardenal, dem Johannes Paul II. bei seinem Besuch in Südamerika bei der Begrüßung auf dem Flughafen eine symbolische Ohrfeige verpasste, legte 1987 sein Amt in der Regierung des Revolutionsführers Daniel Ortega nieder. Unmittelbar danach wurde sein Kultusministerium aufgelöst. Die Menschen waren noch ärmer geworden, das Land zerrütteter als je zuvor. Von freien, demokratischen Wahlen konnte bald keine Rede mehr sei. Cardenal, in Europa mit Ehrungen überhäuft, stellte klar, dass er sich weiterhin als »Sandinist, Marxist und Christ« verstehe. Clodovis Boff, dem im März 1984 die kirchliche Lehrerlaubnis entzogen worden war, änderte seine Einstellung und erklärte in der brasilianischen Tageszeitung *Folha de São Paulo*, Ratzinger habe nichts anderes getan, als »den ursprünglichen Kern der Befreiungstheologie, den Einsatz für die Armen des Glaubens« zu verteidigen. Selbstkritisch schloss er mit den Worten: »Tatsächlich wurde die Kirche für uns irrelevant. Und nicht nur sie, auch Christus selbst.«[17]

Im Nachhinein kann die Bewältigung des Konflikts um die Befreiungstheologie als mit die bedeutendste Leistung Ratzingers in seiner Ära als Präfekt gesehen werden. Hätten sich die Theorien der politischen Theologie durchgesetzt, wäre ein neues Schisma unvermeidlich gewesen. »Ratzinger hat den Kontinent für die katholische Kirche gerettet«, so ein Mitstreiter in der Glaubenskongregation. Was nicht ganz aus der Luft gegriffen ist. Gerade die Ärmsten des Landes waren vor der Befreiungstheologie davongelaufen. Sie konnten mit dem Pathos aus der marxistischen Interpretation des Evangeliums wenig anfangen und wanderten in riesigen Scharen zu Pfingstlern und anderen evangelikalen Gruppen ab. Allein in Brasilien entstanden auf diese Weise rund 35 000 Freikirchen. Von der einstmals fast zu 100 Prozent katholischen Bevölkerung Südamerikas gelten heute rund 30 Prozent als Anhänger von Sekten.[18]

Sein Ziel sei gewesen, so Ratzinger in einem 2014 geführten Interview mit dem polnischen Journalisten Wlodzimierz Redzioch, einem marxistisch inspirierten Befreiungsbegriff entgegenzuwirken, zugleich aber den Einsatz für Freiheit aus christlichem Glauben heraus zu fördern. Bei Gustavo Gutiérrez hatte der Dialog mit der Glaubenskongregation dazu geführt, dass sein Buch, die Bibel der Befreiungstheologen, in der Neuauflage als »revidierte und korrigierte« Ausgabe erschien. Mit Bischof Gerhard Müller berief Ratzinger als Papst einen erklärten Anhänger Gutiérrez' zum Glaubenspräfekten. Gleichzeitig beschleunigte er das Seligsprechungsverfahren für den ermordeten salvadorianischen Erzbischof Óscar Romero und traf in Kuba im März 2012 Fidel Castro, der sich wieder dem Katholizismus angenähert hatte und Ratzinger um einige seiner Werke bat (seine langjährige Geliebte wollte nicht verschweigen, dass der »Maximo Leader« kurz vor seinem Tod am 25. November 2016 nach den Sterbesakramenten der katholischen

Kirche verlangte). Ein Jahr später wurde auf der kommunistischen Karibikinsel der Karfreitag zum gesetzlichen Feiertag erklärt.

Was aus Nicaragua geworden war, dem einst gelobten Land vieler Befreiungstheologen, fasste im November 2016 der Südamerikakorrespondent der *Süddeutschen Zeitung*, Boris Hermann, folgendermaßen zusammen: »Das einstige Musterland der linken Idealisten wird wieder nach Gutsherrenart regiert. Ortega verkörpert so fast alles, was er früher mit seiner Sandinistischen Front bekämpft hatte. Es gibt keine erkennbaren Unterschiede mehr zwischen Staat, Partei und Familie.« Im »weiterhin zweitärmsten Land Lateinamerikas« regiere mit Daniel Ortega eine »autokratische Familiendynastie«. Sie kontrolliere »neben den wichtigsten Unternehmen, Gewerkschaften und Medienhäusern auch die Gerichte«. Die Opposition werde »mit juristischen Mitteln aus dem Weg geräumt«. »Vom Sozialismus«, schloss der Bericht, »sind allenfalls noch die alten Worthülsen übrig.«

Zwei Jahre später aktualisierte der Korrespondent seinen Lagebericht dahingehend, das Regime in Nicaragua würde in einem neuen »Grad der Skrupellosigkeit« jetzt auch »Priester, Vikare, Kardinäle und Kirchen gezielt angreifen«. Der Autor schloss: »Die Kirche in Nicaragua hat eine lange politische Tradition. Linksgerichtete Befreiungstheologen gehörten 1979 zu den intellektuellen Köpfen der Revolution gegen die Diktatur des Somoza-Clans. Weltweiten Ruhm erlangte der Dichter und Trappistenmönch Ernesto Cardenal, der auf dem Archipel *Solentiname* im Nicaraguasee eine kontemplative Basisgemeinde gründete. Hier formte sich der umstürzlerische Geist des Sandinismus. ›Mit Christus begann das revolutionäre Denken‹, predigte Cardenal zu den Guerilleros. Einer von ihnen war Daniel Ortega.«[19]

Kapitel 53

Teamarbeit

Neben der Frage der Befreiungstheologie hatte Wojtyla seinem Glaubenshüter früh auch die Aufgabe übertragen, die Gespräche mit dem abtrünnigen Erzbischof Marcel Lefebvre zu führen. Der Franzose, der die Reformen des Konzils ablehnte, hatte 1970 in der Schweiz die Priesterbruderschaft Pius X. gegründet und Tausende Anhänger um sich versammelt. 1976 weihte er auf eigene Faust Priester, die an den traditionellen Riten der katholischen Kirche festhalten wollten. Jegliche Verständigung, um die sich Johannes Paul II. bemühte, war bislang gescheitert.

Lefebvre sei immer höflich gewesen, zugleich aber »dickköpfig wie eine Mauer aus Stahlbeton«, berichtete der Schweizer Kardinal Henri Schwery, der den Traditionalisten im Auftrag Roms wiederholt getroffen hatte. Schwery war »etwas in Panik« geraten, als er von der Absicht erfuhr, Lefebvre wolle demnächst nicht mehr nur Priester, sondern auch eigene Bischöfe weihen, und beantragte eine Dringlichkeitssitzung mit dem Papst: »Wir haben uns dann Ende Januar 1988 morgens um 9.00 Uhr in Rom getroffen: Papst Johannes Paul II., Kardinal Joseph Ratzinger, Kardinal Edouard Gagnon und ich. Der Papst wollte einen Rat hinsichtlich der Gefahr eines Schismas.«[1] Die Diskussion wurde nach dem Mittagessen fortgesetzt. Am Ende stand der Entschluss, eine Kommission unter dem Vorsitz von Ratzinger zu bilden, die der Pius-Bruderschaft ein Angebot machen sollte, um eine endgültige Trennung von der katholischen Kirche zu verhindern.

Ratzinger hatte keine persönliche Verbindung zu dem Lefebvre-Zirkel. »Ich glaube, er hat auch gesehen, dass da sehr viel Eigensinn, Egoismus und auch Verhärtung da ist«, berichtete sein späterer Sekretär Georg Gänswein.[2] Andererseits ging es ihm um die Einheit der Kirche. »Über eine Spaltung kann und darf ein Christ sich nie freuen«, mahnte er. Auch wenn die Schuld für den Bruch im Fall Lefebvres »ganz sicher nicht beim Heiligen Stuhl gesucht werden kann«, müsse man sich fragen: »Was machen wir falsch?« Es gehöre »zu den Grunderkenntnissen ökumenischer Theologie, dass Spaltungen immer nur möglich wurden, wenn bestimmte Wahrheiten und Werte des christlichen Glaubens in der Kirche nicht mehr genügend gelebt und geliebt wurden«. So sollte man den Konflikt mit der Bruderschaft »vor allem als eine Stunde der Gewissenserforschung betrachten und uns im Ernst nach den Mängeln unserer Pastoral fragen lassen«, erklärte er. Nichtsdestotrotz: »Das Zweite Vatikanum als gültiges und verbindliches Konzil der Kirche gegen Monsignore Lefebvre zu verteidigen ist und bleibt eine Notwendigkeit.«[3]

Auf Wunsch Lefebvres fanden die Gespräche in der Wohnung Ratzingers statt, wobei der Erzbischof einen bedrückten Eindruck machte. Sein Verhandlungspartner versicherte ihm, seiner Gemeinschaft die Feier der heiligen Messe im Ritus Papst Pius' V. zu erlauben. Nahezu unverrückbar blieben die Gegensätze in Sachen Ökumene, dem Dialog mit Nicht-Christen und in verschiedenen Fragen der Kirchendisziplin.[4]

Anfang Mai 1988 erhielt Schwery einen Telefonanruf des Präfekten, er sollte umgehend nach Rom kommen. Der Papst habe einem Vorschlag der Glaubenskongregation zugestimmt und Lefebvre habe das ihm vorgelegte Dokument bereits unterzeichnet. Tatsächlich hatte der Erzbischof am 5. Mai 1988 ein »Protokoll über ein Einvernehmen« akzeptiert, das der Bruderschaft eine im Rahmen kirchenrechtlicher Möglichkeiten eingeschränkte Autonomie zusicherte. Im Gegenzug unterschrieb Lefebvre im Namen seiner Gemeinschaft eine weitgehende Unterwerfung. Sie enthielt unter anderem die Verpflichtung zur Treue gegenüber »der katholischen Kirche und dem Papst in Rom« sowie zur Anerkennung der »Gültigkeit der Messe und der Sakramente ... entsprechend den Riten der *Editiones Typicae*, die von Paul VI. und von Johannes Paul II. promulgiert worden sind«. Verbunden war damit das Versprechen, »die allgemeine Disziplin der Kirche und die kirchlichen Gesetze zu achten, besonders jene, die im Codex Iuris Canonici von 1983 enthalten sind«[5]. Doch die Tinte auf dem Papier war noch nicht trocken, als der Vertrag bereits obsolet geworden war.

Kardinal Schwery hatte davor gewarnt. Am Telefon erklärte er dem Präfekten: »Jedes Mal, wenn Lefebvre mir etwas versprochen hatte, war er andserntags nicht mehr derselben Meinung, nachdem er seine engen Mitarbeiter konsultiert hatte, insbesondere Pater Franz Schmidberger.« Schwery berichtete, Ratzinger habe ihn daraufhin »fast angeschnauzt« und gemeint: »Sie dürfen nicht so pessimistisch sein. Kommen Sie morgen. Es ist unterschrieben.« Am nächsten Tag klopfte der Schweizer um

10.00 Uhr an die Tür der Glaubenskongregation: »Ratzinger machte ein langes Gesicht. Er erklärte mir, dass Lefebvre abends angerufen hatte, um zu sagen, dass er seine Unterschrift zurückziehe. Leider!«[6]

Der Bruch war nicht mehr zu verhindern. Mit der unerlaubten Weihe von vier Bischöfen durch Lefebvre am 30. Juni 1988 war nach Kirchenrecht automatisch die Exkommunikation eingetreten, auch wenn sich die Bruderschaft weiterhin nicht als schismatisch, sondern lediglich als »irregulär« betrachtete.

Den Auftrag, den sich der Präfekt zu eigen machte, hatte der Apostel Paulus einmal so formuliert: »Verkünde das Wort, tritt auf, ob gelegen oder ungelegen, überführe, weise zurecht, ermahne, in aller Geduld und Belehrung! Denn es wird eine Zeit kommen, in der man die gesunde Lehre nicht erträgt, sondern sich nach eigenen Begierden Lehrer sucht, um sich die Ohren zu kitzeln; und man wird von der Wahrheit das Ohr abwenden, sich dagegen Fabeleien zuwenden.« Paulus fügte hinzu: »Du aber sei in allem nüchtern, ertrage das Leiden, verrichte dein Werk als Verkünder des Evangeliums, erfülle treu deinen Dienst!«[7] »Ich will mich nicht übernehmen«, erklärte der Kardinal 1996, »aber ich würde schon sagen, dass in diesem Wort sehr wesentlich zum Ausdruck kommt, was ich als meinen Standard in dieser Zeit ansehe.«[8] Wichtig sei ihm, »etwas sagen zu können, was nicht ganz belanglos für morgen ist«. Seine Aufgabe bestünde darin, »um die Formung der Zeit zu kämpfen, ein gewisses Erbe zu verteidigen« – und damit auch »die Essentials des christlichen Glaubens einer neuen Zeit zuzustellen«. Das sei alles andere als eine »Privatschlacht«.[9]

Und dennoch fühlte sich Ratzinger in einem ständigen Dilemma. »Der Professor und der Präfekt sind dieselbe Person«, erläuterte er seinem ehemaligen Studenten Damaskinos Papandreou in einem Brief, aber sie hätten unterschiedliche Aufgaben: »Der Professor (der ich ja immer noch bin) müht sich um Erkenntnis und stellt in seinen Büchern und Vorträgen dar, was er glaubt gefunden zu haben, der Präfekt hingegen hat nicht seine persönlichen Auffassungen darzulegen …, sondern er muss dafür Sorge tragen, dass die Organe der lehrenden Kirche in großer Verantwortung ihre Arbeit tun, sodass am Ende ein Text von allem bloß Privaten gereinigt ist und wirklich gemeinsames Wort der Kirche wird.«[10]

Was Reformen betraf, machte Ratzinger keinen Hehl daraus, dass er mit vielen der populistischen Bestrebungen wenig anfangen konnte.

Da sei seit 1968 zunehmend eine Kirche als *Concilium* entstanden, eine Art »Räte-Kirche«, statt der Kirche als *Communio,* einer echten Glaubens- und Schicksalsgemeinschaft. Dass er einen eigenen Kopf hatte, zeigte sich etwa in der Frage der Laisierungen. Johannes Paul II. hatte gleich zu Beginn seines Pontifikats eine strengere Handhabung gegenüber Klerikern verfügt, die um Entlassung baten. Ratzinger hingegen plädierte dafür, diese Priester ziehen zu lassen, da ansonsten zu viele Ungeeignete im Dienst blieben und Unheil anrichteten. Ein weiterer Dissens zeigte sich, als Wojtyla für den 27. Oktober 1986 60 Delegationen christlicher Kirchen und nicht christlicher Religionen nach Assisi zum gemeinsamen Gebet einlud. Kritiker sahen in dem Treffen, bei dem buddhistische Mönche eine Buddha-Statue auf den Tabernakel stellten, eine Form von Synkretismus. Es würde dadurch die Auffassung begünstigt, Religionsfreiheit sei Religionsgleichheit, während die katholische Kirche auf die Einzigkeit und Heilsuniversalität Jesu Christi bestehen müsse. Der Glaubenspräfekt blieb der Veranstaltung demonstrativ fern.

Schon im Vorfeld des Meetings hatte Ratzinger bemängelt, seit dem Konzil sei bisweilen eine »Überbetonung der Werte der nicht christlichen Religionen«[11] zu beobachten. Gleichzeitig betonte er, dass Erlösung keineswegs an die katholische Kirche gebunden und der interreligiöse Dialog eine innere Notwendigkeit und Bereicherung sei. Über die Assisi-Idee habe er nicht wirklich mit dem Papst »gestritten«, betonte Ratzinger in unserem Gespräch, »weil ich wusste, dass er das Richtige wollte, und er wusste, dass ich da eine etwas andere Linie habe. Er hat mir dann vor dem zweiten Treffen in Assisi gesagt, dass es ihm doch lieb wäre, wenn ich hingehe. Da waren die Einwendungen, die ich hatte, aber schon aufgenommen und eine Form gefunden, an der ich gut teilnehmen konnte.«[12]

Wie Paul VI. hatte sich auch Wojtyla angewöhnt, mittags (zumeist am Dienstag) eine kleine Gesprächsgruppe zu empfangen, um über aktuelle Fragen zu diskutieren. Am Tisch saßen Vertreter der einzelnen Kurienbehörden, Experten verschiedener Sachgebiete oder Bischöfe, die im Rahmen ihrer *Ad Limina*-Besuche gerade in Rom weilten. Der Papst leitete die Treffen mit einem kurzen Referat ein, hörte dann geduldig die Statements der einzelnen Gäste, stellte seine Fragen, gab Anregungen und fasste am Ende das Ergebnis zusammen. Die Teilnehmer wechselten. Einer jedoch war, neben Privatsekretär Stanislaw Dziwisz, fester Bestandteil der Runde, Kardinal Ratzinger. Auch wenn der immer noch abwinkte, wenn der Pole das Arbeitsessen mit einem Kaffee und einem Gläschen Wodka ausklingen ließ.

Wojtyla telefonierte häufig mit Ratzinger und bat ihn außertourlich zum Gespräch, oft mehrmals die Woche. Die festgelegte protokollarische Konsultation fand jeden Freitag statt, immer um 18 Uhr, immer unter vier Augen, nie mit Aufzeichnungen. Ratzinger erschien auf die Minute pünktlich, man sprach deutsch miteinander, ohne sich zu duzen. »Ich warte zunächst, dann kommt der Papst, wir geben uns die Hand, setzen uns miteinander an den Tisch, dann folgt meist ein kleiner persönlicher ›Ratsch‹, der noch nichts mit Theologie zu tun hat«, beschrieb Ratzinger den Ablauf.[13] Die Begegnungen seien dabei »von Anfang an von einem Klima der Herzlichkeit und des Vertrauens getragen« gewesen. Meist habe der Heilige Vater die Beschlüsse der Glaubenskongregation bestätigt, ansonsten habe er Anregungen gegeben, »wie das Thema weiterverfolgt und Einheit gesucht werden kann«[14]. »Ganz wenig« eingemischt aber habe sich Wojtyla, wenn es um Rechtsformen gegangen sei, »da sagte er nur: ›Seid großzügig.‹«[15]

Befreiungstheologie, Kardinals- und Bischofsernennungen, bio- und sozialethische Probleme, Vorbereitung von Synoden und Reisen, der Entwurf von Enzykliken oder die politische Lage in den einzelnen Regionen der Erde – keines der großen Themen, die das 27-jährige Pontifikat Johannes Pauls II. prägten, wurden bei den vertraulichen Begegnungen ausgeschlossen. »Das theologische Niveau meines Pontifikats habe ich allein dem Kardinal Ratzinger zu verdanken«, äußerte Wojtyla gegenüber dem mit ihm befreundeten Kölner Kardinal Joachim Meisner.[16] Gelegentlich freilich dämpfte der Pontifex die Erregungen seines Präfekten. Als sich Ratzinger bei der Vorbereitung eines *Ad Limina*-Besuches der deutschen Bischöfe kritisch gegenüber seinen Landsleuten äußerte, nahm der Pontifex hinterher den anwesenden Nuntius Karl-Josef Rauber zur Seite: »Keine Angst, ich werde die deutschen Bischöfe schon gut behandeln!« Johannes Paul II. habe »viel von Ratzinger gehalten«, so Rauber, »und er hat ihn auch gebraucht, aber er kannte auch seine Schwächen«[17].

Dass die beiden einander besonders schätzten, stand außer Zweifel. Er habe von Johannes Paul etwa auch gelernt, erläuterte Ratzinger, »einfach weiträumiger zu denken«. Durch Wojtyla sei »gerade auch in der Dimension des Religionsdialogs die ethische Problematik viel stärker in mein Denken hereingekommen«[18]. Vermutlich gab es in der zweitausendjährigen Geschichte der Kirche zwischen einem Vorgänger und einem Nachfolger auf dem Stuhl Petri keine intensivere Verbindung als zwischen dem Polen und dem Deutschen. Professor Réal Tremblay beobachtete als gelegentlicher Teilnehmer der Gespräche, wie der Präfekt »den Papst mit größter Präzision über alles informiert hat, sehr intelligent, sehr differenziert, um ihn über die Bewegungen in der Kirche zu informieren. Er war ein Meister darin. Und Johannes Paul II. hatte für ihn große Bewunderung. Sie waren wirklich Freunde. Das war eine tiefe, gute Freundschaft«[19].

Die Teamarbeit stand auf einem unerschütterlichen Fundament: beide machten deutlich, dass Glaube mit Denken zu tun hat – und dass umgekehrt ein Denken ohne Glauben immer eine Verkürzung der Wahrheit bedeutet. Beide pflegten eine tiefe, einfache Frömmigkeit. Beide standen fest auf dem Boden des Evangeliums, um ihrem Kirchenvolk eine klare Orientierung geben zu können. Dass die Temperamente unterschiedlich waren, hatte sich nicht als Hemmnis erwiesen, wie Ratzinger befand: »Er war ja ein Mensch, der Geselligkeit, der Leben und Bewegung brauchte. Und ich dagegen jemand, der mehr die Stille braucht. Gerade dadurch, dass wir verschieden waren, haben wir uns sehr gut ergänzt.« Es habe nicht nur die Chemie gestimmt zwischen ihnen. Man habe auch gewusst, »dass man das Gleiche will«. Am Altar, in der Konzelebration mit Wojtyla, habe er den Papst noch weit besser kennengelernt: »Dann spürt man die innere Nähe zum Herrn, die Tiefe des Glaubens, in die er da eintaucht, und erlebt ihn eben wirklich als den glaubenden, betenden und doch vom Geist her geprägten Menschen. Mehr als wenn man die Bücher liest, die zwar ein gutes Bild von ihm geben, aber doch nicht die ganze Persönlichkeit erscheinen lassen.«[20]

Johannes Paul II. regierte weder in die Arbeit seines Glaubenshüters hinein, noch ließ er ihn jemals außen vor. Das führte so weit, wie ein hoher Mitarbeiter der Kurie dem Autor berichtete, »dass der Papst Vorlagen von Kardinalstaatssekretär Angelo Sodano immer erst durch Ratzinger prüfen ließ, bevor er eine Entscheidung dazu fällte. Ganz offensichtlich war das Vertrauen, das er in Sodano hatte, erheblich geringer als das, das er in den Kardinal hatte«.

Sodano galt als *possibilista*, als einer jener Pragmatiker, deren Maxime darin besteht, das zu ermöglichen, was unter den gegebenen Verhältnissen eben machbar ist. Der gebürtige Piemontese, wie Ratzinger Jahrgang 1927, ein Bild von einem Kirchenfürsten alten Stils, war 1959 in den diplomatischen Dienst des Vatikans eingetreten und kam erst

1988 wieder nach Rom zurück. Zunächst rechte Hand von Agostino Casaroli, wurde er ab dem 1. Dezember 1990 als dessen Nachfolger zu einer der wichtigsten Gestalten der Kurie. Sein machtbewusster Auftritt und die Angewohnheit, nicht abgesprochene eigene Erklärungen zu veröffentlichen, waren freilich wenig dazu geeignet, ihn bei Johannes Paul II. beliebt zu machen. Und noch weniger bei dessen einflussreichem Sekretär Dziwisz, der sich wiederum bestens mit Ratzinger verstand. Den »Legionären Christi« und vor allem ihrem Gründer Marcial Maciel half Sodano, eine Europa-Universität vor den Mauern Roms zu eröffnen. »Dass Kardinal Ratzinger kurz vor seiner Wahl zum Papst die Akte Maciel nochmals öffnen ließ, was dann die Entlarvung und Verurteilung des Gründers mit seinem Doppelleben zur Folge hatte«, so der Vatikan-Experte Guido Horst, »mag Sodano in einen gewissen Gegensatz zum Glaubenspräfekten gebracht haben.«[21]

Das Vertrauen zwischen Johannes Paul II. und seinem engen Mitarbeiter sei auch deshalb gewachsen, ergänzte Georg Gänswein, »weil der Papst gesehen hat, Ratzinger hält durch. Und Ratzinger hat gesehen, Johannes Paul II. hält die Hand über mich, und er deckt mir den Rücken«[22]. Umgekehrt freilich bekam der Präfekt auch alle Pfeile ab, die im Grunde dem Pontifex und der katholischen Kirche an sich galten. Der ganze Kanon der Kritik – Zölibat, Frauenordination, Abtreibung, Papstdogma, Homosexualität –, jedes Thema geriet nun auch zum persönlichen Angriff auf den Glaubenshüter. Nach außen hin schien er die Anfeindungen stoisch zu ertragen. »Ich habe ihn nie im Streit erlebt, nie im Zorn oder in Wut. Er war immer beherrscht, auch wenn er einmal unmissverständlich widersprach und sein Missfallen äußerte«, berichtete Sekretär Fink. »Er wusste, dass gerade Italiener den sogenannten *furore teutonico* verachten. Und so versuchte er vor allem durch die Kraft seiner Argumente zu überzeugen.« »Sein Führungsstil war sehr väterlich, sehr milde in der konkreten Durchführung«, ergänzte Gänswein. »Er hat nie etwas befohlen, aber er hat immer deutlich gesagt, was er möchte. Da er theologisch souverän war, war klar, dass die Mannschaft sich um ihn gesammelt hat. Er war der Leithirsch und die anderen folgten ihm.«[23]

Ein Schreibtischtäter, der in der Etappe Todesurteile unterschreibt, war Ratzinger jedenfalls nie. Er meldete sich zu Wort, ging an die Front und oft genug auf feindliches Gebiet. »Trotz unvermeidlicher Anfeindungen«, so der Philosoph Robert Spaemann im November 1986, »hat Kardinal Ratzinger das Ansehen, das das Amt des ›Großinquisitors‹ genießt, auf ein Niveau gebracht, das es in seiner ziemlich langen Geschichte nicht gekannt hat.«²⁴ Dennoch hatte sich eine seltsame Gemengelage eingestellt. Denn einerseits galt der Präfekt als »Verfolger«, andererseits wurde er selbst zu einer Art Sündenbock, vergleichbar mit dem alttestamentlichen Opfertier, dem die Israeliten einmal im Jahr all ihre Verfehlungen aufluden, um es dann in die Wüste zu schicken. Nicht ohne Grund rügte der Münchner SZ-Autor Herbert Riehl-Heyse, man müsse nur den Namen Ratzinger erwähnen, und jeder schüttele sich vor Entrüstung.

Viele Medien fanden beispielsweise nichts dabei, einen Fidel Castro zu feiern, auch wenn jeder wusste, dass das kubanische Regime seine Gegner erbarmungslos verfolgte. Aber es war in der journalistischen Herde nahezu unmöglich, Ratzinger gut zu finden. Und während die kirchenkritischen »Rebellen« von Talkshow zu Talkshow gereicht wurden und mit ihren Gastbeiträgen ganze Zeitungsseiten füllten, wurde der unbequeme Mahner zum Synonym für das, was man nicht mögen darf: der hässliche Deutsche, ein Fundamentalist, der spröde Theoretiker, der verkniffen über seinen Büchern sitzt, sich der Aufklärung verweigert und am laufenden Band Vernichtungsurteile unterzeichnet. Kurz: ein Bitterholz, trocken und kalt.

Am allerbesten funktionierte Ratzinger medial als die geheimnisvolle graue Eminenz, von der man nicht genau wisse, was sie im Schilde führt. Der Bild-Journalist Andreas Englisch ist ein besonders plakatives Beispiel für den Stil der vorsätzlichen Manipulation, dessen sich auch andere »Experten« bedienten. Um sich bei Benedikt XVI. nach dessen Wahl lieb Kind zu machen, räumte Englisch ein, er habe in seiner Berichterstattung zuvor »einen Helden gefeiert, Karol Wojtyla, und einen Mann übertrieben heftig kritisiert: Joseph Ratzinger«. Der Bild-Mann gab sich reumütig: »Ich brauchte, um die Lichtgestalt Karol Wojtyla strahlen lassen zu können, einen Feind, einen Gegner, um die Geschichte dramatischer zu gestalten.«²⁵ Englisch hatte allerdings keine Skrupel, sein Geschäftsmodell später auch bei Büchern über Papst Franziskus zu nutzen, den er nahezu in den Himmel hob, um den zurückgetretenen Benedikt XVI. nun endgültig in die Hölle zu stoßen.

Andererseits war der Präfekt an dem gespannten Verhältnis zu den Medien nicht ganz schuldlos. Oft fehlte es ihm an der entsprechenden Vermittlung. Er hatte etwas Zwingendes in seiner Argumentation, und das betraf nicht nur die Logik seiner Sätze. Häufig operierte er auch aus einer Ecke heraus, in die er sich gedrängt fühlte, und mit einer Jetzterst-recht-Haltung, die der Auseinandersetzung eine unnötige Schärfe gab. Ein wirkliches Verstehen von Kirche sei ohnehin nur aus dem Glauben möglich, beharrte er, und schon gar nicht einseitig mit den Ansätzen der Soziologie oder der Psychoanalyse. Wer das Evangelium verkünde, »die Wahrheit, die des Leidens wert ist«, der müsse dann eben auch ein Glaubenszeuge sein, also »im tiefsten Sinn des Wortes ein Märtyrer«. Einmal rüffelte er 34 Landtagsabgeordnete der CSU, die sich mit einer kritischen Anfrage zur Haltung des Vatikans über Ehe und Familie an den Papst gewandt hatten. Ratzinger kritisierte, die Mandatsträger hätten sich in eine antirömische Kampagne einspannen lassen, und forderte eine Entschuldigung dafür, dass sie »aufgrund von Fehlinformationen« einen »öffentlichen Schritt« unternommen hätten. Im Verlauf der Korrespondenz habe sich außerdem »gezeigt, dass sie weder stilistisch noch ihrem Benehmen nach auf der Höhe waren, was ich von Volksvertretern erwarte«. Abkanzelnd fügte er hinzu, es sei ihm klar geworden, »dass die Leute weder Argumente anhören, noch überhaupt denken wollen«[26].

In einem Interview räumte Ratzinger 1992 allerdings auch selbst ein, »dass ich in einer persönlichen Polemik auch einmal zu barsch reagiere«. Im Nachhinein betrachtet, würde er jetzt »vieles anders machen, weil man in einem anderen Lebensalter einiges aus einer neuen Perspektive heraus sieht«.

Dass Hans Küng weiterhin dazwischengrätschen würde, war zu erwarten. »Wie sehr doch ein Amt, und sei es noch so gering, einen Menschen verändert«, kommentierte er. Und auf sich selbst bezogen: »Wie leicht wäre es mir doch gewesen, ja wie leicht wäre es mir gewesen, wie diese Kollegen den Weg in Richtung Hierarchie einzuschlagen. Aber wie froh bin ich, dass ich der Theologie treu geblieben und meinen Weg eigenständig weitergegangen bin.« Vor Kameras malte der Schweizer das gewohnte Bild: er als Wilhelm Tell und verfolgter Reformator, Ratzinger als »Großinquisitor« und unbelehrbarer »Panzerkardinal«.

Küngs unablässig wiederholte Anklage klang in der Tat, als habe man es mit einem Diktator zu tun. »Entweder muss jemand da was unterschreiben, so einen Quatsch von Erbsünde oder Schutzengeln oder was auch immer, oder er verliert sein Lehramt«, erläuterte der Schweizer in einem Gespräch für einen Beitrag im *Magazin der Süddeutschen Zeitung*. »Es funktioniert wie bei der Stasi, das System ist genau gleich. Er erhält zum Beispiel alle wichtigen Dinge aus der Tübinger Lokalzeitung. Die Opfer sind ungezählte. Die ganze jüngere Generation der

Theologen in Deutschland muss Angst haben. Das ist dieses Regime, das wirklich totalitär ist. Und das ist Inquisition, auch wenn die Leute nur noch psychologisch verbrannt werden.« Über den Chef der Behörde urteilte er knapp: »Er ist ein Überzeugungstäter geworden. Selbst Bischöfe, die vorher noch vernünftige Ansichten hatten, wie jetzt der Karl Lehmann, jetzt müssen sie alles nachbeten, jeden Stumpfsinn.«[27]

Der Theologe Siegfried Wiedenhofer hingegen war überzeugt, »dass der ›Inquisitor‹ ein Wunschdenken ist, das seine Gegner auf ihn projizierten«. In Wahrheit sei da eher ein Diener gewesen. Alles Rigide aus seiner Zeit als Präfekt sei »aus der Verantwortung des Amtes und der Sorge um die Kirche« gekommen.[28] Im Gegensatz zu seinen Kritikern habe Ratzinger auch nie über andere Personen hergezogen. Karl Lehmann bezeugte, »der als Buhmann und Scharfmacher abqualifizierte Chef der Glaubenskongregation« habe »in nicht wenigen Fällen wohl auch die Redefreiheit von Theologen geschützt, restriktive Maßnahmen verhindert und einen Interessenausgleich ermöglicht«[29]. »Gegen Dummes war er unduldsam. Dann schwieg er eisig, wenn er es schon anhören musste«, wusste der Vatikankorrespondent der *Frankfurter Allgemeinen Zeitung* Heinz-Joachim Fischer. Letztlich aber seien sich alle Theologen in Rom einig gewesen: »Seit Martin Luther hat kein Deutscher Gestalt und Gehalt der katholischen Kirche so stark geprägt wie Joseph Ratzinger.«[30]

Nicht nur Theologen in Rom kamen zu dieser Einschätzung. Der Münchner Fundamentaltheologe und Religionsphilosoph Eugen Biser, der Nachfolger Karl Rahners auf dem Romano-Guardini-Lehrstuhl, betonte, Ratzinger habe geschafft, »was niemand für möglich hielt: nämlich die Wiederentdeckung der Kirche«. Gelungen sei ihm dies, »weil er das Phänomen Kirche und Christentum konsequent auf die Gestalt Jesu zurückbezogen hat«. Im Gegensatz zu anderen Theologen, »die Stein für Stein aus dem alten Bauwerk verworfen haben, weil er nicht in ihr neues Gebäude passte«, bleibe Ratzinger »treu am Ursprung«. Er habe insbesondere »durch Verlebendigung der Strukturen im Sinne des vom Zweiten Vatikanum geforderten Dialogprinzips, das er durchgesetzt hat«, ein starkes Zeichen gegeben. Zweifellos müsse der Präfekt »manchmal ein Machtwort sprechen. Nach meinem Gefühl aber ist das mehr eine Dienstleistung an seinem übernommenen Amt«[31].

Die Persönlichkeit Ratzingers charakterisierte Biser mit den Worten: »Umsichtig und gebildet. Kritikfähigkeit und Scharfsinn verbinden sich mit Einfühlungsvermögen und Einsichtnahme in die Denkweise anderer.« Der Präfekt sei »eine die anderen Kurialen weit überragende Persönlichkeit, ich kenne keinen, der ihn an Qualität überragt«. Das sei im Übrigen auch deshalb so, »weil er sich nie mit seinem Amt ganz zu identifizieren gesucht hat, sondern immer er selbst zu bleiben versucht. Ich halte das für menschlich groß, denn ich fürchte nichts mehr als die, die sich mit ihrem Amt identifizieren«. Biser selbst galt als ein Theologe liberaler Fasson und durchaus kritischer Geist. Zusammenfassend hielt er fest: »Ratzinger ist im Grunde ein sehr moderner Mensch und partizipiert an der Existenznot des heutigen Menschen. Bei der Endbilanz wird man sehen, dass er vieles verhindert und anderes gemildert hat. Und er mehr, als wir ahnen können, von seinem Lebensgefühl und Lebensglück seinem Amt zum Opfer gebracht hat.«[32]

Es war freilich nicht so, dass der Präfekt von allen Fans und Freunden verlassen gewesen wäre. Zu Weihnachten erhielt er jeweils etwa 1700 Grußkarten und Briefe aus aller Herren Länder, für die er sich, soweit er nicht persönlich antworten konnte, zumindest mit einer kleinen Bemerkung und eigenhändiger Unterschrift bedankte. Im Mai 1987 konnte er sich über unzählige Glückwünsche zu seinem 60. Geburtstag freuen. Die »Zeichen der Freundschaft und der Zuwendung« hätten ein Ausmaß erreicht, »das alle meine Erwartungen überstieg«, notierte er in seinem Dankesschreiben. »Freunde und Weggefährten aus allen Stationen meines Lebens, Bekannte und auch Unbekannte haben sich meiner erinnert.« Er sei »mit Worten und mit Zeichen der Güte reich beschenkt worden, deren ganz persönlicher Charakter und deren Herzlichkeit mich tief bewegt haben und bewegen«.[33]

Die einfachen Gläubigen, notierte der amerikanische Theologe William May, hätten ohnehin einen sechsten Sinn dafür, ob jemand die Wahrheit spreche oder nicht. Deshalb sei der Erfolg Ratzingers im »katholischen Volk« so groß – im Unterschied zu den Rezensionen in Rundfunk und Zeitschriften. Der österreichische Theologe Christoph Schönborn, späterer Kardinal und Erzbischof von Wien, war sich bereits sicher: »Wir kehren zurück zu den großen Bischofsgestalten, wie sie in der Geschichte der Kirche selbstverständlich waren.« Ratzinger gebe »dem Lehramt der Kirche seine Glaubwürdigkeit zurück«[34].

Treu geblieben waren ihm vor allem seine bayerischen Landsleute. Zu seinem Jubiläum reiste unter der Leitung von Ministerpräsident Franz Josef Strauß eine Delegation mit 450 Trachtlern, Kompanien von

Gebirgsschützen und mehreren Musikkapellen nach Rom, um dem »größten Sohn Bayerns« (so später Ministerpräsident Edmund Stoiber) die Ehre zu erweisen. Als Geschenk überreichte man ein Hirtenhorn, damit der Landsmann auch weiterhin mit dem Papst »im Duett« blasen könne. Als Zuschauer zeigte sich Johannes Paul II. amüsiert und summte demonstrativ die Bayernhymne mit. Die mitgebrachten Böller allerdings kamen nicht zum Einsatz. Die Schützen verzichteten freiwillig darauf, als sie mitbekamen, dass die Römer an diesem Tag die Befreiung ihrer Stadt von der deutschen Wehrmacht feierten.

Kapitel 54

Der Zusammenbruch

Der Aufstieg Michail Gorbatschows zum starken Mann im Kreml veränderte nicht nur die politischen Beziehungen zwischen Ost und West, sondern auch das Verhältnis der katholischen Kirche zu den Staaten des sowjetischen Machtbereichs. Teils mit fast grotesken Zügen. Etwa als am 20. Februar 1988 der Chor der Roten Armee im Vatikan vor dem Papst ein *Ave Maria* schmetterte.

Als im gleichen Jahr im Juni auf Veranlassung Gorbatschows die 1000-Jahr-Feier der Christianisierung Russlands und der Ukraine begangen wurde, entsandte der Heilige Stuhl eine von Kardinalstaatssekretär Casaroli angeführte hochrangige Vertretung. Eine weitere Gruppe, die »Delegation des katholischen Episkopats«, bestand aus den Kardinal-Erzbischöfen von Wien, Hanoi, Mailand, Warschau, München und New York und einigen Bischöfen aus Lettland und Ungarn sowie den Vorsitzenden der Räte der lateinamerikanischen wie der afrikanischen Bischöfe. Casaroli sprach am 10. Juni im Moskauer Bolschoitheater über Aspekte der Religionsfreiheit und der Menschenrechte. Danach sollte er persönlich einen vertraulichen Brief des Papstes an Gorbatschow überreichen.

Casaroli befand sich in einem Konflikt. Einem Dresscode-Konflikt. Was ziehe ich an? Sollte er seine Kardinalssoutane und das Brustkreuz tragen? Oder besser einen normalen schwarzen Anzug mit Hemd und Priesterkragen? »Eminenz«, bedrängte ihn Joaquín Navarro-Valls, der Sprecher des Vatikans, »dieses Foto wird auf der ganzen Welt auf den Titelseiten der Zeitungen erscheinen!« Casaroli setzte sich an dem heißen Junivormittag in einem dicken Mantel ins Auto, damit man seine rote Soutane und das Brustkreuz nicht sehen konnte, bevor er im Kreml angekommen war. Vor Ort konnte ihn Gorbatschow beruhigen. Es gäbe keinen Grund für Vorsichtsmaßnahmen. Sein Außenminister Edward Schewardnadse und er selbst seien als Kinder heimlich getauft worden. Außerdem habe sich in seinem Elternhaus neben einem Leninporträt versteckt immer ein Heiligenbild befunden.[1]

Die Nachricht des Papstes mit Datum 7. Juni 1988 war auf privatem Briefpapier geschrieben und begann mit »Seiner Exzellenz, Herrn Michail Gorbatschow«. Der Generalsekretär der KPdSU öffnete umgehend den Umschlag. »Die katholische Kirche blickt mit großer Achtung und Zuneigung auf das großartige geistliche Erbe der ostslawischen Völker«, las er. Man beobachte die Friedensinitiativen und die »vielversprechenden Entwicklungen, zu denen es in den vergangenen Monaten durch die Begegnungen und Vereinbarungen zwischen der Sowjetunion und den Vereinigten Staaten von Amerika – vor allem im Hinblick auf die Abrüstung – gekommen« sei. Mit großem Interesse habe man verfolgt, »was Sie über die Verbindung des Lebens der religiösen Gemeinschaft mit der Zivilgesellschaft«, sowie »über das Recht der Gläubigen auf freien Ausdruck ihrer religiösen Überzeugungen und über ihren Beitrag zur Gesellschaft« erklärt hatten. Abschließend hieß es: »Herr Generalsekretär, nehmen Sie bitte den Ausdruck meiner Hochachtung entgegen!«[2]

Zwischen dem Heiligen Stuhl und der Sowjetunion gab es bis dahin keine offiziellen Kontakte. Im Übrigen hatten auch die Vereinigten Staaten wegen des Widerstands protestantischer Kirchen erst im Januar 1984 offizielle diplomatische Beziehungen mit dem Vatikanstaat aufgenommen. Auf das historische Schreiben des Papstes antwortete Gorbatschow 14 Monate später mit einem auf Russisch geschriebenen Brief: »Die Stunde einer neuen Integrität der Welt ist gekommen. Für uns bedeutet das eine neue Einstellung gegenüber der Religion und der Kirche, gegenüber der ökumenischen Bewegung, gegenüber der Rolle, die die großen Weltreligionen spielen.« Dann lobte er »die Einstellung und die persönlichen Aktivitäten« des Papstes und den »positiven Beitrag des Vatikanstaats zum internationalen Leben«, den er »im Bereich der ethischen Gewissenserforschung« für besonders wichtig halte, um »die internationale Situation zu heilen«[3].

Noch 1985 hatte Gorbatschow die »Richtigkeit der großen leninschen Lehre« gerühmt, »die durch das ganze Leben und den gesamten Verlauf der Geschichte bekräftigt«[4] werde. Vier Jahre später schwor er bei seiner symbolträchtigen Visite im Vatikan dem marxistischen Dogma von der Religion als »Opium des Volkes« ab und würdigte stattdessen deren »wertvollen Beitrag zum Aufbau der Gesellschaft«. Am 6. Oktober 1989, dem 40. Jahrestag der Gründung der DDR, fand Gorbatschow in Ostberlin als Ehrengast eine Metapher, die bald zu einem vielverwendeten Ausdruck werden sollte: »Wer zu spät kommt, den bestraft das Leben.« (Seinen berühmtesten Satz hat Gorbatschow zwar so nie gesagt. Als er Erich Honecker davor warnte, sich einer Erneuerung der DDR zu widersetzen, meinte er hingegen: »Ich glaube, Gefahren warten nur auf jene, die nicht auf das Leben reagieren.« Zum griffigen »Wer zu spät kommt, den bestraft das Leben« geglättet, passte das Zitat allerdings besser zum Image Gorbatschows.)[5]. Einen Monat später ist die Öffnung der Mauer zwischen Ost- und Westberlin sichtbarster Ausdruck dafür, dass eine neue Ära begonnen hatte, eine Epochenwende, die deutlich machte, dass die Zeiger der Welt einer eigenen Dynamik folgen. Zehntausende von Ostberlinern strömten in der Nacht vom 9. zum 10. November jubelnd in den Westteil der Stadt, wo sie begeistert empfangen wurden.

In den Jahren der historischen Wende 1989/90 stürzten die Staaten des kommunistischen Ostblocks wie Dominosteine. Der Eiserne Vorhang war gefallen, der Kalte Krieg, der den Kontinent geteilt hatte, gehörte der Vergangenheit an. Der Kommunismus hatte sich als eine Utopie erwiesen, die statt der Gesellschaft der Freien und Gleichen ein mörderisches System der Angst, des Terrors, der Lüge und der Willkür hervorbrachte, dem Abermillionen von Menschen zum Opfer fielen. Ohne die wagemutigen, für Freiheit und Demokratie kämpfenden Menschen wäre 1989 nicht zu einem historischen Fanal geworden. Auch nicht ohne die handelnden Politiker, die die Zeichen der Zeit erkannt hatten. Und nicht ohne jenen Johannes Paul II., der ähnlich wie Gorbatschow auch als Person für den historischen Umbruch stand.

Unter Papst Paul VI. galt noch die Doktrin, die kommunistischen Machthaber möglichst wenig zu verärgern, um die Situation der Gläubigen nicht noch schlechter werden zu lassen. Wojtyla hatte die Außenpolitik des Heiligen Stuhls radikal verändert. Schon seine ersten Worte als neuer Nachfolger Petri hatten die Menschen im Osten aufhorchen lassen: »Habt keine Angst«, rief er aus, »öffnet, ja reißt die Tore weit auf für Christus!« Und weiter: »Öffnet die Grenzen der Staaten, die wirtschaftlichen und politischen Systeme für seine rettende Macht.« Noch beruhigten sich die Mitglieder in den roten Politbüros, die Gewohnheiten des Amtes würden schon noch eine mäßigende Wirkung auf den Priester aus Wadowice ausüben. Doch Wojtylas Kirche »sollte keine Kirche des Schweigens sein«, wie der italienische Historiker Andrea Riccardi befand, »sondern eine Kirche des ausdauernden religiösen Widerstands«: »Wojtyla glaubte an die Kraft der Völker, auch wenn sie erniedrigt und unterdrückt wurden. Und er war sich sicher, dass das System hinter dem Eisernen Vorhang nicht auf ewig Bestand haben würde.«[6]

Der Osteuropa- und Ostkirchen-Historiker Gerd Stricker sah es ähnlich: Wojtylas Besuch in seiner Heimat »war die Initialzündung zum Entstehen der Solidarność, die das kommunistische Regime in Polen destabilisiert und auf lange Sicht seinen Zusammenbruch herbeigeführt hat. Dies wiederum hat eine Kettenreaktion ausgelöst, die schließlich das Sowjetimperium zum Einsturz brachte«[7].

Auch Michail Gorbatschow war der Überzeugung, »all das, was in Osteuropa in diesen letzten Jahren geschehen ist, wäre nicht möglich gewesen ohne die Präsenz dieses Papstes, ohne die große Rolle, die er auch in politischer Hinsicht auf der Weltbühne zu spielen wusste«[8]. Hans-Dietrich Genscher wies darauf hin, dass Karol Wojtyla »sehr viel klarer als die meisten, die sich an der Globalisierungsdiskussion beteiligten, die geistige Dimension dieser Revolution erkannt« hatte. Er habe »in seinem Amt eine Wirkung entfaltet, die weit über die katholische Kirche hinausgeht«, schrieb der frühere deutsche Außenminister. Rückblickend könne man festhalten, »dass die durch den Papst gestärkte und durch seine verantwortungsvolle und klare Haltung auch geschützte Solidarność-Bewegung von großer Wirkung auf den gesamten sowjetischen Herrschaftsbereich war«[9]. Lech Walesa bestätigte: »Ohne die Unterstützung des Heiligen Vaters wäre Solidarność zerschlagen worden. Ohne ihn gäbe es kein Ende des Kommunismus oder zumindest erst sehr viel später, und das Ende wäre blutig gewesen.«[10]

In ihrer Übereinstimmung in der Ostpolitik war das Band zwischen Johannes Paul II. und seinem Glaubenshüter noch enger geworden. Der Zusammenbruch des Kommunismus in Osteuropa bestätigte die beiden Kirchenführer auch in ihrer Haltung gegenüber den marxistisch orientierten Befreiungstheologen, die ihre finanzielle Unterstützung verloren, seit Gorbatschow die Subventionen für Kuba zurückfuhr. In einem Interview hatte Ratzinger im Mai 1988 erklärt, mit den Veränderungen in der Sowjetunion werde, »vielleicht ungewollt, eine Dynamik ausgelöst, die sehr weit reicht«. Es gäbe »ein starkes inneres Warten auf eine umfassende Neuorientierung«. Man könne es so sagen: »Wie bei uns im Westen die Menschen der Religion, des Glaubens müde geworden sind, so sind sie dort in der dritten Generation des Atheismus müde geworden.«[11]

Mag der Anteil Wojtylas an der Befreiung Osteuropas vom Joch des Kommunismus noch so groß gewesen sein, für westliche Leitmedien verkörperte der Pole den Rückfall in eine vorkonziliare, reaktionäre Vergangenheit des Katholizismus. Diese Einstellung reichte tief auch in katholische Kernschichten hinein. »Im Grunde wollen die katholischen Reformer eine Kirche, die im Ganzen weltlicher ist«, befand der Historiker Franz Walter, »die – ein wenig maliziös zugespitzt – sich den wechselnden Bedürfnissen des mittleren Bürgertums im mittleren Europa anpasst, eine Kirche, die pflegeleicht, unanstrengend, leicht lebbar ist.« Was einigermaßen verwundern müsse, denn »die Stärke des Katholizismus in der modernen Gesellschaft ist es gewesen, dass er den säkularen Trends, Wechselfällen und Irrläufern etwas Eigenes, Beharrendes entgegensetzen konnte«.[12]

Dass sich der antirömische Komplex nicht verringert hatte, zeigte im Jahr der Wende 1989 die sogenannte Kölner Erklärung, in der 14 deutsche Theologieprofessoren unter dem Titel *Wider die Entmündigung – für eine offene Katholizität* Kritik am Führungsstil des Papstes formulierten. Weitere 163 Fachkollegen aus Deutschland, Österreich, der Schweiz und den Niederlanden schlossen sich der Protestnote an. Der Streitpunkt, der die Spaltung in Ratzingers Heimat wie kaum zuvor zum Ausdruck brachte, war die Auseinandersetzung um die Schwangerenberatung.

Inzwischen war mit Karl Lehmann der Vertreter eines Flügels zum Vorsitzenden des deutschen Episkopats aufgestiegen, der unter dem Begriff »Lehmann-Kirche« und der Forderung nach »Spielräumen für Experimente« bald zum Synonym für das Arrangement zwischen Kirche und Zeitgeist wurde. Die Neuregelung des Abtreibungsparagrafen ermöglichte die straffreie Abtreibung innerhalb der ersten zwölf Schwangerschaftswochen. Voraussetzung sollte der Nachweis eines Beratungsgespräches mit einer hierfür zugelassenen Einrichtung sein, wie sie auch die katholische Kirche anbot. Lehmann hatte sich den Kompromiss gemeinsam mit Kanzler Helmut Kohl »ausgedacht«, so Volker Resing, Chefredakteur der *Herder-Korrespondenz*. Die Argumentation: Durch die kirchlichen Beratungsstellen könne man den Frauen nicht nur in ihrer Notsituation helfen, sondern im Zweifelsfall auch eine Abtreibung verhindern. Der Papst indes betonte, eine Erlaubnis-Bescheinigung zur Abtreibung verdunkle das Zeugnis der katholischen Kirche für den unbedingten Wert menschlichen Lebens. Ratzinger sekundierte, es ginge »um die Menschenwürde als solche, um das

Rechtbleiben des Rechts«. Denn: »Das Recht auf Leben ist die Voraussetzung aller anderen Rechte. Wer nicht lebt, kann keine Rechte mehr ausüben.«[13]

Vier Jahre lang währte der Streit, bis Wojtyla kategorisch den Ausstieg aus dem staatlichen Beratungssystem verfügte. Lehmann trug seine größte kirchenpolitische Niederlage mit Fassung und verteidigte dabei auch Ratzinger. Er habe in diesen Jahren, »wenn etwas primitive Kritik« am Präfekten der Glaubenskongregation geübt worden sei, immer dagegengehalten und geantwortet: »Mein Gott, bellen Sie nicht den Mond an. Man muss ja dann doch auch sein Werk kennen und wirklich alles ins Gespräch bringen.« Dass er sich Ratzinger habe fügen müssen, könne man so nicht sagen: »Das war nicht er, das war der Papst selbst. Das waren beide zusammen.« Er habe allerdings auch »die Erfahrung gemacht, dass ich mit Joseph Ratzinger, aber auch mit Johannes Paul II., über alles sehr oft reden konnte. Die Fairness, mit der ich angehört worden bin, die hat mich eigentlich ein Stück weit versöhnt. Ich war mir von Anfang an klar, dass wir nicht selbst entscheiden können. Und dass ich mich dann irgendwo mal fügen musste, das gehörte eben auch zum Amt eines katholischen Bischofs und Theologen.«[14]

In den Augen glaubenstreuer Katholiken, die in ihm den *fidei defensor*, den Verteidiger christlicher Grundwerte, sahen, hatte sich der Präfekt Respekt erworben. Seine Prinzipienfestigkeit und seine intellektuelle Brillanz beeindruckten aber auch der Kirche eher Fernstehende. Der Dramatiker und Büchner-Preisträger Botho Strauß etwa feierte Ratzinger als den »Nietzsche des ausgehenden 20. Jahrhunderts«[15]. Das amerikanische *Time Magazine* zählte ihn zu den 100 einflussreichsten Persönlichkeiten der Welt. In Paris wurde er am 6. November 1992 als Nachfolger des russischen Regimekritikers und Menschenrechtlers Andrej Sacharow in die *Académie française* aufgenommen (Abteilung »Moralische und Politische Wissenschaften«), eine Auszeichnung, die vor ihm nur ein einziger Kirchenmann erhalten hatte, Kardinal Richelieu. Sogar ein Karnevalsorden wurde ihm verliehen. Die 1893 gegründete Münchner Faschingsgesellschaft Narrhalla zeichnete den vermeintlichen »Großinquisitor« für seinen Humor aus. Die zu erwartende Kritik, ausgerechnet einem Glaubenswächter den Orden zu verleihen, konterte Ratzinger: »Mir kommt vor, das passt sogar ausgezeichnet. Denn bekanntlich ist es das Privileg der Narren, die Wahrheit sagen zu dürfen.« Nachdem es ihm schon »von Berufs wegen« zufalle,

»die Wahrheit sagen zu sollen«, sei er recht froh über diese Auszeichnung. Denn: »Wer die Wahrheit sagt und sich nicht auch ein wenig wie ein Clown dabei vorkommt, würde wohl allzu leicht selbstherrlich werden.«[16]

Dass Ratzinger sich nicht scheute, auch der Kirchen-Hierarchie die Leviten zu lesen, zeigte sich in einem Auftritt im September 1990 in Rimini. Beim jährlichen Treffen der Bewegung *Communione e liberazione* mit Zigtausenden von Teilnehmern habe der »wie ein Star gefeierte« Präfekt, berichtete die linksliberale Zeitung *La Repubblica*, seine schon vertrauten »Provokationen« fortgesetzt. Der Kardinal ironisierte dabei die Idee einer »Kirche der Betriebsamkeit«. Es gäbe immer mehr Gremien, Ämter, Events. »Irgendwie, so denkt man, müsse immer kirchlicher Betrieb sein, müsse irgendwie über Kirche geredet oder etwas an oder in ihr gemacht werden. Aber ein Spiegel, der nur sich selber zeigt, ist kein Spiegel mehr; ein Fenster, das nicht den Blick ins Weite freigibt, sondern sich dazwischen stellt, hat seinen Sinn verloren.« In seinem Appell für eine erneuerte Spiritualität forderte er »eine schonungslose Gewissenserforschung«, die »überall in der Kirche beginnen« müsse. Auch die römische Kurie dürfe davon nicht ausgeschlossen bleiben. Es könne sein, »dass jemand ununterbrochen kirchliche Vereinsaktivitäten ausübt und doch kein Christ ist«. Und umgekehrt sei möglich, »dass jemand nur einfach aus dem Wort und dem Sakrament lebt und die aus dem Glauben kommende Liebe übt, ohne je in kirchlichen Gremien erschienen zu sein, ohne je sich mit kirchenpolitischen Neuigkeiten beschäftigt, ohne Synoden angehört und darin abgestimmt zu haben – und dennoch ist er ein wahrer Christ.«[17]

An der Kurie ist der Präfekt geachtet, aber eben auch ein Solitär, der keine Spiele spielt. Ratzinger hat direkten Zugang zum Papst. Das macht ihn nahezu unverwundbar. Gleichzeitig jedoch ist seine Distanz zum Apparat nicht dazu geeignet, sich Freunde zu schaffen. Dass er nicht ins Rampenlicht drängt, dämpft zwar den Neid und die Eifersucht der anderen ein wenig, gerade auch von machtbewussten Kirchenfürsten wie Angelo Sodano. »Aber die Überlegenheit war einfach handgreiflich«, beobachtete ein Insider, »und das ist auf die Dauer, wenn man als im Grunde Gleichrangiger mit einem intellektuell wie theologisch so souveränen Mann wie Ratzinger leben muss, nicht ganz einfach.« Zu seiner Sonderstellung gehört, dass er weder Netzwerke knüpft noch von solchen zu beeindrucken ist. Politik zu machen ist ihm zuwider, insbesondere Personalpolitik, wie es vor allem die Italiener am

Hof betreiben, die ihre Leute gnadenlos in Ämter hievten, und für Intrigen ist Ratzinger so wenig zu haben wie für Besuchsdiplomatie. »Er hat sich aus den Seilschaften der Kurie völlig herausgehalten«, so der frühere Nuntius Karl-Josef Rauber. »Obwohl er 23 Jahre in Rom war, hatte ich den Eindruck, dass er die Kurie nicht besonders gut kannte.«[18]

Nach dem Weggang von Bruno Fink übernahm der von Fink empfohlene, 1947 geborene Josef Clemens die Aufgabe des Privatsekretärs. Der aus dem Erzbistum Paderborn stammende Priester und Moraltheologe sollte 19 Jahre lang mit großer Souveränität die Flanken des Präfekten abschirmen und seinem Chef in großer Hingabe dienen, wozu immer auch fröhliche Ausflüge mit seinem VW-Golf gehörten. In seiner Kongregation pflegt Ratzinger ein vertrauliches Verhältnis zu seinem ersten Mitarbeiter, dem Salesianer Tarcisio Bertone, der ihm die Verwaltungsaufgaben abnimmt. Außerhalb der eigenen Behörde zählen lediglich Bernardin Gantin aus Benin, der erste farbige Kurienkardinal (Präfekt der Bischofskongregation und Präsident der Päpstlichen Kommission für Lateinamerika), sowie der Slowake Jozef Tomko (der Kardinalpräfekt der Kongregation für die Evangelisierung der Völker) zu seinem engeren Kreis. Sein *social life* beschränkt sich auf Festlichkeiten, wenn er an seinem Namenstag einige Würdenträger aus dem Kardinalskollegium ins Hotel Columbus zu einem bescheidenen Umtrunk bittet. Einladungen nimmt er so gut wie nie an. »Also abends irgendein Empfang, das war mit wenigen Ausnahmen nicht das Seine«, berichtete ein Mitarbeiter: »Ich glaube, dass er a) das als Zeitverlust ansah und es b) überhaupt nicht in seinem Wesen lag. Und dann war er natürlich ein Mann, der die Zeit, die er hatte, auch für seine persönliche theologische Arbeit nutzte.«[19]

In diesen Jahren bleibt der Kardinal häufig allein, verbringt die Wochenenden für sich. Sonntagnachmittags spaziert er durch das St.-Anna-Tor hoch zu den Vatikanischen Gärten, um in aller Stille seine Runden zu drehen. Regelmäßig fährt er in sein Haus in Pentling; nach Pfingsten für jeweils zwei Wochen, im Sommer zumeist für fünf. Die Tage zwischen Weihnachten und Neujahr verbringt er mit seinem Bruder im Seminargebäude in Traunstein, »traditionsgemäß«, wie er auf der Weihnachtskarte für Esther Betz notiert. Ein anderes Mal erfährt die Freundin: »Wie es schon Tradition geworden ist, habe ich mich für eine Woche vor Pfingsten zu ein paar besinnlichen Tagen zunächst in die Abtei Scheyern und dann ins vertraute Pentlinger ›Häusle‹ zurückgezogen.«[20] Die tägliche Messe feiert er im Paulusheim in der Regensburger Innenstadt, zumeist mit Pater Martin Bialas, einem seiner früheren Studenten. Wenn sie danach gemeinsam frühstücken, verbittet er sich, über Geistliches oder Kirchliches zu reden. Lieber will er eine Unterhaltung über Dinge, die im Alltag der Menschen passieren.

Einem Drei-Jahres-Turnus folgt seine Urlaubsplanung, wobei er mit seinem Bruder fast ausschließlich in Priesterseminaren, Klöstern und Pfarrhäusern Logis nimmt. Das eine Jahr geht es nach Brixen in Südtirol, im Folgejahr nach Bad Hofgastein in Österreich, im dritten Jahr dann jeweils an wechselnde Orte; etwa zum Längsee in Kärnten, nach Linz zu den Musiker-Brüdern Josef und Hermann Kronsteiner oder ins Kloster der Armen Franziskanerinnen nach Mallersdorf in Niederbayern. Auch im Urlaub gehört der Vormittag intensiver Arbeit, nachmittags folgt eine ausgiebige Wanderung. Bei Besuchen im oberbayerischen Adelholzen geben Joseph und Georg als Gäste der Barmherzigen Schwestern in der Villa Auli auch schon mal gemeinsam ein Klavierkonzert, zumeist mit Stücken von Mozart.

Zu Hause an der Piazza della Città Leonina gehört es zur festen Gepflogenheit, jeden Morgen um 7 Uhr mit seiner Schwester die heilige Messe zu feiern. Maria ist quasi Mesnerin, die dem Priester in die Gewänder hilft, Ministrantin und »Volk« zugleich. Der Kardinal sucht vor dem Gottesdienst die Lieder aus und schreibt die entsprechenden Nummern in der richtigen Reihenfolge auf einen Zettel. An Sonn- und Feiertagen gibt es eine »Prozession«. Man stellt sich vor der Küche im Flur auf zum feierlichen Einzug in die Hauskapelle. »Ein kirchliches Fest wurde gefeiert wie in einem Dom, soweit man das zu zweit oder dritt und in einer Wohnung tun kann«, berichtete Christine Felder von der katholischen Gemeinschaft *Familia Spiritualis Opus*. Arbeit ist am Sonntag tabu. Am Abend vertieft man sich in ein Buch. »Mal hat er ihr vorgelesen, mal sie ihm«, so Felder, »das war für sie ein heiliger Moment.«[21]

Für Maria Ratzinger, die alle nur »Fräulein Maria« nennen, ist Rom kein Gefängnis, aber auch keine Stadt, in der sie sich hätte wohlfühlen können. Persönliche Freundschaften beschränken sich auf »Fräulein Mayer«, die Schwester von Kardinal Augustin Mayer im selben Haus. »Joseph braucht mich«, sagt sie jetzt. Es ist der stehende Ausdruck in ihrem Opferleben, das zum Lebensinhalt wurde. Man hätte Maria »für ein Dienstmädchen halten können«, kommentierte der Kölner Weihbischof Klaus Dick. Aber sie ist alles andere als das Heimchen am Herd. Mit großer Verlässlichkeit erledigt sie die Korrespondenz ihres Bruders, sorgt sich, dass er Schal und Mütze nicht vergisst. Andererseits sei sie »wie ein Schatten« gewesen, immer zwei Schritte hinter ihrem Bruder, fast unsichtbar, so Dick, wobei es »für Maria grundsätzlich nicht leicht war, die Schwester eines Kardinals zu sein, weil sie das immer wieder in eine gewisse Öffentlichkeit brachte, und das wollte sie absolut nicht«[22].

In der Lebensgemeinschaft mit seiner Schwester ist die gemeinsame Wohnung einerseits ein Gewebe aus rituellen Handlungsabläufen, andererseits eine Gelehrtenstube, in der selbst das Esszimmer halb mit Literatur vollgestellt ist. »Seine Freunde sind die Bücher. Und wenn es kein Buch ist, dann ist es eine große Gestalt aus der Kirchengeschichte«, sagt Sekretär Gänswein. »Für ihn ist der literarische oder der intellektuelle Kontakt über das Medium Buch genauso erfüllend, genauso präsent, genauso wichtig wie der Kontakt mit lebenden Menschen, die einem nahestehen.«[23]

Christine Felder hatte den Präfekten über die »Kardinal-Newman-Stiftung« kennengelernt und sich 1988 bereit erklärt, seine Schwester zweimal in der Woche im Haushalt zu unterstützen. Sie bewunderte Ratzinger dafür, »sich die Fähigkeit erhalten zu haben, sich über kleinste Dinge zu freuen«. Gleichzeitig auch für seine Disziplin, »die ihn trägt. Es gibt bei ihm immer die Stunde der Arbeit, aber auch die Stunde, sich zu erholen«. Etwa wenn sich der Kardinal auf das Sofa legte und eine Stunde lang eine CD mit klassischer Musik hörte. »Er konnte sich dann ganz darauf einlassen, weil es eben geplant war. In dieser Stunde konnte er völlig abschalten, da hatte er keine Sorgen.«

Das praktische Leben hingegen sei für den Gelehrten »eine riesige Herausforderung« gewesen: »Es musste immer alles genau geregelt sein, sonst hat es ihn verunsichert und er war geistig nicht frei.« Die Regelmäßigkeit habe ihn vor Überraschungen geschützt. »Er kennt Lebensängste, aber die bestehen dann zum Beispiel in der Angst, dass sein Koffer nicht ankommt.« So habe der Kardinal immer noch einen kleinen »Sicherheitskoffer« mit sich geführt, den er nicht aus der Hand gab. Ob auf dem Schreibtisch, in der Diele oder im Badezimmer, überall gab es eine feste Ordnung, in der die Dinge ihren angestammten Platz behielten. »Einmal meinte er aufgeregt zu mir: ›Schwester Christine, haben Sie hier die Bücher abgestaubt? Der Kafka steht auf dem Kopf.‹« Sie habe Ratzinger aber »nie zornig oder ungehalten« erlebt, allerdings könne er durchaus auch »streng und entschieden sein«, erfuhr die Ordensschwester: »Man hat gemerkt, jetzt ist der Punkt da, da hat man dann nichts mehr gesagt. Man spürte eine innere Autorität. Er musste das gar nicht verbalisieren. Es war eine Tonart und eine Entschiedenheit, die alles klarmachte.« Bei seinem Chef, berichtete auch Josef Clemens, sein langjähriger Privatsekretär in der Glaubenskongregation, sei es stets darauf angekommen, »wie Sie etwas sagen. Da brauchte man eine bestimmte Technik. Zum Beispiel hatte ich eine Redewendung entwickelt: ›Heute werden Sie etwas hören, was Sie nicht gerne hören wollen.‹ – Dann er: ›Was ist denn schon wieder los?‹ – ›Herr Kardinal, sind Sie heute stark oder schwach?‹ – ›Mittel‹ – ›Ich muss Ihnen das aber jetzt doch sagen …‹«

Als Kritiker seiner Zunft hatte Ratzinger kräftig ausgeteilt, nun muss er einstecken. Bislang gehörten die Bücher des Theologen zu den Top-Sellern in der Sparte Kirche und Politik, mehr und mehr aber wandern seine Publikationen in den Buchhandlungen auf einen unattraktiven Eckplatz (während die Erzeugnisse von Küng und Drewermann ganze Regalmeter einnehmen). An katholischen theologischen Hochschulen in Deutschland werden Studenten gemaßregelt, die nicht auf Linie sind. »Meine gesamte Studienzeit musste ich mir Ausfälle gegen Ratzinger von der übelsten und gemeinsten Sorte anhören«, so die ehemalige Theologiestudentin Petra Haslbeck, »weil diese Herren und Damen ihm intellektuell nicht gewachsen waren.«[24] Wer in Deutschland eine Doktorarbeit oder Habilitation über Joseph Ratzinger oder Johannes Paul II. schrieb, hätte kaum eine Chance gehabt, »einen Lehrstuhl zu bekommen«, erinnerte sich der spätere Glaubenspräfekt Gerhard Müller an seine Studienzeit, »solche Leute wurden nicht einmal zum ›Vorsingen‹ eingeladen, auch wenn sie ihren Konkurrenten haushoch überlegen waren.«[25]

Auch Hohn gibt es. Eugen Drewermann versteigt sich 1992, auf dem Gipfel der eigenen Popularität, zu der Einschätzung: »Ich sehe niemanden, der durch Ratzingers Gedanken entscheidend angeregt worden wäre.«[26] Der Regensburger Philosophie-Professor Ulrich Hommes bekommt eine Abfuhr, als er seinen früheren Kollegen in der Katholischen Akademie in München für den Guardini-Preis vorschlägt. Direktor Franz Henrich sagt ihm ins Gesicht, so Hommes, »das Ansehen der Akademie würde leiden, wenn man diesen Panzerkardinal auszeichnen würde«[27].

Ratzinger beklagt sich nicht. »Ich glaube, dass er das als Preis des Amtes angenommen hat«, so Sekretär Gänswein, »und dass dieser

Preis klaglos zu zahlen ist.«[28] Er verwundert sich allerdings: »Manche wünschen sich sogar so etwas wie den ›Blutorden‹ der Verfolgtheit«, staunt der Präfekt über das Anrennen seiner Kritiker, »es gibt Professoren, die unzufrieden sind, weil sie noch nicht getadelt wurden, und die gerne das Prestige des von Rom Verfolgten genießen würden.«[29] Selbst die Demütigung, als der rot-grüne Rat seiner Bischofsstadt München den Antrag ablehnte, ihn zum Ehrenbürger zu ernennen, ertrug er in stiller Gelassenheit. Damals war sofort Marktl am Inn in die Bresche gesprungen. Und der Kardinal fühlte sich bei der Verleihung der Ehrenbürgerschaft in seinem Geburtsort sichtlich wohl bei seinen Leuten, dem einfachen Volk, deren Frömmigkeit er mehr zutraute als der Gelehrtheit vieler Kollegen. »Soweit wir heil durch die Krise der letzten Jahrzehnte gekommen sind«, sagte er, sei dies »ein Verdienst nicht der Theologieprofessoren, sondern jenes einfachen Volkes, das die Kirche im Dorf lässt.«

Er hatte dieses Amt nie gewollt. Manchmal dachte er zurück an die Zeit als Student, als er etwa in Aloys Wenzls *Philosophie der Freiheit* einstieg. An die unbeschwerten Anfänge in Bonn, mit den begeisterten jungen Leuten, die dank seines frischen Tons einen neuen Zugang zu den Dogmen der Kirche gefunden hatten. In Rom gestand er seinem ersten Sekretär Fink, während sie in seiner Wohnung Bücher ins Regal räumten, er wolle als Präfekt allerhöchstens zwei Fünfjahresperioden ableisten. Danach würde er den Heiligen Vater bitten, ihn in den Ruhestand zu entlassen. Er müsse noch wichtige Werke schreiben: »Nach zehn Jahren geht es dann nach Pentling, und das wird dann mein letzter Umzug.«[30]

Es sind nicht nur die Angriffe *auf* die Kirche, sondern vor allem auch die Übel *in* der Kirche, die an seinen Kräften zehren. Noch ist das Ausmaß der Missbrauchsfälle nicht bekannt, aber schon der Schmutz, den er als Chef der Glaubenskongregation auf den Schreibtisch bekommt, auch die Fälle von liturgischem Missbrauch, ist Belastung genug. »Es tut mir innerlich weh, wenn ich denke, so wird mit unserem Herrn umgegangen«, sagt er.[31] Er weiß auch um die Gefahr, die sein Amt in sich birgt: »Wenn man das Leben im Ganzen für feindselig hält, sich wesentlich in die Rolle des Anklägers steigert, dann wird man mit dem, was man beklagt, immer mehr identisch. Nur wenn man den Willen zum Positiven in sich trägt, kann auch das Leben gelingen.«[32]

Der Schweizer Kardinal Kurt Koch ist überzeugt, als Präfekt habe sich Ratzinger »sehr schwer getan mit den Verurteilungen, das ging ganz gegen sein Naturell«[33]. In einer Predigt verwies der Kardinal einmal – als befände er sich mit ihm in einer Schicksalsgemeinschaft – auf den Propheten Jeremias, der leidenschaftlich aufbegehrte, um sein Amt endlich loszuwerden. »Er möchte am liebsten das Wort abschütteln«, kommentierte Ratzinger, »das ihn zum Einsamen, zum Narren gemacht hat, zu einem Gezeichneten, mit dem niemand zu tun haben will. Aber er muss die Last des Wortes tragen.«[34] »Für mich war der Preis der, dass ich nicht ganz das tun konnte, was ich mir vorgestellt hatte«, sagt er an anderer Stelle, »ich musste eben in das Kleine und Vielfältige der faktischen Konflikte und Ereignisse heruntersteigen.«[35]

Dass er seine physischen Kräfte als nicht besonders groß einschätzte, hatte er schon bei seiner Berufung zum Bischof von München zu Protokoll gegeben. Seine Studenten erinnerten sich daran, dass ihr Professor nach Reisen tagelang erschöpft war. Tatsächlich wurde bei einer Untersuchung ein Herzfehler diagnostiziert, wie Bruder Georg berichtete.[36] »Er ist von Haus aus eigentlich keine Kämpfernatur«, erläuterte Georg. »Härte muss er sich abringen. Wenn allerdings der Kampf gefordert ist, dann weicht er nicht aus, sondern steht seinen Mann, von seinem Gewissen her.«[37] Aber das Amt forderte seinen Tribut, und so stark die Schale des Kardinals nach außen schien, so weich blieb der innere Kern. »Er verbrauchte enorme Kraft durch dieses Gegenstemmen«, beobachtete Siegfried Wiedenhofer, »er nahm die Sache persönlich. Es ging ran an ihn.«[38] Der Münchner Theologe Eugen Biser befürchtete gar, dass bei Ratzinger, »die Differenz zwischen Amt und Person etwas sehr Leidvolles, Leben Zerstörendes ist«[39].

Mit letzter Kraft konnte der Präfekt die Arbeit an dem 1986 vom Papst in Auftrag gegebenen Weltkatechismus vorantreiben. Das Projekt war von Kritikern mit größter Skepsis aufgenommen worden. Es sei zum Scheitern verurteilt. Der US-amerikanische Theologieprofessor David Tracy meinte, »die bloßen Vorschläge, einen universalen Katechismus zu schaffen, sind eine Hybris«[40]. In gewisser Weise hatte er recht. Es war in der Tat ein monumentales Unterfangen. Bis zum Herbst 1990 hatten 16 römische Kongregationen, 28 Bischofskonferenzen, 23 aus insgesamt 295 Bischöfen bestehende Gruppen sowie 797 einzelne Bischöfe auf den von Ratzingers Kongregation verschickten Entwurf geantwortet. Zu den 24000 eingegangenen Stellungnahmen kamen die Vorschläge von 12 theologischen Instituten und 62 Experten, die ebenfalls um ein Gutachten gebeten wurden.

An dem Mammutwerk hatte Ratzinger nach Aussagen seines Sekretärs Josef Clemens keine einzige Zeile selbst geschrieben, als Vorsitzender der Katechismus-Kommission aber leitete er jahrelang die weltweite Koordinierung der Texte. Die letzte redaktionelle Überprüfung war so gut wie abgeschlossen, als der Präfekt im September 1991 bei einem Schülertreffen in Deutschland einen Schlaganfall erleidet. Die Gehirnblutung war zunächst kaum aufgefallen. »Es war sehr viel zu tun. Ich hatte keinen Augenblick frei«, berichtete Ratzinger, »ich hab immer schlecht geschlafen. Dann war auch noch eine Priesterweihe.« Jemand hatte den Kardinal schließlich darauf aufmerksam gemacht, dass er in seiner Predigt mehrere Sätze mehrmals gesagt hatte, was er selbst gar nicht bemerkt hatte. In Rom holt ihn Chauffeur Alfredo vom Flughafen ab. »Im Auto floss etwas aus dem Auge«, erzählte Ratzinger, »es war wirklich unheimlich. Zu Hause wusste ich nicht, ob ich nun im 3. oder 4. Stockwerk wohnte. Meine Schwester öffnete die Tür und sah, dass ich kreideweiß im Gesicht war. Sie gab mir noch etwas zu essen, dann schickte sie mich sofort ins Bett.«[41]

Für Maria ist die Gehirnblutung ein Alarmzeichen. »Ich habe gedacht, dass der Bruder Tod bei meinem Bruder einzieht«, meint sie zu Sr. Christine. Als eine der wenigen Personen in seinem Umfeld weiß sie, dass ihr Bruder seit 1946/47 fast permanent an Kopfschmerzen leidet. Manchmal so heftig, dass Arbeit nicht mehr möglich ist. Tabletten helfen nicht. Allenfalls eine Physiotherapie, der sich der Kardinal regelmäßig unterzieht. Die Gehirnblutung wirkte sich auf das linke Sehfeld aus. Zwei Wochen lang wird Ratzinger im römischen Krankenhaus »Pius XI.« behandelt, langsam gewinnt er danach das Sehvermögen wieder zurück, aber die physischen und psychischen Nachwirkungen sind bis ins Jahr 1992 zu verspüren, nicht zuletzt als andauernde Müdigkeit.

Knapp zwei Monate später kam der nächste Schicksalsschlag, härter als je einer zuvor. Wie immer an Allerheiligen will Maria nach Pentling, um sich um das Grab der Eltern zu kümmern. Sie bucht ein Rückflugticket der Lufthansa, ihren Bruder aber beschwört sie, nicht wie sonst bei ihrer Abwesenheit üblich in dem bewährten Schwesternheim zu wohnen. Sie habe von Einbrechern gelesen. Joseph leistet keinen Widerstand und quartiert sich im auf einem Hügel gelegenen Exerzitienhaus der Gemeinschaft *Filiae de la Chiesa* in La Storta ein, einem Vorort von Rom. Ein Glück. Denn es ist der Nähe zum Flughafen zu verdanken, dass Ratzinger nach einem alarmierenden Anruf seines Bruders, Maria hätte einen Infarkt erlitten, sofort einen Flieger erreichen kann. Im Krankenhaus der Barmherzigen Brüder in Regensburg findet er die Schwester allerdings nicht mehr bei Bewusstsein vor. »Sie lag friedlich schlafend da«[42]; wenige Stunden später ist sie tot. Maria Ratzinger, Mitglied des Dritten Ordens des heiligen Franziskus, erliegt am 2. November 1991, dem Fest von Allerseelen, einem Herzinfarkt mit anschließender Gehirnblutung.

Der Tod der Schwester reißt eine tiefe Wunde. Nach dem Requiem im Dom von Regensburg sieht man den Kardinal einsam unter dem Portal der riesigen gotischen Kathedrale stehen, Tränen in den Augen. Die Regensburger Domspatzen begleiten ihren letzten Gang, als Maria bei Schneeregen im Grab der Eltern bei Pentling beigesetzt wird. Versammelt sind Bischöfe, Nuntien, hohe Würdenträger in einer Zahl wie wohl nie zuvor bei der Beerdigung einer Sekretärin. In der Todesanzeige heißt es, Maria Ratzinger habe ihrem Bruder Joseph 34 Jahre lang »auf allen Stationen seines Weges in unermüdlicher Hingabe und mit großer Güte und Demut gedient. Ihren beiden Brüdern war sie allezeit schwesterliche Hilfe und Halt«.

Auf die Frage, wie sehr seine Schwester sein Leben und sein Werk beeinflusst habe, gab Benedikt XVI. zur Antwort: »Ich würde sagen, natürlich nicht inhaltlich in meiner theologischen Arbeit, aber durch ihr Dasein, durch die Weise ihres Glaubens und ihrer Demut. In der Atmosphäre des gemeinsamen Glaubens, in der wir aufgewachsen waren, der mitgewachsen ist und der sich in der Zeit behauptet hat gegen die neuen Strömungen, der vieles angenommen hat von dem, was sich durch das Konzil erneuert hat, aber doch beharrlich geblieben ist«, sei eine existenzielle Gemeinschaft entstanden: »Ja, ich würde sagen, die Grundatmosphäre des Denkens und Seins war von ihr mitbestimmt.«[43]

Der Kardinal ist tief erschüttert, wie tief, sollte sich bald zeigen. Die Arbeit ging weiter. Am 16. November 1992 wird in Paris der in seiner Grundfassung auf Französisch ausgearbeitete *Katechismus der Katholischen Kirche* erstmals der Öffentlichkeit vorgestellt. Alle Vorbehalte erwiesen sich als Unkenrufe. Im Gegensatz zu allen nationalen Katechismen, deren Verkaufszahlen nicht über einige Tausend Exemplare hinausgingen, werden binnen drei Wochen mehr als 500 000 Exemplare verkauft. Insgesamt erreichte die katholische Glaubensfibel eine Weltauflage von mehr als acht Millionen Exemplaren. Grund genug für Johannes Paul II., von einem der »wichtigsten Ereignisse der jüngeren Kirchengeschichte« zu sprechen.[44]

Doch sein Schlaganfall und der Tod der Schwester wirken nach. Ratzinger ermüdet schneller und zeigt eine bislang unbekannte Lustlosigkeit, wenn es um zusätzliche Aufgaben geht. Bereits 1986, nach der ersten Fünfjahresperiode im Amt, hatte er Johannes Paul II. darauf hingewiesen, »dass meine Zeit abgelaufen ist. Aber er hatte mir schon gesagt, das geht nicht.‹« Zum 25. November 1991, 23 Tage nach dem Tod der Schwester, ist die zweite Fünfjahresperiode zu Ende. Nach zehn Jahren im Amt bittet der vermeintliche Machtmensch seinen Papst erneut um die Entlassung, diesmal dringender. »Ich war nach der Gehirnblutung wirklich ausgesprochen schlecht dran und hab ihm gesagt, jetzt kann ich es nicht mehr. Aber er hat gesagt: ›Nein, nein, das geht nicht.‹«[45]

An jenem 25. November stellt Sr. Christine am Nachttisch des Kardinals eine Glückwunschkarte mit einer golden gerahmten Ziffer »10« auf. Sie ist im Glauben, dem Kardinal eine kleine Freude zum zehnten Jahrestag seiner Ernennung zum Präfekten der Glaubenskongregation zu machen. Doch die Reaktion ist alles andere als freudig. »Das ist kein Grund zum Feiern«, antwortet Ratzinger knapp. »Ich habe das nie mehr wieder getan«, berichtete die Ordensschwester. »Damals ist mir zum ersten Mal bewusst geworden, wie sehr, wie groß die Last ist, die auf ihm liegt.«[46]

Ein Jahr nach seinem Gehirnschlag erleidet der frühere Professor einen weiteren Rückstoß. Die *Süddeutsche Zeitung* meldet am 17. August 1992: »Joseph Ratzinger, Kurienkardinal, der sich in seinem Urlaubsort Brixen in Südtirol bei einem Sturz verletzt hat, kann das Krankenhaus verlassen. Er hatte sich bei einem Sturz im Badezimmer eine Kopfwunde zugezogen, die mit zehn Stichen genäht werden musste.« Ganz so war es nicht. Seinen eigenen Angaben zufolge war Ratzinger von seinem Schreibtisch im Priesterseminar auf einem dreifüßigen Bürostuhl über den Boden gerollt, um das klingelnde Telefon zu erreichen. Unglücklicherweise fiel er auf einen Heizkörper und blieb mit angeschlagenem Kopf inmitten einer riesigen Blutlache bewusstlos am Boden liegen, bis ihn sein Bruder gefunden hatte.

Als ich im November 1992 den Kardinal in Rom aufsuchte, um ihn für ein Porträt zu interviewen, wusste ich nichts von der gesundheitlichen Vorgeschichte Ratzingers, die mein Gesprächspartner auch mit keinem Wort erwähnte. Der Präfekt wirkte kraftlos und irgendwie melancholisch. Natürlich gäbe es Forderungen Jesu, antwortete er auf eine meiner Fragen, die auch ein Kardinal »ganz sicher« nicht erfüllen könne, »denn er ist genauso schwach wie die anderen«. Und ja, er kenne auch die Situation, sich hilflos und überfordert zu fühlen. »Gerade in meiner jetzigen Stellung sind meine Kräfte weit unter dem, was ich eigentlich machen müsste. Und je älter man wird, desto mehr setzt einem zu, dass die Kräfte einfach nicht ausreichen, das zu tun, was man tun müsste, dass man zu schwach, zu hilflos oder auch Situationen nicht gewachsen ist.« In solchen Momenten könne er sich nur flehentlich an seinen Gott wenden: »Jetzt musst Du helfen, ich kann nicht weiter.«

Wir sprachen über sein Elternhaus, die Erfahrungen aus Krieg und Nazizeit. Als es um seine Agenda als oberster Hüter des katholischen Glaubens ging, gestand der Mann, den seine Gegner als verbissenen Verfolger darstellten, dass er sich entsetzlich müde fühle. Er sei alt und verbraucht. Es klang wie ein Hilferuf. Ja, er sei ausgebrannt, meinte er. »Ich bin jetzt schon alt, an der Grenze. Ich fühle mich physisch immer weniger imstande, das zu tun, und ich fühle mich auch ausgeschöpft.« Es sei einfach an der Zeit, dass andere, frischere Kräfte das Ruder übernähmen. Für ihn solle spätestens 1996, nach drei Amtsperioden, Schluss sein. Endgültig.

Kapitel 55

Das lange Leiden des Karol Wojtyla

Lange Zeit sah es so aus, als hätte Johannes Paul II. das Attentat vom Mai 1981 ohne jede Nachwirkung überstanden. Der Stellvertreter Christi auf Erden fuhr Ski und wanderte in den Bergen. In seiner Sommerresidenz Castel Gandolfo ließ er einen Pool graben, um sich auch mit Schwimmen fit zu halten. Kurze Zeit später tauchten die ersten Paparazzi-Fotos auf: der *Pontifex* in Badehose.

Der Mann ließ sich kaum einordnen. War er nun ein Reaktionär oder ein Progressiver, ein Hardliner oder ein Paradefall an Empathie? »Mit Wojtyla ist alles anders geworden«, hatte der italienische Kardinal Achille Silvestrini gleich nach der Inthronisation ausgerufen. »Sie haben die Alpen überschritten. Jetzt ist alles möglich.«

Der Pole reiste in die Elendsquartiere Lateinamerikas und bat im Senegal die Afrikaner um Verzeihung für die Versklavung ihrer Vorfahren. »Die Welt kann sich ändern«, rief er unentwegt. Er warnte vor Profitgier und Konsumterror, Wettrüsten und Korruption und stellte die sozialen Sünden von Kapitalismus und Globalisierung an den Pranger. In seiner *Theologie des Leibes* schrieb er über die Würde des menschlichen Körpers, die Schönheit des Frau- und Mann-Seins und die Berufung zur Liebe. Sein großer Appell galt der Bewahrung des Lebens, in jedem seiner Stadien. Es sei weder vom Menschen geschaffen, noch stehe es in seiner Verfügungsgewalt.

Schon die erste Enzyklika *Redemptor hominis (Erlöser der Menschen)* legte sein Programm fest: Die Menschen, die Welt, die politischen Systeme hätten sich »von den Forderungen der Moral und Gerechtigkeit entfernt«. Die Kirche müsse mit einer klaren Lehre dagegenhalten. Nicht als Nachlassverwalter, sondern als Lebensretter.

Da war jemand, der nicht nur denkt, dass es Gott gibt, sondern der es lebt, in allen Fasern seiner Existenz. Ja, Katholiken sind anders, gab er zu bedenken. Sie scheinen manchmal ein wenig verrückt, aber auch das zeichne sie aus, die Gaukler Gottes, die sich durch ihre Unangepasstheit etwas bewahrt haben, was andere nie hatten.

Wojtyla schrieb nicht nur sein persönliches Überleben der Hilfe der Muttergottes von Fatima zu, sondern auch die Auflösung des Eisernen Vorhanges, der einstürzte wie die Mauern von Jericho. Er habe im März 1984 direkt an Maria appelliert, bekannte er im Nachhinein, die Niederlage des Kommunismus herbeizuführen. Tatsächlich war der Wende im Osten ein *Marianisches Jahr* vorausgegangen, das er ausgerufen hatte. Ahnungsvoll ließ er anklingen, man könne »in den Zeichen der Zeit die Wege des Herrn erkennen«. Und immer häufiger sprach er von einer »letzten Stunde«. Es sei ratsam, sich »durch Reue von Irrungen, Treulosigkeiten, Inkonsequenzen und Verspätungen zu reinigen«.

Trotz der Agilität des Papstes – die Wahrheit war, dass seine Regierung seit dem Attentat fragiler geworden war. 1994 wurde erstmals über einen Rücktritt spekuliert. »Aus dem Schäferstock ist eine Krücke geworden«, verkündete das *New York Times Magazine*. Es gehöre nicht allzu viel dazu, Wojtylas »Abgang vorherzusagen«. Dass der Pole noch einmal zu einer Reise aufbrechen würde, teilte die deutsche Illustrierte *Stern* ihren Lesern mit, sei so gut wie ausgeschlossen.

Die Berichte waren der Sensationslust geschuldet. Jeder wollte der Erste sein, der die News vom baldigen Ende des 264. Dieners der Diener Gottes frühzeitig vorausgesagt hatte. Aber noch scherzte der Papst, wenn er sich wieder einmal in der Gemelli-Klinik einfinden musste. Er lese jetzt Zeitungen, meinte er gegenüber Reportern, um zu erfahren, wie es ihm gehe. Die Klinik selbst bezeichnete er als den »dritten Vatikan«, neben dem Apostolischen Palast und der Residenz in Castel Gandolfo. Andererseits schien sich der Satz eines französischen Journalisten von Tag zu Tag mehr zu bewahrheiten: »Das ist kein Papst aus Polen, das ist ein Papst aus Golgatha.«

Einer der Schlüssel zum Verständnis dieses Pontifikats lag in der Tat in den schweren 100 Tagen nach dem Attentat, als der oberste Hirte der katholischen Kirche bleich und ausgezehrt auf einem weißen Laken lag. »Gott hat mich in den vergangenen Monaten das Leid erfahren lassen«, sollte er sagen, »ich durfte die Gefahr spüren, das Leben zu verlieren.« Dann sprach er den Satz, der die Kraft, die Ausdauer und das Gottvertrauen verstehen lässt, das die letzte Episode seiner Amtszeit auszeichnete: »Zugleich konnte ich mit aller Klarheit und bis auf den Grund begreifen, dass dies eine besondere Gnade für mich als Mensch und –

im Hinblick auf meinen Dienst als Bischof von Rom und Nachfolger Petri – auch eine Gnade für die Kirche ist.«[1]

Was die Frage des Rücktritts betraf, ließ Wojtyla prüfen, ob auch ein Papst, ähnlich wie Bischöfe, seine Aufgabe abgeben könne, wenn er ein bestimmtes Alter erreicht hatte. Unter den Expertisen seiner engsten Mitarbeiter befand sich auch ein Gutachten von Kardinal Ratzinger. Sein Inhalt wurde nie bekannt. Nachdem er auch die Texte studiert hatte, die Paul VI. zur Rücktrittsfrage hinterließ, gelangte Wojtyla laut seinem Sekretär Stanislaw Dziwisz »zu der Überzeugung, dass er sich dem Willen Gottes unterwerfen müsse, das heißt, so lange im Amt bleiben müsse, wie Gott es wollte. ›Gott hat mich gerufen, und Gott wird mich erneut rufen in der Weise, wie er es möchte‹«[2].

Dennoch legte er ein eigenes Prozedere für den Rücktritt fest – gesetzt den Fall, die Kraft würde eben doch nicht ausreichen, seinen Dienst bis zum Ende durchzustehen.

Vielleicht erinnerte sich Wojtyla auch an einen Brief Papst Pius' V., den dieser dem gebrechlichen Erzbischof von Goa in Indien schrieb, der um seine Entlassung bat. »Wir empfinden brüderliches Mitgefühl, dass Ihr euch, alt, wie Ihr seid, müde fühlt«, hieß es darin. »Bedenkt aber, dass Leiden der normale Weg ist, der in den Himmel führt, und dass Wir den Platz nicht verlassen dürfen, den uns die Vorsehung zugewiesen hat. Glaubt Ihr denn, dass Wir nicht auch manchmal des Lebens müde sind? Und dass Wir nicht auch wünschen, zu unserem ursprünglichen Status eines einfachen Ordensmannes zurückzukehren?«

Am 10. September 1571, wenige Tage vor der Schlacht von Lepanto, richtete derselbe heilige Pius V. einen bewegenden Brief an den Großmeister der Malteserritter, Pietro del Monte, um dem alten Heerführer Mut zu machen: »Ihr wisst ohne Zweifel, dass mein Kreuz schwerer ist als das Eure, dass mir inzwischen die Kräfte fehlen und wie zahlreich jene sind, die mich zum Erliegen bringen wollen. Ich hätte bereits aufgegeben und hätte auf meine Würde verzichtet (woran ich mehr als einmal dachte), wenn ich es nicht geliebt hätte, mich lieber ganz in die Hände des Meisters zu begeben, der sagte: Wer mir nachfolgen will, der verleugne sich selbst.«[3]

Verbunden mit eigenen Erfahrungen hatte Wojtyla am 11. Februar 1984 das Apostolische Schreiben *Salvifici doloris* über die »heilbringende Kraft« des christlichen Leidens veröffentlicht. Die tiefe Bedeutung des Ertragens von Leid, hieß es darin, komme auf der Ebene des Glaubens zum Tragen, wenn es mit Christus gelebt werde, der am

Kreuz gestorben und auferstanden ist. Es werde dadurch auch zu einem geistlichen Gut für die Kirche und die Welt. Und wo immer Wojtyla auftrat, ließ er Kranken und Behinderten einen bevorzugten Platz in den ersten Reihen einräumen. In San Francisco nahm er ein armes Kind in den Arm, das an Aids erkrankt war. In einem koreanischen Heim küsste er einen Mann, der Lepra hatte. »Auf diese Weise wollte der Papst denen, die leiden, aber auch unserer egoistischen Welt, den Wert verdeutlichen, den das mit Christus gelebte Leid vor Gottes Augen hat«, erläuterte sein Sekretär. »Er wollte daran erinnern, dass man das Leid annehmen kann, ohne deshalb seine Würde zu verlieren.«[4]

Die eigenen Handicaps ertrug Wojtyla mit Geduld und Gelassenheit. Niemand in seiner Umgebung konnte sich später daran erinnern, er hätte seine körperlichen Beschwerden anderen zur Last werden lassen. Er hatte allerdings kein Problem damit, öffentlich darüber zu sprechen. Im Juli 1992 vertraute er den Gläubigen auf dem Petersplatz an, ein Darmtumor mache eine Operation unausweichlich. Ein Jahr später musste er nach einem Sturz an der Schulter operiert werden. 1994 stolperte er im Badezimmer, was einen Oberschenkelhalsbruch zur Folge hatte. 1996 wurde er erneut am Darm operiert. Zusätzlich machte eine Arthrose im Knie das Gehen zur permanenten Anstrengung. Als Reporter das Zittern einiger Finger der linken Hand und eine partielle Versteifung der Gesichtsmuskulatur bemerkten, tauchten Spekulationen über eine mögliche Parkinson-Erkrankung auf. Tatsächlich hatte Leibarzt Renato Buzzonetti bereits den Sturz im Badezimmer auf einen mangelnden Gleichgewichtssinn zurückgeführt, hervorgerufen eben durch ein neurologisches extrapyramidales Syndrom: Parkinson. Was den Heiligen Vater allerdings »nicht sonderlich bestürzte«, wie sich sein Sekretär erinnerte: »Er ließ sich einige Sachen erklären und versicherte Buzzonetti seine Bereitschaft, sich behandeln zu lassen.«[5]

Die zunehmende Gebrechlichkeit des Papstes führte nicht unbedingt dazu, die Angriffe auf ihn milder zu gestalten, ganz im Gegenteil. Die heftigsten Attacken kamen aus dem Land Luthers. Das Hamburger Magazin *Der Spiegel* hatte es sich zur Aufgabe gemacht, den christlichen Kalender so gut es geht mit antichristlichen Titelgeschichten zu begleiten. Pünktlich zu den Hochfesten – Weihnachten, Ostern, Pfingsten – erschienen langatmige Coverstorys, die in immer neuen Varianten die biblische Botschaft zu »entlarven« suchten. Mit »Nachrichten« hatten die Geschichten wenig zu tun, auch nicht mit Fakten, deren

Genauigkeit sich das Blatt rühmte. Dafür umso mehr mit Spekulationen und der berühmten »*Spiegel*-Soße«, die jedem Artikel die nötige Prise von Zynismus und Häme gab. Zum Heiligen Abend 2018 beispielsweise beschenkte das Blatt seine Leser mit Erkenntnissen über »Maria Magdalena, die erste Päpstin« und wärmte eine gerne gestellte Frage auf: »Hatte der Heiland eine Ehefrau?« Dieses Mal aber mussten die vorbereiteten Elaborate kurzfristig einer Dokumentation weichen, die eingestand, dass einer der *Spiegel*-Topreporter über viele Jahre hinweg große Teile seiner Storys erfunden hatte, ohne dass es im Hause aufgefallen wäre. Man wollte glauben, was bestellt war.

Für Johannes Paul II. hatte das Magazin schon im November 1980 einen zündenden Neologismus gefunden: »Ajatollah Wojtyla«. Man bescheinigte ihm, seine Ausstrahlung reiche nur noch aus, »dem Apparat, dem er vorsteht, eine Art mediales Scheinleben einzuhauchen«. Er führe »ein Weihfestspiel« auf, das »die wohltätige Illusion verbreitet, diese Kirche könne die Massen wirklich noch oder wieder bewegen«[6]. Wenn es um Wojtyla ging, stellte sich auch Herausgeber Rudolf Augstein, der sein Blatt als »Sturmgeschütz der Demokratie« pries, gerne mal hinter die Kanone. Augstein hielt Wojtyla vor, autoritär zu regieren, eine »verklemmte Sexuallehre« zu propagieren und einen »despotischen Kurs« zu verfolgen. Er betitelte ihn als »Menschenfeind«, »kränkelnder Greis«, »hinterwäldlerisch«, »starrköpfiger Pole« und »Selbstherrscher«, der »den Despoten spielt«.

Dass der Pontifex im Januar 1995 auf einer Asientour in 11 Tagen 33 000 Kilometer zurücklegte, 30 Gespräche mit unterschiedlichen Persönlichkeiten führte und in Manila einen Gottesdienst mit 5 Millionen Menschen feierte, die größte heilige Messe aller Zeiten, konnte der *Spiegel* nicht unbeantwortet lassen. »Ich bin gegen Papst Wojtyla«, rief Augstein trotzig eine Woche nach Manila aus, »weil er keine andere Meinung gelten lässt als seine eigene, mag sie auch dem Fundus des ›Ratzingerismus‹ entnommen sein.« Mit der »Wojtyla-Kirche« gehe es »in eine Zukunft ohne Hoffnung«, prophezeite der Autor. Zur Illustration des Beitrages diente ein Foto, das einen an seinem Bischofsstab hängenden, gähnenden Pontifex zeigte. Unterzeile: »Friedhof musealer Vergangenheit«[7].

Nach einer beißenden Titelstory vom 26. Januar 1998 holte Augstein am 20. September 1999 erneut aus: »Der Pole Wojtyla will Frauen weiterhin schikaniert wissen«, kommentierte er die römische Entscheidung zum Ausstieg aus der Schwangerenkonfliktberatung. In einem

Rundumschlag zieh er den Vatikan auch gleich noch der Kumpanei mit Hitler: »Den Segen der Kirche brauchte er [Hitler], um seinen Krieg zu beginnen und zu gewinnen.« Augsteins Furor gipfelte in der Anklage, die »von der römischen Kirche inszenierten Martern und entsetzlichen Qualen mit Todesfolge« seien »den Verbrechen Hitlers und Stalins vergleichbar«.[8] Dabei war es ein offenes Geheimnis, dass beim *Spiegel* nach Kriegsende etliche Nazis untergekommen waren, darunter ehemalige SS-Hauptsturmführer oder auch der erste Chef der Gestapo Rudolf Diels. Der Jurist überreichte Anfang 1934 über Hermann Göring Reichskanzler Hitler eine Zusammenstellung »besonders bezeichnender Einzelfälle politischer Ausschreitungen katholischer Geistlicher gegen Staat und nationalsozialistische Bewegung«. Für den *Spiegel* schrieb er die Serien »Die Nacht der langen Messer ... fand nicht statt« und »Lucifer ante portas«. Rudolf Diels zählte, so eine wissenschaftliche Untersuchung seines Biografen Klaus Wallbaum, »zu den wichtigsten Akteuren des NS-Regimes«, mit direktem Zugang zu Adolf Hitler.[9]

Karl Rahner hatte in einer Rezension zu Augsteins Buch *Jesus Menschensohn* die Ausfälle gegen Papsttum und Kirche darauf zurückgeführt, der Publizist wolle sich mit Gewalt von Ängsten aus seiner katholischen Vergangenheit befreien. Was Christus betraf, war Augstein zu dem Schluss gekommen, es handle sich bei Jesus mit hoher Wahrscheinlichkeit um »eine aus mehreren Figuren und Strömungen synthetisch geformte Erscheinung«, die »von fantasievollen, hellenistisch gebildeten Juden bewusst oder unbewusst als eine personifizierte Heilserwartung des jüdischen Volkes erfunden« worden sei. Es sei eine »Tatsache«, »dass Religion, wie sie von Kirchentreuen und -untreuen verstanden wird, keine Zukunft mehr hat – mit welchem Gott auch immer. Es gibt keinen Gott, den wir erkennen oder über den wir reden könnten, auch keinen allmächtigen. Dass ein Gott vor 2000 Jahren ein für alle Mal gehandelt hat, ist Mythos und Magie aus den Kindertagen der Menschheit«[10].

Nur vier Monate nach Augsteins Tod am 7. November 2002 schrieben *Spiegel*-Redakteure in einem Anflug von Aufrichtigkeit von Johannes Paul II. plötzlich als dem »Marathonmann Gottes« und »Jahrtausend-Papst«. »Die Römer liebten ihn«, hieß es in einer Titelgeschichte. Der Papst kämpfe gegen »die menschenverachtende Ideologie des Kommunismus ebenso entschieden wie gegen die Säkularisierungen, Zynismen und Erbarmungslosigkeiten im heiß gelaufenen Hochbetrieb des Kapitalismus«. Und weiter: »Überall auf der Welt scheinen sie süchtig nach seinen Botschaften«, die »besonders bei den Jugendlichen ankommen.«[11]

Das Ende des Kalten Krieges, die Globalisierung und die neuen elektronischen Medien katapultierten die Welt in ein neues Zeitalter – mit Herausforderungen, auf die es noch keine Antworten gab. Ratzinger hatte sich, wieder einmal, als Stehaufmännchen erwiesen und fand nach seiner Erschöpfung zurück zu alter Stärke. Als der unumstrittene Chefdenker des Vatikans hält er Vorträge vor den führenden Politikern und Juristen Europas, wird nach Cambridge und New York eingeladen, erhält neun Ehrendoktorate. Fünfmal besucht er die USA, sechsmal Südamerika. Sein Einsatz für die Aufhebung der Verurteilung von Galileo Galilei verschafft ihm bei Naturwissenschaftlern so große Sympathie, dass sie im Jahr 2000 einen Planeten nach ihm benennen. Geradezu enthusiastisch feiert ihn Hans Urs von Balthasars Johannes Verlag, der Ratzinger »als den unerschrockenen Diagnostiker der heutigen Kirchenstunde« rühmte: »Kein Eisen ist ihm zu heiß, dass er's nicht anrührte, kein theologischer Dschungel zu dicht und verworren, dass er sich keinen Durchgang schüfe.«[12] Jede seiner Studien zeichne sich durch Mut, Klugheit, einen ausgesprochenen Sinn für Mäßigung und für Gerechtigkeit aus.

Als Gesprächspartner für die Medien ist der Bayer ohnehin der am häufigsten interviewte Bischof weltweit. Aber auch wenn es um Analysen für das eigene Haus geht, kommt an dem Präfekten niemand vorbei. »Das Thema war mir vorgegeben«, berichtete er über die Vorbereitung für eine Versammlung von Bischöfen aus allen Teilen Europas Anfang der Neunzigerjahre. »Man erwartete von mir eine Skizze der Probleme, mit der die Theologie sich in der gegenwärtigen geistigen Situation Europas auseinanderzusetzen hat.« Er sollte zugleich »die tieferen Gründe des heutigen Kampfes *um* und *gegen* die Kirche« ausleuchten »und damit auch eine Einladung zum Weiterdenken« geben.

Ratzingers Analyse aus dem Jahr 1992 ist beachtenswert, weil sie nichts an ihrer Aktualität verloren hat. Die Lage des Glaubens in Europa sei nicht nur von Kirchenmüdigkeit gekennzeichnet, hielt er fest. Um »die wirkliche Glaubensnot unserer Zeit zu verstehen«, müsse man »tiefer gehen«. Die »Reduktion der Welt auf das Nachweisbare und die Reduktion unserer Existenz auf das Erlebbare« habe zu einem »Verblassen des Gottesbildes« geführt: »Der Aberglaube scheint begründeter als der Glaube, die Götter glaubhafter als Gott.« Immer weniger Menschen könnten sich jedenfalls einen Gott vorstellen, »der sich um den einzelnen Menschen kümmert und der überhaupt in der Welt handelt. Gott mag den Urknall angestoßen haben, wenn es ihn schon geben sollte, aber mehr bleibt ihm in der aufgeklärten Welt nicht.« Das bedeute umgekehrt, dass der Gedanke, »dass eine menschliche Tat Gott beleidigen könnte«, vielen Menschen nicht mehr nachvollziehbar sei: »So besteht für die Erlösung im klassischen Sinn des christlichen Glaubens überhaupt kein Anlass mehr, weil es kaum jemand einfällt, die Ursache für das Elend der Welt und der eigenen Existenz in der Sünde zu suchen.«[13]

Dass die Welt eine göttliche Botschaft in sich trage und »damit gültige Maßstäbe unseres Handelns« aufzeige, sei keine gültige Kategorie mehr. Auf diese Weise werde Gott allenfalls zu einem allgemeinen Orientierungsrahmen, aber »ohne Inhalte; was Sittlichkeit bedeutet, muss dann rein innerweltlich bestimmt werden«. Für die katholische Katechese folge daraus, dass es nicht angehe, »sich angesichts der Taubheit vieler Menschen von heute für die göttlichen Dinge vor großen Fragen des Glaubens zu verstecken oder die Existenz der Kirche durch ihre soziale Nützlichkeit rechtfertigen zu wollen – so wichtig ihr soziales Werk auch ist, das aber abstirbt, wenn die Mitte der Kirche, das Mysterium, entschwindet«.

Der Präfekt machte den Bischöfen aber auch Mut. Bei all den Verlusten dürfe man »eine Gegenbewegung nicht übersehen, die gerade in der jungen Generation immer deutlicher wird«. Inzwischen werde gerade von jungen Leuten »die Banalität und der kindische Rationalismus selbst gebastelter Liturgien mit ihrer künstlichen Theatralik in ihrer Armseligkeit immer mehr durchschaut«. Ratzinger schloss mit den Worten: »Im Letzten hängt alles an der Gottesfrage. Der Glaube ist Glaube an Gott, oder er ist nicht.«[14]

Viele seiner Beiträge waren durch seine Aufgaben im Amt bestimmt, ob zu Fragen des gesellschaftlichen Wandels, zu Bioethik oder Genforschung. Eines seiner Hauptthemen wurde der Verlust der Identität. Als Deutscher hatte er dafür eine besondere Sensibilität. Ratzinger kam aus einem Land, das der Christenheit die größte Wunde zugefügt hatte, einen klaffenden Spalt, wie sein Schüler Vincent Twomey festhielt, »der sich im Laufe der Jahrhunderte von hier aus über den gesamten Erdball zog. Ein Land, dessen Bevölkerung, dessen Identität gerade auch durch diese Spaltung bis heute innerlich zerrissen ist«. Von Deutschland, so Twomey, sei aber nicht nur die Spaltung in katholische und protestantische Kirche ausgegangen, sondern auch die großen atheistischen Strömungen der Neuzeit: »Ob dies die philosophischen Bewegungen der Aufklärung mit Kant und Hegel waren, die politischen durch Marx und Engels – oder, als vorläufiges Finale im Aufstand gegen Gott, der Versuch der faschistischen Welteroberung«[15]. Der Glaubenspräfekt beschwor in seinen Reden, die Seele Europas sei auf gemeinsamen menschlichen und christlichen Werten gegründet. Nur ein Europa, das seine Wurzeln wiederentdecke, sei den Herausforderungen des dritten Jahrtausends gewachsen.

Ratzinger reagierte auf ein neues Heidentum, das im Begriff war, den öffentlichen Raum zu erobern. Zunehmend wich die biblische Botschaft allen möglichen Ersatzreligionen, nahmen Stars die Rolle von Heiligen ein und galten barbarische Riten und obszöner Kult als straßentauglich. Der Verlust an Identität, an Orientierung, an Wahrheit, warnte der Präfekt, führe zur Ich-Konzentration in einer Ego-Gesellschaft und damit zu einer brutalen Vereinzelung. Es gebe einen Zusammenhang zwischen dem Niedergang des Glaubens und dem Verfall der Werte. Jedermann könne erkennen, dass der Wegfall einer höheren Dimension korrespondiere mit dem Absinken des Grundwasserspiegels an Kultur. Man müsse endlich wieder begreifen lernen, »dass die großen sittlichen Erkenntnisse der Menschheit genauso vernünftig und genauso wahr« sind wie die Erkenntnisse in Naturwissenschaften oder Technik. Denn: »Das eigentliche Naturgesetz ist ein moralisches Gesetz. Manche Haltungen sind eben, weil dem Sein widersprechend, wirklich und immer falsch. Das Problem der Moderne besteht darin, dass sie sich von dieser Urevidenz getrennt hat.«

In der Reihe von Publikationen, die sich der politisch-gesellschaftlichen Entwicklung widmeten – neben einer beeindruckenden Anzahl geistlicher Bücher wie *Auf Christus schauen: Einübung in Glaube, Hoffnung, Liebe; Diener eurer Freude: Meditationen über die priesterliche Spiritualität; Wesen und Auftrag der Theologie: Versuche zu ihrer Ortsbestimmung im Disput der Gegenwart* – entstanden die Sammelwerke *Kirche, Ökumene und Politik. Neue Versuche zur Ekklesiologie* sowie *Abbruch und Aufbruch. Die Antwort des Glaubens auf die Krise der Werte.* Dazu der Band *Wendezeit für Europa. Diagnosen und Prognosen zur Lage von Kirche und Welt,* oder auch *Wahrheit, Werte, Macht. Prüfsteine der pluralistischen Gesellschaft.* Ratzingers Zeitdiagnosen verbanden die Kritik der Gegenwart mit dem Bemühen, den Beitrag des Christentums zu einer humanen, demokratischen Gesellschaft aufzuzeigen. Nicht selten erinnerten seine Konzentrate dann an die vorausschauende Sichtweise eines George Orwell. »Die Reduzierung der Vernunft auf die Welt der ›Fakten‹ und des Nutzens endet mit der Vernichtung der Moral«, stellte er klar, »und so mit der Abschaffung des Menschen.« Eine solche Entwicklung könne »zur Ausübung nackter Gewalt ohne jede moralische Verpflichtung führen – und damit zur Kontrolle vieler durch einige wenige«[16]. Die »christliche Alternative« werde dabei, wenn überhaupt, nur zaghaft und verschämt in die öffentliche Debatte eingebracht, »weil die Christen kein Zutrauen zu ihrer eigenen Vision der Wirklichkeit haben. In ihrer privaten Frömmigkeit halten sie den Glauben fest, aber dass er dem Menschen im Ganzen etwas zu sagen habe, eine Vision seiner Zukunft und seiner Geschichte sei, das wagen sie nicht anzunehmen«[17].

Als im September 1996 der Interviewband *Salz der Erde* erschien, konnten auch bürgerliche Medien nicht umhin, dem Präfekten einmal zuzustimmen. Hatte der knapp zehn Jahre zuvor veröffentlichte »Ratzinger-Report« das allgemein verbreitete Schreckensgemälde vom »Panzerkardinal« eher noch verstärkt, bekam dieses Bild jetzt kräftige Risse. »So offen und auskunftsfreudig hat sich noch kein hohes Mitglied der Kurie gezeigt«, vermeldete der *Spiegel*[18]. Die *Süddeutsche Zeitung* befand: »Dieser Mann liest seiner Kirche die Leviten, wie sie ihr seit Martin Luther nicht mehr gelesen worden sind.« *Die Zeit* vermutete, man werde das Buch »vielleicht einmal als Zeichen einer bemerkenswerten Tendenzwende verstehen«. Denn nun könne man erkennen, dass Ratzingers »Konservativität nicht das Paktieren mit den herrschenden Verhältnissen bedeutet, sondern viel eher Nonkonformismus in einer fortschrittsgläubigen Gegenwart«. »Unangepasst« und »kritisch« wirke plötzlich nicht mehr eine längst zum Mainstream gewordene Modernität, »sondern der Kardinal, der sich gegen den Zeitgeist stemmte«.

Zunächst jedoch stand dem Buchprojekt ein weiterer gesundheitlicher Rückschlag im Weg. Nach der Gehirnblutung von 1991 hatte der Kardinal seine Sehfähigkeit wieder ganz zurückgewonnen. Im Frühjahr 1995 erlitt er jedoch während eines Schülertreffens anlässlich des 50-jährigen Jubiläums seiner Abiturklasse eine Thrombose. Wieder war das linke Auge betroffen. »In der Uni-Klinik Regensburg wurde ich drei Tage lang mit allen Schikanen untersucht«, schrieb Ratzinger an Freundin Esther Betz. »Das Ergebnis war, dass einstweilen nichts zu machen sei, nach ein paar Wochen könne man wieder sehen.« Doch die

Zuversicht hatte getäuscht. Auch weitere Behandlungen konnten keine Besserung erbringen. Als später eine Makuladegeneration hinzukam, eine altersbedingte Erkrankung der Netzhaut, war auch die letzte Hoffnung geschwunden, jemals auf dem linken Auge wieder sehen zu können.

Irgendwann saß ich als der vom Verlag beauftragte Interviewer mit dem Kardinal im Fond des alten Mercedes der Glaubenskongregation, mit dem uns Alfredo in ein Haus der Integrierten Gemeinde bei Frascati kutschierte, um die Gespräche für das Buch aufzuzeichnen. In der Via Appia glitt der Wagen ganz langsam an einer Kapelle vorbei. Es war die *Quo vadis*-Stelle, an der Petrus der Legende nach auf Christus getroffen war. Jesus hatte die Hand gehoben. Wie ein Schutzmann. »Wohin gehst du?«, hatte er den ersten seiner Apostel gefragt – um ihn dann wieder zurückzuschicken. Zurück nach Rom, zurück zur Erfüllung seiner Aufgabe. Vor dem Portal des Kirchleins lagen kleine schwarze Kränze. Es war ein Bild der Trauer. Einige Leute standen etwas verlegen herum, die Blicke auf den Boden gesenkt. Sie machten den Eindruck, als sei ihnen plötzlich bewusst geworden, dass sie viel zu wenig schätzten, was sie gerade verloren hatten.

Die Tage bei Frascati begannen mit einem Gottesdienst. Dann wurde »Ratzinger-Tee« gebracht, das ist Früchtetee mit Zitrone und viel Zucker. Pünktlich fingen wir an, pünktlich hörten wir auf. In den Pausen zog sich der Präfekt auf sein Zimmer zurück. Ja, er meditiere in dieser Zeit, erklärte er. Er rufe den Heiligen Geist um Hilfe, weil er sich nicht anmaße, alles quasi aus eigener Genialität heraus zu schaffen. Für einen Gläubigen sei das im Übrigen eine Selbstverständlichkeit.

Später erinnerte mich die Begegnung an eine Geschichte von Paulo Coelho, in der ein einfacher alter Mann in der Einsamkeit eines Dorfes Stühle und Tische baute. Er machte keinerlei Aufsehens, dass er der weltweit bedeutendste Meister des Bogenschießens war. Auch Ratzinger lehrte nicht durch irgendwelche joviale oder effektheischende Gesten, sondern häufig stumm, einfach durch eine Art von mönchischer Haltung, die keiner Worte bedarf. Coelho hatte seinem Buch ein Gebet als Motto vorangestellt. Es hieß: »Maria, ohne Sünde empfangen, bitte für uns, die wir uns an dich wenden. Amen.« Dazu kombinierte er ein Zitat der US-amerikanischen Dichterin und Seherin Ella Wheeler Wilcox: »Ein Gebet ohne Absicht ist wie ein Pfeil ohne Bogen. Eine Absicht ohne Gebet ist wie ein Bogen ohne Pfeil.«[19]

Der Präfekt wurde in Italien längst nicht mehr als der »strenge Deutsche« gesehen. Seine Art zu hören, zu wägen, erst dann etwas in Worte zu gießen, wenn man sich der Wahrheit dessen, was man mitteilen möchte, sicher war, erinnerte die Italiener an antike Meister wie Platon und Aristoteles. Seine große Stärke war, nicht nur analysieren, sondern auch strukturieren zu können, Möglichkeiten anzubieten, die dem Einzelnen wie der ganzen Gesellschaft helfen können, Schlechtes zu erkennen und die guten Anlagen zu nützen, um besser vorwärtszukommen. Meine Fragen für das Interviewbuch drehten sich um Dinge wie: Warum können viele Menschen nicht mehr glauben? Warum gibt es so viel Böses in der Welt? Hat es überhaupt noch Sinn, auf dieses leckgeschlagene Schiff Kirche aufzusteigen? Manchmal warf mein Gesprächspartner keck ein Bein über die Lehne seines Stuhls, wie ein Student, der sich in einer Diskussion ereifert und sich dabei wohl und behaglich fühlt. Wenn er etwas nicht wusste, gab er es unumwunden zu. Wichtig war ihm, sich in einer Linie mit den großen Heiligen und Lehrmeistern des Glaubens zu befinden, deren Wegweisungen sich im Leben der Kirche bewahrheitet hatten. Irgendwann hatte ich gefragt, wie viele Wege es eigentlich zu Gott gebe. Der Kardinal musste nicht lange überlegen. Es seien, sagte er, genauso viele, wie es Menschen gebe, denn schließlich habe jeder Mensch seinen eigenen Weg.

Im Interview erklärte der Kardinal, er betrachte den Zölibat nicht als Dogma, sondern als »eine Lebensgewohnheit, die sich aus guten biblischen Gründen in der Kirche sehr früh herausgebildet hat«. Man solle allerdings »keine noch so tief verankerte und begründete Lebensgewohnheit der Kirche für ganz absolut erklären«. Was Sex betreffe, so müsse natürlich auch ein Kardinal »über alles, was menschlich ist, reden. Und Sex ist ja nicht mit dem Etikett Sünde abzutun«. Über seine Landsleute meinte er, die Deutschen seien »einerseits ein Volk, das Disziplin, Leistung, Arbeit, Pünktlichkeit schätzt. Aber das führt leicht zu einer gewissen Selbstüberschätzung und zu einem einseitigen Denken, das nur Leistung, Arbeit, Produktion, das Selbsthervorgebrachte und die Disziplin schätzt, und damit viele andere Dimensionen der menschlichen Existenz verkümmern lässt.«

In unserer Zeit, fuhr Ratzinger fort, gebe es »einen ungeheuren Bedeutungsverlust des Christlichen«. In immer mehr Lebensbereichen erfordere es inzwischen Mut, »sich als Christ zu bekennen«, es gebe sogar »die Gefahr der antichristlichen Diktatur«. Andererseits würde vielerorts die Kirche geradezu »ersticken an ihrer institutionellen Macht«. Vielleicht müsse man »von den volkskirchlichen Ideen Abschied nehmen. Möglicherweise steht eine anders geartete, neue Epoche der Kirchengeschichte bevor, in der das Christentum eher wieder im Senfkorn-Zeichen sichtbar wird, in scheinbar bedeutungslosen, geringen Gruppen, die aber doch intensiv gegen das Böse anleben und das Gute in die Welt hereintragen; die Gott hereinlassen«. Schließlich, und das war der Punkt, wo ich mich zu verhören glaubte, schwang sich der Kardinal zu einer pathetischen Proklamation auf: »Die Kirche braucht eine Revolution des Glaubens. Sie darf sich nicht mit dem Zeitgeist liieren. Sie muss sich von ihren Gütern trennen, um ihr Gut zu bewahren.«

Wirklich bange vor der Zukunft war ihm nicht. Gerade diejenigen, »die die Erfahrung der Moderne ganz durchgestanden haben«, könnten erkennen, dass in der scheinbar sklerotisierten katholischen Kirche »etwas Frisches und auch Kühnes, Großmütiges wartet, das einen Ausbruch aus den abgestandenen Lebensgewohnheiten anbietet«. Glauben heiße, ins Verstehen hineinzugehen. »Wie die Schöpfung aus Vernunft kommt und vernünftig ist, so ist der Glaube sozusagen erst die Vollendung der Schöpfung und daher die Tür zum Verstehen.« Auf die Frage, ob es richtig sei, dass das Christentum weniger eine Theorie, sondern ein Ereignis ist, schnellte er blitzartig auf: »Und das ist ganz wichtig. Das Wesentliche auch bei Christus selber ist nicht, dass er bestimmte Ideen verkündet hat – was er natürlich auch getan hat –, sondern ich werde Christ dadurch, dass ich an dieses Ereignis glaube. Gott ist in die Welt hereingetreten, und er hat gehandelt, es ist also eine Aktion, eine Realität, nicht nur ein Ideengebilde.«[20]

Die Aufzeichnung des Gesprächs ergab in zwei Tagen ein Tonbandprotokoll von zwölf Stunden Länge, das als Buch mit Übersetzungen in über 30 Sprachen um die ganze Welt ging. Ein Vietnamese, der als Boatpeople nach Deutschland kam, übersetzte es ins Vietnamesische, ein Professor aus Beirut ins Arabische. Vermutlich war es auch Ratzingers musikalische Tonart, die den Welterfolg des Bandes bewirkte. »Man hört es seiner theologischen Sprache noch heute an, welche Bedeutung für ihn die Musik, insbesondere die Musik Mozarts hat«, erläuterte Prälat Max-Eugen Kemper, Mitglied des Domkapitels von St. Peter in Rom. Es sei die »bemerkenswerte Vielstimmigkeit«, die Ratzinger mit Mozart verbinde. »Diese Polyphonie tritt uns in einer geordneten, harmonisch gebändigten Form entgegen: tröstend und ermutigend, uns gleichsam mit uns selbst versöhnend, in jedem Fall beglückend.« Es gäbe darin auch etwas, das der Geiger Yehudi Menuhin einmal als *la part de Dieu*, den Teil Gottes, bezeichnet habe; jene Partikel, die mit allen Noten, Zeichen und Instrumenten nicht zu *machen* seien, sondern einfach nur eine gewisse Durchlässigkeit erforderten. »Erst davon bekommt jede gute Musik ihre Strahlkraft«, so Kemper, »erst darin erahnen wir, dass noch ein ganz anderer ›Spieler‹ am Werk ist.«[21]

Trotz des Bucherfolges – für den Präfekten endete das Jahr 1996 nicht mit dem gewünschten Ergebnis. Zehn Jahre zuvor hatte er den Papst daran erinnert, dass mit dem ersten *Quinquennium* seine Aufgabe eigentlich erfüllt sei. Als er nach seinem Schlaganfall 1991 offiziell um seine Entlassung bat, wurde das Gesuch erneut abgelehnt. Und auch nun, nach dem Ende der dritten Fünfjahresperiode, zeigte Johannes Paul II. kein Erbarmen. Nein, er dürfe seinen Posten nicht verlassen. Aber noch ein anderer Umstand bereitete ihm Verdruss, sein bevorstehendes 70. Wiegenfest. »Die Geburtstagsfeiern, die leider nicht ganz zu vermeiden sind, versuche ich möglichst in Grenzen zu halten«, schrieb er am 12. Februar 1997 an Esther Betz. Ohnehin sei sein Schreibtisch »zu meinem Verdruss mit so vielen Papieren zugesät, die sich auch auf vielen Nebenschauplätzen türmen, sodass ich mir manchmal vorstelle, wie schön es wäre, wenn ich inzwischen ein Professor emeritus sein dürfte und die Freiheit zu lesen und zu wandern hätte, wie mir's gefiele.«

Sechs Monate später, die Jubiläumsfeierlichkeiten waren inzwischen abgearbeitet, hieß es im Schreiben an Betz: »Jetzt versuche ich, mich von alldem ein wenig zu erholen: Ich spüre, wie die Kräfte weniger werden und der Anspruch mit der ganzen Hektik der Vorbereitung für 2000 zunimmt. Ich plane nicht (habe es eigentlich nie getan), sondern lasse mich von der Vorsehung einfach weiterführen und bin ja damit eigentlich nicht schlecht gefahren, auch wenn alles ganz anders kam, als ich es mir vorgestellt hatte.«[22]

Kapitel 56

Millennium

Im Frühsommer 1997 musste sich Ratzinger für einige Tage zu einer kardiologischen Behandlung in eine römische Klinik begeben. Am 7. Januar 1998 ließ er in Regensburg eine Präventiv-Operation am gesunden rechten Auge vornehmen, »die Prof. Gabel vom hiesigen Klinikum für dringend geboten hält. Hoffentlich geht alles gut«, hieß es in einem Brief an Esther Betz.

Ende des Monats ist er schon wieder unterwegs. Zunächst in Pamplona, um an der *Opus Dei*-Universität einen Ehrendoktor entgegenzunehmen; zusammen mit einem jüdischen Wirtschaftswissenschaftler aus den USA und einem reformierten Pharmazeuten aus Holland. Zu einem Besuch im Guggenheim-Museum im nahen Bilbao, den die Freundin ihm dringend empfohlen hatte, reichte die Zeit nicht. Von Pamplona ging's nach Hamburg, »wo zunächst die ökumenische Ansgar-Vesper mitzufeiern war«, wie Ratzinger notierte, »dann Vortrag vor dem Übersee-Club im großen Saal der Börse mit ca. 1500 Zuhörern – ein unvergesslicher Abend.«

Es sind nicht nur die Vorbereitungen für das *Millennium*, die die Arbeit des Präfekten erschweren. Ratzinger fühlt sich weiterhin müde und alt. »Mit dem Voranschreiten der Jahre spürt man die Last solcher Tage immer mehr«, vertraut er Esther im Februar 1998 an, »ich werde in Zukunft mit solchen Abenteuern noch sparsamer sein müssen, als ich es ohnehin schon bin.«[1] Anfang August 1999 genießt er gemeinsam mit Bruder Georg einen Urlaub im Frauenkloster Mallersdorf. »Köstlich die Atmosphäre der Stille nach dem Lärm und der Terminflut von Rom«, berichtet er Betz. Geradezu schwärmerisch lobt er die »großartige Verpflegung« und überhaupt das ganze »weite fruchtbare Land, dessen sanfte Höhen und Täler gegenüber der wuchtigen Gebirgswelt der Alpen etwas Friedvolles und Entspannendes an sich haben«.

Für den 31. Oktober 1999 stand die Unterzeichnung der »Gemeinsamen Erklärung zur Rechtfertigungslehre« zwischen dem Lutherischen Weltbund, dem Weltrat methodistischer Kirchen und der katholischen

Kirche an. Sie gilt als Meilenstein des ökumenischen Dialogs, bei dem die katholische Kirche – bei aller »verbleibenden Unterschiede« – ihr Verständnis für die protestantische Lehre der Rechtfertigung des Menschen »allein aus Gnade« ausdrückte. Tatsächlich hätte es ohne die Intervention des Präfekten »diese Erklärung nicht gegeben«, wie der Theologe Theodor Dieter betonte, Leiter des Instituts für Ökumenische Forschung in Straßburg, eines Instituts des Lutherischen Weltbundes.[2] Als die Gespräche über die Erklärung in eine Sackgasse gerieten, hatte sich Ratzinger mit dem evangelischen Landesbischof Johannes Hanselmann in Regensburg zunächst im Hotel Münchner Hof und tags darauf in der Privatwohnung seines Bruders verschanzt, um letzte, scheinbar unüberwindliche theologische Stolpersteine aus dem Weg zu räumen. Schließlich konnte ein Zusatz gefunden werden, der eiligst an den Lutherischen Weltbund nach Genf gefaxt wurde. Die historische Vereinbarung war gerettet.

»Für mich war dieser Herbst außerordentlich belastet«, bilanzierte der Präfekt in einem Weihnachtsgruß an Esther die vergangenen Monate: »Symposion über die Bibel-Auslegung, Europa-Synode, Theologenkommission, *Ad Limina*-Besuche, Vorträge – besonders in der Sorbonne zu Paris, wo erstmals seit unvordenklicher Zeit wieder ein Kardinal gesprochen hatte, und manches andere. So bin ich einigermaßen erschöpft und freue mich, wenn ich am Jahresende für eine Woche nach Deutschland fahren kann.«[3]

Spätestens ab Mitte der Neunzigerjahre stand fast alles, was der Vatikan auf die Beine stellen konnte, im Zeichen des Millenniums, der zweiten nachchristlichen Jahrtausendwende in der Geschichte der Menschheit. Johannes Paul II. schien geradezu besessen von diesem Datum. Zwar hatte sich der Mönch Dionysius Exiguus verrechnet, als er im 5. Jahrhundert im Auftrag des Papstes einen genauen Kalender erstellen sollte. Der gebürtige Ukrainer legte das Ereignis von Bethlehem auf das Jahr 754 *urbe condita*, also ab der Gründung Roms, fest. Nach neuerer Forschung aber datierte das tatsächliche Geburtsjahr Jesu fünf bis sieben Jahre früher. Aber das Datum stand nun mal, und seither zählte in der westlichen Welt jeder Monat, jede Woche, jede Stunde ab der Geburt Christi, ob in guten oder schlechten Tagen.

Jesu letzte Worte galten einem Sendungsbefehl: »Geht hinaus in die ganze Welt und verkündet das Evangelium allen Geschöpfen.« So steht es bei Markus. »Wer glaubt und sich taufen lässt, wird gerettet.« Bei Matthäus heißt es: »Lehrt sie, alles zu befolgen, was ich euch geboten habe«[4]. 2000 Jahre später gibt es das *Neue Testament* mit Übersetzungen in 6700 Sprachen und Dialekten und etwa 1,7 Milliarden gedruckten Bibeln noch in den letzten Winkeln der Erde. Nicht, dass die Menschen als Christen alle eins und besser geworden wären. Oder dass ihre Kirche keine Kriege unterstützt hätte. Aus einer ehemals geschlossenen Gemeinschaft wuchsen Spaltungen und aus den Spaltungen wieder Spaltungen, sodass es inzwischen rund 41 000 christliche Kirchengemeinschaften gab. Einzig groß und allgemein blieben die Katholiken, die sich auf den Primat Petri beriefen und für sich beanspruchten, als unmittelbar von Jesus gegründete Gemeinschaft mit einer ungebrochenen apostolischen Sukzession nicht nur keine National-, sondern die Weltkirche schlechthin zu sein. Immerhin konnten sie bis zum Millennium in 200 Staaten und mehr als 1500 Ethnien 1,2 Milliarden Mitglieder vorweisen. Ihre Kirche bot Universitäten und Schulen für rund 60 Millionen Schüler und Studenten an, führte rund 5000 Krankenhäuser, 18 000 Krankenstationen und, neben 10 000 Waisenhäusern, 17 000 Pflege- und Behindertenheime.

Johannes Paul II. sah im Millennium eine unvergleichliche Chance. Die Bedeutung des Jahres 2000 liege darin, erklärte er, nicht nur dem Christentum, sondern der gesamten Welt Antwort zu geben auf den »Sinn des Menschseins«. »Wir müssen in See stechen«, rief er aus. Auf das Großereignis hatte er seine Herde mit dem Apostolischen Schreiben *Tertio millennio adveniente* vom 10. November 1994 vorbereitet. Ab 1997 sollte in einem Dreischritt auf das Mega-Event zugegangen werden, beginnend mit dem Jahr »Jesus Christus«, dem das Jahr des »Heiligen Geistes« und das Jahr »Gottvater« folgten. Die Jahrtausendwende selbst hatte er zu einem »Heiligen Jahr« erklärt, mit Startschuss am Heiligen Abend 1999, wenn er mit einem goldenen Hammer an die ansonsten verschlossene Heilige Pforte des Petersdoms klopfen würde – begleitet von dem Psalmvers *Aperite mihi portas iustitiae* (»Öffnet mir die Tore zur Gerechtigkeit«). Sobald ein Mechanismus die tonnenschwere Seitentür in Bewegung setzte, sollte, so zumindest die Planung, ein nie dagewesener Pilgerstrom mit geschätzt 20 Millionen Gläubigen die Ewige Stadt in eine Art himmlisches Jerusalem verwandeln.

Ratzinger sprach dem Millennium die Symbolkraft und Wirkmöglichkeit nicht ab, doch für Erwartungen, die Johannes Paul II. mit dem Datum verband, war er viel zu nüchtern. Ihm ist klar, dass es einen massenhaften Neuaufbruch nicht geben wird. Und während der Papst dem Niedergang des Christentums mit über die Medien multiplizierten Großveranstaltungen entgegnen wollte, predigte sein Glaubenshüter, die Kirche müsse sich auf die Inhalte besinnen, die wohl nur von einem eher kleinen, aber lebendigen und authentischen Kreis von Gläubigen wirklich getragen werden könnten.

Die Skepsis gegenüber dem Millenniums-Spektakel kam auch in den Briefen an Esther Betz zum Ausdruck. So heißt es im Schreiben vom 18. Februar 2000: »Am 16.2. musste ich nach Madrid zu einem Vortrag fahren, wo mich zu meiner Überraschung mehr als 2000 Zuhörer erwarteten; am 17. bin ich nach weiteren Begegnungen erst gegen Mitternacht wieder zu Hause in Rom angekommen ... Hier spüren wir den Wellengang des Heiligen Jahres doch sehr stark. Fast jeden Tag ist irgendetwas Besonderes.« Am 7. Juni 2000 notierte er: »Das Heilige Jahr bringt viel Trubel mit sich; ich kann gar nicht mehr gewohnheitsmäßig über den Petersplatz zu meiner Arbeitsstätte gehen, denn entweder ist der Platz für eine Veranstaltung gesperrt, oder es drängen sich so viele Menschen, dass kein Durchkommen ist. Der Papst liebt immer neue Veranstaltungen und hält uns so ständig in Schwung; ihn selber scheint die Menge der Aktivitäten zu beleben ... während ich es etwas beschaulicher lieber hätte.«

Ob so oder so, Nichtchristen und besonders Anti-Christen mussten eine katholisch durchdeklinierte Agenda der Jahrtausendwende als pure Provokation empfinden. »Dem Papst geht es beim geplanten Jahrtausendrummel vor allem um eins«, verkündete der *Spiegel*, nämlich »den Machtanspruch seiner Kirche als Hüterin der allein selig machenden Wahrheit und als moralische Oberbehörde der Welt zu dokumentieren.« Geboten werde letztlich »das Programm Mittelalter«[5]. Dass auch Rudolf Augstein nicht stillhalten würde, war keine Überraschung. »Es wird ein scheinheiliges Jahr werden«, wusste der *Spiegel*-Herausgeber, denn im Grunde sei »bis auf den heutigen Tag nicht einmal klar, ob es diesen Jesus überhaupt gegeben hat.« Allerdings verstehe es niemand so »wie die christlichen Kirchen, den Menschen mit Schuldgefühlen unter Spannung zu bringen«[6].

Das Hamburger Magazin hatte sich große Verdienste um die Aufklärung politischer und wirtschaftlicher Skandale erworben, doch was den Begründer des Christentums betraf, ignorierte der *Spiegel*-Chef beharrlich alle Erkenntnisse der neueren Forschung. Denn nicht nur die Schriften der Evangelisten, auch die mannigfaltigen außerbiblischen Texte – etwa vom syrischen Historiker Mara bar Serapion (um

73 n. Chr.), dem römischen Historiker Tacitus (56–117 n. Chr.) oder dem jüdischen Geschichtsschreiber Flavius Josephus (ca. 37–100 n. Chr.) – lassen weder Zweifel an Jesu historischer Existenz noch an seiner Verehrung als dem erwarteten Messias zu. Längst galt als anerkannt, dass die synoptischen Evangelien zwischen 10 bis 30 Jahre nach dem Tod Christi entstanden, so früh wie über keine andere Persönlichkeit der Antike. Die ersten Schriften über Alexander den Großen beispielsweise kamen erst 400 Jahre nach seinem Tod zustande – was niemanden je auf die Idee brachte, ihre Glaubwürdigkeit anzuzweifeln. »Alles, was die Evangelien berichten«, fasste der Bibelwissenschaftler Marie-Joseph Lagrange nach fünf Jahrzehnten Forschung in Palästina zusammen, »findet bis in die kleinsten Details genaue wissenschaftliche Bestätigung.«[7] Obendrein: Mit Zigtausenden von Abschriften ist kein einziges antikes Manuskript auch nur annähernd so mannigfach überliefert wie das Neue Testament. Wer es heute liest, befand der Texthistoriker Ulrich Victor, lese es – von Unsicherheiten bei der Übersetzung einzelner Wörter oder Wendungen und stilistischen Fragen abgesehen – genau so, wie es vor 2000 Jahren aufgeschrieben wurde.

Das Heilige Jahr des Johannes Paul II. wurde, anders als vom *Spiegel* prognostiziert, kein Flop. Zwar erwiesen sich die Erwartungen hinsichtlich der Besucherzahlen als zu optimistisch, aber allein bei dem mit dem Jubiläum verbundenen Weltjugendtag an der römischen Universität Tor Vergata fanden sich mehrere Millionen Gläubige und Gäste ein. Auf seiner Millenniums-Pilgerreise ins Heilige Land besuchte der Papst die Gedenkstätte Yad Vashem, um ein Gebet zum Gedenken an die sechs Millionen Menschen zu sprechen, die getötet wurden, weil sie Juden waren. An der Klagemauer in Jerusalem verlas er mit leiser Stimme die Bitte um Vergebung. Anschließend fügte er den Zettel in eine Mauerritze ein. Öffentlich abgelegt hatte das große Schuldbekenntnis anlässlich der 2000-Jahr-Feier zuvor im Petersdom Kardinal Ratzinger. Dass er sich zunächst gesträubt hätte, wie häufig berichtet, entspreche nicht den Tatsachen, erklärte er im Gespräch. Er habe sich zwar gefragt, »ob die vielen Schuldbekenntnisse wirklich etwas Sinnvolles sind, aber dass die Kirche, nach dem Vorbild der Psalmen und des *Buches Baruch* zum Beispiel, auch Schuld bekennt in die Jahrhunderte hin, das habe ich für durchaus richtig gehalten«[8].

Recht behalten sollte Ratzinger immerhin in der Einschätzung über den Nachhall des Millenniums. Dem Heiligen Jahr folgten weder goldene Zeiten noch eine Renaissance des Glaubens, sondern dramatische

Ereignisse voller Sorgen und Leid. Es begann mit dem BSE-Skandal um die Rinderseuche, mit Berichten über Gletscherschmelzen und andere Vorboten einer Klima-Apokalypse und führte bis hin zur durch die Lehman-Pleite ausgelösten globalen Finanzkrise, die ganze Volkswirtschaften in den Abgrund zu reißen drohte. Als am 11. September 2001 die Terrorflieger der al-Qaida in die Zwillingstürme des World-Trade-Centers in New York und auf das Pentagon stürzten, brach auch eine Welt der vermeintlichen Sicherheit zusammen.

Die katholische Kirche selbst galt als in sich gefestigt, ihr Einfluss auf politische und gesellschaftliche Prozesse aber war weiter zurückgegangen. Nirgendwo konnte sie für ihre Kernaussagen Land gewinnen. Von A wie Abtreibung über G wie Gentechnik bis Z wie Zölibat, der heftig kritisiert und noch häufiger gebrochen wurde. Trotz engagierten Einsatzes war es nicht einmal gelungen, in der neuen Verfassung der Europäischen Union einen Gottesbezug zu verankern, wie er beispielsweise im deutschen Grundgesetz festgeschrieben ist, das an die Verantwortung »vor Gott und den Menschen« erinnert. In Spanien und Italien wurden in einigen Schulen erstmals Krippenspiele und Weihnachtsfeiern abgesagt. Sie seien in dieser Zeit nicht mehr zumutbar; nicht zuletzt aus Rücksicht gegenüber dem Islam, der einzig wachsenden Religionsgemeinschaft in Europa. Innerkirchlich war die Kluft zwischen progressiven und traditionellen Kräften nicht kleiner geworden. In vielen Ländern sahen sich Gläubige aufgerufen, eigene Netzwerke »romtreuer Priester und Laien« ins Leben zu rufen. Umgekehrt entstanden regelrechte Kirchenvolksaufstände, ausgelöst nicht zuletzt durch umstrittene Bischöfe wie Kurt Krenn in Österreich, der, wie schon zuvor sein Amtsbruder Hans Hermann Groër, nach Homo-Skandalen seinen Sitz räumen musste.

Ratzinger hatte versucht, dem Millennium eigene Impulse zu geben. Noch im Jahr 2000 erschien das wichtigste seiner geistlichen Werke aus diesen Jahren: *Der Geist der Liturgie*. Die auch als praktische Anleitung verstandene Fibel über Zusammenhänge von Liturgie und Kosmos, über heilige Orte und die richtige Haltung im Gottesdienst war gewissermaßen das zeitgenössische Remake eines gleichlautenden Titels von Romano Guardini aus dem Jahr 1918. Der Kardinal hatte sich bewusst an den Klassiker angelehnt, um, wie er im Vorwort festhielt, ähnlich wie sein Vorbild »eine Hilfe zum Verstehen des Glaubens und zum rechten Vollzug seiner zentralen Ausdrucksform in der Liturgie« zu geben.[9] Seine Hoffnung, mit dem Werk ähnlich wie Guardini »auf neue

Weise so etwas wie ›liturgische Bewegung‹, Bewegung zur Liturgie hin« anstoßen zu können, erwies sich allerdings als reichlich blauäugig.

Ein anderer Beitrag zum Heiligen Jahr war die Enthüllung des »Dritten Geheimnisses von Fatima«, das drei Hirtenkinder in der Cova da Iria bei Fatima in Portugal bei Erscheinungen der Gottesmutter empfangen haben wollten. Auch ein »Sonnenwunder« hatten die »Seher-Kinder« im Zusammenhang mit den Erscheinungen angekündigt. 70 000 Menschen, die auf Feldern lagerten, konnten zur angegebenen Stunde dann tatsächlich ein nie da gewesenes himmlisches Spektakel erleben, darunter Reporter, Wissenschaftler und Regierungsbeamte. Die drei Geheimnisse von Fatima durften auf behördliche und kirchliche Anordnung hin zunächst nicht veröffentlicht werden. Das Seherkind Lúcia dos Santos musste seine Niederschrift auf Anweisung ihres Seelsorgers verbrennen. Am 31. August 1941 brachte Lúcia die »Geheimnisse« erneut zu Papier, wobei es bei dem ersten Geheimnis um einen Blick in die Hölle gegangen war und beim zweiten um die Voraussage, dass dem Ersten Weltkrieg ein weiterer folgen würde, falls die Menschen fortfahren sollten, Gott zu beleidigen, und Russland sich nicht bekehren würde.

Beide Geheimnisse wurden schließlich am 13. Mai 1942 veröffentlicht, beim dritten zögerten die Päpste. Seither rankten sich jede Menge Spekulationen um den Inhalt der Schrift. Betraf er die Zukunft der Kirche selbst? Ging es womöglich um einen Dritten Weltkrieg, einen Atomkrieg? Oder gar um den Weltuntergang? Johannes XXIII. ließ sich die Botschaft 1959 zum Studium vorlegen. Nach der Lektüre entschied er: »Lasst uns warten.«[10] Sechs Jahre später befand auch Paul VI., es sei besser, den Inhalt des Schreibens nicht zu veröffentlichen. Der versiegelte Briefumschlag aus Portugal blieb eines der bestgehüteten Geheimnisse des Vatikans. Nur jeweils drei bis fünf Personen hatten Zugang, darunter auch Ratzinger. Erst nach dem Attentat auf Johannes Paul II. kam Bewegung in die Sache. »Agca wusste, wie man schießt; er schoss zweifellos, um zu treffen. Nur, es war, als hätte ›jemand‹ diese Kugel geleitet und umgeleitet«, hielt der Papst in einem Erinnerungsband fest.[11] Wojtyla bezog die Aussagen aus Fatima auf das Attentat auf ihn. Damit sah er die Prophezeiung als erfüllt an, nicht zuletzt auch deshalb, weil der Anschlag durch Ali Agca exakt am Jahrestag der ersten Erscheinung von Fatima erfolgte.

Doch auch Wojtyla zögerte. Erst für das Jahr 2000 sah er die Zeit gekommen, den Wortlaut der vier DIN-A5-Seiten umfassenden Schrift zu veröffentlichen. Was war so brisant daran? Aus Sicht der Päpste war es wohl vor allem diese Passage: »Und wir sahen in einem ungeheuren Licht, das Gott ist: etwas, das aussieht wie Personen in einem Spiegel, wenn sie davor vorübergehen, einen in Weiß gekleideten Bischof; wir hatten die Ahnung, dass es der Heilige Vater war.« Der Bischof in Weiß, sei »halb zitternd und mit wankendem Schritt« durch eine halb zerstörte Stadt gegangen, notierte Schwester Lucia. Als er vor einem großen Kreuz niederkniete, habe ihn eine Gruppe von Soldaten mit Feuerwaffen und Pfeilen getötet.

Als Leiter der Glaubenskongregation oblag es Ratzinger, die Prophezeiung einzuordnen. »Was hat das Geheimnis von Fatima zu bedeuten? Was sagt es uns?«, fragte der Präfekt in seinem die Veröffentlichung begleitenden Text. Seine Antwort: »Wer auf aufregende apokalyptische Enthüllungen über das Weltende oder den weiteren Verlauf der Geschichte gewartet hatte, muss enttäuscht werden.« Was von Fatima für Gegenwart und Zukunft bleibe, seien »die Führung zum Gebet als Weg zur Rettung der Seelen«. Doch sollte das wirklich alles gewesen sein? Verschwörungstheoretiker hegten weiterhin den Verdacht, der Vatikan habe das »Dritte Geheimnis« nur unvollständig publiziert. Das Gerücht hielt sich so hartnäckig, dass das vatikanische Presseamt sich noch 2016 zu einer Klarstellung genötigt sah. Der emeritierte Benedikt XVI. höchstpersönlich erklärte darin, »die Veröffentlichung des Dritten Geheimnisses von Fatima ist komplett«.

Das Millennium war noch nicht vorüber. Es fehlte katholischerseits noch eine Art Schlussakkord, wie beim Finale eines Feuerwerks. Dass der Knall, den er machte, jedoch solche Wellen auslösen würde, hatte niemand im Vatikan bedacht; womöglich auch aufgrund einer gewissen Naivität gegenüber den Mechanismen der modernen Medienwelt. Es ging um ein 32-seitiges Dokument aus dem Hause Ratzinger. Sein Titel: *Dominus Iesus*, ein Schreiben »über die Einzigkeit und die Heilsuniversalität Jesu Christi und der Kirche«. Schon ein Vorläufer dieses Papiers, das päpstliche Motu Proprio *Ad tuendam fidem* (*Zur Verteidigung des Glaubens*) vom 18. Mai 1998, hatte für erheblichen Wirbel gesorgt. In dieser Instruktion verpflichtete Johannes Paul II. angesichts der Auflösungsprozesse katholische Professoren zu einem Treueeid gegenüber der Lehre ihrer Kirche. Hans Küng verglich das Gelöbnis mit den Ergebenheitsadressen, »die auf Hitler abgelegt wurden«. Mit Blick auf den an Parkinson leidenden Papst sprach er von »verknöcherten

Gestalten«, die nicht von der Macht lassen könnten. Auch Ratzingers Kongregation bekam ihr Fett weg: sie sei eine »Glaubenspolizeibehörde«[12].

Dominus Iesus passte perfekt zum Millennium, aber das Dokument war kein Schnellschuss. Bevor der Text einstimmig verabschiedet werden konnte, musste er die ganze Maschinerie römisch-katholischer Präzisionswerkstätten durchlaufen; mit langen internen Beratungen und unzähligen Arbeitssitzungen der Glaubenskongregation, etwa auch mit dem Rat für den interreligiösen Dialog und dem Rat für die Einheit der Christen. Inhaltlich ging es um die Gefährdung der Kirche durch relativistische Theorien. In der theologischen Diskussion würden Wahrheiten des Glaubens entweder als überholt betrachtet oder aber relativiert, nicht zuletzt die Erscheinung Christi, die zunehmend nur noch als eine besondere, jedoch begrenzte historische Gestalt angesehen werde. Demgegenüber betonte *Dominus Iesus*, es sei für Katholiken »fest zu glauben«, dass in Jesus Christus wirklich die ganze Fülle Gottes wohnt. Bei der Definition von »Kirche« lehnte sich das Dokument an die Dogmatische Konstitution *Lumen gentium* des Konzils an, dass die Kirche Christi trotz der vielfältigen Spaltungen der Christenheit weiterhin ganz nur in der katholischen Kirche bestehe. Allerdings seien auch »in den Kirchen und kirchlichen Gemeinschaften, die nicht in voller Gemeinschaft mit der katholischen Kirche stehen ... vielfältige Elemente der Heiligung und der Wahrheit zu finden«. Diese kirchlichen Gemeinschaften, die den gültigen Episkopat und die Eucharistie nicht bewahrt haben, seien zwar »nicht Kirchen im eigentlichen Sinn«, die in ihnen zusammengeschlossenen Gläubigen aber seien »durch die Taufe Christus eingegliedert und stehen deshalb in einer gewissen, wenn auch nicht vollkommenen Gemeinschaft mit der Kirche«. Auch in Bezug auf die Weltreligionen wiederholte das Papier die Lehre des Zweiten Vatikanums, wonach auch diesen die Gnade Gottes geschenkt werde, »auf Wegen, die er weiß«[13].

Die Erklärung war vom Heiligen Vater »mit sicherem Wissen und kraft seiner apostolischen Autorität« bestätigt worden, wie es in der Protokollsprache des Vatikans hieß. Das zentrale Anliegen der Erklärung, die Klarstellung der Gestalt Christi für die Kirche, kam allerdings nicht zum Durchbruch. Es genügten Pressemeldungen, der Heilige Stuhl würde sich zum alleinigen rechtmäßigen Sachwalter Christi erklären, um einen Sturm der Entrüstung zu entfachen. In Deutschland protestierte der Ratsvorsitzende der Evangelischen Kirche, Präses

Manfred Kock, der Vatikan wolle »augenscheinlich die Uhren zurückdrehen«. »Wir lassen uns unsere kirchliche Existenz nicht von der katholischen Kirche in Rom absprechen«, ereiferte sich Bischöfin Margot Käßmann. Hans Küng erkannte eine »Kombination aus mittelalterlicher Rückständigkeit und vatikanischem Größenwahn«[14], Journalisten sprachen von einem neuerlichen Tiefpunkt der Ära Ratzinger. Dass katholische Amtsbrüder dem Präfekten in den Rücken fallen würden, konnte nach der Schelte durch die Medien niemanden überraschen. Walter Kasper kritisierte, bei der Niederschrift des Textes habe man es »an der nötigen Sensibilität fehlen lassen«, Bischof Lehmann sprach von einem »Betriebsunfall«. Contenance bewahrte der evangelische Landesbischof in Bayern, Johannes Friedrich. *Dominus Iesus* sei eine Erklärung der Glaubenskongregation, kommentierte er, sie formuliere nichts Neues.[15]

Man musste Ratzinger zugutehalten, dass er sich nicht hinter dem Papst oder irgendwelchen Mitarbeitern versteckte, sondern ganz die Verantwortung übernahm. Andererseits war es nicht gerade seine größte Begabung, in einem schnell heiß gelaufenen Konflikt optimal zu kommunizieren. Es handle sich bei *Dominus Iesus* keineswegs um eine »neue Lehre«, erklärte der Präfekt auf einer Pressekonferenz in der *Sala Stampa* in Rom. Man wolle lediglich, mit Blick auf gewisse »Irrtümer und Missverständnisse«, an die gerade auch vom Konzil unterstrichenen Glaubenssätze der katholischen Kirche erinnern. *Dominus Iesus* habe aus der Indifferenz herausführen wollen, die alle Kirchen als gleich betrachte. Die Erklärung habe einen internen römisch-katholischen Charakter. Was »unsere lutherischen Freunde« betreffe, fügte der Präfekt noch typisch ratzingerianisch an, könne er die Aufregung nicht verstehen. Es erscheine ihm »völlig absurd«, wenn »zufällige historische Bildungen« im gleichen Sinne als Kirche angesehen werden wollten, »wie wir glauben, dass es die auf der Nachfolge der Apostel im Bischofsamt beruhende katholische Kirche ist«. Keine dieser Gemeinschaften wolle doch so sein wie Rom. In diesem Sinne beleidige man auch niemanden.[16]

Bis heute wird darüber gerätselt, ob der Präfekt das umstrittene Dokument selbst geschrieben habe. Nein, habe er nicht, klärte er in unserem Interview auf. »Ich habe da natürlich mitgearbeitet, kritisch umgestaltet auch und so. Aber selber geschrieben habe ich keines der Dokumente, auch nicht *Dominus Iesus*.« Er habe ganz bewusst »die Dokumente des Offiziums nie selber geschrieben, damit nicht die Meinung aufkommt, dass ich meine private Theologie verbreite und durchsetzen will«. Auch die nicht abreißenden Spekulationen, es habe wegen des Dokuments einen Zwist mit Johannes Paul II. gegeben, dementierte er. »Der Papst ist mit einer ganz unbegreiflichen Treue und Güte zu mir gestanden. Angesichts des Wirbels, der um ›Dominus Iesus‹ entstanden war, sagte er zu mir, er wolle bei einem *Angelus* unzweideutig das Dokument verteidigen.« Wojtyla habe ihn allerdings gebeten, den Text hierfür am besten gleich selbst zu schreiben. Aus ihm müsse klar und »wasserdicht« hervorgehen, »dass er das Dokument uneingeschränkt billigte«. Er habe dann »eine kleine Rede geschrieben«, so Ratzinger weiter, »aber ich wollte auch wieder nicht zu hart werden und habe versucht, den Text klar, aber ohne Härte zu schreiben. Der Papst hat mich nach der Lektüre noch einmal gefragt: ›Ist das wirklich klar genug?‹, was ich bejaht habe.«[17]

Ratzinger hatte sich getäuscht. Als Johannes Paul II. im Februar 2001 bei wolkenlos blauem Himmel auf dem Petersplatz neue Kardinäle kreierte, nährten Medien die Spekulation, Ratzinger stünde, nachdem sich der Papst vorsichtig von *Dominus Iesus* distanziert hätte, nun vor dem Rauswurf. »Dies war nicht nur das erste Konsistorium, die erste Kreation neuer Kardinäle im gerade angebrochenen, dritten Jahrtausend«, notierte Robert Leicht von der *Zeit*, »es war zugleich ein Abschied von einer Ära. Diese Ära trägt den Namen Ratzinger.« Deutlich werde dies durch die Erhebung von Ratzingers Gegenspielern in den Kardinalsstand, den Bischöfen Lehmann und Kasper. Für den »eminent befähigten und eminent umstrittenen Wächter über die römisch-katholische Orthodoxie« leite dieser Tag »den Abschied, wenn nicht von der Macht schlechthin, so doch vom Monopol geistlicher Macht unter dem Primat des Papstes« ein. Der Papst habe sich »durch seine jüngsten Kardinalsernennungen … deutlich distanziert, sowohl von Ratzingers römischem Zentralismus – als auch von Ratzingers zentraler Bedeutung im Vatikan«[18].

Wie falsch die Analyse des *Zeit*-Korrespondenten lag, zeigte sich kurze Zeit später. Am 30. November 2002, dem Festtag des Apostels Andreas, bestätigte Johannes Paul II. offiziell das Aufrücken des deutschen Kurienkardinals zum Dekan des Kardinalskollegiums. Damit hatte Ratzinger als Einziger der Kardinäle ab sofort ständigen Zugang zum Papst.[19] Was die Erhebung von Lehmann und Kasper in den Kardinalsstand betraf, enthüllte der frühere Glaubenspräfekt in der hier erstmals veröffentlichten Passage unseres Gesprächs: »Johannes Paul II.

hat mit mir die beiden Ernennungen besprochen. Er hätte selbstverständlich keinen Kardinal aus Deutschland oder anderswoher ernannt, gegen den ich Widerspruch eingelegt hätte. Es gab dabei freilich Freunde, die dem Papst sagten, ich würde in solchen Fällen zu sehr als Gentleman handeln und nicht realistisch genug die Lage einschätzen. Aber mir schien, dass auch andere Temperamente und Positionen als die meinige im Kardinalskollegium Raum finden müssten, sofern sie im Raum des katholischen Glaubens bleiben.«[20]

Völlig unbeachtet blieb, dass Ratzingers Kongregation 2001 aufgewertet wurde, als der Kardinal die Zuständigkeit für Missbrauchsfälle an sich zog. Dem Präfekten war klar geworden, dass die Vergehen, ob in den USA oder anderswo, häufig vertuscht oder zumindest nicht mit der nötigen Aufmerksamkeit verfolgt wurden. Möglicherweise hatte der Papst selbst das Problem unterschätzt oder sogar darauf eingewirkt, diese Dinge unter Verschluss zu halten. Mit dem Schreiben *De delictis gravioribus* (»Über schwerwiegende Straftaten«) vom 18. Mai 2001, das der Präfekt allen amtierenden Bischöfen, Ordinarien, Hierarchen und Oberen zustellen ließ, wurde die Weltkirche über neue Normen für Straftaten gegen den Glauben, die Heiligkeit der Sakramente und die Sitten informiert. Die neue Vorschrift löste einen Paragrafen im *Crimen sollicitationis* aus dem Jahre 1962 ab, der bei Geheimhaltung den Bezug auf die Wahrung des Beichtgeheimnisses verlangte. Zudem wurde auch die Gerichtsbarkeit in Missbrauchsfällen in die Zuständigkeit der Glaubenskongregation gezogen, die nun unabhängig von nationalen oder lokalen Rücksichten Taten verfolgen und Priester nicht mehr nur suspendieren, sondern auch laisieren konnte. »Ich habe das Strafrecht ausgearbeitet«, so Ratzinger in unserem Gespräch, »weil das sehr schwach war.« Es sei darum gegangen, den Opferschutz in den Vordergrund zu stellen und Möglichkeiten zu schaffen, »schneller zuzugreifen«.

Dass der frühere Präfekt auch als Papst konsequent die Null-Toleranz-Linie gegenüber jeglichem Missbrauchstäter verfolgte, bestätigte der italienische Enthüllungsjournalist Gianluigi Nuzzi, der mit mehreren Insider-Berichten aus dem Vatikan Aufsehen erregte: »Der Kampf Papst Benedikts XVI. gegen den Missbrauch war entschiedener und härter als der seines Nachfolgers«, so Nuzzi: »Benedikt hat den Mantel des Schweigens weggezogen und seine Kirche gezwungen, den Blick auf die Opfer zu richten. Inzwischen ist das Ganze zu einem ›Stop and

Go‹ geworden. Papst Franziskus hat den entscheidenden nächsten Schritt versäumt.«[21]

Als besonders geschichtlich und politisch denkender Kirchenführer zeigte sich der Präfekt noch einmal am Ende seiner Amtszeit. 2002 veröffentlichte seine Kongregation eine Note über den Einsatz und das Verhalten der Katholiken im politischen Leben. »Die gegenwärtigen demokratischen Gesellschaften«, hieß es darin, »fordern neue und weitgehendere Formen der Beteiligung der Bürger – Christen wie Nichtchristen – am öffentlichen Leben.« Die Gesellschaft befinde sich »in einem komplexen kulturellen Prozess, der das Ende eines Zeitabschnittes und die Unsicherheit über die neue am Horizont stehende Epoche anzeigt«. Die Veränderungen forderten »dazu heraus, den Weg zu überdenken, den die Menschheit im Fortschritt und in der Aneignung von menschlicheren Lebensbedingungen gegangen ist«. Das betreffe etwa »die wachsende Verantwortung gegenüber den Entwicklungsländern«, aber auch gewisse Gefahren durch »einige Geistesströmungen«. Insbesondere gebe es »in der Gesetzgebung Versuche, die Unantastbarkeit des menschlichen Lebens zu zerbrechen«. In »dieser schwierigen Lage haben die Katholiken das Recht und die Pflicht einzugreifen, um den tiefsten Sinn des Lebens und die Verantwortung, die alle dafür besitzen, in Erinnerung zu rufen«.

Genauso wie »die Rechte des menschlichen Embryos zu achten und zu verteidigen« seien, müssten »der Schutz und die Förderung der Familie gewährleistet werden, die auf der monogamen Ehe zwischen Personen verschiedenen Geschlechts gründet«. Gleichzeitig gehe es um den »sozialen Schutz der Minderjährigen« und um die »Entwicklung einer Wirtschaftsordnung, die im Dienst der Person und des Gemeinwohls steht und die soziale Gerechtigkeit und die Prinzipien der menschlichen Solidarität und der Subsidiarität beachtet«[22]. Was die Zukunft betraf, machte sich der Präfekt keine Illusionen. »Was wir feststellen müssen, ist, dass die Volkskirchensituation in Europa sich verändert«, hielt er im April 2002 fest: »Man gerät als Folge der schwindenden Identifikation Europas in eine Minderheitssituation.« Soweit man diesen Prozess nicht stoppen könne, »muss die Kirche als Minderheit alles tun, um dennoch ihre großen Werte wirksam gegenwärtig zu halten. Auf keinen Fall aber dürfen wir uns in ein behagliches Getto zurückziehen und sagen: Jetzt sind wir unter uns«[23].

Dass sich Christen in die öffentlichen Debatten einbringen sollten, machte Ratzinger durch persönliches Beispiel vor. Für internationales Aufsehen sorgten seine Dispute mit konträren Intellektuellen, etwa mit Paolo Flores d'Arcais, einem italienischen Sozialdemokraten am 21. Februar 2000, und im Mai 2004 mit dem italienischen Senatspräsidenten und Philosophen Marcello Pera. Vier Monate zuvor hatte das legendär gewordene Streitgespräch mit dem ehedem neomarxistischen Soziologen Jürgen Habermas stattgefunden, bei dem es um »vorpolitische moralische Grundlagen eines freiheitlichen Staates« ging. Dass die Diskussion in der Katholischen Akademie München allerdings nur einem auserlesenen Kreis von rund 30 Zuhörern zugänglich war, darunter die Redakteure der großen deutschen Tages- und Wochenzeitungen und Vertreter von *La Repubblica* und *Le Monde*, war Hans Küng zu verdanken.

Den Veranstaltern war noch gut in Erinnerung, dass der Tübinger Theologe 1998 mit wütenden Protestbriefen versucht hatte, eine ähnliche Tagung zu sabotieren, bei der Johann Baptist Metz anlässlich seines siebzigsten Geburtstages auch Ratzinger eingeladen hatte. Es sei ein »gewaltiges Ärgernis«, dem »Großinquisitor« ein solches Forum zu bieten, protestierte der Schweizer, das sei, »als führte man mit dem Chef des KGB ein allgemeines Gespräch über Menschenrechte«. Was Küng im Übrigen nicht daran hintern sollte, nach der Papst-Wahl Benedikt XVI. sofort um ein vertrauliches Gespräch zu bitten. Einer Versöhnung habe es nicht bedurft, beteuerte er unmittelbar danach vor den schon wartenden Journalisten: »Wir haben uns ja in der ganzen Zeit von beiden Seiten nie persönlich schlechtgemacht, im Gegenteil.«[24]

Ausgangspunkt der Disputation mit Habermas war ein Statement des ehemaligen deutschen Bundesverfassungsrichters Ernst-Wolfgang Böckenförde, eines Bruders von Ratzingers ehemaligem Assistenten Werner Böckenförde. Das Diktum besagt: »Der freiheitliche, säkularisierte Staat lebt von Voraussetzungen, die er selbst nicht garantieren kann.«[25] Die beiden Denker wollten sich darüber auseinandersetzen, ob es wirklich der Religion als vorpolitischer Instanz bedarf oder ob es dem demokratischen Staat gelingt, seine Normativität allein mit säkularer Vernunft aus sich selbst heraus zu begründen.

Welche Position Ratzinger vertreten würde, war nicht sonderlich überraschend. Allenfalls begeisterte die Höhe seiner Argumentation. Spannend wurde es, als Habermas, ein letzter Vertreter der linken Frankfurter Schule, sich mit dem Kardinal in der Ablehnung einer tendenziell antireligiösen Gesellschaft völlig einig zeigte.[26] Dort, wo sonst alles nur noch in Geld bemessen werde, so der streitbare Wortführer der Aufklärung, könne Religion Werte setzen, die dem Auftrag des Menschen zur Bewahrung der Schöpfung über den Tag hinaus gerecht werden. Dass er dabei insbesondere das Christentum für maßgeblich halte, hatte Habermas zuvor schon in einem Gespräch mit Eduardo Mendieta betont: »Der egalitäre Universalismus, aus dem die Ideen von Freiheit und solidarischem Zusammenleben entsprungen sind, ist unmittelbar ein Erbe der jüdischen Gerechtigkeit und der christlichen Liebesethik«, zu der es »keine Alternative« gebe.[27] Leider ginge dieses Bewusstsein immer mehr verloren und mache einer »bornierten Aufklärung« Platz, die Glaube und Religion als »unvernünftig« ablehne. Für eine offene, vernünftige Diskussion brauche es den Beitrag »der religiösen wie der nicht religiösen Bürger«, betonte Habermas gegenüber der *Neuen Zürcher Zeitung*. Dies gelte auch für moralisch komplexe Fragen wie Abtreibung, Sterbehilfe oder vorgeburtliche Eingriffe in das Erbgut.[28]

Bald nach dem Millennium war sich Ratzinger sicher, endlich von seinem Joch erlöst zu werden. Dass er sich fest auf den Abschied einstellte, zeigte die Versorgung seines langjährigen *Segretario particolare del prefetto* Josef Clemens. Der langjährige Mitarbeiter wurde zum Subsekretär der »Kongregation für die Institute geweihten Lebens und für die Gesellschaften apostolischen Lebens« berufen und erhielt die Bischofsweihe, die Ratzinger persönlich im Petersdom vornahm. Später sollte sich Clemens große Verdienste um die von Johannes Paul II. ins Leben gerufenen Internationalen Weltjugendtage in Köln, Sydney, Madrid und Rio de Janeiro mit insgesamt rund 6,4 Millionen Teilnehmern erwerben, für deren Organisation er zuständig war. Am 1. März 2003 trat Georg Gänswein als neuer Privatsekretär seinen Dienst an. Der aus einem kleinen Ort im Schwarzwald stammende Theologe hatte in München studiert und bearbeitete in der Glaubenskongregation zunächst Laisierungen von Priestern und Anträge auf Eheauflösungen.

Was Johannes Paul II. betraf, so hatte er allmählich akzeptiert, den Rhythmus zu verlangsamen und weniger Termine zu planen, doch eine Hüftoperation, neuere Schwächeanfälle hatten Überlegungen geschürt, die Kräfte des 79-Jährigen könnten nicht mehr lange reichen; spätestens zu seinem 80. Geburtstag im Mai 2000 werde er abdanken. Damals berichtete *La Repubblica*, auch der Präfekt möchte »sein Amt niederlegen, um sich zur Meditation in seine deutsche Heimat zurückziehen zu können«²⁹. Die Spekulationen flammten erneut auf, als Anfang 2003 eine größere Personal-Rochade in der Glaubenskongregation in Gang kam. Tarcisio Bertone wurde zum Erzbischof von Genua ernannt, der Subsekretär musste ersetzt werden, weil er in die Apostolische »Pönitentiarie« berufen wurde, der *Capo-Ufficio* der *Sezione dottrinale* wiederum wurde Professor, und auch die Stelle des *Promotor iustitiae* musste neu besetzt werden. Seiner Brieffreundin Esther Betz schrieb der Kardinal am 16. Februar 2003: »Kein Wunder, dass sich die Gerüchte verdichten, auch mein Ende stehe bevor.« Der Papst scheine »freilich vorerst noch nicht in dieser Richtung zu denken«, fuhr er bedauernd fort, »auch wenn ich mich freuen würde, wenn auch für mich ruhigere Zeiten anbrächen«.

Kapitel 57

Agonie

Auf dem Weg in das dritte Jahrtausend steht der größten Institution der Welt ein Mann vor, der anderswo weder einen Job noch eine Wohnung bekäme. Ein Mann mit zitternden Händen, gebückt und müde, den Kopf gesenkt, und wenn er in seinem Rollstuhl stotternd zu einer Rede anhebt, tropft Speichel aus seinem Mund.

An der Biografie Karol Wojtylas waren die Wundmale des Jahrhunderts abzulesen. Von der Zeit unter den Nazis im katholischen Untergrund, als er Juden aus dem Getto holte, bis hin zu jener Stunde, als er seine Landsleute fragte, was sie nach der Befreiung vom Joch des Atheismus eigentlich gemacht hätten aus ihren Chancen.

Als erster Papst hatte er islamische und buddhistische Staaten besucht. Als erster mit Vertretern der Weltreligionen in Assisi gebetet. Als erster der Mafia konsequenten Widerstand angekündigt. Er hat Hus, Kopernikus und Galilei rehabilitiert, hat die historische Schuld der Kirche anerkannt und internationale Kongresse für die Rechte von Migranten und Kindern organisiert. »Lasst die Hoffnung nicht sterben! Fürchtet euch nicht!«, rief er seinem Publikum zu. Die Wende im Osten, an der er seinen Anteil hatte, betrachtete er als eine der größten Revolutionen der Geschichte. Aus der Perspektive des Glaubens interpretiert, war sie eine Gnade, ein Eingreifen Gottes, das für ihn zweifelsfrei mit der Offenbarung von Fatima in Verbindung stand.[1]

Abends, wenn er im Rollstuhl an das Fenster fährt, um auf seinen Petersplatz zu schauen, werden Erinnerungen wach. An seine Heimat. An ein Mädchen, das er liebte. An Gedichte, die er schrieb. Wie früh war doch auch der Tod sein Begleiter geworden. Da war die Schwester, die gleich nach ihrer Geburt verstarb. Die junge Mutter, die einer Herzmuskelentzündung erlag, als er gerade einmal acht war. Sein einziger Bruder, Edmund, ein Arzt, starb vier Jahre später an einer Scharlachinfektion. Mit 15 streifte ihn zum ersten Mal selbst der Tod. Sein Spielgefährte hatte mit einer gefundenen Pistole zum Spaß auf ihn angelegt. Die Kugel ging haarscharf an seinem Kopf vorbei.

Seine Freunde nannten ihn *Lolek*. Er war Fußballtorwart und leidenschaftlicher Laienschauspieler, ein richtiger Mann, wie man sagte. Aber auch einer, der täglich viele Stunden betend auf den Knien verbrachte, selbst als Zwangsarbeiter der Deutschen im Chemiewerk Solvay. Und dann, als er eines Tages nach zehnstündiger Schinderei in die kleine Krakauer Zweizimmerwohnung zurückkehrte, war auch sein Vater gestorben. Er fand ihn tot in der Küche auf – Herzinfarkt. Stand er nicht auch selbst wenige Jahre später erneut an der Schwelle des Todes, mit 23, als ihn ein Lastwagen der deutschen Wehrmacht angefahren hatte? Eine unbekannte Frau fand ihn verletzt und bewusstlos im Straßengraben. Wie sollte es nicht, so war er überzeugt, die Muttergottes selbst gewesen sein, die ihm das Leben rettete?

Unten auf dem Platz eilen einige Kleriker über das Pflaster. Dürre Kapläne in langen Soutanen und dicke Weihbischöfe mit roten Bauchbinden, die eben ihren Schreibtisch in den jeweiligen Kongregationen, Sekretariaten, Gerichtshöfen und Kommissionen verlassen hatten. Es war spät geworden. Spät auch in seinem Leben. Früher ist er gemeinsam mit Bob Dylan vor Jugendlichen aufgetreten. Unermüdlich reiste er zu den Völkern der Erde. Unermüdlich setzte er neue Heilige ans Firmament, leuchtende Sterne am Himmel gegen die Dunkelheit einer gottvergessenen Welt. Er ist der erste Papst in globaler Mission, und viele hatten den Eindruck, da sei auch einer, der das Licht ausmacht. »Nach Paul VI. kommen noch zwei Päpste bis zum Ende dieser Zeit«, verkündete in den Sechzigerjahren das spanische Seherkind Conchita, analog zur *Prophezeiung des Malachias*, der aus vergangenen Jahrhunderten heraus mit Seherblick bis zum Ende der Zeiten 112 Päpste aufzählte.

»Ihr seid jung, und der Papst ist alt und ein wenig müde«, hatte er Jugendlichen vor einigen Jahren zugerufen. »Und ich sage euch, es macht einen Unterschied, ob man 82 oder 28 ist.« Gewiss, er war ein alter, kranker Mann. Aber seine Gebrechlichkeit war nicht das Problem. Wie viele Regierungschefs hatten ihn als das »Gewissen der Welt« gerühmt? Aber wer von den Mächtigen wollte ihm – außer zu Audienzen – wirklich folgen? War seine Kirche nicht in so gut wie allen Fragen gescheitert, die die Zukunft der Zivilisation beeinflussen würden? Von der Abtreibung über reproduktives Klonen von Embryonen bis hin zum Schutz der Einzigartigkeit der Ehe und dem Verbot der Euthanasie?

Auch das gehörte zu seiner Amtszeit: Missbrauchsskandale, die in den USA ganze Bistümer nicht nur in den moralischen, sondern auch in den finanziellen Ruin trieben. Gemeinden, in denen sich eine Art Mischmaschreligion entwickelt hatte, und wo es fraglich war, ob sie im herkömmlichen Sinne überhaupt noch katholisch zu nennen waren. Hatte er wirklich genug getan, dass seine Kirche nicht noch stärker verflachte, weil Bischöfe fürchteten, die sensiblen Zeitgenossen durch allzu klare Ansprüche zu verschrecken?

Nein, er war nicht zurückgetreten. Auch wenn man ihn dafür gescholten hatte. Jede Schweißperle auf seiner Stirn hatte man gezählt und jedes Zittern des rechten Armes notiert. Kam er bei einer seiner Reisen auch nur annähernd in die Nähe seines Heimatlandes, hieß es, er sei gekommen, um in Polen begraben zu werden. Er aber trug vor der Kulisse einer Welt, die sich in einem Jugend- und Machbarkeitswahn austobte und in der das Leben zunehmend wertlos zu werden drohte, sein Leiden vor sich her wie eine goldene Monstranz. *Ecce homo*: Seht, das ist der Mensch! Niemand konnte mehr wegschauen. Als »Zeuge Christi und Diener der Frohbotschaft«, erklärte er, bleibe er »ein Mensch der Freude und der Hoffnung, ein Mensch, der den Wert des Daseins, den Wert der Schöpfung und der Hoffnung auf ein künftiges Leben zutiefst bestätigt«. Früher hatte er geglaubt, sein Werk durch Gebete, Predigten, Aufrufe zu erfüllen, aber dann hatte er »begriffen«, wie er das einmal ausdrückte, »dass ich es durch den Schmerz tun muss«[2].

Leicht gemacht hatte er es niemandem mit seinen unzähligen Aufrufen, Mahnungen, flehentlichen Bitten zur Besinnung, zur Umkehr. Er fühlte sich zu einer kosmischen Sendung berufen, in der er glaubte, das Licht zu empfangen, um in den Zeichen der Zeit die Wege des Herrn zu erkennen. War er zu streng gewesen? Seit seinem Amtsantritt waren Millionen von Menschen im Westen aus der katholischen Kirche ausgetreten. Aber war es denn bei den anderen besser? Hatten die Protestanten trotz Frauenpriestertum und ohne Zölibat und römischen Papst nicht noch weit größere Verluste erlitten? In Holland, bislang führend im Ehrgeiz katholischer Modernisierer, stieg nicht die Zahl der Katholiken, sondern die der Religionslosen; auf bereits 62 Prozent. Für das Jahr 2020 wurden 72 Prozent prognostiziert.

Was wäre geschehen, hätte sich die Kirche weiter liberalisiert? Gerade in einer Zeit permanenter Herausforderung, der äußeren und inneren Anfechtungen, der Konfrontation mit einem dem Glauben extrem entgegengesetzten Lebensstil? Ja, letztlich auch dem Mangel an Authentizität, an gelebter Christlichkeit. »Mit seinem kompromisslosen Beharren auf unbedingtem Gehorsam macht es dieser lächelnde, scherzende, polternde, grimmige und oft auch altersstarre Papst den engagierten Katholiken in seiner Kirche nicht gerade leicht«, hatte er in einem Kommentar gelesen. Aber war der zahlenmäßige oder politische Erfolg wirklich einer der Maßstäbe Gottes? Ja, es hatte ihn geschaudert vor den Abgründen all jener, die sich Kirche nannten und die Botschaft Jesu verrieten, ohne mit der Wimper zu zucken.

Was wirklich zählte, war, den Glauben bewahrt und gefestigt zu haben, eine klare Richtung gegeben zu haben, die sich ohne Wenn und Aber an der Botschaft Christi orientierte, auch in Fällen, die einer säkularisierten Welt schwer verständlich gemacht werden konnten. War es nicht auch gelungen, dass die Kirche nach den Turbulenzen der Konzilsdiskussionen und Neudefinitionen wieder zu sich selbst zurückfand? Die Dämme waren aufgeweicht, aber sie waren nicht gebrochen.

Der alte Papst ließ sich vom Fenster wieder zurück in sein Zimmer fahren, ins *Appartamento*, wie es allgemein hieß. Der Begriff war zum Synonym für den engen Führungskreis um den Pontifex geworden, der jetzt die Fäden zog. Allen voran sein ihm seit 40 Jahren treu ergebener Sekretär. »Papst Stanislaw«, wie man ihn hinter vorgehaltener Hand nannte, bestimmte, wer zu ihm durfte und wer nicht, er legte Schriftstücke vor oder nicht. Dziwisz hatte sich Verstärkung geholt, den Priester Mieczyslaw Mokrzycki, einen weiteren Polen. Die Kardinäle Camillo Ruini und Giovanni Battista Re, mit dem Dziwisz ein Tandem bildete, gehörten ebenfalls zum Stab. Aber auch andere hatten sich in eine Pole-Position gebracht. Da war der füllige Angelo Sodano, der Erfahrenste von allen. Und der Machtbewussteste. Oder der argentinische Erzbischof Leonardo Sandri, sein Substitut.

Und dann gab es die Geheimzirkel, etwa die »Mafia von St. Gallen«, mit Kardinälen wie Carlo Maria Martini, Godfried Danneels und dem Deutschen Walter Kasper, die ganz eigene Pläne verfolgten und bald in Erscheinung treten würden. »Von Woche zu Woche wächst zudem die Bedeutung des Deutschen Ratzinger«, meldete der *Spiegel*. Der Präfekt zelebriere in diesem Jahr den wichtigsten Gottesdienst des Jahres im Petersdom, die Feier der Auferstehung Christi in der Osternachtmesse – eigentlich die ureigene Aufgabe eines Papstes. Ratzinger war der erste Kardinal gewesen, der Wojtyla in der Gemelli-Klinik sprechen durfte. Die anderen waren von Dziwisz und den Ärzten nur bis in den Vorraum gelassen worden, wo sie sich in ein Gästebuch eintrugen – um dann den wartenden Journalisten mitzuteilen, dass es dem Papst gut gehe.

Die Kirche wird sich weiter rüsten müssen, war Wojtyla überzeugt. Viele ihrer Bauten und Strukturen würden über kurz oder lang finanziell und organisatorisch nicht mehr zu halten sein. Der Stuhl Petri ist keine Erbdynastie. Und da Päpste für gewöhnlich weder Söhne noch Töchter haben, gibt es keine Familientradition. Nach den Gepflogenheiten des Vatikans war es noch nicht einmal erlaubt, zu Lebzeiten eines Pontifex darüber zu spekulieren, wer ihm nachfolgen könnte. Aber nur mit einem konnte er wirklich sein Erbe sichern. Jemand, der sein Pontifikat mitgeprägt hatte, als wäre es sein eigenes. Er würde das Kreuz weitertragen, das Leid still erdulden. Und Wojtyla wusste inzwischen, was es heißt, sein Kreuz zu tragen.

Der Winter war noch nicht vorbei, als sich Anfang des Jahres 2005 die Krankmeldungen des Papstes zu häufen begannen. Immer wieder war er vor den Augen von Millionen von Zuschauern zusammengebrochen, etwa im September 2003 in der Slowakei bei seiner 102. Auslandsreise, als Kameras die Bilder vom Verfall des einst so starken, sportlichen Mannes in alle Welt transportierten. »Er ist am Sterben«, klagte damals der Wiener Kardinal Christoph Schönborn. Ein Jahr später, im August 2004 (es sollte seine letzte Reise werden), sackte sein schwacher Körper während einer Predigt vor 300 000 Menschen im französischen Marienwallfahrtsort Lourdes zusammen, »Pomóż mi«, flüsterte er, »helft mir!« Ein Glas Wasser half. »Ich muss es beenden«, keuchte er und predigte weiter. Von Schmerzen gezeichnet, kniete er nieder in der Grotte, legte eine goldene Rose zu Ehren Marias auf den Boden und bekannte vieldeutig: »Meine Pilgerreise ist beendet, ich bin am Ziel.«

Inzwischen kann er sich nur noch in einem speziellen Stuhl fortbewegen. Sein Arm zittert, sein Haupt hat sich zur Seite geneigt, als hinge es an einem seidenen Faden. Am 1. Februar 2005 wird er mit akuten Atembeschwerden in die Gemelli-Klinik eingeliefert. Als Wojtyla das Spital wieder verlässt, ist es ein schlimmer Anblick. Mühsam wurde der Körper in den Wagen gewuchtet: eine aufgedunsene weiße Gestalt mit wachen Augen in einem versteinerten Gesicht. Am 24. Februar kommt er mit Grippe-Symptom erneut in die Klinik, diesmal für drei Wochen. Eine Luftröhrenoperation soll ihm das Atmen erleichtern. Es sei »nur eine Kleinigkeit«, meinte der behandelnde Arzt. »Eine Kleinigkeit?«, flüsterte Wojtyla dem Chirurgen zu, »fragt sich nur, für wen?«

Die Diskussionen um den möglichen Rücktritt des Kirchenoberhauptes sind verstummt. Es geht nur mehr um die Frage, wie lange er noch durchhält. Jeden Tag beten Millionen von Gläubigen für seine Gesundung. Selbst antikatholische Medien zollen dem »Marathonmann Gottes« nun Respekt: »Der Pole auf dem Stuhl Petri« sei »der politischste, aber auch der wohl moralisch rigideste Papst, den es je gab«, heißt es im *Spiegel*. Sein öffentliches Leben und Leiden habe ihn nach 26 Jahren im Amt jedoch auch »zum größten Medienstar aller Zeiten« gemacht – »und seine Fans fürchten den Tag, an dem diese Ära zu Ende geht«[3].

Der Stellvertreter Christi auf dem Stuhl Petri ist bekannter als die Rolling Stones. Noch nicht einmal Michael Jackson hatte fünf Millionen Besucher mobilisieren können, wie er es bei der Messe beim Weltjugendtag 1995 in Manila tat. Beim Establishment des alten Kontinents mochte er auf geneigte, aber taube Ohren stoßen – umso mehr fand er Gehör bei jenen, die den Glauben an die Politik längst verloren hatten. Die Jugend strömte zusammen, wo immer er sie rief. Auf dem Weltjugendtag in Paris waren es 1997 über eine Million, auf dem in Rom im Jahr 2000 zwei Millionen. In Toronto schwebte er 2002 im Helikopter ein. Beobachter sprachen von einem Rockkonzert ohne Drogen. Es war eine Liebesgeschichte geworden, zwischen der Jugend und dem greisen Pontifex, dem niemand mehr etwas zugetraut hatte. »Die Teenys finden ihn ›ehrlich‹ und ›klar‹, bestaunen seine Sicherheit«, notierte eine Zeitung. »Er weiß einfach, was richtig und was falsch ist«, gaben die Fans zur Antwort, »er sagt nicht heute dies und morgen jenes.«[4]

Das kürzeste Pontifikat der Kirchengeschichte dauerte genau vier Tage, im Jahr 752 regiert von Stephan II. Das nach dem Apostelfürsten Simon Petrus längste 32 Jahre, geleitet von Pius IX. Einmal gab es drei konkurrierende Päpste gleichzeitig. Und einmal gab es einen, der durch Absetzungen und Wiederwahlen dreimal Papst war. Er aber war, in dem Vierteljahrhundert seines Pontifikats – das nach Petrus und Pius IX. drittlängste überhaupt – »der erste Welt-Führer« geworden, die »globalisierte moralische Instanz«, wie es der englische Soziologe und Agnostiker Garton Ash nannte. Alle anderen Führer, so Garton Ash, seien lokale Chefs mit bisweilen globaler Bedeutung, doch einzig der Papst habe ein übergeordnetes Programm, eine allumfassende Botschaft.

In 129 Ländern küsste der »eilige Vater« den Boden. In 697 Städten außerhalb Italiens hielt er insgesamt 2415 Reden. Hinzu kam eine schier unfassbare Katechese mit 14 Enzykliken, 44 apostolischen Schreiben, Hunderten Diskursen. Auf 104 internationalen Reisen hatte er rund 1,2 Millionen Kilometer zurückgelegt, das sind 29 Erdumrundungen, dreimal die Strecke zum Mond, um die Idee des Katholischen als des Allumfassenden zu verkünden, der inneren Einheit von Ich und Du und Wir.

Karol Wojtyla mischte sich unter die »Little Flowers«, Kindertänzerinnen aus Taiwan, zwickte Nasen, umarmte und winkte. Oder zeigte sich zwischen Panzerwracks und Bombenkratern in Angola, um für den Frieden zu demonstrieren. Bei seinen Generalaudienzen empfing er in Rom 16,8 Millionen Pilger und Besucher. Etwa 250 Millionen Menschen weltweit, so die Schätzungen, erlebten den Nachfolger Petri live. Auch was Himmelfahrten betraf, griff Wojtyla in den Superlativ: 1338 Katholiken sprach er selig, 482 Glaubensbrüder und -schwestern heilig, mehr als alle früheren Päpste zusammen. Darunter den Kapuzinermönch Padre Pio, der dem Studenten Wojtyla 1947 prophezeit haben soll: »Du wirst Papst sein, aber ich sehe auch Blut und Gewalt über dich kommen.«[5]

Am Sonntag, 13. März, kommt der Papst gegen 18.40 Uhr wieder einmal von der Gemelli-Klinik in den Vatikan zurück. Er begibt sich in die Kapelle, um mit in die Klagelieder einzustimmen, die in polnischer Sprache an das Leiden Christi erinnern. Man hatte aus den Fehlern der Vergangenheit gelernt, als der schwer herzkranke Johannes Paul I. in seiner Sterbestunde mutterseelenallein war. Eine multidisziplinäre vatikanische Equipe umfasst zehn Notfallmediziner. Es sind Spezialisten für Kardiologie, Infektiologie, Hals-Nasen-Ohren-Heilkunde, Interne Medizin, Radiologie und klinische Pathologie, unterstützt von professionellen Krankenpflegern, einem Physiotherapeuten und einer Logopädin. Die nach dem Luftröhrenschnitt am Hals eingesetzte Kanüle mit Sprechventil erforderte intensive Pflege, und seine von Arthrose geplagten Knie Bewegungsübungen. Koordiniert wird die medizinische Taskforce von der polnischen Ordensfrau Tobiana (einer gelernten Krankenschwester) und dem päpstlichen Leibarzt Renato Buzzonetti, selbst schon 81. »Er hatte nie Angst vor dem Tod, auch nicht jetzt, als er in der Ferne das Tor vor sich sah, hinter dem die Begegnung mit Gott stattfinden sollte«, wird Sekretär Stanislaw später erzählen: »Er ließ sich oft in die Kapelle bringen, wo er lange im Gespräch mit dem Herrn verweilte.«[6]

CNN und andere Sender hatten rund um den Petersplatz Räume und Dachterrassen angemietet. Der Bayerische Rundfunk schaffte neue Übertragungswagen an. Eine superschnelle Leitung darf für keine andere Sendung verwendet werden, um in der Stunde seines Todes keine Minute zu versäumen. Am Palmsonntag, dem 20. März 2005, kann der Papst zum ersten Mal in seiner Amtszeit die heilige Messe zur Eröffnung der Karwoche nicht mehr selbst zelebrieren. Zehntausende Gläubige winken auf dem Petersplatz mit Palmwedeln zu seinen Gemächern hinauf. Nur einige Minuten steht *Giovanni Paolo*, wie ihn die Jugendlichen jetzt rufen, am Fenster, um mit einem Ölzweig zurückzuwinken. Er macht keinen Versuch zu lächeln, wirkt müde – und traurig darüber, den Segen nicht selbst sprechen zu können. Dann greift er sich an die Stirn, bedeckt die Augen und lässt die Faust auf das Lesepult vor sich fallen, ohnmächtig und enttäuscht ob der fehlenden Worte, die ihm nicht aus der Kehle kommen wollen.

Jeden Tag macht Karol Wojtyla in seinem Zimmer Stimmübungen, um an Ostern zumindest das *Urbi et orbi* sprechen zu können, den Ostersegen für die Stadt und den Erdkreis, den er bisher in 62 Sprachen erteilte. Der Oster-Wache am Karsamstag, jenem Teil der liturgischen Feiern, der an das Warten auf die Auferstehung Christi erinnert, wird Kardinal Ratzinger vorstehen. Auf Wunsch des Papstes schreibt der Präfekt bereits am Text für den Kreuzweg am Kolosseum. Am Mittwoch der Karwoche lässt sich Wojtyla erneut für wenige Minuten an das offene Fenster fahren, um die Gläubigen zu segnen. Aber wieder kommt kein Laut aus seinem Mund. Tags darauf überfällt ihn um 11 Uhr in der Kapelle ein Schüttelfrost, starkes Fieber folgt. Zudem macht ihm ein schwerer septischer Schock mit Herz-Kreislauf-Versagen zu schaffen, der auf eine Harnwegsinfektion zurückgeht. Am späten Nachmittag wird am Fuße seines Bettes die Messe gefeiert. Der Papst konzelebriert mit halb geschlossenen Augen, hebt bei der Wandlung zweimal schwach die rechte Hand über das Brot und den Wein. Um 19.17 Uhr spendet Kardinal Marian Jaworski die Krankensalbung. Am Ende der Messe küssen nach den Sekretären auch die Schwestern die Hand des Papstes. Er nennt ihre Namen und fügt hinzu: »Zum letzten Mal.« Auch die Ärzte und Pfleger nähern sich in tiefer Ergriffenheit. Doktor Buzzonetti drückt ihm fest die Hand: »Eure Heiligkeit, wir lieben Sie und sind Ihnen aus ganzem Herzen nahe.«

Am 25. März 2005, Karfreitag, wird ein Bild zur Ikone. An diesem Tag legt Johannes Paul II. im Dom zu St. Peter mit einem flehenden Blick ein schlichtes, dunkelbraunes, etwa ein Meter großes hölzernes Kreuz sanft in die Hände seines treuen Kampfgefährten. Hier, nimm du, sagt die zärtlich anmutende Geste. Jetzt musst du das tragen, ich kann nicht mehr.

Es ist, in der Rückschau gesehen, der Stabwechsel, der aus einem einfachen Pontifikat ein doppeltes macht, das Millennium-Pontifikat. Und auf fast mystische Weise scheint sich jenes Motiv des Geburtstages Joseph Ratzingers zu erfüllen, dessen Datum der Kardinal früh als eine besondere Wegweisung für sein ganzes Leben betrachtet: »An der Tür von Ostern, allerdings noch nicht eingetreten.« In diesem Moment, der auf »Mariä Verkündigung« fällt, beginnt er, in die Tür einzutreten. Es ist liturgisch die Stunde der Agonie Gottes, jener geheimnisvollen Zeitspanne, in der sich Christus nach der Kreuzigung in die Verborgenheit, in die Finsternis des Todesreiches begibt. Einer furchtbaren Verlassenheit, wie es seine Jünger erlebten, in der jedoch jene Transformation hin zur Auferstehung geschieht, die dem einzelnen Individuum wie der Menschheit im Ganzen den Sieg des Herrschers des Universums verkündet, der, wie die Christen glauben, die Schöpfung in die andere Dimension hinüberrettet.

Das Weizenkorn muss sterben, damit es neu erwächst, heißt es in der Bibel[7]. Es ist eine Zäsur. Über das lange Leiden ihres Oberhauptes musste die Kirche den Wechsel des Amtes wie eine Prüfung begreifen, eine Reinigung, um die Situation des Glaubens und die Aufgaben der Zukunft neu zu bedenken. Doch als Ratzinger am Kolosseum den Text der Kreuzwegandacht vorträgt, löst er einen Schock aus. »Was kann uns der dritte Fall Jesu unter dem Kreuz sagen?«, beginnt er seine Betrachtung zur *Neunten Station* des Leidensweges Christi. »Wir haben an den Sturz des Menschen insgesamt gedacht«, fährt er nach kurzem Zögern fort, »an den Abfall so vieler von Christus in einen gottlosen Säkularismus hinein.« Und dann kommt der Schlag an die eigene Brust: »Müssen wir nicht auch daran denken, wie viel Christus in seiner Kirche selbst erleiden muss? Wie oft wird das heilige Sakrament seiner Gegenwart missbraucht, in welche Leere und Bosheit des Herzens tritt er da oft hinein? Wie oft feiern wir nur uns selbst und nehmen ihn gar nicht wahr? Wie oft wird sein Wort verdreht und missbraucht? Wie wenig Glaube ist in so vielen Theorien, wie viel leeres Gerede gibt es?«

Niemand ahnt, in welchem Ausmaß sich die Worte bewahrheiten sollten, die den unfassbaren Skandal der Kirche vorwegnehmen, der im Pontifikat Papst Franziskus' ganz zum Ausbruch kommen sollte. Mit seiner leisen, zitternden Stimme, anklagend und zutiefst bedauernd zugleich, formuliert der Kardinal Sätze, die später tausendfach zitiert werden sollten: »Wie viel Schmutz gibt es in der Kirche und gerade auch unter denen, die im Priestertum ihm ganz zugehören sollten? Wie viel Hochmut und Selbstherrlichkeit? Wie wenig achten wir das Sakrament der Versöhnung, in dem er uns erwartet, um uns von unserem Fall aufzurichten?«

Der Beter ist noch nicht am Ende: »Herr, oft erscheint uns deine Kirche wie ein sinkendes Boot, das schon voll Wasser gelaufen und ganz und gar leck ist. Und auf deinem Ackerfeld sehen wir mehr Unkraut als Weizen. Das verschmutzte Gewand und Gesicht deiner Kirche erschüttert uns. Aber wir selber sind es doch, die sie verschmutzen. Wir selber verraten dich immer wieder nach allen großen Worten und Gebärden.«

Noch einmal hebt er den Gläubigen ins Bewusstsein: »Wir ziehen dich mit unserem Fall zu Boden, und Satan lacht, weil er hofft, dass du von diesem Fall nicht wieder aufstehen kannst, dass du in den Fall deiner Kirche hineingezogen selber als Besiegter am Boden bleibst. Und doch wirst du aufstehen. Du bist aufgestanden – auferstanden, und du kannst auch uns wieder aufrichten. Heile und heilige deine Kirche. Heile und heilige uns.«[8]

Am Ostersonntag, 27. März 2005, erscheint Johannes Paul II. noch einmal an seinem Fenster. Dreizehn Minuten hält er stand, in der Hand den Zettel mit seinem Text. Hundertfünfzigtausend Menschen haben sich auf dem Petersplatz versammelt, Hunderte von Millionen sitzen vor den TV-Geräten, um den Segen *Urbi et orbi* zu empfangen. Johannes Paul II. will sprechen, er ringt mit der Sprache. Es ist eine erschütternde Szene. Verzweifelt reißt er die Arme hoch – und wird zu einem stummen Zeugnis. Dem Stellvertreter Christi auf Erden versagt die Stimme. Still macht er ein großes Kreuz mit der rechten Hand – über die Stadt und den Weltkreis. »Vielleicht wäre es besser«, flüstert er anschließend seinem Sekretär zu, »dass ich sterbe, wenn ich die mir anvertraute Aufgabe nicht erfüllen kann.« Dann fügt er hinzu: »Dein Wille geschehe ... *Totus tuus*.«[9]

Seit Wojtyla nicht mehr in der Lage ist, seinen Kalender selbst zu gestalten, verlässt er sich ganz auf die Choreografie seines Stabes. »Es war die Zeit, als in verschiedenen Zeitungen das sogenannte Zurschaustellen seines Leidens kritisiert wurde«, erinnerte sich Dziwisz. »Um die Wahrheit zu sagen, trafen jene Kritiken weit mehr mich und die anderen aus der unmittelbaren Umgebung des Heiligen Vaters als ihn selbst. Er maß solchen Stimmen keine Bedeutung bei.«[10] Aber während andere die Offenheit im Umgang mit der Krankheit Wojtylas als fast schon obszön kritisieren, hielt sich Ratzinger mit Kommentaren komplett zurück. »Er ist ein Mann, der, wenn ihm etwas schwerfällt oder ihn etwas betrübt, vor anderen nicht spricht«, erläuterte Sekretär Gänswein.[11] Immerhin äußerte er seine Überzeugung, dass der kranke Papst mit den Jahren seines Leidens seinem Pontifikat eine Tiefe gibt, die es vorher noch nicht hatte.

Mit dem 1. April 2005, einem Herz-Jesu-Freitag, spitzen sich die Ereignisse dramatisch zu. Für Ratzinger ist ihre Komplexität im Rückblick nur erklärbar durch die Regie einer göttlichen Vorsehung. Von kaum zu überbietender Symbolik sind sie allemal. Es ist 6 Uhr morgens, als Wojtyla bei vollem Bewusstsein die heilige Messe feiert. Am späten Vormittag »wurde sein Körper von etwas im Innern erschüttert«, erinnerte sich Dziwisz. Das Fieber steigt auf fast 40 Grad. Die Ärzte diagnostizieren einen schweren septischen Schock mit Herz-Kreislauf-Versagen. Ratzinger ist an diesem Tag eingeladen zu einem abendlichen Vortrag mit Übernachtung in Subiaco, rund 70 Kilometer östlich von Rom. Am darauffolgenden Morgen soll er vor Ort ein Pontifikalamt leiten. Subiaco war der Zufluchtsort des heiligen Benedikt, der hier um das Jahr 500 drei Jahre lang in einer Höhle meditierte, bevor er mit seinen Klostergründungen zum Vater des westlichen Mönchtums wurde.

Anlass für den Besuch des Präfekten ist die Verleihung des »Heiligen-Benedikt-Preises für die Förderung des Lebens und der Familie in Europa«, der ihm von der Stiftung *Vita e famiglia* (Leben und Familie) zuerkannt wurde. Sein Vortrag ist angekündigt mit dem Titel: »Europa in der Krise der Kulturen«. Doch als ihn am Morgen ein alarmierender Anruf von Dziwisz erreicht, eilt er ans Krankenbett des Papstes. Er weiß nicht, dass es das letzte Zusammentreffen sein wird. Mit Karol Wojtyla verbindet ihn eine tiefe geistliche Freundschaft, getragen von gegenseitiger Zuneigung, der Achtung vor den Fähigkeiten des anderen und dem Willen, das scheinbar so altersschwache Schiff Kirche durch die Stürme der Zeit zu manövrieren. Gefragt waren Kapitäne, die den Kurs kannten – und ihn auch halten konnten. Die Begegnung ist kurz. Johannes Paul kann nicht mehr sprechen. Ratzinger bittet den Papst, ihn noch einmal zu segnen. Nachdem Wojtyla die Hand zum Segenszeichen gehoben hatte, beugt er sich über das Krankenbett und flüstert: »Heiliger Vater, ich danke Ihnen für alles, was Sie getan haben.«[12]

Nach dem Präfekten treffen weitere Mitglieder der Kurie ein, um sich vom Oberhaupt der katholischen Kirche zu verabschieden. Ratzinger überlegt, in Subiaco abzusagen, doch Kardinalstaatssekretär Sodano winkt ab. Immerhin habe er zugesagt, zu kommen. Obendrein: Bei Wojtyla wisse man ja nie, wie es weitergeht. Der Präfekt ist unschlüssig. »Aber wie so oft – wenn Sodano gesagt hat, fahren Sie, ist er auch gefahren«, berichtete Gänswein. Die beiden Kardinäle vereinbaren, Sodanos Sekretär Monsignore Pioppo solle anrufen, sobald sich die Lage verschlimmere.

Die Fahrzeit nach Subiaco beträgt rund eine Stunde. Am Steuer sitzt Chauffeur Alfredo, auf dem Beifahrersitz Don Giorgio. »Nehmen Sie das Handy mit, auch in den Vortrag, man kann es ja still stellen«, meint Ratzinger zu seinem Sekretär. In der überfüllten Kirche von Subiaco nimmt Gänswein seitlich in der ersten Reihe Platz, um sofort intervenieren zu können. Der Kardinal ist bereits im letzten Drittel seines Textes angelangt, den er wie einen akademischen Vortrag angelegt und bis ins Letzte präzise ausgearbeitet hat. »Das Christentum muss sich immer daran erinnern«, sagt er, »dass es die Religion des Logos ist. Es ist Glaube an den *Creator spiritus*, den schöpferischen Geist, von dem alle Wirklichkeit ausgeht.« Als Katholik habe man darauf zu achten, einen Glauben zu leben, der »aus der schöpferischen Vernunft abstammt und der daher auch gegenüber allem, was wirklich vernünftig ist, offen ist«. Allerdings sei es heute nicht mehr so wie in einer Epoche, »da die großen, vom Christentum geschaffenen Grundüberzeugungen großteils standhielten und unbestreitbar schienen«.

Als Gänsweins Mobiltelefon vibriert, ist es der Sekretär Sodanos, der mitteilt, »es geht mit dem Papa wohl zu Ende«. »Wir fahren sofort«, entscheidet Ratzinger. Im nächtlichen Rom angekommen, sieht der Präfekt, dass der Petersplatz voller Menschen ist, die, mit Kerzen in der Hand, für ihren *Giovanni Paolo* beten. Immer wieder geht ihr Blick sorgenvoll hoch auf das sparsam erleuchtete Fenster im dritten Stock des Apostolischen Palastes, aber noch lebt der Papst.

Niemand weiß, welches Vermächtnis Ratzinger von Johannes Paul II. empfangen hat. Er selbst ahnt nicht, dass er mit dem Vortrag von Subiaco die Vorlage für jene Predigt schrieb, die schon in 16 Tagen, beim Gottesdienst *Pro eligendo papa* (Messe zur Papstwahl), eine Bedeutung bekommen sollte, wie sie seinerzeit die *Rede von Genua* hatte, mit der er dem Konzil die Richtung gab. In der modernen Welt, lautete sein Kernsatz in Subiaco, werde Gott »auf eine der Menschheit bislang unbekannte Weise aus dem öffentlichen Bewusstsein« ausgeschlossen; »entweder durch vollständiges Leugnen oder dadurch, dass seine Existenz als nicht beweisbar, als ungewiss, beurteilt und somit dem Bereich der subjektiven Entscheidung zugeordnet wird, einem Bereich jedenfalls, der für das öffentliche Leben nicht relevant ist.«

Auf ein Argument eingehend, das zur Ablehnung des Gottesbegriffes in der Präambel der neuen europäischen Verfassung führte, meinte der Kardinal: »Die Behauptung, eine Erwähnung der christlichen Wurzeln Europas verletze die Gefühle der zahlreichen Nichtchristen in Europa, ist wenig überzeugend, da es sich vor allem um eine historische Tatsache handelt, die niemand ernsthaft leugnen kann ... Wer würde verletzt? Wessen Identität wird bedroht? Die Muslime, die diesbezüglich oft und gerne angeführt werden, fühlen sich nicht von der Grundlage unserer christlichen Moral bedroht, sondern vom Zynismus einer säkularisierten Kultur, welche die eigenen Grundlagen leugnet. Auch unsere jüdischen Mitbürger werden durch einen Verweis auf die christlichen Wurzeln Europas nicht verletzt, da diese bis auf den Berg Sinai zurückreichen ... Nicht die Erwähnung Gottes verletzt die Angehörigen anderer Religionen, sondern vielmehr der Versuch, eine menschliche Gemeinschaft völlig ohne Gott zu schaffen.«

Der wahre Gegensatz, »der die Welt von heute charakterisiert«, hieß es in dem Vortrag weiter, bestehe »nicht zwischen den verschiedenen religiösen Kulturen, sondern zwischen der radikalen Emanzipation des Menschen von Gott, von den Wurzeln des Lebens auf der einen Seite und den großen religiösen Kulturen auf der anderen Seite«. Der Relativismus werde so zu einem »Dogmatismus, der sich im Besitz der endgültigen Erkenntnis der Vernunft glaubt sowie im Recht, alles andere nur als ein im Grunde überholtes Stadium der Menschheit zu betrachten, das auf passende Weise relativiert werden kann«.

Am Ende seiner Rede rief der Kardinal in einem kämpferischen Tremolo zu Mut und Glaubenstreue auf: »Was wir in diesem Moment der Geschichte vor allem brauchen, sind Menschen, die Gott durch einen erleuchteten und gelebten Glauben in dieser Welt glaubhaft machen. Wir brauchen Menschen, die den Blick geradewegs auf Gott richten und von dort die wahre Menschheit begreifen. Wir brauchen Menschen, deren Verstand vom Licht Gottes erleuchtet und deren Herz von Gott geöffnet wird, sodass ihr Verstand zum Verstand der anderen sprechen und ihr Herz die Herzen der anderen öffnen kann. Nur durch Menschen, die von Gott berührt sind, kann Gott zu den Menschen zurückkehren.«[13]

Der Papst hatte die Nacht überstanden, doch am Samstagmorgen, 2. April, zeigen sich Zeichen einer beginnenden Bewusstlosigkeit. Am späten Vormittag wird erneut ein sprunghaftes Ansteigen der Temperatur festgestellt. Es ist ein ausweglöses Unterfangen. Jede neue therapeutische Maßnahme wäre nun nutzlos. Es ist 15.30 Uhr, als der Heilige Vater mit schwacher Stimme und kaum verständlich Schwester Tobiana eine letzte Bitte zuflüstert: »Lasst mich zum Herrn gehen.« Mühsam teilt er mit, man möge ihm das Johannesevangelium vorlesen. An der Wand vor seinem Bett hängt ein Bild des leidenden Christus, mit Fesseln gebunden, daneben sieht man die Gottesmutter von Tschenstochau. Auf einem kleinen Tisch steht das Foto seiner Eltern. Unten vor dem Petersdom haben sich erneut Zigtausende von Menschen eingefunden. Sie hoffen und bangen. Es ist der Vorabend zum Fest der *Göttlichen Barmherzigkeit,* eines besonderen Gedenktages, den Johannes Paul II. nach einer Vision der 1938 verstorbenen polnischen Ordensschwester und Mystikerin Faustyna Kowalska in das liturgische Jahr der Kirche eingeführt hat und der zu einem Kernpunkt seiner Mission geworden war. »Künde der Welt Meine große, unergründliche Barmherzigkeit«, so hatte Faustyna die Offenbarung Jesu notiert, »bereite die Welt vor auf Meine zweite Ankunft. Bevor Ich als Richter komme, öffne Ich noch ganz weit die Tore Meiner Barmherzigkeit.«[14]

Eine kleine Kerze erhellt, wie es polnische Tradition ist, den Halbschatten des Sterbezimmers, als kurz vor 19 Uhr der Papst ins Koma fällt. Als auch der Monitor das Nachlassen der Lebensfunktionen dokumentiert, wird eine Ahnung zur Gewissheit. Um 20 Uhr beginnt Stanislaw Dziwisz zusammen mit Kardinal Marian Jaworski, Erzbischof Stanislaw Rylko und zwei polnischen Priestern am Fuß des Bettes die heilige Messe zum Fest der *Göttlichen Barmherzigkeit*. Die Schwestern des Hauses, einige Priester und Freunde, die Ärzte und das Pflegepersonal versammeln sich um den Altar und singen polnische Lieder. Um exakt 21.37 Uhr gefällt es dem Herrn des Universums, seinen Diener auf Erden Karol Józef Wojtyla aus Wadowice, den 263. Nachfolger des Apostels Petrus, sechsundzwanzigeinhalb Jahre lang Oberhaupt der heiligen römischen katholischen Kirche, zu sich nach Hause zu holen. Als Leibarzt Renato Buzzonetti den Tod des Papstes feststellt, stimmen alle Anwesenden spontan in eines der erhabensten und ergreifendsten Lieder der Christenheit ein, das *Te Deum*:

Großer Gott, wir loben dich;
Herr, wir preisen deine Stärke.
Vor dir neigt die Erde sich
und bewundert deine Werke.
Wie du warst vor aller Zeit,
so bleibst du in Ewigkeit.

Alles, was dich preisen kann,
Cherubim und Seraphinen
stimmen dir ein Loblied an;
alle Engel, die dir dienen,
rufen dir stets ohne Ruh
»Heilig, heilig heilig« zu.[15]

Als am Schluss des Liedes der Vers »Rette dein Volk, o Herr, und segne dein Erbe, und führe sie und erhebe sie bis in Ewigkeit« anklingt, verschmilzt die Lobes- und Dankeshymne mit dem einmütigen Gebet, das vom christlichen Volk auf dem Petersplatz zum Zimmer des Papstes emporsteigt. Als im *Appartamento* das Licht heller wird, wissen alle, dass sie einen großen Papst verloren haben.

Als der Substitut des Staatssekretariats, der argentinische Erzbischof Leonardo Sandri, über ein Megafon auf dem *Palco*, der überdachten kleinen Bühne unmittelbar vor dem Petersdom, den Tod Johannes Pauls II. bekannt gibt, herrscht unter den Hunderttausenden, die sich auf dem Platz und in den umliegenden Straßen eingefunden hatten, um dem Pontifex in den letzten Stunden nahe zu sein, ein atemloses Schweigen. Es ist, als habe nicht nur in der Stadt Rom, sondern in weiten Teilen der Welt für einen Moment der Pulsschlag ausgesetzt. »Nie hat man einen Mächtigen, einen Herrscher, so klein, so niedrig, so hilflos, so krank, so erbarmungswürdig gesehen«, wird später die *Frankfurter Allgemeine Zeitung* schreiben, »aber auch noch nie so groß in seiner Ohnmacht, so beredt in seiner Stummheit.«[16] Als der Pulsschlag der Menge wieder einsetzt, brandet tosender Applaus auf. Fast alle haben Tränen in den Augen. Ein Chor stimmt ein zärtliches *Ave Maria* an. Und die Menschen verneigten sich in unendlicher Dankbarkeit vor dem guten Hirten auf dem Stuhl Petri, der sie ein halbes Leben lang begleitet und ihnen etwas mitgegeben hat, auf das man nicht verzichten sollte.

Das Sterben des Papstes hatte weltweit den Alltag unterbrochen, sein Tod nun verdrängte alle anderen Nachrichten, als wären sie Schall und Rauch. Politik interessierte nicht mehr, selbst die Politiker nicht. Die italienische Regierung rief drei Tage Staatstrauer aus. Staatspräsident Carlo Azeglio Ciampi erklärte, dass ganz Italien um den Heiligen Vater weint: »Wir haben ihn geliebt, wir haben ihn bewundert ob der Kraft seiner Ideen, seines Mutes, seiner Leidenschaft und Fähigkeit, Werte und Hoffnung uns allen zu übermitteln.« Die Welt des Sports sagte alle Veranstaltungen ab, selbst Fußballspiele. Auch die Übertragung der Formel 1 wurde gestrichen. Wie tief die Verbundenheit und der Respekt Italiens mit und vor diesem Papst war, zeigten die Titel der Zeitungen, die den Tod Johannes Pauls II. vermeldeten: *Il Manifesto:* »So einen wie ihn wird es nicht mehr geben«; *L'Avvenire:* »Die größte Leere«; *La Stampa:* »Die ganze Welt weint um den Papst«; *Corriere della Sera:* »Der Papst, der die Welt geändert hat«; *La Repubblica:* »Addio Woytila«; *Il Tempo:* »Ciao Karol«.

Ratzinger erfuhr vom Tod Johannes Pauls II. durch Kardinalstaatssekretär Angelo Sodano am Telefon. Als Dekan des Kardinalskollegiums hatte er gemeinsam mit dem *Camerlengo* (dem Kardinalkämmerer Eduardo Martinez Somalo) die Aufgabe, den Tod des Pontifex zu bestätigen. Nach dem vorgeschriebenen Ritus rief der *Camerlengo* den Papst zweimal mit seinem Namen an, um dann festzustellen: »*Vere, Papa mortuus est*«, wahrlich, der Papst ist tot. Dann bedeckte er das Gesicht des Heiligen Vaters mit einem weißen Tuch, bevor der Leichnam gewaschen, angezogen und in die Privatkapelle gebracht wurde, um einen Tag später im offenen Sarg in der *Sala Clementina* und danach in der Petersbasilika aufgebahrt zu werden. Zum Ritus gehörte, dass dem *Camerlengo* vom Kanzler der *Camera Apostolica* der Fischerring, mit dem der Papst die offiziellen Dokumente besiegelt, übergeben wird, um ihn unbrauchbar zu machen.

Gleichzeitig mit dem Pontifex waren auch sämtliche Leiter der vatikanischen Dikasterien »gestorben« und ab sofort nicht mehr im Amt, ob nun ein Kardinalstaatssekretär oder ein Präfekt der Glaubenskongregation. Als Kardinalsdekan oblag es Ratzinger jedoch, die Beerdigungsfeierlichkeiten für Johannes Paul II. zu leiten. »Wenn er noch mal schweigsamer war als sonst, dann in diesen Tagen«, beobachtete Gänswein. »Nur Amtliches wurde besprochen.« Es ist eine ganz besondere Stimmung auf dem Petersplatz. Immer war klar, dass der Tod des Jahrhundert-Papstes ein gewaltiges Beben auslösen würde. Als dann zum ersten Mal die Bilder jener jungen Leute zu sehen waren, die sich auf den Weg machten, um sich ein letztes Mal vor dem Pontifex zu verneigen, wurde klar: Das ist kein Abschied, das ist eine Auferstehung.

Alle waren sie gekommen. Es sind Menschen wie Mia Fiumara, die Anwältin aus Messina, die zehn Stunden in der Sonne ausharrte, um als Erste in den Petersdom gelassen zu werden. Wie der Pizzabäcker Raul Mazzanti, der mit seiner Tochter den Frühzug aus Pesaro genommen hatte. Dann Kirchengruppen, vornweg Franziskanerbrüder mit weißer Kordel, dahinter junge Mädchen aus den Provinzen Italiens, mit Rucksäcken, Fahnen, Transparenten. Und viele, viele Polen. Es ist die bis dahin wohl größte Pilgerbewegung des Christentums – und ein Happening, auf dem Rosenkränze gebetet, uralte Litaneien gemurmelt wurden, als wäre es das Selbstverständlichste der Welt, auch im Zeitalter von Google und Microsoft der gebenedeiten Jungfrau den gebührenden Platz einzuräumen. Als sich der gewaltigste Beerdigungszug, den die Menschheit je gesehen hat, mit bis zu fünf Millionen Teilnehmern durch die Straßen der Ewigen Stadt Bahn bricht, ist es, als werde ein Schiff, das kieloben schwamm, durch einen gewaltigen Ruck wieder umgedreht, gewendet von einer neuen Generation junger Katholiken, die den Glauben wieder in seiner ganzen Vitalität und Fülle erleben wollen, unverkrampft und fromm.

Joseph Ratzinger ist der Schmerz über den Verlust des Freundes deutlich anzusehen, als er am Altar vor dem Petersplatz die Zeremonie einleitet. Blaue Ringe um die Augen zeugen von durchwachten Nächten. Immer wieder fährt der Wind in die Gewänder der 165 Kardinäle, die sich seitlich vor dem Dom postiert haben und die Messe konzelebrieren werden. Ihnen gegenüber, rechts neben der Treppe, sind auf 300 Quadratmetern die Mächtigen der Welt versammelt. Kanzler und Monarchen, Staats- und Kirchenoberhäupter, alt gewordene Revolutionäre, Ajatollahs und moderne Global Players wie Kofi Annan. Es sind insgesamt 70 Staats- und Regierungsoberhäupter, dazu 2500 geladene zivile und religiöse Autoritäten. Noch nie hatte sich ein US-Präsident vor einem toten Papst verneigt. Jetzt kamen mit Bill Clinton und

George Bush senior und junior gleich drei, um vor dem aufgebahrten Pontifex innezuhalten.

Die Sonne scheint von einem fast wolkenlosen, blassblauen Himmel, aber der Wind weht, wo er will. »Folge mir nach!«, predigt Ratzinger, als würde er seinen Text exakt zu jener Szene sprechen, in der die Frühlingsbrise in das rote Evangelienbuch fährt, das auf dem schlichten Holzsarg liegt, und Seite für Seite umblättert. »Folge mir nach! Dieses lapidare Wort Christi kann als Schlüssel gelten zum Verständnis der Botschaft, die vom Leben unseres geliebten verstorbenen Papstes Johannes Paul II. ausgeht, dessen sterbliche Hülle wir heute als Samen der Unsterblichkeit in die Erde senken, während unser Herz voll Trauer ist, aber auch voll froher Hoffnung und tiefer Dankbarkeit.«

Für die *Exequien* für Johannes Paul II. haben sich 3500 Journalisten akkreditiert. Mit Ausnahme Chinas übertragen Fernsehsender die Bilder in alle Länder der Erde. Über eine Milliarde Menschen verfolgen das Geschehen live am Bildschirm. Andere Schätzungen sprechen gar von zwei Milliarden Zuschauern und damit dem größten Ereignis in der Geschichte des Fernsehens. Die Messe wäre für jeden anderen eine Gelegenheit gewesen, sich auch selbst ins Bild zu setzen, aber der Kardinal spricht ausschließlich von Wojtyla, der von der Mutter Gottes gelernt habe, »Christus ähnlich zu werden«. Sichtlich bewegt, mit einer ausladenden Geste seines linken Armes, schließt er ab: »Wir können sicher sein, dass unser geliebter Papst jetzt am Fenster des Hauses des Vaters steht, uns sieht und uns segnet. Ja, segne uns, Heiliger Vater. Wir vertrauen deine liebe Seele der Mutter Gottes, deiner Mutter, an, die dich jeden Tag geführt hat und dich jetzt in die ewige Herrlichkeit ihres Sohnes, Jesus Christus unseres Herrn, führen wird.«[17]

Der Mann aus Polen träumte von einer »Zivilisation des Lebens und der Liebe«, und so schien es wie vorherbestimmt, dass dieser Papst am Vorabend des *Sonntags der Barmherzigkeit* in die Ewigkeit gerufen wurde. Ein liebevollerer Nachlass als der Hinweis auf die Güte Jesu ist kaum vorstellbar. Und hatte Wojtyla nicht immer auch, so rätselhaft und schwer nachvollziehbar, von einem »neuen Frühling des menschlichen Geistes« gesprochen? Nun war tatsächlich Frühling in Rom, als sich der Trauerzug, beflügelt vom Elan der Jugend, getragen von der Kraft einer unverkrampften Liebe zu Jesus, in eine unvergessliche Demonstration des Glaubens verwandelte. Sie gab eine Ahnung davon, wie Kirche aussehen könnte, wenn sie sich wieder aufmacht, Christus entgegenzugehen.

Kapitel 58

Konklave

Sedisvakanz, die führungslose Phase zwischen zwei Päpsten, ist eine seltsame Zeit. Im Apostolischen Palast brennt kein Licht mehr, und fast scheint, als wölbe sich die Finsternis und Leere dieser Wochen über die ganze katholische Christenheit.

In den neun Tagen, die dem feierlichen Begräbnis eines Pontifex folgen (genannt *Novendiali*, vom lateinischen *novem dies*, neun Tage), beten die Kardinäle entsprechend dem Ordo Exsequiarum Romani Pontificis zum einen für die Seelenruhe ihres verstorbenen Oberhirten, zum anderen versammeln sie sich in der Synodalen-Aula zu den *Congregationes generales*, eine Art Vor-Konklave, bei dem die einzelnen Redner mit einer kurzen Analyse skizzieren, wie sich aus ihrer Sicht die Lage der Kirche und die anstehenden Schwerpunkte darstellen. Die Geschäfte führt eine Sonderkongregation, bestehend aus dem *Camerlengo* sowie drei Kardinälen. Sie darf praktische Entscheidungen treffen, jedoch keine von Wichtigkeit.

26 Jahre, 5 Monate und 16 Tage lag das letzte Konklave zurück. Im Oktober 1978 prägte noch der Eiserne Vorhang das geopolitische Szenario. Seither hatte eine ganze Generation nicht erlebt, wie es sich anfühlt, wenn Abermillionen von Menschen weltweit in Ekstase ausbrechen, weil aus einem dünnen Ofenrohr schwarze oder weiße Schwaden herausquellen. Immerhin repräsentiert das Oberhaupt der katholischen Kirche nicht nur ein Land, sondern gewissermaßen die eine große Nation aller Kontinente, und gesucht wird dieses Mal nicht irgendein Pius XIII. oder XIV., der einem anderen Pius folgt, sondern der erste Papst des dritten Jahrtausends.

Die internationale Anteilnahme beim Heimgang des alten Papstes war gewaltig, der Auftrieb für die Kür des neuen jedoch übertraf alles, was je bei einem Konklave zu sehen war. Inzwischen waren 7000 Sonderkorrespondenten in Rom eingetroffen. Fernsehsender aus aller Welt hatten sich an der Via Conciliazione positioniert. Von 100 Dachterrassen richteten sich gewaltige Teleobjektive auf Petersplatz und *Palazzo*

Apostolico. Tag und Nacht wurde über die Beschaffenheit des Ofens in der *Sixtina* und die Spekulationen der *Vatikanista* berichtet, die sich ihrerseits auf Insider-Informationen »aus den langen Fluren hinter den verschlossenen Mauern des Vatikans« beriefen.

Viele hielten Ratzinger aufgrund seiner Stellung, seines Ansehens und seines Einflusses für einen »Papstmacher«. Als Kandidat aber käme er wohl kaum infrage. Ein »Großinquisitor« als Stellvertreter Christi? Ein menschenscheuer Intellektueller auf dem Stuhl des Menschenfischers? Noch dazu ein Deutscher! »Papst Ratzinger wäre ein Schock«, titelte die *Süddeutsche Zeitung*. Der CDU-Politiker Heiner Geißler forderte, man solle Ratzinger statt zum Papst zum Dorfpfarrer machen.

Der Kardinal selbst hatte oft genug erklärt, er freue sich auf den Ruhestand. Nach dem Konklave will er sich zu Exerzitien ins Kloster Scheyern zurückziehen, danach mit Bruder Georg Urlaubstage im Kloster Mallersdorf verbringen. Der Flug Rom–München ist für den 4. Mai fest gebucht.

Noch immer war etwas burschikos Freches an ihm, trotz seiner bald 78 Jahre. Aber die Ringe um seine Augen zeigten auch etwas von der Anstrengung, die ihn das Amt gekostet hat. Das Herz ist geschwächt, das linke Auge blind. »Lieber Mitbruder Karl«, schrieb er vor wenigen Wochen dem Bamberger Erzbischof Karl Braun: »Auch mir ist vor Kurzem der zweite Herzschrittmacher eingepflanzt worden; möge der Herr selber die Schritte des Herzens besser lenken, als es eine Maschine kann.«[1]

Schon ins Amt des Präfekten musste er regelrecht hineingezwungen werden. Dreimal hatte er um seine Entlassung gebeten. Aber war es denn so ungewöhnlich, dass der bisherige zweite Mann, sobald er aus dem Schatten tritt, eine Qualität an den Tag legt, die ihm niemand zugetraut hatte? »Mein Leben setzt sich nicht aus Zufällen zusammen«, hatte Ratzinger einmal betont, »sondern jemand sieht voraus und denkt mir voraus und richtet mein Leben.«[2] Auf die Frage, ob er manchmal nicht auch etwas Angst vor Gott habe, war im Frühjahr 2000 seine Antwort gewesen: »Angst würde ich das nicht nennen. Von Christus wissen wir ja, wie Gott ist, dass er uns liebt.« Dann setzte er hinzu: »Ich habe allerdings immer wieder dieses brennende Gefühl, hinter meiner Berufung zurückzubleiben. Hinter der Idee, die Gott von mir hat, von dem, was ich geben könnte und müsste.«[3]

Dem Kardinal konnte nicht verborgen geblieben sein, dass die Begehrlichkeiten seiner Kollegen wuchsen. Zum allgemeinen Erstaunen hatte am Montag, dem 4. April, zudem der *Corriere della Sera* die Vorstellung der *Papabile*, der aussichtsreichen Papstkandidaten, ausgerechnet mit Joseph Ratzinger begonnen. »Il Tedesco, den Deutschen, nennen sie ihn schon lange nicht mehr«, beobachtete die Münchner *Abendzeitung*: »Sein Image im Kirchenstaat ist ohne Nationalität. Er gilt als Weltmann mit brillanter Intellektualität.«[4] Selbst dem New Yorker *Time Magazine* galt der Bayer als der geeignete »Übergangspapst«. Und bei britischen wie irischen Buchmachern stand er als »natürlicher Nachfolger« Wojtylas auf Platz eins, vor Jean-Marie Lustiger aus Paris und Carlo Maria Martini aus Mailand. Die Quote für Ratzinger lag bei 3:1.

Für den Stuhl Petri gibt es keine Bewerbungen. Öffentliche Wahlreden sind nicht statthaft. Gänzlich verboten sind Absprachen oder gar Komplotte, um einen bestimmten Kandidaten durchzuboxen. Die geheimste und faszinierendste Wahl der Welt ist eine Mischung aus Gottesdienst und Gewissensbefragung, aus Orakel und Debatte, ein sowohl mystischer Akt mit Meditation und Gebet – und eine nüchterne Abwägung mit Rede und Gegenrede. Nach katholischem Glauben ist es letztlich dem Wirken des Heiligen Geistes vorbehalten, wer nach bestem Wissen und Gewissen der Wähler der Kirche Christi vorstehen soll.

Und dennoch: Päpste fallen nicht vom Himmel. Wer ist geeignet – und würdig zugleich? Mit wem kann die Kirche in der veränderten Welt das Evangelium treu bewahren und unverfälscht verkünden? Wer hat die Fähigkeit, das reiche Erbe des großen Vorgängers zu schützen und weiterzuführen? Der Neue sollte kulturelle Bildung, Kenntnis der modernen Welt und Mobilität besitzen – und gleichsam still an der Brust Christi ruhen. Er sollte ein Herz für die Armen haben – aber auch den Blick für wirtschaftliche Zusammenhänge. Er sollte unerschöpfliche Energie für Tausende von Begegnungen besitzen – und sich gleichzeitig durch ein feines Gespür für die Sehnsucht der Massen auszeichnen. Lug und Betrug, unmäßiges Leben oder Vortragsreden mit Millionengagen werden nicht toleriert. Er sollte den Pragmatismus der Vernunft an den Tag legen – und sich durch jene Radikalität der Nachfolge Christi auszeichnen, die sich in glaubenstiefer Frömmigkeit nicht übertreffen lässt. Gütig und herzlich sollte er sein und, als unumschränkter Monarch, streng und unbestechlich zugleich. Seine Aussagen seien eindeutig und nicht verwirrend – und andererseits versöhnlich, um die Herde nicht zu spalten. Ach ja: fließend Latein und italienische Sprachkenntnisse werden vorausgesetzt. Gleichwohl ein gefälliges Aussehen. Zumindest sollte er nicht hässlich wirken. *Unfehlbar* jedoch muss er nicht sein. Das Dogma bezieht sich lediglich auf Lehraussagen, die von der katholischen Kirche als endgültig angesehen und vom Papst verkündet werden.

Die Schuhe des Fischers sind keine Ballerinas. Aber musste nach einem Giganten wie Wojtyla nicht jeder Nachfolger dafür als eine Nummer zu klein erscheinen? Bei Johannes Paul II. war die Unmissverständlichkeit der Botschaft Jesu eingebettet in eine gewisse Folklore und TV-taugliche Events, repräsentiert von einem Mann, den man als Typ fast mögen *musste*. In dem Wunsch nach einem Wechsel bei gleichzeitiger Kontinuität sollte der Neue fortführen, was der Vorgänger gut gemacht hatte. Aber wenn möglich auch verbessern, was weniger gelungen war; all die liegen gebliebenen und problematischen Dinge aus dem Vorgänger-Pontifikat, die nun, nachdem sich die Emotionen der Trauerfeier verflüchtigt hatten, nüchtern bilanziert wurden.

Mit den Päpsten der letzten drei-, vierhundert Jahre hatte die Kirche Glück gehabt, was man beim Betrachten ihrer langen Geschichte weiß Gott nicht von allen behaupten konnte. Alexander VI. zum Beispiel, der berühmte Borgia-Papst, endete nach einem spektakulären Luxusleben damit, dass Schaum aus seinem Mund trat. Die Zunge wurde monströs, jeder Körperöffnung entfuhren zischende Gase. Und der ganze Leib war so angeschwollen, dass die Bestatter ihm angeblich auf den Bauch springen mussten, um den Sargdeckel schließen zu können. Auffallend war allerdings, dass selbst bei Päpsten, die alles andere als heilig waren, im Nachhinein keine ihrer Dokumente umgeschrieben oder verworfen werden mussten.

Ratzinger selbst war insofern vorbereitet, als er im vergangenen Sommer seinem erblindeten Bruder ein Standardwerk zur Geschichte der Päpste des Münchner Kirchenhistorikers Georg Schwaiger vorgelesen hatte. In einem Brief an den früheren Kommilitonen vom 15. Februar 2005 lobte er Schwaiger für die »strenge Sachlichkeit und die Genauigkeit seiner Informationen«. »Die historische Wahrheit erscheint mit all ihren Facetten, und das Negative wird nicht verschwiegen.« Denn »gerade so erscheint auch, wie das Papsttum einen vom Herrn herkommenden Auftrag erfüllt, in dem durch menschliche Schwachheit hindurch doch eine andere Kraft wirksam wird«.[5]

Als Dekan des Kardinalskollegiums hatte Ratzinger nicht nur die Beerdigungsfeierlichkeiten für Johannes Paul II. zu leiten, sondern auch die

Modalitäten zur Wahl seines Nachfolgers. In den Generalkongregationen ging es darum, die verschiedenen Vorstellungen der Kardinäle zu bündeln, sodass daraus eine Synthese für die künftigen Schwerpunkte erkennbar würde. Die neue Rolle schien dem früheren Hochschullehrer nicht unangenehm. Seine Schritte seien nun »ein wenig schwungvoller als sonst, ganz wie der Hausherr«, bemerkte ein Reporter: »Leger ging er von einem zum anderen, grüßte hier und plauderte dort, während sein goldener Kardinalsring blitzte.«[6]

Wie in der apostolischen Konstitution *Universi Dominici Gregis* von 1996 für alle Kardinäle vorgeschrieben, trug Ratzinger in den *Novendiali* den schwarz filetierten Talar, eine rote Schärpe, dazu die Kalotte und das Pektorale. Bei der ersten Sitzung der Generalkongregation, die täglich zwischen 9 und 12 Uhr stattfanden, nahm er selbstbewusst am Präsidiumstisch Platz und eröffnete mit einem Gebet. Danach ließ er die Kirchenfürsten zur Vereidigung antreten. Jeder Kardinal hatte zu geloben, »im Konklave keinen Gebrauch von Sende- und Empfangsgeräten irgendwelcher Art« zu machen oder Fotoapparate zu benutzen – »so wahr mir Gott helfe und die heiligen Evangelien, die ich mit meiner Hand berührte«. Gleichzeitig belehrte er die Amtsbrüder, weder Interviews zu geben noch private Konzilien auf den Korridoren abzuhalten. Als erster Sprecher trat Kardinal Martini ans Mikrofon, der emeritierte Erzbischof von Mailand. Der Jesuit galt als Aushängeschild des progressiven Flügels und chronischer Gegenspieler der Wojtyla-Ratzinger-Linie. Selbstironisch bezeichnet er sich schon mal als »Ante-Papa«, was sowohl Gegen- als auch Vor-Papst bedeuten konnte. Die festgelegte Redezeit von sieben Minuten überzog er ums Doppelte, um einen Parcoursritt von der »Kollegialität« zwischen Bischöfen und Kurie über Bioethik bis hin zur Familienpolitik hinzulegen. Am Ende kam er auf den kranken Wojtyla zu sprechen. Aufgrund der jüngsten Erfahrung bedürfe es künftig genauerer Regeln, um den Rücktritt des Papstes einleiten und ordnen zu können. Martinis Plädoyer sorgte für genügend Aufregung, um innerhalb weniger Minuten die Rednerlisten auch für alle weiteren Sitzungen komplett auszubuchen.[7]

Der Begriff *Konklave* – von dem lateinischen *con clave*, mit dem Schlüssel – bezieht sich zum einen auf die Schlüssel des Himmelreiches, die dem Nachfolger Petri überreicht werden, zum anderen auf den streng verschlossenen Raum, in dem die Abstimmung stattfindet. Noch bei der Papstwahl von 1978 mussten die Wahlberechtigten drei Tage in den umliegenden Räumen der Sixtinischen Kapelle ausharren. Ihr

Luxus bestand aus einem eisernen Bettgestell und einer Waschschüssel. Die Fenster waren zugemauert, die Türen mit Seidenbändern versiegelt worden. Dank einer Änderung durch Johannes Paul II. durften die Wahlberechtigten nun im Gästehaus *Santa Marta* logieren. Aber auch hier war ihnen bis zur öffentlichen Bekanntmachung jede Kommunikation nach außen untersagt. Die Fensterläden waren verriegelt, die Fernseher weggeräumt, die Telefonleitungen abgeschaltet. Die strenge Geheimhaltung diente der Unabhängigkeit der Wahlentscheidung. Nur die Zimmertelefone funktionierten. Dass die Kardinäle selbst weder Mobiltelefone noch Computer besaßen, verstand sich von selbst.

Besonders akribisch wurde vom vatikanischen Sicherheitsdienst das Wahllokal gecheckt, die Sixtinische Kapelle, jährlich Anlaufpunkt von Millionen von staunenden Besuchern. Im Unterschied zum vergangenen Konklave konnten inzwischen Laser-Mikrofone von außerhalb über Schwingungen in den Fensterscheiben Gespräche auffangen. Auch kleinste Wanzen an Möbeln, Decken und Wänden konnten bestens dafür geeignet sein, Informationen nach außen zu tragen. Nun sollten unter einem eigens eingezogenen doppelten Boden Störsender jede Handy-Kommunikation verhindern. Zur Abwehr von Lauschangriffen wurde ein elektronischer Störschirm installiert. Fahrstuhlführer, Haushälterinnen, Köche, Putzfrauen und Techniker wurden auf Verschwiegenheit vereidigt. Wer es wagen sollte, auch nur die unbedeutendste Information an Dritte weiterzugeben, dem drohten Exkommunikation und der Verlust des Arbeitsplatzes. Laut päpstlicher Verfügung durfte das Personal nicht einmal dann mit einem der wahlberechtigten Kardinäle »ins Gespräch kommen«, wenn sie sich zufällig begegneten.

Papst werden kann im Grunde jeder männliche Katholik, er muss noch nicht einmal Priester sein (was seit 627 Jahren nicht mehr vorgekommen war). Bis ins 9. Jahrhundert wurde der Bischof von Rom von der römischen Bevölkerung bestimmt. Weil die Wahl zum Spielball der Interessen römischer Feudal-Cliquen geriet, entschied sich der deutsche Kaiser Heinrich III. kurzerhand, einfach selbst die Päpste zu berufen. Alexander III. aus Siena (bürgerlich Roland Bandinelli) änderte auf dem 3. Laterankonzil 1179 das Wahlrecht dahin gehend, dass zur Wahl eines Papstes die Zweidrittelmehrheit der Kardinäle erforderlich sei.[8] Die Einmischungen der Politik, Korruption und Vetternwirtschaft war dadurch nicht aus der Welt. In seinen Memoiren erinnerte sich Pius II. (bürgerlich Enea Silvio Piccolomini) mit Abscheu an das abgekartete Spiel, aus dem er 1458 selbst als Papst hervorging. Die Strippen seien auf dem Plumpsklo gezogen worden, schrieb er, »dem angemessenen Ort für eine derartige Wahl«[9].

Es gab Konklave, die in wenigen Stunden entschieden waren, wie etwa die Wahl Julius' II. am 31. Oktober 1503. Andere zogen sich hin. Oft über Wochen, manche über Monate. Sie fanden mal in der römischen Lateran-Basilika (der eigentlichen Papstkirche), mal in Avignon oder in Konstanz und, aufgrund politischer Wirren, auch in Venedig statt.[10] Die längste Papstwahl, im Bischofspalast von Viterbo, dauerte fast drei Jahre, auch wenn daran nur 18 Kardinäle beteiligt waren. Erst am 1. September 1271 gelang es, sich auf einen Kompromisskandidaten zu einigen. Und das auch nur, weil aufgebrachte Gläubige die säumige Kirchenversammlung zunächst eingemauert, dann das Essen rationiert und ihr schlussendlich das Dach abgedeckt hatten.

Einzig ein Papst hat als gesetzgeberische Instanz das Recht, ein Konklave neu zu regeln. Wie vor ihm Pius X., Pius XI., Pius XII., Johannes XXIII. und Paul VI. hatte auch Johannes Paul II. eine Reform verfügt. In der *Konstitution über die Vakanz des Apostolischen Stuhles* legte er 1996 neben den Vorschriften zur Geheimhaltung und der Unterbringung der Kardinäle auch das Wahlverfahren neu fest. Zur Wahl berechtigt sind, wie schon Paul VI. bestimmt hatte, nur Kardinäle, die vor Beginn einer *Sedisvakanz* ihr 80. Lebensjahr noch nicht vollendet haben. Die Stimmabgabe muss in jeweils zwei Wahlgängen am Vor- und am Nachmittag erfolgen. Die Namen auf den Wahlzetteln werden laut vorgelesen, ein Wahlhelfer durchsticht sie mit einer Nadel und reiht sie auf eine Schnur. Die Zettel werden täglich in dem erstmals 1939 verwendeten Ofen verbrannt. Steigen dunkle Schwaden auf, dauert das Konklave an. Sollte innerhalb drei Tagen die erforderliche Zweidrittelmehrheit der Stimmen nicht zustande kommen, muss eine eintägige Pause für Gebet und »ein zwangloses Gespräch unter den Wählern« eingelegt werden. Es folgen maximal weitere sieben Wahlgänge, dann eine Pause, erneut sieben Wahlgänge und so fort. Ist nach 30 Runden immer noch keine Entscheidung gefallen, darf eine einfache Mehrheit den Ausschlag geben.

Besonders wichtig war Johannes Paul II. eine souveräne Entscheidung: »Schließlich ermahne ich mit dem gleichen Nachdruck wie meine Vorgänger die wahlberechtigten Kardinäle eindringlich, sich bei der Wahl des Papstes nicht von Sympathie oder Abneigung leiten zu lassen, sich weder durch Begünstigung noch von den persönlichen Beziehungen zu einem beeinflussen zu lassen, noch sich von der Einwirkung angesehener Persönlichkeiten oder Druck ausübender Gruppen oder vom Einfluss der sozialen Kommunikationsmittel, von Gewalt, Furcht oder vom Verlangen nach Popularität bestimmen zu lassen. Vielmehr sollen sie einzig die Ehre Gottes und das Wohl der Kirche vor Augen haben und ihre Stimme nach Anrufung des göttlichen Beistandes demjenigen auch außerhalb des Kardinalskollegiums geben, den sie vor allen anderen für geeignet halten, die Gesamtkirche zum Segen und Nutzen aller zu leiten.«

In Kapitel VI legte Wojtyla fest, dass nach dem Tod des Papstes »in allen Städten und den übrigen Orten, wenigstens in den wichtigsten, demütig und inständig zum Herrn gebetet werde ... damit er die Wähler erleuchte und sie bei ihrer Aufgabe zu solcher Eintracht führe, dass es eine rasche, einmütige und segensreiche Wahl wird, wie sie das Heil der Seelen und das Wohl des gesamten Volkes Gottes erfordern«[11].

An der »Börse der Vatikanisten«, wie sich eine Kolumne des *Corriere della Sera* nannte, wurde Ratzinger eine Woche vor Beginn des Konklaves hoch gehandelt. Der Kardinal habe sich in seinen römischen Jahren im gesamten Weltepiskopat großes Ansehen erworben. Er werde nicht nur als aufmerksamer Wächter der katholischen Glaubenslehre geachtet, sondern auch wegen seiner in tiefer Religiosität wurzelnden Theologie. Für einen Brasilianer wie Kardinal Cláudio Hummes sei es noch zu früh, der Nigerianer Francis Arinze sei ein Außenseiter. Der Experte der deutschen *Bild*-Zeitung, Andreas Englisch, wusste, dass das Konklave »sehr lange« dauern werde und aller Wahrscheinlichkeit nach ein Südamerikaner den Zuschlag erhalte. Man könne aber auch »auf Kardinal Puljić von Sarajewo kommen. Der kennt sich mit Muslimen aus, kennt den Koran von vorne bis hinten, war ein Held, weil er während des Krieges in Sarajewo ausgehalten hat«[12].

Es ist die Phase des Gemurmels, des Finassierens, der gezielten Freundlichkeiten und der boshaften Sottisen. »Man trifft sich, isst zusammen, trinkt Sambuca«, schwärmte Kardinal Kasper von seinen »informellen Treffen nachmittags und abends«, die »nicht zu unterschätzen« seien.[13] Kardinal Lehmann ließ unterdessen kein Interview aus, um die geforderten Qualitäten des neuen Pontifex zu beschreiben. Es enthielt all das – was Ratzinger vermeintlich nicht war. Der Korrespondent der *Welt* Paul Badde berichtete von einer vertraulichen Zusammenkunft, bei der schon drei Tage nach der Beerdigung Wojtylas die Kardinäle Achille Silvestrini, Karl Lehmann, Walter Kasper sowie

Kardinäle aus England, Belgien, Litauen und Italien versucht hätten, »eine Strategie für die Wahl eines ihrer Wunschkandidaten festzulegen«[14]. Eine der Gruppen habe sich für Carlo Maria Martini starkgemacht. Nicht weil man Martini für geeignet hielt. Der 78-Jährige verbrachte seine Zeit inzwischen zumeist im Heiligen Land und war an Parkinson erkrankt. Aber nachdem sich zeigte, dass Ratzinger tatsächlich ein ernst zu nehmender Kandidat war, entstünde mit den Stimmen für den Mailänder eine Pattsituation. Sie könnte nur aufgelöst werden, indem man nach einem ganz neuen Namen Ausschau hielt.

Einer, der sich selbst für *papabile* hielt, war Kardinal Godfried Danneels. Der Erzbischof von Brüssel und Primas von Belgien ließ vor seiner Ankunft in Rom der internationalen Presse ein »Zehn-Punkte-Programm« über die Zukunft der Kirche zukommen. Seine Chancen hielt er für groß genug, um über den Namen »Johannes XXIV.« nachzudenken, den er sich im Falle des Falles geben wollte. Bei der Präsentation seiner Memoiren bekannte der Belgier Jahre später, er sei Mitglied »einer Art Mafia-Club« von Kardinälen gewesen, der bestrebt war, einen Papst Ratzinger unter allen Umständen zu verhindern. Tatsächlich hatte sich die 1996 von Kardinal Martini gegründete Gruppe mit dem Namen »Sankt Gallen« (angelehnt an den Ort ihrer konspirativen Treffen) zum Ziel gesetzt, die Linie Johannes Pauls II. zu torpedieren und die Kirche durch Dinge, die man als »Reformen« verstand, »viel moderner« zu machen. Mitglieder der Gruppe, von deren Existenz Ratzinger nichts wusste[15], waren neben Danneels und Martini der italienische Kardinal Achille Silvestrini, die Deutschen Lehmann und Kasper, dazu Audrys Bačkis aus Litauen und der Niederländer Adrianus Simonis. Eindeutiger Favorit der St.-Gallen-Gruppe für die anstehende Wahl war Jorge Bergoglio. Danneels geriet 2010 in die Schlagzeilen, weil er als amtierender Erzbischof Kindsmissbrauch durch Priester vertuscht und danach einen Bischof gedeckt hatte, der seinen eigenen Neffen missbrauchte. Was Papst Franziskus nicht daran hindern sollte, ihn im Herbst 2014 zum Synodalen der Familienkonferenz in Rom zu ernennen.

Untätig blieb auch Kardinal Meisner nicht. »Wenn man in den Pausen zu zweit war«, berichtete der Erzbischof von Köln über die Generalkongregationen, »gab es schon mal die Frage: ›Wissen Sie, wen wir nehmen sollen?‹ Ich sagte dann: ›Für mich kommt nur einer in Frage, Joseph Ratzinger.‹ Und die meisten meinten: ›Ja, für mich auch.‹«[16] Sieben Tage vor Beginn des Konklaves, am Sonntag, dem 10. April, machte sich der Deutsche auf den Weg in die Cittá Leonina. Ratzinger saß am Schreibtisch in seiner Wohnung »hinter einem riesigen Berg von Akten, die er zu unterschreiben hatte«, wie sich Meisner erinnerte. Als Kardinaldekan hatte er während der Sedisvakanz alle Entscheidungen und unzählige Briefe zu unterzeichnen, und ständig kam Sekretär Gänswein mit einem neuen Stoß von Papieren, um den Stapel am nächsten Tag wieder abzuholen. Für Meisner ist es die erste Papstwahl, für Ratzinger die dritte.

Zwischen den beiden entwickelte sich nach der Erzählung des Kölners folgendes Gespräch[17]:

»Joseph, jetzt pass auf, du wirst mich für verrückt erklären«, begann Meisner, »aber das ist mir egal. Denn hier geht es um das Wohl der Kirche.«

Ratzinger sah kurz vom Schreibtisch auf, sagte aber nichts. Nach einer kurzen Pause nahm Meisner seinen ganzen Mut zusammen:

»Du musst Papst werden.«

Ratzinger unterschrieb weiter seine Papiere und meinte nur: »Du bist wirklich verrückt.«

»Wir finden in dieser Situation der Kirche keinen Geeigneteren.«

Keine Antwort.

»Joseph, ich bitte dich nur, nicht davonzulaufen, wenn es auf dich zukommt.«

»Ich bin nicht der Gesündeste. Betet lieber, dass der Kelch an mir vorbeigeht…«

»Aber nicht mein Wille geschehe…«, setzte Meisner das Gebet Jesu aus dem Garten Gethsemane fort.

»Jetzt hau ab!«

»Da saß der arme Mann, so klein und so blass«, erinnerte sich Meisner. »Ich dachte mir: Hast du was verkehrt gemacht? Nein, um der Kirche willen musste ich ihm das antun.«

Am 16. April begeht Ratzinger seinen 78. Geburtstag. Auf der letzten Generalkongregation vor dem Konklave gratuliert der *Camerlengo* im Namen der Kollegen. Später überraschen ihn seine Mitarbeiter aus der Glaubenskongregation mit einem Strauß Orchideen und einem piano vorgetragenen Marianischen Kanon. Er möge »von weiter oben Hilfe bekommen in diesen schwierigen Tagen«, sagt ein Sprecher. Als ihm sein Großneffe Alois Messerer am Telefon gratuliert und fragt, ob er den Onkel nächste Woche weiterhin mit »Du, Joseph« oder »Heiliger

Vater« ansprechen müsse, erklärt er: »Ich bin froh, wenn alles vorbei ist. Ich will in den Ruhestand und Bücher schreiben.«[18]

Während die Handwerker das Dach der Sixtinischen Kapelle öffneten und den zwei Meter hohen Kamin aus Blech herausschoben, machte sich der vormalige Präfekt auf den Weg nach Hause. Er will in Ruhe – und mit seiner abgegriffenen griechischen Ausgabe des Neuen Testamentes neben sich – an der mit Hochspannung erwarteten Predigt für den Eröffnungsgottesdienst arbeiten. Wenige Hundert Meter weiter hat sich der Petersplatz in ein Heerlager verwandelt. Ganze Karawanen und Einzelpilger aus allen Teilen der Erde stehen, lagern, spazieren auf dem in vielen Jahrhunderten samtweich getretenen Pflaster. Viele waren mit einer Bibel in der Hand angekommen, andere beteten einen Rosenkranz oder studierten die englische *Sunday Times*, die in einem ganzseitig aufgemachten Szenario beschrieb, der künftige Papst werde möglicherweise jemand sein, der als Hitlerjunge den Nazis gedient hatte.

Mitten in der Menge steht Josef Clemens, der frühere Privatsekretär Ratzingers. Nein, er könne sich nicht vorstellen, dass der »Chef« eine Chance habe, sagt er. »Er ist kein Mann der Administration, aber so einen brauchen wir jetzt.« Es sei am Ende der Amtszeit Wojtylas ja doch so einiges liegen geblieben.[19]

Ähnlich denkt auch Georg Gänswein: »Ein Deutscher aus der Generation Joseph Ratzingers, der hat keine Chance, mag er noch so intelligent sein, mag er noch so nah und prägend für Johannes Paul II. und sein Pontifikat gewesen sein.«[20] Zur gleichen Zeit gibt in Regensburg Georg Ratzinger der Münchner *Abendzeitung* ein Interview, in dem er erzählt, sein Bruder habe beim letzten Telefonat »sehr müde« geklungen. Spekulationen, ausgerechnet einen Deutschen für *papabile* zu halten, seien völlig absurd: »Mein Bruder wird bestimmt nicht Papst.«

Wojtyla war ein Mystiker, ein Marienverehrer, ein Beter. Ratzinger ist das alles auch. Aber nicht auf dieselbe Art. Und doch hatte sich die Stimmung gedreht. »Wie soll der nächste Papst sein?«, fragte Jan Ross am 14. April in der *Zeit*. Die »riesige, massenhafte Anteilnahme am Tod von Karol Wojtyla« habe alle bisherigen »Gemeinplätze erschüttert«: »Ist es vielleicht gerade das Kompromisslose, Zeitgeistferne, die Unangepasstheit des Konservativen«, so Ross weiter, »was den Jungen imponiert und der Kirche Respekt verschafft? Was die liberalen Kritiker beklagen – Zölibat, kein gemeinsames Abendmahl mit den Protestanten und so fort –, das sind Probleme der Kirche in Europa, wo sie ohnehin schrumpft. Wo sie wächst, wie in Afrika und teilweise in Asien, oder wo sie stark ist, in Lateinamerika, da hat sie andere Sorgen.«[21]

Tatsächlich hatte sich die Zusammensetzung des Weltkatholizismus deutlich verändert. Von den 1,2 Milliarden Gläubigen lebten inzwischen weit über die Hälfte in Afrika oder Lateinamerika.[22] Aber noch stellten die Europäer mit 55 der 117 Wahlberechtigten die größte Gruppe des Konklave, allen voran die Italiener mit 20 Kardinälen; gefolgt von den Vereinigten Staaten mit 11, Deutschland und Spanien mit je 6, Frankreich mit 5. 21 Kardinäle kamen aus Südamerika. Afrika und Asien waren mit je 11, Ozeanien mit 2 Purpurträgern vertreten. »Die Menschen denken, dass wir wie in einer Wahl abstimmen«, kommentierte Óscar Andres Rodríguez Maradiaga, der Kardinal von Tegucigalpa in Honduras, »aber es ist etwas völlig anderes. Wir werden Gott und den Heiligen Geist anhören.«[23]

Zwei Tage vor Beginn der Wahl meldet die römische *La Repubblica*, das Kardinalskollegium hätte sich in zwei Lager gespalten, in eines, das für Ratzinger, und ein anderes, das für Martini votiere. Gleichzeitig gelte Ratzinger inzwischen so sehr als Favorit, dass man seine Wahl letztlich ausschließen müsse. »Er könnte wohl einen Achtungserfolg im Konklave bekommen«, meldete *Spiegel online*, »die zur Papstwahl erforderliche Zweidrittelmehrheit hingegen keinesfalls.«[24]

Ab Samstag, dem 16. April, beziehen die 115 wahlberechtigten Kardinäle (Jaime Sin von den Philippinen und Adolfo Suárez Rivera aus Mexiko hatten sich krankheitsbedingt abgemeldet) ihre Quartiere im Gästehaus *Casa Santa Marta*. Die Zuteilung der Zimmer erfolgt per Los-Ziehung. Georg Gänswein landet in einer Zelle im fünften Stock. Seine Anwesenheit verdankt er der Regelung, dass der Dekan als Einziger einen Adjutanten mitbringen darf. Als dann der Kardinaldekan am Sonntagvormittag mit dem feierlichen Gefolge der in Scharlachrot gekleideten Würdenträger auf den Hochaltar von St. Peter zusteuert, um mit einem Pontifikalamt das Konklave einzuläuten, herrscht unter den 60 000 Gläubigen und Gästen in der Basilika atemlose Spannung. Über die Bildschirme des Vatikansenders *CTV* verfolgen auch die Zuschauer auf dem Petersplatz die Faszination einer jahrhundertealten Tradition. Gregorianische Choräle ertönen, und die in Griechisch vorgetragene Lesung gibt der *Missa pro eligendo Romano Pontifice* (in der Langform: »Messe für die Wahl eines neuen Papstes, der Gott wegen der Heiligkeit seines Lebens willkommen ist«) einen heiligen Ernst und eine epische Dichte, der sich niemand entziehen kann.

Ratzinger macht einen erschöpften Eindruck. Die Gesichtszüge wirken angespannt, fast maskenhaft. Wie bei der Totenmesse für Johannes Paul II. führt er als Zelebrant das Weihrauchfass. Dieses Mal nicht im Rundgang um einen schlichten Sarg, sondern um den Altar unter dem prächtigen Baldachin Berninis. Bei den Messeteilnehmern werden Erinnerungen an den Abschied von Johannes Paul II. wach. An die feinen Knabenstimmen des Chors der Sixtinischen Kapelle, die überraschende Geste, als Ratzinger dem Protestanten Frère Roger aus Taizé in seinem Rollstuhl die heilige Kommunion reichte, und an das in rotes Leder gebundene Evangelienbuch auf dem schlichten Sarg aus Zypressenholz, dessen Seiten vom Wind umgeblättert wurden, bis eine besonders starke Böe die Buchdeckel mit voller Wucht zusammenschlagen ließ. »Fast wirkt es so«, beobachtete damals Christiane Kohl von der *Süddeutschen Zeitung*, »als ob der Papst in eben jenem Sturm von den Gläubigen scheiden wolle, den er zu Lebzeiten selbst immer wieder in aller Welt entfacht hatte.«[25]

Der Einfluss der Kirche war in der Ära Wojtyla zurückgegangen. Die Bindung vieler Gläubiger wurde fransig wie ein durchgescheuertes Seil, das jeden Moment reißen kann. Der Begriff »papsttreu« war zu einem Synonym für konservative Kleinstgruppen geworden. Allerdings war da auch der Millionenaufzug der Jugendlichen gewesen. Was für eine Demonstration für den Kurs Wojtylas! »*Santo subito!*«, hallte es aus Tausenden junger Kehlen durch die Gassen Roms. Und stand dem Abstieg in den spirituell ausgebluteten Regionen des ehedem christlichen Westens nicht auch ein Aufstieg anderswo entgegen? Die katholische Kirche wuchs. Tag für Tag kamen mehr als 30 000 neue Getaufte hinzu, seelsorglich betreut von gut vier Millionen pastoralen Kräften. Davon mehr als 400 000 Diözesan- und Ordenspriester, etwa 30 000 Ständige Diakone, über 780 000 Ordensfrauen sowie 2,8 Millionen Katecheten.[26]

Konnte Kardinal Giovanni Battista Re in einer der Generalkongregationen nicht auch darauf verweisen, dass die Verwaltung alles in allem gut funktionierte? Mit den 2600 Patriarchal-, Metropolitan-, Erzbischofs-, Bischofs- und 2038 Titularsitzen und ihren 110 Bischofskonferenzen und 19 regionalen Synoden? Dem gewaltigen päpstlichen Apparat aus Staatssekretariat, Kongregationen und Kommissionen, Tribunalen, Räten und Büros, Komitees und Instituten? Um allein den Weltepiskopat am Laufen zu halten, waren jährlich zwischen 140 und 170 neue Bischofsernennungen notwendig.

Die Frage war: Welchen Papst brauchte man in solchen Zeiten?

Für die Predigt sammelte Ratzinger seine restliche Kraft. Es solle ein letzter Dienst sein, der finale Akt einer anstrengenden Biografie. Zwischen den einfachen weißen Bischofsmützen stach er durch eine mit einem großen goldenen Kreuz geschmückte Mitra hervor. Später wird es heißen, seine Predigt sei eine Bewerbungsrede gewesen. Andere werden auf eine erstaunliche Parallele zum vorangegangenen Konklave verweisen. Damals überzeugte ein Kardinal aus Polen durch eine tiefgehende Analyse der Herausforderungen des Marxismus für die Kirche. Doch Ratzingers Homilie ist all das nicht. »Ich meine, ich musste einfach als Kardinaldekan da die Predigt halten«, erläuterte der spätere Papst im Rückblick, »ich habe einfach den Epheserbrief ausgelegt, so ergab sich das.«[27] »*Cari fratelli e sorelle*«, beginnt er. Die Stimme ist schwach, aber es ist, wie die Tageszeitung *Il Tempo* in ihrer nächsten Ausgabe in großen Lettern auf der ersten Seite verkünden wird, »Ratzingers Tag«. Am wenigsten ahnt der Redner selbst, welch kolossale Wucht in seinem Vortrag steckten sollte.

Es gibt von Ratzinger drei seine Biografie entscheidende Reden. Die erste ist das Referat für Kardinal Frings in Genua, das dem Konzil seine Richtung gab. Die dritte wird jene Rücktrittserklärung vom 11. Februar 2013 sein, mit der er das Papsttum in eine neue Ära hob. Diese zweite nun sollte mit dem Blick auf den Epheserbrief des Apostels Paulus mit seinem eigenen Auftrag zu tun haben.

Jesus Christus begegnen heiße, »der Barmherzigkeit Gottes begegnen«, leitet der Prediger ein, doch die Barmherzigkeit Christi sei »keine billig zu habende Gnade«. Paulus spreche davon, in der »Erkenntnis des Sohnes Gottes« die Unmündigkeit abzulegen, nicht »ein Spiel der Wellen zu sein, hin- und hergetrieben von jedem Widerstreit der Meinungen« (Eph 4,14).

Die Predigt war bis zu diesem Punkt ein wenig hölzern und akademisch, aber jetzt können sich die Gottesdienstbesucher einklinken. »Wie viele Glaubensmeinungen haben wir in diesen letzten Jahrzehnten kennengelernt«, erinnert Ratzinger an die Erfahrungen der vergangenen Jahre, »wie viele ideologische Strömungen, wie viele Denkweisen? Das kleine Boot des Denkens vieler Christen ist nicht selten von diesen Wogen zum Schwanken gebracht, von einem Extrem ins andere geworfen worden: vom Marxismus zum Liberalismus bis hin zum Libertinismus, vom Kollektivismus zum radikalen Individualismus, vom Atheismus zu einem vagen religiösen Mystizismus, vom

Agnostizismus zum Synkretismus und so weiter.« In diesen Zeiten »einen ›klaren Glauben nach dem Credo der Kirche zu haben, wird oft als Fundamentalismus abgestempelt, wohingegen der Relativismus, das sich ›vom Windstoß irgendeiner Lehrmeinung Hin-und-her-treiben-Lassen‹, als die heutzutage einzige zeitgemäße Haltung erscheint«. Und weiter: »Es entsteht eine Diktatur des Relativismus, die nichts als endgültig anerkennt und als letztes Maß nur das eigene Ich und seine Gelüste gelten lässt.«

Ratzinger sprach stockend, von Räuspern unterbrochen. Doch immer wieder brandete in der Basilika heftiger Beifall auf. Wir Christen jedoch, fuhr der Redner fort, »wir haben ein anderes Maß: den Sohn Gottes, den wahren Menschen. Er ist das Maß des wahren Humanismus. ›Erwachsen‹ ist nicht ein Glaube, der den Wellen der Mode und der letzten Neuheit folgt; erwachsen und reif ist ein Glaube, der tief in der Freundschaft mit Christus verwurzelt ist. Diese Freundschaft macht uns offen gegenüber allem, was gut ist und uns das Kriterium an die Hand gibt, um zwischen wahr und falsch, zwischen Trug und Wahrheit zu unterscheiden«. Die Kirche müsse mit einer neuen Offensive die Wahrheit des Glaubens verkünden. Und ähnlich wie ein Fußballtrainer, der seine Mannschaft in die zweite Halbzeit schickt, rief er aus: »Wir müssen von einer heiligen Unruhe beseelt sein: der Unruhe, allen das Geschenk des Glaubens, der Freundschaft mit Christus zu bringen.«

Um seine Predigt abzuschließen, griff Ratzinger noch einmal ins Große, ins Weite, ins Ewige: »Alle Menschen wollen eine Spur hinterlassen, die bleibt. Aber was bleibt? Das Geld nicht. Auch die Gebäude bleiben nicht; ebenso wenig die Bücher. Nach einer gewissen, mehr oder weniger langen Zeit verschwinden alle diese Dinge. Das Einzige, was ewig bleibt, ist die menschliche Seele, der von Gott für die Ewigkeit erschaffene Mensch. Die Frucht, die bleibt, ist daher das, was wir in die menschlichen Seelen gesät haben – die Liebe, die Erkenntnis; die Geste, die das Herz zu berühren vermag; das Wort, das die Seele der Freude des Herrn öffnet. Brechen wir also auf und bitten den Herrn, er möge uns helfen, Frucht zu bringen, eine Frucht, die bleibt. Nur so wird die Erde vom Tal der Tränen in einen Garten Gottes verwandelt.«[28]

Am Ende des Gottesdienstes faltete Ratzinger die Hände zum Gebet: »In dieser Stunde beten wir vor allem inständig zum Herrn, dass er uns nach dem großen Geschenk Johannes Paul II. wieder einen Hirten nach seinem Herzen schenke.« Und zwar »einen Hirten, der uns zur Erkenntnis Christi, zu seiner Liebe, zur wahren Freude führt«[29].

In seiner Analyse der Strömungen der Zeit ging es darum, seiner Kirche deutlich zu machen, für welche Aufgaben ein neuer Pontifex gerüstet sein müsste. Doch den Gesichtern der Kardinäle war zu entnehmen, dass sie nicht nur über die Rede, sondern auch über den Redner nachdachten. Und je kleiner sich Ratzinger machte, umso größer wurde seine Ausstrahlung. Das schlohweiße Haar, das scheinbar nicht löschbare Feuer seiner Hingabe, die Erhabenheit seiner Messfeier – und wenn er zwei-, dreimal bei einer Zeremonie stockte, gab ihm dies noch eine ganz eigene Note an Menschlichkeit und Authentizität. Zunehmend unwiderstehlicher leuchtete sein Spiegelbild in den Pupillen der Kardinäle. Und man konnte leicht erahnen, wie sie ihm förmlich im Geiste bereits die weiße Soutane überzogen, um sich auszumalen, wie er darin wirkte.

Kapitel 59

Habemus Papam

Kardinäle sind in der Regel ehrbare Männer. Sie haben sich den höchsten Idealen verpflichtet. Aber trotz Verschwiegenheitsgebot, heiligen Eiden und Sicherheitskontrollen – es ist nahezu unmöglich, alle Details aus einem Konklave geheim zu halten. Die einen sind von Haus aus Plaudertaschen, andere wollen sich wichtigmachen. Die nächsten können vor Verärgerung den Mund nicht halten, wieder anderen quillt das Herz vor Freude über, dass sie nachgerade sprechen *müssen*.

Natürlich sind die *Vaticanista* unter den Journalisten penetrant genug, ihnen bekannte Kardinäle auszuquetschen und das geheime Geschehen so zu rekonstruieren, dass es sich lesen lässt. Und mit ziemlicher Sicherheit taucht irgendwie die eine oder andere Mitschrift aus dem Konklave auf, wie auch in unserem Fall. Von wem und warum sie lanciert wurde, ist nicht zu verifizieren. Auch nicht ihre Zuverlässigkeit. Die Angaben aber klangen so plausibel (und deckten sich mit anderen Aussagen), dass der italienische Fernsehsender *RAI* bereits 2005 kein Problem darin sah, aus dem »Verbotenen Tagebuch« des anonymen Wahlbeteiligten zu zitieren. Die Fachzeitschrift *Limes*[1] veröffentlichte den gesamten Text, der auf seine Weise einen Einblick in die Dynamik des Konklaves gibt, insbesondere in die strategische Vorgehensweise der erwähnten »Gruppe St. Gallen« und ihrem Ziel, einen Papst Ratzinger zu verhindern.

Als die 115 wahlberechtigten Kardinäle nach der Rede Ratzingers von der Peterskirche in einer würdigen, wie in Zeitlupe erscheinenden Prozession zur Sixtinischen Kapelle zogen, war ihre Anspannung ins fast Unerträgliche gestiegen. Zu den Klängen von Johann Sebastian Bachs »Jesu meine Freude« erreichte der anachronistische Zug sein Ziel. Unterdessen hatten die Mitarbeiter der *Edilizia dello Stato Vaticano*, der vatikanstaatlichen Baubetreuung, die *Sixtina* entlang der Seitenwände mit zwei Reihen an Sitzbänken und Tischen ausgestattet. An jeden Platz wurde eine Bibel gelegt. Von Karol Wojtyla wird erzählt, er habe seinerzeit eine marxistische Zeitschrift mit ins Konklave genommen, um während der langen Stunden in aller Ruhe darin zu lesen. Vorne beim Altar stand die silberne Urne, in welche die Wahlzettel in feierlicher Prozedur eingeworfen werden. Hinten beim Eingang, jenseits des marmornen Gitters, das den Gottesraum trennt, befand sich der etwas schäbig aussehende Ofen aus graugrünem Eisenguss, der die gebrauchten Wahlzettel in Rauch auflösen soll. Dass die Kardinäle bei ihrem Urnengang unter Michelangelos *Jüngstem Gericht* sitzen, soll sie an ihre hohe Verantwortung gemahnen; Satanus und andere Schrecknisse der Höllenfahrt mit eingeschlossen.

Beim Einzug der in Doppelreihe schreitenden Würdenträger stimmte Pater Guiseppe Liberto, ein kleiner, etwas rundlich wirkender Pater, seine *Capella Musicale Pontificia* (im Vatikan-Jargon nur *Sixtinische Kapelle* genannt) auf den Choral *Veni Creator Spiritus* ein. 35 Knaben- und 20 Männerstimmen intonierten »Komm Schöpfer Geist, kehr bei uns ein«. Danach sahen die Schaulustigen auf dem Petersplatz in der Liveübertragung von *Television Vatican*, wie die Papstwähler einer nach dem anderen an den Altar traten, um mit der Hand auf der Bibel ihren Schwur zu leisten: »*O Herr, lass uns einen würdigen Kandidaten auswählen, und mögest Du unsere Beratungen so leiten, dass das Konklave weder lang noch entzweiend, sondern ein Sinnbild der Einheit unserer Kirche sein möge. Amen.*«[2]

Der über 80-jährige nicht stimmberechtigte Kardinal Tomáš Špidlík hielt seinen Amtsbrüdern noch eine kurze Meditation, und um 15.30 Uhr gab der Zeremonienmeister, der italienische Erzbischof Piero Marini, das Zeichen zum Beginn. Mit dem Ruf *Extra omnes*, »alle hinaus«, wurden die Fernsehscheinwerfer ausgeschaltet, und die Beamten, die Chorsänger, die Kameramänner, die Sicherheitsleute, der offizielle Fotograf und der Kommandant der Schweizergarde mit seinem mit weißen Federn geschmückten Helm verließen den Raum. Zurück blieb außer den Kardinälen ein Beichtvater – und ein Arzt.

Zunächst verteilte der Zeremoniar die Stimmzettel, dann wurden unter den Kardinälen drei Wahlprüfer und drei *Infirmarii* ausgelost, die die Wahlzettel der gehbehinderten Wähler einsammeln konnten. In seiner peniblen Konklave-Ordnung hatte Johannes Paul II. verfügt, der Zettel für die Urne müsse »rechteckig sein« und in der oberen Hälfte vorgedruckt die Worte *Eligo in Summum Pontificem* enthalten (»Ich wähle zum höchsten Pontifex«). Auf die freie untere Hälfte war der Name des Gewählten einzutragen. Wobei jeder Kardinal angehalten ist, geheim und mit verstellter, dennoch aber lesbarer Schrift zu schreiben. Danach hatten die Wähler an den Wahltisch zu treten, ihren Zettel auf die Patene über der Urne zu legen und folgende Eidesformel zu sprechen: »*Ich rufe Christus, der mein Richter sein wird, zum Zeugen an, dass ich den gewählt habe, von dem ich glaube, dass er nach Gottes Willen gewählt werden soll.*«

Kardinal Meisner hatte in einem Souvenirladen am Borgo Pio noch schnell eine kleine Madonna gekauft, Maria mit den drei Händen, die er Ratzinger ins Konklave mitbrachte. »Ich sagte zu ihm: ›Steck die in deine linke Tasche, und nimm dir ein Beispiel an deiner Mutter, die war auch eine Alleskönnerin. Lauf uns nicht davon, was auch in den nächsten Tagen passieren wird.‹«[3] Aber noch ist Ratzinger zuversichtlich, dass der Kelch an ihm vorübergeht. »Es haben mir natürlich viele gesagt, dass sie auf mich setzen würden. Aber ich habe es wirklich nicht ernst nehmen können«, berichtete er in unserem Gespräch. »Ich dachte mir, wenn die Regel ist, dass ein Bischof mit 75 aufhört, dann kann man nicht den Bischof von Rom mit 78 anfangen lassen.« Immerhin hatte er die Wahlwerbung einer Ratzinger-Lobby um Medina Estévez aus Chile und den kolumbianischen Kardinal López Trujillo stoppen können. Dass er den beiden erklärt hätte, er sei unter der Voraussetzung eines schnellen Konsenses zur Kandidatur bereit, wie es kolportiert wurde, bestritt er allerdings: »Nein, wahr ist, dass ich wusste, dass der Kardinal López sich für mich starkmachen wollte, und ich habe ihn gebeten, davon abzusehen. Ich fürchte, dass er trotzdem weitergemacht hat. Aber sonst gab es keinerlei Gespräche darüber.«

Als die Kardinäle nach der eine halbe Stunde dauernden Stimmabgabe wieder an ihrem Platz waren, wurden die Wahlzettel gemischt, gezählt, kontrolliert und das Ergebnis auf einem eigenen Blatt notiert. Danach kamen die Zettel gelocht auf eine scharlachrote Schnur, um zusammen mit den übrigen Notizen verbrannt zu werden. Ein Helfer öffnete die Klappe des Ofens, stopfte die Schnur mit den Stimmzetteln hinein, legte einen Feueranzünder dazu und entzündete das Ganze. Früher benutzte man nasses oder trockenes Stroh, um den Rauch entweder weiß oder schwarz erscheinen zu lassen, inzwischen wird in einen zweiten Ofen eine Kartusche mit Chemikalien gegeben (eine Mischung aus Kaliumperchlorat, Anthracen und Schwefel), um das entsprechende Signal zu erzeugen.

Bei einem Konklave kann alles passieren. Nichts ist unmöglich. Allerdings gilt die Regel, dass, wer als Papst in ein Konklave hineingeht, als Kardinal wieder herauskommt. Stundenlang hatten die Gläubigen auf dem Petersplatz auf ein erstes Zeichen gewartet. Endlich. Als am Montag, 18. April, kurz nach 20.00 Uhr aus dem Kamin der *Sixtina* erste Rauchschwaden aufstiegen, schien das Warten ein Ende zu haben. Wie nach einem Schuss, wenn eine Schar von Tauben auffliegt, lief die Menge von überallher in die Mitte des Platzes. »Papa, Papa«, riefen die Ersten. Andere blickten gebannt auf den Kamin oder die riesigen TV-Wände, die den Rauchfang in Großaufnahme zeigten. »Black or white?«, rief eine Nonne im Vorbeilaufen. Die Angesprochenen zuckten mit den Schultern. Erkennbar pufften nun die ersten Orakelwolken in den römischen Himmel. Aber sie waren schwarz. Eindeutig. Und ein wenig betröppelt, wie nach einem Fußballspiel, bei dem die Heimmannschaft verloren hat, trotteten die Menschen zurück zu ihren Plätzen, nach Hause oder in eine der Bars, um sich von der Aufregung des Tages zu erholen.

Nach Recherchen verschiedener Medien zeichneten sich in diesem ersten Wahlgang zwei Favoriten ab. Neben Ratzinger war es der emeritierte Kardinal Martini. Der Italiener erhielt angeblich ein oder zwei Stimmen mehr als der Deutsche. Das »Verbotene Tagebuch« des anonymen Wahlbeteiligten indes berichtete ein etwas anderes Ergebnis. Danach erhielt Ratzinger 47 Stimmen (40,9 Prozent), auf Platz zwei aber folgte der Argentinier Jorge Bergoglio mit 10 Stimmen. Auf Martini entfielen neun, auf Camillo Ruini, den Bischofsvikar von Rom, sechs Stimmen, auf Kardinalstaatssekretär Angelo Sodano vier. Es folgten Óscar Rodríguez Maradiaga, der Erzbischof von Tegucigalpa auf Honduras, mit drei und Dionigi Tettamanzi, Erzbischof von Mailand, mit zwei Stimmen. Mehr als 30 Stimmen verteilten sich auf andere Kardinäle. Das wichtigste Ergebnis aber war das schlechte Abschneiden des »progressiven« Flügels im Kardinalskollegium. Auch im »Verbotenen Tagebuch« ist der Versuch der »Gruppe St. Gallen« um Martini, Danneels, Lehmann und Kasper, eine Gegenkandidatur aufzubauen, Kernpunkt der Information. Die Verhinderung Ratzingers, so der angebliche Plan, hätte die Suche nach einem »Kompromisskandidaten« eröffnet. 1978 hatte das Verfahren funktioniert. Damals blockierte der Florentiner Benelli den Genuesen Siri – und gab so einem Polen die Chance, an beiden vorbeizuziehen.

Nach den Bestimmungen über die Papstwahl durfte sich nach Mitternacht außer den Kardinälen niemand mehr im Gästehaus *Santa Marta* aufhalten. Die Nonnen waren in ihre Unterkünfte zurückgebracht worden. Die Sicherheitsleute wachten in ihren Autos vor der Unterkunft oder patrouillierten durch die vatikanischen Gärten. Im 50 Meter entfernten Palazzo San Carlo hatten zwei Ärzte Bereitschaftsdienst. Für den zweiten und dritten Wahlgang, die für Dienstagvormittag ab 9.30 Uhr angesetzt waren, wurden die Kardinäle mit Bussen zum Damasushof vor dem Apostolischen Palast gefahren. Dann ging es mit dem Lift in die erste Etage, um von hier zu Fuß die *Capella Sixtina* zu erreichen.

Es ist Dienstag, der 19. April, Gedenktag Leos IX., der von 1049 bis 1054 regierte und als Einziger unter den bisher sieben deutschen Päpsten heiliggesprochen wurde. Der Wahlgang vom Vortag diente dazu, zu sondieren, in der nun nachfolgenden zweiten Abstimmung ging es darum, die Zahl der verstreuten Stimmen zu lichten. Auf Ratzinger fielen dabei 65 Stimmen (56,5 Prozent), auf Bergoglio 35[4]. Die Stimmen Ruinis waren auf Ratzinger übergegangen, Martinis Stimmen auf Bergoglio. Sodano behielt seine vier Stimmen, ebenso Tettamanzi seine zwei. Als um 11 Uhr der dritte Wahlgang begann, war klar, dass das Konklave zu einem Wettkampf zwischen zwei Favoriten geworden war: Joseph Ratzinger und Jorge Mario Bergoglio.

Zu diesem Zeitpunkt hatte Martini angeblich die Parole gestreut, Ratzinger sei nicht geeignet, einen ausreichenden Konsens zu finden. Sollte sich sein Ergebnis nicht verbessern, werde der frühere Glaubenspräfekt sicherlich von selbst zurückziehen, um das Konklave nicht zu blockieren. Dadurch wäre der Weg frei für den erhofften Kompromisskandidaten. Tatsächlich konnte Ratzinger im dritten Wahlgang seinen Anteil jedoch auf 72 Stimmen ausbauen und kam damit nahe an die nötige Zweidrittelmehrheit heran. Auch Bergoglio konnte mit 40 Voten seinen Stimmenanteil noch einmal erhöhen, ausreichend, um mit einer Sperrminorität die Wahl zu blockieren. Damit wäre das Rennen wieder völlig offen. »Martini gehört zu jenen«, notiert an dieser Stelle der Anonymus, »die für den Morgen des nächsten Tages einen völligen Austausch der Kandidaten vorhersagen ...«

Nicht Ratzinger begann freilich zu zögern, wie Martini gehofft hatte, sondern der Argentinier. Er habe zu verstehen gegeben, heißt es im »Anonymen Tagebuch«, dass er nicht weiter zur Verfügung stehe. Im Rückblick erklärte Bergoglio in einem Interview mit der argentinischen Zeitung *La Voz del Pueblo*, er sei nicht wirklich ein Gegenkandidat zu Ratzinger gewesen.[5] Gegenüber der britischen Zeitschrift *Catholic He-*

rald ergänzte er, er habe seine Anhänger aufgerufen, für den Kandidaten Joseph Ratzinger zu stimmen. Auch in seinem Interviewbuch *Latinoamerica* vom Oktober 2017 führte er aus, er habe damals gefühlt, dass die Zeit für einen lateinamerikanischen Papst noch nicht reif sei. Wörtlich sagte Franziskus in dem Buch: »In dem Moment der Geschichte war Ratzinger der einzige Mann mit der Statur, der Weisheit und der notwendigen Erfahrung, um gewählt zu werden.«[6]

Weil sowohl die Stimmzettel für den zweiten als auch für den dritten Wahlgang in einem Durchgang verbrannt werden, stieg erst gegen 11.50 Uhr wieder Rauch aus dem Schornstein der *Sixtina* auf. Aber welcher? Erneut dieselben Fragen, wild durcheinandergerufen: »nero« oder »bianco«? Minutenlang herrschte Unsicherheit. Mal wurde der Rauch dunkler, dann kam wieder eine vermeintlich helle Schwade aus dem Rohr. Der Korrespondent von *agance france press* schüttelte den Kopf: »Sie sollten sich endlich ein anderes System überlegen.« Ein deutscher Radiokorrespondent brüllte in sein Handy: »Es sieht so aus, als wäre Ratzinger, der als Favorit gehandelt wurde, geblockt. Jetzt ist das Rennen wieder völlig offen.«

Das war es ganz und gar nicht. In Wahrheit stellte sich in der Mittagspause für viele Beteiligte nur noch die Frage, ob Ratzinger das Amt auch wirklich annehmen würde. Der Dekan saß wie die anderen an einem der runden Tische im Speisesaal des Gästehauses. Es gab keine Sitzordnung. »Als langsam der Gang der Abstimmung mich erkennen ließ, dass sozusagen das Fallbeil auf mich herabfallen würde«, sollte er später sagen, »war mir ganz schwindelig zumute. Ich hatte geglaubt, mein Lebenswerk getan zu haben.« Er habe dann »mit tiefer Überzeugung zum Herrn gesagt: Tu mir dies nicht an! Du hast Jüngere und Bessere, die mit ganz anderem Elan und mit ganz anderer Kraft an diese große Aufgabe herantreten können.«[7] Gleichzeitig kam ihm jedoch »ein Brieflein« in den Sinn (»es fiel mir ins Herz«, meinte er wörtlich) das ihm im Vorfeld der 93-jährige Kardinal Augustin Mayer zugesteckt hatte. »Wenn der Herr nun zu Dir sagen sollte: ›Folge mir‹«, hieß es darin, »dann erinnere Dich, was Du gepredigt hast. Verweigere Dich nicht! Sei gehorsam, wie Du es vom großen heimgegangenen Papst gesagt hast.«

Um 16 Uhr kehren die Kardinäle in die Sixtinische Kapelle zurück. Allen ist bewusst, dass dies der entscheidende Moment des Konklaves ist. Diesmal nimmt Ratzinger nicht mit den anderen den Bus, er möchte zu

Fuß gehen. Sekretär Gänswein begleitet ihn. Gesprochen wird nicht. Was sollte er tun? Durfte er sich wirklich verweigern? War nicht auch Johannes XXIII. schon 78, als ihn die Kollegen in den Stuhl Petri hoben? Sophokles hat seinen *Ödipus auf Kolonos* mit 89 Jahren vollendet. Tizian war ein Greis, als er eines seiner beeindruckendsten Werke schuf: *Die Dornenkrönung.* »Sodann bitte ich denjenigen, der gewählt werden wird«, hieß es in Nr. 86 der Bestimmung Johannes Pauls II., »sich dem Amt, zu dem er berufen ist, nicht aus Furcht vor dessen Bürde zu entziehen, sondern sich in Demut dem Plan des göttlichen Willens zu fügen. Gott nämlich, der ihm die Bürde auferlegt, stützt ihn auch mit seiner Hand, damit er imstande ist, sie zu tragen.«

Bei der Auszählung der 115 Stimmzettel haben die Kardinäle weiße DIN-A4-Blätter mit den Namen der Teilnehmer vor sich liegen. Es beginnt der vierte Wahlgang, und immer häufiger fällt der Name Ratzinger. Zehn Striche, zwanzig, fünfzig. Ab siebzig wird es spannend. Niemand spricht. Aber die meisten zählen mit und machen ihre Striche. Um 17.30 Uhr erkennen sie an ihrer Liste, dass das Quorum einer Zweidrittelmehrheit mit der mystischen Zahl 77 erreicht ist. Die 77, die Doppelung der heiligen Zahl 7. Sie steht für den Abschluss einer Reihe, für Vervollkommnung. 77 Namen verzeichnet der Stammbaum Jesu im Lukas-Evangelium, die Abstammungslinie Christi bis zu Adam. »Und Noach ging, bevor die Flut kam, in die Arche«, heißt es wiederum in *Genesis 7,7*, »und mit ihm seine Söhne, seine Frau und die Frauen seiner Söhne.«

Wie auch immer, in diesem Moment erheben sich die Kardinäle einer nach dem anderen, und das ganze Auditorium beginnt zu klatschen. Leise, dann immer lauter. »Ich habe mein Gesicht verhüllt«, berichtete Meisner, »ich hab geheult vor Rührung. Und ich war nicht der Einzige.« Wie groß die Nervosität des Gewählten selbst war, enthüllte er einen Tag später bei seiner ersten Predigt als Papst Benedikt XVI. in der Sixtinischen Kapelle: »Mir ist, als fühle ich, wie seine [Johannes Pauls II.] starke Hand die meine hält. Ich fühle, dass ich seine lächelnden Augen sehen und seine Worte hören kann, die in diesem Augenblick besonders an mich gerichtet sind: Hab keine Angst!«

In der Recherche für dieses Buch hatte ich den *Papa emeritus* gefragt, ob er denn nicht frühzeitig erkannt hätte, dass das Konklave auf ihn zulaufen könnte. »Das habe ich schon gemerkt, natürlich«, war die Antwort. »Ich wollte aber bewusst weder etwas dafür noch dagegen tun.«

»*Spricht man unter den Kardinälen nicht über diese Vorgänge?*«

»An sich nicht. Ich habe, um die Wahrheit zu sagen, mit Martini noch mal gesprochen, ihm gesagt: ›Ich möchte es nicht, und wenn Sie Ihren Freunden sagen, dass ich es nicht will, bin ich dankbar.‹ Aber er war sowieso natürlich nicht für mich, insofern war es also nicht so gewichtig.«

»*Gab es eine Minute, in der Sie noch überlegten, ob Sie die Wahl wirklich annehmen sollten?*«

»Schon, ja. Doch, die ganze Zeit. Aber irgendwie wusste ich dann einfach, ich darf nicht ›Nein‹ sagen.«

»*Wann haben Sie sich den Namen überlegt?*«

»Im Laufe der Wahltage. Es hat sich ja doch schon am ersten Tag gezeigt, dass es möglicherweise auf mich zulaufen würde. Ich hoffte zwar noch, dass es nicht sein wird. Dann kam mir in den Sinn, dass da der Papst Benedikt XV. und über ihn der heilige Benedikt selber die richtige Anknüpfung ist.«

»*Warum nannten Sie sich nicht Johannes Paul III.?*«

»Das hätte ich als unangemessen empfunden, weil da ein Maßstab gesetzt ist, dem ich nicht entsprechen konnte. Ich konnte nicht ein Johannes Paul III. sein. Ich war eine andere Figur, ein anderer Zuschnitt, eine andere Art von Charisma.«

Nach den Angaben des »Verbotenen Tagebuchs« erhielt der frühere Präfekt im vierten Wahlgang letztlich 84 Stimmen (73 Prozent). Die Zustimmung für Bergoglio fiel auf 26 Voten. Fünf Stimmen blieben verstreut. Die katholische *Tagespost* berichtete von etwa hundert Wählern für Ratzinger: »Die einen sprechen von 98, andere von 107 Stimmen.« *La Repubblica* behauptete, die Entscheidung sei mit 110 von 115 Stimmen gefallen. Es gibt niemanden, der die Zahlen bestätigen oder dementieren könnte. Der Münchner Kardinal Friedrich Wetter erklärte immerhin, die Papstwahl Ratzingers sei »fast einmütig« erfolgt. Fest steht: Mit einem Ergebnis innerhalb von 26 Stunden gehört das Konklave zur Wahl des ersten Pontifex des neuen Jahrtausends zu einem der kürzesten aller Zeiten. Es ist ein Konklave der Entschiedenheit und der Einheit. Der Mann aus Bayern ist damit der erste Deutsche auf dem Stuhl Petri seit 480 Jahren. Genau genommen seit 900 Jahren, denn der letzte, Hadrian VI., war im strengeren Sinne ein Niederländer, der nur im Jurisdiktionsbereich des Heiligen Römischen Reichs Deutscher Nation gelebt und gewirkt hatte.

Das Konklave hatte gekreißt, der Geist hatte gesprochen – und Ratzinger beugte sich, wieder einmal. Wie viele Brüche hatte diese Biografie bereits aufzuweisen? Gerade hatte er es geschafft, die Habilitation einzureichen, als ihm ein Prüfer einen Strich durch die Rechnung machte. Gerade hatte er sich in Bonn als Professor eingefunden, als ihm dicke Prügel in den Weg gelegt wurden. Gerade hatte er den Triumph genossen, das Konzil als *Peritus* mitgestalten zu können, als er plötzlich als Konzilsfeind verleumdet wurde. Gerade hatte er sich in Regensburg ein Haus gebaut und geglaubt, hier sein Œuvre ausbauen zu können, als er jäh herausgerissen wird. Gerade war er in München dabei, sich als Bischof zu bewähren, da wird er nach Rom gerufen. Gerade hatte er gedacht, nach 23 Jahren eines anstrengenden Dienstes in den Ruhestand gehen zu können – da wird er auf den Stuhl Petri gehievt. Als »gerührt, ruhig und äußerst ernst« beschreiben Kardinäle seine Erscheinung in dem Moment, in dem er zum »Diener der Diener« Gottes wird, ihr Mitbruder im Bischofsamt, aber auch ihr oberster Lehrer. »Nimmst du deine kanonische Wahl zum Papst an?«, fragte ihn Angelo Sodano als der nun dafür zuständige Kardinal. »Dem Heiligen Geist gehorsam, sage ich zu dem Votum der Kardinäle Ja«, antwortete Ratzinger. Damit ist er, wie die Konklave-Verordnung besagt, »unmittelbar Bischof der Kirche von Rom, wahrer Papst und Haupt des Bischofskollegiums«. Er erhält »sogleich die volle und höchste Gewalt über die Universalkirche und kann sie unverzüglich ausüben«.

Bereits um 16 Uhr hatte sich das Heerlager der Konklave-Jünger auf dem Petersplatz bis in die letzten Winkel des riesigen Ovals ausgedehnt. Ein helles Blau strahlte am Himmel, und eine milde Frühlingssonne tauchte die Szenerie in ein warmes, glänzendes Licht. Noch wissen die Menschen auf dem Platz nicht, dass die Entscheidung bereits gefallen war. Auch Carlo de Lucia ist noch ahnungslos, der stellvertretende Chefredakteur des *Osservatore Romano*, der angekündigt hatte, binnen 15 Minuten nach dem Wahlergebnis mit einer Sonderausgabe zu erscheinen. Seine Redakteure hatte er vorab schon mal 57 Kurzbiografien schreiben lassen, irgendeine würde schon greifen.

Als um 17.48 Uhr von der vorderen Ecke, dort, wo die Jugendlichen sitzen, ein Aufschrei kommt, springt alles hoch. Seit zehn Minuten schon zeigen die Großbildschirme nichts anderes als das Bild des Rauchfangrohrs in Nahaufnahme. Tatsächlich. Es ist wieder Feuer unterm Dach. Und wie bei den Signalzeichen am Vormittag schwappt die Menge in einer kreisförmigen Bewegung in Sekundenschnelle in die

Mitte des Platzes. Aber welche Rauchzeichen würde es diesmal geben? Schwarze? Oder bereits weiße? Es ist schwarz (die Kardinäle erklärten später, sie hätten Schwierigkeiten mit dem Ofen gehabt: »Auf einmal stand die ganze Kapelle unter Rauch«). Aber der Schornstein pufft unablässig weitere Schwaden in den blassblauen römischen Himmel. Größer, kleiner, heller, dunkler. Oder doch nicht? Die Farbe der Rauchfahne ist nicht definierbar, aber sie beginnt offenbar heller zu werden. Was passiert jetzt?

Wie ein Stottermotor pufft das Rohr der *Sixtina* vor sich hin. Keine Rauchkringel, aber gute Wolken. Weiße Wolken. Sind sie wirklich weiß? 100 000 Menschen gestikulieren, rufen wild durcheinander, zücken Handys, fangen an zu zittern, zu schreien. Hysterische Ausbrüche. Hände vor verstummten Gesichtern. Aufgerissene Münder. 17.54 Uhr. Der Rauch ist weiß. Weißer geht's nicht. Immer mehr Menschen beginnen zu klatschen. Das Handy-Netz ist längst zusammengebrochen. Die Leute reißen die Arme hoch. Es sind noch lange Minuten angespannten Wartens bis zur *Proclamatio cura popolo*. Ja, es gibt einen Papst. Nein, niemand weiß noch, wer es ist. Und vor allem, welchen Namen er sich geben würde. Der Name gibt eine erste Andeutung, in welche Richtung der neue Pontifex das Schiff der Kirche steuern will. Insgesamt 82 verschiedene Papstnamen zählt die Chronik auf. An der Spitze steht unangefochten Johannes (23), danach folgen Gregor (16), Benedikt (15), Clemens (14), Innozenz (13), Leo (13) und Pius (12). Einen Petrus gab es nur am Anfang. Aus Achtung vor dem ersten Papst legten zwei seiner Nachfolger sogar ihren Taufnamen Peter ab. Letzterer, Bischof Petrus von Albano, war bis dahin mit dem Spitznamen »Schweinsmaul« gesegnet. Nicht der schlechteste Grund, sich künftig Sergius IV. zu nennen.

Für den neuen Papst liegen in einem kleinen, mit einem roten Sofa möblierten Ankleideraum direkt hinter der Sixtinischen Kapelle drei Gewänder bereit. Der Raum nennt sich *Camere delle Lagrime*, »Zimmer der Tränen«, ein Hinweis auf den Gemütszustand, in dem sich offenbar viele der Gewählten befanden. Einige sollen ob der Angst vor der Verantwortung gar zusammengebrochen sein. Erneut hatte Familie Gammarelli ganze Arbeit geleistet. Pünktlich, diskret, zuverlässig, wie man es von den Schneidern der Päpste kannte. Eines der Kleider sollte lang, eines bereit und eines für Untersetzte sein, um für jeden der potenziellen Kandidaten gerüstet zu sein. Aber seltsam, für diesen scheinbar so Schmächtigen waren die Kleider nicht zu groß, sondern zu klein.

Die viel zu kurze Soutane, die roten Pantoffeln, die nicht passten, das weiße Scheitelkäppchen, das so schlecht gebügelt war, dass er damit aussieht, als hätte er eine bayerische Wanderkappe auf. Und aus den halblangen Ärmeln sieht zu all dem auch noch der alte, abgewetzte schwarze Pullover des gewesenen Kardinals hervor. Offenbar ein kleiner Gag der himmlischen Regie – der auf den ersten offiziellen Papst-Porträts für alle Zeiten daran erinnern sollte, dass die Kirche Christi eine Kirche der Armen ist.

Nachdem verschiedene Formalitäten abgeschlossen waren, die der *Ordo rituum conclavis* vorschreibt, traten die Kardinäle vor den eingekleideten Papst, um ihm Treue und Gehorsam zu versprechen. Ratzinger saß in einem riesigen Sessel vor dem Altar der Sixtinischen Kapelle. »Ich kam in dem Moment hinzu, als die Kardinäle einer nach dem anderen vor dem Papst knieten«, erzählte Georg Gänswein. Der Sekretär ist als Letzter an der Reihe. Das Gesicht des vormaligen Präfekten sei »fast so weiß« gewesen »wie die neue weiße Soutane und der Pileolus auf dem Kopf. Ich will nicht sagen, er stand unter Schock, aber er sah heftigst mitgenommen aus.« Gänswein selbst plagte eine Art innerer »Wirbelsturm«, wie er sich erinnerte. »Eine klare Gedankenfindung war gänzlich unmöglich. Auch die Tage nachher war es eher tsunamiartig. Alles überschlug sich, und ein Eindruck jagte den anderen.«[8] Auch er kniete nieder. Es ist die eine Minute, die sein Leben von Grund auf verändern kann. Dann würde aus dem Sohn des Schmieds aus einem 450-Einwohner-Ort im Schwarzwald der Privatsekretär Seiner Heiligkeit. »Heiliger Vater, ich verspreche Ihnen meinen Gehorsam, meine Treue, meinen Einsatz in allem, was Sie von mir verlangen«, sagt er in diesem Augenblick. »Ich stehe Ihnen mit all meinen Kräften ohne Einschränkung zur Verfügung.« Der frischgebackene Pontifex kann vor Erschöpfung nur müde lächeln. »Er blickte mich an, nickte mit dem Kopf und sagte: ›Danke, ich nehme an.‹«

Noch immer ist das Ergebnis öffentlich nicht bekannt. Einzige Informierte sind die Zuschauer des deutschen Fernsehsenders *Phoenix*. Dessen Moderator Stephan Kulle war es gelungen, über einen telefonischen Kontakt in den Vatikan an die Nachricht zu kommen (die er um 18.39 Uhr in den Äther posaunte).[9] Eine gute Stunde zuvor, um 18.04 Uhr begannen die Glocken des Petersdoms zu läuten. Zuerst die schwere, große im Glockenturm, dann auch die kleinen der Basilika. Schließlich stimmen die Glocken aller Kirchen Roms mit ein, zusammen mit Hunderttausenden in aller Welt. In der italienischen Hauptstadt strömen die Menschen aus allen Richtungen heran, um auf den Petersplatz zu gelangen, inzwischen sind es 100 000 und mehr. Abermillionen weltweit verfolgen das Geschehen per Live-Übertragungen auf ihren Fernsehgeräten. »*Viva il Papa!*«, dröhnt es immer wieder aus der Menge. Doch als sich um 18.43 Uhr die schweren roten Samtportieren hinter den Fensterflügeln der Mittelloge des Petersdoms zu bewegen beginnen, tritt augenblicklich eine atemlose Stille ein.

Es ist der dienstälteste Kardinaldiakon, der Chilene Jorge Arturo Medina Estévez, der als Erster hinter dem Vorhang erscheint. Er bekommt von links eine großformatige Mappe gereicht, die Wahlurkunde, von rechts ein Mikrofon. »Brüder und Schwestern«, so beginnt er auf Italienisch. Pause. Dann auf Englisch, Französisch und Deutsch. Erneut eine Pause. Die Spannung wächst ins Unermessliche. »*Annuntio vobis gaudium magnum* – Ich verkünde euch eine große Freude.« Auf dem Platz brandet eine erste Woge des Beifalls auf. Und mit aller Kraft, die seine Stimme hergibt, ruft der Chilene aus: »*Habemus Papam* – wir haben einen Papst.« Im Jubel der Menge macht er erneut eine Kunstpause – um dann in einem sensationellen Stakkato die Stimme hochzufahren: »*Eminentissimum ac Reverendissimum Dominum* … einen hervorragenden und höchstzuverehrenden Herrn … *Dominum Josephum, Sanctae Romanae Ecclesiae Cardinalem* … Herrn Joseph, der Heiligen Römischen Kirche Kardinal …« Doch nach dem »*Josephum*« geht der Name fast schon im Begeisterungssturm der Hunderttausend unter, »*Josephum … Cardinalem … Ratttzingerrrrr … qui sibi nomen imposuit Benedictum XVI.* … Joseph Kardinal Ratzinger, der sich den Namen Benedikt XVI. gegeben hat.«

Der Petersplatz bebt. Jubel und Beifall brausen auf wie ein Orkan. Menschen liegen sich in den Armen. *Un papa tedesco* – ein deutscher Papst. Rock-Legende Patti Smith wird später zu Protokoll geben: »Selbst aus großer Entfernung konnte man die Menschlichkeit dieses Mannes spüren. Ich habe geweint. Ich weiß, dass er nicht jedermanns Geschmack ist, aber ich denke, er ist eine gute Wahl. Ich mag ihn, sehr sogar.«[10]

In diesen Minuten, in der Vibration aller Gefühle und Gedanken, während Trilliarden von Nervenzellen gleichzeitig flattern, entsteht aus den Schwingungen eines einheitlichen Rhythmus so etwas wie Harmonie, ein Gleichklang der Seelen. Das ist nicht die große Oper, die hier im kollektiven Bewusstsein der gläubigen Menschen erlebt wird, sondern eher so etwas wie eine Sekunde völliger Klarheit. Als habe sich der Himmel geöffnet, und als stimmte ein himmlischer Chor aus *Cherubim* und *Seraphim* ein nie gehörtes Gloria an. Als in dieser Sekunde der neue Pontifex endlich selbst, erlöst und freudig und lächelnd, auf dem Balkon der Kirche des heiligen Petrus vor die Gläubigen tritt, löst sich ein Jubel ohne Grenzen. 100 000 Menschen hüpfen in die Luft, klatschen wie verrückt in die Hände. Gebannt von der Magie des Augenblicks. Freudig erregt wie Kinder. Ein Schauer, ein Zittern von Wärme durchflutet die Körper, Wogen des Glücks, wie man sie nur sehr, sehr selten erleben darf.

Forschend, immer auf der Hut, so kannten ihn viele. Manchmal die Lippen nach vorne geschoben, abwartend in seiner konzentrierten Haltung. Nun tritt jemand an die Brüstung, dem man noch die Spuren eines inneren Kampfes anzusehen glaubt. Wie beim biblischen Urvater Jakob, der im Fluss *Jabbok* mit Gott gerungen hatte. Vielleicht hätte er am liebsten geweint, in seiner Rührung über die Zuneigung des großen Gottes, der dem kleinen Joseph, dem Sohn der Maria, aus dem kleinen Marktl am Inn, diesem nach seinem Selbstbild so schwächlichen Menschen, am Ende seines Lebens die gesamte Herde anvertraut. Dann wirft er die Arme hoch, freudig, erleichtert, ein bisschen ungelenkig zwar, mit senkrecht aufgestellten Handflächen, aber augenblicklich tritt aus der Schale des Präfekten wie aus einem Kokon ein Mann von großer Leichtigkeit hervor. Ein Eindruck, den die Korrespondentin der *Süddeutschen Zeitung* bestätigte: »Gelöst und locker lächelt Benedikt XVI. jetzt den Leuten zu, er hebt die Arme und grüßt voller Herzlichkeit – Joseph Ratzinger hat die Schlacht gewonnen, und selbst die Mitra wirkt jetzt etwas leichter auf seinem Kopf als zuvor.«[11]

In der Metamorphose des Konklaves wurde aus Joseph Ratzinger ein Benedikt XVI., und fast schien, als habe sich damit vor aller Augen sofort eine neue Aura gebildet, ein Nimbus, der sich wie ein unsichtbarer zweiter Körper um die Gestalt im Papstornat zu weben beginnt. Es ist nicht eine gewaltige Statur, die faszinieren könnte, sondern das Feingliedrige, Machtlose. Und ab dieser Minute ist Ratzinger-Mania vorstellbar, ein von begeisterten Fans begleiteter Stabwechsel, ein fließender Übergang der Pontifikate, bei dem der Funke der Sympathie, die dem Alten galt, auf den Neuen überspringt. »*Be-ne-det-to, Be-ne-det-to*«, schallt es bereits herauf zur Benediktionsloggia. Mit ein wenig zittrig klingender Stimme beginnt Benedikt, der gesegnete, dann zu sprechen: »Liebe Schwestern und Brüder! Nach einem großen Papst Johannes Paul II. haben die Herren Kardinäle mich gewählt, einen einfachen und bescheidenen Arbeiter im Weinberg des Herrn. Mich tröstet die Tatsache, dass der Herr auch mit ungenügenden Werkzeugen zu arbeiten und zu wirken weiß. Vor allem vertraue ich mich euren Gebeten an. In der Freude des auferstandenen Herrn und im Vertrauen auf seine immerwährende Hilfe gehen wir voran. Der Herr wird uns helfen, und Maria, seine allerseligste Mutter, steht uns zur Seite. Danke.«[12]

Es waren Wochen voller Trauer. Wochen der Leere. Des Wartens. Des Bangens. Der Papst ist tot, aber nach dem Bangen und Hoffen folgte der Jubel des *Habemus papam*. Ein neuer Pontifex war im Begriff, ein großes und schweres Erbe anzutreten. Aber er darf auch von der Arbeit seines Vorgängers profitieren. Von dessen Standfestigkeit. Von seiner Kraft, mit der er den Pflug führte; schweres Zeug aus dem Weg räumte; das Feld bestellte. Jetzt käme das Hegen und Pflegen, das Jäten der Unkräuter, das Zurückschneiden. Ganz nach dem Motto des heiligen Benedikt: *zurückgeschnitten, grünt es immer wieder neu*. Niemand ahnte dabei, dass es der letzte Papst sein würde; zumindest der letzte Abendländer auf dem Stuhl des Morgenländers Simon Petrus, und der letzte, der so war, wie man Päpste kannte.

Teil VI
Pontifex

Kapitel 60

Der erste Papst des dritten Jahrtausends

Nach der Huldigung auf der Benediktionsloggia des Petersdomes hatte er die Kardinäle eingeladen, mit ihm im Speisesaal der Casa Santa Marta ein wenig zu feiern. Serviert wurden Bohnensuppe, Aufschnitt, Salat und Obst, und, aus besonderem Anlass, auch Eis und Sekt. Als er den Saal betrat, donnerten die Kardinäle ein »*Oremus pro pontifice nostro Benedicto*« (»Beten wir für unseren Papst Benedikt«), allen voran die mächtige Stimme von Salvatore De Giorgi, dem Erzbischof von Palermo. Der neue Pontifex saß an einem Tisch mit Vizedekan Sodano, dem *Camerlengo* Eduardo Martinez Somalo und dem Protodiakon Medina Estévez. »Es gab einen kurzen Saluto«, berichtete ein Teilnehmer, »und der Papa hat auch ein paar Worte gesagt, aber dann war Schluss.«

Schon beim *Habemus Papam* war auf dem Petersplatz das Handy-Netz zusammengebrochen. Noch am selben Abend belegten Bücher von Joseph Ratzinger die ersten vier Plätze beim Amazon-Ranking der meistverkauften Titel, und weltweit arbeiteten Redakteure fieberhaft an den Schlagzeilen für die Titelseite der morgigen Ausgabe ihrer Zeitung. Ein Deutscher als Papst? Ein Mann aus dem Land der Kirchenspaltung und des Holocausts auf dem Stuhl des Versöhners und Menschenfischers? Ein »Großinquisitor« als Vicarius Christi? Provozierender konnte man kaum entscheiden.

In England war das Ergebnis des Konklaves für viele Medien Anlass, alte Ressentiments auszugraben. »Gottes Rottweiler ist der neue Papst«, titelte der *Daily Telegraph*. »Vom Hitlerjungen zu Papa Ratzi«, setzte *The Sun* hinzu. Der *Daily Mirror* griff auf den »Panzerkardinal« zurück und sprach von der »Reise des Vollstreckers«, die nun an ihr Ziel gekommen sei. Der *Independent* zeigte nicht etwa die jubelnde Menge auf dem Petersplatz, sondern ein Bild des Flakhelfers Ratzinger aus dem Jahr 1943, selbstredend in Uniform.

Es gab auch besonnene Stimmen. Charles Moore, der Kolumnist des *Spectator* und langjährige Chefredakteur des *Daily Telegraph*, kommentierte, indem die Weltkirche einen Deutschen an ihre Spitze wählte, sei auch Deutschlands Sühneleistung anerkannt und seine Ehre unter den Nationen wiederhergestellt worden. Moore war wichtig, eine persönliche Bemerkung anzufügen. Bei der Begegnung mit dem Kardinal, teilte er mit, seien ihm vor allem drei Dinge aufgefallen: »Zunächst seine mich beschämende Höflichkeit.« Als Zweites »seine Neugier. Weit davon entfernt, in der Vergangenheit zu leben, ließ er sich so kultiviert wie zupackend von neuem Denken herausfordern«. Am meisten überrascht habe ihn drittens »eine freundliche, ja, fast plaudernde Offenheit, mit der er auf jede Frage einzugehen versuchte. Der Kardinal wirkte auf mich wie glücklich in sich ruhend, dabei von leiser Trauer bewegt über den Zustand der Welt«.[1]

Als eine Art Rehabilitation interpretierte auch der Pariser Alterzbischof Jean-Marie Lustiger die Wahl. Sie müsse als »Zeichen der Vorsehung für Deutschland und für die Kirche in Deutschland« verstanden werden. »Nur von der Kirche«, so der vom Judentum konvertierte Kardinal, der einen Großteil seiner Angehörigen im Konzentrationslager verloren hatte, konnte ein solches Signal an das Gewissen der Welt ausgehen. Jean-Pierre Ricard, Erzbischof von Bordeaux und Präsident der Französischen Bischofskonferenz, dankte »Deutschland von ganzem Herzen, dass es einen seiner Söhne Rom und der ganzen Welt geschenkt hat«. Benedikt XVI. gelte als ein Freund Frankreichs, allenthalben werde gerühmt, wie gut er »die Sprache Molières« beherrsche.

Die linke *Libération* sah es anders. Sie bemühte unter der Schlagzeile »Ein rückwärtsgewandter Papst« ähnlich wie die britische Presse das deutsche Wort »Panzerkardinal«. Im *Le Figaro* wiederum war zu lesen: »Man kann den Vorwurf des Konservatismus nicht verstehen, den viele Beobachter jetzt bereits erheben, zumal gegen Johannes Paul II. die gleichen Vorwürfe laut geworden waren. Das, was in Westeuropa kritisiert wird, wird anderswo in der Welt gutgeheißen. Der katholische Glaube ist eine Weltreligion, also sollte man voreilige Spekulationen über dieses neue Pontifikat unterlassen.«[2]

Wenig originell titelte der belgische *Standaard:* »Panzerkardinal wird Papst«. *Trouw* in den Niederlanden dagegen glaubte: »Viele werden froh sein, dass in dieser Zeit der Düsternis und des Zweifels die Schlüssel von Petrus wieder in felsenfesten Händen liegen.« Die liberale Tageszeitung *Südostschweiz* kommentierte, der »Großinquisitor«

Oben: Als Erzbischof begrüßt Joseph Ratzinger 1978 Roger Schutz bei der ökumenischen Gebetsnacht in der Frauenkirche. Mit dem Gründer der Gemeinschaft von Taizé, dem er als einem »im Herzen vollkommen katholischen Christen« die Kommunion spendet, verbindet ihn eine tiefe Freundschaft.
Unten: Zusammen mit deutschen und polnischen Bischofskollegen betet Joseph Ratzinger (vordere Reihe rechts) am 13. September 1980 im ehemaligen Vernichtungslager Auschwitz.

Beim Deutschland-Besuch von Johannes Paul II. im November 1980 ist München eine wichtige Station. Zweimal hatte der Pole den Deutschen vergeblich gebeten, nach Rom zu kommen, der dritte Ruf ist ein Befehl. Die beiden Kirchenführer bilden ein perfektes Team: »Da war der Humor, dann die Frömmigkeit, die man spürte, die nichts Aufgesetztes hatte.«

Voller Mitgefühl gibt der Präfekt der Glaubenskongregation dem von schwerer Krankheit gezeichneten Johannes Paul II. die eucharistische Nahrung. Ein Vierteljahrhundert lang steht Joseph Ratzinger fest an der Seite Karol Wojtylas, um das Schiff Petri in den Stürmen der Zeit auf Kurs zu halten.

Oben: Als Dekan des Kardinalskollegiums hat Joseph Ratzinger am 8. April 2005 die Aufgabe, für Johannes Paul II. die Totenmesse zu zelebrieren. Fünf Millionen Menschen sind in Rom versammelt, um dem verstorbenen »Jahrtausendpapst«, der in einem schlichten Holzsarg aufgebahrt ist, das letzte Geleit zu geben.

Folgende Doppelseite: Es ist eine Sensation. In einem der kürzesten Konklave der Geschichte wird mit Joseph Ratzinger nach rund 500 Jahren erstmals wieder ein Deutscher auf den Stuhl Petri gewählt. Am 19. April 2005 tritt der neue Pontifex unter dem Namen Benedikt XVI. auf die Loggia des Petersdoms, um sich als »einfacher Arbeiter im Weinberg des Herrn« vorzustellen.

Oben: Der Papst und sein Privatsekretär Georg Gänswein machen bella figura und lösen gut gelaunt in den ersten Jahren des Pontifikats ein »Benedetto-Fieber« aus.

Unten: Am Sommersitz Castel Gandolfo schreibt Benedikt XVI. an seiner Jesus-Trilogie. Erstmals verfasst ein Papst eine Christologie. Mit seinem umfangreichen theologischen Werk gilt er als Kirchenlehrer der Moderne.

Oben: Überschwänglich empfangen Hunderttausende Jugendliche Benedikt XVI. am 18. August 2005 zum Weltjugendtag in Köln.
Unten: Einer der bedeutendsten Neuerungen des Pontifikats Benedikt XVI. ist das Motu proprio *Summorum pontificium* mit der Rehabilitation der »Alten Messe« als außerordentlicher Form des lateinischen Ritus. An der Liturgie, ist Ratzinger überzeugt, entscheidet sich das Geschick von Glaube und Kirche.

Mit über einer Million Teilnehmern wird die Heilige Messe am 20. August 2005 beim XX. Weltjugendtag auf dem Marienfeld bei Köln das größte religiöse Ereignis, das jemals in Deutschland stattfand. Benedikt XVI. feiert Jesus als den »Polarstern der menschlichen Freiheit«.

Oben: Auschwitz-Birkenau am 28. Mai 2006: Benedikt XVI. begegnet ehemaligen Häftlingen des Konzentrationslagers.
Unten: Der deutsche Papst bei seinem Israel-Besuch am 12. Mai 2009 an der Klagemauer in Jerusalem. Nach Irritationen durch die Williamson-Affäre gelten die Beziehungen zwischen Judentum und katholischer Kirche als so gut wie noch nie.

Oben: New York, 20. April 2008: Benedikt XVI. betet mit Angehörigen der Opfer vom 11. September 2001 am Ground Zero.
Unten: Nach einer Reise nach Kamerun und Angola im Jahr 2009 besucht Benedikt XVI. bei seinem zweiten Afrika-Besuch im November 2011 Benin. In der Pfarrei Saint Rita in Cotonou begrüßt ihn ein Mädchen mit ihrer Trommel.

Es ist ein Akt, der das Papsttum für immer verändert: Zum Entsetzen der versammelten Kardinäle erklärt Benedikt XVI. am 11. Februar 2013 in der *Sala del Consistoria* im Vatikan seinen Rücktritt. Es ist die erste Amtsniederlegung eines regierenden Papstes in der Geschichte der katholischen Kirche. Benedikt begründet die Demission mit dem Nachlassen seiner Kräfte.

Oben: Rom, 28. Februar 2013: Wehmütig winken Pilger auf der Kuppel des Petersdomes Benedikt XVI. im Helikopter auf dem Weg nach Castel Gandolfo zu. Es ist der letzte Tag seiner knapp achtjährigen Amtszeit.
Unten: Noch niemals gab es ein Bild wie dieses: zwei Päpste in brüderlicher Begegnung. Papst Franziskus besucht am 30. Juni 2015 seinen Vorgänger im Kloster Mater Ecclesiae in den Vatikanischen Gärten. »Benedikt deckt mir mit seinem Gebet Schultern und Rücken«, erklärt er, seine Weisheit sei »ein Geschenk Gottes«.

werde als Papst das Zweite Vatikanische Konzil »zubetonieren für alle Zeiten«. Die *Neue Zürcher Zeitung* hingegen zeigte sich überzeugt, eine große Mehrheit der Bischöfe aus der Dritten Welt habe einen Papst gewünscht, der »ein klares Glaubenslehre-Profil« zeige. Die *Washington Post* wiederum deutete das Wahlergebnis als eine letzte Chance, die christlichen Wurzeln Europas zu stärken. Manches Vorurteil über den Deutschen werde dabei wohl korrigiert werden müssen.[3]

Dass die Kür Ratzingers speziell in seinem Herkunftsland ein zwiespältiges Echo auslösen würde, konnte niemanden überraschen. Hans Küng sprach wie erwartet von einer »Riesenenttäuschung«. Kirchenkritiker Eugen Drewermann teilte mit, die Wahl Benedikts XVI. spiegele die Macht des *Opus Dei* wider. Der Vatikan müsse endlich von der Reformation, aber auch vom Buddhismus lernen und die »Integration des Unbewussten« vorantreiben. Ähnlich der kirchenpolitische Redakteur der *Süddeutschen Zeitung*: Der neue Papst habe »ein pessimistisches Programm«, er müsse aber dringend für eine Kirche stehen, »die bereit ist, sich selber in Frage zu stellen«[4].

In Berlin zeigte sich lediglich die *Bild*-Zeitung erfreut: »Wir sind Papst«, lautete die legendäre Schlagzeile des Boulevardblattes. Die linke *Tageszeitung (taz)* druckte auf einer tiefschwarzen Titelseite drei Worte: »Oh, mein Gott!« Die anderen Hauptstadtzeitungen schlugen in dieselbe Kerbe. Für den *Tagesspiegel* etwa war Ratzinger »ein Mann des alten Systems – zwar von überragenden Fähigkeiten und scharfem Geist, aber ohne Charisma und unbefangene Lebensfreude«. Der Neue werde »seine Herde mit Instruktionen, Mahnschreiben und Enzykliken auf seine misstrauisch-konservative Linie einschwören«. Die *Berliner Zeitung* sah in Benedikt XVI. gar einen »Wolf unter Schafen«. Er sei der »gewiefteste Höfling am ältesten Hofe der Welt. Wenn einer klug ist wie eine Schlange, dann ist er es«.

Auf die Kritiker wirkte das Modell Benedikt vorsintflutlich und seine Wahl wie ein Ausrutscher, ein peinliches Versehen. Immerhin war er nicht mehr der Jüngste. Überforderung und die Gesetze des Alters würden seiner Regierung gewiss bald ein Ende setzen. Falls nicht, würde man einen Weg finden, diesen Papst auszubremsen. Das Nachrichtenmagazin *Der Spiegel* eröffnete die Berichterstattung über den deutschen Papst mit der Coverzeile »Der Weltfremde«. »Sein Leben lang hat Joseph Ratzinger versucht«, begann der Beitrag etwas kryptisch, »das wahre Leben zu ignorieren.« Zum »wahren Leben« zählte offenbar nicht, als Gymnasiast von den Nazis bedrängt worden zu sein oder sich als Soldat, Konzilsberater, Bischof und Präfekt mit den nicht nur schönen Seiten des Daseins auseinandergesetzt zu haben. Ratzinger sei »ein Kreuzritter, schüchtern im Umgang, aber eisern in der Haltung«. Seine Stimme erinnere an jemanden, der »eine lustige Geschichte erzählen« wolle, mehr »Augsburger Puppenkiste als Stimme des Herrn«. Seine Gesten seien »mechanisch, der Körper ist steif, und an das Lächeln muss er sich gewöhnen«[5].

Der am 25. April 2005 erschienene Beitrag war kalt am Schreibtisch geschrieben worden. Aufmerksame Leser konnten am selben Tag in der Online-Ausgabe des Magazins von einem *Spiegel*-Reporter, der Person und Geschehen vor Ort beobachtet hatte, ganz anderes lesen: »Benedikt, der vor seinem Pontifikat häufig als steif und fast unnahbar bezeichnet worden war, ging lächelnd durch die Reihen, schüttelte Hände und begrüßte die Menschen. Den Beifall, der seine Antrittsrede immer wieder unterbrach, schien Ratzinger zu genießen.«[6]

Die erste Titelgeschichte sollte nicht die letzte Attacke des *Spiegel* auf Ratzinger bleiben. Auf »Der Weltfremde« folgten »Der Entrückte« (2009), »Der ~~Un~~Fehlbare« (2010), »Der Unbelehrbare« (2011) und schließlich »Der Erschöpfte« (2012), als ob es gelte, ein gefährliches Wild zu erlegen. Einer der Autoren, die den Reigen eröffnet hatten, Alexander Smoltczyk, besann sich als Korrespondent in Rom später eines Besseren. Von Joseph Ratzinger habe er zunächst nur gewusst, dass er »mit begnadeter Urteilssicherheit immer genau jene gesellschaftspolitische Position vertrat, die wir Aufgeklärten für völlig indiskutabel hielten«. Dann aber habe er dessen *Einführung in das Christentum* gelesen, und nicht nur das: »Ich las *Deus caritas est* … lud mir von der Vatikan-Homepage nochmals die Ansprache zum Konklave herunter, hörte die Reden in Köln, in Regensburg, in Izmir und Istanbul und hörte allmählich weniger mit Argwohn als mit Interesse zu.« Sein Fazit: »Dieser Papst hatte etwas. Den konnte man nicht einfach mit den üblichen Verdächtigungen abtun.«[7]

Geradezu überschwänglich kommentierte Markus Reder von der deutschen *Tagespost* die Wahl. Hier sei ein Mann, »der seiner Zeit weit voraus ist, weil er ihr nie hinterhergelaufen ist«. Benedikt XVI. verkörpere »jene intellektuelle Tiefenschärfe, die in der Oberflächlichkeit unserer Tage dringend gebraucht wird«. Jan Ross von der Wochenzeitung *Die Zeit* kam zu ähnlichen Schlüssen: »Er träumt nicht vom Gottesstaat, doch er kämpft für das Christentum als historisch bewährte Instanz der Gewissensbildung, als ein ethisch-kulturelles Gedächtnis, ohne das der Rückfall in die Barbarei droht ... Wenn man sich fragt, warum die Kardinäle Ratzinger als Papst haben wollten, dann könnte wichtiger als alle Kirchenpolitik seine Fähigkeit gewesen sein, den Glauben zu erklären, ihn leuchtend und einleuchtend zu machen.«[8]

Uneingeschränkt zustimmend zeigten sich die Medien in Italien. »Es wird ein geliebter und gefürchteter Papst sein, ein Intellektueller mit Zügen eines Hirten«, schrieb der *Corriere della Sera,* und *La Repubblica* assistierte: »Dies wird gleichzeitig ein politisches und spirituelles Pontifikat werden, das auch reich an Überraschungen ist.«[9] *La Stampa* in Turin teilte mit: »Er wird nicht der finstere Hüter des Glaubens sein, wie ihn einige ungerechterweise sehen. Nach seinem Temperament, seiner Erziehung und seiner Kultur ist Ratzinger eine komplexe Persönlichkeit, zugleich mit einer manchmal entwaffnenden Einfachheit ... Er wird uns überraschen, und zwar dadurch, dass wir hinter dem nach außen so distanzierten Gelehrten mit dem Ruf eines schroffen Verteidigers des Glaubens den wahren Benedikt XVI. entdecken.«[10]

Aus der Kurie selbst drangen nur Stimmen nach außen, die das Wahlergebnis feierten, auch wenn hinter vorgehaltener Hand das Echo nicht rundum positiv war. Joseph Ratzinger habe längst bewiesen, so Giovanni Battista Re, Präfekt der Kongregation für die Bischöfe, dass er »ein großer Zeuge der Wahrheit über Gott und über den Menschen ist, ohne sich jemals von den wechselnden Moden mitreißen zu lassen«. Kardinal Alfonso López Trujillo sprach in ein Mikrofon, er selbst habe 20 Jahre lang Gelegenheit gehabt, »die großen menschlichen und geistlichen Gaben des neuen Papstes zu bewundern. Sein einfaches, demütiges, ausgeglichenes Auftreten, seine Fähigkeit, zuzuhören, seine geduldige Aufgeschlossenheit für den Dialog«. Mit ansehen zu müssen, wie man ihn als »Großinquisitor« bezeichnete, habe bei Kennern ohnehin immer »eine gewisse Heiterkeit« ausgelöst.

Noch in der Nacht nach seiner Wahl hatte sich Ratzinger an den Schreibtisch in seinem kleinen Zimmer in der Casa Santa Marta gesetzt. Die Arbeit duldete keinen Aufschub. Gleich am anderen Morgen würde er bei seinem ersten Gottesdienst als Papst in der Sixtinischen Kapelle eine Ansprache halten müssen. Es würden zwar nur die Teilnehmer des Konklaves anwesend sein, aber die Messe sollte von TV-Vatikan live übertragen werden, und im Presseraum würden Hunderte von Journalisten sich auf jedes Wort stürzen, um es interpretieren zu können. Er entschloss sich, seine Rede auf Latein zu halten, hier fühlte er sich sicherer als im Italienischen, und er fand es angebrachter. Er hätte auch frei reden können. Jedem Anfang liegt ein Zauber inne, erinnerte er sich an das Wort von Hermann Hesse. Aber diesen Anfang wollte er nicht der Verfassung des Augenblicks überlassen.

Als er am Morgen des 20. April mit Hirtenstab und Mitra die Sixtinische Kapelle betrat, war ihm die Müdigkeit anzusehen. »In meinem Geist leben in diesen Stunden zwei widerstreitende Gefühle«, bekannte er seinen Kardinälen, »auf der einen Seite ein Gefühl der Unzulänglichkeit und menschlicher Verwirrung wegen der Verantwortung, die mir gestern als Nachfolger des Apostels Petrus auf diesem Stuhl von Rom für die Universalkirche anvertraut wurde. Auf der anderen Seite fühle ich in mir eine tiefe Dankbarkeit gegenüber Gott, dass dieser seine Herde nicht im Stich lässt, sondern sie durch die Zeiten führt unter der Leitung jener, die Er selbst als Stellvertreter seines Sohnes ausgewählt und als Hirten bestellt hat.«[11]

Mehrmals kam er auf seinen Vorgänger zu sprechen: »Es scheint mir, dass ich seine feste Hand spüre, die meine drückt; es scheint mir, dass ich seine lächelnden Augen sehe und seine Worte, die er in diesem besonderen Augenblick an mich richtet: ›Hab keine Angst!‹« Er denke in dieser Stunde, in der ihn – »zu meiner großen Überraschung« – die »göttliche Vorsehung« zur Nachfolge eines großen Papstes gerufen habe, auch an das, was vor 2000 Jahren im Heiligen Land geschah: »Ich glaube, die Worte des Petrus zu hören: ›Du bist der Messias, der Sohn des lebendigen Gottes‹, und die feierliche Bestätigung des Herrn: ›Du bist Petrus, und auf diesen Felsen werde ich meine Kirche bauen ... Ich werde dir die Schlüssel des Himmelreichs geben.‹«

Der frisch gewählte Nachfolger Petri fuhr fort: »Wenn auch die Bürde der Verantwortung, die auf meinen armen Schultern ruht, gewaltig ist, ist die göttliche Macht, auf die ich zählen darf, sicher grenzenlos ... Indem er mich zum Bischof von Rom wählte, wollte mich der Herr als seinen Stellvertreter, wollte er mich als ›Fels‹, auf den sich alle sicher stützen können. Ich bitte Ihn, meiner Schwachheit nachzuhelfen, damit ich ein mutiger und treuer Hirte seiner Herde und immer gelehrig für die Inspiration durch seinen Geist sein möge.«[12]

Dann wurde der neue Pontifex pragmatisch: Jeder Christ müsse eines Tages Rechenschaft darüber ablegen, was er für die Ökumene getan habe. Er selbst wolle sich unermüdlich »für die Wiederherstellung der vollen und sichtbaren Einheit« der Christen einsetzen. Was das Vatikanum betreffe, wolle er »mit aller Kraft meinen entschiedenen Willen bekräftigen, die Aufgabe der Umsetzung des Zweiten Vatikanischen Konzils fortzusetzen, auf dem Kurs meiner Vorgänger und in treuer Kontinuität mit der 2000 Jahre alten Tradition der Kirche«. Abschließend erklärte der Pontifex: »Ich wende mich an alle, auch an diejenigen, die anderen Religionen folgen oder einfach eine Antwort auf grundlegende Fragen der Existenz suchen und sie noch nicht gefunden haben. Ich wende mich mit Einfachheit und Zuneigung an alle, um zu versichern, dass die Kirche mit ihnen einen offenen und ehrlichen Dialog fortsetzen will, auf der Suche nach dem wahren Guten des Menschen und der Gesellschaft.«[13]

Benedikts erste Handlung als Papst ist es, nach der Messe in der Sixtina mit einem Tross engster Mitarbeiter seine zukünftige Wohnung im dritten Stock des Apostolischen Palastes in Besitz zu nehmen. Sorgfältig wurde das Siegel aufgebrochen, das nach dem Tod Johannes Pauls II. die Wohnung verschlossen hatte, aber die Räumlichkeiten zeigten sich in einem erschreckenden Zustand. Jahrelang war nicht renoviert worden, elektrische Leitungen waren desolat, Wasserhähne funktionierten nicht, die Tapeten waren abgewohnt, und nach der langen Krankheit Wojtylas roch es überall nach Krankenhaus. Es gab noch nicht einmal eine Gäste-Toilette. Ratzinger entschied kurzerhand, das Appartamento sollte zunächst notdürftig hergerichtet und im Sommer, wenn er in Castel Gandolfo sei, einer gründlichen Renovierung unterzogen werden. Der Teppichboden müsse jedenfalls entfernt werden: »Das mag ich nämlich nicht. Denn ein Boden ist ein Boden und ein Teppich ist ein Teppich.« Den Bezug des Gästeturmes Torre San Giovanni, einem trotzigen Bau aus dem Mittelalter, den Wojtyla für die Übergangszeit genutzt hatte, lehnte er ab. »Erstens mag ich das nicht, wenn die Räume so im Halbkreis sind, ich möchte richtige, normale Menschenräume, und da war so ein fürchterlicher Wind, da hab ich gesagt, nein, da bleib ich lieber noch länger in *Santa Marta*.«[14]

Am selben Tag suchte er seine alte, direkt hinter den Kolonnaden des Petersplatzes gelegene Wohnung auf. Sofort füllten sich die Straßen. Es wurde Benedikts erstes »Bad in der Menge«. »*Sono emozionatissimo*«, ich bin zutiefst bewegt, rief er immer wieder aus. Er herzte Kinder, ergriff Hände, wo immer sich welche ihm entgegenstreckten, und konnte nicht aufhören, der begeisterten Menge zuzuwinken. Wenige Tage später konnten die Römer beobachten, wie sich vor den Toren des Vatikans der Umzug ihres neuen Papstes vollzog: Auf zwei altertümlich wirkende Lastwagen wurden da ein paar Möbel auf die Ladefläche gehoben, ein alter Archivschrank, kleine Kommoden, Bücherregale und vor allem Bücherkisten. »Sehr spartanisch«, befand ein Beobachter, wo man doch bei anderen Eminenzen ganz andere Schätze zu sehen bekomme.

Inzwischen waren im Vatikan die Grußadressen von Regierungen, Politikern, Bischöfen und Präsidenten weltweit operierender Organisationen eingegangen. Als Vertreter des deutschen Staates drückte Bundespräsident Horst Köhler »große Erwartungen« an Benedikt XVI. aus: »Und ich bin sicher, dass er diesen Erwartungen auf ganz besondere Weise mit Klugheit und Glaubensfestigkeit begegnen wird.« In Ratzingers ehemaliger Bischofsstadt München sprach Weihbischof Engelbert Siebler von »einem Jahrtausend-Ereignis«. »Wir jubeln, dass nun Papst Benedikt XVI. die Kirche in eine neue Zeit führen wird«, rief Siebler in der Frauenkirche unter den Begeisterungsstürmen der Gläubigen aus. Dann ließ der Bischof aus dem Buch Ezechiel lesen: »So kümmere ich mich um deine Schafe und hole sie zurück von dort, wohin sie sich verirrt haben.«[15]

In den USA lobte Präsident George W. Bush Benedikt XVI. in seiner Gratulation als einen Mann, »der Gott dient«: »Wir erinnern uns noch an seine Predigt bei der Trauerfeier für den Papst in Rom; wie er mit seinen Worten unsere Herzen und die Herzen von Millionen berührt hat.«[16] Kofi Annan, der Generalsekretär der Vereinten Nationen, würdigte die reichhaltige Erfahrung des neuen Papstes und wünschte ihm Kraft und Mut. José Manuel Barroso, der Präsident der Europäischen Kommission, äußerte seine Überzeugung, Benedikt XVI. werde das Werk seines Vorgängers fortsetzen und für Verständnis zwischen den Völkern und Frieden in der Welt arbeiten. Wladimir Putin, der als Einziger der großen europäischen Regierungschefs nicht zur Beisetzung Johannes Pauls II. gekommen war, bot Benedikt XVI. in seinem Gratulationsschreiben einen »konstruktiven politischen Dialog« an. Chinas erste Botschaft an den neuen Papst hatte dasselbe Thema, das bereits beim Begräbnis seines Vorgängers Wirbel gemacht hatte: der Vatikan müsse die »sogenannten diplomatischen Beziehungen« zur Inselrepublik Taiwan abbrechen. Eine Ernennung von Bischöfen in China empfände man als unerlaubte Einmischung einer ausländischen Macht in interne Angelegenheiten.

Anders die Reaktionen in Afrika. Bischof Felix Ajakaye, der Sprecher der nigerianischen Bischofskonferenz, widersprach der Kritik, Benedikt XVI. sei zu konservativ, er sei im Gegenteil genau der Richtige:

»Wir haben Dinge zu bewahren, wir müssen das katholische Erbe vor Schäden schützen und den Wert des Lebens fördern.« Südafrikas Präsident Thabo Mbeki erwähnte Ratzingers Zeit in der Hitlerjugend und im Zweiten Weltkrieg, aber diesmal positiv: Die »Erfahrung des rassistischen Bösen« werde helfen, dass der Papst auch gegen Rassismus in Afrika kämpfe. Auf den Philippinen kam die Nachricht aus Rom kurz nach Mitternacht Ortszeit an. Dennoch raste der Jubel per SMS innerhalb von Sekunden über den Inselstaat. »Er ist brillant, brillant, brillant«, freute sich Erzbischof Oscar Cruz. Staatspräsidentin Gloria Macapagal-Arroyo war sich sicher, Benedikt XVI. werde, genauso wie sein Vorgänger, als »dauerhaftes Leuchtfeuer« wirken, um den Gläubigen den Weg durch die Prüfungen des Lebens zu weisen.

Eine Welle der Begeisterung löste die Nachricht in Polen aus. Unverständnis gab es allerdings für die Kühle, mit der das Wahlergebnis von den Nachbarn aufgenommen wurde. Eine Reporterin des Nachrichtensenders *TVN24* berichtete live von der Deutschen Botschaft in Warschau: »Hier tut sich nichts. Alles ist dunkel.« Die Mitarbeiter seien nach Dienstschluss nach Hause gegangen, der Botschafter sei zu keiner Stellungnahme zu bewegen. Im Studio meinte der Moderator: »Hoffen wir, dass die Deutschen eines Tages ihren Papst so lieben werden, wie wir schon anfangen, ihn zu lieben.«

Von niemandem aber wurde der neue Pontifex enthusiastischer gefeiert als von Vertretern jüdischer Organisationen. Schon am 18. April hatte die *Jerusalem Post* Vorwürfe gegen den Glaubenspräfekten zurückgewiesen. »Ratzinger a Nazi?«, war der Leitartikel überschrieben, »Don't believe it«, Ratzinger ein Nazi? Glaub es nicht.[17] Israel vertraue ihm, hieß es nun, gerade weil er Deutscher sei, gerade weil er als solcher eine besondere Sensibilität gegenüber dem jüdischen Volk habe. Der Präsident des Zentralrats der Juden in Deutschland, Paul Spiegel, würdigte ausdrücklich die Beiträge Ratzingers zur Versöhnung zwischen katholischer Kirche und Judentum. Edgar M. Bronfman, der Präsident des Jüdischen Weltkongresses, erklärte in New York: »Wir freuen uns auf die Fortsetzung der Beziehungen, die wir mit dem damaligen Kardinal Joseph Ratzinger während des Pontifikats von Papst Johannes Pauls II. unterhalten haben«. »Er war es«, so zitierte die israelische Zeitung *Haaretz* am 20. April den Vorsitzenden des Jüdischen Weltkongresses Israel Singer, »der für Johannes Pauls II. Entscheidung, diplomatische Beziehungen mit Israel aufzunehmen, die theologische Untermauerung geliefert hat ... Er war es, der die Schlüssel hatte, um dieses Schloss zu öffnen. In den letzten zwanzig Jahren hat er die zweitausendjährige Geschichte der Beziehungen zwischen Judentum und Christentum verändert.«

Fehlte nur noch, was die Sterne sagten. Das Astrologie-Magazin *Meridian* las aus ihnen, Ratzinger sei gemäß seinen Geburtsdaten (Fische-AC mit Widder-Sonne im 1. Haus eingeschlossen) »ein entschlossener Kämpfer im höheren Auftrag, der den eigenen Willen in den Dienst einer großen Aufgabe stellt«. Schütze-Saturn im 9. Haus verweise auf jemanden, der »hütet, was sich bewährt hat, und dort entschlossene Reformen durchführt, wo Änderungen erforderlich sind«. Was Joseph Ratzingers Seelenlage betreffe, komme er »aus der Zurückgezogenheit des 12. Hauses zu sich selbst und strahlt die von innen durchglühte, altersmilde Freude aus«. Ab den Jahren 2007/08 kündige sich allerdings »ein dramatischer Wechsel« an. Der Kirche stünden dann »schwere Tage bevor«.

Es ist Tag drei nach dem Konklave, der Tag der feierlichen Inthronisation des neuen Papstes. Zum dritten Mal innerhalb von drei Wochen ist der Petersplatz mit Pilgern und Rombesuchern zum Bersten gefüllt. 350 000 bis 500 000 Gläubige und Gäste füllen das weite Areal sowie den angrenzenden Platz Pius XII. und die breite Via della Conciliazione. Wieder haben sich Tausende Journalisten akkreditiert, die offiziellen Delegationen mit Staatsoberhäuptern und Regierungschefs stammen aus 140 Nationen. Ratzinger braucht viel Schlaf, sieben bis acht Stunden in der Regel, aber der war ihm in der Nacht vor seiner Amtseinführung nicht vergönnt. »Ich bin dann um 2 Uhr aufgewacht und habe mir gedacht, das wird schlecht, wenn ich jetzt nicht mehr einschlaf.« Endlich, um 4 Uhr früh findet er noch einmal Ruhe. Dann aber, beim Einkleiden, kämpft er mit Manschettenknöpfen, die er bisher nicht getragen hatte, »sodass ich mir gedacht habe, der Erfinder muss tief ins Fegefeuer«.[18]

Unter den Blicken von Hunderten Millionen Zuschauern an den Bildschirmen in aller Welt erscheint das neue Oberhaupt der katholischen Kirche, nachdem er sich zunächst in der Krypta vor dem Grab des Apostels Petrus verneigt hatte, in einer goldenen Toga auf der Piazza San Pietro. Benedikts Eröffnungsrede auf der Freitreppe vor Sankt Peter am 24. April 2005 ist programmatisch, und doch wieder nicht. Er wolle darauf verzichten, wie er sagt, »eine Art von Regierungsprogramm vorzulegen«. Das eigentliche Regierungsprogramm sei, »nicht meinen Willen zu tun, nicht meine Ideen durchzusetzen, sondern gemeinsam mit der ganzen Kirche auf Wort und Willen des Herrn zu lauschen und mich von ihm führen zu lassen, damit er selbst die Kirche führe in dieser Stunde unserer Geschichte«.[19] Ausdrücklich wandte sich Benedikt XVI. an die »Brüder aus dem jüdischen Volk, mit dem wir durch ein großes gemeinsames geistliches Erbe verbunden sind«. Auch heute sei es der Kirche und den Nachfolgern der Apostel aufgetragen, »ins hohe Meer der Geschichte hinauszufahren und die Netze auszuwerfen«. Wörtlich fügte er hinzu: »Wir Menschen leben entfremdet, in den salzigen Wassern des Leidens und des Todes; in einem Meer des Dunkels ohne Licht.« Aber »wir sind nicht das zufällige und sinnlose Produkt der Evolution. Jeder von uns ist Frucht eines Gedankens Gottes. Jeder ist gewollt, jeder ist geliebt, jeder ist gebraucht.«

Die Inaugurationszeremonie fand ihren Rahmen in einem leuchtend blauen Frühlingshimmel, passend zu den Hunderten weiß-blauen bayerischen Fahnen, den Trachtengewändern, Lederhosen und nicht zuletzt zur Gebirgsschützenkompanie vom Tegernsee, dessen Ehrenmitglied Ratzinger ist, auch als Papst. »Noch während dieser ersten Rede seines Pontifikats«, notierte der Reporter der *Zeit*, »wich spürbar die Skepsis und Distanz dem neuen Papst gegenüber. Ratzinger gelang es zunehmend, Punkte zu machen.« Am Ende habe festgestanden: »Mit Benedikt XVI. hat ein völlig neuer Stil in der kirchlichen Massenprozession Einzug gehalten. Weniger Pop, mehr Intelligenz und Würde.« Einer, der dabei war, der Filmregisseur Franco Zeffirelli, applaudierte anerkennend: »Eine ganz außerordentliche Inszenierung. Mir blieb die Spucke weg.« Und ein anderer Prominenter, der als bunter Vogel bekannte Gouverneur von Apulien, Nichi Vendola, ein bekennender Homosexueller, brach noch auf dem Petersplatz für den Papst eine Lanze: »Es ist völlig falsch, Ratzinger zu attackieren. Ich kann nur allen Schwulen raten, seine Schriften mit ihren klaren und festen Gedanken zu lesen. So einen braucht die Welt jetzt als Papst.«

Bei der Inbesitznahme der Lateranbasilika, der eigentlichen Kirche der Päpste, erklärte Benedikt zwei Wochen später, die Macht eines Papstes stehe »nicht über dem Wort Gottes, sondern in dessen Dienst; und ihm obliegt die Verantwortung dafür, dass dieses Wort in seiner Größe erhalten bleibt und in seiner Reinheit erklingt, auf dass es nicht von den ständig wechselnden Moden zerrissen werde«. Er dürfe »nicht seine eigenen Ideen verkünden, sondern muss – entgegen allen Versuchen von Anpassung und Verwässerung sowie jeder Form von Opportunismus – sich und die Kirche immer zum Gehorsam gegenüber dem Wort Gottes verpflichten«. Am Ende der Feierlichkeit wandte er sich an das römische Volk und dankte für die entgegengebrachte Sympathie und Geduld. »Als Katholiken sind wir alle auch Römer«, fügte er an. »Als Katholiken sind wir in gewisser Weise alle in Rom geboren.« Katholisch sein heiße, Teil der »großen Familie Gottes« zu sein, »in der es keine Fremden gibt«.

In seinen ersten Predigten betonte Benedikt die »Unverletzlichkeit des menschlichen Lebens von der Empfängnis bis zum natürlichen Tod« und referierte über die Probleme der Welt: »Es gibt die Wüste der Armut, die Wüste des Hungers und des Durstes. Es gibt die Wüste der Verlassenheit, der Einsamkeit, der zerstörten Liebe. Es gibt die Wüste des Gottesdunkels, der Entleerung der Seelen, die nicht mehr um die Würde und um den Weg des Menschen wissen.« – »Nicht die Gewalt erlöst«, rief er aus, »sondern die Liebe.« Erneut bekräftigte er den Willen zur Umsetzung der Zweiten Vatikanums. Die Konzilsdokumente hätten im Laufe der Jahre »nichts an ihrer Aktualität verloren; vielmehr erweisen sich ihre Lehren als besonders dauerhaft im Blick auf die neuen Erfordernisse der Kirche und der heutigen globalisierten Gesellschaft.«

Gleichzeitig unterstrich er seinen Willen zur »Wiederherstellung der vollen und sichtbaren Einheit aller Jünger Christi«. Zur Ökumene gebe es keine Alternative. Allen Völkern wolle er »versichern, dass die Kirche auf der Suche nach dem wahren Gut des Menschen« einen »offenen und aufrichtigen Dialog führen will«. Er möchte insbesondere auch das Gespräch mit den nicht christlichen Religionen vertiefen, »damit aus dem gegenseitigen Verständnis die Voraussetzungen für eine bessere Zukunft für alle entstehen«. Den Jugendlichen rief er zu: »Habt keine Angst vor Christus! Er nimmt nichts und er gibt alles! Wer sich ihm gibt, der erhält alles hundertfach zurück.« Der Pontifex zeigte sich überzeugt: »Die Kirche lebt. Und die Kirche ist jung. Sie trägt die Zukunft der Welt in sich und zeigt daher auch jedem Einzelnen den Weg in die Zukunft.«

Vielleicht aber war die bewegendste Rede jene Ansprache, die der frisch gekürte Pontifex am Montagvormittag des 25. April in der Audienzhalle an seine Landsleute richtete, als er von dem »Fallbeil« sprach, das er angesichts der Abstimmungen im Konklave auf sich niedersausen sah. Es sei ihm in diesen Minuten »ganz schwindelig« geworden, und er habe »mit tiefer Überzeugung zum Herrn gesagt: Tu mir dies nicht an!« Sein Gedankengang aber habe sich dann verwandelt, und er habe wieder gewusst: »Bequem sind die Wege des Herrn nicht, aber wir sind ja auch nicht für die Bequemlichkeit, sondern für das Große, für das Gute, geschaffen.«

Beim Tod Johannes Pauls II. sei »sichtbar geworden, dass die Kirche eine Kraft der Einheit, ein Zeichen für die Menschheit ist«. Dass sie »nicht in sich verschlossen und nur für sich selber da« sei, sondern als »ein Lichtpunkt für die Menschen«.

Voller Leidenschaft rief Benedikt aus: »Die Kirche ist gar nicht alt und unbeweglich. Nein, sie ist jung. Und wenn wir auf diese Jugend schauen, die sich um den verstorbenen Papst und letztlich um Christus scharte, für den er eingestanden war, dann wurde etwas nicht minder Tröstliches sichtbar: Es ist gar nicht wahr, dass die Jugend vor allem an Konsum und an Genuss denkt. Es ist nicht wahr, dass sie materialistisch und egoistisch ist. Das Gegenteil ist wahr: Die Jugend will das Große. Sie will, dass dem Unrecht Einhalt geboten wird. Sie will, dass die Ungleichheit überwunden und allen ihr Anteil an den Gütern der Welt gegeben wird. Sie will, dass die Unterdrückten ihre Freiheit erhalten. Sie will das Große. Sie will das Gute. Und deswegen ist die Jugend – seid ihr – auch wieder ganz offen für Christus. Christus hat uns nicht das bequeme Leben versprochen. Wer Bequemlichkeit will, der ist bei ihm an der falschen Adresse.«

Dann schloss er mit Worten, die ihm, wie unschwer zu erkennen war, aus tiefstem Herzen kamen: »Mit dankbarer Freude sehe ich die Delegationen und Pilger aus meiner bayerischen Heimat. Schon bei anderen Gelegenheiten durfte ich euch sagen, wie viel mir eure treue Verbundenheit bedeutet, die seit jenen Tagen anhält, in denen ich meine geliebte Erzdiözese München und Freising in Richtung Vatikan verlassen habe … Liebe Freunde, lassen wir uns nicht abbringen von dieser Großmut, von dieser Wanderschaft zu Christus … Gehen wir miteinander, halten wir zusammen … Ich bitte euch um Nachsicht, wenn ich Fehler mache wie jeder Mensch oder wenn manches unverständlich bleibt, was der Papst von seinem Gewissen und vom Gewissen der Kirche her sagen und tun muss. Ich bitte euch um euer Vertrauen. Halten wir zusammen, dann finden wir den rechten Weg. Und bitten wir Maria, die Mutter des Herrn, dass sie uns ihre frauliche und mütterliche Güte spüren lässt, in der uns erst die ganze Tiefe des Geheimnisses Christi aufgehen kann.«[20]

Zum Empfang Benedikts XVI. für seine Landsleute waren Tausende von Gläubigen gekommen, aber nur zwei deutsche Bischöfe, die Kardinäle Meisner und Wetter. Der Sekretär der deutschen Bischofskonferenz, Hans Langendörfer, hatte es nicht für geboten gehalten, angesichts der ersten Wahl eines deutschen Papstes nach 500 Jahren eine routinemäßige Sitzung des deutschen Episkopats einfach einmal ausfallen zu lassen.

Kapitel 61

In den Schuhen des Fischers

Vom Arbeitszimmer waren es nur ein paar Schritte zur Privatkapelle, um das Brevier zu lesen oder einfach ein Gebet zu sprechen. Vielleicht würde er abends auch noch einen kleinen Spaziergang auf dem Dachgarten unternehmen. Die beiden Privatsekretäre würden sich dann in ihre Zimmer ein Stockwerk über ihm zurückziehen, um bis spät in die Nacht hinein E-Mails zu beantworten oder Rockmusik zu hören; der junge Deutsche Georg Gänswein und der nicht minder junge Pole, der mit diesem unaussprechlichen Namen, Mieczyslaw Mokrzycki, den alle nur Mietek nannten. Womöglich arbeiteten Kammerdiener Angelo Gugel und die Schwestern von den *Memores Domini* in den hinteren Zimmern noch an der päpstlichen Garderobe, aber daran würde er sich gewöhnen müssen.

War es denn wirklich keine Frage gewesen, ob er die Wahl überhaupt annehmen sollte? Doch, das war es, eine »sehr ernste« sogar. Aber da hatte ihn beeindruckt, dass ihn schon im Präkonklave so viele Kardinäle beschworen hatten, er müsse annehmen, auch wenn er nicht wolle, auch wenn er sich der Aufgabe nicht gewachsen glaube. Es sei einfach eine innere Pflicht. »Das ist mit so viel Ernst und Größe herausgearbeitet worden, dass ich glaubte, wenn wirklich die Mehrheit der Kardinäle dieses Votum abgibt, ist es ein Votum vom Herrn her, und dann muss ich es annehmen.«[1]

Der Beginn hatte Kraft gekostet. Seine Statur war darüber ein wenig buckliger geworden, der Händedruck noch weicher als zuvor, das Lächeln milder. »Betet für mich«, hatte er ausgerufen, »dass ich nicht furchtsam vor den Wölfen fliehe.« Warum hatte er das eigentlich gesagt? Gab die Aura des Amtes, wie es hieß, nicht jedem Papst auch einen Nimbus von Heiligkeit? Von Unbesiegbarkeit?

Noch immer konnte er über sich lachen. Über das kleine Missgeschick beispielsweise, als er bei der Weltbischofssynode vergaß, das

Mikrofon auszuschalten. »Um 16 Uhr habe ich leider einen Termin beim Zahnarzt«, schallte seine hohe Stimme durch den Saal. Einem irischen Journalisten, der fest davon überzeugt war, Ratzinger würde eines Tages auf dem Heiligen Stuhl sitzen, hatte er gleich nach seiner Wahl ein Überraschungspaket zukommen lassen. Im Begleitbrief zu einem »Old Bushmills Irish Whiskey« las der Empfänger: »Seine Heiligkeit erinnert sich an die Wette.«

»Bischof von Rom, Statthalter Jesu Christi, Nachfolger des Apostelfürsten, Summus Pontifex der gesamten Kirche«, so lautete sein ganzer Titel, und weiter: »Patriarch des Abendlandes, Primas von Italien, Erzbischof und Metropolit der römischen Kirchenprovinz, Souverän des Staates der Vatikanstadt«. »Der Papst besitzt kraft des Amtes die oberste, volle, unmittelbare und allgemeine ordentliche Gewalt in der Kirche, die er stets frei ausüben kann«, beschrieb das Kirchenrecht seine Amtsgewalt. Er war Führer der größten Religionsgemeinschaft der Erde mit 1,2 Milliarden Mitgliedern. War er jetzt der mächtigste Mann der Welt? Nein, »Macht« habe er nie empfunden, sollte er in der Rückschau sagen, er habe die Verantwortung, die mit dem Amt verbunden ist, vornehmlich als »etwas Schweres und Belastendes« wahrgenommen, etwas, bei dem man sich »jeden Tag fragen muss: Bin ich dem gerecht geworden?«. Auch beim Jubel der Massen habe er immer gewusst: »Die Leute meinen ja nicht dieses armselige Männlein da, sondern meinen doch den, den ich vertrete.«[2]

Vielleicht war das Gefühl des Eingesperrtseins in den ersten Wochen die größte Pein von allem. Nicht mehr einfach so spazieren gehen zu können, wie er es wollte. Nicht mehr in sein geliebtes Haus in Bayern zu reisen. Nie zuvor telefonierte er so häufig wie jetzt mit seinem Bruder in Regensburg. An seinen Schulkameraden Franz Weiß in Traunstein schrieb er, die Klassentreffen müssten künftig wohl ohne ihn stattfinden. Seinem Freund und Professorenkollegen Franz Mußner, der gemeint hatte, »die Zeit des ›Du‹ ist wohl vorbei«, und ihn in seinem Gratulationsbrief als »Eure Heiligkeit!« ansprach, schrieb er 14 Tage nach seiner Inthronisation: »Lieber Franz, zwischen uns bleibt alles wie immer. Sehr viel ist mir von meinem bisherigen Leben genommen worden, umso dringender brauche ich die gleichbleibende Freundschaft der alten Weggefährten und Freunde. So bitte ich Dich, dass wir beim Du bleiben.«[3]

Die blauen Ringe unter seinen Augen zeugten von der großen Anstrengung, die es kostete, sich in das neue Amt einzufinden. Da war das stundenlange Studium der Akten. Dann die Dossiers, die ihm sein Stab über die jeweiligen Präsidenten zusammenstellte, die er dann 20 oder 30 Minuten später in Audienz empfangen sollte. Täglich sollte er zu irgendeinem neuen Fall von Terror, einer Naturkatastrophe oder die Feindseligkeiten in Nahost Stellung nehmen. Er posierte mit First Ladys, traf Muslime aus den USA, Rabbis aus der Ukraine oder die Vertreter der Bischofskonferenz von Senegal-Mauretanien-Kapverden-Guinea Bissau. Und noch am Abend ging mit der letzten Post, die ihm in der großen Mappe aus seinem 200-köpfigen Staatssekretariat gereicht wurde, eine Auswahl aus Vorschlägen, Anträgen und Gesuchen ein, die er doch bitte alle berücksichtigen möge.

Jeder Tag war anders. Mal gab er italienischen Kindern Kommunionunterricht, ein anderes Mal besuchte er Kranke im Spital oder taufte als Bischof von Rom Neugeborene in der Sixtinischen Kapelle. Mittwochs hält er Generalaudienz, am Sonntag erklärt er beim Angelus-Segen, in welchem Teil der Erde durch Krieg, eine Seuche oder eine Naturkatastrophe gerade humanitäre Hilfe nötig ist. Zum Welttag der Migranten und Flüchtlinge rief er zu mehr Verständnis für die Nöte heimatlos Gewordener und Asylbewerber auf. Man solle ihnen mit Respekt begegnen, für ihre Rechte eintreten und nach den Gründen ihrer Flucht fragen.[4] Beim Empfang des Oberrabbiners von Rom verurteilte er das Wiederaufleben des Antisemitismus: »Wir können aufgrund der Väter nicht anders, als euch zu lieben: Für sie seid ihr unsere geliebten und auserwählten Brüder.« Gleichzeitig ließ er das Verfahren gegen den französischen Priester Léon Dehon (1843–1925) prüfen, dem Gründer der Herz-Jesu-Priester, dessen Seligsprechung nach dem Willen Johannes Pauls II. eigentlich am 24. April 2005 erfolgen sollte. Nach dem Pontifikatswechsel wurde der Prozess auf seine Anweisung hin ausgesetzt, da Dehon antisemitische Äußerungen vorgeworfen wurden.

Als Karol Wojtyla mit 58 sein Amt antrat, wusste er nicht so recht, wie ein Papst genau zu sein hat. Er kam, wie er sagte, aus »einem fernen Land«. Der Eiserne Vorhang hatte es abgeschlossen von der Entwicklung der westlichen Welt. Ratzinger hingegen war mit 78 längst auch Römer geworden. Und während sich Wojtyla für sein schlechtes Italienisch entschuldigte und darum bat, man möge ihn korrigieren, wenn er sprachliche Fehler mache, ging seinem Nachfolger das Bonmot voraus, die Italiener sollten sich nicht genieren, er werde sie schon berichtigen, wenn sie etwas falsch aussprächen.

In Ratzingers Vita drängte alles nach Vollendung. Ob mit oder gegen den Willen des Betroffenen. Der Mensch sei nicht durch Zufall in die Welt hineingeworfen worden, hatte der Kardinal betont. Ihm gehe eine Liebe und eine Idee voraus. Später setzte er hinzu, er habe »immer wieder dieses brennende Gefühl« gehabt, »hinter meiner Berufung zurückzubleiben. Hinter der Idee, die Gott von mir hat, von dem, was ich geben könnte und müsste«.⁵

Der Papst ist kein Politiker. Für ihn gibt es keine nächste Wahl, sondern nur noch das Jüngste Gericht. Dass politische Links-rechts-Schemen hier nicht greifen, zeigte das Pontifikat Wojtylas, der sowohl den Kommunismus als auch die Verheerungen des Kapitalismus bekämpfte. Ratzinger hatte ein anderes Charisma und andere Fähigkeiten als sein Vorgänger. Seine Emotionalität war verhalten, sein Auftritt von zarter Zerbrechlichkeit. Er wirkte weniger dominant, aber dadurch auch berührbarer, was die Annäherung an den Pontifex für Außenstehende und Angehörige anderer Konfessionen erleichtern konnte. Für ihn war die Kirche keine One-Man-Show, sondern eine Glaubens- und Wertegemeinschaft, die sich im Auftrag der nächstfolgenden Generation dem Verfall der Gesellschaft entgegenstellt. Der Impuls war, das oft so müde gewordene Christentum aus seiner Lethargie herauszuführen. Während Johannes Paul II. darauf bedacht war, die Kirche zu halten, koste es, was es wolle, setzte der Nachfolger auf eine innere Erneuerung – auch um den Preis des Machtverlustes.

Erstmals saß auf dem Stuhl Petri ein führender Theoretiker der Moderne. Er hatte die Erfahrung der atheistischen Diktatur hinter sich sowie den Aufstieg und die Probleme der Postmoderne erlebt. Seine Fähigkeit, zutreffende Analysen liefern zu können, war gefragter denn je. Die Hoffnung war, dass vom Comeback der Religion erstmals auch die Volkskirchen profitieren könnten. Erschöpft von den Anstrengungen des Luxus und der Moden, sehnte sich ein immer größerer Teil der Gesellschaft nach neuem Halt durch »Werte, Glaube und Benehmen«, wie die *Zeit* festhielt. Nach dem Zusammenbruch des Kommunismus und den Abgründen eines entfesselten Kapitalismus in der globalisierten Welt wirkte das Christentum für viele als die letztverbliebene Vision einer gerechteren, friedlichen Welt. Fortschritt könnte künftig heißen, die Spiritualität als Quelle für Kraft und Gesundheit, als Grundlage für verantwortungsbewusstes Handeln fest in sein Leben mit einzubeziehen. Mit dem Intellektuellen auf dem Stuhl Petri, so erträumten es sich seine Anhänger, würde der Vatikan zum neuen »Club of Rome«, zum Leader einer neuen gesellschaftskritischen Bewegung, die nicht nur Kritik lieferte, sondern auch das Konzept zur Rettung einer Gesellschaft, die sich an den Abgrund ihrer Selbstzerstörung manövriert hatte.

Die Frage war: Sprach die mangelnde Kompatibilität der katholischen Kirche gegen die Kirche? Oder sprach sie eher gegen den Lifestyle? Stand die Welt vor dem Ende der Kirche? Oder stand sie in Wirklichkeit vor dem Ende der Moderne, die sich mit Verdummung und Finanzchaos, mit Klimakatastrophe und Krieg, mit Zivilisationsabbau und dem Niedergang der politischen Klasse in einer Sackgasse verfangen hatte?

Zweifellos verkörperte Ratzinger eine neue Intelligenz in der Ausfaltung der Geheimnisse des Glaubens. Andererseits war nicht mehr zu übersehen, dass der Katholizismus nach außen einflusslos und nach innen so gespalten und ausgehöhlt war wie selten zuvor. Der Verlust an christlichem Bewusstsein war viel zu weit fortgeschritten, Lebensstil und Kultur hatten sich zu sehr verändert, als dass eine massenhafte Bekehrung zu erwarten gewesen wäre. Noch etwas hatte sich verändert: Während des Kalten Krieges war den politischen Mächten des Westens daran gelegen, im Kampf gegen den Kommunismus die katholische Kirche an ihrer Seite zu haben. Das war vorbei. Inzwischen wurde in ihr ein Gegner gesehen, der sich dem Fortschritt, das hieß einer gänzlich säkularisierten Gesellschaft, entgegenstellte.

Niemand kannte die Kirche so gut wie Ratzinger, gespickt mit Detailinformationen aus jedem Winkel der Erde. Aber waren dem ehemaligen Präfekten nach einem Giganten wie Wojtyla die Schuhe des Fischers nicht auch ein wenig zu groß, sodass er darin stolpern müsste? Womöglich fehlte es ihm an Talent, so Befürchtungen in der Kurie, seine geistige Schöpferkraft umzusetzen in Taten und Entscheidungen, ohne die eine Machtposition kaum auszuüben sei. Darin ähnelte er einem anderen Deutschen, den in München aufgewachsenen Albert Einstein. Auch der Entdecker der Relativitätstheorie und Nobelpreisträger vermied Komplikationen, wo immer er nur konnte, um nicht von den Bagatellen des Daseins aus der Bahn geworfen zu werden. Gegen Emotionen wie Eitelkeit, Eifersucht, Zorn oder Bitterkeit schien er immun zu sein. Von den meisten Dingen, die andere Menschen berühren, blieb er unberührt, um letztlich der Offenbarung einer inneren oder geistigen Welt zu folgen, die ihm, wie er glaubte, den Weg wies. Für Ratzinger hieß das, nicht das Spektakuläre zu tun, sondern das Wesentliche.

Ruhig und mit der ihm eigenen Souveränität. Die wahren Probleme der Kirche im Westen seien nicht Zölibat und Frauenordination, betonte er, sondern Überinstitutionalisierung, Verlust an Glaubensleben und Mangel an gesellschaftspolitischem Engagement. Eine Wohlfühlkirche verkenne die Dramatik des Christentums. Jesus sei eben nicht nur Heiler, sondern auch Unruhestifter.

Ganz vorsichtig war der Neue ans Werk gegangen. Fast so, als sei er nicht nur Statthalter Christi, sondern auch Statthalter Wojtylas und als habe er Angst, dem großen Vorgänger als »der kleine Papst«, als den er sich bezeichnete, etwas wegzunehmen. In Rom aber spürt man: Der Papst ist wieder da. Ein Papst, der nicht mehr im Rollstuhl sitzt. Der nicht nach Luft ringt und dessen Hand nicht zittert, wenn er etwas sagen möchte.

Bald war Routine eingekehrt im berühmtesten »Appartamento« der Welt, der päpstlichen Wohnung im Palazzo Apostolico, 3. Stock rechts. Es war alles andere als ein echter Palast, von einem pompösen Hofstaat erst gar nicht zu sprechen. Die Wohnung ist zwar mit 300 Quadratmetern nicht unbedingt klein, der größte Teil jedoch ist die Kapelle. Wojtyla verfügte lediglich über einen Arbeits- und einen Schlafraum, Ratzinger ließ renovieren, tauschte dunkle Tapeten gegen helle und bekam ein eigenes Wohnzimmer. Aus seiner früheren Bleibe wurden die alten Regale herangeschafft, um jedes Buch wieder exakt an seinem Platz einzuräumen. Doktor Buzzonetti, der 82-jährige Leibarzt, der nicht nur Wojtyla, sondern auch schon Albino Luciani betreut hatte, stellte ein Trimmrad auf, extra hart eingestellt (das allerdings nie benutzt wurde).

Zur »päpstlichen Familie« im Palazzo gehörten neben dem Papst vier Italienerinnen von der Gemeinschaft Communione e Liberazione sowie der deutsche und der polnische Sekretär. Kammerdiener Angelo Gugel, der wie Buzzonetti ebenfalls schon unter Johannes Paul I. gedient hatte und Johannes Paul II. immer wieder einmal heimlich an einen römischen Strand fuhr, wohnte außerhalb. Ingrid Stampa, die frühere Haushälterin Ratzingers, die sich dazugesellen wollte, wurde abgewehrt. Aber davon später. Umgangssprache ist italienisch. Anfangs war es notwendig, in der Gemeinschaft den richtigen Modus vivendi zu finden, die gute Mitte für »das richtige Reden, das richtige Schweigen, das richtige Geben, das richtige Nehmen«, wie Gänswein formulierte. Wie man etwa auch Namenstage feiert (mit Asti Spumante oder einem

Süßwein aus Süditalien), welchen Film man sich gemeinsam ansieht (unter den Top Ten: alle Folgen von *Don Camillo und Peppone*) und dass um 20 Uhr die beiden Sekretäre gemeinsam mit dem Heiligen Vater die Abendnachrichten ansehen.

Für gewöhnlich stand Benedikt um 5.30 Uhr auf. Er betete zuvor im Bett ein erstes Gebet, hielt dann Frühmesse in der Privatkapelle, frühstückte und begab sich in seine Arbeitsräume im 2. Stock des Apostolischen Palastes. Kurze Zeit später stand bereits der Sekretär mit der ersten Post und dem Programm für den Vormittag in der Tür. Der Pontifex musste unterrichtet werden, welche Audienzen er vor sich hatte und wie es in seiner eigenen Diözese aussah, den über 300 Pfarreien, die er als Bischof von Rom zu leiten hatte. Die weniger wichtigen Dinge landeten – »weil er einfach die Zeit dazu nicht hatte« – in der Regel im Staatssekretariat. Für sein Morgen-Briefing hatte der Sekretär 30, maximal 45 Minuten Zeit. Die folgenden 45 bis 60 Minuten benötigte Ratzinger für das Studium der Vorlagen. Eine zweite Besprechung folgte am Nachmittag.

Um 10 Uhr wurde der internationale Pressespiegel gereicht, zusammengestellt von einer eigenen Abteilung im Staatssekretariat. Die Zeit zwischen 11 und 13 Uhr war in der »Seconda Loggia«, der Arbeitsetage des Papstes mit ihren Audienzsälen, Kabinetten und den Büros der vatikanischen Diplomatie, für jene Auserwählten reserviert, die die Ehre hatten, beim Stellvertreter Christi eine Audienz zu bekommen. Der Dienstag wurde, wie schon unter Johannes Paul II., freigehalten. Wenigstens an einem Tag in der Woche wollte sich Ratzinger seinen Schriften widmen. Wer als Papst »in seinen Tagesplan regelmäßige Zeiten des Studiums« einbaue, staunte der Bibelwissenschaftler Thomas Söding, müsse »von einer unbändigen Neugier beseelt« sein, »kennenzulernen, aufzunehmen, weiterzudenken, was andere gedacht, gesagt, geschrieben haben«. Seit Pius II. im 15. Jahrhundert habe es »keinen so gebildeten Humanisten auf dem Stuhl Petri gegeben« wie Benedikt XVI.[6]

Fast schon Symbolwert hatte, dass Benedikt gleich zu Beginn seiner Amtszeit zum bisherigen Ausstatter der päpstlichen Garderobe, dem Traditionshaus Gammarelli in der Via di Santa Chiara, einen zusätzlichen Schneider beauftragte, Euroclero, einen Fachhandel für Kirchenbedarf in Rom. Neu war auch, dass er im Gegensatz zu seinem Vorgänger selten bis nie Besucher bei der morgendlichen Messe und beim Mittagessen hatte. Das sei natürlich in gewisser Hinsicht ein Mangel gewesen, meinte er bei unserem Gespräch, »aber da konnte ich nicht anders. Ich brauche da Stille und Sammlung, dass ich ohne große Gesellschaft die heilige Messe feiern und hernach still beten kann. Ich bin nicht imstande, mich in den Tag zu stürzen gleich mit Begegnungen, das immer auch in verschiedenen Sprachen, das wäre mir zu viel gewesen. Und ebenso brauchte ich bei den Mahlzeiten Stille.«

Während Wojtyla sich das Thema von Audienzen häufig erst bei den Treffen selbst vortragen ließ, hatte Ratzinger bereits ein intensives Aktenstudium hinter sich und kannte die Probleme in den einzelnen Gebieten des römisch-katholischen Reiches oft besser als mancher Bischof vor Ort. Wobei ihm sein exzellentes Gedächtnis half, auch in Detailfragen nachbohren zu können. Was dogmatische Fragen betraf, galt er ohnehin als Super-Papst. Die vordem so maßgebliche Kongregation für die Glaubenslehre kam in seinem Pontifikat kaum noch vor, Theologie war Chefsache.

Ab 18 Uhr zog er sich zurück, um ein Stockwerk höher in seiner Wohnung in den sogenannten Tabellenaudienzen noch für eine Stunde seine wichtigsten Mitarbeiter zu Lagebesprechungen unter vier Augen zu empfangen, insbesondere den Kardinalstaatssekretär. Ab 20.45 Uhr war der Papst privat. Der Tisch in seinem Schlafzimmer diente dabei nicht zum Stapeln irgendwelcher Papiere, schon gar nicht der oft so mittelmäßigen Gutachten und unappetitlichen Prozessakten, die über seinen Schreibtisch gingen, sondern als Ablage für den aus seiner Kindheit gewohnten *Schott* und andere liturgische Bücher, mit denen er sich auf die Gottesdienste und Meditationen des nächsten Tages vorbereitete.

Mit seiner Inthronisation war Joseph Ratzinger formal gesehen der mächtigste Papst aller Zeiten. Noch nie war die katholische Kirche so verbreitet. Stark verändert hatte sich jedoch ihre Zusammensetzung. Die Mehrheit der Katholiken war im Pontifikat Benedikts nicht mehr weiß. Sie sprach vornehmlich Spanisch und gehörte in den einzelnen Ländern zur ärmeren bis ärmsten Bevölkerung. 67 Prozent der Gläubigen lebten inzwischen in Afrika, Asien und Lateinamerika.[7] 2004 gab es auf den Philippinen mehr katholische Taufen als in Frankreich, Spanien, Italien und Polen zusammengenommen. Mehr als je zuvor musste sich daher ein Papst mit einer Kirche auseinandersetzen, deren Mitglieder vor allem im Süden des Globus lebten. In Europa war im Laufe der vergangenen 25 Jahre die Zahl der Priester um 18 Prozent zurückgegangen, die Zahl der Ordensschwestern um 36 Prozent. Hatten beispielsweise in Irland 1978 noch 85 Prozent der Bevölkerung regelmäßig am Sonntag die heilige Messe besucht, waren es inzwischen nur noch 44 Prozent. Und der Anteil des Südens, so die Prognosen, würde weiter rapide anwachsen, bis auf 75 Prozent im Jahr 2025.

Der britische Historiker und Religionswissenschaftler Philip Jenkins, von 1980 bis 2011 Professor an der Pennsylvania State University, hatte darauf hingewiesen, dass westliche Kommentatoren Johannes Paul II. oft als einen reaktionären Titanen porträtierten, »der sich gegen den überwältigenden Strom der Geschichte stemmte, gegen Modernisierung, Säkularismus und Feminismus«. Betrachte man hingegen seine Amtszeit in einem größeren Kontext, sehe man »Johannes Paul als eine Gestalt, die nicht gegen, sondern mit dem Strom der Geschichte schwimmt«. Wojtyla sei so gesehen nicht als »ein Rückfall ins 13. Jahrhundert« zu betrachten, sondern »als ein Vorgeschmack auf das 21. Jahrhundert« – in der all jene Tendenzen, die er anstieß und verkörperte, sich zu einer neuen Realität formen würden.

Von außerhalb Europas betrachtet, so Jenkins weiter, wirkten die scheinbar bizarren Obsessionen des Papstes absolut angemessen. Zunehmend würden außereuropäische Nationen ihre Kultur, ihren Einfluss, ihre Haltung in der Weltkirche zur Geltung bringen, wobei es etwa Bistümern in Afrika völlig unverständlich sei, wenn säkularisierte Gesellschaften die Einrichtung der Ehe relativierten. »Die römisch-katholische Kirche ist schon jetzt die Kirche der Jungen und der Gläubigen aus dem Südteil der Erde«, referierte Jenkins, »und sie wird es im Lauf des Jahrhunderts noch mehr werden.« Kurz: »Das, was in einer säkularisierten, an ihrem Reichtum und ihrer vermeintlichen demokratischen Ordnung erstickenden abendländischen Gesellschaft als wichtig erscheint, muss noch lange nicht wichtig sein für einen Christen Indiens, Afrikas oder Chinas.« Aus der Sicht des Südens lagen die dringenden Anliegen weniger in den Fragen der Sexualität, sondern der Armut und der Verfolgung. »In der päpstlichen Vorstellung zählen Nigeria und die Philippinen auf eine Weise«, schloss Jenkis, »wie es die Niederlande oder selbst Deutschland schon seit Jahrzehnten nicht mehr tun. Die Vereinigten Staaten zählten noch – doch zunehmend wegen ihrer Latinos und Asiaten, nicht wegen der lautstarken, weißen Amerikaner.«[8]

Um den Zuschnitt seines Pontifikats anzuzeigen, galt das erste Schreiben des neuen Papstes nicht etwa seinen Bischöfen oder den Mitarbeitern der Kurie, sondern der jüdischen Gemeinde von Rom. »Ich vertraue auf den höchsten Herrn«, hieß es in dem Brief an Oberrabbiner Riccardo Di Segni, »um den Dialog mit den Söhnen und Töchtern des jüdischen Volkes fortzusetzen und zu verstärken.«[9] Kurze Zeit später kündigte er bei seinem ersten interreligiösen Treffen die Intensivierung des christlich-muslimischen Dialogs an.[10] Es geht munter weiter: Stillschweigend schaffte er den »Handkuss« ab, zu dem am Ende jeder Generalaudienz Dutzende von Menschen vor dem Papstthron Schlange standen. »Bleiben wir doch normal«, meinte er gegenüber einem früheren Assistenten, der ihm beim Treffen des Ratzinger-Schülerkreises in Castel Gandolfo den Ring küssen wollte. Was Selig- und Heiligsprechungen betraf, wollte er künftig nur noch Letztere selbst leiten. Seligsprechungen sollten dezentral in den betreffenden Diözesen stattfinden. Viel Zeit brachte er hingegen für die Treffen mit den Priestern des Bistums Rom auf, um sich stundenlang deren Sorgen anzuhören.

Auch seine erste Bischofsernennung sorgte für Aufsehen. Sie galt dem Befreiungstheologen Severino Clasen, einem Schüler von Leonardo Boff, den er als Hirten der brasilianischen Diözese Araçuaí einsetzte. Mit der Berufung von Kardinal William Levada aus San Francisco wiederum wurde erstmals ein US-Amerikaner Leiter der Glaubenskongregation. Für gleichviel Überraschung sorgte die Ankündigung der Wiederaufnahme offizieller theologischer Gespräche mit der orthodoxen Kirche, die im Jahr 2000 eingestellt worden waren. Eine authentische Einheit, rief er dabei aus, sei »weder Absorbierung noch Verschmelzung«, sondern müsse die »vielgestaltige Fülle der Kirche« respektieren.[11] Die christliche Präsenz in Europa könne nur wirksam sein, wenn die christlichen Kirchen den Weg zur Einheit weitergingen.

Eine Sensation war, dass Ratzinger in der Reihe seiner vielen Titel die Bezeichnung »Patriarch des Abendlandes« abschaffte, den die Päpste eineinhalb Jahrtausende lang getragen hatten. Kurienbeamte mokierten, der neue Pontifex fange an, das Papsttum zu demontieren. Der Akt galt nach Einschätzung von Beobachtern als freundschaftliche Geste gegenüber der Orthodoxie. Andererseits betonte die Streichung den Vorrang des Bischofs von Rom, der nicht einfach nur einer der Patriarchen sein sollte, wie man sie in der Orthodoxie und im Nahen Osten kannte.

Der Benedikt-Style nahm Kontur an. »Wir arbeiten nicht, wie viele über unsere Arbeit sagen, um eine Macht zu verteidigen«, erklärte er beim ersten Treffen mit den Mitarbeitern seines Staatssekretariats,

»wir haben keine weltliche, säkulare Macht. Wir arbeiten nicht für ein Prestige und nicht, um ein Unternehmen auszuweiten oder dergleichen. In Wahrheit arbeiten wir, damit die Straßen der Welt offen sind für Christus.«[12] Zur Basis seiner Behörden gehöre nicht nur die Professionalität, wie man sie von einer funktionierenden Verwaltung verlangen könne, sondern auch die Liebe zu Christus, zu seiner Kirche und den Seelen der Menschen. Ähnlich ermahnte er die Botschafter des Papstes in den 176 Staaten, mit denen der Vatikan diplomatische Beziehungen unterhielt. Die Nuntien dürften sich nicht von Karrieredenken und Machtstreben leiten lassen, sondern müssten sich unermüdlich darum bemühen, vorbildliche Priester mit einem intensiven Gebetsleben zu sein. Nur dann könnten sie ihren Dienst erfolgreich und fruchtbar erfüllen. Die Mission der Kirche stehe im Übrigen nicht im Gegensatz zur Achtung von anderen religiösen und kulturellen Traditionen, sondern müsse sich diesen gegenüber weise und respektvoll verhalten.

Schon mit der Wahl von Namen, Wappen und Insignien hatte der deutsche Papst deutliche Hinweise auf den Zuschnitt seines Pontifikats gegeben. »Benedikt« stammt vom lateinischen *benedictus* und bedeutet »der Gesegnete«, oder auch »der Gutgesagte«, was vor dem Hintergrund der jahrelangen Verleumdungen und Beleidigungen gegen den früheren Präfekten einer Botschaft gleichkam. Konkret hatte Ratzinger sich auf zwei ganz Große der Kirche bezogen: auf Benedikt XV., den »Friedenspapst«, und auf den heiligen Benedikt von Nursia, den Patron Europas. »Ich wollte mich Benedikt XVI. nennen«, erläuterte er, »weil ich geistig an den ehrwürdigen Papst Benedikt XV. anknüpfen wollte, der die Kirche in der stürmischen Zeit des Ersten Weltkrieges geleitet hat.« Er möchte sein Amt auf dessen Spuren »im Dienst der Versöhnung und Harmonie unter den Menschen und Völkern fortführen in der Überzeugung, dass das große Gut des Friedens vor allem ein Geschenk Gottes, ein zerbrechliches und wertvolles Geschenk ist, das Tag für Tag durch den Beitrag aller zu erbitten, zu schützen und aufzubauen ist«[13].

Benedikt XV., bürgerlich Giacomo Paolo Battista della Chiesa, der von 1914 bis 1922 regierte, ging als Friedensstifter in die Geschichte ein, auch wenn es ihm nicht gelang, trotz unzähliger Appelle und Initiativen den Ersten Weltkrieg zu verhindern. Diesen Krieg verdammte er als »Selbstmord der europäischen Nationen«, den Vertrag von Versailles lehnte er als rachsüchtiges Diktat ab. Der Papst unterstützte den Völkerbund (den Vorläufer der Vereinten Nationen) und erteilte in seinem Apostolischen Schreiben *Maximum illud* allen europäisch-nationalistischen Konzepten eine Absage. Er förderte die Heiligsprechung von Frauen wie Margareta Maria Alacoque und Jeanne d'Arc und erklärte die unter anderem von dem anglikanischen Konvertiten Paul Wattson initiierte »Gebetsoktav für die Einheit der Christen« als verbindlich. Von ihm stammt die Bekräftigung, dass »die Kirche weder lateinisch, griechisch, slawisch, sondern katholisch« sei. Es gebe keine Unterschiede unter ihren Kindern, egal welcher Gruppe sie zugehörten.

Eine deutliche Aussage war auch Ratzingers Bezug auf die Gestalt des Benedikt von Nursia, den Vater des abendländischen Mönchtums. Benedikts Losung *ora et labora*, »bete und arbeite«, und seine in Montecassino begründete Lebensregel *(Regula Benedicti)* bildeten im 6. Jahrhundert die Grundlage für den Neuaufbruch Europas. Hunderttausende seiner Mönche kultivierten das Abendland mit Ackerbau, Wissenschaft und Kultur. Der heilige Benedikt, so Ratzinger zur Erklärung, was ihn mit dem großen Heiligen verbinde, stelle »einen Orientierungspunkt für die Einheit Europas und eine Mahnung an die unabdingbaren christlichen Wurzeln seiner Kultur und Zivilisation dar«.[14]

Bei seinem Papst-Wappen hatte er sein bisheriges Schild mit dem geheimnisvollen »Freisinger Mohren«, dem bepackten Bären als »Lastträger Gottes« und der Muschel als Symbol für die Pilgerschaft des Menschen sowie als Hinweis auf seinen großen Lehrer Augustinus übernommen. Gleich blieb auch der Wahlspruch »Mitarbeiter der Wahrheit«. Als erster Papst der Neuzeit verzichtet er jedoch auf die Tiara in seinem Wappen, die dreifache Krone, die auch als Zeichen weltlicher Macht gesehen werden konnte. An deren Stelle setzt er eine einfache Mitra mit drei goldenen Querstreifen, die für die drei Gewalten des Papstamtes stehen: Weiheamt, Jurisdiktion und Lehramt.

Neu war auch, dass er das Abbild eines Palliums in sein Wappen aufnahm. Die Insignie, eine Art Stola aus der Wolle von weißen Lämmern, die von Nonnen des Klosters Santa Cecilia im römischen Trastevere gewoben wird, steht für den Hirten, der das verirrte Lamm auf seine Schultern nimmt und zum Wasser des Lebens trägt. Die fünf gestickten Kreuze darauf symbolisieren die fünf Wundmale Christi. Drei davon sind mit Nadeln durchstochen, die an die drei Kreuzesnägel erinnern. Bei seiner Inthronisation legte mit Benedikt XVI. erstmals auch ein Papst nach tausend Jahren wieder ein Pallium mit roten anstatt den bisher üblichen schwarzen Kreuzen um. Die Farbe wurde letztmals verwendet, als die Kirche noch nicht in West und Ost gespalten war – getragen von ebenjenem deutschen Pontifex Leo IX., an dessen Gedenktag am 19. April Joseph Ratzinger in die Schuhe des Fischers schlüpfte.

Bei Johannes Paul II. war alles ins Superlative gestiegen; die Zahl der Audienzen, der Reisen, der Dokumente, der liturgischen Feiern, der Heiligsprechungen. Benedikt wollte reduzieren. Weniger ist mehr, stand auf seinen Fahnen. Vatikanmitarbeiter bestätigten, vieles sei bald straffer, effizienter, transparenter geworden. Er reduzierte Privataudienzen, vermied lange Reden, veröffentlichte weniger und das Wenige kürzer – und ging früher zu Bett. Umgekehrt führte er wieder regelmäßige Besprechungen mit allen Dikasterienchefs ein, die er im Übrigen komplett aus dem Vorgängerpontifikat übernommen hatte. Aber anders als Johannes Paul II. und sein Alter Ego Stanislaw Dziwisz, die über die Positionierung von polnischen Vertrauensleuten in die verschiedensten Abteilungen hineinregieren konnten, verzichtete der Nachfolger auf dieses Instrument. Womit er letztlich versäumte, Einflussmöglichkeiten aufzubauen. »Gewiss, ich war deutscher Papst«, führte Benedikt aus. »Ich wollte das Deutsche nicht verleugnen, aber auch nicht akzentuieren. Es sollte ein Pontifikat für alle sein, das sich den Problemen stellt, die heute im Vordergrund stehen.«[15]

Hatte Johannes Paul Ansprachen oft schon Monate vor einem Termin aufschreiben lassen, trat Benedikt schon mal vor ein Auditorium, um sich zu entschuldigen, er habe leider keine Zeit gefunden, eine Rede zu entwerfen. Aber vielleicht, meinte er beim *Ad Limina*-Besuch der Schweizer Bischöfe, passe es ja auch »zu einem Papst in diesem Augenblick der Geschichte der Kirche, in jeder Hinsicht arm zu sein«. Natürlich aber habe er »ein bisschen nachgedacht« – und legte aus dem Stand heraus eine Analyse von Aufgaben vor, die aktuell in der Schweiz anstünden.

Geradezu spektakulär wirkten zu Beginn seiner Amtszeit Benedikts Begegnungen mit konträren Zeitgenossen. Am 29. August 2005 empfing er den exkommunizierten Leiter der Priesterbruderschaft St. Pius X., Bernard Fellay. Das Gespräch müsse arg mager verlaufen sein, deuteten Korrespondenten das dürre Kommuniqué, das der Vatikan anschließend herausgab. Zeitnah lud er die streitbare italienische Atheistin und Journalistin Oriana Fallaci zum Gespräch, danach seinen schärfsten Kritiker, Hans Küng. Sekretär Gänswein besorgte das Zimmer, ließ den Schweizer Theologen am Flughafen abholen und begleitete die früheren Professorenkollegen bei ihrem Spaziergang durch den

Park von Castel Gandolfo. Nach dem Mittagessen gab es ein zweistündiges Gespräch unter vier Augen, danach veröffentlichte Küng vor den wartenden Reportern eine mit Ratzinger abgesprochene Erklärung, worin er von einer »persönlichen Aussöhnung« sprach. »Das Signal war«, so Erzbischof Rino Fisichella über den Hintergrund der Treffen, »der Papst scheut sich vor niemandem. In der Presseerklärung des Vatikans wurde die Begegnung mit Küng positiv gewürdigt. Damit war Küng als Galionsfigur des Protestes erst einmal verbrannt. Er war zum Opfer seiner Eitelkeit geworden.«[16]

Nachhaltig positiv für das Image Ratzingers wirkte der agile Sekretär an seiner Seite. Gänswein stammte aus dem Schwarzwald. Sein Vater führte in der siebten Generation eine Schmiede und eine kleine Landwirtschaft, später kam ein Landmaschinengeschäft hinzu, das allerdings nicht das große Geld brachte (»Wir mussten uns manchmal mächtig strecken«). Die Mutter kam aus einer Gastwirtsfamilie und zog als Hausfrau im Alleingang fünf Kinder groß. »Nachgiebigkeit ist nicht unbedingt meine Stärke«, gab Gänswein zu Protokoll, so blieben Reibereien mit seinem Vater nicht aus. Die Haare wurden lang und länger, aus dem Zimmer des Heranwachsenden dröhnte Musik von Pink Floyd und anderen Rockgruppen.

Der junge Mann ist unpolitisch, seine Leidenschaften sind Musik, Fußball und Skifahren. Als Abiturient und Student verdient er sich sein Geld als Postbote auf dem Fahrrad. Eigentlich sollte der Erstgeborene das Landmaschinengeschäft des Vaters übernehmen, er selbst will Börsenmakler werden. Und doch kommt es ganz anders. »Plötzlich drängten sich existenzielle Fragen in den Vordergrund. So fing ich an zu suchen und bin auf diese Weise ganz ungewollt auf die Philosophie und die Theologie gestoßen.« Schritt für Schritt geht er auf das Priestertum zu, wird 1984 geweiht und verbringt erste Kaplansjahre im Schwarzwald, um danach zum Weiterstudium nach München geschickt zu werden. »Ich hatte immer gern und leicht studiert, aber das Studium des Kanonischen Rechts empfand ich so trocken wie Arbeit in einem staubigen Steinbruch, wo es kein Bier gibt. Nach einem halben Jahr hatte ich die Nase gestrichen voll.« Rettung kommt von seinem Doktorvater, dem Kirchenrechtler Winfried Aymans, der ihm neue Perspektiven aufzuzeigen vermag. »Das hat mir wirklich sehr geholfen, den Löffel nicht hinzuschmeißen.«

Die Presse-Bilder von einem altersmilden Kirchenführer mit schlohweißem Haar, dem ein junger, gut aussehender Monsignore zur

Seite steht, brachten eine bis dahin unbekannte Note in den Auftritt eines Papstes. Kritiker warfen Gänswein vor, allzu forsch zu agieren. Der Zuschnitt eines Papstsekretärs verlange, im Hintergrund zu bleiben. Bunte Illustrierte jedoch stürzten sich nur allzu gerne auf den »Sunnyboy in der Soutane«, der als »George Clooney des Vatikans« bald Titelseiten schmückte. Er sei, so die Schweizer *Weltwoche*, »unbestritten der schönste Mann im Talar, der je im Vatikan zu sehen war«. Die Designerin Donatella Versace widmete Gänswein gar eine eigene Mode-Linie, und in seinem Posteingang befanden sich oft genug Briefe sehnsüchtiger Verehrerinnen. »Don Georgio« tat das Seine, indem er seinem Chef bei Ausflügen in den Bergen oder Spaziergängen in Castel Gandolfo eine schicke weiße Baseball-Kappe aufsetzte, die den Papst jung und cool aussehen ließ. Der Camauro allerdings, eine winterliche Kopfbedeckung, die zuletzt Johannes XXIII. getragen hatte, kam schnell wieder in die Requisitenkammer. Niemand hatte die Baseball-Kappe als Signal für Reformfreudigkeit gedeutet, beim Camauro hingegen schallte es lauthals aus der Presse, jetzt gehe das Pontifikat eindeutig Richtung Restauration. Dabei gab es eine einfache Bewandtnis für den Einsatz des historischen Stückes: »Mich hat einfach gefroren, und ich bin am Kopf empfindlich. Und ich habe gesagt, wenn wir da schon den Camauro haben, dann setzen wir ihn auch auf. Es war wirklich nur der Versuch, der Kälte zu widerstehen. Aber danach habe ich es nicht mehr getan. Damit nicht überflüssige Interpretationen aufkommen.«[17]

Eine andere Befindlichkeit des deutschen Papstes hatte tief greifende Auswirkungen auf die Amtszeit Benedikts. Es war die immer wiederkehrende Sorge um seine, wie er fand, fragile Gesundheit. Dass Ratzinger davon ausging, seine Amtszeit würde nicht lange dauern, maximal drei, vielleicht vier Jahre, könnte man im Nachhinein als einen Konstruktionsfehler seines Pontifikats interpretieren. »Ich wusste, dass es kein langes Pontifikat sein wird«, bekannte er in unserem Gespräch, »dass ich keine großen langfristigen Projekte durchziehen kann. Dass ich vor allem nicht etwa ein neues Konzil einberufen oder große organisatorische Dinge in Angriff nehmen kann. Ich wusste, dass organisatorische Dinge nicht meine Stärke sind, aber auch nicht notwendig waren. Es war ja gerade die Kurienreform von Johannes Paul II., *Pastor Bonus*, in Kraft getreten, und diese sofort wieder auf den Kopf zu stellen wäre mir nicht richtig erschienen.«

Aber musste die Einstellung nicht Auswirkungen auf das gesamte Programm seines Pontifikats haben, hatte ich nachgefragt? »Das ist schon klar. Ich hatte das Bewusstsein, dass ich vor allen Dingen versuchen müsste, wieder die Zentralität des Glaubens an Gott herauszustellen, den Menschen Mut zum Glauben zu geben und Mut, ihn in dieser Welt konkret zu leben. Glaube, Vernunft, das alles waren Dinge, die ich als meine Sendung erkannt habe und bei denen nicht wichtig war, ob das Pontifikat lange dauert oder nicht.«[18]

Eines der zentralen Anliegen des Papstes war die Sorge um die von Johann Baptist Metz als »Gotteskrise« bezeichnete Entfremdung des Menschen vom Glauben. Wenn Gott wegfällt, ein Gott, der uns kennt und uns anredet, warnte er, verliere die Gesellschaft die Grundlagen eines zivilisierten Daseins. Die Aufgabe der Kirche hatte er dabei mit einem Wort illustriert, das Teresa von Ávila zugeschrieben wird: »Wir sind die Augen, mit denen Sein Mitleid auf die Notleidenden schaut; wir sind die Hände, die Er zum Segnen und Heilen ausstreckt; wir sind die Füße, deren Er sich bedient, um hinzugehen und Gutes zu tun; und wir sind die Lippen, die Sein Evangelium verkünden.« Mit seinen eigenen Sätzen fügte er hinzu: »Wir sind berufen, unsere Auseinandersetzungen zu überwinden, in Konfliktsituationen Frieden und Versöhnung zu stiften und der Welt eine Botschaft der Hoffnung zu geben. Wir sind berufen, uns für die Menschen in Not zu öffnen und unsere irdischen Güter großzügig mit all jenen zu teilen, denen es weniger gut geht als uns.«

Ratzinger war kein Ideologe, und als Christ träumte er nicht vom Paradies auf Erden, aber mit dem Apostel Paulus, den er häufig zitierte, hat er die Vision von einer besseren Welt: »Lasst uns aufbauen die Gemeinschaft der Liebe nach dem Plan des Schöpfers, der uns durch seinen Sohn bekannt gemacht wurde.« »Die belebende Kraft seines Lichtes«, so der neue Pontifex an Weihnachten 2005 in seinem Segen *Urbi et Orbi*, »gibt dir Mut, dich für den Aufbau einer neuen Weltordnung einzusetzen, die auf gerechte ethische und wirtschaftliche Beziehungen gegründet ist.«

Kapitel 62

Das Benedetto-Fieber

Papst ist kein Lehrberuf, aber für das neue Oberhaupt der katholischen Kirche und seinen engsten Mitarbeiter gab es noch nicht einmal eine Einweisung. Auch keine Lagebesprechung oder etwa einen Kassensturz. »Es musste ja alles schnell weiterlaufen«, berichtete Georg Gänswein, »mit den Generalaudienzen, den bischöflichen *Visita ad limina*, die alle schon auf dem Plan standen, mit den Besuchen in den Pfarreien, den Anfragen der Kardinäle und den Bitten von Regierungschefs und Staatspräsidenten.« Obendrein stand Ostern vor der Tür. Das Staatssekretariat hatte auf 8 Seiten Grußadressen in 60 Sprachen in Lautschrift vorbereitet und ein Demo-Tonband bereitgestellt, damit der Papst rechtzeitig üben könnte.

»Das Einzige, was es gab, war ein Vieraugengespräch mit meinem Vorgänger«, so Gänswein. »Dabei drückte er mir einen Umschlag in die Hand, in dem sich einige Papiere und ein Schlüssel für einen Tresor befanden. Ein uralter Tresor, deutsche Markenarbeit.« Im Safe befanden sich Kontonummern und ein Durcheinander von wertvollen Ringen, die Johannes Paul II. bekommen hatte, aber auch Brustkreuze und Preziosen aus der Zeit von Pius XII. und Johannes XXIII. Der Umschlag enthielt Personalia der Kurie, die von Papstsekretär zu Papstsekretär weitergegeben werden. »Monsignore Stanislaus Dziwisz sagte nur: ›Du hast jetzt eine sehr wichtige, sehr schöne, aber sehr, sehr schwierige Aufgabe. Wichtig ist: Der Papst darf nicht erdrückt werden. Er muss atmen können. Man muss schauen, dass er eine Pufferzone hat. Das ist das Einzige, das ich dir rate. Bei allem anderen musst du selbst draufkommen, wie es geht.«[1]

Wie gewaltig die Anforderungen an das katholische Kirchenoberhaupt sind, konnte sich selbst der neue Amtsträger nicht vorstellen, obwohl er das Pontifikat seines Vorgängers ein Vierteljahrhundert lang aus nächster Nähe beobachtet hatte. »Ich hab mich an sich nicht schlecht gefühlt«, berichtete Benedikt, »aber richtig ist, dass man am Anfang von dieser Last fast erdrückt wird.«[2] Dass er das schier ausufernde Programm der ersten Monate überhaupt bewältigen konnte, war seinem disziplinierten Umgang mit Zeit und seinem blitzschnellen Aktenstudium zu verdanken. Wenn allerdings »auf seinem Schreibtisch Dinge lagen, von denen er wusste, die müssten schon bearbeitet sein, wurde er mit der Zeit unruhig«, berichtete sein Sekretär, »das vertrug er nicht. Die Arbeit musste wieder vom Tisch sein«[3]. Gänswein andererseits hatte nach einem »Start mit Vollgas« bald gemerkt, »dass das Tempo, dass ich mir abverlangt hatte, zu hoch ist«. In Poleposition zu starten sei das eine, »über die Runden und dann auch ans Ziel zu kommen das andere«. Nun habe es gegolten, »das richtige Tempo zu finden«.

Ein heikler Punkt war der Umgang mit den unzähligen Bitten um Privataudienzen, »die alle mit edlen Beweggründen versehen waren«. Bei den »Anfragen ohne Ende« – mit Fußnoten wie: »nur eine Minute«, und: »nur einmal eine Ausnahme«, oder: »der Papst kennt mich schon seit Langem« – sei es dringend notwendig geworden, »einen stärkeren Filter einzubauen«, was wiederum zu der Kritik führte, es sei unmöglich geworden, an den Heiligen Vater heranzukommen, er befände sich isoliert in einem goldenen Käfig.

Seine erste Reise als Papst führte Ratzinger am 29. Mai 2005 zum XXIV. nationalen Eucharistischen Kongress in den Süden Italiens, nach Bari, der Stadt des heiligen Nikolaus. Auf dem Weg dorthin ließ er den Hubschrauberpiloten in dessen apulischem Heimatdorf zwischenlanden und unterhielt sich gelöst mit den zusammenströmenden Einwohnern. Als der Helikopter in Bari über dem Open-Air-Gelände am Meer kreiste, brach eine erste Welle der Begeisterung aus. Immerhin waren 200 000 vornehmlich junge Menschen auf dem Platz, doppelt so viele als erwartet. Der Papst sprach über den Sonntag und die unverzichtbare Nahrung der Eucharistie, und es war still wie in einem Kloster. Doch sobald der alte Mann mit seiner brüchigen Stimme am Altar das *Sanctus* anstimmte, brandete herzzerreißender Jubel auf. In dieser Minute war Ratzinger per Akklamation seines italienischen Volkes als Papst bestätigt. »Die Kirche ist gar nicht alt und unbeweglich«, hatte Ratzinger noch vor seiner Inthronisation ausgerufen, »nein, sie ist jung.« Die Bilder der Premiere Benedikts vor seinem jugendlichen Publikum machten jedenfalls den Eindruck, als habe da jemand im Gefolge von Johannes Paul II. dem Katholizismus einen neuen Anstrich verpasst; eine Art von Pop, von dem man meinte, er sei nur mit Sex, Drogen und Rock 'n' Roll zu haben.

Etwas war anders geworden. Seit Person und Wirken von der Öffentlichkeit ohne Filter und ideologische Verzeichnung wahrgenommen werden konnten, »reißt das Wohlwollen in der Öffentlichkeit für Papst Benedikt XVI. alias Joseph Ratzinger nicht ab«, musste selbst der *Spiegel* zugeben. »Wenn ich ehrlich bin, ich konnte ihn nicht leiden«, diktierte da etwa die 59-jährige Hausfrau Teresa La Peruta einem Reporter der *New York Times* in den Block, nun aber beginne Ratzinger sie zu überzeugen: »Ich hoffe, er macht immer und immer weiter so.« Eine Pilgerin aus Bayern berichtete, es habe bei ihr während einer Papstmesse »auf einmal einen Knacks getan«, sie habe gespürt: »Bei dem ist nichts Künstliches, kein Lächeln wie angeknipst, sondern da ist plötzlich ein Mensch, der seine Seele im Auge trägt.«

Schon vor der Wahl Benedikts hatte sich unter Intellektuellen in Deutschland eine gewisse »Ratzinger-Mode« eingestellt. Argumentationsschärfe, Bildungsvolumen und die Treffsicherheit seiner Analysen weckten auch bei Agnostikern das Verlangen, sich insbesondere mit dem philosophischen Werk des Deutschen auseinanderzusetzen. Viele hätten begriffen, notierte die Wochenzeitung *Die Zeit*, »dass Ratzinger kein Machtmensch ist, dass seine Konservativität nicht das Paktieren mit den herrschenden Verhältnissen bedeutet, sondern viel eher Nonkonformismus in einer fortschrittsgläubigen Gegenwart«.

»Da ist etwas Neues«, befand Antonio Tedesco, der Leiter des deutschsprachigen Pilgerzentrums in Rom, »ich habe noch nie so viele Leute gesehen: Mitten in der Hitze des Sommers, mitten in der Kälte des Winters. Und da sind viele, die nicht nur passiv mitlaufen, sondern zeigen wollen, dass sie zusammengehören.«⁴ Wojtyla sei ein Mann der Bilder gewesen, sein Nachfolger sei ein Mann des Wortes. Zu dem einen sei man gekommen, um ihn zu sehen, zu dem anderen komme man, um ihn zu hören. »Wenn wir in fast 27 Jahren Pontifikat gelernt haben, auf Papst Wojtyla als den eifrigen und unermüdlichen ›Pfarrer der Welt‹ zu schauen«, lautete eine erste Bilanz des *L'Osservatore Romano*, »haben wir in den ersten beiden Monaten Petrusdienst begonnen, in Papst Ratzinger den sensiblen und aufmerksamen ›spirituellen Rektor‹ des nach Wahrheit und Hoffnung dürstenden Gottesvolkes zu sehen.«

In Italien hatte sich der Wind zuerst gedreht. Aus dem früheren »Cardinale No«, dem gestrengen Glaubenswächter, war in den Medien über Nacht ein feinsinniger älterer Herr geworden, ein Mann von aristokratischer Haltung, brillanter Rhetorik und beispielhafter Demut, dem das Magazin *Panorama* eine »gebenedeite Macht« zubilligte.

Tagelang berichteten Journalisten über Ratzinger als einen herzlichen Präfekten, der in den Gassen um den Petersplatz spazieren gegangen sei, sich mit Katzen unterhielt, bei Obstverkäufern nach den besten Äpfeln für Apfeltaschen fragte und ein enger Freund von Fußballtrainer Giovanni Trapattoni sei (der wiederum bekannt gab, der neue Papst sei ein Mann, »der es versteht, Tore zu schießen«). Philosophen brüsteten sich damit, mit dem Ex-Präfekten auf gutem Fuß zu stehen. »Die Priesterfresser von einst«, so der Kommentator Pietrangelo Buttafuoco, »sind nicht mehr da, da diesmal der Priester vom Feinsten und vom Tiefsten ist.«

Dem Verlangen des Publikums begegnete das italienische Fernsehen sonntags und mittwochs mit Liveübertragungen der Botschaften Benedikts vom Petersplatz. Plötzlich gab es einen Medienhype, der den Katholizismus zum Thema und den Papst zum Star machte. Verlage wetteiferten um Veröffentlichungsrechte seiner Katechesen und Ansprachen. »Sehr versiert, sehr gescheit«, empfanden nun Prominente wie Mario Adorf den ehemaligen Großinquisitor. Benedikt sei »zurückhaltend, kompetent und freundlich«. »Wir sprachen über den Tod meiner Mutter«, berichtete die Schauspielerin Veronica Ferres, »was er sagte, hat mich tief bewegt«, dieser Papst erreiche »selbst die, für die die Kirche lange kein Angebot mehr hatte«. Fußball-»Kaiser« Franz Beckenbauer wertete die 48 Sekunden seiner Audienz bei Benedikt gar als den »Höhepunkt meines Lebens«. Der Papst hätte ihn inspiriert: »Ich habe selten einen Menschen mit dieser Ausstrahlung, dieser Güte, dieser Freundlichkeit im Antlitz gesehen. Die Menschheit braucht ihn«, zertifizierte er den neuen Pontifex, »ich glaube, nötiger denn je.«

Weil sich der Blick auf ihn veränderte, konnte Ratzinger allein schon dadurch überraschen, dass er blieb, wie er war. Zuvor habe er über den Kardinal, so der Schriftsteller Martin Walser, »nur solche verkürzten Nachrichten ohne persönliche Erscheinung« mitbekommen. Nun, da er erstmals Ratzingers »Wesen« habe wahrnehmen können, sei er »unheimlich beeindruckt, dass er eine solche Glaubwürdigkeit hat«. Es gebe eben einen »Unterschied zwischen Meinung und Wesen«, so Walser. »Mit Meinungen kann man recht haben oder unrecht haben. Das Wesen dagegen erscheint und ist dann glaubwürdig oder unglaubwürdig.«[5]

Selten stand ein Pontifex zu Beginn seiner Amtszeit im Zeichen eines solchen Lichtes. Das Erleben des Millenniumwechsels, das Leiden Johannes Pauls II. und eine neue, junge Generation leidenschaftlicher

Christen schufen eine Ausgangslage, durch die Benedikt XVI. die Ernte seines großen Vorgängers mitnehmen und den Abwärtstrend stoppen konnte. Seit Ratzinger Papst war, sanken Kirchenaustritte. Wiedereintrittsstellen wie die »Glaubensorientierung St. Michael« in der Münchner Innenstadt registrierten eine bislang ungeahnte Nachfrage. In Berlin empfing Kardinal Georg Sterzinsky so viele erwachsene Taufbewerber wie nie zuvor. Der katholisch-theologische Fakultätentag in Deutschland berichtete nach Jahren des Rückgangs von »beträchtlichen Zuwächsen« bei den Neueinschreibungen zum Wintersemester 2005/ 2006 in allen theologischen Studiengängen. In den bayerischen Priesterseminaren meldeten sich 50 Prozent mehr neue Bewerber als im Vorjahr. »Wir brauchen uns nicht genieren, authentisch, liebend und treu nach den Worten Gottes zu leben«, verkündete der Bamberger Weihbischof Werner Radspieler. Klimawechsel auch unter katholischer Jugend: »Wo früher Scham und Zurückhaltung in Glaubensdingen herrschte«, beschrieb ein Aktivist das neue Selbstwertgefühl, stehe nun das Bewusstsein, »man hat eine Botschaft, die frei macht, die etwas Tolles ist, von der man anderen erzählen will.«

Als Präfekten der Glaubenskongregation fehlte es Ratzinger mitunter an der richtigen Vermittlung. In der öffentlichen Wahrnehmung wirkte er häufig gedrückt. Nun aber, so der Theologe Eugen Biser gegenüber der *Süddeutschen Zeitung*, sei »das Gesicht eines aufblühenden, befreiten Menschen« zu sehen: »Das ist tatsächlich ein Paradoxon. Offenbar ist Benedikt XVI. befreit von der Last seines früheren Amtes.« Obendrein gäbe es mit ihm »einen Papst, der seit Leo dem Großen die größte theologische Kompetenz besitzt«. Biser legte sich fest: »Er ist der Papst, der den Gedanken der Stellvertretung in die Mitte seines Pontifikats stellt. Er ist nicht der Chef der Kirche, nicht das Kultobjekt Kirche. Er steht anstelle eines anderen, der allein geliebt und an den geglaubt werden muss.« Damit beginne »eine Kirche, bei der der Glaube nicht nur in der Akzeptanz von Dogmen besteht, sondern als Einladung zur Gotteserfahrung verstanden wird«. Der neue Papst gehöre bereits jetzt zu den »bedeutendsten Päpsten der Geschichte«. Der frühere bayerische Kultusminister Hans Maier fügte hinzu, nach der »überlebensgroßen, fast renaissancehaften« Figur des polnischen Papstes erlebe man jetzt einen Chef, »der Sinn für Formen und regelhafte Abläufe hat, der nicht durch ungeduldigen Reformeifer auffällt, der nicht alles eigenhändig tun will, der auch einmal warten kann, bis die Zeit etwas für ihn tut«[6].

Die ungeahnten Qualitäten des neuen Oberhirten machten auch bisherige Kritiker nachdenklich. »Während jeder andere neue Papst in kürzester Zeit in Vergleich mit dem machtvollen, magnetischen und charismatischen Johannes Paul II. gezogen worden wäre«, kommentierte die *New York Times,* »hat Benedikt seine eigene zurückhaltende, bescheidene Anziehung.« Sein Auftritt sei »zart, sogar scheu, seine Stimme leise und sein Gedankengang klar«. Joaquín Navarro-Valls, der Direktor des vatikanischen Presseamtes, erklärte: »Benedikt XVI. ist ein Medienphänomen – trotz oder gerade wegen der Tatsache, dass er anspruchsvoll ist. Man hört ihm zu.« Das Geheimnis seiner Kommunikation bestehe offenbar darin, dass er in einer Zeit der Zweideutigkeit Klartext spreche und durch den Reichtum und die Einfachheit seines Ausdrucks fasziniere.

Wie auch immer, niemals zuvor wurde das Wort eines Papstes von so vielen Menschen zeitgleich rund um den Globus vernommen. Papst-Reden beschäftigen die Titelseiten der Weltpresse. Papst-Bücher stürmten überall die Bestsellerlisten und lösten gewissermaßen den größten Glaubens-Crashkurs aller Zeiten aus. Es war kein Strohfeuer. Um es vorwegzunehmen: Erstmals in der Geschichte konnte die Enzyklika eines Papstes Millionen Mal verkauft werden, ein bislang unvorstellbarer Vorgang. Von Benedikts erstem Lehrschreiben musste in Italien sogar die lateinische Ausgabe nachgedruckt werden – nach den bereits ausgelieferten 450 000 Exemplaren der Erstauflage. Zugute kam dem früheren Professor, dass er nicht nur eine bestimmte Klientel ansprach, sondern sowohl Intellektuelle als auch die einfachen Gläubigen erreichen konnte. Bis zu 60 000 Menschen erwarteten ihn sonntags und mittwochs auf dem Petersplatz. Anfang Mai versammelten sich beim Regina-Coeli-Gebet gar 100 000 Gläubige und Besucher, und für viele war die Begegnung ein magischer Moment. »*Coraggio Tivoliamo bene*«, hielten Jugendliche ihr Transparent hoch, während sie dem Pontifex zuwinkten, »nur Mut, wir mögen Dich«. Es gebe eine »konstante Erwartungshaltung«, beobachtete die deutsche *Tagespost,* »als sei in jeder Handlung, in jedem Gestus, in jedem Wort des Papstes etwas aufzufinden, das weitere Wege weisen wird«[7].

Allein in seinem ersten Amtsjahr konnte Benedikt fast vier Millionen Menschen um sich scharen – mehr als jeder seiner Vorgänger im vergleichbaren Zeitraum. »Sie haben die Herzen vieler Menschen erobert«, begeisterte sich Franca Ciampi, die Frau des italienischen Präsidenten, gegenüber dem neuen Papst, »und das war nicht leicht nach dem glänzenden Pontifikat von Johannes Paul II.« Die Spitzen des Staates hatten sofort verstanden, dass in diesem Projekt auch die Chance für eine Regeneration der Nation lag. Katholizismus wäre ohne Italien kaum denkbar – und Italien nicht ohne Katholizismus. Das »Modell Italien«, rief Staatspräsident Ciampi aus, mit seiner Trennung von Kirche und Staat bei gleichzeitiger Würdigung der Werte des Christentums, werde wohl bald auch anderswo Schule machen.

Ansätze dafür gab es. »Deutschland ist nicht das Land der Gottesfürchtigen, und einen Heidenansturm auf die Kirchen gibt es nur Ostern und Weihnachten«, notierte der Journalist Hans Leyendecker in der *Süddeutschen Zeitung,* dennoch verspürten »selbst die Mitglieder der Geizgesellschaft, dass es etwas Größeres gibt als Mammon und Reichtum. Und wer verkörpert Bescheidenheit mehr als der katholische Intellektuelle mit dem huschenden Gang?« Benedikt XVI. sei »einer, der Boden findet im Bodenlosen«[8].

Rolf Hille, Vorsitzender des Arbeitskreises für evangelikale Theologie, zeigte sich überzeugt, dass »die von manchen Protestanten geäußerte Begeisterung für den Katholizismus« wohl daher komme, »dass die Katholiken mit dem Papst jemand haben, der ganz schlicht und einfach sagt, was Sache ist«. Der Kulturkritiker und Historiker Gustav Seibt sah es so: Die »erstaunliche Anziehungskraft« eines »sich rituell wieder strenger repräsentierenden Katholizismus« lebe »weniger von erneuerter Frömmigkeit als vom Kontrast zur Wurschtigkeit der liberalen Gegenwart mit ihrer weltanschaulichen Angebotsfülle und zur unverbindlichen Wellness moderner Religiosität. Wenn schon Religion, dann bitte gleich katholisch.« Unbeeindruckt zeigte sich die Bischöfin der evangelisch-lutherischen Landeskirche von Hannover, Margot Käßmann. Diese »Papsteuphorie ungekannten Ausmaßes«, teilte sie mit, könne sie nicht nachvollziehen.

Man hatte ihm vorausgesagt, er könne nicht mit Menschen umgehen, vor allem nicht mit Massen von Menschen. Er habe Berührungsängste und könne niemanden anfassen. Der frühere Franziskanerpater Leonardo Boff unkte: »Es wird schwer sein, diesen Papst zu lieben.« Doch mit einem Mal sah ein großes Publikum, wie derselbe Mensch, der als scheu, zurückgezogen und hartherzig galt, Kinder herzte und zärtlich Hände drückte. »Er schaut jeden an, mit dem er zu tun hat, mal forschend, mal zärtlich, er ergreift gern beide Hände des Gesprächspartners«, beobachtete der Autor Christian Feldmann, »er geht betont langsam von einem zum andern, nimmt sich Zeit für die paar Sätze, bleibt mitunter bei einer alten Dame oder einem Kind lange stehen und lässt die Bischöfe, die auch mit ihm sprechen wollen, warten.«[9]

Sobald er auf Jugendliche traf, blühte er auf. »Wenn ihr nicht wisst, wie ihr beten sollt, dann bittet Ihn, er möge es euch beibringen«, riet er Teenagern aus Holland. In Fragen der Zukunft des Glaubens wiederum zeigte er sich betont nüchtern: »Ich denke, dass es kein System für einen raschen Wandel gibt«, gab er Priestern im Aostatal zur Antwort, »wir müssen weitergehen, durch diesen Durchgang, diesen Tunnel hindurchgehen, mit Geduld und in der Gewissheit, dass Christus die Antwort ist und dass am Ende sein Licht wieder erstrahlen wird.« Als er an Weihnachten den Segen *Urbi et Orbi* erteilte, hatte er zu einem Appell ausgeholt: »Moderner Mensch, erwachsen und doch zuweilen kraftlos im Denken und Wollen, lass dich vom Kind von Betlehem an die Hand nehmen, fürchte dich nicht, vertraue ihm!«

Anfangs wurde er ein wenig verlegen, wenn ihn jemand mit »Heiliger Vater« oder »Heiligkeit« ansprach. Oder er zuckte zurück, sobald man zum höfischen Handkuss griff, den er ja eigentlich abgeschafft hatte. Manchmal sprang er, ganz gegen das Protokoll, vom Stuhl auf, als sei er nicht würdig, sitzen zu bleiben. Die Emotionalität war noch gebremst, die Gestik manchmal unsicher, der Blick interessiert, aber zugleich auch scheu. Auf publikums- und medienwirksame Effekte wollte Benedikt allerdings verzichten. »Das war sein Stil«, erläuterte Gänswein. »Von uns hat keiner versucht, ihm irgendetwas aufzuschwätzen. Klar, wir haben bestimmte Vorschläge gemacht, die er aber nicht angenommen hat.«[10]

Auch nicht, wenn es um seine noch ausbaufähige Rhetorik ging, wenn Benedikt bei Ansprachen ins Leere blickte, um wie von einem imaginären Blatt Texte aus seinem Inneren abrufen zu können. »Das muss ich auch zugeben, da war ich einfach oft nicht kraftvoll genug bei Stimme und der Text eben noch nicht innerlich so angeeignet, sodass ich wirklich es freier hätte darbieten können«, räumte Ratzinger in unserem Gespräch ein. »Es war sicher eine Schwäche. Und meine Stimme ist von Haus aus schwach. Aber ich meine, wenn man so viel und so oft reden muss, wie ein Papst es muss, ist man doch etwas überfordert.«[11]

Offenbar hatten viele der professionellen Beobachter zwei Dinge unterschätzt: Erstens die Aura des Amtes. Papst ist nicht irgendein Job. Er verleiht einen gewaltigen Nimbus. Und zweitens Ratzingers Fähigkeit, ganz schnell in eine neue Aufgabe hineinzuwachsen. Hinzugekommen war eine neue Leichtigkeit, die Kraft seiner Poesie und ein Glanz in seinen Augen, der lange nicht zu sehen war. Benedikt schrieb gewissermaßen mit neuer Tinte. Er schreibt mit Herzblut. Es war die Verwandlung eines Menschen, der mit dem Licht des Lebens wieder der sein konnte, der er im Eigentlichen ist. Nach den Jahrzehnten der Angriffe auf die Glaubenskongregation wich die Verteidigungshaltung einer Ausstrahlung von Milde und Güte. Vor allem aber hatte der deutsche Papst ohne jede Hektik etwas geleistet, was im Grunde niemand für möglich hielt: einen Übergang ohne jeden Bruch, die nahtlose Fusion zweier Pontifikate. Und während er anfangs die Abstimmung zu seiner Wahl noch als »Fallbeil« bezeichnet hatte, korrigierte er nun mit unüberhörbarer Rührung in der Stimme: »Ich danke Gott ... der mich als Nachfolger des Apostels Petrus in den Dienst der Kirche gerufen hat und mir seine unverzichtbare Hilfe zukommen lässt.«

Der Auftritt in Bari gab einen Vorgeschmack, aber nach dem XX. Weltjugendtag in Köln im August 2005 war nicht mehr zu übersehen, welches Potenzial in dem neuen Pontifikat lag. Kritiker wie Eugen Drewermann sprachen im Vorfeld der Veranstaltung zwar von billiger »Unterhaltungsindustrie«, in Wahrheit war das vermeintliche »Spaß-Event« die vielleicht schönste Manifestation christlichen Glaubens, die es je auf deutschem Boden gegeben hatte; mit Menschen aus 200 Nationen, die gekommen waren, um den Papst zu treffen, die Nacht mit Gebet und Gesang zu verbringen und auf einem riesigen Gelände in Marienfeld vor den Toren der Stadt Eucharistie zu feiern.

Definitiv erreichte das »katholische Jahr« 2005 in Köln nach Papst-Tod und Papst-Wahl einen neuen Höhepunkt. 800 Bischöfe spendeten den Segen, 10 000 Priester verteilten die heilige Kommunion, und mit 1,2 Millionen Teilnehmern wurde der Weltjugendtag für Deutschland die größte religiöse Kundgebung aller Zeiten. »Da ist irgendwie der Vulkan ausgebrochen«, erinnerte sich Sekretär Gänswein. »Die Begeisterung für Benedikt XVI. kannte keine Grenzen. Das hat ihm gutgetan und hat ihn auch beflügelt. Ab diesem Moment, mit diesem Rückenwind, ist manches, was ihm zuvor schwergefallen ist, leichter geworden.« Das Kirchenoberhaupt selbst bekannte, von sich aus hätte er »nicht gewagt, das einzurichten«. So sei es Gottes Fügung gewesen, dass ihn seine erste Auslandsreise durch den lange schon geplanten Weltjugendtag als Papst so früh nach Deutschland geführt habe. Schon im Anflug bekannte er gegenüber Journalisten: »Ich bin sehr bewegt, dass ich in mein Heimatland zurückreisen kann.« Dann rief er aus: »Gott segne mein liebes Vaterland.«

Zigtausende säumten die Straßen, Millionen saßen zu Hause an den Fernsehschirmen, nachdem Bundespräsident Horst Köhler dem hochkarätigen Gast auf dem Flughafen »willkommen in der Heimat, willkommen in Deutschland« zugerufen hatte. Zeitplan und Sicherheitsvorkehrungen waren auf höchster Stufe. »Das Protokoll des Vatikans«, so Ingeborg Arians, die Protokollchefin der Stadt, »ist neben dem Protokoll der englischen Königin mit das strengste überhaupt.« Dabei würden »nicht nur Minutenpläne gemacht, sondern Sekundenpläne«[12].

Als sich die ersten 170 000 Jugendlichen an das Rheinufer drängten, um dem Pontifex auf seinem Schiff zuzuwinken, viele von ihnen bis zur Hüfte im Wasser, erinnerte die Szenerie an die Jünger Jesu am See Genezareth. »Ich möchte der Jugend der Welt zeigen, dass es schön ist, ein Christ zu sein«, rief Benedikt XVI. seinem Publikum zu. »Von einer großen Liebe und Erkenntnis getragen zu sein ist nicht etwa ein Gepäck, sondern es sind Flügel.« Wobei sich Ratzinger »zunächst nur mit den Jugendlichen auf dem Dampfer unterhielt«, wie der Kölner Erzbischof Joachim Meisner bemerkte, der für den Freund seine Dreizimmerwohnung zur Verfügung gestellt hatte. Meisner wusste Rat: »Ich sagte ihm: ›Du musst dich auch nach links wenden.‹ Dann meinte er: ›Du hast dauernd an mir rumzukritisieren.‹ Später hat er gemeint: ›Da muss ich mich wirklich bei dir bedanken.‹«[13]

Der Papst schonte sich nicht. In vier Tagen absolvierte er 21 Termine und hielt 12 Reden. Er nahm Kanzlerkandidatin Angela Merkel das Versprechen ab, christliche Politik zu betreiben, und bei der Begegnung mit den deutschen Bischöfen gemahnte er: »Die jungen Leute suchen keine künstlich sich jung gebende Kirche, sondern eine Kirche, die jung ist im Geist, eine Kirche, die Christus, den neuen Menschen, durchscheinen lässt.« Er veranstaltete ein ökumenisches Treffen (das er um 70 Minuten überzog), bestand auf einer Begegnung mit Muslimen und besuchte als erster Papst überhaupt eine Synagoge in Deutschland. »Shalom alechem!«, rief er im jüdischen Gebetshaus aus. Er wolle »den Weg der Verbesserung der Beziehungen und der Freundschaft mit dem jüdischen Volk« weitergehen, und zwar »mit voller Kraft«. Vor Gott, hielt Benedikt fest, »besitzen alle Menschen die gleiche Würde, unabhängig davon, welchem Volk, welcher Kultur oder Religion sie angehören«. Erneut würden heute »Zeichen des Antisemitismus und Formen allgemeiner Fremdenfeindlichkeit auftauchen«. Sie seien Grund zur Sorge und zur Wachsamkeit. »Die katholische Kirche«, versicherte er, »tritt ein für Toleranz, Respekt, Freundschaft und Frieden unter den Völkern, Kulturen und Religionen.«

Bleibend waren die Gesten, die er spontan setzte. Die Tränen, mit denen er kämpfte, wenn er Überlebenden des Holocausts die Hand drückte. Der brüderliche Griff, mit dem er beim Abschied auf der Synagogentreppe den Gemeindevorstand Abraham Lehrer, der eine Stufe unter ihm stand, zu sich hinauf auf gleiche Höhe zog. Er vergaß auch nicht, an Frère Roger Schutz zu erinnern, der drei Tage zuvor von einer seelisch kranken Frau mit einem Messer tödlich verletzt worden war. Der Gründer der Gemeinschaft von Taizé hatte Ratzinger eben erst einen letzten Brief geschrieben, in dem er ihn dankbar seiner Freundschaft versicherte.

Es sei das »überwältigende Gefühl der Zusammengehörigkeit und des Friedens«, das den Weltjugendtag von Köln präge, urteilte *Spiegel online*. Insbesondere der Pontifex beeindrucke »durch sein demütiges Auftreten ohne jede Eitelkeit und Wichtigtuerei«. Der Nachfolger Petri hatte dabei kein Problem mit Nähe. Mal ging er Hand in Hand mit einem riesenhaften jungen Mann aus Afrika, mal traf er sich mit zwölf Teenagern aus unterschiedlichen Kontinenten zum Mittagessen. Ohne Kameras, ohne Journalisten. Ein besonderes Anliegen war ihm eine Begegnung mit Priesterseminaristen. »Mit der Ankunft des Heiligen Vaters wurde der Raum von einer ergreifenden Ruhe durchflutet«, berichtete Teilnehmer Klaus Langenstück. Nach dem Tischgebet auf Latein habe der Papst kurz von seinem Besuch in der Synagoge berichtet. »Dann galt sein Interesse jedem Einzelnen. Wo kommst du her? Wie lebst du?« Erst im Nachhinein sei ihm klar geworden, so Langenstück, »wie normal«, ohne jede Anspannung, er mit dem Papst gesprochen habe, fast so, »als würde ich meinem ›echten‹ Vater berichten.« Als das Essen aufgetragen wurde, gab es für alle Omelett, für den Heiligen Vater hingegen war Fisch vorgesehen. Aber nicht mit Benedikt. »Der Fisch ging zurück, und ein weiteres Omelett wurde in den Saal gebracht – für den Papst.«[14]

Joseph Ratzinger war nie Freund einer zur Show neigenden Liturgie, als Benedikt XVI. verwandelte er das internationale Jugendtreffen in eine riesige Katechese. Ausgangspunkt war die Geschichte der Heiligen Drei Könige. In Köln liegt deren Schrein, eines der kostbarsten Reliquiare der christlichen Welt. Die Weisen hätten den Stern des Lebens gesucht, begann der Papst wie ein Großvater, der eine spannende Geschichte erzählt, und sie hatten ihn schließlich auch gefunden. Und dennoch hatten sie sich nach dem Finden noch einem ganz eigenen Prozess stellen müssen, dem Prozess der innerlichen Verwandlung: »Sie mussten ihren Begriff von Macht, von Gott und vom Menschen ändern und darin sich selbst ändern. Sie sahen nun: Die Macht Gottes ist anders als die Macht der Mächtigen der Welt. Die Art, wie Gott wirkt, ist anders, als wir es uns ausdenken und ihm gerne vorschreiben möchten ... Gott ist anders – das erkennen sie nun. Und das bedeutet, dass sie nun selbst anders werden, Gottes Art erlernen müssen.« Benedikt XVI. fasste zusammen: »Sie müssen Menschen der Wahrheit, des Rechts, der Güte, des Verzeihens, der Barmherzigkeit werden.«

Ausgerechnet der Begriff »Revolution« wurde in Köln zum Stichwort. Aber der Papst rückte diesen Ansatz zurecht: »Nur von den Heiligen, nur von Gott her kommt die wirkliche Revolution, die grundlegende Änderung der Welt«, betonte er, von dem Schöpfer als Garanten der Freiheit, des Guten und Wahren. Nicht die Ideologien würden die Welt retten: »Die wirkliche Revolution besteht allein in der radikalen Hinwendung zu Gott, der das Maß des Gerechten und zugleich die ewige Liebe ist. Und was könnte uns denn retten, wenn nicht die Liebe?«

Vorehelicher Sex, Verhütung, Zölibat? Von alldem schwieg Benedikt. Er ist kein Moralprediger. Und er wollte erkennbar diese Fragen zurückstellen. Sie hatten lange genug den Blick auf das verstellt, worum es im Christentum wirklich geht. Ganz jung geblieben, in der Radikalität unangepassten Glaubens, sprach er vor den Jugendlichen über die Suche nach dem Großen, nach dem Ganzen: Übt die heilige Anbetung, forderte er sie auf. Sie ist der Weg zur Vereinigung mit Gott. Haltet den Sonntag. Macht andere Menschen mit Jesus bekannt. Bastelt euch keine eigene Religion. Sie trägt nicht, wenn es wirklich darauf ankommt. Lest in der Heiligen Schrift, damit ihr euch mit dem Wort Gottes vertraut macht. Erkennt, wie die Welt funktioniert, und auch: wie Gott ist. Entdeckt die Eucharistie. Nur wenn ihr ihrem Geheimnis nahekommt und Christus lieben lernt, könnt ihr von ihrer unendlichen Kraft und Hilfe zehren. Glaubt daran: das Leben ist einmalig, das Leben ist schön, das Leben ist heilig.

Wie ein spiritueller Meister, der seine Zöglinge von Stufe zu Stufe führt, um sie in das Innerste, in eine leuchtende Schatzkammer zu führen, war der Pontifex mit dem Blick auf die heilige Kommunion und der Botschaft, die Jesus am Kreuz und im Abendmahlssaal verdeutlicht habe, am Ziel angelangt: »Das ist sozusagen die Kernspaltung im Innersten des Seins – der Sieg der Liebe über den Hass, der Sieg der Liebe über den Tod«, rief er feierlich aus. »Nur diese innere Explosion des Guten, das das Böse besiegt, kann die anderen Umwandlungen hervorrufen, die notwendig sind, um die Welt zu verändern.«

Es war ein Einstieg nach Maß. »Bei der ersten Prüfung vor dem Volk«, analysierte der *Corriere della Sera,* habe der deutsche Papst »seine Form der Kommunikation, seine Symbolik, seinen Stil zum Ausdruck gebracht.« Er habe ein »eigenes intellektuelles Charisma«, mit Maß und Zurückhaltung. »Hier auf dem Rhein«, so die linksliberale *La Repubblica,* »vollzieht sich die zweite Taufe des Pontifex Ratzinger.« Das Bild des harten Kardinals verschwinde, und es trete das Antlitz des Papstes hervor, der feinfühlig sei und sich allen »mit Liebe« zuwende. So zerbreche vor den misstrauischen Augen seiner Landsleute die Rüstung des Glaubenswächters. Hervor trete ein Kirchenoberhaupt, das von einem liebevollen, barmherzigen Gott spreche und die Kirche als »Ort der Zärtlichkeit« beschreibe.

Der Papst machte sich nicht jünger, als er war, und versuchte keine Anbiederung in Jugendkult oder Jugendsprache, sondern eröffnete ganz einfach eine Schule des Glaubens. Dabei erhielt in seiner Ausgestaltung das, was Johannes Paul II. anlegte, eine zusätzliche, stringentere Note. Nach »Reißt die Fenster auf« für die Botschaft Jesu hieß es nun: »Reißt die Herzen auf.« Und nach Wojtylas »Habt keine Angst« galt: »Wer glaubt, ist nicht allein.«

In der Rückschau auf die Tage von Köln dankte Benedikt XVI. »Gott aus tiefem Herzen für das Geschenk dieser Pilgerreise«. Mit »prophetischer Intuition« habe sein Vorgänger die Weltjugendtage ins Leben gerufen. Er denke an die einzelnen Augenblicke mit den Jugendlichen, etwa bei der Gebetsvigil am Samstagabend oder bei der »einzigartigen Begegnung« mit den Priesterseminaristen, die »zu einer radikaleren persönlichen Nachfolge Christi berufen sind«. Mit den Vertretern »der anderen Kirchen und kirchlichen Gemeinschaften« habe er die Hoffnung ausgedrückt, dass es nicht bei Worten der Ökumene bleibt. Mit den »jüdischen Brüdern« habe er schließlich der Schoah und des sechzigsten Jahrestages der Befreiung aus den nationalsozialistischen Konzentrationslagern gedacht. Die jungen Menschen seien »im Geheimnis der Eucharistie dem Immanuel begegnet, dem ›Gott mit uns‹.«

Was den XX. Weltjugendtag dabei wirklich groß machte, war nicht seine Dimension. Es war die Demut der Person. Der Stil des neuen

833

Papstes erstickte jeden Anflug von Triumphalismus schon im Keim. Ratzinger ging es nicht um die sattsam bekannte Liste eines angeblichen »Reformstaus«. Jede wirkliche Reform der katholischen Kirche, erklärt er, ziele seit jeher auf Festigung des Glaubens, nicht auf seine Aufweichung. In großen Bereichen der Kirche gebe es leider eine Art babylonischer Begriffsverwirrung, eine existenziell bedrohliche Verdunstung der Grundelemente des Glaubens. Man dürfe deshalb die Kirche nicht länger auf den Kopf, sondern müsse sie wieder auf die Beine stellen, um ihr Herz neu zum Pochen zu bringen.

In Köln zeigte sich dabei eine junge, dynamische Generation von fröhlichen Frommen, die den Glauben neu entdecken wollte, in seiner ganzen Vitalität und Fülle. Für sie war die katholische Kirche nicht trotz, sondern aufgrund ihrer Prinzipienfestigkeit attraktiv. Dass sie auf Wahrheit besteht, machte sie in ihren Augen nicht zum Gespött, sondern zur Premium-Marke. Und der Pontifex spielte dabei eine maßgebliche Rolle. »Wenn Mama mich sucht«, hieß es auf einem riesigen Transparent, »ich bin beim Papst.« Einer der Jugendlichen bekannte: »Der Papst ist wie meine Oma, sie sagt immer das Gleiche. Und auch wenn ich mich nicht immer daran halte, weiß ich, dass sie im Grunde recht hat.«

Kapitel 63

Die Rede von Regensburg

Inzwischen war die Wohnung im Apostolischen Palast renoviert, und der Mieter auf Lebenszeit bedankte sich bei den Handwerkern für ihre »Hingabe« und »Kompetenz«. Er nannte sie lächelnd »Kollegen des Herrn«, der in Nazareth bekanntlich als Schreiner begonnen habe.

Seit er Papst war, ging es Ratzinger nicht schlechter, sondern besser. »Die Kraft ist sensationell, man spürt nichts von der Schwere des Amtes«, berichtete sein Sekretär. Es sei ein Rätsel, wie er es schaffe, neben dem gewaltigen Aufwand des normalen Tagesbetriebes auch noch an Büchern zu arbeiten.

Anerkennung brachten ihm erste Personalentscheidungen ein. Etwa die Ernennung von Pietro Sambi zum Nuntius in den USA. Sambi hatte lange im Nahen Osten gearbeitet und das Grundlagenabkommen mit den Palästinensern ausgehandelt. Einen »politischen« Kandidaten konnte man auch in Kardinal Joseph Zen Ze-kiun sehen, den Benedikt zum Bischof von Hongkong berief. Zen, eine führende Figur der chinesischen Untergrundkirche, hatte an Demonstrationen für Bürgerrechte teilgenommen und unerschrocken die Korruption angeprangert. Im Pontifikat von Papst Franziskus wird er sich vehement gegen einen Kurs stellen, in dem er eine Unterwerfung unter die Kommunistische Partei sah. Zen sprach gar von einem »Mord an der katholischen Kirche Chinas«.

Die Linie Benedikts kam auch in Kardinalsernennungen zum Tragen. Der deutsche Papst erhob nicht wie erwartet die neuen Erzbischöfe von Paris und Dublin in den Stand der Purpurträger, deren Sitze traditionell mit dieser Würde verbunden waren, sondern etwa US-Erzbischof Patrick O'Malley aus Boston, der seine Residenz zur Entschädigung von Opfern pädophiler Priester verkauft hatte, den Bischof von Bordeaux, Jean-Pierre Ricard, der sich als Friedensstifter bei Ausschreitungen in französischen Vorstädten bewährte, oder Erzbischof Peter Poreku Dery aus Ghana, einen Kämpfer für die Dritte Welt.

Beispielhaft für einen neuen Stil der Konzentration war die Weltbischofssynode über die Eucharistie im Oktober 2005. Die Vollversammlung wurde von vier auf drei Wochen verkürzt, gleichzeitig führte Benedikt XVI. eine freie Diskussion ein, was der »Synodenarbeit eine größere Unmittelbarkeit und Frische« gab, wie der Kirchenrechtler Stephan Haering analysierte.[1] Auch veröffentlichte er die Vorschläge der rund 256 Teilnehmer aus 5 Kontinenten sofort nach Konferenzende. Sein Vorgänger hatte die Stellungnahmen noch unter Verschluss genommen und daraus jeweils ein eigenes »postsynodales Schreiben« formuliert. Vierzig Jahre gebe es diese Zusammenkünfte schon, so ein Kardinal, doch erst unter Benedikt könne wirklich kontrovers und ohne Scheu debattiert werden.

Weil es in italienischen Fußballstadien wiederholt zu fremdenfeindlichen Ausschreitungen gekommen war, ließ Benedikt am 1. März 2006 vor dem Länderspiel Italien–Deutschland in Florenz eine Botschaft gegen Rassismus und Gewalt verlesen. Bei einer seiner Angelus-Botschaften erinnerte er sein Publikum, dass »Werke der Nächstenliebe« für einen Christen »unverzichtbar« seien. Die katholische Kirche sei ein Land, in dem es keine Ausländer gibt.[2] Gleichzeitig redete er österreichischen Bischöfen bei deren *Ad Limina*-Besuch ins Gewissen: »Macht Euch keine Illusionen. Eine katholische Glaubensunterweisung, die verstümmelt angeboten wird, ist ein Widerspruch in sich und kann auf Dauer nicht fruchtbar sein.«[3] An anderer Stelle betonte er, »der einzige Fallstrick, vor dem die Kirche Angst haben muss, ist die Sünde ihrer eigenen Mitglieder.«

Dass der Nachfolger Johannes Pauls II. auf eine Erneuerung der Kirche dränge, war bereits aus seiner Eröffnungsrede hervorgegangen, in der er aus der Geheimen Offenbarung zitierte: »Wenn du nicht umkehrst, werde ich kommen und deinen Leuchter von seiner Stelle wegrücken« (Offb 2,5). Die Worte, die an die Kirche von Ephesus gerichtet gewesen waren, beträfen »auch uns, die Kirche in Europa, sowie Europa und den Westen im Allgemeinen«, warnte er. »Auch uns kann das Licht fortgenommen werden, und wir tun gut daran, diese Warnung in ihrer ganzen Ernsthaftigkeit in unserem Herzen erklingen zu lassen und dem Herrn dabei zuzurufen: ›Hilf uns, dass wir umkehren! Schenke uns allen die Gnade der wahren Erneuerung! Lass nicht zu, dass dein Licht in unserer Mitte erlischt!‹«[4]

Keinem Pontifex der Neuzeit war so wenig an Macht gelegen. Und hier war sogar einer, der die Machtlosigkeit, das Aufgeben von kirchlichen Privilegien, geradezu einforderte. Ratzinger schien in den Augen vieler Beobachter nicht nur der Papst einer Renaissance des christlichen Ursprungs zu werden, sondern auch der Papst, der die Rolle Petri im Dialog sieht, in der Kollegialität der Bischöfe, in der Demut, die den Kirchen des Ostens signalisierte, die Verbindung mit Rom bedeute nicht Unterwerfung, sondern Kommuniongemeinschaft. Was der junge Ratzinger beim Konzil begann, versuchte offenbar der alte Ratzinger als Papst konkret umzusetzen: Öffnung des Horizontes, Besinnung auf die Quellen, Authentizität der Verkündigung, Wiederentdeckung einer Liturgie, die dazu beiträgt, die Freude am Wort Gottes zu vermitteln. Fast schien, als müsse da ein Sämann des 21. Jahrhunderts das reichlich vorhandene Saatgut mit beiden Händen über die von Johannes Paul II. so nachhaltig gefurchten Äcker streuen. Sein Vorsatz sei tatsächlich gewesen, erläuterte Benedikt, »das Thema Gott, Glaube und die Fülle der Heiligen Schrift ins Zentrum zu stellen. Ich war nun mal ein Mann, der von der Theologie kam, und wusste, dass meine Stärke, wenn es eine gibt, die ist, dass ich positiv den Glauben verkündige«[5].

Innerhalb der Kurie hatte sich der Schock über die »böse Überraschung«, wie manche im Staatssekretariat die Wahl des Deutschen empfanden, »in eine wohlwollende Zustimmung umgewandelt«, so Georg Gänswein, seit man sehen konnte, »wie er das Papstamt ausübt und wie er mit den Leuten umging«[6]. Unmut kam durch die Neubesetzung im Amt des Kardinalstaatssekretärs auf, das Sodano im September 2006 nur widerwillig abgeben wollte, insbesondere, weil Ratzinger für diese Aufgabe Tarcisio Bertone holte, den Erzbischof von Vercelli und Kardinal von Genua (nicht zutreffend ist eine im August 2019 verbreitete Darstellung, dass Benedikt XVI. ursprünglich Jorge Bergoglio, den späteren Papst Franziskus, mit diesem Amt betrauen wollte, dieser aber abgesagt habe).

Der asketisch wirkende Bertone, ein Pater der Salesianer Don Boscos und Professor für Kirchenrecht, war langjähriger Vertrauter Ratzingers in der Glaubenskongregation gewesen, verfügte aber über keinerlei Erfahrungen aus der vatikanischen Diplomatie, die für einen Kardinalstaatssekretär als unerlässlich galten. Die Besetzung war zum einen der inneren Überzeugung des Papstes geschuldet, ohnehin nicht lange zu regieren, sodass er sich als den zweiten Mann im Vatikan keinen ihm Unbekannten zur Seite stellen wollte. Zum anderen entsprach sie aber auch, wie sich bestätigen sollte, Ratzingers mangelndem Gespür in Personalfragen. Benedikt begründete den Wechsel damit, Sodano hätte ganz einfach die Altersgrenze erreicht gehabt. Als Dekan des Kardinalskollegiums, der er weiterhin sein durfte, bliebe ihm sein Platz im Zentrum der Kurie ohnehin erhalten. Sodano habe »das alles auch selber so gesehen«[7]. Offenbar nicht ganz. Der Kardinal revanchierte sich damit, dass er weder seine Dienstwohnung noch sein Büro räumte. Amtsnachfolger Bertone musste sich ein Jahr lang mit einem Provisorium begnügen.

Eine umstrittene Personalie zeigte sich auch in der Abberufung von Joaquín Navarro-Valls, des langjährigen Pressesprechers des Vatikans. Der Spanier, Mitglied des *Opus Dei*, war aufgrund seiner Professionalität und kollegialen Hilfsbereitschaft bei der internationalen Presse beliebt und anerkannt. Der direkte Zugang zu Johannes Paul II. half ihm, die Botschaft des Papstes ohne Verkünstelung oder bürokratischen Sprachstil zu vermitteln und bei kniffligen Situationen schnell reagieren zu können. Benedikt XVI. hatte Navarro zunächst im Amt belassen, ihn aber nach dem Erreichen der Altersgrenze durch den italienischen Jesuiten Federico Lombardi ersetzt, den Sodano empfohlen hatte. Lombardi wurde aufgrund seiner noblen Art zwar von den Journalisten geschätzt, da er aber als Chef des Vatikan-Fernsehens *CTV*, Leiter von *Radio Vatikan*, Direktor des Presseamtes und als einer der Delegaten des Generals der Jesuiten enorm viele Ämter angehäuft hatte, musste ihn der Job überfordern. Die Aufforderung, einen Teil seiner Funktionen abzugeben, konnte er ignorieren, weil sein oberster Boss das durchgehen ließ.

Was die Reform der Kurienverwaltung betraf, war zunächst von einer deutlichen Verschlankung die Rede. Tatsächlich legte der neue Papst vier der vatikanischen Räte zu zweien zusammen, nicht zuletzt, um Kosten zu sparen. Dabei blieb es dann aber auch. Zwar hatte Bertone vom Papst den Auftrag, über weitere Reformen nachzudenken, aber bald war man wieder zum Tagesgeschäft übergegangen. Von weiteren Veränderungen im Apparat war nicht mehr die Rede. Die Auswechslung des bisherigen Zeremonienmeisters Piero Marini wiederum wurde von Kritikern als eine Kehrtwende in den liturgischen Gepflogenheiten interpretiert, Benedikt selbst begründete auch diese Personalie mit der langen Dienstzeit des Amtsinhabers: »Er war und ist ein sehr guter Mann. Gut, er ist liturgisch progressiver als ich, das macht aber gar nichts. Er war selber auch der Meinung, dass es für ihn Zeit sei, dieses Amt nach 20 Jahren zu beenden.«[8] Kritiker wollten in der Berufung von Nachfolger Guido Marini (im Vatikan-Jargon »Marini II«)

eine Rückkehr zu traditionelleren Formen, insbesondere auch in der liturgischen Kleiderordnung erkannt haben. Tatsächlich hatte Marini dem »Papa« vorgeschlagen, das eine oder andere Mal auch Messgewänder zu tragen, die von Paul VI. oder noch früheren Päpsten benutzt wurden (mit jeweils schriftlicher Begründung), aber das hatte auch Wojtyla schon so gehandhabt. Der einzige Unterschied war, dass er anstelle des *Pastorale* mit dem Korpus des gekreuzigten Christus (das es bis zu Paul VI. als Insignie des Papstes nicht gegeben hatte) eine einfache *Ferula,* ein Vortragekreuz ohne den Korpus Christi, benutzte, wozu ihn auch sein Freund Robert Spaemann gedrängt hatte. Zum einen deshalb, um nicht die Schwere, sondern die Freude am christlichen Glauben zum Ausdruck zu bringen. Zum anderen einfach deshalb, weil es leichter zu tragen war. Gänswein hielt den Vorwurf, »den Papst falsch ›verkauft‹ beziehungsweise falsch bekleidet zu haben, ohnehin für nicht berechtigt«. Bei der Mitra habe Benedikt XVI. zumeist jene verwendet, die er auch als Kardinal trug oder die von Johannes Paul II. benutzt wurden.[9]

Seine erste offizielle Auslandsreise führte den Papst unter dem Motto »Steht fest im Glauben« im Mai 2006 nach Polen. 4100 Journalisten hatten sich als Begleitung akkreditiert, ein neuer Rekord. Der Besuch solle, erklärte Benedikt bei der Ankunft auf dem Flughafen in Warschau, einen besonderen Dank an das polnische Volk für das Geschenk ausdrücken, das es mit seinem größten Sohn der Weltkirche gemacht habe.[10] Zuvor hatte Benedikt in einem Fernsehauftritt bekannt – dem ersten TV-Interview eines Papstes –, er selbst wolle »nicht viele neue Dokumente« veröffentlichen, sondern darauf hinwirken, dass die zahlreichen von Johannes Paul II. hinterlassenen Verfügungen umgesetzt würden, »denn sie sind ein reicher Schatz, sie sind die authentische Interpretation des Zweiten Vatikanums«.

Benedikt hatte eigens ein wenig Polnisch gelernt und stieß auf eine Begeisterung, die ihn, wie der Fotograf Christoph Hurnaus beobachtete, fast irritierte. Gerade die Jugendlichen lagen ihm zu Füßen. Sie nahmen weiteste Wege auf sich, um ihm zu begegnen, ob im Blonie-Park in Krakau (mit insgesamt 1,5 Millionen Gläubigen), beim polnischen Nationalheiligtum Jasna Góra in Tschenstochau, in Wojtylas Geburtsort Wadowice oder in Warschau. Den Besuch in Auschwitz hatte er bewusst an das Ende seiner Reise gesetzt, als stillen Schlusspunkt. Allein, wortlos, mit gefalteten Händen und versteinertem Blick schritt er durch das Tor des Vernichtungslagers und ging bis zum Todesblock, um mit jedem einzelnen der 32 Auschwitz-Überlebenden zu sprechen, die hier auf ihn warteten. Einer alten Frau, die ihre Tränen kaum zurückhalten konnte, streichelte er das Gesicht. Den greisen Henryk Mandelbaum, der im Krematorium bei der Verbrennung der Leichen eingesetzt war, küsste er sanft auf beide Wangen.

Schweigend verweilte der Papst an den Gedenktafeln für die ermordeten Juden, Russen, Polen, Roma und Deutschen, stieg mit unsicherem Schritt in den unterirdischen Hungerbunker hinab, wo ein Lagerarzt am 14. August 1941 das Leben des Franziskanerpaters Maximilian Kolbe auslöschte, der sich angeboten hatte, für einen zum Tod verurteilten jungen Familienvater zu sterben. Bei dem Totengedenken mit Gebeten, die Juden und Christen gemeinsam sind, zitierte er Psalm 44, die Klage des leidenden Volkes Israel: »Du hast uns verstoßen an den Ort der Schakale und uns bedeckt mit Finsternis ... Um deinetwillen werden wir getreten Tag für Tag, behandelt wie Schafe, die man zum Schlachten bestimmt hat. Wach auf, warum schläfst du, Herr?«[11] Zuvor hatte es heftig geregnet, doch plötzlich stieß die Sonne durch die Wolken und ein kräftiger Regenbogen wölbte sich über die Szenerie. »Es war für mich ein großer Trost«, sagte Benedikt später, »als am Himmel ein Regenbogen erschien, während ich in der Gebärde des Ijob zu Gott rief angesichts des Grauens dieser Stätte, im Schrecken über die scheinbare Abwesenheit Gottes und zugleich in der Gewissheit, dass er auch in seinem Schweigen nicht aufhört, bei uns zu sein und zu bleiben.«[12]

Erst als die Totenklagen und die von Geistlichen der verschiedenen Konfessionen und Religionen vorgetragenen Fürbitten verklungen waren, begann er seine Ansprache. »An diesem Ort versagen die Worte, kann eigentlich nur erschüttertes Schweigen stehen«, bekannte er. Dann fuhr er fort: »Ich konnte unmöglich nicht hierherkommen. Ich musste kommen. Es war und ist eine Pflicht der Wahrheit, dem Recht derer gegenüber, die gelitten haben, eine Pflicht vor Gott, als Nachfolger von Johannes Paul II. und als Kind des deutschen Volkes hier zu stehen ... Dazu bin ich auch heute hier: die Gnade der Versöhnung zu erbitten – von Gott zuerst, der allein unsere Herzen auftun und reinigen kann; von den Menschen, die hier gelitten haben, und schließlich die Gnade der Versöhnung für alle, die in dieser unserer Stunde der Geschichte auf neue Weise unter der Macht des Hasses und der vom Hass geschürten Gewalt leiden.«[13]

Die Singularität der Schoah bezweifelte Ratzinger nie. »Der Ort, an dem wir stehen«, erklärte er in Auschwitz, »ist ein Ort des Gedächtnisses, ist der Ort der Schoah. Das Vergangene ist nie bloß vergangen. Es geht uns an und zeigt uns, welche Wege wir nicht gehen dürfen und welche wir suchen müssen.« Er stehe hier als Sohn des deutschen Volkes, »über das eine Schar von Verbrechern mit lügnerischen Versprechungen, … mit Terror und Einschüchterung Macht gewonnen hatte, sodass unser Volk zum Instrument ihrer Wut des Zerstörens und des Herrschens gebraucht und missbraucht werden konnte«. Es hätten die Worte seines Vaters sein können, der früh vor den Nazis gewarnt hatte. Mit der Zerstörung Israels, gab Ratzinger zu bedenken, »sollte im Letzten auch die Wurzel ausgerissen werden, auf der der christliche Glaube beruht, und endgültig durch den neuen, selbst gemachten Glauben an die Herrschaft des Menschen, des Starken, ersetzt werden«.[14]

Deutlicher als je ein Papst vor ihm, befand der Kulturjournalist Alexander Kissler, »bekannte sich Benedikt zu dem einen Bund, der bis ans Ende der Tage den einen Gott und seine jüdisch-christlich Auserwählten aneinander binden werde«. Dazu gehörte auch sein Dogma von der Einheit von Altem und Neuem Testament. Sie verbänden sich »zu einer einzigen Geschichte Gottes mit den Menschen«. Die deutschen Medien hatten dem historischen Besuch in Polen bis dahin kaum Aufmerksamkeit gewidmet. Die große Abschlussmesse in Warschau mit immerhin 1,1 Millionen Teilnehmern fand im deutschen Fernsehprogramm nicht statt. Ganz anders war die Reaktion jedoch, als erste Stimmen die Rede in Auschwitz kritisierten. Wieder habe es Ratzinger versäumt, erregten sich nun Journalisten, ein klares Schuldbekenntnis abzulegen. Vor allem habe er die Deutschen, das Volk der Täter, als Opfer einer kleinen Clique hingestellt. Anders sah es der Präsident des Italienischen Rabbinerverbandes, Giuseppe Laras, der Benedikt lobte für sein »Wort der Hoffnung und des Trostes für alle, die gelitten haben«. Der *Daily Telegraph* in London schloss sich der Bewertung an. Benedikts Besuch in Auschwitz sei »die Krönung im langen Aussöhnungsprozess zwischen seinem Heimatland Deutschland und dessen östlichen Nachbarn. Es war ein Moment von tiefer historischer Bedeutung.«[15]

Man hatte ihn offenbar nicht verstanden – oder wollte ihn nicht verstehen –, bei seiner leisen, feinen Art, den nachdenklichen Tönen, die medial so schwer zu vermitteln sind. Dem Oberhaupt der katholischen Weltkirche ging es in Auschwitz nicht um ein Ritual, geschweige denn um eines im Sinne der »Vergangenheitsbewältigung« der Deutschen.

Er machte keine Politik. An diesem Platz, erklärte er, an dem »jedes Wort versagen muss«, wolle er in seinem Amt als Nachfolger Petri nichts, als um »Vergebung und Versöhnung« bitten. »Wir Menschen können das Geheimnis der Geschichte nicht lösen«, hatte er immer wieder betont. Der Herr habe »am Kreuz gesiegt«, nirgendwo sonst. Es sei die besondere Weise Gottes, der Gewalt genau das Gegenteil gegenüberzustellen: die Liebe bis zum Ende. Dies sei »eine Art zu siegen, die uns sehr langsam erscheint, doch es ist die wahre Art, das Böse zu besiegen, die Gewalt zu besiegen«. Und womöglich hatte er bei diesen Sätzen auch an jenen bewegenden Aphorismus aus einem Buch von Elie Wiesel gedacht, bei dem es um einen Jungen geht, der gerade gehängt wird. »Wo ist Gott?«, murmelt jemand in der Menge. Der Erzähler hört in sich »eine Stimme antworten: ›Wo er ist? Dort – dort hängt er, am Galgen …‹«[16]

Behutsam hatte Benedikt sein Amt begonnen, inzwischen war er in Fahrt gekommen, beflügelt von der enormen Begeisterung der Menschen, die er so nicht erwartet hatte. Da waren nicht nur die 1,2 Millionen Besucher beim Weltjugendtag in Köln. Beim Weltfamilientag im spanischen Valencia hatte er bei einer einzigen Messe gar 2,2 Millionen Menschen versammeln können. Die Ausstrahlung des neuen Pontifex zeigte sich vor allem bei der Reise in seine bayerische Heimat. Er wollte, gab Benedikt freimütig als Grund für den Besuch an, »noch einmal die Orte, die Menschen sehen, wo ich groß geworden bin, die mich geprägt und mein Leben geformt haben, und diesen Menschen danken«.

Der Flug AZ 4000 der Alitalia von Rom-Ciampino nach München mit einem Airbus A 321 startete am 9. September 2006. In der Maschine befanden sich 60 Journalisten internationaler Medien und eine 30-köpfige Entourage des Vatikans. Wer den Heiligen Vater als Berichterstatter im Flieger begleiten will, muss zum einen ein teures Ticket selbst bezahlen, zum anderen ein mehrmonatiges Auswahlverfahren des Vatikanischen Presseamtes und der Sicherheitsdienste des jeweiligen Gastlandes durchlaufen. Bei Hunderten von Bewerbern ist es dann wie ein Lottogewinn, tatsächlich auch an Bord zu kommen. »Es ist ein fröhlicher und entspannter, ja regelrecht herzlicher Papst«, notierte die mitreisende Journalistin Beate Kruger, leitende Redakteurin vom Hauptstadtstudio der *Deutschen Welle TV*, »der plötzlich im hinteren Teil der Maschine mitten unter uns steht und sich ganz offenkundig auf die bevorstehenden Tage freut: ›Ich finde es schön, dass ich noch einmal meine Heimat sehe, dass ich zu den Stätten komme, wo ich gewesen bin! Ich bin hier aufgewachsen und geprägt worden – mein Herz schlägt bayerisch!‹«¹⁷

Bei der Fahrt des Konvois mit mehr als 50 Fahrzeugen vom Flughafen Franz-Josef-Strauß in die Münchner Innenstadt sicherten Tausende Polizisten jeden Meter, den der Heilige Vater zurücklegte. Der Ablauf war in 15-Minuten-Intervallen getaktet, wobei der 79-Jährige immer wieder das Protokoll unterbrach, um mit den Menschen zu sprechen und sich für die Mühen zu bedanken, die sie wegen seines Besuches auf sich genommen hatten. Auf dem Marienplatz, an dem sich Ratzinger als Bischof 1982 vom Erzbistum verabschiedet hatte, fand die offizielle Begrüßung statt, begleitet von einem überwältigenden Jubel der Menschen. Gleich bei seiner Ankunft hatte der Papst auf die Bedeutung der Religion in einer laizistisch geprägten Gesellschaft hingewiesen. »Es gibt eine Schwerhörigkeit Gott gegenüber, an der wir gerade in dieser Zeit leiden«, setzte er später fort. »Mit diesem Verlust an Wahrnehmung wird aber der Radius unserer Beziehung zur Wirklichkeit drastisch und gefährlich eingeschränkt. Der Raum unseres Lebens wird in bedrohlicher Weise reduziert.« Bei der Sonntagsmesse mit 250 000 Gläubigen auf einem riesigen Gelände in München-Riem gab er zu bedenken: »Die Völker Afrikas und Asiens bewundern zwar die technischen Leistungen des Westens und unsere Wissenschaft, aber sie erschrecken vor einer Art von Vernünftigkeit, die Gott total aus dem Blickfeld des Menschen ausgrenzt und dies für die höchste Art von Vernunft ansieht, die man auch ihren Kulturen beibringen will.«

Benedikts weitere Stationen sollten Altötting, Marktl, Regensburg und Freising sein. Bei Regen war sein Flieger in Rom gestartet, bei traumhaftem Sommerwetter zeigte sich dem Pontifex unterwegs zunächst die Schönheit der Landschaft, der Städte und Dörfer. Und danach die Schönheit des Glaubens, der diese Landschaft und Städte geprägt hatte. Ein »sichtlich gelöster, ja gerührter Papst genießt die Begegnungen«, notierte Beate Kruger, er erkenne »Menschen von früher wieder, spricht mit Polizisten, Sanitätern, Helfern«. In Marktl hakte er fürsorglich seinen sehbehinderten Bruder Georg unter, um ihm in der Pfarrkirche St. Oswald den Taufstein zu beschreiben, an dem er die heilige Taufe empfangen hatte.

Jeder Schritt des Papstes schien von Symbolik getragen. Etwa als er im Marienwallfahrtsort Altötting länger als an jedem anderen Platz in der Anbetungskapelle verweilte. Oder als er in Regensburg unmittelbar von seinem Vortrag an der Universität zum Dom marschierte, wie um zu zeigen: Seht, der Weg zwischen Wissenschaft und Glauben ist eine kurze Strecke, und er ist keine Einbahnstraße. In der gotischen Kathedrale der früheren Reichsstadt angekommen, führte er am Ende des Tages Altes und Neues Testament, West und Ost in einer ökumenischen Vesper zusammen: Katholiken und Juden, Orthodoxe und Protestanten. »Bei keinem anderen Anlass auf dieser Reise habe ich den Papst so mit sich selbst in emotionaler wie intellektueller Eintracht wahrgenommen«, schrieb Kruger, »wie in diesen Momenten so überzeugt gelebter Ökumene.«[18]

Letzte Station war Freising, wo er seinen Anfang als Theologe, Priester und Bischof genommen hatte. »In der Biografie meines Herzens«, sollte er später sagen, spiele diese Stadt »eine ganz besondere Rolle. In ihr habe ich Formung empfangen, die mein Leben seither bestimmt.« Insbesondere der Eintritt in das Priesterseminar kurz nach Kriegsende sei von entscheidender Bedeutung gewesen: »Wir wussten, Christus war stärker als die Tyrannei, als die Macht der Nazi-Ideologie und ihre Unterdrückungsmechanismen.«[19] Als Papst sprach er nun vor rund 1000 Priestern und Ordensleuten, die sich im Dom versammelt hatten, von einer »großen Rede«, die er mitgebracht habe. Natürlich war das eine der für Ratzinger typischen Ironien. Denn selbstredend würde er einen eigenen Text niemals als »große Rede« bezeichnen. Der für Freising vorgesehene Beitrag war der einzige auf der Bayern-Reise, den er nicht selbst verfasst hatte. In der Nacht zuvor hatte er sich noch über das Papier gebeugt. Am Ende war es so mit Bleistiftnotizen überzogen, dass es kaum noch zu entziffern war. Im Dom legte der Papst die Rede beiseite. Wer wolle, könne sie ja später nachlesen, meinte er kurz. Dann hielt er aus dem Stegreif eine druckreife, fesselnde Ansprache über die Aufgaben des Seelsorgers. Er habe natürlich kein Patentrezept, um angesichts der immer größeren Belastungen, die Priestern heute auferlegt würden, ein »Ausbrennen« zu verhindern. Wichtig sei, einerseits »die Gesinnung Jesu Christi« zu behalten, andererseits die eigenen Grenzen anzuerkennen: »So vieles müsste getan werden – ich sehe, ich kann es nicht ... das gilt auch für den Papst; der sollte so viel tun! Und meine Kräfte reichen einfach nicht dafür aus. So muss ich lernen, das zu tun, was ich kann, um das andere Gott und den Mitarbeitern zu überlassen und zu sagen: ›Am Ende musst es ja Du machen, denn die Kirche ist Deine Kirche. Und Du gibst mir nur so viel Kraft, wie ich eben habe.‹«

Als Professor war es Ratzingers Spezialität gewesen, inspirierende Zitate oder historische Miniaturen in seine Texte einzubauen, um ein Thema griffiger zu machen und davon Thesen, Antithesen und Synthesen ableiten zu können. Genau diese Angewohnheit sollte ihm auf seiner Bayern-Reise fast zum Verhängnis werden. In den dramaturgisch fein abgestimmten Ansprachen und Begegnungen stellte die Vorlesung in der Aula Magna der Universität Regensburg, seiner langjährigen Wirkungsstätte, einen zentralen Punkt dar. Ursprünglich wollte Benedikt hier lediglich persönliche Erinnerungen zum Besten geben. Die Leitung der Hochschule jedoch drängte auf eine »Lektion«. Und die sollte sie auch bekommen.

»Es ist für mich ein bewegender Augenblick, noch einmal in der Universität zu sein und noch einmal eine Vorlesung halten zu dürfen«, bekannte der frühere Professor. Eine Universität sei ein Ort, an dem verschiedene Erfahrungen kommuniziert würden, ein Ort, an dem die verschiedenen Disziplinen dank des Gebrauchs der Vernunft interagierten. Der Vortrag selbst – eine klassische Vorlesung mit dem Titel »Glaube, Vernunft und Universität. Erinnerungen und Reflexionen« – wandte sich gegen Tendenzen, Glaube und Vernunft als zwei unvereinbare Welten zu betrachten. Aber ohne Vernunft drohe der Glaube fanatisch zu werden, und ohne Glauben lege sich die Vernunft Fesseln an und beraube sich ihrer Würde. Eine Gesellschaft, die dem Göttlichen gegenüber taub sei und Religion in den Bereich der Subkulturen abdränge, sei dabei auch »unfähig zum Dialog der Kulturen«.

In seinem Vortrag griff Benedikt auf ein Buch des mit ihm bekannten libanesischen Islamwissenschaftlers und melkitisch-katholischen Priesters Adel Theodor Khoury zurück, das er in den Wochen zuvor als *Lectio spiritualis* in seiner Hauskapelle meditiert hatte. Er zitierte dabei aus einem Gespräch, das der byzantinische Kaiser Manuel II. Palaiologos um das Jahr 1400 mit einem gebildeten Perser über Christentum und Islam führte. Dieser Dialog, erklärte der Papst, erstrecke sich »über den ganzen Bereich des von Bibel und Koran umschriebenen Glaubensgefüges und kreist besonders um das Gottes- und das Menschenbild«. Benedikts Rede ging weiter, und zwölf Seiten lang drehte sich alles um den Begriff der Vernunft und ihrer Verbindung mit der Religion. Nicht vernunftgemäß handeln, so die Quintessenz der »Lektion«, sei dem Wesen Gottes zuwider. Dazu gehöre eben auch, in Glaubensdingen keinen Zwang oder gar nackte Gewalt auszuüben. Der Vortrag war beendet, das Publikum applaudierte, und niemand sah einen Grund, nicht sofort wieder zur Tagesordnung überzugehen. »Der Papst war da – na und«, kommentierte *Spiegel online* gelangweilt. In Regensburg habe er sich »für den Dialog mit dem Islam« ausgesprochen, allerdings ohne besondere Reizpunkte. Fazit: »Allgemeiner und ungefährer geht es wohl kaum.« Für den Reporter der *Süddeutschen Zeitung* war die Bayern-Reise des Papstes ohnehin nur eine Art Retro-Trip. Der alte Mann aus Marktl praktiziere nicht mehr und nicht weniger als »ein Stück vorweggenommenen Sterbens«. Über den Vortrag in Regensburg hieß es: »Was er sagt, ist eine der besten Zusammenfassungen dessen, was der Gelehrte Joseph Ratzinger zum Verhältnis von Glaube und Vernunft gesagt hat.«

Selbst in Freising, der anschließenden letzten Station des Papst-Besuches, gab es nicht die geringsten Anzeichen dafür, es könnte ein Gewitter aufziehen. Erstaunt hatte die Welt zur Kenntnis genommen, wie der Mann aus Marktl Menschen faszinierte, welche Kraft ihm zuwuchs, wie er gleichzeitig Verstand und Seele seiner Zuhörer und Leser anzusprechen vermochte. Das *Bayerische Fernsehen*, das nahezu jede seiner Bewegungen live übertrug und sogar Hubschrauber einsetzte, um seinen Anflug auf Regensburg ins Bild zu setzen, erreichte mit Millionen von Zuschauern absolute Traumquoten. Man komme ja gar nicht mehr zu Wort, klagten notorische Papst-Kritiker. Aber kaum war der Papst-Flieger vom sonnigen München im regnerischen Rom gelandet, hatte sich nicht nur das Wetter geändert.

Ohne dass es jemand groß mitbekommen hatte, war in verschiedenen Medien die Regensburger Rede auf ein Zitat verkürzt worden, was umgehend zu internationalen Protesten führen musste. Wie auf Kommando erhoben sich die Wortführer, um den Papst an den Pranger zu stellen. Der geistige Führer Irans zum Beispiel, Ayatollah Ali Khamenei, bezeichnete die Rede als »letztes Glied eines Komplotts für einen Kreuzzug«. Ein Vizevorsitzender der türkischen Regierungspartei AKP sagte voraus, Benedikt XVI. werde »auf den Spuren Hitlers und Mussolinis« in die Geschichte eingehen. Ali Bardakoğlu, der Präsident des türkischen Amtes für religiöse Angelegenheiten, erklärte, die Aussagen des Papstes seien »provokativ, feindselig und von Vorurteilen behaftet« gewesen, wenngleich er zugab, dass ihm der Text nur aus »ungenauen Berichten« der türkischen Presse bekannt war. Den Reden folgten Taten. Vier Tage nach Regensburg sollte eine organisierte Empörungswelle in islamischen Ländern dafür sorgen, dass Zigtausende wütender Menschen auf die Straße gingen. Nicht nur Fahnen, auch Kirchen wurden in Brand gesetzt. In Mogadischu kam bei Ausschreitungen die italienische Ordensfrau Leonella Sgorbati ums Leben. Eine dem Terrornetzwerk al-Qaida zugerechnete Gruppe drohte: »Wir werden das Kreuz zertrümmern«, Gott werde den Muslimen helfen, Rom zu erobern.

Plötzlich empörten sich auch deutsche Kommentatoren. Aber nicht über die maßlosen Reaktionen oder die Manipulation der Massen, sondern darüber, dass ein Mann wie Ratzinger sich in der Wahl seiner Texte derart vergreifen konnte. »Der Theologe steht dem Papst im Weg«, polterte nun die *Süddeutsche Zeitung*, die die Vorlesung eben noch gelobt hatte, »der gescheite Denker hat sich als naiver, um nicht zu sagen: gedankenloser Amtsinhaber verhalten.« Das sei »unkorrekt und politisch töricht«. Der *Spiegel*, der wenige Tage zuvor über Regensburg berichtet hatte, der Papst habe sich »für den Dialog mit dem Islam« ausgesprochen, empörte sich nun, Benedikt habe »mit seiner Regensburger Rede … fast eine globale Krise ausgelöst«.

Was war passiert? Hatte der Pontifex gezündelt, ohne es zu merken? Oder vielleicht sogar mit voller Absicht? Den Protesten lag zugrunde, der Papst habe in Regensburg auf schändlichste Weise den Islam und damit alle muslimischen Gläubigen beleidigt. Aber was genau stand in der Rede? In dem inkriminierten Abschnitt über den Dialog zwischen dem Byzantiner Palaiologos und dem gebildeten Perser hieß es wörtlich:

»Der Kaiser wusste sicher, dass in Sure 2, 256 steht: Kein Zwang in Glaubenssachen – es ist wohl eine der frühen Suren aus der Zeit, wie uns ein Teil der Kenner sagt, in der Mohammed selbst noch machtlos und bedroht war. Aber der Kaiser kannte natürlich auch die im Koran niedergelegten – später entstandenen – Bestimmungen über den heiligen Krieg. Ohne sich auf Einzelheiten wie die unterschiedliche Behandlung von ›Schriftbesitzern‹ und ›Ungläubigen‹ einzulassen, wendet er sich in erstaunlich schroffer, für uns unannehmbar schroffer Form, ganz einfach mit der zentralen Frage nach dem Verhältnis von Religion und Gewalt überhaupt an seinen Gesprächspartner. Er sagt: ›Zeig mir doch, was Mohammed Neues gebracht hat, und da wirst du nur Schlechtes und Inhumanes finden wie dies, dass er vorgeschrieben hat, den Glauben, den er predigte, durch das Schwert zu verbreiten.‹ Der Kaiser begründet, nachdem er so zugeschlagen hat, dann eingehend, warum Glaubensverbreitung durch Gewalt widersinnig ist. Sie steht im Widerspruch zum Wesen Gottes und zum Wesen der Seele. ›Gott hat kein Gefallen am Blut‹, sagt er, ›und nicht vernunftgemäß, nicht ›σύν λόγω‹ zu handeln, ist dem Wesen Gottes zuwider. Der Glaube ist Frucht der Seele, nicht des Körpers. Wer also jemanden zum Glauben führen will, braucht die Fähigkeit zur guten Rede und ein rechtes Denken, nicht aber Gewalt und Drohung.‹«[20]

Im Vatikan hatte niemand an dem Text Anstoß genommen. Es gab im Vorfeld auch keinen Einwand von Kardinalstaatssekretär Sodano, wie der italienische Journalist Marco Politi schrieb, der zudem behauptete, Ratzinger hätte die Warnung ohnehin in den Wind geschlagen. »Es hat niemand was darüber gesagt«, bekräftigte Benedikt XVI. in unserem Gespräch. Was nicht heißt, dass den Beitrag zuvor niemand gesehen hatte. Jede Rede des Papstes geht vorab ins Staatssekretariat, um entsprechende Übersetzungen für die internationalen Medien anzufertigen. Für gewöhnlich werden diese dann sowohl von Staatssekretär Sodano als auch vom Substitut, in diesem Falle von Leonardo Sandri, gegengelesen. »Ob Sodano es getan hat, weiß ich nicht«, erklärte Gänswein, »vermutlich schon. Er kann ja Deutsch.« Klar, wenn Papst Benedikt Hand angelegt hatte »für eine große Rede«, sei »der Mut relativ klein gewesen, zu sagen, das und das halte ich für nicht überzeugend. Aber es kam natürlich immer vor«. Gerade bei der Übersetzungsarbeit merke man gewisse holprige Stellen. In solchen Fällen, so Gänswein, »war der Papst der Letzte, der einen berechtigten Vorschlag oder eine berechtigte Kritik nicht angenommen hätte«. Was die Rede von Regensburg betreffe, müsse man klar sagen: »Niemand von uns hat darin eine Art von Sprengstoff gesehen.«

Und dennoch: eine gewisse Unbekümmertheit oder vielleicht sogar Naivität der zuständigen vatikanischen Stellen ist im Fall Regensburg nicht von der Hand zu weisen. Zumindest hätte es einer erklärenden Begleitung durch das vatikanische Presseamt bedurft, dessen Leitung gerade von dem Medien-Profi Navarro-Valls auf den unerfahrenen Federico Lombardini übergegangen war. Dass sich bestimmte Agenturen und Redaktionen auf das Zitat von Manuel II. Palaiologos stürzen würden, konnte erwartet werden. Der Satz war im Grunde die ideale Vorlage für einen klassischen Trick. Denn nun wurde das Zitat nicht nur aus seinem Kontext gerissen. Was ursprünglich eine zur Diskussion gestellte Bitte war, ging nun als Behauptung um die Welt, und getroffen hatte sie nicht der mittelalterliche Manuel II., sondern der amtierende Benedikt XVI.: »Zeig mir doch, was Mohammed Neues gebracht hat, und da wirst du nur Schlechtes und Inhumanes finden wie dies, dass er vorgeschrieben hat, den Glauben, den er predigte, durch das Schwert zu verbreiten.« Die Botschaft war unmissverständlich: Für den Papst ist der Islam eine gewalttätige Religion, die sich dem heiligen Krieg verschrieben hat. In Italien kommentierte Marco Politi in *La Repubblica*, Benedikt XVI. habe mit seiner Rede den Heiligen Stuhl in ein regelrechtes Waterloo gestürzt und damit den friedlichen Beziehungen zwischen Christen und Muslimen ein Ende gesetzt.[21]

Erschrocken durch die Empörung in muslimischen Ländern und in Teilen der westlichen Presse veröffentlichte der Vatikan noch am Abend des 14. September eine offizielle Erklärung. Darin hieß es, mit seiner Rede sei dem Papst »eine klare und radikale Zurückweisung einer religiösen Motivation von Gewalt« am Herzen gelegen. Das ergebe sich »aus einer aufmerksamen Lektüre des Textes. Es war sicher nicht die Absicht des Heiligen Vaters, den Dschihad und das islamische Denken darüber zu analysieren – und erst recht nicht, die Sensibilität islamischer Gläubiger zu verletzen«[22]. Am 16. September setzte Kardinal Bertone nach: »Der Heilige Vater bedauert daher zutiefst, dass einige Abschnitte seiner Ansprache verletzend geklungen haben könnten für die Empfindungen der muslimischen Gläubigen und sie in einer Weise ausgelegt wurden, die ganz und gar nicht seinen Absichten entspricht.«

Der Pontifex selbst erklärte am 17. September vor dem Angelus-Gebet in Castel Gandolfo, »dass ich die Reaktionen tief bedaure, die ein kurzer Abschnitt meiner Ansprache in der Universität Regensburg hervorgerufen hat, der als verletzend für die Empfindungen der muslimischen Gläubigen aufgefasst wurde, während es sich um das Zitat eines mittelalterlichen Textes handelte, der in keiner Weise meine persönliche Meinung wiedergibt«. In Wahrheit sei seine Ansprache »eine Einladung zum offenen und aufrichtigen Dialog in großer gegenseitiger Achtung« gewesen.[23]

Tatsächlich ging es in der Regensburger Rede nicht um den Islam, sondern um die Problematik Vernunft–Glaube–Gewalt. Im Grunde hatten die Ausschreitungen nach der Rede die Aussagen Benedikts bestätigt. Dennoch kam der Papst ein zweites Mal auf das Thema zurück und betonte: »Dieses Zitat konnte leider Anlass geben zu Missverständnissen. Für den aufmerksamen Leser meines Textes ist es jedoch deutlich, dass ich mir die von dem mittelalterlichen Kaiser in diesem

Dialog ausgesprochenen negativen Worte in keiner Weise zu eigen machen wollte und dass ihr polemischer Inhalt nicht meine persönliche Überzeugung zum Ausdruck bringt ...« Am 25. September empfing Benedikt in Castel Gandolfo 22 Botschafter aus Ländern mit muslimischer Mehrheit sowie 19 Vertreter von muslimischen Gemeinden in Italien. Noch einmal betonte er: »Von Beginn meines Pontifikats an [hatte ich] Gelegenheit, meinen Wunsch zum Ausdruck zu bringen, weiterhin Brücken der Freundschaft zu den Angehörigen aller Religionen zu bauen, wobei ich besonders meine Wertschätzung für die Entfaltung des Dialogs zwischen Muslimen und Christen bekundete.«[24] In unserem Gespräch erläuterte Benedikt XVI.: »Nun, ich hatte diesen Dialog des Palaiologos gelesen, weil mich einfach der islamisch-christliche Dialog interessierte. Ich wollte auch die Vorgeschichte kennenlernen. Interessant daran war alleine schon, dass der Kaiser bereits unter der Obermacht der Moslems stand und es trotzdem so viel Freiheit gab, dass er Dinge sagen konnte, die man heute nicht mehr sagen könnte. Von daher fand ich es einfach interessant, diesen 500 Jahre alten Dialog ins Gespräch zu bringen. Allerdings habe ich die politische Bedeutung des Vorganges nicht richtig eingeschätzt.«

Einzig der Vorsitzende des Zentralrats der Muslime in Deutschland, Aiman Mazyek, hatte in der Rede »keinerlei Angriff auf den Islam« gesehen. Mazyek mochte sich dabei an den Beginn der Bayern-Reise erinnern, als der Papst noch bei der Begrüßung auf dem Flughafen an Bundespräsident Horst Köhler appellierte, Deutschland möge die Muslime besser integrieren. »Auch die Muslime in Deutschland können jetzt sagen: Wir sind Papst«, begeisterte sich daraufhin Lale Akgün, die Islambeauftragte der SPD-Bundestagsfraktion.

Im Grunde haben sich keine anderen Kirchenoberen dem Islam gegenüber so freundlich verhalten wie Wojtyla und Ratzinger. Wobei Kritiker eine gewisse Blauäugigkeit hinsichtlich der Absichten islamischer Führer bemängelten. »Im gesamten islamischen Kulturbereich von Marokko bis nach Malaysia leben die Christen in einer drastischen Minderheitssituation«, hielt Ludwig Ring-Eifel von der *Katholischen Nachrichtenagentur* (*KNA*) fest, »ohne effiziente rechtliche oder polizeiliche Absicherung«. Oft genüge ein kleiner Funke, »um in Ägypten oder in Indonesien unkontrollierbare Pogrome gegen Christen auszulösen«. Doch während in islamischen Ländern Christen verfolgt würden, wenn sie sich bloß zum Beten träfen, hätte Johannes Paul II. den Bau der größten Moschee Europas in seiner Bischofsstadt Rom freundlich zur Kenntnis genommen. Wenige Monate vor der Regensburger Rede hatte im Übrigen derselbe *Spiegel,* der dem Papst plötzlich vorwarf, mit seiner unbedachten Äußerung einen Weltbrand zu riskieren, in einem Beitrag über den Islam geschrieben, es sei der Anspruch der Muslime, zwischen Religion und weltlicher Macht nicht zu trennen, der ihren Glauben »in den Augen vieler Westler so bedrohlich macht … Weil der Prophet sein Wüstenreich auch mit blutigem Schwert errichtete, lesen sich manche Passagen des Koran, der Offenbarung an Mohammed und die ganze Menschheit, wie Aufrufe zum Kampf«. Der »Dschihad« sei längst »zum Synonym für blanken Terror geworden«[25].

Nach dem Hype um »Benedetto« war die Rede von Regensburg die Gelegenheit, die Attacken auf Ratzinger wieder aufzunehmen. Es war eine erste Offensive gegen den plötzlich allseits beliebten Papst, und ihr Erfolg sollte die Phalanx der Kritiker ermutigen, bei nächstbester Gelegenheit erneut zuzuschlagen. Doch auch wenn die Lektion von Regensburg bis heute in der Liste der »Skandale« des deutschen Papstes auftaucht – bereits eineinhalb Monate nach dem Trubel war der Rauch verflogen. »Die Klarstellungen des Papstes sind mehr als ausreichend«, erklärte der sunnitische Großmufti von Syrien, Scheich Ahmad Badreddin Hassoun. Der vermeintliche »Fehler« hatte sich gar als besonders hilfreich erwiesen. Die gemäßigte islamische Zeitung *Zaman* kommentierte, endlich sei der Dialog der Religionen wirklich in Gang gekommen. »Muslime feiern Benedikt«, meldete nun auch *Spiegel online.* Die Wochenzeitung *Die Zeit* verneigte sich vor Ratzinger als dem »Weisen im Morgenland«, der »in der islamischen Welt zur wichtigsten Autorität des Westens wird«.

Später wurde die Vorlesung als eine Sternstunde der deutschen Universitätsgeschichte eingeordnet. Es sei dem Papst darin wie keinem anderen gelungen, den inneren Zusammenhang von Glaube und Vernunft aufzuzeigen und deutlich zu machen, dass durch die wechselseitige Reinigung beide Bereiche vor gefährlichen Pathologien bewahrt würden. Auch der israelische Präsident Schimon Peres warf sich für Benedikt XVI. in die Bresche: »Kein anderer Heiliger Vater in der Geschichte der Kirche vor ihm hat sich so sehr der immensen und brennenden Herausforderung gestellt, ein Ende des Blutvergießens im Namen Gottes zu erreichen.« In der Regensburger Rede habe der Papst klargemacht, dass »die Entkoppelung von Terror und Religion, jedweder Religion, die dringlichste Aufgabe unserer Zeit« sei. Ratzingers

»profunde Kenntnis der Geschichte – der Geschichte aller Glauben – und seine große Wertschätzung von Vernunft und Hoffnung schenken ihm die Kraft, durch die Wüste einem Land der Verheißung entgegenzusehen«[26].

Einen Monat nach Regensburg schrieben 38 muslimische Persönlichkeiten aus unterschiedlichen Nationen und Denkrichtungen dem Papst in einem offenen Brief, in welchen Positionen sie mit ihm übereinstimmten. Der Text bekräftigte die Grenzen, welche die islamische Lehre der Anwendung von Gewalt setzt. Ein Jahr später gab es für das Schreiben bereits 138 Unterzeichner aus 43 Staaten. Sie veröffentlichten einen zweiten Brief, der nun nicht nur an den Papst, sondern auch an »alle Führer von christlichen Kirchen« gerichtet war. Das Schreiben hob hervor, dass Christen und Muslime den Glauben an den einen Gott, an die Liebe Gottes und an die Nächstenliebe gemeinsam hätten. Abschließend hieß es: »Deshalb sollten unsere Differenzen nicht zu Hass und Streit zwischen uns führen. Lasst uns vielmehr miteinander um Rechtschaffenheit und gute Werke wetteifern.«[27]

Es folgte die Gründung des Katholisch-Muslimischen Forums, das alle drei Jahre tagt und gegen Gewalt im Namen der Religionen eintritt. In Jordanien sprachen die Vertreter der beiden Religionen 2011 über Glaube, Vernunft und Mensch, in Rom 2014 über Zusammenarbeit und Dienst, in Berkeley/USA 2017 über ganzheitliche menschliche Entwicklung.[28] Der Jesuit und Islamwissenschaftler Samir Khalil Samir fasste zusammen: »Die *lectio* Benedikts XVI. in Regensburg ist von Christen und Muslimen als Ausrutscher des Papstes angesehen worden, ein banaler Irrtum, etwas, das wir hinter uns lassen und vergessen sollten, wenn wir nicht einen Krieg zwischen den Religionen schüren wollen. In Wirklichkeit hat dieser Papst, der ausgewogen und mutig und keinesfalls banal denkt, in Regensburg die Grundlage für einen wahren Dialog zwischen Christen und Muslimen gelegt, indem er vielen islamischen Reformisten eine Stimme verliehen und dem Islam sowie den Christen die vorzunehmenden Schritte vorgeschlagen hat.«[29]

Kapitel 64

Deus caritas est

In liturgischen und diplomatischen Abläufen funktionierte die römische Kurie wie eine gut geölte Maschine, und der rund tausendköpfige Stab sorgte dafür, dass das »summende Räderwerk der erprobtesten Organisation der Menschheitsgeschichte«[1] auch so blieb. Die Kurie ist zwar katholisch, lautete ein Motto, aber auch zu zwei Dritteln italienisch. Den Mitarbeitern sei es am Ende egal, wer unter ihnen die Kirche führt.

Den Kopf bildet das mächtige Staatssekretariat in der *Terza Loggia.* In den langen Fluren befinden sich riesige Weltkarten, auf denen sich frühere Päpste den Fortgang der Mission zeigen ließen. An der Decke künden Fresken mit wilden Tieren vom ewigen Kampf des Menschen gegen Herausforderungen wie Wollust und Verrat. De facto ist der Katholizismus Staatsreligion, aber der Vatikan ist kein Gottesstaat. Zu römisch-katholischem Glauben verpflichtet sind laut Staatsbürgerschaftsgesetz von 1929 lediglich die Kardinäle.[2] Unterschieden wird zwischen dem Staat Vatikanstadt (er umfasst Staatsgebiet, Staatsvolk und Staatsgewalt) und dem Heiligen Stuhl *(Santa Sede),* also dem Papst plus Kurie, der ein souveränes Völkerrechtssubjekt bildet. Frauen stellten im Pontifikat Ratzingers 16 Prozent der Beschäftigten. Sie arbeiten als Referentinnen, Theologinnen, Archivarinnen oder auch als Präsidentinnen päpstlicher Akademien. Putzen hingegen durften nur Männer, zumindest im Petersdom.[3]

Benedikt XVI. wirkte gelöst. Er hatte sich nicht nur daran gewöhnt, Papst zu sein. Es gefiel ihm auch. In der Generalaudienz setzte er Feuerwehrhelme und merkwürdige Hüte von Gebirgsschützen auf, oder nahm Fußballtrikots entgegen, die seinen Namen und die Nummer 16 trugen. Die Bescheidenheit war geblieben, aber die Schüchternheit schien wie weggeblasen. Das Publikum staunte, wenn er sich in den traditionellen roten Slippern (die nicht von »Prado«, sondern von einem Schuster am Borgo Pio stammten) leicht tänzelnd über das Parkett bewegte. Wenngleich: Manche Gesten waren immer noch ein wenig steif. Aber das lag nicht an Unsicherheit, sondern am begrenzten schauspielerischen Talent des Akteurs. Wenn er mit dem Papamobil bei schönem Wetter im offenen Jeep auf den Petersplatz einfuhr, konnte er wie ein aufgeregter Junge wirken, der sich riesig darüber freut, bei Freunden zu sein.

Vor allem schien der bald 80-Jährige über neue, unerschöpfliche Kräfte zu verfügen. Die Zeremonien der Kar- und Ostertage, die selbst einem jungen Zelebranten größte Anstrengung abverlangten, brachte er ohne sichtbare Erschöpfung über die Bühne. Zum Repertoire gehörten Abstecher in Suppenküchen genauso wie das Spenden des Sakramentes der Versöhnung in einem der altehrwürdigen Beichtstühle des Petersdomes. Beim Besuch in einem römischen Gefängnis erklärte er, Häftlinge seien trotz ihrer Vergehen mit Respekt zu behandeln. »Jeder kann fallen«, und jeder verdiene Hilfe dabei, wieder aufstehen zu dürfen. »Mir scheint es wichtig, dass man gut über euch denkt«, sprach er den Gefangenen zu, »dass man ein Gespür für euer Leid bekommt.« Gleichzeitig machte er Mut: »Wir müssen ertragen, dass andere schlecht von uns sprechen; man spricht auch sehr abschätzig über den Papst, und doch, wir gehen weiter.«

Benedikt eröffnete die Fastenzeit, beantwortete als Bischof von Rom die Fragen seiner Pfarrer und traf Angehörige von israelischen Soldaten, die entführt worden waren. Daneben hielt er Dankmessen, besuchte mit seinem Freund, dem italienischen Staatspräsidenten Carlo Ciampi, ein Mozart-Konzert, weihte Priester, traf sich mit 1000 Mitgliedern von Geistlichen Gemeinschaften, nahm eine Orgel für die Capella Paolina in Empfang und schwang mit einer Gruppe chinesischer Ballerinas das Tanzbein. Immer und immer: Audienzen. Mit Staatspräsidenten, Ministerpräsidenten, Gerichtspräsidenten. Dazwischen Königinnen, Botschafter, Bischöfe, Metropoliten. Aber auch die Präfekten seiner Kongregationen, die sich ordentlich anmelden mussten wie alle anderen Besucher. Nie vergaß er, an den geliebten Johannes Paul II. zu erinnern, den »eifrigen Hirten und mutigen Propheten der Hoffnung«, wie er ihn nannte.

Noch immer führte er ein Notizbuch, in das er die Ereignisse des Tages eintrug. Bei vielen seiner Ansprachen aber, etwa bei den Generalaudienzen, beschränkte er sich auf die Korrektur der Texte, die ihm vorgelegt wurden. Erstmals in der Kirchengeschichte wurden von einem katholischen Kirchenoberhaupt ein Protestant zum Vorsitzenden der Päpstlichen Akademie der Wissenschaften und ein Muslim als Professor an die päpstliche Universität berufen. Erstmals nahm mit ihm ein Pontifex an einem protestantischen Gottesdienst teil. Die Stellvertretung Christi interpretierte er als den Versuch, an Christi statt zu zeigen, wie Christus ist. Dazu gehörte vor allem Standfestigkeit. »Wenn ein Papst nur Beifall bekäme«, meinte er beiläufig, »müsste er sich fragen, ob er etwas nicht richtig macht.«

Man hatte ihn früh den »Theologen-Papst« genannt. »Eigentlich gilt sein Interesse nur dem Forschen und Schreiben«, meinte der frühere Nuntius Karl-Josef Rauber. Aber das war unzureichend. Zum einen war Ratzinger keiner jener Gelehrten, die dicke Wälzer mit Millionen von Fußnoten vorlegen, akkurat bis ins Detail. In seinen Ferien diskutierte er zwar in Castel Gandolfo mit Ethikern, Naturwissenschaftlern, Theologen und Philosophen, aber vorwiegend zu theoretisieren, »das würde schon praktisch nicht gehen«, so Benedikt. »Pfarreien besuchen, mit Menschen sprechen, Katechesen halten und Begegnungen aller Art führen« sei ein wesentlicher Bestandteil seiner Aufgabe. »Vielleicht habe ich zu viel gedacht und geschrieben, das kann schon sein. Aber ein Priester kann gar nicht nur Professor sein. Zu einem priesterlichen Auftrag gehört immer ein Stück Seelsorge, dazu gehört Liturgie, dazu gehören Gespräche.«[4]

Niemand könnte eine Biografie über Napoleon, Stalin oder Mao mit »Die Geschichte eines Dieners« überschreiben, bei Ratzinger bot sich das an. Und wenn er sagte, er fühle sich von einem Größeren getragen, war das keine Floskel. Dafür sorgten schon die geistlichen Übungen als fester Bestandteil des Tages. Etwa am Morgen die Vorbereitung zur heiligen Messe und die Messe selbst. Nach den Audienzen das Beten des Breviers in der Hauskapelle, nachmittags der Rosenkranz, nach dem Abendessen die Komplet. Der körperlichen Gesundheit diente einmal pro Halbjahr die medizinische Hauptuntersuchung, und fast täglich telefonierte er nun mit Bruder Georg in Regensburg, sonntags meistens um 5 Uhr nachmittags, während der Woche um 9 Uhr abends, nachdem er TV-Nachrichten gesehen hatte, auf der Terrasse spazieren gegangen war und die Komplet gebetet hatte.

Hatte er sich verändert? Ja und nein. Bei Ratzinger war schon alles sehr früh mittig. Nicht im Sinn von mittelmäßig, sondern von Mitte und Maß gefunden haben. Und dennoch war es anders geworden. Einerseits spürte er, wie er sagte, die einzigartige Gnade des Amtes. Andererseits profitierte er davon, dass in einer so laut gewordenen

Welt Eigenschaften von introvertierten Menschen wie Empfindsamkeit, Ernsthaftigkeit und Schüchternheit einen höheren Stellenwert bekamen (während Extrovertierte als eher rücksichtslos und weniger nachdenklich gelten). Aber da war noch mehr. Joaquín Navarro-Valls fand, »die Institution des Papsttums hat es erlaubt, dass der Mensch Ratzinger sich gänzlich zum Ausdruck bringen kann«. Die Psychotherapeutin Brigitte Pfnür beobachtete, er wirke »spontaner als früher, nicht so beklommen«. Als Papst hätten ihn »die Schwingungen der Massen verändert«[5]. Der Schweizer Kardinal Kurt Koch, den Ratzinger zum Präsidenten des Ökumenerates berufen hatte, fasste seinen Eindruck so zusammen: »Da ist erstens die Einfachheit und Schlichtheit der Person, die kein großes Aufsehen um sich selber macht. Da ist zweitens ein tiefer Glaube. Und da ist schließlich seine überdurchschnittlich hohe Intelligenz.« Diese Eigenschaften seien »selten in einer Person so vereinigt wie bei Papst Benedikt«[6].

In der aufgeladenen Stimmung des Herbstes von 2006 sah man im Vatikan mit größten Befürchtungen dem Besuch Benedikts in der Türkei entgegen. Türkische Sicherheitsbehörden hatten dem Papst empfohlen, eine kugelsichere Weste zu tragen (was er ablehnte). Tatsächlich wurde die Visite am Bosporus von den insgesamt 24 internationalen und 24 italienischen Reisen Benedikts »die heikelste« von allen, wie er selbst empfand. »Es war ja noch diese ganze Wolke von der Regensburger Rede in der Luft.«

Ratzinger kam auf Einladung des Patriarchen von Konstantinopel Bartholomaios I. in ein Land, in dem Orthodoxe und Katholiken harten Restriktionen unterworfen waren. Nirgendwo war die Christenheit in ihren Anfängen so rasch gewachsen wie hier und in Ägypten, kaum anderswo aber wurden sie auch so brutal vertrieben. Noch vor 80 Jahren stellten die Christen rund 20 Prozent der Bevölkerung, inzwischen waren es noch knapp 0,5 Prozent. Schon die Ankunft auf dem Flughafen war frostig. Keine jubelnden Menschenmassen. Keine langen Ansprachen. Demonstrativ hatte es Präsident Recep Tayyip Erdoğan abgelehnt, das katholische Kirchenoberhaupt protokollgemäß zu empfangen. Ein kurzes Shakehands auf dem Rollfeld sollte das Äußerste an Ehrerbietung sein. »Ich bin als Freund gekommen und als Apostel des Dialogs und des Friedens«, erklärte Benedikt bei seinem ersten Termin, einem Treffen mit Angehörigen des Diplomatischen Korps. In Ephesos, wo der Überlieferung nach die Mutter Jesu gelebt und im Jahr 431 ein

Konzil stattgefunden hatte, feierte er mit Gläubigen einen Gottesdienst. Statt der gewohnten Hunderttausenden an Pilgern hatten sich gerade einmal 500 eingefunden.

Der Durchbruch gelang beim Besuch der Blauen Moschee in Istanbul. In Begleitung des Großmuftis Mustafa Cagrici hatte der Papst seine Schuhe abgelegt und verharrte in weißen Strümpfen immer wieder in einer Meditation, eine Geste, die ihm die Sympathie der Muslime einbrachte. Irgendwie seien dann »beiderseits die Herzen aufgegangen«, resümierte Benedikt, wofür er »dem lieben Gott sehr dankbar war«. Am Ende der Reise feierte er mit dem graubärtigen Bartholomaios I. in der Heilig-Geist-Kirche die »Göttliche Liturgie« zum Fest des heiligen Andreas. Der Pontifex beschwor ein neues Pfingsten, sprach einmal türkisch, dann wieder französisch, italienisch und Latein, die Chöre flochten Aramäisch, Armenisch, Syrisch und Deutsch ein, und der Patriarch fügte Griechisch hinzu. Ihren Höhepunkt fand die Begegnung in der gemeinsamen Erklärung, mit der die beiden Religionsführer den Heiligen Geist anriefen, er möge mithelfen, den Tag der Wiederherstellung der vollen Einheit vorzubereiten. Mit Blick auf Europa versprachen sie, »bei aller Offenheit gegenüber den anderen Religionen« die Bemühungen zu vereinen, um »die christlichen Wurzeln, Traditionen und Werte zu bewahren«[7].

Die anfangs feindliche Stimmung hatte den Nachfolger Petri nicht davon abgehalten, in Ankara deutliche Worte zu finden. »Die türkische Verfassung erkennt jedem Bürger das Recht der Gewissensfreiheit und der Freiheit der Religionsausübung zu«, erklärte er, aber diese Freiheiten müssten auch respektiert werden. Dies schließe ein, »dass die Religionen ihrerseits nicht versuchen, direkt politische Macht auszuüben, denn dazu sind sie nicht berufen, und es schließt im Besonderen ein, dass die Religionen absolut darauf verzichten, die Anwendung von Gewalt als legitimen Ausdruck religiöser Praxis zu rechtfertigen.«[8]

Der glückliche Verlauf der Türkei-Reise hatte den Papst ein wenig euphorisiert. »Ein Teil meines Herzens bleibt auch in Istanbul«, hatte er beim Abschied ausgerufen. Die Entwicklung war jedenfalls nicht dazu angetan, ihn in seiner Zuversicht zu hemmen, er könne mit Gottes Hilfe jederzeit auch besonders schwierige Dinge wieder ins Lot bringen. Die Umwandlung einer negativen in eine positive Situation war schon immer seine Stärke gewesen, vor allem als Professor, wenn er verfahrene Diskussionen wie einen gordischen Knoten durchtrennte, um danach zu einem guten Einverständnis zu gelangen. In seinem unmittelbaren Umfeld jedoch, bei Menschen, mit denen er jeden Tag zu tun hatte, schien diese Gabe nicht immer zu greifen.

Ratzinger wollte sein Amt als jemand ausüben, der anderen die Füße wäscht. Für ihn war Kirche eine Gemeinschaft, die danach streben sollte, die Maxime Christ mit Leben zu erfüllen. »Ihr wisst, dass die, die als Herrscher gelten, ihre Völker unterdrücken und die Großen ihre Macht gegen sie gebrauchen«, hatte Jesus gesprochen. »Bei euch aber soll es nicht so sein, sondern wer bei euch groß sein will, der soll euer Diener sein, und wer bei euch der Erste sein will, soll der Sklave aller sein« (Mk 10,42–44). Der Papst war davon überzeugt, sein persönliches Vorbild, seine Bücher und Katechesen müssten Wirkung zeigen. Das Paradox des Petrusamtes besteht darin, dass es zwar mit einer gewaltigen Machtfülle verbunden, gleichzeitig aber dem Primat von Liebe und Barmherzigkeit unterworfen ist. Nachfolger Petri zu sein sei Anwesend-Halten der Macht Christi als Gegenmacht zur Macht der Welt, hatte Ratzinger als Präfekt formuliert, das Tragen übermenschlicher Last auf menschlichen Schultern. Insofern sei der eigentliche Ort des Vicarius Christi das Kreuz.

Einen der vielen Schmerzen, die ihm auferlegt waren, erfuhr er in und durch seine nächste Umgebung. Im Vatikan war es ein offenes Geheimnis, dass sich zwischen dem früheren und dem aktuellen Sekretär Ratzingers, Josef Clemens und Georg Gänswein, die einmal befreundet waren, eine Feindschaft entwickelt hatte. Vergebens hatte Clemens nach der Papstwahl seinen früheren Chef bedrängt, ihn anstelle Gänsweins zum persönlichen Sekretär zu berufen, nun hatte er keine Scheu, gegenüber jedermann von dessen Versagen zu sprechen. Er hielt Gänswein nicht nur mangelnde Professionalität vor, sondern auch, den Papst falsch zu beraten und sich selbst bei jeder Gelegenheit in den Vordergrund zu drängen. Kardinal Meisner empfahl dringend, Clemens aus Rom weg zu versetzen. Der Papst wollte seinen langjährigen Mitarbeiter jedoch nicht vor den Kopf stoßen. Er machte sich Sorgen um dessen Gesundheit und ließ sich von Clemens zum Abendessen in dessen Wohnung im Palazzo der Glaubenskongregation einladen.

Ein verstörender Fall lag auch im Verhältnis zu Ingrid Stampa vor, die manche in der Kurie bereits »die Päpstin« nannten. Die 1950 am Niederrhein geborene Musikdozentin hatte ihre Karriere beendet, wie sie in einem Interview mit der Zeitschrift *Bunte* ausführte, weil der Herr in ihr Leben getreten sei: »Er verlangte von mir die Entscheidung, ob ich weiter die Karriere verfolgen und damit für mich selbst leben wolle oder ob ich bereit sei, mich ganz in Gottes Hand fallen zu lassen, um in Zukunft nur noch ihm zu dienen.«[9] Einen ersten Versuch, als Karmelitin im Kloster zu leben, brach sie ab, ein zweiter wurde von der Oberin abgewiesen. Später ging sie nach Rom, um den krebskranken Erzbischof Cesare Zacchi zu pflegen. Nach dessen Tod kam sie auf Empfehlung von Dr. Buzzonetti, dem Leibarzt Johannes Pauls II., 1991 als Haushälterin in die Wohnung Kardinal Ratzingers, der eben erst seine Schwester verloren hatte.

Selbstbewusst hatte Stampa nach der Papst-Wahl erklärt, sie ziehe nun »mit meinem Mann« in den apostolischen Palast ein. Stampa hatte in den vergangenen Jahren Übersetzungen für den päpstlichen Hofprediger, den Kapuzinerpater Raniero Cantalamessa, erledigt, und galt seit 15 Jahren als enge Vertraute des päpstlichen Redenschreibers Paolo Sardi. Mit beiden war sie oft wochenlang unterwegs, um sie bei Vorträgen zu unterstützen. Für Stampa war es ausgemacht, dass sie wie die beiden Sekretäre und die vier Schwestern der *Memores Domini* im engeren Bereich der päpstlichen Familie leben würde, konkret im Stockwerk über der Wohnung des Papstes. Sie ließ sich einen Schlüssel zum päpstlichen Appartamento sowie zu dem direkt in die Papst-Wohnung führenden Aufzug geben, um jederzeit Zugang zu haben. Öffentliches Aufsehen entstand, als Pressebilder sie dabei zeigten, wie sie vor den Angelus-Gebeten jeweils die großen Läden am Fenster des Apostolischen Palastes öffnete, aus dem der Papst seine Ansprachen hielt, und dem Publikum auf dem Petersplatz zuwinkte. Erst als Sekretär Mieczyslaw Mokrzycki insistierte, in der »Familie Pontifica« könnten nur der Papst, die *Memores* und die Sekretäre leben, wie es auch bei Johannes Paul II. der Fall gewesen sei, sah sich Stampa nach zweieinhalb Monaten zum Auszug gezwungen.

Auch der Papst atmete auf, aber das Problem war nicht aus der Welt. Die Schlüssel zum Appartamento hatte Stampa behalten, und oft genug stand sie ohne Anmeldung unvermittelt im Arbeitszimmer Benedikts. Einige im Vatikan verglichen sie mit der energischen Haushälterin und Vertrauten Pius' XII., Pascalina Lehnert, einer Nonne aus Altötting, die Pacelli aus seiner Zeit als Nuntius in Deutschland mit nach Rom genommen hatte. *La Papessa,* »die Päpstin«, wie man sie nannte, führte sein Tagebuch, redigierte offizielle Ansprachen und bestimmte schon mal, wer zum Heiligen Vater durfte und wer nicht (was zu handgreiflichen Auseinandersetzungen selbst mit Kardinälen führen konnte).

Die ehemalige Haushälterin kannte offenbar die Achillesferse des früheren Kardinals sehr gut. Wenn es um öffentlich auszutragenden Streit ging, war Ratzinger völlig furchtlos, aber sobald jemand unverschämt genug war, ihn persönlich zu bedrängen, wirkte er wie paralysiert. Die Szenen, die Stampa machen konnte, umfassten hysterische Auftritte, harte Vorhaltungen und Weinkrämpfe. Kardinäle lästerten über »diese ewigen Tränenattacken, mit denen sie den Heiligen Vater manipuliert«, wie der Rom-Korrespondent Alexander Smoltczyk festhielt, weil der Papst viel zu weich ihr gegenüber sei.[10] So war es Stampa gelungen, sich die Zuständigkeit für Übersetzungen von Papst-Texten vom Deutschen ins Italienische zu sichern, auch wenn sie keine Muttersprachlerin war. Als die Leitung der deutschen Sektion des Staatssekretariats mit einem Pater aus der Glaubenskongregation besetzt werden sollte, intervenierten Stampa und Sardi – und der Mann aus Ratzingers früherer Behörde war geblockt. Ratzinger rechtfertigte sich, er könne unter den gegebenen Umständen seinen ehemaligen Mitarbeiter nicht den Händen Sardis ausliefern. Ihren Schlüssel ins päpstliche Appartamento musste Stampa im Zuge der »Vatileaks«-Affäre abgeben. Immerhin hatte sie noch durchsetzen können, dass ihr enger Verbündeter Sardi zum Kardinal erhoben wurde.

Nach Beendigung ihres Dienstes im Staatssekretariat hielt Stampa Vorträge über »Mein Leben im Vatikan unter drei Päpsten«. Die Veranstaltungsreihe nannte sich: »Frauen bewegen Kirche«. Der Papst umgekehrt konnte auf Erfahrungen aus dem engsten Umfeld zurückgreifen, als er anlässlich des 50. Jahrestags des Konzils erklärte, man habe in den vergangenen Jahren »gelernt und erfahren …, dass sich im Netz des Petrus auch schlechte Fische befinden. Wir haben gesehen, dass die menschliche Schwäche auch in der Kirche vorhanden ist … und zuweilen haben wir gedacht: ›Der Herr schläft und hat uns vergessen.‹«[11]

Mit großer Spannung war die erste Enzyklika Benedikts erwartet worden. Das Einstiegssendschreiben eines Papstes gilt seit jeher als eine Art Notenschlüssel für ein Pontifikat. Die Frage war, würde Ratzinger wie in der Konklave-Predigt erneut die »Diktatur des Relativismus« zum Thema machen oder eher die virulenten kirchenpolitischen und sozialen Fragen aufgreifen. Die Vaticanista tappten im Dunkeln. Vorgänger Wojtyla hatte seine erste Enzyklika bereits nach 136 Tagen im Amt veröffentlicht, *Redemptor Hominis* (*Christus, Erlöser des Menschen*), eine gewaltige politische Schrift, die sich der Probleme der globalisierten Welt annahm. Aber Benedikt XVI. ließ sich Zeit. Vielleicht hing es mit dem Thema zusammen, über das sich zwar wunderbar schreiben ließ, das in der Probe des Alltags aber fast immer an Grenzen stößt.

Es ist der 25. Januar 2006, als im vatikanischen Pressesaal an der Via della Conciliazione die päpstliche Eröffnungsschrift endlich Premiere feiern konnte, 270 Tage nach Ratzingers Wahl zum Papst. Immer wieder war der Termin verschoben worden. Umso überraschender war das Thema, das Benedikt XVI. gewählt hatte, noch überraschender der Inhalt. Es ging um Liebe, und zwar mit einem behutsam werbenden, teils poetisch formulierten Text, den der Autor zudem nicht als »Lehrschreiben« bezeichnete, sondern als »eine Einladung«. Der Titel war nach den lateinischen Anfangsworten des kleinen Büchleins bestimmt: *Deus caritas est*, Gott ist die Liebe.

Enzykliken (vom griechischen *kyklos*, Kreis) sind päpstliche Dokumente, die zu Fragen der Glaubens- und Sittenlehre, der Philosophie, der Sozial-, Staats- und Wirtschaftslehre sowie der Disziplin und der Kirchenpolitik Stellung nehmen. Seit dem 4. Jahrhundert sind sie als einfache kirchliche Rundschreiben belegt, bevor sie Benedikt XIV. im 18. Jahrhundert zu einem Instrument zur Leitung der Kirche machte. Schon bei seiner Inthronisation hatte der neue Papst im Grunde anklingen lassen, was einer seiner Schwerpunkte werden würde. »Es gibt die Wüste der Armut, die Wüste des Hungers und des Durstes«, predigte er bei seiner Amtseinführung, und es gebe »die Wüste der Verlassenheit, der Einsamkeit, der zerstörten Liebe«. Liebe war das zentrale Wort seines theologischen Meisters Augustinus. Mit Liebe beschäftigte sich der Theologe und Antifaschist August Adam, dessen Werk Ratzinger zu den »Schlüssellektüren meiner Jugend« zählte. Bei Adam konnte er nachlesen, der Sexualtrieb sei nicht als »unrein«, sondern als »Geschenk« zu betrachten, der durch die Caritas, die Nächstenliebe, seine Heiligung erfährt. *Über die Liebe* hieß ein Werk seines Philosophenfreundes Josef Pieper, das mit Kapiteln wie »Das Gemeinsame von Caritas und erotischer Liebe« Vorformulierungen ratzingerscher Positionen enthielt. Und um Liebe ging es in der allerersten Schrift Ratzingers, die er als Student anfertigte. Es war die Übersetzung eines Beitrages von Thomas von Aquin, der sich *Eröffnung über die Liebe* nannte. So entsprach es gewissermaßen einer inneren Logik, dass auch die Erstschrift Ratzingers als Papst genau 60 Jahre später nichts anderes sein konnte als eine Liebes-Enzyklika.

Begonnen hatte das Projekt allerdings bereits unter seinem Vorgänger, der unter demselben Titel seine 15. Enzyklika als Plädoyer für die Sorge um den Nächsten veröffentlichen wollte. Initiator war der deutsche Kurienkardinal Paul Josef Cordes. Als Präsident des Päpstlichen Rates *Cor unum*, zuständig für die humanitären Hilfsaktionen des Heiligen Stuhles, hatte Cordes bereits einen Entwurf geliefert. Das Vorhaben scheiterte an Widerständen in der Kurie, aber nach der Wahl seines Landsmannes griff Cordes die Idee wieder auf. Sie musste auf Benedikt wie ein Wink der Vorsehung wirken. Weil der bisherige Text nicht seinen Ansprüchen genügte, setzte sich der neue Papst an den Schreibtisch. So kam es, dass der erste Teil der Enzyklika ganz seiner Feder entstammte, den zweiten fügten die dafür zuständigen Abteilungen des Vatikans hinzu. Am Ende wurde der Gesamttext von der Glaubenskongregation auf theologische Exaktheit durchgesehen und vom Staatssekretariat vereinheitlicht.

Es schien wie ein Wunder. Nach den Verwerfungen der Regensburger Rede war nun plötzlich vom »poetischen Papst« und vom »spannenden Papst« die Rede. »Love, love, love. Es ist ein Hohelied der Liebe, wie es einfacher und radikaler nicht geht«, lobte selbst der *Spiegel*, »dogmatisch, aber nicht körperfeindlich.«[12] »Niemals zuvor hat ein Papst«, begeisterte sich die *Frankfurter Allgemeine Zeitung,* »so einfühlsam und poetisch, zugleich theologisch von umfassender Bildung über die menschliche Liebe, vom ›Versinken in der Trunkenheit des Glücks‹ geschrieben wie Benedikt XVI.«[13] Die nicht unbedingt romfreundliche Zeitschrift *Christ in der Gegenwart* befand: »Für ein römisches Dokument geradezu eine Revolution.«

Das internationale Medienecho war einheitlich: *Deus caritas est* sei das Werk eines Liebenden. Der strenge Dogmatiker habe sein Publikum verblüfft und alle negativen Erwartungen positiv gebrochen. »Seit Bestehen der Kirche ist diese Enzyklika die erste lehramtliche Grundlegung und Inspiration der karitativen Sendung der Kirche«, urteilte der Freiburger Professor für Caritaswissenschaften und Christliche Sozialarbeit Heinrich Pompey. Damit sei eine von Theologen, Päpsten und Konzilien bisher wenig bedachte Dimension kirchlichen Handelns ins Blickfeld gekommen. »Würde sie in den Gemeinden und Gemeinschaften der Kirche konsequent umgesetzt«, so Pompey begeistert, »kann Kirche zur karitativ-kommunialen Kernzelle des Glaubens, des Hoffens und der Liebe in unseren Gesellschaften werden.«[14]

Ratzingers Antrittsenzyklika beginnt mit einem Zitat seines Lieblingsevangelisten Johannes: »Gott ist die Liebe, und wer in der Liebe bleibt, bleibt in Gott, und Gott bleibt in ihm.« In diesen Worten, kommentierte der Autor, sei »die Mitte des christlichen Glaubens, das christliche Gottesbild und auch das daraus folgende Bild des Menschen und seines Weges in einzigartiger Klarheit ausgesprochen«. Außerdem gebe Johannes in demselben Vers »eine Formel der christlichen Existenz: ›Wir haben die Liebe erkannt, die Gott zu uns hat, und ihr geglaubt‹«[15].

In der Geschichte der Kirche war das Verhältnis von Körper und Geist, von Lust und Askese stets Kern einer spannungsreichen Auseinandersetzung. Doch der Papst hatte in seinem Lehrschreiben nicht einzelne Moral- oder Lehrfragen, sondern das grundlegende Vertrauen in den Sieg der Liebe über alle Ungerechtigkeit ins Zentrum seiner Verkündung gestellt. Eingangs zitierte er ein Wort von Friedrich Nietzsche, das Christentum habe dem Eros Gift zu trinken gegeben; er sei zwar nicht daran gestorben, aber zum Laster entartet. »Damit drückte der deutsche Philosoph ein weit verbreitetes Empfinden aus«, so Benedikt, dass nämlich die Kirche den Menschen mit ihren Geboten und Verboten das Schönste im Leben vergälle, die Erotik. Aber sei wirklich wahr, dass »das Christentum den Eros zerstört« habe, fragte der Papst quer – und gab gleich die Antwort: Zur »Menschlichkeit des Glaubens« gehört »das ›Ja‹ des Menschen zu seiner Körperlichkeit, die von Gott geschaffen ist«. Allerdings sei »Liebe« heute ein vielfach verschmutztes Wort geworden, sodass man es »neu aufgreifen, reinigen und zu seinem ursprünglichen Glanz zurückführen« müsse, damit es das Leben wieder erleuchten könne. Und ja, letztendlich würde die Liebe zwischen zwei Menschen »in der unauflöslichen Ehe zwischen Mann und Frau seine in der Schöpfung verwurzelte Form« finden. Die Liebe zum andern suche hier nicht länger sich selbst, sondern wandle sich in Sorge für den andern und öffne sich für das Geschenk neuen menschlichen Lebens.

Benedikt XVI. zeigte keine Scheu vor dem Thema Sex. Der vom Schöpfer geschenkte Eros lasse den Menschen zweifellos »etwas vom Geschmack des Göttlichen spüren«. Ja, Liebe sei Ekstase, aber nicht nur in Gestalt des rauschhaften Augenblicks, »sondern Ekstase als ständiger Weg aus dem in sich verschlossenen Ich zur Freigabe des Ich, zur Hingabe und so gerade zur Selbstfindung, ja, zur Findung Gottes«. In seinem so philosophisch wie lyrischen Schreiben springt Benedikt von Vergil zu Augustinus, von Dante zu Nietzsche und Marx. Es gibt keinen erhobenen Zeigefinger, auch wenn der Verfasser angesichts einer übersexualisierten Gesellschaft davor warnt, aus der Liebe eine Ware zu machen, die die Persönlichkeit des anderen missbrauche: »Reinigungen und Reifungen sind nötig, die auch über die Straße des Verzichts führen. Das ist nicht Absage an den Eros, nicht seine ›Vergiftung‹, sondern seine Heilung zu seiner wirklichen Größe hin.«

Handelt der erste Teil der Enzyklika von der inneren Verbindung der Liebe Gottes zu den unterschiedlichen Facetten der menschlichen Liebe, ist der zweite der Umsetzung des Eros in *Agape* gewidmet, der Liebestätigkeit als Aufgabe aller Gläubigen, die keine Grenzen kennt. Mit Blick auf die gesellschaftliche Dimension der Nächstenliebe warnt der Papst zugleich vor den Abgründen eines ungezügelten Kapitalismus: Jeder müsse »seinen Anteil an den Gütern der Welt« erhalten. Die Globalisierung der Wirtschaft habe die Welt in eine schwierige Situation geführt, in der die Kirche soziale Orientierung geben müsse. Die Nächstenliebe bestehe darin, »dass ich auch den Mitmenschen, den ich zunächst gar nicht mag oder nicht einmal kenne, von Gott her liebe … Wenn die Berührung mit Gott in meinem Leben ganz fehlt, dann kann ich im anderen immer nur den anderen sehen und kann das göttliche Bild in ihm nicht erkennen. Wenn ich aber die Zuwendung zum Nächsten aus meinem Leben ganz weglasse und nur ›fromm‹ sein möchte, nur meine ›religiösen Pflichten‹ tun, dann verdorrt auch die Gottesbeziehung. Dann ist sie nur noch ›korrekt‹, aber ohne Liebe«. Liebe zu Gott und zum Mitmenschen gehörten untrennbar zusammen wie der Gottesdienst und der Dienst an der Gesellschaft. Der Liebesdienst sei deshalb »für die Kirche nicht eine Art Wohlfahrtsaktivität, die man auch anderen überlassen könnte, sondern er gehört zu ihrem Wesen, ist unverzichtbarer Wesensausdruck ihrer selbst«.

Am 22. April 2007 reiste Benedikt XVI. nach Pavia, um am Grab des heiligen Augustinus in der Basilika San Pietro in Ciel d'Oro der Welt persönlich seine Liebes-Enzyklika zu übergeben. Die symbolische Geste war auch als Dank an seinen afrikanischen Meister gedacht, dem Kirchenvater des Herzens und der Liebe. Und wie könnte es anders sein, dass *Deus caritas est* in einem poetischen Kernsatz gipfelt: Die Liebe, heißt es darin, »ist das Licht – letztlich das einzige –, das eine dunkle Welt immer wieder erhellt und uns den Mut zum Leben und zum Handeln gibt. Die Liebe ist möglich, und wir können sie tun, weil wir nach Gottes Bild geschaffen sind.«

Kapitel 65

Salz der Erde, Licht der Welt

Im ersten Jahrzehnt des neuen Jahrtausends ist nicht mehr zu leugnen, dass Globalisierung und digitale Revolution die Welt in eine neue Ära katapultierten. Niemals zuvor wurde in so kurzer Zeit das Leben des Menschen so dramatisch verändert.

Mobile Telefone hatten inzwischen eine höhere Rechnerleistung als die Computer der NASA bei der Mondlandung. Navigationssysteme dirigierten Autos und schalteten die Heizung ein. Ganze Branchen erfanden sich neu und boten Dienstleistungen an, die früher Kaiser und Königen vorbehalten waren. Mithilfe des Genome Engineerings konnte man Gene manipulieren und in die Keimbahn des Lebens eingreifen, die sich seit Beginn der Menschheitsgeschichte nicht verändert hatte. Andererseits schufen die neuen Techniken und der Einsatz von »Künstlicher Intelligenz« bislang unvorstellbare Möglichkeiten der Überwachung. Algorithmen dirigierten, wer wann welche Nachrichten lesen und welche Produkte kaufen sollte.

Neuerungen, wohin man auch sah: Erstmals in der Geschichte werden mit Barak Obama die USA von einem afroamerikanischen Präsidenten regiert. Rumänien und Bulgarien feiern den Beitritt zur Europäischen Union, die damit knapp eine halbe Milliarde Menschen in 27 Mitgliedsstaaten zählt. In La Silla in Chile entdeckt ein Team von Astronomen der Europäischen Südsternwarte den ersten bewohnbaren Planeten außerhalb unseres Sonnensystems, 20,5 Lichtjahre von der Erde entfernt. Einer Neuorientierung entspricht der Entschluss des US-Computerkonzerns Apple, mit einem kompakten Multifunktions-Handy in den Mobilfunkmarkt einzusteigen. »Wir werden das Telefon neu erfinden«, verkündet Firmenchef Steve Jobs. Doch es ist mehr als das. Das Smartphone ist die Revolution der Informationsgesellschaft und die Tür zu Social Media, einer völlig neuen Form der persönlichen Kommunikation.

Gleichzeitig beherrscht im April 2007 der UNO-Bericht zum Klimawandel die Schlagzeilen. Die Erderwärmung, so die Diagnose der Forscher, sei nicht mehr aufzuhalten. Es drohe ein Anstieg des Meeresspiegels, Dürre, das Aussterben von 20 bis 30 Prozent aller Tier- und Pflanzenarten, wenn die Durchschnittstemperatur um bis zu 2,5 Grad ansteige. In Nordamerika seien vermehrt Wirbelstürme, Überschwemmungen, Hitzewellen und Brände zu erwarten, Inselstaaten im Pazifik und dicht bevölkerte Flussmündungen Asiens drohten zu versinken. Aber auch in Europa, so die Annahme damals, könnten bis ins Jahr 2018 bis zu 2,5 Millionen Menschen in Küstenregionen unter Überflutungen zu leiden haben. Der weltweite Ausstoß an Treibhausgasen müsse deshalb bis spätestens 2015 stabilisiert und bis 2050 um mindestens 50 Prozent verringert werden.

Ein anderes Problem: Unter dem Druck der Trends und der Dauerbelastung durch die modernen Zeiträuber stießen persönliche Ressourcen an die Grenzen. Dreißigjährige fühlten sich überfordert und erschöpft. Burn-out und Herz-Kreislauf-Probleme entwickelten sich zu Volkskrankheiten. Ein Zurück würde es nicht geben. Denn das Kennzeichen zivilisatorisch-technischer Entwicklungen, wusste der französische Philosoph René Girard, sei jeweils die »Steigerung bis zum Äußersten«[1].

Im Verhältnis zum immer turbulenteren Lifestyle wirkten Traditionen des Christentums auf viele Menschen wie Relikte aus einer untergegangenen Zeit. Es schien, als habe speziell die katholische Kirche, die einmal die Wissenschaften angestoßen, Universitäten gegründet und sich mit dem Zweiten Vatikanum erneuert hatte, den Anschluss an die Moderne gänzlich verloren. Die Presseabteilung des Vatikans ließ den Papst zwar mit einem elektronischen Tablet abbilden und stellte eine Live-Schaltung zu den Astronauten auf der Weltraumstation ISS her, aber richtig überzeugend als Sinnbild dafür, im 21. Jahrhundert angekommen zu sein, wirkte das nicht.

Musste das Hauptquartier der katholischen Kirche mit seinen seltsam gekleideten Männern und der mittelalterlich wirkenden, Helm und Hellebarden tragenden Garde nicht tatsächlich wie aus der Zeit gefallen erscheinen? Von überallher reisten Menschen an, um dieses merkwürdige kleine Reich mit ähnlich ungläubigen Augen zu bestaunen, wie sie die fantastischen Gebilde in Peter Jacksons Filmtrilogie *Herr der Ringe* betrachteten. Aber das war nur die eine Seite. Denn immerhin verfügte der Kirchenstaat mit dem *L'Osservatore Romano* über eine Staatszeitung, die in 20 verschiedenen nationalen Ausgaben erschien, und mit dem staatlichen *Radio Vatikan* über eine Rundfunkanstalt, die in 47 Sprachen sendete. 298 Funktionäre des Heiligen Stuhls hatten einen diplomatischen Status, und in nahezu jeder größeren Stadt der Erde residierte ein Vertreter dieser Kirche, der als Bischof zu den höchsten Würdenträgern der Region zählte. Und wenn einerseits an den Traditionen der katholischen Kirche vieles anachronistisch erscheinen mochte, so lagen in ihrer Botschaft und in ihrer Widerständigkeit genau jene Momente, mit denen sie Antworten zu geben versuchte auf die Probleme und Gefahren der turbulenten neuen Wirklichkeit. Die Weitergabe des Glaubens, betonte Benedikt XVI., könnte nicht auf den privaten Bereich beschränkt werden. Wie umfangreich dabei die Leitungsfunktionen des Papstes waren, dokumentierte der jährlich erscheinende Tätigkeitsbericht *L'attività della Santa Sede*, der über jeden Tag im Leben des Heiligen Vaters Auskunft gab, über jede Audienz, jede Rede, jedes Treffen. Sein Umfang: 1500 Seiten. Im Übrigen durfte sich der Vatikan als der bisher erste Staat nennen, der komplett CO_2-neutral funktionierte.

Seine erste außereuropäische Reise führte Benedikt im Mai 2007 nach Brasilien, mit 140 Millionen Gläubigen das größte katholisch geprägte Land der Erde. Der Wandel der politischen Lage habe bestätigt, dass die damalige Haltung seiner Glaubenskongregation zur Befreiungstheologie richtig gewesen sei, antwortet er bei der Anreise auf die Frage eines Journalisten. Es sei einfach unverzichtbar gewesen, zwischen Politik und der Sendung der Kirche zu unterscheiden. Zwei Tage später, am 13. Mai, ist der Papst in Aparecida im Bundesstaat São Paulo Gast der V. Generalversammlung der Bischöfe von Lateinamerika und der Karibik. Er besucht die Fazenda da Esperança em Guaratinguetá, eine kirchliche Einrichtung zur Rehabilitation von Drogenabhängigen. »Ich liebe Lateinamerika sehr«, hatte er im Flieger erklärt, er habe den Kontinent »oft besucht und habe dort viele Freunde, und ich weiß, wie groß die Probleme sind.«[2]

Trotz vieler Unzulänglichkeiten, so verteidigt Benedikt die Evangelisierung Südamerikas, habe es die lateinamerikanische Kirche verstanden, die Liebe zu Christus weiterzugeben und gleichzeitig die Wesenszüge der Indigenen zu wahren. Womöglich dachte er dabei auch an den heiligen Petrus Claver, der sich als leidenschaftlicher Gegner der Sklaverei den Hass der Menschenhändler zuzog (in Westeuropa brachte ihm die Bemerkung allerdings sofort die Kritik ein, er wolle die Vergehen der Konquistadoren verharmlosen). In Brasilien wurde der Papst statt von den erwarteten 2000 von mehr als 3000 Journalisten begleitet, Millionen säumten seine Wege in São Paulo und strömten auf den Campo de Marte, um mit ihm die Heiligsprechung des 1822 verstorbenen Franziskaners Frei Galvão zu feiern. »Der Ruf seiner tiefen Nächstenliebe kannte keine Grenzen«, betonte Benedikt in seiner Ansprache, »es waren Arme, Kranke an Seele und Leib, die ihn um Hilfe baten«, alle habe er »väterlich aufgenommen«.

Im dritten Jahr seines Pontifikats, dem produktivsten von allen, hatte sich der Eindruck verfestigt, Benedikt sehe seine Hauptaufgabe in einer Erneuerung durch Verkündigung. Hatte Johannes Paul II. das Papsttum gewissermaßen physisch zurückgebracht auf die Bühne der Weltgeschichte, wollte sein Nachfolger das Schwerste vom Schweren versuchen: eine innere Reinigung von Kirche und Glauben. Für Ratzinger war die große Krise, die in der westlichen Hemisphäre das Christentum zu unterspülen drohte, insbesondere durch einen nie da gewesenen Verlust von Glaubenswissen und Glaubensbewusstsein entstanden. Man müsse der Welt von Neuem mitteilen, worum es beim Evangelium überhaupt geht. Die Glaubensverkündigung sei »das wertvollste Geschenk, das die Kirche der Menschheit machen kann«. Das Christentum beginne dabei nicht mit der Verkündigung von Pflichten und Gesetzen, wiederholte er sich, sondern mit der Entdeckung der Gnade. »Wie ist es möglich«, zitierte er einmal Papst Gregor I., »dass der Mensch zu dem Größten ›Nein‹ sagt, seine Existenz in sich verschließt?« Gregors Antwort war: »Sie haben eben nie die Erfahrung Gottes gemacht, sind nie auf den Geschmack Gottes gekommen; sie haben nie gespürt, wie köstlich es ist, von Gott angerührt zu werden.«

Wie Ratzinger sich durch Einfachheit und jeglichen Verzicht auf persönlichen Luxus auszeichnete, so konsequent evangeliumsgemäß waren die Forderungen, die er an seine Kirche, seine Priester und die Gläubigen stellte. Im Vergleich zu ihm redeten viele der sich progressiv gebenden Theologen und Bischöfe nur wie Politiker oder Journalisten. Ihre Forderungen zielten auf eine Kirche, die sich weltlichen Strömungen anpasst. Ratzingers Ideal hingegen entsprach weniger ein Priester, der davon schwärmte, einen bürgerlichen Beruf mit Frau und Kind in einem gemütlichen Pfarrhaus ausüben zu dürfen, sondern einer, der seine Leute anstachelt, das vermeintlich Übliche zu hinterfragen. »Wir müssen vor allen Dingen versuchen, dass die Menschen Gott nicht aus den Augen verlieren«, predigte er, »dass sie den Schatz erkennen, den sie haben. Und dass sie dann selber, aus der Kraft des eigenen Glaubens heraus, in die Auseinandersetzung mit dem Säkularismus treten und die Scheidung der Geister zu vollziehen vermögen.« Dieser Prozess, »Salz der Erde« und »Licht der Welt« zu werden, wie es das Evangelium fordert, sei »der eigentliche, große Auftrag dieser Stunde«.

Die Rückkehr zu den Quellcodes entsprach Ratzingers früher Vision von einer Kirche der Kleinen, die den unverfälschten Glauben lebten. Natürlich brauche die Kirche »unbedingt auch die Intellektuellen«, erklärt er, »sie braucht Menschen, welche die Kraft ihres Geistes zur Verfügung stellen. Sie braucht auch großzügige, reiche Menschen, die den Reichtum in den Dienst des Guten stellen wollen. Aber sie lebt gerade immer auch von dem großen Grund jener Menschen, die demütig Glaubende sind. In diesem Sinn ist tatsächlich die Schar derer, die Liebe brauchen und Liebe geben, ihr eigentlicher Schatz: einfache Menschen, die der Wahrheit fähig sind, weil sie Kinder geblieben sind, wie der Herr sagt. Sie haben sich durch die Periodengänge der Geschichte hindurch den Blick für das Wesentliche bewahrt und erhalten in der Kirche den Geist der Demut und der Liebe«[3].

Der Stuhl Petri hebt einen Menschen auf eine schwindelerregende Höhe. Als Mittler zwischen Christus und der Welt ist der Papst der absolute Souverän. Rechenschaft abzulegen hat er nicht gegenüber seinem Volk oder dem Senat der Kardinäle, sondern nur dem, den er auf Erden vertritt. Andererseits ist seine Machtfülle äußerst begrenzt. Er kann nicht Dinge aufheben, die zum Kernbestand der Lehre und der Tradition gehören. Auch nicht solche, die »an die diachrone und synchrone Bekenntnisgemeinschaft der Apostelnachfolger gebunden« sind, wie es der Bonner Dogmatiker Karl-Heinz Menke ausdrückte. Also Entscheidungen, die von Vorgängern als irreversibel verkündet wurden. Etwa den Grundsatz, dass in der katholischen Kirche zum Priesteramt ausschließlich Männer zugelassen sind. Vor allem ist er an die Vorgaben gebunden, die ihn mit der Gestalt des ersten aller Bischöfe verbinden, der Schlüssel-Figur schlechthin: des Juden Simon bar-Jona, genannt Petrus, der Fels.

Jesus hatte sich bei der Auswahl seiner Apostel für Fischer, Zöllner und sogar einen politischen Wirrkopf entschieden. An den religiösen Eliten kritisierte er deren Anspruch auf die vordersten Plätze; ihre Doppelmoral; ihren Unwillen zu Reue und Umkehr; ihren Prunk, der sich in den herrschaftlichen Kleidern und den riesigen Hüten ausdrückte. Am allermeisten erzürnte ihn, dass ausgerechnet die Gotteslehrer Gott den Menschen vorenthielten. Ihre Gesetze und ihr Verhalten seien nur noch förmliches Bekenntnis, eine Ersatzhandlung. »Wehe euch«, schalt er die Schriftgelehrten, »ihr verschließt den Menschen das Himmelreich, ihr selbst geht nicht hinein; aber ihr lasst auch die nicht hinein, die hineingehen wollen.«

In Simon Petrus stand weder der entschlossene Führer noch der gut organisierte Manager zur Verfügung. Rau und kräftig, gelegentlich jähzornig, aber auch mitfühlend und bisweilen ein wenig begriffsstutzig, so schildern ihn die Evangelien. Er wirft sich in die Fluten, wenn der Meister ruft – und versinkt im Meer seiner Kleingläubigkeit. Er legt unverzeihliche Schwächen an den Tag, die er dann bitter bereut. Petrus' Eigenname, hebräisch *Schimeon* oder *Schemel*, bedeutet zum einen »Jahwe hat gehört«, zum anderen birgt *Schemel* das *Sch'ma Israel* in sich, das »Höre, Israel«, das Hauptgebet der Juden. In einer dritten Verknüpfung verweist es auf den »Schemel Gottes«, die Fußbank für den Thron des himmlischen Königs.

Wer das Neue Testament auf Petrus hin liest, weiß, wie Kirche gemeint ist. Dass sie Kirche der Heiligen ist, aber nicht der göttergleichen Heldengestalten, die niemals fehlen können. Dass sie nicht, wenn der Erfolg ausbleibt, sich stärker der Welt anpassen solle. Vorgezeichnet ist, dass sie einmal groß und einmal klein sein kann, wobei man nicht genau sagen kann, wann groß klein und wann klein groß ist. Dennoch ließen die Fischer vom See Genezareth und ihre Nachfolger nicht nur die religiöse Nomenklatura des Judentums hinter sich, sie lösten auch den römischen Kaiser ab und bauten Brücken zwischen Juden und Heiden, Rassen und Völkern.

Jesu Wort an Petrus ist: »Weide meine Schafe, weide meine Lämmer.« Er ist der Hirte, der Aufklärer, der Hüter der Geheimnisse. Baut nicht auf Sand, hatte der Meister gesagt, baut auf Fels. Verbunden war damit eine Garantieerklärung, wie sie eigentlich gar nicht gegeben werden kann – außer von jemandem, dessen Autorität über Zeit und Raum hinausreicht: »Ich aber sage dir: Du bist Petrus – der Fels –, und auf diesen Felsen werde ich meine Kirche bauen, und die Mächte der Finsternis werden sie nicht überwältigen.«

Der Gründungsakt der Kirche Christi ist zugleich mit einer düsteren Warnung verknüpft. Petrus hatte den Schlüssel zum Himmelreich erhalten, aber auf die Offenbarung Jesu, der Messias müsse den Weg der Passion gehen, reagierte er aus verständlichen Gründen mit heftigem

Einspruch: Das darf nicht geschehen! Für Jesus schuf er sich damit jedoch einen Gott und eine Kirche, die nach menschlichen und nicht nach göttlichen Maßstäben funktionieren sollten. Die Haltung ist im Kern identisch mit der Grundauflehnung gegen Gott, wie sie die Bibel in der Genesis beschreibt.

Petrus war zurückgefallen in die Kategorien rein weltlichen Denkens, und damit auch in die Abhängigkeit des Schattenmannes. Denn der ewige Gegenspieler ist es letztendlich, dem die Antwort Jesu galt: »Weg mit dir, Satan! Denn du hast nicht das im Sinn, was Gott will, sondern was die Menschen wollen« (Mt 16,23). Es ist der Schatten, der mit der Gründung der Kirche einhergeht und der sie, bei all ihrer Heiligkeit, nie mehr wieder verlassen wird. Am Ende ist das die Crux: Die Boten Christi sollten weniger auf »Satzungen von Menschen« hören, sondern auf das Wort Gottes, die »Kraft aus der Höhe«. Das Gelingen der Aufgabe des Apostels setzt voraus, »sich selbst zu verleugnen«. Nur so könne das Wort Christi wahr werden: »Wer euch hört, der hört mich; und wer euch verwirft, der verwirft mich; wer aber mich verwirft, der verwirft den, der mich gesandt hat.«

Das Wissen um diese Grundlagen ist wichtig, um Benedikts stete Mahnung zu verstehen, Menschen könnten Kirche und Glauben nicht selber machen, die Stiftung Jesu erreiche in den Fesseln des bloß Weltlichen nicht jene Höhe, von der das Licht in die Welt komme. Besonders deutlich ließ sich der Kurs Benedikts von einem Treffen mit den Schweizer Bischöfen bei deren *Ad Limina*-Besuch am 7. November 2006 ablesen. »Wir kennen die leerer werdenden Kirchen, die leerer werdenden Seminare, die leerer werdenden Ordenshäuser«, meinte er bei der gemeinsamen Messe. Der Mensch neige wie zu biblischer Zeit zur Flucht, wenn die Sache Gottes ansteht. Heute lebten viele Christen genauso wie die anderen Menschen auch. Sie seien mit materiellen Dingen beschäftigt, mit dem Mach- und Planbaren, das Erfolg verspricht. So verkümmere auch unter ihnen »das Organ für Gott«. Was zu dramatischen Folgen führen könne.

Der Papst beließ es nicht bei hehren Erwägungen. Anwendungsorientiert riet er den Bischöfen, nicht länger über jedes Hölzchen zu springen, das ein Journalist einem hinhalte. »Wenn ich in den Achtziger-, Neunzigerjahren nach Deutschland kam«, meinte er, »wusste ich immer schon im Voraus die Fragen. Es ging um Frauenordination, um Empfängnisverhütung, um Abtreibung und um ähnliche Probleme, die ständig wiederkehren. Wenn wir uns einfangen lassen in diese Diskussionen, dann fixiert man die Kirche auf ein paar Ge- oder Verbote, wir stehen da als Moralisten mit ein paar etwas altmodischen Ansichten, und die eigentliche Größe des Glaubens erscheint gar nicht.« Die gegenwärtige Gesellschaft sei nicht prinzipiell unmoralisch, nur rangiere Moral heute unter den Überschriften »Friede«, »Gewaltlosigkeit«, »Gerechtigkeit für alle«, »Sorge um die Armen« oder »Ehrfurcht vor der Schöpfung«. An die Stelle der Religion träten »die großen moralischen Themen als das Eigentliche, das dem Menschen dann Würde gibt und ihn auch fordert.« Es dürfe aber die »Moral des Lebens« nicht aufgegeben werden, etwa wenn es um Abtreibung, aktive Sterbehilfe oder die Marginalisierung der Ehe gehe.[4]

Als sich die Gerüchte verdichteten, der Papst wolle den Gebrauch des Messbuchs des heiligen Pius V. wieder zulassen, kündigte sich der erste innerkirchliche Konflikt des Pontifikats an. Die tridentinische oder »alte« Messe, bis 1970 der übliche Ritus der katholischen Kirche, war gewissermaßen ausgemustert worden. Schon als Theologieprofessor in Regensburg zeigte sich Ratzinger bestürzt über das Verbot des alten *Missale*, denn »etwas Derartiges hatte es in der ganzen Liturgiegeschichte nie gegeben«[5]. Als Folge sei Liturgie nicht mehr als die Frucht eines lebendigen Prozesses betrachtet worden, sondern als Produkt wissenschaftlicher Gelehrsamkeit, die sich je nach Standpunkt ändern konnte. Zwar erlaubte Johannes Paul II. mit dem Schreiben *Quattuor abhinc annos* 1984 wieder die Anwendung des tridentinischen Ritus, doch wer ihn feiern wollte, musste die Erlaubnis des Ortsbischofs einholen, die dann häufig verweigert wurde.

Allein schon die Möglichkeit einer gewissen Revision durch den Papst löste gewaltige Proteste aus. Die einen warnten, dadurch werde den Traditionalisten der Pius-Priesterbruderschaft zu weit entgegengekommen, andere warfen Benedikt vor, mit einem solchen Schritt das Zweite Vatikanische Konzil infrage zu stellen. Bischöfe aus Frankreich, unter ihnen auch Kardinal Jean-Marie Lustiger, der emeritierte Erzbischof von Paris, eilten nach Rom, um Ratzinger zu beschwören, die gültigen Regeln nicht zu lockern.

Benedikt reagierte. Zwar war der Text für seine bevorstehende Erklärung ohnehin durch zahllose Konsultationen auf Herz und Nieren geprüft worden, »aber der Papst wollte da auch ganz bewusst den Episkopat einbeziehen«, berichtete Sekretär Gänswein, »das hat die Sache dann etwas verzögert«. Nachdem der Pontifex rund 30 Vorsitzenden der nationalen Bischofskonferenzen in der *Sala Bologna* im Apostolischen Palast sein Vorhaben erläutert hatte, sei »die Stimmung sehr positiv geworden«. Vorsorglich bereitete Benedikt noch einen persönlichen Brief an alle Bischöfe vor, in dem er seinen Entschluss begründete und von der »Frucht langen Nachdenkens, vielfacher Beratungen und des Gebets« sprach.

Um es kurz zu machen: Mit Benedikts Motu proprio »*Summorum pontificium*«, das am 7. Juli 2007 veröffentlicht wurde und am 14. September, dem Fest der Kreuzerhöhung, in Kraft trat, durfte das tridentinische *Missale Romanum* in seiner letzten, 1962 von Johannes XXIII. durchgesehenen Form, wieder zelebriert werden, ohne zuvor in Rom oder beim Ortsbischof um Erlaubnis bitten zu müssen. Das Schreiben machte zugleich klar, dass das Messbuch aus der nachkonziliaren Liturgiereform »die normale Form ... ist und bleibt«. Nach dem Konzil sei ja »nicht etwa ein neuer Ritus an die Stelle eines alten getreten«, sondern es handle sich bei der »alten Messe« wie bei der neuen um »zwei Formen des einen lateinischen Ritus«, einer ordentlichen und einer außerordentlichen.

In seinem das Motu proprio begleitenden Schreiben erläuterte Benedikt, viele Gläubige hätten sich nach der alten Liturgie gesehnt, da »das neue Missale vielerorts nicht seiner Ordnung getreu gefeiert, sondern geradezu als eine Ermächtigung oder gar als Verpflichtung zur ›Kreativität‹ aufgefasst wurde, die oft zu kaum erträglichen Entstellungen der Liturgie führte«. Er spreche hier aus persönlicher Erfahrung, da er »diese Phase in all ihren Erwartungen und Verwirrungen miterlebt habe«. Mit der klaren rechtlichen Regelung wolle er zudem die Bischöfe davon entlasten, »immer wieder neu abwägen zu müssen, wie auf die verschiedenen Situationen zu antworten sei«. Dass die Wiederzulassung ein Entgegenkommen gegenüber der Piusbruderschaft gewesen sei, wies Ratzinger als »absolut falsch« zurück. »Für mich war wichtig, dass die Kirche mit ihrer eigenen Vergangenheit eins ist«, erläuterte er in unserem Gespräch. Es könne nicht sein, »dass das, was in der Kirche vorher das Heiligste war, plötzlich etwas ganz Verbotenes ist«. Reform sei »angezeigt gewesen. Aber die Identität darf nicht zerbrechen. Wie gesagt, es ging mir um die Sache selbst«.

Benedikts Reform kam nicht überall gut an, auch nicht in der Kurie selbst. Harte Verurteilungen, »die ohne ausreichende Kenntnis vorgenommen wurden«, wie der Papst empfand, kamen vor allem von jüdischen Vereinigungen. Sie erinnerten an den Text in der Karfreitagsbitte der alten Messe: »*Oremus et pro perfidis Judaeis*« – »Lasset uns auch beten für die treulosen Juden«. In Wirklichkeit hatte bereits Johannes XXIII. die Formel verändert und 1962 den Begriff »treulos« entfernt, allerdings mit keinem akzeptablen Ergebnis. »Allmächtiger, ewiger Gott, der du auch die Juden nicht von deiner Barmherzigkeit verstößt«, lautete danach der Text, »erhöre unsere Fürbitten, die wir aufgrund der Verblendung dieses Volkes verrichten.«

Benedikt XVI. selbst hatte diese Formulierung beanstandet und schließlich persönlich geändert: »Ich wollte eine Form der Bitte schaffen, die in den geistigen Stil der alten Liturgie hineinpasst, aber sich mit unseren modernen Erkenntnissen über Judentum und Christentum versöhnt zeigt.«[6] So habe er die neue Bitte »ausschließlich aus Schrift-Worten geformt«. Er sei bis heute »froh, dass es mir gelungen ist, diesen Punkt positiv zu ändern«, und zwar mit folgender Formulierung: »Allmächtiger, ewiger Gott, Du willst, dass alle Menschen gerettet werden und zur Erkenntnis der Wahrheit gelangen. Gewähre gnädig, dass beim Eintritt der Fülle aller Völker in Deine Kirche ganz Israel gerettet wird. Durch Christus, unseren Herrn. Amen.« Für die im Vorfeld verbreitete Kritik, es handle sich bei der neuen Formulierung um einen antijüdischen Text, habe er keinerlei Verständnis. Die Falschdarstellung sei »von meinen Nichtfreunden in Deutschland, den Theologen, montiert worden. Aber diese bestimmten Leute haben immer schon versucht, mich abzuschießen, und wussten, dass es über Israel am leichtesten geht. Ich muss sagen, das finde ich eine Ungeheuerlichkeit.«[7]

Auf seiner Reise nach Frankreich ging Benedikt XVI. im September 2008 noch einmal auf *Summorum Pontificum* ein. Alle Befürchtungen seien unbegründet. Seine Entscheidung sei »einfach ein Akt der Toleranz aus pastoraler Absicht gegenüber Menschen, die in dieser Liturgie geformt wurden, sie lieben, kennen und mit dieser Liturgie leben wollen«. Es gäbe »keinen Gegensatz zwischen der vom Zweiten Vatikanum erneuerten Liturgie und dieser Liturgie. Täglich haben die Konzilsväter die Messe nach dem alten Ritus gefeiert, und zugleich haben sie eine natürliche Entwicklung für die Liturgie in diesem Jahrhundert entworfen, denn die Liturgie ist eine lebendige Realität, die sich entwickelt und dabei in ihrer Entwicklung ihre Identität bewahrt.«[8]

Aus *Summorum Pontificum* gingen keine messbaren Veränderungen im liturgischen Gefüge der Kirche hervor, geschweige denn, dass sich eine Massenbewegung entwickelt hätte. Benedikts Wiederzulassung der »alten Messe« entsprach im Grunde dem Trend, nach verpanschtem Wein, giftigen Lebensmitteln und Fast-Food-Wahn wieder auf »Classico« und »Traditionale« zu setzen. Die Proteste gegen die päpstliche Verfügung zugunsten von Gläubigen, die diese Liturgie liebten, mutete umso merkwürdiger an, weil anderswo der Schutz von Minderheiten ja geradezu als oberste Doktrin der Zivilgesellschaft galt. Im Übrigen wurde drei Jahre nach dem Motu proprio in Ratzingers früherer Bischofsstadt München neben dem gängigen Oktoberfest ein »historisches Oktoberfest« eingeführt, das unter der Bezeichnung »Alte Wiesn« bald ein fester und beliebter Bestandteil der Veranstaltung wurde. Ein neues Bewusstsein geschaffen für die Schönheit und Heiligkeit der klassischen katholischen Liturgie hatte *Summorum Pontificum* allemal. Kardinal Kurt Koch hält die Reform sogar für die bedeutendste Entscheidung des Pontifikats überhaupt. Es sei damit »etwas Bleibendes«[9] entstanden, das der 80-jährige Pontifex gegen alle Widerstände durchgeboxt habe, ganz einfach deshalb, weil er seit Jahrzehnten die Korrektur für richtig und notwendig befand.

Aufregung verursachte der deutsche Papst 2007 nicht nur mit der Wiederzulassung des tridentinischen Ritus. Ein ebenfalls lange gehegtes Anliegen Ratzingers lag in der Fertigstellung seiner Christologie, zu der er »lange innerlich unterwegs gewesen« war. Fast schien, als handle es sich bei dem Vorhaben um eine persönliche Angelegenheit zwischen dem Autor und seinem Protagonisten. Auf keinen Fall wollte er damit seine Regierungsarbeit belasten. So entstand sein Jesus-Buch, das er zwei Jahre vor seiner Papstwahl im Sommer 2003 begonnen hatte, ausschließlich an seinen audienzfreien Tagen – dienstags – im Palazzo Apostolico und in seinen Ferien auf Castel Gandolfo. Maximal 15 Minuten durfte in der Sommerresidenz in diesen Tagen das Frühstück dauern, um möglichst bald am Schreibtisch sitzen zu können. »Für ihn war diese Arbeit eine innere Notwendigkeit«, berichtete Schwester Christine, »man spürte, es war ein schwerer gedanklicher Weg, und wir waren immer froh, wenn er wieder ein Kapitel fertig hatte. Nicht, dass er schlechte Laune hatte, aber er war gedanklich abwesend. Als er damit fertig war, wirkte er wie erholt.«[10]

Mitarbeiter nahm er für sein Buch nicht in Anspruch, noch nicht einmal, um die umfänglichen Zitate einzuarbeiten. Burkhard Menke, Ratzingers langjähriger Lektor beim Herder Verlag, der rund 80 Bücher des Theologen betreut hatte, fiel auf, »wie sehr der Autor auf die Bibel als Primärquelle des Glaubens setzt und allem misstraut, was Menschen aus eigener Kraft schaffen wollen«. Ratzinger arbeite wie »ein katholischer Lutheraner«. Schon bei einer ersten Begegnung als Papst habe ihm Benedikt kurz zugezwinkert: »Ich habe da so ein Jesusbuch.« Am fertigen Manuskript, das er als Datei auf einem Memory-Stick in die Hand gedrückt bekam, faszinierte Menke, wie nachvollziehbar der Papst darlegte, »warum die Menschwerdung Gottes und die Auferstehung von den Toten keine Mythen sind, sondern Fakten, historisch verortbar«. »Dieser Autor«, so das Fazit des Lektors, »hat uns daran erinnert, dass die Bibel das Wort Gottes ist und Jesus Gottes Sohn. Er stellte wie Luther die Ernsthaftigkeit der Gottesbeziehung ins Zentrum.«[11]

Zu Hilfe kam dem Papst bei seiner schriftstellerischen Arbeit die Gabe, jederzeit den Stift aus der Hand legen zu können, um nach einer Woche umstandslos genau an der Stelle weiterzumachen, an der er unterbrochen hatte. »Eine Sache, die mich innerlich so beschäftigt«, erläuterte er, sei so präsent, »dass es, wenn ich einschalte, sofort weitergeht«. Um nicht als Lehrschreiben missverstanden zu werden, kam der im September 2006 abgeschlossene erste Teil der Jesus-Trilogie nicht unter päpstlichem Signum, sondern unter dem Autorennamen Ratzinger-Benedikt XVI. auf den Markt. Schon das Vorwort ließ aufhorchen. Widerspruch sei willkommen, schrieb der Papst darin. Er bitte »die Leserinnen und Leser nur um jenen Vorschuss an Sympathie, ohne den es kein Verstehen gibt«.

Der Beweggrund für das Werk lag in Ratzingers Missbehagen an Entwicklungen in der Theologie. »Aus scheinbaren Ergebnissen der wissenschaftlichen Exegese«, befand er, seien »die schlimmsten Bücher der Zerstörung der Gestalt Jesu, der Demontage des Glaubens geflochten worden.« Für viele Wissenschaftler bleibe das christliche Mysterium nur ein akademisches Projekt, das nichts mit ihrem Leben zu tun habe, kritisierte er vor der Internationalen päpstlichen Theologenkommission. Benedikt wörtlich: »Da fischt man in den Wassern der Heiligen Schrift mit einem Netz, das nur Fische in einer bestimmten Größe fassen kann – und alle Fische, die zu groß sind, passen nicht rein, sodass man sich schließlich sagt: Die gibt es gar nicht. Genauso ist es auch mit dem großen Geheimnis Jesu: Man reduziert den menschgewordenen Sohn auf einen ›historischen Jesus‹, eine wirklich tragische Figur, ein Gespenst ohne Fleisch und Knochen. Warum ist das so? Ist das Christentum die Religion der Dummen, der Ungebildeten? Erlischt der Glaube da, wo die Vernunft erwacht?«¹²

Das Jesus-Buch des Papstes ist die Quintessenz eines Mannes, der als Schüler und Student, als Priester, Theologe, Bischof, Kardinal und als Oberhaupt der katholischen Kirche der Gestalt und der Botschaft Christi nicht nur wissenschaftlich, sondern auch spirituell nachgegangen ist, ihn im eigenen Leben gewissermaßen »ausprobiert« hat, um ihm so nahe zu kommen, wie das einem Menschen überhaupt möglich ist. Mit dem Buch wollte der Papst dem Leser auf Grundlage neuer historischer und theologischer Erkenntnisse die Augen für die wesentlichen Zusammenhänge des Evangeliums öffnen. Der Band I seines Werkes behandelt dabei die Taufe Jesu, seine Versuchung in der Wüste, die Verkündung vom Reich Gottes und die Bergpredigt. Er beleuchtet zudem die Vaterunser-Bitten, verschiedene Gleichnis-Erzählungen und Selbstaussagen Jesu. In seiner Arbeit zeigte Ratzinger Forschungskontroversen auf und verschwieg auch offene Fragen nicht, auch wenn er sich dadurch gelegentlich in theologische Spitzfindigkeiten verlor. Gleichzeitig setzte er das Evangelium in Bezug zu aktuellen ethischen Problemen oder auch zur Not von Ländern der Dritten Welt.

Jesu Selbstverständnis beinhalte, legt Ratzinger dar, Gottes Sohn zu sein, Gott selbst, der alle Vollmachten der Gesetze hat und Herr über das Weltall ist. Jesus sei die einzige Person der Geschichte, der das Alte Testament ganz und gar eingelöst hat. Auf ihn hätten alle Worte der Bibel »sozusagen gewartet« – auf »Christus, den Sohn des lebendigen Gottes«. »Vor allem wird uns dabei aufgehen, dass Jesus immer als der Sohn spricht, dass immer die Beziehung von Vater und Sohn im Hintergrund seiner Botschaft steht.« Und gerade »weil Jesus selbst Gott – der Sohn – ist, darum ist seine ganze Verkündigung Botschaft seines eigenen Geheimnisses, das heißt die Rede von der Anwesenheit Gottes in seinem Tun und Sein.« Das absolut Neue an Jesus sei unter anderem, dass er den Anspruch des Herrschers vom Kreuz her definiert: »Dieser König herrscht durch den Glauben und die Liebe, nicht anders.« Diese bislang völlig undenkbare »Idee« von Gott habe aus keinem Kulturkreis, keiner Volksgemeinschaft kommen können. Sie sei vollkommen »zwecklos«, nicht an Macht gebunden, nicht an die Interessen eines Volkes, eines Herrschers. Auch aus dem inneren Zusammenhang der Botschaft Jesu zeige sich: Diese konnte nur von Gott selbst so gesagt werden, alles entspreche der »inneren Einheit seines Weges vom ersten Augenblick seines Lebens bis hin zu Kreuz und Auferstehung«.

Ratzinger spreche in seinem Werk »der historisch-kritischen Exegese ihre Berechtigung nicht ab«, hielt der Neutestamentler Franz Mußner fest, er versuche allerdings, »mithilfe der kanonischen Exegese über sie hinauszukommen, um auf diese Weise das göttliche Antlitz des historisch-wirklichen Jesus sichtbar zu machen«[13]. Vor allem baute der Papst darin die Brücke zu den unverzichtbaren jüdischen Wurzeln des Christentums – und wohl selten zuvor wurde die alttestamentliche Verankerung Jesu deutlicher vor Augen geführt. Er hatte andererseits keine Scheu, den frühchristlichen Kirchenlehrern ihre Grenzen aufzuzeigen. Etwa wenn sie das Gleichnis vom reichen Prasser und vom armen Lazarus auf das Verhältnis von Israel (der Reiche) und die Kirche (der arme Lazarus) bezogen. Doch damit, so Exeget Ratzinger, würde »die ganze andere Typologie verfehlt, um die es hier geht«. Denn in Wahrheit verweise das Gleichnis auf Christus selbst, den Menschen, der aus dem Jenseits komme: »Dieser wirkliche Lazarus ist auferstanden – er ist gekommen, um es uns zu sagen.« Ihm, diesem großen Gotteszeichen, »zu glauben und zu folgen, lädt das Gleichnis uns ein, das mehr ist als ein Gleichnis. Es spricht von Wirklichkeit, von der entscheidenden Wirklichkeit der Geschichte überhaupt.«

Alles, was Jesus spreche, sei dabei nicht nur auf die Vergangenheit bezogen, sondern immer auch auf Gegenwart und auf Zukunft hin. Man müsse insbesondere die Gerichtsworte und die Abschiedsreden Jesu auf die heutige Situation anwenden. Denn an der Frage, so Ratzinger an anderer Stelle, »ob Gott da ist – der Gott Jesu Christi – und anerkannt wird oder ob er verschwindet, entscheidet sich heute, in dieser dramatischen Situation, das Geschick der Welt«.

Unter Mitarbeitern der Kurie war immer wieder Kritik aufgekommen, der Papst ziehe sich viel zu sehr zurück, nur um seiner geliebten Schriftstellerei nachgehen zu können. Hatte er bedacht, ob es statthaft ist, dass ein Papst Bücher schreibt, hatte ich den *Emeritus* gefragt. Ja, das habe er wohl überlegt, gab er zur Antwort, »aber ich wusste einfach, dass ich das schreiben muss. Und insofern hatte ich nie einen Zweifel, dass ich's auch schreiben darf«.

Wie fanden Sie überhaupt die Zeit für diese Arbeit?

»Das frage ich mich auch. Also da hat mir der liebe Gott irgendwie besonders geholfen. Das Buch lag mir aber auch ganz besonders am Herzen. Denn wie einerseits die Liturgie als das Selbsterleben der Kirche zentral ist und nichts mehr geht, wenn die Liturgie nicht mehr sie selber ist, so ist auch, wenn wir Jesus nicht mehr kennen, die Kirche am

Ende. Und die Gefahr, dass er uns durch bestimmte Typen von Exegese einfach zerstört und zerredet wird, ist übermächtig. Insofern musste ich mich da auch ein bisschen in den Dschungelkampf der Details einlassen. Es reicht da nicht aus, wenn man das Dogma nur spirituell auslegt.«

Was macht es mit einem, wenn sich ein erfahrener Theologe und Kirchenführer mit 80 Jahren noch einmal an ein so großes Werk wagt?

»Es kommt einem noch mal ganz neu nahe. Man muss ja noch einmal alles neu lesen, neu bedenken. Einerseits von den Texten her, andererseits auch aus dem Gespräch mit den wichtigsten exegetischen Werken. Das war für mich schon auch ein geistlicher Fortschritt, dass ich noch mal in den Grund hinabgestiegen bin. Gerade auch bei der eschatologischen Rede Jesu oder auch in der Frage der Sühne den Durchstieg zu finden, das sind so die schwierigsten Punkte. Und da, glaube ich, ist mir doch wieder, wo ich die Grundeinsichten zu haben glaubte, Neues geschenkt worden.«

Könnte man sagen, diese Arbeit war ein Kraftspender für Ihr Pontifikat?

»Schon, es war für mich sozusagen das ständige Wasserholen aus den Tiefen der Quellen.«

Jesus von Nazareth kam in der deutschen Ausgabe mit 150 000 Exemplaren auf den Markt, der höchsten Startauflage eines religiösen Buches überhaupt. Sechs Wochen nach Erscheinen im April 2007 erreichte das Werk international eine Auflage von 1,5 Millionen Exemplaren. Am Ende konnten von dem Bestseller mehr als 3 Millionen Bücher in etwa 30 Sprachen abgesetzt werden. Mit dem Jesus-Werk Benedikts, so der Theologe Thomas Söding, zeige sich ein ganz neuer Stil des Papsttums. Hier formuliere der Stellvertreter Christi kein Dogma, sondern stelle seine Beobachtungen als Theologe zur Diskussion. Das sei revolutionär. Vielleicht aber brauchte es auch eine Situation, in der die Grundwahrheiten des Glaubens peu à peu verloren gehen, um das Christentum neu begründen zu müssen. So gesehen war es ein Glücksfall für die Kirche, dass genau in so einer Epoche ein Mann an ihrer Spitze stand, der dies auch konnte.

Der Arbeitseifer des Papstes war im Jahr 2007 nicht zu bremsen. Sieben Monate nach *Jesus von Nazareth* legte Benedikt XVI. seine zweite Enzyklika vor: *Spe salvi* – eine Arbeit über die christliche Hoffnung. Das päpstliche Sendschreiben beginnt mit einem Zitat aus dem Römerbrief des heiligen Paulus: »*Spe salvi facti sumus*« – »Auf Hoffnung hin sind wir gerettet.« Ratzinger ging, wie schon gesagt, von einem kurzen Pontifikat aus. So ordnete er die Dinge, die er mitteilen und inspirieren wollte, von ihrer Dringlichkeit her. Nach *Deus caritas est* über die christliche Liebe behandelte er deshalb in seiner zweiten Enzyklika die große Verheißung Christi, seine Enthüllungen über den Tod, das Ende der Welt und das ewige Leben. Von vielen Theologen und Priestern wurde die Lehre über die sogenannten letzten Dinge, wie Gottes Gericht, die Hölle und die Wiederkehr Christi, nur noch mit spitzen Fingern angefasst. Fast, als schämte man sich dieser Vorhersagen über die Zukunft der Menschheit, die den Beigeschmack von Feuer und Strafe hatten. Ratzinger aber sah im unzerstörbaren ewigen Leben nicht Furcht und Schrecken, sondern das wahre Ziel menschlicher Hoffnung. Es gründet für ihn in der Barmherzigkeit Gottes: der Zusicherung, dass es in einer unbekannten Dimension für jeden Menschen, für jede Seele ein Weiterleben gebe, das alle irdischen Vorstellungen von Schönheit, Harmonie und Wohlgefühl weit hinter sich lassen würde.

Spe salvi verstand der Autor als Impuls, einmal über den Horizont rein weltlichen Denkens hinauszublicken. In seiner Enzyklika setzte er sich mit Augustinus, Kant, Marx, Horkheimer, Adorno und Dostojewski auseinander und greift die Skepsis gegenüber der Verheißung einer jenseitigen Existenz auf. »Wollen wir das eigentlich – ewig leben?«, fragt er. »Ewig – endlos – weiterzuleben scheint eher Verdammnis als ein Geschenk zu sein.« Aber gebe es zugleich nicht auch in jedem Menschen die Ahnung eines Lebens, das einfach nur Glück ist? »Es gibt Augenblicke, in denen wir plötzlich spüren: Ja, das wäre es eigentlich – das wahre ›Leben‹ – so müsste es sein.« Benedikt lädt dazu ein, sich vorzustellen, »dass Ewigkeit nicht eine immer weitergehende Abfolge von Kalendertagen ist, sondern etwas wie der erfüllte Augenblick … Es wäre der Augenblick des Eintauchens in den Ozean der unendlichen Liebe, in dem es keine Zeit, kein Vor- und Nachher mehr gibt«. Denn erst in dieser Dimension zeige sich das Leben in seinem »vollen Sinn«, nämlich als »immer neues Eintauchen in die Weite des Seins, indem wir einfach von der Freude überwältigt werden«[14].

Die Verheißung des Paradieses, die alle Weltkulturen seit Jahrtausenden kennen, sei keine Vertröstung auf ein imaginäres Morgen oder gar die Absage an gesellschaftliches Engagement. Wenn christlicher Glaube wieder als eine das Leben tragende, die Welt verändernde Hoffnung gesehen würde, argumentiert der Papst, dann sei die »dunkle Tür der Zukunft« aufgesprengt und die Gegenwart ganz anders lebbar. Eine Hoffnung, die Welt und Gesellschaft wirklich verändern kann, komme aus der Erfahrung unbedingter Liebe. Es sei die Begegnung mit einem Gott, der jeden Menschen liebt bis zum Ende. »Seine Liebe allein gibt uns die Möglichkeit, in aller Nüchternheit immer wieder in einer ihrem Wesen nach unvollkommenen Welt standzuhalten, ohne den Elan der Hoffnung zu verlieren.« Jeder könne sich dessen sicher sein: »Ich bin definitiv geliebt, und was immer mir geschieht – ich werde von dieser Liebe erwartet. Und so ist mein Leben gut.«

Die Erscheinung Jesu, so Benedikt, habe »die Begegnung mit dem lebendigen Gott« in die Welt gebracht. Der Mensch könne seither wissen, wie die Ordnung des Lebens aussehe und was ihn erwartet, nachdem sein Herz aufgehört habe zu schlagen. Christliche Hoffnung sei daher »nicht nur ein persönliches Ausgreifen nach Kommendem«, sondern sie ziehe gewissermaßen »Zukunft in Gegenwart herein«. Warum? Weil sie das Leben schon lange vor der endgültigen Erfüllung umgestaltet. »Dass es diese Zukunft gibt«, so Benedikt, »ändert die Gegenwart.« Mit anderen Worten: Das von Christus verkündete Himmelreich sei bereits gegenwärtig, und zwar immer da, wo sein Licht auf ein Gegenüber treffe und damit eine neue Dimension der Wirklichkeit schaffen könne. Ein wenig wie durch den Strahl der Sonne, der erst Realität wird, wenn er auf einen festen Körper fällt. Leider habe »das neuzeitliche Christentum den Radius seiner Hoffnung verengt«, merkte der Papst kritisch an, und damit »auch die Größe seines Auftrags nicht genügend erkannt«. Umso wichtiger sei es, neu von Ewigkeit und ewigem Leben zu reden. Die Menschheit müsse sich wieder bewusst machen: »Nicht die Elemente des Kosmos, die Gesetze der Materie, herrschen letztlich über die Welt und über den Menschen, sondern ein persönlicher Gott … Nicht die Gesetze der Materie und der Evolution sind die letzte Instanz, sondern Verstand, Wille, Liebe – eine Person.«[15]

Drei Jahre nach dem Beginn des Pontifikats Benedikts gab es viele Dinge, an die man zuvor noch nicht einmal zu denken gewagt hätte. Etwa die Absichtserklärung zur Wiederherstellung der »vollen und sichtbaren Einheit« mit den orthodoxen Kirchen, die Angebote an anglikanische Gruppen, mit Personalordinariaten eine Art eigene Diözese zu bekommen, oder das Abschneiden alter Zöpfe in päpstlichen Insignien und im päpstlichen Sprachgebrauch. Noch niemals war das Wort eines Papstes so präsent. Mit Besucherrekorden auf unterschiedlichsten Plätzen und Büchern in millionenfacher Auflage. Es gab eine neue Diskussionskultur innerhalb der Kurie und auf den Bischofssynoden. Die Verbindung zwischen Judentum und Christentum konnte gefestigt werden, der Dialog mit dem Islam war nach den anfänglichen Irritationen durch die Manipulation der Regensburger Rede intensiv wie nie. Nicht zuletzt inspirierten Reden und Initiativen zur Krise der Ökologie, die Benedikt XVI. die Bezeichnung »erster grüner Papst« eintrugen, die öffentliche Diskussion um die brennendsten Fragen der Gesellschaft. Deutlich wie keiner seiner Vorgänger warnte der Papst nicht nur vor den Folgen der Zerstörung der Umwelt, sondern auch vor jenem Rückfall in die Barbarei, der entstehen würde, wenn das Christentum verschwindet, und damit seine Werte, seine Ethik, seine Hoffnung, seine Verbindung von Glaube und Vernunft – und nicht zuletzt seine Pädagogik, die der Gesellschaft hilft, Kinder zu erziehen und auf Maßstäbe zu achten.

Die große Katechese, die er begonnen hatte, zeigte sich spirituell ergreifend, sprachlich beeindruckend und mit einer für den Stuhl Petri ungekannten Denkschärfe. Millionen von Jugendlichen erkannten in dem alten Mann mit dem weißen Pileolus keinen Hard-Liner, sondern einen Heart-Breaker, einen Herzensbrecher im biblischen Sinne, der Sonne, Mond und Sterne vom Himmel holte, um die Menschen mit der Wirklichkeit Gottes vertraut zu machen. Geschichte geschrieben hatte der Papst mit dem Motu Proprio *Summorum Pontificum*, das den ordentlichen Ritus um einen außerordentlichen erweiterte und die Bedeutung der Liturgie neu ins Licht rückte. Als erster Papst der Geschichte hatte er zudem eine wissenschaftliche Christologie begonnen, um eine dringend notwendige Korrektur in der Theologie anzustoßen. »Er ist der große Denker«, befand in nächster Nähe zum Vatikan der österreichische Theologe und Jesuit Franz Xaver Brandmayr, der Rektor der *Anima* in Rom: »In einem Zeitalter, das vom Irrationalismus und dem Verlust der Wahrheit bedrängt wird, antwortet er rational, ohne allerdings beim Rationalismus stehen zu bleiben.«[16]

Veränderungen in der Außenpolitik, wie sie Wojtyla mit seiner neuen Ostpolitik durchsetzte, hielt Benedikt XVI. nicht für erforderlich; wie er generell den Kurs des Vorgängers nur in Nuancen korrigieren wollte. Die Kontinuität des Amtes stand für ihn an vorderster Stelle, abgesehen von der Priorität, Dinge des Glaubens, die in eine Schieflage geraten waren, wieder gerade zu rücken. Nicht alles war gelungen. Als Fehleinschätzungen sollten sich manche Bischofsernennungen zeigen. Unglücklich war die Auswechslung des Kardinalstaatssekretärs. Allerdings wollte Ratzinger nach dem mit allen Wassern gewaschenen Angelo Sodano mit Tarcisio Bertone einen Mann in seiner Nähe haben, von dem er annahm, dass er keine eigenen Spielchen spielte. Innerhalb der Kurie fehlte ihm jemand, wie er selbst einer gewesen war, ein Präfekt mit der Gabe und dem Willen, die Flanken des Papstes professionell abzusichern.

Noch immer war das Pontifikat fragil. Auf welchen wackeligen Beinen es stand, zeigte sich bei der nächsten Attacke auf Ratzinger, die sich als ein entscheidender Schlag für die gesamte Amtszeit des deutschen Papstes erweisen sollte.

Kapitel 66

Der Bruch

Was er am wenigsten mochte, waren die vielen politischen Besuche. »Ich meine, es war dann konkret immer wieder auch schön, mit Staatschefs zu reden. Das sind meist wirklich Leute von geistlichem Interesse. Aber irgendwie ist für mich der politische Teil der mühsamste gewesen.«[1]

Es gab Ausnahmen. Freundschaftlich verbunden war er mit Giorgio Napolitano, von 2006 bis 2015 italienischer Staatspräsident, der aus den Reihen der kommunistischen Partei kam. »Napolitano ist ein Mann, dem es um das Recht und die Gerechtigkeit, um das Gute geht, und nicht um Parteierfolg. Wir verstehen uns wirklich sehr gut.«

Ein anderer Lieblingsgesprächspartner war der tschechische Schriftsteller, Freiheitskämpfer und Präsident Václav Havel. »Ich hatte einiges von ihm gelesen, gerade was er über das Verhältnis von Politik und Wahrheit sagt. Es war für mich einfach schön und bewegend, mit dem Menschen Václav Havel zu reden.« Auch Michelle Bachelet, die Präsidentin Chiles, schätzte er: »Die ist Atheistin, Marxistin, insofern sind wir in ganz vielem nicht einig. Aber ich habe in ihr einen ethischen Grundwillen gesehen, der dem Christlichen nahekommt.«

Eine besondere Beziehung verband ihn mit dem israelischen Staatspräsidenten Schimon Peres, »einer Gestalt, die ich bewundere«. Ratzinger und Peres hatten sich am 8. September 2001 bei einem Symposium in Cernobbio bei Como kennengelernt. »Obwohl mein Englisch recht unzulänglich ist, haben wir uns doch sofort gut verstanden. Peres war von ganz hohem geistigem und menschlichem Rang. Er hatte zu Hause in Weißrussland erleben müssen, wie seine nächsten Angehörigen in eine Kirche gesperrt wurden. Das Erzählte war so grauenvoll, dass es mich lange Zeit inwendig verfolgt hat.« Trotz dieses Schicksals unter der Nazi-Herrschaft sei Peres »gütig und offen und von einer lauteren Menschlichkeit geblieben«. Er habe sich eben »nicht zum Hass verführen lassen, sondern ist gerade durch diese Erinnerung ein großer Friedensstifter geworden«. Der israelische Präsident sollte das Pontifikat

Ratzingers überschwänglich loben. Die Beziehungen zwischen katholischer Kirche und Israel seien unter dem deutschen Papst, wird er später sagen, »die besten seit der Geburt Christi«.

Barak Obama erlebte Benedikt als »nachdenklichen Menschen« und »großen Politiker, der weiß, womit man Erfolg hat«. Obama habe natürlich »bestimmte Ideen, die wir nicht teilen können, aber er war nicht nur Taktiker mir gegenüber. Ich habe gespürt, dass er die Begegnung suchte und dass er zugehört hat«. Mit Wladimir Putin sprach er im Vatikan deutsch: »Wir sind nicht sehr tief gegangen, aber ich glaube schon, dass er – ein Mensch der Macht natürlich – irgendwie von der Notwendigkeit des Glaubens berührt ist. Er ist ein Realist. Er sieht, wie Russland unter der Zerstörung der Moral leidet. Der Mensch braucht Gott, das sieht er ganz evident.«

Regelmäßig besuchte Benedikt Konzerte und setzte sich abends auch selbst ans Klavier. In seinen Ansprachen kam er häufig auf die Wechselbeziehung zwischen Schönheit und Wahrheit zu sprechen, auch wenn in der Kurie die Liebe des Papstes zu Kunst und Musik ein wenig belächelt wurde. Was schön ist, sei wahr, und was wahr ist, sei auch schön. Die Schönheit Gottes erkenne man in der Schönheit der Schöpfung und in der Harmonie des Kosmos. Abgeleitet davon sei die Liturgie Teil des Mysteriums; daher sei ihre Schönheit kein zusätzliches, sondern ein grundlegendes Element der Feier. So wie es eine Vernünftigkeit des Glaubens gebe, gebe es auch eine Ästhetik des Glaubens, die gewissermaßen Glaubensbeweis geworden sei; zu bewundern etwa an den großen Kathedralen oder auch der Musik von Meistern wie Palestrina, Bach, Mozart. Aus einer Bitte Benedikts an den Päpstlichen Rat für die Kultur, neu nachzudenken »über die Kreativität der Künstler und über den ebenso fruchtbaren wie problematischen Dialog zwischen diesen und dem christlichen Glauben«, entstand eine aufsehenerregende Begegnung mit internationalen Künstlern in der Sixtinischen Kapelle.

Zu schaffen machte ihm die zunehmende Gebrechlichkeit. Viele seiner Mitschüler und Wegbegleiter waren inzwischen krank oder lebten schon nicht mehr. Bei jeder Sterbeanzeige, etwa über den Tod der Frau seines Kriegskameraden Martl, setzte er sich an den Tisch und schrieb einen Brief, um die Hinterbliebenen zu trösten. »In unserem Alter denkt man vor allem an die Gesundheit«, hieß es in einer Grußkarte an Esther Betz. Man bange, dass es einem hoffentlich vergönnt sei, »dies letzte Wegstück noch gut gehen zu können und dann einmal dort heil anzukommen, wo wir von vielen erwartet werden«. Ein Jahr später, am

17. Februar 2008, heißt es im Brief an Esther: »Wenn man die Schwelle der 80 überschritten hat, werden die Schritte abermals langsamer – jedenfalls spüre ich die Last der Jahre und versuche, so gut es geht, Pflicht und Möglichkeiten in Gleichklang zu bringen.«[2]

2008 hatte Benedikt XVI. drei spektakuläre Reisen zu bewältigen. Für den 15. bis zum 20. April war der Flug in die USA gebucht. Vom 12. bis zum 21. Juli stand der Weltjugendtag in Sidney auf dem Programm, und vom 12. bis zum 15. September wurde er aus Anlass des 150-jährigen Jubiläums der Erscheinungen von Lourdes in Frankreich erwartet. Hinzu kamen 42 Generalaudienzen und 4 Pastoralreisen innerhalb Italiens. Vor allem die Amerikareise schien eine gewisse Beklemmung auszulösen, hatte er doch »eigentlich schon vor zehn Jahren beschlossen«, wie er Betz mitteilte, »die Ozeane nicht mehr zu überqueren«. Allerdings habe er bei dem seinerzeitigen Beschluss »nicht ahnen« können, »was auf mich noch zukommen würde«.

Überlagert wurde der Papstbesuch in den USA von erschütternden Berichten über Missbrauchsskandale, meist Fälle aus den Siebziger- und Achtzigerjahren, die nun publik geworden waren. Sie sollten nur die Spitze des Eisberges darstellen, der zehn Jahre später in seiner ganzen Monstrosität in Erscheinung trat. Schon beim Anflug hatte Benedikt gegenüber den mitreisenden Journalisten erklärt.»Wir schämen uns zutiefst über das Geschehene und werden unser Möglichstes tun, damit dies sich in Zukunft nicht wiederholt.«[3] Am Tag nach der Ankunft am 16. April, seinem Geburtstag, an dem ihm Präsident George W. Bush im Weißen Haus einen noblen Empfang gab, sprach er in Baltimore vor 300 Bischöfen über den sexuellen Missbrauch, dessen Aufklärung »in manchen Fällen in schlechtester Weise« gehandhabt worden sei. Es betrübe ihn mit Schmerz, dass Geistliche ihre priesterlichen Verpflichtungen durch schwerwiegende moralische Verletzungen verraten hätten. Er forderte die strikte Anwendung der von ihm verfügten Nulltoleranzstrategie gegenüber den Tätern. Gegenüber den Opfern sei es Aufgabe, ihre Wunden zu verbinden und, soweit das möglich sei, zu heilen. Benedikt bestand darauf, in einem eigenen Treffen Missbrauchsopfern zu begegnen. Er sah dies als seine Pflicht an, die er ab sofort zu einem festen Bestandteil jeder Reise machte.

In einem Kulturzentrum mit dem Namen »Johannes Paul II.« traf sich der Papst mit 200 Muslimen, Hindus, Buddhisten und Juden, um für den religiösen Dialog zu werben, der auf gegenseitigem Respekt beruhen müsse. Mit einem so feierlichen wie emotionalen Gottesdienst im Nationalstadion in Washington eroberte er die Herzen der amerikanischen Gläubigen. Tief berührt verfolgten Anwesende und Beobachter an den TV-Geräten auch das Gebet des Papstes am »Ground Zero« in New York, an dem er der Opfer des Terroranschlags von »Nine-eleven« gedachte. Höhepunkt der Reise wurde am 18. April seine Rede vor den Vereinten Nationen. Nach Paul VI. und Johannes Paul II. war er der dritte Papst, der die UN besuchte, allerdings führte Benedikt XVI. dabei »ein neues Element in die vatikanische Außenpolitik ein«, wie Elio Guerriero befand, nämlich das Prinzip der Schutzverantwortung für jedes Mitglied der Menschheitsfamilie. »What a hit, what a trip, what a triumph!«, kommentierte die *New York Post* den mit Standing Ovations gefeierten Vortrag. »Wen das nicht anrührt, der ist überhaupt nicht lebendig«. Die Londoner *Times* resümierte: »Papst Benedikt XVI. ist bei seiner Reise in die Vereinigten Staaten von Amerika ohne Frage aus dem Schatten seines charismatischen Vorgängers Johannes Paul II. getreten – sowohl durch den Inhalt seiner Reden als auch durch die Art und Weise, wie er sie dargeboten hat. Und er hat es all jenen gezeigt, die an ihm gezweifelt haben: Nämlich dass er ohne jeden Zweifel eine wärmere und einfühlsamere Person ist als der doktrinäre Akademiker, der bei seiner Amtsübernahme vor drei Jahren so viele Schlagzeilen gemacht hatte.«[4]

Der Papst wirkte angesichts der Begeisterung, die sein Auftritt bei der UN auslöste, etwas verlegen. Es sei zwar nicht so, »dass ich da Lampenfieber haben würde«, allerdings habe er sich bei der wichtigen Rede vor den Vereinten Nationen schon auch beraten lassen. In seinem Beitrag sprach er insbesondere die Situation einiger afrikanischer Länder an, gemahnte aber auch an den Umwelt-, Ressourcen- und Klimaschutz. Wenn die einzelnen Staaten nicht in der Lage seien, die Rechte der eigenen Bürger zu garantieren, dann dürfe die internationale Gemeinschaft nicht einfach zuschauen. In Bezug auf den 60. Jahrestag der Allgemeinen Erklärung der Menschenrechte hob er hervor, dass die Rechte, um die es hier gehe, auf dem Naturrecht gründen, das in das Herz jedes Menschen eingeschrieben und in allen Kulturen und Zivilisationen vorhanden sei. Die Gründung der Vereinten Nationen sei das »Ergebnis einer Übereinstimmung verschiedener religiöser und kultureller Traditionen« gewesen. Die Menschenrechte aus diesem Kontext zu lösen, würde bedeuten, ihre Reichweite zu begrenzen und einer relativistischen Auffassung nachzugeben, die sich lediglich an den jeweils gültigen sozialen und politischen Standards orientierte.[5]

Einen neuen Langstreckenrekord stellte Benedikt drei Monate später mit seiner Reise zum Weltjugendtag nach Australien auf, von dessen 21 Millionen Einwohnern sich 6 Millionen zum katholischen Glauben bekennen. Die Treffen mit den Jugendlichen begannen am 17. Juli, als der Papst auf einem Boot in den Hafen von Sydney einfuhr. Eindringlich wandte er sich gegen eine Welt »der Gier, der Ausbeutung und der Spaltungen, der Öde falscher Idole und halber Antworten – und der Plage falscher Versprechungen«. Die 500 000 Jugendlichen in der Abschlussmesse, dem größten Gottesdienst aller Zeiten auf australischem Boden, rief er dazu auf, »Propheten dieser neuen Zeit« zu sein, in der einen die Hoffnung von jener »Oberflächlichkeit, der Lustlosigkeit und der Ichbezogenheit« befreie, »die unsere Seele absterben lassen und das Netz der menschlichen Beziehungen vergiften«[6]. »Liebe Freunde«, so der alte Pontifex, »das Leben wird nicht vom Zufall regiert; es ist nicht der Willkür unterworfen. Euer persönliches Sein ist von Gott gewollt; er hat es gesegnet und ihm einen Sinn gegeben! Das Leben ist nicht bloß eine Abfolge von Ereignissen oder Erfahrungen, so hilfreich viele von ihnen auch sind. Es ist ein Suchen nach der Wahrheit, dem Guten und dem Schönen … Lasst euch nicht täuschen von denen, die euch nur als einen der vielen Konsumenten in einem Markt der undifferenzierten Möglichkeiten ansehen, wo die Wahl selbst zum Gut wird, die Neuheit sich als Schönheit ausgibt und die subjektive Erfahrung die Wahrheit verdrängt.«[7]

Die Woche mit dem Papst, befand hinterher *The Australian*, »wird als eine der überschwänglichsten in Sydneys Geschichte eingehen«. Der *Sydney Morning Herald* wollte gar einen »Tsunami der Freude und des Glaubens« erkannt haben und nannte Benedikt einen »Papst der Menschen«.

Fast ein Heimatbesuch war Ratzingers Reise nach Frankreich im September 2008, auch wenn strenge Verfechter der Laizität des Staates Polemiken schürten, noch bevor der Pontifex das Land der »ältesten Tochter der katholischen Kirche« betreten hatte. Ja, er habe sich besonders wohl gefühlt, bestätigte der Papst: »Ich liebe die französische Kultur und bin in ihr irgendwie zu Hause.«[8] Entgegen aller Unkenrufe wurde der Besuch ein grandioser Erfolg. Benedikt hatte seinen Kritikern den Wind aus den Segeln genommen, indem er gleich zu Beginn klarlegte, dass die Laizität nicht im Widerspruch zum Glauben stehe. Niemand hatte für möglich gehalten, dass der Gottesdienst mit dem Papst vor dem Pariser Invalidendom von gut 250 000 Menschen besucht werden würde. Ein weiterer Höhepunkt war die Begegnung mit Vertretern aus der Welt der Kultur im Collège des Bernardins im Quartier Latin. In dem ehemaligen Kloster der Zisterzienser, »wo wir dann einfach wirklich als Freunde beieinander waren«, hielt er in der Sprache Henri de Lubacs eine der berühmtesten Ansprachen seines Pontifikats, einen Vortrag über die Geburt Europas »aus dem Geist der Gottessuche«.

Es seien »im großen Kulturbruch der Völkerwanderung und der sich bildenden neuen staatlichen Ordnungen« speziell die Mönchsklöster jene Orte gewesen, begann er seine Lehrstunde, in denen »die Schätze der alten Kultur überlebten und zugleich von innen her eine neue Kultur langsam geformt wurde«. Zum Kloster gehörte »die Bibliothek, die die Wege zum Wort aufzeigt«. Zum Wort gehörte die Schule. Aber für das Beten vom Wort Gottes reichte selbst das Lesen nicht aus: »es verlangt Musik«. Christlicher Gottesdienst bedeute nämlich, die Einladung anzunehmen, »mit den Engeln mitzusingen ... so zu beten und zu singen, dass man in die Musik der erhabenen Geister einstimmen kann, die als die Urheber der Harmonie des Kosmos, der Musik der Sphären galten«. Aus diesem inneren Anspruch »des Singens von Gott mit den von ihm selbst geschenkten Worten« sei »die große abendländische Musik entstanden«.

Von hier leitete der Papst zu einer kleinen Schulstunde über den Charakter der Bibel über, die »rein historisch und literarisch betrachtet nicht einfach ein Buch, sondern eine Sammlung von Literatur ist, deren Entstehung sich über mehr als ein Jahrtausend hin erstreckt und deren einzelne Bücher man nicht ohne Weiteres als eine innere Einheit erkennen kann; sie stehen vielmehr in erkennbaren Spannungen zueinander«. Diese Spannung von Bindung und Freiheit habe das Denken und Wirken der Mönche bestimmt und die abendländische Kultur zutiefst geprägt. Hinzugekommen sei eine zweite Komponente, die das Mönchtum erst wirklich zu einem Träger der europäischen Geschichte gemacht habe. Gemäß dem benediktinischen Wahlspruch *Ora et labora!* (»bete und arbeite«) beinhalte das christliche Mönchtum neben »der Kultur des Wortes eine Kultur der Arbeit, ohne die das Werden Europas, sein Ethos und seine Weltgestaltung nicht zu denken sind«. Benedikt beendete seine mit überwältigendem Applaus gefeierte Rede mit den Worten: »Das, was die Kultur Europas gegründet hat, die Suche nach Gott und die Bereitschaft, ihm zuzuhören, bleibt auch heute Grundlage wahrer Kultur. Merci.«[9]

Um die Tour abzuschließen: Einen Tag später stand der Papst vor Kranken und Pilgern am Fuße der Pyrenäen, deren Kerzenprozession an ein Meer aus Licht denken ließ. In der Grotte von Massabielle bei Lourdes hatte sich nach dem Glauben der katholischen Kirche die Muttergottes vor 150 Jahren der Müllerstochter Bernadette Soubirous zu erkennen gegeben. Ratzinger war dem Ort schon als Kind verbunden durch die Lektüre von Franz Werfel, der nach der Rettung vor den Nazis sein Gelübde erfüllte und die bewegende Geschichte der Marienerscheinungen in seinem Roman *Das Lied von Bernadette* festhielt. Obendrein war sein Geburtstag mit dem Gedenktag der Heiligen verbunden. Millionen von Menschen waren seit 1858 in den Wallfahrtsort gepilgert, Tausende wurden von schweren Krankheiten geheilt, unzählige fanden hier den Glauben wieder. »Lourdes ist einer der Orte, die Gott erwählt hat«, predigte der Papst mit heiserer Stimme, »um dort einen besonderen Strahl seiner Schönheit leuchten zu lassen.« Lourdes sei »ein Ort des Lichtes, weil es ein Ort der Gemeinschaft, der Hoffnung und der Umkehr ist«. Der Mensch brauche Licht, und er sei zugleich berufen, Licht zu werden. An diesem Wallfahrtsort seien alle eingeladen, die Einfachheit ihrer Berufung zu entdecken: »Denn es genügt zu lieben: ›Il suffit d'aimer.‹«

Das Jahr 2008 hatte gut geendet. Begonnen hatte es jedoch mit einem Skandal, der sich in der Retrospektive wie ein Vorbote zu jenen Ereignissen ausmacht, die ein Jahr später das Pontifikat aus der Bahn werfen sollten. Ihm ist geschuldet, dass eine der großen Reden Benedikts nie gehalten wurde. Was war passiert? Der Rektor der römischen Universität La Sapienza, mit 170 000 Studenten eine der größten Hochschulen Europas, im 14. Jahrhundert von Bonifatius VIII. als päpstliche Universität gegründet, hatte den früheren Professor eingeladen, zur Eröffnung des akademischen Jahres am 17. Januar eine *lectio magistralis* zu halten. Der Vortrag sollte die Begriffe Wahrheit und Vernunft behandeln und die Universität als »Stimme der moralischen Vernunft der Menschheit« verteidigen.[10] Allerdings wollte ein großer Teil der Professoren und Studenten weder Stimme der Moral noch Kämpfer für die Vernunft sein. Sie bezeichneten Benedikt XVI. in einem Flugblatt als Reaktionär, der sich als Kardinal nicht ausreichend vom Vorgehen gegen Galileo Galilei distanziert habe. Außerdem sei er ein Feind der Schwulen. Linke Studentenvertreter besetzten das Rektorat. Der Proteststurm war groß genug, dass Ratzinger seine Vorlesung absagte.

Selbst ein Grußwort war ihm untersagt worden. Der in Rom lehrende Theologe Armin Schwibach schüttelte den Kopf: »Sollten diese Ereignisse Ausdruck der ›emanzipierten‹ und ›aufgeklärten‹ laikalen Kultur sein, so ist diese nur zu bedauern. Gute Nacht, Aufklärung. Deine unverständigen Urgroßenkel tragen dich zu Grabe.«[11]

In der verhinderten Rede, die der *L'Osservatore Romano* nachträglich veröffentlichte, warnte der Papst vor der Gefahr, dass in der modernen Universität ein reines Kosten-Nutzen-Denken die Geisteswissenschaften an den Rand dränge. Mit dem Blick auf fragwürdige Entwicklungen der Moderne forderte er eine Erneuerung des Denkens und eine Zivilisation der Liebe. Wissen allein mache traurig. So habe es Augustinus erkannt. Denn Wahrheit meine mehr als Wissen. Die Erkenntnis der Wahrheit ziele auf die Erkenntnis des Guten. Das sei auch der Sinn des sokratischen Fragens: Was ist das Gute, das uns wahr macht? Eine Universität, die sich nicht mehr der Frage stelle, ob ihr Wissen zum Guten in der Welt beitrage, verdiene diesen Namen nicht.

Die Vorgänge an der Sapienza sollten nicht ohne Widerspruch bleiben. Aus Protest gegen eine in ihren Augen verblendete akademische Elite versammelten sich am 20. Januar 200 000 Menschen auf dem Petersplatz, um dem Papst ihre Solidarität zu bekunden. »Benedikt, du bist nicht allein«, hieß es auf Spruchbändern. Es war, als wollten die Demonstranten ein Wort der verbotenen Rede in die Tat umsetzen. Wie hatte Benedikt in seinem Vortrag ermutigt? Es komme gerade in unserer Zeit darauf an, dass die »Hüter der Sensibilität für die Wahrheit« nicht müde werden. Eine Gesellschaft, die es nicht ertrage, über ihre jeweilige Gegenwart hinauszuschauen und dabei nach dem zu fragen, was wahr und was gut ist, werde steril und verkümmere. Angesichts der »Gefahr des Absturzes in die Unmenschlichkeit« gelte es, sich der vielleicht gefährlichsten Tendenz der Gegenwart entgegenzustellen – dem täglich anwachsenden »Druck von Macht und Interessen«.

Vier Jahre lang war Ratzinger von einer Welle der Sympathie getragen worden. Der Papst führte den Dialog mit Judentum und Islam und hatte es geschafft, mit seinen Katechesen und seinem Jesus-Buch die Lehre der Kirche wieder spannend zu machen. Selbst der Eklat um die Regensburger Rede konnte ihm nichts anhaben. Im Januar 2009 jedoch sollten es zu einer Sollbruchstelle kommen, durch die das Pontifikat des Deutschen kippte – mit Erschöpfungserscheinungen, die in ihrer letzten Konsequenz zur historischen Entscheidung der Demission führten.

Der Auslöser war eine Maßnahme des Papstes, die aus kirchenrechtlichen Gründen zwingend und aus christlicher Sicht geboten war: die Rücknahme einer 1988 wegen des Verstoßes gegen die päpstliche Autorität verhängten Exkommunikation gegenüber Bischöfen der von Erzbischof Marcel Lefebvre gegründeten schismatischen Priesterbruderschaft St. Pius X. Bis in unsere Gegenwart hinein wirkt dieser Fall nach. Er gilt neben »Vatileaks« als *der* »Skandal« des Pontifikats Benedikts überhaupt. Die genaue Rekonstruktion der Ereignisse macht allerdings eine Desinformationskampagne deutlich, die an Züge der Dreyfus-Affäre aus dem Frankreich des 19. Jahrhunderts erinnert. Sie wirft aber auch ein Licht auf das katastrophale Krisenmanagement des Vatikans und auf den Mangel an Unterstützung durch Bischöfe und Kardinäle, die den Nachfolger Petri im Regen stehen ließen:

August 2005: In Castel Gandolfo trifft Bernard Fellay ein, der Generalobere der Priesterbruderschaft, um dem Papst die Bitte um Aufhebung der Exkommunikation der vier von Erzbischof Marcel Lefebvre unrechtmäßig geweihten Bischöfe vorzutragen. Als Präfekt der Glaubenskongregation hatte Ratzinger Lefebvre 1988 für eine Einigung gewonnen, die die volle Anerkennung des Zweiten Vatikanischen Konzils beinhaltete. Der Franzose hatte allerdings seine Unterschrift wieder zurückgezogen. Auch dieses Mal werden die Gespräche abgebrochen. Der Grund: Einer der Bischöfe der Bruderschaft, der Brite Richard Williamson, hatte die vertrauliche Begegnung publik gemacht. Für den konvertierten Anglikaner ist Benedikt XVI. ein Irrlehrer, schlimmer als Luther. Die Bruderschaft könne »dankbar sein für den unfreiwilligen Schutz« durch die Exkommunikation, erklärt er. Dadurch sei man vor Ansteckung bewahrt.

1. November 2008, Samstag: Der Journalist Ali Fegan interviewt Williamson im Seminar der Piusbruderschaft in Zaitzkofen bei Regensburg für eine schwedische Fernsehsendung, die den Titel *Uppdrag Granskning* (»Auftrag: Nachforschung«) trägt. Im Verlauf der Aufzeichnung konfrontiert der Reporter seinen Gesprächspartner mit dessen Aussagen über den Holocaust, die er vor 20 Jahren gemacht hatte. Williamson antwortet, er sei der Meinung, »dass es keine Gaskammern gab. Aufgrund der Beweise, die ich studiert habe«. Zwar seien »in den Lagern der Nazis zwei- bis dreihunderttausend Juden gestorben«, aber keiner von ihnen sei vergast worden.[12] Der 68-jährige Bischof der Bruderschaft, ein Literaturdozent mit Abschluss in Cambridge, lebte seit 1972 in Argentinien. 1989 hatte ihm in Kanada ein Prozess gedroht, weil er die Bücher eines holocaustleugnenden Autors gelobt hatte. Nach Information der Tageszeitung *Die Welt* war Williamsons Vater 1944 im Konzentrationslager Sonnenburg umgekommen, nachdem er Juden zur Flucht verholfen hatte.

9. November 2008, Sonntag: Aus Anlass des 70. Jahrestages des Überfalls der Nazis auf jüdische Einrichtungen in Deutschland, der sogenannten Reichspogromnacht, ruft Benedikt XVI. zu »tiefer Solidarität mit der jüdischen Welt« und zum Gebet für die Opfer auf. Die Nacht vom 9. auf den 10. November sei der Anfang einer systematischen Verfolgung der deutschen Juden gewesen, die in der Schoah geendet habe. Es sei die Pflicht jedes Einzelnen, sich auf allen Ebenen gegen jede Form von Antisemitismus einzusetzen.[13]

15. Dezember 2008, Montag: In einem Schreiben an Benedikt XVI. versichert Bischof Bernard Fellay von der Piusbruderschaft, sich im Rahmen der Aufhebung der Exkommunikation unterordnen zu wollen. Dies gelte auch für seine drei Bischofskollegen. Wörtlich heißt es in dem Brief: »Wir sind stets willens und fest entschlossen, katholisch zu bleiben und alle unsere Kräfte in den Dienst der Kirche Unseres Herrn Jesus Christus zu stellen, die die römisch-katholische Kirche ist. Wir nehmen ihre Lehren in kindlichem Gehorsam an. Wir glauben fest an den Primat Petri und an seine Vorrechte. Und darum leiden wir sehr unter der gegenwärtigen Situation.« Da der Sinn einer Exkommunikation darin besteht, zur Umkehr zu bewegen, so der Kirchenrechtler Günter Assenmacher, habe der Bestrafte »Anspruch auf die Aufhebung, wenn er sich erkennbar und nachhaltig … zur katholischen Kirche bekennt«. Ein Papst habe dann keine andere Wahl, als die Kirchenstrafe aufzuheben.

17. Januar 2009, Samstag: Nachdem Benedikt XVI. sich auf Vorschlag seiner dafür zuständigen Präfekten damit einverstanden erklärt, die Exkommunikation aufzuheben, wird von Kardinal Castrillón Hoyos das auf den 21. Januar datierte und von Kardinal Giovanni Battista Re (dem Präfekten der Kongregation für die Bischöfe) unterzeichnete Aufhebungsdekret in Rom an Bernard Fellay übergeben. Am selben Tag verkündet der spanische Rechtsanwalt Francisco José Fernández de la Cigoña, der offenbar über gute Kanäle zur Bischofskongregation verfügt, auf seinem Blog die »explosive Nachricht«. Der Anwalt hatte bereits am 3. November 2008 angekündigt, im Vatikan sei ein entsprechendes Dekret in Vorbereitung.

19. Januar 2009, Montag: Im *Spiegel* erscheint der Beitrag »Problem für den Papst«. Darin zitiert das Magazin Aussagen Williamsons aus dem noch immer unveröffentlichten Interview. Dieter Graumann, Vizepräsident des deutschen Zentralrats der Juden, »im Vorweg über die Äußerungen informiert«, wie der *Spiegel* einräumte, wird »im Hinblick auf die geplante Papstreise nach Israel« mit den Worten zitiert: »Wer sich nicht abgrenzen kann oder will, macht sich mitschuldig.« Der Artikel weist darauf hin, dass der TV-Beitrag am kommenden Mittwoch in der Sendung *Uppdrag Granskning* und im Internet zu sehen sei.[14] Für den Beitrag war auch die Journalistin Fiammetta Venner interviewt worden, eine Aktivistin der Homosexuellen-Bewegung. Gemeinsam mit ihrer Partnerin Caroline Fourest hatte sie im September 2008 unmittelbar vor dem Besuch Benedikts XVI. in Frankreich ein Buch mit dem Titel *Les nouveaux soldats du Pape. Légion du Christ, Opus Dei, traditionalistes* veröffentlicht *(Die neuen Soldaten des Papstes: Legionäre Christi, Opus Dei, Traditionalisten)*.

20. Januar 2009, Dienstag: Als Reaktion auf den *Spiegel*-Artikel distanziert sich der Regens des deutschen Distrikts der Piusbruderschaft, Pater Franz Schmidberger, umgehend von den Aussagen Williamsons. Eine Erklärung vonseiten des Vatikans erfolgt nicht. Dabei sollten Stellen in Rom nach Darstellung des schwedischen Fernsehsenders *SVT* längst von der Haltung Williamsons wissen. Angeblich hatte der katholische Bischof von Stockholm, Anders Arborelius, bereits im November den Apostolischen Nuntius für die nordischen Länder, Erzbischof Emil Paul Tscherrig, über die Aussagen Williamsons informiert. Vatikan-Pressesprecher Federico Lombardi wird später per E-Mail folgende Klarstellung an das schwedische Fernsehen senden: »Ich wusste nicht, dass eine Information über Williamson an den Vatikan geschickt worden war, und ich weiß nicht, wer sie erhalten und gelesen hat. Niemand hat sie mir gegenüber auch nur mit einem Wort erwähnt.« Der zuständige Kardinal Castrillón Hoyos bezeichnete in einem Interview die Erklärung von Bischof Arborelius als »unseriös«: »Wir speichern alle Dokumente, die wir bekommen, in digitaler Form. Bischof Arborelius sollte also sagen, wie, wem und wann er das mitgeteilt hat und ob das schriftlich oder mündlich geschah.« In den Archiven seiner Kongregation, der »Ecclesia Dei«, sei jedenfalls nichts zu finden. Möglicherweise sei die Mitteilung an Mitarbeiter im Staatssekretariat gegangen.[15]

21. Januar 2009, Mittwoch: Wie angekündigt, strahlt der schwedische Fernsehsender am Abend das im November aufgezeichnete Interview mit Williamson aus. Am selben Tag tritt, ohne noch öffentlich vermeldet zu werden, die Aufhebung der Exkommunikation in Kraft.

22. Januar 2009, Donnerstag: Die italienischen Tageszeitungen *Il Giornale* und *Il Riformista* sowie die katholische Nachrichtenagentur *ASCA* zitieren die Aussagen Williamsons. Noch immer gibt es keine Reaktion aus dem Staatssekretariat, der Pressestelle oder einer anderen Behörde im Vatikan. Georg Gänswein, der Sekretär Benedikts XVI., liegt mit einer schweren Grippe im Bett. Er liest keine E-Mails und geht nicht in sein Büro, um den Papst nicht anzustecken. Für 17.30 Uhr hat Kardinalstaatssekretär Bertone eine Gruppe von Bischöfen und Kardinälen in die Prima Loggia des Apostolischen Palastes eingeladen. Teilnehmer des Treffens sind neben Bertone Kardinal Dario Castrillón Hoyos (Präsident der Päpstlichen Kommission »Ecclesia Dei«), Kardinal William J. Levada (Präfekt der Kongregation für die Glaubenslehre), Kardinal Giovanni Battista Re (Präfekt der Kongregation für die Bischöfe), Kardinal Cláudio Hummes (Präfekt der Kongregation für den Klerus), Erzbischof Francesco Coccopalmerio (Präsident des Päpstlichen Rats für die Interpretation von Gesetzestexten) und Bischof Fernando Filoni (Substitut für Allgemeine Angelegenheiten im Staatssekretariat). In dem vier Seiten langen Protokoll, das über die Sitzung angefertigt wurde, heißt es: »Nach dem Gebet illustrierte der Kardinalstaatssekretär, der die Sitzung leitete, das Thema der Zusammenkunft und lenkte die Aufmerksamkeit der Anwesenden auf die Situation, die entsteht, sobald am Samstag, den 24. Januar 2009, um 12 Uhr mittags nach römischer Zeit, das Dekret veröffentlicht wird, durch das die Exkommunikation der vier Bischöfe aufgehoben wird … Die erste Frage lautet, ob dieser Akt des Wohlwollens des Papstes die Priester, die Ordensleute und die gläubigen Laien betrifft oder nicht. Die zweite Frage lautet, ob es angebracht wäre, dem erwähnten Dekret eine erklärende Mitteilung beizufügen.«

Nach Darstellung des internen Protokolls erwähnt keiner der Teilnehmer Bischof Williamson. Eine erklärende Mitteilung zum besseren Verständnis des Dekrets, »das an sich als klar genug erscheint«, wird nicht für notwendig erachtet. Sie würde die Sache nur verkomplizieren. Stattdessen soll Erzbischof Coccopalmerio einen kommentierenden Artikel vorbereiten, der in den nächsten Tagen im *L'Osservatore Romano* veröffentlicht werden soll. Laut Protokoll wird die Sitzung »um 19.50 Uhr mit einem Gebet beschlossen«[16].

24. Januar 2009, Samstag: Nach einem Bericht der *Welt* kommt am frühen Morgen im Vatikan eine E-Mail aus England an, in der es heißt: »Wenn der Papst die Exkommunikation aufheben will, nachdem Williamson den Holocaust geleugnet hat, werden die Feinde des Papstes versuchen, ihn zu zerstören. Wir stehen am Rand einer Katastrophe. Weiß Msgr. Gänswein das nicht?« *Welt*-Korrespondent Paul Badde berichtet von der anonymen Aussage eines »hohen Prälaten im Staatssekretariat«: »Es gab Kompetenzgerangel. Bei uns lagen ab dem 22. Januar Informationen über Bischof Williamson vor. Wir haben alles versucht, zu verhindern, dass das Papier am 24. veröffentlicht wurde. Die Unterschrift war zwar schon am 21. Januar unter dem Dokument, dennoch wäre eine Aufschiebung möglich gewesen.«[17]

Im Pressesaal des Heiligen Stuhls wird um 12 Uhr das Kommuniqué über die Aufhebung der Exkommunikation gegen die vier Bischöfe der Piusbruderschaft verteilt. Der Heilige Vater, heißt es darin, habe nach einem Dialogprozess die neuerlich vorgebrachte Bitte angenommen und hebe »durch das Dekret der Bischofskongregation vom 21. Januar 2009« die Exkommunikation von vor 20 Jahren »wohlwollend, mit pastoralem Eifer und väterlicher Barmherzigkeit« auf. Mit dem Kommuniqué wird auch das von Kardinal Re unterschriebene Dekret veröffentlicht. In dem Dokument heißt es:

»Papst Benedikt XVI. hat – bewegt von väterlichen Empfindungen angesichts der von den Betroffenen bekundeten geistlichen Notlage wegen der erfolgten Exkommunikation und im Vertrauen auf ihre in dem genannten Schreiben geäußerte Verpflichtung ... – beschlossen, die kirchenrechtliche Situation der Bischöfe Bernard Fellay, Bernard Tissier de Mallerais, Richard Williamson und Alfonso de Galarreta *zu überdenken* [Hervorhebungen durch den Autor], die durch ihre Bischofsweihe entstanden war ... Dieses Geschenk des Friedens soll am Ende der Weihnachtszeit auch ein Zeichen sein, um zur Förderung der Einheit in der Liebe der Universalkirche das Ärgernis der Spaltung zu überwinden.«[18]

Italienische Zeitungen wie *Il Giornale* bezeichnen die Aufhebung des Kirchenbannes als einen »Akt außerordentlichen Großmuts«. Durch die »Geste wahrer Großzügigkeit« sei die Bruderschaft zur Anerkennung der Autorität des Papstes und des 2. Vatikanischen Konzils gezwungen.

26. Januar, 2009, Montag: Ganz anders steigt die *Süddeutsche Zeitung* in die Berichterstattung ein. Der Beitrag sollte sich als maßgeblich für die Schärfe erweisen, die die nachfolgende Diskussion und die Dimension des Falles Williamson erhalten wird. Die Schlagzeile auf der Titelseite des Blattes lautet: »Papst holt Holocaust-Leugner zurück in die Kirche«. Der Rom-Korrespondent der Zeitung unterstreicht in seinem Kommentar: »Benedikt XVI. lässt einen Holocaust-Leugner wieder Bischof werden.«[19]

Doch nichts an dieser Zeile entspricht den Tatsachen. Erstens: Der Papst ließ den Holocaust-Leugner nicht »wieder Bischof werden«, er *ist* Bischof; aber nicht in der katholischen Kirche. Williamson war 1970 als Anglikaner in die Lefebvre-Gemeinschaft übergetreten, ohne die katholische Kirche je kennengelernt zu haben. Zweitens: Das Dekret holt die Bischöfe nicht wieder »zurück in die Kirche«. Die Bruderschaft bleibt eine von der katholischen Kirche getrennte Gemeinschaft. Drittens: Der Beitrag unterstellt, der Papst habe von den Äußerungen Williamsons über den Holocaust gewusst und ihn dennoch »rehabilitiert«, was absolut unwahr ist.

In seinem Kommentar schreibt der *SZ*-Korrespondent: »Selbst Geistliche, die loyal zu ihrem Pontifex stehen, sprechen von Ernüchterung, Verunsicherung und Enttäuschung ... Sie rätseln, warum Benedikt XVI. vier reaktionäre, seit langem exkommunizierte Bischöfe wieder in die Kirchengemeinschaft aufnimmt, darunter einen Mann, der den Holocaust leugnet. Wie schon einmal, nach der Regensburger Rede im September 2006 mit ihrem islamfeindlichen Zitat, fragt sich die Welt: Was treibt diesen Papst? Wohin führt er seine Kirche?« Tatsächlich müssten »sich jetzt alle verunsichert fühlen, die Benedikt XVI. nach der Papstwahl vor vier Jahren freudig begrüßten – aller Bedenken zum Trotz.«

Mit dem Argument, dass Benedikt seine Aussöhnung mit den Feinden des Konzils exakt an dem Wochenende veröffentlicht habe, an dem vor 50 Jahren Johannes XXIII. das 2. Vatikanum angekündigt habe, begründet die SZ »Zweifel an der Treue des Papstes zum Konzil«. Der Beitrag gipfelt in der Behauptung: »Einer der Bischöfe ist seit Jahren ein Holocaust-Leugner. Der Papst und seine Berater mussten das wissen. Benedikt hob die Exkommunikation also auf, obwohl klar war, welch schlimmes Zeichen er damit setzte.« Ergo: »Danach wäre dem Papst die Eintracht mit einer erzkonservativen Splittergruppe wichtiger als das Verhältnis zum Judentum und zu den moderaten, der Moderne zugewandten Kräften in seiner eigenen Kirche.«

Nach Untersuchung des Medienwissenschaftlers Hans Mathias Kepplinger, langjähriger Leiter des Instituts für Publizistik der Universität Mainz, billigen 72 Prozent der deutschen Journalisten manipulative Darstellungsmethoden, wenn sie glauben, dies sei zur Beseitigung von Missständen erforderlich. Selbstredend ist es ein Thema, wenn ein deutscher Papst einen Bischof von der Exkommunikation befreit, von dem sich herausstellt, dass er den Holocaust leugnet. Doch selbst eine oberflächliche Recherche hätte ergeben: Die Aufhebung der Exkommunikation war keinesfalls mit einer Wiedereingliederung in die katholische Kirche verbunden. Kirchenrechtlich sind die vier Bischöfe weiterhin suspendiert. Es ist ihnen untersagt, ihr Amt auszuüben. Sie sind illegal, solange die Bruderschaft nicht nach geltendem Kirchenrecht strukturiert ist. Konkret bedeutet die Zurücknahme der Exkommunikation, dass die Bischöfe der Bruderschaft ab sofort ordentlich beichten, die heilige Kommunion empfangen und kirchlich beerdigt werden dürfen. Diese Fakten hätten allerdings die Thesen der *Süddeutschen Zeitung* völlig ruiniert.

Die Piusbruderschaft versuchte erneut, die Wogen zu glätten, und erklärt in einem Kommuniqué: »Jesus war Jude, Maria war Jüdin, die Apostel waren Juden, und folglich kann kein wirklicher Christ Antisemit sein.« Die Aussagen von Bischof Williamson seien »nicht die Ansichten der Gesellschaft St. Pius X.« Doch der Proteststurm war nicht mehr zu stoppen. Besonders empört reagierten Vertreter jüdischer Organisationen. David Rosen, Präsident des jüdischen Komitees für die interreligiösen Beziehungen, erklärte: »Indem der Vatikan einen eindeutig antisemitischen Leugner des Holocausts ohne irgendeinen Widerruf seinerseits in die katholische Kirche aufnimmt, hat er die Ablehnung und die bewegende und beeindruckende Verurteilung des Antisemitismus durch Johannes Paul II. verhöhnt.« Salomon Korn, Vizepräsident des Zentralrates der Juden in Deutschland, verstieg sich zu der Behauptung, der Papst habe »einen Holocaustleugner salonfähig machen wollen«. Die Präsidentin des Zentralrats der Juden in Deutschland, Charlotte Knobloch, erklärte den Dialog mit der katholischen Kirche für beendet.
In Rom verkündete Oberrabbiner Riccardo Di Segni, der Papst Benedikt XVI. gerade noch zum Besuch seiner Synagoge eingeladen hatte: »Es sieht aus, als würden sich bedrohliche Wolken über dem jüdisch-christlichen Dialog zusammenbrauen.« Doch noch immer steckte der Vatikan den Kopf in den Sand. Auf den drei Pressekonferenzen, die in dieser Woche stattfanden, befasste sich keine mit der Aufhebung der

Exkommunikation. Erst am 28. Januar sprach Benedikt am Ende der Generalaudienz zum Thema: »Ich habe diesen Akt der väterlichen Barmherzigkeit gesetzt, weil diese Bischöfe mir wiederholt ihr tiefes Leiden an der Situation bekundeten, in der sie sich befanden.« Er hoffe, auf seine »Geste« werden die »notwendigen Schritte« folgen, um die »wahre Treue und die wahre Anerkennung des Lehramtes und der Autorität des Papstes und des II. Vatikanischen Konzils« zu bezeugen.[20]

Dann ging der Papst angesichts des anstehenden Gedenktages der Schoah indirekt auf die Holocaust-Leugnung ein. In diesen Tagen würden ihm wieder »die Bilder meiner wiederholten Besuche in Auschwitz in Erinnerung« kommen, »einem jener Lager, in denen der grausame Mord an Millionen von Juden, den unschuldigen Opfern eines blinden Rassen- und Religionshasses, verübt wurde. Während ich erneut aus ganzem Herzen meine volle und unbestreitbare Solidarität mit unseren Brüdern, den Trägern des ersten Bundes, zum Ausdruck bringe, wünsche ich, dass die Schoah die Menschheit dazu bewege, über die unvorhersehbare Macht des Bösen nachzudenken, die das Herz des Menschen ergreifen kann. Die Schoah sei für alle eine Mahnung gegen das Vergessen, gegen die Leugnung oder die Verharmlosung.«

Auch der in den Verhandlungen mit der Piusbruderschaft federführende Kardinal Hoyos meldete sich zu Wort. Am 30. Januar erklärte er in einem Interview: »Als ich das von Kardinal Re unterzeichnete Dekret Monsignore Fellay überreichte, wussten wir nichts von diesem Interview … Natürlich war zum Zeitpunkt der Ausstrahlung das Dekret bereits in den Händen der Betroffenen.« Inzwischen wurde ein Wutanfall von Kardinal Re bekannt, bei dem er sich darüber beklagte, Hoyos habe die Angelegenheit viel zu schnell betrieben und den Papst nicht gründlich informiert. Im Apostolischen Palast machte zeitgleich ein Dossier die Runde. Kern des Papiers war die Behauptung, der Papst sei von bestimmten Kreisen nach einem minutiösen Fahrplan in eine Falle gelockt worden, in die er schließlich ahnungslos hineintappte. Innerhalb der Kirche hätten diese Kreise Unterstützung bei jenen gefunden, die gegen die Versöhnung mit der Piusbruderschaft seien. Mitverantwortlich für die Katastrophe seien »ignorante Schlamperei und mangelhafte Kommunikation in der Kurie«, besonders in der Päpstlichen Kommission »Ecclesia Dei«.

Benedikts Erklärung zum Gedenktag der Schoah zeigte keine Wirkung. In vielen Kommentaren wurde angedeutet, die Aufhebung der Exkommunikation bedeute eine Abkehr von der durch die Konzilserklärung *Nostra Aetate* gegenüber den Juden geltenden Doktrin. Die stellevertretende Vorsitzende der deutschen Grünen, Claudia Roth, erklärte, der Papst habe den Dialog zwischen Katholiken und Juden »zerstört« und gefährde das »Leben in multireligiösen Gesellschaften«. Bundeskanzlerin Angela Merkel äußert am 3. Februar bei einer Pressekonferenz mit dem kasachischen Präsidenten Nursultan Nasarbajew, der sein rohstoffreiches Land autokratisch regiert, der Papst müsse eindeutig klarstellen, »dass es hier keine Leugnung geben kann und dass es hier einen positiven Umgang natürlich mit dem Judentum insgesamt geben muss«. Diese Klarstellungen seien »aus meiner Sicht noch nicht ausreichend erfolgt«. Dass die Kanzlerin im Wahljahr 2009 Benedikt XVI. ins Abseits stellte, wurde vom früheren SPD-Chef Kurt Beck scharf kritisiert. Noch nie habe sich ein Regierungschef in Deutschland in so undiplomatischer und brüskierender Weise in die Politik des Vatikans eingemischt. »Ich hätte erleben wollen, was los gewesen wäre, wenn ein sozialdemokratischer Bundeskanzler dem Papst öffentliche Ratschläge gegeben hätte.« Ihn habe es »gewaltig geärgert«, so Beck, »dass die Kanzlerin nur draufgehauen hat, weil sie auf vox populi schielte«.

Erst am 4. Februar veröffentlichte das vatikanische Staatssekretariat erstmals eine Note, um auf die Proteste zu antworten. Der Papst habe mit seiner Geste, hieß es darin, ein Hindernis für den Dialog beseitigen wollen. Selbstverständlich seien »die Stellungnahmen von Bischof Williamson zur Schoah absolut inakzeptabel«. Sie seien »vom Heiligen Vater klar zurückgewiesen worden«. Williamsons Aussagen, bekräftigte die Erklärung, »waren dem Heiligen Vater zum Zeitpunkt der Aufhebung der Exkommunikation nicht bekannt«.

Rabbiner David Rosen lenkte inzwischen ein und erklärte, das jüdisch-katholische Verhältnis sei nicht in Gefahr. Er habe nie geglaubt, dass für Benedikt XVI. der Dialog kein wichtiges Anliegen sei: »Wer seine Schriften und seine bisherigen Aussagen kennt, wird das nicht ernsthaft annehmen.«[21] Doch besonnene Worte hatten in der aufgeladenen Atmosphäre jener Wochen keine Chance, gehört zu werden. Mathias Döpfner, der Vorstandsvorsitzende der Axel Springer SE, verkündete in *Bild,* der Papst füge Deutschland in der Welt großen Schaden zu. Benedikt belaste seine Amtszeit mit einem »fürchterlichen Makel«. Die *Financial Times* meldete: »Benedikt XVI. steckt in der schwersten Krise seiner vierjährigen Amtszeit ... Kardinäle und Bischöfe planen den Aufstand.« Die *Frankfurter Rundschau* wusste: »Der Papst war mal ein angesehener Deutscher … Wer aber mit faden Ausreden Holocaust-Leugner aufwertet«, für den gelte die Frage, »wie lange seine Organisation in Deutschland noch staatliche Förderung genießen darf.« Ein Münchner Boulevardblatt nannte den Pontifex einen »selbstgerechten alten Mann«, einen »Reaktionär mit der unerträglichen Hybris, dass alle Nicht-Katholiken als Menschen weniger wert sind«.

In der *Süddeutschen Zeitung* erklärte der stellvertretende Chefredakteur Kurt Kister: »Wir wollen nicht mehr Papst sein.« Kanzlerin Merkel habe »mit ihrer Ermahnung in Richtung Vatikan richtig gehandelt. Ein Papst, der aus Deutschland stammt, die jüdischen Gemeinden gegen sich aufbringt und einem Holocaust-Leugner nachsichtig zu Prominenz verhilft, hat etwas Grundsätzliches nicht verstanden.« Benedikt habe »die Lefebvre-Bischöfe samt ihrem rechtsradikalen Amtsbruder Williamson in den Schoß der Kirche zurückgeholt«. Er habe damit »gegen die Religion verstoßen«, nämlich gegen »die Zivilreligion, die in diesem Land gilt«.

Die Zeitung aus München startete eine Art Propagandafeldzug. Eine der Schlagzeilen lautete: »Die katholische Krise. Papst Benedikt XVI. hat das Verhältnis der katholischen Kirche zur Welt in Frage gestellt.« Der kirchenpolitische Redakteur verkündete: »Es gärt im Katholizismus, vor allem in den deutschsprachigen Ländern … Eine Austrittswelle schwappt übers Land« (was nicht stimmte, die Austrittszahlen waren gegenüber dem Vorjahr gerade einmal um 2700 Ausgetretene höher). Und weiter: »Benedikt XVI. hat einen Holocaust-Leugner rehabilitiert. Bischöfe gehen auf Distanz.« Oder auch: »Darf ein Holocaust-Leugner zur Wahrung der Kircheneinheit rehabilitiert werden? Die Entscheidung Benedikts XVI. sorgt für immer mehr Unmut – gerade bei Katholiken«. Und schließlich: »›Dialog mit Juden 100 Jahre zurückgeworfen‹. Theologen und Kirchenvertreter sind empört über die Wiederaufnahme des Holocaust-Leugners Richard Williamson in die Kirche.«

Dass Hans Küng in einem groß ins Blatt gehobenen Beitrag das Geschehen noch einmal einordnen durfte, verstand sich von selbst. Überschrift: »Dem Pontifex bedeutet ›Versöhnung‹ mit vier Erzreaktionären mehr als das Vertrauen der Katholiken.« Dann legte der Schweizer los: Benedikt XVI. leide »unter einem wachsenden Vertrauensverlust. Viele Katholiken erwarten von ihm nichts mehr. Schlimmer noch: Durch die Rücknahme der Exkommunikation von vier illegal geweihten traditionalistischen Bischöfen, darunter ein notorischer Holocaust-

Leugner, wurden alle bei der Wahl Ratzingers zum Papst geäußerten Befürchtungen bestätigt.« Nun könnten auch »nachträgliche Entschuldigungen das zerschlagene Porzellan nicht kitten«. Während etwa ein Präsident Obama »Hoffnung ausstrahlt«, sei »Papst Benedikt in Angstvorstellungen befangen und will die Freiheit der Menschen möglichst einschränken, um eine ›Ära der Restauration‹ durchzusetzen«.

Die wenigsten Leser dürften sich daran erinnert haben, dass Küng selbst dafür plädiert hatte, im Konflikt mit Lefebvre und der Bruderschaft »wieder miteinander neu zu reden«[22]. 1979 nahm er zugunsten von Lefebvre Stellung, er habe nie begriffen, weshalb die Messe des Konzils von Trient verboten worden sei.[23] In seiner Autobiografie von 2007 heißt es: »Auch konservative Menschen, seien es Einzelne oder Gruppen, müssen in der katholischen Kirche eine Heimat haben. Das gemeinsame Christ-Sein ist wichtiger als das Traditionell-Sein oder Progressiv-Sein. Aus dieser Überzeugung heraus lege ich nun auch für die Traditionalisten des Alterzbischofs Msgr. Marcel Lefebvre, die ›Fraternité sacerdotale internationale de Saint-Pie X‹ ein gutes Wort ein.« Er sei entschieden »gegen jegliche Spaltung der Kirche«, beschwor Küng: »Ich fordere Gerechtigkeit auch für die Traditionalisten und plädiere für eine Überwindung der Polarisierungen in der katholischen Kirche auf der Ebene gegenseitiger Toleranz.«[24]

Geradezu zynisch musste die Schlagzeile wirken, mit der der *Spiegel* am 2. Februar eine rasch zusammengezimmerte Titelgeschichte schmückte: »Der Entrückte. Ein deutscher Papst blamiert die katholische Kirche«, als hätte ausgerechnet das Magazin aus Hamburg ein Problem damit, wenn sich die katholische Kirche unbeliebt machte. »So bitter, so traurig«[25], lautete die Headline im Heftinneren. Auf elf Seiten wurde Benedikt als ein Technokrat gezeichnet, den »distanzierte Kühle« umgibt. Er sei beherrscht von einem »abstrakten Wahrheitsfanatismus« und führe die Kirche »wieder zurück in den Elfenbeinturm des theologischen Dogmas«. Lustvoll zitierte das Magazin einen anonymen »religiös Engagierten«: »Was passiert, wenn Williamson in einer Synagoge eine Bombe zündet? Ernennt ihn der Papst dann zum Kardinal?« Ein Jahr später hielt die *Spiegel*-Redaktion die Zeit für gekommen, mit einem neuerlichen Papst-Cover das Pontifikat des Bayern für endgültig erledigt zu erklären. Nach »Der Entrückte« hieß das Prädikat nun: »Der UnFehlbare«. Die Unterzeile verkündete: »Die gescheiterte Mission des Joseph Ratzinger«.

Auch die deutschsprachige Theologenschaft wollte beim allgemeinen Aufschrei ihren Beitrag leisten. Den Anfang machte am 27. Januar 2009 die »Münsteraner Erklärung«, der bald Kollegen in Frankfurt, Bonn, Freiburg, Tübingen, Bamberg, Würzburg, aber auch in Graz, Luzern, Wien und anderen Universitäten folgten. Da die vier Bischöfe der Bruderschaft viele der auf dem Zweiten Vatikanischen Konzil verabschiedeten Prinzipien ablehnten, hieß es in der Protestnote, beschädige deren »Rehabilitation« die »Glaubwürdigkeit der Kirche erheblich und desavouiert darüber hinaus unsere Bemühungen, das Konzil in der theologischen Arbeit umzusetzen«. Kollegen in Frankfurt kritisierten, die Aufhebung der Exkommunikation könne den Eindruck erwecken, zentrale Lehraussagen stünden zur strategischen Disposition des Papstes. Fünfzehn Tübinger Gottesforscher schrieben dem Pontifex ins Stammbuch, sie seien »in großer Sorge um die Einheit der Kirche auf der Grundlage des II. Vatikanischen Konzils«. Nicht erwähnt hatten die Gelehrten, dass ihre eigene Treue zum Vatikanum erhebliche Lücken aufwies. Das Konzil bekräftigte bekanntlich den Primat des Papstes, verteidigte den Zölibat als »kostbare göttliche Gnadengabe« und unterstrich die Priesterweihe nur für Männer. Außerdem untersagte es die Gottesdienstgemeinschaft für den Fall, dass keine Kirchengemeinschaft vorliege.

Es passte auch nicht ins Bild, daran zu erinnern, dass dieser Benedikt nicht müde wurde, jede Form von Antisemitismus anzuklagen. Dass das jüdisch-christliche Thema im Grunde zu den Konstanten im Leben und im Werk Ratzingers gehörte. Nicht von ungefähr war deshalb seine Wahl von nirgendwo stärker beklatscht worden als von jüdischer Seite. »In den letzten 20 Jahren«, so Israel Singer, Vorsitzender des jüdischen Weltkongresses, habe Ratzinger »die zweitausendjährige Geschichte der Beziehungen zwischen Judentum und Christentum verändert«, nicht zuletzt dadurch, dass er die theologische Untermauerung für die Annäherung der beiden Weltreligionen lieferte. Vergessen war auch, dass er gleich zu Beginn seiner Amtszeit das Seligsprechungsverfahren für einen französischen Priester stoppte, dem antisemitische Reden vorgehalten wurden.

Inzwischen hatten die Attacken auf Ratzinger ein Ausmaß erreicht, dass die *Neue Zürcher Zeitung* sich veranlasst sah, von der »aggressiven Ahnungslosigkeit« von Journalisten zu sprechen, die ohne Rücksicht auf die Fakten eine Medienkampagne führten (»Der Papst im medialen Zerrbild«). Dem »Überdruck an Entrüstung« stehe »ein Minimum an Information gegenüber«.[26] Der jüdische französische Philosoph

Bernard-Henri Lévy merkte an, sobald die Rede auf Benedikt XVI. komme, beherrschten »Vorurteile, Unaufrichtigkeit und sogar die glatte Desinformation jede Diskussion«. Bundespräsident Horst Köhler wollte nicht länger zögern, den Landsmann in Rom in Schutz zu nehmen: »An der Einstellung des Papstes zum Holocaust hat nie ein Zweifel bestehen können. Sie ist eindeutig«; eine deutliche Rüge für Merkel, aber auch ein Seitenhieb auf jüdische Verbandsfunktionäre, die den Papst als »Heuchler« beschimpften, der »aktive Judenhasser« rehabilitiere, wie der Publizist Michel Friedman es getan hatte. »Vieles, was dem Papst jetzt unterstellt wird, ist beinahe bösartig«, kommentierte Bundestagspräsident Norbert Lammert. Werner Münch, ehemaliger Ministerpräsident des Landes Sachsen-Anhalt, trat aus der CDU aus: »Das Fass zum Überlaufen gebracht hat die Art und Weise, wie die Parteivorsitzende das Oberhaupt unserer katholischen Kirche, den deutschen Papst Benedikt XVI., öffentlich diskreditiert und gedemütigt hat, obwohl es dafür keine Veranlassung gab.«[27] Aus den USA meldete sich Yehuda Levin zu Wort, Vorsitzender einer Vereinigung von 800 orthodoxen Rabbinern. Er unterstütze den Versuch einer Aussöhnung mit Anhängern der Piusbruderschaft, erklärte er, »weil ich den Gesamtzusammenhang verstehe«. Viele Versöhnungsgesten der letzten drei Jahrzehnte seien direkt auf den Einfluss von Kardinal Ratzinger zurückgegangen: »Dieser Mann, Papst Benedikt XVI., hat eine jahrzehntelange Erinnerung des Anti-Nazismus und der Sympathie für die Juden.«[28]

Auch innerkirchlich zeigte sich nun vereinzelt Beistand, etwa von Kardinal Walter Kasper, bekanntermaßen nicht unbedingt ein Parteigänger Ratzingers: »Wenn man den Papst in dieser Weise heruntersetzt, und völlig ungerecht heruntersetzt, dann richtet sich das nicht nur gegen den Papst, dann richtet sich das gegen die katholische Kirche. Das geht nicht, das können wir uns nicht bieten lassen.« Kasper machte deutlich: »Wir sind für die Einheit der Kirche. Also auch für die Einheit mit dieser Bruderschaft.« In einem Brief an die Gläubigen seiner Diözese stellte der Basler Bischof Kurt Koch, der spätere Chef-Ökumeniker des Vatikans, die Frage, »wie wir als Kirche uns künftig für gesellschaftliche Außenseiter einsetzen wollen … Hat uns nicht gerade der Papst ein Beispiel gegeben, dass wir zunächst in der Kirche leben müssen, was wir von der Gesellschaft erwarten und fordern?«

Lag der unheilvollen Entwicklung des Falles Williamson tatsächlich eine Verschwörung zugrunde, wie es das geheimnisvolle Dossier aus dem Vatikan nahelegte? Oder entsprach sie der Naivität und dem Dilettantismus, der in der Kurie, neben aller Professionalität, immer wieder zu beobachten war? Verbunden womöglich mit einer Verquickung unglücklicher Umstände, die den Papst am Ende zu einem gefundenen Fressen werden ließ?

Fest steht, dass der Begnadigung ein langer Entscheidungsprozess vorausgegangen war. Die überwiegende Mehrheit der Kardinäle hatte dem Schritt, sollten die Voraussetzungen stimmen, bereits Ende 2007 zugestimmt. In die Vorbereitung des Dekretes selbst waren vier Kardinäle involviert: der greise Castrillón Hoyos, Tarcisio Bertone, Giovanni Battista Re und Walter Kasper. Als Präsident der päpstlichen Kommission »Ecclesia Dei« hatte Hoyos im päpstlichen Auftrag mit den Traditionalisten verhandelt. »Bis zum letzten Moment dieses Dialogs haben wir absolut nichts von diesem Williamson gewusst«, behauptete er erregt. Es seien ihm »nie, ich wiederhole nie, Dokumente, Hinweise, Briefe oder Anzeigen untergekommen, noch habe ich je über die den Holocaust leugnenden Thesen seitens der Piusbruderschaft oder ihrer Mitglieder reden hören.« Fellay habe in den Gesprächen das Zweite Vatikanum voll anerkannt. So sollte es Symbolkraft haben, dass das Dekret am 50. Jahrestag der Ankündigung des Vatikanums veröffentlicht wurde, eben als Bestätigung dieses Konzils. Allerdings gab Hoyos zu, bereits am 20. Januar »über Internet von den Erklärungen Pater Schmidbergers erfahren« zu haben, in denen er sich von den Äußerungen Williamsons distanzierte. Zu einem Zeitpunkt folglich, zu dem es noch möglich gewesen wäre, mit entsprechenden Maßnahmen gegenzulenken.

Das Management des Vatikans gab die perfekte Vorlage, um mit Fake News über Wochen hinweg die Skandalisierung des Falles zu betreiben und den Papst selbst als Antisemiten zu diskreditieren. Mit Blick auf die geplante Israel-Reise im Mai musste die Kampagne auch die Beziehungen zwischen katholischer Kirche und Judentum schwer belasten. Bereits Ratzingers Regensburger Rede war durch eine breite Desinformationskampagne in das Gegenteil von dem umgemünzt worden, was sie eigentlich beinhaltete. Aus dem Dialog der Religionen wurde dadurch der Hass der Religionen. Seine Entscheidung für die Wiederzulassung der tridentinischen Messe, mit der Benedikt eine Versöhnung der Formen anstrebte, wurde dahingehend interpretiert, dieser Papst wolle in die Vergangenheit zurückkehren und das Konzil aushöhlen.

Der Philosoph Robert Spaemann sprach angesichts des Aufruhrs von einer »beispiellosen Medienkampagne«. »Warum bemerkte die breite Öffentlichkeit nicht«, fragte der Schriftsteller Martin Mosebach, »dass Bischof Williamson sein Amt eben gerade nicht ausüben darf, weil die Aufhebung der Exkommunikation seine Suspendierung vom Bischofsamt gar nicht berührte? Stattdessen erging man sich in Vermutungen, ob es beim Papst nicht doch eine geheime Neigung zum Antisemitismus gebe, bei einem Papst …, der in seiner Theologie, man könnte sagen, als erster Papst nach Petrus, versucht hat, das ganze Evangelium als Werk des Judentums zu lesen und zu verstehen.« Ermöglicht wurde die Vorverurteilung Benedikts XVI. durch die jahrzehntelange Aufstachelung bis zu Formen von Hetze, die es gegen Ratzinger gab. Der Religionswissenschaftler Rudi Thiessen nannte es dabei erstaunlich, »mit welcher Entschiedenheit diese teils widerwärtige, teils peinliche Angelegenheit zum Anlass genommen wurde, die ganze Amtszeit Benedikts zu einer Abfolge von Skandalen zu machen«. Alles werde nun bereitwillig und feindselig durch die Brille der Causa Williamson gesehen. Man stemple Benedikt XVI. zum finsteren Reaktionär, der Juden, Muslime, Protestanten planvoll gegen sich aufbringe. Dabei übersähen die Kritiker, dass »die Belege, die Benedikts irrationale Haltung zur Piusbruderschaft bezeugen sollen, allesamt von hoher theologischer Rationalität sind«.

Das Bemühen, die Einheit der Kirche zu wahren, teilte Benedikt mit Johannes Paul II. Im Übrigen setzte auch Ratzingers Nachfolger die Politik der Wandlung durch Annäherung fort. Papst Franziskus ließ gar erklären, die Piusbruderschaft dürfe gewisse Eigenheiten beibehalten. Schließlich hätten einige Festlegungen des Konzils »geringere Autorität und weniger Verbindlichkeit«. Es genüge, eine »Lehrmäßige Erklärung« zu unterschreiben, um mit dem Status einer Personalprälatur rechnen zu dürfen.[29] Er vertraue darauf, so Franziskus, »dass in naher Zukunft Lösungen gefunden werden können, um die volle Einheit mit den Priestern und Oberen der Bruderschaft wiederzugewinnen«[30]. Der Papst aus Argentinien half gar beim Kauf einer Kirche und eines Zentrums in Rom, erkannte die Eheschließungen durch die Bruderschaft an und gab ihr die Erlaubnis, Priester zu weihen. Kein Journalist nahm daran Anstoß.

Wissen Sie noch, hatte ich den emeritierten Papst in unserem Gespräch gefragt, *wann genau Sie über das Williamson-Problem informiert wurden?*

»Jedenfalls erst, nachdem es schon passiert war. Ich verstehe das nicht, wenn das so bekannt war, dass niemand bei uns das wahrgenommen hat, das ist mir unbegreiflich, ist mir unfassbar.«

Kardinalstaatssekretär Bertone hätte Sie bitten können, den Erlass auszusetzen.

»Ja, klar.«

Das wäre kein Problem gewesen?

»Natürlich. Ich glaube allerdings nicht, dass er es wusste, kann ich mir nicht vorstellen.«

Den Fall Williamson kann man als eine Wende des Pontifikats betrachten. Sehen Sie das auch so?

»Es war damals eine riesige Propagandaschlacht gegen mich. Die Leute, die gegen mich waren, haben endlich die Handhabe gehabt zu sagen, der ist untauglich. Insofern war es eine dunkle Stunde und eine Zeit, die schwer war.«

Stimmt es, dass es keine personellen Konsequenzen gab?

»Nein. Ich habe die Kommission ›Ecclesia Die‹, die hier zuständig war, völlig neu organisiert. Weil ich aus dem Fall geschlossen habe, dass die nicht richtig funktioniert.«

Gab es den Moment, indem Sie zu Gott gebetet haben: »Ich kann nicht mehr, ich mag nicht mehr?«

»So nicht, nein. Ich meine, dass ich den lieben Gott gebeten habe, gerade wenn man an diese Williamson-Situation denkt, mich da loszueisen und zu helfen, das schon. Aber nicht so. Ich wusste, er hat mich auf den Platz gestellt, dann lässt er mich auch nicht fallen.«

Richard Williamson wurde 2012 von der Piusbruderschaft ausgeschlossen. Benedikt XVI. wurde noch Jahre nach seiner Abdankung vorgehalten, er habe versucht, einen Holocaust-Leugner hoffähig zu machen. Als die italienischen Autoren Andrea Tornielli und Paolo Rodari in ihrem Buch *Der Papst im Gegenwind* 2010 eine detaillierte Untersuchung der Attacken auf Ratzinger vorlegten, kamen sie zu der Schlussfolgerung, Angriffe auf Benedikt würden immer dann losbrechen, »wenn die negativen Vorurteile über das, was der Papst sagt oder tut, bedient werden können«. Auf diese Weise gelange man »von einem Entrüstungssturm zum anderen und von einer Polemik zur nächsten«. Mit der Folge, »dass die Botschaft von Benedikt XVI. ›weggepackt‹ werden konnte. Sie verschwand unter dem Klischee eines ›rückständigen‹ Papstes und büßte so ihre Tragweite ein. Zentrale Themen, denen sich Joseph Ratzinger in den ersten fünf Jahren seines Pontifikats engagiert geöffnet hatte, wie Armut, Bewahrung der Schöpfung, Globalisierung, gerieten so in Vergessenheit.«[31]

Der Sturm über dem Vatikan war noch immer nicht abgeflaut, als in den Fluren des Apostolischen Palastes allenfalls noch Trippelschritte zu hören waren, ansonsten herrschte himmlische Ruhe. Die traditionelle Exerzitienwoche für den Papst und die Kurie begann wie üblich am ersten Fastensonntag, in diesem Jahr am 1. März. Eine Woche lang gab es keine öffentlichen Auftritte und keine großen Termine für den Papst. Fastenmeister war Kardinal Francis Arinze. Sein Thema: »Der Priester trifft Jesus und folgt ihm nach«. Jesus lade die Sünder dazu ein, in sich zu gehen, er weise ihnen einen Platz am Tisch zu, führte der Nigerianer aus. Den Pharisäern, die kritisierten, dass er mit Sündern bei Tisch saß, sagte er: »Nicht die Gesunden brauchen den Arzt, sondern die Kranken. Ich bin nicht gekommen, die Gerechten zu rufen, sondern die Sünder.« Ein Priester müsse Jesus folgen, plädierte Arinze leidenschaftlich, und ebenfalls das verlorene Schaf suchen. Er müsse die Sünder zur Umkehr einladen und die Botschaft von der Barmherzigkeit des Vaters verkünden.

Papst Benedikt widmete sich wie die anderen Exerzitienteilnehmer intensiv der Meditation und verharrte in Schweigen und Gebet. Genau zehn Tage später, am 10. März 2009, unterzeichnete er einen Brief an die Bischöfe der Welt, in dem er die Beweggründe für die Aufhebung der Exkommunikation darlegte, nochmals Klärung über die einzelnen Aspekte des Aktes gab und die Verantwortung für die Pannen übernahm, die er »ehrlich bedauere«. Ein vergleichbares persönliches, demütiges und emotionales Anschreiben eines Papstes hatte es noch nicht gegeben. Ratzinger hatte die unzähligen Angriffe gegen ihn immer ertragen, ohne groß darüber zu klagen. Die Affäre um die Aufhebung der Exkommunikation jedoch brachte die eigene Verletztheit offen zum Ausdruck.

Sein Schreiben an die 4000 Bischöfe, das über die Nuntien persönlich zugestellt wurde, leitete der Pontifex damit ein, »ein klärendes Wort« sprechen zu wollen. Er hoffe, »auf diese Weise zum Frieden in der Kirche beizutragen«, schließlich werde die Debatte mit »einer Heftigkeit« geführt, »wie wir sie seit Langem nicht mehr erlebt haben«. Verschiedene Gruppierungen hätten ihn offen beschuldigt, »hinter das Konzil zurückgehen zu wollen«. Es habe sich »eine Lawine von Protesten« in Bewegung gesetzt, »deren Bitterkeit Verletzungen sichtbar machte, die über den Augenblick hinausreichen«. Andererseits seien bei der Veröffentlichung der Maßnahme deren »Grenze und Reichweite« durch den Vatikan »nicht klar genug dargestellt worden«. Eine weitere »für mich nicht vorhersehbare Panne« habe darin bestanden, »dass die Aufhebung der Exkommunikation überlagert wurde von dem Fall Williamson.« So sei der »leise Gestus der Barmherzigkeit gegenüber vier gültig, aber nicht rechtmäßig geweihten Bischöfen« plötzlich verstanden worden »als Absage an die christlich-jüdische Versöhnung, als Rücknahme dessen, was das Konzil in dieser Sache zum Weg der Kirche erklärt hat«. Er könne nur »zutiefst bedauern«, dass durch diese Überlagerung der »Frieden zwischen Christen und Juden wie auch der Frieden in der Kirche« gestört worden sei, wenn auch nur »für einen Augenblick«.[32]

Im Stil der Briefe der apostolischen Väter warb der Papst darum, seinen Schritt aus dem Geist des Evangeliums heraus zu verstehen. Von Christus wisse man, es seien einzig die Gesten der Barmherzigkeit und der Liebe, die den Menschen und die ganze Gesellschaft ins Positive wandeln könnten. Ausdrücklich erinnert er dabei an seine Enzyklika *Deus caritas est*, die seinerzeit gerade auch von Kritikern so bejubelt worden war. Fest stehe, »wer Gott als Liebe bis ans Ende verkündigt«, der müsse auch selbst »das Zeugnis der Liebe geben«. Die Rücknahme der Exkommunikation habe das gleiche Ziel wie die Strafe selbst verfolgt, nämlich »noch einmal die vier Bischöfe zur Rückkehr einzuladen«. Diese Geste sei möglich gewesen, »nachdem die Betroffenen ihre grundsätzliche Anerkennung des Papstes und seiner Hirtengewalt ausgesprochen hatten, wenn auch mit Vorbehalten«. Benedikt unterstrich: »Solange die doktrinellen Fragen nicht geklärt sind, hat die Bruderschaft keinen kanonischen Status in der Kirche, und so lange üben ihre Amtsträger, auch wenn sie von der Kirchenstrafe frei sind, keine Ämter rechtmäßig in der Kirche aus.«

Den Hauptteil seines Briefes widmete der Papst den Motiven für die Aufhebung. Es bleibe »die Frage: War das notwendig? Natürlich gebe es Wichtigeres und Vordringlicheres«, räumte er ein. Für den Nachfolger Petri sei jedoch die erste Priorität, was Jesus im Abendmahlssaal in dem Auftrag »Du aber stärke deine Brüder« fixiert habe. Der heilige Petrus habe diese Priorität so formuliert: »Seid stets bereit, jedem Rede und Antwort zu stehen, der nach der Hoffnung fragt, die in euch ist.« Gerade in einer Zeit, »in der der Glaube in weiten Teilen der Welt zu verlöschen droht wie eine Flamme, die keine Nahrung mehr findet«, gehe es darum, »dass alle, die an Gott glauben, miteinander den Frieden suchen«, um trotz der »Unterschiedenheit ihres Gottesbildes« gemeinsam »auf die Quelle des Lichts zuzugehen«.

Auch die zivile Gesellschaft müsse versuchen, im Sinne der Resozialisierung stets den »Radikalisierungen zuvorzukommen«, indem sie versuche, Menschen »zurückzubinden in die großen gestaltenden Kräfte des gesellschaftlichen Lebens«. Hierdurch könnten Abkapselungen vermieden und »Verkrampfungen und Verengungen« aufgelöst werden. Herausfordernd stellte der Pontifex die Frage: »War und ist es wirklich verkehrt, auch hier dem Bruder entgegenzugehen, ›der etwas gegen dich hat‹, und Versöhnung zu versuchen?« Selbst unter der Gefahr, »dass die leise Gebärde einer hingehaltenen Hand zu einem großen Lärm und gerade so zum Gegenteil von Versöhnung geworden ist«.

Auf die Piusbruderschaft bezogen, habe man von Vertretern dieser Gemeinschaft »viele Misstöne« gehört. Der Papst kritisierte deren »Hochmut und Besserwisserei«. Aber es gehe nicht nur um vier Bischöfe. Betroffen seien neben 600 000 Gläubigen »491 Priester, 215 Seminaristen, 6 Seminare, 88 Schulen, 2 Universitäts-Institute, 117 Brüder und 164 Schwestern«. Die Frage sei: »Sollen wir sie wirklich beruhigt von der Kirche wegtreiben lassen?« Oder sollte »die Großkirche nicht auch großmütig sein können im Wissen um den langen Atem, den sie hat; im Wissen um die Verheißung, die ihr gegeben ist?« Sollte man unter diesem Aspekt nicht wie ein guter Pädagoge »manches Ungute auch überhören können und ruhig aus der Enge herauszuführen sich mühen«?

Im Übrigen habe es nicht nur vonseiten der Piusbruderschaft »Misstönendes« gegeben: »Manchmal hat man den Eindruck, dass unsere Gesellschaft wenigstens eine Gruppe benötigt, der gegenüber es keine Toleranz zu geben braucht; auf die man ruhig mit Hass losgehen darf. Und wer sie anzurühren wagte – in diesem Fall der Papst –, ging auch selber des Rechts auf Toleranz verlustig und durfte ohne Scheu und Zurückhaltung ebenfalls mit Hass bedacht werden.« Besonders betrübt habe ihn, »dass auch Katholiken, die es eigentlich besser wissen konnten, mit sprungbereiter Feindseligkeit auf mich einschlagen zu müssen glaubten«. Umso mehr danke er »den jüdischen Freunden, die geholfen haben, das Missverständnis schnell aus der Welt zu schaffen und die Atmosphäre der Freundschaft und des Vertrauens wiederherzustellen«. Nicht verkneifen wollte sich der Papst in dem Brief an seine Bischöfe eine Spitze um ein Zitat aus den Paulus-Briefen. Er habe immer dazu geneigt, dieses Wort des Apostels als »eine der rhetorischen Übertreibungen anzusehen«, die es bei Paulus gelegentlich gebe. Nun habe er erkennen müssen, dass dessen Aussagekraft zeitlos ist. »Wenn ihr einander beißt und zerreißt«, hatte der Apostel gemahnt, »dann gebt acht, dass ihr euch nicht gegenseitig umbringt.« Leider gebe es dieses »Beißen und Zerreißen«, konstatierte Benedikt, auch in der heutigen Kirche.

Kapitel 67

Die »Kondom-Krise«

Auch wenn sich die Wogen wieder glätteten, an der Kurie ging die Williamson-Affäre nicht spurlos vorüber. Die zahlreichen Versäumnisse im Management hatten Unsicherheit und gegenseitige Schuldzuweisungen ausgelöst. Unter Johannes Paul II. sei die Leitung der Kirche nicht kompetenter gewesen, hieß es, aber sie habe einfach mehr Unterstützung gehabt. Kurienerzbischof Rino Fisichella befand: »Ratzinger war der richtige Mann zur richtigen Zeit. Aber vielleicht sollte der Papst mehr Leute haben, die ihm helfen.«[1] Dass Benedikts reserviertes Wesen seiner Regierungsarbeit nicht unbedingt Schlagkraft gab, war das eine, »aber genau aus diesem Grund«, erzürnte sich Benny Lai, ein altgedienter Vaticanista, »sollte er eine perfekte Maschinerie an seiner Seite haben, die wie geschmiert läuft und eine wichtige Stütze ist«.

Ins Zentrum der Kritik geriet vor allem Kardinalstaatssekretär Tarcisio Bertone. Bertones Berufung galt von Anfang an als problematisch. Sein Umgang wurde als rigide und autoritär empfunden. Der Kardinal sei immer in Eile und wenig konziliant. Durch seine Einmischungen in die italienische Innenpolitik hätte er eine zusätzliche Front an politischen Gegnern hervorgerufen. Vorgehalten wurde ihm vor allem, nicht präsent zu sein, wenn es brannte, weder psychisch noch physisch. Statt den Papst zu schützen, sei er ständig auf Reisen. Unter einem professionellen Staatssekretär wäre die Williamson-Affäre erst gar nicht zum Ausbruch gekommen.

Bertones häufige Abwesenheit hinterließ ein Vakuum. Entstehe durch Mängel in der Regierungsarbeit im Vatikan jedoch irgendwo eine Lücke, so Kardinal Gerhard Ludwig Müller, würden »die klassischen Seilschaften das ausnutzen« und diese Lücke sofort füllen.[2] Kurienmitarbeiter erinnerten sich an eine Auseinandersetzung zwischen Gänswein und Bertone, in der der Papstsekretär mit dem Kardinal auf dem Höhepunkt der Krise um die Rücknahme der Exkommunikation gegenüber den Piusbrüdern eine Stunde lang über dessen neue Reisepläne gestritten hätte. »Hören Sie mal«, hatte Gänswein gedonnert, »der Papst hat mit Ihnen darüber gesprochen, und ich sage Ihnen das im Vertrauen: Sie haben eine Reihe von Gegnern, die Ihnen Unfähigkeit vorwerfen. Sie reisen nach Spanien, erklären den Bischöfen die Guidelines der Politik und der Theologie von Benedikt XVI. – das ist ja lachhaft. Man muss den spanischen Bischöfen das nicht erklären, und schon gar nicht der Kardinalstaatssekretär. Sie haben zu Hause zu arbeiten, und Sie haben hier das zu tun, was Ihres Amtes ist‹.«[3]

Im April 2009 ging im Büro des Papstes ein persönliches Schreiben von Kurienerzbischof Paolo Sardi aus dem Staatssekretariat ein. Sardi informierte darin das Oberhaupt der katholischen Kirche über die seiner Meinung nach entstandenen Missstände in verschiedenen Abteilungen der Kurie. Erwähnt wurden auch die Reisen des Staatssekretärs. Seine häufige Abwesenheit, durch die es ihm an Zeit für die Koordinierung der Arbeit fehle, führe bei den Mitarbeitern zu Verwirrung und Vertrauensverlust. Aber nicht nur Sardi hatte sich beklagt. Auch Kardinäle, die Benedikt nahestanden – wie der Patriarch von Venedig, Angelo Scola, und der Erzbischof von Köln, Joachim Meisner – intervenierten und baten den Papst, seinen Staatssekretär abzusetzen. Dass auch Kardinal Schönborn Bertones Ablösung gefordert hätte, wurde in unserem Gespräch vom *Papa emeritus* nicht bestätigt: »Nein, das ist nicht gewesen.« Meisner jedoch hatte nicht nur mündlich, sondern auch schriftlich einen Personalwechsel angeregt. Doch der Papst ließ sich nicht überzeugen. Überliefert sind von ihm die Worte: »Bertone bleibt, darüber wird nicht gesprochen.«

Beobachter sahen in Bertone den Grund dafür, dass im Pontifikat Benedikts XVI. das reichlich vorhandene Potenzial nicht annähernd ausgeschöpft werden konnte. Die Hoffnung war, Benedikt würde Bertone mit dem Erreichen der Altersgrenze zu seinem 75. Geburtstag ablösen, ohne dass es nach einer Degradierung aussähe. Doch der Papst entschied sich im Januar 2010 dafür, Bertone im Amt zu bestätigen. Sekretär Gänswein protestierte: »Bertone hat sich schon einige Hämmer geleistet, das ist einfach zu viel.« Der Papst ließ sich dadurch nicht beirren. »Sie wissen ja nicht, was Sodano alles gemacht hat«, gab er zur Antwort. »Der hat seine Böcke geschossen, genauso, wie Bertone seine Böcke schießt, und wäre es ein anderer, würde es ihm genauso passieren können.«

Bertone war Ratzinger gegenüber immer loyal gewesen. In der Zeit als Präfekt hatte sich der Kardinal nicht nur auf der dienstlichen Ebene, sondern auch menschlich gut mit dem Italiener verstanden. Auf die Frage, warum er den umstrittenen Staatssekretär nicht entlassen habe, erklärte Benedikt in unserem Gespräch: »Weil ich keinen Grund dazu hatte. Bertone war zwar kein Diplomat, das ist richtig, er war Seelsorger, Bischof und Theologe, Professor, Kirchenrechtler. Als Kanonist hatte er aber auch Internationales Recht doziert und verstand sich durchaus auf die rechtlichen Aspekte des Dienstes. Es gab von manchen Seiten einfach von vornherein ein starkes Vorurteil gegen ihn. Gut, er hat vielleicht Fehler gemacht, durch zu viele Reisen, durch Reden und so. Er stand nun mal in der Kritik, und ich denke, vieles, was gegen ihn gerichtet war, hat im Grunde mir gegolten. Wir haben einander vertraut, haben einander verstanden, und deswegen stand ich zu ihm.«[4]

Es entsprach den Prinzipien Ratzingers, Freunde und Mitarbeiter nicht zu selektieren oder einfach fallen zu lassen. Wenn schon Gott bereit war, selbst auf krummen Zeilen gerade zu schreiben, dann konnte man das auch von seinen Dienern erwarten. Die Umgebung des Papstes legte diese Wesensart eher als Schwäche aus. Sein Chef habe »viel zu viele Leute viel zu lange gehalten«, urteilte Gänswein, »jemanden bloßstellen, das kann er nicht«. Kardinal Kurt Koch war der Überzeugung: »Er würde nie Menschen, denen er das Vertrauen geschenkt hat, dieses wieder entziehen.« Schwester Christine Felder wusste, »wenn es ins Persönliche geht, wo man in das Leben der anderen Person eingreift, da fällt es ihm schwer, eine Linie zu ziehen. Weil er nun einmal Personen verbunden bleibt«. Die Schwester fügte einen bemerkenswerten Satz hinzu: »Er kündigt Freundschaften nicht auf, auch wenn er darunter leidet.«[5]

Seinem engen Mitarbeiter blieb Ratzinger auch als *Emeritus* treu, als Bertone in Verdacht geraten war, Spendengelder für die Renovierung seines Altersruhesitzes (eines Penthouses im Stadtzentrum Roms für ihn und eine Schwesterngemeinschaft) zweckentfremdet zu haben. Es ging um eine Summe von rund 400 000 Euro. Solange der Verdacht der Veruntreuung nicht gerichtlich erwiesen sei, so Benedikt, sehe er keinen Grund, über Bertone den Stab zu brechen. Zu einem Prozess kam es nicht. Der Salesianer Don Boscos zahlte im März 2016 freiwillig 150 000 Euro zurück. Zuletzt hatte ihm Papst Benedikt im Zuge der Aufarbeitung von Missständen in der vatikanischen Finanzverwaltung die Kooperation mit internationalen Untersuchungsstellen entzogen, was im Dezember 2012 als erster Schritt zur Entmachtung Bertones gewertet wurde.

Einer unverständlichen »Nibelungentreue« war Ratzinger auch in der Verbindung zur »Katholischen Integrierten Gemeinde« (KIG) erlegen. Als gegen die Gruppe Vorwürfe wegen der Gängelung ihrer Mitglieder erhoben wurden, ging Ratzinger etwas auf Distanz, löste allerdings die Beziehung nicht auf. Als Papst beglückwünschte er Traudl Wallbrecher, die Gründerin der »Integrierten«, im Mai 2008 zu deren 85. Geburtstag, wenn auch mit einem mahnenden Hinweis: »Möge die stille Flamme Ihrer Gemeinde immer sich von der gemeinsamen großen Flamme des Glaubens der Kirche nähren und so eine der feurigen Zungen werden, mit denen der Heilige Geist in dieser Welt spricht.«[6] Allerdings riet er einem Sohn Wallbrechers und seiner Ehefrau, aus der KIG auszutreten. Dass das einst so verheißungsvolle Projekt der »Integrierten« gescheitert war, bestätigte im Oktober 2019 ein Bericht über die Visitation der Gemeinde durch das Erzbischöfliche Ordinariat München. Inzwischen war die Gruppe auf 15 Mitglieder zusammengeschrumpft. Das Gutachten bemängelte unter anderem, dass durch Versammlungsbeschlüsse Ehen »gestiftet und getrennt« wurden oder entschieden wurde, »ob und wann ein Ehepaar Kinder bekommen durfte«. Kontakte zu Herkunftsfamilien seien »erschwert oder ganz unterbunden«, Berufsausbildungen angeordnet und Mitglieder als »billige Arbeitskräfte« eingesetzt worden. Teils habe »Sippenhaft« geherrscht, »Einkommen und Erbschaften oder Schenkungen« mussten der Gemeinde übertragen werden. Ausgeschiedene seien eingeschüchtert und geächtet worden. Darüber hinaus sei ein »unwürdiger Umgang mit den eucharistischen Gaben« festgestellt worden.[7]

Intern wurden im Vatikan aufgrund mangelnder Fähigkeiten nicht nur Bertone und führende Kuriale wie die Kardinäle Hoyos und Levada kritisiert, ins Blickfeld gerieten auch die Schwächen des Papstes selbst. Jean-Marie Guénois, der Vatikanberichterstatter des *Le Figaro*, glaubte erkannt zu haben, »dass dieses Pontifikat ein Problem mit der Regierungsführung hat«. Das grundlegende Problem sei, dass »der Papst von Beginn seines Pontifikats an entschieden hat, die alltägliche Regierungspraxis einem anderen zu überlassen«. Bertone tue, was er kann. Die Frage sei: »Würde ein anderer Staatssekretär, ein Diplomat, es besser machen, wenn an der Spitze der Hierarchie die Meinung vorherrscht, dass die Regierungsführung einschließlich dessen, was daraus hervorgeht, nicht besonders wichtig, nicht ausschlaggebend ist?«[8]

Benedikt ließ Entscheidungen gerne reifen. Musste aufgrund zwingender Umstände ein Entschluss rasch gefällt werden, war das ein Problem für ihn. Es sei dann schwierig gewesen, merkte Gänswein an, »aus ihm herauszukriegen, was er eigentlich will, beziehungsweise ob er etwas will oder nicht will«. Als sein Sekretär hätte er erwartet, dass der Papst, »ohne eigens gefragt zu werden, sagt, das möchte ich so und das möchte ich so«. Leider sei der Weg »zur klaren Benennung in einfachen Dingen manchmal sehr lang und mühevoll gewesen«.

Kardinal Koch führte die Entscheidungsschwäche Ratzingers auf dessen Wesen zurück: »Er war zu milde mit Gegnern und ist nicht klar gegen sie vorgegangen.« Pater Norbert Johannes Hofmann, Sekretär der Päpstlichen Kommission für die religiösen Beziehungen zum Judentum, beobachtete in jenen Jahren, Papst Benedikt sei »einfach zu lieb und zu nett« gewesen: »Er ist eben keiner, der reingrätscht.« Kardinal Müller sah das ähnlich: »Der Papst ist zu gutmütig. Er glaubt nicht an das Böse im Menschen. Er kann sich das nicht vorstellen, weil er selber nicht so ist.« Thomas Frauenlob, sieben Jahre lang Mitarbeiter der Bildungskongregation, befand, »der Papst hatte nicht den Willen, sich in Fragen, die nicht die Lehre betreffen, durchzusetzen«. Möglicherweise hindere ihn daran auch eine »gewisse Eigenbrötelei, die er schon als Schüler an sich entdeckte. Eine gewisse Unbeholfenheit ist jedenfalls geblieben.«[9]

Für einen seiner ehemaligen Assistenten, den Judaistik-Professor Peter Kuhn, lag »die Schwäche des Papstes einfach in der Auswahl seiner Mitarbeiter. Das war schon immer so«. Benedikt selbst räumte ein, zum einen wäre eine gute Menschenkenntnis nicht unbedingt seine Sache, zum anderen habe es ihm als Papst durchaus gelegentlich an einer »klaren, zielstrebigen Regierungsführung« gefehlt: »Ich bin eben doch in der Hinsicht tatsächlich mehr Professor, jemand, der die geistigen Dinge überlegt und bedenkt. Das praktische Regieren ist nicht so meine starke Seite.«[10]

Während des Konklaves hatte Ratzinger vor seinem geistigen Auge ein Fallbeil auf sich niedersausen sehen. Jetzt konnte er erleben, wie die Guillotine ihre Arbeit tat. Schon eine Woche nach den Turbulenzen um die Piusbrüder folgte die nächste Skandalisierung, die sogenannte Kondom-Krise.

Am 17. März 2009 trat der Heilige Vater eine einwöchige Reise nach Kamerun und Angola an. Er will den in Jaunde versammelten afrikanischen Bischöfen, was noch nie ein Pontifex vor ihm tat, persönlich das *Instrumentum Laboris* überreichen, die Arbeitsvorlage für die Debatte auf der zweiten Sonderversammlung der Bischofssynode für Afrika, die er für den Herbst nach Rom einberufen hatte. Benedikt freute sich auf die Reise. Es ist das erste Mal, dass er als Papst den riesigen Kontinent besucht. In Angola hatten die Katholiken den Krieg überdauert und der Verfolgung durch die sozialistische Regierungspartei MPLA getrotzt. Um das Kirchenoberhaupt zu empfangen, wurden in der Hauptstadt Luanda die Straßen neu geteert und die Beleuchtung instand gesetzt. »Wir brauchen den Papst sehr«, sagte im Vorfeld die Ordensschwester Maria Salome. Angesichts eines rasant steigenden Wirtschaftswachstums gierten die Menschen nach Geld »und die materiellen Dinge blockieren uns. Ich hoffe, dass er den Glauben hier wieder auffrischt«. Und das Thema Aids? »Der Papst hat seine Meinung«, kommentierte Salome, »aber im Grunde muss das doch jeder für sich selbst entscheiden.«[11]

2009 sind rund 60 Prozent der 15,5 Millionen Einwohner Angolas Katholiken. Die Kirchen sind sonntags übervoll, und Priester gibt es so viele, dass nicht wenige nach Europa beordert werden, um dort die sterbenden Gemeinden zu stützen. Von 2006 bis 2007 stieg die Zahl der Priester in Afrika und Asien um über 20 Prozent, in Europa nahm sie um 7 Prozent ab. Kaum hatte Benedikt den Boden Afrikas berührt, bekräftigte er, die Kirche stehe immer an der Seite der Ärmsten. Er rief zur Bewahrung der Schöpfung auf und schwärmte von der vitalen Glaubensfreude der Menschen. In Luanda erinnerte er die internationale Gemeinschaft daran, »die Frage des Klimawandels in Angriff zu nehmen«, und mahnte »die volle und ehrliche Umsetzung der Verpflichtungen zugunsten der Entwicklung« an. Schließlich stünde noch immer die Erfüllung des oft wiederholten Versprechens der Industrienationen aus, 0,7 Prozent ihres Bruttoinlandsprodukts »in die offizielle Entwicklungshilfe einfließen zu lassen«. Er gedachte nicht zuletzt seines verstorbenen Freundes Kardinal Bernardin Gantin aus Benin, der angesichts von Stammesfehden, Brudermorden und Gewalttaten eine »Theologie der Brüderlichkeit« angeregt hatte. Kamerun sei ein »Land der Hoffnung«, rief der Papst, weil es den Schutz ungeborener Kinder sichere und weil es Tausende Flüchtlinge aus Zentralafrika aufgenommen habe.

Auf seiner zweiten Afrikastation Angola forderte Benedikt mehr Rechte für Frauen ein. Die »Gleichheit der Würde von Mann und Frau« müsse »anerkannt, bekräftigt und verteidigt werden«. Das »bedrückende Joch der Diskriminierung, das auf Frauen und Mädchen lastet«, aber auch die bittere Ironie jener, »die die Abtreibung als ›mütterliche‹ Gesundheitsvorsorge fördern«, gälte es zurückzuweisen. Die politisch Verantwortlichen warnte er vor einem seelenlosen Fortschritt, wie er von den großen multinationalen Ölkonzernen propagiert werde. Diese Form der Entwicklung bereichere einzig eine Oligarchie privilegierter Personen und führe zu neuen Formen der Ausbeutung und des Kolonialismus. Um eine Nation zu befreien, genüge es nicht, nur materiellen Wohlstand anzustreben. Es bedürfe auch starker moralischer Kräfte und einer geduldigen Bildungsarbeit, um zur Versöhnung zwischen den Stämmen und Ethnien und zur Entwicklung der Länder beizutragen.

Auf der Rückreise nach Rom zeigte sich der Papst ruhig und entspannt. Seine Afrika-Mission war ein voller Erfolg gewesen. »Wir sind dankbar für die Botschaft der Hoffnung, die der Heilige Vater uns in Kamerun und Angola anvertraut hat«, hatte ihn die Regionale Bischofskonferenz Westafrikas (CERAO) verabschiedet. »Und wir danken ihm, dass er uns allen erneut detailliert, klar und verständlich die allgemeine Lehre der Kirche zur Seelsorge für die Aidskranken dargelegt hat.« Doch jenseits von Afrika stellte sich die Lage völlig anders dar. Von all den Begegnungen und Appellen des Papstbesuches hatten die Menschen in Europa kaum etwas mitbekommen – und der Papst hatte nicht mitbekommen, dass sich schon wieder ein Sturm über seinem Haupt zusammenbraute. Er sei überrascht gewesen, so der *Figaro*-Reporter Jean-Marie Guénois, dass Benedikt während des Rückflugs nach Italien erneut die Journalisten treffen wollte: »Er hat in wenigen Minuten eine kurze und wunderschöne Zusammenfassung der soeben zu Ende gegangenen Reise abgegeben und berichtet, dass ihn der außerordentlich herzliche Empfang der Menschen, die er besucht hat, besonders beeindruckt hat.«

Was war in der Zwischenzeit geschehen? Wie üblich hatte es bei der Anreise im Flieger ein Vis-à-vis des Papstes mit den Journalisten gegeben. Benedikt hatte die Fragen vorab erhalten, um sich darauf einstellen zu können. Die Frage Nr. 5 kam von Philippe Visseyrias, einem Journalisten von *France 2*. »Heiligkeit, unter den vielen Übeln, die Afrika heimsuchen«, begann der Franzose, »ist insbesondere auch das der Verbreitung von Aids. Die Position der katholischen Kirche in Bezug auf die Art und Weise, dagegen anzukämpfen, wird oft als unrealistisch und unwirksam betrachtet.« Es schien, als hätte der Heilige Vater auf dieses Thema gewartet, um einige Missverständnisse klarzustellen.

»Ich würde das Gegenteil behaupten«, konterte Ratzinger. »Ich denke, dass die wirksamste, am meisten präsente Realität im Kampf gegen Aids gerade die katholische Kirche mit ihren Bewegungen und verschiedenen Strukturen ist.« Er erinnert an die vielen kirchlichen Einrichtungen, die sich um von Aids betroffene Menschen kümmern. Tatsächlich betreut die katholische Kirche weltweit 25 Prozent aller Aidskranken, so viel wie niemand sonst. Dann fuhr er fort: »Ich würde sagen, dass man das Aidsproblem nicht nur mit Geld lösen kann, das zwar auch notwendig ist. Aber wenn die Seele nicht beteiligt ist, wenn die Afrikaner nicht mithelfen, indem sie eigene Verantwortung übernehmen«, könne man das Problem auch »mit der Verteilung von Präservativen nicht bewältigen. Im Gegenteil, sie vergrößern das Problem. Die Lösung könne nur in einem zweifachen Bemühen gefunden werden: erstens in einer Humanisierung der Sexualität, … die eine neue Verhaltensweise im gegenseitigen Umgang mit sich bringt; und zweitens in einer wahren Freundschaft auch und vor allem zu den Leidenden.«[12]

Kaum war das Statement Benedikts über die Ticker der Agenturen gelaufen, erschienen Online- und Printmedien mit verfänglichen Schlagzeilen: »Papst in Afrika: Aids – Präservative unnütz«, titelte der *Corriere della Sera*. *La Stampa* meldete: »Kondome helfen nicht gegen Aids. Benedikt XVI.: Die Präservative vergrößern das Problem.« Aus dem Zusammenhang gerissen, hatte die Nachricht erhebliche Sprengkraft. »Benedikt XVI. hat seine Reise mit einer heftigen Attacke gegen die Benutzung von Präservativen begonnen«, schrieb *Il Manifesto*. Die *New York Times* kommentierte: »Der Papst hat sich traurigerweise auf die falsche Seite gestellt.« Andere Blätter setzten noch eins drauf, etwa mit der Überschrift »Papst verurteilt Afrikaner zum Tod«.[13]

Die herausgepickten Worte des Papstes wirkten wie Zunder in einer zum Krieg bereiten Umwelt. Das Amt für humanitäre Hilfe der Europäischen Union, das Pariser Außenministerium, die deutschen Ministerien für Gesundheit und Entwicklungshilfe – allesamt reagierten mit Empörungsstufe eins. In Belgien verabschiedete das Parlament eine offizielle Protestnote an den Heiligen Stuhl. Gesundheitsministerin Laurette Onkelinx zeigte sich überzeugt, die Worte des Papstes könnten Jahre der Vorsorge zerstören und unzählige Menschenleben in Gefahr bringen. Die sozialistische Regierung Spaniens unter Luis Zapatero kündigte in einer fast schon rassistischen Geste an, sie werde umgehend eine Million Kondome nach Afrika schicken.

Die Aufregung war noch nicht abgeflaut, als sich kritische Journalisten mit der Frage meldeten, ob es nicht eigenartig sei, dass Staaten, die ihre Hilfe für Afrika trotz eingegangener Verpflichtungen eben erst drastisch eingeschränkt hatten, Kritik gegen die Kirche vorbringen, während Priester, Ordensleute und ehrenamtliche katholische Laien sich – nicht selten unter Einsatz ihres Lebens – darum kümmern, den Leidenden zur Seite zu stehen. Riccardo Bonacina, Herausgeber der italienischen Wochenzeitung *Vita*, die sich mit Non-Profit-Themen beschäftigt, schrieb: »Den Papst anzugreifen gilt nunmehr als zeitgemäß. Doch eines ist wirklich unerträglich: Hier äußern sich dieselben Repräsentanten jener Regierungen, die nicht einmal rot werden angesichts der Tatsache, dass sie das im Jahr 2002 auf der Konferenz in Barcelona festgelegte Ziel verfehlt haben, bis zum Jahr 2006 0,33 Prozent des Bruttoinlandsprodukts für internationale Hilfen zur Verfügung zu stellen.« Es sei nur »allzu wahr, dass die Werbung für Kondome und deren Verteilung sowohl in den Großstädten als auch in den ländlichen Gebieten häufig mehr Probleme verursacht als Hilfe gebracht haben«, fuhr Bonacina fort, »und dass sie dem Gewissen und dem Budget westlicher Agenturen mehr genutzt haben als der Bevölkerung«. Um Aids zu bekämpfen, bedürfe es, »wie der Papst richtig gesagt hat, vor allem dreierlei: a) kostenloser Behandlung, b) einer Humanisierung der Sexualität, vor allem zum Schutz der Frauen, c) wahrer Freundschaft zu den Leidenden, die auch zu Opfern bereit ist. Eine Herausforderung also, die sich ein wenig komplexer gestaltet als die Verteilung von Kondomen«[14].

Der Italiener war nicht der Einzige, der aus eigener Praxiserfahrung heraus die Haltung des Papstes unterstützte. Edward C. Green, medizinischer Anthropologie an der Universität Harvard, der 35 Jahre lang Social-Marketing-Programme in 34 Ländern der Welt betreute, die sich mit der Verteilung von Verhütungsmitteln beschäftigten, erklärte gegenüber der italienischen Wochenzeitung *Tempi*: »Die Fakten sind folgende: Es gibt keine Beweise, dass Kondome als erfolgreiche Operation der öffentlichen Gesundheitsbehörden angesehen werden können, um HIV-Infektionen auf Ebene der Bevölkerung zu reduzieren. *British Medical Journal* und sogar *Studies in Family Planning* haben diese Entdeckung schon von 2004 an mitgeteilt.« Green selbst hatte 1988 in seinem Werk *Aids in Afrika* darauf hingewiesen, »dass zur Vorbeugung gegen Aids die Förderung der partnerschaftlichen Treue wirksamer ist als die Förderung der Verwendung von Kondomen. Die Kondome versagen, weil die Menschen sie nicht richtig benutzen … oder weil sie ein Gefühl falscher Sicherheit erzeugen, aufgrund dessen die Menschen größere Risiken eingehen, die sie nicht eingegangen wären, hätten ihnen keine Kondome zur Verfügung gestanden.«[15]

In Afrika hatte Benedikt XVI. darauf hingewiesen, dass die Haltung des Vatikans in Sachen Aids weder unrealistisch noch wirkungslos ist. Die bloße Fixierung auf Kondome bedeute eine Banalisierung der Sexualität. »Es mag begründete Einzelfälle geben«, etwa »in der Absicht, Ansteckungsgefahr zu verringern« oder wenn Prostituierte ein Kondom verwenden, ergänzte der Papst in einer späteren Erklärung, »wo dies ein erster Schritt zu einer Moralisierung sein kann, ein erstes Stück Verantwortung, um wieder ein Bewusstsein dafür zu entwickeln, dass nicht alles gestattet ist und man nicht alles tun kann, was man will. Aber es ist nicht die eigentliche Art, dem Übel der HIV-Infektion beizukommen.«[16] Ein viel wichtigerer Ansatz sei deshalb die »ABC-Theorie« (Abstinenz, Be Faithful, Condom) – Enthaltsamkeit, Treue, Kondom.

Auch die britische Zeitschrift *The Lancet* hatte im Januar 2000 eine Studie veröffentlicht, die die begrenzte Wirkung von Präservativen als Barriere gegen Aids bewies. Das Risiko, mit dem HIV-Virus angesteckt zu werden, liege auch bei Verwendung von Kondomen beim Geschlechtsverkehr bei 15 Prozent. Es sei kein Zufall, dass in Afrika die Länder, in denen Kondome am weitesten verbreitet sind (Zimbabwe, Botswana, Südafrika und Kenia), auch die Länder mit der höchsten Aids-Rate sind. »Der Papst hat recht. Mit Präservativen wird man das Problem in Afrika nicht lösen«, assistierte der italienische Onkologe Umberto Tirelli: »Die Sache ist die: In Washington, in der Hauptstadt des fortschrittlichsten Landes der Welt, wo umfangreich über den HIV-Virus informiert wird und der Vatikan keine Macht hat, sind drei Prozent der Bevölkerung über zwölf Jahren mit dem Virus infiziert. Das reicht, dass wir uns fragen, mit welcher Glaubwürdigkeit wir in Afrika die Verwendung von Kondomen fordern können.«[17]

Für den Mai 2009 war die Reise des Papstes ins Heilige Land geplant, nach den Wirren der Williamson-Affäre keine leichte Tour. Seine Pilgerfahrt begann Benedikt in Jordanien, um am Berg Nebo das Heilige Land zu schauen. Bei der Ankunft in Amman nahm Prinz Ghazi bin Muhammad, Professor für islamische Philosophie, seinen Gast ausdrücklich gegen Kritiker der Regensburger Rede in Schutz. In Wahrheit sei doch der Vortrag zu einem enormen Katalysator des christlich-muslimischen Dialogs geworden. Nach seiner Landung in Tel Aviv sprach der Papst über die »hässliche Fratze« des Antisemitismus, der sich weiterhin in »vielen Teilen der Welt« zeige. Er gedachte der »sechs Millionen jüdischer Opfer der Schoah« und drückte die Forderung aus, »dass die Menschheit nie wieder Zeuge eines Verbrechens dieses Ausmaßes sein werde«.

Unter extremer Beobachtung stand sein Besuch in Yad Vashem. Sichtlich nervös, fast hilflos stand er in der Gedenkstätte vor der ewigen Flamme. Er wollte keine Floskeln benutzen. Mit bloßen Lippenbekenntnissen würde das Gedenken an das Grauen zu einer reinen Formalie. Benedikt sprach ein Gebet: »Mögen die Namen dieser Opfer niemals vergehen! Möge ihr Leid nie geleugnet, herabgesetzt oder vergessen werden!« Doch der Nachfolger Petri wurde auch hier in erster Linie als Deutscher gesehen. Er hätte sich noch eindeutiger und vor allem lauter erklären müssen, reagierten Kritiker. Es sei »halbherzig« gewesen, monierte die Präsidentin des Zentralrates der Juden in Deutschland, Charlotte Knobloch, der Papst habe nicht auch gesagt, dass ihm der Holocaust »leidtut«.

Die Reise war auch physisch anstrengend, allein schon der Flüge zu den einzelnen Etappen wegen, für die die Israelis alte Militärhubschrauber zur Verfügung gestellt hatten. Benedikt zuckte mit keiner Wimper, Reisebegleiter aber fanden die Transportmittel unbequem, laut und staubig. In keinem anderen Land seien der Equipe des Papstes schäbigere Flieger zur Verfügung gestellt worden. In Jerusalem betete der Papst an der Klagemauer um Frieden und bekannte sich beim Oberrabinat zum »gemeinsamen spirituellen Erbe der Christen und Juden«. Beim Besuch des Großmuftis im Felsendom stellte er die »Gaben der Vernunft und der Freiheit« heraus, die Gott nach christlicher Vorstellung allen Menschen verliehen hat. In seiner Ansprache in Bethlehem pochte er auf das Recht des palästinensischen Volkes »auf eine eigenständige palästinensische Heimat im Land seiner Vorfahren«. Mauern hätten nie ewig Bestand, »sie können niedergerissen werden. Zuerst ist es jedoch notwendig, die Mauern zu entfernen, die wir um unsere Herzen errichten, wie auch die Barrieren, die wir gegen unsere Nächsten aufstellen«.

In Nazareth konnte Benedikt, was Johannes Paul II. bei seinem Besuch im März 2000 noch verwehrt wurde, einen Gottesdienst feiern. Die heilige Messe fand an jener Anhöhe statt, von der seine empörten

Landsleute Jesus hinabstürzen wollten. Benedikt warb für eine Kultur des Friedens unter den verschiedenen Religionen und appellierte an die Christen, das Land nicht zu verlassen. Er schloss seine Reise mit einem flammenden Friedensaufruf: »Kein Blutvergießen mehr! Keine Kämpfe mehr! Kein Terrorismus mehr! Kein Krieg mehr! Lasst uns stattdessen den Teufelskreis der Gewalt durchbrechen! Lasst bleibenden Frieden herrschen, der auf Gerechtigkeit gründet, lasst echte Versöhnung und Heilung walten.«[18]

Der Besuch in Israel wurde von allen Seiten als Erfolg gefeiert. »Insgesamt war die Gastfreundschaft groß«, resümierte der Papst. Besonders bewegend habe er empfunden, »mit welcher Herzlichkeit mich Staatspräsident Peres empfangen hat. Er kam mit großer Offenheit auf mich zu, und mit dem Wissen, dass wir um gemeinsame Werte und um den Frieden, um die Zukunftsgestaltung ringen und dass dabei die Frage der Existenz Israels eine wichtige Rolle spielt«. Ohnehin seien die Spannungen mit Vertretern des Judentums in Israel nicht dieselben gewesen, »wie sie in Deutschland bestanden«. Es habe stets »ein gegenseitiges Vertrauen« geherrscht, »ein Wissen darum, dass der Vatikan für Israel, für das Judentum dieser Welt einsteht, dass wir die Juden als unsere Väter und Brüder erkennen«.[19] Die Beziehungen hätten sich unter dem deutschen Papst deutlich verbessert, lobte nach dem Besuch Benedikts der israelische Botschafter beim Heiligen Stuhl, Mordechay Lewy. In Anspielung an den Aufruhr nach der Williamson-Affäre zitierte der Diplomat ein Wort aus dem biblischen Buch der Richter: »Und aus dem Bitteren kam das Süße.«

Wie intensiv Benedikts Amtsjahr 2009 war, zeigte nach der Bewältigung der Williamson-Affäre, der »Kondom-Krise« und der Reise ins Heilige Land die Herausgabe einer weiteren Enzyklika und die Durchführung des Paulus-Themenjahres. Es schien, als wolle der Papst geistliche Nahrung hinterlassen; für eine Zeit der Bedrängnis, in der die Gläubigen davon zehren könnten. Zugleich setzte der Papst mit der Arbeit an *Jesus II* die Vervollständigung seiner Christus-Trilogie fort. Die praktische Regierungsarbeit eines Papstes mochte wichtig sein, so Ratzingers innerstes Denken, noch wichtiger aber war für einen Nachfolger der Apostel, durch den Erhalt der Glaubensgrundlagen zu retten, was in Gefahr stand, verloren zu gehen.

Als am 29. Juni 2009, dem Fest der Apostel Petrus und Paulus, Benedikts Enzyklika Nr. 3 vorgestellt wurde, war das Ergebnis geradezu revolutionär und von einer beeindruckenden visionären Kraft. Nach *Deus caritas est* und *Spe salvi* formulierte *Caritas in veritate (Die Liebe in der Wahrheit)* als Sozialenzyklika genau jene Hilfsangebote, die dazu beitragen konnten, den heraufdräuenden sozialen und ökonomischen Problemen der Nationen besser begegnen zu können – etwa der zunehmenden Kluft zwischen Arm und Reich, der Abhängigkeit von neuen globalen Wirtschaftsmächten wie Google, Amazon und Facebook oder den Gefahren durch die kaum noch zu beherrschenden Finanzmärkte. Gerade ein Jahr zuvor waren durch den Zusammenbruch der New Yorker Lehman-Bank mit einer Schadenssumme von 613 Milliarden Dollar der größte Crash in der Geschichte der Wall Street und in seiner Folge eine weltweite Finanzkrise ausgelöst worden.

Benedikts Lehrschreiben »über die ganzheitliche Entwicklung des Menschen in der Liebe und in der Wahrheit«, wie die Enzyklika im Untertitel hieß, wollte »die großen Prinzipien in Erinnerung« rufen, »die sich für den Aufbau der menschlichen Entwicklung der nächsten Jahre als unverzichtbar herausstellen«. Kernbotschaft der Schrift: Eine glücklichere »Zukunft für alle« sei möglich, wenn sie »auf der Wiederentdeckung der fundamentalen ethischen Werte gründet«. Es sei an der Zeit, erläuterte Benedikt seinen Text während seines Fluges nach Prag am 26. September 2009, »neue Modelle für eine verantwortliche Wirtschaft zu finden, sowohl für die einzelnen Länder als auch die vereinte Menschheit als ganze. Mir scheint heute wirklich sichtbar zu sein, dass die Ethik nicht etwas ist, was außerhalb der Wirtschaft liegt ... sondern dass sie ein inneres Prinzip der Wirtschaft ist, die nicht funktioniert, wenn sie nicht die menschlichen Werte der Solidarität, der gegenseitigen Verantwortlichkeit berücksichtigt.«[20]

Anknüpfend an die 1967 erschienene Sozialenzyklika *Populorum progressio* von Paul VI. war die Grundaussage von *Caritas in veritate*, eine Gesellschaft könne sich nur dann human entwickeln, wenn sie »den ganzen Menschen und jeden Menschen« ins Zentrum rückt. Für Paul VI. sei das Ziel vor allem die »Überwindung von Hunger, Elend, endemischen Krankheiten und Analphabetismus« gewesen. Im 21. Jahrhundert sei der Hunger zwar noch immer ein Hauptübel. Ihm sei beizukommen mit dem Abbau von Zollschranken und einem erleichterten Zugang zu Wasser und Nahrungsmitteln. Gestiegen jedoch sei die Abhängigkeit vom internationalen Finanzwesen, das einen ungleich größeren Einfluss auf die Verteilung der Güter bekommen habe: »Die ausschließliche Ausrichtung auf Gewinn läuft, wenn dieser auf ungute

Weise erzielt wird und sein Endzweck nicht das Allgemeinwohl ist, Gefahr, Vermögen zu zerstören und Armut zu schaffen.« Unternehmen dürften nicht nur den »Interessen der Eigentümer« dienen, sondern all jenen Menschen, »die zum Leben des Unternehmens beitragen«. Denn Solidarität bedeute, »dass sich alle für alle verantwortlich fühlen«.

Die Enzyklika Benedikts geißelt die »Verantwortungslosigkeit« der politischen Machthaber, die Krisen erst hervorbringe, genauso wie eine »kosmopolitische Klasse von Managern« und Finanzmaklern, die »die Sparer betrügen«. Vielfach hätten sich Sozialsysteme etabliert, die die Bedürftigen in Abhängige verwandelten. Praktische Gegenmittel seien in der bewährten Doppelstrategie von Solidarität und Subsidiarität zu finden, wie sie in der katholischen Soziallehre empfohlen werde. *Caritas in veritate* forderte eine Reform der Vereinten Nationen als auch der »internationalen Wirtschafts- und Finanzgestaltung«, welche die ärmeren Nationen weit mehr berücksichtigen müsse. Um die kaum noch beherrschbaren Finanzmärkte nicht weiter eskalieren zu lassen, setzt die Enzyklika auf »Mechanismen zur Umverteilung«. Dabei sollten die nicht auf Profitorientierung angelegten Organisationen – wie etwa Genossenschaften, Stiftungen und Mikrofinanzinstitute – als ein Ferment im Wirtschaftsleben wirken und dort das Bewusstsein für Gerechtigkeit wachhalten.

Einen außergewöhnlichen Erfolg neben dem weltweiten Lob für seine Enzykliken konnte Benedikt mit seinem Modell für übertrittswillige Anglikaner verbuchen, ohne dass es dabei zu einem Abbruch des Dialogs mit der anglikanischen Gesamtkirche kam. Bereits 2007 hatte sich die *TAC,* die *Traditional Anglican Communion,* mit der Bitte an Rom gewandt, in die sakramentale Gemeinschaft mit der katholischen Kirche eintreten zu dürfen. Die *TAC* war ein Flügel der anglikanischen Kirche in England, Amerika und Australien mit rund 400 000 Mitgliedern, die die Veränderungen der biblischen Grundlagen ihres Glaubens nicht mittragen wollten. Nachdem die Generalsynode der anglikanischen »Kirche von England« 1992 für die Einführung der Frauenordination gestimmt hatte, hatten über 440 Priester ihrer Kirche den Rücken gekehrt. Zwei Jahre lang hatten die Gespräche mit Rom gedauert. Am 20. Oktober 2009 konnte auf gleichzeitig stattfindenden Pressekonferenzen in London und Rom die entsprechende Apostolische Konstitution über den Anschluss an die katholische Kirche angekündigt und am 4. November veröffentlicht werden.

Die Modalitäten der Vereinigung entsprachen ganz der Linie Benedikts, die weder eine bedingungslose Übernahme des katholischen Kultes oder gar eine Kapitulation verlangte, sondern Respekt und Achtung vor dem geistig-geistlichen Erbe einer anderen Konfession vorsah. Die eingegliederte Gemeinschaft sollte auch nicht als ein Anhängsel gelten, sondern als Teilkirche, die mit neu errichteten Personalordinariaten als eine Art Sonderdiözese behandelt werde.

Auf diese Weise gab es innerhalb der katholischen Kirche – neben den Amtsträgern in den unierten Kirchen des byzantinischen Ritus – eine weitere Gruppe verheirateter katholischer Priester. Durch Benedikts neuen Typ von Ökumene entstand erstmals eine Rechtsstruktur, die künftig auch für andere Gemeinschaften eine korporative Wiedervereinigung ermöglicht.

Ein besonderes Ereignis sollte auch die von Benedikt angeregte Feier des Paulusjahres anlässlich des 2000. Jahrestages der Geburt des Apostels sein. Das Themenjahr war 2008 gemeinsam mit dem ökumenischen Patriarchen Bartholomaios I. feierlich eröffnet worden, um nicht zuletzt auch auf die verschlechterte Situation der Christen in den Ländern des Westens aufmerksam zu machen, in denen ein katholisches Glaubensbekenntnis zunehmend mit gesellschaftlicher Ächtung verbunden war. Weltweit wurden nach Schätzungen von Menschenrechtsgruppen am Beginn des neuen Jahrtausends rund 200 Millionen Christen wegen ihres Glaubens benachteiligt und unterdrückt, so viele wie niemals zuvor.

Nach dem von der evangelischen Nachrichtenagentur *idea* herausgegebenen Jahrbuch zur Christenverfolgung *Märtyrer 2009* waren die Christen mit 75 bis 80 Prozent aller religiös Verfolgten die am stärksten diskriminierte Religionsgemeinschaft der Welt.[21] Die westlichen Medien vernachlässigten das Thema, und selbst innerhalb der Volkskirchen wurde die erschreckende Entwicklung kaum wahrgenommen. In ihrer Religionsausübung behindert wurden Christen in komplett allen islamisch regierten Ländern. In Pakistan wurden Muslime von ihren Imamen dazu angestachelt, christliche Wohnviertel zu verwüsten. Im Norden Nigerias verübten islamistische Terrorgruppen schwere Übergriffe und brannten Kirchen nieder. In Indien wurden Straßensperren errichtet, um Christen von Wahlen auszuschließen. In Uruguay wurden Christen durch rechtliche und gesellschaftliche Einschränkungen an den Rand gedrängt, katholische Gebäude ohne Vorwarnung abgerissen. Andere Länder folgten diesem Beispiel – vor allem jene, die neosozialistisch regiert wurden, wie zum Beispiel Venezuela oder Bolivien. In Nordkorea darbten Christen zu Zehntausenden in Konzentrationslagern, in der Volksrepublik China saßen Mitglieder der Untergrundkirche, darunter viele Bischöfe, in Gefängnissen und Arbeitslagern, weil sie sich weigerten, sich der regimetreuen Staatskirche anzuschließen.

Mit einer Reihe von Katechesen hatte der Papst das Themenjahr begleitet, um »vom heiligen Paulus den Glauben zu lernen, Christus zu lernen, schließlich den Weg des rechten Lebens zu lernen«. »Unser ganzes Denken muss von seinem Grund her anders werden«, rief er bei der Abschlusspredigt am 28. Juni 2009 aus. Das neue Denken bedeute nicht, nach Meinung der Massen zu denken, um sich des öffentlichen Beifalls sicher zu sein. Stattdessen gelte es, mutig zum Glauben der Kirche zu stehen, auch wenn er im Widerspruch zum »Schema« des Zeitgeistes stehe. »Der Apostel fordert uns zum Nonkonformismus auf«, den Paulus den »erwachsenen Glauben« nannte, predigte Benedikt. »Gleicht euch nicht dieser Welt an«, heiße es in seinem Römerbrief, »sondern wandelt euch und erneuert euer Denken, damit ihr prüfen und erkennen könnt, was der Wille Gottes ist.« Zuletzt habe er die Christen ermahnt, wachsam zu bleiben, sich auf Gefahren durch reißende Wölfe und falsche Propheten einzustellen.

Der Papst hatte es eilig. Das Paulusjahr war noch nicht beendet, kündigte er bereits ein »Jahr des Priesters« an. War das vorherige Themenjahr vornehmlich dem bischöflichen Amt und dem Engagement für die Mission gewidmet, stand das Priesterjahr unter dem Motto »Treue Christi, Treue des Priesters«. Als Vorbild für die katholischen Seelsorger hatte Benedikt mit Johannes Maria Vianney, dem »Pfarrer von Ars«, einen Mann gewählt, der sich während seines Studiums nicht unbedingt als geniale Begabung gezeigt hatte. Auch vom Typus des leutseligen Dorfpfarrers war Vianney weit entfernt. Mehrfach hatte er seine widerborstigen Pfarrkinder verlassen, teils fluchtartig mitten in der Nacht. Immer wieder aber wurde er von seiner reumütigen Gemeinde zurückgeholt. »Quäle sie so lange, bis sie ihre Sünden nicht länger aushalten«, flehte Vianney Christus an, wenn er sah, dass die ihm anvertrauten Seelen einen Bogen um die Beichte machten. Viel lieber aber predigte er. Etwa über die Wunder und die Güte Gottes, die Schönheit der Seele im Stand der Gnade oder die Erlösungstat, die für die Menschheit das Kreuz Christi darstellte.[22]

Bei der offiziellen Eröffnung des Priesterjahres am 19. Juni 2009, dem Hochfest des Heiligsten Herzens Jesu, forderte Benedikt XVI. die Priester auf, sich stets ihrer Würde bewusst zu sein. Gleichzeitig sollten sie sich einer Läuterung unterziehen und Buße tun, um, falls nötig, die Freude an ihrem Dienst zurückzugewinnen. Schlussendlich sollte das Priesterjahr ein Gebetsjahr werden, mit Studien- und Einkehrtagen und geistlichen Exerzitien. Im Rundschreiben der zuständigen Kongregation wurden ausdrücklich auch jene Geistlichen genannt, die in strafbare Handlungen verwickelt seien, die untersucht, verurteilt und entsprechend bestraft werden müssten. Niemand jedoch konnte sich vorstellen, wie bedeutsam dieser fast als Nebensatz eingefügte Hinweis werden würde – und wie gewaltig die Krise, die damit einhergehen sollte. Man hätte fast meinen können, »der Teufel konnte das Priesterjahr nicht leiden und hat uns daher den Schmutz ins Gesicht geworfen«, hielt Benedikt XVI. im Sommer 2010 fest.[23] Es war jener eigene, unfassbare Schmutz, der über so viele Jahre hinweg in Pfarrhäusern, Abteien und katholischen Internaten unter den Teppich gekehrt worden war und nun die Kirche bis auf ihre Grundfesten erschüttern sollte.

Kapitel 68

Der Skandal des Missbrauchs

Seine Meditation des Kreuzweges im März 2005 war eine bislang nicht gehörte Anklage gewesen: »Wie viel Schmutz gibt es in der Kirche und gerade auch unter denen, die im Priestertum ihm ganz zugehören sollten?«, rief er aus. Er sprach wie jemand, der im Beichtstuhl sitzt, mit Jesus als Beichtvater: »Wir ziehen dich mit unserem Fall zu Boden, und Satan lacht, weil er hofft, dass du von diesem Fall nicht wieder aufstehen kannst.« Als Präfekt der Glaubenskongregation hatte Ratzinger genug Übles gesehen, um von der dunklen Seite der Kirche noch überrascht werden zu können. Aber was jetzt kam, war eine Heimsuchung ohne Beispiel; wie eine der biblischen Plagen, eine Sintflut. Besser gesagt: eine Sünd-Flut.

Als Präfekt hatte Ratzinger dafür gesorgt, dass die Zuständigkeit für den sexuellen Missbrauch durch Kleriker an seine Kongregation ging. Der zuvor beauftragten Kleruskongregation warf er vor, »keine genügend strenge Linie« zu fahren, um rasch und effizient aufklären zu können. Er richtete eine eigene, mit umfangreichen Kompetenzen ausgestattete Gerichtsbarkeit ein, damit die Vergehen auch tatsächlich geahndet würden.

Die Änderung sollte zudem deutlich machen, dass die Verfolgung des Missbrauchs für die Kirche höchste Priorität hat. Bereits 1988 wies Ratzinger auf Schwächen des kirchlichen Gesetzbuches hin, das die Zuständigkeit für diese Delikte auf die diözesane Ebene legte. Nach dem Bekanntwerden unzähliger sexueller Missbrauchsfälle in katholischen Bistümern in den USA drängte er auf die Verschärfung des kirchlichen Strafrechts, um »vor allen Dingen auch schneller zugreifen zu können« und den Opferschutz zu stärken.[1] Das 2001 veröffentlichte Motu proprio *Sacramentorum sanctitatis tutela* und die Note *De delictis gravioribus (Über schwerwiegende Straftaten)* ging auf seine Initiative zurück. Es war ein schon lange gehegtes Vorhaben des Kardinals, das er bis dahin nicht durchsetzen konnte. 2002 berief Ratzinger alle

US-Bischöfe ein, um sich selbst ein Bild über die Missbrauchsfälle in den USA zu machen.

Durch die Bestimmungen des Motu proprio, die im Jahr 2003 noch einmal verschärft wurden, ging die Strafverfolgung nicht nur auf die Glaubenskongregation über, angeordnet wurde auch: Die örtliche Diözese untersucht jede Anschuldigung sexuellen Missbrauchs einer minderjährigen Person durch einen Kleriker. Der Ortsbischof gibt alle notwendigen Informationen an die Kongregation weiter. Die zivilrechtlichen Gesetze, die eine Anzeige bei den Behörden vorschreiben, müssen stets befolgt werden. Bis der Fall abgeschlossen ist, kann der Bischof vorbeugende Maßnahmen verhängen. Die Marschroute lautete: Nähe und Verständnis für die Opfer, Sanktionen gegen Bischöfe, die ihre Pflichten vernachlässigen, Reform der Priesterseminare, Zusammenarbeit mit der zivilen Justiz, Notwendigkeit der Reinigung und Buße – und vor allem: null Toleranz gegenüber den Schuldigen. Die Verjährungsfrist wurde von fünf auf zehn Jahre angehoben.

Als die Übergriffe aus der Vergangenheit des österreichischen Kardinals Hans Hermann Groër publik wurden, war es nach Aussage von Kardinal Christoph Schönborn Ratzinger gewesen, der eine Untersuchungskommission einzusetzen versuchte, leider vergeblich. Ein ehemaliger Schüler hatte Groër 1995 des sexuellen Missbrauchs bezichtigt, als der Geistliche von 1946 bis 1974 als Studienpräfekt ein Knabenseminar betreute. Ende 1997 warfen ihm auch Mönche verschiedener Klöster sexuelle Belästigungen vor. Groër musste als Vorsitzender der österreichischen Bischofskonferenz zurücktreten. Sein Nachfolger Schönborn hatte danach offen von den Schwierigkeiten gesprochen, auf die der Glaubenspräfekt bei der Durchsetzung einer härteren Linie bei sexuellem Missbrauch gestoßen sei. Ratzinger selbst habe ihm offenbart, er sei »von der diplomatischen Partei der römischen Kurie« gebremst worden. Schönborn erinnerte daran, dass Sodano es gewesen sei, der »die Einsetzung einer Untersuchungskommission über den Fall Groër verhinderte«[2]. Wer behaupte, der frühere Präfekt habe Missbrauchstäter unter katholischen Geistlichen nicht entschieden genug verfolgt oder er habe sich dem Thema nicht gestellt, »der kennt die Fakten nicht«[3].

Ein besonders widerlicher Fall lag für Ratzinger in den Verbrechen des Gründers der »Legionäre Christi« Marcial Maciel (auch: Marcial Maciel Degollado) vor. Der 1920 geborene Mexikaner hatte als Seminarist mit Unterstützung einflussreicher Familien eine Gruppierung gegründet, der er später den Namen »Legionäre Christi« gab. Seine konservativ orientierte Gemeinschaft zählte 650 Priester, 2500 Theologiestudenten, 1000 geweihte Laien und 30 000 einfache Mitglieder in 20 Ländern. Zu ihr gehörten Dutzende von Schulen, die 1993 gegründete Hochschule *Athenaeum Regina Apostolorum* päpstlichen Rechts in Rom und die 2004 entstandene staatlich anerkannte *Università Europea di Roma*. 1997 hatten acht seiner ehemaligen Seminaristen Maciel in einer US-amerikanischen Tageszeitung bezichtigt, sie in den Fünfzigerjahren im römischen Ausbildungszentrum des Ordens sexuell missbraucht zu haben. Bereits 1978 und 1989 hatte sich Juan Vaca, fünf Jahre lang Vorsitzender der Legionäre in den Vereinigten Staaten, in Briefen an Johannes Paul II. gewandt. Auf keinen bekam er eine Antwort. Drei weitere Legionäre übergaben am 17. Oktober 1998 dem Untersekretär der Glaubenskongregation, Gianfranco Girotti, einen Antrag auf ein Strafverfahren. Maciel stritt die Vorwürfe ab und stellte sich als Opfer einer Verleumdungskampagne dar.

Unter Karol Wojtyla wurden die Beziehungen des Paters zu einflussreichen Persönlichkeiten der Kurie immer enger. Als Förderer galten Kardinalstaatssekretär Angelo Sodano, der spanische Kardinal Eduardo Martínez Somalo und Papstsekretär Stanislaw Dziwisz. Im April 2003 war in Madrid ein Interview-Buch mit Maciel unter dem Titel *Christus ist mein Leben* erschienen. Der Band war als Reaktion auf die Vorwürfe der Ex-Legionäre gedacht. Maciel sprach darin von »Missverständnissen« und »Verleumdung«. Für die ein Jahr später erschienene italienische Ausgabe schrieb Tarcisio Bertone, der im Dezember 2002 zum Erzbischof von Genua und im Oktober 2003 zum Kardinal erhoben worden war, das Vorwort. Während Ratzinger auf Fragen eines mexikanischen Bischofs während eines *Ad Limina*-Besuches zu verstehen gab, er könne in der Angelegenheit Maciel nichts tun, zelebrierte Maciel in Sankt Paul vor den Mauern im November 2004 zusammen mit 500 Priestern in Anwesenheit von Angelo Sodano und weiteren Kardinälen eine heilige Messe aus Anlass seines 60-jährigen Priesterjubiläums. Die Feierlichkeiten gipfelten in einer Papstaudienz am 30. November für Maciel und Tausende von Legionären in der großen Audienzhalle.[4]

Demonstrativ war Ratzinger der Jubiläumsfeier ferngeblieben. Zwischenzeitlich hatte der Präfekt seinen Mitarbeiter Charles Scicluna, den Chefankläger der Glaubenskongregation *(Promotor Iustitiae)*, damit beauftragt, das Verfahren gegen den Gründer der »Legionäre

Christi« zu forcieren. Scicluna befragte am 2. April in New York unter anderem einen der Anzeigeerstatter und kontaktierte Zeugen in Mexiko, Irland und Spanien. Ein Jahr später, Ratzinger war inzwischen Papst geworden, wurde Maciel gezwungen, die Leitung der Legionäre niederzulegen. Der Vatikan veröffentlichte am 19. Mai 2006 folgendes Kommuniqué: Nach eingehender Überprüfung der Untersuchungsergebnisse habe der neue Leiter der Glaubenskongregation, Kardinal William Levada, in Anbetracht des prekären Gesundheitszustands Maciels von einem kirchenrechtlichen Verfahren abgesehen und den gefallenen Priester zu einem zurückgezogenen Leben des Gebets und der Buße aufgefordert, »wobei er auf jedes öffentliche Amt verzichten soll«.

Als Maciel knapp zwei Jahre später im Alter von 87 Jahren in den USA starb, wurden weitere Details über das Treiben des Ordensgründers bekannt. Maciel hatte danach nicht nur Seminaristen missbraucht, sondern in Spanien und Mexiko jeweils eine Familie mit eigenen Kindern gegründet. An Wochenenden schlüpfte er häufig in Zivilkleidung, ließ sich vom Verwalter Mengen an Geld geben und verschwand für zwei, drei Tage, ohne Angaben zu seinem Aufenthaltsort zu machen. Verschiedene Frauen sagten aus, der Mexikaner habe sich als Mitarbeiter eines Ölkonzerns oder als CIA-Agent vorgestellt. Ein spanischer Journalist berichtete, auf dem Sterbebett hätte der Pater dem Glauben abgeschworen und die Sterbesakramente verweigert.[5]

Ratzinger hatte als Präfekt die Ermittlungen über den Gründer der Legionäre eingeleitet und sie als Papst zu Ende geführt. Dass die Untersuchungen viel zu spät begannen, verteidigte er damit, man sei »nur sehr langsam und verspätet an diese Dinge herangekommen. Sie waren irgendwie sehr gut verdeckt«. Schließlich habe man »eindeutige Zeugnisse« gebraucht, »um wirklich Gewissheit zu haben, dass die Vorwürfe zutreffen«[6]. Nach einer im März 2009 von ihm angeordneten Apostolischen Visitation setzte der Papst einen Delegaten als Leiter der Legionäre ein, der mit einer Gruppe von Mitarbeitern die nötigen Reformen im Orden umsetzen sollte.

Die Enthüllungen über Maciel beeinflussten auch den Seligsprechungsprozess für Johannes Paul II. Bei seinen Umtrieben hatte Maciel auf die Immunität gebaut, die ihm sein Status als Gründer der Legionäre Christi verschaffte. Sein Einfluss war machtvoll genug und der Schaden, der durch eine Enthüllung entstanden wäre, zu groß, als dass er einen Zugriff befürchten musste. Dass ein fast schon als heiligmäßig verehrter Mann zu den ihm vorgehaltenen Verbrechen fähig sein sollte, schien obendrein unvorstellbar. Die Frage war, ob es eine persönliche Verwicklung Wojtylas in das geheime Netzwerk des Paters gegeben habe. Hatte er möglicherweise persönlich Einfluss genommen, die Vorwürfe unter Verschluss zu halten? »Diese Fragen haben wir uns alle gestellt«, berichtete Georg Gänswein. »Ich habe nie kapiert, dass man da nichts gemerkt haben soll.« Andererseits habe Wojtyla dieses »heiße Eisen« gerade deshalb an seinen Glaubenspräfekten gegeben, weil er nur ihm vertraute, die Delikte tatsächlich aufzuklären.[7] Im Prozess der Seligsprechung erklärte Kurienkardinal William Levada für die Glaubenskongregation: »Es gibt einige Briefe und Bittschriften, die von den Anzeigerstattern an Johannes Paul II. gesandt wurden. Es ist jedoch keinerlei persönliche Verwicklung des Dieners Gottes in das Verfahren gegen P. Marcial Maciel bekannt.«[8] Vatikan-Pressesprecher Joaquín Navarro-Valls versicherte, Wojtyla habe »niemals etwas zurückgehalten oder verheimlicht«. Zugleich räumte er ein: Benedikt XVI. lade sich »die Verantwortung für Fehler auf, die – wie wir alle wissen – er selber nicht gemacht hat«.

Im Laufe des Jahres 2009 jedoch baute sich ein Tsunami auf, der bis in das Pontifikat Papst Franziskus' hinein die Grundfesten der katholischen Kirche erschüttern sollte. Manche sprachen von der größten Krise der Kirchengeschichte überhaupt. Erzbischof Gänswein brachte das Wort vom »Nine-eleven unseres Glaubens« ins Gespräch, der die katholische Kirche in einem ähnlichen Maß traumatisiere, wie es die Terrorattacken vom 11. September 2001 in den USA taten. Aber im Grunde war kein Begriff ausreichend, das Ausmaß des Missbrauchs fassen zu können, noch den riesigen Vertrauensverlust für die Kirche, der damit einherging.

Den Anfang machte Irland, das traditionell katholische Land, das dem Glauben trotz aller Anfeindungen über die Jahrhunderte treu geblieben und einmal Ausgangspunkt für die Mission großer Teile des europäischen Festlandes gewesen war. Es ist der 20. Mai 2009. Gerade eben erst hatte der Vatikan die Turbulenzen der Williamson-Affäre und die sogenannte Kondom-Krise überstanden, als der Ryan-Report veröffentlicht wurde, benannt nach Richter Seán Ryan, dem Koordinator einer Regierungskommission, die sich im Anschluss an einen Filmbericht über Missbräuche an katholischen Schulen einen Überblick verschaffen wollte.

Das Ergebnis war niederschmetternd. Der Report ergab, dass in Einrichtungen der katholischen Kirche in einem Zeitraum von 50 Jahren etwa 2500 Kinder und Jugendliche Opfer von Übergriffen wurden (später wurde diese Zahl nach unten korrigiert). Der Großteil der Fälle betraf körperliche Züchtigungen und psychische Gewalt, ein kleinerer Teil sexuellen Missbrauch. Auffällig war, dass von den Fünfziger- bis Mitte der Sechzigerjahre die Zahl der Fälle konstant bei einem geringen Mittelwert lag. Erst ab da begann die Kurve zu steigen, um dann in den Siebziger- und Achtzigerjahren den Höchststand zu erreichen.[9]

Benedikt XVI. hatte unmittelbar nach seiner Amtsübernahme eine Reihe von Priestern suspendiert, darunter im Mai 2005 den Gründer der »Diener des Unbefleckten Herzens Mariens«, Dino Burresi, dem Missbrauch einiger seiner Schüler zur Last gelegt wurde. Beobachter merkten an, dass sich durch den neuen Papst der Wind gedreht habe. Allein in den Jahren 2011 und 2012 suspendierte der deutsche Papst 384 Priester und hochgestellte Verantwortliche, weil sie sich des Missbrauchs von Minderjährigen oder aber der Vertuschung schuldig gemacht hatten.[10] Darunter der irische Bischof und ehemalige Sekretär von drei Päpsten, John Magee, und der kanadische Bischof Raymond John Lahey, auf dessen Laptop kinderpornografisches Material gefunden wurde. Seinen Abschied nehmen musste beispielsweise auch der Erzbischof von Miami, John C. Favalora, der beschuldigt wurde, pädophile Priester gedeckt, in seiner Diözese eine Lobby von homosexuellen Priestern geduldet und selbst an Missbräuchen beteiligt gewesen zu sein. Bereits 2008 und 2009 waren 171 Geistliche suspendiert worden.[11] Am 28. Oktober 2006, noch bevor das Ausmaß der Übergriffe bekannt geworden war, forderte Benedikt XVI. von den Bischöfen Irlands, »die Wahrheit über das ans Licht zu bringen, was in der Vergangenheit geschehen ist«, sowie »alle notwendigen Maßnahmen zu ergreifen, damit sich Derartiges nicht mehr wiederholt«. Zudem müsste gewährleistet werden, »dass die Prinzipien der Gerechtigkeit vollkommen geachtet werden, um vor allem den Opfern und all jenen Heilung zu bringen, die von diesen ungeheuerlichen Verbrechen betroffen sind«.

Der Ryan-Report war kaum veröffentlicht, als am 26. November 2009 die Vorstellung des Murphy-Reports, benannt nach der Richterin Yvonne Murphy, für einen weiteren Schock sorgte. Diesmal bezogen sich die Ermittlungen auf das Erzbistum Dublin und betrafen 172 Priester. Sie waren trotz ihrer Übergriffe zwischen 1975 und 2004 von ihren Bischöfen geschützt oder zumindest nicht bestraft, sondern schlimmstenfalls in eine andere Diözese versetzt worden. Der Report hielt fest, dass die Verantwortlichen »mehr darum besorgt waren, die Geheimhaltung zu wahren, Skandale zu vermeiden, den Ruf der Kirche zu schützen und ihre Güter zu retten. Alle weiteren Überlegungen, die Gesundheit der Kinder und die Gerechtigkeit gegenüber den Opfern eingeschlossen, wurden dem untergeordnet«. Der irische Pater Vincent Twomey, Schüler und enger Vertrauter Ratzingers, forderte umgehend den Rücktritt aller Bischöfe des Landes. Twomey war überzeugt: »Die katholische Kirche in Irland steht nach dem Murphy-Report vor einem Scherbenhaufen.«

Der Papst reagierte. Zwei Wochen nach Veröffentlichung des Reports beorderte er die führenden irischen Bischöfe nach Rom. Im Februar 2010 ließ er erneut 24 Bischöfe antreten. Im Schlusskommuniqué des Krisentreffens klagte er die Missbräuche »nicht nur als ein abscheuliches Verbrechen« an, »sondern auch als eine schwere Sünde, die Gott beleidigt und die Würde der menschlichen Person verletzt«. Anstelle eines wirksamen Umgangs mit sexuellen Missbräuchen seien »die Bischöfe nicht eingeschritten«, sondern hätten, um den öffentlichen Skandal zu vermeiden, Taten vertuscht und Täter gedeckt.[12]

In einem nächsten Schritt schrieb Benedikt mit Datum 19. März 2010 einen Hirtenbrief an die Gläubigen in Irland. Seit jeher gelten apostolische Briefe, die sich mit einer grundsätzlichen Frage auseinandersetzen, nicht nur für die namentlich angesprochene Gemeinde, sondern für die Weltkirche als ganze. Niemand käme beispielsweise auf die Idee, der Brief des Apostels Paulus an die Korinther richte sich nicht auch an Christen anderswo. Oder die Apokalypse des Johannes sei nur für die sieben Gemeinden in Kleinasien geschrieben. Der Papst erklärte, er könne »die Bestürzung und das Gefühl des Vertrauensbruchs teilen, die so viele von Euch verspürten, als sie von diesen sündhaften und kriminellen Taten erfahren haben und davon, wie die kirchlichen Autoritäten in Irland damit umgegangen sind«. Er wolle seine Nähe zum Ausdruck bringen und gleichzeitig »einen Weg der Heilung, der Erneuerung und der Wiedergutmachung« vorschlagen.[13]

Zunächst wandte sich der Brief an die Missbrauchsopfer und ihre Familien. »I'm truely sorry«, begann das Schreiben in einem väterlichen Ton, »Ihr habt schrecklich gelitten, und das tut mir aufrichtig leid. Ich weiß, dass nichts das von Euch Erlittene ungeschehen machen kann. Euer Vertrauen wurde missbraucht, und Eure Würde wurde verletzt. Viele von Euch mussten erfahren, dass Euch niemand zugehört hat, als Ihr den Mut gefunden habt, über das zu sprechen, was Euch zugestoßen ist. Diejenigen von Euch, die in Heimen und Internaten missbraucht wurden, müssen gefühlt haben, dass es kein Entkommen aus Eurem Leid gab.« Im Namen der Kirche drücke er »offen die Scham und die Reue aus, die wir alle empfinden«. Es sei für die Opfer eines solchen Verbrechens schwierig, zu vergeben oder »eine Kirche zu betreten, nach all dem, was geschehen ist«. Er bittet sie jedoch, wenigstens das Vertrauen in Christus nicht zu verlieren.

Als er sich in seinem Schreiben an die Priester wandte, die für den Missbrauch verantwortlich waren, zeigte sich der Papst unerbittlich: »Ihr habt das Vertrauen, das von unschuldigen jungen Menschen und ihren Familien in Euch gesetzt wurde, missbraucht, und Ihr müsst Euch vor dem allmächtigen Gott und vor den zuständigen Gerichten dafür verantworten.« Dann zählte er die Faktoren auf, die die Krise begünstigt hatten; etwa die nicht ausreichende menschliche, moralische, intellektuelle und geistliche Ausbildung in Seminaren und Noviziaten; eine Tendenz, den Klerus zu begünstigen; sowie »eine unangebrachte Sorge um den Ruf der Kirche und die Vermeidung von Skandalen«. Er appellierte an alle Verantwortlichen, diese Faktoren dringend anzugehen, »die zu so tragischen Konsequenzen im Leben der Opfer und ihrer Familien geführt« haben. Die Bischöfe, die »bei der Anwendung der seit Langem bestehenden Vorschriften des Kirchenrechts zu sexuellem Missbrauch von Kindern bisweilen furchtbar versagt haben«, forderte er auf, »neben der vollständigen Umsetzung der Normen des Kirchenrechts ... mit den staatlichen Behörden in ihrem Zuständigkeitsbereich zusammenzuarbeiten«. Absolut notwendig sei ein »entschiedenes Vorgehen, das in vollkommener Ehrlichkeit und Transparenz erfolgt«. Abschließend bestimmte er vier Kardinäle und Erzbischöfe als Sonderermittler und kündigte kanonische Visitationen in den Diözesen, Seminaren und Ordensinstituten an.

Fast zeitgleich mit den Turbulenzen in Irland entwickelte sich eine neue Front, diesmal in Deutschland. Am 20. Januar 2010 sandte der Jesuitenpater Klaus Mertes, Direktor des Canisius-Kollegs in Berlin, einen Brief an alle ehemaligen Absolventen des Gymnasiums. Einige Tage zuvor hatten ihn Schüler darüber informiert, dass es in seiner Schule sexuelle Missbräuche gegeben habe. Auf Mertes' Aufforderung, jegliche Übergriffe anzuzeigen, wurden etwa einhundert Missbrauchsfälle gezählt, verübt zumeist in den Siebziger- und Achtzigerjahren. In einem Interview mit dem *Tagesspiegel* gut zwei Wochen später erklärte der Pater aber auch gleich, worauf er hinauswill: »Ich hoffe, dass sich die Kirche mit der Moderne und der Freiheit versöhnt … Ob das zur theologischen Neubewertung von Homosexualität führt oder zur Ordination von Frauen.«[14] Man solle sich »auf die Gegenwart einlassen und nicht auf alles mit Abwehr reagieren«. Die Verteidigungsstrategie funktionierte. Bald waren nicht mehr die Patres am Canisius-Kolleg für die Verbrechen an ihrer Schule verantwortlich, sondern die Sexuallehre der Kirche und deren Hüter in Rom.

Überall in Deutschland berichteten nun ehemalige Zöglinge Reportern, was sie in Klosterschulen, Internaten, Ordensnoviziaten oder Priesterseminaren erlebt hatten. Im oberbayerischen Kloster Ettal gaben die Mönche selbst eine Studie in Auftrag. Die Untersuchung zeigte, dass an ihrer Schule Gewalt gezielt als pädagogisches Mittel eingesetzt wurde. Auf Betreiben des Münchner Erzbischofs Reinhard Marx musste der Abt abdanken; voreilig und widerrechtlich, wie sich herausstellte, sodass der Vatikan den Klosterchef bald wieder rehabilitierte.

Im März 2010 berichteten auch ehemalige Mitglieder der Regensburger Domspatzen von sexuellen Übergriffen. In den Fokus geriet Georg Ratzinger, von 1964 bis 1994 Kapellmeister des Knabenchores. Der Bruder des Papstes beteuerte, nichts von den sexuellen Missbräuchen gewusst zu haben, zu denen es in der Grundschule der Domspatzen gekommen war, einer Einrichtung, die außerhalb der Stadt liegt, mit eigener, von der Musikschule unabhängiger Leitung. Er gab allerdings zu, seinen Sängerknaben schon auch mal Ohrfeigen gegeben zu haben. Ein ehemaliger Schüler erklärte, der Domkapellmeister habe einmal während der Proben einen Stuhl geschleudert. In seinem am 18. Juli 2017 vorgelegten Abschlussbericht kam der vom Bistum mit einer Untersuchung beauftragte Anwalt Ulrich Weber zu dem Ergebnis, bei den Domspatzen seien insgesamt 547 Missbrauchsfälle als hochplausibel einzustufen, 67 davon, begangen in dem Zeitraum zwischen 1945 und 2015, seien mit sexueller Gewalt verbunden gewesen, die meisten davon in der Vorschule in Etterzhausen und Pielenhofen. Zur Rolle Georg Ratzingers sagte Weber, dieser habe »kein Wissen über sexuelle Gewalt« gehabt. Nach 1972 hatte es keinen einzigen Fall sexueller Übergriffe am Domspatzen-Gymnasium gegeben. Weber warf ihm jedoch vor, bei den Fällen körperlicher Gewalt weggeschaut zu haben.[15]

Inzwischen machte sich ein Heer von Reportern auf die Suche nach Fällen, durch die auch Joseph Ratzinger eine Verwicklung in Missbrauch nachgewiesen werden könnte. Am 12. März 2010 veröffentlichte die *Süddeutsche Zeitung* die Enthüllung: »Ratzingers Bistum setzte pädophilen Pfarrer ein.« Im Jahr 1980, so die Anklage, habe der Kardinal als Erzbischof von München einen pädophilen Priester aus der Diözese Essen in sein Bistum aufgenommen. *Spiegel online* brachte die Schlagzeile »Missbrauchsfall in Ratzinger-Bistum aufgedeckt«. Am selben Abend meldete die TV-Nachrichtensendung *Heute-Journal*, der Missbrauch habe mit dem Fall von München nunmehr »den Vatikan erreicht«. In Wahrheit ging der Fall bereits 1986 durch die Medien, als der betreffende Priester wegen Missbrauchs Minderjähriger zu einer Strafe auf Bewährung verurteilt wurde, zu einer Zeit, als Ratzinger längst Präfekt in Rom war. Als Bischof hatte er 1980 bei einer Sitzung des Ordinariatsrates lediglich zugestimmt, den betreffenden Priester für eine Psychotherapie nach München kommen zu lassen. Generalvikar Gerhard Gruber allerdings hatte dem Geistlichen erlaubt, abweichend von dem Beschluss wieder in einer Pfarrei Dienst zu tun.

Eine neue Welle kam aus Übersee. Es gab keinen Zweifel daran, dass sich unzählige von Kirchenangehörigen schuldig gemacht hatten und Bischöfe weggesehen oder gar selbst an Missbräuchen beteiligt waren. Durch Schadensersatzforderungen drohte der finanzielle Bankrott ganzer Bistümer. In ihrer Ausgabe vom 25. März 2010 veröffentlichte die *New York Times* einen ausführlichen Beitrag über den besonders niederträchtigen Fall des amerikanischen Priesters Lawrence C. Murphy aus der Diözese Milwaukee, der einschlug wie eine Bombe. Murphy wurde beschuldigt, sich zwischen 1950 und 1974 an einer Schule für taubstumme Kinder an 200 Schutzbefohlenen vergangen zu haben. Tatsächlich hatten die Verantwortlichen der Diözese beschlossen, den Priester in den Laienstand zurückzuversetzen. Doch Murphy erhob Einspruch in Rom. Im Namen der Glaubenskongregation schrieb deren erster Sekretär Tarcisio Bertone 1998 an die zuständigen US-Bischöfe, die Rückversetzung in den Laienstand dürfe nur dann stattfinden, wenn es nicht möglich sei, die Wiedergutmachung des Skandals, die Wiederherstellung der Gerechtigkeit und die Besserung des Schuldigen zu erlangen. Unter den Umständen, dass gegen Murphy in den vergangenen 20 Jahren keine Missbrauchsvorwürfe gemeldet worden waren und der Priester im Sterben lag, empfahl die Kongregation die Einschränkung seines öffentlichen Wirkens. Vier Monate später starb Murphy.

Für die *New York Times* war die Sache klar: Die Glaubenskongregation unter Ratzinger habe den Fall vertuscht. Kritiker der Enthüllungsstorys wiesen jedoch umgehend darauf hin, letztlich habe das Verhalten Bertones den damaligen Rechtsbestimmungen entsprochen. In Wahrheit hätten nicht die kirchlichen, sondern die weltlichen Behörden »den Fall ad acta gelegt«. In einem Kommentar hielt der *L'Osservatore Romano* fest, Benedikt XVI. sei gerade auch als Präfekt mit Missbrauchsfällen stets »transparent, entschlossen und streng« umgegangen. Auch nach Ansicht der Hamburger Wochenzeitung *Die Zeit* erwiesen sich die Vorwürfe gegen Ratzinger als haltlos. Schließlich wurde öffentlich, dass sich die *New York Times* bei ihrer Beweisführung, die sich auf ein italienisches Vatikan-Dokument stützte, auf eine Übersetzung durch ein Computer-Programm von *Yahoo* verlassen hatte. Niemandem in der Redaktion war aufgefallen, dass der holprige Text an entscheidenden Stellen genau das Gegenteil von dem wiedergab, was im Originaldokument ausgesagt wurde.

Noch immer überboten sich unzählige Zeitungen darin, mit einer Flut an Doppelseiten sexuellen Missbrauch als ein ausschließliches Problem der katholischen Kirche darzustellen, auch wenn die Fälle zum Großteil 30 bis 50 Jahre zurücklagen und zumeist nicht sexuelle Übergriffe, sondern überzogene Strenge betrafen. Benedikt XVI. wurde vorgehalten, er schweige zu den Vorfällen.

Die Berichterstattung glich einer Kampagne, was auch an den Mechanismen der modernen Medienwelt lag. Nicht alle Themen eignen sich für eine Rallye, aber da, wo ein Thema das Potenzial zu einem dauerhaft verwertbaren Skandal hat, klingt das für viele Journalisten wie nach einem Jackpot, der endlich geknackt werden kann. »Was wusste Ratzinger?«, titelte beispielsweise die *Frankfurter Rundschau:* »Papst soll zu Odenwald Stellung beziehen.« Im Eifer des Gefechtes hatten die »Aufklärer« freilich übersehen, dass es sich bei der Odenwald-Schule nicht um eine katholische Einrichtung, sondern um ein Vorzeigeprojekt linksliberaler Reformpädagogik handelte. Allein Schulleiter Gerold Becker, dem Lebensgefährten des Pädagogik-Stars Hartmut von Hentig, wurden Vergehen an mindestens 200 Schülern zur Last gelegt. Becker starb am 7. Juli 2010, ohne strafrechtlich zur Verantwortung gezogen worden zu sein. In einer Zusammenfassung ihrer Studie zur »Odenwaldschule als Leuchtturm der Reformpädagogik und als Ort sexualisierter Gewalt«[16] beschrieben die Autoren, Becker habe den Zeitgeist der Siebzigerjahre mit seinen Liberalisierungsprozessen genutzt, um mittels einer »flexiblen Beziehungsgestaltung« die Basis für ein sexuelles Missbrauchssystem zu schaffen. Die jahrzehntelangen Verbrechen hätten verhindert werden können, wenn Eltern und Lehrer den frühen Hinweisen auf die pädophilen Cliquen an der Schule nachgegangen wären und Journalisten, die als ehemalige Schüler an der Schule die Situation kannten, nicht geschwiegen hätten.

Angesichts der vielen Versuche, Benedikt XVI. als den Hauptverantwortlichen für die Missbrauchsskandale ins Spiel zu bringen, gingen Beobachter davon aus, der Papst würde im Rahmen der Osterfeiertage auf die Vorwürfe eingehen. Der Pontifex hielt sich allerdings strikt an die Liturgie, ohne mit einem Kommentar davon abzuweichen. Für einen Miniskandal hatte da allerdings schon Kapuzinerpater Raniero Cantalamessa gesorgt, der in seiner Predigt am Karfreitag, dem 2. April 2010, die er der Gewalt gegen Frauen gewidmet hatte, kurz auf die aggressive Polemik gegen die Kirche und den Papst einging: »Dieser Tage habe ich einen Brief von einem jüdischen Freund erhalten, und mit seiner Erlaubnis möchte ich hier einen Teil daraus mit euch teilen«, leitete er seinen Einschub ein. Dann zitiert er aus dem Brief: »Ich verfolge angeekelt den brutalen und konzentrischen Angriff auf die Kirche, den Papst und alle Gläubigen seitens der ganzen Welt. Der Gebrauch von Stereotypen, der Übergang von der persönlichen Verantwortung und Schuld zu einer Kollektivschuld rufen mir die schändlichsten Aspekte des Antisemitismus in Erinnerung. Daher möchte ich Ihnen persönlich, dem Papst und der ganzen Kirche meine Solidarität als Jude des Dialogs sowie all jener zum Ausdruck bringen, die in der jüdischen Welt (und es sind viele) diese Gefühle der Brüderlichkeit teilen.«

Zweifellos fehlte es Cantalamessa an Sensibilität für die aufgewühlte Szenerie jener Wochen. Wie überzogen die Berichterstattung über die Kirche auch gewesen sein mochte: Ursache für den Skandal waren nicht Journalisten, sondern verbrecherische Priester und Ordensleute, begünstigt von Kirchenoberen, die geschwiegen und vertuscht oder sich als Teil von homosexuellen pädophilen Seilschaften selbst schuldig gemacht hatten. Dass der Vergleich mit dem Antisemitismus allerschärfsten Widerspruch hervorrufen würde, war zu erwarten. Vatikansprecher Lombardi versuchte zu beschwichtigen: »Die Angriffe gegen den Papst aufgrund des Pädophilieskandals in die Nähe des Antisemitismus zu rücken, entspricht nicht der vom Heiligen Stuhl verfolgten Linie.«

Aber es kam noch dicker. Am regnerischen Ostersonntag, dem 4. April, schienen die Feierlichkeiten auf dem Petersplatz wie gewohnt zu verlaufen, als Angelo Sodano, mittlerweile Dekan des Kardinalskollegiums, sich dem Mikrofon näherte. Nie zuvor hatte es eine derartige Szene gegeben. »Auch wenn der Regen auf diesen historischen Platz niedergeht«, eröffnete Sodano eine Lobrede auf den Papst, »scheint die Sonne über unseren Herzen, wir halten uns fest an Sie, den unvergänglichen Felsen der heiligen Kirche Christi.« Es klang ein wenig wie weiland auf dem Roten Platz in Moskau, wenn dem Generalsekretär der KPdSU Huldigungen entgegengebracht wurden: »Wir sind Ihnen zutiefst dankbar für Ihre Geisteskraft und Ihren apostolischen Mut. Wir bewundern Ihre große Liebe … Heute möchte Ihnen die ganze Kirche durch mich einstimmig sagen: Frohe Ostern, geliebter Heiliger Vater, die Kirche ist mit Ihnen, mit Ihnen sind die Kardinäle, die Ihre Mitarbeiter an der römischen Kurie sind, mit Ihnen sind die Bischöfe, die 3000 Kirchenbezirke leiten, und jene 400 000 Priester, die großherzig dem Volk Gottes in Pfarreien, Schulen, Krankenhäusern wie auch in den Missionen dienen.« Dann gab es noch einen Satz: »Das Volk Gottes ist mit Ihnen«, fügte Sodano hinzu, »das sich nicht vom Geschwätz beeindrucken lässt.«

Der neue Proteststurm kam wie auf Kommando. Für den Vatikan, schrieben die Kommentatoren, sei die Enthüllung von sexuellem Missbrauch offenbar nur »Geschwätz«. Der Historiker Alberto Melloni verbreitete, Benedikt selbst habe Sodano um das Grußwort gebeten. Wieder einmal sah sich Sprecher Lombardi zu einem Dementi veranlasst: »Ich halte es für meine Pflicht, klarzustellen, dass Benedikt XVI. auch in schwierigen Zeiten weder um Demonstrationen der Verteidigung ansucht noch diese organisiert.« Was Lombardi nicht wusste: Im Hintergrund der Aktion stand niemand anders als Georg Gänswein. Mitglieder der Kurie seien auf ihn zugekommen, gestand er dem Autor gegenüber, man müsse im Namen der Kardinäle den Papst endlich zur Seite stehen, denn so gehe es nicht weiter. Er habe dann den Kontakt zu Sodano gesucht. Der Dekan habe den Vorschlag allerdings so auffassen müssen, als wünsche der Heilige Vater selbst dieses Grußwort.[17]

Die Katholiken schwiegen. Vor Scham gegenüber den Tausenden von Opfern. Auch vor Wut darüber, dass die Taten vertuscht wurden. Wer Kirche als den mystischen Leib Christi betrachtet, musste schockiert darüber sein, wie dieser Leib geschunden wurde. Mitte Mai 2010 aber hatten es viele satt, dass Kirche generell als »Dunkelraum« dargestellt, Klöster als Tummelplatz von Sadisten gezeichnet und jeder Priester nur noch als potenzieller Kinderschänder betrachtet wurde.

Unter dem Motto »Rom für den Papst« versammelten sich mehr als 200 000 Menschen aus rund 70 Verbänden auf dem Petersplatz, um ihrerseits ein Zeichen zu setzen, darunter auch Roms Bürgermeister Gianni Alemanno. »Ich danke euch für diese schöne und spontane Demonstration des Glaubens und der Solidarität«, rief der Pontifex vom Fenster seines Arbeitszimmers den Demonstranten zu. Dann stellte er klar: »Der wahre Feind, den es zu fürchten und zu bekämpfen gilt, ist die Sünde und das Böse, das manchmal leider auch Mitglieder der Kirche ansteckt.«[18]

Viele Wochen lang dauerte das mediale Trommelfeuer. Dabei hatten gleich zu Beginn des Dramas wissenschaftliche Studien vorgelegen, wonach die Vorfälle im kirchlichen Milieu nur einen verschwindend geringen Teil der weitverbreiteten Missbrauchsdelikte ausmachten. Philip Jenkins wies darauf hin, dass in den USA der Prozentsatz der wegen Missbrauchs Minderjähriger verurteilten Priester je nach geografischem Bezirk zwischen 0,2 und 1,7 Prozent schwankt, bei protestantischen Geistlichen hingegen liege er zwischen 2 und 3 Prozent. Jenkins' Ausführungen beruhen auf einem Bericht, den die evangelische Presseagentur *Christian Ministry Resources* 2002 veröffentlichte. Seine Schlussfolgerung: »Die Katholiken bekommen die ganze Aufmerksamkeit der Medien, aber das größere Problem stellt sich in den protestantischen Kirchen.«[19]

In Deutschland erklärte Professor Christian Pfeiffer vom Kriminologischen Forschungsinstitut Niedersachsen, in den letzten 15 Jahren seien von den 29 058 wegen sexuellen Missbrauchs verurteilten Männern 30 Mitarbeiter der katholischen Kirche gewesen, mithin 0,1 Prozent. Anders gesagt: 99,9 Prozent der Täter stammten aus dem säkularen Bereich. Aus einem US-Regierungsbericht über 62 000 bekannt gewordene Täter, die im Jahr 2008 in Pädophilie-Fälle verwickelt waren, ging hervor, dass der Anteil der Priester daran mit 18 Personen bei 0,03 Prozent lag.

Die Zahlen dürfen keine Relativierung der Schuld von Kirchenangehörigen darstellen, sie zeigen aber auf das riesige Problem des verschwiegenen Missbrauchs in anderen Teilen der Gesellschaft. Nach Angaben der UNICEF wurden in den Anfangsjahren des 21. Jahrhunderts über 220 Millionen Kinder weltweit jährlich zum Sex gezwungen. Hunderttausende von nicht zölibatär lebenden Männern laden Kinderpornografie auf ihre Rechner herunter. Auch der Kinderschänderring von Belgien um den Sexualstraftäter und Mörder Marc Dutroux bestand nicht aus Priestern und Ordensleuten, sondern aus Politikern, Managern, sogar Richtern.

Um wenige weitere Beispiele zu nennen: In den USA kam ans Licht, dass über Jahrzehnte hinweg rund 12 250 Kinder bei den »Boy Scouts of America«, einer Organisation von Pfadfindern, sexuell missbraucht wurden. Die Vorgesetzten der Täter hatten weder die Polizei noch die Eltern der Jungen informiert.[20] Bei den US-Streitkräften wurden laut einer Untersuchung des US-Verteidigungsministeriums in den Zehnerjahren rund 100 000 Männer und 13 000 Soldatinnen Opfer von sexuellen Übergriffen. Im Mai 2015 erschütterte ein Pädophilie-Skandal um französische Soldaten die UN. Sie hatten in einem afrikanischen Flüchtlingscamp Sex von hungernden Kindern im Tausch gegen Nahrungsmittel und Trinkwasser verlangt. Obwohl informiert, schauten Verantwortliche der Vereinten Nationen ein Jahr lang dem Treiben zu.

In Europa wurden nach einer Studie der Brüsseler Stiftung Foundation for European Progressive Studies (FEPS) bereits sechs von zehn Frauen Opfer von Sexismus am Arbeitsplatz, in Deutschland waren es sogar 68 Prozent aller Befragten. Die Dunkelziffer der in Sportverbänden und staatlichen Einrichtungen, insbesondere in Heimen der DDR, systematisch misshandelten und sexuell missbrauchten Kinder ist Legion. Übergriffe auf Frauen waren im Frühjahr 2018 selbst bei den Hilfsorganisationen »Ärzte ohne Grenzen«, »Oxfam« und »Weißer Ring« bekannt geworden. Pädosexuelle hatten speziell Kinderhilfsorganisationen genutzt, um Zugang zu Minderjährigen zu bekommen.[21] In London berief im November 2017 Premierministerin Theresa May das britische Unterhaus zu einer Krisensitzung ein, nachdem eine »Sex-Pest-Liste« mit den Namen von etwa 40 Tory-Abgeordneten bekannt wurde, darunter Staatssekretäre und Minister, denen sexuelle Übergriffe bis hin zu Vergewaltigung vorgeworfen wurden. In Schweden hatten sich im November 2017 auf einen Aufruf hin an einem einzigen Tag 1100 Personen gemeldet, die von sexuellen Übergriffen in der Unterhaltungsindustrie des Landes berichteten.

Es hatte länger als ein Jahrzehnt gedauert, bis sich der Blick nicht mehr nur auf den Tümpel, sondern auf den Ozean der Skandale richtete. Der Psychiater und Gerichtsgutachter Reinhard Haller verwies darauf, dass beispielsweise in Österreich 99,7 Prozent aller Missbrauchstäter nicht im kirchlichen Bereich tätig seien. Die hypersexualisierte Gesellschaft projiziere ihre eigene Missbräuchlichkeit auf die Kirche, die ihrerseits alles dazu getan habe, »um die Pfeile auf sich zu ziehen«[22]. Ein System der Vertuschung im Bereich von Macht und Medien offenbarten etwa die Fälle des Filmproduzenten Harvey Weinstein und des Finanzinvestors Jeffrey Epstein. Weinstein wurde von rund 80 Frauen beschuldigt, sie missbraucht zu haben. Der Produzent hatte Einfluss genug, Karrieren entweder mit einem Wimpernschlag anzustoßen – oder sie mit einem Wink zu beenden. Bestens vernetzt mit Medien und Politik, wussten viele von seinen Übergriffen, alle schwiegen. Verhaltensweisen im Übrigen, die auch das Umfeld von Prominenten wie Kevin Spacey oder Michael Jackson kennzeichneten, deren Sex-Übergriffe über Jahrzehnte tabuisiert wurden. Jeffrey Epstein wiederum soll Dutzende minderjährige Mädchen sexuell missbraucht und einen Sexhandelsring in New York und Florida aufgebaut haben. Nachdem er verhaftet wurde, entzog er sich einem Verfahren am 10. August 2019 durch den Selbstmord in seiner Gefängniszelle.

Als die *Me too*-Bewegung die Frage auslöste, ob denn nicht auch andere Bereiche der Gesellschaft vom Krebsübel des Missbrauchs befallen seien, erreichte die Debatte auch die politischen Lager. Das linksalternative Milieu, so eine Untersuchung, hatte symbiotische Beziehungen vor allem zu schwulen und pädophilen Subkulturen unterhalten und gefördert. »Sexualität soll unter Kindern und mit Kindern erlaubt und gefördert werden«, forderte im Februar 1976 beispielsweise ein der Bürgerrechtsvereinigung »Humanistische Union« nahestehender »Arbeitskreis Sexualität«. Bei den »Grünen« hatte sich die »Bundesarbeitsgemeinschaft Schwule, Transsexuelle und Päderasten« ab 1984 vehement für die Aufhebung des gesamten Sexualstrafrechts eingesetzt. Die Forderung, Sex mit Kindern straffrei zu stellen, schaffte es sogar, in die Programme von acht Landesverbänden aufgenommen zu werden. Der nachmalige Europaabgeordnete Daniel Cohn-Bendit und Volker Beck, später rechts-, menschenrechts- und religionspolitischer Sprecher der Grünen, verfassten einschlägige Texte. In der »Alternativen Liste«, wie sich der Berliner Landesverband der Grünen anfangs nannte, gab es nach einem Bericht des *Tagesspiegels* in den Achtziger- und Neunzigerjahren Hunderte Kinder als Opfer sexueller Gewalt durch Parteimitglieder und Funktionäre. Die Parteiführung erklärte nach der Enthüllung, man trage »grundsätzlich keine Verantwortung für Straftaten einzelner Parteimitglieder«. Landeschefin Bettina Jarasch allerdings sprach von einem »Gesamtversagen«.[23]

Als der Göttinger Politikwissenschaftler Franz Walter vom Institut für Demokratieforschung im Auftrag der »Grünen« eine 300 Seiten lange Studie über den Einfluss von Pädophilen in der Partei vorlegte, zeigte er sich erstaunt über »die Ignoranz und mangelnde Souveränität, mit der manche Alt-Grüne reagiert haben«. Das Schweigen der Beteiligten sei verblüffend gewesen: »Kaum einer sagte etwas, wenige versuchten zu erläutern. Etliche machten die Schotten dicht, legten bei Telefonaten auf, drohten sogar.«[24] Grünen-Vorsitzende Simone Peter entschuldigte sich bei den Opfern, die sich durch die Debatten »in ihrem Schmerz und ihrem Leid verhöhnt fühlen« müssten. Man hätte »viel früher Konsequenzen ziehen müssen«[25]. Die *Frankfurter Allgemeine Zeitung* schrieb, es sollte »dem breiten Publikum« klar sein, »dass die ach so kunterbunte Welt der Sonnenblumenpartei ihre eigenen tiefen Schlünde hat«. Dass »die Politik das Thema Kindesmissbrauch nicht ernst genommen hat«, sei ein unverzeihliches Versäumnis, beklagte der Innenminister von Nordrhein-Westfalen Herbert Reul. Nach mehr als 40 Jahren in der Politik müsse er konstatieren: »Sexueller Missbrauch passiert unter unser aller Augen, und zwar vermutlich überall.« Aber »das Thema hatten wir nicht auf der Pfanne, wir haben es verpennt«[26].

Zeitgleich mit den Enthüllungen über den sexuellen Missbrauch in der katholischen Kirche begann der Streit um dessen Ursachen. Die einen sahen darin einen Beleg für ausgelebte Homosexualität unter der Priesterschaft, die anderen brachten eine Kausalkette zwischen katholischer Sexualmoral und Zölibat ins Spiel. Sie sei der Nährboden, der die krankhaften Auswüchse wuchern lasse. Der Erklärungsversuch brach schnell in sich zusammen, als die systematischen Missbrauchsfälle in nicht katholischen Einrichtungen wie etwa der Odenwaldschule aufgedeckt wurden. Bekannt wurde der Satz des deutschen Kriminalpsychiaters Hans-Ludwig Kröber: »Man wird, nebenbei bemerkt und rein statistisch gesehen, eher vom Küssen schwanger als vom Zölibat pädophil.« Der Psychotherapeut und Chefarzt Manfred Lütz befand: »Kirchenkritiker und auch manche Kirchenvertreter ergreifen die willkommene Gelegenheit, ihre üblichen Platten aufzulegen: die kirchlichen Strukturen, die Sexualmoral, der Zölibat seien schuld. Doch das ist nichts anderes als unverhohlener Missbrauch mit dem Missbrauch, vor allem aber gefährliche Desinformation, die Täter schützt.«[27]

Wie komplex die Ursachen für die Vergehen an Kindern und Jugendlichen sind, zeigten die Versuche der wissenschaftlichen Forschung, zu einem einheitlichen Ergebnis zu kommen. Benedikt XVI. selbst wies

2010 im Hinblick auf den sprunghaften Anstieg der Delikte speziell in den Sechziger- und Siebzigerjahren auf den gesellschaftlichen Wandel jener Zeit hin, der auch vor kirchlichen Einrichtungen nicht haltgemacht habe. Zum einen habe die sexuelle Revolution bisherige Hemmschwellen abgebaut, zum anderen sei gegenüber schuldhaften Klerikern das Kirchenrecht nicht mehr konsequent angewandt worden – in der Überzeugung, dass nur das Gesetz der Liebe gelten dürfe und Strafen nach dem kanonischen Recht nicht mehr zeitgemäß seien. Durch diese Bewusstseinsveränderung sei es auch zu einer »Verdunkelung des Rechts und der Notwendigkeit von Strafe« gekommen. Angesichts einer in seinen Augen einseitigen Diskussion fühlte sich Ratzinger noch als *Emeritus* verpflichtet, auf gesellschaftliche Tabubrüche im Rahmen der sexuellen Revolution von 1968 hinzuweisen, in deren Folge »die bisher geltenden Maßstäbe« weitgehend weggebrochen seien. »Ja, es gibt Sünde in der Kirche«, betonte er. Eine gewisse »Normlosigkeit« und die Abkehr von der katholischen Sexualmoral habe schlimme Folgen in der Priesterausbildung, der Hochschultheologie und der Auswahl von Bischöfen gehabt.[28]

Der Beitrag rief umgehend schärfste Reaktionen hervor. Ratzingers Ausführungen wurden dabei auf eine knackige, aber vom Autor so nicht gemeinte Formel reduziert: »Für Benedikt XVI. sind die 68er mitschuldig am kirchlichen Missbrauch.« Auf *katholisch.de*, der inoffiziellen Internet-Seite der deutschen Bischofskonferenz, warf ein Autor dem *Emeritus* vor, seine Wortmeldungen »gefährden die Einheit der Kirche«, er solle sich besser »in Zurückhaltung üben«[29]. Benedikt selbst merkte in einem Nachtrag an, die Kritiker hätten bei der Rezeption seiner Analyse völlig ignoriert, dass er in seinem Aufsatz in erster Linie nicht irgendwelche 68er, sondern die Entfremdung vom Glauben als das zentrale Problem für das Ausmaß der Missbrauchskrise ansehe. Albert Sellner, ein Aktivist der 68er-Szene, der seinerzeit für die »sexuelle Befreiung des Individuums« kämpfte, urteilte knapp: »Soweit ich das überblicken kann, hat der Ex-Ponifex recht.«[30]

Nachdem auch in Österreich, der Schweiz, Belgien, Italien und anderen Ländern Missbrauchsfälle um katholische Geistliche bekannt wurden, ließ der Papst im Juli 2010 durch eine Reform des Motu proprio *Sacramentorum Sanctitatis Tutela* das kirchliche Verfahren noch einmal verschärfen. Auf seinem Flug zum Besuch in Großbritannien erläuterte er gegenüber den mitreisenden Journalisten, die Missbrauchsfälle hätten bei ihm einen »Schock« und »große Traurigkeit« ausgelöst. »Traurig ist auch, dass die Autorität der Kirche nicht wachsam genug war und nicht schnell und entschieden genug die notwendigen Maßnahmen ergriffen hat.« Das »erste Interesse« müsse »den Opfern gelten: Wie können wir Wiedergutmachung leisten, was können wir tun, um diesen Menschen zu helfen, das Trauma zu überwinden, das Leben wiederzufinden? Sorge und Engagement für die Opfer ist die erste Priorität mit materieller, psychologischer, geistlicher Hilfe und Unterstützung«. Sodann müssten die Schuldigen »die gerechte Strafe finden«. Dritter Punkt sei »die Prävention in der Ausbildung und der Auswahl der Priesteramtskandidaten«[31].

Im November 2010 rief der Pontifex 140 Kardinäle nach Rom, um im Kampf gegen den sexuellen Missbrauch in der katholischen Kirche weitere Möglichkeiten zu beraten. Zugleich hatte er bestimmt, bei jeder Auslandsreise Missbrauchsopfern begegnen zu wollen, um sie um Vergebung zu bitten und ihnen in ihrem Leiden die Nähe der Kirche, Gerechtigkeit und Solidarität zuzusichern. In Malta erklärte eines der Opfer nach dem Treffen: »Der Papst hat zusammen mit mir geweint, obwohl er keine Schuld an dem hat, was mir zugestoßen ist.« Über tendenziös berichtende Medien befragt, antwortete Benedikt: »Soweit es Wahrheit ist, müssen wir für jede Aufklärung dankbar sein. Die Wahrheit, verbunden mit der richtig verstandenen Liebe, ist der Wert Nummer eins. Und schließlich hätten die Medien nicht in dieser Weise berichten können, wenn es nicht in der Kirche selbst das Böse gäbe.«[32]

Nicht alle Maßnahmen Benedikts waren wirksam. Vieles wurde zu spät gesagt, einiges nicht oft genug. Im Ganzen war das Krisenmanagement des deutschen Papstes nicht so schlecht, als dass es nicht auch geholfen hätte, in den Stürmen dieser Jahre die katholische Kirche vor noch größeren Zusammenbrüchen zu bewahren. »Für jeden, der unparteiisch ist«, befand der Erzbischof von Boston, Patrick O'Malley, sei klar gewesen: »Kardinal Ratzinger und der spätere Papst Benedikt hat sich der Aufgabe gewidmet, sexuellen Missbrauch in der Kirche auszumerzen und die Fehler der Vergangenheit zu korrigieren.« Kardinal Levada schrieb: »Wir haben ihm gegenüber eine große Dankesschuld, da er die Verfahren eingesetzt hat, die es der Kirche ermöglichen, Maßnahmen zu ergreifen gegen den Skandal des sexuellen Missbrauchs Minderjähriger durch Priester.« Armin Schwibach, Theologe in Rom und Vatikan-Kenner, der eine Chronik des Missbrauchsskandals vorlegte, fasste zusammen: »Kein Papst, kein Bischof der Welt hat in diesem Sumpf so viel geleistet wie Benedikt XVI., der der Kirche eine entschiedene Wende aufgeprägt hat.«

Noch sechs Jahre nach der Demission Benedikts XVI. versuchte ein mit öffentlichen Geldern produzierter Kinofilm des deutsch-britischen Regisseurs und erklärten Atheisten Christoph Röhl die Missbrauchsfälle für eine massive Anklage gegen den früheren Papst zu nutzen. Das Werk mit dem zynischen Titel *Verteidiger des Glaubens* versammelte wie bei einem Tribunal Ankläger, die Ratzinger als eine verdächtige, engherzige und wirklichkeitsfremde Person zeichneten, die einen fortschrittlichen Aufbruch der Kirche mit allen Mitteln verhindern wollte. Benedikt XVI., laut Röhl »eine tragische, gescheiterte Figur«, habe dabei ein System der Machterhaltung und Vertuschung geschaffen. Er sei deshalb der Hauptverantwortliche für den weltweiten Missbrauch und damit die Krise der katholischen Kirche. Obwohl die manipulative Darstellung und die Geschichtsfälschung des von Jesuitenpater Klaus Mertes unterstützten Projektes unübersehbar war, überschlugen sich Kritiker in Begeisterung und lobten den »ausgesprochen seriösen Dokumentarfilm« mit Überschriften wie: »Ernüchternder Blick auf das Benedikt-Pontifikat«, »Verteidiger einer untergehenden Kirche« oder »Aufstieg und Fall eines Papstes«. Aber selbst ein Ratzinger gegenüber so kritischer Autor wie Christian Feldmann war zu der Erkenntnis gelangt, der Papst habe in Bezug auf den Missbrauch in der Kirche »eine harte Linie« verfolgt.[33] Jesuitenpater Hans Zollner, unter Papst Franziskus Mitglied der Päpstlichen Kommission für den Schutz der Minderjährigen, schloss sich in einem Interview mit dem Magazin *Zenit* dem Urteil an: »Benedikt XVI. war für mich ein Held, der den Missbrauch bekämpfte und alles Menschenmögliche tat, um Missbräuche in der Zukunft zu verhindern.« Er habe als Präfekt und als Papst in diesem Kampf und der Übernahme von Verantwortung »eine Revolution durchgeführt«[34].

Papst Franziskus meinte im Zusammenhang mit den Missbrauchsfällen: »Hinsichtlich Papst Benedikt möchte ich betonen, dass er ein Mann ist, der den Mut hatte, viele Dinge dagegen zu unternehmen.« Für gewöhnlich werde Benedikt »als so gutherzig dargestellt; ja, denn er ist gutherzig, gutmütig, wirklich herzensgut; er ist gutherzig! Aber er wird auch als schwach dargestellt, er ist jedoch alles andere als schwach! Er war ein starker Mann, ein Mann, der konsequent in den Dingen war.«[35]

Kapitel 69

Der Hirte

Manchmal, wenn er allein war, spürte er, wie ein Gefühl der Schwermut in ihm aufstieg. Es war keine Niedergeschlagenheit. Auch nicht Angst. Erst recht nicht die Sorge, seine innere Freiheit zu verlieren, die Gott ihm schenkte.

Es war ganz einfach zu vieles in Unruhe geraten. Auch in seiner Kirche. Kein Katholik würde jemals auf den Gedanken kommen, die Gemeinde Christi könnte rein heilig sein, nur Weizen und nicht auch Unkraut. Doch je älter er wurde, desto stärker zweifelte er an der Lernfähigkeit des Menschen. »Aber lassen wir das«, beendete er einmal abrupt eine Ausführung, als er nach den Hoffnungen für die Zukunft angesprochen wurde. Sicher sei, meinte er noch, dass eine Welt, die sich von Gott entfernt, nicht besser wird, sondern schlechter.

Was ihn selbst betraf, wusste er, dass er in den Augen vieler Beobachter nie genügen würde. Er hatte mit Habermas und anderen linken Philosophen die berühmten kantischen Fragen diskutiert: Was können wir wissen? Was dürfen wir hoffen? Was ist der Mensch? Aber einige forsch montierte Schlagzeilen genügten, um ihn wieder auf das alte Schreckensbild zu reduzieren. War es nicht ein revolutionärer Akt, dass er Anglikaner als katholische Priester und Bischöfe akzeptierte, auch wenn sie verheiratet waren und Kinder hatten? War er nicht der Erste gewesen, der vor aller Welt auf den Schmutz in der Kirche hinwies? Der stets betonte, es seien die eigenen Leute, die den größten Schaden anrichteten? Stattdessen wurde ihm nachgesagt, er mache nur die anderen für die Übel verantwortlich.

Vielleicht war sein größtes Manko, ein Deutscher und kein Italiener zu sein. Oder kein Pole. Kein Spanier. Kein Engländer. Was auch immer. Ein Franzose wäre er selbst gerne gewesen. Von Jugend an fühlte er sich hingezogen zu französischer Kultur. Als Franzose hätte man seine Intellektualität gewürdigt, seine messerscharfen Kernsätze. Die Grande Nation wäre stolz gewesen auf diesen Sohn. Gerade weil seine Überzeugungen nicht aus Nach-Reden, sondern aus freiem Nach-Denken resultierten. Er hätte den Rückhalt gehabt, den er dringend gebraucht hätte.

Es war kein Trost, dass viele Persönlichkeiten der Geschichte zu Lebzeiten Neid, Verfolgung, Ignoranz zu erleiden hatten – oder ganz einfach an der Borniertheit ihrer Zeitgenossen scheiterten. Hermann Melville, Autor von *Moby Dick*, hatten Kritiker vorgehalten, er habe »schlicht einen Dachschaden«. Melville gab das Schreiben auf und wurde Zollinspektor. Georges Bizets Oper *Carmen* fiel bei der Uraufführung am 3. März 1875 in der Pariser Opéra-Comique gnadenlos durch. Drei Monate später war er tot. Verkannt oder vergessen wurden Vincent van Gogh, François Villon, Friedrich Hölderlin, Sokrates. Buchdruckerfinder Johannes Gutenberg (ursprünglich Henne Gensfleisch) konnte ein Darlehen nicht zurückzahlen und galt als nicht mehr gesellschaftsfähig. Auch Mozart hatten die Menschen fallen gelassen. Er starb verarmt, verscharrt in einem Massengrab.

Der Papst sei einsam, mutmaßte Ratzingers früherer Sekretär Josef Clemens. Er lache nicht mehr. Er sei gedrückt und traurig.[1] Nicht selten musste Benedikt an einen seiner Vorgänger denken, Gregor den Großen, dem die Welt die gregorianischen Choräle verdankt. Rang Gregor nicht auch mit Problemen, die ihm so vertraut waren: das langsame Vergehen einer Welt, in der der Glaube selbstverständlich schien; die schleichende Verunreinigung des Christentums durch eine kalte Diesseitsbezogenheit. »Doch *wir* sind dem untergehenden Volk die Urheber des Todes, die wir Führer zum Leben hätten sein müssen«, notierte Gregor. »Aufgrund unserer Sünde liegt nämlich das Volk danieder, denn durch unsere Nachlässigkeit ist es nicht zum Leben unterwiesen worden.« Man sei ganz den »äußeren Beschäftigungen verfallen«. Gregor war tief deprimiert: »Die uns Anvertrauten verlassen Gott, wir aber schweigen.«[2]

Wie Gregor kannte auch Benedikt das Gefühl, einer Situation nicht mehr gewachsen zu sein. Hinzu kam die Sorge, sein Herz könnte versagen. Ausgerechnet jetzt! In einer Lage, von der er wusste, dass seine Aufgabe noch nicht getan ist, die Mission nicht erfüllt. Zumindest nicht bis zur Vollendung der Jesus-Trilogie. Zum anderen war da sein von Kindheit an eingeübtes Pflichtgefühl. Das überzeugende Vorbild des Vaters hatte ihn für das Leben gelehrt, dass man nicht davonlaufen dürfe, »wenn die Gefahr groß ist«. »Gerade in so einem Augenblick muss man standhalten und die schwere Situation bestehen«, erklärte er in einem unserer Interviews im Sommer 2010. »Zurücktreten kann man in einer friedlichen Minute, oder wenn man einfach nicht mehr kann.«[3] Die Öffentlichkeit hatte diesen Hinweis kaum wahrgenommen, obwohl er im Grunde eine Sensation war. Noch niemals hatte ein Papst öffentlich davon gesprochen, er könne sich eine Situation vorstellen, in der ein Rücktritt angebracht sei. Benedikt sagte es noch einmal, mit Ausrufezeichen: »Wenn ein Papst zur klaren Erkenntnis kommt, dass er physisch, psychisch und geistig den Auftrag seines Amtes nicht mehr bewältigen kann, dann hat er ein Recht und unter Umständen auch eine Pflicht, zurückzutreten.«[4]

In Wahrheit war nach fünf Jahren des Pontifikats die Bilanz Benedikts XVI. nicht so schlecht, trotz der Überlagerung durch echte, weniger echte und eindeutig konstruierte Skandale. Nach dem *Annuario Pontificio 2010*, dem Jahrbuch der katholischen Kirche, hatte er allein im vergangenen Jahr acht neue Bischofssitze, eine Apostolische Präfektur, zwei Metropolitansitze und drei Apostolische Vikariate errichtet. Außerdem ernannte er in den 2923 Kirchenbezirken 169 neue Bischöfe. Die Zahl der Priester stieg von 406 411 auf 409 166, die Zahl der Katholiken auf 1,166 Milliarden Mitglieder, 1,7 Prozent mehr als im Vorjahr oder umgerechnet 19 Millionen Menschen, so viel, wie die Schweiz, Österreich und Uruguay zusammen Einwohner haben. Die Amerikaner stellten 49,8 Prozent der katholischen Weltbevölkerung, die Europäer 25 Prozent.[5]

Nach der Katastrophe der sexuellen Missbräuche rief er in der Osternacht 2010 zu einer tief greifenden Erneuerung auf. Unzucht und Unsittlichkeit nannte er »alte Kleider, mit denen man nicht vor Gott stehen kann«. Benedikt verwies auf den frühchristlichen Taufritus mit seiner Absage an die »Welt der Begierde« und der Lüge. Beim Segen *Urbi et Orbi*, den auf dem Petersplatz 100 000 Menschen entgegennahmen, erinnerte er ebenfalls an das »Wasser der Taufe«. Gerade in unseren Tagen bedürfe die Menschheit nicht oberflächlicher Verbesserungen, sondern einer geistigen und moralischen Verwandlung, um aus einer tief gehenden Krise herauszukommen und das Leben in seiner ursprünglichen Schönheit, seiner Güte und Wahrheit wiederherzustellen, zumindest in Ansätzen.

Im interkonfessionellen Dialog konzentrierte er sich bei den kirchlichen Gemeinschaften des Westens auf die Anglikaner, den Lutherischen Weltbund, die Reformierte Weltallianz und den Weltrat der Methodisten. Er beauftragte seinen »Rat zur Förderung der Einheit der Christen« mit einer Studie über die noch vorhandenen Konvergenzpunkte. In der Beziehung zum Osten hatte die »Gemischte Internationale Kommission für den theologischen Dialog zwischen der katholischen und den orthodoxen Kirchen« am 16. Oktober 2007 ihre Arbeit wieder aufgenommen und ein entscheidendes Thema angepackt: »Die Rolle des Bischofs von Rom in der Gemeinschaft der Kirche im ersten Jahrtausend«, einer Zeit, als die Christen des Ostens und des Westens noch in Gemeinschaft lebten.

Der ökumenische Dialog hatte laut Kardinal Kasper, dem zuständigen Präsidenten, eine »neue Dimension« erreicht. Auch Metropolit Hilarion, der Außenamtschef der russisch-orthodoxen Kirche, hob bei seinem Besuch im Vatikan hervor, dass die Wahl Benedikts XVI., der unter orthodoxen Christen als »Verteidiger traditioneller christlicher Werte« hohes Ansehen genieße, die Annäherung gefördert habe. »Wir nähern uns dem Zeitpunkt, an dem es möglich wird«, so Hilarion, »ein Treffen zwischen dem Papst und dem Patriarchen von Moskau vorzubereiten.«

Unter Benedikt XVI. stieg auch die Zahl katholisch-protestantischer Begegnungen auf ein bislang nicht erreichtes Niveau, zuletzt demonstriert in der Feier des 10. Jahrestages der »Gemeinsamen Erklärung zur Rechtfertigungslehre«, die wesentlich Ratzingers Einsatz zu verdanken war. Der evangelische Pfarrer der Christus-Kirche in Rom, Jens-Martin Kruse, betonte nach einer gemeinsamen Abendliturgie in seiner Kirche am 14. März 2010, Benedikt XVI. greife die großen Fragen und Themen der Zeit auf. Wer dem Papst begegne, treffe einen Christen, der sich nicht selbst oder sein eigenes Amt in den Mittelpunkt stelle, sondern Christus – »auf eine überzeugende Weise, die ihn zu einem Modell des Glaubens auch für Lutheraner macht«[6].

Zur Förderung der Beziehungen zum Judentum hatte Benedikt inzwischen drei Synagogen besucht, mehr als alle Päpste vor ihm. Er nannte die Juden nicht mehr »unsere älteren Brüder«, wie Wojtyla es tat, sondern »Väter im Glauben«. Beim Besuch in der Synagoge von Rom rief er im Januar 2010 Juden und Christen dazu auf, den Weg der Aussöhnung und des Dialogs fortzusetzen. Die Neuorientierung der katholischen Kirche durch das Konzil sei unwiderruflich. Entschieden verurteilte er jede Form von Antisemitismus und entschuldigte sich für das Fehlverhalten von Katholiken gegenüber jüdischen Mitbürgern. »Christen und Juden haben großenteils ein gemeinsames geistliches Erbe«, rief er aus, »sie beten zum selben Herrn, haben die gleichen Wurzeln« und das ethische Grundgesetz der Zehn Gebote. Gemeinsam müssten sie sich nun für die Achtung Gottes in einer Welt einsetzen, die das Übernatürliche oft für überflüssig hält und sich neue Götter schafft.

Nach der umstrittenen Regensburger Rede entstand das katholisch-muslimische Forum, das im November 2008 eine erste gemeinsame Erklärung gegen jede Art von Unterdrückung, aggressiver Gewalt und Terrorismus veröffentlichte. Zur positiven Bilanz gehörte das eben beendete Priesterjahr, das der Papst auch zur Aufarbeitung der Missbrauchsskandale nutzte. Die Geistlichen rief er auf, sich der Bedeutung und der richtigen Weise katholischen Priestertums neu bewusst zu werden. Es schloss mit dem größten Priestertreffen aller Zeiten, bei dem sich am Herz-Jesu-Fest, am Freitag, dem 11. Juni 2010, auf dem Petersplatz 9000 geweihte Diener Gottes aus 91 Ländern versammelten.

Nicht zuletzt waren da die Reden Benedikts in den Metropolen der Welt. Die Reaktionen der kulturellen Eliten zeigten, so Erzbischof Rino Fisichella, »dass sie das Gefühl hatten, in diesem Papst einen Partner zu haben.«[7]

Ein eigenes Feld waren die Probleme mit der Vatikanbank IOR. Zur Zeit Benedikts hatte das »Istituto per le Opere di Religione«, das Institut für religiöse Werke, 110 Mitarbeiter, etwa 25 000 Kunden und eine Finanzsumme von 5 Milliarden Euro. Aufgrund zwielichtiger Geschäfte war die Bank immer wieder in die Schlagzeilen geraten. In den Siebziger- und Achtzigerjahren war der amerikanische Erzbischof Paul Marcinkus in die Bank-Affären verwickelt, in denen auch die Mafia eine Rolle spielte. Am Ende waren drei Hauptfiguren tot, höchstwahrscheinlich ermordet, und der Vatikan zahlte fast 250 Millionen US-Dollar Schadensersatz.

Für Johannes Paul II. war die Reform der Vatikan-Bank kein Thema, weil die IOR unkontrolliert immense Summen zur Unterstützung der antikommunistischen Opposition nach Polen transferieren konnte. Benedikt hingegen schuf mit seinem Motu proprio vom 30. Dezember 2010 eine eigene Finanzaufsichtsbehörde, um den Vatikan endlich aus dem Zwielicht von Affären und Geldwäschefällen zu bringen und internationale Kriterien des Bankwesens zu erfüllen. Der AIF, der »Autorità di Informazione Finanziaria« (etwa: »Behörde für Finanzinformationen«) unterlag nicht nur die Kontrolle der Vatikanbank, sondern aller Geldströme, die die Römische Kurie, die Güterverwaltung des Heiligen Stuhls und den Vatikanstaat durchflossen. Mit der Leitung des IOR und der Reform der Finanzpolitik betraute Benedikt den hoch angesehenen Banker Ettore Gotti Tedeschi, der die Italien-Geschäfte der

Santander-Bank geführt und ein Buch über Geld und Moral geschrieben hatte. Er scheute sich später freilich auch nicht, Tedeschi wieder abzuberufen, weil dieser nach Überzeugung von Mitarbeitern seiner Aufgabe nicht genügend nachgekommen war. Dass das 2010 eingerichtete System zu funktionieren begann, zeigte sich im Jahresbericht für 2012. Nach der Kontrolle von 33 000 Konten wurden lediglich sechs verdächtige Transaktionen festgestellt. Der italienische Enthüllungsjournalist Gianluigi Nuzzi befand im November 2015: »Bis zur Amtsübernahme von Benedikt XVI. hat sich keiner der modernen Päpste um die Finanzen seines Staates gekümmert. Ratzinger war der Erste, der Ordnung schaffen und die Kurie kontrollieren wollte.«

Ein wichtiger Schritt war die Aufnahme diplomatischer Beziehungen mit Russland. Nicht vorwärtsgekommen hingegen war Benedikt mit seinen Bemühungen gegenüber China, das weiterhin unerlaubte Bischofsweihen durchführte. Das Problem war die Religionsbehörde des kommunistischen Riesenreiches. Als etwa der Dalai Lama meinte, vielleicht wolle er ja gar nicht mehr wiedergeboren werden, hieß es von der Regierungsstelle: Das bestimmen immer noch wir!

Trotz der eher pessimistischen Stimmung des Papstes: Es hatte sich etwas gedreht. Da waren die vielen jungen Menschen, die auf Weltjugendtagen, auf Pilgerfahrten und in Gebetskreisen neue Zugänge zum katholischen Glauben fanden. Wie ein Flächenbrand ausgebreitet hatte sich nach Ratzingers Weltjugendtag von Köln die Initiative »night fever«, die in vielen Städten junge Menschen versammelte, um innig und emotional Gottesdienst zu feiern. Da waren die jungen Priester, die sich wieder auf katholische Klassik besannen. Überall entstanden neue Initiativen. Sie bauten soziale Netzwerke auf, schufen eigene Portale wie kath.net für Nachrichten und Meinungen, die in der bürgerlichen Presse unterdrückt wurden, oder machten mit einem Großprojekt wie »YouCat« Katechese wieder zu einem Ereignis. Die »Generation Benedikt« und die jungen spirituellen Bewegungen lernten gerade, Tradition und Modernität neu zu verbinden. Längst stellten sie – in Deutschland etwa mit »Treffpunkt Weltkirche«, dem Kongress »Freude am Glauben« oder der »MEHR-Konferenz« des Gebetshauses Augsburg – nicht nur lebendigere, sondern auch größere Kongresse hin als die etablierten katholischen Verbände. Es gab den üblichen Streit mit den Progressisten, aber jeder wusste, dass katholisch drin sein musste, wo katholisch drauf stand, und dass dieser Papst der Garant dafür war, dass die Orientierung nicht verloren ging.

Besonders gerne mochte Benedikt die Begegnungen mit Bischöfen und Priestern. Jesu Auftrag an Petrus, »stärke deine Brüder«, nahm er wörtlich. Nicht so gerne hatte er die Reisen. Dennoch wurde das Jahr 2010 für den 83-Jährigen das reiseintensivste des ganzen Pontifikats. Mit so unterschiedlichen Stationen wie Malta, Portugal, Zypern, Großbritannien und Spanien. Sie zeigten nach den Besuchen in Amerika und Afrika die geschichtliche und aktuelle Bedeutung der katholischen Weltkirche auf jenem Kontinent, den sie prägte – und auf dem sie selbst ihre Prägung fand.

Den Beginn der Europa-Tour machte im April Malta. Anlass war der 1950. Jahrestag, an dem Paulus auf dem Weg nach Rom an der Küste der Insel gelandet war – und zunächst einmal, gemeinsam mit anderen Gefangenen, Schiffbruch erlitt. »Als wir gerettet waren«, heißt es in der Apostelgeschichte, »erfuhren wir, dass die Insel Malta heißt.« Die 500 000 Malteser nennen ihren Schutzpatron »Vater«, stolz darauf, vom »Völkerapostel« persönlich christianisiert worden zu sein. Noch heute sind 97 Prozent der Einwohner getaufte Katholiken. Die 316 Quadratkilometer große Insel ist damit das katholischste Land der Welt. An den Veranstaltungen mit dem Papst, der sich auch mit Missbrauchsopfern traf, nahmen 50 Prozent aller Staatsbürger teil.

Einen Monat später, am 11. Mai 2010, brach Benedikt nach Portugal auf. Wie immer hatte Reisemarschall Alberto Gasbarri, ein Familienvater, den Benedikt als ersten Laien zum Organisator seiner Auslandsreisen machte, die Tour bestens vorbereitet. Früher war es die Aufgabe des Oberstallmeisters, bei einer Reise des Heiligen Vaters der päpstlichen Kutsche vorauszureiten, jetzt hatte Gasbarri dafür zu sorgen, dass dem Santo Padre bei Langstreckenflügen ein kleiner Privatbereich mit Bett vorne in der Maschine eingerichtet wurde. Altötting, Tschenstochau, Lourdes, Loreto, Mariazell – an allen großen europäischen Marienwallfahrtsorten war Benedikt XVI. schon gewesen, Fatima bildete gewissermaßen den Höhe- und Schlusspunkt. Die Botschaft dieses Ortes, an dem am 13. Mai 1917 die Muttergottes drei Hirtenkindern erschienen war, nannte er einmal die prophetischste Vision der Moderne. Das »Dritte Geheimnis von Fatima« deutete er als Sinnbild für den Weg der Kirche durch das 20. Jahrhundert – und als eine weiterhin gültige Warnung. Nämlich vor der Entfremdung vom Glauben. Der peruanische Literaturnobelpreisträger Mario Vargas Llosa zeigte sich von Benedikts Reise so beeindruckt, dass er ihn als einen der bedeutendsten Intellektuellen der Gegenwart bezeichnete, dessen »neue und kühne Reflexionen« Antwort gäben auf die moralischen, kulturellen und existenziellen Probleme unserer Zeit.

In Lissabon hatten sich 300 000 Gläubige versammelt, um mit dem Papst Gottesdienst zu feiern, in Fatima fanden sich gar 500 000 ein. Als sich vor 93 Jahren »der Himmel gerade über Portugal auftat«, erklärte Benedikt gleich bei seiner Ankunft, sei damit »ein Fenster der Hoffnung« geöffnet worden, das Gott immer dann auftut, »wenn der Mensch ihm die Türe verschließt«. Fatima sei »ein Werk der liebenden Vorsehung Gottes«, das im Übrigen nicht die Kirche »durchgesetzt hat«, sondern »es war Fatima, das sich in der Kirche behauptet hat«. An diesem Ort sei etwas geschehen, »um uns an Wahrheiten des Evangeliums zu erinnern«[8].

Dem Prolog ließ der Heilige Vater in Portugals Hauptstadt ein Lob auf die oft so mühevoll erreichten sozialen und kulturellen Errungenschaften des Christentums folgen. Man setze zwar auch heutzutage noch voraus, dass dieser Glaube wie selbstverständlich vorhanden sei, doch das entspreche »leider immer weniger der Wirklichkeit«. Bei der Begegnung mit Hunderten Kulturschaffenden forderte er angesichts der immer schwerer zu erfassenden Phänomene der Moderne nicht nur den interreligiösen, sondern auch einen interkulturellen Dialog ein. Wörtlich sagte er: »In Bezug auf die Position der Kirche in der Welt muss mit großem Einsatz ein Lernprozess eingeleitet werden, durch den man der Gesellschaft hilft zu verstehen, dass die Verkündigung der Wahrheit ein Dienst ist, den die Kirche der Gesellschaft anbietet, indem sie neue Horizonte der Zukunft, der Größe und der Würde erschließt.« Angelpunkt dieses Dialogs müsse es sein, »eine Weltbürgerschaft zu bilden, die auf die Menschenrechte und die Verantwortung der Bürger gegründet ist, unabhängig von ihrer ethischen und politischen Zugehörigkeit und respektvoll gegenüber ihrer religiösen Überzeugung«.[9]

In Fatima, Ziel von jährlich fünf Millionen Marien-Pilgern, schien der »Theologenpapst« geradezu dankbar, zeigen zu können, dass die Zusammengehörigkeit von Vernunft und Glaube seiner innersten Überzeugung entspricht. Ganz einfach schon deshalb, weil es zwischen Himmel und Erde mehr an Möglichkeiten gibt, als sich ein begrenztes, allzu enges menschliches Denken vorstellen könne. Im »Dritten Geheimnis von Fatima«, so hatte Benedikt bereits auf dem Hinflug nach Portugal erklärt, würden auch »Realitäten der Zukunft der Kirche aufgezeigt, die sich nach und nach entfalten und zeigen«. Christus habe vorausgesagt, »dass die Kirche auf verschiedene Weise immer leiden würde bis zum Ende der Welt«. Gerade heute könne man in der Botschaft von Fatima »auf wahrhaft erschreckende Weise« eine altbekannte Tatsache erkennen. Sie laute: »Die größte Verfolgung der Kirche kommt nicht von den äußeren Feinden, sondern erwächst aus der Sünde in der Kirche. Und darum ist es für die Kirche zutiefst notwendig, dass sie neu lernt, Buße zu tun, die Reinigung anzunehmen … Seien wir realistisch darauf gefasst, dass das Böse immer angreift, von innen und von außen, aber dass auch die Kräfte des Guten immer gegenwärtig sind und dass letztlich der Herr stärker ist als das Böse. Und die Muttergottes ist für uns eine sichtbare, mütterliche Garantie der Güte Gottes, die immer das letzte Wort in der Geschichte ist.«[10]

Im Heiligtum von Fatima machte der Papst am 13. Mai deutlich: »Wer glaubt, dass die prophetische Mission Fatimas beendet sei, der irrt sich.« Dabei sprach er einen Satz aus, der viele schockieren musste: »Dem Menschen ist es gelungen, einen Kreislauf des Todes und des Schreckens zu entfesseln, den er nicht mehr zu durchbrechen vermag.« Wichtig sei dabei, dass die Botschaft von Fatima »nicht auf bestimmte Andachtsübungen abzielt, sondern auf die grundlegende Antwort, das heißt die ständige Umkehr, die Buße, das Gebet und die drei göttlichen Tugenden: Glaube, Hoffnung und Liebe«.

Im Juni reiste Benedikt nach Zypern, um mit den Bischöfen die Sondersynode zum Nahen Osten im Oktober desselben Jahres vorzubereiten. Auf der politisch wie religiös geteilten Insel, seinem ersten Besuch in einem mehrheitlich orthodoxen Land, wollte er gleichzeitig die Beziehungen zur Orthodoxie, aber auch zu den verschiedenen katholischen Ostkirchen stärken. Immerhin besteht die katholische Kirche nicht nur aus der lateinischen, sondern aus über 20 Teilkirchen. Kurz zuvor hatte ihn der orthodoxe Bischof Athanasios als Häretiker und seinen Besuch als »ein Gewissensproblem für viele fromme Christen« bezeichnet. Benedikt XVI. befinde sich außerhalb der Kirche und sei nicht einmal Bischof. Dem Zyprioten war entgangen, dass der deutsche Papst den Primat Petri in einer sehr ökumenischen, sich selbst zurücknehmenden Weise ausübte, die es den anderen leichter machen sollte, im Ersten der Apostel nicht länger einen Konkurrenten oder den Anspruch auf Unterwerfung zu sehen, sondern das Symbol für die große Aufgabe der Wiederherstellung der Kommuniongemeinschaft.

Angesichts der Feier von Fronleichnam, des Hochfestes des Leibes und Blutes Christi, nutzte der Papst beim Gottesdienst am 6. Juni 2010 in Nikosia einmal mehr eine der heiligen Teresa von Ávila zugeschriebene Metapher: »Wir sind die Augen, mit denen Sein Mitleid auf die Notleidenden schaut; wir sind die Hände, die Er zum Segnen und Heilen ausstreckt; wir sind die Füße, deren Er sich bedient, um hinzugehen und Gutes zu tun; und wir sind die Lippen, die Sein Evangelium verkünden.« Konkret auf die aktuelle Situation bezogen, bedeute das: »Wir sind berufen, unsere Auseinandersetzungen zu überwinden, in Konfliktsituationen Frieden und Versöhnung zu stiften und der Welt eine Botschaft der Hoffnung zu geben. Wir sind berufen, uns für die Menschen in Not zu öffnen und unsere irdischen Güter großzügig mit all jenen zu teilen, denen es weniger gut geht als uns. Und wir sind berufen, ohne Unterlass den Tod und die Auferstehung des Herrn zu verkünden, bis er wiederkommt.«[11]

In Anspielung auf eine unlängst verkündete Entscheidung des Europäischen Gerichtshofes für Menschenrechte, Kruzifixe müssten aus Rücksicht auf nicht- oder andersgläubige Schüler aus italienischen Schulen entfernt werden, das Symbol sei nicht mit der Europäischen Menschenrechtskonvention vereinbar, bezeichnete Benedikt das christliche Kreuz als bedeutendstes Zeichen gegen Gewalt und Unterdrückung. Es habe nichts mit dem Aufzwingen eines Glaubens oder einer Philosophie zu tun. Das Kreuz sei vielmehr das »beredtste Zeugnis der Hoffnung«, das es je gegeben habe. Eine Welt ohne Kreuz wäre eine Welt ohne Hoffnung, in der Unrecht, Brutalität und Gier ungehindert herrschen und die Armen ausgebeutet würden. Das Kreuz stehe für den Triumph der Liebe Gottes. Die zyprischen Katholiken forderte Benedikt auf, gegenseitiges Vertrauen zwischen Christen und Nichtchristen zu schaffen. Dies sei die Grundlage für dauerhaften Frieden zwischen den Anhängern unterschiedlicher Religionen, politischer Parteien und kultureller Hintergründe.

Dann kam schon, im September 2010, die Seligsprechung des christlichen Gentleman John Henry Newman in Birmingham, für Ratzinger ein besonders ergreifendes Ereignis. Als Student hatte er eine Geistesverwandtschaft mit dem britischen Konvertiten entdeckt, nun durfte er als Papst den zum katholischen Kardinal kreierten Gelehrten in das »Buch der Seligen« eintragen, einer Vorstufe zur Heiligkeit. Als Selige gelten Katholiken, die in »heroischem Tugendgrad« vorbildlich christlich lebten, im Ruf der Heiligkeit starben und bereits zur Anschauung Gottes gelangt sind. Benedikt kam auf Einladung der englischen Regierung. Proteste waren programmiert, aber sie hatten den Grad an Feindseligkeit, der erwartet worden war, noch übertroffen. Die englische Boulevardpresse schäumte, wie immer. Britische Anwälte stellten den Rechtsstatus des Papstes infrage und wollten ihn unter dem Vorwurf, der Vatikan habe den Missbrauch Minderjähriger durch katholische Geistliche gedeckt, vor Gericht stellen. Der britische Evolutionsbiologe und atheistische Aktivist Richard Dawkins kündigte an, den Papst bei der Ankunft in Großbritannien verhaften zu lassen.

Zu allem Übel war auch noch ein Papier des Foreign Office, des britischen Außenministeriums, bekannt geworden, in dem junge Beamte Aktivitäten auflisteten, die Benedikt XVI. während seines Aufenthalts vornehmen sollte, darunter die »Segnung eines gleichgeschlechtlichen Paares«, die »Eröffnung einer Abtreibungsklinik« und die »Markteinführung einer neuen Kondommarke mit dem Namen ›Benedikt‹«. Das Auswärtige Amt sah sich gezwungen zu erklären, die törichte Note widerspiegele weder die Position des »British Foreign & Commonwealth Office« noch die der britischen Regierung. Melanie Phillips, eine mit dem Orwell-Preis ausgezeichnete Journalistin, sprach von einem »kulturellen, erzieherischen und moralischen Kollaps der öffentlichen Verwaltung« mit ihren immer zahlreicheren jungen Beamten, die unreif, oberflächlich, aber politisch korrekt bis zum Gehtnichtmehr seien. »Diese Leute pflegen eine Weltanschauung, in der Minderheiten von vornherein respektiert werden müssen, während Christen ohne Weiteres mit abfälliger Geringschätzung behandelt werden können.« Die Journalistin holte noch weiter aus: »Es ist beeindruckend zu sehen, wie gerade die Menschen, die sich damit brüsten, die liberalsten, bestausgebildeten und klügsten Köpfe des Landes zu sein, in Wirklichkeit die kleinlichsten sind, dazu noch an einer riskanten Form der Illiberalität leiden und am vollständigen Fehlen von Respekt für die Meinungen anderer, vor allem jener, die sich auf die großen religiösen Überzeugungen der europäischen Tradition berufen.«[12] Der Abteilungsleiter, der die Verbreitung der Note genehmigt hatte, wurde entlassen.

Nichtsdestotrotz: Benedikt hatte sich nicht beeindrucken lassen. Er »rächte« sich, indem er mit seinen bescheidenen Auftritten und nachdenklichen Ansprachen in wenigen Tagen die Herzen von Millionen von Menschen gewann. Die *Sunday Times* korrigierte ihr Bild des Ratzinger-Papstes mit den Worten: »Rottweiler? Nein, er ist ein heiliger Großvater.« Denn eines sei nun sicher: »Britain learned to love the Pope.«

Schon an Bord des Fliegers, der ihn nach Edinburgh brachte, machte Benedikt seinen Standpunkt klar. Auf die Frage eines Journalisten, ob die Kirche nicht dringend etwas tun müsse, um anziehender zu wirken, antwortete er mit einem schlichten »No«. Die Kirche verkaufe nichts, am wenigsten sich selbst. Ihr sei keine Ware, sondern eine Nachricht anvertraut, die sie unverkürzt weiterzugeben habe. Als er am 16. September in Holyroodhouse, der offiziellen Residenz der britischen Königin in Schottland, von der genau ein Jahr älteren Elizabeth II. empfangen wurde, konnte jeder schon an den Gesten und Gesichtern nicht nur die gegenseitige Sympathie, sondern auch den Gleichklang an Noblesse und Gesittung der beiden Kirchenführer erkennen. Elizabeth war als Königin schließlich auch Oberhaupt der anglikanischen Kirche. Eine Trennung von Kirche und Staat gibt es im United Kingdom nur insofern, als laut Gesetz niemals Katholiken an der Spitze des Königshauses stehen dürfen.

Im Holyroodhouse führte Benedikt bereits in das Thema ein, das den roten Faden seiner Englandreise bilden sollte: die Gefahren für die Gesellschaft, sollten christliche Weltanschauung und christliche Ethik ganz aus der öffentlichen Debatte verbannt werden. Ratzinger erinnerte an den mutigen Widerstand der Briten gegen die Tyrannei der Nazis und referierte über »die ernüchternden Lektionen«, die ein »atheistischer Extremismus der Welt im 20. Jahrhundert« erteilt habe. Am folgenden Tag sprach er in der Westminster Hall über Thomas Morus, einen wegen seiner Tapferkeit und Glaubenstreue sowohl von Katholiken als auch von Anglikanern verehrten Heiligen. Aufgrund seiner Rechtschaffenheit gilt der im 16. Jahrhundert hingerichtete Staatsmann als Patron der Politiker. Morus hatte stets die Waage zwischen Staatsraison und Gewissenstreue zu halten verstanden und dafür sogar den Tod auf sich genommen. Ohne die christliche Religion, fasste der Papst zusammen, laufe der Staat Gefahr, nach rein ideologischen Grundsätzen und Machtinteressen zu handeln, wie zu Zeiten des Thomas Morus. Umgekehrt verfalle die Religion ohne die Vernunft leicht in Sektierertum und Fundamentalismus.

Höhepunkt des Papstbesuches war die erwähnte Seligsprechung Newmans am 19. September. Benedikt hob in seiner Predigt einen Aspekt hervor, der Henry Newman, aber auch ihm selbst immer besonders wichtig war: nämlich gebildete katholische Laien in der Kirche zu haben, die in der Lage sind, ihren Glauben auch mit Worten zu bezeugen. Er zitierte Newman mit folgendem Satz: »Ich wünsche mir Laien, nicht arrogant, nicht vorlaut, nicht streitsüchtig, sondern Menschen, die ihre Religion kennen, die sich auf sie einlassen, die ihren eigenen

Standpunkt kennen, die wissen, woran sie festhalten und was sie unterlassen, die ihr Glaubensbekenntnis so gut kennen, dass sie darüber Rechenschaft ablegen können, die über so viel geschichtliches Wissen verfügen, dass sie ihre Religion zu verteidigen wissen.«[13] Als im Dämmerlicht die Sturmglocken der Westminster Abbey zu seinem Abschied läuteten, ließ sich der Papst von Rowan Williams, dem anglikanischen Erzbischof von Canterbury, am Arm die Treppe hinunterführen, wie von einem guten Freund, dem es eine Ehre ist, dafür zu sorgen, dass der Nachfolger Petri nicht zu Schaden kommt.

Kapitel 70
Die Ökologie des Menschen

Es war später Herbst geworden, aber der Reiseplan des Jahres war noch nicht abgearbeitet. Am 6. November 2010 besuchte Benedikt Santiago de Compostela, wo er am Flughafen von Spaniens Thronfolger, Prinz Felipe von Asturien, und Prinzessin Letizia begrüßt und von rund 200 000 Menschen begeistert gefeiert wurde.

Im Wallfahrtsort herrschte dichter Nebel, als der Alitalia-Airbus-320 mit dem Papst an Bord hart aufsetzte. Zuvor hatte das Oberhaupt der katholischen Kirche für Irritationen gesorgt, weil er im Flugzeug von einem aggressiven Säkularismus sprach, dem Spanien ausgesetzt sei, »so wie wir ihn schon in den 1930ern sahen«; ein Hinweis auf den Beginn des spanischen Bürgerkrieges 1936, der von einem Militärputsch nationalistischer Kräfte ausgelöst worden war. In der hasserfüllten antiklerikalen Stimmung von damals zündeten republikanische Truppen Kirchen an und ermordeten Tausende von Nonnen und Priestern. Der Klerus stellte sich auf die Seite des faschistischen Franco-Regimes. Die Zeitung *El País* nannte den Vergleich deshalb »eine unverantwortliche Ignoranz«. Die den Sozialisten nahestehende *Publico* titelte: »Der Papst kommt in kriegerischer Absicht.«[1]

Bei seiner Ankunft erklärte Benedikt, er möchte sich als Pilger »in die große Schar der Männer und Frauen einreihen, die im Lauf der Jahrhunderte von allen Winkeln der Iberischen Halbinsel, von Europa und aus der ganzen Welt nach Compostela gekommen sind, um vor den heiligen Jakobus hinzutreten und sich vom Zeugnis seines Glaubens umformen zu lassen«. Voller Hoffnung schufen sie einen Weg der Kultur, des Gebets, der Barmherzigkeit und der Umkehr, der in Kirchen und Hospitälern, in Herbergen, Brücken und Klöstern Gestalt angenommen hat. Auf diese Weise hätten Spanien und Europa ein geistiges Gesicht entfaltet, »das auf unauflösliche Weise vom Evangelium gekennzeichnet ist«. Er empfinde »eine tiefe Freude, erneut hier in Spanien zu sein, das der Welt eine Vielzahl großer Heiliger geschenkt hat, Ordensgründer und Schriftsteller wie Ignatius von Loyola, Theresia von Jesus, Johannes vom Kreuz, Franz Xaver und viele andere mehr.«

In der Jakobus-Kathedrale betete er vor dem Grab des Apostels in der Krypta und umarmte anschließend dessen Statue auf dem Altar. »Pilgern heißt nicht einfach irgendeinen Ort aufsuchen, um seine Naturschönheiten, Kunstschätze oder seine Geschichte zu bewundern«, betonte er in seinem Grußwort, »Pilgern bedeutet vielmehr, aus uns herauszutreten, um Gott dort zu begegnen, wo er sich offenbart hat, wo sich die göttliche Gnade mit besonderem Glanz gezeigt hat«.[2]

Von Santiago reiste Benedikt weiter nach Barcelona, um die Kirche der »Sagrada Família« einzuweihen. Auf der Fahrt durch die Stadt wurde er von 250 000 Menschen willkommen geheißen. Mit dem Bau des ursprünglich im neukatalanischen Stil von Antoni Gaudí entworfenen und noch immer unfertigen Gotteshauses war bereits 1882 begonnen worden, ausschließlich finanziert durch Spenden und Eintrittsgelder. In seiner Predigt bezeichnete Benedikt die Kathedrale als »wunderbare Synthese aus Technik, Kunst und Glauben«. Antoni Gaudí, ein »genialer Architekt«, habe es vermocht, einen Raum von bezaubernder Schönheit zu schaffen, einen Raum des Glaubens und der Hoffnung. Der Papst rief auch hier zur Rückbesinnung auf die christlichen Wurzeln auf und bekräftigte die Haltung der katholischen Kirche zur Abtreibung, die in Spanien gerade heftig diskutiert wurde. Es ging um ein neues Gesetz, wonach es erlaubt sein sollte, Embryos bis zur 14. Schwangerschaftswoche zu töten.

Noch ein weiteres Mal besuchte Benedikt die Iberische Halbinsel. Anlass war der Weltjugendtag in Madrid. Während der Vigil am Samstag, dem 20. August 2011, ging ein gewaltiger Regensturm über der spanischen Hauptstadt nieder, die Veranstaltung drohte abgebrochen zu werden. Aber felsenfest und in bester Stimmung blieb der Papst an seinem Platz, während die durchnässten Jugendlichen Sprechchöre anstimmten. Das schlechte Wetter konnte die Begeisterung nicht stoppen. Am nächsten Tag trafen sich fast zwei Millionen Menschen zur Begegnung mit dem Kirchenoberhaupt, Zehntausende empfingen das Bußsakrament. Benedikt selbst nahm vier Jugendlichen die Beichte ab. Als er sich von König Juan Carlos verabschiedete, meinte er nur: »Majestät, der Papst hat sich in Spanien sehr wohl gefühlt.«

Im Jahr zuvor, unmittelbar vor seinem Besuch in Großbritannien, hatte der Pontifex im Sommer 2010 ein langes Interview gegeben. Das

963

Projekt, das erste Live-Interview-Buch eines Papstes in der Kirchengeschichte, war notwendig geworden, um Hintergründe und Informationen zur Williamson-Affäre nachzutragen, die in den Medien nicht berichtet wurden, und ausführlich über Ursachen und Folgen des Missbrauchsskandals zu sprechen. In sechs Treffen von jeweils einer Stunde entstanden in Benedikts Feriensitz in Castel Gandolfo die Aufzeichnungen für den im November 2010 erschienenen Titel *Licht der Welt*, der international eine Auflage von einer Million Exemplaren erreichte. »Ich bin natürlich nicht mehr so fit wie vor 20 Jahren«, entschuldigte sich der Papst zu Beginn des Interviews, dann meinte er nach einem kurzen Small Talk: »Pack ma's.«

Als Kardinal warnte Ratzinger vor dem Verlust an Identität, an Orientierung, an Wahrheit, falls ein neues Heidentum die Herrschaft über das Denken und Handeln der Menschen übernehmen würde. Es gelte, eine neue Sensibilität für die bedrohte Schöpfung zu entwickeln, sich entschieden den Kräften der Zerstörung entgegenzustellen. An dieser Linie hatte sich nichts geändert. In der Botschaft des Papstes vom Sommer 2010 lag letztlich ein dramatischer Appell, nicht mehr weiterzumachen wie bisher. Die Menschheit stehe an einem Scheidepunkt. Es sei Zeit für Besinnung. Zeit für Umkehr. Die Option Benedikts war die Alternative zu einer Ideologie, die aus dem Öko-Thema eine Art Religion machte und in einem neuen Menschen, dem Homo climaticus, den alleinigen Retter des Planeten sah. Dagegen machte der Papst klar: »Es gibt so viele Probleme, die alle gelöst werden müssen, die aber alle nicht gelöst werden, wenn nicht im Zentrum Gott steht und neu sichtbar wird in der Welt.«[3]

In Deutschland gingen die Salven aus den Geschützen der Papst-Gegner derweil munter weiter. Hatten sich die Kritiker in der Phase des Benedetto-Fiebers noch beklagt, es sei unmöglich geworden, etwas Negatives über Ratzinger zu veröffentlichen, nutzten sie die Missbrauchskrise, ihre Arsenale aufzustocken. Hermann Häring beispielsweise, Assistent und treuer Gefolgsmann Hans Küngs, veröffentlichte eine Anklageschrift unter dem Titel *Im Namen des Herrn*. Rom sei unter Ratzinger »zu einer gefürchteten monokratischen Kontrollinstanz« geworden, so der Theologe, der einen »schonungslosen Blick hinter die Kulissen« versprach. Er warf dem Papst wörtlich Verdrängung, Rechtswillkür, mangelnde Versöhnungsbereitschaft, Realitätsverlust, Blockade, Verweigerung, Ausgrenzung, Unwille zur Ökumene, mangelndes Verständnis für kultur- und gesellschaftspolitische Fragen, ein gebrochenes Verhältnis zu den Religionen und Bevormundung vor. Letztlich sei alles, was Ratzinger anrichte, ein »Debakel«. Das Buch las sich ein wenig so, als ob jemand aus zwei mal zwei fünf macht, aus einem Plus ein Minus, oder als ob in einem Konzert nur Misstöne erklingen. Selbstredend habe der Papst stets auch »viel Verständnis nach rechts«[4]. Eine These, die Häring mit Peter Wensierski teilte. Seit Ratzingers Amtsantritt, rief der *Spiegel*-Autor aus, gebe es eine »Linie rückschrittlicher Maßnahmen«. Als Beleg fügte er an: »Es gab eine ganze Kette, von der Wiedereinführung der lateinischen Messe im alten Ritus bis zur umstrittenen Karfreitagsfürbitte«. Die Kette war etwas kurz geraten, wobei selbst die Karfreitagsfürbitte keinen eigenen Punkt bildete, sondern Teil des »alten Ritus« war.

Die Kritiker Benedikts XVI. argumentierten, mit ihren Anklagen würden sie den Nerv von Millionen von Gläubigen treffen, was auf eine bestimmte Art sicher richtig war. Die konzertierte Aktion reformistischer Kräfte kämpfte seit den Tagen des Konzils für eine Allerweltskirche, in der das autonome Gemeindemitglied das Maß aller Dinge sein sollte, dirigiert von den Hohepriestern des Zeitgeistes. Mit im Tross waren jene Professoren, die längst ihre Lehrerlaubnis verloren hatten, weil sie Jahr und Tag nichts unversucht ließen, aus dem Sohn Gottes einen Räuberhauptmann zu machen. Als 68er hatten sie ein Problem mit Autorität – sobald es nicht ihre eigene war. Flankiert wurden sie von Publizisten, die jede Chance nutzten, mit verwegenen Thesen Ratzinger als einen der schlimmsten Feinde der Neuzeit anzuprangern. Der Journalist Hanspeter Oschwald beispielsweise versicherte, herausgefunden zu haben, »wie fundamentalistische Mächte den Vatikan steuern«. Im Haupttitel nannte er sein Buch *Im Namen des Heiligen Vaters*. Nach seinem laut Klappentext »schonungslosen und höchst erhellenden Blick auf die geheimen Strippenzieher in Rom« unterstellte er, dass »fundamentalistische Bewegungen insgeheim die Entscheidungen des Papstes« beeinflussten. Die Folge: »Immer mehr Menschen kehren sich verschreckt von der Kirche ab.«[5]

Nicht, dass sich jede Kritik an Ratzinger verboten hätte, aber die Beweisführung und der Geifer, der damit zumeist verbunden war, machte sie vielfach unglaubwürdig. Der *Welt*-Journalist Alan Posener zum Beispiel legte eine Schrift mit dem Titel *Benedikts Kreuzzug* vor.[6] Niemand konnte so recht erkennen, worin dieser Kreuzzug bestehen und wer die Heerführer sein sollten. Um Plausibilität vorzugaukeln, griff der Autor zu einem bewährten Trick: Er behauptete Dinge, die sein als Feindbild gemalter Gegner so nie gesagt hatte (beispielsweise: »Der Papst sagt, die Demokratie sei eine Diktatur des Relativismus«), und stellte Zusammenhänge her, die es nur in der Fantasie des Autors gab.

Heraus kam eine Kopfgeburt, die wie ein Homunkulus erscheinen musste, eine Figur ohne Gliedmaßen, ohne Herz. Bei seinen Vorträgen versprach Posener, der sich rühmte, Atheist zu sein, seinem Publikum »tolle Zitate, da können Sie sich schon mal freuen«. In der Tat kein leeres Versprechen. Nach seiner »Machtübernahme«, so der frühere Maoist, strebe Ratzinger nun »die Diktatur der Wahrheit, seiner Wahrheit« an. Das »Denken im Vatikan« sei »talibanesk«. Denn der Papst fordere, der Staat müsse durch das Christentum kontrolliert werden. Dieser »Diktator« stelle sich gegen die Naturwissenschaft, gegen die Vernunft. Er habe »die Piusbrüder wieder in die Kirche aufgenommen« und sei »Oberhaupt eines Staates, der mit dem Iran und anderen Schurkenstaaten gegen die Entkriminalisierung der Homosexualität kämpft«. Ratzinger führe einen Kreuzzug, »damit Europa wieder katholisch wird, damit die letzte Instanz in Politik und Gesellschaft die Kirche wird«. Posener, der bei seinen Auftritten, die er beispielsweise beim »Bund der Atheisten« absolvierte, gerne die Stimme Benedikts nachäffte, fügte hinzu: »Das sagt er selber.« Der Journalist schloss mit dem Ausruf: »Willkommen im Klerikalfaschismus«.

Hans Küng hatte sich gerade wieder mit einem offenen Brief an die »verehrten Bischöfe« ins Gespräch gebracht. Der Beitrag wurde am 15. April 2010 in der *Süddeutschen Zeitung* veröffentlicht. Gleichzeitig erschien er in der *Neuen Zürcher Zeitung*, in *La Repubblica*, *El País*, *Le Monde* und im Vertrieb der *New York Times Syndication*. Ratzingers Pontifikat, klagte der Schweizer an, sei eine einzige Ansammlung von »verpassten Gelegenheiten«. Vertan worden sei etwa »die Annäherung an die evangelischen Kirchen«, die »nachhaltige Verständigung mit den Juden«, der »vertrauensvolle Dialog mit den Muslimen« und »die Chance, den afrikanischen Völkern zu helfen« (Stichwort Kondom-Krise). Immer wieder relativiere dieser Papst die Konzilstexte. Er habe ja auch »illegal ordinierte Bischöfe der traditionalistischen Pius-Bruderschaft … ohne Vorbedingungen in die Kirche aufgenommen«. Den Gipfel an freier Improvisation der Wahrheit erreichte der offene Brief mit der Behauptung, »dass das weltweit in Kraft gesetzte Vertuschungssystem von klerikalen Sexualvergehen gesteuert war von der römischen Glaubenskongregation Ratzingers«. Die Bischöfe sollten sich nicht länger ihrem »Gehorsamseid gegenüber dem Papst« verpflichtet fühlen und ein Konzil einfordern; »zur Lösung der jetzt dramatisch aufgebrochenen Reformprobleme«[7].

In Benedikts Katechesen bei den Generalaudienzen überwogen im Herbst und Winter 2010 die großen Frauen der Kirchengeschichte, Mystikerinnen wie Hildegard von Bingen, Mechthild von Hackeborn, Teresa von Ávila, Angela von Foligno, Juliana von Norwich und Veronica Giuliani. Die mystische Versenkung, erläuterte der Papst, sei der Beginn, »mit den Augen und mit dem Herzen Gottes zu sehen«. Seinen speziellen Freund, den heiligen Bonaventura, zitierte er mit dessen Worten, der Aufstieg zu Gott gelinge, wenn man die Gnade befrage, »nicht die Lehre; die Sehnsucht, nicht den Verstand; das Seufzen des Gebets, nicht das Studium des Buchstabens«. All dies, so Benedikt, »ist weder antiintellektuell noch gegen die Vernunft gerichtet. Es setzt den Weg der Vernunft voraus, übersteigt ihn aber in der Liebe zum gekreuzigten Christus«. Dadurch markiere Bonaventura den »Anfang einer großen mystischen Strömung, die den menschlichen Geist reinigte und in eine neue Dimension hob«.

Die Unterweisung im katholischen Glauben war das eine, das andere waren Ratzingers Zeitdiagnosen. Wenn der Glaube kein Steckenpferd sein, sondern Antworten geben soll auf die Zeichen der Zeit, gehöre beides zusammen. Dass es die katholische Kirche schon immer als ihre Aufgabe betrachtete, den Nationen auf die Sprünge zu helfen – andere sagen: sie zu indoktrinieren –, war nicht neu. »Die Päpste folgten Petrus – und den Cäsaren«, so der Kirchenhistoriker Ulrich Nersinger.[8] »Sie nahmen das Weltliche für das Geistliche in Anspruch, und das Geistliche für das Weltliche«, um damit Zivilisation zu formen und Geschichte zu schreiben. Mit dem Intellektuellen auf dem Stuhl Petri war eine Instanz entstanden, die auch das spirituelle Denken und die Erfahrungen der Religionen in die gesellschaftliche Debatte einbrachte.

Als Erzbischof von München war Ratzinger mit seiner Zeitkritik zumeist auf Unverständnis gestoßen. Die einen nannten ihn einen Kulturpessimisten, die anderen einen Apokalyptiker. Inzwischen hatten die Zeitläufte viele seiner Analysen bestätigt, insbesondere jenen Teil, der auf die kommenden Gefährdungen des Menschen und seiner Lebensgrundlagen hinwies. Aus den früh vorgebrachten Mahnungen des Bischofs waren nun Wahlkampfthemen geworden. Rund um den Globus entstand die grüne Bewegung, die eine neue große »Erzählung«

der Weltgemeinschaft hervorbrachte, also das, was früher einmal das Christentum, die Renaissance, die Aufklärung, der Kampf für sozialen Fortschritt, Gerechtigkeit und Freiheit waren. Der Unterschied zwischen dem Papst und vielen Propagandisten der Umweltbewegung war: Ratzinger versuchte unideologisch und vor allem ganzheitlich zu denken. Er machte keinen Unterschied zwischen dem Schutz von Tieren und Regenwäldern und dem Schutz des ungeborenen Lebens. Wolle man nicht verheerende Folgen in Kauf nehmen, warnte er, dürften die Anlagen des Menschen so wenig verschmutzt und manipuliert werden wie die Ozonschicht oder das Grundwasser. Der Papst ging nicht nur von der Schöpfung aus, sondern auch von einem Schöpfer. Für ihn spielte nicht nur der Mensch eine Rolle, sondern Gott, dessen Plan im Grunde dafür gesorgt hatte, dass Welt und Weltall in einer Ordnung blieben, die Sinn und Schönheit implizierten, die Freiheit ermöglichten und dem Menschen die Grundlagen boten, um überhaupt leben zu können.

Was das konkrete Wissen über den technischen Fortschritt betraf, war Ratzinger ein Abc-Schütze. Über die Finessen eines einfachen Diktiergerätes konnte er noch immer genauso staunen wie über die Möglichkeit, per App ein Uber-Taxi zu bestellen. Aber das bedeutete keinesfalls, dass er die grundsätzlichen Applikationen des Fortschritts nicht auch aufmerksam verfolgte. Spätestens seit Beginn seines Pontifikats tobte die zivilisatorische Debatte ohnehin auf allen Kanälen. Es ging über die Auswirkungen von künstlicher Intelligenz in autonomen Robotern, Cyber-Waffen und Haushaltsgeräten. Um Industrie 4.0 und deren Folgen für die Arbeitsplätze. In Talkshows stritten sich Aktivisten über CO_2-Ausstoß, Plastikmüll, Feinstaub, den massenhaften Verzehr von Fleisch und die Folgen der Billigangebote im Tourismus.

Der Soziologe Hartmut Rosa beschrieb, dass in einem durchschnittlichen Haushalt um das Jahr 1900 etwa 400 Dinge vorhanden waren. Inzwischen seien es rund 10 000, die den Bewohner umgäben und beschäftigten, und sei es nur mit der Frage, welche davon er bald wegwerfen und wo er sie entsorgen sollte. Während auf der einen Seite die Grenzen des Wachstums beschworen wurden, schien sich auf der anderen die Menschheit geradezu neu erfinden zu wollen. Start-ups schossen wie Pilze aus dem Boden und boten Dienstleistungen an, von denen man früher nicht einmal zu träumen wagte. Mit Begriffen wie Datenwolke, Streamingplattform, Echtzeitübertragung und Shitstorm gelangten Ausdrücke in den Wortschatz des Alltags, der früher wissenschaftlichen Kongressen vorbehalten war. Digitale Technologien schufen »elektrische Gehirne«, die für unterschiedlichste Einsätze die jeweils strategisch beste Vorgehensweise ermittelten. Und mit neuester Software war es möglich geworden, am Computer Porträts und Texte zu generieren, die eine Art von Hyperrealität erzeugten, die authentischer wirkte als authentische Menschen und authentische Geschichten. Man nannte das Ergebnis nicht mehr »Fake News«, sondern »Deep Fakes«.

Die Welt jedenfalls, wie man sie einmal kannte, ging definitiv in einen anderen Aggregatzustand über. Der Paradigmenwechsel war wie ein Umzug in eine andere Etage, in ein anderes Haus, auf einen anderen Planeten. Militärs arbeiteten an autonomen Waffensystemen, um mit Killerrobotern eine algorithmische Kriegsführung anzusteuern. 3-D-Drucker konnten sowohl Ersatzteile für den Körper als auch ganze Häuser ausspucken. Weil 5000 Freunde bei Facebook und 50 000 Follower bei Instagram nicht gegen Vereinsamung schützten, schufen findige Firmen aus der Pornoindustrie Roboter mit künstlicher Intelligenz zum Kuscheln und Kopulieren. Nach der Fusion der Messenger-Dienste von Instagram, Facebook und WhatsApp würden 2,7 Milliarden Menschen dasselbe Chat-Programm nutzen. Der Austritt aus dieser Gemeinschaft, die bisherige Formen der Demokratie hinter sich ließ und mit Like-Buttons einflussreiche Bewegungen inszenierte, würde kaum noch möglich sein. Dass dabei der eine Hype blitzschnell vom nächsten verdrängt wurde, entsprach der Logik der Reizüberflutung. Längst ließ sich auch die Politik von Newsfeed- oder Timeline-Algorithmen jagen, »deren Urheber und Zwecke jedoch völlig nebulös bleiben«, wie die *Süddeutsche Zeitung* beobachtete. Was in der politischen Arena verhandelt würde, sei immer häufiger Folge von Manipulation, die in »opaken Maschinenräumen« in Gang gesetzt würde.

In China war die Technik der Personenerkennung so weit fortgeschritten, dass mit Videoaufnahmen von Gesicht, Gangart, Körperfülle und Gesten die Totalüberwachung von jedermann zu jeder Zeit in greifbare Nähe rückte. US-Präsidenten verfolgten mit ihren Stabs- und Sicherheitschefs live am Bildschirm mit, wenn Spezialeinheiten der Navi-Seals am Hindukusch oder in Syrien die Führer von islamistischen Terrororganisationen liquidierten. Wissenschaftler arbeiteten an Mikrochips der neuen Generation, um das Zusammenwachsen von Mensch und Maschine voranzubringen. Das Problem war, dass viele von ihnen die künstlichen Intelligenzen, die sie entwickelten, selbst nicht mehr verstanden. »Könnte es sein«, fragte der Münchner Kulturjournalist Tobias Haberl, »dass wir reicher und gleichzeitig ärmer, sicherer und gleichzeitig ängstlicher werden?«

Selten zuvor war eine Gesellschaft jedenfalls auch so gegängelt, so fremdbestimmt, so dem Diktat der Moden und Meinungen unterworfen. Früher hätten Wissenschaftler und Künstler optimistisch in die Zukunft geschaut, bemerkten die Feuilletons, heute sei die Dystopie, der negative, von Ängsten behaftete Zukunftsentwurf, zum Mainstream geworden. Die UNO etwa warnte in ihrem jährlichen Öko-Bericht vor tauenden Permafrostböden und genmanipulierten Lebewesen, wie etwa eine im Labor gentechnisch veränderte Mücke, die bisherige Populationen absterben lasse. In »nur ein paar Jahrzehnten«, hieß es in der Zusammenfassung des Berichtes, habe die Menschheit die globalen Temperaturen 170-mal schneller als normal steigen lassen, 75 Prozent der Erdoberfläche verändert und 93 Prozent aller Flussläufe umgebaut, was zu drastischen Veränderungen in der Biosphäre führe.[9] Bei den unterschiedlichen Endzeit-Szenarien ging es aber auch um einen ultimativen Akt der Zerstörung. Dieser könne äußerste Gewalt und äußerste Befreiung zugleich sein. Nicht wenige der apokalyptischen Szenarien, die in literarischen, aber auch wissenschaftlichen Foren diskutiert wurden, gingen davon aus, dass am Ende nichts mehr da ist, die Menschen nicht, die Welt nicht, und dass es auch niemanden mehr geben würde, der das Fehlen der Erde samt ihren Menschen bemerken könnte.

Ratzinger war nie der Versuchung erlegen, angesichts der globalen Misere in Hoffnungslosigkeit zu verfallen. »Die Gläubigen beten nicht für das Ende der Welt«, pflegte er zu sagen, »sondern für die Wiederkehr Christi.« Der Papst dachte ein Stück größer und weiter. Ihm ging es um den Quellcode, der die Welt im Innersten zusammenhält – und damit auch jene Dinge im Kleinen, das heißt die Beziehungen der Menschen zu sich selbst und zu anderen. Benedikt XVI. nannte dies die »Ökologie des Menschen«. Der Begriff entsprang dem typischen katholischen »et«, dem Sowohl-als-auch, das den Menschen nicht aussparte, wenn es um die Lebensgrundlagen ging.

Die Sorge um das richtige Verhältnis zwischen dem Schutz des Menschen und dem Schutz der Umwelt zog sich wie ein roter Faden durch das Pontifikat. In einer Ansprache gleich zu Beginn seiner Amtszeit forderte er 2006, »Ehrfurcht gegenüber der Natur zu zeigen, sie als

Garten Gottes zu pflegen und zu einem Garten auch für den Menschen werden zu lassen«. Im Juli 2007 sprach er im italienischen Treviso bei einem Treffen mit dem Klerus vom »Gehorsam gegenüber der Stimme der Natur«. Auf die Weisung der Erde, die Stimme des Seins zu hören sei von Bedeutung, »weil die Erde, ja, das ganze Sein, durch einen Schöpfer ins Leben gerufen worden ist, der dieser seiner Schöpfung eine Botschaft mitgegeben hat«. Im Juli 2008 erklärte er in Australien, hinter »Erosion, Entwaldung, Verschwendung der weltweiten Mineral- und Meeresressourcen« stecke ein »unersättlicher Konsumismus«. Am 8. Januar 2009 wurde das diplomatische Korps zum Adressaten der düsteren Mahnung, die Zukunft stehe »heute mehr denn je auf dem Spiel, ja sogar das Schicksal unseres Planeten und seiner Bewohner«. Ernährungskrise und Klimaerwärmung träfen vor allem die Armen. Im November 2009 mahnt er die Regierungen zum verstärkten Kampf gegen Hunger: »Was wir brauchen, ist ein Wandel im Lebensstil der Einzelnen und der Gemeinschaften, in Konsumgewohnheiten und in der Auffassung dessen, was wirklich nötig ist.« Im Dezember 2009 sprach er vor den neu am Heiligen Stuhl akkreditierten Botschaftern, die fortgesetzte Schädigung der Umwelt bedrohe den Frieden und das Überleben des Menschen. Der Konsum müsse deshalb gezügelt, die »unbegrenzte Ansammlung von Gütern« beendet werden.

Umwelt, Nachhaltigkeit und Verantwortung blieben Top-Themen in der Agenda Benedikts. Zum Weltfriedenstag 2010 lautete das Motto: »Willst du den Frieden fördern, so bewahre die Schöpfung.« »Wie könnte man gleichgültig bleiben«, so der Papst, »angesichts von Phänomenen wie dem globalen Klimawandel, der Wüstenbildung, der Abnahme und dem Verlust der Produktivität von großen landwirtschaftlichen Gebieten, der Verschmutzung von Flüssen und Grundwasser, dem Verlust der Biodiversität, der Zunahme von außergewöhnlichen Naturereignissen und der Abholzung in tropischen Gebieten.« Dahinter würden sich »auch moralische Krisen« verbergen, die »eine durch Maßhalten und Solidarität gekennzeichnete Lebensweise« dringend erforderlich machten. Der Mensch müsse seinen Umgang mit der Natur völlig neu überdenken. Gefragt sei ein Lebensstil, der sich erneuerbare Energien zunutze mache. Es müsse klar sein, dass sehr viel auf dem Spiel steht, keinem dürfe gleichgültig sein, was um uns herum geschieht.

Auch in seinen Enzykliken gab er der Umweltthematik breiten Raum. Das zweite Kapitel von *Caritas in veritate* beispielsweise geht ins Detail und fordert, lebenswichtige Elemente wie Nahrung und Wasser müssen allen Menschen zugänglich sein. Notwendig sei die Solidarität mit den Entwicklungsländern, aber vor allem auch gegenüber künftigen Generationen, denen man die Erde in einem Zustand zu übergeben habe, »dass auch sie würdig auf ihr leben und sie weiter kultivieren können«[10]. Aus der Grundeinsicht, »das Buch der Natur ist eines und unteilbar«, ergäben sich die Pflichten gegenüber der Umwelt, aber auch gegenüber dem Menschen. Nach katholischer Sicht ist deshalb eine Ökologie halbherzig, die zwar Buntspechte und Meeresschildkröten zu schützen bemüht ist, den ungeborenen oder sterbenden Menschen aber seiner Personenrechte beraubt.

Die Humanökologie Benedikts beruht auf dem Glauben an die Schöpfung und der Anerkennung der Würde des Menschen. Schon in der Überlieferung der Bibel sei »ein gegenseitiger Einfluss erkennbar zwischen dem Antlitz des Menschen und dem ›Antlitz‹ der Umwelt«. Die Verfassung der Erde widerspiegele sich in der inneren Verfassung seiner Bewohner. »Wenn der Mensch verkommt, verkommt die Umwelt, in der er lebt«, erklärte er in seiner Neujahrspredigt 2010. Beim Empfang für die Mitglieder des Diplomatischen Korps sagte der Papst: »Die Leugnung Gottes entstellt die personale Freiheit, aber sie zerstört auch die Schöpfung.« Die Wurzeln einer kaputten Umwelt seien fast immer auch moralischer Natur, deshalb sei insbesondere eine erzieherische Anstrengung notwendig, um einen wirksamen Gesinnungswandel zu fördern und neue Lebensweisen zu etablieren.

In unzähligen Ansprachen und Predigten verwies Benedikt XVI. auf das Naturrecht als die »Quelle, aus der zusammen mit den Grundrechten auch die sittlichen Gebote entspringen, deren Einhaltung verpflichtend ist. Die Wahrheit und die Liebe, die die Natur enthüllten, hätten ihre Grundlage nicht im Menschen, sondern in Gott. Kein von den Menschen gemachtes Gesetz könne jemals die vom Schöpfer geschriebene Norm umstürzen, »ohne dass die Gesellschaft auf dramatische Weise in dem verletzt wird, was ihre eigentliche Grundlage darstellt«[11]. Der Staat müsse akzeptieren, dass es einen Bestand an Wahrheit gibt, der nicht dem Konsens unterworfen ist. »Das Buch der Natur ist eines und unteilbar«, heißt es in der Enzyklika *Caritas in veritate*, »sowohl bezüglich der Umwelt wie des Lebens und der Bereiche Sexualität, Ehe, Familie, soziale Beziehungen, kurz der ganzheitlichen Entwicklung des Menschen.« Daraus leite sich auch die Position der katholischen Kirche in der Gender-Debatte ab: »Die Geschöpfe unterscheiden sich voneinander und können geschützt oder im Gegenteil auf verschiedene Weisen in Gefahr gebracht werden. … Einer dieser Angriffe erfolgt durch Gesetze oder Projekte, die im Namen des Kampfes gegen die Diskriminierung die biologische Grundlage der Unterscheidung der Geschlechter anzutasten versuchen.«

Ratzinger sah eine Welt ohne Gott an ihr Limit kommen. Klagte die säkularisierte Gesellschaft nicht immer lauter über einen Mangel an Ethik, Moral und Orientierung? Fühlte sie sich nicht immer kränker, belastet mit Überforderung, Zank, Unzufriedenheit? Hatte man mit der Entchristlichung der Gesellschaft nicht auch ein im Grunde unverzichtbares Lebenselixier verloren? Vergleichbar mit jenen Erbinformationen, die seit Jahrtausenden in jeder Zelle des Körpers widerhallen; Überlieferungen, die für die Erkenntnis des Lebens und Überlebens existenziell sind, weil sie das moralische Gesetz der Welt bündeln, das auf diese Weise von Generation zu Generation weitervermittelt werden konnte?

Im Licht des Glaubens besehen, war die Ignoranz gegenüber der Ordnung der Schöpfung die Grundkatastrophe der Menschheit schlechthin. Wenn Gott wegfällt, so die große Sorge des Papstes, ein Gott, der den Menschen kennt und ihn anspricht, der ihn liebt und in seiner Liebe auch gemahnt zu Besinnung und Umkehr, verliere die Menschheit die Grundlagen eines zivilisierten Daseins.

Im Fadenkreuz Benedikts stand deshalb eine Denk- und Lebensweise, die nicht in Einklang steht mit dem, wie der Mensch von seinem Ursprung her gedacht ist. Die Kirche könne der Welt deshalb gar kein größeres Geschenk machen, als unverzagt auf die Priorität Gottes zu verweisen. Das Christentum sei oft genug vom rechten Pfad abgekommen. Es habe aber von seiner Anlage her mit Kultur zu tun, mit Recht, mit dem Sozialgefüge, mit dem richtigen Verhältnis von Mensch und Natur. Von nichts anderem als von »der Überzeugung eines Schöpfergottes her« sei schließlich auch »die Idee der Menschenrechte, die Idee der Gleichheit aller Menschen vor dem Recht, die Erkenntnis der Unantastbarkeit der Menschenwürde in jedem einzelnen Menschen und das Wissen um die Verantwortung der Menschen für ihr Handeln entwickelt worden«[12]. Diese Überlieferungen bildeten das kulturelle Gedächtnis der Menschheit. Sie zu ignorieren »oder als bloße Vergangenheit zu betrachten wäre eine Amputation unserer Kultur insgesamt und würde sie ihrer Ganzheit berauben«.

Selbst der britische Wissenschaftler Richard Dawkins, ein Aktivist des »Neuen Atheismus«, der Benedikt XVI. bei dessen Besuch in England noch verhaften lassen wollte, hatte sich angesichts der Verrohung der Gesellschaft zu einer Wende entschlossen und warnte im Oktober 2019 in der *Times* davor, das Christentum abzuschaffen. Die Menschen bräuchten Gott, um moralisch zu handeln und zu sehen, dass nicht alles erlaubt sei. Als Autor des Buches »Der Gotteswahn« hatte Dawkins 2015 noch gefordert, Kinder vor der Weitergabe des Glaubens durch ihre Eltern zu »schützen«.

Kapitel 71

Entweltlichung

Es war nicht mehr zu übersehen, dass sich das durch die Medien geprägte Image des Papstes zum entscheidenden Problem des Pontifikats entwickelt hatte. Benedikt XVI. ließ sich weder konditionieren noch manipulieren, wie die Kommunikationswissenschaftlerin Friederike Glavanovics in einer wissenschaftlichen Untersuchung feststellte, aber die Journalisten hatten die Deutungshoheit über ihn gewonnen, und das war entscheidend.

Hinzu kam, dass es im Vatikan weder eine aktive Medienpolitik gab noch professionelle Berater, die Fallen und Fettnäpfe schon im Voraus hätten erkennen können. »Die Öffentlichkeitsarbeit des Vatikans«, so Marcello Foa, Dozent für Journalismus an der Universität Lugano und Experte für Medien-Desinformation, »hat nicht verstanden, dass die modernen Kriege mit nicht konventionellen Waffen geführt werden, im Einzelfall auch mithilfe des richtigen ›Drehs‹, das heißt der Technik der Manipulation durch die Medien. Geeignete Gegenmaßnahmen sind nicht ergriffen worden.« So blieb die Kirche ein leichtes Ziel: »Sie ist wie eine Stadt, die oft aus der Luft bombardiert wird, sich aber weigert, sich mit einer Luftabwehr, einer Luftwaffe und hoch empfindlichen Radargeräten auszustatten.« Durch einfachste Fehler sei sie zu einer perfekten Zielscheibe geworden.[1]

In der Amtszeit von Johannes Paul II. hatte sich die Medienlandschaft dramatisch verändert. Wojtyla nutzte diese Entwicklung, um ein modernes, mediales Papsttum mit einer weltweiten Pressepräsenz zu entfalten. Über Ratzinger waren sich die meisten Experten einig, »dass die Kirche noch nie einen so intellektuellen Papst hatte, einen Gelehrten, einen Sucher nach Wahrheit«, so Glavanovics in ihrer Arbeit über »Papst Benedikt XVI. und die Macht der Medien«[2]. Er sei vermutlich »einer der letzten oder der letzte Weltdenker überhaupt«. Durch seinen substanziellen Stil, der nicht auf Slogans und Effekte, sondern auf Inhalte setze, sprach Benedikt im Verlauf seines Pontifikats Bevölkerungsschichten an, die nicht nur hinschauen, sondern auch hinhören wollten. Er setzte auf Momente der Stille und des gemeinsamen Betens, die die Menschen motivieren sollten. Gleichzeitig verkörperte er für seine Gegner, so der amerikanische Theologe George Weigel, der Biograf Johannes Pauls II., »das letzte institutionelle Hindernis für das, was er selbst einmal die ›Diktatur des Relativismus‹ genannt hat. Also hat er Feinde, und zwar nicht wenige«. Wie bei Wojtyla würden sich die meisten Journalisten weigern, sich mit seinen Inhalten und Ideen auseinanderzusetzen: »Sie beschränken sich darauf, das anzuprangern und zu beklagen, was sie – fälschlicherweise – als eine reaktionäre Theologie bezeichnen.«[3]

Bereits die Williamson-Affäre hatte zu einem deutlichen Imageverlust Benedikts geführt. Der »mediale Supergau« für ihn und die katholische Kirche, so Glavanovics, sei im Frühjahr 2010 durch die weltweit bekannt gewordenen Missbrauchsfälle eingetreten. Kritische Beobachter sprachen im Zusammenhang mit der Diskussion um pädophile Priester von einem typischen Beispiel von »moralischer Panik«. So wichtig die Berichterstattung über den Skandal sei, so diene bei »moralischer Panik« ein reales Geschehen, das am Anfang stehe, durch extreme Übertreibung weniger den Opfern, sondern der Instrumentalisierung für fremde Zwecke. In den ersten drei Monaten des Jahres, stellte Glavanovics fest, hätte es in Deutschland in den sogenannten Leitmedien keinen einzigen Beitrag gegeben, in dem »Papst Benedikt XVI. klar positiv dargestellt wurde«, etwa aufgrund seiner Initiativen als Präfekt, die eine Null-Toleranz-Linie gegenüber Missbrauchstätern einleiteten. Als der Vatikan am 20. März 2010 seinen Hirtenbrief an die Kirche Irlands veröffentlichte, der »eine umfassende Stellungnahme und Entschuldigung zur Missbrauchsdebatte« enthielt, habe der *Spiegel* festgehalten: »Papst schweigt zu Missbrauch in Deutschland«[4]. Der damalige *Spiegel*-Autor Matthias Matussek ergänzte zur Marschrichtung des Magazins, er sei nach einer positiven Besprechung des Papst-Interviewbuches *Licht der Welt* vom stellvertretenden Chefredakteur mit den Worten abgemahnt worden: »Pass mal auf, wir haben 13 Leute an der Front, die versuchen, dem Papst Verwicklungen in den Missbrauchsskandal nachzuweisen. Da kannst du doch nicht kommen und den Papst freisprechen!«[5]

Grundsätzlich könne man in der modernen Presselandschaft »keinesfalls davon ausgehen, Medien würden Realität abbilden«, erläuterte Glavanovics. Die Funktion der Medien, Komplexität zu verringern, werde zwar erfüllt, »aber es werden eigene Zusammenhänge und Interpretationen der Journalisten in die Nachricht eingebracht«. Journalisten handelten politisch, indem sie bei konfliktreichen Themen durchaus einseitig berichten und damit auch die Meldungen als Mittel zum Zweck der Erreichung bestimmter Ziele einsetzten. Die Wirklichkeitsinterpretationen der Journalisten seien »einerseits abhängig von deren eigenen handlungsleitenden Orientierungen, den eigenen Weltanschauungen, andererseits von der weltanschaulichen und politischen Linie des Mediums, für das sie tätig sind«.

Was Papst Benedikt betreffe, sei die Tendenz mancher Journalisten auffällig, negative Nachrichten geradezu zwanghaft in einen noch negativeren Kontext einzubetten, so das Ergebnis der wissenschaftlichen Untersuchung. Es sei ein Image konstruiert worden, »das nicht auf Wirklichkeit, sondern nur auf Viabilität verpflichtet ist«, auf ein fiktives Bild also, das einem bestimmten Zweck dienen sollte. Die Reporter mussten liefern. Und wenn sie keine belegbaren Fakten fanden, dann eben Beschuldigungen und Gerüchte, die als Tatsachen präsentiert wurden. Durch verzerrte und verkürzte Darstellungen und die Interpretation seiner Anliegen als Engführung des Amtes sei »das Medienimage Papst Benedikts XVI. in Richtung konservativ und rückwärtsgewandt verstärkt« worden. Bei der »Regensburger Rede« beispielsweise sei »ein Satz aus dem Kontext herausgelöst« und mit diesem Satz »Papst Benedikt XVI. dann stigmatisiert« worden. Glavanovics: »Dadurch, und auch durch andere Kommunikationspannen, ist Papst Benedikt XVI. in ein Medienschema, einen ›Frame‹ geraten, der keine seriöse Berichterstattung mehr zuließ.« Die Folge: »Das Pontifikat Papst Benedikts XVI., das im Jahr 2005 so brillant begonnen hatte, entwickelte sich immer mehr zum ›Pontifikat der Pannen‹, jeder Papstauftritt versprach den Medien wieder neue negative Schlagzeilen.«

In der Berichterstattung über Papst und Kirche sei dabei auch der »Trend zur Boulevardisierung« deutlich geworden, einer Darstellungsform, »die sich sowohl inhaltlich als auch gestalterisch eines plakativen Stils bedient und damit nicht nur informieren will, sondern versucht, gezielt Meinung zu machen«. Einerseits entspreche hier das »Warten auf die Panne« einem Mechanismus, der von der Befriedigung von Erwartungen lebt, andererseits sei es »zur Erwartungshaltung der Journalisten selbst geworden, nicht zu schauen, was hat der Papst Interessantes über den Zusammenhang von Vernunft und Glaube oder zu Weltwirtschaftsthemen gesagt, sondern wo werden Fehler gemacht«. Dieser Mangel an Ethik habe »entscheidenden Einfluss auf das Zustandekommen des Medienimages von Papst Benedikt XVI.« ausgeübt. Es sei vielfach nur noch um ein »Bloßstellen des Papstes« gegangen: »Dies geschieht durch Anzweifeln seiner Glaubwürdigkeit und seiner Integrität oder indem man eventuelle Widersprüchlichkeiten seiner Ausführungen, Handlungen oder Unterlassungen unmittelbar zu seinen öffentlich proklamierten Einstellungen und Absichten aufzeigt.« Spätestens nach der »Regensburger Rede« sei Benedikt »in den Rahmen des ängstlichen, missverstandenen, auf Randthemen fixierten alten Mannes« gesteckt worden. Das über die Medien gespiegelte Bild habe dabei zu einem Konstrukt geführt, das nicht unbedingt »der Wahrheit verpflichtet« war. Akzentuiert ausgedrückt sei dadurch aber auch »die Macht der Manipulation« deutlich geworden.[6]

Im Spätherbst des Jahres 2011 jedoch bahnte sich eine Entwicklung an, die nicht unbedingt medial verschärft werden musste, um als Skandal bezeichnet zu werden. Die Rede würde von Korruption und Geldwäsche sein, von Neid und Missgunst, von »Hochverrat im Vatikan«. Noch war es nicht so weit. Nur drei bis vier Personen konnten ahnen, dass sich in der Dienstwohnung eines kleinen Angestellten unmittelbar hinter den Mauern des Vatikans eine Bombe verbarg, die nur darauf wartete, gezündet zu werden.

Anfang Mai 2011 stand im Kalender des Papstes erst einmal die Seligsprechung Johannes Pauls II. auf dem Programm. Häufig hatten sich Verfahren zur Selig- und Heiligsprechung herausragender katholischer Christen über Jahrzehnte, wenn nicht über Jahrhunderte hingezogen. Es ging aber auch flotter. Die kleine Thérèse von Lisieux etwa wurde 28 Jahre nach ihrem Tod zur Ehre der Altäre erhoben, bei Franz von Assisi waren es weniger als zwei. Auch Mutter Teresa wurde im Rekordtempo seliggesprochen. Wojtyla erlaubte schon weniger als zwei Jahre nach ihrem Tod den Beginn des Verfahrens, in das 23 Kardinäle, Erzbischöfe und Bischöfe sowie 6 Beigeordnete und 71 Berater einbezogen wurden. Für die Seligsprechung ist die Anerkennung einer medizinwissenschaftlich nicht erklärbaren Heilung erforderlich, die auf die im Gebet erflehte Fürbitte der zur Seligsprechung vorgesehenen Person zurückzuführen ist. Bei Mutter Teresa waren in dem vier Jahre andauernden Verfahren dann auch die dunklen Nächte nicht hinderlich gewesen, die die albanische Nonne wie so viele andere Heilige durchzustehen hatte. Über diese Seiten in ihrem Leben schrieb sie: »Ich fühle, dass Gott mich nicht will und dass Gott nicht Gott ist und dass es ihn nicht wirklich gibt.«[7]

Im Falle Johannes Pauls II. hatte Benedikt bereits am 13. Mai 2005, knapp einen Monat nach seiner Wahl zum Papst, unter dem Jubel des römischen Klerus die Einleitung des Verfahrens zur Seligsprechung bekannt gegeben. Die übliche Wartezeit von fünf Jahren setzte er außer Kraft. In den vergangenen 700 Jahren waren nur sechs Päpsten die höchsten Grade des Glaubens zugesprochen worden, und Benedikt versäumte keine Gelegenheit, um seine Bewunderung und Zuneigung gegenüber dem geliebten Vorgänger zum Ausdruck zu bringen. Als die Kardinalskommission die Gültigkeit eines entsprechenden Wunders anerkannte, waren alle Bedingungen erfüllt. Als Datum für die Feier bot sich der erste Sonntag nach Ostern an, den Johannes Paul II. als »Fest der göttlichen Barmherzigkeit« in den Kirchenkalender eingefügt hatte. In seiner Predigt zur Seligsprechung betonte Benedikt am 1. Mai 2011, Karol Wojtyla habe mit der »Kraft eines Riesen« den Gläubigen die Begeisterung für den Glauben und die Kraft zum Zeugnis vermittelt. Als persönliche Bemerkung fügte er hinzu: »Sein beispielhaftes Beten hat mich immer berührt und erbaut: Er tauchte ein in die Begegnung mit Gott, auch inmitten der vielfältigen Obliegenheiten seines Dienstes.«

Es folgte der Besuch in Kroatien, bei dem Benedikt an die Lehre von Kardinal Newman anknüpfte. Das Gewissen, erklärte er am 4. Juni 2011 in Zagreb, müsse wiederentdeckt werden als »Ort des Hörens auf die Wahrheit und das Gute, als Ort der Verantwortung gegenüber Gott und den Mitmenschen«. Für sein Pontifikat war es ein milder Frühling und ein fröhlicher Sommer gewesen, der mit den zwei Millionen Jugendlichen beim Weltjugendtag in Madrid seinen Höhepunkt fand. Dann aber folgte der deutsche Herbst mit einer Reise in die Heimat, der Benedikt nur äußerst widerwillig zugestimmt hatte. Sechs Jahre zuvor hatte sich der Weltjugendtag in Köln als ein enthusiastischer Aufbruch gezeigt, und auch 2006 glich seine Bayern-Tour einem einzigen strahlenden Fest unter weißblauem Himmel. Sein erster offizieller Deutschland-Besuch aber, mit dem Start in Berlin, ließ schon im Vorfeld wenig Erfreuliches erwarten. »Er wollte eigentlich nicht gehen«, berichtete sein Sekretär, »Berlin und all das Preußische waren ihm im Grunde zuwider.« Die Erfahrung von 1996, als er Johannes Paul II. bei seinem Besuch in der deutschen Hauptstadt begleitet hatte, »diese Tumulte, dieser Hass, das hat ihn erschüttert«, so Gänswein. »Aber er war in Bayern, er war in Köln, er konnte sich nach der offiziellen Einladung nicht mehr entziehen.«[8]

Nach den Osterfeierlichkeiten hatten die Kräfte des Papstes so nachgelassen, dass sein Sekretär »die Frequenz der Audienzen herunterfahren« musste. Für den Besuch in der Heimat im September aber wollte Benedikt noch einmal alles geben. Keine andere Reise hatte er intensiver vorbereitet. Stundenlang saß er über den Vorträgen, die er halten wollte, um der Kirche in Deutschland eine Art Vermächtnis zu hinterlassen. Für die Begegnung mit protestantischen Glaubensbrüdern hatte er sich gar eine Geste von historischer Größe ausgedacht. In den Tagen vor der Abreise aber fand er keinen Schlaf. Die Aufgabe lag ihm schwer auf der Seele – »und auf dem Magen«, ergänzte Gänswein: »Er setzte sich psychisch so stark unter Druck, dass er sagte, er schafft es nicht.«

Niemand konnte erwarten, dass der Papst in seiner Heimat ähnlich willkommen geheißen würde, wie es bei Johannes Paul II. der Fall war. Benedikt hatte eben noch die Briefe gelesen, die Romano Guardini seinem Freund Weiger über seine Zeit in Berlin geschrieben hat. »Wo man schon erschüttert ist«, so Ratzinger, »als er sagt, da ist die Macht des Protestantischen so groß, ich weiß nicht, wie wir uns da behaupten können.« Ihm sei natürlich bewusst gewesen, »dass es in Berlin nicht so sein wird wie in Madrid, oder auch wie in London oder in Edinburgh. Das sind ebenfalls keine katholischen Städte, aber irgendwie ist da eine andere Öffentlichkeit. Berlin ist in der Hinsicht kühl.«[9] Wojtylas Polen war geschlossen katholisch. Der Glaube vereinte die Nation im Widerstand gegen die kommunistische Diktatur. In Deutschland war katholisch zu sein nach der Reformation in weiten Teilen des Landes mit Verfolgung verbunden. Katholische Christen verloren unter Reichskanzler Otto von Bismarck ihre bürgerlichen Rechte, unter den Nazis galten sie als »feindliche Elemente«. Zuerst die Juden, hieß es, dann der Juden Freund.

Fast tausend Jahre lang währte das Heilige Römische Reich Deutscher Nation, das dem Land Gestalt gab. Da war der Aufbruch deutscher Städte, die sich um Kathedralen gruppierten, die karolingische Minuskel, die der Alphabetisierung Europas den Weg ebnete, die ersten Universitäten, die das wissenschaftliche Zeitalter vorbereiteten, ein jüdisch-christliches Bürgertum, das der Kultur des Kontinents zentrale Impulse gab. Von deutschem Boden war aber auch die große Spaltung ausgegangen, die die lateinische Welt in zwei Teile riss. Hier gründete der Marxismus, dem rund um den Globus diktatorische kommunistische Regimes folgten. Hier tobte nicht zuletzt eine atheistische Macht, die den größten Weltbrand aller Zeiten auslöste und versucht hatte, das jüdische Volk durch Massenvernichtung von der Erde zu tilgen. Es lag an der geschichtlichen Erfahrung, warum nach 1945 in die Präambel des Grundgesetzes für die Bundesrepublik Deutschland die »Verantwortung vor Gott« eingeschrieben wurde. Sechzig Jahre nach Krieg und Naziwahn jedoch war eine neuheidnische Kultur längst wieder im Begriff, sich kulturelle und politische Dominanz zu erobern. »Gott ist tot«, verkündete ein Nachrichtenmagazin, aber das sei »kein Grund, Trübsal zu blasen«.

Inzwischen war ein Großteil der Bevölkerung in Deutschland schon nicht mehr getauft worden, und die Hälfte der Getauften waren, anders als in Polen, Italien oder Spanien, keine Katholiken. Die Lage der katholischen Kirche selbst war gekennzeichnet durch andauernden Streit, Selbstsäkularisation und einem massenhaften Verlust von Mitgliedern. Führende Organe der Kirche waren von Leuten besetzt, die die Grundzüge katholischer Identität in Frage stellten. Ratzingers Verhältnis zum katholischen Establishment des Landes konnte spätestens seit der Würzburger Synode in den Siebzigerjahren und den in seinen Augen nachkonziliaren Fehlentwicklungen als angespannt bezeichnet werden. Als Präfekt der Glaubenskongregation hatte der ständige Zwist mit Amtsbrüdern wie den Kardinälen Lehmann und Kasper das Verhältnis nicht unbedingt verbessert. Als Pontifex musste er in der Williamson-Affäre die Enttäuschung durch eine »beträchtliche Schicht« unter deutschen Theologen verkraften, »die sozusagen darauf wartet, auf den Papst einschlagen zu können«[10].

Auch die Beziehung zum amtierenden Vorsitzenden der Bischofskonferenz, Robert Zollitsch, den Ratzinger für opportunistisch hielt, weil er Politikern und Medienleuten allzu oft nach dem Mund redete, war nicht ungetrübt. Vielfach gebe es in Deutschland, kritisierte Ratzinger, »diesen etablierten und hochbezahlten Katholizismus, vielfach mit angestellten Katholiken, die dann der Kirche in einer Gewerkschaftsmentalität gegenübertreten«. Der »Überhang an ungeistlicher Bürokratie« sowie »dieser Überhang an Geld, das dann doch wieder zu wenig ist, und die Bitterkeit, die daraus erwächst«, sei »die große Gefahr für die Kirche in Deutschland«[11].

Wie die Willkommenskultur bei seinem ersten offiziellen Besuch in der Heimat aussehen würde, war bereits im Februar mit einem von 311 katholischen Theologen unterzeichneten »Memorandum« deutlich geworden. Man wolle »nicht mehr schweigen«, hieß es in dem Papier mit dem Titel *Ein notwendiger Aufbruch*. Geschwiegen hatten die Initiatoren im Übrigen nie. Unter ihnen befanden sich Professoren, die bereits die *Kölner Erklärung* von 1989 gegen Johannes Paul II. unterschrieben hatten, den sie als Totengräber der Kirche bezeichneten. Erneut ging es um die Aufhebung des Zölibats, die Zulassung von Frauen zum Priesteramt, die Gleichstellung gleichgeschlechtlicher Partnerschaften und die Mitbestimmung bei der Einsetzung von Bischöfen und Priestern. Zur Begründung diente dieses Mal nicht nur der Priestermangel, sondern der Missbrauchsskandal. Das Papier wimmelte von Begriffen wie »synodale Strukturen«, »Dialogprozess« und »Handlungsfelder« und sprach vom »Dialog ohne Tabus«. Gleichzeitig fehlten typische katholische Marker wie Gebet, Eucharistie, Demut oder Nachfolge genauso wie ein Bezug zum Bischof von Rom oder auch zum gerade zurückliegenden Priesterjahr, das vor dem Hintergrund von Schmutz und Verrat den Weg zur Erneuerung in einer Besinnung und umfassenden Reinigung sah.

Im Grunde orientierte sich das Konzept an der Verfassung der Protestanten in Deutschland. Dass die Schwesterkirche damit besonders erfolgreich gewesen wäre, konnte niemand behaupten. Sie verlor seit 1950 Jahr für Jahr mehr Gläubige als der Katholizismus und war von der einst mitgliederstärkeren Kirche zur mitgliederschwächeren geworden. Das »Memorandum« fand nicht nur die Zustimmung des Zentralkomitees der deutschen Katholiken. Auch der Sekretär der Deutschen Bischofskonferenz, der Jesuitenpater Hans Langendörfer, zeigte sich begeistert. Das Papier zeuge von »akademischer Weitsicht« und »intellektuellem Scharfsinn«. Ein breites katholisches Bündnis hingegen, das sich mit einer *Petition pro ecclesia* von den Memorandums-Vorstellungen abgrenzte, fand weder in der Amtskirche Widerhall noch in den Medien, die für gewöhnlich auch über Kleinstgruppen groß berichten, sobald sie mit »kritischen« Forderungen an die Öffentlichkeit treten.

Deutschland war nicht generell papstfeindlich. Sobald Benedikt XVI. ein neues Buch vorstellte, landete es auf den vordersten Plätzen der Bestsellerlisten. In seiner Heimat verdrängte er als die neue Nr. 1 auf einer Ranking-Liste der führenden Intellektuellen sogar Günter Grass. Ganz offensichtlich unterschied sich die öffentliche Meinung von der veröffentlichten. Friederike Glavanovics stellte in ihrer Untersuchung fest, dass »die deutsche Presse am kritischsten in ganz Europa auf Papst Benedikt XVI. schaut«. Die Medienwissenschaftlerin erinnerte an den

Berliner *Tagesspiegel,* der das Ergebnis des Konklaves von 2005 mit den Worten kommentierte: »Die Wahl von Joseph Ratzinger zum neuen Papst zeigt nach rückwärts, verweigert eine Antwort auf die Zeichen der Zeit und kann angesichts seines Alters bestenfalls als eine taktische Lösung gelten.«[12] Die *Süddeutsche Zeitung* hatte damals formuliert: »Aber nichts, rein gar nichts deutet bis jetzt darauf hin, dass dieser ungelenke Greis aus Deutschland dem Sog nach erlösender Geistigkeit mehr anbieten könnte als den Staub einer durch und durch verknöcherten Konfession.«[13] So gesehen war keine prophetische Gabe erforderlich, als im Vorfeld des Staatsbesuches *Die Zeit* mit der Schlagzeile aufmachte: »Zu Gast bei Feinden«. Den Pontifex würden »freudige«, aber auch »gleichgültige und feindlich gesinnte Deutsche« erwarten. Zur Erklärung hieß es: »Protest gehört nun einmal zu Deutschland, der Wirkungsstätte Martin Luthers und anderer hauptamtlicher Papstkritiker.«[14]

Den Reigen der medialen Bösartigkeiten eröffnete wie gewohnt der *Spiegel.* Im Jahresrhythmus produzierte das Magazin, wie erwähnt, Titel wie »Der Entrückte. Ein deutscher Papst blamiert die katholische Kirche« und »Der Unfehlbare. Die gescheiterte Mission des Joseph Ratzinger«. Das eine Cover zeigte den Pontifex verzückt gen Himmel schweben, das andere mit einer schief aufgesetzten Mitra, als hätte er einmal nicht Fanta, sondern Hochprozentiges getrunken. »In den deutschsprachigen Medien werden negative oder manipulierte Bilddarstellungen Papst Benedikts XVI. immer dann benutzt«, so Glavanovics, »wenn das ›alte Image‹ oder generell ein negatives Bild von Papst Benedikt XVI. transportiert werden soll.« Zum Empfang des Papstes prangte nun der *Spiegel*-Titel »Der Unbelehrbare« an den Kiosken. Der anklagende Untertitel »Der Papst lässt die Deutschen vom Glauben abfallen« war insofern kurios, weil das Magazin selbst nichts unversucht ließ, um mit teils bizarren Geschichten das Christentum ad absurdum zu führen. Ein anderes Magazin, *Chrismon,* Organ der evangelischen Kirche Deutschlands, wusste anlässlich des Papstbesuches hinzuzufügen, »aufgeklärte Katholiken« würden längst »an den dogmatischen Verlautbarungen aus Rom verzweifeln«. Protestantisch zu sein sei allemal »besser, als sich als Schaf zu fühlen und einem Oberhirten hinterherzutraben, der allein zu wissen beansprucht, wo es hingehen soll«.

In ähnlicher Tonart ging es weiter. In Berlin erklärte Bürgermeister Klaus Wowereit, er habe großes Verständnis für die Antipapst-Demos, zu denen Schwulen-Verbände und linke Gruppierungen aufgerufen hatten. Selbst ernannte Vertreter des toleranten Flügels der Gesellschaft bezeichneten in Talk-Sendungen Anhänger Benedikts abwechselnd als »Hurra-Katholiken« und »Dunkel-Katholiken«. Entnervt vom nicht enden wollenden Trommelfeuer taten sich Berliner Bürger zusammen, um zumindest in einer Annonce der aggressiven Berichterstattung Paroli zu bieten. »Wir begrüßen Benedikt XVI. als Oberhaupt der katholischen Kirche und als einen der weltweit bedeutendsten Intellektuellen unserer Zeit in Deutschland«, hieß es darin. Benedikt XVI. suche »den Dialog innerkirchlich und innerchristlich, weil er auf der Grundlage der Bibel im Glauben zusammenführen will und Kirche nicht als Institution der Macht begreift«. Umgekehrt hatten Abgeordnete der Grünen und der Linken angekündigt, sie würden den Plenarsaal verlassen, sollte der Papst im Bundestag reden dürfen. Später lobte der Filmemacher Werner Herzog, eine Ikone des deutschen Autorenfilms, den Papst als einen der »tiefsten Denker« der Neuzeit. Keiner habe »in 300 Jahren so tiefe Gedanken gehabt wie er – niemand!« Er denke »mit Verachtung daran«, fügte der Regisseur hinzu, »dass er vor dem Bundestag gesprochen hat und viele Abgeordnete das Plenum verließen. Einfach empörend«[15].

Es lag fast eintausend Jahre zurück, dass mit Viktor II. 1056 ein deutscher Papst offiziell seine Heimat besuchte. Umso bemerkenswerter, dass die Organisatoren der deutschen Kirche um Pater Langendörfer für das historische Ereignis mit einem Platz am Schloss Charlottenburg in Berlin zunächst einen Veranstaltungsort auswählten, der gerade einmal 20 000 Menschen fassen konnte. Schließlich wurde in Rom entschieden, für den Auftakt-Gottesdienst das Berliner Olympiastadion zu mieten, das zumindest 70 000 Besuchern Platz bot. Auf die bei anderen Reisen übliche Fahrt durch die Stadt wollte der Papst verzichten, trotz der 6000 Polizisten, die zu seinem Schutz aus mehreren Bundesländern zusammengezogen wurden.

Die Übernahme des Amtes als Oberhaupt von weltweit 1,2 Milliarden Katholiken hatte Ratzinger zu einer internationalen Größe gemacht, im Anflug auf Deutschland am 22. September 2011 aber bekannte er vor den Journalisten an Bord, er sei nun einmal »in Deutschland geboren, und die Wurzel kann nicht abgeschnitten werden und soll nicht abgeschnitten werden«. Er habe seine kulturelle Formung in Deutschland empfangen: »Meine Sprache ist Deutsch, und die Sprache ist die Weise, in der der Geist lebt und wirksam wird.«[16] Wenig amüsiert war er, als ihn Bundespräsident Christian Wulff gleich beim Empfang mit einer Latte von Forderungen konfrontierte, die erkenntlich Wulffs eigenen Befindlichkeiten als kürzlich geschiedener und neu verheirateter Ehemann entsprangen. Die Wende leitete Benedikt mit seinem Vortrag im Deutschen Bundestag ein. Einige Mandatsträger hatten wie angekündigt den Saal verlassen, alle übrigen applaudierten begeistert und sprachen von einer Sternstunde in der Geschichte des deutschen Parlamentes.

Die Rede Benedikts lag ganz auf der Linie seiner Impulse zum Humanismus des 21. Jahrhunderts und seiner Lehre von der Ökologie des Menschen. Zunächst setzte er sich mit den Grundlagen des freiheitlichen Rechtsstaates auseinander. Nicht der Wahlerfolg dürfe letzter Maßstab für die Arbeit eines Politikers sein, betonte er. Vielmehr müsse er sich an Gerechtigkeit, dem Willen zum Recht und dem Verstehen für das Recht ausrichten. Gerade die Deutschen hätten erlebt, was geschehe, wenn Macht von Recht getrennt würde. In einer Stunde wie dieser, in der dem Menschen eine bisher nicht vorstellbare Macht zugefallen sei, in der er die Welt zerstören, sich selbst manipulieren, »Menschen machen« und Menschen vom Menschsein ausschließen könne, sei die Aufgabe, dem Recht zu dienen und der Herrschaft des Unrechts zu wehren, besonders dringlich. Die Bitte von König Salomon, ein »hörendes Herz« zu bekommen, um das Gute vom Bösen unterscheiden zu können, bleibe die entscheidende Frage, vor der die Politik auch heute stehe. Ein nur positivistischer, rein funktionaler Naturbegriff, der sich immer mehr durchsetze, könne keine Brücke zu Ethos und Recht herstellen, sondern wiederum nur funktionale Antworten hervorrufen. Das Gleiche gelte für die Vernunft, wenn sie nach einem ausschließlich positivistischen und damit »weithin allein als wissenschaftlich« angesehenen Verständnis betrachtet würde. Dies führe dazu, dass Ethos und Religion dem Raum des Subjektiven zugewiesen würden und aus dem Bereich der »Vernunft im strengen Sinn des Wortes« herausfielen. Aber wo die positivistische Vernunft sich allein als die genügende Kultur ansieht und alle anderen kulturellen Realitäten in den Status einer Subkultur verbanne, »da verkleinert sie den Menschen, ja sie bedroht seine Menschlichkeit«.

Die Bedeutung der Ökologie sei inzwischen unbestritten, fuhr der Papst fort, »wir müssen auf die Sprache der Natur hören und entsprechend antworten. Ich möchte aber nachdrücklich einen Punkt ansprechen, der nach wie vor – wie mir scheint – ausgeklammert wird: Es gibt auch eine Ökologie des Menschen. Auch der Mensch hat eine Natur, die er achten muss und die er nicht beliebig manipulieren kann. Der Mensch ist nicht nur sich selbst machende Freiheit. Der Mensch macht sich nicht selbst. Er ist Geist und Wille, aber er ist auch Natur, und sein Wille ist dann recht, wenn er auf die Natur achtet, sie hört und sich annimmt als der, der er ist und der sich nicht selbst gemacht hat. Gerade so, und nur so, vollzieht sich wahre menschliche Freiheit.«[17]

Die Fraktion der Grünen freute sich über den päpstlichen Zuspruch, als er »das Auftreten der ökologischen Bewegung in der deutschen Politik seit den Siebzigerjahren« als einen »Schrei nach frischer Luft« bezeichnete, »den man nicht überhören darf«. Benedikt selbst fand es am Ende »sehr bewegend, wie dicht die Atmosphäre bei meiner Rede im Bundestag war. Da war so eine gespannte Aufmerksamkeit, sodass man eine Stecknadel hätte fallen hören können«. Mit dem etwas kühlen Empfang durch Wulff und andere habe er gerechnet, so Benedikt in der Rückschau, »insofern hat mich das alles nicht überrascht und bestürzt«. Umso mehr hätten ihn die Standing Ovations der Parlamentarier gefreut: »Man hat gemerkt, dass es nicht nur Höflichkeit ist, sondern dass ein inneres Zuhören da war.«[18]

Mit Hochspannung erwartet wurde Benedikts Besuch in Erfurt. Die Region war einst eine Hochburg des Protestantismus, inzwischen war der Anteil der evangelischen Gläubigen in der Bevölkerung auf unter 14 Prozent gesunken. Für den Vatikan lag der Hauptakzent beim Dialog der Konfessionen eher bei den Kirchen der Orthodoxie, während man sich vom Gespräch mit den Lutheranern immer weniger erhoffte. Nach Ansicht vieler Kurienbischöfe hatten sich Teile der protestantischen Kirchen immer weiter von den Gemeinsamkeiten aus dem überlieferten Glauben entfernt. Der Papst selbst äußerte, er sei im ökumenischen Prozess »schwer zu enttäuschen gewesen, weil ich einfach die Realität kenne und weiß, was man konkret erwarten darf und was nicht. Ich meine, die Lage zwischen uns und den Protestanten und uns und den Orthodoxen ist sehr verschieden«. Bei den Protestanten selbst sei »die innere Uneinigkeit das große Problem«. Es gäbe hier »Kräfte, die sehr nahe bei uns sind, und andere, die sehr weit von uns weggehen«[19].

Im Vorfeld hatten Amtsträger der evangelischen Kirche die Erwartung auf ein »Geschenk« geschürt, das der Papst nach Deutschland mitzubringen habe. Angespielt wurde damit auf die Forderung nach einer »Interkommunion«. Doch das »Geschenk« blieb aus. Der gemeinsamen Eucharistie stand aus katholischer Sicht ein anderes Verständnis von Priestertum, von den Sakramenten und speziell von der heiligen Kommunion entgegen. Für den Vatikan war es allein schon eine Geste von historischer Bedeutung, dass mit Benedikt XVI. erstmals in der Geschichte ein Oberhaupt der katholischen Kirche die Wirkstätte Martin Luthers besuchte. Die Entourage des Papstes war deshalb verblüfft, dass für Benedikts Auftritt lediglich der Kapitelsaal des ehemaligen Augustinerklosters vorgesehen war und seine Rede auch nicht nach außen übertragen wurde. Als er über Luther sprach und dessen Gottessuche rühmte, konnten das nur handverlesene protestantische Funktionsträger hören, die sich enttäuscht ansahen, weil sie sich um das erhoffte »Geschenk« betrogen fühlten.

Mit dem Helikopter reiste Benedikt XVI. weiter in den ostdeutschen Marienwallfahrtsort Eichsfeld, an dem sich 90 000 begeisterte Pilger zur Marienvesper eingefunden hatten. In seiner Ansprache auf dem abgelegenen Feld bedankte er sich überschwänglich für deren Treue zur Kirche. Eine positive Wirkung erhoffte sich Ratzinger vom Abschluss seines Staats- und Pastoralbesuches, der in Freiburg stattfand. Tatsächlich ging die »Freiburger Konzerthausrede« als eine der großen Ansprachen Ratzingers in die Geschichte des Pontifikats ein, die das Programm für eine erneuerte Kirche darlegte. Bei der Messe mit 100 000 Gläubigen auf dem Flughafengelände dankte Benedikt zunächst den unzähligen »haupt- und nebenamtlichen Mitarbeitern, ohne die das Leben in den Pfarreien und in der Kirche als ganzer nicht denkbar wäre«. Durch »viele soziale und karitative Einrichtungen« werde die christliche Nächstenliebe in einer »gesellschaftlich wirksamen Form bis an die Grenzen der Erde geübt«. Dann kam er auf das Thema, das ihn seit seiner Zeit als Kaplan in München-Bogenhausen beschäftigte und für das er schon damals den Begriff *Entweltlichung* gefunden hatte.

Ohne Rücksicht auf Empfindlichkeiten sprach er geistliche Defizite an. »Agnostiker, die von der Frage nach Gott umgetrieben werden«, seien heutzutage vielfach »näher am Reich Gottes als kirchliche Routiniers«, die in der Kirche »nur noch den Apparat sehen, ohne dass ihr Herz ... vom Glauben berührt wäre«[20]. Es war die Botschaft eines zutiefst humanistischen Visionärs, die hier zum Tragen kam. Christliches Leben sei »Dasein für den Anderen, demütiger Einsatz für den Nächsten und für das Gemeinwohl«. Zwar sei Demut eine Tugend, die zu keinen Zeiten in der Welt hoch im Kurs stehe, »aber die Jünger des Herrn wissen, dass diese Tugend gleichsam das Öl ist, das Gesprächsprozesse fruchtbar, Zusammenarbeit möglich und Einheit herzlich macht. *Humilitas,* das lateinische Wort für Demut, hat mit Humus, mit Erdnähe zu tun.«

Bei seiner Rede im Freiburger Konzerthaus warf Benedikt XVI. die Frage auf: »Muss die Kirche sich nicht ändern?« Schließlich erlebe man »seit Jahrzehnten einen Rückgang der religiösen Praxis, stellen wir eine zunehmende Distanzierung beträchtlicher Teile der Getauften vom kirchlichen Leben fest«. Müsse sich Kirche deshalb »nicht in ihren Ämtern und Strukturen der Gegenwart anpassen, um die suchenden und zweifelnden Menschen von heute zu erreichen«? Der Papst antwortete mit einem Zitat der seligen Mutter Teresa. Diese hatte auf die Frage eines Journalisten, was sich ihrer Meinung nach als Erstes in der Kirche ändern müsse, zur Antwort gegeben: »Sie und ich!« An dieser kleinen Episode werde zweierlei deutlich: »Einmal will die Ordensfrau dem Gesprächspartner sagen: Kirche sind nicht nur die anderen, nicht nur die Hierarchie, der Papst und die Bischöfe; Kirche sind wir alle, wir, die Getauften. Zum anderen geht sie tatsächlich davon aus: ja, es gibt Anlass, sich zu ändern. Es ist Änderungsbedarf vorhanden. Jeder Christ und die Gemeinschaft der Gläubigen sind zur stetigen Änderung aufgerufen.«

Tatsächlich müsse eine Christus ähnlicher werdende Kirche sich notwendigerweise »von der menschlichen Umgebung tief unterscheiden«, zitiert er den Konzilspapst Paul VI. Sie habe »auf Distanz« zu gehen, sich »gewissermaßen zu ent-weltlichen«. Jesus sei Mensch geworden »nicht nur, um die Welt in ihrer Weltlichkeit zu bestätigen und ihr Gefährte zu sein«, und um sie dann zu lassen, wie sie ist. Nein, eine Kirche, die »sich in dieser Welt einrichtet, selbstgenügsam ist und sich den Maßstäben der Welt angleicht«, verstoße gegen den Auftrag ihres Stifters, »Werkzeug der Erlösung zu sein, sich von Gott her mit seinem Wort durchdringen zu lassen« und gerade dadurch »nicht von der Welt« zu sein. Diese notwendige »Entweltlichung« bezog der Papst ausdrücklich auch auf die karitativen Werke der Kirche und ihre »Organisation und Institutionalisierung«. Denn eine »von materiellen und politischen Lasten und Privilegien befreite Kirche kann sich besser und auf wahrhaft christliche Weise der ganzen Welt zuwenden … Sie öffnet sich der Welt, nicht um die Menschen für eine Institution mit eigenen Machtansprüchen zu gewinnen, sondern um sie zu sich selbst zu führen«.

Immer drängender hatte Benedikt gesprochen, und er war noch nicht zu Ende. Es sei eine Illusion, zu denken, wenn sich Gläubige nur brav genug verhielten, könnten sie in der säkularen Gesellschaft wieder akzeptiert werden: »Der christliche Glaube ist für den Menschen allezeit – und nicht erst in der unsrigen – ein Skandal. Dass der ewige Gott sich um uns Menschen kümmern, uns kennen soll, dass der Unfassbare zu einer bestimmten Zeit an einem bestimmten Ort fassbar geworden sein soll, dass der Unsterbliche am Kreuz gelitten haben und gestorben sein soll, dass uns Sterblichen Auferstehung und Ewiges Leben verheißen ist – das zu glauben ist für die Menschen allemal eine Zumutung.« Dieser Skandal sei »unaufhebbar, wenn man nicht das Christentum selbst aufheben will«. Allerdings komme die Geschichte der Kirche in gewisser Weise gerade auch durch Epochen der Säkularisierung zu Hilfe, die zu ihrer Läuterung und inneren Reform wesentlich beigetragen hätten: »Die Säkularisierungen – sei es die Enteignung von Kirchengütern, sei es die Streichung von Privilegien oder Ähnliches – bedeuteten nämlich jedes Mal eine tiefgreifende Entweltlichung der Kirche, die sich dabei gleichsam ihres weltlichen Reichtums entblößt und wieder ganz ihre weltliche Armut annimmt.« Es gehe deshalb »nicht darum, eine neue Taktik zu finden, um der Kirche wieder Geltung zu verschaffen. Vielmehr gilt es, jede bloße Taktik abzulegen und nach der totalen Redlichkeit zu suchen, die nichts von der Wahrheit unseres Heute ausklammert oder verdrängt, sondern ganz im Heute den Glauben vollzieht ... ihn ganz zu sich selbst bringt, indem sie das von ihm abstreift, was nur scheinbar Glaube, in Wahrheit aber Konvention und Gewohnheit ist.«

Die Rede von Freiburg war ein Weckruf. Benedikt selbst empfand sie sogar als »revolutionär«, wie er in unserem Gespräch äußerte. Bald jedoch musste der Papst erleben, dass seine Ermutigung und sein Impuls weitgehend ignoriert wurden. Dass jedoch viele der versammelten Repräsentanten Ratzingers Forderung nach »Entweltlichung« so auslegten, als sei damit gemeint, Kirche solle sich ihre eigene kleine Sonderwelt bauen und auf soziale Dienste in der Gesellschaft verzichten, was natürlich ein Unding wäre, musste selbst Ratzinger-Gegner verblüffen. In Wahrheit ging es dem Papst nicht um Abkehr von den Menschen, sondern um Abkehr von Macht, vom Mammon, von der Kumpanei, vom falschen Schein, von Betrug und Selbstbetrug. Abkehr von der Welt hieß für ihn: Hinkehr zu den Seelen, Erhaltung der geistlichen Ressourcen der Menschheit. Seine Vorstellung von »Entweltlichung« hatte nichts mit einem Rückzug aus dem gesellschaftlichen und politischen Engagement zu tun oder gar mit einem Ausstieg aus der christlichen Caritas. Ihm ging es darum, widerständig zu bleiben, unbequem, unangepasst, wieder zu zeigen, dass christlicher Glaube weit über alles hinausreicht, was mit einer rein weltlichen, materialistischen Weltanschauung verbunden ist, inklusive dem Geheimnis des ewigen Lebens.

Es sei ihm natürlich klar gewesen, so Benedikt in der Rückschau, dass die Anregungen seines Deutschland-Besuches »vom etablierten Katholizismus nicht wirklich mitgetragen« würden. Aber er habe doch gehofft, dass sein Pastoralbesuch »im Innern auf seine Weise still wirkt; dass er die stillen Kräfte weckt, inspiriert und wieder ermutigt, hervorzutreten«. Es blieb ein frommer Wunsch. Acht Jahre später setzte das Establishment der katholischen Kirche in Deutschland nach dem missglückten »Dialogprozess« einen »Synodalen Weg« in Gang, bei dem sich die Wegweisung Papst Benedikts nirgendwo niederschlug. In den Kernpunkten des Programms war noch nicht einmal die Aufgabe der Neuevangelisierung mit aufgenommen worden, die Benedikt XVI. und Johannes Paul II. als eine der Grundvoraussetzungen für eine Erneuerung des christlichen Glaubens beschworen hatten.

Kapitel 72

Der Verrat

Im Speisezimmer trug Kammerdiener Paolo Gabriele wie gewohnt für den Papst und seine beiden Sekretäre Suppe, Haupt- und Nachspeise auf. Es gab kein besonderes Zeremoniell. Noch nicht einmal das Geschirr hatte eine besondere elegante oder gar höfische Note. Die vier *Memores* speisten in der Küche, Paolo setzte sich manchmal mit an den Tisch des Heiligen Vaters. Aber die Stimmung in der päpstlichen Hausgemeinschaft hatte sich verändert. Seit die Indiskretionen aus dem Palazzo Apostolico einschlugen wie Granaten, musste klar sein: einer von ihnen war ein Verräter.

Das Leck hatte im Herbst 2011 zu tropfen begonnen, und das war erst der Anfang. Die Enthüllungen tauchten in unterschiedlichen italienischen Zeitungen auf, manchmal mehrere Tage hintereinander. Darunter Briefe, Faxe, Gesprächsvorlagen und interne Dokumente, in denen es um Vorwürfe der Korruption, des Missmanagements und der Günstlingswirtschaft ging. Oder auch um ein internes Vatikan-Memorandum für ein Treffen des Papstes mit dem italienischen Präsidenten Giorgio Napolitano. Sogar eine vertrauliche Notiz war darunter, in der Benedikt XVI. nach der unflätigen Kritik von Bundeskanzlerin Angela Merkel in der Williamson-Affäre festhielt: »Die Reaktion des Nuntius auf die Äußerungen von Frau Merkel ist zu schwach. Nötig gewesen wären dagegen klare Worte des Protests.«

Keines der Dokumente stammte vom Schreibtisch Benedikts selbst, sondern von dem seines Sekretärs. Die Medien sprachen von »il Corvo«, einem diebischen Raben. Auch im Leben des heiligen Benedikt von Nursia gab es einen Raben, allerdings einen, der den Mann Gottes vor Giftanschlägen rettete, indem er vergiftetes Brot verschwinden ließ. Der Überlieferung nach hatten eifersüchtige Priester und Mönche versucht, den Heiligen aus dem Weg zu räumen. Der Mönchsvater, heißt es, habe dabei mehr um die Gegner, die ihm nachstellten, gelitten, »als um sich«. Einem jüngeren Mitbruder legte er gar eine Buße auf, weil er es gewagt hatte, »sich über den Untergang des Feindes zu freuen«[1].

Die Frage war, wie viele der teils kompromittierenden Enthüllungen noch in die Öffentlichkeit gelangen würden. Wer waren die Hintermänner der Kampagne? Und vor allem: Was war ihr Ziel? Bislang war es nicht gelungen, das Pontifikat Benedikts XVI. entscheidend zu destabilisieren. Nun tauchte eine Waffe auf, die toxischer war als alles andere: das Gift des Verdachtes und der Verunsicherung. Wem konnte man noch trauen? Waren nicht alle in der päpstlichen Familie verdächtig, weil jeder Zugang zum Arbeitszimmer des Papstes hatte? Und wem genau galten die Anschläge überhaupt? War es Kardinalstaatssekretär Bertone, der immer noch vom Papst gestützt wurde, obwohl seine Amtsführung in die Kritik geraten war? Sollte Sekretär Gänswein in Verruf gebracht werden, dem manche Eigenmächtigkeit und Anmaßung vorhielten. Oder zielte das Leck, das Vatikansprecher Lombardi unvorsichtigerweise »Vatileaks« getauft hatte, auf den Papst selbst? Sollte es zeigen, dass der 85-Jährige nicht mehr Herr im eigenen Haus war? Ein Haus, das offenbar zu schlimmsten Befürchtungen Anlass gab? Schon meldete sich der Vatikanist Marco Politi zu Wort, ein Kritiker Ratzingers. Die Medien hätten mit dem Bild vom »Rottweiler« oder vom »Panzerkardinal« schon »immer völlig falsch« gelegen, erklärte er nun. Man müsse sich den Mann eher als »liebenswürdigen Gelehrten« vorstellen. Ein weißhaariger Pontifex also, der einsam und kraftlos an seinem Schreibtisch sitzt, um sich allenfalls noch seiner schriftstellerischen Passion zu widmen?

Politi setzte sich an seinen Computer, um noch im selben Jahr ein Buch mit dem Titel *Joseph Ratzinger. Crisi di un papato*[2] (deutsche Fassung: »Benedikt. Krise eines Pontifikats«) auf den Markt zu werfen. »Seit Joseph Ratzinger zum Papst gewählt wurde«, hieß es auf dem Buchumschlag, »gibt es so viele Krisen wie selten zuvor in der Geschichte der katholischen Kirche.« Historiker mochten über die Zeile verwundert den Kopf schütteln, Politi legte noch eins drauf: Benedikt XVI. sei »ein großer Intellektueller, aber für das Amt des Papstes ungeeignet«. Der deutsche Papst war kein Hüne, aber er war noch immer schwer genug, um einigen Leuten kräftig auf die Füße treten zu können. Er verfolgte einen klaren Kurs, und das eckte an. Benedikt selbst äußerte intern: »Wir sind eine kleine Mannschaft. Wenn der eine dem anderen misstraut, kann man nicht miteinander leben.« Zwar sei selbst unter den Gefährten des Herrn ein Verräter gewesen, insofern seien die Geschehnisse »nichts Neues. Aber es ist natürlich sehr, sehr schmerzhaft«[3].

Nach seinem Deutschland-Besuch war der Papst anlässlich der Veröffentlichung des Schlussdokuments der Afrika-Synode für einen dreitägigen Besuch nach Benin gereist, das er aufgrund seiner stabilen demokratischen Strukturen als »religiöses und politisches Vorbild« für Afrika pries. Einen Monat zuvor, am 27. Oktober, hatte er die Führer anderer christlicher Kirchen und Religionen nach Assisi eingeladen. Genau 25 Jahre nach dem ersten, von Johannes Paul II. initiierten Treffen, sollte die Begegnung nach einem von ihm modifizierten Konzept ein Tag der Reflexion, des Dialogs und des Gebets für den Frieden sein, diesmal ohne missverständliche religiöse oder parareligiöse Gesten. Angemeldet hatten sich 300 Vertreter von 12 Religionen aus mehr als 50 Ländern. Die größte Gruppe der nicht christlichen Gemeinschaften bildeten die Vertreter des Buddhismus mit 67 Teilnehmern. Aus Asien reisten zudem 17 Shintoisten, 5 Hindus, 5 Sikhs, 3 Taoisten, 3 Jainisten, 3 Konfuzianer sowie je 1 Anhänger des Zoroastrismus und der Religion der Bahai an. Aus dem Islam kamen 50 Repräsentanten. Als Vertreter des Judentums hatten Delegationen des israelischen Großrabbinats und des »International Committee on Interreligious Consultation« zugesagt. Die traditionellen Religionen Afrikas, Amerikas und Indiens waren mit 4 Delegierten vertreten, die sogenannten neuen Religionen Japans mit 13. Erstmals nahmen auch Atheisten an dem Treffen teil, darunter der frühere Vorsitzende der Kommunistischen Partei Österreichs.

Schon für März stand die Reise nach Mexiko und Kuba an, die sich als entscheidender Einschnitt erweisen sollte. »Lieber Josef«, schrieb Benedikt seinem früheren Mitschüler Josef Strehhuber im Vorfeld, »meine Gehfähigkeit hat in letzter Zeit stark nachgelassen, ich kann nur versuchen, mit verminderten Kräften weiterhin meine Pflichten zu tun.« Über die Südamerika-Tour meinte er: »Die Freude der Menschen wird wohl die Mühsale überwiegen, die es bedeutet.«[4] Aber das war nur die halbe Wahrheit. Tatsächlich hatte er Angst vor dieser neuerlichen Strapaze. Die Angst, das umfangreiche und anstrengende Pensum nicht mehr bewältigen zu können. Anderseits war es eine Gelegenheit, der Aufregung um »Vatileaks« einmal zu entkommen, zumindest für einige Tage.

Geheimnisverrat war keine Erfindung des Vatikans. Seit auf der Enthüllungsplattform Wikileaks unzählige Whistleblower massenweise und anonym interne Informationen von Banken, Geheimkonferenzen und Verschlusssachen aus Regierungsstellen hochluden, war Vertrauensbruch fast eine Art Volkssport geworden. So gelangten etwa auch geheime Dokumente der amerikanischen Regierung über die Kriegsführung in Afghanistan an die Öffentlichkeit. Man sprach von »ObamaLeaks«. Bei den »Vatileaks« war zunächst mit der Veröffentlichung von Dokumenten begonnen worden, die das Privatleben des Journalisten Dino Boffo betrafen, den Chefredakteur der Kirchenzeitung *Avvenire* und des katholischen Fernsehsenders *TV2000*. Es folgte der Brief von Kardinal Paolo Sardi an Benedikt XVI., der diverse Probleme in der Kurie auflistete. In einem nächsten Schritt hielt der Enthüllungsjournalist Gianluigi Nuzzi am 25. Januar 2012 im Fernsehsender *La7* zwei Schriftstücke in die Kamera, die vertrauliche Briefe an den Pontifex aus dem Jahr 2011 zeigten. Der Absender des Briefes, Erzbischof Carlo Maria Viganò, der ehemalige Generalsekretär des Governatorats, der Verwaltung des Vatikanstaates, beklagte darin »zahlreiche Praktiken der Korruption und des Amtsmissbrauchs«. Geldanlagen seien in die Hände von Bankern gegeben worden, die eigene Interessen verfolgten. Auch darum sei ein Defizit von knapp acht Millionen Euro entstanden.

Noch niemals waren Interna vom Schreibtisch eines Papstes an die Öffentlichkeit gelangt, und schon gar nicht solche. Am 27. Januar 2012, zwei Tage nach der Fernsehsendung Nuzzis, veröffentlichte die Tageszeitung *Il Fatto Quotidiano* ebenfalls vertrauliche Briefe Viganòs. Am 8. Februar erfuhren die Leser von Schreiben, in denen der Vatikanbank IOR Geldwäsche vorgeworfen wurde, dieses Mal aus der kommunistischen *L'Unità*. Am 10. Februar war wieder *Il Fatto Quotidiano* an der Reihe. Das Blatt publizierte ein auf Deutsch verfasstes Papier vom 30. Dezember 2011. Darin wurde der Bischof von Palermo, Kardinal Paolo Romeo, mit der Aussage zitiert, der Papst werde die kommenden zwölf Monate nicht überleben. Der Mailänder Erzbischof Angelo Kardinal Scola solle sein Nachfolger werden. Der sizilianische Kardinal dementierte entschieden. Die Aussage, die angeblich auf seiner China-Reise im November 2011 gefallen war, sei frei erfunden. Doch das Gerücht blieb in der Welt. Noch Ende Juni berichtete die *Frankfurter Allgemeine Zeitung*, der Papst sei »Opfer einer Intrige, weil er der klerikalen Vertuschung den Kampf angesagt hat. Selbst um sein Leben wird gefürchtet«.

Seinen ersten Höhepunkt hatte »Vatileaks« im Januar erreicht, als Nuzzi im Fernsehen nicht nur Briefe, sondern auch den Kronzeugen der Anklage präsentierte, allerdings inkognito, mit verdecktem Gesicht und verstellter Stimme. Der Enthüllungsjournalist, dem beste Kontakte zum italienischen Geheimdienst nachgesagt wurden, arbeitete für Zeitungen aus dem Berlusconi-Konzern, moderierte eine eigene TV-Sendung und hatte bereits 2009 mit einem Enthüllungsbestseller Aufsehen erregt, ebenfalls mit Storys aus dem Vatikan. Seinen anonym auftretenden Zeugen mit dem Code-Namen »Maria«, angeblich ein Mann aus dem innersten Zirkel des Vatikans, bezeichnete er als Mitglied einer Gruppe von rund 20 Personen, die sich zum Ziel gesetzt hätten, für mehr Transparenz im Vatikan sorgen. Die Fernsehsendung war gewissermaßen eine Preview für den nächsten Schlag, den Nuzzi vorbereitete. Aber noch war es nicht so weit.

Mitte März 2012 gab der *L'Osservatore Romano* bekannt, der Papst habe aufgrund der Diebstähle umfangreiche Ermittlungen einleiten lassen. Gendarmerie und Staatsanwaltschaft des Vatikans fahndeten mit Hochdruck, um die undichte Stelle aufzufinden. Gleichzeitig brach Benedikt zu seiner Reise nach Mexiko und Kuba auf. Auf der sechstägigen Tour vom 23. bis zum 29. März wollte er vor allem Mut machen. »Steht auf der Seite derer, die ausgegrenzt sind durch Gewalt, Macht oder einen Reichtum, der diejenigen ignoriert, denen es nahezu an allem fehlt«, rief er am 25. März 2012 in León de los Aldama in Zentralmexiko bei einer Vesperfeier den Bischöfen Mexikos und Lateinamerikas zu, »die Kirche kann das Lob Gottes nicht vom Dienst an den Menschen trennen.« Einen Abstecher zum für ganz Südamerika bedeutenden Gnadenbild der Muttergottes von Guadalupe vermied er – trotz inständiger Bitten, er könne doch die größte katholische Wallfahrtsstätte der Welt, der Johannes Paul II. seinen ersten Auslandsbesuch gewidmet hatte, nicht links liegen lassen. Benedikt verwies auf seinen Arzt, der ihm dringend abgeraten hatte. Der Ort sei mit einer Höhenlage von 2000 Metern eine Überforderung, er müsse um seine Gesundheit fürchten.

Am 26. März begrüßte ihn der kubanische Staatschef Raúl Castro in Havanna. Im Vorfeld waren auf Ersuchen des Papstes etwa 2900 Gefangene freigelassen worden. Der Höhepunkt auf Kuba war die Feier der heiligen Messe auf der Plaza de la Revolución, an der über 300 000 Menschen teilnahmen. Benedikt forderte Religionsfreiheit ein und erklärte, die Kirche verkünde mit der Botschaft Jesu Versöhnung und Frieden. Danach fand in der Nuntiatur eine Begegnung mit dem abgedankten kranken Fidel Castro statt. Entgegen oft wiederholter Berichte war der »Commandante« nie exkommuniziert worden. »Fidel ist als

Erstes Revolutionär«, charakterisierte ihn ein Weggefährte, »als Zweites Jesuit und erst dann Marxist.«

Die Strapazen der Südamerikareise hatten dem Papst zugesetzt. Nach seiner Rückkehr diagnostizierte sein Leibarzt, der Kardiologe Patrizio Polisca, einen chronischen Erschöpfungszustand. Dieser würde sich bei dem hohen Alter und den gewaltigen Anforderungen seines Amtes kaum noch bessern. In der Zwischenzeit hatte sich »Vatileaks« weiter hochgeschaukelt. In Berlin spekulierte der *Tagesspiegel*, es gebe wohl »das Bestreben von außen, eine in Zerrüttung begriffene Kirchenregierung noch weiter zu destabilisieren«. In Italien schloss ein Prälat nicht aus, es könnte auch ein bestochener Kurienmitarbeiter hinter dem Datenfluss stecken: »Gemessen an unserer Ausbildung und unserer Verantwortung sind wir entschieden unterbezahlt. Und Rom ist teuer.«

Vorsichtshalber wurde dem Papst empfohlen, in den Telefonaten mit seinem Bruder Georg keine vatikaninternen Dinge anzusprechen, er könnte abgehört werden. Als weitere Maßnahme sollte eine vom Staatssekretariat unabhängige Untersuchungskommission eingerichtet werden, die direkt an den Pontifex und nicht an Bertone berichten müsste. Benedikt fand die Idee gut und berief am 31. März 2012, zwei Tage nach seiner Rückkehr aus Südamerika, eine Truppe ein, der der spanische Kardinal Julián Herranz, der slowakische Kardinal Jozef Tomko und der italienische Kardinal Salvatore De Giorgi angehörten. Unterstützt wurden die drei durch den vatikanischen Innenminister Erzbischof Giovanni Angelo Becciu. Aufgrund ihres Ranges durfte das Trio auch Amtsbrüder verhören, die als Kardinäle nur Kardinälen gegenüber zur Auskunft verpflichtet waren. Da alle drei über 80 Jahre alt waren, fielen sie bei einem Konklave als *papabile* aus, und konnten damit keine persönlichen Ambitionen ins Spiel bringen.

Natürlich musste der Verrat in seiner nächsten Umgebung, die krummen Machenschaften, das Mobbing unter Menschen, die sich Christus geweiht hatten, den Papst erschüttern, wirklich überraschen konnte es ihn nicht. Als Kenner der Kirchengeschichte wusste er, dass das Zentrum der Christenheit seit jeher ganz besonderen Angriffen ausgesetzt war. Im Übrigen war es eine naive Vorstellung, dass da, wo es um Heiligkeit geht, nur Heiliges vorzufinden sein könnte. Hatte nicht auch die Reformation ihren Ausgangspunkt in der Verderbtheit der römischen Kurie? »Verderbtheit im wahrsten Sinne des Wortes, geistiger wie sinnlicher Art«, wie Wladimir d'Ormesson festhielt. Der damit verbundene »Verfall des päpstlichen Ansehens«, so der französische Schriftsteller und Diplomat, habe bei Luther, Zwingli, Calvin und ihren Schülern »zu einem förmlichen Hass gegen Rom« geführt, der schließlich »an die Stelle des Gehorsams gegenüber dem obersten Lehramt der Kirche trat, sich die Lehre von der Rechtfertigung durch den Glauben allein und das Schriftprinzip schuf« und zur Zersplitterung der Kirche führte.[5]

Andererseits: Entsprach es nicht gerade auch der inneren Logik des Reinigungsprozesses, dem sich Benedikt verschrieben hatte, dass nun so viel Schmutz an den Tag kam? Wer sauber macht, wirbelt Staub auf. Erneuerung geht nicht, ohne nicht auch das unfruchtbar Gewordene beiseitezuräumen. Es mochte paradox klingen, aber auch das Schlechte hatte sein Gutes. Es ließ wieder die Grundfrage stellen: Was ist falsch, und was ist richtig? Was ist Lüge, was ist Wahrheit? Benedikt litt mit den Verrätern, die wie die gefallenen Engel im Gefängnis ihres schlechten Gewissens saßen, aber irgendwie vermittelte er auch das Gefühl, manche Dinge müssten so sein, damit sich das, was geschehen soll, erfüllen konnte. »Ich weiß nicht, was mir verhängt sein wird«, meinte er am 16. April 2012 anlässlich seines 85. Geburtstages gegenüber der versammelten Kurie, »aber ich weiß, dass das Licht Gottes da ist. Und das lässt mich in Gewissheit weitergehen.«

Gianluigi Nuzzi war Profi genug, um zu wissen, wie man aus einem Scoop auch einen Verkaufserfolg macht. Am 18. Mai 2012 veröffentlichte der *Corriere della Sera* einen Vorabdruck aus seinem Enthüllungsbuch. Eine Woche später stand das Werk in den Regalen der Buchhandlungen. Der Titel: *Sua Santità – le carte segrete di Benedetto XVI.* (in der deutschen Fassung: »Seine Heiligkeit. Die geheimen Briefe aus dem Schreibtisch von Papst Benedikt XVI.«)[6]. In seiner Einleitung betonte der Journalist, dank der »Geheimdokumente Benedikts XVI.« könne nun jeder einen Blick werfen auf »die missliche Lage, in der sich die Kirche Tag für Tag befindet«. Der Papst selbst sei in diesem Gestrüpp eine Lichtgestalt und ein Seelsorger, »der die neuralgischen Punkte des täglichen Lebens bis ins Detail kennt und durchaus versucht, Veränderungen herbeizuführen«. Benedikt fordere »ein ständiges ›Aggiornamento‹, eine Reform aller Angelegenheiten, die die Kirche am meisten belasten«. Sein Informant, so Nuzzi, der »mutige Mann« mit dem Decknamen »Maria«, sei von der Liebe zur Kirche getrieben. Er wolle sich durch den Geheimnisverrat befreien »von dem unerträglichen Gefühl der Komplizenschaft mit all jenen, die schweigen, obwohl sie Bescheid wissen«. Im Vatikan regiere die Heuchelei. »Maria« sei, wiederholte Nuzzi seine TV-Aussage vom Januar, Teil einer vatikanischen »Gruppe von Leuten, die das Unrecht dokumentieren und handeln wollen«. Sie seien frustriert »vom Überhandnehmen widerrechtlicher Übergriffe, persönlicher Interessen und unterdrückter Wahrheiten«. Ihre Hoffnung sei, mit ihren Indiskretionen »die Reformen Benedikts XVI. beschleunigen« zu können. Alle seien rechtschaffene, »brave Katholiken«[7].

Sua Santità enthielt 25 vertrauliche Schreiben, abgedruckt in Faksimile. Im Fließtext erzählte Nuzzi von Beziehungsgeflechten, Ehrgeizlingen, Geheimagenten und Einmischungen in die Angelegenheiten Italiens. »Es sind keine großen Geheimnisse«, fasste der Autor Christian Feldmann zusammen, »ein paar dilettantische Bestechungsversuche sind dabei, ein Fernsehjournalist schickt 10 000 Euro ›für die Wohltätigkeit des Papstes‹ und bittet diskret um eine Privataudienz für seine Familie ... ein Unternehmer aus dem Piemont möchte Benedikt eine teure Trüffelknolle überreichen, weil er so begeistert sei von den päpstlichen Appellen zur Bewahrung der Schöpfung (man stimmt zu und leitet die Kostbarkeit an die Caritas-Suppenküche für die Obdachlosen weiter)«. Hinzu kämen »ermüdende Dankadressen, selbstverliebte Beschwerden, das Genörgel und Hin und Her bedeutungsschwerer Kommentare, das man aus jedem Büro kennt«[8]. Die Korrespondentin der *Süddeutschen Zeitung*, Andrea Bachstein, hielt unaufgeregt fest: »Die Vorgänge waren zumeist bekannt.« Was manche als »eine brisante Einmischung« darstellen, könnte man durchaus »auch für normal halten«. Selbst der »Enthüller« Gianluigi Nuzzi gab zu, das Besondere der in seinem Buch abgedruckten Papiere liege einfach nur darin, »dass wir hier unveröffentlichte Dokumente eines Papstes haben, der noch im Amt ist«.

Im Vergleich zu Nachrichten, wie man sie Woche für Woche im Wirtschaftsteil jeder Tageszeitung liest, haben die in dem Enthüllungswerk aufgeführten Belege über Misswirtschaft und Tricksereien mit Banküberweisungen einen eher bescheidenen Umfang. Erschütternd an »Vatileaks« waren eher das Ausmaß an Hahnenkämpfen und die Mechanismen eines Systems, in dem persönliche Beziehungen häufig mehr gelten als fachliche Kompetenz. Allein die Sprache wirkte auf moderne Leser wie Szenen aus einem Historienstück. Etwa wenn in den Briefen immer wieder von »aufrichtigen Gefühlen tiefster Verehrung« gesprochen und mit »Euer Heiligkeit ergebenster Sohn« unterzeichnet wurde. Oder wenn jemand in einem Schreiben an einen Kardinal meinte, »betrübt vor allem angesichts der Tatsache« zu sein, »Sie behelligen zu müssen, wo ich doch weiß, mit welchen Sorgen Sie sich täglich plagen müssen. Gott weiß, wie sehr ich mir wünschte, die Unannehmlichkeiten, in die ich geraten bin, selbst aus der Welt schaffen zu können«.

In der Kritik von Erzbischof Viganò, der von Benedikt XVI. persönlich ernannt worden war, um die Finanzen des Vatikanstaates in Ordnung zu bringen, ging es unter anderem um die Auftragsvergabe an immer dieselben Partnerfirmen zu fantastisch überhöhten Preisen. Viganò hatte mit eisernem Besen ausgekehrt. Doch im März 2011 wurde dem Erzbischof von Kardinalstaatssekretär Bertone mitgeteilt, er sei zum Apostolischen Nuntius in den Vereinigten Staaten ernannt worden. Viganò, der überzeugt war, einem Komplott zum Opfer gefallen zu sein, beschwor daraufhin den Papst persönlich: »Heiliger Vater, meine Versetzung aus der Verwaltung würde bei denen, die da glaubten, man könne zahlreiche Praktiken der Korruption und des Amtsmissbrauchs abstellen …, tiefe Verunsicherung und Bedrückung auslösen.« Doch vergeblich. Im November 2011 musste der Erzbischof die Reise über den Atlantik antreten.

In unserem Gespräch wies Benedikt XVI. den Vorwurf, es habe sich bei Viganò um eine Strafversetzung gehandelt, zurück. »Die Sache ist sehr kompliziert«, erläuterte er. »Er war zweiter Mann im Governatorat … Gut, Viganò hat da gewaltig umgerührt. Zum Teil, aber auch nur zum Teil, wohl zu Recht.« Er selbst habe als oberster Vorgesetzter die Angelegenheit mit Kardinal Lajolo besprochen, dem Leiter des Governatorats. »Er hat mir gesagt, dass Viganò sicher in manchem recht hat, aber einfach ein Klima des allgemeinen Verdachts aller gegen alle geschaffen habe. Sie würden die Dinge zu behandeln versuchen, aber Viganò könne nicht bleiben. Als plötzlich unser Nuntius in den Vereinigten Staaten starb, einer der allerwichtigsten Posten, von hohem Rang und von wirklichem Anspruch, haben wir gesagt: Das ist der Augenblick, jetzt kann er hier auch selber herauskommen und dort neu anfangen. Dass er integer und fähig ist, war klar. Und so war das für mich ein Zeichen der Vorsehung. Insofern war es keine Strafe, überhaupt nicht, denn eine höhere Position hätte man ihm in dem Augenblick gar nicht geben können.«[9]

Die Veröffentlichung von *Sua Santità* bedeutete für Nuzzi einen grandiosen Verkaufsschlager, für seinen Top-Informanten, den »Raben«, das Ende. Als einer der Leser, die das Buch Zeile für Zeile studierten, war Georg Gänswein auf eine erhellende Stelle gestoßen. Unmittelbar danach erklärte er Papst Benedikt, sein Eindruck sei, »dass jemand von uns mit dieser Person unter einer Decke steckt. Entweder bin ich es selber, oder es ist mein Kollege, oder es ist der Kammerdiener, oder es sind die *Memores* oder die Schwester Birgit«. Auf die richtige Spur führte ihn das Faksimile der Jahresbilanz der »Stiftung Joseph Ratzinger – Benedikt XVI.« vom 30. November 2011, die direkt, ohne Umweg über eine andere Stelle im Vatikan, in das päpstliche Appartamento gelangt war. Zu Gesicht bekommen haben konnten sie folglich nur der Papst und sein Sekretär – und eine Person, die Zugang zu deren Gemächern hatte.

Noch am selben Dienstagvormittag rief Gänswein die Hausgemeinschaft zusammen, in der Hand einige Originale der im Nuzzi-Buch abgedruckten Dokumente. Ohne Umschweife sprach er den Kammerdiener an: »Lieber Paolo, ich habe den starken Verdacht, dass diese zwei Papiere, die in diesem Buch veröffentlicht worden sind, über Ihren Schreibtisch rausgekommen sind. Weil nur Sie und ich davon wussten. Ich war es nicht, bleiben nur Sie übrig.« Weil Gabriele die Anschuldigung vehement zurückwies, informierte Gänswein beim Mittagessen den Heiligen Vater, er habe Paolo erst mal nach Hause geschickt: »Es ist besser, weil ich kein Vertrauen mehr habe.«

Der dreifache Familienvater begann seine Karriere in einer der Kolonnen, die den Marmorboden des Petersdomes auf Hochglanz polieren. Seit 2006 arbeitete er als Majordomus seiner Heiligkeit im päpstlichen Appartamento, auch wenn sein Vorgänger Angelo Gugel den damals 40-Jährigen als zu unbedarft empfand und ihn nicht empfehlen wollte. Die absolute Vertrauensstellung in nächster Nähe Seiner Heiligkeit, so Gugel, verlange einen reifen Charakter. Erzbischof Paolo Sardi aus dem Staatssekretariat hatte Gabriele seinerzeit Erzbischof James Harvey ans Herz gelegt, dem Präfekten des päpstlichen Hauses. Dieser wiederum empfahl ihn nach dem Ausscheiden Gugels an Gänswein weiter. »Ich habe gedacht, das ist ein nobler, ein loyaler und ein nicht ambitionierter Mensch. So wurde er mir auch vorgestellt von Harvey.« Gabriele bekam für sich und seine Familie eine schöne Wohnung in einem Haus hinter der Sankt-Anna-Kirche zugeteilt. Ingrid Stampa wohnte zwei Etagen tiefer und kam oft zu Besuch. Der Diener half dem Papst beim Aufstehen, er servierte das Mittagessen, nahm während der Audienzen die Geschenke in Empfang und bereitete am Abend das Schlafzimmer Benedikts zur Nachtruhe vor. Er packte den Koffer für die Reisen und begleitete seinen Chef in die entferntesten Länder. Jedermann hielt den zurückhaltenden Butler, den viele Paolino, Paulchen, nannten, zwar für ein wenig einfältig, aber auch für absolut loyal. Der Papst selbst habe Paolino »geliebt wie einen Sohn«, wusste Kardinalstaatssekretär Bertone.

Noch zog sich die Schlinge um den Dieb aus dem Palazzo Apostolico nicht zu. In der Generalaudienz am Mittwoch setzte Benedikt seine Betrachtungen über das Gebet des heiligen Paulus fort. Er erinnerte daran, dass der Apostel oft schrecklich gelitten habe, sich aber nie entmutigen ließ. Dann sprach er erstmals die »Vatileaks«-Affäre an: »Die Ereignisse, die in diesen Tagen geschehen sind und die Kurie und meine Mitarbeiter betreffen, haben mein Herz mit Traurigkeit erfüllt«, räumte er ein. Die in manchen Medien veröffentlichten Berichte seien jedoch vielfach aufgebauscht. Sie gingen »weit über die Tatsachen hinaus« und entsprächen »nicht der Wirklichkeit«. Dann beteuerte der Papst: »Ich möchte daher meinen engsten Mitarbeitern sowie allen, die mir täglich in Treue, Opfergeist und Stille bei der Ausübung meines Dienstes helfen, erneut mein Vertrauen und meine Ermutigung aussprechen.«[10]

Nach Aussagen der vier Polizisten, die am Donnerstag, dem 24. Mai 2012, von 15 bis 23 Uhr die Familienwohnung des Kammerdieners filzten, bot sich ein erschreckendes Bild. Denn nach bester Rabenart hatte der inzwischen 46-Jährige über Jahre hinweg zusammengerafft, was ihm unter die Finger kam. In einer Unmenge von wild durcheinander gewürfeltem Material befanden sich Tausende von Dokumenten aus dem päpstlichen Palast (manche mit dem handschriftlichen deutschen Vermerk »Vernichten!«). Aber Gabriele hatte nicht nur Papiere gehortet, sondern auch einen Gold-Nugget aus Peru, der dem Papst in einer Audienz von einer Familie geschenkt worden war, einen Scheck über 100 000 Euro von der katholischen Universität San Antonio in Guadalupe und eine kostbare Ausgabe einer Übersetzung der *Aeneis* von 1581.

Am Ende schleppten die Polizisten 82 Kisten mit Unterlagen aus der Wohnung. Briefe von Politikern, Korrespondenzen zwischen dem Papst und Kardinälen, Dokumente über die Freimaurerei und verschiedene Logen und Geheimdienste, dazu Untersuchungen, wie sich JPG- und

Word-Dateien verbergen lassen oder wie man auf verdeckte Weise ein Handy benutzen kann, sowie mehrere Laptops, zahllose USB-Sticks, zwei Festplatten, verschiedene Speicherchips, eine Playstation, ein iPad, zwei Lederkoffer und zwei gelbe Plastiktaschen voller weiterer Briefe.

Gabriele wurde an Ort und Stelle festgenommen und in die Arrestzelle der Kaserne der Gendarmerie gesperrt, vier Tage nach dem Erstverkaufstag von *Sua Santità*. Das Seltsame war, dass er die zwei Tage nach seiner Enttarnung durch den Papstsekretär nicht genutzt hatte, sein Diebesgut in Sicherheit zu bringen; fast so, als warte er auf die Festnahme wie auf eine Erlösung.

Georg Gänswein fühlte sich einer Verletzung seiner Aufsichtspflicht schuldig und bat um seine Versetzung: »Heiliger Vater, ich habe die Verantwortung, was die Einstellung dieser Person betrifft. Formal gesehen bin ich sein Dienstvorgesetzter. Ich biete Ihnen an, dass Sie mir eine andere Aufgabe geben.« Benedikts Antwort war kurz und bündig: »Das kommt überhaupt nicht infrage.«[11]

Seinen Posten tatsächlich verloren hatte am selben Tag der Chef der Vatikanbank IOR, Ettore Gotti Tedeschi. Der Aufsichtsrat hatte ihm einstimmig das Vertrauen entzogen. Im Entlassungsprotokoll, das der Presse zugespielt wurde, hieß es, der Professor für Finanzethik habe »wichtigste Aufgaben nicht erfüllt«, in »unvorsichtiger Weise« falsche Informationen verbreitet, das Personal gespalten und sich »bizarr« benommen.[12] Allerdings sollte kurze Zeit später der Europarat nach eingehenden Prüfungen dem IOR ein gutes Zwischenzeugnis ausstellen. Laut »Moneyval«, einem Ausschuss zur Bekämpfung von Geldwäsche, habe der Heilige Stuhl »in sehr kurzer Zeit viel erreicht«. In vielen Kategorien habe die Vatikanbank besser abgeschnitten als manches EU-Land. Der Fall blieb suspekt. Im IOR stand Tedeschi gegen den Vorstand und den Generaldirektor Paolo Cipriani. Offenbar hatte er sich auch Staatssekretär Bertone zum Feind gemacht, der ihm nie verzieh, im Geldwäsche-Skandal mit den staatlichen Behörden zusammengearbeitet zu haben. Ein Jahr später, am 7. Februar 2013, sprach Benedikt XVI. dem Bankier erneut sein Vertrauen aus, hielt es jedoch nicht für angeraten, die Entpflichtung rückgängig zu machen. Er ersetzte Tedeschi durch den deutschen Finanzberater und Juristen Ernst von Freyberg mit dem ausdrücklichen Auftrag, bei der Vatikanbank weiter aufzuräumen und das System transparent zu machen.

Gleich am nächsten Morgen, Freitag, 25. Mai 2012, hatte die Staatsanwaltschaft mit den Verhören Gabrieles begonnen. »Mir war wichtig, dass gerade auch im Vatikan die Unabhängigkeit der Justiz gewahrt wird«, erläuterte der Papst in unserem Gespräch, »dass nicht der Monarch sagt, jetzt nehme ich es selbst in die Hand, sondern in einem Rechtsstaat muss die Justiz ihren eigenen Weg haben. Hernach kann der Monarch Gnade aussprechen, das ist etwas anderes.«

Es blieben genügend Fragen zu beantworten, um Licht ins Dunkel zu bringen. Den Kontakt zu Nuzzi hatte Gabriele selbst hergestellt. Aber hatte er wirklich eine Kopie der Dokumente an den früheren Kardinalstaatssekretär Sodano gegeben, noch bevor er sie dem Enthüllungsjournalisten zuspielte?[13] Wer waren die Mitglieder der Gruppe »Maria«, von denen Nuzzi bei seinem Fernsehauftritt und auch noch in seinem Buch gesprochen hatte? Und wem sollten die Veröffentlichungen eigentlich nützen? Oder steckten ganz andere Dinge hinter dem Skandal?

Kurz nach der Enttarnung Gabrieles schlug die seit Monaten anhaltende Kampagne plötzlich in eine Erpressung Georg Gänsweins um. Am 2. und 3. Juni 2012 präsentierte *La Repubblica* drei weitere angebliche Dokumente aus dem Vatikan. Die Briefe waren geschwärzt. Zu erkennen waren lediglich der Briefkopf und die Unterschrift Gänsweins. Ein anonymer Informant, so die *La Repubblica,* drohe mit weiteren Enthüllungen, sollte sich der Papst nicht rasch von seinen »unfähigen Mitarbeitern« trennen. Die angeblichen »Beweismittel«, so das Resümee des Papstsekretärs, seien »frei erfunden gewesen«. Der Angriff sei dann auch »relativ schnell abgebrochen. Es ist nichts mehr gekommen«.

Im Vatikan war Paolo Gabriele als kontaktfreudiger Mann bekannt, der auf dem Weg von seiner Dienststelle nach Hause einmal hier und einmal dort eine Pause für einen Plausch einlegte. Viele hielten ihn für einen Menschen, der auf Suche nach Bestätigung ist, sich aber gleichzeitig verschlossen hielt. Und doch steckte hinter der Maske des zurückhaltenden, stets auf die Formen achtenden Mannes noch eine ganz andere Person. »Er war versessen auf Geheimdienste und solche Sachen«, so Gänswein. In der Untersuchung hatte sich herausgestellt, dass er bereits wenige Wochen nach seiner Anstellung heimlich Dinge kopierte. Die Frage war, ob seine Manie zu einer zwanghaften Handlung geworden war oder ob es ein Umfeld gab, das ihn direkt oder indirekt zu seinen Taten ermutigte. Immerhin hatte er nach seiner Verhaftung als Erstes Ingrid Stampa kontaktiert, die sich zu diesem Zeitpunkt in Deutschland aufhielt.

Mitte August stellte Vatikan-Sprecher Lombardi auf ausdrückliche Anweisung des Papstes im vatikanischen Pressesaal Hunderten von Journalisten die 35 Seiten lange Anklageschrift gegen Gabriele zur Verfügung. Danach hatte der Kammerdiener ausgesagt, er habe als »Agent des Heiligen Geistes« aus Verbundenheit mit dem Papst Fälle von Korruption und andere Übel aufdecken wollen. Ein vom Untersuchungsrichter in Auftrag gegebenes psychologisches Gutachten über seine Zurechnungsfähigkeit bescheinigte dem Angeklagten, er sei leicht beeinflussbar und zeichne sich »durch einfache Intelligenz und eine fragile Persönlichkeit aus, mit Hang zum Paranoiden«. Gleichzeitig seien ein »obsessives Verhalten im Denken und Handeln (Pedanterie, Beharrlichkeit), Schuldgefühle und Größenwahn« festzustellen, »verbunden mit dem Wunsch, im Sinne eines persönlichen Gerechtigkeitsideals zu handeln«[14].

Der Prozess vor dem vatikanischen Gerichtshof begann am 29. September. Er stand unter der Leitung von Präsident Giuseppe Dalla Torre. Die Anklage gegen Gabriele lautete auf schweren Diebstahl und nicht auf Hochverrat. Dem Delinquenten drohten bis zu sechs Jahre Haft. Wegen Beihilfe zum Diebstahl musste sich Claudio Sciarpelletti verantworten. Dem Informatiker aus dem päpstlichen Staatssekretariat drohte ein Jahr Haft, weil er ein an Gabriele adressiertes Kuvert mit Schriftstücken in seiner Büroschublade aufbewahrte, wobei das Verfahren auf Antrag der Verteidigung abgetrennt wurde. Gabriele erklärte vor Gericht, er selbst habe Sciarpelletti den Umschlag gegeben, damit dieser auf den neuesten Stand der Dinge im Umfeld des Papstes gebracht werde.

Für gewöhnlich werden am Gericht des Vatikanstaats kleinere Vergehen wie Taschendiebstähle verhandelt, einen Prozess wie diesen hatte es noch nie gegeben. Auf der Anklagebank hatte Paolo Gabriele Platz genommen, tadellos gekleidet mit weißem Hemd und einem mittelgrauen Anzug. Der Raum fasste gerade einmal 18 Zuhörerplätze. Zur Prozessbeobachtung zugelassen waren acht per Losverfahren ausgewählte Journalisten bürgerlicher Medien und zwei Vertreter von *Radio Vatikan*. Gabriele zeigte sich geständig. Er habe gehandelt, um Schaden vom Papst und von der Kirche abzuwenden. Er sei überzeugt gewesen, »der Papst würde manipuliert«. Denn bei Tisch habe er gelegentlich Fragen zu Themen gestellt, über die er eigentlich hätte informiert gewesen sein müssen. Das habe ihn aufgewühlt und beunruhigt. Die Unterlagen habe er zunächst nur für sich selbst kopiert, um sich ein genaueres Bild zu machen. Erst später sei ihm der Gedanke gekommen, sie weiterzureichen. Er habe dann jeweils zwei Kopien gemacht, eine für sich und eine für die Öffentlichkeit. Seine Kopien habe er zunächst einem Beichtvater übergeben, »Padre Giovanni« (der in der Anklageschrift »Zeuge B« benannte Geistliche gab zu Protokoll, die von Gabriele in einem DIN-A4-Ordner mit päpstlichem Wappen erhaltenen Fotokopien verbrannt zu haben). Ausgetauscht habe er sich mit »einer enormen Zahl« von Personen. »Komplizen« jedoch würde er sie nicht nennen. Er habe mit ihnen lediglich über die »allgemeine Atmosphäre« gesprochen. In seinen Verhören habe er ja schon eine Reihe von Namen genannt, die ihn irgendwie »beeinflusst« hätten, etwa Kardinal Paolo Sardi, Kardinal Angelo Comastri, Bischof Francesco Carina und Professoressa Ingrid Stampa. »Was den schweren Diebstahl betrifft, fühle ich mich nicht schuldig«, plädierte Gabriele, »aber ich fühle mich schuldig, das Vertrauen missbraucht zu haben, das der Heilige Vater in mich gesetzt hatte.«

Nach vier Sitzungen wurde das Verfahren am 6. Oktober beendet. Verteidigung wie Staatsanwaltschaft folgten der These vom Alleintäter. Gabriele wurde zu 18 Monaten Haft wegen Diebstahls verurteilt. Am 25. Oktober 2012 trat er die Strafe im Gefängnis des Vatikans an. Am 22. Dezember 2012 besuchte ihn Benedikt XVI., vergab ihm und hob die Verbüßung der Reststrafe auf. Noch am selben Tag wurde Gabriele entlassen und kehrte zu seiner Familie zurück. »Er war erschüttert über sich selbst«, berichtete der Papst über das Treffen mit seinem früheren Kammerdiener: »Ich möchte seine Persönlichkeit nicht analysieren. Es ist eine merkwürdige Mischung, was man ihm so eingegeben hat oder er sich selbst eingegeben hat. Er hat kapiert, dass das nicht hätte sein dürfen und dass er einfach auf einem falschen Weg war.«[15]

Obwohl Gabriele von Kontaktpersonen gesprochen hatte, wurde niemand der Genannten zur Befragung vorgeladen, noch nicht einmal Enthüllungsjournalist Nuzzi. Vatikaninsider bezweifelten, dass Gabriele kein Geld bekommen habe, um sein Gehalt von 1500 oder 1800 Euro aufzubessern. Ein Erklärungsmodell für mögliche Hintergründe der »Vatileaks«-Affäre hatte gut zwei Monate vor Prozessbeginn der Italien- und Vatikan-Korrespondent der *Welt* geliefert, Paul Badde. Der Beitrag war am 15. Juli nur in der Online-Ausgabe des Blattes erschienen. Badde hatte gute Kontakte in den Vatikan und kannte den Betrieb aus sorgfältigen Recherchen. Durchschlagskraft bekam der Artikel allerdings erst, als der Korrespondent der linksliberalen *La Repubblica* in der Türkei, Marco Ansaldo, die *Welt*-Geschichte im Internet entdeckte und damit für die *La Repubblica*-Ausgabe vom 23. Juli zwei Doppelseiten füllte. Das Thema hatte damit einen delikaten neuen Aspekt bekommen, der international Schlagzeilen machte.

Der *Welt*- wie der *La Repubblica*-Journalist waren zu dem Schluss gekommen, hinter dem Diebstahl stünden Einflüsterer, die aus rasender Eifersucht gehandelt hätten. Namentlich erwähnten sie Ingrid Stampa, Josef Clemens und Paolo Sardi. Auf dem Mobiltelefon des Kammerdieners hätten sich entsprechende Kontakte gefunden. Stampa habe nicht nur im selben Haus wie Gabriele gewohnt, sie sei auch häufig Gast in dessen Wohnung gewesen: »Keiner im Vatikan war dem Meisterdieb so nah wie sie.« In Kurienbischof Clemens, dem früheren Sekretär Ratzingers, der einen »geradezu irrationalen Neid auf seinen Nachfolger« hege, und in ihrem langjährigen Kontakt Paolo Sardi vom Staatssekretariat hätten sich Gesinnungsgenossen gefunden. Es sei »nicht zu viel behauptet«, fasste Badde zusammen, »dass diese drei Personen – in verschieden großem Abstand – zu, bei oder hinter Paolo Gabriele standen«[16]. Stampa und Clemens dementierten, das Pressebüro des Vatikans sah sich genötigt, ebenso energisch zu protestieren wie das Staatssekretariat. Die Artikel beruhten auf »falschen und haltlosen Interpretationen und Behauptungen«, für die es keine objektiven Beweise gebe, und stellten eine »schwerwiegende Verletzung« der Ehre der betroffenen Personen dar. Sowohl *La Repubblica* als auch die *Welt* beharrten auf ihrer Darstellung.

Am 17. Dezember 2012 wurde dem Papst die Endfassung des Untersuchungsberichts seiner Sonderkommission vorgelegt. In einem der Kapitel ging es auch um eine homosexuelle Lobby innerhalb der Kurie, die sich eine Villa außerhalb Roms, eine Sauna im Vorort Quarto Miglio und einen Schönheitssalon im historischen Zentrum als Begegnungsstätten eingerichtet hätten. Nie rissen Spekulationen ab, es sei genau dieser Untersuchungsbericht gewesen, der Benedikt XVI. zu seinem Rücktritt bewogen hätte. In Wahrheit war der Entschluss zur Demission zum Zeitpunkt der Übergabe des Dossiers längst gefällt. Der Bericht hatte auch keine 300, sondern nur 30 Seiten Umfang, der Rest bestand aus einem Anhang unterschiedlicher Belege. Neben den drei Kardinälen kannten nur der Papst und sein Sekretär den Inhalt. Gänswein hatte im Auftrag Benedikts dafür gesorgt, die Unterlagen zu ordnen und eine Synthese von neun Seiten Umfang zu erstellen, um sie dann dem aus dem Konklave hervorgehenden Nachfolger übergeben zu können. Tatsächlich befanden sich diese Unterlagen in jener großen Schachtel auf dem Couchtisch in Castel Gandolfo, die auf dem Pressefoto zu sehen war, das im März 2013 das erste Zusammentreffen des zurückgetretenen und des neu gewählten Papstes dokumentierte.

Benedikt selbst äußerte in unserem Gespräch, dass ihn der Vorgang »jedenfalls nicht so« getroffen habe, »dass ich irgendwie in eine Art Verzweiflung oder Weltschmerz verfallen« wäre. Das Verhalten seines Butlers sei ihm »einfach unverständlich« gewesen. Auch hätte ihn »Vatileaks« nicht amtsmüde gemacht: »Denn ich meine, das kann ja immer passieren. Vor allem darf man nicht im Augenblick des Sturms davongehen, sondern man muss dann standhalten.« Über die Spekulationen, Paolo Gabriele habe möglicherweise Komplizen gehabt, meinte er: »Die kann es geben, aber ich weiß es nicht.« Es sei jedenfalls »nichts gefunden worden«. Dass es im Vatikan mit seinen knapp 3000 Mitarbeitern in der Kurie und weiteren 2000 in der Staatsverwaltung, mit seinen unterschiedlichen Persönlichkeiten aus verschiedenen Nationen und Gesellschaftsformen auch Machtspiele, Eifersucht und Karrieredenken gebe, sei zwar betrüblich, andererseits aber auch allzu menschlich: »In einem so großen Organismus ist es unmöglich, dass es nur lauter Gute gibt.« Er habe im Vatikan aber auch »so viele wirklich gute Leute, wirklich lautere Menschen getroffen, die mit voller Hingabe von früh bis spät arbeiten, dass das für mich das andere aufwiegt«. So müsse er sagen: »So ist halt die Welt! So wissen wir es vom Herrn her! Die schlechten Fische sind halt drin im Netz.«

Georg Gänswein urteilte im Rückblick, insgesamt sei die Krise durch »Vatileaks« »erheblich kleiner« gewesen, als es in den Medien dargestellt worden sei. Als wirklich einschneidend habe sich erwiesen, »dass die Bischöfe das Vertrauen verloren und dachten, wenn man dem Papst persönlich schreibt, dann landet der Brief in der Presse. Alles andere aber ist an anderen Orten auch schon vorgekommen«[17]. Trotz aller guten Vorsätze und Vorsichtsmaßnahmen sollte es nach »Vatileaks 1.0« tatsächlich auch ein »Vatileaks 2.0« geben, dieses Mal unter Papst Franziskus. Es ging erneut um finanzielle Machenschaften und Verrat von Geheimnissen, und wieder war es Gianluigi Nuzzi, der daraus Bücher machte. Anfang November 2015 kam es zur Verhaftung und späteren Verurteilung führender Mitglieder der von Franziskus eingesetzten Wirtschaftsprüfungskommission COSEA. Franziskus hatte sie berufen, obwohl das Staatssekretariat vor deren Unzuverlässigkeit gewarnt hatte. »Ich denke, das war ein Fehler«, äußerte sich Bergoglio später. Er verwies dabei auf die Bemühungen seines Vorgängers, »die Korruption zu bekämpfen«: »Er war der Erste, der das anklagte«, so Franziskus: »Wir haben ihn wegen dieser Freiheit gewählt, die Dinge auszusprechen.«[18]

Auch Erzbischof Viganò machte noch einmal von sich reden. Nach seiner Rückkehr aus den USA veröffentlichte er im August 2018 ein Dossier mit Anschuldigungen über vertuschte Fälle von Missbrauch durch kirchliche Hierarchen, darunter Kardinal Theodore McCarrick, den Erzbischof von Washington, der sich unzählige Male an Seminaristen vergangen hatte. Benedikt XVI. war gegen McCarrick vorgegangen, Franziskus jedoch hatte de facto die Sanktionen wieder aufgehoben. Obwohl Viganò den Papst angeblich über die Vergehen des Kardinals informiert hatte, durfte McCarrick diplomatische Aufgaben für den Heiligen Stuhl wahrnehmen, etwa in den Verhandlungen mit der Volksrepublik China, die letztlich zu einem Geheimabkommen führten, das die von Benedikt noch geförderte katholische Untergrundkirche den staatlichen Behörden unterordnete. Im Gegensatz zu den Fällen im Pontifikat Benedikts XVI. sollten die Skandale unter seinem Nachfolger jedoch wenig Niederschlag in den Medien finden. Dies sei besonders bemerkenswert, befand der holländische Bischof Robertus Mutsaerts, »weil dieselben Medien es für eine Selbstverständlichkeit hielten, Johannes Paul II. oder Benedikt XVI. zu kritisieren. Alle hingegen, die Papst Franziskus kritisieren, werden ins Abseits befördert, weil sie angeblich an einem Komplott beteiligt seien«[19].

Paolo Gabriele, der ähnlich wie der Rabe des heiligen Benedikt angeblich seinen Herrn schützen wollte, musste den Vatikan verlassen. Benedikt XVI. kümmerte sich noch um eine Anstellung für ihn. Der frühere Butler unterschrieb eine Verpflichtung, dass er weder Interviews geben und schon gar kein Buch veröffentlichen werde. Allerdings sollte ihn seine neue Beschäftigung im katholischen Kinderkrankenhaus »Bambino Gesù« tagtäglich an sein Fehlverhalten erinnern. Er arbeitete in der Klinik als Drucker. Und wo genau? Im Fotokopierraum.

Kapitel 73

Der Rücktritt

Rom, Montag, 11. Februar 2013. Es ist kurz vor 6 Uhr, als der Papst sein Bett verlässt. Ein stilles Gebet, wie immer, allerdings ein wenig intensiver als sonst: »Ich bete dich an, mein Gott, und ich liebe dich von ganzem Herzen.« Unter Pius XII. räumte das vatikanische Protokoll dem Heiligen Vater für seine Morgentoilette eineinhalb Stunden ein, Pius kam mit 45 Minuten aus. Er rasierte sich elektrisch und sprach dabei mit einem Stieglitz, der regelmäßig an das geöffnete Badezimmerfenster kam. Er nannte ihn Gretel.

Benedikt XVI. trippelt mit seinen kleinen Schritten mal hierhin, mal dahin. Er genießt die wenigen Minuten des Tages, die nicht verplant sind. Nach dem Aufstehen ein wenig zu trödeln ist der einzige Luxus, den er sich gönnt. Dann nimmt er sich etwas Zeit für private Lektüre, Briefe, Notizen, die im dichten Arbeitsalltag liegen geblieben waren. Wie Albert Einstein vermied er Komplikationen, um nicht unnötig Energie zu verschwenden, die sein geistiges Schaffen beeinträchtigen konnten. Heute aber ist alles anders.

Es ist der schwerste Tag in seiner achtjährigen Amtszeit. Vielleicht sogar der schwerste in seinem Leben. Danach würde man das Papsttum nie wieder so betrachten wie vorher. Er hatte nicht besonders gut geschlafen, »aber auch nicht ganz schlecht«, wie er später sagen wird, »denn das Innere war schon durchgestanden«; was ihm Ruhe und Sicherheit gab. Zu seinem Sekretär, der ihn von seinem Entschluss abbringen wollte, hatte er streng gemeint: »Ich habe mit dem Herrn gerungen«, die Entscheidung sei endgültig. »Es bleibt dabei!«[1]

Der Papst steht an seinem Fenster. Sein Blick schweift vom Obelisken in der Mitte des Petersplatzes hin zur Fassade des Doms. Früh am Morgen, wenn die Heiligen noch schlafen, liegt der König aller Plätze in einem Nebel wie aus Tränen. Bald werden die Schweizer Gardisten aufmarschieren, kommen die Droschkenkutscher, Obdachlose in geflickten Mänteln und Schulmädchen aus Sizilien, die mit verschlafenen Augen aus madonnenhaft blühenden Gesichtern blinzeln. Um 7 Uhr öffnet das größte Gotteshaus der Welt seine Tore für die gewaltigen Menschenmassen, die an jedem Tag heranströmen. Eben hatte er selbst noch einen Rekord aufgestellt. Die auf seinen Namen neu eingerichteten Twitter-Konten erreichten binnen eines Tages über 500 000 Fans. Noch nie zuvor hatte es jemand geschafft, so schnell so viele Follower zu sammeln.

Noch ist Ruhe auf dem gewaltigen Oval. Wie hatte doch der große Michelangelo seinem Papst gegenüber geklagt, als er an dem gigantischen Bauwerk arbeitete! »Ich bin Euer Arbeitstier«, warf er ihm vor, »und je mehr ich mich plage, desto weniger rühre ich Euer Erbarmen.« War nicht auch er, der deutsche Papst, ein ungemein fleißiger Arbeiter? Hatte nicht auch er sich geplagt wie kein Zweiter, ohne dass sein Einsatz nennenswertes Erbarmen hervorgerufen hätte?

Noch zwei Tage zuvor hatte er 4500 Malteser Ritter in Sankt Peter begrüßt und am Abend in freier Rede den Priesterseminaristen Roms eine kurze Zusammenfassung seiner Theologie vorgetragen. Am Sonntag betete er wie gewöhnlich an seinem Fenster mit den Gläubigen auf dem Petersplatz den Angelus. »Misserfolge und Schwierigkeiten« dürften »nicht zur Entmutigung« führen, hatte er den Text des Tagesevangeliums ausgelegt, denn »unsere Aufgabe ist es, gläubig die Netze auszuwerfen, der Herr macht den Rest.«

Seit 1730 war kein anderer Kandidat bei seiner Wahl zum Papst älter gewesen als er. Inzwischen ist er einer der ältesten Päpste überhaupt. Johannes Paul II. starb sechs Wochen bevor er 85 geworden wäre. Ihm selbst war vor gut zwei Monaten mit 86 ein neuer Herzschrittmacher eingepflanzt worden. Dennoch hatte er keinen einzigen seiner bisher fast 3000 Tage im Amt gefehlt. »Joseph, jetzt pass auf«, hatte ihn sein Freund aus Köln beschworen, »du wirst mich für verrückt erklären, aber das ist mir egal.« Sein skeptischer Blick hatte Kardinal Meisner nicht entmutigen können. »Du musst Papst werden! Wir finden in dieser Situation der Kirche keinen Geeigneteren.«

Hätte er sich verweigern sollen, als sie ihm den Stuhl Petri antrugen? War er nicht damals schon im Grunde ein kranker, erschöpfter alter Mann gewesen, der sich nach Frieden sehnte? Nach einem geistlichen Leben in Zurückgezogenheit? Er hätte in seinem Ruhestand gerne die Leitung der Vatikanischen Bibliothek übernommen. Und nebenbei noch das eine oder andere Buch geschrieben. Nie wollte er eine öffentliche Person sein, ständig im Rampenlicht stehen. Die vielen Menschen, die pausenlosen Begegnungen, die tausend Verpflichtungen.

Hatte er nicht wenigstens die Zuversicht haben dürfen, sein Pontifikat würde nicht sehr lange dauern? Alles hatte er auf ein baldiges Ende ausgerichtet. Seine Enzykliken über die göttlichen Tugenden Glaube, Hoffnung und Liebe begann er deshalb nicht mit der ersten Tugend, sondern mit der höchsten, der Liebe. Seine Gesammelten Schriften ließ er nicht chronologisch erscheinen, sondern mit dem für ihn wichtigsten Sektor, die Liturgie. Selbst seine Christologie hatte als ersten Teil nicht die Geburt und die Jugendjahre Jesu, die er kaum noch gehofft hatte aufschreiben zu können, sondern die zentralen Aspekte der Erscheinung Christi zum Inhalt. »Mache zuerst das Notwendige«, hatte der heilige Franziskus geraten, »dann das Mögliche. Irgendwann vielleicht das Unmögliche.« Daran hatte Benedikt XVI. sich gehalten. »In einem Pontifikat, bei dessen Beginn man 78 Jahre alt ist, soll man nicht große Veränderungen anstreben, die man dann selber nicht durchhalten kann«, war er sich sicher. »Man muss dann das tun, was in dem Augenblick zu tun möglich ist.« Als seine »zentrale Aufgabe« sah er deshalb, »dass der Glaube im Heute bleibt. Alles andere sind administrative Fragen, die in meinem Augenblick nicht notwendig gelöst werden mussten«[2].

Was hatte er eigentlich erreichen können? Die Welt war in ein postchristliches Zeitalter eingetreten. Die Kirche hatte ihre gesellschaftliche Gestaltungskraft verloren. Spirituelle Anregung holten sich die Menschen, wenn überhaupt, über Streamingdienste oder von irgendwelchen Youtubern und Instagramern, die Glück, Erfolg und ein erfülltes Leben versprachen. Die heilige Eucharistie? Jederzeit verzichtbar. Große Teile des Klerus waren völlig verbürgerlicht, der Laienapparat vielfach besetzt mit Leuten, die pausenlos von Dialog und Strukturveränderungen sprachen, aber das Wort »Christus« nicht mehr über ihre Lippen brachten. Die Verteidigung des Lebens in der wahren Menschlichkeit, die seiner Göttlichkeit entsprang, der Kampf für das Gute im göttlichen Auftrag – wen kümmerte es? Priester warfen hin, weil sie in ihrer Arbeit keinen Sinn mehr sahen. Kaum jemand kam noch zur Beichte. Die Taufen gingen dramatisch zurück. Ehen wurden, wenn überhaupt, vor dem Standesamt geschlossen. In der heiligen Messe wünschten sich die Teilnehmer Musik von Helene Fischer und anderen Schlagerstars. Und dann die schrecklichen Missbrauchsfälle. Waren nicht auch sie Zeichen von Auflösung, der Entchristlichung innerhalb des Klerus selbst?

Trotz alledem: Durfte man jemals aufgeben, an ein Wiedererwachen des Geistes zu glauben, das man ohnehin nicht selbst erschaffen konnte? »Die Kirche erwacht in den Seelen«, hatte der große Romano Guardini geschrieben.

An einem historischen Tag wie diesem mussten Benedikt auch die Bilder des eigenen Lebens durch den Kopf gehen. Die Bergwanderungen mit dem Vater. Hinauf zur Kampenwand. Oder zur kleinen Kapelle an der Salzach, in der zum ersten Mal *Stille Nacht! Heilige Nacht!* erklang. Seine Herkunft hatte er nie verleugnet. Er liebte die Frömmigkeit des einfachen Volkes, die es vermochte, den Himmel auf die Erde zu holen. Als Kind einer Bäckerstochter und eines Bauernsohnes blieb er ein Verteidiger der Besitzlosen, ohne zugleich in eine Romantisierung der Armut zu verfallen.

Aber da waren auch die Bilder des schmächtigen, immer ein wenig abseitsstehenden Jungen, der als Letzter übrig blieb, wenn die anderen ihre Mannschaften für den sportlichen Wettkampf auswählten. Die Erinnerung an seine Spleens, die ihn als den genial begabten, aber auch ein wenig autistisch veranlagten Einzelgänger erscheinen ließen. Die Demütigungen durch die Nazi-Schergen. Es war ein Lebenslauf mit atemberaubenden Wendepunkten und leisen Dramen, mit Siegen und Niederlagen, der ihn bis hinauf in eine Verantwortung führte, die in dieser Größe noch nie ein Deutscher getragen hatte. Mit welchem Zauber und Elan hatte seine Amtszeit begonnen! Zu seiner Inthronisation kamen über 300 000 Gläubige und Besucher, die wie gebannt jedem seiner Worte lauschten. Papstbücher stürmten die Bestsellerlisten. Papstreden beschäftigten die Titelseiten der Weltpresse. Alleine in seinem ersten Amtsjahr strömten vier Millionen Menschen auf den Petersplatz, die ihm frenetisch zujubelten und ihm alle möglichen Posen abverlangten. Benedikt mit Handy. Benedikt mit Feuerwehrhelm. Benedikt mit Löwenbaby.

Vielleicht hatte er es aufgrund seines filigranen Wesens, aber auch seiner Erfahrungen aus der Zeit des Faschismus an effektvollen Gesten mangeln lassen, an jener Theatralik, die von den Medien so geliebt wird. Er kämpfte mit dem Federkiel, nicht mit dem Faustkeil. Seine Ansagen waren eher für den Konzertsaal geschrieben, weniger für die Piazza. Alles zu Perfekte, Großmäulige und Makellose, wie es Diktatoren lieben, war ihm verdächtig. Dafür hatte er gelernt, mit dem Unfertigen zu leben. Nicht zuletzt war ihm eine Kirche, die anstrebt, eine Gemeinde der Reinen zu sein, ein Gräuel. Weil sie die Natur des Menschen ignoriert und ihre Mitglieder selektiert.

Eine seiner Fähigkeiten lag darin, seinen Texten die Struktur einer musikalischen Komposition zu geben. Er hätte seine Reden durchaus auch aus dem Stegreif halten können, aber das widersprach seinem Sinn für die Genauigkeit der Aussage wie für die Schönheit der Sprache, sodass er wichtige Texte sorgfältig vorbereitete. »Bedenken Sie, dass es immer der Papst ist, der spricht. Und jedes Wort des Papstes muss seines Amtes würdig sein!«, hatte Pius XII. seinem Beichtvater entgegengehalten, der ihn anflehte, er möge doch aus Kräftegründen nicht für jede noch so kleine Pilgergruppe eine eigene Ansprache schreiben. So war es dann zu diesen unvergleichlichen Ratzinger-Sätzen aus dem Mund eines Theologen gekommen, der auch Poet ist und dessen künstlerischer Seite der harte Dienst nichts anhaben konnte: »Glauben ist nichts anderes«, lautete eine seiner Formulierungen, »als in der Nacht der Welt die Hand Gottes berühren und so – in der Stille – das Wort hören, die Liebe sehen.«

Der Papst schlurfte vom Fenster zurück zu seinem Schreibtisch. »Die Wahrscheinlichkeit, dass Benedikt XVI. seinen Kritikern die Freude macht, vorzeitig abzutreten«, hatte vor drei Jahren die *Frankfurter Rundschau* verkündet, »kann getrost mit null angegeben werden.«[3] Inzwischen war das linke Auge nach der Makula-Infektion völlig erblindet, was nur Eingeweihte wussten. Die Arthrose im rechten Knie hingegen war kein Geheimnis mehr, seit er auf diesem merkwürdigen vierrädrigen Podest, das aussah wie einer dieser Einkaufskarren aus dem Baumarkt, in den Petersdom geschoben wurde, ein wenig steif, wie eine winkende Puppe. Lange Pastoralreisen unterließ er schon länger. Öffentliche Auftritte wurden mit Rücksicht auf seine fragile Gesundheit so geplant, dass unnötige Anstrengungen vermieden werden konnten. Der Körper war abgemagert, und die Schneider hatten Mühe, mit passenden Gewändern hinterherzukommen. Er wirkte nicht unbedingt krank, aber die Müdigkeit, die die ganze Person erfasst hatte, Körper und Geist, war nicht mehr zu übersehen. Ihn selbst ärgerte, dass sein Gedächtnis nachließ. Der Kopf war, bei allem Gottvertrauen, sein unersetzliches Werkzeug. Und er hatte begonnen, sich dafür zu schämen, dass dieses Werkzeug nicht mehr ganz so funktionierte wie früher.

Es war an der Zeit, sich für die Messe in der Hauskapelle anzuziehen. Wojtyla hatte morgens fast immer Gäste eingeladen. Er aber brauchte die Stille, die Zeit für sich. Vielleicht sei das ein Mangel, bekannte er einmal, aber er sei »nicht imstande, mich gleich mit Begegnungen in den Tag zu stürzen. Ich brauche das einfach, dass ich da ohne große Gesellschaft die Messe feiern und hernach still beten kann«. Wortlos reichte ihm der Sekretär Albe, Zingulum und Stola. Auch die Ankleidung war ein spiritueller Akt, ein Moment des Schweigens, um sich auf die Begegnung mit dem Herrn vorzubereiten. Der Sekretär wirkte blass und völlig übermüdet. Aber das war keine Überraschung. Er war einer der wenigen Menschen, die darüber informiert waren, was an diesem Tag geschehen würde. Und er war von den wenigen nicht der Einzige, der ihm seinen Schritt ausreden wollte.

2012 gehörte zu jenen Jahren, die ihren äußeren Ereignissen zufolge in die Chronik der Menschheit als eher unscheinbar und gewöhnlich eingehen. Sie verfügen weder über große Höhepunkte noch Weltereignisse oder den Zauber eines Dezennienwechsels. Barak Obama war weiterhin amerikanischer Präsident, Angela Merkel noch immer deutsche Bundeskanzlerin, Vladimir Klitschko errang seinen 50. K.-o.-Sieg und blieb Weltmeister. Die Medien feierten die 84. Oscarverleihung in Los Angeles, das neue Betriebssystem Windows 8, den 20. Jahrestag des *Short Massage Service* (SMS) und die Landung eines Roboters auf dem Mars. Dem NASA-Rover hatte man kurioserweise den Namen *Curiosity* gegeben. An Naturereignissen und Katastrophen schlug eine Kältewelle im Februar zu Buche, bei der in Europa 600 Menschen erfroren, meist Obdachlose. Auf den Philippinen kamen bei einem Erdbeben der Stärke 6,7 mindestens 51, in Italien bei zwei Beben der Stärke 6,1 und 5,8 24 Menschen ums Leben. In den USA herrschte im Juli eine »Jahrhundertdürre«, mit den höchsten je in diesem Zeitraum gemessenen Temperaturen. 30 Prozent der Maispflanzen verdorrten. Ach ja: Spanien wurde Fußballeuropameister.

Nicht überall wurde das Jahr nach dem gregorianischen Kalender gezählt, den Papst Gregor der Große eingeführt hatte. Gregor maß die Zeit nach den Jahren, die seit der Geburt Christi vergangen waren. Der buddhistische Kalender hingegen schrieb nicht das Jahr 2012, sondern 2556. Nach dem hebräischen war man im Jahr 5772 angekommen, nach dem islamischen im Jahr 1433, nach dem Hindu-Kalender *Vikram Sambat* schrieb man 2068 und nach dem chinesischen 4708 (oder 4648). Ein weiterer Kalender, der sowohl Faszination, aber vor allem Furcht auslöste, zeigte die sprichwörtlichen fünf Minuten vor zwölf an. Besser gesagt: exakt zwölf, das High Noon der Erdenzeit.

Es handelte sich um den sagenumwobenen Maya-Kalender, einem

komplexen Datumssystem von erstaunlicher Präzision, der nach einem rund 5125 Jahre andauernden Zyklus angeblich am 21. Dezember 2012 endete. Eine Flut von Medienberichten, Büchern und Diskussionssendungen machte aus der Maya-Katharsis einen Hype, nach dem je nach Lesart das Ende der Welt, das Ende der Zeit oder der Beginn eines neuen Zeitalters bevorstand (oder auch gar nichts, wie Kritiker vermuteten). Tatsächlich sollte der 21. 12. 12 ohne Feuersbrünste und Meteoriteneinschläge vorübergehen. Allerdings hatte der ewige Kalender der aztekischen Astrologen auch keine konkreten Ereignisse vorhergesagt, sondern gewissermaßen einen Zustand, begründet in dem kosmischen Energiefluss, der hinter den irdischen Ereignissen seit jeher ein überirdisches System zugrunde legte.

Nach der Prophezeiung der Mayas sollte die Menschheit ab dem 21. Dezember in die vierte und damit letzte Phase der Weltenzeit eintreten. Statt sich wie in den Jahrhunderten zuvor vom Zentrum der Galaxie wegzubewegen, steuere die Erdachse im neuen Zyklus genau auf dieses Zentrum zu. Dieser Prozess, den die Mayas als »göttliches Atmen« bezeichneten, würde die Zeit beschleunigen und die Lebensbedingungen auf der Erde verändern. Kurz: Die Welt nehme durch eine revolutionäre Transformation des Bewusstseins Kurs auf ein neues Zeitalter. Zumindest was die Kirche betraf, sollten sich die Voraussagen einer gewaltigen Transformation bestätigen. 2012 ist das Jahr, in dem Benedikt XVI. die Entscheidung trifft, mit einem nie da gewesenen Schritt das Papsttum für immer zu verändern.

Joseph Ratzingers Leben galt der Frage, ob der Mann aus Nazareth wirklich der Messias ist, der Sohn Gottes. Kaum jemand hatte sich so intensiv, so kühn damit beschäftigt. Mit letzter Kraft hatte er im Sommer 2012 den abschließenden Band seiner Jesus-Trilogie zu Ende gebracht, ein dünnes Werk von gerade einmal 135 Seiten plus Anhang. »Mein letztes Buch«, wie er mit traurigem Blick meinte. Von ihm sei, setzte er damals hinzu, »nicht mehr viel« zu erwarten: »Ich bin doch ein alter Mann, und die Kraft, die hört auf. Ich denke, das reicht auch, was ich gemacht habe.« – »Denken Sie an Rücktritt?«, hatte ich nachgefragt. Seine Antwort war: »Das hängt davon ab, wie weit meine physischen Kräfte mich dazu nötigen werden.«

Die Wahrheit war, dass er zu diesem Zeitpunkt längst mit der Frage rang, wann genau er sein Amt aufgeben werde. Der Entschluss war so gut wie gefällt, aber der Kampf noch nicht ganz durchgestanden. Seine nächste Umgebung hatte ihn noch nie so erschöpft, antriebs- und lustlos, nahezu depressiv erlebt. Sein Gesicht wirkte eingefallen, seine ganze Erscheinung schwächlich, kraftlos. Er klagte über ständige Müdigkeit. Jede neue Aktenmappe, die aus dem Staatssekretariat auf seinem Schreibtisch landete, empfand er wie einen Anschlag auf sein Leben. Noch immer plagte ihn das Gefühl, zu wenig gegeben zu haben, gleichzeitig schrieb er einem seiner Doktoranden, das kommende Schülertreffen werde wohl das letzte sein.

Im Frühjahr hatte ihm sein Leibarzt bescheinigt, er sei organisch in einem besseren Zustand als vor zwei Jahren, abgesehen von seinem chronischen Erschöpfungszustand. Er hatte nach einem Stock verlangt, auch wenn er ihn noch nicht brauchte, und sein Mitarbeiterstab hatte die Anzahl der Audienzen heruntergefahren, fast um die Hälfte. In theologischen Fragen oder wenn es um sein Buch gehe, sei er »noch ganz da«, befand zu diesem Zeitpunkt Sekretär Gänswein. So habe er gerade ein sehr gutes Vorwort zum Band über das Konzil geschrieben, der in Rahmen seiner Gesammelten Schriften erscheinen sollte. Nach dem Angelus und der Generalaudienz aber wirkte der Papst vollkommen erschöpft, wie sich der Sekretär im Sommer 2012 sorgte: »Es gibt keine Dynamik, er will nicht mehr. Er hat abgeschlossen. Er hat das Gefühl, er befindet sich jetzt auf der Zielgeraden, er habe seinen Teil getan. Er will eigentlich nur noch zu Hause bleiben, hier im Apostolischen Palast und in den Gärten.«[4]

Hatte ihn »Vatileaks« doch weit mehr mitgenommen, als er zugegeben hatte? »Der Papst selbst meinte Nein«, so Gänswein, »es sei natürlich eine große Enttäuschung. Aber er habe als Kardinal schon Schlimmeres erlebt.« Mit der Begnadigung Paolo Gabrieles »war das für ihn auch innerlich abgeschlossen«.

Vieles erinnerte im Sommer 2012 an die Altersdepression Papst Gregors des Großen. In seinem Buch über den heiligen Benedikt beschrieb Gregor im Vorwort, dass er sich von den vielfältigen Aufgaben und Verpflichtungen seines Amtes nahezu erdrückt fühlte: »Eines Tages war ich völlig niedergeschlagen von der lautstarken Zudringlichkeit einiger Leute, die bei ihren Geschäften von uns Lösungen ihrer Probleme erwarten, wofür wir gar nicht zuständig sind.« Gregor litt nicht nur unter einer unerträglich gewordenen Arbeitslast, sondern auch unter der Entfremdung von der geistlichen Intention seines Amtes. Als Heilmittel setzte er schließlich auf die »memoria«. Die Erinnerung an das positiv Erfahrene aus der Kindheit und Jugend gibt dem Menschen das

Gefühl, nicht hilflos den Veränderungen ausgesetzt zu sein und die Zeit ein wenig anhalten zu können. In Gregors Fall war das die Erinnerung an den Frieden und die Ruhe eines Klosters.

Benedikt XVI. war auch als Papst ein theologischer Schriftsteller geblieben. In seinem Schülerkreis wurde darüber gesprochen, wie er es nur schaffe, weiterhin diese Menge an neuer theologischer Literatur aufzugreifen und zu rezipieren. Als er in seinem Urlaub im Juli 2012 den dritten Band seines Jesus-Werkes zu Ende brachte, war für ihn ein letzter Wunsch in Erfüllung gegangen. In dem lang gehegten Projekt war es ihm gelungen, dem ins Wanken geratenen Gottes- und Christusbild die Überzeugung von Jesus als dem wahren Gott und wahren Menschen entgegenzustellen. *Ecce homo,* hatte Pilatus ausgerufen. Sehet, welch ein Mensch. Joseph Ratzinger konnte zur Antwort geben: In dem Mann aus Nazareth erscheine »der Mensch überhaupt. In ihm erscheint die Not aller Geschlagenen, Zerschundenen. In seiner Not spiegelt sich die Unmenschlichkeit menschlicher Macht, die den Machtlosen so niedertritt«. Aber auch das andere gelte: »Seine innerste Würde kann Jesus nicht genommen werden. Der verborgene Gott bleibt in ihm gegenwärtig. Auch der geschlagene und erniedrigte Mensch bleibt Bild Gottes.«

In der Reflexion über die Geburt Christi in Bethlehem beschrieb Benedikt die Hirten auf dem Felde als Wachende in der Nacht: »Sie haben vielleicht nicht nur äußerlich, sondern auch innerlich näher an dem Ereignis gelebt als die zufrieden schlafenden Bürger.« Die Erscheinung Jesu deutete er als das Paradox des christlichen Glaubens: »Von Geburt an gehört er nicht dem Bereich dessen zu, was weltlich wichtig und mächtig ist. Aber gerade dieser Unwichtige und Ohnmächtige erweist sich als der wahrhaft Mächtige, als der, auf den letztlich alles ankommt. So gehört zur Christwerdung das Hinausgehen aus dem, was alle denken und wollen, aus den herrschenden Maßstäben, um ins Licht der Wahrheit unseres Seins zu finden.«[5]

Das Jesus-Werk war das eine, das der Papst unbedingt noch auf den Weg bringen wollte, das andere war, der Neuevangelisierung die nötigen organisatorischen Grundlagen zu geben. Benedikt war überzeugt, Neuevangelisation sei mit das bedeutendste und zukunftsweisendste religiöse Projekt der Moderne. Wenn es dem Glauben schlecht geht, könne es der Gesellschaft nicht gut gehen. Auch wenn in der öffentlichen Debatte noch immer ignoriert wurde, dass der Verlust der spirituellen Ressourcen ähnlich katastrophale Auswirkungen haben würde wie das Artensterben oder der Klimawandel. Für ihn ging es darum, nicht die Zentrifugalkräfte, sondern den Kern des christlichen Glaubens zu stärken. Die Aufgabe war, der Welt einen Anker zu geben – und eine Zukunft zu zeigen, die über die irdischen Grenzen hinausreicht, der eigentlichen Bestimmung des Menschen entgegen. Technische Errungenschaften mochten die Menschheit vorwärtsbringen und faszinierend sein, ohne den erfüllenden Glauben an die Größe und Barmherzigkeit Gottes jedoch bleibe alles nur Ödnis und gespenstische Einsamkeit. Am 29. Juni 2010 konnte der Vatikan schließlich die Gründung eines Rates zur Neuevangelisierung der westlichen Welt bekannt geben. »Der Papst hat nicht nur den Rat gestiftet«, erklärte dessen Präsident Erzbischof Rino Fisichella, »er hat nach und nach auch die Fragen herausgearbeitet und gesagt, auf diese Fragen sollte der neue Rat antworten – ohne dass er zwingende Vorgaben gemacht oder die Freiheit in unserer Arbeit eingeschränkt hätte.«[6]

Eine andere Initiative Benedikts war die Einrichtung eines »Vorhofs der Völker« als Dialogkreis mit Atheisten und Agnostikern. Die Idee knüpfte an die Tradition des antiken Tempels von Jerusalem an. Auch dort hatte es einen Ort der Begegnung gegeben zwischen gläubigen Juden, Andersgläubigen und Ungläubigen. Benedikts »Kulturminister« Kardinal Gianfranco Ravasi suchte sich für den Probelauf des Projekts hochkarätige Verbündete: die Pariser Universität Sorbonne, die Académie Française und die UNESCO. Die Diskussionsveranstaltungen des »Vorhofs der Völker« fanden in Paris, in Bukarest, Stockholm, Lissabon und Assisi statt. Ein durchschlagender Erfolg allerdings blieb dem Projekt versagt.

Die Jesus-Trilogie war vollendet, das Projekt der Neuevangelisierung auf feste Beine gestellt. Das »Jahr des Glaubens«, dessen Beginn er zum 11. Oktober 2012 ausgerufen hatte, dem 50. Jahrestag der Eröffnung des Konzils, um auch das Zweite Vatikanum wieder verstärkt ins Bewusstsein zu rufen, war auf den Weg gebracht. »In diesen letzten Monaten habe ich«, wird er im Rückblick gestehen, »Gott im Gebet angefleht, mich mit seinem Licht zu erleuchten, um mir zu helfen, die Entscheidung zu fällen, welche nicht für mein eigenes Wohl, sondern für das Wohl der Kirche die richtigste ist.«[7]

Im Palazzo Apostolico war die Messe in der päpstlichen Privatkapelle beendet. Es folgte das Beten des Breviers. Anschließend nahm der Papst sein Frühstück ein, wie immer mit Tee und Marmeladebrötchen. An diesem Tag sind so gut wie alle Büros im Vatikan verwaist. Keiner geht ans Telefon, Computer und Internetverbindungen stehen still. Auch im Gouvernatorat, das für Instandhaltungen, Postdienste und Aufenthaltsgenehmigungen zuständig ist, oder im *Uffico Merci,* dem staatseigenen Warenamt. Ausgenommen von der Dienstbefreiung sind die Schweizer Garde sowie die Anti-Terror-Einheit des vatikanischen Gendarmeriekorps, die an den 50 Monitoren in der *Sala Operativa,* dem Kontrollzentrum beim Sankt-Anna-Tor, mittels 500 Videokameras fast jeden Winkel hinter den Leonischen Mauern im Auge haben, um beispielsweise zu verhindern, dass von den gut 19 Millionen Besuchern, die jährlich Kathedrale und Museen besichtigen, verdächtige Personen aus der Reihe tanzen.

Es ist Ruhetag im Kirchenstaat. Gefeiert wird wie an jedem 11. Februar der Abschluss der Lateranverträge. An diesem Tag wurde 1929 nach der Auflösung des mächtigen Kirchenstaates der neue Status der Vatikanstadt festgeschrieben. Der Papst erkannte die Stadt Rom als Sitz der italienischen Regierung an, der italienische Staat garantierte umgekehrt die politische und territoriale Souveränität des Vatikans. Die katholische Kirche hatte (nicht ganz freiwillig) ein Signal gesetzt, unter Verzicht auf staatliche Größe die spirituelle Dimension ihres Auftrages zu unterstreichen – ein symbolträchtiges Datum für eine Entweltlichung, die doch auch der regierende Papst so häufig einforderte.

An diesem 11. Februar begleitet Sekretär Gänswein Benedikt XVI. zum holzgetäfelten Aufzug, ein in die Jahre gekommenes ruckelndes Ding, um von der dritten Etage des Apostolischen Palastes, der *terza loggia,* ein Stockwerk tiefer zu fahren, in die *seconda loggia,* in der für gewöhnlich Audienzen abgehalten, Staatsgäste empfangen, aber auch die Bischöfe der jeweiligen Länder ins Gebet genommen werden, wenn sie im fünfjährigen Turnus zu den *Ad Limina*-Besuchen antreten. Vom Aufzug gehen die beiden den riesigen Flur entlang, bis zur *Sala del Consistorio,* einem der Prunkräume des Vatikans. Es heißt, die Vergoldung seiner einzigartigen Kassettendecke habe man einer Spende der Infantin von Spanien zu verdanken. Das Gold habe Christoph Kolumbus auf der *Santa Maria* aus der Neuen Welt mitgebracht. Als der Papst den Saal betritt, erheben sich rund 70 der in Rom ansässigen Mitglieder des päpstlichen Senats, die es für angebracht hielten, dem angekündigten Konsistorium beizuwohnen. Einige der Kardinäle waren auf Reisen, andere hatten es vorgezogen, aufregenderen Geschäften nachzugehen, als der fast schon routinemäßigen Bekanntgabe neuer Heiliger aus vergangenen Jahrhunderten zu lauschen. Auch wenn es dieses Mal, neben Laura di Santa Caterina von Siena und Maria Guadelupe Garcia Zavala, um die kollektive Ehrung von 800 Glaubenszeugen aus dem süditalienischen Otranto gehen sollte, die sich im Jahr 1480 von muslimischen Invasoren lieber köpfen ließen, als ihrem christlichen Glauben abzuschwören.

Für 11.00 Uhr war das Konsistorium angesetzt, um 10.53 Uhr hatten Benedikt und sein Sekretär das päpstliche Appartamento verlassen. Zur selben Zeit betrat zwei- bis dreihundert Meter Luftlinie weiter Giovanna Chirri den Pressesaal des Vatikans, die *Sala Stampa*, der außerhalb des Kirchenstaates an der Via della Conciliazione 54 liegt. Der Himmel ist grau, das Wetter ungemütlich. Es hatte geschüttet an diesem Morgen in Rom, und die wenigen Touristen, die sich um diese Jahreszeit in der Stadt aufhielten, zog es vornehmlich ins Trockene; in die Vatikanischen Museen oder in einen der historischen Palazzi. Giovanna trug einen dunkelgrauen Hosenanzug. Sie hatte halblange Haare, und ihr Gesicht schmückte eine große, randlose Brille. Sie könnte auch in einer Kanzlei arbeiten mit ihrem unauffälligen Look, der allerdings perfekt zu dem Auftrag passte, zumeist recht farblose Nachrichten aufzubereiten. Die 54-jährige Römerin ist eine der Erfahrensten unter den Vatikan-Experten. Seit 20 Jahren schreibt sie für Italiens größte Nachrichtenagentur *ANSA*, und bis zu diesem Tag ist sie der festen Überzeugung, dass sie in den ihr verbleibenden Berufsjahren nichts mehr erleben wird, was sie nicht schon erlebt hätte.

Neben Giovanna finden an diesem Vormittag nur vier Kollegen den Weg in den Pressesaal, ein Mexikaner, ein Japaner und zwei Franzosen. Sie lesen Zeitung und überlegen, in welcher Trattoria sie ihr Mittagessen einnehmen oder ob sie sich doch lieber für ein Tramezzino entscheiden sollen, um das magere Budget eines Vaticanista zu schonen. Der 1966 eingerichtete »Pressesaal des Heiligen Stuhles« war ursprünglich als Informationsorgan des II. Vatikanischen Konzils gegründet worden. Der Saal verfügt über rund 200 Sitz- und Stehplätze und eine Anlage für Simultanübersetzungen. In Nebenräumen stehen Internetleitungen und ein Archiv zur Verfügung. Vor dem zentralen Mikrofon am Podium sitzt in der Regel Pressesprecher Lombardi, der hier für gewöhnlich mit der immer gleichen gedrückten Miene Nachrichten über die Tätigkeit des Papstes verkündet und die Nachfragen der Medienleute pariert.

Der heutige Pressetermin mit der Ankündigung einiger Heiligsprechungen verhieß nicht gerade Hochspannung. Auf dem Monitor in der *Sala Stampa* ist nun das Bild zu sehen, das der Vatikansender *CTV* für die Journalisten zur Verfügung stellt. Es kommt von einem Kameramann, der sich in einer Fensternische in der *Sala del Consistorio* postiert hat und routiniert sein Objektiv einmal auf den Pontifex und einmal in den Saal hinein auf die Kardinäle richtet, die es sich auf ihren an den drei Wandseiten aufgereihten Stühlen bequem gemacht haben. Wie bei solchen Zeremonien üblich, trägt der Papst, der an der Stirnseite auf dem rot-goldenen Thronstuhl Platz genommen hat, eine rote Mozzetta mit weißem Pelzkragen. Er wirkt irgendwie abwesend. Seit Längerem schafft er es kaum noch, bei einem Vortrag Augenkontakt zu seinem Publikum herzustellen. Auch heute wirkt er müde. Elf Tage zuvor hatte der Vatikan das Programm für die Monate Februar und März bekannt gegeben, wieder mit einem Marathonprogramm für die Osterfeierlichkeiten. Allerdings sollte in diesem Jahr die Feier der Osternacht um eine halbe Stunde vorgezogen werden, auf 20.30 Uhr, um dem 86-jährigen Oberhaupt der katholischen Kirche eine längere Ruhepause bis zur Ostermesse am Sonntagmorgen zu ermöglichen.

Joseph Ratzinger gehört zu jenen Menschen, die sagen, was sie denken, und tun, was sie sagen. Im Grunde hätte sein Schritt, den er in wenigen Minuten verkünden würde, niemanden überraschen dürfen, allenfalls der Zeitpunkt seiner Verkündung. Dass er das Amt des Papstes nicht als auf Lebenszeit bindend betrachtete, hatte er bereits erklärt, als Johannes Paul II. nur noch stumm im Rollstuhl und mit zittrigen Händen an die Öffentlichkeit treten konnte. 2010 sagte er in dem Interviewband *Licht der Welt*, ein Papst habe nicht nur das Recht zurückzutreten, falls er »physisch, psychisch und geistig den Auftrag seines Amtes nicht mehr bewältigen kann, sondern unter Umständen auch die Pflicht zurückzutreten«. Allerdings dürfe der Entschluss von niemandem erzwungen werden.

In der Geschichte sind die ersten 35 Päpste allesamt als Märtyrer verzeichnet. Sie gaben ihr Leben für Christus und konnten relativ sicher sein, in der Zeit der Christenverfolgung im Amt zu sterben. Das Papsttum, so hieß es irgendwann, würde durch einen Rücktritt säkularisiert, wenn nicht mehr Gott selbst durch den Tod des Vicarius Christi das Ende eines Pontifikats bestimmt, sondern menschliche Erwägungen. Es sei dann nicht mehr ein unvergleichliches Amt, sondern eines wie jedes andere. Wertvoll machte diese Kirche ein Maßstab, der gültig bleibt. Würde man ihn nach Belieben verkürzen oder nach Belieben verlängern, wäre er ein Jo-Jo und kein Maßstab mehr. Auch dafür steht das Papsttum. Wenn einzelne Bischöfe nach enger Fasson operieren, ist der Heilige Vater als der nur Christus verantwortliche Hirte das supranationale Gegengewicht gegen völkische Engstirnigkeit. Genau deshalb ist er zum Fels bestimmt. Das immer wieder Neue an und in der katholischen Kirche liege nicht in der Anpassung, in der Gleichmachung mit anderen Institutionen, so galt es über die Jahrhunderte, sondern einzig und allein im stets neu erforderlichen Wiederfinden der christlichen Mitte.

Es kam vor, dass sowohl ein Papst als auch ein Gegenpapst ausgerufen wurde oder ein Kirchenoberhaupt zum Amtsverzicht gezwungen war, wie im Jahr 537 Papst Silverius, der oströmischem Druck zum Opfer fiel. Drei Wochen später war er tot. Einen Rücktritt aus freien Stücken jedoch gab es nur ein einziges Mal, und der lag 718 Jahre zurück. Es war Coelestin V., der Gründer des Cölestinerordens, der im Dezember 1294 auf den Stuhl Petri verzichtete. Mehr als zwei Jahre hatten zuvor die römischen Adelsgeschlechter um den Papstthron geschachert, bis Karl II., der König von Neapel, den Eremiten vom Monte Morrone hoch in den Abruzzen bekniete, einen geharnischten Brief an die zum Konklave in Perugia versammelten Kardinäle zu schreiben, der zerrissenen Kirche endlich wieder ein Oberhaupt zu geben. Als kurzerhand der Mönch selbst zum Papst gewählt wurde, ritt der über 85-Jährige auf einem Esel zur Krönung, von den Gläubigen als »Engelspapst« begrüßt. Coelestin, der kaum ein Wort Latein sprach und von Verwaltung und Kirchenführung so viel Ahnung hatte wie ein Schreiner von der Kunst eines Schmiedes, ernannte ständig neue Kardinäle, stimmte in seinen Entscheidungen mal dem einen, mal dem anderen zu. Ein Zeitgenosse bemerkte: »Er regiert nicht aus der Fülle seiner Macht, sondern aus der Fülle seiner Einfalt.«

Coelestin wurde zu einer Marionette im Ränkespiel der Mächte. Karl II. zwang ihn, in Neapel zu residieren, während in Rom Chaos und Verwirrung herrschte. Nach fünf Monaten gab er sein Amt auf und tauschte die päpstlichen Gewänder wieder gegen seine Mönchskutte. Am 13. Dezember 1294 verlas er vor dem Kardinalskollegium seine Abdankungsformel: »Ich, Coelestin V., trete hiermit aus freiem Willen vom Pontifikat zurück. Rechtmäßige Gründe bewegen mich dazu ebenso wie Gewissensgründe.« Er verzichte auf Thron und Würden und die

Ehre des Amtes »aus notwendiger Demut, zur moralischen Vervollkommnung, aber auch aus der Schwäche meines Körpers und der Unfähigkeit zum Lehramt, und überhaupt wegen der Schwäche meiner gesamten Person«.[8] Sein Nachfolger Bonifatius VIII. setzte ihn in der Burg Fumone östlich von Rom fest, aus Furcht, der Abtrünnige könnte zurückkehren. Eineinhalb Jahre nach seiner Abdankung starb Coelestin in Gefangenschaft, 1313 wurde er heiliggesprochen. Der Dichter Dante Alighieri allerdings bezichtige ihn in seiner *Göttlichen Komödie* der Feigheit und verbannte ihn in die Hölle.

Dass jeder Papst zweifellos das Recht zum Rücktritt hat, steht im *Codex Iuris Canonici* (*CIC*). Im Canon 332 § 2 des kirchlichen Gesetzbuches heißt es: »Falls der Papst auf sein Amt verzichten sollte, ist zur Gültigkeit verlangt, dass der Verzicht frei geschieht und hinreichend kundgemacht, nicht jedoch, dass er von irgendwem angenommen wird.« In der Moderne hatten Pius XII., Paul VI. und Johannes Paul II. zumindest schriftlich einen Amtsverzicht vorbereitet. Pius XII. hatte einen sofortigen Rücktritt für den Tag angeordnet, sollte er von den Schergen Hitlers entführt werden, eine Sorge, die nicht unbegründet war. Über Paul VI. war im Herbst 1971 in Rom das Gerücht umgegangen, der Papst wolle nach der Vollendung seines 75. Lebensjahres die Bürde seines Amtes ablegen. Tatsächlich hatte Paul ein Gutachten über das Für und Wider einer Abdankung ausarbeiten lassen (das den Rücktritt allerdings verwarf). Im August 2017 bestätigte Kardinal Giovanni Battista Re, zwei Rücktrittsschreiben von Paul VI. gesehen zu haben. Sie sollten verhindern, dass die Kirche im Falle eines Verlustes seiner geistigen Fähigkeiten durch einen amtsunfähigen Papst gelähmt würde. Auch Ratzinger hatte im Oktober 2003 von dem Schreiben erfahren. Seine Reaktion sei gewesen, berichtete später Don Ettore Malnati: »Das ist eine sehr weise Sache, die jeder Papst tun sollte.«[9]

Johannes Paul II. wiederum ließ prüfen, ob auch ein Papst, ähnlich wie Bischöfe, seine Aufgabe abgeben könne, wenn er ein bestimmtes Alter erreicht hatte. 1989 schrieb er in einem posthum von Slawomir Oder, dem Postulator in seinem Seligsprechungsverfahren, veröffentlichten Brief, dass wie bei seinem Vorgänger Paul VI. ein Rücktritt in Frage käme, sollte eine schwere Krankheit seine Amtsausübung unmöglich machen. Fünf Jahre später kam er jedoch zu dem Schluss, dass es für einen »emeritierten Papst in der Kirche keinen Platz gibt«. Laut seinem Sekretär Stanislaw Dziwisz war Johannes Paul II. überzeugt gewesen, dass er im Amt bleiben müsse, wie Gott es wollte: ›Gott hat mich gerufen, und Gott wird mich erneut rufen in der Weise, wie er es möchte.‹«

Für Benedikt XVI. lag die Größe der Diener Gottes in der Machtlosigkeit, die am Ende, weil sie an die Allmacht des Allergrößten gebunden ist, immer stärker ist als alle anderen Kräfte zusammengenommen. Das hieß auch, dass immer wieder jemand neu das tun konnte, wozu ein Vorgänger nicht mehr in der Lage war. »Das Weizenkorn muss sterben, damit es neu ersteht«, war einer seiner Lieblingssätze aus dem Johannes-Evangelium: »Amen, amen, ich sage euch: Wenn das Weizenkorn nicht in die Erde fällt und stirbt, bleibt es allein; wenn es aber stirbt, bringt es reiche Frucht.« In seinem Fall mochte sich diese Lehre nicht nur auf einen Nachfolger beziehen, sondern auch auf das eigene Werk, das erst dann so richtig erblühen könnte.

Ein gewisses Aufsehen hatte es gegeben, als Benedikt 2009 die Stadt L'Aquila besuchte, die von einem schrecklichen Erdbeben heimgesucht worden war. Der Papst äußerte den ausdrücklichen Wunsch, in die Basilika Santa Maria di Collemaggio zu gehen. Auf dem Grab von Papst Coelestin V. legte er das Pallium nieder, das er bei seinem Amtsantritt empfangen hatte. Es symbolisiert die Autorität des Petrusnachfolgers als Bischof von Rom. Ein Jahr später kam Benedikt erneut, um den 800. Geburtstag des Mönches zu feiern. Er sprach von der Kraft der Stille, vom zeitlosen Charisma der Heiligkeit und von der Menschheitsfrage: »Woher komme ich? Wofür lebe ich?«

Giovanna Chirri hatte sich in der Zwischenzeit an ihrem Platz eingerichtet und beobachtete über den Monitor das Geschehen im Palazzo Apostolico. Unter den Kardinälen herrschte die übliche Stimmung aus Gelassenheit und Routine, konnte sie erkennen. Dem Papst zur Linken saß Zeremonienmeister Guido Marini. Der gelernte Kirchenjurist und Kommunikationspsychologe reichte bei großen Gottesdiensten dem Pontifex Messbuch und Mitra und dirigierte unauffällig eine ganze Schar von Hilfszeremoniaren, um für einen würdigen Ablauf der Feiern zu sorgen. Aber auch ein Konsistorium ist ein liturgischer Akt. Er beginnt mit einer Hore in Latein aus dem Stundenbuch. Es folgen verschiedene Psalmen, bis der Präfekt der Heiligsprechungskongregation auf Latein die neuen Heiligen vorstellt. In diesem Falle folgte die Erklärung über die beiden Frauen und Antonio Primaldo samt seiner 799 Gefährten durch den Präfekten der Selig- und Heiligsprechungskongregation, Kurienkardinal Angelo Amato.

Damit wäre die Sitzung im Grunde beendet gewesen. Doch bald spürten die Kardinäle, dass irgendetwas anders war. Eine ganz besondere Stimmung, ein unangenehmes Gefühl, wie eine Witterung, die man aufnimmt, ohne sich ihrer gleich bewusst zu sein. Noch Jahre später werden sie an die versteinerte Miene des Privatsekretärs denken, an das fahle Gesicht des Heiligen Vaters, das sie in diesem Augenblick zu sehen glaubten. An das Anheben eines Stimmengewirrs. Daran, dass manche noch immer mit aufgerissenen Mündern in die Runde starrten, andere plötzlich Tränen in den Augen hatten, entsetzt und stumm vor Schrecken. Kardinaldekan Angelo Sodano wird es später so sagen: »Es war wie ein Blitzschlag aus heiterem Himmel.«

Auch Giovanna Chirri bemerkte über ihren Monitor, dass das Konsistorium im Grunde beendet war. Aber merkwürdig, der Pontifex blieb sitzen. Als sein Sekretär sich erhob, um dem Papst ein Blatt Papier zu reichen, wurde Giovanna hellhörig. Warum war der Text, den der Heilige Vater nun vorzutragen begann, auf Latein, der Sprache der Kirche, die für bedeutende Anlässe und wichtige Akte verwendet wird? Später wird sie sehen, dass das *Bollettino N. 0089*, das Benedikt in der Hand hielt, gerade einmal 18 Zeilen umfasste. Allerdings ahnte niemand, wie schwierig es gewesen war, die Erklärung, die getippt, ausgedruckt, verzeichnet und wie ein normales amtliches Schriftstück behandelt werden musste, in einer hochbrisanten Staatsoperation geheim zu halten. Es durfte weder Computer-Dateien noch schriftliche Unterlagen oder einen Telefon- oder E-Mail-Verkehr dazu geben. Dass der Vatikan eine Schwatzbude sein kann, war bekannt. Indiskretionen gehörten im Übrigen zum Spiel der Vaticanista, die es immer wieder schafften, hie und dort einen Monsignore als Informanten anzuwerben. Nicht zuletzt hatte »Vatileaks« gezeigt, dass Lecks bis hinein in den innersten Bereich der Kirchenführung möglich waren. Dass die Geheimhaltung dieses Papieres dennoch gelang, grenzte so gesehen an ein Wunder; auch wenn es für die Diskretion gute Gründe gab. »In dem Augenblick, in dem Leute es wissen«, erläuterte Benedikt im Rückblick, »würde der Auftrag zerbröseln, weil dann die Autorität zerfällt. Es war wichtig, dass ich bis zuletzt mein Amt wirklich auch ausfüllen und meinen Dienst voll tun konnte.«[10]

Giovanna Chirri beobachtete auf ihrem Bildschirm, wie sich plötzlich die Köpfe der Kardinäle bewegten, manche sich zu ihrem Nachbarn neigten, als müssten sie nachfragen, ob sie gerade richtig gehört hätten. »Liebe Mitbrüder!«, so hatte der Papst vorgetragen. »Ich habe euch zu diesem Konsistorium nicht nur wegen drei Heiligsprechungen zusammengerufen, sondern auch, um euch eine Entscheidung von großer Wichtigkeit für das Leben der Kirche mitzuteilen.« Benedikt schien angegriffen, die brüchige Stimme war kaum noch vernehmbar. Seine Augen waren fest auf das Blatt geheftet, und fast wirkte es, als getraue er sich nicht, seinen Kardinälen ins Gesicht zu sehen.

»*Conscientia mea iterum atque iterum coram Deo* ...« Wie bitte? Was sagte der Papst da eigentlich? » ... *explorata ad cognitionem certam perveni vires meas ingravescente aetate* ...« Die Worte Benedikts XVI. fielen in die *Sala del Consistorio* wie Brotstücke in einen See, und wie Fische, mit offenen Mündern, schnappten die Kardinäle sie auf. »... *iterum atque iterum* ...«, war zu hören. Aber was genau war damit gemeint? Mit »immer und immer wieder geprüft«?

Giovanna kramte in ihrem Gedächtnis nach den Latein-Vokabeln, die sie einmal beherrscht hatte. »... *non iam aptas esse ad munus Petrinum aeque administrandum.*« Giovannas Kollegen im Pressesaal stierten stumpf auf den Bildschirm. Sie konnten kein Latein, aber was sollte schon sein? Lombardi würde ihnen den übersetzten und vervielfältigten Text ohnehin in zehn Minuten in die Hand drücken. Doch für Giovanna Chirri ist es der Moment, in dem sie zu verstehen beginnt. »Ich hatte instinktiv begriffen«, wird sie später sagen, »dass etwas Großes geschehen war. Mir zitterten die Knie, als ich die Meldung tippte.« Noch konnte sie selbst nicht glauben, was sie gehört hatte. »Es schien mir einfach nicht wahr.«

Kapitel 74
Der Beginn einer neuen Ära

Zu reifen begann die Entscheidung im Frühjahr 2012 nach der anstrengenden Reise nach Mexiko und Kuba. Der Arzt hatte dem Papst eröffnet, einen weiteren Flug über den Atlantik würde er nicht überstehen. Für seinen Dienst in Rom hatte das keine Konsequenzen, aber wie sollte er am Weltjugendtag im Herbst 2013 in Rio teilnehmen können? Das Festival war um ein Jahr vorverlegt worden, um nicht mit der Fußballweltmeisterschaft zu kollidieren. Ursprünglich war Benedikt davon ausgegangen, er würde es schaffen, bis Anfang 2014 »durchzuhalten«. Aus eigener Erfahrung wusste er, wie beflügelnd die Begegnung mit Millionen von Jugendlichen am Beginn eines Pontifikats sein konnte. Es sei ihm klar geworden, so Benedikt, »dass ich so rechtzeitig zurücktreten muss, dass der neue Papst einen Vorlauf hat«.[1]

Die Vorstellung, ein Werk könne rundum perfekt sein, war Ratzinger immer suspekt. Was Menschen fertigbrächten, sei notgedrungen Stückwerk. Das heißt nicht, dass er sich mit Verhältnissen ab-, sondern dass er sich in sie einfand, ohne jemals den Bogen zu überspannen. Als junger Professor beendete er eine Aktion, wenn er den Gongschlag hörte, der ihm sagte, dass es Zeit ist, aufzuhören. Alles war gegeben, war nur gefunden, entdeckt, nicht Ergebnis einer autonomen Genialität.

Zur Akzeptanz des Unfertigen gehörte das Vertrauen darauf, dass ein Größerer das Werk vollenden wird. Ratzinger stellte sich in den Dienst, aber nicht auf Biegen und Brechen. Er ging weg aus Bonn, aus Münster, aus Tübingen. Auch Rom wollte er nach der ersten Amtsperiode als Präfekt wieder verlassen. Zur Konstante seines Lebensweges gehörte paradoxerweise eine gewisse Unstetigkeit, sobald er befand, die Umstände würden den Auftrag, den er für sich zu erkennen glaubte, nicht mehr ausführen lassen.

Der Rücktritt des Stellvertreters Christi auf Erden ist theoretisch möglich, in der Praxis aber nicht vorgesehen. Ein Papst war kein Monarch wie andere, er hatte im Amt zu sterben. »Deine Vollmacht ist keine mittelmäßige«, hatte der heilige Bernhard von Clairvaux im Jahr 1153 in einer Mahnschrift an Papst Eugen III. festgehalten, seinem einstigen Schüler: »Hast Du recht erwogen, wer Du bist, dann verkennst Du auch Deine Pflicht nicht.« Und um deutlich zu machen, »welche Rolle Du nämlich in der Kirche Gottes spielst«, legte Bernhard los: »Du bist wer? Der Hohepriester, der Oberste der Priester. Der Angesehenste der Bischöfe, der Erbe der Apostel, ein Anheber wie Abel, ein Lenker wie Noah, ein Patriarch wie Abraham, hast die Ordnung des Melchisedek inne, die Würde Aarons, die Autorität Moses', die Rechtsprechung Samuels, die Vollmacht von Petrus her, die Salbung durch Christus.« Das hieß: »Dir sind die Schlüssel übergeben, Dir die Lämmer anvertraut … Und nicht nur den Schafen, auch den Hirten bist Du der eine Hirt. Wie ich das beweise, fragst Du? Aus des Herrn Wort.«[2]

Noch ahnte niemand von den Überlegungen des Papstes, nicht einmal Bruder Georg. Tag für Tag wog Benedikt ab, um jede Unebenheit, jede noch so abseitig erscheinende Folge seines Schrittes auszuleuchten. Die Fragen rational abzuwägen aber genügte nicht. Er nahm sie mit ins Gebet. Prüfte sein Gewissen. Erwog, ob es sich möglicherweise um eine Versuchung handelte, weil ihm eine Stimme sagte, sein Vorhaben sei ganz einfach vernünftig und er dürfte nun gewiss das so schwer gewordene Joch abwerfen, endlich einmal er selber sein, frei.

Es war die folgenreichste Entscheidung seines Lebens. Er schaffte damit ein Präjudiz, das das Papsttum für alle Zeiten verändern konnte, selbst wenn spätere Oberhirten dazu neigen würden, wieder bis zum Tod standzuhalten. Gewiss, die Welt würde ihm applaudieren. Aus sehr weltlichen Gründen. Aber bedeutete ein Rücktritt nicht auch eine Entsakralisierung dieses einzigartigen Amtes? Und damit eine jener Relativierungen, die er in anderen Bereichen so vehement kritisiert hatte?

Der Papst versprach sich Antwort im Hinhören auf das Wort des Herrn. War es Flucht, was ihn trieb? Weil er sich seiner Erschöpfung nur allzu gerne hingeben wollte? Fast immer war es die »Vorsehung« gewesen, die für ihn entschied. Fügungen, die ihm den Weg zeigten. Wo aber hätte er nun eine »Vorsehung« wahrnehmen können? Es ist Gott, der ein Pontifikat beendet. Konnte der Allmächtige jemanden aber nicht auch abberufen, wenn dies scheinbar *vor* der Zeit geschah? Wie dem auch sei: Entsprach es Gottvertrauen, zu bleiben? Oder entsprach es Gottvertrauen, zu gehen? Weil auch ohne ihn das Schiff Petri seinen Weg fände? Mit jedem Nachfolger als Steuermann, so hieß es, würde der Herr ja auch ein wenig den Kurs, den ein in die Jahre gekommener Kapitän eingeschlagen hatte, korrigieren können.

Er hatte sich weder mit engen Vertrauten beraten, noch kirchenrechtliche oder theologische Gutachten in Auftrag gegeben. Ausgerechnet die komplexeste und folgenreichste Frage seines ganzen Pontifikats wollte er in majestätischer Souveränität allein für sich entscheiden. Dass er freilich mit gar niemandem über den Rücktritt gesprochen habe, sei auch wieder nicht richtig, ergänzte er später: »Denn mit dem lieben Gott spricht man ja ausgiebig darüber.« Die Frage quälte ihn, aber von Woche zu Woche wuchs auch, wie er im Rückblick darlegte, »die innere Gewissheit, dass ich es tun muss«[3].

Im Mai stand ein Pastoralbesuch im toskanischen Arezzo auf dem Plan, mit einer heiligen Messe, an der auch Italiens Ministerpräsident Mario Monti teilnahm. Vom 1. bis 3. Juni 2012 folgte die Reise nach Mailand zum VII. Weltfamilientreffen. Es war sein bislang längster Apostolischer Besuch in Italien. Benedikt XVI. zu Ehren dirigierte Daniel Barenboim in der *Scala* die 9. Sinfonie von Beethoven. An der Abschlussmesse auf dem Flugplatz Mailand-Bresso nahmen rund 850 000 Gläubige teil. Am 26. Juni folgte ein Pastoralbesuch in der Erdbebenregion Emilia Romagna, wo ein Priester am 29. Mai in seiner Kirche von herabstürzenden Trümmern erschlagen worden war.

Die Tagesgeschäfte liefen weiter wie bisher, auch die Vorbereitungen für den Weltjugendtag in Rio. »Ein Papst wird kommen«, hatte Benedikt einsilbig auf die bange Frage seines Sekretärs geantwortet. Ab Juni 2012 bemerkte Gänswein, dass der Papst »in besonderer Weise zurückhaltend, still und nach innen gerichtet war«. In den Meditationen in der päpstlichen Hauskapelle glich er den Figuren auf den Bildern alter Meister, wenn sie auf Knien betend um ihr Leben flehten. Gänswein führte die Veränderung auf die Arbeit am dritten Band des Jesus-Werkes zurück: »Ich meinte, er kämpft einfach jetzt mit seinem Buch.« Zudem habe es noch einige Probleme bei Personalentscheidungen für die Leitung der Gesamtkirche gegeben. Erst später sei ihm »erschütternd klar geworden, der Mann hat über Monate um diese schwerwiegende Entscheidung gerungen«.[4]

Auch Schwester Christine Felder, die den päpstlichen Haushalt unterstützte, wurde erst rückblickend bewusst, dass der Papst sich in diesen Wochen und Monaten »immer wieder damit auseinandersetzte, was sein Schritt theologisch bedeutete. Welchen Einschnitt es für die

Kirche bringt. Dass nichts mehr so sein wird wie vorher«. Sie sei »vollkommen davon überzeugt, dass er das mit dem Herrgott ausgemacht hat. Wenn er vor Gott mit gutem Gewissen sagen konnte, das ist gut so, dann hat er das auch immer durchgezogen«.

Dass es in seiner Entscheidungsfindung keinen einzigen Aspekt gab, den er nicht bedacht hätte, davon war Benedikt fest überzeugt.

»*Sie haben also rundum alles ausgelotet, was auf Ihren Schritt folgen würde?*«, hatte ich nachgefragt.

»Würde ich schon sagen, ja.«

»*Haben Sie auch bedacht, dass es künftig, wenn nicht mehr selbstverständlich ist, dass ein Papst bis an sein Lebensende im Amt bleibt, Rücktrittsforderungen geben kann?*«

»Solchen Forderungen darf man sich natürlich nicht beugen. Deshalb habe ich in meiner Rede auch betont, dass ich es frei tue. Man darf nie weggehen, wenn es ein Davonlaufen ist, man darf nie vor Pressionen weichen. Man darf nur weggehen, wenn niemand es verlangt. Und niemand hat es verlangt zu meiner Zeit. Niemand. Es war für alle eine völlige Überraschung.«

»*Sie haben auch den Schock einkalkuliert, den sie auslösen würden?*«

»Das musste ich annehmen, ja.«

»*Das Ringen muss viel Kraft gekostet haben.*«

»Bei solchen Sachen wird einem geholfen.«

»*Sind Sie mit dem Herrn im Reinen?*«

»Doch, bin ich wirklich.«

Den endgültigen Entschluss zum Rücktritt fällte Benedikt nach den langen Monaten des Gebetes und der Abwägung im August 2012 in den Ferien auf Castel Gandolfo. »Es war lange genug bedacht und mit dem Herrn besprochen.« Er sei sich nun sicher gewesen, »das ist für mich das *Nunc dimittis*, ich habe mein Werk getan«. *Nunc dimittis* sind nach dem Lukas-Evangelium die Anfangsworte des Lobgesangs des Simeon. Sie stammen aus dem biblischen Bericht von der Darstellung des Herrn im Tempel von Jerusalem. Der greise Simeon erkennt Jesus Christus als den erwarteten Messias, preist Gott und fühlt sich nunmehr zum Sterben bereit: »Nun lässt du, Herr, deinen Knecht, wie du gesagt hast, in Frieden scheiden.«

Wichtig war ihm, dass sein Vorhaben weiterhin geheim bleibt. Völlig aus der Luft gegriffen hingegen sei eine Meldung gewesen, so Benedikt, Kardinal Carlo Maria Martini habe ihn auf dem Höhepunkt des »Vatileaks«-Skandals in einem persönlichen Gespräch zum Rücktritt gedrängt. Um die einzelnen Schritte vorzubereiten, konfrontierte er am 30. April 2012 zunächst Kardinalstaatssekretär Bertone mit seinen Überlegungen. »Ich konnte kaum glauben, dass er wirklich so einen Entschluss gefasst haben sollte«, erinnerte sich Bertone später. Erst als Benedikt während des Sommerurlaubs im August in Castel Gandolfo erneut davon sprach, habe er die Sache ernst genommen und dem Papst »mit Respekt, aber nachdrücklich« Gründe gegen den Amtsverzicht vorgetragen.[5]

Im September 2012 informierte Benedikt auch Georg Gänswein. »Natürlich war ich schockiert«, erinnerte sich der Sekretär, »meine erste Reaktion war: ›Nein, Heiliger Vater, das dürfen Sie nicht!‹« Man könne sich ja, argumentierte Gänswein in seiner Erregung, »einfach auf das Kerngeschäft konzentrieren und alle anderen Verpflichtungen weglassen«. Obendrein gäbe es entsprechende Medikamente, um sich auch im Alter fit zu halten. »Aber das war mehr ein Affekt, und ich hatte dann gemerkt, er teilt nicht etwas mit, um eine Entscheidung zu finden, sondern er teilt eine Entscheidung mit.«

Bislang waren weder der Zeitpunkt noch das Prozedere des Rücktritts geklärt. Ursprüngliche Absicht Benedikts war, seinen Entschluss am 21. Dezember 2012 bei der traditionellen Weihnachtsansprache an die Kurie zu verkünden. Enden sollte sein Pontifikat dann zum Fest »Pauli Bekehrung« am 25. Januar 2013. Gänswein widersprach heftig: »Heiliger Vater, wenn Sie das vor Weihnachten sagen, dann ist das Weihnachtsfest hinüber, und ich glaube, es ist nicht der richtige Platz. Der bessere Platz wäre entweder in einem Konsistorium oder bei einer Gelegenheit, die man sich eigens dafür schafft.« Ein Blick in den Kalender zeigte, dass für den 11. Februar 2013 ohnehin ein Konsistorium festgesetzt war. Es sollte um verschiedene Heiligsprechungen gehen. Aber recht viel länger möchte er den Termin nicht hinausschieben, entgegnete der Papst, »weil die Kräfte immer mehr nachlassen«. Das Datum hatte den Vorteil, dass danach die Fastenexerzitien der Kurie folgten, mit Beten und Schweigen. Und es war der Tag der Madonna von Lourdes. »Das Fest von Bernadette von Lourdes«, so Benedikt, sei mit seinem Geburtstag verbunden, insofern habe es bei der Terminbestimmung »schon einen inneren Zusammenhang« gegeben: »Es schien mir, dass es richtig ist, es an diesem Tag zu machen.«

Unterdessen rückte der geplante Besuch im Libanon näher. Aufgrund der Kriegswirren in Syrien war die Reise bis zuletzt ungewiss gewesen, der Papst aber hielt an der eingegangenen Verpflichtung fest. Nein, sagte er schon im Flieger, während die Maschine immer wieder in Turbulenzen geriet, er habe »keine Angst«. Es sei Arbeit für den Frieden. Nach der Landung in Beirut begab sich Benedikt in den Marienwallfahrtsort Harissa, um das Abschlussdokument der Nahost-Bischofssynode zu unterzeichnen. Der Sicherheitsaufwand war überwältigend. Mit abgesperrten Autobahnen, mit Soldaten, die alle 100 Meter Posten standen, und Scharfschützen, die auf den Dächern das Umfeld kontrollierten. Der Papst traf sich mit Vertretern von 18 christlichen und muslimischen Gemeinschaften und diskutiert am Abend des 15. September 2012 mit rund 20 000 Jugendlichen. Unter ihnen war eine kleine Delegation junger Muslime, die er eigens begrüßte. »Ihr seid zusammen mit euren christlichen Altersgenossen die Zukunft dieses wunderbaren Landes und des gesamten Nahen Ostens«, appelliert er an die jungen Menschen. »Sucht ein Miteinander aufzubauen! Und wenn ihr erwachsen sein werdet, lebt einträchtig weiter in Einheit mit den Christen. Die Schönheit des Libanon besteht nämlich in dieser wunderbaren Symbiose.« Den Abschluss bildete eine heilige Messe auf dem Gelände des *Beirut City Center Waterfront*, an der über 300 000 Menschen teilnahmen.

Seine letzte Reise als Oberhaupt der katholischen Kirche hatte Benedikt auf den 4. Oktober gelegt, den Festtag des heiligen Franz von Assisi. Bei einem Pastoralbesuch im Wallfahrtsort Loreto bat er um den Segen der Muttergottes für die Bischofssynode zur Neuevangelisierung und das von ihm ausgerufene »Jahr des Glaubens«. Drei Tage später eröffnete er in Rom feierlich die Synode und feierte am 11. Oktober anlässlich des 50. Jahrestages der Eröffnung des Zweiten Vatikanums die heilige Messe mit den Synodenteilnehmern und mit Bischöfen, die wie er noch selbst am Konzil mitgewirkt hatten. Bei der Messe waren auch der Patriarch von Konstantinopel Bartholomaios I. sowie der anglikanische Primas Rowan Williams anwesend. Am Abend versammelten sich Jugendliche zu einem Fackelzug unter dem Fenster des Papstes, im Gedenken an den Fackelzug, der genau 50 Jahre zuvor zu Ehren Johannes' XXIII. abgehalten wurde. Auch er sei einer von den jungen Leuten gewesen, rief Benedikt den Menschen auf dem Platz zu, die damals hoffnungsvoll zum apostolischen Palast hinaufblickten, um dem geliebten *Papa buono* zuzuwinken.

Für Oktober war die Enzyklika *Lumen fidei,* »Licht des Glaubens«, angekündigt, doch der Erscheinungstermin wurde still und leise verschoben. Der Papst selbst hatte eingegriffen. Er fand den Text nicht reif genug. Das Werk habe noch nicht den Atem einer Enzyklika. Für ihn war damit klar, dass sein Pontifikat nicht vier, sondern nur drei Enzykliken verzeichnen würde. Die überarbeitete Version von *Lumen fidei* hätte zwar Ende Januar veröffentlicht werden können, doch in der Aufregung um seinen Rücktritt, argumentiert Benedikt im Gespräch mit seinem Sekretär, würde das Lehrschreiben ins Leere laufen und schnell in Vergessenheit geraten. Das wolle er nicht. Außerdem könne es im Nachhinein so aussehen, als habe er die Enzyklika schnell noch einem Nachfolger vor die Nase setzen wollen. Das nahezu fertiggestellte päpstliche Schreiben wurde schließlich als eine Arbeit »der vier Hände« als die erste Enzyklika von Papst Franziskus herausgegeben. Er habe »in der Brüderlichkeit in Christus« die »wertvolle Arbeit« seines Vorgängers übernommen, notierte Bergoglio im Vorwort, und »den Text durch einige weitere Beiträge« ergänzt.

Es ist bereits November, als auch Substitut Erzbischof Giovanni Angelo Becciu in die Geheimoperation für den Tag X eingeweiht wird. Benedikt hatte entschieden, er wolle als Emeritus im Kloster »Mater Ecclesiae« (Mutter der Kirche) in den Vatikanischen Gärten leben, das Johannes Paul II. am 13. Mai 1994, dem Fatimatag, eingeweiht hatte. Allerdings musste das zweistöckige Anwesen mit der kleinen Hauskapelle erst noch renoviert werden. Zuständig für die Baumaßnahme war der Substitut des Staatssekretariats, den Benedikt persönlich unterrichtete. Am 21. Dezember erinnerte der Papst beim Weihnachtsempfang für die Kurie an seine Reise nach Mexiko und Kuba, das Familientreffen in Mailand und den Besuch im Libanon. Er hob die Bedeutung der Familie hervor und formulierte seine Sorge um die Bindungslosigkeit des modernen Menschen. »Mit der Absage an diese Bindung verschwinden auch die Grundfiguren menschlicher Existenz: Vater, Mutter, Kind; es fallen wesentliche Weisen der Erfahrung des Menschseins weg.« Was die katholische Kirche betreffe, so verkörpere sie in ihren Positionen »das Gedächtnis der Menschheit, das von den Anfängen her über die Zeiten hin Gedächtnis der Erfahrungen und der Erleidnisse der Menschheit ist«. Die »Kultur des Humanen«, für die sie einstehe, sei »aus der Begegnung zwischen Gottes Offenbarung und menschlicher Existenz gewachsen«.[6]

Noch immer durfte Sekretär Gänswein mit niemandem über das

bevorstehende Ende des Pontifikats sprechen, was »nicht leicht, sondern bis fast unaushaltbar war«. Als Gänswein am 6. Januar von Benedikt XVI. im Petersdom zum Bischof geweiht wird, erlebt er den hochfeierlichen Akt, »wie wenn ich auf einem Berg stünde und mich zugleich in einem Loch befinde«. Kenner der Gepflogenheiten des päpstlichen Hofes hätten in der Weihe und der gleichzeitigen Entpflichtung von Erzbischof James Harvey von der Präfektur des Päpstlichen Hauses ein deutliches Zeichen für kommende Veränderungen erkennen können. Denn mit der Abberufung Harveys machte Benedikt einen Posten frei, den er für niemand anderen als seinen Privatsekretär sichern wollte.

Bei der fünften Generalaudienz des Jahres am 30. Januar setzte Benedikt seine Katechese über das Glaubensbekenntnis fort. Viele zweifelten heute an der Allmacht Gottes, gab er zu bedenken. Gottes Allmacht aber sei anders, als die Menschen sich »Macht« vorstellten: Es sei nicht Macht, die zuschlägt, sondern Macht, die gütig ist, die Freiheit gibt und die heilt, die warten kann und die den andern durch Liebe überzeugt.

Es sind noch knapp zwei Wochen bis zur Bekanntgabe seines Amtsverzichts, als sich der Papst an seinen alten Nussbaumschreibtisch setzte, um an der Formulierung der Rücktrittserklärung zu arbeiten. Der Text durfte nicht zu lang und nicht zu kompliziert sein. Andererseits war auf Präzision zu achten, um Anfechtungen mit dem Verweis auf das Kirchenrecht erst gar nicht aufkommen zu lassen. Tatsächlich sollte sich noch Jahre nach der Resignation ein Streit darüber halten, ob aufgrund von missverständlichen Ausdrücken in der Erklärung der Rücktritt wirklich gültig und Benedikt XVI. nicht weiterhin der rechtmäßige Papst sei. Wie immer schrieb Ratzinger mit Bleistift. Dass er seinen Text nicht auf Italienisch abfasste, lag daran, »weil man so etwas Wichtiges auf Latein macht«. Außerdem hatte er Sorge, in einer anderen Sprache Fehler zu machen.

Es war an der Zeit, weitere Personen in den Plan einzubinden. Zunächst wurde Kardinal Gianfranco Ravasi ins Bild gesetzt. Als der für die Fastenexerzitien bestimmte Exerzitienmeister sollte er helfen, nach dem Rücktritt mit entsprechenden Meditationen und Metaphern »den Schlag ein wenig abzufedern«. Eingeweiht wurde auch Zeremonienmeister Marini. Er musste wissen, dass das Konsistorium am 11. Februar nach der Verkündigung der neuen Heiligen noch nicht zu Ende war, sondern ein zweiter Teil folgen würde. Gleichzeitig wurde Schwester

Birgit Wansing ins Vertrauen gezogen. Sie musste Benedikts in seiner winzigen, kaum entzifferbaren Handschrift verfasste Erklärung abtippen, was ein Drama auslöste, wie sich Gänswein erinnerte, weil »die Schwester aus allen Wolken fiel«.

Unter dem Siegel der päpstlichen Verschwiegenheit wurde auch ein Mitarbeiter des Staatssekretariats informiert, der die Rücktrittserklärung auf inhaltliche, formale und sprachliche Korrektheit überprüfen sollte (und der den Text tatsächlich an einigen Stellen stilistisch leicht veränderte). Kardinal Angelo Sodano erfuhr am 8. Februar von dem »Papa choc«, dem Papst-Schock, wie *Il Messagero* Benedikts Demission später nennen sollte. Er wurde gebeten, als Dekan des Kardinalskollegiums nach der Verlesung der Rücktrittserklärung noch ein kurzes Statement abzugeben. Auch ihn traf die Mitteilung wie ein Schlag, aber er versuchte erst gar nicht, Benedikt noch umzustimmen.

Am selben Tag schwor das Kirchenoberhaupt bei einem Termin im Seminar des Bistums Rom rund 190 Nachwuchspriester auf ihre missionarische Aufgabe ein. Er verglich die Kirche dabei mit einem Baum, der einem Senfkorn entsprungen war. Manche würden denken, »jetzt hat er die Zeit hinter sich«, rief er aus, »jetzt ist die Zeit gekommen, wo er stirbt«. Aber das sei ein Irrtum. »Die Kirche erneuert sich immer, wird immer neu geboren.« Heute seien Christen »die in der Welt am meisten verfolgte Gruppe«, weil die Kirche »nicht konform ist, weil sie ein Stachel ist, weil sie gegen die Tendenzen des Egoismus ist, des Materialismus, all dieser Dinge«. Denn trotz der großen christlichen Geschichte und Kultur bleibe der Christ immer ein Fremder und Teil einer Minderheit. Aber Christ sei man »nicht durch eigenen Entschluss, durch eine persönliche Idee«. Nein, Christ sein bedeutet auch nicht, »sich einer Gruppe anzuschließen«, sondern es betreffe »die Tiefe des Daseins …, das heißt, das Christwerden beginnt mit einem Handeln Gottes, vor allem mit seinem Handeln, und ich lasse mich formen und verwandeln«. Die jungen Leute müssten, trotz aller Drangsale, jedoch keine Angst vor der Zukunft haben: »Wir sind ›Erben‹, nicht eines bestimmten Landes, sondern von Gottes Erde, von Gottes Zukunft. Das Erbe ist eine Sache der Zukunft.« Leidenschaftlich rief er aus: »Die Zukunft gehört uns, die Zukunft gehört Gott.«[7]

Die vielleicht schwersten Minuten im Countdown zur Demission kamen für den Papst am 9. Februar. Innerhalb der päpstlichen Familie, deren Mitglieder den Pontifex wie einen Heiligen verehrten, wusste außer dem Privatsekretär noch niemand, dass die Tage ihres Zusammenseins gezählt waren. »Es war eine Katastrophe«, erinnerte sich Gänswein. Die Mitteilung habe die vier *Memores* und den zweiten Sekretär Don Alfredo förmlich niedergeschlagen. Die Frage war auch, wer von den Frauen künftig an der Seite des zurückgetretenen Pontifex bleiben würde. Zwei der Schwestern würden völlig genügen, hatte Benedikt gemeint. »Heiliger Vater, alle werden älter«, widersprach sein Sekretär. »Da wird mal die eine krank, mal die andere. Vor allem muss es ja auch ein Innenleben geben. Mit einem Mal ist der Druck weg, und dann kann es ja auch sehr langweilig und sehr öde werden.« Es sei deshalb besser, »wenn die Mannschaft zusammenbleibt«. Aber die Frage wurde von den Frauen sehr schnell selbst entschieden: »Heiliger Vater, wir verlassen Sie nicht, wir bleiben bei Ihnen.«

Allmählich kam Bewegung in die *Sala Stampa*. Bis zu dieser Minute war Korrespondentin Giovanna Chirri davon überzeugt gewesen, dass sie nach 20 Jahren in ihrem Job »beruflich nicht mehr viel Neues erleben würde«. Nun aber standen plötzlich Worte auf ihrem Notizblock, die völlig fremd klangen, wie eine Botschaft aus einem anderen Universum. Joseph Ratzinger hatte unzählige Texte verfasst. Die Liste seiner Veröffentlichungen war bereits vor seiner Papstwahl auf rund 600 Publikationen angewachsen. In der Zeit seines Pontifikats schrieb er 13 *Motu Proprio*, 116 *Apostolische Konstitutionen* und 64 *Apostolische Schreiben*. Hinzu kamen 274 öffentliche Briefe an Bischöfe, Patriarchen, Staatspräsidenten, dazu 198 Botschaften; nicht zu vergessen seine Enzykliken. Aber es sind die von Giovanna Chirri notierten Zeilen, die als einer jener Texte in die Schulbücher eingehen werden, die für einen historischen Wendepunkt stehen: »Liebe Mitbrüder!«, begann der Papst, nachdem ihm sein Sekretär einen Zettel gereicht hatte. Seine Stimme klang, als hebe er zu den üblichen Segensworten oder zu einer Nebenbemerkung an. Und doch war es eine Nachricht, die weltweit für Aufruhr sorgen sollte:

> »Liebe Mitbrüder! Ich habe euch zu diesem Konsistorium nicht nur wegen drei Heiligsprechungen zusammengerufen, sondern auch, um euch eine Entscheidung von großer Wichtigkeit für das Leben der Kirche mitzuteilen. Nachdem ich wiederholt mein Gewissen vor Gott geprüft habe, bin ich zur Gewissheit gelangt, dass meine Kräfte infolge des vorgerückten Alters nicht mehr geeignet sind, um in angemessener Weise den Petrusdienst auszuüben. Ich bin mir sehr be-

wusst, dass dieser Dienst wegen seines geistlichen Wesens nicht nur durch Taten und Worte ausgeübt werden darf, sondern nicht weniger durch Leiden und durch Gebet. Aber die Welt, die sich so schnell verändert, wird heute durch Fragen, die für das Leben des Glaubens von großer Bedeutung sind, hin- und hergeworfen. Um trotzdem das Schifflein Petri zu steuern und das Evangelium zu verkünden, ist sowohl die Kraft des Körpers als auch die Kraft des Geistes notwendig, eine Kraft, die in den vergangenen Monaten in mir derart abgenommen hat, dass ich mein Unvermögen erkennen muss, den mir anvertrauten Dienst weiter gut auszuführen. Im Bewusstsein des Ernstes dieses Aktes erkläre ich daher mit voller Freiheit, auf das Amt des Bischofs von Rom, des Nachfolgers Petri, das mir durch die Hand der Kardinäle am 19. April 2005 anvertraut wurde, zu verzichten, sodass ab dem 28. Februar 2013, um 20.00 Uhr, der Bischofssitz von Rom, der Stuhl des heiligen Petrus, vakant sein wird und von denen, in deren Zuständigkeit es fällt, das Konklave zur Wahl des neuen Papstes zusammengerufen werden muss.«

Selbst auf dem kleinen Monitor in der *Sala Stampa* war zu erkennen gewesen, dass von einer auf die andere Sekunde ein nie gesehenes Tohuwabohu die Kardinalsversammlung ergriffen hatte. Die Würdenträger sahen sich mit fragenden Gesichtern an. Viele zupften am Chorgewand ihres Nachbarn, was denn der Papst da eigentlich gemeint hatte. »Einige der Gesichter waren wie versteinert, ungläubig, schockiert, ratlos«, beschrieb Georg Gänswein die Szenerie. Selbst Kardinal Kurt Koch war unschlüssig. »Hoffentlich ist mein Latein so schlecht«, ging es ihm durch den Kopf, »dass ich falsch verstanden habe.«
Einige hatten nur das Erschrecken der Mitbrüder bemerkt, ohne zu ahnen, dass sie soeben Zeugen eines historischen Augenblicks geworden waren. Endlich hatte Sodano das Wort ergriffen. »Heiliger Vater, geliebter und verehrter Nachfolger Petri«, begann er, und in seiner Stimme lag ein unüberhörbares Zittern. »Wie ein Blitz aus heiterem Himmel« schlage diese Nachricht ein. Die Kardinäle hätten soeben die »bewegende Botschaft mit Fassungslosigkeit und fast ungläubig gehört«. Aber noch niemals hätten sie sich ihrem Papst so nahe gefühlt wie in diesem Moment.
Sodano erinnerte daran, dass er selbst es gewesen sei, der nach dem Konklave am 19. April 2005 den damaligen Kardinal Ratzinger gefragt habe, ob er die Wahl zum Papst annehme. Mehr aber brachte der noch

immer bärenstark wirkende Doyen der Kardinäle nicht über die Lippen. Sodano wirkte tief betroffen, als er mit schweren Schritten auf den Pontifex zuging, der sich von seinem Stuhl erhob, und ihn auf die Wangen küsste. Benedikt fasste ihn mit beiden Händen an den Armen, aber zu mehr als einem angedeuteten Lächeln war er in der Erregung des Augenblicks nicht fähig.

Erst als Sodano gesprochen hatte, hatten alle verstanden, dass wahr geworden war, woran niemand auch nur im Traum gedacht hatte. Aber niemand wagte, dem Pontifex gegenüber die geringste Bemerkung zu äußern, ihm die Hand zu schütteln oder gar auf ihn loszustürmen, ob aus Protest oder aus Zustimmung. Das Zeremoniell ist streng, und es sieht vor, dass nach einem Konsistorium der Papst als der Souverän der Kirche feierlich den Raum verlässt, ohne in geringster Weise behelligt zu werden.

Giovanna Chirri wusste jetzt nicht nur, dass ihre Lateinkenntnisse sie nicht getrogen hatten, sie wusste auch, dass sie am aufregendsten Tag ihres Lebens eine Exklusiv-Meldung hatte, einen journalistischen Scoop, von dem Zigtausende von Kollegen ein Leben lang träumen. Um 11.45 Uhr machte sie die Tickermeldung fertig, auch wenn es noch keine offizielle Bestätigung der Pressestelle des Vatikans gab. »Ich versuchte, die Nerven zu behalten, auch wenn mir die Knie selbst im Sitzen zitterten«, gestand sie später. »Der Papst redete weiter. Er sprach von der Einberufung des Konklaves, doch ich hörte einfach nichts mehr.« Giovanna schrieb ihre Meldung fertig und drückte auf ihrem Laptop auf »Senden«. Aber noch bevor ihre Agentur *ANSA* die Sensationsmeldung um 11.46 Uhr in den Äther schoss, erschien auf Giovannas Twitter-Timeline ihr Tweet: »B16 si e' dimesso. *Lascia pontificato dal 28 febbraio* – B16 ist zurückgetreten. Er verlässt den Pontifikat ab dem 28. Februar.«

Wie in Lichtgeschwindigkeit ging die Nachricht um die Welt, erschien das Unfassbare auf allen News-Websites rund um den Globus. In diesem Augenblick brach Giovanna Chirri in Tränen aus. »Es tat mir so leid, dass er zurücktrat«, berichtete sie später. Sie habe diesen Papst geliebt, der »von der Öffentlichkeit und den Medien wenig begriffen wurde«. Entgegen der Klischees habe er »eine reiche und tiefe Persönlichkeit, er konnte den Mitmenschen wirklich zuhören«. Ein paar Tweets weiter schrieb sie: »*It pained me that #Pope #B16 is stepping down. He is a great theologian.*« Zum Schluss hielt sie fest: »*Cari amici di twitter, meno di 140 battute bastano per le vere notizie.*

grazie a tutti per affetto – Liebe Twitter-Freunde, weniger als 140 Zeichen reichen für die wahren Nachrichten. Danke an alle für die Zuneigung.«

Es gibt diese Momente in der Weltgeschichte, in denen die Zeit förmlich stehen bleibt. Die Erdachse wird angehalten. Jede Bewegung erstarrt. Die Nachricht vom Rücktritt des 265. Nachfolgers Petri kam wie der Dieb in der Nacht, hinein in den Trubel einer lärmenden Faschingsgesellschaft, und sie löste ein Erschrecken aus, als gäbe es ein neues Nine-eleven. Der Papst lebte. Aber er saß nicht mehr auf dem Stuhl Petri. Nie zuvor in der Geschichte der Kirche hatte es Ähnliches gegeben. Es ist wie ein Paradigmenwechsel, der den Anbruch einer neuen Epoche markiert, vielleicht sogar eines neuen Äons.

Redakteure eilten aus dem Urlaub zurück. Gläubige starrten fassungslos auf den Live-Ticker ihres Online-Magazins, wie Kinder, die ihren Vater verloren hatten. Die Internet-Seite des Vatikans war längst zusammengebrochen, selbst die Homepage der Pressestelle kollabierte. Er war doch so leise gekommen, dieser einfache Arbeiter im Weinberg des Herrn, als den er sich nach seiner Wahl vorgestellt hatte. Warum nur geht er mit diesem Donnerschlag? »Niemand weiß nichts«, fasste ein Beobachter des Nachrichtenportals *kath.net* zusammen: »Zum gegenwärtigen Zeitpunkt herrscht im Wesentlichen Verwirrung. Die Situation ist dermaßen außerordentlich, dass selbst eine 2000 Jahre alte Institution wie die *Una Sancta* keine Übung darin hat.«

Das Unfassbare, das Unmögliche, das nahezu Verbotene war geschehen. Und selbst wenn man es kommen sah, traf es einen wie ein Schlag. »Mitbrüder, Freunde, Verwandte, alle waren schockiert«, so Gänswein, »die Kurie war sprachlos, fassungslos. Es hat gebrodelt wie in einem Kessel. Was ist geschehen? Ist er krank? Kann er nicht mehr? Gibt es Druckmittel? Auch Leute, die ich gut kenne, waren so enttäuscht, die haben sich verletzt, verlassen oder verraten gefühlt.« In Faxbriefen habe es geheißen, man könne doch nicht die Vaterschaft aufgeben. Jemand schrieb: »Johannes Paul II. hat viel schlimmer gelitten und hat es ausgehalten, und der haut ab.« Ein Pontifex sei dadurch ab sofort keine mystische Gestalt mehr.[8]

Pater Norbert Hofmann, Sekretär der Päpstlichen Kommission für die religiösen Beziehungen zum Judentum, war zum Zeitpunkt des Ereignisses mit einem Kollegen bei einem Ausflug in Siena. Als die beiden Priester in einer Bar Schutz vor dem stürmischen Schnee- und Regenschauer suchen, der eben über Rom und der Toscana niederging, sehen sie im Fernseher Vatikansprecher Lombardi. Der Ton ist ausgeschaltet, aber beide sind überzeugt, wenn Lombardi an einem vatikanischen Feiertag eine Erklärung verlese, könne das nur bedeuten, dass der Papst gestorben ist. Eiligst nach Rom zurückgekehrt, stoßen sie überall auf Fassungslosigkeit. »Die Stimmung war katastrophal«, so Hofmann, »alle waren schockiert. Kardinäle liefen herum wie verlorene Schafe. Alle telefonierten wie wild herum. Konferenzen wurden abgesagt, Leute wieder ausgeladen. Man war wie gelähmt.«[9]

Auch Pater Hermann Geissler von der Glaubenskongregation war unterwegs, als ihn um 11.30 Uhr ein Kollege auf dem Handy erreichte. »Meine erste Reaktion war«, so Geissler, »es nützt nichts herumzunörgeln, du musst es annehmen. Die Kombination aus Vernunft, Glaube, Demut, das war nur Benedikt möglich. Er hat die letzten Jahre von Johannes Paul II. erlebt, wo andere für den Papst entschieden haben, das will er nicht wiederholen.«[10]

Kurienkardinal Gerhard Ludwig Müller war auf dem Weg zu einem Mittagsessen, das Kardinal Walter Brandmüller, der emeritierte Chefhistoriker des Vatikans, für ihn und den deutschen Vatikanbotschafter geben wollte. Der Präfekt der Glaubenskongregation hatte die Versammlung in der *Sala del Consistorio* versäumt. Nach seinem Rückflug aus den USA litt er am Jetlag. Auf dem Petersplatz traf er auf Kardinal Koch. »Er hat lange gebraucht, bis er mich überzeugen konnte, dass die Nachricht wirklich wahr ist«, so Müller, »ich dachte, es ist ein Rosenmontagsscherz. Niemand konnte das glauben, alle waren erschüttert. Jeder sagte, dass er geistig voll da ist. Auch und gerade in den letzten Tagen, als er frei vor den römischen Priestern sprach.« Müller, immerhin nach dem Papst oberster Glaubenshüter, zeigte sich denn auch überzeugt: »Der Rücktritt war theologisch nicht richtig verarbeitet. Der Papst ist im Prinzip das Fundament der Einheit, ein immerwährendes Prinzip. Ein Bischof tritt ab und ist dann einfaches Mitglied. Ein Papst aber ist von Christus eingesetzt.«[11]

Um 11.46 Uhr hatte *ANSA* die Exklusivmeldung vom Rücktritt des Papstes, der zum 28. Februar um 20.00 Uhr in Kraft trete, hinausgeschickt. Um 11.47 Uhr brachte auch *Reuters* die Nachricht. Bereits um 12.24 Uhr gab es ein erstes offizielles Statement der Bundesregierung in Berlin. Für 14.30 Uhr hatte Bundeskanzlerin Angela Merkel eine Erklärung angekündigt. Sie würdigte darin Benedikt XVI. als »einen der bedeutendsten religiösen Denker der Gegenwart«. »Meinen allerhöchsten Respekt« zollte sie dem Papst allerdings für seine Abdankung.

Im Zeitalter des immer längeren Lebens könnten viele Menschen nachvollziehen, »dass sich auch der Papst mit den Bürden des Alterns auseinandersetzen« müsse.

Inzwischen waren auch die Stellungnahmen anderer Regierungschefs eingegangen. US-Präsident Barack Obama und seine Ehefrau dankten dem Papst für die Zusammenarbeit: »Im Namen von allen Amerikanern wollen Michelle und ich Seiner Heiligkeit Papst Benedikt XVI. unsere Wertschätzung und Gebete überliefern«, so Obama in der Mitteilung des Weißen Hauses. Der britische Premierminister David Cameron erklärte, der Papst würde von »Millionen Menschen als spirituelle Leitfigur vermisst werden«. An seinen Besuch in Großbritannien erinnere sich das Land mit »großem Respekt und Zuneigung«. Tief betroffen zeigte sich Italiens Ministerpräsident Mario Monti. »Ich bin sehr erschüttert über diese unerwartete Nachricht«, sagte er in Mailand. UN-Generalsekretär Ban Ki Moon dankte Benedikt XVI. dafür, dass dieser sich dem interreligiösen Dialog stark verpflichtet gefühlt und sich für globale Herausforderungen wie die Bekämpfung von Armut und Hunger eingesetzt habe.

In Polen hatte Staatspräsident Bronislaw Komorowski in einer ersten Stellungnahme geäußert: »Wir sind alle etwas zerrissen«, denn mit dem Amtsverzicht des Kirchenoberhauptes verschwinde »der letzte Fixpunkt, der kraftvoll hält bis zum Schluss.« Für die polnische Bischofskonferenz stellte Weihbischof Wojciech Polak klar: »Dieser Rücktritt ist keine Flucht vor der Verantwortung oder eine Flucht ins Private und den persönlichen Komfort, sondern zeugt von Weitblick.« Nur eine halbe Stunde nach der Rücktrittsankündigung startete in der Heimat Karol Wojtylas bei *facebook* die Initiative »BXVI – Wir danken für alles!« Innerhalb weniger Minuten beteiligten sich 10 000 Nutzer des Portals. »Gott wird Dich für Deine Liebe zur Kirche auszeichnen«, hieß es auf vielen der Beiträge.

In Israel dankte Oberrabbiner Yona Metzger dem scheidenden Papst für seinen Einsatz gegen den Antisemitismus. Die Beziehungen zwischen Israel und dem Vatikan seien »so gut wie nie zuvor«. Aiman Mazyek, Vorsitzender des Zentralrats der Muslime in Deutschland, erklärte, Papst Benedikt habe deutlich gemacht, »dass er den Muslimen hohen Respekt entgegenbringt und dem interreligiösen Dialog einen großen Stellenwert beimisst«.

Die mit bemerkenswertesten Reaktionen kamen aus Südamerika. Der Rücktritt Benedikts XVI. sei ein Verlust für das kulturelle und spirituelle Leben der Welt, sagte der peruanische Schriftsteller Mario Vargas Llosa in Lima. In einem Gastbeitrag für die spanische Zeitung *El País* lobte der Literaturnobelpreisträger die geistige und intellektuelle Größe des scheidenden Kirchenoberhauptes. Die »fundierten und einmaligen Reflexionen« des Papstes seien aus dessen großem theologischen, philosophischen, historischen und literarischen Wissen erwachsen. Seine Schriften umfassten »neue und kühne Reflexionen« auf die moralischen, kulturellen und existenziellen Probleme unserer Zeit. Das Pontifikat Benedikts XVI. sei durch die schnell voranschreitende Säkularisierung der Gesellschaft in eine der schwierigsten Phasen gefallen, welche das Christentum in den 2000 Jahren seines Bestehens zu ertragen habe. Wer allerdings meinte, dieser Papst sei ein »Konservativer«, dem konnte nicht nur durch den Rücktritt noch einmal klar werden, wie unsinnig derartige Verkürzungen seien.

Ein anderes Statement wäre fast untergegangen. Als die Nachricht in Buenos Aires ankam, wollten argentinische Journalisten vom wichtigsten Kirchenmann des Landes eine Meinung dazu hören. Kardinal Jorge Bergoglio gab daraufhin zu Protokoll, Benedikt habe »gezeigt, dass er sehr verantwortlich ist«. Er habe durch seinen Schritt versucht, Fehler zu vermeiden und die Gefahr von Manipulationen zu verhindern: »Was der Papst tat, ist eine revolutionäre Geste. Man spricht von einem konservativen Pontifex, doch in Wirklichkeit hat die Ankündigung Benedikts eine neue Seite in der Kirchengeschichte aufgeschlagen.« Und wie zur Bekräftigung, dass es hier um Dinge geht, die über alles Gewöhnliche hinausragen und nicht persönlichen Erwägungen, sondern einer höheren Macht unterliegen, fügte Bergoglio hinzu: »Ein Papst ist ein Mensch, der seine Entscheide in der Gegenwart Gottes fällt.«

Die Statements der Politiker waren das eine, aber wie würde die internationale Presse auf die Sensation reagieren? Mit Bedauern? Mit Verständnis? Oder vielleicht mit Kritik? Die polnische Tageszeitung *Rzeczpospolita* zeigte sich hin- und hergerissen. »Sein Rücktritt schockiert uns«, hieß es in einem Kommentar, »denn wir hatten gedacht, er würde weitermachen – so wie es einst sein Vorgänger, Johannes Paul II., getan hat.« Andererseits gereiche es »dem erschöpften Papst zur Ehre, dass er – intellektuell und theologisch brillant – sich lieber zurückzieht, bevor er ein Bild der Schwäche abgibt«. »Pope Benedict to step down«, Papst Benedikt tritt zurück, vermeldete die *Washington Post* nüchtern. Am Ende müsse man sagen: »Benedikt war etwas weniger konservativ, als die Liberalen befürchteten, und etwas weniger konservativ, als die Konservativen gehofft hatten.« »Man kann sich vorstellen«, kommentierte *Le Figaro* in Paris, »dass die Scharfsichtigkeit, die diesen Philosophen ausmacht, auch ihn selbst angetrieben hat – zugunsten eines einsamen und überlegten Rücktritts.« In der spanischen *Ultima Hora* hieß es: »Der Rücktritt des Papstes erschüttert die Kirche und eröffnet eine neue Ära.« In Madrid verkündete *El Mundo*: »Benedikt XVI. beendet die Tradition, nach der der Papst am Kreuz stirbt.«

In Deutschland fanden sich die Papstkritiker bestätigt. »Befreiung in Rom«, titelte *Die Zeit*. In einem weiteren Beitrag lautete die Überschrift: »Und jetzt Erneuerung. Worauf Christen in Deutschland und der Welt hoffen«. Als ob nicht gerade Ratzinger die Aufgabe der Erneuerung vom ersten Tag seiner Amtszeit dezidiert als Programm verkündet hätte. Der Papst habe »aufgegeben«, kommentierte der *Spiegel*. Seinen Amtsverzicht habe er »hastig dahingemurmelt wie ein Rosenkranz-Gebet, so beiläufig fast, als gäbe er die Schlüssel eines Autoverleihs zurück und nicht den Fischerring Petri«. Die *Süddeutsche Zeitung* startete eine Serie, in der sich Atheisten, Muslime und Protestanten von der Seele schreiben sollten, was ihnen alles am deutschen Papst nicht gefallen habe. Die Fernsehsendung *ZDF-History* bemühte sich ebenfalls um die Deutungshoheit und überschrieb ihren Beitrag mit: »Das Oberhaupt der katholischen Kirche schmeißt hin. In Erinnerung bleiben Skandale und Intrigen«.

Es gab genug andere Stimmen aus der Heimat. Laut einer Blitzumfrage für das ARD-Morgenmagazin erreichte Benedikt unter den deutschen Katholiken eine Zustimmung von 69 Prozent, bei den Protestanten von 53 Prozent. Lediglich 24 Prozent der Bevölkerung erklärten sich mit dem Wirken des Papstes weniger oder gar nicht einverstanden.[12] Erzbischof Robert Zollitsch erklärte: »Ich möchte als Vorsitzender unserer Bischofskonferenz den Heiligen Vater um Verzeihung bitten für alle Fehler, die vielleicht aus dem Raum der Kirche in Deutschland ihm gegenüber begangen wurden.«[13] Der deutsche Kurienkardinal Walter Kasper zollte Respekt und Anerkennung. Ratzinger habe »sehr viel zur Konsolidierung der Kirche im Glauben und zur Vertiefung des Glaubens beigetragen. Und er hat sein Amt auf sehr milde, menschliche Art ausgeübt, auch in schwierigen Situationen.« Kasper schloss mit den Worten: »Wir werden nicht so schnell wieder einen Papst von dem gleichen geistigen und geistlichen Format haben wie Benedikt XVI.«[14]

Während der Vorsitzende des Rates der Evangelischen Kirche Deutschlands, Nikolaus Schneider, den Rücktritt Benedikts XVI. damit kommentierte, der Papst habe bei seinem Deutschland-Besuch 2011 evangelische Christen brüskiert, weil er »keine ökumenischen Gastgeschenke mitgebracht« habe, stellte der evangelische Pfarrer Matthias Schreiber, Religionsbeauftragter in der Staatskanzlei von Nordrhein-Westfalen, die Überlegung an, weltweit sei die römisch-katholische Kirche während des Pontifikats Benedikts um über 100 Millionen Gläubige gewachsen. In Deutschland lägen die Austrittszahlen der Katholiken weit niedriger als die der Protestanten, der Gottesdienstbesuch sei bei ihnen mehr als dreimal so hoch. »Wie sieht auf Dauer die Zukunft einer Institution aus«, schloss der Protestant selbstkritisch, »bei deren Veranstaltungen 96,4 Prozent der Mitglieder fernbleiben?« Der Pastor der Freien Evangelischen Gemeinde Norden/Niedersachsen Rolf Schwärzel schrieb: »Nicht wenige orthodox glaubende Protestanten, Lutheraner, evangelikale Christen, Vertreter aus bekennenden Gemeinschaften zollten Benedikt hohen Respekt für ein Zeugnis für Christus, das sie selbst wörtlich hätten unterschreiben können.« Für ihn persönlich sei es »ausgerechnet dieser stille und bescheidene Papst« gewesen, »der mich auf eigenartige Weise faszinierte. Und das, obwohl ich den Namen ›Ratzinger‹ bis dahin nur in negativen Zusammenhängen gehört hatte. Er wird mir fehlen.«[15]

Als der historische 11. Februar zur Neige ging, hatte der Regen über Rom noch immer nicht nachgelassen. Zum Beginn der Nacht zogen sich schwere Gewitterwolken über dem Vatikan zusammen. Und mit dem schrecklich hellen Blitz, der am Abend der Demission Benedikts in die Kuppel der Peterskirche einschlug, setzte die himmlische Regie noch einen theatralischen Schlusspunkt. Viele deuteten das Bild, das sofort um die Welt ging, als den Protest des Himmels, dass ein letzter Fixpunkt verschwand zugunsten eines Aktes, der nicht menschlichem Ermessen, sondern göttlicher Fügung vorbehalten sei. Andere lasen das Himmelszeichen so: »Ihr habt die Propheten wieder weggeschickt, aber dieser Mann, den viele nicht hören wollten, kann im Schweigen noch lauter werden!« Der *BBC*-Fotograf, der das Foto geschossen hatte, erklärte später, er habe am Tag des Rücktritts des Papstes in Erwartung des Blitzeinschlags eine Dreiviertelstunde im Unwetter ausgeharrt. Sein Motiv sei gewesen, den Gedanken vom Niedergang, vom Ende der Welt oder zumindest vom Ende einer Epoche zum Ausdruck zu bringen.

***

Das Pontifikat Benedikts XVI. hatte knapp acht Jahre gedauert, genauso lange, wie die Leidenszeit von Johannes Paul II. Der deutsche Papst war überzeugt davon, dass er nicht durch eigenes öffentliches Leiden die Passion seines Vorgängers beschädigen durfte. Oder durch die eigene Hinfälligkeit ein Machtvakuum entstehen lassen konnte, das sich angesichts der aktuellen Herausforderungen als für die Kirche verhängnisvoll erweisen würde. »Der Vorgänger hatte seine eigene Sendung«, erläuterte Benedikt. Er sei davon überzeugt, dass »eine Phase des Leidens gleichsam zu diesem Pontifikat dazugehörte. Und eine eigene Botschaft war.« Allerdings sei er auch sicher gewesen, »dass man das nicht beliebig wiederholen darf. Und dass man nach einem Pontifikat von acht Jahren dann nicht womöglich noch einmal acht Jahre anhängen kann, in denen man so erscheint.«

In seinen Überlegungen hatte der Papst seinen eigenen Angaben zufolge einkalkuliert, dass sein Rücktritt auch Fassungslosigkeit auslösen würde. Die Welle der Enttäuschung sei allerdings stärker gewesen, meinte er im Nachhinein, »als ich gedacht hatte. Dass gerade Freunde und Menschen, für die meine Botschaft wichtig und wegweisend war, einen Augenblick wirklich verstört waren und sich verlassen fühlten, das hat mich schon getroffen. Aber mir war klar, dass ich es tun musste und dass dies der richtige Augenblick war. Ohnedies würde ich auch sterben und mein Pontifikat enden. Die Menschen haben das dann auch angenommen. Viele sind dankbar, dass nun der neue Papst in einem neuen Stil auf sie zugeht.« Er sei davon überzeugt gewesen, »dass meine Stunde vorbei war und dass das, was ich geben konnte, gegeben ist«[16].

Es war kein Zufall, dass der scheidende Papst seine letzte große Liturgie auf den Aschermittwoch legte. In der nachmittäglichen Messe im Petersdom zeichnete Benedikt zum Beginn der Fastenzeit den Gläubigen das Aschekreuz auf die Stirn: »Gedenke, o Mensch, dass du Staub bist und zum Staub zurückkehren wirst.« Die Zeremonie wirkte wie ein Vermächtnis: Seht, hierhin wollte ich euch führen. Dieser Königsweg ist es, den ich euch noch zeigen will: Reinigung, Fasten, Buße. Entgiftet euch. Macht euch frei von Ballast. Lasst euch nicht auffressen von den Zeitgeistern und Zeiträubern. Weniger ist mehr! Abnehmen, um zuzunehmen, ist auch das Programm der Kirche. Abspecken, um an Vitalität, geistiger Frische, an Inspiration und Ausstrahlung zu gewinnen. Und an Schönheit, an Anziehungskraft. Letztlich auch an Kraft, um das vielfach so schwierig gewordene Programm bewältigen zu können. Und wenn die Zeit des Fastens und der Buße überstanden ist, steht eine neue Auferstehung bevor, Ostern, die Zeit des Lichtes. Die Kirche wird weiterleben, sie ist unzerstörbar, und sie wird, in jenem Zauber, der den Anfang jedes Pontifex begleitet, einen neuen Schub erhalten.

»Ich habe zwar nicht an den Rosenmontag gedacht«, gab Benedikt XVI. in unserem Gespräch preis, »wohl aber an Aschermittwoch, dass damit dann noch einmal eine große Liturgie zu feiern war. Und das fand ich schon sehr vorsehungsgemäß, dass die letzte Liturgie die Öffnung der Bußzeit ist und auch des *Memento Mori* [sei dir deiner Sterblichkeit bewusst]. Er umschließt den Ernst des Hineingehens in die Passion Christi, aber zugleich in das Auferstehungsgeheimnis. Wenn einerseits der Karsamstag über dem Anfang meines Lebens steht, war für mich über dem Ende meines konkreten Dienens den Aschermittwoch stehen zu haben, in seiner vielseitigen Bedeutung, schon irgendwie etwas, was einerseits gefügt, aber andererseits auch bedacht war.«

Seine Haare leuchteten wie weißes Gold, als im Petersdom immer wieder ganz unliturgischer Applaus aufbrandete. Die Menschen hatten Tränen in den Augen, wohin man auch sah. Auch Tarcisio Bertone kämpfte mit den Tränen, als er dem Papst in einem persönlichen Dankeswort zurief: »Wir wären nicht ehrlich, Eure Heiligkeit, wenn wir Ihnen verschweigen würden, dass unsere Herzen heute Abend von Trauer verschleiert sind. Sie waren uns Vorbild. Sie waren wahrhaftig ein einfacher und bescheidener Arbeiter im Weinberg des Herrn. Sie waren ein Arbeiter, der es verstanden hat, Gott zu den Menschen zu bringen und die Menschen zu Gott. Ihr Lehramt war ein Fenster, das sich zur Kirche und zur Welt geöffnet hat, um die Strahlen der Wahrheit und der Liebe Gottes durchscheinen zu lassen ... Jeder Schritt Ihres Lebens und Ihres Dienstes ist nur aus dem Sein bei Gott verständlich und aus dem Sein im Licht des Wortes Gottes.«[17]

Einen Tag nach Aschermittwoch hatte Benedikt noch einmal den römischen Klerus zusammengerufen, um in freier Rede lange über das II. Vatikanische Konzil zu sprechen. Er erinnerte daran, dass es zwei verschiedene Auslegungen der Ergebnisse des Vatikanums gegeben habe, wobei das »Konzil der Medien«, wie er es nannte, das vorherrschende geworden sei und leider »viel Unheil, viele Probleme, wirklich viel Elend herbeigeführt hat ...« Das »wahre Konzil hatte Schwierigkeiten, umgesetzt, verwirklicht zu werden«. Es habe sich jedoch als jene Kraft erwiesen, »die dann auch wahre Reform, wahre Erneuerung der Kirche ist«.

Dass der deutsche Papst nicht beliebt oder gar einsam gewesen sei, widerlegte allein schon der gewaltige Pilgerstrom, der beim vorletzten Angelus-Gebet am 17. Februar Stunden vor dem Beginn um 12.00 Uhr auf den Petersplatz geflossen war. Am Ende hatten sich 150 000 Menschen versammelt, um dem scheidenden Papst ihre Liebe und ihren Respekt zu zeigen, darunter auch Roms Bürgermeister Gianni Alemanno und die Ratsmitglieder der Stadt. Viele der Gläubigen hielten Transparente hoch und feierten den Papst mit »Benedetto«-Rufen. Vom 17. bis zum 23. Februar ging die Kurie in die Fastenexerzitien. Kardinal Ravasi, der die täglichen Meditationen leitete, hatte sich rechtzeitig vorbereiten können und verglich Benedikt XVI. zur Eröffnung mit Moses in der biblischen Schlacht Israels gegen das Volk Amalek. Wie Moses durch sein Beten auf einem Berg die eigenen Truppen gestärkt habe, so sei künftig die Hauptfunktion Benedikts XVI. das fürbittende Gebet für seine Kirche.[18] Der Papst atmete auf. Es sei für ihn »bewegend und gut« gewesen, »dass niemand mich stören konnte, weil es keine Audienzen gab, und alle auch aus dem Trubel herausgenommen waren«. Man sei sich »innerlich ganz nahe« gewesen, »weil wir alle zusammen täglich viermal miteinander gebetet und gehört haben, andererseits doch auch jeder in seiner persönlichen Verantwortung vor dem Herrn stand«[19].

Zum Abschluss der Einkehrtage fühlte sich Benedikt in seiner Entscheidung bestätigt und dankte allen Beteiligten für »diese betende und zuhörende Gemeinschaft, die mich in dieser Woche begleitet hat«. Kardinal Ravasi erstattete er Dank »für diese schönen ›Spaziergänge‹ im Universum des Glaubens, im Universum der Psalmen. Der Reichtum, die Tiefe, die Schönheit dieses Universums hat in uns Faszination erweckt, und wir sind dankbar, da das Wort Gottes erneut zu uns gesprochen hat, mit neuer Kraft«. Mit einer leichten Verneigung meinte er: »Zum Schluss, liebe Freunde, möchte ich euch allen danken … für diese acht Jahre, in denen ihr zusammen mit mir mit großer Kompetenz, Zuneigung, Liebe, Glauben die Last des Petrusdienstes getragen habt.« Auch wenn nun bald »die ›äußere‹, ›sichtbare‹ Gemeinschaft endet, bleibt dennoch die geistliche Nähe, bleibt eine tiefe Gemeinschaft im Gebet erhalten«[20].

Dass Ratzinger ein Meister der Zeremonie ist, hatte sich bereits in der von ihm gestalteten Dramaturgie seiner Abschiedsfeierlichkeiten als Erzbischof von München erwiesen, wo im Übrigen sein Amtsverzicht ebenfalls auf einen 28. Februar gefallen war. Seine Planung für das Ende des Pontifikats fand er im Nachhinein »sogar noch besser, als mir das zunächst bewusst war«[21]. Zu klären waren noch einige Personalentscheidungen sowie die Frage, ob das Konklave nicht früher als in der vorgeschriebenen Frist von 15 bis 20 Tagen nach dem Tod des Pontifex in Rom zusammenkommen könne, da der Papst ja nicht gestorben sei. Da es keinen Präzedenzfall für einen abgedankten Papst gab, überlegte er mit den Mitarbeitern, ob seine Bezeichnung künftig *Papa emerito* sein soll. In Bezug auf den Dress-Code entschied er sich, bei der weißen Soutane zu bleiben, allerdings keine Mozetta und kein Zingulum mehr zu tragen. Als künftige Anrede plädierte er statt für »Heiliger Vater« oder »Eure Heiligkeit« für »Papa Benedetto«.

Es ist der 24. Februar 2013, als Benedikt beim öffentlichen Angelus-Gebet ein letztes Mal vom berühmtesten Fenster der Welt aus grüßen kann. Trotz unbeständiger und kalter Witterung waren diesmal rund 200 000 Menschen gekommen.

Kein einziges Mal hatte Ratzinger im Zusammenhang mit seinem Rücktritt von Vorsehung oder von Fügung gesprochen, geistliche Begriffe, die er ansonsten gerne in den Mund nahm, um gewisse Gabelungen seines Weges zu erklären. Bei diesem letzten Angelus aber hatte das Evangelium des Tages, in dem von einem Berg die Rede war, für ihn »einen ganz konkreten Sinn bekommen«, wie Benedikt später bekannte. »Liebe Brüder und Schwestern«, sagte er, »ich fühle, wie dieses Wort Gottes in diesem Augenblick meines Lebens besonders an mich ergeht. Der Herr ruft mich, den ›Berg hinaufzusteigen‹, mich noch mehr dem Gebet und der Betrachtung zu widmen. Doch dies bedeutet nicht, dass ich die Kirche im Stich lasse, im Gegenteil. Wenn Gott dies von mir fordert, so gerade deshalb, damit ich fortfahren kann, ihr zu dienen, mit derselben Hingabe und mit derselben Liebe, wie ich es bislang versucht habe, doch auf eine Weise, die meinem Alter und meinen Kräften angemessener ist.«[22]

Am Dienstag, dem 26. Februar, zwei Tage vor Ende des Pontifikats, nahm die päpstliche Hausgemeinschaft mit einem Essen im Apostolischen Palast Abschied. Es ist ein kleiner Kreis: die vier *Memores*, die beiden Sekretäre und Schwester Christine. »Es war so normal, dass man es nicht glauben konnte«, erinnerte sich die Schwester, »gleichzeitig lag natürlich eine gewisse Schwere über uns alle.« Zum Abschied kniete sich die Ordensschwester auf den Boden, um noch einmal den apostolischen Segen zu empfangen. »Das war ein sehr dramatischer Moment. Alle weinten.« Nur der Papst blieb cool. »Schwester Christine«, meinte er trocken, als er den Segen gab, »ich sehe, dass Sie in all den Jahren graue Haare bekommen haben.«[23]

In der Diskussion um das Ende des Pontifikats war deutlich geworden, dass mit Ratzinger womöglich ein letztes Mal ein Europäer auf dem Stuhl Petri gesessen hatte. Da Benedikt den Zeitpunkt des Rücktritts auch mit dem Weltjugendtag in Rio de Janeiro begründete, war davon auszugehen, dass in seinen Überlegungen auch ein Nachfolger in Betracht gezogen worden war, der weder aus dem Morgen- noch aus dem Abendland kommen würde, sondern, wie es später tatsächlich heißen sollte, »vom Ende der Welt«. Gleichzeitig musste durch den nächsten Papst, wer immer es auch werden würde, über kurz oder lang seine eigene Größe und die Bedeutung seiner Lehre zu Bewusstsein kommen. Wäre er im Amt geblieben, immer gebrechlicher, hätte er befürchten müssen, zerrieben zu werden und schließlich der Gewöhnlichkeit anheimzufallen, anstatt, wie nun, noch einmal Geschichte zu schreiben, wie er es bereits mit seinem Beitrag zum Konzil getan hatte.

Der Kreis hatte sich geschlossen. Es begann, indem er die Tiara aus dem Wappen nahm, Zeichen auch für die weltliche Macht der Kirche, und endete, indem er sich auch von der Machtfülle eines unvergleichlichen Amtes entweltlichte. Noch nicht einmal eine große Abschiedsfeier hatte Benedikt XVI. anberaumt: »Wenn man da Abschied feiert, wäre wirklich die Verweltlichung vollzogen. Es musste im Rahmen dessen bleiben, was zu einem geistlichen Dienst gehört. In diesem Falle die Liturgie des Aschermittwochs und später die Begegnung mit den Gläubigen auf dem Petersplatz, in Freude und Besinnung zugleich. Insofern war es absolut richtig, einerseits noch mal der Kirche als ganzer zu begegnen, andererseits den Menschen, die Abschied nehmen wollten. Und dies eben nicht im Sinne einer weltlichen Feier zu tun, sondern als Begegnung im Wort des Herrn und im Glauben miteinander.«[24]

Der Rücktritt Benedikts war nicht nur der erste Rücktritt eines wirklich regierenden Papstes, er gab auch die Möglichkeit, erstmals in der Geschichte einen Nachfolger Petri persönlich zu seinem Handeln zu befragen. Nicht nur italienische Medien spekulierten unmittelbar nach der Demission darüber, der wahre Hintergrund für den Rücktritt sei eben doch in der »Vatileaks«-Affäre zu suchen, zu der nicht nur der Fall Paolo Gabriele, sondern auch Finanzprobleme und Intrigen in der Kurie gehörten. Letztlich habe ihn der Untersuchungsbericht über diese Dinge so schockiert, dass er keinen anderen Ausweg mehr gesehen habe, als für einen Nachfolger Platz zu machen. »Nein, das stimmt nicht«, entgegnete der emeritierte Papst in unserem Gespräch. »Im Gegenteil, die Dinge waren vollkommen bereinigt. Ich habe damals gesagt, zurücktreten darf man nicht, wenn die Dinge schiefliegen, sondern wenn sie in Frieden sind. Ich konnte zurücktreten, weil in dieser Situation wieder Ruhe eingekehrt war. Ein Zurückweichen unter einem Druck oder eine Flucht davor, diese Dinge nicht mehr bewältigen zu können, war nicht der Fall.«

Zur Frage, ob das Nachlassen der Leistungsfähigkeit ein ausreichender Grund sei, vom Stuhl Petri herabzusteigen, gab er zur Antwort: »Da kann man natürlich den Vorwurf erheben, das wäre ein funktionalistisches Missverständnis. Die Petrusnachfolge ist ja nicht nur mit einer Funktion verbunden, sondern sie trifft ins Sein hinein. Insofern ist die Funktion nicht das einzige Kriterium. Andererseits: Der Papst muss auch konkrete Dinge tun, muss die ganze Situation im Auge behalten, muss wissen, welche Prioritäten zu setzen sind, und so weiter. Angefangen vom Empfang von Staatschefs, dem Empfang der Bischöfe, mit denen man ja wirklich in ein inneres Gespräch treten können muss – bis hin zu den Entscheidungen, die täglich zu fällen sind. Selbst wenn man sagt, da kann man einiges abstreichen, so bleiben doch so viele Dinge, die wesentlich sind, dass, wenn der Auftrag richtig angenommen sein will, klar ist: Wenn dazu die Fähigkeit nicht mehr da ist, ist es auch geboten – für mich jedenfalls, jemand anderer mag das anders sehen –, nun eben den Stuhl frei zu machen.« Gerade auch aus dieser Perspektive sei er zur Überzeugung gekommen, dass »der Herr es auch nicht mehr von mir will und mich sozusagen von der Last befreit«[25].

Waren es beim vorletzten Angelus 150 000 Menschen gewesen, die zu ihm auf den Petersplatz strömten, beim letzten Angelus 200 000, so kamen zur letzten Generalaudienz, der 348. in seiner Amtszeit, 350 000 Gläubige aus aller Welt, die ihren Papst noch einmal persönlich hören und sehen wollten. An allen Absperrungen drängten sich die Menschen, vom Dom bis hinunter zum Tiber standen dicht gedrängt Benedetto-Fans mit Fahnen in den Farben aller Länder und Kontinente. Es ist Papstwetter, ein leuchtender erster Frühlingstag. Er sei »troppo puro, troppo innocente, troppo santo!«, zu rein, zu unschuldig, zu heilig, diktierte ein ergrauter Oberst der Carabinieri in den Block eines Reporters, als der alte Papst in seinem Papamobil noch einmal auf dem Petersplatz einfuhr. Ergriffen wischte er sich die Tränen aus den Augen.

Mehr als achtzehn Millionen Menschen waren ihm in den vergangenen acht Jahren in den Generalaudienzen auf dem Petersplatz oder in der Nervi-Halle begegnet. »In diesem Augenblick weitet sich mein Geist und umfasst die ganze, über die Welt verbreitete Kirche«, begrüßte Benedikt XVI. mit brüchiger Stimme die Gläubigen, »und ich danke Gott für die ›Nachrichten‹, die ich in diesen Jahren des Petrusdienstes habe empfangen können über den Glauben an Jesus Christus, den Herrn, über die Liebe, die wirklich den Leib der Kirche durchströmt und sie in der Liebe leben lässt, und über die Hoffnung, die uns öffnet und zum Leben in Fülle, zur Heimat des Himmels hin orientiert. Ich spüre, dass ich alle im Gebet trage, in eine Gegenwart, welche die Gegenwart Gottes ist.«

Es ist eine sehr persönliche, emotionale Ansprache. »Als ich am 19. April vor fast acht Jahren eingewilligt habe, den Petrusdienst zu übernehmen«, fuhr Benedikt fort, »hatte ich die feste Gewissheit, die mich immer begleitet hat: diese Gewissheit, dass die Kirche lebt, und zwar aus dem Wort Gottes. Wie ich schon mehrmals erzählt habe, vernahm ich in meinem Innern diese Worte: ›Herr, warum verlangst du das von mir, und was verlangst du von mir? Es ist eine große Last, die du mir auf die Schultern legst, aber wenn du es von mir verlangst, werde ich auf dein Wort hin die Netze auswerfen, in der Gewissheit, dass du mich leiten wirst, auch mit all meinen Schwächen.‹ Und acht Jahre danach kann ich sagen, dass der Herr mich wirklich geführt hat. Er ist mir nahe gewesen. Täglich habe ich seine Gegenwart wahrnehmen können.« Häufig habe er sich bei seinem Dienst aber auch gefühlt »wie Petrus mit den Aposteln im Boot auf dem See Genezareth«. Ja, der Herr habe ihm und den Seinen »viele Sonnentage mit leichter Brise geschenkt, Tage, an denen der Fischfang reichlich war«. Aber es habe auch Situationen gegeben, »in denen das Wasser aufgewühlt war und wir Gegenwind hatten, wie in der ganzen Geschichte der Kirche, und der Herr zu schlafen schien. Aber ich habe immer gewusst, dass in diesem Boot der Herr ist, und ich habe immer gewusst, dass das Boot der Kirche nicht mir, nicht uns gehört, sondern ihm. … Und das ist der Grund, warum mein Herz heute voll Dankbarkeit gegenüber Gott ist, weil er es der ganzen Kirche und auch mir nie an seinem Trost, seinem Licht, seiner Liebe hat fehlen lassen.«

Die letzte Rede des scheidenden Papstes klang wie ein Brief, wie ein Liebesbrief: »Ich möchte alle einladen, ihr festes Vertrauen auf den Herrn zu erneuern, sich wie Kinder den Armen Gottes anzuvertrauen, in der Gewissheit, dass diese Arme uns immer stützen und uns ermöglichen, Tag für Tag voranzuschreiten, auch in der Mühsal. Ich möchte, dass jeder sich geliebt fühlt von jenem Gott, der seinen Sohn für uns hingegeben und uns seine grenzenlose Liebe gezeigt hat. Ich möchte, dass jeder die Freude empfindet, Christ zu sein.«

Nicht nur Gott wolle er danken, so Benedikt weiter. Er habe sich »beim Tragen der Freude und der Last des Petrusdienstes nie allein gefühlt«, versicherte er. Er denke dabei an »sehr viele Gesichter, die nicht in Erscheinung treten, die im Schatten bleiben, die mir aber gerade im Stillen, in der täglichen Hingabe, im Geist des Glaubens und der Demut eine sichere und verlässliche Unterstützung waren«. Unterschiedslos sei er »allen und jedem zugeneigt mit jener pastoralen Liebe, die das Herz jedes Hirten ist, vor allem des Bischofs von Rom, des Nachfolgers des Apostels Petrus. Jeden Tag habe ich jeden von euch mit väterlichem Herzen ins Gebet mit hineingenommen«. Dass er so viele Freunde habe, das erlebe er »nun noch einmal in großer, das Herz berührender Weise«. Er erhalte eine Vielzahl von Briefen »von den Großen der Erde – von Staatsoberhäuptern, Religionsoberhäuptern, Repräsentanten der großen Kultur und so weiter. Aber ich bekomme auch sehr viele Briefe von ganz einfachen Menschen, die mir schlicht aus dem Herzen heraus schreiben und mich ihre Zuneigung fühlen lassen … Diese Menschen schreiben mir nicht, wie man etwa einem Fürsten oder einem großen Unbekannten schreibt. Sie schreiben mir wie Brüder und Schwestern oder wie Söhne und Töchter in einer ganz herzlichen, familiären Verbundenheit«.

Von einigen der wirklich großen Päpste hatte man ähnliche Worte voraussetzungsloser Liebe gehört. Aber noch niemals sprach einer so wie Benedikt XVI., als er der ihm anvertraut gewesenen Herde noch einmal, fast entschuldigend, seinen historischen Schritt darlegte. In den vergangenen Monaten habe er gespürt, leitete er diesen Teil seiner Abschiedsrede ein, »dass meine Kräfte nachgelassen haben, und ich habe Gott im Gebet angefleht, mich mit seinem Licht zu erleuchten, um mir zu helfen, die Entscheidung zu fällen, welche nicht für mein eigenes Wohl, sondern für das Wohl der Kirche die richtigste ist. Ich habe diesen Schritt im vollen Bewusstsein seines schwerwiegenden Ernstes und seiner Neuheit, aber mit einer tiefen Seelenruhe getan. Die Kirche zu lieben bedeutet auch, den Mut zu haben, schwierige, durchlittene Entscheidungen zu treffen und dabei immer das Wohl der Kirche und nicht sich selbst im Auge zu haben«.

Dann legte erstmals ein Papst den Status für einen freiwillig aus dem

Amt geschiedenen Nachfolger Petri fest, einen *Papa emeritus*. Benedikt machte klar: »Es gibt keine Rückkehr ins Private. Meine Entscheidung, auf die aktive Ausführung des Amtes zu verzichten, nimmt dies nicht zurück. Ich kehre nicht ins private Leben zurück – in ein Leben mit Reisen, Begegnungen, Empfängen, Vorträgen und so weiter. Ich gehe nicht vom Kreuz weg, sondern bleibe auf neue Weise beim gekreuzigten Herrn. Ich trage nicht mehr die amtliche Vollmacht für die Leitung der Kirche, aber im Dienste des Gebetes bleibe ich sozusagen im engeren Bereich des heiligen Petrus. ... In Gebet und Besinnung werde ich den Weg der Kirche weiterhin begleiten, mit jener Hingabe an den Herrn und seine Braut, die ich bis jetzt täglich zu leben versucht habe und die ich immer leben möchte.«[26]

Ein letztes Mal grüßte der Papst in etlichen Sprachen, auf Englisch, auf Italienisch, auf Arabisch, auf Polnisch. »Mein Wunsch ist«, so verabschiedete er sich, »dass alle die Freude spüren, dass sie spüren, wie schön es ist, Christ zu sein und zur Kirche zu gehören.« Dann erhob er sich, und stimmte auf Lateinisch das »Vater unser« an. Ein kleiner weißer Mann mit gefalteten Händen und zitternder Stimme, aufrecht.

Wie für jeden anderen Inlandsflug des Papstes hatte die italienische Regierung den weißen Helikopter vom Typ »Sikorsky Sea King« bereitgestellt, der jetzt auf dem Landeplatz der Vatikanstadt wartete. Flugkapitän Colonello Girolamo Iadicicco vom 31. Geschwader der italienischen Luftwaffe wurde unterstützt von einem Co-Piloten und einem Techniker. Der Landeplatz war für Presseleute tabu, deshalb wurde jede irgendwie verfügbare Veranda auf einem der Dächer rund um den Petersplatz für teure Tagespauschale gemietet, um als improvisiertes Fernsehstudio zu dienen und einen Moment einzufangen, den es in der Geschichte noch nie gab.

Es ist der 28. Februar 2013, der letzte Tag im Pontifikat Benedikts XVI., einer Amtszeit von sieben Jahren, zehn Monaten und 17 Tagen. Inzwischen hatten sich in Rom 3641 Journalisten akkreditiert. Sie arbeiteten für 968 Medien, davon 247 TV-Stationen, und stammten aus 61 Nationen.

Am Vormittag traf Benedikt noch einmal mit den Kardinälen zusammen. Er hatte das für ihn signierte Buch eines Lehrmeisters seiner Jugendjahre, Romano Guardini, mitgebracht, *Die Kirche des Herrn*, das er in die Runde zeigte. Die Kirche »ist keine erdachte und konstruierte Institution«, las er daraus vor, »sondern ein lebendiges Wesen ... Sie lebt durch die Zeit weiter; werdend, wie alles Lebendige wird ... – dennoch im Wesen immer die gleiche, und ihr Innerstes ist Christus«. Er schloss mit einer Bitte: »Bleiben wir, liebe Brüder, in diesem Geheimnis vereint: im Gebet, besonders in der täglichen Eucharistie, und so dienen wir der Kirche und der ganzen Menschheit.« Einer spontanen Eingebung folgend, fügte er hinzu: »Und unter euch, im Kardinalskollegium, ist auch der zukünftige Papst, dem ich schon heute meine bedingungslose Ehrerbietung und meinen bedingungslosen Gehorsam verspreche.«

Das Gehorsams-Versprechen stand nicht im vorbereiteten Text.

»Hatten Sie denn eine Vorstellung davon, wer Ihr Nachfolger sein könnte?«, hatte ich in unseren Gesprächen nachgefragt.
»Nein, überhaupt nicht!«
»Kein Gefühl, kein Gedanke?«
»Nein. Nein.«
»Aber wie können Sie dann sofort dem Nachfolger absoluten Gehorsam versprechen?«
»Der Papst ist der Papst, ganz gleich, wer es ist!«

Georg Gänswein gestand, er habe von seinen letzten Momenten als Sekretär des Papstes im Vatikan »nichts mehr mitgekriegt, weil ich einfach so fertig und erschüttert war«. Man habe im Appartamento das Licht ausgemacht, sei mit dem alten Aufzug hinunter in den Damasushof gefahren, habe sich von den hier zur Überraschung des Papstes wartenden engen Mitarbeitern verabschiedet, die tosenden Applaus klatschten, und sei dann zum Hubschrauberlandeplatz gefahren. Um 17.05 Uhr begannen die schweren Rotorblätter den »Papacopter« langsam in den Himmel zu heben. An Bord sind neben der Crew und dem Papst seine beiden Sekretäre und Kardinal Harvey. Damit auch Abermillionen von TV-Zuschauern von Kapstadt bis Tokio den Abschied live miterleben können, startet gleichzeitig eine Chartermaschine des vatikaneigenen *Centro Televisivo Vaticano (CTV)*. Der Fernsehsender des Vatikans dokumentiert für gewöhnlich die Audienzen des Papstes oder stellt anderen Medien Aufnahme-Crews, Video- und Audiounterstützung zur Verfügung. Jetzt verfolgen die rasenden *CTV*-Reporter die atemberaubenden Manöver des Colonello, der sich entschieden hatte, bei der Himmelfahrt des Papstes noch eine Ehrenrunde um die Kuppel des Peterdomes zu drehen.

Kurz vor seinem Abflug war Benedikts letzter Tweet freigeschaltet worden: »Danke für eure Liebe und Unterstützung. Ich wünsche, dass ihr immer Freude dabei erfahrt, Christus in die Mitte eures Lebens zu stellen.« Sobald die Maschine abhob, begannen die Glocken des Vatikans zu läuten, in die nach und nach alle anderen der 400 Kirchen der Ewigen Stadt mit einstimmten, Santa Maria in Trastevere, Lateranbasilika, Santa Maria Maggiore, San Paolo fuori le mura, San Sebastiano alle Catacombe. Niemand im Helikopter habe während des Fluges ein Wort gesagt, gestand später Gänswein. Ihm selbst sei »hundeelend« zumute gewesen: »Es war ein Abschied und ein Schmerz, und der natürliche Ausdruck des Schmerzes ist, dass einem die Tränen kommen.« Leicht wie eine Feder, getragen von den Glocken von Rom, schwebte der päpstliche Flieger über das Kolosseum, das Forum Romanum, um bald in den Luftraum über der Via Appia einzuschwenken, der antiken Königin der Landstraßen, die in langer, gerader Linie die Campagna durchzieht.

Nie zuvor hatte die Entscheidung eines Papstes die katholische Kirche von einem Tag auf den anderen so herausgefordert wie diese. Noch niemals hatte in den zweitausend Jahren des Christentums einer der wirklich regierenden Nachfolger des heiligen Petrus den Mut, diesen Schritt zu tun. Nie zuvor hat es einen Pontifex als *Emeritus* gegeben. Aber niemals zuvor gab es auch solche Bilder. Benedikt XVI. versuchte, nicht von seinen Gefühlen übermannt zu werden, aber seine Rührung war zu groß, als dass er in unserem Gespräch über die Abschiedsszenen seine Tränen hätte zurückhalten können. Es sind Tränen eines langen Kampfes, Tränen der Erleichterung, die noch einmal die ganze Last spüren lassen, die in den vielen Jahren auf den schmalen Schultern lagen, und Tränen des Dankes, an einen liebenden Gott, der ihm die Kraft schenkte, eine Herkulesaufgabe zu erfüllen, die er sich selbst nie zugetraut hatte. »Es hat mich schon sehr bewegt«, so der *Papa emeritus*. »Die Herzlichkeit des Abschieds, dass Angestellte in Tränen waren. Dann war über dem Haus *Pastor Bonus* eine große Aufschrift ›Vergelt's Gott, Heiliger Vater‹. Und dann da drüberzuschweben und die Glocken von Rom läuten zu hören, da wusste ich, dass ich danken darf und dass die Grundstimmung die Dankbarkeit ist.«

Um 17.15 Uhr landete der Helikopter im Garten der päpstlichen Sommerresidenz. Der Marktplatz von Castel Gandolfo war längt überfüllt. Auch aus Rom hatten eiligst angereiste Besucher noch versucht, einen letzten Blick auf den scheidenden Papst zu erhaschen. Kurz darauf zeigte sich Benedikt am Fenster des Palastes, jubelnd begrüßt von seinen Anhängern und den Bewohnern des Ortes. »Ab 20 Uhr bin ich nicht mehr Papst, nicht mehr oberster Hirte der katholischen Kirche, sondern einfach ein Pilger, der die letzte Etappe seines Weges auf dieser Erde antritt«, begann er mit einem leichten Zittern in der Stimme. »Aber ich möchte weiterhin, mit meinem Herzen, mit meiner Liebe, mit meinem Gebet, mit meinem Denken, mit allen meinen geistigen Kräften für das allgemeine Wohl, für das Wohl der Kirche und der Menschheit weiterarbeiten.«

Um 17.40 Uhr erteilte er den Anwesenden seinen Segen, winkte von seinem Balkon noch einmal den Gläubigen zu. Und während nach 2864 Tagen im Amt der burgunderrote Teppich mit seinem Wappen eingerollt wurde, der über dem Balkon hing, kam über dem Portal das althergebrachte Wandrelief zum Vorschein: die Tiara, die dreigliedrige Krone der Päpste mit den gekreuzten Schlüsseln des heiligen Petrus. Benedikt hatte sich nach seinem letzten »Buona notte« in die Wohnung ein Stockwerk tiefer begeben. Er ging in sein Schlafzimmer, um den kleinen Koffer mit Unterwäsche, Schlafanzug und Hausschuhen auszupacken, den ihm vor unzähligen Jahren seine Schwester geschenkt hatte, und um den er sich stets selbst gekümmert hatte. Als es Zeit für das Abendbrot wurde, hörte man, wie die Schweizer Gardisten das große Tor schlossen, mit den Riegeln unten und oben und dem Querbalken in der Mitte. Über dem Essen lag eine unerhörte Stille. Benedikt sprach kein Wort. »Man wusste noch nicht einmal, soll man etwas essen, soll man etwas sagen, soll man nichts sagen. Es wurde so vor sich hin gegessen«, erinnerte sich der Sekretär. »Wir sind dann hoch und haben das *Telegiornale* angeschaut, und haben dann wie immer einen Spaziergang gemacht. Dann betete der Papst wie gewohnt die Komplet in der Kapelle neben seinem Schlafzimmer.«

Wie angekündigt, war das Pontifikat um 20.00 Uhr zu Ende gegangen. Aber warum nicht um 24.00 Uhr, wie das üblich ist? Weil für Benedikt ganz einfach der Arbeitstag um 20.00 Uhr beendet war. Dann sah er die Abendnachrichten und ging zu Bett. Zur gleichen Stunde versiegelte der *Camerlengo* der römischen Kirche, Kardinalstaatssekretär Bertone, in der dritten Etage des Apostolischen Palastes in Rom die Wohnung Benedikts XVI. und den Aufzug, der dorthin führt. Als Benedikt am nächsten Morgen in Castel Gandolfo zur Messe erschien, fehlte der Fischerring an seinem Finger.

Eine Ära ging zu Ende, einer jener Zeitabschnitte, die die großen Wenden kennzeichnen. Er war der letzte Papst, der selbst noch den Terror des Bösen im 20. Jahrhundert erlebte. Der letzte, der das Konzil mitgestaltete. Und der letzte, der aus einer geistesgeschichtlichen Prägung und einer Theologie kam, deren Höhe man nicht wieder erreichen wird. Benedikt XVI. galt nicht nur als der größte Theologe, der jemals auf dem Stuhl Petri saß, sondern auch als einer der bedeutendsten Denker unserer Zeit, den der englische Historiker Peter Watson in die Liste von Persönlichkeiten wie Beethoven und Hegel einreihte, denen man einmal das Etikett »deutscher Genius« zubilligte.

Das alles musste man nun vermissen: Sein schüchternes Lächeln. Seine oft ein wenig linkischen Bewegungen, wenn er über ein Podium schritt. Seine klugen Reden, die einen den Verstand kühlen und das Herz wärmen konnten. Seine Eleganz, mit der er das Schwere leicht machte, ohne ihm das Geheimnis zu nehmen oder das Heilige zu banalisieren. Vor allem seine Bereitschaft zum Zuhören, bei der ihn niemand übertreffen konnte. Er war ein Denker und Beter zugleich, für den die Mysterien Christi die entscheidende Realität der Weltschöpfung und der Weltgeschichte darstellen, ein Menschenliebhaber, der auf die Frage, wie viele Wege es zu Gott gibt, nicht lange überlegen musste, um zu antworten: »So viele, wie es Menschen gibt.«

Joseph Ratzinger verkörperte eine neue Intelligenz im Erkennen und Aussagen der Geheimnisse des Glaubens und verteidigte zugleich die Frömmigkeit des einfachen Volkes. Er war ein Unangepasster und Unbequemer, dessen Freunde und Gesprächspartner immer auch Menschen waren, die quer zum Establishment standen. Dem Papsttum gab er eine neue Qualität. Er entledigte es von falschen Attributen, von unnötigem Pomp, von Machtgehabe und zeigte den Stellvertreter Christi als ein Symbol für das Da-Sein-Christi in der Welt, ohne Wenn und Aber, ganz dem verpflichtet, der das Amt gespendet hat. »Sehen Sie sich als den Letzten einer alten Ära oder als den Ersten einer neuen?«, hatte ich Benedikt noch einmal gefragt. Er räusperte sich, um dann zu antworten: »Ich würde sagen, zwischen den Zeiten.« – »Als die Brücke, das Verbindungsglied zwischen den Welten?« – »Ich gehöre nicht mehr zur alten, aber die neue ist auch noch nicht wirklich da.« Fest steht, dass niemals zuvor ein Pontifex das Papsttum stärker veränderte als dieser. Sein Schritt symbolisiert das Ende des Alten und den Anfang des Neuen in der Geschichte der Kirche. Auch das ist eine der vielen Paradoxien dieser Biografie: dass der scheinbar Letzte auch der Erste ist.

»Der Herr ruft mich, den Berg hinaufzusteigen«, hatte der scheidende Pontifex der Menge zugerufen, deren stumme Frage er erspürte. Nein, er kehre »nicht ins private Leben zurück«, sondern bleibe »auf neue Weise beim gekreuzigten Herrn«, bei den Bedrängnissen der Christen und ihrer Kirche. Am Ende ging der Philosoph Gottes, der große Denker auf dem Stuhl Petri, dorthin, wo Verstand allein nicht genügt. In die Meditation, ins Gebet.

Epilog
Papa emeritus

Der emeritierte Papst sprach kaum, aß wenig, klagte über Müdigkeit. Er könne überhaupt nichts schaffen, murmelte er, wobei es nicht mehr wirklich etwas zu tun gab. Sekretär Gänswein empfand seinen Chef bis zum 28. Februar, dem letzten Tag des Pontifikats, als »unheimlich stabil«. Aber nun hatte er den Eindruck, Benedikt falle »in eine riesige Depression«.

Im Gepäck hatte er eine Reihe von Büchern über Theologie, Spiritualität und Geschichte, die er in Castel Gandolfo lesen wollte. Er hatte sich dort immer wohlgefühlt, mochte das Klima, die Landschaft, die Ruhe, die Lässigkeit der Menschen, die Spaziergänge im Park. Von der Terrasse konnte er nach Westen bis zum Meer sehen, im Norden bis nach Rom mit dem Petersdom und dessen Kuppel. 1943 war der idyllische Flecken Zufluchtsort für Hunderte von Juden, die Pius XII. mit koscherem Essen versorgen ließ. Im Schlafzimmer des Papstes schrien die Neugeborenen, als Tausende weitere Flüchtlinge Schutz suchten.

Zum Ablauf des Pontifikats waren in vielen Ländern Dankgottesdienste angesetzt worden, in nahezu allen Diözesen läuteten die Glocken. Gleichzeitig wurde das Hoheitszeichen des Heiligen Stuhls durch das Wappen für die Sedisvakanz ersetzt. Es zeigte zwei gekreuzte Schlüssel. Briefmarken mit Benedikts Konterfei wurden nicht mehr ausgegeben. Nachgetreten hatten einzelne Medien, für die nur ein toter Papst ein guter Papst war. Der *Spiegel* hielt Benedikt vor, »Schwäche, Krankheit, Leiden« seien »kein Kündigungsgrund für einen Pontifex«. Im »Lichte der Ewigkeit« betrachtet, sei der Rücktritt Fahnenflucht.

Viele Medien wetteiferten darin, den »Frame« herzustellen, die Deutung, mit der Benedikt XVI. im Gedächtnis der Menschen haften bleiben sollte. Die *Spiegel*-Redakteurin Fiola Ehlers sprach von »den ewigen Skandalen«, die es angeblich zu beenden gelte. Der deutsche Papst habe »eine Kurie in einer dramatischen Krise« hinterlassen, »zerrüttet, zerstritten, zersetzt von Spionen«.[1] Das mit den »Spionen« war zumindest originell. Auch Hans Küng wusste, wie man das »Wording« bedient und einen durchsetzungsfähigen Marker setzt: »Es droht mit Benedikt ein Schattenpapst«, gab er den Ton vor.

Es sind noch knapp dreißig Tage bis zum Beginn des Konklaves. Wie acht Jahre zuvor eilten Pilger, Abgesandte, Funktionäre, Ordensleute, Politiker nach Rom, zuvorderst die Kardinäle aus fünfzig Ländern. 6000 Journalisten hatten sich akkreditiert, so viele wie noch nie zuvor. In Castel Gandolfo wurde niemand empfangen. Es gab keinen Kontakt zur Außenwelt, um den Verdacht einer Beeinflussung erst gar nicht aufkommen zu lassen. Als am 13. März 2013 nach fünf Wahlgängen weißer Rauch aus dem Schornstein der Sixtinischen Kapelle aufstieg, saßen der emeritierte Papst, sein zweiter Sekretär Alfred Xuereb und die vier Memores-Schwestern gebannt vor dem Fernsehschirm. Benedikt ahnte nicht, dass in diesem Moment sein Nachfolger verzweifelt versuchte, ihn zu erreichen. »Ich würde gern Papst Benedikt anrufen. Wie kann man das machen?«, hatte er Georg Gänswein gefragt, der als Präfekt des päpstlichen Hauses im Vatikan geblieben war. »Ganz einfach«, war die Antwort. »Ich habe die Nummer. Wann?« – »Sofort.« In Castel Gandolfo jedoch war nur das Freizeichen zu hören, fast symbolisch. Gänswein rief einen der Gendarmen an, er möge dringend nachsehen. Aber auch auf das Klingeln an der Tür reagierte niemand. Der Fernseher war offenbar auf mehr als Zimmerlautstärke eingestellt.

»Buona notte!«, gute Nacht, waren die letzten Worte des Pontifikats Benedikts XVI. gewesen. »Buona sera!«, guten Abend«, sind die ersten Worte des neuen Pontifex, dreizehn Tage später. Fast so, als sei die Welt in einen kurzen Schlaf gefallen oder als habe man, wie die Soldaten am Grab Jesu, nur Nachtwache gehalten. Kurz vor zwanzig Uhr hatten sich die roten Samtportieren hinter den Fensterflügeln der Loggia des Petersdoms bewegt. »Viva il Papa«, rollten die Sprechchöre aus hunderttausend Kehlen. Aber plötzlich hatte es der Menge die Sprache verschlagen. Denn hervorgetreten war mit Jorge Mario Bergoglio aus Buenos Aires nicht nur ein Mann, der ohne Mozetta erschien, dem üblichen roten Schulterumhang der Päpste. Noch dazu kam er, wie er selbst sagte, vom »Ende der Welt«.

So viel Neues war noch nie: der erste »Amerikaner« auf dem Stuhl Petri; der erste Jesuit; der erste Oberhirte, der sich nach tausend Jahren wieder einen neuen Papstnamen gab. Und was für einen! Denn bis zu diesem Tag hätte auch gar niemand gewagt, sich ausgerechnet Franziskus zu nennen, nach dem Heiligen aus Assisi. Als »zweiter Christus«

wurde er seit dem Mittelalter verehrt. Aber auch, aufgrund seiner Stigmata, der Wundmale Jesu, die er trug, als »Engel des sechsten Siegels« aus der Apokalypse des Johannes. Eine Stimme, die er beim Gebet als Christi Stimme vom Kreuz vernommen hatte, war dem »Gaukler Gottes« zur Wegweisung geworden: »Franziskus, geh und baue mein Haus wieder auf, das, wie du siehst, ganz und gar in Verfall gerät.«

Bergoglios Wahl kam so unerwartet, dass die meisten Kommentatoren keine Angaben zu seiner Person und zu seinem Leben griffbereit hatten. Aber auch Benedikt XVI. war verblüfft. »Als ich den Namen hörte, war ich zunächst noch unsicher. Aber wie ich dann sah, wie er einerseits mit Gott redete, andererseits mit den Menschen, da war ich wirklich froh. Und glücklich.«[2] Franziskus' erste Worte auf dem Balkon galten Benedikt, dem er dankte und für den er mit den Hunderttausenden auf dem Platz in Gebet und Stille verweilte. Anschließend verneigte er sich vor den Gläubigen mit der Bitte, die Gnade des Himmels auf ihn herabzurufen. Erst danach erteilte er den apostolischen Segen.

Für Benedikt war mit dieser Wahl klar, »dass die Kirche immer beweglich und dynamisch ist, dass sie offen ist und in ihr neue Entwicklungen vor sich gehen«. Sie sei eben »nicht eingefroren in irgendwelche Schemata«, sondern trage eine Dynamik in sich, »die die Kirche immer wieder erneuern kann«. Es sei irgendwie zu erwarten gewesen, »dass Südamerika eine große Rolle spielen wird«, wobei sein Nachfolger ja zugleich Italiener und Südamerikaner sei, was auf »die Verflechtung der alten und der neuen Welt« verweise, in der »plötzlich die innere Einheit der Geschichte zur Erscheinung kommt«.[3]

Als am 23. März der alte und der neue Pontifex in Castel Gandolfo erstmals aufeinandertrafen, wurde der Zeitenwechsel auch optisch sichtbar. Benedikt holte Franziskus vom Landeplatz im Garten der Ville Pontificie ab. Zweieinhalb Stunden dauerte die erste brüderliche Amtsübergabe in der Geschichte der katholischen Kirche. Manche mochten sich noch die Augen reiben: Zwei Männer in Weiß, beide leben, und beide sind echt. Sie sind keine Gegner, sondern komplementär. »Jetzt haben wir sogar zwei Päpste«, drückte es eine Gläubige in ihrer Begeisterung aus, »und einen nur zum Beten.«

Mit der Stabübergabe am Albaner See wurde die historische Bedeutung des Rücktritts noch einmal unterstrichen: Benedikt XVI. hatte nicht nur das Papsttum reformiert, er hatte zugleich die Weichen gestellt für einen Pontifex von jenem Kontinent, auf dem weit mehr als die Hälfte aller Katholiken leben. Dass es ein Wechsel wie von einem

Herrgottsschnitzer zu einem Holzfäller war, machte die Veränderung noch deutlicher. Der eine ein Poet, der andere wie ein Rebell, der mit der Fahne durch die Straßen zieht. Fordernd, drängend. Ein Mann, der die Ärmel hochkrempelt und den Menschen ohne viel Federlesens sagt, was zu tun ist. Manchmal predigte er wie ein Dorfpfarrer, frisch von der Leber weg. Weder hatte er ein Manuskript vor Augen, noch nahm er ein Blatt vor den Mund. Und während es sein Vorgänger dem Zuhörer oder Leser überließ, Argumenten zu folgen oder nicht, rief Franziskus am Palmsonntag in die Menge: »Und in diesem Moment kommt der Feind, kommt der Teufel, oftmals als Engel verkleidet, und heimtückisch sagt er uns ein Wort.«

Es war ein Wechsel des Regisseurs, aber das Stück blieb dasselbe. Denn so unterschiedlich die beiden in Stil, Temperament und Charisma wirkten, schon im Präkonklave war deutlich geworden, dass der Neue das Werk seines Vorgängers fortsetzen wolle. Prangerte Ratzinger vor dem Konklave von 2005 eine »Diktatur des Relativismus« an, rief Bergoglio 2013 seine Kirche dazu auf, in einem ekstatischen Schritt aus ihren geschützten Räumen hinaus und »an die Peripherie« zu gehen. Sie dürfe nicht länger eine »verweltlichte Kirche bleiben, die in sich, von sich und für sich lebt«. Eine »um sich selbst kreisende Kirche«, verhaftet im »Geist des theologischen Narzissmus«, höre auf, das »Geheimnis des Lichts« zu sein.

Gleich in seiner ersten Rede als Papst erinnerte Bergoglio nicht nur an das Wort von der »Diktatur des Relativismus«, das »mein Vorgänger, der liebe und verehrte Benedikt XVI.«, als einen seiner Zentralbegriffe benutzt hatte.[4] Es gehe um eine Kirche, die Farbe bekenne: »Wir können gehen, so weit wir wollen, wir können vieles aufbauen, aber wenn wir nicht Jesus Christus bekennen, geht die Sache nicht. Wir werden eine wohltätige NGO, aber nicht die Kirche, die Braut Christi.« Nicht anders hatte Ratzingers Rede in Freiburg geklungen. In der Kirche zeige sich eine Tendenz, dass sie »zufrieden wird mit sich selbst, sich in dieser Welt eingerichtet« habe, »selbstgenügsam ist und sich den Maßstäben der Welt angleicht«. Um ihrem eigentlichen Auftrag treu zu bleiben, müsse sie »immer wieder die Anstrengung unternehmen, sich von dieser ihrer Verweltlichung zu lösen und wieder offen auf Gott hin zu werden«.

Im Frühjahr war die Renovierung des kleinen Klosters in den Vatikanischen Gärten abgeschlossen. Johannes Paul II. hatte den unspektakulären Bau am 13. Mai 1994 für Ordensgemeinschaften gestiftet, die sich abwechselten, um hier das Gebet für die Kirche, den Papst und die Kurie nicht abreißen zu lassen. Am 3. Mai 2013 kehrte Benedikt nach Rom zurück. Mit dem Bezug des Hauses Mater Ecclesiae (Mutter der Kirche) war er spirituell wie geografisch in das Zentrum des Vatikans gerückt, wie er es angekündigt hatte. Denn auch wenn er »nicht mehr die amtliche Vollmacht für die Leitung der Kirche« habe, so bleibe er mit dem »Dienst des Gebetes« gewissermaßen »im engeren Bereich des heiligen Petrus«. Von einem Eremiten im klassischen Sinne konnte freilich keine Rede sein. Zum dauerhaften Gebet wäre er, bekannte Benedikt nach dem Umzug, schon »von der psychischen Kraft her« nicht fähig, »weil ich einfach innerlich nicht stark genug bin, um mich ständig den göttlichen und geistlichen Dingen hinzugeben«. Er fände es aber auch »richtig und gut, dass ich in einem gewissen Austausch mit den Menschen bin, die heute die Kirche tragen oder die in meinem Leben eine Rolle spielen, also dass ich in den menschlichen Dingen verankert bleibe«. Obendrein fehle ihm »die physische Kraft«, die ihm gestatten würde, »immer in den hohen Regionen zu bleiben«.

Wie zuvor im Apostolischen Palast bestand die Hausgemeinschaft aus dem nun emeritierten Papst, den vier Schwestern und Erzbischof Gänswein. Der Tagesablauf entsprach ganz der bisherigen Regelung, nur eben ohne Geschäftsbetrieb. Er begann mit der gemeinsamen heiligen Messe um 7.45 Uhr in der Hauskapelle, es folgten Brevier und Frühstück. Der Vormittag war eingeteilt in Gebet, Korrespondenz, Besuche und Lektüre, etwa auch des Pressespiegels, den das Staatssekretariat weiterhin lieferte. »Da noch immer vielerlei Arbeit auf mir lastet«, antwortete Ratzinger kurz nach seinem Umzug dem italienischen Mathematiker Piergiorgio Odifreddi, könne er erst jetzt den Dialog bestreiten, um den ihn der bekennende Atheist gebeten hatte. Um 13.30 Uhr folgten das Mittagessen und ein kleiner Spaziergang auf der Dachterrasse. Nach der Siesta nahm sich Benedikt Zeit für Lektüre und die Beantwortung der unzähligen Briefe, die ihn nach wie vor aus aller Welt erreichten. Gegen 19 Uhr kam der Spaziergang zur Lourdes-Kapelle, um den Rosenkranz zu beten. Es folgten das Abendessen und die Nachrichtensendung im Fernsehen, bevor sich Benedikt zurückzog und Gänswein an seinem Schreibtisch bis spät in die Nacht hinein E-Mails beantwortete.

Seit er nicht mehr von der Last des Amtes »zusammengedrückt« werde, hieß es aus Mater Ecclesiae, sei Benedikt »noch milder, noch gütiger geworden«. Doch Untätigkeit war nicht seine Berufung, und wenn es nur um die Arbeit an den sonntäglichen Predigten ging, die er für die kleine Hausgemeinschaft schrieb. Als Emeritus initiierte er den Joseph-Ratzinger-Preis, eine Art Nobelpreis der Theologie, und gründete eine Stiftung zur Unterstützung katholischer Publizistik. Im April 2014 wohnte er der Heiligsprechung von Johannes XXIII. und Johannes Paul II. bei, im Oktober desselben Jahres der Feier zur Seligsprechung von Paul VI. Franziskus hatte seinen Vorgänger ausdrücklich aufgefordert, sich nicht ganz aus der Öffentlichkeit zurückzuziehen, doch die Verschlechterung seines Gehvermögens machten die Öffnung der Heiligen Pforte und das Hochfest der Unbefleckten Empfängnis Mariens am 8. Dezember 2015 zu seinen letzten öffentlichen Auftritten.

Seine schriftstellerische Arbeit hatte Benedikt zunächst an den Nagel gehängt. Nein, er vermisse nichts, erklärte er, erst recht nicht irgendein Gefühl von Macht. »Im Gegenteil, ich bin Gott dankbar, dass diese Verantwortung, die ich nicht mehr tragen könnte, nicht mehr auf mir lastet, dass ich jetzt einfach frei bin, um noch demütig täglich mit Ihm den Weg zu gehen, und unter Freunden zu leben, von Freunden besucht zu werden.«[5]

Jorge Bergoglio, Sohn italienischer Einwanderer und gelernter Chemiker, der das Kochen liebt, die Oper, Shakespeare und Hölderlin, überzeugte mit einem unkonventionellen, volksnahen Auftritt. »Abtreibung lehnt er ab«, schob ein Reporter nach, als sei dies bei einem Papst eine Sensation. Der frühere Erzbischof von Buenos Aires nahm nicht im Palazzo Apostolico Quartier, sondern im Gästehaus des Vatikans, wenige Hundert Meter von Mater Ecclesiae entfernt. Alt- und Neu-Papst schienen sich zu verstehen. Das Verhältnis sei »bestens«, erklärte Vatikansprecher Lombardi. Für seinen Vorgänger lässt Bergoglio seine Schrift *Evangelii Gaudium* eigens in Weiß binden, was nur dem Papst zusteht, und vor jeder größeren Reise kommt er zu Besuch, um sich zu verabschieden. Benedikt sei »ein subtiler Denker, den der Großteil der Menschen nicht kennt oder nicht verstanden hat«, verkündet er. Es sei »eine Freude, Ideen mit ihm zu teilen.« Umgekehrt beteuert Benedikt, er habe kein Problem mit dem Stil von Franziskus, »im Gegenteil, ich finde das gut«. Es sei »eine neue Frische in der Kirche, eine neue Fröhlichkeit, ein neues Charisma, das die Menschen anspricht«.[6] Manchmal frage ihn sein Nachfolger auch um Rat, berichtete er, aber »im Allgemeinen besteht dazu kein Anlass. Im Großen und Ganzen bin ich auch sehr froh, dass ich nicht hineingezogen werde.«

Es war eine Frage der Zeit, wann unterschiedliche Kreise damit beginnen würden, die beiden Päpste gegeneinander auszuspielen, und sei es nur, um Auflage zu machen. Von »progressiver« Seite bekam Franziskus die Rolle des Reformers auf den Leib geschneidert, mit Buchtiteln wie »Der Kämpfer im Vatikan«, »Franziskus unter Wölfen«, oder gern auch als »der einsame Papst«, der sich hartnäckig den Betonköpfen im Vatikan entgegenstemme. Die »konservative« Seite benutzte Schablonen wie die vom »Diktator Papst«. Bergoglio sei in Wahrheit ein Machtmensch, dessen Verrat am Erbe seiner Vorgänger die Kirche zum Einsturz bringe. Die in den Medien zelebrierte Rolle von Benedikt war durch das »Schattenpapst«-Verdikt von Hans Küng ohnehin festgelegt. Eine Erweiterung erfuhr sie durch das Bild vom Verschwörer, der seinem Nachfolger pausenlos dazwischengrätscht und in seinem Klösterl Reaktionäre um sich schart, um Franziskus' Pläne zu torpedieren. Kommentatoren jubelten, die Reden Bergoglios seien eine »Abrechnung mit Benedikt«. Ein protestantischer Theologe verstieg sich zu der »Analyse«, Franziskus habe in drei Wochen mehr erreicht als Benedikt in acht Jahren.

Franziskus wurde indes nicht müde, seinen Vorgänger zu loben. Ratzinger habe in den vergangenen drei Jahrzehnten einen fundamentalen Beitrag zur Modernisierung der Kirche geleistet. Er empfinde für ihn »ein Gefühl tiefer Gemeinschaft und Freundschaft«. »Haben Sie Benedikt XVI. je um Rat gefragt?«, war eine der Fragen, die ihm 2014 der *Corriere della Sera* stellte. »Ja«, meinte der Papst kurz und betonte, dass der emeritierte Papst »keine Statue in einem Museum« sei: »Er ist eine Institution.« Benedikt sei diskret und bescheiden, er wolle nicht stören. Aber sie hätten »darüber gesprochen und gemeinsam beschlossen, dass es besser wäre, wenn er Leute sieht, hinausgeht und am Leben der Kirche teilnimmt … Seine Weisheit ist ein Geschenk Gottes«.[7]

Auf dem Rückflug von einem Besuch in Armenien betonte Franziskus, »Benedikt deckt mir mit seinem Gebet Schultern und Rücken«. Er habe ihm auch dafür gedankt, »dass er die Tür für die emeritierten Päpste aufgestoßen hat«. Bei der heutigen Lebenserwartung müsse man sich in einem gewissen Alter fragen, ob man »mit den altersbedingten Beschwerden eine Kirche leiten« könne. In Zukunft werde es vielleicht zwei oder drei emeritierte Päpste geben.[8] Ein geradezu zärtliches Bekenntnis war die Ansprache von Franziskus zum 65. Jahrestag der Priesterweihe Ratzingers in der *Sala Clementina*. Zu seinem Vorgänger meinte der Papst: »Indem Sie heute auf intensive und helle

Weise das einzig wirklich Entscheidende leben – den Blick und das Herz zu Gott gewandt –, fahren Sie, Heiligkeit, fort, der Kirche zu dienen, Sie hören nicht auf, wirklich kraftvoll und weise zu ihrem Wachstum beizutragen. Und Sie tun dies von jenem kleinen Kloster Mater Ecclesiae im Vatikan aus, das so zeigt, dass es alles andere ist als eine jener vergessenen Ecken, in die die Wegwerfkultur von heute Menschen auszugrenzen tendiert, wenn mit dem Alter ihre Kräfte weniger werden. ... So hat die Vorsehung gewollt, dass Sie, lieber Mitbruder, an einen sozusagen ›franziskanischen‹ Ort gelangten, aus dem Ruhe, Frieden, eine Kraft, ein Vertrauen, eine Reife, ein Glaube, eine Hingabe und eine Treue strömen, die mir so guttun und mir und der ganzen Kirche Kraft schenken.«[9] Benedikt lächelte und bedankte sich seinerseits für die Güte, die ihm seit dem ersten Moment der Papstwahl zugefallen sei: »Danke, Heiligkeit, ich fühle mich durch Euch geschützt.«

Die Freundschaftsbezeugungen Bergoglios für Ratzinger ließen sich lange fortführen. Für die Kirche sei »die Präsenz eines emeritierten Papstes neben dem amtierenden eine Neuheit«, hielt er im Vorwort zur Benedikt-Biografie des Theologen Elio Guerriero fest, »und eben weil sie sich mögen, ist es eine schöne Neuheit. In einem gewissen Sinn drückt es in besonders deutlicher Weise die Kontinuität des Petrusamtes aus, ohne Unterbrechung, wie die Glieder derselben Kette durch Liebe zusammengeschweißt«.[10] Umgekehrt zeigte sich Benedikt nicht nur loyal gegenüber seinem Nachfolger, sondern auch von einer unerschütterlichen Diskretion. Jedem Besucher gegenüber bekannte er seine Verbundenheit mit Franziskus und betonte dessen Herzlichkeit im Umgang mit ihm. Tatsächlich gibt es keine einzige Wortmeldung, in der er den Papst kommentiert oder gar kritisiert hätte. Dass er nicht mit jedem Akt Bergoglios übereinstimmte, war eine andere Sache. Aber darüber sprach er nicht.

Der Normalfall für das Ende eines Pontifikats war der Tod im Amt. Regeln für einen resignierten Papst gibt es nicht. Als erster emeritierter Pontifex der Geschichte, der wirklich regiert hatte, hatte Ratzinger ein neues kirchenrechtliches und ekklesiologisches Subjekt geschaffen. Dass darüber eine leidenschaftliche Auseinandersetzung entbrennen würde, entsprach der historischen Bedeutung dieses Aktes. Der Wiener Kardinal Christoph Schönborn beispielsweise sah darin eine Rückkehr zum biblischen Kern des Papstamtes. Der Fels,« »auf dem Christus seine Kirche gründet«, liege weniger in der Person des jeweiligen Papstes als im Papstamt selbst. Der Amtsverzicht sei keine Verweltlichung, sondern im Gegenteil eine Entweltlichung.

Der italienische Journalist Antonio Socci wiederum vermutete, Benedikt XVI. sei noch immer Papst, wenn auch in einer anderen, »rätselhaften«, ja »mystischen« Form. Der Historiker Roberto de Mattei widersprach. Der Rücktritt Benedikts sei zwar aus theologischer und kirchenrechtlicher Sicht legitim, aber moralisch verwerflich, weil seine Begründung, die nachlassenden Kräfte, in keinem Verhältnis zum Ernst des Aktes stünden. In den Augen der Welt entstünde der Eindruck, das Petrusamt sei wie ein Unternehmen zu verstehen, in dem der Präsident aus Altersgründen zurücktreten könne. Zur Strafe werde Benedikt XVI. seither »von der Göttlichen Vorsehung gezwungen, dem von ihm ausgelösten Debakel zuzusehen«.

Die Frage war nicht nur, *ob* ein Papst zurücktreten dürfe, sondern auch, *wie* er sich danach zu verhalten habe; welche Kleider, welchen Titel, welches Gebaren er an den Tag legen und wo er wohnen dürfe. Benedikt selbst hatte als Emeritus für sich die Anrede »Papa Benedetto« oder »Padre Benedetto« gewünscht, was sich nicht durchsetzte. In der Kleiderfrage engagierten sich vor allem Kritiker in Deutschland. Der Priester und Kirchenrechtler Hubert Wolf argumentierte, weiterhin päpstliches Weiß zu tragen, sei »auf der Ebene der symbolischen Kommunikation eine Katastrophe. Die Menschen sagen: Da sind zwei weiße Männer auf dem Petersplatz. Das ist viel schlimmer als alles Theologische«.[11] Ob ein derartiger Anblick für das einfache Volk wirklich unerträglich ist oder nicht – wer sonst sollte diese Dinge entscheiden, wenn nicht der Papst selbst, der Souverän. Die normative Kraft des Faktischen legte nun einmal die Grundlinien fest, auch wenn spätere Päpste die neue Tradition in den Details anders interpretieren sollten. Wichtiger als der Dresscode war allemal die spirituelle Definition der neuen Figur. Benedikt legte fest, dass ein Rücktritt das Papstamt nicht verbürgerlichen dürfe. Für einen Emeritus gäbe es »keine Rückkehr ins Private«, mit Reisen, Vorträgen oder irgendwelchen Hobbys. Analog zu einem Familienvater behalte er »die Verantwortung, die er in einem inneren Sinn übernommen hat, aber nicht die Funktion«.

Nach der Amtsniederlegung Benedikts wiederholte sich, was die Medienwissenschaftlerin Friederike Glavanovics bereits über das Pontifikat des deutschen Papstes festgestellt hatte. Ratzinger sei »in den Rahmen des ängstlichen, missverstandenen, auf Randthemen fixierten alten Mannes« gesteckt worden, hieß es in ihrer wissenschaftlichen

Untersuchung. Dem »Trend zur Boulevardisierung« folgend, sei es vielfach nur noch um ein »Bloßstellen des Papstes« gegangen, um damit »gezielt Meinung zu machen«. Dies geschehe »durch Anzweifeln seiner Glaubwürdigkeit und seiner Integrität«.[12] Eines der Beispiele für die eingeübten Reflexe war die Reaktion auf ein Grußwort, das Benedikt im Juli 2017 auf Bitten des Erzbischofs von Köln, Kardinal Woelki, zur Beisetzung von Kardinal Meisner sandte. Ratzinger schrieb darin, es habe ihn bewegt, dass sein Freund »immer mehr aus der tiefen Gewissheit lebte, dass der Herr seine Kirche nicht verlässt, auch wenn manchmal das Boot schon fast zum Kentern angefüllt ist«. Eine Zeitung titelte daraufhin: »Benedikt funkt Kirchen-SOS«. Ratzinger-kritische Leitartikler waren sich darin einig, die Wortmeldung sei nichts anderes als eine Breitseite gegen Papst Franziskus.

Im Umgang mit dem emeritierten Papst spielten Fakten und Inhalte kaum eine Rolle. Es genügte, dass Ratzinger sich überhaupt noch einmal zu Wort meldete, um heftige Proteststürme loszutreten. Bereits die Herausgabe der »Letzten Gespräche« im September 2016 brachte Kritiker in Deutschland auf die Palme. Benedikt habe durch das Interview-Buch Wortbruch begangen, erregte sich der Jesuitenpater Andreas Batlogg. Das Buch sei »stillos und taktlos«, ein Werk wie dieses dürfte es gar nicht geben. Wahrheitswidrig behauptete der Herausgeber der Jesuitenzeitschrift *Stimmen der Zeit*, Benedikt würde in dem Buch seinen Nachfolger kritisieren; das Gegenteil war der Fall. In der *Frankfurter Allgemeinen Zeitung* schrieb Daniel Deckers, der Emeritus habe sich, wieder einmal, »im Ton der Verbitterung« eingemischt. Tatsächlich war das Interview weder eine Rechtfertigungs- noch eine Streitschrift, sondern ein Erinnerungsstück, das die Möglichkeit bot, authentisch Auskunft zu bekommen. Die Münchner *Abendzeitung* kommentierte, das Buch sei »frei von jeder Bitterkeit, heiter und freundlich«.

Nicht zuletzt hatte aus Anlass des Erscheinens der »Letzten Gespräche« eine führende deutsche Tageszeitung den homosexuellen Theologen David Berger aufgefordert, seine früheren Vorwürfe gegen Ratzinger in einem großen Beitrag zu wiederholen. Berger benötigte seinen eigenen Worten zufolge »keine einzige Sekunde«, um den Vorschlag zurückzuweisen. Stattdessen erklärte er auf seinem Blog, er wolle sich »mit zerknirschtem Herzen und gesenktem Haupt« bei Ratzinger entschuldigen. »Die Medien haben zu Benedikt jeden Unsinn mitgemacht«, so der Theologe. »Ich hätte diesen Leuten den größten Blödsinn erzählen können. Sie hätten es geglaubt, weil sie es glauben wollten.«[13] Von Bergers Sinneswandel war in den »Leitmedien« nichts zu erfahren.

Für Aufregung sorgte im Juli 2018 ein Text Benedikts über das Verhältnis zum Judentum. Der Beitrag, um den ihn Kardinal Kurt Koch gebeten hatte, war für den internen Gebrauch bestimmt. Als Präsident der Kommission für die Beziehungen mit dem Judentum hatte Koch den Emeritus bekniet, den Artikel in der Theologen-Zeitschrift *Communio* veröffentlichen zu dürfen. Zwar hatte Benedikt sich darin ganz hinter die Lehre des Konzils gestellt, die vom nie gekündigten Bund Gottes mit den Juden spricht, in Bezug auf die komplizierte Substitutionstheorie aber sah er noch Präzisierungsbedarf. Der Aufschrei war fürchterlich. »Stolpersteine im jüdisch-christlichen Dialog«, titelte *katholisch.de,* das Internetportal der Deutschen Bischofskonferenz. Benedikt irritiere »mit einer Revision der Theologie des Judentums«, damit »verstört er nicht nur Juden, sondern löst auch in der Kirche Kritik aus«.[14]

Kardinal Koch hatte noch versucht, dem Sturm Einhalt zu gebieten, indem er klarmachte, Benedikt diskutiere in dem Text die »Grundüberzeugungen im jüdisch-christlichen Dialog« nicht, »um sie zu problematisieren oder zu relativieren oder gar ›auszuhöhlen‹, sondern um sie zu spezifizieren und zu differenzieren und auf diesem Weg theologisch zu vertiefen«. Es nützte nichts. Professoren beschimpften den Emeritus, er setze sich nicht kritisch mit dem Antijudaismus auseinander. Bald stand der Vorwurf des Antisemitismus im Raum. Doch es kam, wie es immer gekommen war: Nach einer öffentlich ausgetragenen Kontroverse empfand der Wiener Oberrabbiner Arie Folger Benedikt als »einen sehr sympathischen und profunden Denker, dem der Antisemitismus und Antijudaismus in allen ihren Gattungen abscheulich ist«. Nach einem persönlichen Treffen in Mater Ecclesiae erklärte eine Delegation orthodoxer jüdischer Rabbiner im Januar 2019, Missverständnisse seien ausgeräumt, die Kontroverse beigelegt.

In seinem Rücktritts-Bulletin und in zusätzlichen Erläuterungen hatte Benedikt erklärt, er würde sich zurückziehen und in keiner Weise in die Arbeit seines Nachfolgers einwirken. Er hatte in der Tat weder Politik gemacht noch Ränke geschmiedet. Dass er sich ein Schweigegebot auferlegen würde, davon war nirgendwo die Rede gewesen. Nur einmal hatte er von sich aus einen Beitrag verfasst, nachdem die Diskussion über den sexuellen Missbrauch in seinen Augen zu monothematisch verlaufen war. Anlass war die vom 21. bis 24. Februar 2019 in Rom stattfindende Konferenz der Vorsitzenden aller Bischofskonferenzen. »Da ich selbst zum Zeitpunkt des öffentlichen Ausbruchs der Krise und während ihres Anwachsens an verantwortlicher Stelle als Hirte in der Kirche gewirkt habe«, leitete Benedikt seinen Beitrag ein, »musste ich mir ... die Frage stellen, was ich aus der Rückschau heraus zu einem neuen Aufbruch beitragen könne.« Er habe deshalb Notizen zusammengestellt, »mit denen ich den ein oder anderen Hinweis zur Hilfe in dieser schweren Stunde beitragen kann. Nach Kontakten mit Staatssekretär Kardinal Parolin und dem Heiligen Vater selbst scheint es mir richtig, den so entstandenen Text im *Klerusblatt* zu veröffentlichen.«[15]

Zumindest der Einstieg des Aufsatzes mit Verweisen auf die Parolen der sexuellen Revolution war nicht glücklich gewählt. In einem ersten Punkt versuchte Benedikt den gesellschaftlichen Kontext der Frage darzustellen, »ohne den das Problem nicht verständlich ist«. Von 1960 bis 1980 habe eine Veränderung stattgefunden, wie es sie »in der Geschichte wohl kaum je gegeben hat«. Sie habe dazu geführt, dass in nur 20 Jahren »die bisher geltenden Maßstäbe in Fragen der Sexualität vollkommen weggebrochen sind und eine Normlosigkeit entstanden ist, die man inzwischen abzufangen sich gemüht hat«. In einem zweiten Punkt versuchte er, Auswirkungen dieser Situation in der Priesterausbildung und im Leben der Priester anzudeuten. Im dritten Teil ging es um Perspektiven für eine rechte Antwort vonseiten der Kirche.

Man kann darüber diskutieren, wie sinnvoll es war, einen solchen Aufsatz zu veröffentlichen. Ratzingers Haltung zu dieser Thematik war nicht unbekannt. Noch fraglicher aber waren die entstellenden Reaktionen darauf. Der emeritierte Papst mache »die Achtundsechziger für Übergriffe katholischer Priester auf Kinder verantwortlich«, schrieb der *Spiegel,* »die Kirche, behauptet Benedikt XVI., sei ›wehrlos‹ gewesen«.[16] Den Leser musste die Meldung ähnlich empören wie Überschriften, die von »schreiben und verschweigen«, vom »Rückblick im Zorn« oder generell vom »Machtwort zum Missbrauchsskandal« sprachen, mit dem sich laut *Deutschlandfunk* der emeritierte Papst in »gefährlicher« Weise »zurückgemeldet« habe.[17] Dass sich Ratzinger über die Krise der Moral und in ungeschönter Selbstkritik über den Niedergang der Priesterausbildung ausgelassen hatte, kam so gut wie nirgendwo vor.

Eigentlich sollte Benedikt gewarnt sein, und er war es auch. Als er sich im Sommer 2019 mit den Grundlagen des katholischen Priestertums beschäftigte, wollte er zwar seine Erkenntnisse nicht für sich behalten, sein diesbezüglicher Aufsatz allerdings sollte erst nach seinem

Tod veröffentlicht werden. Es kam anders. Der afrikanische Kardinal Robert Sarah, Präfekt der Kongregation für den Gottesdienst und die Sakramentenordnung, der von dem Text hörte, bekniete Benedikt, den Beitrag in seinem neuen Buch veröffentlichen zu dürfen. Nicht vereinbart war, wann genau das Werk auf den Markt kommen sollte.

Um es kurz zu machen: Das Echo war niederschmetternd. Noch bevor die Publikation überhaupt erschienen war, brach ein Sturm los, der alle bisherigen Angriffe auf den Emeritus in den Schatten stellte. In der *Frankfurter Allgemeinen Zeitung* sprach Daniel Deckers vom »Geist der Kirchenspaltung«, den Benedikt nun endgültig aus der Flasche gelassen habe; die 1,3 Milliarden Gläubige zählende Weltkirche arbeite an ihrer Selbstzerstörung. Die *Bild*-Zeitung schrieb in dicken Lettern vom »Krieg der Päpste«, der nun tobe. *katholisch.de* veröffentlichte zehn große Beiträge, in denen Theologen ihrer Empörung freien Lauf ließen. Mit verursacht worden war der Aufruhr freilich auch durch das Fehlverhalten von Mitarbeitern im Umfeld Sarahs und durch die aggressive Verkaufsstrategie des Verlags Fayard, der Namen und ein Porträt Benedikts ohne dessen Wissen auf das Cover des Buches gedruckt und seine Unterschrift in Faksimile sogar unter das Vor- und Nachwort gesetzt hatte, ohne diese Texte überhaupt vorgelegt zu haben.

In Benedikts Aufsatz war der Zölibat nur ein Thema am Rande, und dass sich Ratzinger für dessen Beibehaltung aussprach, konnte niemanden überraschen. Aber darum ging es auch nicht. Die Veröffentlichung, lautete die Anklage, sei als eine »unerhörte Einmischung« zeitlich präzise platziert worden, um Papst Franziskus, der sich demnächst bekanntlich für die Aufweichung des Zölibats aussprechen wolle, in die Flanke zu fallen. Mit der Titelzeile »Zwei Päpste streiten um den Zölibat« nahm denn auch der *Spiegel* das Deutungsmuster der *Bild*-Zeitung auf. Im Vorspann hieß es: »Der frühere Papst Benedikt XVI. strapaziert im Zölibat-Streit einmal mehr die Geduld seines Nachfolgers Franziskus. Warum tut er das?«[18] Der Artikel war gut recherchiert, aber genau das war das Problem. Aus ihm ging hervor, dass Benedikt XVI. mitnichten einen speziellen Beitrag zum Zölibat verfasst und die Genese des Textes auch nichts mit der Amazonas-Synode zu tun hatte. Für den angeblichen Dissens zwischen ihm und seinem Nachfolger wurde kein einziger Beleg angeführt. Aber nun sollte zumindest die Überschrift die Linie des Blattes wiedergeben, auch wenn diese im absoluten Gegensatz zum Inhalt des Artikels stand. Am selben Tag veröffentlichte der *Spiegel* seine neuen Richtlinien. Im feierlich verkündeten Kodex hieß es: »Die Geschichte muss stimmen ... Stimmen heißt nicht nur, dass die Fakten richtig sind, dass es die Personen gibt, dass die Orte authentisch sind. Stimmen heißt, dass der Text in seiner Dramaturgie und seinem Ablauf die Wirklichkeit wiedergibt.« Und weiter: »Ein *Spiegel*-Text muss eine Idee und eine These haben, aber er darf keinen Spin haben, dem die Argumentation untergeordnet wird.«

Dass der »Krieg der Päpste« eine Zeitungsente war, bewies sich umgehend. In Franziskus' am 12. Februar 2020 veröffentlichtem päpstlichen Schreiben zur Amazonassynode kam der Zölibat nicht einmal in einer Fußnote vor. In einem Gespräch mit Bischöfen aus den USA hatte sich der Papst kurz zuvor darüber beklagt, dass das breite Spektrum der Synode reduziert werde auf die Zölibats- und Ämterfrage. Für ihn liege der Focus aber auf der sozialen, pastoralen, ökologischen und kulturellen Herausforderung. Ebenfalls Anfang Februar stellte er in einem Vorwort klar: »Den Fußspuren von Paul VI., Johannes Paul II. und Benedikt XVI. folgend, fühle ich eine starke Verpflichtung, daran zu denken, dass der Zölibat eine entscheidende Gnade ist.«

Das Leben Joseph Ratzingers ist noch nicht zu Ende erzählt. Er war der kleine Papst, der mit dem Bleistift große Werke schrieb. Bereits seine »Einführung in das Christentum« wurde zu einem Klassiker der katholischen Lehre. Kein anderer Pontifex hat wie er ein so gewaltiges Jesus-Werk hinterlassen noch überhaupt eine Christologie verfasst. Er war kein Managertyp, aber dass er nicht regiert habe, ist ein Märchen. In seiner Amtszeit wuchs die katholische Kirche weltweit um einhundert Millionen Mitglieder, überproportional zur allgemeinen Bevölkerungszunahme. In Deutschland löste sie erstmals die evangelische Kirche als größte Religionsgemeinschaft ab.

Welche Bedeutung Benedikt XVI. und seinem Werk über den Tag hinaus zukommen, darüber wird die Geschichte urteilen. Bestimmt hat er nicht alles richtig gemacht, aber die Fehler gestand er ein, selbst solche, wie den Williamson-Skandal, für die er nichts konnte. Mit der Verlebendigung der Lehre ist der deutsche Pontifex ein Erneuerer des Glaubens, der die Brücke baute für das Kommen des Neuen – wie immer es auch aussehen mag. »Sein Geist«, so ist sich sein Nachfolger im Amt des heiligen Petrus bereits sicher, »wird von Generation zu Generation immer größer und mächtiger in Erscheinung treten.«

»Die persönliche Freundschaft mit Papst Franziskus ist nicht nur geblieben, sondern weiter gewachsen«

Letzte Fragen an Benedikt XVI.

Nach vielen Interviews, die ich mit Benedikt XVI. führen konnte, waren im Herbst 2018 noch einige Fragen aufgetaucht, die ich nachreichte. Einen Großteil der Antworten blieb der emeritierte Papst allerdings schuldig. Denn »was Sie mich da fragen, führt natürlich sehr weit in die jetzige Situation der Kirche hinein«, erläuterte er in einem Begleitbrief vom 12. November 2018. Die Beantwortung würde »unweigerlich eine Einmischung in das Wirken des jetzigen Papstes darstellen. Alles, was in diese Richtung ginge, musste ich und will ich vermeiden«.

Papa Benedetto, verfolgen Sie die Geschehnisse in der Kirche?
Ja.

Sie wollten kein geistliches Testament schreiben. Haben Sie es inzwischen getan?
Ja.

Als Papst haben Sie umgehend den Kanonisierungsprozess für Ihren Vorgänger eingeleitet, unter Verzicht auf die übliche Fünfjahresfrist. Was hat Sie zu dieser Eile bewogen?
Das offensichtliche Verlangen der Gläubigen und das Vorbild des Papstes, das ich selbst über mehr als zwei Jahrzehnte hindurch miterlebt habe.

Im Blick auf Ihr Pontifikat heißt es häufig, Sie wären in der Kurie auf viele Blockaden gestoßen.
Blockaden sind mehr von außen als von der Kurie gekommen. Ich wollte ja nicht bloß und nicht einmal in erster Linie die Reinigung in der kleinen Welt der Kurie voranbringen, sondern in der Kirche als

ganzer. Der Papst ist nicht primär der Papst der Kurie, sondern er trägt Verantwortung für die Kirche in der jeweiligen Geschichtsstunde. Inzwischen haben die Ereignisse gezeigt, dass die Krise des Glaubens vor allem auch zu einer Krise der christlichen Existenz geführt hat. Dies ist das Maß, das dem Papst vor Augen stehen muss.

Hat »Vatileaks« mit zu Ihrer Rücktrittsentscheidung geführt?
In meinen »Letzten Gesprächen« mit Ihnen habe ich nachdrücklich klargestellt, dass mein Rücktritt nichts mit der Affäre Paolo Gabriele zu tun hat. Wenn ich vor solchen Vorfällen hätte davonlaufen sollen, so hätte es auch andere Anlässe dieser Art gegeben. Aber ihnen standzuhalten und sich nicht vor ihnen zu beugen, erscheint mir nach wie vor als ein wesentlicher Auftrag an den Papst. Deshalb hat mein Rücktritt mit alledem absolut nichts zu tun.

Für Rätselraten sorgt bis heute Ihr Besuch am Grab von Papst Coelestin V. im Jahr 2009, dem einzigen vor Ihnen zurückgetretenen Papst. Was stand dahinter?
Der Besuch am Grab von Papst Coelestin V. hat sich eher zufällig ergeben, aber es war mir durchaus bewusst, dass die Situation von Coelestin V. einzigartig war und nicht in irgendeiner Form als Vorbild dienen konnte.

Der US-Journalist Rod Dreher sagte: »Ein Freund, der Benedikt nahesteht, erzählte mir, dass der Papst zurückgetreten sei, als ihm klar wurde, dass die Korruption in der Kurie weit über das hinausging, was er bekämpfen konnte.« Ist das erfunden?
Ja.

Ein Satz aus der Predigt zu Ihrer Amtseinführung blieb besonders in Erinnerung: »Betet für mich, dass ich nicht furchtsam vor den Wölfen fliehe.« Hatten Sie vorausgesehen, was noch alles auf Sie zukommen würde?
Auch hier muss ich sagen, dass der Radius dessen, wovor ein Papst sich fürchten kann, viel zu klein genommen ist. Natürlich sind Angelegenheiten wie »Vatileaks« ärgerlich und vor allem für die Menschen in der weiten Welt unverständlich und im höchsten Grad störend. Aber die eigentliche Bedrohung der Kirche und somit des Petrusdienstes liegt nicht in diesen Dingen, sondern in der weltweiten Diktatur von

scheinbar humanistischen Ideologien, denen zu widersprechen den Ausschluss aus dem gesellschaftlichen Grundkonsens bedeutet. Vor hundert Jahren hätte es noch jedermann für absurd gehalten, von homosexueller Ehe zu sprechen. Heute ist gesellschaftlich exkommuniziert, wer sich dem entgegenstellt. Ähnliches gilt bei Abtreibung und für die Herstellung von Menschen im Labor. Die moderne Gesellschaft ist dabei, ein antichristliches Credo zu formulieren, dem sich zu widersetzen mit gesellschaftlicher Exkommunikation bestraft wird. Die Furcht vor dieser geistigen Macht des Antichrist ist dann nur allzu natürlich, und es braucht wirklich der Gebetshilfe eines ganzen Bistums und der Weltkirche, um ihr zu widerstehen.

Volker Reinhardt, Kirchenhistoriker an der Universität Fribourg in der Schweiz, sagte: »Für mich ist der Rücktritt von Benedikt XVI. ein Akt der extremen Distanzierung von den Zuständen der Kirche – und ein Eingeständnis, dass er die Kirche nicht so führen kann, wie es nötig wäre.«

Eine »extreme Distanzierung von den Zuständen der Kirche« lag durchaus nicht in meiner Absicht. Wenn man die Papstgeschichte studiert, wird man bald darauf kommen, dass die Kirche immer ein Netz mit guten und schlechten Fischen war. Zum katholischen Verständnis der Kirche und der Führungsämter in ihr gehört es, dass man sich nicht eine ideale Kirche ausdenkt, sondern gerade in einer von der Macht des Bösen bedrängten Kirche zu leben und zu wirken bereit ist.

Johannes Paul II. schrieb 1989, dass für ihn ein Rücktritt im Falle einer schweren Krankheit in Frage käme. Fünf Jahre später kam er zu dem Schluss, dass es für einen »emeritierten Papst in der Kirche keinen Platz gibt«. Haben Sie sich einmal gefragt, was Ihr Vorgänger zu Ihrem Rücktritt gesagt hätte?

Es ist richtig, dass sowohl Paul VI. wie Johannes Paul II. sehr früh eine Erklärung unterzeichnet haben, wonach sie ihren Rücktritt für den Fall einer Krankheit erklärten, die eine angemessene Ausübung des Amtes unmöglich macht. Dabei hatten sie vor allem an die verschiedenen Formen von Demenz gedacht. Ihrem Beispiel folgend, hatte ich eine gleiche Erklärung schon relativ früh unterzeichnet. Dass auch andere Formen von nicht mehr genügender Fähigkeit zur rechten Amtsführung möglich sind, ist mir am Ende meines Wirkens klar geworden.

Mit Ihrem Amtsverzicht haben Sie den Grundstein für eine neue Tradition in der katholischen Kirche gelegt. Als erster Petrusnachfolger nennen Sie sich »Papa emeritus«. Kirchenhistoriker behaupten, es gibt keinen »emeritierten« Papst, da es auch nicht zwei Päpste gibt.

Es ist nicht einzusehen, wieso ein Kirchenhistoriker, das heißt jemand, der die Vergangenheit der Kirche studiert, besser als andere wissen soll, ob es einen emeritierten Papst geben kann oder nicht. Ich möchte dazu von meiner Sicht her Folgendes sagen: Bis zum Ende des II. Vatikanums gab es auch keinen Rücktritt der Bischöfe. Als schließlich nach kräftigen Debatten der Rücktritt für die Bischöfe eingeführt wurde, stand man alsbald vor einem praktischen Problem, an das niemand gedacht hatte: Bischof kann man nur werden in Verbindung mit einem bestimmten Bischofssitz. Die Bischofsweihe ist immer »relativ«, das heißt mit einer Zuweisung eines Bischofssitzes verbunden. Dieser im Sakrament des Bischofsamtes verwurzelte Beziehungscharakter des Sakraments hat für die nicht residierenden Bischöfe (heute meist Weihbischöfe genannt) zur Folge, dass wenigstens ein fiktiver Sitz für sie gefunden werden muss. Dafür standen mehrere Hundert Sitze aus der alten Kirche zur Verfügung, die vor allem durch die Islamisierung der betreffenden Gegenden nicht mehr real mit Bischöfen besetzt werden können. Demgemäß musste man nun für einen zurücktretenden Bischof, der nicht mehr Bischof seines betreffenden Ortes war (zum Beispiel München, Berlin), einen Titularsitz finden (zum Beispiel Karthago, Hippo usw.). Alsbald zeigte sich, dass die Zahl dieser Sitze bei der anwachsenden Zahl der zurückgetretenen Bischöfe oder auch sonstiger Titularbischöfe schnell wuchs, und es war der Augenblick absehbar, in dem man keine Titularbistümer mehr finden konnte.

Was bedeutet das?

Die Lösung hat meines Wissens der damalige Bischof von Passau Simon Konrad Landersdorfer gefunden, der ein sehr energischer und gelehrter Mann gewesen ist. Er sagte, er wolle nach seinem wirklichen Bischofssitz keinen fiktiven bekommen. Es müsse doch genügen, dass er »emerito« von Passau war.

Was ist ein emeritierter Bischof oder Papst?

Dieses Wort »emerito« besagte, dass er nicht mehr aktiver Inhaber des Bischofssitzes war, wohl aber in der besonderen Beziehung eines ehemaligen Bischofs zu seinem Sitz stehe. Insofern war einerseits der

Notwendigkeit Rechnung getragen, sein Amt in Relation zu einer realen Diözese zu definieren, ohne ihn zu einem zweiten Bischof seiner Diözese zu machen. Das Wort »emerito« besagte, dass er sein Amt voll abgegeben hatte, aber die geistige Verbundenheit zu seinem bisherigen Sitz wurde nun auch als rechtliche Qualität anerkannt. Wenn im Allgemeinen ein Titularsitz eine reine Rechtsfiktion bedeutet, so gab es von nun an die besondere Beziehung zu einem Sitz, der Lebensaufgabe gewesen war. Diese bisher real gegebene, aber als außerhalb des Rechts liegende Beziehung zu einem vorangehenden Sitz ist die neue, nach dem II. Vatikanum geformte Bedeutung von »emerito«. Sie schafft keinerlei Beteiligung am konkreten Rechtsgehalt des Bischofsamtes, sieht aber zugleich die spirituelle Bindung als eine Realität an. So gibt es nicht zwei Bischöfe, wohl aber einen geistlichen Auftrag, dessen Wesen es ist, von innen her, vom Herrn her, im betenden Mitsein und Fürsein seinem bisherigen Bistum zu dienen.

Aber gilt das auch für den Papst?
Es ist nicht einzusehen, warum diese Rechtsfigur nicht auf den Bischof von Rom ebenfalls angewandt werden soll. In dieser Formel ist beides mitgegeben: keinerlei konkrete rechtliche Vollmacht mehr, aber eine spirituelle Zuordnung, die – wenn auch unsichtbar – bleibt. Gerade diese rechtlich-spirituelle Form vermeidet jeden Gedanken an ein Miteinander von zwei Päpsten: Ein Bischofssitz kann nur *einen* Inhaber haben. Zugleich wird eine spirituelle Verbundenheit ausgedrückt, die auf keinen Fall weggenommen werden kann. Ich bin dem Herrn überaus dankbar, dass die gütige und herzliche Zuwendung von Papst Franziskus zu mir diese Idee praktisch umzusetzen möglich macht.

Gegen den Rücktritt eines Bischofs wurde früher eingewandt, dass er ein Vater sei und Vaterschaft nicht zurückgenommen werden kann.
Daran ist etwas Richtiges und etwas Falsches. Natürlich bleibt jemand Vater und die menschlich-spirituelle Bedeutung des Vaterseins bleibt bis zum Tod. Aber Vaterschaft ist nicht nur ontologisch, sondern auch funktional. Es gibt den Wechsel der Generationen, bei dem der Vater seine rechtliche Stellung abgibt. Er hat nicht mehr die *paterna potestas*, sondern muss im Wechsel der Generationen dem Sohn im rechten Augenblick das Steuer überlassen. Ich finde dies sehr schön ausgedrückt in der Weise, wie sie bei den bayerischen Bauern üblich war. Da gibt es den sogenannten Austrag, räumlich dargestellt durch

ein einfaches Wohnhaus, das neben dem großen Hof steht. Der Vater »übergibt« sein Anwesen dem Sohn. Er zieht von der großen bäuerlichen Residenz ins Austragshaus und erhält überdies einen »Austrag« in der Weise von materiellen Zuwendungen (Essen, Geld usw.). So ist seine materielle Unabhängigkeit ebenso gesichert wie der Übergang der konkreten Rechte an den Sohn. Das bedeutet: Die spirituelle Seite des Vaterseins bleibt bestehen, während auf der Seite der konkreten Rechte und Pflichten die Situation sich entsprechend ändert. Es ist wohl nicht schwer zu sehen, dass diese Struktur auch für einen emeritierten Bischof zutrifft.

Kritiker halten Ihnen vor, sich nicht an die selbst auferlegte Diskretion zu halten.

Die Behauptung, dass ich mich regelmäßig in öffentliche Debatten einmische, ist eine bösartige Verzerrung der Wirklichkeit. Man denkt dabei wohl an die Worte der Freundschaft, die ich – auf Einladung von Kardinal Woelki – Kardinal Meisner bei seinem Begräbnis gewidmet habe. Mein Wort über das Schifflein der Kirche, das in schweren Stürmen dahintreibt, habe ich fast wörtlich aus den Predigten des heiligen Gregor des Großen übernommen. Wer nun aus einem solchen Bildwort über die Kirche von heute, dessen grundsätzliche Wahrheit kaum ernstlich bestritten werden kann, eine gefährliche Einmischung in die Regierung der Kirche herstellt, beteiligt sich bewusst an einer Stimmungsmache gegen mich, die nichts mit der Wahrheit zu tun hat. Ein besonders krasser und trauriger Fall einer solchen Verdrehung ist auch die Reaktion auf meine mit Ihnen geführten »Letzten Gespräche«.

Besonders kritisiert wurde Ihr Beitrag zur Judenfrage, der am 12. Juli 2018 in der theologischen Zeitschrift »Communio« veröffentlicht wurde.

Die »Anmerkungen« zum Thema Christentum und Judentum hatte ich als internes Papier verfasst und dem in der römischen Kurie für das Thema Judentum zuständigen Kardinal Koch zugesandt und ausdrücklich gesagt, dass dieser Text nicht zur Veröffentlichung bestimmt sei. Kardinal Koch hat mir darauf nach längerem Überlegen geschrieben, er halte den Text für so wichtig, dass er jetzt publiziert werden sollte, und mich um Genehmigung dafür gebeten, die ich ihm erteilt habe. Vielleicht hätte ich auch um meiner eigenen Ruhe willen Nein sagen müssen. Aber der Spektakel an Reaktionen, der hernach von der deutschen

Theologie kam, ist so töricht und so bösartig, dass man lieber nicht davon spricht. Die eigentlichen Gründe dafür, dass man einfach meine Stimme ausschalten will, möchte ich nicht analysieren.

Kardinal Raymond Burke, einer der vier »Dubia«-Autoren, die Zweifel am päpstlichen Lehrschreiben »Amoris laetitia« formulierten, erklärte im November 2016, dass »Amoris laetita« Verwirrung geschaffen habe: »Da ist eine fürchterliche Spaltung in die Kirche geraten, und das ist nicht der Weg der Kirche.« Papst Franziskus hat auf die »Dubia« nicht geantwortet. Hätte er das besser tun sollen?

Zu den letzten Fragen möchte ich nicht direkt Stellung nehmen, weil dies zu sehr ins Konkrete der Kirchenregierung hineinführt und damit die spirituelle Dimension verlassen würde, die allein noch mein Auftrag ist. Ich nehme an, dass alle, die mich immerfort wegen meiner öffentlichen Äußerungen anklagen, in diesen Antworten erst recht eine Bestätigung ihrer Nachrede finden würden. Ich kann daher nur auf das verweisen, was ich in meiner letzten öffentlichen Generalaudienz am 27. Februar 2013 gesagt habe. In der Kirche wird man mitten unter allen Mühsalen der Menschlichkeit und der verwirrenden Macht des bösen Geistes doch auch immer die leise Macht der Güte Gottes erkennen können. Aber die Dunkelheiten der einander folgenden geschichtlichen Zeiten werden auch nie einfach die ungetrübte Freude des Christseins zulassen … Es gibt in der Kirche und im Leben des einzelnen Christen immer wieder Augenblicke, in denen man zutiefst spürt, dass der Herr uns liebt, und diese Liebe bedeutet Freude, ist »Glück«.

Der italienische Philosoph Giorgio Agamben formuliert in seinem Buch »Das Geheimnis des Bösen. Benedikt XVI. und das Ende der Zeiten« die Überzeugung, der eigentliche Grund für den Rücktritt sei ein Weckruf an das eschatologische Bewusstsein gewesen. Im göttlichen Heilsplan habe die Kirche eben auch die Funktion, gleichzeitig »Kirche Christi als auch Kirche des Antichrist« zu sein. Der Rücktritt sei eine Vorwegnahme der Scheidung zwischen dem »Babylon« und dem »Jerusalem« in der Kirche. Statt sich der Logik des Machterhalts zu verschreiben, hätten Sie durch den Verzicht auf das Amt dessen geistliche Autorität betont und letztendlich auch gestärkt.

Der heilige Augustinus hat von den Gleichnissen Jesu über die Kirche gesagt, dass einerseits in ihr viele nur scheinbar sind, in Wirklichkeit aber gegen die Kirche leben, und umgekehrt, dass außen viele sind, die – ohne es zu wissen – zutiefst zum Herrn und so auch zu seinem Leib, der Kirche, gehören. Diese geheimnisvolle Überlagerung von innen und außen, die der Herr in verschiedenen Gleichnissen dargestellt hatte, müssen wir immer wieder uns neu zu Bewusstsein bringen. Dann wissen wir, dass es in der Geschichte Zeiten gibt, in denen der Sieg Gottes über die Mächte des Bösen tröstend sichtbar wird, und Zeiten, in denen die Macht des Bösen alles verdunkelt. Ich möchte zum Abschluss das II. Vatikanum zitieren, das in der »*Konstitution über die Kirche*« (I, 8) diese Sicht im Anschluss an Augustinus zusammenfassend charakterisiert: »Die Kirche ›schreitet zwischen den Verfolgungen der Welt und den Tröstungen Gottes auf ihrem Pilgerweg dahin‹ (Augustinus, Civ. Dei, XVIII, 51, 2: PL 41, 614) und verkündet das Kreuz und den Tod des Herrn, bis er wiederkommt (vgl. 1 Kor 11, 26).«

Am 23. März 2013 fand in Castel Gandolfo das erste Treffen zwischen dem neu gewählten und dem zurückgetretenen Papst statt, ein absolutes Novum in der Geschichte. Welche Gedanken bewegten Sie in dieser Stunde?

Ich kannte Papst Franziskus von seinem *Ad Limina*-Besuch her und von verschiedenen brieflichen Kontakten, die meine Kongregation mit ihm geführt hatte. Außerdem wusste ich, dass er sofort nach der Wahl mich anzurufen versuchte, noch ehe er sich den Menschen vom Balkon der Peterskirche aus zeigte. So habe ich mich auf die Begegnung mit meinem Nachfolger gefreut und dankbar gewusst, dass es eine gute Begegnung unter Brüdern sein würde. Im Übrigen habe ich natürlich sorgsam überlegt, was ich ihm sagen sollte, ohne ihm zu viel Zeit zu rauben. So bleibt diese erste Begegnung als ein gutes Licht in meiner Erinnerung. Wie Sie wissen, ist die persönliche Freundschaft mit Papst Franziskus nicht nur geblieben, sondern weiter gewachsen.

Anhang

Anmerkungen

Kapitel 1
Karsamstag

1. Joseph Ratzinger, Peter Seewald, *Salz der Erde*, Stuttgart 1996
2. Personalakt Ratzinger I im Hauptstaatsarchiv in München, in: Johann Nußbaum, *»Ich werde mal Kardinal!« Wurzeln, Kindheit und Jugend von Papst Benedikt XVI.*, Rimsting 2010
3. Nußbaum
4. Der Spiegel Geschichte, *Die Weimarer Republik. Deutschlands erste Demokratie*, Hamburg 2014
5. Werner Stein, *Der große Kulturfahrplan*, München 1979
6. Der Spiegel Geschichte, *Die Weimarer Republik. Deutschlands erste Demokratie*, Hamburg 2014
7. Benno Hubensteiner, *Bayerische Geschichte*, München 1992
8. Interview mit dem Autor
9. Joseph Ratzinger, Interview mit dem *Bayerischen Rundfunk*, 18. 12. 1998
10. Interview mit dem Autor

Kapitel 2
Das Hindernis

1. Johann Nußbaum, *»Ich werde mal Kardinal!« Wurzeln, Kindheit und Jugend von Papst Benedikt XVI.*, Rimsting 2010
2. Interview des Autors mit Georg Ratzinger
3. Marktl am Inn (Hg.), *Geburtshaus Papst Benedikts XVI. – Marktl am Inn*, Marktl am Inn, 2009
4. Archiv des Autors
5. Nußbaum
6. Der Spiegel Geschichte, *Die Weimarer Republik. Deutschlands erste Demokratie*, Hamburg 2014
7. Ebenda
8. Nußbaum
9. Genealogie im Archiv des Autors
10. Interview mit dem Autor

Kapitel 3
Das Traumland

1. Joseph Ratzinger, Predigt in Marktl, Pfingstmontag, 19. Mai 1986
2. Joseph Ratzinger, *Meditationen zur Karwoche*, Freising 1969
3. Lion Feuchtwanger, *Erfolg. Drei Jahre Geschichte einer Provinz*, Berlin 1930
4. Bartholomäus Holzhauser, *Lebensgeschichte und Gesichte, nebst dessen Erklärung der Offenbarung des heiligen Johannes*, Berlin 2011
5. Interview mit Martin Lohmann im *Bayerischen Fernsehen*, 18. 12. 1998
6. Der Spiegel Geschichte, *Die Weimarer Republik. Deutschlands erste Demokratie*, Hamburg 2014
7. Adolf Hitler, *Mein Kampf*, München 1938
8. *Der Spiegel Geschichte*
9. Herbert W. Wurster, *Das Bistum Passau und seine Geschichte*, Straßburg 2010
10. Interview mit dem Autor
11. Ebenda
12. Georg Ratzinger, Interview mit dem Autor
13. *Der Gerade Weg*, 31. 7. 1932

Kapitel 4
1933, »Heiliges Jahr«

1. Der Spiegel Geschichte, *Die Weimarer Republik. Deutschlands erste Demokratie*, Hamburg 2014
2. Ebenda
3. Joseph Ratzinger, *Aus meinem Leben*, Stuttgart 1998
4. Elisabeth Heinrich, *Auf Dein Wort hin. Erstkommunion in Aschau am Inn*, Aschau 2007
5. Archiv des Instituts Papst Benedikt XVI., Regensburg
6. Interview mit dem Autor
7. Joseph Goebbels, *Tagebücher 1924–1945*, München 1992
8. Erwein Frhr. von Arentin, *Fritz Michael Gerlich. Lebensbild des Publizisten und christlichen Widerstandskämpfers*, München 1983

Kapitel 5
Die »Deutschen Christen«

1. Interview mit dem Autor
2. *Joseph Ratzinger – Die Jugend des Papstes*, Dokumentation, ZDF, August 2005
3. Interview mit dem Autor
4. Kathi Stimmer-Salzeder, *Joseph Ratzinger – Papst Benedikt XVI., Kinderjahre in Aschau am Inn*, Aschau 2006
5. Karl Wagner, Hermann Ruf (Hg.), *Kardinal Ratzinger. Der Erzbischof von München und Freising in Wort und Bild*, München 1977
6. Joseph Ratzinger, *Aus meinem Leben*, Stuttgart 1998
7. Christoph Strohm, *Die Kirchen im Dritten Reich*, München 2011
8. *Die Zeit*, 31. 10. 2012
9. Strohm

10 http://www.denkwege-zu-luther.de/toleranz/detail/luther_juden_luegen.asp?bURL=-de/materialien_zeitgenoessische_quellen.asp
11 Martin Luther, *Von den Juden und ihren Lügen,* München 1936
12 So zitiert der Wittenberger Superintendent und Lutherforscher Prof. Maximilian Meichßner 1936 in seiner Predigt zum 390. Todestag des Reformators. In: Ronny Kabus (Hg.), *Schriftenreihe der Staatlichen Lutherhalle Wittenberg,* 4/1988
13 *Die Zeit,* 31. 10. 2012
14 Jürgen W. Falter, *Hitlers Wähler,* München 1991
15 Winfried Becker, *Presse und Kommunikation der Katholiken im Kirchenkampf des »Dritten Reiches«,* https://doi.org/10.7788/hpm.2004.11.1.97
16 Hans Prolingheuer, *Das kirchliche »Entjudungsinstitut« 1939 bis 1945 in der Lutherstadt Eisenach,* Manuskript in der Fassung, die der evangelische Hochschullehrer und Publizist nach seinem letzten Vortrag am 12. November 1997 in der KZ-Gedenkstätte Dachau überarbeitet hat
17 Max Domarus, *Hitler: Reden und Proklamationen 1932–1945. Kommentiert von einem deutschen Zeitgenossen,* Würzburg 1963
18 Walter Hannot, *Die Judenfrage in der katholischen Tagespresse Deutschlands und Österreichs,* Mainz 1990
19 Interview mit dem Autor
20 Strohm

Kapitel 6
Mit brennender Sorge

1 Zitiert nach einer Broschüre der Stadt Altötting
2 Interview mit dem Autor
3 Ulrich von Hehl, Christoph Kösters (Hg.), *Priester unter Hitlers Terror. Eine biographische und statistische Erhebung,* Paderborn 1997
4 Interview mit dem Autor
5 Joseph Ratzinger, *Aus meinem Leben,* Stuttgart 1998
6 Interview mit dem Autor
7 *kath.net,* 6. 4. 2006
8 Joseph Ratzinger, Peter Seewald, *Salz der Erde,* Stuttgart 1996
9 Karl-Joseph Hummel, Christoph Kösters (Hg.), *Kirche, Krieg und Katholiken. Geschichte und Gedächtnis im 20. Jahrhundert,* Freiburg i. Br. 2014
10 Christoph Strohm, *Die Kirchen im Dritten Reich,* München 2011
11 *Die Tagespost,* 23. 4. 2015
12 *Wikipedia,* »Mit brennender Sorge«, https://de.wikipedia.org/wiki/Mit_brennender_Sorge
13 »Mit brennender Sorge. Das päpstliche Rundschreiben gegen den Nationalsozialismus und seine Folgen in Deutschland«, in: *Katholische Reihe,* Heft 1, Freiburg i. Br. 1946
14 Ratzinger, *Leben*

Kapitel 7
Die Ruhe vor dem Sturm

1. Interview mit dem Autor
2. Joseph Kardinal Ratzinger, »Mein Bruder, der Domkapellmeister«, in: Paul Winterer (Hg.), *Der Domkapellmeister Georg Ratzinger – ein Leben für die Regensburger Domspatzen*, Regensburg 1994
3. Interview mit dem Autor
4. Ebenda
5. Joseph Ratzinger, *Aus meinem Leben*, Stuttgart 1998
6. Interview mit dem Autor
7. Ebenda
8. Ebenda

Kapitel 8
Das Seminar

1. Interview mit dem Autor
2. H. van Capelle, A. P. van de Bovenkamp, *Der Berghof, Hitlers verborgenes Machtzentrum*, Fränkisch-Crumbach 2010
3. Interview mit dem Autor
4. Der Spiegel, *Pius XII. und die Deutschen*, 18. 11. 1964
5. Joseph Ratzinger, *Aus meinem Leben*, Stuttgart 1998
6. Volker Laube, *Das Erzbischöfliche Studienseminar St. Michael in Traunstein und sein Archiv*, Schriften des Archivs des Erzbisstums München und Freising, Bd. 11, Regensburg 2006
7. Ebenda
8. Ebenda
9. Ebenda
10. Klaus Rüdiger Mai, *Benedikt XVI.: Joseph Ratzinger: sein Leben – sein Glaube – seine Ziele*, Köln-Mühlheim 2010
11. Benedikt XVI., *Die Ökologie des Menschen. Die großen Reden des Papstes*, München 2012
12. Benno Hubensteiner, *Bayerische Geschichte*, München 1992
13. Joseph Ratzinger, *Aus meinem Leben*, Stuttgart 1998
14. Ebenda
15. Interview mit dem Autor
16. Ebenda
17. Ebenda
18. Interview für den ZDF-Film *Joseph Ratzinger – Die Jugend des Papstes*, August 2005
19. Interview mit dem Autor
20. Archiv des Mitschülers Franz Weiß
21. Laube
22. ZDF- Interview
23. Ebenda
24. Interview mit dem Autor
25. Laube

Kapitel 9
Krieg

1. Antony Beevor, Helmut Ettinger, *Der Zweite Weltkrieg.* München 2014
2. Sebastian Haffner, *Anmerkungen zu Hitler*, München 1978
3. Felix Escher, Jürgen Vietig, *Deutsche und Polen. Eine Chronik*, Berlin 2002
4. Joseph Ratzinger, *Aus meinem Leben*, Stuttgart 1998
5. Interview mit dem Autor
6. *Die Tagespost*, 3. 1. 2006
7. Interview mit dem Autor
8. Aus der Chronik des Gymnasiums Traunstein
9. Interview mit dem *Bayerischen Rundfunk*, 18. Dezember 1998
10. Ratzinger
11. Adam Tooze, *Ökonomie der Zerstörung. Die Geschichte der Wirtschaft im Nationalsozialismus*, München 2007

Kapitel 10
Widerstand

1. Interview für den ZDF-Film *Joseph Ratzinger – Die Jugend des Papstes*, August 2005
2. Joseph Ratzinger, *Aus meinem Leben*, Stuttgart 1998
3. ZDF-Interview
4. Interview mit dem Autor
5. Ebenda
6. Benedikt XVI., Peter Seewald, *Letzte Gespräche*, München 2016
7. Lenelotte Möller, *Widerstand gegen den Nationalsozialismus, von 1923 bis 1945*, Wiesbaden 2017
8. Romano Guardini, *Freiheit und Verantwortung. Die Weiße Rose – Zum Widerstand im »Dritten Reich«*, Kevelaer 2010
9. *Die Tagespost*, 18. 2. 2015
10. *Die Tagespost*, 24. 11. 2017
11. *Die Tagespost*, 7. April 2015
12. Ebenda
13. Jakob Knab, *Ich schweige nicht. Hans Scholl und die Weiße Rose*, Darmstadt 2018
14. Brief im Archiv des Autors
15. Ebenda

Kapitel 11
Das Ende

1. Interview für den ZDF-Film *Joseph Ratzinger – Die Jugend des Papstes*, August 2005
2. Joseph Ratzinger, *Aus meinem Leben*, Stuttgart 1998
3. Archiv Mitschüler Franz Weiß
4. Interview mit dem Autor
5. Karl-Joseph Hummel, Christoph Kösters (Hg.), *Kirche, Krieg und Katholiken: Geschichte und Gedächtnis im 20. Jahrhundert*, Freiburg i. Br. 2014
6. Ratzinger
7. Interview mit dem Autor
8. *Heimatbuch der Gemeinde Surberg*, Tittmoning 1990

9 Interview mit dem Autor
10 Ratzinger
11 *Der Spiegel*, Nr. 18, 25. 4. 2015
12 Alexander Kissler, *Der deutsche Papst – Benedikt XVI. und seine schwierige Heimat*, Freiburg i. Br. 2005
13 Matthias Reiß, *Die Schwarzen waren unsere Freunde. Deutsche Kriegsgefangene in der amerikanischen Gesellschaft 1942–1946*, München 2002
14 Klaus-Dieter Müller, *Sowjetische und deutsche Kriegsgefangene in den Jahren des Zweiten Weltkriegs*. Stiftung Sächsische Gedenkstätten zur Erinnerung an die Opfer politischer Gewaltherrschaft, Dresden 2004
15 Christian Streit, *Keine Kameraden. Die Wehrmacht und die sowjetischen Kriegsgefangenen 1941–1945*, Bonn 1997
16 Interview mit dem Autor
17 Ebenda
18 Ebenda
19 Ratzinger
20 Helmut Schelsky, *Die skeptische Generation. Eine Soziologie der deutschen Jugend*, München 1957

Kapitel 12
Die Stunde null

1 Karl Wagner, Hermann Ruf (Hg.), *Kardinal Ratzinger. Der Erzbischof von München und Freising in Wort und Bild*, München 1977
2 Interview mit dem Autor
3 Georg Ratzinger, *Mein Bruder der Papst. Aufgezeichnet von Michael Hesemann*, München 2011
4 Peter Pfister (Hg.), *Geliebte Heimat – Papst Benedikt XVI. und das Erzbistum München und Freising*, München 2011
5 Benedikt XVI., Peter Seewald, *Letzte Gespräche*, München 2016
6 *Der Spiegel*, Nr. 18, 25. 4. 2015
7 Peter Seewald, »1945: Absturz ins Bodenlose«, in: *Der Spiegel*, 29. 4. 1985
8 Erzbischöfl. Archiv München, EAM, NL Faulhaber 6381
9 Martin Greschat, *Protestanten in der Zeit: Kirche und Gesellschaft in Deutschland vom Kaiserreich bis zur Gegenwart*, Stuttgart 1994
10 Thomas Großbölting, *Der verlorene Himmel, Glaube in Deutschland seit 1945*, Göttingen 2013
11 Ebenda
12 Ebenda
13 Thomas Mann, *Das essayistische Werk. TB-Ausgabe in 8 Bänden. Politische Reden und Schriften*, 3. Bd., Frankfurt/Main 1960
14 *Die Tagespost*, 5. 11. 2016
15 Großbölting
16 Franz Walter, »Katholizismus in der Bundesrepublik – Von der Staatskirche zur Säkularisation«, in: *Blätter für deutsche und internationale Politik*, Jg. 41, 1996
17 Bernhard Boudgoust, Günther Saltin (Hg.) *Alfred-Delp-Jahrbuch 2016*, Bd. 9, Berlin 2016
18 Joseph Ratzinger, *Aus meinem Leben*, Stuttgart 1998

Kapitel 13
Der Berg der Gelehrten

1 Alexander Brüggemann, *KNA-Bericht*, 18. 2. 2016
2 Interview mit dem Autor
3 Joseph Ratzinger, *Aus meinem Leben*, Stuttgart 1998
4 Interview mit dem Autor
5 Benedikt XVI., Peter Seewald, *Letzte Gespräche*, München 2016
6 Interview mit dem Autor
7 Ebenda
8 Interview mit Prof. Alfred Läpple von Gianni Valente und Pierluca Azzaro, in: *30 Tage* 1/2006
9 Paul Winterer (Hg.), *Der Domkapellmeister Georg Ratzinger – ein Leben für die Regensburger Domspatzen*, Regensburg 1994
10 *Focus*, 23. 4 .2005
11 *Kath. Net*, 22. 2. 2016
12 Joseph Ratzinger, Peter Seewald, *Salz der Erde*, Stuttgart 1996
13 Georg Ratzinger, *Mein Bruder der Papst. Aufgezeichnet von Michael Hesemann*, München 2011
14 Interview mit Prof. Alfred Läpple von Gianni Valente und Pierluca Azzaro, in: *30 Tage* 1/2006
15 *Mittelbayerische Zeitung*, 30. 3. 2016
16 Ratzinger, Seewald, *Salz*
17 Ebenda
18 Ebenda
19 Interview mit dem Autor
20 *Sursum corda*, »Empor die Herzen«, lautet das Eröffnungswort in der Präfation der Liturgie nach der vor dem Konzil üblichen lateinischen Messe.

Kapitel 14
Schuld und Sühne

1 Benno Hubensteiner, *Bayerische Geschichte*, München, 1977
2 Rudolf Goerge, »Der ›Vater des Dombergs‹ und energische Gegner des Nationalsozialismus: Das Wirken von DDr. Michael Höck«, in: *fink – das Magazin aus Freising*, März 2011
3 Alfred Läpple, *Benedikt XVI. und seine Wurzeln: Was sein Leben und seinen Glauben prägte*, Augsburg 2006
4 *Die Tagespost*, 23.4. 2015
5 Johann Neuhäusler, *Kreuz und Hakenkreuz. Der Kampf des Nationalsozialismus gegen die katholische Kirche und der kirchliche Widerstand*, München 1946
6 *Süddeutsche Zeitung*, 7. 5. 2016
7 Georg Ratzinger, *Mein Bruder der Papst, Aufgezeichnet von Michael Hesemann*, München 2011
8 *Kirche heute*, 11/2014
9 Joseph Ratzinger, *Aus meinem Leben*, Stuttgart 1998
10 Ebenda
11 Benedikt XVI., Peter Seewald, *Letzte Gespräche*, München 2016

12 Ebenda
13 https://www.bundestag.de/parlament/geschichte/.../wiesel/rede_deutsch-247424
14 Alexander Kissler, *Der deutsche Papst – Benedikt XVI. und seine schwierige Heimat*, Freiburg i. Br. 2005
15 Joseph Kardinal Ratzinger, »Mein Bruder, der Domkapellmeister«, in: Paul Winterer (Hg.), *Der Domkapellmeister Georg Ratzinger – ein Leben für die Regensburger Domspatzen*, Regensburg 1994
16 J. Ratzinger, *Leben*
17 Joseph Ratzinger, Peter Seewald, *Salz der Erde*, Stuttgart 1996

Kapitel 15
Umbruch des Denkens

1 Carl Bernstein, Marco Politi, *Seine Heiligkeit Johannes Paul II. – Macht und Menschlichkeit des Papstes*, München 1996
2 Lk 1,49
3 Benedikt XVI., Peter Seewald, *Letzte Gespräche*, München 2016
4 Interview mit dem Autor
5 Gianni Valente, *Student Professor Papst. Joseph Ratzinger an der Universität*, Augsburg 2009
6 Interview mit dem Autor
7 »Die Philosophen im Krieg.« In: *Die Tagespost*, 18. 9. 2014
8 Paul Wolf, *Ein Abschiedswort. Christliche Philosophie in Deutschland 1920–1945*, Regensburg 1949
9 Alfred Läpple, *Benedikt XVI. und seine Wurzeln. Was sein Leben und seinen Glauben prägte*, Augsburg 2006
10 http://www.kakigem.de/index.php/41-zitate/95-stein-wer-die-wahrheit-sucht
11 Interview mit dem Autor
12 Joseph Ratzinger, *Aus meinem Leben*, Stuttgart 1998
13 Interview mit dem Autor
14 Quelle für das Vorstehende: Gott und die Welt in Zitaten: http://dreifaltigkeit-altdorf.de/zitate.htm (Zitate aus Internet-Seiten »Was führende Naturwissenschaftler über Gott und Religion dachten« sowie »Was denken Naturwissenschaftler über Gott?!«)
15 Claudia Schorcht, *Philosophie an den bayerischen Universitäten 1933–1945*, Erlangen 1990
16 Theodor Steinbüchel, *Der Umbruch des Denkens. Die Frage nach der christlichen Existenz erläutert an Ferdinand Ebners Menschdeutung*. Regensburg 1936
17 Ratzinger, *Leben*
18 Joseph Ratzinger, Peter Seewald, *Salz der Erde*, Stuttgart 1996
19 Joseph Ratzinger, *Einführung in das Christentum. Vorlesungen über das Apostolische Glaubensbekenntnis*, München 1961
20 Ratzinger, *Leben*
21 Interview mit dem Autor
22 Aus der Predigt von Joseph Card. Ratzinger zum 100. Todestag von Kardinal John Henry Newman. Rom, 28. April 1990. In: *30Tage. In Kirche und Welt. Internationale Monatszeitschrift, geleitet von Giulio Andreotti*
23 Läpple
24 Ebenda

Kapitel 16
Das Glasperlenspiel

1 Interview mit dem Autor
2 Ebenda
3 Joachim Hamberger, *Joseph Ratzinger und Freising*; Predigt am 14. 9. 2006, Freising 2007
4 Dieses und die folgenden Zitate aus: Hermann Hesse, *Das Glasperlenspiel*, Frankfurt a. M. 1977
5 Joseph Ratzinger, *Im Angesicht der Engel*, Freiburg i. Br. 2008
6 Hesse, *Glasperlenspiel*
7 Stephan Otto Horn, »Zum existentiellen und sakramentalen Grund der Theologie bei Joseph Ratzinger – Papst Benedikt XVI.«, in: *Didaskalia*, Ausgabe XXXVIII (2008), S. 301–310, Universidade Católica Portuguesa, Lisboa, Portugal
8 Marianne Schlosser, »Ein Versuch zum Verhältnis von Liturgie und Kontemplation im Werk Joseph Ratzingers«, in: Rudolf Voderholzer; Christian Schaller; Franz-Xaver Heibl (Hg.), *Mitteilungen des Instituts Papst Benedikt XVI. (MIPB)*, Regensburg 2009
9 Gespräch mit Martin Lohmann, *Bayerisches Fernsehen*, 28. 12. 1998
10 Ratzinger Joseph, *Der Geist der Liturgie*, Freiburg 2000
11 Joseph Kardinal Ratzinger, »Mein Bruder, der Domkapellmeister«, in: Paul Winterer (Hg.), *Der Domkapellmeister Georg Ratzinger – ein Leben für die Regensburger Domspatzen*, Regensburg 1994

Kapitel 17
Augustinus

1 *Spiegel online*, 20. 2. 2017
2 Ebenda
3 *Süddeutschen Zeitung*, 18. 5. 1977
4 Interview mit dem Autor
5 Joseph Ratzinger, *Aus meinem Leben*, Stuttgart 1998
6 Beneditk XVI., Generalaudienz am 16. 1. 2008
7 Benedikt XVI., Generalaudienz am 9. 1. 2008
8 Hugo Lang, *Augustinus, das Genie des Herzens*, München 1930
9 Benedikt XVI., 3. Augustinus-Katechese, Generalaudienz vom 30. 1. 2008
10 Vorstellung des Buchs *Il potere e la grazia. L'attualità di sant'Agostino (Macht und Gnade. Die Aktualität des heiligen Augustinus)* durch Kardinal Joseph Ratzinger am 21. 9. 1998
11 Augustinus, *Bekenntnisse*, Frankfurt a. M. 1987
12 Augustinus, *De vera religione* 39, 72f.
13 Ratzinger
14 Augustinus, *De vera religione*, 39, 72
15 Ansprache an die päpstliche Bibelkommission, 27. 4. 2006, in: *Freiheit und Glaube*, Augsburg 2008
16 Artikel auf http://kath.net/news/51821, Benedikt XVI.: »Die drei Bekehrungen des heiligen Augustinus«, Predigt aus dem Jahr 2007
17 Augustinus, *Sermones*, 340,3
18 Ebenda, 339,4

19 Augustinus, *Contra Academicos* III, 20,43
20 Augustinus, Teil 1/Generalaudienz am 9. 1. 2008
21 *Der Spiegel*, 9. 7. 1958

Kapitel 18
Sturm und Drang

1 *BR*-Sendung, 28. 12. 1998
2 *Süddeutsche Zeitung*, 18. 5. 1977
3 Joseph Ratzinger, *Aus meinem Leben*, Stuttgart 1998
4 Karl-Egon Lönne, *Politischer Katholizismus im 19. und 20. Jahrhundert*, Frankfurt a. M. 1986
5 Karl Gabriel, »Die Kirchen in Westdeutschland: Ein asymmetrischer religiöser Pluralismus«, in: Bertelsmann Stiftung (Hg.), *Woran glaubt die Welt? Analysen und Kommentare zum Religionsmonitor 2008*, Gütersloh 2009
6 Manfred Spieker, »Der Beitrag der katholischen Kirche zur Entwicklung der Bundesrepublik Deutschland«, in: Bayerische Landeszentrale für politische Bildung (Hg.), *Normen – Stile – Institutionen. Zur Geschichte der Bundesrepublik*, München 2000
7 Konrad Adenauer, *Reden 1917–1967*, hg. v. Hans Peter Schwarz, Stuttgart 1975
8 Werner Münch, in: *Die Tagespost*, 10. 2. 2015
9 Franz Walter, »Katholizismus in der Bundesrepublik – Von der Staatskirche zur Säkularisation«. In: *Blätter für dt. und internat. Politik*, Jg. 41, 1996
10 Interview mit dem Autor
11 *Süddeutsche Zeitung*, 18. 5. 1977
12 Unveröffentlichter Brief an Franz Mußner vom 16. 5. 2007, im Archiv des Autors
13 Ratzinger, *Leben*
14 Joseph Ratzinger, Heinrich Fries (Hg.), *Einsicht und Glaube* [Gottlieb Söhngen zum 70. Geburtstag am 21.5.1962], Freiburg i. Br. 1962
15 Interview mit dem Autor
16 Ebenda
17 Ratzinger, *Leben*
18 *BR*-Sendung, 28. 12. 1998
19 Nicolai Hartmann, *Ethik*, Berlin-Leipzig 1925
20 *BR*-Sendung 28. Dezember 1998
21 Interview mit dem Autor, 6. 8. 2012
22 *30Giorni*, 01/02 2006
23 Joseph Ratzinger, Peter Seewald, *Salz der Erde*, Stuttgart 1996
24 Interview mit dem Autor
25 Ratzinger, Seewald, *Salz*
26 Benedikt XVI., Peter Seewald, *Letzte Gespräche*, München 2016
27 Uta Ranke-Heinemann, *Mein Leben mit Benedikt*, Zeit-online, 13. 2. 2013
28 Interview von Mitarbeiter Manuel Schlögl
29 Joseph Ratzinger, Peter Seewald, *Gott und die Welt*, München 2000
30 Bei einer Begegnung mit Priesterseminaristen auf dem Weltjugendtag 2005 in Köln

Kapitel 19
Die Schlüssellektüre

1. Georg Ratzinger, *Mein Bruder, der Papst. Aufgezeichnet von Michael Hesemann*, Stuttgart 2011
2. Karl-Egon Lönne, *Politischer Katholizismus im 19. und 20. Jahrhundert*, Frankfurt a. M. 1986
3. Gerhard Schmidtchen, *Protestanten und Katholiken. Soziologische Analyse konfessioneller Kultur*, Bern 1973
4. Thomas Großbölting, *Der verlorene Himmel, Glaube in Deutschland seit 1945*, Göttingen 2013
5. Franz Walter, »Katholizismus in der Bundesrepublik – Von der Staatskirche zur Säkularisation«, in: *Blätter für deutsche und internationale Politik*, Jg. 41, H. 9, 1996
6. Walter Brandmüller, *Licht und Schatten, Kirchengeschichte zwischen Glauben, Fakten und Legenden*, Augsburg 2007
7. Joseph Ratzinger, *Aus meinem Leben*, Stuttgart 1998
8. Ebenda
9. Ebenda
10. Interview mit dem Autor
11. Hans Urs von Balthasar, Joseph Ratzinger, *2 Plädoyers. Warum ich noch ein Christ bin. Warum ich noch in der Kirche bin*, München 1971
12. Joseph Ratzinger, Heinrich Fries (Hg.), *Einsicht und Glaube* [Gottlieb Söhngen zum 70. Geburtstag am 21.5.1962], Freiburg i. Br. 1962
13. Joseph Ratzinger, *Der Geist der Liturgie. Eine Einführung*, Freiburg 2000
14. »Erinnerungen« von J. Ratzinger, in: Karl Wagner, Hermann Ruf (Hg.), *Kardinal Ratzinger. Der Erzbischof von München und Freising in Wort und Bild. Mit dem Beitrag Aus meinem Leben*, München 1977
15. Interview mit dem Autor
16. Zitiert nach: Rudolf Voderholzer, *Henry de Lubac begegnen*, Augsburg 1999
17. Henry de Lubac, *Glauben aus der Liebe*, Einsiedeln 1992
18. Ratzinger, *Leben*
19. Interview mit dem Autor
20. Ratzinger, *Leben*
21. Voderholzer, *de Lubac*
22. Joseph Ratzinger, Peter Seewald, *Salz der Erde*, Stuttgart 1996
23. Interview mit Alfred Läpple von Gianni Valente und Pierluca Azzaro, in: *30Tage*, 1/2006
24. Zitiert nach: Voderholzer, *de Lubac*
25. Henri de Lubac, *Die Kirche: Eine Betrachtung*, Einsiedeln 2011
26. *30Tage*, 10/2005

Kapitel 20
Die höheren Weihen

1. Joseph Ratzinger, *Aus meinem Leben*, Stuttgart 1998
2. Interview mit dem Autor
3. *Mitteilungen des Instituts Papst Benedikt XVI. (MIBP)*, Jg. 2, Regensburg 2009
4. Ebenda
5. Ratzinger, *Leben*

6 Interview mit dem Autor
7 Ebenda
8 Anselm Schott, *Das Messbuch der heiligen Kirche*, Freiburg i. Br. 1938
9 Interview mit dem Autor
10 Ansprache zur Verleihung der Freisinger Ehrenbürgerwürde am 16. 1. 2010, in: Peter Pfister (Hg.), *Geliebte Heimat. Papst Benedikt XVI. und das Erzbistum München und Freising*, München 2011
11 Joseph Ratzinger, »Primizpredigt für Franz Niedermayer in Kirchanschöring«, 10. 7. 1955, in: *Mitteilungen des Instituts Papst Benedikt XVI. (MIBP)*, Jg. 2, Regensburg 2009
12 Joseph Kardinal Ratzinger, *Diener eurer Freude. Meditationen über die priesterliche Spiritualität*, Freiburg i. Br. 1988
13 Ebenda
14 Predigt von Benedikt XVI. am 29. Juni 2011 in Rom, Hochfest St. Peter und Paul
15 Interview mit dem Autor
16 Interview im *Bayerischen Fernsehen*, 28. 12. 1998
17 Peter Pfister (Hg.), *Joseph Ratzinger und das Erzbistum München und Freising. Dokumente und Bilder aus kirchlichen Archiven, Beiträge und Erinnerungen*, Regensburg 2006

Kapitel 21
Der Kaplan

1 Ferdinand Fischer, *Papst Benedikt XVI. Eine Reise zu den Orten seines Lebens*, München 2006
2 Hansjürgen Verweyen, *Joseph Ratzinger – Benedikt XVI.: Die Entwicklung seines Denkens*, Darmstadt 2007
3 Interview mit dem Autor
4 Ebenda
5 Ebenda
6 Joseph Ratzinger, *Aus meinem Leben*, Stuttgart 1998
7 *Surberger Heimatkalender* 2011
8 Predigt zur Priesterweihe von Fr. M. Robert Hirtz am 15. 9. 1991 im Kloster Mariawald, in: *Mitteilungen des Instituts Benedikt XVI.(MIBP)*, Jg. 2, Regensburg 2009
9 Benedikt XVI., Peter Seewald, *Letzte Gespräche*, München 2016
10 Konrad Kruis, *Erinnerungen an Joseph Ratzinger in Bogenhausen*, Privatschrift, 11. Dezember 2005
11 Ebenda
12 Interview mit Mitarbeiter Manuel Schlögl
13 *Süddeutsche Zeitung*, 27. 2. 2005
14 Peter Pfister (Hg.), *Joseph Ratzinger und das Erzbistum München und Freising. Dokumente und Bilder aus kirchlichen Archiven, Beiträge und Erinnerungen*, Regensburg 2006
15 Peter Pfister (Hg.), *Geliebte Heimat. Papst Benedikt XVI. und das Erzbistum München und Freising*, München 2011
16 Anton Štrukelj, *Vertrauen. Mut zum Christsein*, St. Ottilien 2012
17 Ebenda
18 Roland Hartung, Günther Saltin (Hg.), *Alfred-Delp-Jahrbuch*, Bd. 7, Berlin 2013
19 Ebenda

20 Interview mit dem Autor
21 Ratzinger
22 Thomas Großbölting, *Der verlorene Himmel, Glaube in Deutschland seit 1945*, Göttingen 2013
23 Ratzinger
24 Interview mit Mitarbeiter Manuel Schlögl
25 Pfister (Hg.), *Heimat*

Kapitel 22
Die Prüfung

1 Interview mit dem Autor
2 Ebenda
3 Ebenda
4 Ebenda
5 Joseph Ratzinger, *Das Fest des Glaubens. Versuche zur Theologie des Gottesdienstes*, Einsiedeln 1981
6 Ansprache als Erzbischof von München im Antiquarium der Münchner Residenz am 12. 2. 1982 anlässlich seiner Verabschiedung
7 Peter Pfister (Hg.), *Joseph Ratzinger und das Erzbistum München und Freising. Dokumente und Bilder aus kirchlichen Archiven, Beiträge und Erinnerungen*, Regensburg 2006
8 Vincent Twomey, *Benedikt XVI. – Das Gewissen unserer Zeit*, Augsburg 2006
9 3. Augustinus-Katechese Benedikt XVI. am 30. 1. 2008, Petersplatz
10 Interview mit dem Autor
11 Aus: *Augustinus magister: congrés international augustinien, Paris, 21.–24.9. 1954*, Bd. II, Paris 1954
12 Joseph Ratzinger, *Kirche, Ökumene und Politik. Neue Versuche zur Ekklesiologie*, Einsiedeln 1987
13 Alfred Läpple, *Benedikt XVI. und seine Wurzeln: Was sein Leben und seinen Glauben prägte*, Augsburg 2006
14 Peter Pfister (Hg.), *Geliebte Heimat. Papst Benedikt XVI. und das Erzbistum München und Freising*, München 2011
15 Interview mit dem Autor
16 Ebenda
17 Ebenda
18 Ulrike Götz (Hg.), *39. Sammelblatt des historischen Vereins Freising. Papst Benedikt und Freising*, Freising 2006
19 Peter Pfister (Hg.) *Geliebte Heimat. Papst Benedikt XVI. und das Erzbistum München und Freising*, München 2011
20 Ebenda
21 Peter Seewald (Hg.), *Der deutsche Papst*, Augsburg-Hamburg 2005
22 Pfister (Hg.) *Ratzinger und das Erzbistum*
23 Ebenda
24 Interview mit dem Autor
25 Joseph Ratzinger, *Aus meinem Leben*, Stuttgart 1998

Kapitel 23
Am Abgrund

1 Johannesevangelium 14,18
2 https://www.bibleserver.com/text/EU/Matth%C3%A4us24%2C6
3 Joseph Ratzinger, Peter Seewald, *Salz der Erde*, 1996
4 Hansjürgen Verweyen, *Ein unbekannter Ratzinger: Die Habilitationsschrift von 1955 als Schlüssel zu seiner Theologie*, Regensburg 2010
5 Joseph Ratzinger, *Gesammelte Schriften (JRGS)* Bd. 2, *Offenbarungsverständnis und Geschichtstheologie Bonaventuras.*, Freiburg i. Br. 2009
6 Joseph Ratzinger, *Die Geschichtstheologie des heiligen Bonaventura*, München 1959
7 Joseph Ratzinger, *Die Geschichtstheologie des heiligen Bonaventura*, St. Ottilien, Neuauflage 1992
8 Ebenda
9 Ebenda
10 *Münchner Abendzeitung*, 2. 6. 1949
11 Joseph Kardinal Ratzinger, »Mein Bruder, der Domkapellmeister«, in: Paul Winterer (Hg.), *Der Domkapellmeister Georg Ratzinger – ein Leben für die Regensburger Domspatzen*, Regensburg 1994
12 Interview mit dem Autor
13 Ebenda
14 Joseph Ratzinger, *Aus meinem Leben*, Stuttgart 1998
15 Interview mit dem Autor
16 Ebenda
17 Ebenda
18 Ebenda
19 Verweyen
20 Interview mit dem Autor
21 Ebenda
22 Alfred Läpple in: Peter Pfister (Hg.) *Joseph Ratzinger und das Erzbistum München und Freising. Dokumente und Bilder aus kirchlichen Archiven, Beiträge und Erinnerungen*, Regensburg 2006

Kapitel 24
Die neuen Heiden und die Kirche

1 Alfred Läpple, *Benedikt XVI. und seine Wurzeln: Was sein Leben und seinen Glauben prägte*, Augsburg 2006
2 »Der Priester – ein segnender Mensch. Primizpredigt für Franz Niedermayer in Kirchanschöring«, in: *Mitteilungen des Instituts Papst Benedikt XVI. (MIPB)*, Jg. 2, Regensburg 2009
3 Ebenda
4 Ebenda
5 Sr. M. Pascalina Lehnert, *Ich durfte ihm dienen. Erinnerungen an Papst Pius XII.*, Würzburg 1982
6 spiegel.de, 8. 10. 2008
7 *Hochland*, Oktober 1958
8 Ebenda

9 Ebenda
10 Henri de Lubac, *Glauben aus der Liebe (Catholicisme)*, Einsiedeln 1992
11 Joseph Ratzinger, »Die neuen Heiden und die Kirche«, in: *Hochland*, München, Oktober 1958
12 Interview mit Manuel Schlögl
13 Interview mit dem Autor
14 Ebenda
15 Benedikt XVI., Peter Seewald, *Letzte Gespräche*, München 2016
16 Joseph Ratzinger, *Aus meinem Leben*, Stuttgart 1998
17 *Archiv Collegium Albertinum*, Bonn

Kapitel 25
Ein Star wird geboren

1 Interview mit dem Autor
2 Carl Bernstein, Marco Politi, *Seine Heiligkeit Johannes Paul II. – Macht und Menschlichkeit des Papstes*, München 1996
3 Interview mit dem Autor
4 Ebenda
5 Mattias Kopp (Hg.), *Und plötzlich Papst. Benedikt XVI. im Spiegel persönlicher Begegnungen*, Freiburg i. Br., 2007
6 Archiv *Albertinum*, Bonn
7 Archiv des Autors
8 Interview mit dem Autor
9 Manuel Schlögl, *Am Anfang eines großen Weges. Joseph Ratzinger in Bonn und Köln*, Regensburg 2014
10 Joseph Ratzinger, *Aus meinem Leben*, Stuttgart 1998
11 Alfred Läpple, *Benedikt XVI. und seine Wurzeln: Was sein Leben und seinen Glauben prägte*, Augsburg 2006
12 *Albertinum*
13 Interview mit dem Autor
14 Ebenda
15 Schlögl
16 Interview mit dem Autor
17 Joseph Ratzinger, *Der Gott des Glaubens und der Gott der Philosophen*, Antrittsvorlesung, München und Zürich 1960
18 Interview mit dem Autor
19 Ebenda
20 Heinz-Josef Fabry, »Es war für mich sozusagen das Traumziel …« Prof. Dr. Joseph Ratzinger in Bonn (1959–1963), Privatschrift
21 Interview mit dem Autor

Kapitel 26
Das Netzwerk

1. Manuel Schlögl, *Am Anfang eines großen Weges. Joseph Ratzinger in Bonn und Köln*, Regensburg 2014
2. Heinz-Josef Fabry, »Es war für mich sozusagen das Traumziel ...« Prof. Dr. Joseph Ratzinger in Bonn (1959–1963), Privatschrift
3. Joseph Ratzinger, *Aus meinem Leben*, Stuttgart 1998
4. Hubert Jedin, *Lebensbericht*, Mainz 1984
5. Ebenda
6. Karl Hardt (Hg.), *Bekenntnis zur katholischen Kirche*, Würzburg 1955
7. Heinrich Schlier, *Exegetische Aufsätze und Vorträge II. Besinnung auf das Neue Testament.*, Freiburg i. Br. 1964
8. Heinrich Schlier, *Exegetische Aufsätze und Vorträge III. Das Ende der Zeit*, Freiburg i. Br. 1971
9. Ebenda
10. Interview mit dem Autor
11. Ratzinger, *Leben*
12. Joseph Ratzinger, Vorwort zur italienischen Ausgabe von Schliers Buch *Über die Auferstehung Jesu Christi* aus dem Jahr 2004
13. Zitiert nach: Schlögl, *Am Anfang eines großen Weges*
14. Interview mit dem Autor
15. Am 16. 2. 1966 in einem Brief an Hans Urs von Balthasar; hier zitiert aus: Ursula Hacker-Klom, *Hackers Werk wird eines Tages wieder entdeckt werden!*, Universitäts- und Landesbibliothek Münster 2013
16. Schlögl
17. Interview mit dem Autor
18. Ratzinger, *Leben*
19. Ebenda

Kapitel 27
Konzil

1. https://www.herder.de/theologie-pastoral/historische-theologie/erstes-vatikanisches-konzil/
2. Xavier Rynne, *Die zweite Reformation. Die erste Sitzungsperiode des Zweiten Vatikanischen Konzils*, Köln 1964; Titel der Originalausgabe: *Letters from Vatican City*, New York 1963
3. Carl Bernstein, Marco Politi, *Seine Heiligkeit Johannes Paul II. – Macht und Menschlichkeit des Papstes*, München 1996
4. *Der Spiegel*, 1. 10. 1962
5. Schreiben von Papst Benedikt XVI. zum 50. Jahrestag des Beginns des Zweiten Vatikanischen Konzils, Castel Gandolfo, 2. 8. 2012
6. Ebenda
7. Joseph Ratzinger, *Die erste Sitzungsperiode des Zweiten Vatikanischen Konzils. Ein Rückblick*, Köln 1963 / ders., »Die erste Sitzungsperiode des zweiten Vatikanischen Konzils« in: *Gesammelte Schriften*, Bd. 7/1, Freiburg i. Br. 2012
8. Ebenda

9 Norbert Trippen, *Josef Kardinal Frings*, Paderborn 2005
10 P. Ralph M. Wiltgen S.V.D, *Der Rhein fließt in den Tiber. Eine Geschichte des Zweiten Vatikanischen Konzils*, Feldkirch 1988
11 *50 Jahre Zweites Vatikanisches Konzil*, Kisslegg 2018

Kapitel 28
Der Kampf beginnt

1 summorum-pontificum-karlsruhe.de/pdf/Bischof_Schneider_Predigt_Konstanz.pdf
2 *Spiegel online*, 2. 3. 2014
3 Roberto de Mattei, *Das Zweite Vatikanische Konzil. Eine bislang ungeschriebene Geschichte*, Ruppichteroth 2011
4 Ebenda
5 Ebenda
6 Ebenda
7 *kathpedia, Zweites Vatikanisches Konzil*, www.kath.net
8 Freddy Derwahl, *Benedikt XVI. und Hans Küng: Geschichte einer Freundschaft*, München 2008
9 *Frankfurter Allgemeine Zeitung*, 19. 4. 2014
10 *Der Spiegel*, 1. 10. 1962
11 Peter Pfister (Hg.), *Erneuerung in Christus. Das Zweite Vatikanische Konzil im Spiegel Münchener Kirchenarchive*, Regensburg 2012
12 P. Ralph M. Wiltgen S.V.D., *Der Rhein fließ in den Tiber. Eine Geschichte des Zweiten Vatikanischen Konzils*, Feldkirch 1988
13 Ebenda
14 L. J. Cardinal Suenens, »Aux Origines du Concile Vatican II«, in: *Nouvelle Revue Théologique* 107 (1985), 3–21, 4; ders., »Souvenirs et espérances«, 65–80. Zitiert nach: Roberto de Mattei
15 Yves Congar, *Mon journal du concile*, 2 Bde., Paris 2002, Bd. I, 4
16 Hans Küng, *Erkämpfte Freiheit*, München 2002
17 Norbert Trippen, *Josef Kardinal Frings*, Paderborn 2005
18 Julius Kardinal Döpfner, *Konzilstagebücher, Briefe und Notizen zum Zweiten Vatikanischen Konzil*, Regensburg 2006
19 Ebenda
20 de Mattei
21 Ebenda
22 Derwahl

Kapitel 29
Die Rede von Genua

1 Joseph Ratzinger, *Gesammelte Schriften (JRGS), Zur Lehre des Zweiten Vatikanischen Konzils*, Bd. 7/1, Freiburg i. Br. 2012
2 Ebenda
3 Ebenda
4 Interview mit dem Autor
5 Ebenda

6   Ebenda
7   Josef Kardinal Frings, *Für die Menschen bestellt. Erinnerungen des Alt-Erzbischofs von Köln Josef Kardinal Frings,* Köln 1973
8   Interview mit dem Autor
9   Frings
10 Norbert Trippen, *Josef Kardinal Frings,* Paderborn 2005
11 Interview mit dem Autor
12 Trippen
13 Ebenda
14 Hubert Jedin, *Lebensbericht,* Mainz 1984
15 Trippen
16 P. Ralph M. Wiltgen S.V.D., *Der Rhein fließt in den Tiber. Eine Geschichte des Zweiten Vatikanischen Konzils,* Feldkirch 1988
17 Ratzinger, *JRGS* (Stellungnahmen in Latein zu den von Kardinal Cicognani übersandten Konzils-Schemata), Bd. 7/1
18 Joseph Ratzinger, »Bemerkungen zum Schema ›De fontibus revelationis‹«, in: *Mitteilungen des Instituts Papst Benedikt XVI. (MIPB),* Jg. 2, Regensburg 2009

Kapitel 30
Der Spindoktor

1   Interview mit dem Autor
2   Joseph Ratzinger, »Grundgedanken der eucharistischen Erneuerung des 20. Jahrhunderts« (1960), in: *Gesammelte Schriften (JRGS), Zur Lehre des Zweiten Vatikanischen Konzils,* Bd. 7/1, Freiburg i. Br. 2012
3   Ratzinger, »Der Eucharistische Weltkongress im Spiegel der Kritik« (1961), in: *JRGS,* Bd. 7/1
4   P. Ralph M. Wiltgen S.V.D, *Der Rhein fließt in den Tiber. Eine Geschichte des Zweiten Vatikanischen Konzils,* Feldkirch 1988
5   Matthias Kopp (Hg.), *Und plötzlich Papst. Benedikt XVI. im Spiegel persönlicher Begegnungen,* Freiburg i. Br. 2007
6   Andreas R. Batlogg, »Karl Rahner auf dem Zweiten Vatikanischen Konzil«, in: Peter Pfister (Hg.), *Erneuerung in Christus. Das Zweite Vatikanische Konzil im Spiegel Münchener Kirchenarchive,* Regensburg 2012
7   Norbert Trippen, *Josef Kardinal Frings,* Paderborn 2005
8   Peter Pfister (Hg.), *Erneuerung in Christus. Das Zweite Vatikanische Konzil im Spiegel Münchener Kirchenarchive,* Regensburg 2012
9   Julius Kardinal Döpfner, *Konzilstagebücher, Briefe und Notizen zum Zweiten Vatikanischen Konzil,* Regensburg, 2006
10 Andreas R. Batlogg SJ, »Karl Rahner SJ auf dem Zweiten Vatikanischen Konzil«, in: Peter Pfister (Hg.), *Joseph Ratzinger und das Erzbistum München und Freising. Dokumente und Bilder aus kirchlichen Archiven, Beiträge und Erinnerungen,* Regensburg 2006
11 Batlogg, in: Pfister
12 Interview mit dem Autor
13 Georg Ratzinger, *Ein Leben zwischen Politik, Geschichte und Seelsorge,* Regensburg 2008
14 Joseph Ratzinger, »Kardinal Frings – Zu seinem 80. Geburtstag«, in: *JRGS* Bd. 7/1, (zuerst in: *CiG* Nr. 19, 1967)

15 Interview mit dem Autor
16 Joseph Ratzinger, »Stimme des Vertrauens«, in: Norbert Trippen (Hg.), *Kardinal Josef Frings auf dem Zweiten Vaticanum.* Festschrift, Köln 1976
17 Trippen
18 Joseph Ratzinger, *Aus meinem Leben*, Stuttgart 1998
19 Joseph Ratzinger, Peter Seewald, *Salz der Erde*, Stuttgart 1996
20 Joseph Ratzinger, *JRGS* Bd. 7/1
21 Trippen
22 Joseph Ratzinger, *JRGS* Bd. 7/1
23 Trippen
24 Ebenda
25 Joseph Ratzinger, »Stimme des Vertrauens. Kardinal Josef Frings auf dem Zweiten Vatikanum«, in: Norbert Trippen und Wilhlm Mogge (Hg.), *Ortskirche im Dienst der Weltkirche. Das Erzbistum Köln seit seiner Wiedererrichtung im Jahre 1825. Festgabe für die Kölner Kardinäle Erzbischof Joseph Höffner und Alt-Erzbischof Josef Frings*, Köln 1976
26 Ebenda
27 Trippen
28 Interview mit dem Autor

Kapitel 31
Welt auf der Kippe

1 Joseph Ratzinger, *Die erste Sitzungsperiode des Zweiten Vatikanischen Konzils. Ein Rückblick*, Köln 1963 / ders., »Die erste Sitzungsperiode des zweiten Vatikanischen Konzils« in: *Gesammelte Schriften (JRGS)*, Bd. 7/1, Freiburg i. Br. 2012
2 Ansprache von Papst Benedikt XVI. an den römischen Klerus über das II. Vatikanische Konzil, 14. Februar 2013. http://w2.vatican.va/content/benedict-xvi/de/speeches/2013/february/documents/hf_ben-xvi_spe_20130214_clero-roma.html
3 Interview mit dem Autor
4 Roberto de Mattei, *Das Zweite Vatikanische Konzil. Eine bislang ungeschriebene Geschichte*, Ruppichteroth 2011
5 *L'Osservatore Romano*, 24. 8. 1961
6 Ebenda
7 *Repubblica*, 13. 5. 2005, *Die Erinnerungen des amtierenden Papstes*. Teil eines Textes von Joseph Ratzinger; Übertragung des Interviews für das »Archiv der Erinnerungen« von Raisat-Extra
8 Joseph Ratzinger, *Theologische Prinzipienlehre: Bausteine zur Fundamentaltheologie*, München 1982
9 Ebenda
10 *Mitteilungen des Instituts Benedikt XVI. (MIPB)*, Jg. 2, Regensburg 2009
11 Peter Pfister (Hg.), »Der Konzilstheologe Joseph Ratzinger im Spiegel der Konzilsakten des Münchener Julius Kardinal Döpfner«, in: *Joseph Ratzinger und das Erzbistum München und Freising. Dokumente und Bilder aus kirchlichen Archiven, Beiträge und Erinnerungen*, Regensburg 2006
12 Hubert Jedin, *Lebensbericht*, Mainz 1984
13 Ebenda
14 Norbert Trippen, *Josef Kardinal Frings*, Paderborn 2005
15 Interview mit dem Autor

16 Giuseppe Siri, *Diario*, 356, zitiert nach: Roberto de Mattei, *Das Zweite Vatikanische Konzil. Eine bislang ungeschriebene Geschichte*, Ruppichteroth 2011
17 *Die Zeit*, 4. 10. 2012

Kapitel 32
Sieben Tage, die die katholische Kirche für immer verändern

1 Papst Benedikt XVI., Ansprache an den römischen Klerus über das II. Vatikanische Konzil, 14. Februar 2013, http://w2.vatican.va/content/benedict-xvi/de/speeches/ 2013/february/documents/hf_ben-xvi_spe_20130214_clero-roma.html
2 Roberto de Mattei, *Das Zweite Vatikanische Konzil. Eine bislang ungeschriebene Geschichte*, Ruppichteroth 2011
3 Ebenda
4 Norbert Trippen, *Josef Kardinal Frings*, Paderborn 2005
5 Interview mit dem Autor
6 Joseph Ratzinger, »Stimme des Vertrauens. Kardinal Josef Frings auf dem Zweiten Vatikanum«, in: Norbert Trippen, Wilhelm Mogge (Hg.), *Ortskirche im Dienst der Weltkirche. Das Erzbistum Köln seit seiner Wiedererrichtung im Jahre 1825. Festgabe für die Kölner Kardinäle Erzbischof Joseph Höffner und Alt-Erzbischof Josef Frings*, Köln 1976
7 Benedikt XVI., Ansprache 14. Februar 2013
8 Interview mit dem Autor
9 L. J. Cardinal Suenens, *Souvenirs et espérances*, Paris 1991
10 Ratzinger, »Stimme des Vertrauens«, in: Trippen, Mogge
11 Ebenda
12 Ebenda
13 Trippen, *Frings*
14 Joseph Ratzinger, *Die erste Sitzungsperiode des Zweiten Vatikanischen Konzils. Ein Rückblick*, Köln 1963 / ders., »Die erste Sitzungsperiode des zweiten Vatikanischen Konzils« in: *Gesammelte Schriften (JRGS)*, Bd. 7/1, Freiburg i. Br. 2012
15 Ratzinger, »Stimme des Vertrauens«, in: Trippen, Mogge
16 Yves Congar, *Mon Journal du concile*, 2 Bde., Paris 2002, Bd. I
17 Ratzinger, »Stimme des Vertrauens«. in: Trippen, Mogge
18 de Mattei
19 Trippen, *Frings*
20 P. Ralph M. Wiltgen S.V.D, *Der Rhein fließt in den Tiber. Eine Geschichte des Zweiten Vatikanischen Konzils*, Feldkirch 1988
21 Ebenda
22 Joseph Ratzinger 1967 in seiner Einleitung zur Konstitution über die göttliche Offenbarung, in: ders., JRGS, Bd. 7/1
23 Trippen, *Frings*
24 Ratzinger, *Die erste Sitzungsperiode* / ders., »Die erste Sitzungsperiode« in: *JRGS*, Bd. 7/1
25 Ebenda
26 Julius Kardinal Döpfner, *Konzilstagebücher, Briefe und Notizen zum Zweiten Vatikanischen Konzil*, hg. v. Peter Pfister, Regensburg 2006
27 Wiltgen
28 Trippen, *Frings*

29 G. Ruggieri, in: Giuseppe Alberigo, Klaus Wittstadt (Hg.), *Geschichte des Zweiten Vatikanischen Konzils (1959–1965)*, Bd. II, Mainz 2000
30 Ratzinger, *Die erste Sitzungsperiode* / ders., »Die erste Sitzungsperiode« in: *JRGS*, Bd. 7/1
31 Ebenda
32 Ebenda
33 Benedikt XVI., *Mein Konzil. Die Erinnerungen des amtierenden Papstes*. Aus der *Repubblica* vom 13. 5. 2005, Teil eines Textes von Joseph Ratzinger. Übertragung des Interviews für das *Archiv der Erinnerungen* von RaiSat-Extra
34 Peter Pfister (Hg.), *Erneuerung in Christus. Das Zweite Vatikanische Konzil im Spiegel Münchener Kirchenarchive*, Regensburg, 2012

Kapitel 33
Deutsche Welle

1 Joseph Ratzinger, *Die erste Sitzungsperiode des Zweiten Vatikanischen Konzils. Ein Rückblick*, Köln 1963 / ders., »Die erste Sitzungsperiode des Zweiten Vatikanischen Konzils« in: *Gesammelte Schriften (JRGS)*, Bd. 7/1, Freiburg i. Br. 2012
2 Roberto de Mattei, *Das Zweite Vatikanische Konzil. Eine bislang ungeschriebene Geschichte*, Ruppichteroth 2011
3 *Der Spiegel*, Nr. 50/1963
4 Manuel Schlögl, *Am Anfang eines großen Weges. Joseph Ratzinger in Bonn und Köln*, Regensburg 2014
5 Ebenda
6 Ebenda
7 »Erneuerung in Christus«, Brief von Karl Rahner an Hugo Rahner vom 2.11.1963, in: *Stimmen der Zeit*, September 2012
8 Ebenda
9 Freddy Derwahl, *Benedikt XVI. und Hans Küng: Geschichte einer Freundschaft*, München 2008
10 *Mitteilungen des Instituts Benedikt XVI. (MIPB)*, Jg. 1, Regensburg 2008
11 Interview mit dem Autor
12 Derwahl
13 *Der Spiegel*, 20. 12. 1961
14 *Der Spiegel*, 17. 4. 1963
15 Derwahl
16 *Der Spiegel*, 20.12.1961.
17 Julius Kardinal Döpfner, *Konzilstagebücher, Briefe und Notizen zum Zweiten Vatikanischen Konzil*, hg. v. Peter Pfister, Regensburg 2006
18 Interview mit dem Autor
19 Heinz-Josef Fabry, »Es war für mich sozusagen das Traumziel …«, Prof. Dr. Joseph Ratzinger in Bonn (1959–1963), Rekonstruktion anhand der Akten der Fakultätsratssitzungen der Kath.-Theol. Fakultät Bonn, Privatschrift
20 Joseph Ratzinger, *Aus meinem Leben*, Stuttgart 1998

Kapitel 34
Kraftquellen

1. Interview mit Mitarbeiter Manuel Schlögl
2. Interview mit dem Autor
3. Manuel Schlögl, *Joseph Ratzinger in Münster 1963–1966*, Münster 2012
4. Interview mit Mitarbeiter Manuel Schlögl
5. Interview mit dem Autor für das *Magazin der Süddeutschen Zeitung*, Juni 1993
6. Interview mit dem Autor
7. Ebenda
8. *Der Spiegel*, 11. 12. 1963
9. Interview mit Mitarbeiter Manuel Schlögl
10. Interview mit dem Autor
11. Siegfried Wiedenhofer, »Der Anfang einer langen wunderbaren Begegnung«, in: Matthias Kopp (Hg.), *Und plötzlich Papst: Benedikt XVI. im Spiegel persönlicher Begegnungen*, Freiburg i. Br. 2007
12. Schlögl, *Ratzinger in Münster*
13. Interview mit dem Autor
14. Ebenda
15. Vincent Twomey, *Benedikt XVI. – Das Gewissen unserer Zeit*, Augsburg 2006
16. Brief vom 4. Juli 2009 an den Paderborner Erzbischof Hans-Josef Becker; zitiert nach: Schlögl, *Ratzinger in Münster*

Kapitel 35
In der Schule des Heiligen Geistes

1. *Der Spiegel*, 12. 6. 1963
2. Reinhard Raffalt, *Wohin steuert der Vatikan?*, München 1973
3. Franz Michel Willam, aus: *Geist und Leben*, Heft 2, März/April 1979
4. Norbert Trippen, *Josef Kardinal Frings*, Paderborn 2005
5. P. Ralph M. Wiltgen S.V.D, *Der Rhein fließt in den Tiber. Eine Geschichte des Zweiten Vatikanischen Konzils*, Feldkirch 1988
6. Alexandra von Teuffenbach, »Weg vom Schauspiel, hin zur Diskussion«, in: *Vatican-Magazin*, 6/2013
7. *Repubblica*, 13. 5. 2005
8. Papst Benedikt XVI., Ansprache an den römischen Klerus über das II. Vatikanische Konzil, 14. Februar 2013, http://w2.vatican.va/content/benedict-xvi/de/speeches/ 2013/february/documents/hf_ben-xvi_spe_20130214_clero-roma.html
9. Joseph Ratzinger, *Gesammelte Schriften (JRGS)*, Bd. 7/1, Zur Lehre des Zweiten Vatikanischen Konzils, Freiburg i. Br. 2012
10. Ebenda
11. *50 Jahre Zweites Vatikanisches Konzil*, Kißlegg 2018
12. Joseph Ratzinger, *Das Konzil auf dem Weg – Rückblick auf die zweite Sitzungsperiode des Zweiten Vatikanischen Konzils*, Köln 1964
13. Kathpedia – Zweites Vatikanisches Konzil http://www.kathpedia.com/index.php/Zweites_Vatikanisches_Konzil
14. Trippen

15 Joseph Ratzinger, *Die erste Sitzungsperiode des Zweiten Vatikanischen Konzils. Ein Rückblick,* Köln 1963 / ders., »Die erste Sitzungsperiode des zweiten Vatikanischen Konzils« in: *Gesammelte Schriften (JRGS),* Bd. 7/1, Freiburg i. Br. 2012
16 Andreas R. Batlogg SJ, »Karl Rahner SJ auf dem Zweiten Vatikanischen Konzil«, in: Andreas R. Batlogg SJ, Clemens Brodkorb, Peter Pfister (Hg.), *Erneuerung in Christus. Das Zweite Vatikanische Konzil (1962–1965) im Spiegel Münchener Kirchenarchive;* Regensburg 2012
17 Trippen
18 Wiltgen
19 Ratzinger, *Konzil auf dem Weg*
20 Joseph Ratzinger, »Kardinal Frings – Zu seinem 80. Geburtstag«, in: *Gesammelte Schriften, Zur Lehre des Zweiten Vatikanischen Konzils (JRGS),* Bd. 7/1, Freiburg im Breisgau 2012 (zuerst in: *CiG* Nr. 19, 1967)
21 *Der Spiegel,* Nr. 50/1963
22 Ratzinger, »Kardinal Frings«, in: *JRGS*
23 Joseph Ratzinger, »Stimme des Vertrauens. Kardinal Josef Frings auf dem Zweiten Vatikanum«, in: Norbert Trippen, Wilhelm Mogge (Hg.), *Ortskirche im Dienst der Weltkirche. Das Erzbistum Köln seit seiner Wiedererrichtung im Jahre 1825,* Köln 1976
24 Wiltgen
25 Freddy Derwahl, *Benedikt XVI. und Hans Küng: Die Geschichte einer Freundschaft,* München 2008
26 Ebenda
27 Joseph Frings, »Erinnerungen«, in: Trippen, *Frings*
28 Ratzinger, *Konzil auf dem Weg*
29 Bill O'Reilly, Martin Dugard, *Killing Kennedy. Das Ende eines amerikanischen Traums,* München 2013
30 Joseph Ratzinger, *Aus meinem Leben,* Stuttgart 1998

Kapitel 36
Das Erbe

1 P. Ralph M. Wiltgen S.V.D., *Der Rhein fließt in den Tiber. Eine Geschichte des Zweiten Vatikanischen Konzils,* Feldkirch 1988
2 Norbert Trippen, *Josef Kardinal Frings,* Paderborn 2005
3 Wiltgen
4 Joseph Ratzinger, »Kardinal Frings – Zu seinem 80. Geburtstag«, in: *Gesammelte Schriften (JRGS), Zur Lehre des Zweiten Vatikanischen Konzils,* Bd. 7/1, Freiburg i. Br. 2012 (zuerst in: *CiG* Nr. 19, 1967)
5 Joseph Ratzinger, »Zum 100. Geburtstag von Kardinal Frings«, in: *Communio,* 1987
6 Joseph Ratzinger, *Aus meinem Leben,* Stuttgart 1998
7 Wiltgen
8 Hubert Jedin, *Lebensbericht,* Mainz 1984
9 Trippen
10 Joseph Ratzinger, *Gesammelte Schriften (JRGS), Zur Lehre des Zweiten Vatikanischen Konzils,* Bd. 7/1, Freiburg i. Br. 2012
11 Joseph Ratzinger, »Ergebnisse und Probleme der dritten Sitzungsperiode«, in: ders., *JRGS* Bd. 7/1
12 Ebenda

13　Peter Pfister (Hg.), *Erneuerung in Christus. Das Zweite Vatikanische Konzil im Spiegel Münchener Kirchenarchive*, Regensburg 2012
14　Trippen
15　Wiltgen
16　Joseph Ratzinger, »Die letzte Sitzungsperiode des Konzils«, in *JRGS*, Bd. 7/1
17　Ebenda
18　Audienz vom 29.12.1965. Zitiert nach: »Der Geist des Konzils. Ein Blick auf seine Deutungsgeschichte.« Von Bischof Rudolf Voderholzer, in: *Tagespost*, 8. 3. 2014
19　Claus-Peter März, »50 Jahre Konzil – Die Dogmatische Konstitution über die göttliche Offenbarung ›Dei Verbum‹«, in: *Theologie der Gegenwart* (1/2015)
20　Joseph Ratzinger, »Kommentar zu ›Dei Verbum‹ im Lexikon für Theologie und Kirche«, in: ders., *Gesammelte Schriften, Zur Lehre des Zweiten Vatikanischen Konzils*, Bd. 7/2, Freiburg i. Br. 2012
21　Wiltgen
22　Joseph Ratzinger, Peter Seewald, *Salz der Erde*, Stuttgart 1996
23　Interview mit dem Autor

Kapitel 37
Tübingen

1　Interview mit dem Autor
2　Freddy Derwahl, *Benedikt XVI. und Hans Küng: Geschichte einer Freundschaft*, München 2008
3　Ebenda
4　Hans Küng, *Erkämpfte Freiheit*, München 2002
5　Daniel Deckers, *Der Kardinal. Karl Lehmann – Eine Biographie*, München 2002
6　Michael Karger, »Walter Jens – Hans Küng und Joseph Ratzinger«, in: *Mitteilungen des Instituts Papst Benedikt XVI. (MIPB 2)*, Jg. 2, Regensburg 2009
7　Interview mit dem Autor
8　*Der Spiegel*, 14. 1. 1980
9　Interview mit dem Autor
10　Ebenda
11　Derwahl
12　Interview mit dem Autor
13　Derwahl
14　Manuel Schlögl, »Joseph Ratzinger und die Nouvelle Théologie«; in: *Klerusblatt* 2017
15　Norbert Trippen, *Josef Kardinal Frings*, Paderborn 2005
16　Interview mit dem Autor
17　Joseph Ratzinger, Peter Seewald, *Salz der Erde*, Stuttgart 1996

Kapitel 38
Tief erschrocken

1　Gianni Valente, »Benedikt XVI. 1966–1969. Die schwierigen Jahre«, in *30Tage*, Nr. 5/2006
2　Joseph Ratzinger, *Das neue Volk Gottes*, Düsseldorf 1969
3　Joseph Ratzinger, *Das Konzil auf dem Weg – Rückblick auf die zweite Sitzungsperiode des Zweiten Vatikanischen Konzils*, Köln 1964

4 Joseph Ratzinger, *Aus meinem Leben*, Stuttgart 1998
5 *Kirche + Leben*, Jahrgang 1966
6 Valente
7 Joseph Ratzinger, »Weltoffene Kirche? Überlegungen zur Struktur des Zweiten Vatikanischen Konzils«, in: ders., *Gesammelte Schriften (JRGS). Zur Lehre des Zweiten Vatikanischen Konzils*, Bd. 7/2, Freiburg i. Br. 2012
8 Joseph Ratzinger, »Der Katholizismus nach dem Konzil«, in: Zentralkomitee der Deutschen Katholiken (Hg.), *Auf dein Wort hin. 81. Deutscher Katholikentag vom 13. Juli bis 17. Juli 1966 in Bamberg*, Paderborn 1966 / ders., *JRGS*, Bd. 7/2, Freiburg i. Br. 2012
9 Siegfried Wiedenhofer, »Joseph Ratzinger und die nachkonziliare Auseinandersetzung um den zukünftigen Weg katholischer Theologie«, in: Ulrike Irrgang, Wolfgang Baum (Hg.), *Die Wahrheit meiner Gewissheit suchen. Theologie vor dem Forum der Wirklichkeit. Festschrift für Albert Franz*, Würzburg 2012
10 Henri de Lubac, *Meine Schriften im Überblick*, Einsiedeln 1996
11 *Kirche + Leben*, 13. 2. 1968
12 *Kirche + Leben*, 6. 3. 1968
13 Interview in der Zeitschrift *Communione et Liberazione*, Chile, Sommer 1988
14 Rudolf Voderholzer, *Henri de Lubac begegnen*, Augsburg 1999
15 Hubert Jedin, *Lebensbericht*, Mainz 1984
16 Alfred Lorenzer, *Das Konzil der Buchhalter*, Frankfurt a. M. 1984
17 Manuel Schlögl, *Joseph Ratzinger in Münster 1963–1966*, Münster 2012
18 *Die Tagespost*, 2. 2. 2016
19 Hansjürgen Verweyen, *Joseph Ratzinger – Benedikt XVI.: Die Entwicklung seines Denkens*, Darmstadt 2007
20 Franz Walter, »Katholizismus in der Bundesrepublik – Von der Staatskirche zur Säkularisation«, in: *Blätter für deutsche und internationale Politik*, Jg. 41, 1996
21 Norbert Trippen, *Josef Kardinal Frings*, Paderborn 2005
22 Interview mit dem Autor
23 Trippen
24 Michael Gurtner, *kath.net*, 11. 10. 2012
25 Walter

Kapitel 39
1968 und die Legende von der Wende

1 *Süddeutsche Zeitung*, 7./8. 4. 2018
2 *Süddeutsche Zeitung*, 3./4. 2. 2018
3 Interview mit dem Autor
4 BR-Interview mit Martin Lohmann, 28. 12. 1998
5 Joseph Ratzinger, *Aus meinem Leben*, Stuttgart 1998
6 *Die Tagespost*, 19. 12. 2017
7 Stéphane Courtois (Hg.), *Das Schwarzbuch des Kommunismus. Unterdrückung, Verbrechen und Terror*, München 1998
8 Ratzinger
9 Karl Wagner, Hermann Ruf (Hg.), *Kardinal Ratzinger. Der Erzbischof von München und Freising in Wort und Bild*, München 1977
10 Benedikt Sepp, »Schwenken, Schmücken und Studieren«, in: Anke Jaspers, Claudia

Michalski, Morten Paul, *Ein kleines rotes Buch: Die Mao-Bibel und die Revolution der Sechzigerjahre*, Berlin 2018
11 Ebenda
12 *Die Zeit*, 19. 4. 2012
13 *Süddeutsche Zeitung*, 14. 5. 2016
14 Ebenda
15 Interview mit dem Autor
16 Ratzinger
17 Götz Aly, *Unser Kampf: 1968 – ein irritierter Blick zurück*, Frankfurt 2009
18 *Lausitzer Rundschau*, 29. 4. 2018
19 Interview mit dem Autor
20 Horst Herrmann, *Benedikt XVI.: Der neue Papst aus Deutschland*, Berlin 2005
21 Christian Feldmann, *Papst Benedikt XVI.: Eine kritische Biografie*, Hamburg 2006
22 Hermann Häring, *Theologie und Ideologie bei Joseph Ratzinger*, Düsseldorf 2001
23 Christian Feldmann, *Benedikt XVI. – Bilanz des deutschen Papstes*, Freiburg 2013
24 John L. Allen, *Kardinal Ratzinger*, Trier 2002
25 John L. Allen, *Worum es dem Papst geht*, Freiburg 2008
26 Ebenda
27 Interview mit Mitarbeiter Manuel Schlögl
28 Ebenda
29 Ebenda
30 Gianni Valente, »1966–1969. Die schwierigen Jahre«, in: *30Tage*, Nr. 5/2006
31 *BR*-Interview
32 Hansjürgen Verweyen, *Joseph Ratzinger – Benedikt XVI.: Die Entwicklung seines Denkens*, Darmstadt 2007
33 Freddy Derwahl, *Benedikt XVI. und Hans Küng: Geschichte einer Freundschaft*, München 2008
34 Interview mit dem Autor
35 Hubertus Halbfas, *Das Christentum*, Mannheim 2004

Kapitel 40
Die katholische Krise

1 *Der Spiegel*, 5.8.1968
2 Interview mit dem Autor
3 Hubert Jedin, *Lebensbericht*, Mainz, 1984
4 Ebenda
5 Ebenda
6 Joseph Ratzinger, *Einführung in das Christentum*, München 1968
7 Ebenda
8 Alexander Kissler, *Der deutsche Papst – Benedikt XVI. und seine schwierige Heimat*, Freiburg 2005
9 Ratzinger, *Einführung*
10 Hansjürgen Verweyen, *Ein unbekannter Ratzinger: Die Habilitationsschrift von 1955 als Schlüssel zu seiner Theologie*, Regensburg 2010
11 Ebenda
12 *Die Tagespost*, 8. 4. 2016
13 Marie-Gabrielle Lemaire, »Joseph Ratzinger und Henri de Lubac«, in: *Mitteilungen des Instituts Papst Benedikt XVI. (MIPB)*, Jg. 8, Regensburg 2015

14 Freddy Derwahl, *Benedikt XVI. und Hans Küng: Geschichte einer Freundschaft*, München 2008
15 Interview mit Mitarbeiter Manuel Schlögl
16 Interview mit dem Autor
17 Joseph Ratzinger, Peter Seewald, *Salz der Erde*, Stuttgart 1996
18 *BR*-Interview mit Martin Lohmann, 28. 12. 1998
19 Interview mit dem Autor
20 George Orwell, *Farm der Tiere*, Zürich 1982
21 Interview mit dem Autor

Kapitel 41
Neustart

1 Hans Küng, *Umstrittene Wahrheit*, München 2007
2 Interview mit dem Autor
3 Karl Birkenseer, *Hier bin ich wirklich daheim. Papst Benedikt XVI. und das Bistum Regensburg*, Regensburg 2005
4 Benedikt XVI., Peter Seewald, *Letzte Gespräche,* München 2016
5 Brief von Benedikt XVI. an Prof. Mußner vom 28. 1. 2011
6 Interview mit dem Autor
7 Interview mit Mitarbeiter Manuel Schlögl
8 *Rheinische Post*, 26. 4. 1970
9 Christian Feldmann, *Papst Benedikt XVI.: Eine kritische Biografie*, Hamburg 2006
10 Interview mit Mitarbeiter Manuel Schlögl
11 Vincent Twomey, *Benedikt XVI. – Das Gewissen unserer Zeit*, Augsburg 2006
12 Vincent Twomey, Predigt im Feierlichen Hochamt anlässlich des 60-jährigen Jubiläums der Priesterweihe Joseph Ratzingers, gehalten in der Church of SS Peter and Paul, Cork
13 Interview mit Mitarbeiter Manuel Schlögl
14 Ebenda
15 Interview mit dem Autor
16 Interview mit Mitarbeiter Manuel Schlögl

Kapitel 42
Spannungen

1 Franz Walter, »Katholizismus in der Bundesrepublik – Von der Staatskirche zur Säkularisierung«, in: *Blätter für deutsche und internationale Politik*, Jg. 41, 1996
2 Rudolf Voderholzer, »Der Geist des Konzils. Ein Blick auf seine Deutungsgeschichte«, in: *Die Tagespost*, 8. 3. 2014
3 Joseph Ratzinger, Hans Maier, *Demokratie in der Kirche. Möglichkeiten, Grenzen, Gefahren*, Limburg 1970
4 Gianni Valente, »Ratzinger in Regensburg«, in: *30Tage*, Nr. 8/2006
5 Joseph Ratzinger, *Aus meinem Leben*, Stuttgart 1998
6 Karl Rahner, *Erinnerungen*, Innsbruck 2001
7 Marie-Gabrielle Lemaire, »Joseph Ratzinger und Henry de Lubac«, in: *Mitteilungen des Instituts Papst Benedikt XVI. (MIPB)*, Jg. 8, Regensburg 2015
8 Ratzinger *Leben*
9 Joseph Ratzinger, »Èloge le Cardinal de Lubac«, in: *France Catholique*, 22. 5. 1998. De Lubac war 1967 selbst zum *Chevalier de la Legion d'honneur* ernannt worden.

10 Ratzinger, *Leben*
11 *BR*-Interview mit Martin Lohmann, 28. 12. 1998
12 Joseph Ratzinger, Peter Seewald, *Salz der Erde*, Stuttgart 1996
13 Ratzinger, *Leben*
14 Joseph Ratzinger, *Glaube und Zukunft*, München 1970
15 Hans Küng, *Umstrittene Wahrheit*, München 2007
16 Siegfried Wiedenhofer, »Joseph Ratzinger und die nachkonziliare Auseinandersetzung um den zukünftigen Weg katholischer Theologie«, in: Ulrike Irrgang, Wolfgang Baum (Hg.), *Die Wahrheit meiner Gewissheit suchen. Theologie vor dem Forum der Wirklichkeit. Festschrift für Albert Franz*, Würzburg 2012
17 Freddy Derwahl, *Benedikt XVI. und Hans Küng: Geschichte einer Freundschaft*, München 2008
18 Interview mit dem Autor
19 Hansjürgen Verweyen, *Joseph Ratzinger – Benedikt XVI.: Die Entwicklung seines Denkens*, Darmstadt 2007
20 Interview mit Mitarbeiter Manuel Schlögl
21 Klaus Rüdiger Mai, *Benedikt XVI.: Joseph Ratzinger: sein Leben – sein Glaube – seine Ziele*, Köln-Mülheim 2010
22 Zitiert nach: *Mitteilungen des Instituts Papst Benedikt XVI. (MIPB)*, Jg. 1, Regensburg 2008
23 Interview mit dem Autor
24 Karl Rahner, »Widersprüche im Buch von Hans Küng«, in: ders. (Hg.), *Zum Problem Unfehlbarkeit. Antworten auf die Anfrage von Hans Küng (Quaestio disputata)*, Freiburg i. Br. 1971
25 *katholisch.de*, 19. 3. 2018
26 Joseph Ratzinger, »Wer verantwortet die Aussagen der Theologie?«, in: Hans Urs von Balthasar u. a., *Diskussion über Hans Küngs »Christ sein«*, Mainz 1976
27 Ebenda
28 *Frankfurter Allgemeinen Zeitung*, 22. 5. 1976
29 Küng
30 Ebenda
31 Ebenda
32 Ebenda
33 Ebenda
34 Ebenda

Kapitel 43
Die Vision von der Kirche der Zukunft

1 Joseph Ratzinger, *Die Einheit der Nationen. Eine Vision der Kirchenväter*, Salzburg 1971
2 Joseph Ratzinger, *Gesammelte Schriften* Bd. 7/1, *Zur Lehre des Zweiten Vatikanischen Konzils*, Freiburg i. Br. 2012
3 Ebenda
4 Ebenda
5 Joseph Ratzinger, »Zehn Jahre nach Konzilsbeginn – wo stehen wir?«, in: ders., *Dogma und Verkündigung*, München 1973
6 Joseph Ratzinger, *Glaube und Zukunft*, München 1970
7 Interview mit dem Autor

8 Brief an Raymund Kottje, 16.9.1971, Kopie im Archiv des Autors
9 Joseph Ratzinger: »Zur Frage der Unauflöslichkeit der Ehe. Bemerkungen zum dogmengeschichtlichen Befund und zu seiner gegenwärtigen Bedeutung«, in: Franz Henrich, Volker Eid (Hg.), *Ehe und Ehescheidung. Diskussion unter Christen* (Münchner Akademie-Schriften 59), München 1972
10 Joseph Ratzinger/Benedikt XVI.: »Zur Frage nach der Unauflöslichkeit der Ehe«, in: ders., *Gesammelte Schriften (JRGS)*, Bd. 4, Freiburg i. Br. 2014
11 Joseph Ratzinger, *Tradition und Fortschritt in der Kirche*, Sendung des *Bayerischen Rundfunks*, Abteilung Kirchenfunk, vom 9. 12. 1973
12 *Hochland, Zeitschrift für alle Gebiete des Wissens und der Schönen Künste*, 60. Jg., München und Kempten, August/September 1968
13 Klaus Rüdiger Mai, *Benedikt XVI.: Joseph Ratzinger: sein Leben – sein Glaube – seine Ziele*, Köln–Mühlheim 2010
14 Hans Urs von Balthasar, Joseph Ratzinger, *2 Plädoyers. Warum ich noch ein Christ bin. Warum ich noch in der Kirche bin*, München 1971
15 Ebenda

Kapitel 44
Reconquista

1 Ansprache von Papst Benedikt XVI. an das Kardinalskollegium und die Mitglieder der Römischen Kurie beim Weihnachtsempfang. *Verlautbarungen des Apostolischen Stuhls, Nr. 172*, hg. v. Sekretariat der Deutschen Bischofskonferenz. Bonn 2006
2 Alexander Kissler, »Ich, Küng«, in: *The European*, 9. 10. 2012
3 Joseph Ratzinger, *Zur Lage des Glaubens. Ein Gespräch mit Vittorio Messori*, München 1985
4 Ebenda
5 Interview mit dem Autor
6 Benedikt XVI., Ansprache beim Weihnachtsempfang am 22. Dezember 2005
7 Joseph Ratzinger, Peter Seewald, *Salz der Erde*, Stuttgart 1996
8 Michael Schmaus, »Internationale Katholische Zeitschrift ›Communio‹«, in: *Wissen und Leben*, www. 2198-Artikeltext-3336-1-10-20150722-2.pdf
9 Interview mit dem Autor
10 Freddy Derwahl, *Benedikt XVI. und Hans Küng: Geschichte einer Freundschaft*, München 2008
11 Hans Urs von Balthasar, »Communio – ein Programm«, in: *Communio* Ausgabe 1/1972
12 Daniel Deckers, *Der Kardinal. Karl Lehmann – eine Biographie*, München 2002
13 von Balthasar, »Communio – ein Programm«
14 Carl Bernstein, Marco Politi, *Seine Heiligkeit Johannes Paul II. – Macht und Menschlichkeit des Papstes*, München 1996
15 Ebenda
16 Alexander Kissler, *Der deutsche Papst – Benedikt XVI. und seine schwierige Heimat*, Freiburg i. Br. 2005
17 Gianni Valente, »Ratzinger in Regensburg«, in: *30Tage*, Nr. 8/2006
18 Karl-Joseph Hummel, Christoph Kösters (Hg.), *Kirche, Krieg und Katholiken: Geschichte und Gedächtnis im 20. Jahrhundert*, Freiburg i. Br. 2014
19 Margot Käßmann (Hg.), *Gott will Taten sehen. Christlicher Widerstand gegen Hitler*, München 2013

20 Karl Jaspers, *Der philosophische Glaube angesichts der Offenbarung*, München 1962
21 Martin Luther, »Von den Juden und ihren Lügen, Schrift aus dem Jahr 1543«, zitiert nach Pastor Dirk von Jutrczenka, St. Remberti-Gemeinde Bremen
22 Joseph Ratzinger, Hans Maier, *Demokratie in der Kirche. Möglichkeiten, Grenzen, Gefahren*, Limburg 1970
23 Joseph Ratzinger in einer Sendung des *Bayerischen Rundfunks* am 8. 10. 1972
24 Interview mit dem Autor
25 *Katholische Nachrichtenagentur* (KNA), 12. 9. 2011
26 Interview mit Mitarbeiter Manuel Schlögl
27 Ebenda
28 Privatarchiv Sr. Maria-Gratia Köhler

Kapitel 45
Die Lehre vom ewigen Leben

1 Joseph Ratzinger, Peter Seewald, *Salz der Erde*, Stuttgart 1996
2 Joseph Ratzinger, *Eschatologie – Tod und ewiges Leben*, Regensburg 1977
3 Ebenda
4 Helmut Hoping, »Die Auferstehung der Toten bei Joseph Ratzinger«, in: *Mitteilungen des Instituts Papst Benedikt XVI. (MIPB)*, Jg. 10, Regensburg 2017
5 Joseph Ratzinger, »Mein Glück ist, in deiner Nähe zu sein«, veröffentlicht unter dem Titel *Dass Gott alles in allem sei*, in: *Klerusblatt* 72, 1992 / ders., *Auferstehung und Ewiges Leben, Beiträge zur Eschatologie und zur Theologie der Hoffnung, Gesammelte Schriften (JRGS)* Bd. 10, hg. v. Dr. Gerhard Ludwig Müller, Freiburg i. Br. 2012
6 Ratzinger, *Eschatologie*
7 Ebenda
8 Ratzinger, »Mein Glück ist, in deiner Nähe zu sein«, in: *Klerusblatt* 72, 1992/ders., *JRGS* Bd. 10
9 Ratzinger, *Eschatologie*
10 Ratzinger, »Mein Glück ist, in deiner Nähe zu sein«
11 Ebenda
12 Vincent Twomey, *Benedikt XVI. – Das Gewissen unserer Zeit*, Augsburg 2006
13 Interview mit dem Autor
14 Ebenda
15 Ratzinger, Seewald, *Salz*
16 Ebenda
17 Interview mit P. Gereon Michael Strauch, ehemaliger Student in Regensburg
18 Interview mit Mitarbeiter Manuel Schlögl
19 Manfred Lochbrunner, *Hans Urs von Balthasar und seine Philosophenfreunde. Fünf Doppelporträts*, Würzburg 2005
20 Ebenda
21 Karl Birkenseer, *Hier bin ich wirklich daheim. Papst Benedikt XVI. und das Bistum Regensburg*, Regensburg 2005
22 Interview mit dem Autor
23 Joseph Ratzinger, *Aus meinem Leben*, Stuttgart 1998
24 Ebenda
25 Ebenda
26 Interview mit dem Autor

27 Peter Pfister (Hg.), *Joseph Ratzinger und das Erzbistum München und Freising. Dokumente und Bilder aus kirchlichen Archiven, Beiträge und Erinnerungen*, Regensburg 2006
28 *Der Spiegel*, 4. 4. 1977
29 Freddy Derwahl, *Benedikt XVI. und Hans Küng: Geschichte einer Freundschaft*, München 2008

Kapitel 46
Das Amt

1 Interview mit Mitarbeiter Manuel Schlögl
2 Peter Pfister (Hg.), *Joseph Ratzinger und das Erzbistum München und Freising. Dokumente und Bilder aus kirchlichen Archiven, Beiträge und Erinnerungen*, Regensburg 2006
3 *Deutsche Zeitung/Christ und Welt*, 1. 4. 1977
4 *Süddeutsche Zeitung*, 25. 3. 1977
5 *Neue Zürcher Zeitung*, 31. 3. 1977
6 Interview mit dem Autor
7 Joseph Ratzinger, *Der Geist der Liturgie. Eine Einführung*, Freiburg i. Br. 2000
8 Joseph Ratzinger, *Aus meinem Leben*, Stuttgart 1998
9 Ebenda
10 Karl Wagner, Hermann Ruf (Hg.), *Kardinal Ratzinger. Der Erzbischof von München und Freising in Wort und Bild*, München 1977
11 Ratzinger, *Leben*
12 Ebenda
13 Pfister (Hg.)
14 Ratzinger, *Leben*
15 Gianni Cardinale, »Der Herr wählt unsere Wenigkeit. Fünfundzwanzig Jahre nach dem Konklave, bei dem Papst Luciani gewählt wurde«, in: *30Tage*, Nr. 9/2003
16 Ebenda
17 Joseph Ratzinger, Peter Seewald, *Salz der Erde*, Stuttgart 1996
18 Interview mit dem Autor
19 Joseph Ratzinger, »Erster Hirtenbrief vom Juni 1977«, in: Wagner, Ruf
20 Karl Gabriel, *Die Kirchen in Westdeutschland*, www.bertelsmann-stiftung.de/fileadmin/files/…/xcms_bst_dms_28291_28292_2.pdf
21 Brief des Erzbischofs von München vom 24. August 1977 zu der römischen Entscheidung über die Reihenfolge von Erstbeichte und Erstkommunion
22 Aus einem Beitrag für den *Bayerischen Rundfunk*, 1978
23 *Münchner Ordinariatskorrespondenz*, 21. 9. 1977
24 *Süddeutsche Zeitung*, 7. 1. 1978
25 *Süddeutsche Zeitung*, 13. 7. 1977
26 Interview mit dem Autor
27 Ebenda
28 Interview mit Mitarbeiter Manuel Schlögl
29 Bruno Fink, *Zwischen Schreibmaschine und Pileolus: Erinnerungen an meine Zeit als Sekretär des Hochwürdigsten Herrn Joseph Kardinal Ratzinger* (Monographische Mitteilungen. Institut Papst Benedikt XVI.), Regensburg 2016
30 Interview mit dem Autor

Kapitel 47
Das Jahr der drei Päpste

1. Pasquale Macchi, *Paul VI. in seinem Wort*, Rom 2003
2. Ulrich Nersinger in: *Die Tagespost*, 2. 8. 2018
3. Gianni Cardinale, »Der Herr wählt unsere Wenigkeit. Fünfundzwanzig Jahre nach dem Konklave, bei dem Papst Luciani gewählt wurde«, in: *30Tage*, Nr. 9/2003
4. *kath.net*, 5. März 2014
5. Cardinale
6. Ebenda
7. Ebenda
8. Carl Bernstein, Marco Politi, *Seine Heiligkeit Johannes Paul II. – Macht und Menschlichkeit des Papstes*, München 1996
9. John Cornwell, *Wie ein Dieb in der Nacht*, München 1991
10. *Die Tagespost*, 6. 11. 2017. Stefania Falasca anlässlich der Vorstellung des Buches *Papa Luciani. Cronaca di una morte* (»Papa Luciani – Chronik eines Todes«), mit einem Vorwort von Kardinal Parolin, Mailand 2017
11. *Kathpress*, Wien, 24. 8 2018
12. Cardinale
13. Ebenda
14. Carlos Widmann in der *Süddeutschen Zeitung* vom 10. 10. 1978
15. Interview mit dem Autor
16. Joseph Ratzinger, Peter Seewald, *Salz der Erde*, Stuttgart 1996
17. Ulrich Nersinger in der *Tagespost* vom 2. 8. 1918
18. *Süddeutsche Zeitung*, 18. 10. 1978
19. Bruno Fink, *Zwischen Schreibmaschine und Pileolus: Erinnerungen an meine Zeit als Sekretär des Hochwürdigsten Herrn Joseph Kardinal* Ratzinger (Monographische Mitteilungen. Institut Papst Benedikt XVI.), Regensburg 2016
20. Bernstein, Politi

Kapitel 48
Der Fall Küng

1. Interview mit dem Autor
2. Ebenda
3. Winfried Röhmel (Red.) und Pressereferat des Ordinariats der Erzdiözese München und Freising, *Wir leben vom Ja. Dokumentation der Verabschiedung von Joseph Kardinal Ratzinger*, München 1982
4. Joseph Ratzinger, Vorwort zu Christoph Schönborn, *Leben für die Kirche: Die Fastenexerzitien des Papstes*, Freiburg i. Br. 1999
5. Alexander Kissler, *Der deutsche Papst – Benedikt XVI. und seine schwierige Heimat*, Freiburg i. Br. 2005
6. Vincent Twomey, *Benedikt XVI. – Das Gewissen unserer Zeit*, Augsburg 2006
7. *Ordinariats-Korrespondenz* (ok), Nr. 24 vom 19. 6. 1980
8. Zitiert nach Anton Štrukelj, *Vertrauen. Mut zum Christsein*, St. Ottilien 2012
9. Alle Zitate aus den Priesterpredigten: Štrukelj, *Vertrauen*
10. Interview mit dem Autor
11. Ebenda

12 *Süddeutsche Zeitung*, 14. 11. 1979
13 Ebenda
14 Interview mit dem Autor
15 Hans Maier, *Böse Jahre, gute Jahre. Ein Leben 1931 ff.*, München 2011
16 Bruno Fink, *Zwischen Schreibmaschine und Pileolus: Erinnerungen an meine Zeit als Sekretär des Hochwürdigsten Herrn Joseph Kardinal Ratzinger* (Monographische Mitteilungen. Institut Papst Benedikt XVI.), Regensburg 2016
17 Interview mit dem Autor
18 *ok* Nr. 37 vom 13. 12. 1997
19 Freddy Derwahl, *Benedikt XVI. und Hans Küng. Geschichte einer Freundschaft*, München 2006
20 Heilige Kongregation für die Glaubenslehre, *Erklärung über einige Hauptpunkte der theologischen Lehre von Prof. Hans Küng*, www.vatican.va
21 Derwahl
22 Interview mit dem Autor
23 *L`Osservatore Romano*, deutsche Ausgabe, 18. 1. 1980
24 Joseph Ratzinger, *Zeitfragen und christlicher Glaube. Acht Predigten aus den Münchner Jahren*, Würzburg 1982
25 *Frankfurter Allgemeine Zeitung*, 11. 1. 1980
26 Joseph Ratzinger, Peter Seewald, *Salz der Erde*, Stuttgart 1996

Kapitel 49
Das Vermächtnis von München

1 Interview mit dem Autor
2 Ebenda
3 Elio Guerriero, *Benedikt XVI. Die Biografie*, Freiburg i. Br. 2018
4 Interview mit dem Autor
5 *Chronik-Bildbiografie Papst Johannes Paul II.*, Gütersloh/München 2003
6 Interview mit Mitarbeiter Manuel Schlögl
7 Ansprache des bayerischen Ministerpräsidenten Franz Josef Strauß beim Empfang im Antiquarium der Münchner Residenz am 12. Februar 1982. In: *Wir leben vom Ja. Dokumentation der Verabschiedung von Joseph Kardinal Ratzinger*, München 1982
8 Predigt beim Gottesdienst mit den Priestern und Diakonen am 28. Februar 1982 im Freisinger Dom. In: *Wir leben vom Ja*
9 Ebenda
10 *Die Welt*, 27. 10. 1981

Kapitel 50
Der Präfekt

1 Manfred Lütz, *Der Skandal der Skandale. Die geheime Geschichte des Christentums*, Freiburg i. Br. 2018
2 Meyers Große Enzyklopädie
3 Walter Brandmüller, *Licht und Schatten, Kirchengeschichte zwischen Glauben, Fakten und Legenden*, Augsburg 2007
4 Georg Blüml, »Dichtung und Wahrheit«, in: *Die Tagespost*, 21. 7. 2017

5 Bruno Fink, *Zwischen Schreibmaschine und Pileolus: Erinnerungen an meine Zeit als Sekretär des Hochwürdigsten Herrn Joseph Kardinal Ratzinge*r (Monographische Mitteilungen. Institut Papst Benedikt XVI.), Regensburg 2016
6 *Süddeutsche Zeitung*, 5. 3. 1983
7 Joseph Ratzinger, *Zur Lage des Glaubens. Ein Gespräch mit Vittorio Messori*, München 1985
8 Interview mit dem Autor
9 Ebenda
10 Ebenda
11 Ebenda
12 Ebenda
13 Zitiert nach: Anton Štrukelj, *Vertrauen. Mut zum Christsein*, St. Ottilien 2012
14 Joseph Ratzinger, Peter Seewald, *Salz der Erde*, Stuttgart 1996
15 Brief des scheidenden Erzbischofs von München an die Priester, Diakone und Mitarbeiter in der Seelsorge, in: *Wir leben vom Ja. Dokumentation der Verabschiedung von Joseph Kardinal Ratzinger*, München 1982
16 Ratzinger, Seewald, *Salz*
17 Interview mit dem Autor
18 *Süddeutsche Zeitung*, 9. 12. 1982

Kapitel 51
Ratzingers Report

1 Joseph Ratzinger, Peter Seewald, *Salz der Erde*, Stuttgart 1996
2 *Die Tagespost*, Nr. 45, 16. 4. 2005
3 George Weigel, *Zeuge der Hoffnung. Johannes Paul II. Eine Biographie,* Paderborn 2002
4 *Frankfurter Allgemeine Zeitung*, 7. 11. 1984
5 Interview mit dem Autor
6 Juan Arias, *Das Rätsel Wojtyla. Eine kritische Papst-Biographie*, Bad Sauerbrunn 1991
7 Ebenda
8 Ebenda
9 *Der Spiegel*, Nr. 19/1983, 9. 5. 1983
10 Joseph Ratzinger, *Zur Lage des Glaubens. Ein Gespräch mit Vittorio Messori*, München 1985
11 Ebenda
12 Ebenda
13 Interview mit Mitarbeiter Manuel Schlögl
14 *Die Zeit*, Nr. 41, 4. 10. 1985
15 *Süddeutsche Zeitung*, 5. 2. 1998
16 *Die Welt*, 30. 5. 1988

Kapitel 52
Kampf um die Befreiungstheologie

1 Bruno Fink, *Zwischen Schreibmaschine und Pileolus: Erinnerungen an meine Zeit als Sekretär des Hochwürdigsten Herrn Joseph Kardinal Ratzinger* (Monographische Mitteilungen. Institut Papst Benedikt XVI.), Regensburg 2016

2 Brief vom 23. Februar 1988, Abschrift im Archiv des Autors
3 Heinz-Joachim Fischer, *Benedikt XVI.: Ein Porträt*, Freiburg i. Br. 2005
4 *Süddeutsche Zeitung*, 29. 1. 1988
5 *Die Welt*, 1. 6. 1988
6 Klaus Rüdiger Mai, *Benedikt XVI.: Joseph Ratzinger: sein Leben – sein Glaube – seine Ziele*, Köln-Mühlheim 2010
7 Joseph Ratzinger, *Theologische Prinzipienlehre, Bausteine zur Fundamentaltheologie*, München 1982
8 Hansjürgen Verweyen, *Joseph Ratzinger – Benedikt XVI.: Die Entwicklung seines Denkens*, Darmstadt 2007
9 *kath.net*, 20. 3. 2014
10 Joseph Ratzinger, *Eschatologie. Tod und ewiges Leben*, Regensburg 1977
11 Alexander Kissler, *Der deutsche Papst – Benedikt XVI. und seine schwierige Heimat*, Freiburg i. Br. 2005
12 Interview mit dem Autor
13 Joseph Ratzinger, Vittorio Messori, *Rapporto sulla fede*, Mailand 1984. Dt. Ausgabe: Joseph Ratzinger, *Zur Lage des Glaubens. Ein Gespräch mit Vittorio Messori*, München 1985
14 *Die Welt*, 1. 6. 1988
15 Heinz-Joachim Fischer, *Benedikt XVI.: Ein Porträt*, Freiburg i. Br. 2005
16 Interview mit dem Autor
17 *katholisches.info*, 21. 12. 2018
18 Klaus Brunner, *religion.ORF.at*, 7. 5. 2017
19 *Süddeutsche Zeitung*, 1. 8. 2018

Kapitel 53
Teamarbeit

1 *kath.net*, 12. 6. 2012
2 Interview mit dem Autor
3 *Die Tagespost*, 9. 7. 2013
4 Bruno Fink, *Zwischen Schreibmaschine und Pileolus: Erinnerungen an meine Zeit als Sekretär des Hochwürdigsten Herrn Joseph Kardinal Ratzinger* (Monographische Mitteilungen. Institut Papst Benedikt XVI.), Regensburg 2016
5 Bekanntmachung des Heiligen Stuhls vom 16. Juni 1988. In: *Der Apostolische Stuhl 1988. Ansprachen, Predigten und Botschaften des Papstes. Erklärungen der Kongregationen. Vollständige Dokumentation*, hg. v. Sekretariat der Deutschen Bischofskonferenz in Zusammenarbeit mit der Redaktion des deutschsprachigen L'Osservatore Romano, Köln 1989
6 *kath.net*, 12. Juni 2012
7 2. Timotheusbrief 4,2–5
8 Joseph Ratzinger, Peter Seewald, *Salz der Erde*, Stuttgart 1996
9 Interview mit dem Autor für einen Beitrag im *Magazin der Süddeutschen Zeitung*, 5. 3. 1993
10 *Communio*, Jg. 2001
11 Joseph Ratzinger, *Zur Lage des Glaubens. Ein Gespräch mit Vittorio Messori*, München 1985
12 Interview mit dem Autor

13 Ratzinger, Seewald, *Salz*
14 Interview in der *Deutschen Tagespost*, 18. 5. 1995
15 Ratzinger, Seewald, *Salz*
16 Interview mit dem Autor
17 Interview mit Mitarbeiter Manuel Schlögl
18 Interview mit dem Autor
19 Ebenda
20 Benedikt XVI., Peter Seewald, *Letzte Gespräche*, München, 2016
21 *Die Tagespost*, 22. 11. 2017
22 Ebenda
23 Ebenda
24 *Deutsche Tagespost*, 25. 11. 1986
25 Andreas Englisch, *Benedikt XVI. Der deutsche Papst*, München 2011
26 *Süddeutsche Zeitung*, 17. 1. 1990
27 Interview für *Magazin der Süddeutschen Zeitung*
28 Ebenda
29 Christian Feldmann, *Benedikt XVI. – Bilanz des deutschen Papstes*, Freiburg i. Br. 2013
30 Heinz-Joachim Fischer, *Benedikt XVI.: Ein Porträt*, Freiburg i. Br. 2005
31 Ebenda
32 Interview mit dem Autor
33 Dankschreiben von Joseph Kardinal Ratzinger vom Mai 1987 im Archiv des Autors
34 *Deutsche Tagespost*, 25. 11. 1986

Kapitel 54
Der Zusammenbruch

1 George Weigel, *Zeuge der Hoffnung, Johannes Paul II. Eine Biografie*, Paderborn 2002
2 Ebenda
3 Ebenda
4 Stephan Baier, *Die Tagespost*, 23. 8. 2018
5 https://www.zeit.de/wissen/geschichte/2010-03/gorbatschow-sowjetunion
6 Andrea Riccardi, *Johannes Paul II. Die Biografie*, Würzburg 2012
7 Stricker in einem Interview mit der Hilfsorganisation »Kirche in Not«; kath.net, 15. 9. 2009 (http:/www.kath.net/news/23949)
8 Stanislaw Dziwisz, *Mein Leben mit dem Papst*, Leipzig 2007
9 *Spiegel Special*, Nr. 3/2005
10 *Der Spiegel*, Nr. 15. 11. 4. 2005
11 *Die Welt*, 30. 5. 1988
12 Franz Walter, »Katholizismus in der Bundesrepublik – Von der Staatskirche zur Säkularisation«, in: *Blätter für deutsche und internationale Politik*, Jg. 41, 1996
13 *Deutsche Tagespost*, 18. 5. 1995
14 *Deutschlandfunk Kultur*, 6. 10. 2012
15 *Frankfurter Allgemeine Zeitung*, 27. 10. 1994
16 *Münchner Merkur*, 4. 1. 1989
17 *Süddeutsche Zeitung*, 3. 9. 1990
18 Interview mit Mitarbeiter Manuel Schlögl
19 Interview mit dem Autor
20 Grußkarte vom 21. Mai 1994

21 Ebenda
22 Interview mit dem Autor
23 Ebenda
24 Brief an den Autor
25 *Die Tagespost*, 6. 12. 2018
26 Interview mit dem Autor
27 Interview mit Mitarbeiter Manuel Schlögl
28 Interview mit dem Autor
29 *Die Zeit*, 29. 11. 1991
30 Bruno Fink, *Zwischen Schreibmaschine und Pileolus: Erinnerungen an meine Zeit als Sekretär des Hochwürdigsten Herrn Joseph Kardinal Ratzinger* (Monographische Mitteilungen. Institut Papst Benedikt XVI.), Regensburg 2016
31 Interview mit dem Autor
32 *Die Welt*, 1. 6. 1988
33 Interview mit dem Autor
34 Joseph Ratzinger, *Dogma und Verkündigung,* München 1973
35 Joseph Ratzinger, Peter Seewald, *Salz der Erde*, Stuttgart 1996
36 Interview mit dem Autor
37 Ebenda
38 Ebenda
39 Ebenda
40 Elio Guerriero, *Benedikt XVI. Die Biografie*, Freiburg i. Br. 2018
41 Interview mit dem Autor
42 Ebenda
43 Interview mit dem Autor
44 *Süddeutsche Zeitung*, 28. 12. 1992
45 Interview mit dem Autor
46 Ebenda

Kapitel 55
Das lange Leiden des Karol Wojtyla

1 Sergio Trasatti, Arturo Mari und Hendrik van Bergh, *Johannes Paul II.: Leidensweg der 100 Tage 13. Mai–16. August 1981*, St. Ottilien 1982
2 Stanislaw Dziwisz, *Mein Leben mit dem Papst*, Leipzig 2007
3 Zitiert nach Roberto de Mattei, *Catholic Family News*, 4. 1. 2019
4 Dziwisz
5 Ebenda
6 *Der Spiegel*, 17. 11. 1980
7 *Der Spiegel*, 30. 1. 1995
8 *Der Spiegel*, 20. 9. 1999
9 Klaus Wallbaum, *Der Überläufer: Rudolf Diels (1900–1957) – der erste Gestapo-Chef des Hitler-Regimes*, Franfurt a. M. 2010
10 *Der Spiegel*, 24. 5. 1999
11 *Der Spiegel*, 26. 3. 2005
12 Klappentext in: Joseph Ratzinger, *Kirche, Ökumene und Politik. Neue Versuche zur Ekklesiologie*, Einsiedeln 1987
13 Joseph Kardinal Ratzinger, »Probleme von Glaubens- und Sittenlehre im europäischen

Kontext«, in: ders., Hugo Staudinger, Heinz Schütte (Hg.), *Zu Grundfragen der Theologie heute*, Paderborn 1992
14 Ebenda
15 Vincent Twomey, *Benedikt XVI. – Das Gewissen unserer Zeit*, Augsburg 2006
16 Joseph Ratzinger, *Kirche, Ökumene und Politik. Neue Versuche zur Ekklesiologie*, Einsiedeln 1987
17 Ebenda
18 *Der Spiegel*, 16. 12. 1996
19 Paulo Coelho, *Der Weg des Bogens*, Zürich 2017
20 Joseph Ratzinger, Peter Seewald, *Salz der Erde*, Stuttgart 1996
21 Matthias Kopp (Hg.), *Und plötzlich Papst: Benedikt XVI. im Spiegel persönlicher Begegnungen*, Freiburg i. Br. 2007
22 Brief an Esther Betz vom 9. August 1997, Abschrift im Archiv des Autors

Kapitel 56
Millennium

1 Brief an Esther Betz vom 16. Februar 1998, Abschrift im Archiv des Autors
2 *Radio Vatikan*, 18. 11. 2017
3 Abschrift im Archiv des Autors
4 Evangelium nach Markus 16,15; nach Matthäus 28,20
5 *Der Spiegel*, 7. 12. 1998
6 *Der Spiegel*, 24. 5. 1999
7 Peter Seewald, *Jesus Christus. Die Biografie*, München 2009
8 Interview mit dem Autor
9 Joseph Ratzinger, *Der Geist der Liturgie. Eine Einführung*, Freiburg i. Br. 2000
10 *Domradio.de*, 13. 7. 2017
11 Johannes Paul II., *Erinnerung und Identität: Gespräche an der Schwelle zwischen den Jahrtausenden*, Augsburg 2005
12 Freddy Derwahl, *Benedikt XVI. und Hans Küng: Geschichte einer Freundschaft*, München 2006
13 Kongregation für die Glaubenslehre, *Erklärung Dominus Iesus über die Einzigkeit und Heilsuniversalität Jesu Christi und der Kirche*, Rom 6. 8. 2000
14 *Die Tagespost*, 15. 3. 2018
15 Derwahl
16 *Frankfurter Allgemeine Zeitung*, 22. 9. 2000
17 Interview mit dem Autor
18 *Die Zeit*, 1. 3. 2001
19 *Die Welt*, 2. 12. 2002
20 Interview mit dem Autor
21 *Frankfurter Rundschau*, 9. 9. 2018
22 *kath.net*, 16. 1. 2003
23 *Die Welt*, 2. 4. 2002
24 *Süddeutsche Zeitung*, 26. 9. 2005
25 Ernst-Wolfgang Böckenförde, »Die Entstehung des Staats als Vorgang der Säkularisierung«, in: *Kirche und christlicher Glaube in den Herausforderungen der Zeit*, Münster 2004
26 Jürgen Habermas, Joseph Ratzinger, *Dialektik der Säkularisierung. Über Vernunft und Religion*, Freiburg i. Br. 2005

27 Aus: Jürgen Manemann, *Befristete Zeit. Jahrbuch politische Theologie*, Münster 1999
28 Zitiert nach: *Die Tagespost*, 16. 6. 2014
29 *Passauer Neue Presse*, 26. 10. 2000

Kapitel 57
Agonie

1 Siehe dazu auch: Stanislaw Dziwisz, *Mein Leben mit dem Papst*, Leipzig 2007
2 *Der Spiegel*, 26. 3. 2005
3 Ebenda
4 Ebenda
5 Ebenda
6 Dziwisz
7 Joh 12,24
8 *L'Osservatore Romano*, dt., 8. 4. 2005
9 Dziwisz
10 Ebenda
11 Interview mit dem Autor
12 Nach Aussage von Georg Gänswein im Interview mit dem Autor
13 https://www.decemsys.de/benedikt/reden/05-04-01.htm: Vortrag von Kardinal Joseph Ratzinger in Subiaco am 1. April 2005, übersetzt von Claudie Reimüller
14 *Tagebuch der Schwester Maria Faustyna Kowalska*, Hauteville/Schweiz, 2013
15 In der Übersetzung von Romano Guardini
16 Zitiert nach: *Christ in der Gegenwart*, Extraausgabe zum Tod des Papstes, April 2005
17 *L'Osservatore Romano*, dt., 15. 4. 2005

Kapitel 58
Konklave

1 Abschrift im Archiv des Verfassers
2 Joseph Ratzinger, Peter Seewald, *Licht der Welt*, Stuttgart 1996
3 Joseph Ratzinger, Peter Seewald, *Gott und die Welt*, München 2000
4 *Abendzeitung*, 6. 4. 2005
5 Brief-Kopie im Archiv des Autors
6 *Süddeutsche Zeitung*, 5. 4. 2005
7 *Der Spiegel*, 18. 4. 2005
8 https://www.wissen.de/lexikon/alexander-iii-papst
9 *Spiegel online*, 4. 4. 2005
10 Ulrich Nersinger, *Tatort Konklave*, Künzell 2013
11 Sämtliche Zitate aus der Apostolischen Konstitution *Universi Dominici Gregis*, (http://www.vatican.va/)
12 *Pur-Magazin*, April 2005
13 *Der Spiegel*, 18. 4. 2005
14 *Die Welt*, 18. 4. 2005
15 Wie der *Papa emeritus* auf meine Nachfrage erklärte
16 Interview mit dem Autor
17 Ebenda

18 Interview Messerer mit dem Autor
19 Interview mit dem Autor
20 Ebenda
21 *Die Zeit*, 14. 4. 2005
22 Ebenda
23 *Der Spiegel*, 18. 4. 2005
24 *Spiegel online*, 18. 4. 2005
25 *Süddeutschen Zeitung*, 19. 5. 2010
26 Helmut S. Ruppert, *Benedikt XVI. Der Papst aus Deutschland*, Würzburg 2005
27 Interview mit dem Autor
28 www.vatican.va/gpII/documents/homily-pro-eligendo-pontifice_20050418_ge.html
29 Ebenda

Kapitel 59
Habemus Papam

1 *Hamburger Abendblatt*, 24. 9. 2005
2 Robert Harris, *Konklave*, München 2016
3 Interview mit dem Autor
4 Angaben nach dem »Verbotenen Tagebuch«, aus: *Hamburger Abendblatt*, 24. 9. 2005
5 *Katholische Nachrichtenagentur (KNA)*, 26. 5. 2015
6 katholisch.de, 6. 11. 2017
7 Ansprache an die deutschen Pilger in der Audienzhalle, Montag, 25. April 2005
8 Interview mit dem Autor
9 Stephan Kulle, *Papa Benedikt: Die Welt des deutschen Papstes*, Frankfurt a. M. 2007
10 Alexander Kissler, *Der deutsche Papst – Benedikt XVI. und seine schwierige Heimat*, Freiburg i. Br. 2005
11 *Süddeutsche Zeitung*, 25. 4. 2005
12 vatican.va (http://www.vatican.va/holy_father/benedict_xvi.elezione/index_ge.htm)

Kapitel 60
Der erste Papst des dritten Jahrtausends

1 *Die Weltwoche*, Nr. 16/2005
2 *Die Tagespost*, 21. 4. 2005
3 *Die Welt*, 21. 4. 2005
4 *Süddeutsche Zeitung*, 20. 4. 2005
5 *Der Spiegel*, Nr. 17/2005, 25. 4. 2005
6 *Spiegel online*, 25. 4. 2005
7 Matthias Kopp (Hg.), *Und plötzlich Papst: Benedikt XVI. im Spiegel persönlicher Begegnungen*, Freiburg i. Br. 2007
8 *Die Zeit*, 28. 4. 2005
9 *Die Welt*, 21. 4. 2005
10 *Die Tagespost*, 21. 4. 2005
11 Helmut S. Ruppert, *Benedikt XVI. Der Papst aus Deutschland*, Würzburg 2005
12 Ebenda
13 *Die Welt*, 21. 4. 2005

14 Interview mit dem Autor
15 *Süddeutsche Zeitung,* 20. 4. 2005
16 *Die Tagespost,* 21. 4. 2005
17 *Jerusalem Post,* 18. 4. 2005
18 Interview mit dem Autor
19 https://w2.vatican.va/content/benedict-xvi/de/homilies/2005/documents/hf_ben-xvi_hom_20050424_inizio-pontificato.html
20 Ansprache am 25. April, in der Audienzhalle an die deutschen Pilger. *Kath.net,* 25. 4. 2005

Kapitel 61
In den Schuhen des Fischers

1 Interview mit dem Autor
2 Benedikt XVI., Peter Seewald, *Letzte Gespräche,* München 2016
3 Brief an Franz Mußner in Passau vom 5. Mai 2005 aus dem Archiv des Autors
4 Benedikt XVI., Ansprache vom 18. Oktober 2005 (http://w2.vatican.va/content/benedict-xvi/de/messages/migration/documents/hf_ben-xvi_mes_20051018_world-migrants-day.html)
5 Joseph Ratzinger, Peter Seewald, *Gott und die Welt,* München 2000
6 Matthias Kopp (Hg.), *Und plötzlich Papst. Benedikt XVI. im Spiegel persönlicher Begegnungen,* Freiburg i. Br. 2008
7 Helmut S. Ruppert, *Benedikt XVI. Der Papst aus Deutschland,* Würzburg 2005
8 *Süddeutsche Zeitung,* 5. 4. 2005
9 Ebenda, 23. 4. 2005
10 *Spiegel online,* 25. 4. 2005
11 *kath.net,* 2. 7. 2005
12 *KNA,* 21. 5. 2005
13 Ansprache Benedikt XVI. während der Generalaudienz am 27. April 2005 (https://w2.vatican.va/content/benedict-xvi/de/audiences/2005/documents/hf_ben-xvi_aud_20050427.html)
14 Ebenda
15 Interview mit dem Autor
16 Ebenda
17 Benedikt XVI., Seewald
18 Interview mit dem Autor

Kapitel 62
Das Benedetto-Fieber

1 Interview mit dem Autor
2 Ebenda
3 Ebenda
4 Ebenda
5 *kath.net,* 20. 5. 2005
6 *Neue Zürcher Zeitung,* 21.11. 2005
7 *Die Tagespost,* 14. 5. 2005
8 *Süddeutsche Zeitung,* 25. 12. 2005
9 Christian Feldmann, *Papst Benedikt XVI.: Eine kritische Biografie,* Hamburg, 2006

10 Interview mit dem Autor
11 Ebenda
12 *Domradio Köln*, 18. 11. 2019
13 Interview mit dem Autor
14 Matthias Kopp (Hg.), *Und plötzlich Papst: Benedikt XVI. im Spiegel persönlicher Begegnungen*, Freiburg i. Br. 2007

Kapitel 63
Die Rede von Regensburg

1 *Katholisch.de*, 2.10.2014
2 *kath.net*, 19. 6. 2005
3 *Die Tagespost*, 8. 8. 2005
4 Ebenda, 5. 10. 2005
5 Interview mit dem Autor
6 Ebenda
7 Ebenda
8 Ebenda
9 Ebenda
10 Christoph Hurnaus, *33 Reisen mit dem Papst. Unterwegs mit Johannes Paul II. und Benedikt XVI.*, Linz 2009
11 *L'Osservatore Romano*, Wochenausgabe in deutscher Sprache, 2. 6. 2006
12 Alexander Kissler, *Papst im Widerspruch, Benedikt XVI. und seine Kirche 2005–2013*, München 2013
13 http://w2.vatican.va/content/benedict-xvi/de/speeches/2006/may/documents/hf_ben-xvi_spe_20060528_auschwitz-birkenau.html
14 *L'Osservatore Romano*, Wochenausgabe in deutscher Sprache, 2. 6. 2006
15 Kissler
16 Elie Wiesel, *Die Nacht: Erinnerung und Zeugnis*, Freiburg i. Br. 2008
17 Matthias Kopp (Hg.), *Und plötzlich Papst: Benedikt XVI. im Spiegel persönlicher Begegnungen*, Freiburg i. Br. 2007
18 Ebenda
19 Kissler
20 http://w2.vatican.va/content/benedict-xvi/de/speeches/2006/september/documents/hf_ben-xvi_spe_20060912_university-regensburg.html
21 Elio Guerriero, *Benedikt XVI. Die Biografie*, Freiburg i. Br. 2018
22 Paolo Rodari, Andrea Tornielli, *Der Papst im Gegenwind. Was in den dramatischen Monaten des deutschen Pontifikats wirklich geschah*, Kißlegg 2011
23 Angelus-Ansprache in Castel Gandolfo vom 17. September 2006
24 Rodari, Tornielli
25 *Der Spiegel*, 11. 4. 2005
26 Kopp
27 Guerriero
28 *Vatican News*, 31.1.2019
29 Rodari, Tornielli

Kapitel 64
Deus caritas est

1. Alexander Smoltczyk, *Vatikanistan. Eine Entdeckungsreise durch den kleinsten Staat der Welt*, München 2008
2. Ebenda
3. Gudrun Sailer, *Frauen im Vatikan. Begegnungen, Porträts, Bilder*, Leipzig 2007
4. Interview mit dem Autor
5. Ebenda
6. Ebenda
7. Gemeinsame Erklärung von Papst Benedikt XVI. und Patriarch Bartholomaios I., 30. November 2006, http://w2.vatican.va
8. Paolo Rodari, Andrea Tornielli. *Der Papst im Gegenwind. Was in den dramatischen Monaten des deutschen Pontifikats wirklich geschah*, Kißlegg 2011
9. *Spiegel online*, 2. 5. 2005
10. Smoltczyk
11. *Die Welt*, 22. 2. 2013
12. *Spiegel online*, 25. 1. 2006
13. *Frankfurter Allgemeine Zeitung*, 20. 1. 2006
14. *Rheinischer Merkur*, 26. 1. 2006
15. Benedikt XVI., *Deus caritas est*, Vatikanstadt 2006

Kapitel 65
Salz der Erde, Licht der Welt

1. Peter Seewald, Jakob Seewald, *Welt auf der Kippe. Zu viel, zu laut, zu hohl – macht Schluss mit dem Wahnsinn*, München 2015
2. Angela Ambrogetti (Hg.), *Über den Wolken mit Papst Benedikt XVI., Gespräche mit Journalisten*, Kißlegg 2017
3. Joseph Ratzinger, Peter Seewald, *Gott und die Welt. Die Geheimnisse des christlichen Glaubens*, München 2000
4. Alexander Kissler, *Der deutsche Papst – Benedikt XVI. und seine schwierige Heimat*, Freiburg i. Br. 2005
5. Joseph Ratzinger, *Aus meinem Leben*, Stuttgart 1998
6. Interview mit dem Autor
7. Ebenda
8. Paolo Rodari, Andrea Tornielli, *Der Papst im Gegenwind. Was in den dramatischen Monaten des deutschen Pontifikats wirklich geschah*, Kißlegg 2011
9. Interview mit dem Autor
10. Ebenda
11. Burkhard Menke, in: *Die Zeit*. Nr. 15/2017, 6. 4. 2017
12. *kath.net*, 1. 12. 2009
13. Franz Mußner, »Hermeneutische Überlegungen zu den Evangelien. Ein Versuch im Anschluss an Joseph Ratzingers/Papst Benedikts XVI. Jesus von Nazareth«, in: *Mitteilungen des Instituts Papst Benedikt XVI. (MIPB)*, Jg. 2, Regensburg 2009
14. Benedikt XVI., *Auf Hoffnung hin sind wir gerettet – Spe Salvi. Die Enzyklika*, Augsburg 2008

15 Ebenda
16 Interview mit dem Autor

Kapitel 66
Der Bruch

1 Interview mit dem Autor
2 Brief vom 16. Februar 2007, Kopie im Archiv des Autors
3 Angela Ambrogetti (Hg.), *Über den Wolken mit Papst Benedikt XVI., Gespräche mit Journalisten*, Kißlegg 2017
4 Alexander Kissler, *Papst im Widerspruch, Benedikt XVI. und seine Kirche 2005–2013*, München 2013
5 Elio Guerriero, *Benedikt XVI. Die Biografie*, Freiburg i. Br. 2018
6 Kissler
7 https://w2.vatican.va/content/benedict-xvi/de/speeches/2008/july/documents/hf_ben-xvi_spe_20080717_barangaroo.html
8 Interview mit dem Autor
9 Paul Badde, *Benedikt XVI. Seine Papstjahre aus nächster Nähe*, München 2017
10 *L'Osservatore Romano*, dt. Wochenendausgabe, 25. 1. 2008
11 Kissler
12 Paolo Rodari, Andrea Tornielli, *Der Papst im Gegenwind. Was in den dramatischen Monaten des deutschen Pontifikats wirklich geschah*, Kißlegg 2011
13 *kath.net*, 9. 9. 2008
14 *Der Spiegel*, Nr. 4, 19. 1. 2009
15 Rodari, Tornielli
16 Ebenda
17 Badde
18 http://ivv7srv15.uni-muenster.de/mnkg/pfnuer/Dekret-Exkommunikatio)
19 *Süddeutsche Zeitung*, 26.1.2009
20 https://w2.vatican.va/content/benedict-xvi/de/audiences/2009/documents/hf_ben-xvi_aud_20090128.html
21 *Die Tagespost*, 31. 1. 2009
22 *Kathpress*, 7. 9. 1976
23 Zeitschrift *Vaterland*, Luzern, 16. 5. 1979
24 Hans Küng, *Umstrittene Wahrheit. Erinnerungen*, München 2007
25 *Der Spiegel*, 2. 2. 2009
26 *Neue Zürcher Zeitung*, 12.2.2009
27 *kath.net*, 26. 2. 2009
28 Ebenda, 17. 2. 2009
29 Ebenda, 24. 10. 2014
30 *Katholische Nachrichtenagentur*, 1. 9. 2015
31 Rodari, Tornielli
32 https://w2.vatican.va/content/benedict-xvi/de/letters/2009/documents/hf_ben-xvi_let_20090310_remissione-scomunica.html

Kapitel 67
Die »Kondom-Krise«

1. Interview mit dem Autor
2. Ebenda
3. Ein Informant des Autors
4. Benedikt XVI., Peter Seewald, *Letzte Gespräche,* München 2016
5. Interviews mit dem Autor
6. Brief von Benedikt XVI. vom 14. Mai 2008, Kopie im Archiv des Autors
7. Zwischenbericht zur laufenden Visitation der Katholischen Integrierten Gemeinde in der Erzdiözese München und Freising vom 1. Oktober 2019
8. Paolo Rodari, Andrea Tornielli, *Der Papst im Gegenwind. Was in den dramatischen Monaten des deutschen Pontifikats wirklich geschah,* Kißlegg 2011
9. Aus Interviews mit dem Autor
10. Ebenda
11. *Spiegel online,* 20. 3. 2009
12. Interview von Benedikt XVI. mit den Journalisten während des Fluges nach Afrika am Dienstag, 17. März 2009 (https://w2.vatican.va/content/benedict-xvi/de/speeches/2009/march/documents/hf_ben-xvi_spe_20090317_africa-interview.html)
13. Rodari, Tornielli
14. Ebenda
15. Ebenda
16. Benedikt XVI., Peter Seewald, *Licht der Welt. Der Papst, die Kirche und die Zeichen der Zeit,* Freiburg i. Br. 2010
17. Rodari, Tornielli
18. Alexander Kissler, *Papst im Widerspruch, Benedikt XVI. und seine Kirche 2005–2013,* München 2013
19. Interview mit dem Autor
20. Kissler
21. *kath.net,* 7. 12. 2009
22. René Fourrey, *Der Pfarrer von Ars: Das Leben des Heiligen auf Grund authentischer Zeugnisse.* Bildbiografie v. René Perrin u. Jean Servel, Heidelberg 1959
23. Benedikt XVI., Seewald

Kapitel 68
Der Skandal des Missbrauchs

1. Interview mit dem Autor
2. Ebenda
3. *Katholische Presseagentur Kathpress,* 30. 10. 2019
4. Paolo Rodari, Andrea Tornielli, *Der Papst im Gegenwind. Was in den dramatischen Monaten des deutschen Pontifikats wirklich geschah,* Kißlegg 2011
5. *kath.net,* 11. 3. 2010
6. Benedikt XVI., Peter Seewald, *Licht der Welt. Der Papst, die Kirche und die Zeichen der Zeit,* Freiburg i. Br. 2010
7. Interview mit dem Autor
8. Rodari, Tornielli
9. Elio Guerriero, *Benedikt XVI. Die Biografie,* Freiburg i. Br. 2018

10 *Süddeutsche Zeitung*, 20. 1. 2014
11 Ebenda
12 *Radio Vatikan*, 16. 2. 2010
13 Hirtenbrief des Heiligen Vaters Benedikt XVI. an die Katholiken in Irland vom 19. März 2010 (https://w2.vatican.va/content/benedict-xvi/de/letters/2010/documents/hf_ben-xvi_let_20100319_church-ireland.html)
14 *Der Tagesspiegel*, 7. 2. 2010
15 BR24, 18. 7. 2017
16 Heiner Keupp, Peter Mosser, *Die Odenwaldschule als Leuchtturm der Reformpädagogik und als Ort sexualisierter Gewalt: Eine sozialpsychologische Perspektive*, Wiesbaden 2019
17 Interview mit dem Autor
18 kath.net, 16. 5. 2010
19 Rodari, Tornielli
20 *Süddeutsche Zeitung*, 23. 5. 2019
21 Ebenda, 20. 3. 2018
22 *Die Tagespost*, 23.6.2016
23 *Spiegel online*, 20. 5. 2015
24 *Spiegel online*, 12. 11. 2014
25 *Bild online*, 12. 11. 2014
26 *Spiegel online*, 31. 8. 2019
27 *Vatican spezial*, Mai 2010
28 *Klerusblatt*, München, April 2019
29 katholisch.de, 29. 8. 2019
30 Papst Benedikt XVI. em., *Ja, es gibt Sünde in der Kirche. Zum Missbrauchsskandal in der katholischen Kirche*, Kisslegg 2018
31 kath.net, 21. 2. 2019
32 Benedikt XVI., Seewald
33 Christian Feldmann, *Benedikt XVI. – Bilanz des deutschen Papstes*, Freiburg i. Br. 2013
34 Zenit.org, 15. 7. 2014
35 Papst Franziskus beim Rückflug am 5. Februar 2019 aus den Vereinigten Arabischen Emiraten, zitiert nach der offiziellen deutschen Wiedergabe auf der Internetseite des Heiligen Stuhls (http://w2.vatican.va/content/francesco/de/speeches /2019/february/documents/papa-francesco_20190205_emiratiarabi-voloritorno.html)

Kapitel 69
Der Hirte

1 Interview mit dem Autor
2 Sigrid Grabner, *Im Auge des Sturms: Gregor der Große. Eine Biografie*, Augsburg 2009
3 Benedikt XVI., Peter Seewald, *Licht der Welt. Der Papst, die Kirche und die Zeichen der Zeit*, Freiburg i. Br. 2010
4 Ebenda
5 https://press.vatican.va/content/salastampa/it/bollettino/pubblico/2010/02/20/0108/00249.html
6 kath.net, 24. 4. 2010
7 Interview mit dem Autor
8 kath.net, 11. 5. 2010

9 Ebenda, 12. 5. 2010
10 https://w2.vatican.va/content/benedict-xvi/de/speeches/2010/may/documents/hf_ben-xvi_spe_20100511_portogallo-interview.html
11 *kath.net*, 6. 6. 2010
12 Paolo Rodari, Andrea Tornielli, *Der Papst im Gegenwind. Was in den dramatischen Monaten des deutschen Pontifikats wirklich geschah*, Kißlegg 2011
13 Elio Guerriero, *Benedikt XVI. Die Biografie*, Freiburg i. Br. 2018

Kapitel 70
Die Ökologie des Menschen

1 *Der Tagesspiegel*, 8. 9. 2010
2 Grußwort von Papst Benedikt XVI. in der Kathedrale von Santiago de Compostela, 6. November 2010 (https://w2.vatican.va/content/benedict-xvi/de/speeches/2010/november/documents/hf_ben-xvi_spe_20101106_cattedrale-compostela.html)
3 Benedikt XVI., Seewald
4 Hermann Häring, *Im Namen des Herrn. Wohin der Papst die Kirche führt*, Gütersloh 2009
5 Hanspeter Oschwald, *Im Namen des Heiligen Vaters. Wie fundamentalistische Mächte den Vatikan steuern*, München 2010
6 Alan Posener, *Benedikts Kreuzzug. Der Angriff des Vatikans auf die moderne Gesellschaft*, Berlin 2009
7 *Süddeutsche Zeitung*, 15. 4. 2010
8 Ulrich Nersinger, *Päpste*, Ditzingen 2019
9 *Spiegel online*, 5. 3. 2019
10 Benedikt XVI., *Caritas in veritate*
11 Alexander Kissler, *Papst im Widerspruch, Benedikt XVI. und seine Kirche 2005–2013*, München 2013
12 Ebenda

Kapitel 71
Entweltlichung

1 Paolo Rodari, Andrea Tornielli, *Der Papst im Gegenwind, Was in den dramatischen Monaten des deutschen Pontifikats wirklich geschah*, Kißlegg 2011
2 Friederike Glavanovics, *Papst Benedikt XVI. und die Macht der Medien. Wie Papst- und Kommunikationsexperten das Medienimage von Papst Benedikt XVI. erklären*, Dissertation Universität Wien, Wien 2012
3 Rodari, Tornielli
4 *Spiegel online*, 2. 3. 2011
5 *Die Welt*, 15. 6. 2011
6 Glavanovics
7 Leo Maasburg, *Mutter Teresa: Die wunderbaren Geschichten*, München 2016
8 Interview mit dem Autor
9 Ebenda
10 Benedikt XVI., Peter Seewald, *Licht der Welt. Der Papst, die Kirche und die Zeichen der Zeit*, Freiburg i. Br. 2010

11 Benedikt XVI., Peter Seewald, *Letzte Gespräche*, München 2016
12 *Der Tagesspiegel*, 20. 4. 2005
13 http://www.dradio.de/dkultur/kulturpresseschau/fazit/368728/
14 *Die Zeit*, 21. 9. 2011
15 *Die Welt*, 7. 12. 2019
16 Alexander Kissler, *Papst im Widerspruch. Benedikt XVI. und seine Kirche 2005–2013*, München 2013
17 Benedikt XVI., *Die Ökologie des Menschen. Die großen Reden des Papstes*, München 2012
18 Interview mit dem Autor
19 Ebenda
20 *Badische Zeitung*, 25. 9. 2011

Kapitel 72
Der Verrat

1 Bernardus M. Lambert (Hg.), *Gregor der Große. Der hl. Benedikt: Buch II der Dialoge*, lat. /dt., St. Ottilien 1995
2 Marco Politi, *Joseph Ratzinger. Crisi di un papato*, Rom 2011; dt.: ders., *Benedikt: Krise eines Pontifikats*, Berlin 2012
3 Interview mit dem Autor
4 Abschrift des Briefes vom 15. Dezember 2011 im Archiv des Autors
5 Wladimir d'Ormesson, *Der Stellvertreter Christi. Papst und Papsttum*, Würzburg 1962
6 Gianluigi Nuzzi, *Sua Santità – le carte segrete di Benedetto XVI.*, Mailand 2012; ders.: *Seine Heiligkeit. Die geheimen Briefe aus dem Schreibtisch von Papst Benedikt XVI.*, München 2012
7 *Spiegel online*, 28. 9. 2012
8 Christian Feldmann, *Benedikt XVI. – Bilanz des deutschen Papstes*, Freiburg i. Br. 2013
9 Benedikt XVI., Peter Seewald, *Letzte Gespräche*, München 2016
10 Alexander Kissler, *Papst im Widerspruch, Benedikt XVI. und seine Kirche 2005–2013*, München 2013
11 Interview mit dem Autor
12 *Der Tagesspiegel*, 30. 5. 2012
13 Crista Kramer von Reisswitz, *Macht und Ohnmacht im Vatikan. Papst Franziskus und seine Gegner*, Zürich 2013
14 Ebenda
15 Interview mit dem Autor
16 *Die Welt online*, 15. 7. 2012
17 Ebenda
18 *katholisches.info*, 1. 12. 2015
19 *kath.net*, 25. 10. 2019

Kapitel 73
Der Rücktritt

1. Interview mit dem Autor
2. Ebenda
3. *Spiegel online*, 11.2.2013
4. Ebenda
5. Joseph Ratzinger/Benedikt XVI., *Jesus von Nazareth. Prolog. Die Kindheitsgeschichten*, Freiburg i. Br. 2012
6. Interview mit dem Autor
7. Ansprache Benedikts XVI. bei der letzten Generalaudienz am 27. Februar 2013, *kath.net*, 28. 2. 2013
8. *Spiegel online*, 11.2.2013
9. *kath.net*, 31. 8. 2017
10. Interview mit dem Autor

Kapitel 74
Der Beginn einer neuen Ära

1. Interview mit dem Autor
2. Bernhard von Clairvaux, *Was ein Papst erwägen muss*, Einsiedeln 1985
3. Interview mit dem Autor
4. Ebenda
5. *Vatican News*, 12. 3. 2018
6. w2.vatican.va, Ansprache von Papst Benedikt XVI. beim Weihnachtsempfang für das Kardinalskollegium, die Mitglieder der römischen Kurie und der päpstlichen Familie, 21. Dezember 2012
7. https://w2.vatican.va/content/benedict-xvi/de/speeches/2013/february/documents/hf_ben-xvi_spe_20130208_seminario-romano-mag.html
8. Interview mit dem Autor
9. Ebenda
10. Ebenda
11. Ebenda
12. *kath.net*, 16. 2. 2013
13. Ebenda, 19. 2. 2013
14. Interview von Johannes Schidelko für die deutsche katholische Nachrichtenagentur *KNA*, Februar 2013
15. *kath.net*, 18. 2. 2013
16. Interview mit dem Autor
17. *kath.net*, 18. 2. 2013
18. *kath.net*, 18. 2. 2013
19. Interview mit dem Autor
20. *kath.net*, 23. 2. 2013
21. Interview mit dem Autor
22. *kath.net*, 24. 2. 2013
23. Interview mit dem Autor
24. Ebenda
25. Benedikt XVI., Peter Seewald, *Letzte Gespräche*, München 2016
26. *kath.net*, 27. 2. 2013

Epilog
Papa emeritus

1 *Spiegel online,* 9.3.2013
2 Interview mit dem Autor
3 Interview mit dem Autor
4 *kath.net,* 22.3.2013
5 Interview mit dem Autor
6 Benedikt XVI., Peter Seewald, *Letzte Gespräche,* München 2016
7 *kath.net,* 20.3.2014
8 *kath.net,* 27.6.2016
9 *kath.net,* 28.6. 2016
10 Elio Guerriero, *Benedikt XVI. Die Biografie,* Freiburg i.Br. 2018
11 *katholisch.de,* 11.8.2017
12 Friederike Glavanovics, *Papst Benedikt XVI. und die Macht der Medien. Wie Papst- und Kommunikationsexperten das Medienimage von Papst Benedikt XVI. erklären,* Dissertation Universität Wien, Wien 2012
13 Interview mit dem Autor
14 *katholisch.de,* 23.7.2018
15 *kath.net,* 11.4.2019
16 *Spiegel online,* 11.4.2019
17 *deutschlandfunk.de,* 12.4.2019
18 *Spiegel online,* 3.2.2020

Bildnachweis

Bildteil 1:
- S. 1   oben: picture-alliance / dpa / dpaweb
  unten: KNA Copyright 1938, KNA
- S. 2   oben: picture-alliance / dpa / Sven Hoppe
  unten: picture-alliance/ dpa / Peter Kneffel
- S. 3   Archiv Nußbaum
- S. 4   Archiv Walter
- S. 5   Archiv Walter
- S. 6   oben: Getty Images / AFP
  unten: KNA-Bild/KNA
- S. 7   oben: picture-alliance / dpa / lby / Erzbistum München-Freising
  unten: Stadtarchiv Traunstein / Oswald Kettenberger
- S. 8   unten: Archiv Pfarrei Heilig Blut, München
  oben: ddp/SIPA USA
- S. 9   KNA-Bild/KANN
- S. 10 epd-bild / Agenzia Romano Siciliani
- S. 12 oben: picture-alliance / Privat dpa / lby
  unten: picture-alliance / dpa / dpaweb
- S. 13 Horst Hanske
- S. 14 picture-alliance / dpa / dpaweb
- S. 15 oben: ullstein bild / Claus Hampel
  unten: Gnoni-Press / Masi
- S. 16 SZ Photo / Fritz Neuwirth

Bildteil 2:
- S. 1   oben: KNA-Bild
  unten: KNA-Bild / KNA
- S. 2   INTERFOTO / amw
- S. 3   picture alliance / dpa / EPA / MAURIZIO BRAMBATTI
- S. 4   Getty Images / Peter Macdiarmid
- S. 6   Getty Images / WireImage / Daniele Venturelli
- S. 8   oben: picture alliance / Stefano Spaziani
  unten: Getty Images / MONDADORI PORTFOLIO / Archivio Grzegorz Galazka
- S. 9   oben: Getty Images / Pool BASSIGNAC / VANDEVILLE / Gamma-Rapho
  unten: Getty Images / AFP / PATRICK HERTZOG
- S. 10 imago / Ulmer
- S. 12 oben: picture-alliance / dpa / EPA / RADEK PIETRUSZKA
  unten: Getty Images / Menahem Kahana-Pool
- S. 13 oben: picture-alliance / dpa / EPA / MAX ROSSI
  unten: Getty Images / AFP / ALESSANDRO BIANCHI
- S. 14 picture alliance / AP Photo / L'Osservatore Romano
- S. 16 oben: Getty Images / Giorgio Cosulich
  unten: KNA / Servizio Fotografico Vaticano

Register

Abed, Antoine 419
Adam, August 229 f., 861
Adam, Karl 229
Adelmann von Lüttich 252
Adenauer, Konrad 146, 152, 169, 223 f., 243 f., 284, 316, 332, 339 f.
Adorf, Mario 824
Adorno, Theodor W. 489, 880
Adoukonou, Barthélemy 542 f.
Agamben, Giorgio 1079
Agca, Ali 632 f., 730
Aicher, Otl 121
Ajakaye, Felix 798
Akgün, Lale 850
Alacoque, Margareta Maria 816
Alberigo, Giuseppe 533
Albertus Magnus 234, 536
Alemanno, Gianni 942, 1047
Alexander der Große 728
Alexander III., Papst (Roland Bandinelli) 763
Alexander VI., Papst 761
Alfejew, Hilarion 952
Alfrink, Bernard Jan 374, 418, 422 ff.
Allen, John 518
Allende, Salvador 672
Allert, Tilmann 172
Alt, Karl 123
Altinger, Hans 97
Aly, Götz 516
Amato, Angelo 1023
Ambrosius von Mailand 212, 250, 252
Ametsbichler, Barbara (»Bräu-Bärbel«) 44, 49, 65
Andersen, Friedrich 52
Andersen, Karl 182
Anderson, Rudolf 421
Andreotti, Giulio 461
Angela von Foligno 967
Angermair, Rupert 178
Angulanza, Roman 344, 449
Annan, Kofi 756, 798
Anouilh, Jean 167, 179

Ansaldo, Marco 1006
Anthofer, Elisabeth 541
Aoyama, Mitsuko 313
Arborelius, Anders 894
Arians, Ingeborg 830
Arias, Juan 658, 665
Arinze, Francis 765, 908
Aristoteles 180, 232, 342, 721
Arndt, Ernst Moritz 89
Arns, Paulo Evaristo 607, 677
Athanasios, Bischof 957
Auer, Alfons 350
Auer, Johann Baptist 163 f., 339, 345, 350, 530, 538, 541, 579, 589
Auer, Maxl 32
Augstein, Rudolf 714 f., 727
Augustinus von Hippo 31, 121 f., 124, 180, 205, 208–213, 215–219, 230 f., 248 ff., 252, 256, 261 ff., 265, 285, 287 ff., 294, 297, 303, 330, 456, 502, 542, 566, 586, 589 f., 596 f., 816, 861, 863 f., 880, 891, 1079 f.
Aymans, Winfried 818

Baader, Andreas 511
Baader, Franz von 542
Bach, Johann Sebastian 885
Bachelet, Michelle 884
Bachmann, Josef 510
Bachstein, Andrea 998
Bacht, Heinrich 436
Badde, Paul 765, 896, 1005 f.
Bafile, Corrado 340, 387
Bald, Karl Heinz 628
Balduin von Canterbury 252
Balthasar, Hans Urs von 190, 252 ff., 288, 350, 375, 392, 437 ff., 492, 495, 504, 508, 530, 542, 546, 549, 552, 569 ff., 588, 624, 716
Ban Ki Moon 1041
Bandinelli, Roland 763
Bardakoğlu, Ali 846
Barenboim, Daniel 1029

Barroso, José Manuel 798
Bartels, Adolf 52
Barth, Karl 54, 232, 437 ff., 495
Bartholomaios I., Patriarch von Konstantinopel 856 f., 926, 1032
Basilius der Große 556
Batanian, Ignace Pierre XVI. 472
Baziak, Eugeniusz 331
Bea, Augustin 229, 372, 389, 424 f.
Beatrix von Burgund 153
Becciu, Giovanni Angelo 996, 1033
Bechstein, Edwin 18
Bechstein, Helene 18
Bechteler, Barbara 274
Beck, Józef 102
Beck, Kurt 900
Beck, Volker 944
Beckenbauer, Franz 824
Becker, Gerold 939
Becker, Winfried 54
Beethoven, Ludwig van 50, 107, 669, 1029, 1057
Beevor, Antony 101, 104
Benedikt IX., Papst 18
Benedikt XV., Papst (Giacomo Paolo Battista della Chiesa) 369, 781, 815
Benedikt von Nursia 82, 654, 750, 781, 787, 815 f., 991, 1008, 1016
Benelli, Giovanni 591, 598, 777
Bengsch, Alfred 607
Benson, Robert Hugh 160 f., 562
Benz, Wolfgang 206
Berber, Anita 17
Bergengruen, Werner 118
Berger, Rupert 90, 143 f., 161, 163 f., 192, 232, 237, 242, 249, 264, 268, 272, 291, 293, 307, 310
Berger, Ursula 447 f.
Bergoglio, Jorge Mario (Papst Franziskus) 161, 606, 766, 777 f., 781, 837, 1008, 1033, 1042, 1060 ff., 1064 f., 1071 f.
Bergson, Henri 163
Bernanos, Georges 121, 160, 193 f., 208, 238
Bernhard von Clairvaux 252, 1028
Bernini, Gian Lorenzo 357, 770
Bernstein, Carl 612
Bernstein, Leonard 669
Bertone, Tarcisio 700, 739, 837 f., 849, 883, 895, 905, 907, 912 ff., 931, 938 f., 992, 996, 999, 1001 f., 1031, 1046, 1056
Bertram, Adolf 68
Betz, Anton 333
Betz, Esther 237, 274, 325, 333 f., 344, 392 f., 400, 493, 540, 700, 719, 723 f., 727, 739, 885 f.
Beyerhaus, Peter 521
Bialas, Martin 701
Billot, Louis 367
Birndorfer, Johann 59
Biser, Eugen 308, 690 f., 705, 825
Bismarck, Otto von 244, 980
Bizet, Georges 950
Blanco Sarto, Pablo 218
Bloch, Ernst 300, 494, 513, 542
Blondel, Maurice 263
Bloy, Léon 193
Blüm, Norbert 343, 442
Blum, Stefan 85, 144 f.
Blumschein, Max 272, 274 f., 277, 281
Böckenförde, Ernst-Wolfgang 455, 737
Böckenförde, Werner 432, 446, 455, 519, 737
Böckle, Franz 288, 444
Boff, Clodovis 672, 679
Boff, Leonardo 667, 672 f., 677 ff., 814, 827
Boffo, Dino 994
Bögershausen, Erhard 451
Böll, Heinrich 205
Bommes, Karin 542
Bonacina, Riccardo 920
Bonaventura (Giovanni di Fidanza) 231, 290, 297 ff., 301–304, 311, 318, 320, 345, 373, 390, 502, 536, 542, 674, 967
Bondel, Maurice 539
Bonhoeffer, Dietrich 54, 149, 174
Bonifatius (Mönch) 23
Bonifatius VIII., Papst 890, 1023
Bonus, Arthur 52
Borchert, Wolfgang 307
Borromäus, Karl 662 f.
Borromeo, Luigi 417
Bosch, Robert 45
Bosco, Johannes 145, 837, 914
Botterweck, Gerhard Johannes 444
Bouyer, Louis 546
Bovone, Alberto 649
Bramante, Donato 357

Brandmayr, Franz Xaver 882
Brandmüller, Walter 550, 644 f., 1040
Brandner, Helmut 394, 446
Brandt, Willy 480
Brassens, Georges 504
Braun, Karl 759
Brecht, Bertolt 17, 47, 342
Bronfman, Edgar M. 799
Brugger, Walter 85, 157, 599
Brunner, Emil 232
Buber, Martin 189 f., 218
Bude, Heinz 137
Bultmann, Rudolf 345, 347 f., 512, 530
Burdon, Eric 489
Burke, Raymond 1079
Burresi, Dino 934
Bush, George H. W. 757
Bush, George W. 757, 798, 886
Buttafuoco, Pietrangelo 824
Buzzonetti, Renato 713, 746 f., 754, 810, 859

Cagrici, Mustafa 857
Calvin, Johannes 997
Cameron, David 1041
Camus, Albert 208, 342, 542
Cantalamessa, Raniero 859, 940
Caprio, Giuseppe 605
Cardenal, Ernesto 678 ff.
Cardenal, Fernando 677
Carina, Francesco 1005
Carinci, Alfonso 358
Carl Theodor, Herzog in Bayern 395
Casaroli, Agostino 687, 693
Casel, Odo 232
Casimirri, Luciano 459
Cassou, Jean 17
Castelli, Alberto 430
Castro, Alcides Mendoza 359
Castro, Fidel 283, 331, 405, 421, 672, 679, 688, 995
Castro, Raúl 995
Cento, Fernando 459
Chamberlain, Neville 85, 103
Chenu, Marie-Dominique 374, 422, 428, 497
Chirri, Giovanna 1020, 1024 ff., 1036, 1038
Chruschtschow, Nikita 306, 421
Churchill, Winston 125, 134, 150

Ciampi, Carlo Azeglio 755, 827, 854
Ciampi, Franca 826
Ciappi, Mario Luigi 588, 598
Cicero, Marcus Tullius 80, 212, 365
Cicognani, Hamlet Johannes 383, 428
Cipriani, Paolo 1002
Clasen, Severino 814
Clasen, Sophronius 345
Claudel, Paul 160, 193 f., 208, 242, 254
Claver, Petrus 867
Clemens II., Papst 407
Clemens von Alexandrien 231
Clemens, Josef 700, 703, 706, 738, 768, 858, 950, 1006
Clinton, Bill 756
Coccopalmerio, Francesco 895
Coelestin III., Papst 299
Coelestin V., Papst 228, 1022 ff., 1074
Coelho, Paulo 720
Cohn-Bendit, Daniel 511, 944
Comastri, Angelo 1005
Confalonieri, Carlo 606, 613
Congar, Yves 374 f., 392, 408, 422 f., 428, 436 f., 465, 474, 497, 504, 508, 531, 542 f.
Cordes, Paul Josef 862
Cornwell, John 610
Coudenhove-Kalergie, Heinrich von 313
Crescenti, Anna Maria 539
Crescenti, Francesco 539
Crescenti, Maria Assunta 539
Cruz, Oscar 799
Cullmann, Oscar 481
Cushing, Richard 475
Cyprian, hl. 252

d'Arpa, Angelo 381
d'Ormesson, Wladimir 996
Dalai Lama 954
Dalí, Salvatore 504
Dalla Torre, Giuseppe 1004
Damasus II., Papst (Poppo von Brixen) 18, 407
Daniélou, Jean 374, 392, 408, 422, 428, 497, 508
Daniels, Hans 325, 335
Danneels, Godfried 743, 766, 777
Dante Alighieri 300, 863, 1023
Dawkins, Richard 959, 973 f.
De Giorgi, Salvatore 791, 996

Deckers, Daniel 492, 1068, 1071
Degenhardt, Johannes 630
Dehon, Léon 807
Delp, Alfred 152 f., 174, 277 ff.
DeMille, Cecil B. 17
Derwahl, Freddy 439 f., 467 f., 494, 520, 621
Dery, Peter Poreku 835
Descartes, René 186, 666
Di Segni, Riccardo 814, 898
Dick, Klaus 345, 701 f.
Diels, Rudolf 715
Dieter, Theodor 725
Diokletian, römischer Kaiser 214
Dionysius Exegiuus 725
Dismas, hl. 82
Döblin, Alfred 30, 47
Dobrynin, Anatoli Fjodorowitsch 421
Döllinger, Ignaz von 241, 396 f., 408
Dömer, Franz-Josef 449
Dönitz, Karl 132
Döpfner, Julius 374 ff., 382, 386, 393 f., 403, 410, 412, 416, 418, 422 ff., 426, 439, 441, 462, 465, 477, 485, 491, 503, 524, 526, 554 f., 573, 587, 593, 597, 599, 630
Döpfner, Mathias 900
Dörmann, Johannes 444
Dostojewski, Fjodor Michailowitsch 160, 451, 666, 880
Dreher, Rod 1074
Drewermann, Eugen 451, 629, 670, 703, 793, 829
Droste-Hülshoff, Annette von 446
Dubček, Alexander 536
Dutroux, Marc 943
Dutschke, Rudolf »Rudi« 510 f., 519
Dylan, Bob 489, 741
Dziwisz, Stanislaw 613, 633, 647, 684, 687, 712, 743 f., 750, 753, 817, 821, 931, 1023

Ebner, Ferdinand 185, 187 ff.
Eddington, Sir Arthur Stanley 183
Ehlers, Fiola 1059
Eichendorff, Joseph von 110
Eichmann, Adolf 129
Einstein, Albert 183 f., 809, 1009
Eisenhower, Dwight D. 134, 316
Elias, Norbert 342
Eliot, T. S. 122, 167
Elizabeth II., Königin 959

Elst, Georg 192, 268 f., 351
Ender, Erwin 631
Endrös, Anton 89
Engels, Friedrich 512, 718
Englisch, Andreas 688, 765
Enzensberger, Hans-Magnus 342
Epstein, Jeffrey 944
Erdoğan, Recep Tayyip 856
Erhard, Ludwig 329
Esch, Arno 338
Esch, Hertha 338
Eugen III., Papst 1028
Eusebius von Caesarea 252, 410

Fabry, Heinz-Josef 341, 344, 443, 445, 455
Fahmüller, Anna 48
Fahr, Friedrich 649
Falasca, Stefania 610
Fallaci, Oriana 817
Falter, Jürgen W. 35, 53
Faulhaber, Michael von 35, 37 f., 68, 80, 84, 87, 90, 147, 159, 167, 169 ff., 218, 221, 235, 243, 248, 264, 267, 275, 277, 282, 314, 322, 597
Favalora, John C. 934
Fegan, Ali 892
Feiner, Johannes 546
Felder, Christine 701 f., 706, 708, 875, 914, 1029, 1048 f.
Feldmann, Christian 518, 827, 948, 998
Felici, Pericle 362, 370 ff., 391, 416, 419, 425, 481, 607
Fellay, Bernard 817, 892 f., 896, 899, 905
Fellermeier, Jakob 182
Ferdinand, Horst 336
Fernández de la Cigoña, Francisco José 893
Ferres, Veronica 824
Feuchtwanger, Lion 30, 47
Feuerbach, Ludwig 186, 539
Fichte, Johann Gottlieb 123, 435, 523
Fidanza, Giovanni di siehe Bonaventura
Fingerle, Anton 116
Fink, Bruno 602 f., 613 f., 616, 619, 628, 633, 647 f., 652, 660, 669 f., 687, 700, 704
Finkenzeller, Josef 160, 226, 234, 282, 307
Fischbacher, Berchmana 50
Fischer, Agnes 336, 343
Fischer, Heinz-Joachim 690
Fischer, Helene 1011

Fisichella, Rino 818, 912, 953, 1018
Fiumara, Mia 756
Flavius Josephus 728
Fleming, John Ambrose 183
Flores d'Arcais, Paolo 737
Foa, Marcello 975
Folger, Arie 1069
Foster, Jodie 632
Fourest, Caroline 894
Franco, Francisco 962
Franziskus, hl. (Franz von Assisi) 109 f., 265, 299, 707, 978, 1011, 1061
Franziskus, Papst (Jorge Mario Bergoglio) 161, 606, 688, 736, 749, 766, 779, 835, 837, 906, 933, 948, 1007 f., 1033, 1060 ff., 1064 ff., 1068, 1071, 1073, 1077, 1079 f.
Frauenlob, Thomas 916
Freisler, Roland 123, 278
Freiwang, Peter 94 f., 97, 107, 116
Freud, Sigmund 16, 47
Freyberg, Ernst von 1002
Frick, Wilhelm 71
Friedman, Michel 904
Friedrich I. Barbarossa, römischer Kaiser 153
Friedrich Wilhelm III., König von Preußen 330
Friedrich, Johannes 733
Frings, Josef 155 f., 205, 226, 280, 330, 332, 345, 351, 370, 373, 375, 380 ff., 385 ff., 392, 394, 397 ff., 401 f., 404–411, 413, 415–420, 422 ff., 428, 430–434, 436, 444, 452, 461–469, 471–475, 477, 480 f., 483 ff., 490, 497, 504, 507 f., 555, 568, 606, 646, 666, 771
Frings, Klaus 511
Frisch, Max 342
Fromm, Erich 167
Fulgentius von Ruspe 252
Furtwängler, Hubert 118

Gabel, Veit-Peter 724
Gabriele, Paolo 991, 1000–1008, 1016, 1049, 1074
Gagnon, Edouard 681
Galarreta, Alfonso de 896
Galeazzi-Lisi, Riccardo 317
Galen, Clemens August Graf von 68, 148, 152, 155 f., 432, 524

Galilei, Galileo 644, 666, 716, 740, 890
Galli, Mario von 474
Galvão, Frei 868
Gänswein, Georg 681, 687, 702 f., 738, 750 f., 756, 767 ff., 780, 784, 805, 810, 817 ff., 821 f., 828 f., 837, 839, 848, 858, 872, 895 f., 912 ff., 916, 933, 941, 979 f., 992, 1000, 1002 f., 1006 f., 1016, 1019, 1029, 1031, 1033–1037, 1039, 1054 f., 1059 f., 1063
Gantin, Bernardin 598, 700, 917
Garofalo, Salvatore 423
Garrone, Gabriel-Marie 631
Garton Ash, Timothy 745
Gasbarri, Alberto 955
Gasbarrini, Antonio 459
Gasperi, Alcide de 223
Gaudí, Antoni 963
Geiselbrecht, Wilhelm 116
Geißler, Heiner 759
Geißler, Hermann 654
Geissler, Hermann 1040
Genscher, Hans-Dietrich 138, 696
Georg der Reiche, Herzog 241
Georg, hl. 260
Gerlich, Fritz 38, 47, 170
Ghazi bin Muhammad 921
Giesler, Paul 118 f.
Gijsen, Joannes 576
Gilroy, Norman 424
Giordano, Ralph 574
Girard, René 866
Girotti, Gianfranco 931
Giuliani, Veronica 967
Giussani, Luigi 576
Gladstone, William Ewart 396
Glas, Willibald 160
Glavanovics, Friederike 975 ff., 982 f., 1067
Goebbels, Joseph 34, 45, 72
Goethe, Johann Wolfgang von 73, 75, 110, 193, 206
Gogh, Vincent van 950
Goldbrunner, Josef 538
Gonzalez, Conchita 741
Gorbatschow, Michail 693 ff.
Göring, Hermann 715
Görres, Albert 569
Görres, Ida Friederike 313 ff., 506, 530
Gössmann, Wilhelm 237

Graber, Rudolf 539f., 594
Graf, Willi 118 ff., 124
Grass, Günter 138, 982
Graumann, Dieter 894
Green, Edward C. 920
Green, Julien 504, 585
Greenblatt, Stephen 365
Gregor I. der Große, Papst 868, 950, 1014, 1016 f., 1078
Gregor V., Papst 406
Gregor IX., Papst 644
Gregor von Nyssa 252
Greiner, Franz 570
Greschat, Martin 147
Grillmeier, Alois 333, 465
Groër, Hermann 729, 930
Groß, Elisabeth 277
Großbölting, Thomas 147 f.
Große, Wolfgang 416, 468
Grotti, Giocondo 466 f.
Gruber, Elmar 290 ff., 294 f.
Gruber, Gerhard 308, 437, 594, 599, 602, 938
Grundmann, Walter 55
Guadelupe Garcia Zavala, Maria 1020
Guardini, Romano 31, 120, 124, 202, 208, 246 f., 502, 558, 577, 585, 729, 980, 1012, 1053
Guénois, Jean-Marie 915, 918
Guerriero, Elio 887, 1066
Guevara, Che 510
Gugel, Angelo 633, 805, 810, 1000
Gundlach, Gustav 152
Gutenberg, Johannes 646, 950
Gutiérrez, Gustavo 672, 675, 679
Guzmán Garcés, Domingo de 644

Haas, Georg 49
Haas, Joseph 269
Haberl, Tobias 970
Habermas, Jürgen 737 f., 949
Hackeborn, Mechthild von 967
Hacker, Paul 345, 348 f., 443, 455 f., 506
Hacker-Klom, Ursula 456
Hadrian VI., Papst 407, 781
Haecker, Theodor 122 f., 182
Haering, Stephan 836
Hahn, Viktor 338, 458, 650
Halbfas, Hubertus 521

Haller, Reinhard 943
Hamer, Jérôme 647, 649, 678
Händel, Georg Friedrich 382
Hanselmann, Johannes 636, 725
Häring, Hermann 496, 517 f., 964 f.
Harkianakis, Stylianos 444
Hartl, Friedrich 542
Hartmann, Nicolai 232
Hartnagel, Fritz 121
Harvey, James 1000, 1034, 1054
Hary, Armin 628
Hasenhüttl, Gotthold 505, 519
Hasler, August 621
Hassoun, Ahmad Badreddin 851
Havel, Václav 884
Haydn, Joseph 269
Hayes, Zachary 340
Hedwig von Andechs 613
Heenan, John 473
Hegel, Georg Wilhelm Friedrich 186, 300, 435, 489, 493, 513, 523, 539, 718, 1057
Heidegger, Martin 17, 118, 163, 179, 185, 232, 239, 348, 435, 512
Heidner, Eufreda 597
Heinemann, Gustav 237
Heinemann, Uta 237
Heinrich III., römischer Kaiser 407, 763
Heisenberg, Werner 183 f.
Heitkötter, Doris 442
Hemingway, Ernest 17
Hengsbach, Franz 416, 502, 523
Henrich, Dieter 541
Henrich, Franz 703
Hentig, Hartmut von 939
Hermann von Reichenau 645
Hermann, Boris 680
Herranz, Julián 996
Herrmann, Horst 517
Herzog, Werner 984
Hesse, Hermann 17, 110, 196–200, 203, 206 ff., 215, 218 f., 298, 796
Heuss, Theodor 146, 225, 285
Heydrich, Reinhard 71, 101 f.
Hildegard von Bingen 442, 967
Hille, Rolf 827
Hinckley, John 632
Hindenburg, Paul von 40, 44 f.
Hingerl, Franz 26
Hirschmann, P. 418

Hitler, Adolf 18, 30, 34 f., 38 ff., 44 f., 47, 51–56, 60, 67 f., 72, 75 f., 83 ff., 92 f., 97, 99, 101–105, 108 f., 117 ff., 123, 131 ff., 146, 151 ff., 170, 172 f., 179, 194 f., 221, 277 ff., 304, 432, 574, 715, 731, 846, 1023
Ho Chi Minh 510
Hochhuth, Rolf 573 f.
Höck, Michael 158, 161, 168 f., 271, 279, 282, 285
Hödl, Ida 339
Hödl, Ludwig 163, 339 f., 345, 625
Hoeck, Johannes 474
Hoegner, Wilhelm 167
Hofbauer, Rupert 538
Höfer, Josef (Prälat) 493
Höffner, Joseph 554 f., 577, 588, 607, 621, 624
Hofmann, Norbert Johannes 916, 1039 f.
Hölderlin, Friedrich 273, 493, 950, 1064
Höller, Karl 305
Holzhauser, Bartholomäus 31
Hommes, Ulrich 539, 703
Honecker, Erich 695
Hooker, John Lee 489
Hoover, Herbert C. 206
Hoping, Helmut 580
Horkheimer, Max 489, 880
Horn, Stephan 95, 542 f., 548, 586
Horowitz, Chajjim 443
Horst, Guido 687
Horthy, Miklós 129
Hoyos, Castrillón 893 ff., 899, 905, 915
Hubensteiner, Benno 156
Huber, Dora 124 f.
Huber, Kurt 118, 120, 123 ff.
Hummel, Karl-Joseph 317, 573
Hummes, Cláudio 765, 895
Hurnaus, Christoph 839
Hus, Jan 740
Husserl, Edmund 163, 177, 179 f., 232
Huxley, Aldous 160, 208, 562

Iadicicco, Girolamo 1053
Ignatius von Antiochien 351, 379, 542
Ignatius von Loyola 963
Innozenz III., Papst 644
Innozenz X., Papst 31
Irenäus von Lyon 542, 577

Irschl, Simon (Domkapitular) 271
Irving, David 574

Jackson, Michael 745, 944
Jackson, Peter 866
Jaeger, Lorenz 375
Jägerstätter, Franz 32
Jakobus, Apostel 266, 292, 962 f.
Jarasch, Bettina 944
Jaspers, Karl 163, 168, 179, 190, 539, 542, 573 f.
Jaworski, Marian 747, 753
Jeanne d'Arc 816
Jedin, Hubert 174, 345 ff., 372, 385, 387, 402, 413, 419, 423, 444, 468 f., 477, 505, 508, 524 ff.
Jenkins, Philip 813, 942
Jens, Walter 496
Jeremias, Prophet 705
Joachim von Fiore 289, 299–301
Jobs, Steve 865
Jodl, Alfred 133
Johannes Paul I., Papst (Albino Luciani) 607 ff., 746, 810
Johannes Paul II., Papst (Karol Józef Wojtyla) 120, 181, 311, 538, 562, 607, 613 ff., 621, 624, 627, 631 ff, 634, 646, 652, 655, 658, 660, 674, 678, 681 f., 684 ff., 692, 695 f., 698, 703, 707 f., 710, 714 f., 723, 725 f., 728, 730 f., 734, 738, 748 f., 751, 753–757, 761, 763 f., 766, 768, 770, 772, 775, 780, 786, 792, 797 ff., 803, 807 f., 810 f., 813, 817, 819, 821 f., 824, 826 f., 833, 836–840, 850, 854, 859, 868, 872, 886 f., 898, 906, 912, 922, 931 ff., 953, 975 f., 978 ff., 982, 990, 993, 995, 1008, 1010, 1021, 1023, 1033, 1039 f., 1042, 1045, 1062 f., 1072, 1075
Johannes XXIII., Gegenpapst 365
Johannes XXIII., Papst (Angelo Giuseppe Roncalli) 256, 324, 356 ff., 362 f., 365–370, 372, 374 f., 383 ff., 392, 394 f., 401 f., 409, 411, 417, 420 f., 424, 426 ff., 438, 459 ff., 464, 473, 482, 484 f., 495, 566, 568, 730, 764, 780, 819, 821, 873 f., 897, 1032, 1064
Johannes, Apostel 31, 153, 189, 218, 265 f., 273, 292, 348, 582, 596, 753, 863, 935, 1024, 1061

Johannes vom Kreuz 963
Jordan, Pascual 182
Juan Carlos, König 963
Judas Thaddäus, hl. 82
Juliana von Norwich 252, 967
Julius II., Papst 764

Kafka, Franz 17, 160, 702
Kamlah, Wilhelm 289
Kant, Immanuel 177, 232, 307, 666, 718, 880
Karl Albrecht, Kurfürst 597
Karl II., König von Neapel 1022
Karrer, Otto 375
Käsemann, Ernst 530, 549
Kasper, Walter 447, 496, 529 f., 560, 569, 733 f., 743, 765 f., 777, 904 f., 952, 981, 1043
Käßmann, Margot 573, 733, 827
Kästner, Erich 47
Katzer, Ernst 52
Keller, Michael 493
Keller, Paul 77, 86
Kemal Pascha (Kemal Atatürk), Mustafa 17
Kemper, Max-Eugen 722 f.
Kennedy, John f. 420 f., 469
Kennedy, Robert 405, 421
Kepplinger, Hans Mathias 897
Keßler, Peter Josef (Dekan) 444
Khamenei, Ali 846
Khoury, Adel Theodor 845
Kierkegaard, Søren 190, 273, 448
Kifinger, Fanny 42
Kifinger, Wally 42
Kissler, Alexander 528, 567, 841
Kister, Kurt 901
Klauser, Theodor 330
Kleist, Heinrich von 110
Klitschko, Vladimir 1014
Knab, Jakob 121, 123
Knappertsbusch, Hans 107
Kneipp, Sebastian 241
Knobloch, Charlotte 898, 922
Knogler, Josef 272
Koch, Kurt 704, 856, 875, 904, 914, 916, 1037, 1040, 1069, 1078
Kock, Manfred 733
Kogon, Eugen 167

Kohl, Christiane 770
Kohl, Helmut 697
Köhler, Horst 798, 830, 850, 904
Köhler, Maria-Gratia 450, 577
Kohut, Pavlo 162
Kolb, Annette 160, 194
Kolbe, Maximilian Maria 627, 840
Kollek, Teddy 174
Kolumbus, Christoph 1019
Komorowski, Bronislaw 1041
König, Franz 375, 393 f., 416, 418, 422, 424, 439, 607, 612
Konno, Hajime 284
Konrad von Altötting 19
Konstantin I., römischer Kaiser 214, 355
Kopernikus, Nikolaus 740
Kopp, Josef 88
Korbinian, hl. 153, 592, 596
Korn, Salomon 898
Kottje, Raymund 340, 561
Kowalska, Faustyna 753
Krause, Reinhold 53
Kraushaar, Wolfgang 516
Krenn, Kurt 729
Kröber, Hans-Ludwig 945
Krolow, Karl 186
Kronawitter, Georg 593
Krone, Heinrich 152
Kronsteiner, Hermann 701
Kronsteiner, Josef 701
Kruger, Beate 842 ff.
Kruis, Konrad 273
Kruse, Jens-Martin 952
Kuhn, Peter 82, 95, 337, 343, 348, 493, 495 f., 520, 916
Kulerski, Wiktor 614
Kulle, Stephan 784
Küng, Emma 436
Küng, Hans 313, 375, 379 f., 409, 422, 433, 436–441, 447, 468, 471, 490, 492–497, 505 f., 517–521, 528, 530–535, 537, 539, 541 ff., 548–553, 567, 569 ff., 588 f., 591, 616, 620–626, 629, 647, 665 ff., 670, 675, 677, 689, 703, 731, 733, 737, 793, 817 f., 901 f., 964, 966, 1060, 1065
Künneth, Walter 151
Kurras, Karl-Heinz 511

La Peruta, Teresa 823
Lagrange, Marie-Joseph 728
Lahey, Raymond John 934
Lai, Benny 912
Lajolo, Giovanni 999
Lambrecht, Rudolf 640
Lammert, Norbert 904
Landersdorfer, Simon Konrad 1076
Langendörfer, Hans 804, 982, 984
Langenstück, Klaus 831
Langgässer, Elisabeth 160, 194
Läpple, Alfred 160, 162 f., 168, 179 ff., 185, 190, 193, 232 f., 250, 254, 259, 274, 282, 308, 336, 436
Laras, Giuseppe 841
Lassalle, Ferdinand 513
Laura di Santa Caterina von Siena 1020
Le Fort, Gertrud von 160, 194
Le Guillou, Marie-Joseph 546, 570
Leers, Johann von 39
Lefebvre, Marcel 374, 465, 605, 657, 662, 681 ff., 892, 902
Léger, Paul-Émile 424
Lehmann, Karl 492, 496, 540, 553 f., 560, 569, 571, 574 f., 588, 621, 624, 690, 697 f., 733 f., 765 f., 777, 981
Lehmann-Dronke, Johannes 523, 535
Lehnert, Pascalina 316, 859
Lehrer, Abraham 831
Leicht, Robert 734
Leitschuh, Maximilian 89
Lejeune, Jérôme 632
Lenin, Wladimir Iljitsch 516, 693
Lennon, John 489
Lenz, Bruno 670
Lenz, Siegfried 138
Leo I., Papst 825
Leo IX., Papst 407, 817
Leo XIII., Papst 299, 396
Leonrod, Ludwig Freiherr von 277
Levada, William 814, 895, 915, 932 f., 947
Levin, Yehuda 904
Lévy, Bernard-Henri 904
Lewy, Mordechay 923
Leyendecker, Hans 827
Liberto, Guiseppe 775
Liénart, Achille 374, 416, 418, 422, 424 f.
Lohfink, Gerhard 629

Lohmeier, Georg 161
Lombardi, Federico 838, 848, 894, 940 f., 992, 1004, 1020, 1026, 1040, 1064
López Trujillo, Alfonso 776, 795
Lorenzer, Alfred 473, 505
Lorscheider, Aloísio 607, 677
Lubac, Henri de 174, 250–257, 290, 319 f., 374, 392, 408, 422, 428, 434 ff., 457, 496 f., 503 f., 508, 530 f., 546 f., 569 f., 585, 588, 889
Lubbe, Marinus van der 45
Luca, Giuseppe de 460
Lúcia dos Santos 730
Lucia, Carlo de 782
Luciani, Albino (Papst Johannes Paul I.) 606–611, 810
Ludwig III., König von Bayern 23, 170
Luhmann, Niklas 138
Lukas, Apostel 411, 780, 1030
Luna Tobar, Alberto 609
Lustiger, Jean-Marie 660, 760, 792, 872
Luthe, Hubert 226, 270, 309, 341, 345, 364, 381 ff., 397 f., 402 ff., 406, 412 f., 417 ff., 464 f., 507
Luther, Martin 53, 55, 148 f., 231, 341, 345, 349, 361, 365, 375, 407, 412, 500, 525, 573 f., 645, 690, 719, 876, 892, 983, 987, 997
Lütz, Manfred 644, 657, 945
Luxemburg, Rosa 510

Macapagal-Arroyo, Gloria 799
Macchi, Pasquale 605
Maciel, Marcial 687, 930 ff.
Magee, John 934
Mai, Klaus-Rüdiger 91
Maier, Friedrich Wilhelm 227 f.
Maier, Hans 291, 569, 618 f., 825
Mair, Johannes Evangelist (»Rex«) 61, 86 f., 93, 98, 105 f., 144
Malnati, Ettore 1023
Mandelbaum, Henryk 840
Mann, Erika 145
Mann, Heinrich 47
Mann, Katja 145
Mann, Klaus 16
Mann, Thomas 146, 149, 160
Mannheimer, Max 117
Mantler, Otto 90 f.

Manuel II. Palaiologos, byzantinischer Kaiser 845, 847 ff.
Mao Zedong 489, 510, 513 ff., 855
Mara bar Serapion 727
Marcel, Gabriel 185
Marcinkus, Paul 953
Marcuse, Herbert 489
Maret, Henri Louis Charles 396
Marini, Guido 838 f., 1024, 1034
Marini, Piero 775, 838
Markus, Apostel 227, 725
Marmann, Johannes 519
Marshall, George C. 224
Martini, Carlo Maria 743, 760, 762, 766, 769, 777 f., 781, 1031
Marx, Karl 300, 489, 512, 718, 863, 880
Marx, Reinhard 519, 937
März, Claus-Peter 484
Mattei, Roberto de 409, 531, 1067
Matthäus, Evangelist 298, 725
Matussek, Matthias 207, 976
Maugham, Somerset 342
Mauriac, Françoise 160, 193
May, Georg 322, 543
May, Theresa 943
May, William 691
Mayer, Anna 271
Mayer, Anton 262
Mayer, Augustin 669, 701, 779
Mayer, Cornelius 211, 218
Mayer, Rupert 174, 347
Mazyek, Aiman 850, 1041
Mazzanti, Raul 756
Mbeki, Thabo 799
McCarrick, Theodore 1008
McLuhan, Marshal 485
Medina Estévez, Jorge Arturo 546, 570, 776, 785, 791
Meinhof, Ulrike 511
Meir, Golda 317
Meisner, Joachim 685, 766 f., 776, 780, 804, 830, 858, 913, 1010, 1068, 1078
Melanchthon, Philipp 542
Melloni, Alberto 941
Melville, Hermann 950
Mendieta, Eduardo 738
Menke, Burkhard 875 f.
Menke, Karl-Heinz 869
Menuhin, Yehudi 722
Merkel, Angela 830, 900 f., 904, 991, 1014, 1040
Mertes, Klaus 936, 948
Messerer, Alois 767
Messori, Vittorio 660 f., 665, 676
Mestri, Guido Graf del 587, 594, 598, 615, 631, 634
Metz, Johann Baptist 453, 491 f., 496, 528, 543, 573, 575 f., 618 ff., 672, 737, 820
Metzger, Yona 1041
Michelangelo 357, 647, 775, 1010
Mies van der Rohe, Ludwig 16
Mikojan, Anastas 146
Miller, Arthur 342
Minghetti, Marco 434
Mittermeier, Josef 26
Mitterrand, François 659
Mockenhaupt, Gerhard 335
Mohammed, Prophet 847, 849, 851
Moidrey, Tardif de 193
Mokrzycki, Mieczyslaw 743, 805, 859
Moll, Helmut 499, 515, 519, 652
Molotow, Wjatscheslaw Michailowitsch 103
Moltke, Helmuth James Graf von 277
Moltmann, Jürgen 542
Monika von Tagaste 211
Monte, Pietro del 712
Monti, Mario 1029, 1041
Montini, Giovanni Battista (Papst Paul VI.) 369, 374 f., 418 f., 423, 461 f., 570, 588, 605 f.
Monzo, Alfredo 648, 706, 720, 751
Moore, Charles 792
Mörike, Eduard 110
Moro, Aldo 605
Mörsdorf, Klaus 242, 285
Morus, Thomas 960
Mosebach, Martin 906
Mösenlechner, Lorenz 446
Moser, Georg 622, 624
Mozart, Wolfgang Amadeus 73, 107 f., 198, 200, 206, 295, 431, 437, 565, 701, 722, 854, 885, 950
Mucha, Józef 609
Muench, Aloisius 275
Mühsam, Erich 23
Müller, Beda 521
Müller, Gerhard Ludwig 678 f., 703, 912, 916, 1040

Münch, Werner 223, 904
Müntzer, Thomas 300
Murphy, Lawrence C. 938
Murphy, Yvonne 934 f.
Murrone, Pietro del 228
Mußner, Franz 163, 227, 538 f., 670, 806, 878
Mussolini, Benito 17 f., 846
Muth, Carl 122
Mutsaerts, Robertus 1008

Napoleon 78, 109, 855
Napolitano, Giorgio 884, 991
Nasarbajew, Nursultan 900
Nathan, Luise 121
Navarro-Valls, Joaquín 693, 826, 838, 848, 856, 933
Nell-Breuning, Oswald von 222
Nersinger, Ulrich 967
Neuhäusler, Johannes 169, 243
Neumann, Therese (Resl von Konnersreuth) 59
Neusner, Jacob 174
Newman, John Henry 122 ff., 191, 208, 250, 280, 431, 460, 502, 958, 960, 979
Niedermayer, Franz 314
Niegel, Franz 81, 163, 291, 295, 314
Niemöller, Martin 54, 194, 243
Nietzsche, Friedrich Wilhelm 163, 185, 307, 698, 863
Nigg, Walter 313 f.
Niklaus von Flüe, hl. 224
Noè, Virgilio 613
Nolte, Josef 494
Nossol, Alfons 614
Nußbaum, Johann 27
Nuzzi, Gianluigi 735, 954, 994 f., 997 f., 1000, 1003, 1005, 1007
Nyssen, Wilhelm 345

O'Malley, Patrick 835, 947
Obama, Barak 865, 885, 902, 1014, 1041
Obama, Michelle 1041
Obermaier, Erwin 597, 602
Obermair, Gustav 536
Oddi, Silvio 607
Oder, Slawomir 1023
Odifreddi, Piergiorgio 1063
Ohnesorg, Benno 511
Onna, Ben van 519

Origenes 252, 255
Orsenigo, Cesare 69
Ortega, Daniel 678, 680
Orwell, George 208, 533, 562, 719
Oschwald, Hanspeter 518, 965
Oswald, Lee Harvey 469
Ottaviani, Alfredo 359, 368, 370, 374, 377, 386, 394, 401, 410 f., 419 ff., 423 ff., 429 f., 440, 452 f., 467 ff., 475, 591, 648
Otto, König von Bayern 220
Otto III., römischer Kaiser 407

Pacelli, Eugenio (Papst Pius XII.) 68 f., 85 f., 170, 316, 369, 392, 461, 859
Pacepas, Ion Mihai 574
Palestrina, Giovanni Pierluigi da 565, 885
Pannenberg, Wolfhart 542
Papandreou, Damaskinos 444, 683
Parolin, Pietro 1070
Parzinger, Peter 89
Pascal, Blaise 448
Pascher, Josef 225 f., 231, 246 f.
Paul III., Papst 361, 644
Paul VI., Papst (Giovanni Battista Montini) 249, 418 f., 423, 441, 461–465, 469, 471, 476 f., 479, 481 f., 508, 522, 546 f., 553, 567, 570 f., 588, 590, 594, 598, 605 f., 609, 646, 650, 655, 682, 684, 695, 712, 730, 741, 764, 839, 887, 924, 988, 1023, 1064, 1072, 1075
Paulus, Apostel 123, 212, 252, 263, 265, 275, 318, 361, 500, 590, 683, 771, 820, 880, 910 f., 923, 926 f., 935, 955, 1001
Peintner, Maria (Großmutter) 24, 26 ff.
Pelagius 218
Pera, Marcello 737
Peres, Schimon 174, 851, 884, 923
Pesch, Rudolf 629
Peter, Simone 945
Peterson, Erik 347, 585
Petrus von Albano 783
Petrus, Apostel 292, 358, 720, 796, 800, 860, 869 ff., 909, 955, 1028, 1051, 1072
Pfeiffer, Christian 942
Pfnür, Brigitte 293, 451 f., 856
Pfnür, Vinzenz 163, 293, 443, 446, 449, 454, 531
Philips, Gérard 392, 422 f.
Phillips, Melanie 959

Piccolomini, Enea Silvio (Papst Pius II.) 763
Pieper, Josef 174, 182, 457, 520, 524, 861
Pilatus 1017
Piłsudski, Józef 102
Pio von Pietrelcina 746
Pioppo, Piero 751
Pius II., Papst (Enea Silvio Piccolomini) 763, 811
Pius V., Papst 682, 712, 872
Pius IX., Papst 361, 396, 469, 745
Pius X., Papst 408, 681, 764
Pius XI., Papst 44, 67 ff., 85, 357, 367, 764
Pius XII., Papst (Eugenio Pacelli) 15, 68, 86, 129, 155, 170, 223, 248, 254, 258, 315 ff., 356 f., 367, 369, 372, 374, 392, 437, 460 f., 483, 573, 605, 764, 821, 859, 1009, 1013, 1023, 1059
Planck, Max 183 f.
Platon 180, 231, 340, 725
Polak, Wojciech 1041
Pole, Reginald 542
Polisca, Patrizio 996
Politi, Marco 612, 848 f., 992
Pompey, Heinrich 862
Posener, Alan 965 f.
Possidius von Calama 212
Preysing, Konrad Graf von 68, 155
Primaldo, Antonio 1024
Probst, Christoph 118, 120, 123
Proust, Marcel 17
Puljić, Vinko 765
Pustet, Anton 30
Putin, Wladimir 798, 885

Radspieler, Werner 825
Raffalt, Reinhard 460
Rahner, Hugo 429, 435
Rahner, Karl 306, 308, 345 ff., 369, 373, 387, 393 f., 408 f., 422 f., 429, 435 f., 441, 456, 465, 491, 496, 524, 531, 541 f., 546, 550, 553 f., 560, 577, 585, 619 f., 672, 690, 715
Rappl, Siegfried 65
Ratzinger, Anton (Onkel) 23, 28, 286
Ratzinger, Georg (Bruder) 18, 24, 27, 32, 35 ff., 41 ff., 48 ff., 58, 60 ff., 65, 74–80, 83, 85 f., 98, 102, 106 ff., 112, 137, 143 f., 158–162, 173, 192, 203, 218, 236, 238, 243, 246, 249, 263 f., 267–271, 274, 282, 286, 288, 296, 305, 307, 311, 313, 319, 324, 337 ff., 352, 394 f., 449, 470, 491, 535, 537 f., 588, 598, 630, 649, 654, 701 f., 705 f., 708, 724, 759, 761, 768, 843, 855, 937, 996, 1028
Ratzinger, Georg (Großonkel) 24, 241, 395 ff., 408, 537
Ratzinger, Johann 28
Ratzinger, Joseph (Vater) 15 f., 18–26, 28, 30, 35–39, 41 f., 44, 46 f., 49 ff., 56, 58–63, 67, 73, 75, 77, 81, 85 f., 104, 108, 111, 118, 133, 137, 138, 145, 160, 165 f., 169, 192, 194, 249, 264, 270, 286, 295 f., 305 ff., 309, 311, 315, 324, 337, 339, 351 ff., 470, 540
Ratzinger, Maria (geb. Peintner/Rieger, Mutter) 16, 20 ff., 24–31, 33, 35 f., 38, 41 ff., 50, 61 ff., 74 ff., 79, 81 f., 86, 117, 132 f., 137 f., 145, 160, 162, 220, 249, 264, 286, 295, 305 ff., 309, 311, 324 f., 339, 354, 470, 540, 786
Ratzinger, Maria Theogona (Schwester) 18, 27, 37 f., 41 ff., 49, 59, 62, 65, 76, 83, 85, 106 f., 109, 133, 145, 249, 263, 295 f., 305, 307, 324, 333, 337 ff., 351 f., 387, 390, 397, 432, 446, 491 ff., 532, 535, 537, 539, 588, 597 f., 616, 630, 649, 652, 654, 669, 701 f., 706 f., 859, 1056
Ratzinger, Theogona (Tante) 37, 60
Ratzinger, Theres (Tante) 60
Ratzinger, Thomas (Großonkel) 24
Rauber, Karl-Josef 587 f., 685, 700, 855
Ravasi, Gianfranco 1018, 1034, 1047
Räzinger, Georg 23
Räzinger, Jakob 23
Räzinger, Katharina 23
Räzinger, Maria 23
Re, Giovanni Battista 743, 770, 795, 893, 895 f., 899, 905, 1023
Reagan, Ronald 632
Reder, Markus 794
Redzioch, Wlodzimierz 679
Reinhardt, Volker 1075
Reiss, Johann (Urgroßvater) 27
Remarque, Erich Maria 30, 47
Resing, Volker 697
Resl von Konnersreuth (Therese Neumann) 59
Reul, Herbert 945
Reuter, Ernst 224

Reyero, Maximino Arias 673
Ribbentrop, Joachim von 102 f.
Ricard, Jean-Pierre 792, 835
Riccardi, Andrea 420, 461, 695
Richardi, Margarete 539
Richardi, Reinhard 539, 540, 597
Richelieu, Armand-Jean du Plessis 698
Rieger, Alois (Onkel) 37, 60
Rieger, Benno (Onkel) 24 f., 36 f., 65
Rieger, Georg (Onkel) 24, 37
Rieger, Ida (Tante) 25
Rieger, Isidor (Großvater) 24 f., 27 f.
Rieger, Maria Anna (Urgroßmutter) 27
Riehl-Heyse, Herbert 688
Rilke, Rainer Maria 193
Ring-Eifel, Ludwig 850
Rinser, Luise 553
Ritter, Joseph Elmer 424
Robert der Fromme, König von Frankreich 645
Robespierre, Maximilien de 245, 437
Rodari, Paolo 907
Rodríguez Maradiaga, Óscar Andres 769, 777
Roegele, Otto 569
Röhl, Christoph 948
Rohrhirsch, Adelma 20, 29
Romeo, Paolo 994
Romero, Óscar Arnulfo 671, 679
Roncalli, Angelo Giuseppe (Papst Johannes XXIII.) 316, 324, 356 f., 362, 364, 366, 368 ff., 387, 391 f., 459 ff., 482
Roosevelt, Franklin D. 150
Rosa, Hartmut 968
Rosen, David 898, 900
Rosenberg, Alfred 52, 92
Ross, Jan 768, 794
Roth, Claudia 900
Rotta, Angelo 129
Roulé, Anne-Marie 193
Rousseau, Jean-Jacques 524
Rubens, Peter Paul 153
Ruffini, Ernesto 368, 373, 408, 424, 430, 475, 478
Ruggieri, Giuseppe 427
Ruini, Camillo 743, 777 f.
Ryan, Seán 933 f.

Sabatier, Paul 183
Sacharow, Andrej 698
Saier, Oskar 624
Saint-Exupéry, Antoine de 162
Salinger, Jerome D. 342
Salome, Maria 917
Salomon, König 985
Salzeder, Franziska 49
Sambi, Pietro 835
Samir, Samir Khalil 852
Sandri, Leonardo 743, 754, 848
Sapieha, Adam 176
Sarah, Robert 1071
Sardi, Paolo 859 f., 913, 994, 1000, 1005 f.
Sartre, Jean-Paul 179, 208, 278, 666
Sawallisch, Wolfgang 539
Schaeffler, Richard 635
Schäfer, Gerhard 444, 597
Schäfer, Theo 343
Schäffer, Fritz 167
Scheffczyk, Leo 163, 491, 672
Scheidemann, Philipp 25
Scheler, Max 176 f., 232, 585
Schelling, Friedrich Wilhelm Joseph 186, 493
Schelsky, Helmut 137 f.
Schewardnadse, Edward 693
Schillebeeckx, P. Edward 374, 422, 436, 519
Schiller, Friedrich 75, 110
Schlachter, Gabriel 259
Schlier, Heinrich 174, 345, 347 f., 443, 523, 577
Schlögl, Manuel 458, 576
Schmaus, Michael 231, 237, 242, 247, 258, 285 f., 304–310, 312, 322, 323, 330, 339, 427, 441, 569, 592
Schmid, Jakob 120
Schmidberger, Franz 682, 894, 905
Schmidtchen, Gerhard 54, 244
Schmidt-Sommer, Irmgard 512, 519
Schmorell, Alexander 118 ff., 123
Schnackenburg, Rudolf 441
Schnappinger, Pankratz 106
Schneider, Nikolaus 1044
Schnell, Hugo 276, 289
Schnitzler, Arthur 17
Scholl, Hans 119–124
Scholl, Inge 121, 124
Scholl, Sophie 118–124

Schönborn, Christoph 540, 691, 744, 913, 930, 1066
Schöningh, Franz Josef 322
Schoonenberg, Petrus Johannes Albertus Maria 542
Schott, Anselm 59
Schreck, Rüdiger 511
Schreiber, Matthias 1044
Schröder, Gerhard 359, 407
Schröffer, Joseph 441, 607
Schukow, Georgij K. 134
Schulte, Karl Joseph 68
Schuman, Robert 223
Schumpeter, Joseph 506
Schütte, Heinz 452 f.
Schutz, Roger 251, 617, 770, 831
Schwaiger, Georg 226, 310, 761
Schwärzel, Rolf 1044
Schwarzmeier, Sabine (Tante) 22
Schweitzer, Albert 530, 552
Schwery, Henri 681 f.
Schwibach, Armin 891, 947
Sciarpelletti, Claudio 1004
Scicluna, Charles 931 f.
Scola, Angelo 571, 913, 994
Seckler, Max 531, 550, 555
Seemann, Michael 592
Seibel, Wolfgang 653, 658
Seibt, Gustav 827
Seipel, Ignaz 19
Semmelroth, Otto 393 f., 422, 436, 441, 465, 480, 560, 621
Šeper, Franjo 624
Sepp, Benedikt 514
Sepp, Esther 124
Seppelt, Franz Xaver 228
Sergius IV., Papst 783
Severus von Antiochien 252
Sgorbati, Leonella 847
Shakespeare, William 220, 242, 431, 1064
Shuster, Zachariah 475
Siebler, Engelbert 798
Sigaud, Geraldo de Proença 376
Silverius, Papst 1022
Silvestrini, Achille 710, 765 f.
Simmel, Oskar 403
Simon Petrus 745, 787, 870
Sin, Jaime 769
Singer, Israel 799, 903
Siri, Giuseppe 374, 382, 413, 419 f., 423 f., 430, 777
Smith, Patti 785
Smoltczyk, Alexander 794, 860
Socci, Antonio 1067
Sodano, Angelo 686 f., 699, 743, 751, 755, 777 f., 782, 791, 837 f., 848, 883, 913, 930 f., 941, 1003, 1025, 1035, 1037 f.
Söding, Thomas 811, 879
Söhngen, Gottlieb 230–234, 245, 247 ff., 254, 258, 274, 285 f., 289, 297, 302, 304–308, 310, 331, 381, 436, 490 f., 495, 620
Sokrates 80, 182, 234, 950
Solowjew, Wladimir 563
Solschenizyn, Alexander 625
Somalo, Eduardo Martinez 755, 791, 931
Sophokles 780
Soubirous, Bernadette 890
Spacey, Kevin 944
Spaemann, Robert 524, 575, 656, 687, 839, 906
Speer, Albert 103
Spellman, Francis 156
Sperr, Franz 277
Speyr, Adrienne von 350
Špidlík, Tomáš 775
Spiegel, Paul 799
Spieker, Manfred 222
Spindler, Wolfgang 193
Stahlschmidt, Klaus Günter 602
Stalin, Josef 67, 103, 109, 134, 150 f., 306, 360, 513, 516, 715, 855
Stampa, Ingrid 810, 858 ff., 1000, 1003, 1005 f.
Stangl, Josef 594
Stangl, Joseph 20
Stauffenberg, Claus Schenk Graf von 277
Stein, Edith 174, 180 f.
Stein, Rosa 180
Steinbeißer, Alois 49
Steinbüchel, Theodor 163, 182, 184 ff., 218
Stelzle, Anton 90 f.
Stephan II., Papst 745
Sterzinsky, Georg 825
Stifter, Adalbert 110
Stockhausen, Alma von 523, 577
Stöger, Alois 401
Stoiber, Edmund 692
Storm, Theodor 75, 110

Strasser, Gregor 34
Strauß, Botho 698
Strauß, Franz Josef 635, 691
Strehhuber, Josef 78, 94, 117, 993
Streng, Franziskus von 493
Stricker, Gerd 696
Stummer, Friedrich 228
Suárez Rivera, Adolfo 769
Suenens, Léon-Joseph 374, 417 f., 422, 424, 426
Süsterhenn, Adolf 223

Tacitus, Publius Cornelius 728
Tardini, Domenico 357, 362, 367, 371
Tattenbach, Franz von 259, 279
Taylor, Frederick 26
Tedeschi, Ettore Gotti 953 f., 1002
Tedesco, Antonio 823
Teilhard de Chardin, Pierre 253 f., 429
Tell, Wilhelm 110, 689
Tenhumberg, Heinrich 468
Teresa von Ávila 121, 180, 820, 958, 967
Teresa, Mutter 603, 978, 988
Tettamanzi, Dionigi 777 f.
Teufel, Fritz 511
Teusch, Josef 385
Tewes, Ernst 588, 594, 613
Theißing, Hermann 275 f., 281, 286, 294, 602
Theodor von Mopsvestia 252
Theodosius I., römischer Kaiser 214
Thérèse von Lisieux 978
Theresia von Jesus 963
Thiessen, Rudi 906
Thomas von Aquin 161, 180 f., 208, 231 f., 234, 299, 301, 390, 536, 542, 861
Thomas von Kempen 608
Thomas, Georg 111
Thora, Marianne 628
Thurian, Max 251
Thurnher, Eugen 123
Tilliette, Xavier 264
Tirelli, Umberto 921
Tisserant, Eugène 416, 477
Tissier de Mallerais, Bernard 896
Tizian 780
Toller, Ernst 23
Tomášek, František 598
Tomko, Jozef 700, 996
Tornielli, Andrea 907
Torres, Camilo 672
Tracy, David 705
Tradler, Anton 79
Tradler, Martin 131
Trapattoni, Giovanni 824
Tremblay, Réal 653, 686
Trimpe, Martin 520, 542
Trippen, Norbert 373, 477, 507
Tromp, Sebastian 370
Truman, Harry S. 150 f.
Tscherrig, Emil Paul 894
Tucholsky, Kurt 47
Turi, Anna Maria 632
Twomey, Vincent 287, 323, 541 ff., 585, 717, 935

Ude, Christian 226
Uhl, Hans 114
Ulbricht, Walter 150, 284
Ulrich, Ferdinand 603 f.

Vaca, Juan 934
Valente, Gianni 178, 501, 546
Valentin, Karl 226, 286, 338
Valerius von Trier 216
Vargas Llosa, Mario 955, 1042
Vendola, Nichi 801
Venner, Fiammetta 894
Vergil 863
Vermehren, Isa 524
Versace, Donatella 819
Verweyen, Hansjürgen 201, 270, 301, 309, 332, 442, 453 f., 479, 506, 550, 673
Verweyen, Ingrid 454
Vianney, Johannes Maria 927
Victor, Ulrich 728
Viganò, Carlo Maria 994, 999, 1008
Viktor II., Papst 984
Villon, François 950
Villot, Jean 609
Visseyrias, Philippe 918
Vittoria, Ludovico da 273
Voderholzer, Rudolf 251
Voegelin, Eric 174, 456
Volk, Hermann 393, 422, 438, 441, 493, 621, 624
Volkert, Wilhelm 126
Voltaire 397, 550
Vorgrimler, Herbert 618

Wagner, Adolf 86, 96
Wagner, Richard 18
Wagner, Winifred 18
Waldburg-Zeil, Fürst Erich von 38
Walesa, Lech 614, 696
Wallbaum, Klaus 715
Wallbrecher, Herbert 629
Wallbrecher, Traudl 630, 915
Wallinger, Emilie 20
Walser, Martin 138, 824
Walter, Franz 224, 244, 507 f., 545, 629, 697, 944
Wansing, Birgit 669, 1035
Watson, Peter 1057
Wattson, Paul 816
Weber, Max 456
Weber, Ulrich 937
Wehrle, Hermann Josef 277, 279
Weigel, George 976
Weiger, Josef 980
Weinberger, Caspar 632
Weinstein, Harvey 944
Weiß, Birgit 124
Weiß, Franz 94, 806
Wendel, Joseph 322
Wenger, Antoine 466
Wensierski, Peter 965
Wenzl, Aloys 182, 184, 704
Werfel, Franz 47, 194, 890
Wetter, Friedrich 781, 804
Wickert, Ulrich 521
Wiechert, Ernst 160, 194 f.
Wiedenhofer, Elke 453
Wiedenhofer, Siegfried 336, 344, 452 ff., 482, 494, 502, 530, 543, 548 f., 575, 585, 590, 690, 705
Wiesel, Elie 172, 842
Wihr, Ludwig 78
Wilcox, Ella Wheeler 720
Wild, Christoph 276
Wild, Heinrich 528
Wilder, Thornton 167
Willam, Franz Michel 460
Willebrands, J. G. M. 375
Williams, Rowan 961, 1032
Williamson, Richard 892–898, 900 ff., 905 ff., 909, 912, 923, 964, 1027

Wiltgen, Ralph 402, 420, 424, 426, 476, 481
Winkler, Gerhard 541
Winkler, Heinrich August 150
Woelki, Rainer Maria 1068, 1078
Wohlmuth, Josef 519
Wojtyla, Edmund 740
Wojtyla, Karol Józef (Papst Johannes Paul II.) 102, 176, 235, 256, 285, 331, 359, 407, 428, 475, 522, 571 f., 609, 611–615, 627, 631 ff., 654 ff., 658, 660, 667, 674, 681, 684 ff., 688, 695 ff., 710–714, 730, 734, 740–751, 753, 757, 760 ff., 765, 768, 770, 774, 797, 807 ff., 812 f., 823, 833, 839, 850, 860, 882, 931, 933, 952, 975 f., 978 ff., 1013
Wolf, Hubert 1067
Wolzogen, Hans von 52
Wowereit, Klaus 983
Wulff, Christian 984 ff.
Wust, Peter 179
Wüstenberg, Bruno 382
Wyszyński, Stefan 331, 611

Xaver, Franz 320, 962
Xuereb, Alfred 1060

Yallop, David 609

Zacchi, Cesare 859
Zapatero, Luis 919
Zeffirelli, Franco 801
Zeiser, Xaver 75
Zen Ze-kiun, Joseph 835
Ziegler, Adolf 311
Zinke, Maria 25
Zöhrer, Gisela 665
Zöhrer, Josef 541
Zola, Émile 194, 619
Zollitsch, Robert 981, 1043
Zollner, Hans 948
Zotto, Cornelio del 495
Zuckmayer, Carl 17
Zuse, Konrad 114
Zweig, Stefan 47
Zwingli, Huldrych 997